कॉम्डेक्स

कंप्यूटर कोर्स किट

विकास गुप्ता

बी.ई., डी.पी.पी.एस. (लंदन), डी.एस.एम.

Published by

dreamTech PRESS

19-A, Ansari Road, Daryaganj,
New Delhi-110002

Reprint Edition: 2009

Printed at : PrintMan (India), 477 Patparganj Industrial

प्रस्तावना

इस कोर्स किट के बारे यदि केवल एक पंक्ति में कहा जाए, तो यह कहना पर्याप्त होगा कि यह किट किसी भी नए कंप्यूटर सीखने वाले व्यक्ति के लिए कंप्यूटर सीखना सरल बनाती है।

इसी सरलता को आधार बनाकर इस पुस्तक के लिए यह स्लोगन बनाया गया है– इस किट ने कंप्यूटर सीखना आसान बना दिया है। इसे सीखने के लिए अनिवार्य योग्यता, मात्र– पढ़ने की क्षमता रखना है।

इस स्लोगन को पढ़ने से यह बहुत बड़ा दावा लगता है, परन्तु हज़ारों छात्रों और कंप्यूटर सीखने वालों के साथ मेरा अनुभव तथा इस अनुभव के आधार पर निकाला गया निष्कर्ष इस स्लोगन के कथन को सत्य सिद्ध करता है।

केवल भारत में ही मेरी पहली कंप्यूटर पर लिखी गई पुस्तक की दस लाख से अधिक प्रतियाँ बिक चुकी हैं। परन्तु पाठकों के फीडबैक इस तथ्य को सामने लाए कि कंप्यूटर सीखने के लिए केवल किताबी जानकारी होना ही आवश्यक नहीं है।

पुस्तक पढ़ने से निश्चित ही कुछ ना कुछ तो अवश्य सीखा जा सकता है, परन्तु, जो कुछ भी पुस्तक से सीखा गया है उसका अभ्यास करना भी अत्यन्त आवश्यक है।

मेरी कंपनी द्वारा बनाया गया 'सेल्फ लर्निंग' साफ्टवेयर विश्व के बड़े–2 देशों जैसे अमेरिका, जर्मनी, जापान द्वारा सहराया गया था। इसी साफ्टवेयर को आधार बनाकर तथा भारतीय पाठ्कों की आवश्यकताओं को ध्यान में रखकर मैंने इस किट का निर्माण किया है।

इसे इस तथ्य को भी ध्यान में रखकर बनाया गया है कि भारत जैसे देश में सभी के घरों में कंप्यूटर नहीं होता। यह किताब सारे विषयों को सरल तथा आसानी से समझी जाने वाली भाषा में प्रस्तुत करती है।

सी.डी. में निम्नलिखित कन्टेन्ट्स मौजूद हैं–

1. 'सेल्फ लर्निंग सॉफ्टवेयर जिसमें विंडोज़, वर्ड, एक्सेल, एक्सेस, तथा इंटरनेट के अभ्यास पाठ दिए गए हैं।
2. BUSY LITE फाईनेंशियल एकाउंटिंग पैकेज जिसके द्वारा आप अपने कंप्यूटर पर ही एकाउंट्स के कार्यों को कर सकते हैं।
3. SmartCOP ऐन्टी वायरस सॉफ्टवेयर जो आपके कंप्यूटर को वायरस से बचाता है।

इस किट में कंप्यूटर को तीन स्टेजेज़ में बताया गया है–

स्टेज 1- एक्सप्लेनेशन मोड (पुस्तक) (Explanation Mode)

पुस्तक आपके कंप्यूटर सीखने की पही स्टेज पूरा करती है। इसमें कंप्यूटर संबंधी सारे विषयों को सरल तथा आसानी से समझी जाने वाली भाषा के साथ–साथ हज़ारों चित्रों तथा ग्राफिक्स के माध्यम से समझाया गया है। परन्तु आपका सीखना यहीं समाप्त नहीं होता। आपने पुस्तक में जो भी कुछ पढ़ा है, उसे असल में कंप्यूटर पर होता देखने के लिए अगली स्टेज पर चलिए।

स्टेज 2- ऑडियो वीडियो डेमो मोड (सी.डी.) (Audio Video Demo Mode)

पुस्तक के साथ दी गई सी.डी. को अपने कंप्यूटर में डालिए और उस विषय पर क्लिक कीजिए जिसके बारे में आप अधिक सीखना चाहते हैं। यह सॉफ्टवेयर स्वंय ही आपको ऑडियो, वीडियो अभ्यास पाठों के माध्यम से पुस्तक में दिए गए विषयों को स्क्रीन पर होता दिखा देगा तथा आपके ज्ञान को और अधिक बढ़ाएगा। अतः आपको कुछ करने की आवश्यकता नहीं है।

अब जब आप पुस्तक तथा सी.डी. के माध्यम से अपने अपेक्षित विषयों को सीख चुके हैं तो उनका अभ्यास करके देखिए।

स्टेज 3- सेल्फ लर्निंग प्रैक्टिस मोड (सी.डी.) (Self Learning Practice Mode)

इस स्टेज में आप अपने द्वारा सीखे गए विषयों का अभ्यास करके देख सकते हैं। इसमें आपको प्रत्येक क्रम को करने के लिए निर्देश दिए गए हैं और आपसे यह अपेक्षा रखी गई है कि आप इन निर्देशों का पालन वैसे ही करें जैसे इन्हें दिया गया है। परन्तु यदि आप किसी क्रम को सही तरह से नहीं कर पाते हैं तो यह आपको आपकी गलती सुधारने में भी सहायता प्रदान करती है। जब तक आप निश्चित क्रम को सही नहीं कर पाएँगे तब तक आप अगले क्रम पर नहीं जा सकते।

यह पुस्तक आपको समय–समय पर कुछ विशेष निर्देश भी देती है जिन्हें संक्षिप्त में नीचे बताया गया है–

Note आपको कुछ अतिरिक्त निर्देश देता है जिनकी सहायता की आवश्यकता आपको समय–समय पर पड़ती रहेगी।

Important Icon आपके प्रशिक्षक के समान है जो आपको समय–समय पर अनिवार्य तथा अतिरिक्त जानकारी प्रदान करता रहेगा।

Hot Tip आपको कुछ ऐसे महत्त्वपूर्ण निर्देश देता है जिनकी आवश्यकता कंप्यूटर सीखने के लिए जरूरी हैं।

Test अंश आपकी समय–समय पर परीक्षा लेगा जिससे आप अपने द्वारा प्राप्त कुशलता को परख सकेंगे।

इस किट का निर्माण इस अपेक्षा से किया गया है कि कंप्यूटर शिक्षा आम इंसान तक पहुँच सके। इस पुस्तक का मूल्य भी आम आदमी की आर्थिक स्थिति को ध्यान में रखकर निर्धारित किया गया है। इस किट का उपयोग करने वाले हर पाठक से मैं यह आशा रखता हूँ कि वह अपने इस किट द्वारा कंप्यूटर सीखने के अनुभव अवश्य मेरे पास भेजें।

इन्हीं अनुभवों के आधार पर हम इस किट को और अधिक प्रभावशाली तथा उपयोगी बनाने का प्रयास करेंगे।

मैं सु. श्री सुगन्धा भटनागर तथा सु. श्री श्वेता शर्मा का धन्यवाद करता हूँ जिनके महत्त्वपूर्ण सहयोग ने इस किट को बनाने में सहायता प्रदान की।

मैं इस पुस्तक को अपने माता–पिता तथा पत्नी को समर्पित करता हूँ जिनके प्रोत्साहन और समर्थन ने मेरे हर प्रयास को प्रेरणा दी तथा अपने बच्चों को समर्पित करता हूँ जिन्होंने मेरे अंदर विश्वास उत्पन्न किया।

नई दिल्ली

विकास गुप्ता

विषय सूची

कंप्यूटर परिचय/विंडोज़ XP

माइक्रोसॉफ्ट वर्ड 2000

माइक्रोसॉफ्ट एक्सेल 2000

माइक्रोसॉफ्ट एक्सेस 2000

माइक्रोसॉफ्ट पॉवर पॉएंट 2000

टैली

इंटरनेट

परिशिष्ट

अध्याय

कंप्यूटर— एक परिचय

इस अध्याय में–

* परिचय
* PC (Personal Computer) के भाग
* कंप्यूटर्स (Computer) के विभिन्न प्रकार
* सिस्टम (System) को लगाना
* सिस्टम को ऑन करना
* लॉगिंग ऑन (Logging On)
* माउस (Mouse) का प्रयोग
* विंडोज़ डेस्कटॉप (Windows Desktop)
* हार्डवेयर (Hardware) और सॉफ्टवेयर (Software)
* सॉफ्टवेयर (Software) को स्थापित करना
* प्रिंटर (Printer) लगाना
* सिस्टम को बंद करना
* एक अच्छा कंप्यूटर कैसे खरीदें?

परिचय (Introduction)

मनुष्य ने केवल तीन दशक पहले ही कंप्यूटर की उपयोगिता पर गंभीरता से विचार करना शुरू किया है, और इतने कम समय में ही कंप्यूटर ने मानव–जीवन में एक महत्त्वपूर्ण स्थान बना लिया है तथा इसे उन्नति की ओर अग्रसर किया है। यह एक अद्‌भुत मशीन है। इसके द्वारा न केवल हमें विश्व–भर की जानकारियाँ प्राप्त होती हैं, अपितु इसमें चलने वाली असंख्य applications विभिन्न प्रकार से लाभदायक भी सिद्ध होती हैं।

कंप्यूटर की बढ़ती लोकप्रियता से व्यापार जगत् ने काफी लाभ उठाया है। आज के व्यापारिक जगत में कंप्यूटर एक सक्रिय भूमिका निभा रहे हैं। आजकल लगभग प्रत्येक स्कूल और कॉलेज में छात्रों को Computer Science (कंप्यूटर विज्ञान) एक महत्त्वपूर्ण विषय के रूप में पढ़ाया जा रहा है। कई नियमित पाठ्यक्रमों में तो कंप्यूटर को अनिवार्य विषय बना दिया गया है। रोजगार के क्षेत्र में भी कंप्यूटरों ने अपना अपरिमित प्रभाव डाला है। आज की अधिकतर नौकरियों के लिए पहली अनिवार्यता यही मानी जाती है कि उम्मीदवार को कंप्यूटर पर काम करने की अच्छी जानकारी हो।

Computer (कंप्यूटर) शब्द का उद्‌भव (derivation) **Compute (कंप्यूट)** शब्द से हुआ है। कंप्यूटर एक इलेक्ट्रॉनिक उपकरण है, जिसमें प्रत्यक्षतः हाथों से काम किए बिना जटिल से जटिल सूचनाओं को संसाधित करके पलक झपकते ही हल सहित निकाल लेने की क्षमता मौजूद है। घरों और दफ्तरों में आम तौर पर प्रयोग किए जाने वाले कंप्यूटर को PC (Personal Computer) कहा जाता है। इस पुस्तक में हम 'कंप्यूटर' का उल्लेख करने के लिए PC, 'सिस्टम' (System) और 'कंप्यूटर' (Computer) शब्दों का प्रयोग करेंगे।

कंप्यूटर की जरूरत क्यों पड़ती है? (Why do we need Computers)

मनुष्य के जीवन में 'कंप्यूटर' एक महत्त्वपूर्ण भूमिका निभाता है। कंप्यूटर का उपयोग करने का प्रमुख कारण यही है कि इसके द्वारा हम अपने जीवन को और अधिक सरल बना सकते हैं। आज के युग में कंप्यूटरों का महत्त्व जानने के लिए हम एक छोटा सा उदाहरण लेते हैं, जैसे– एक कंपनी का Accounting system। यदि हम परंपरागत तरीके का ही इस्तेमाल करके balance sheet बनाएंगे, तो लगभग एक महीना लग जाएगा, जबकि कंप्यूटर का प्रयोग करने पर यह काम कुछ ही घंटों में पूरा हो सकता है। हाथ से बनाई गई balance sheet में गलतियाँ होने की अधिक संभावना रहती है और इनमें सुधार करना इतना आसान नहीं होता, किंतु यदि इस balance sheet को कंप्यूटर पर बनाया जाए, तो गलतियाँ होने की आशंका बहुत कम हो जाती है और जो थोड़ी बहुत गलतियाँ हो भी जाएँगी, उन्हें हम balance sheet को दोबारा बनाए बिना भी सुधार सकते हैं।

कंप्यूटर पर किए जाने वाले सभी काम हम प्रत्यक्षतः हाथ से भी कर सकते हैं, किंतु इसमें बहुत समय और परिश्रम लगता है। चिकित्सा के क्षेत्र में कंप्यूटरों द्वारा निभाई जाने वाली भूमिका भी कम महत्त्वपूर्ण नहीं है। प्रत्येक रोगी के रोग से संबंधित पूरा ब्यौरा कंप्यूटर की memory (मेमोरी) में स्टोर हो, तो डॉक्टर को किसी एक रोगी के बारे में सूचना प्राप्त करने के लिए कागजों के ढेर में उलझना नहीं पड़ता। वह Mouse (माउस) को एक बार क्लिक करके या बटन दबाकर पूरी सूचनाएँ प्राप्त कर सकता है। इसी प्रकार, अब कंप्यूटर के कारण एक इंजीनियर को डिज़ाइन–संबंधी बारीकियों या असंख्य परीक्षणों के दौर से नहीं गुजरना पड़ता।

घरों में भी कंप्यूटर प्रत्येक व्यक्ति के लिए उपयोगी रहते हैं। माता–पिता अपने दैनिक घरेलू खर्च का हिसाब–किताब रखने तथा जन्मदिन, विवाह की वर्षगाँठ इत्यादि की महत्त्वपूर्ण तारीखों का रिकॉर्ड रखने के लिए कंप्यूटरों का प्रयोग कर सकते हैं।

छात्रों के लिए कंप्यूटर अत्यधिक उपयोगी सिद्ध हुए हैं। वे अपने PC का प्रयोग Notes, Projects इत्यादि तैयार करने या इंटरनेट से जानकारी तथा online शिक्षा प्राप्त करने तथा परीक्षा देने के लिए भी कर सकते हैं।

उबाऊ और फीके विषय को रुचिकर तथा सरस बनाने के लिए graphics एवं animations का प्रयोग किया जा सकता है। अपने दैनिक कार्यों के अतिरिक्त कंप्यूटर में उपलब्ध असंख्य सुविधाओं का प्रयोग करके वे अपनी स जनात्मक प्रतिभा (Creativity) के विकास के लिए कंप्यूटर का प्रयोग आसानी से कर सकते हैं।

भारत जैसे विकासशील देश में आम व्यक्ति के बीच PC की बढ़ती लोकप्रियता का कारण है– E-mail की सुविधा, क्योंकि यह बहुत कम खर्च में देश तथा विदेश में अपने मित्रों एवं परिजनों से अतिशीघ्र बातचीत करने का सुविधाजनक साधन है। Internet chatting एक ऐसी दिलचस्प सुविधा है, जो बच्चों, युवाओं और बूढ़ों— सभी को अपनी ओर आकर्षित करती है। कंप्यूटर के द्वारा हम दुनिया भर की ताजा खबरें आसानी से प्राप्त कर सकते हैं।

PC का प्रयोग केवल गंभीर कामों के लिए ही नहीं होता। इसमें हमारे मनोरंजन के साधन, जैसे— Games, Films, Music, Cartoons आदि की सुविधा भी मौजूद रहती है। इस छोटी–सी मशीन ने आज बच्चों और बड़ों— सभी को लुभा लिया है। संगीत फाइलों (Music Files) के लिए बने Compressed File format, MP3 द्वारा हार्ड डिस्क में अधिक स्थान घेरे बिना भी PC में गाने स्टोर करके आप रख सकते हैं। Films देखने के लिए internet से संपर्क स्थापित करने की आवश्यकता हमें नहीं पड़ती। इन्हें हम VCD के द्वारा आसानी से अपने PC पर देख सकते हैं।

कंप्यूटर परिवार के सदस्यों को एक–दूसरे के पास लाकर तथा परिवार को एक सूत्र में बांधकर पारिवारिक जीवन को आनंदमय बनाने में भी महत्त्वपूर्ण भूमिका निभाता है। परिवार के लोग एक साथ मिलकर बजट बना सकते हैं, Films देख सकते हैं, video games खेल सकते हैं अथवा कोई नया कार्य, जैसे— कोई डिजाइन बनाना, लेख लिखना, कार्टून बनाना इत्यादि भी कर सकते हैं। ग हणियाँ कंप्यूटर पर किया जाने वाला कोई भी online काम जो आजकल आसानी से उपलब्ध हैं, करके अपनी आय का साधन जुटा सकती हैं।

कंप्यूटर के अंग (Parts of a Computer)

सबसे पहले हम कंप्यूटर के बाहर से दिखने वाले भिन्न भागों (Components) का परिचय लेते हैं। मूल रूप से कंप्यूटर में एक **CPU (सी.पी.यू.)**, एक **Monitor (मॉनीटर)**, एक **Mouse (माउस)** और एक **Keyboard (की-बोर्ड)** होता है। कुछ कंप्यूटरों में अतिरिक्त भाग, जैसे— **Speaker (स्पीकर)**, **Microphone (माइक्रोफोन)**, **Headphone (हेडफोन)** इत्यादि भी होते हैं। ये अतिरिक्त भाग हमें कुछ अन्य कार्यों के लिए कंप्यूटर का प्रयोग करने की सुविधा प्रदान करते हैं। कंप्यूटर के अनिवार्य तथा ऐच्छिक (Optional) भागों के बारे में हम इस अध्याय में आगे चर्चा करेंगे। फिलहाल हम एक साधारण कंप्यूटर के विभिन्न भागों के बारे में जानेंगे।

- **CPU (Central Processing Unit) (सेंट्रल प्रॉसेसिंग यूनिट)**— कंप्यूटर का **CPU** आमतौर पर एक ऊँचे कैबिनेट में होता है। इसमें कई अलग–अलग छोटे भाग, जैसे— **Motherboard (मदरबोर्ड)**, **Hard Disk (हार्ड डिस्क)**, **RAM (रैम)**, **Floppy Disk Drive (फ्लॉपी डिस्क ड्राइव)**, **Sound Card (साउंड कार्ड)** इत्यादि लगे होते हैं। इन भागों के बारे में इस अध्याय में आगे बताया गया है।
- **Monitor (मॉनीटर)**— टेलीविजन से मिलता–जुलता यह उपकरण कंप्यूटर का आउटपुट (output) दर्शाता है। मॉनीटर **Monochrome (Black and White)**, **LCD (Liquid Crystal Display)**, **VGA** या **SVGA** प्रकार का होता है। इसके अतिरिक्त मॉनीटर **Analouge** या **Digital**—दोनों प्रकार का हो सकता है।
- **Mouse (माउस)**— यह छोटा सा उपकरण हमारी हथेली की पकड़ में आसानी से आ जाता है। इसमें दो या तीन बटन लगे होते हैं, जिनकी सहायता से हम कंप्यूटर पर सुविधाजनक ढंग से कार्य करते हैं।
- **Keyboard (की-बोर्ड)**— यह एक Typewriter (टाइपराइटर) के निचले आधे भाग जैसा उपकरण है, जिसमें कंप्यूटर पर टाइप करने के लिए **Keys (कीज़)** बनी होती हैं। इसमें सभी अक्षर, अंक तथा कुछ संकेत लिखे रहते हैं। आमतौर पर की–बोर्ड के दो मॉडल मिलते हैं –
  - 83-84 keys वाला Standard Model तथा
  - Enhanced Model – आजकल यह अधिक प्रचलित है। इसमें 104 या इससे अधिक keys होती हैं।

पी.सी. के भाग (Components of a P.C.)

PC पर काम शुरू करने से पहले इसके भागों (चित्र 1.1), द्वारा किए जाने वाले कामों के बारे में जान लेना जरूरी है।

PC के सभी भाग एक team के रूप में मिलकर काम करते हैं। इसके कुछ भाग अनिवार्य होते हैं और कुछ का प्रयोग हम अपनी इच्छानुसार करते हैं। ये अतिरिक्त भाग कंप्यूटर या PC पर किए जा सकने वाले कार्यों की संख्या को बढ़ाते हैं, जिससे कंप्यूटर पर हम अपना काम अधिक कुशलता और आसानी से कर सकते हैं। कंप्यूटर के इन अनिवार्य और ऐच्छिक भागों के नाम इस टेबल में देखे जा सकते हैं–

अनिवार्य भाग	ऐच्छिक (Optional) भाग
▪ प्रॉसेसर (Processor)	▪ प्रिंटर (Printer)
▪ हार्ड डिस्क (Hard disk)	▪ स्कैनर (Scanner)
▪ रैम (RAM)	▪ मॉडम (Modem)
▪ डिस्प्ले/वीडियो कार्ड (Display/video card)	▪ डी. वी. डी. ड्राइव (DVD drive)
▪ की–बोर्ड (Keyboard)	▪ स्पीकर (Speaker)
▪ माउस (Mouse)	▪ ज़िप ड्राइव (ZIP Drive)
▪ ड्राइव : हार्ड डिस्क (Hard disk), फ्लॉपी डिस्क (Floppy disk) और सी.डी.–रोम (CD-ROM)	
▪ मॉनीटर (Monitor)	

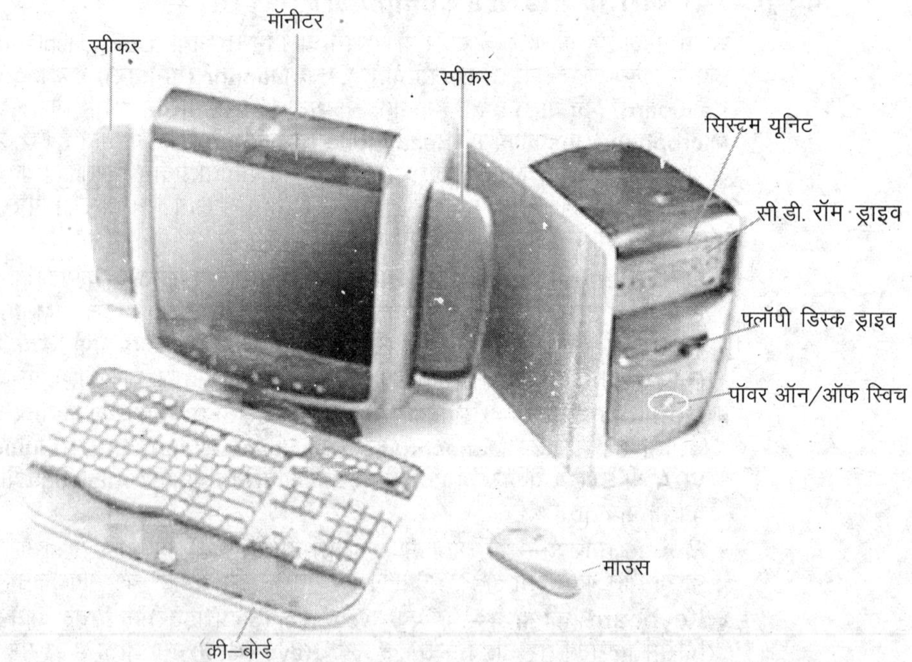

चित्र 1.1: PC के भाग

सिस्टम यूनिट (The System Unit)

System Unit (सिस्टम यूनिट), कंप्यूटर का सबसे महत्त्वपूर्ण भाग होता है। इसे हम 'PC का दिमाग' कह सकते हैं, क्योंकि यह PC पर किए जाने वाले सभी कामों को नियंत्रित (control) और संचालित (execute) करता है। **Windows operating system (विंडोज़ ऑपरेटिंग सिस्टम)** भी सिस्टम यूनिट में मौजूद रहता है। **की-बोर्ड**, **मॉनीटर**, **माउस**, **प्रिंटर** इत्यादि तारों (wires) द्वारा यूनिट से जुड़े रहते हैं। इन्हें प्लग द्वारा सिस्टम यूनिट के पिछले भाग से जोड़ दिया जाता है। **Hard Disk Drive (हार्ड डिस्क ड्राइव)**, **Floppy Disk Drive (फ्लॉपी डिस्क ड्राइव)** और **CD-ROM Drive (सी.डी. रॉम ड्राइव)** यूनिट के भीतर मौजूद रहते हैं। सिस्टम यूनिट के साथ कभी–कभी **DVD Drive (डी.वी.डी. ड्राइव)** और निकाले जा सकने वाले Storage devices भी जुड़े रहते हैं। कंप्यूटर के कुशल संचालन के लिए सिस्टम यूनिट से जुड़ा हर उपकरण जरूरी होता है। इस भाग में हम सिस्टम यूनिट के महत्त्वपूर्ण भागों पर चर्चा करेंगे, ताकि आप सिस्टम की कार्य–प्रणाली को अच्छी तरह समझ सकें।

क) **Hard Disk (हार्ड डिस्क)**— यह वह भाग है, जिसमें कंप्यूटर के सभी प्रोग्राम और डाटा जमा रहते हैं। इसीलिए इसे कंप्यूटर का **Memory Bank** भी कहा जाता है। हार्ड डिस्क की memory स्थायी होती है। इसीलिए कंप्यूटर को बंद करने पर भी इसमें जमा प्रोग्राम और डाटा डिलीट नहीं होते। आजकल हार्ड डिस्क की क्षमता को **Giga Bytes** (गीगा बाइट्स) या **GB** में मापा जाता है। पहले कंप्यूटरों की memory क्षमता **Mega Bytes** (मेगा बाइट्स) या **MB** तक सीमित रहती थी, किंतु आजकल **10GB**, **20GB** या **30GB** की क्षमतायुक्त PC लोकप्रिय हो गए हैं। हार्ड डिस्क की क्षमता जितनी अधिक होती है, उतनी ही अधिक मात्रा में software programs (सॉफ्टवेयर प्रोग्राम्स) तथा डाटा इसमें स्टोर किए जा सकते हैं।

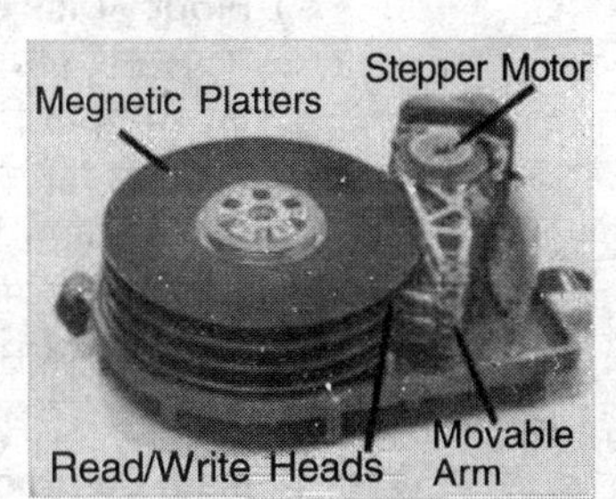

चित्र 1.2: हार्ड डिस्क

ख) **Mother Board (मदर बोर्ड)**— मदर बोर्ड Fibre glass का बना एक समतल प्लैटफॉर्म होता है, जिसपर PC के इलेक्ट्रॉनिक अवयव (Components) लगे रहते हैं। Fibre glass की प्लेट की सतह पर metal से बने connecting pins बारीक रेखाओं के रूप में स्थित होते हैं। ये पिन इन अवयवों को एक दूसरे के साथ जोड़ते हैं और कंप्यूटर का electronic circuit बनाते हैं। मदर बोर्ड को **Printed Circuit Board (PCB)** भी कहा जाता है।

ग) **Central Processing Unit (सेंट्रल प्रॉसेसिंग यूनिट)**— यह कंप्यूटर का सबसे अधिक महत्त्वपूर्ण भाग है। इसमें एक **microprocessor chip** रहता है, जो कंप्यूटर के लिए सोचने के सभी काम करता है और प्रयोगकर्ता के आदेशों तथा निर्देशों के अनुसार प्रोग्राम का संचालन करता है। विभिन्न प्रकार के **CPU chips** इस प्रकार हैं—

- Pentium (पेंटियम)
- Pentium Pro (पेंटियम प्रो)
- Pentium III (पेंटियम III)
- Pentium IV (पेंटियम IV)
- AMD Athlon (ए.एम.डी. एथलॉन)
- Intel Celeron (इन्टेल सेलेरॉन)
- AMD Duron (ए.एम.डी. ड्यूरॉन)
- Cyrix (साइरिक्स)

घ) **CD-ROM Drive (सी.डी. रोम ड्राइव)**— यह वह भाग है, जो **CD-ROM** डिस्क में संचित डाटा को पढ़ता है। **CD-ROM** वास्तव में **Compact Disk-Read Only Memory** का संक्षिप्त रूप है। इसके द्वारा हम इसमें दर्ज डाटा को केवल पढ़ सकते हैं। इसमें जमा डाटा को न तो बदला जा सकता है और न ही इसमें नया डाटा डाला जा सकता है। इसीलिए इसे **Read Only Memory** या **ROM** कहा जाता है। **CD-ROM** ड्राइव की गति को एक संख्या के बाद वर्णाक्षर (alphabet) 'X' लगाकर सूचित किया जाता है। यह संख्या बताती है कि डिस्क कितनी तेजी से घूम सकती है। डिस्क जितनी अधिक तेज गति से घूमती है, उतनी ही तेजी से डिस्क से कंप्यूटर में डाटा स्थानांतरित होता है। इस समय **56XCD-ROM** specification सबसे लोकप्रिय है। **CD** पर डाटा रिकॉर्ड करने के लिए एक विशेष **CD** ड्राइव का प्रयोग किया जाता है, जिसे **CD—RW** कहते हैं। **CD-ROM** डिस्क गोलाकार और समतल होता है। इसमें फ्लॉपी डिस्क की तुलना में बहुत अधिक डाटा जमा हो सकता है। आजकल **CD** ड्राइव के स्थान पर **DVD** ड्राइव का प्रयोग होता है।

चित्र 1.3: सी.डी. ड्राइव

ङ) **Floppy Disk Drive (फ्लॉपी डिस्क ड्राइव)**— कंप्यूटर के इस भाग द्वारा फ्लॉपी डिस्क से डाटा पढ़ा तथा स्टोर किया जा सकता है। फ्लॉपी डिस्क ड्राइव में फ्लॉपी डिस्क डालने के लिए एक slot, डिस्क को घुमाने के लिए एक मोटर तथा रिकॉर्ड करने/पढ़ने वाला एक उपकरण (device) मौजूद रहता है, जो डाटा को पढ़ने या लिखने के लिए डिस्क पर घूमता है। फ्लॉपी डिस्क [जिसे डिस्केट (Diskette) भी कहा जाता है] का प्रयोग हार्ड डिस्क के समान ही डाटा स्टोर करने के लिए किया जाता है। यह चुंबकीय रूप में डाटा को स्टोर करता है। जब जी चाहे, इसे निकाला भी जा सकता है, किंतु इसकी क्षमता 1.44MB होती है, जो हार्ड डिस्क (20GB या अधिक) से बहुत कम होती है। एक PC में 5¼" फ्लॉपी ड्राइव या 3½" फ्लॉपी ड्राइव या दोनों ही मौजूद हो सकती हैं।

च) **Math Co-processor Slot ('मैथ को-प्रॉसेसर' स्लॉट)**— कुछ कंप्यूटर्स में एक slot रहता है, जिसमें **Math Co-processor** को डाला जा सकता है। ये प्रॉसेसर CPU को गणितीय कैल्कयुलेशन करने में (यदि प्रोग्राम इसका प्रयोग करने के लिए बनाया गया है,) मदद करता है। 486 से ऊँची श्रेणी के कंप्यूटरों में अलग 'मैथ को–प्रोसेसर' नहीं होता, क्योंकि यह पहले से ही CPU chip में लगा रहता है।

छ) **RAM Chips (रैम चिप्स)**— **RAM** से तात्पर्य है **Random Access Memory**। यह कंप्यूटर का वह भाग है, जो अस्थायी तौर पर प्रोग्राम के डाटा को तब तक सँभालकर रखता है, जब तक कंप्यूटर काम करता रहता है। PC का स्विच 'ऑफ़' कर देने पर **RAM** में मौजूद डाटा नष्ट हो जाता है। किसी भी डाटा को हम केवल हार्ड डिस्क पर ही स्थायी रूप से स्टोर कर सकते हैं। **RAM**, chip memory के आधार पर **16MB, 32MB, 64MB, 128MB** इत्यादि के आकार में मिलते हैं।

ज) **RAM Chip Slots (रैम चिप स्लॉट)**— इन slots का प्रयोग अतिरिक्त **RAM chips** डालकर कंप्यूटर की **RAM** को बढ़ाने के लिए होता है।

झ) **Over Drive Chip (ओवर-ड्राइव चिप)**— यह कंप्यूटर की प्रॉसेसिंग की गति को बढ़ा देता है, जिससे कंप्यूटर की कार्यक्षमता भी बढ़ जाती है। आमतौर पर यह सामान्य PC के लिए जरूरी नहीं होता। यह अकसर Corporate कंपनियों द्वारा प्रयोग में लाया जाता है।

ा) **SCSI (एस.सी.एस.आई.)**— **SCSI** का तात्पर्य है – **Small Computer System Interface** । **SCSI** एक भीतरी कनेक्टर उपलब्ध कराता है, जिसके द्वारा आप कंप्यूटर को External storage devices (बाहरी स्टोरेज डिवाइस) जैसे– **DVD** ड्राइव, हार्ड डिस्क ड्राइव, **CD** ड्राइव, **ZIP** ड्राइव इत्यादि, के साथ जोड़ सकते हैं।

ट) **Power Supply Unit (पावर सप्लाई यूनिट)**— कंप्यूटर या PC के सभी भाग केवल तभी काम करते हैं, जब उन्हें बिजली की सप्लाई मिलती है। अधिकतर भागों को 5 वोल्ट बिजली की सप्लाई की आवश्यकता होती है, जबकि फ्लॉपी और हार्ड डिस्क के लिए लगभग 12 वोल्ट जरूरी होते हैं। इन भागों को यदि घरेलू बिजली सप्लाई से जोड़ दिया जाए, तो ये उपकरण जल जाएँगे। पावर–सप्लाई यूनिट अधिक voltage के प्रवाह को कम voltage के प्रवाह में बदलकर PC के उपकरणों को सुरक्षित रखती है।

ठ) **Disk Drive Control Card (डिस्क ड्राइव कंट्रोल कार्ड)**— यह कार्ड PC की डिस्क ड्राइव मोटरों (Disk Drive Motors) को नियंत्रित करता है, डाटा को कंट्रोल सर्किट (control circuitry) में स्थानांतरित (transfer) करता है और Read/Write head को डिस्क से डाटा एक्सेस करने का निर्देश देता है। पहले के कंप्यूटरों में एक slot होता था, जिसमें कार्ड को डाला जा सकता था। आजकल के कंप्यूटरों में इस कार्ड के लिए ऐसा कोई अलग slot नहीं होता; यह मदर बोर्ड (Mother board) में स्थायी रूप से प्रविष्ट रहता है।

ड) **Display / Video / Graphic Card (डिस्प्ले/वीडियो/ग्राफिक कार्ड)**— इसका प्रयोग डाटा दर्शाने के लिए किया जाता है। यह अप्रत्यक्ष रूप से कंप्यूटर की memory से संबंधित होता है। आजकल यह मदर बोर्ड में शामिल रहता है। बाजार में दो प्रकार के डिस्प्ले कार्ड उपलब्ध हैं। ये हैं— **PCI graphics card** और **AGP card**।

ढ) **Printer Adaptor Card (प्रिंटर एडॉप्टर कार्ड)**— कंप्यूटर में डाटा इसकी memory में जमा रहता है। इस डाटा का इस्तेमाल करने के लिए आपको इसे मॉनीटर पर देखना होता है या प्रिंट करना होता है। **Printer Adapter card** PC की memory, मॉनीटर और प्रिंटर के बीच संबंध बनाता है। यह मॉनीटर पर डाटा दर्शाने के साथ–साथ इन्हें प्रिंट करने में भी मदद करता है।

ण) **Expansion Slots (एक्सपेंशन स्लॉट)**— यह एक लंबा और पतला संयोजक (connector) होता है, जिसकी सहायता से आप **expansion** कार्ड (जिसे आमतौर पर **adaptor** कार्ड भी कहा जाता है) साउंड कार्ड, नेटवर्क कार्ड इत्यादि को कंप्यूटर में प्लग द्वारा जोड़ सकते हैं। ये Expansion कार्ड कुछ अतिरिक्त विकल्प उपलब्ध कराते हैं, जो आमतौर पर PC में नहीं मिलते हैं।

त) **ROM Chips (रोम चिप्स)**— ROM chips में निर्माण के दौरान वह डाटा लिखा जाता है, जो CPU को बताता है कि कंप्यूटर का स्विच 'ऑन' रहने पर वह क्या काम करेगा। PC का स्विच ऑफ करने पर भी इसमें डाटा सुरक्षित रहता है।

थ) **Sound Card (साउंड कार्ड)**— इस कार्ड की सहायता से आप ध्वनि तथा संगीत सुन सकते हैं। यह साउंड कार्ड डिजिटल सूचना को विद्युत सिग्नलों (Electric signals) में बदल देता है, जिनका प्रयोग स्पीकरों द्वारा किया जाता है। स्पीकर को साउंड कार्ड के साथ जोड़ने पर इसमें से ध्वनि उत्पन्न होती है।

सिस्टम यूनिट का आकार (The Shape of a System Unit)

सिस्टम यूनिट दो आकारों – **Desktop type** और **Tower type**— में मिलते हैं, हालांकि **Desktop** सिस्टम यूनिट अब पुराने हो गए हैं और **Tower** type सिस्टम लोकप्रिय हो रहे हैं। सभी PC अनिवार्य रूप से एक ही तरीके से काम करते हैं। सिस्टम यूनिट के आकार से इनके काम पर कोई प्रभाव नहीं पड़ता। **Desktop** तथा **Tower** type के सिस्टम यूनिट नीचे दिए गए चित्र में दिखाए गए हैं।

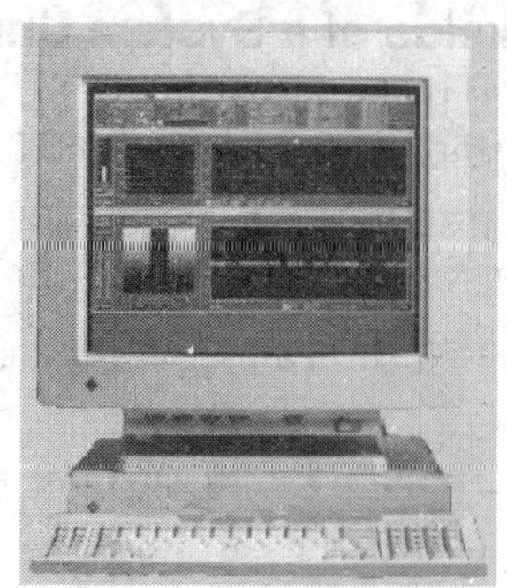

चित्र 1.4: Desktop type **सिस्टम यूनिट**

चित्र 1.5: Tower type **सिस्टम यूनिट**

Laptop कहे जाने वाले पोर्टेबल कंप्यूटर अब काफी लोकप्रिय हो गए हैं जिन्हें **Notepad** भी कहा जाता है। इनमें एक सिस्टम यूनिट, एक की–बोर्ड और एक मॉनीटर होता है, जो एक यूनिट के रूप में संयोजित रहते हैं। पोर्टेबल कंप्यूटरों में भी वही भाग होते हैं, जो **Desktop** तथा **Tower** प्रकार के सिस्टम यूनिटों में होते हैं। हालांकि इनके बीच केवल आकार का अंतर पाया जाता है। बंद कर देने पर पोर्टेबल कंप्यूटरों का आकार एक बड़ी नोटबुक के बराबर हो जाता है। **Laptop** ऐसे लोगों के लिए उपयोगी रहते हैं, जो अकसर यात्रा करते रहते हैं, जैसे– व्यापारी, एक्जीक्यूटिव, पत्रकार इत्यादि।

चित्र 1.6: लैपटॉप

सिस्टम यूनिट का सामने वाला भाग (The Front Part of a System Unit)

अब हम सिस्टम यूनिट के सामने दिखाई देने वाले भाग के बारे में जानेंगे। इस भाग में दिखने वाले विभिन्न अवयव और उनके कार्य निम्नलिखित होते हैं –

क) **Power Switch (पावर स्विच)**— इसका प्रयोग PC के लिए बिजली को चालू (on) या बंद (off) करने के लिए किया जाता है।

ख) **Reset Button (रीसेट बटन)**— इस बटन द्वारा आप पावर–सप्लाई बंद किए बिना कंप्यूटर को दोबारा शुरू कर सकते हैं।

ग) **Lights (लाइट्स)**— सिस्टम यूनिट के अगले पैनल में कई तरह की सूचक बत्तियाँ (indicator lights) होती हैं, जिनमें पावर (power) और टर्बो (turbo) संकेत शामिल हैं। इन बत्तियों का प्रयोग यह दर्शाने के लिए किया जाता है कि क्या हार्ड डिस्क, फ्लॉपी डिस्क या CD-ROM को पढ़ा या लिखा जा रहा है?

घ) **Floppy Disk Drive (फ्लॉपी डिस्क ड्राइव)**— इसका प्रयोग फ्लॉपी डिस्क (जिसे diskette भी कहा जाता है) में जमा डाटा को पढ़ने के लिए किया जाता है। सिस्टम यूनिट में एक slot होता है, जिसमें फ्लॉपी डिस्क को डाला जा सकता है।

ङ) **CD—ROM Drive (सी.डी.–रोम ड्राइव)**— इस का प्रयोग CD-ROM डिस्क में संचित डाटा को पढ़ने के लिए किया जाता है।

च) **Removable Storage Drives (निकाली जा सकने वाली स्टोरेज ड्राइव्स)**— कंप्यूटर के साथ जोड़े जा सकने योग्य इस उपकरण में बड़ी मात्रा में डाटा स्टोर किया जा सकता है। उदाहरण के लिए– **Zip Disk (ज़िप डिस्क)** जिसे कंप्यूटर से निकाला जा सकता है–एक डिस्क है, जो 3½" आकार वाली फ्लॉपी डिस्क से मिलती–जुलती है । यह अतुलनीय मात्रा में डाटा (100MB या उससे अधिक) को स्टोर करने की क्षमता रखती है। अन्य बाहरी स्टोरेज उपकरण हैं – **CD Writer** और **Rewriters** इत्यादि।

सिस्टम यूनिट का पिछला भाग (The Backside of a System Unit)

सिस्टम यूनिट के पिछले भाग में विभिन्न प्रकार के ports (पोर्टस) बने रहते हैं। इन्हें **Parallel Port**, **Serial Port** तथा **Universal Serial Bus (USB)** कहा जाता है। इनका संक्षिप्त विवरण इस प्रकार है–

क) **Power in and Out Sockets (पॉवर इन और आउट सॉकेट्स)**— इनमें प्लग द्वारा वे तार जुड़े रहते हैं, जो बिजली को उसके स्विच से सिस्टम यूनिट में तथा सिस्टम यूनिट से मॉनीटर में पहुँचाते हैं।

ख) **Serial Ports (सीरियल पोर्टस)**— यह PC को माउस या मॉडम से जोड़ता है। अधिकतर कंप्यूटरों में दो Serial ports रहते हैं।

ग) **Video/Monitor Port (वीडियो/मॉनीटर पोर्ट)**— मॉनीटर से जाने वाला एक तार प्लग द्वारा **Video/Monitor port** में जुड़ा रहता है। यह डाटा को मॉनीटर तक पहुँचाता है।

घ) **Parallel Port (पैरेलल पोर्ट) :** इसे **Printer port** भी कहा जाता है। आमतौर पर इसका प्रयोग कंप्यूटर को प्रिंटर के साथ जोड़ने के लिए किया जाता है। इसका सबसे बड़ा गुण डाटा स्थानांतरित करने की इसकी गति है। यह गति **Serial port** से आठ गुना तेज होती है।

ङ) **Keyboard Port (की-बोर्ड पोर्ट)**— 'की–बोर्ड' से जाने वाला तार प्लग द्वारा इसमें जुड़ा रहता है।

च) **Universal Serial Bus Port (यूनिवर्सल सीरियल बस पोर्ट)**— इसका प्रयोग किसी भी उपकरण (माउस, प्रिंटर आदि) को **USB Connection** के साथ जोड़ने के लिए किया जाता है।

छ) **Fan Housing (फैन हाउसिंग)**— किसी भी काम के दौरान PC में लगे इलेक्ट्रॉनिक उपकरण अत्यधिक मात्रा में ताप (heat) पैदा करते हैं। फलतः सिस्टम के (आवश्यकता से) अधिक गरम हो जाने की आशंका बनी रहती है। सिस्टम से इस अतिरिक्त गरमी को दूर करने के लिए यूनिट के पिछले भाग में एक पंखा लगा रहता है, जो सिस्टम के अन्दर से इस अधिक ताप को बाहर फेंकता है। इस पूरी प्रक्रिया को **Fan Housing** कहते हैं।

ज) **Audio Jack (ऑडियो जैक)**— इसका प्रयोग स्पीकर, हेडफोन, माइक्रोफोन आदि उपकरणों को जोड़ने के लिए किया जाता है।

झ) **Modem Jack (मॉडम जैक)**— इस का प्रयोग मुख्यतः Internal Modem (भीतरी मॉडम) लगे होने पर किया जाता है।

ञ) **Small Computer System Interface [SCSI] Port (स्मॉल कंप्यूटर सिस्टॅम इंटरफेस पोर्ट)**— SCSI port का प्रयोग External Hard disk (बाहरी हार्ड डिस्क), **DVD** ड्राइव या **Scanner (स्कैनर)** को जोड़ने के लिए किया जाता है।

ट) **Network Port (नेटवर्क पोर्ट)**— इसके द्वारा आप नेटवर्क में एक कंप्यूटर को दूसरे कंप्यूटर से जोड़ सकते हैं।

सेंट्रल प्रॉसेसिंग यूनिट (The Central Processing Unit)

कंप्यूटर के इस सबसे महत्त्वपूर्ण भाग में वास्तविक प्रॉसेसिंग अर्थात् गणितीय (mathematical) तथा तार्किक (logical) प्रॉसेसिंग होती है। यह कंप्यूटर में होने वाले सभी कामों को निपटाने के लिए मस्तिष्क का काम करता है। तकनीकी शब्दावली में CPU को **Microprocessor (माइक्रोप्रॉसेसर)** भी कहा जाता है।

CPU में कंप्यूटर प्रोग्राम के रूप में निर्देश लिखे जाते हैं, जो CPU द्वारा क्रमवार पूरे किए जाते हैं। इसकी क्षमता इन निर्देशों को तेज गति से तथा बिना किसी गलती के पूरा कर पाने की योग्यता पर निर्भर करती है। किसी भी कंप्यूटर की processing क्षमता, CPU द्वारा process किए गए डाटा की मात्रा पर निर्भर करती है।

The Speed of the CPU (CPU की गति)— **CPU** की गति को **Mega Hertz - MHz (मेगा हट्र्ज)** में मापा जाता है। कंप्यूटर में एक केंद्रीय घड़ी (central clock) होती है, जो इसके अवयवों को एक–दूसरे के अनुकूल बनाए रखती है। घड़ी जितनी तेज़ गति से चलती है, उतनी ही तेज़ गति से कंप्यूटर काम करता है। पिछले वर्षों में कंप्यूटर की गति में काफी सुधार हुआ है। विश्व की बड़ी सॉफ्टवेयर कंपनियों में से एक **Intel** ने हाल ही में एक **Pentium IV** प्रॉसेसर बनाया है, जिसकी गति 1700MHz (1.7GHz) है। Pentium के अतिरिक्त कुछ अन्य प्रॉसेसर, जैसे— **Intel Celeron, AMD Athlon, AMD Duron** इत्यादि भी मौजूद हैं, जिनकी गति 600MHz से 1200MHz (1.2GHz) और इससे भी अधिक है। चित्र 1.7 में **Intel 4004** प्रॉसेसर दिखाया गया है, जो विश्व के पहले कुछ प्रॉसेसरों में से एक है। चित्र 1.8 में **Intel Pentium II** प्रॉसेसर दिखाया गया है।

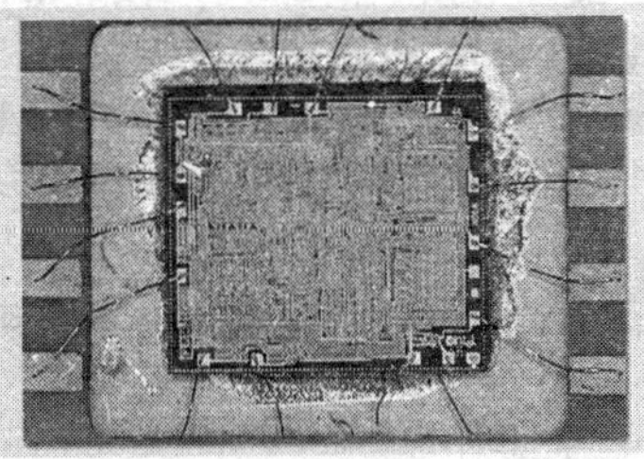

चित्र 1.7: Intel 4004 **प्रॉसेसर**

चित्र 1.8: Intel Pentium II **प्रॉसेसर**

कंप्यूटर की मेमोरी (The Memory of a Computer)

कंप्यूटर पर किए जाने वाले हर काम के पीछे लगने वाला मस्तिष्क होने के बावजूद CPU को हमे वह डाटा देना पड़ता है, जिसे प्रॉसेस किया जाना है तथा इसे वह निर्देश भी दिए जाते हैं कि वह इस डाटा का क्या करे। दिए गए निर्देशों को पूरा करने के बाद परिणाम को यह अपनी memory में स्टोर कर लेता है। सिस्टम की memory मुख्यतः दो प्रकार की होती है। ये हैं: **Random Access Memory (RAM)** तथा **Read Only Memory (ROM)**। अब आप इनके बारे में जानकारी हॉसिल करें –

Random Access Memory — यह कंप्यूटर द्वारा प्रयुक्त सबसे महत्त्वपूर्ण memory है। इसकी क्षमता को अकसर Mega bytes (MB) में मापा जाता है। इस प्रकार की memory का प्रयोग डाटा तथा application प्रोग्राम्स को स्टोर करने के लिए किया जाता है। यह memory read-write है और अस्थिर (volatile) होती है। इसका अर्थ है कि सिस्टम को बंद (off) कर देने से डाटा नष्ट हो जाता है। आजकल कंप्यूटर सिस्टम में मुख्यतः दो प्रकार की RAM का प्रयोग किया जाता है। ये हैं– **Dynamic RAM (डायनेमिक रैम)** तथा **Static RAM (स्टैटिक रैम)**। **Dynamic RAM** धारिता पर आधारित होती है, जबकि **Static RAM** स्विच पर आधारित होती है। इन दोनों के गुण और दोष इस प्रकार हैं–

	गुण	दोष
Dynamic RAM (डायनेमिक रैम)	सस्ती उच्च घनत्व (Density)	धीमी लगातार बिजली की supply आवश्यक
Static RAM (स्टैटिक रैम)	तेज पुनः संचारित करने की आवश्यकता नहीं होती।	अधिक महँगी अल्प घनत्व (Density)

रीड ओन्ली मेमॅरी (Read Only Memory)— इस प्रकार की memory स्थायी होती है अर्थात् इसे बदला नहीं जा सकता। Boot करते समय (अर्थात् हर बार कंप्यूटर का स्विच ऑन करने पर) **ROM** कंप्यूटर के सभी भागों को शुरू करने के निर्देश स्टोर करती है। **ROM** स्थिर होती है। इसका अर्थ है कि सिस्टम की बिजली की आपूर्ति बंद कर देने पर इसमें संचित डाटा लुप्त नहीं होता।

PROM का मतलब है – **Promgrammable ROM (प्रोग्रामेबल रॉम)**। **EPROM** का मतलब है – **Eraseable Programmable ROM (इरेज़ेबल प्रोग्रामेबल रॉम)** यह एक विशेष प्रकार की 'रॉम' (ROM) है, जिसे प्रयोगकर्ता भी प्रोग्राम कर सकता है। इसे Ultra violet (अल्ट्रा–वॉयलेट) प्रकाश में रखने पर इसके डाटा को मिटाया भी जा सकता है। **EEPROM** का मतलब है – **Electrically Eraseable Programmable ROM (इलेक्ट्रीकली इरेजेबल प्रोग्रामेबल रॉम)**। यह एक विशेष प्रकार की ROM है, जिसे प्रयोगकर्ता द्वारा प्रोग्राम किया जा सकता है। इसके डाटा को एक **Input pin (इनपुट पिन)** पर खास voltage का प्रयोग करके तथा उचित समय संकेत लागू करके मिटाया जा सकता है।

मॉनीटर (The Monitor)

PC का **मॉनीटर** (चित्र 1.9) एक टेलीविज़न स्क्रीन के समान काम करता है। यह लिखित डाटा और चित्रों को black and white या विभिन्न रंगों में दर्शाता है। मॉनीटर को कभी–कभी **Screen (स्क्रीन)**, **Display (डिस्प्ले)** या **CRT (Cathode Ray Tube)** भी कहा जाता है। PC पर बनने वाली आकृतियाँ प्रयोग किए जाने वाले स्क्रीन पर निर्भर करती हैं। ये आक तियाँ नन्हें–नन्हें बिंदुओं, जिन्हें **Pixels (पिक्सेल्स)** कहा जाता है, से मिलकर बनी होती हैं।

चित्र 1.9: मॉनीटर

'की–बोर्ड' से टाइप किया गया डाटा मॉनीटर पर दिखाई देता है। जब किसी प्रोग्राम पर काम किया जाता है, तो इससे संबंधित निर्देश मॉनीटर पर दिखाई देते हैं, हालांकि स्क्रीन पर ये परिणाम तब तक अस्थायी होते हैं, जब तक इन्हें हार्ड डिस्क में 'सेव' न कर लिया जाए।

आजकल बाजार में विभिन्न प्रकार के मॉनीटर उपलब्ध हैं। जैसे— **Monochrome** (एकरंगी) मॉनीटर, **Colour** (रंगीन) मॉनीटर इत्यादि। Monochrome मॉनीटरों तथा Colour मॉनीटरों में Resolution (स्क्रीन पर दिखने वाले चित्रों की स्पष्टता) में अंतर पाया जाता है। Resolution जितना अधिक होता है, मॉनीटर का मूल्य भी उतना ही अधिक रहता है। प्रायः Colour मॉनीटरों का 'Resolution अधिक होता है। उच्च Resolution से युक्त मॉनीटरों का प्रयोग खास कामों जैसे— चित्र और ग्राफिक बनाने के लिए किया जाता है।

हालाँकि **CRT** मॉनीटर भी काफी प्रचलित हैं, किंतु हाल में **LCD** (**Liquid Crystal Display**) मॉनीटरों की माँग बढ़ने लगी है। इन (LCD) मॉनीटरों का स्क्रीन एक खास पदार्थ (liquid crystal) द्वारा बना होता है। इन मॉनीटरों पर दिखाई देनेवाले चित्र पुराने मॉनीटरों की तुलना में अधिक स्पष्ट होते हैं। हालाँकि यह CRT मॉनीटर से अधिक मूल्य का होता है, किंतु LCD मॉनीटर हलके और पतले होते हैं। इनमें बिजली की खपत भी कम होती है।

माउस (The Mouse)

माउस हथेली और अंगुलियों की पकड़ में आ सकने वाला एक उपकरण है, जिसके तले में एक **Tracking Ball** तथा ऊपरी भाग पर आगे की ओर दो बटन लगे होते हैं। हाथ द्वारा चलाए जाने वाले इस उपकरण से आप अपने कंप्यूटर को 'की–बोर्ड' से निर्देश टाइप किए बिना भी संचालित कर सकते हैं। यह आपके कंप्यूटर के स्क्रीन पर कहीं भी चला जाता है और कमांड्स को activate करता है। 'की–बोर्ड' की तुलना में माउस के द्वारा आप कंप्यूटर पर आसानी से और अधिक तेजी से काम कर सकते हैं। कुछ सॉफ्टवेयर, जैसे— **Paint, Corel Draw, Photoshop** इत्यादि, जिन्हें डिजाइन बनाने के लिए ही तैयार किया गया है, माउस के बिना काम नहीं कर सकते।

माउस आमतौर पर दो प्रकार के होते हैं –

- दो बटनों वाला; और
- तीन बटनों वाला

चित्र 1.10: माउस का ऊपरी दृश्य

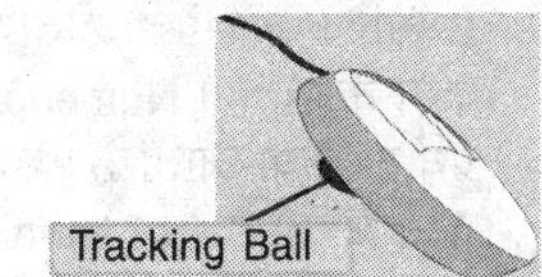

चित्र 1.11: माउस का साइड व्यू

की-बोर्ड (The Keyboard)

की–बोर्ड टाइपराइटर जैसा उपकरण होता है जिसमें कंप्यूटर में सूचनाएँ दर्ज करने के लिए **keys (कीज़)** होती हैं। बाज़ार में की–बोर्ड के दो मॉडल उपलब्ध हैं –

- **Standard** की–बोर्ड, जिसमें 83-84 keys होती हैं तथा
- **Enhanced** 'की–बोर्ड', जिसमें 104 या इससे अधिक keys होती हैं। चित्र 1.12 **Enhanced** की–बोर्ड दर्शा रहा है।

चित्र 1.12: Enhanced की-बोर्ड

कंप्यूटर की–बोर्ड पर बनी keys और उनके द्वारा किए जाने वाले कामों का विवरण इस प्रकार है –

Typewriter Keys (टाइपराइटर कीज़)— ये 'की–बोर्ड' की सामान्य keys हैं। इनमें letters (अक्षरों), Numbers (संख्याओं) तथा punctuation marks (विराम–चिन्हों) की keys शामिल होती हैं। इन keys का प्रयोग कंप्यूटर के स्क्रीन पर लिखने और डिज़ाइन बनाने के लिए किया जाता है। प्रायः कुछ keys विभिन्न कमांड्स के लिए शॉर्ट कट का काम भी करती हैं।

Function Keys (फंक्शन कीज़)— F1 से लेकर F12 संख्या तक चिन्हित ये keys 'की–बोर्ड' के सबसे ऊपरी भाग में रहती हैं। इनके द्वारा किए जाने वाले काम प्रयोग किए जाने वाले सॉफ्टवेयर पर निर्भर करते हैं।

Cursor Control Keys (कर्सर कंट्रोल कीज)— इन keys ←,→,↑,↓ को क्रमशः Left, Right , Up तथा Down arrow keys कहा जाता है। इनके द्वारा आप कर्सर को एक बार में एक अक्षर या एक पंक्ति दाएँ, बाएँ, ऊपर या नीचे ले जा सकते हैं। 'की'–बोर्ड' पर arrow keys के ठीक ऊपर कुछ और cursor control keys भी मौजूद रहती हैं। ये इस प्रकार हैं –

- **Page Up Keys (पेज अप कीज़)**— इनका प्रयोग डॉक्यूमेंट के पिछले पृष्ठ पर जाने के लिए किया जाता है।
- **Page Down Keys** (**पेज डाउन कीज़**)— इनका प्रयोग अगले पृष्ठ पर जाने के लिए किया जाता है।
- **Home Key** (**होम की**)— इसका प्रयोग कर्सर को डॉक्यूमेंट में सबसे ऊपर या पंक्ति के शुरू में लाने के लिए होता है।
- **End Key** (**एंड की**)— यह Key कर्सर को डॉक्यूमेंट या पंक्ति के अंत में ले जाती है।
- **Numeric (NUM) Key Pad** (**न्यूमेरिक की पैड**)— की–बोर्ड की दाईं ओर **Numeric Key Pad** (न्यूमेरिक की–पैड) होता है, जिसमें कैलक्युलेटर के समान keys होती हैं। इनमें से कुछ keys दो काम करती हैं। Numeric keys के दोनों कार्यों को आपस में बदलने के लिए **Num Lock** key का प्रयोग किया जाता है। उदाहरण के लिए– संख्या 7 युक्त key, **Home** key के रूप में केवल तभी काम करती है, जब **Num Lock** key ऑफ होती है। जब **Num Lock** key ऑन (की–बोर्ड में सबसे ऊपर लगी हरी बत्ती द्वारा सूचित) होती है, तो 1,2,3,4,5,6,7,8,9,0 चिन्हित keys, Numeric keys के रूप में काम करती हैं। इनमें से किसी को भी दबाने पर स्क्रीन पर एक संख्या दिखाई देती है।
- **Caps Lock Key** (**कैप्स लॉक की**)— सामान्यतया अक्षर **Lower case** में ही टाइप होता है। यदि आप एक बार **Caps Lock** key को दबा दें (अर्थात् जब Caps Lock की सूचक बत्ती जल जाए), तो टाइप किया जाने वाला अक्षर **Upper case** में टाइप होता है। इसे वापस **Lower case** में टाइप करने के लिए एक बार फिर **Caps Lock** दबा दें।
- **Shift Key** (**शिफ्ट की**)— इसको दबाकर यदि आप कोई अक्षर key दबाएँ, तो वह Upper case अक्षर में ही टाइप होगी। यदि Caps Lock 'ऑन' की स्थिति में हो, तो यह क्रिया उलट जाएगी। जब एक key पर दो चिन्ह या कैरेक्टर बनें हों, तब **Shift key** दबाने से ऊपरी चिन्ह स्क्रीन पर दिखाई देगा। ऊपरी चिन्ह इस प्रकार हैं– ! @ # $ % ^ & * ( ) - + : { } " : < > ? इत्यादि।
- **Ctrl और Alt Keys** (**कंट्रोल एवं आल्ट कीज़**)— **Ctrl** एवं **Alt** keys का प्रयोग अकसर कोई विशेष काम करने के लिए अन्य keys के साथ संयुक्त रूप में किया जाता है। जैसे– Ctrl और C को एक साथ दबाने से MS-DOS में चल रहा या एक्ज़ीक्यूट होने वाला कमांड एकदम बंद हो जाता है और आप DOS प्रॉम्प्ट पर लौट आते हैं। Ctrl, Alt और Del keys को एक साथ क्रमवार दबाने से मशीन स्वयं ही दोबारा शुरू हो जाती है।

- **Enter / Return (एंटर/रिटर्न)**— **Enter** key को **Return** key भी कहा जाता है। इसका प्रयोग मुख्य रूप से दो कार्यों के लिए किया जाता है। पहला—यह PC को सूचना देता है कि आपने निर्देश देने का काम छोड़ दिया है। अतः वहाँ दिए गए निर्देशों को प्रॉसेस या एक्ज़ीक्यूट करें। दूसरा—'माइक्रोसॉफ्ट वर्ड' प्रोग्राम का प्रयोग करते समय **Enter** key दबाने पर नया पैराग्राफ या पंक्ति शुरू हो जाती है।
- **Tab Key (टैब 'की)**— यह कर्सर को एक पूर्वनिर्धारित स्थान पर आगे ले जाती है। इसके द्वारा आप पैराग्राफ शुरू कर सकते हैं तथा कॉलम, टेक्स्ट या संख्याओं को एक सीध में लिख सकते हैं। कुछ सॉफ्टवेयरों में यह मेन्यू में एक विकल्प से दूसरे विकल्प पर जाने में मदद करती है।
- **Escape (Esc) Key (एस्केप 'की')**— अधिकांश एप्लिकेशन्स में तभी की गई प्रविष्टि या दिए गए कमांड को रद्द करने या नज़रअंदाज करने के लिए आप **Esc** Key का प्रयोग कर सकते हैं।
- **Delete Key (डिलीट 'की')**— कर्सर की दाईं ओर लिखे कैरेक्टर या स्पेस (एक बार में एक कैरेक्टर या स्पेस) को आप इसको दबाकर मिटा सकते हैं।
- **Backspace Key (बैकस्पेस 'की')**— इसे दबाकर आप कर्सर के बाईं ओर लिखे अक्षर को मिटा सकते हैं। ऐसा करने पर कर्सर अन्त में टाइप किए गए अक्षर को मिटाते हुए बाईं ओर लौटता है।

स्टोरेज मीडिया-डिस्क (Storage Media—The Disk)

भविष्य में प्रयोग करने के लिए महत्त्वपूर्ण फाइलों को PC में स्टोर कर लिया जाता है। कभी—कभी सिस्टम पर जब कोई virus आक्रमण कर देता है, तो ये फाइलें खराब हो जाती हैं। महत्त्वपूर्ण फाइलों को सेव करने के लिए हम **Magnetic disk** का प्रयोग करते हैं। इस डिस्क की सहायता से आप अपने महत्त्वपूर्ण डाटा और सूचनाओं को स्थायी रूप से स्टोर करके सुरक्षित रख सकते हैं।

Disk storage system अनिवार्य रूप से magnetic गुणों पर आधारित है। इसमें उसी सिद्धांत का प्रयोग होता है, जो साधारण टेप—रिकॉर्डर में किया जाता है। एक rotating डिस्क पर छोटे magnetic particles की परत बनी होती है। डाटा लिखते समय एक write head डिस्क के surface पर मौजूद particles को North pole या South pole के रूप में चुंबकीय शक्ति देता है। डाटा को पढ़ते समय एक read head डिस्क के surface पर बने चुंबकीय ध्रुवीकरण (Polarisation) को Pulses के क्रम में बदल देता है। डिस्क से पढ़े या लिखे जा सकने वाले सबसे छोटे यूनिट को **sector (सेक्टर)** कहा जाता है। जब डिस्क यूनिट को लिखने या पढ़ने का निर्देश मिलता है, तो सेक्टर read/write head तक पहुँचने में थोड़ा समय लगाता है।

चित्र 1.13: **बाहरी ज़िप ड्राइव**

आजकल डाटा—इकट्ठा करने के लिए आमतौर पर **CD** का प्रयोग किया जाता है, किंतु लाखों—करोड़ों कंप्यूटर प्रयोगकर्ताओं में **Zip Disk (ज़िप डिस्क)** अधिक लोकप्रिय होती जा रही है, क्योंकि इनमें भरपूर मात्रा में डाटा को स्टोर करने की क्षमता होती है।

स्टोरेज माध्यम के प्रकार

माध्यम	स्टोरेज क्षमता	तकनीकी नाम	गति
CD-ROM	650 MB (विशेष कार्यों के लिए 720 MB)	Compact Disk-Read Only Memory	उच्च गति (8X-56X)
Floppy (3½")	1.44 MB	DSHD (Double-sided high density)	सी.डी.–रॉम से कम
Tape Drive (QIC drive)	10-40 GB	Quarter-Inch Cartridge	डाटा को पुनः प्राप्त करने में तेज गति
Zip Drive	100 MB या अधिक		3½" फ्लॉपी ड्राइव से तेज। सिस्टम के configuration पर भी निर्भर करती है।

प्रिंटर (The Printer)

Printer (प्रिंटर) वह उपकरण है, जो कागज पर प्रतिक ति (संख्याएँ, अक्षर, ग्राफ इत्यादि के रूप में) बनाता है। कंप्यूटर पर अपना डॉक्यूमेंट तैयार करने के पश्चात् आप इसकी Hard copy (हार्ड कॉपी) प्रिंट करने के लिए इसे प्रिंटर पर भेज सकते हैं, जिसे सामान्य तौर पर **Printout (प्रिंटआउट)** कहा जाता है। प्रिंटर की गति **pages per minute (ppm)** प्रिंट करने अथवा **characters per second (cps)** प्रिंट करने के आधार पर तय की जाती है। प्रिंटर दो मॉडलों में मिलते हैं – **Colour** प्रिंटर तथा **Black and White** प्रिंटर। **Colour** प्रिंटरों की गति **Black and White** प्रिंटरों की तुलना में कम होती है तथा वे महँगे भी होते हैं। आमतौर पर प्रयोग किए जाने वाले प्रिंटरों की विशेषताएँ निम्नलिखित हैः

चित्र 1.14: Laser **प्रिंटर**

प्रिंटर का नाम	गति	मूल्य	तकनीक
DOT-MATRIX (डॉट मेट्रिक्स प्रिंटर)	25-450 cps या 1-18 ppm	सस्ता है	Impact द्वारा काम करता है।
INKJET (इंकजेट प्रिंटर)	0.5 से 4 ppm	Colour Laser प्रिंटर से कम महँगा	छिद्रों द्वारा प ष्ठ पर स्याही को छिड़कता है
LASER (लेज़र प्रिंटर)	4-24 ppm	महँगा	एक पाउडरनुमा स्याही (toner) का प्रयोग करता है।

आजकल लोकप्रिय हो रहे अन्य प्रिंटर हैं : **LED (Light Emitting Diode)** प्रिंटर तथा **Multi-Functional** प्रिंटर। **LED** प्रिंटर आकार में **Laser** प्रिंटर से छोटा होता है। यह तो नाम से ही पता चलता है कि **Multi-Functional** प्रिंटर एक से अधिक (Fax मशीन, Photo-copy मशीन तथा Scanner) काम कर सकता है।

स्कैनर (The Scanner)

Scanner (स्कैनर) वह उपकरण है, जो टाइप किए हुए या हाथ से लिखे गए टेक्स्ट, ग्राफ, रेखाचित्र या चित्र को कंप्यूटर में स्थानांतरित कर सकता है। आवश्यक डाटा या चित्र की प्रतिलिपि कागज पर बनाने के बजाय **Scanner** इन्हें कंप्यूटर की memory में स्टोर कर लेता है।

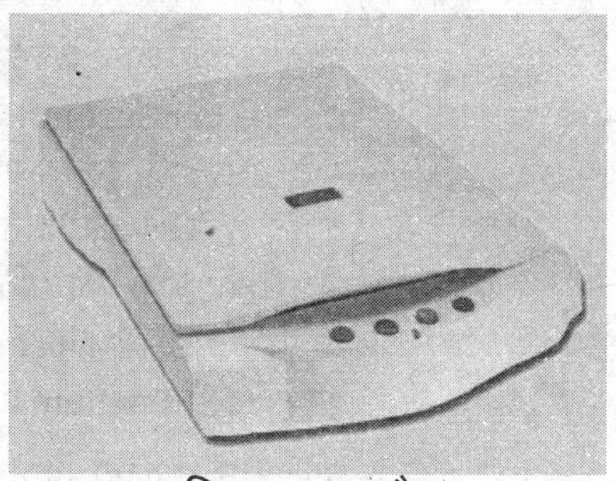

चित्र 1.15: **स्कैनर**

Scanner का प्रयोग कई प्रकार से किया जा सकता है। इनका प्रयोग चित्रों और महत्त्वपूर्ण दस्तावेजों को उनके मूल रूप में स्टोर करने के अलावा अधिक मात्रा में लिखित डाटा, जिसे टाइप करना बहुत कठिन और उबाऊ हो सकता है, को scan करने के लिए भी किया जा सकता है। प्रयोग में आने वाले **Scanner** आमतौर पर दो प्रकार के होते हैं –

स्कैनर का नाम	कार्य-पद्धति	विशेषताएँ
FLATBED	पुस्तक का एक प ष्ठ या कागज की एक शीट स्कैन करता है।	महँगा तथा कम compact है।
HANDHELD	जिस आक ति को आप स्कैन करना चाहें, उस पर हाथ द्वारा स्कैनर को घुमा सकते हैं।	सस्ता तथा portable है।

मॉडम (The Modem)

तकनीकी शब्दावली में **Modem (मॉडम)** को **Modulator-Demodulator (मॉड्यूलेटर-डिमॉड्यूलेटर)** कहा जाता है। यह एक इलेक्ट्ॅानिक उपकरण है, जिसकी सहायता से प्रोग्राम्स और डाटा को दुनिया भर में टेलीफोन लाइनों द्वारा संचारित किया जा सकता है। मॉडम का प्रमुख काम digital सिग्नलों को analog सिग्नलों में तथा इसके विपरीत क्रम में बदलना है। मॉडम की सहायता से आप Online और Bulettin board sevices में भाग ले सकते हैं अथवा मॉडम से जुड़े किसी भी स्थान पर मौजूद अन्य कंप्यूटरों के साथ संपर्क स्थापित कर सकते हैं।

चित्र 1.16: **बाहरी मॉडम**

मॉडम, एक PC के भीतर लगे कार्ड (Internal modem) के रूप में या एक बाहरी उपकरण के रूप में तार द्वारा PC के सीरियल पोर्ट के साथ जुड़ा (External modem) हो सकता है। टेलीफोन की लाइन मॉडम को टेलीफोन सेवा के साथ जोड़ती है।

मॉडेम का प्रयोग विभिन्न कार्यों, जैसे— इलेक्ट्रॉनिक मेल भेजने, बैंकिंग, यात्रा, रिज़र्वेशन इत्यादि में किया जाता है। कुछ मॉडमों में ऐसे सॉफ्टवेयर लगे होते हैं, जिनकी सहायता से आप अपने कंप्यूटर पर बनी फाइलों को Fax मशीन पर भेज सकते हैं।

कंप्यूटर्स के विभिन्न प्रकार (Different Types of Computers)

आजकल बाज़ार में विभिन्न प्रकार के कंप्यूटर उपलब्ध हैं। कंप्यूटरों में भिन्नता उनके प्रॉसेसरों (जिन्हें chips भी कहा जाता है) की गति के आधार पर पाई जाती है। सॉफ्टवेयर कंपनी **Intel** ने सबसे पहले उच्च गति के प्रॉसेसर, जैसे– **PII, PIII, PIV** इत्यादि का निर्माण किया है। इन chips को एक दूसरे से (उनकी संख्या के आधार पर) अलग पहचाना जाता है, जिससे उनकी गति का पता चलता है। बाज़ार में मिलने वाले अन्य प्रॉसेसर हैं : **Intel Celeron, AMD Athlon, AMD Duron, Cyrix** आदि।

कंप्यूटर की काम करने की गति को **MHz** (**Mega Hertz** या **millions of Hertz** या **millions of Cycles per Second**) में मापा जाता है। Mega Hertz की मात्रा जितनी अधिक होगी, कंप्यूटर की गति उतनी ही तेज़ होगी। आजकल मिलने वाले **Pentium IV** कंप्यूटर की गति और कार्यक्षमता की द ष्टि से सबसे अधिक तेज है। हालांकि यह देखा गया है कि SDRAM memory का प्रयोग करने वाला और 1000MHz की गति से काम करने वाला **Pentium III** कंप्यूटर घर और दफ्तर के कार्यों के लिए बहुमूल्य RDRAM memory प्रयोग करने वाले तथा 1500MHz (1.5GHz) की गति से चलने वाले शक्तिशाली **Pentium IV** से अधिक उपयोगी रहता है।

बाजार में उपलब्ध विभिन्न प्रकार के कंप्यूटरों का संक्षिप्त विवरण इस प्रकार है –

Name	Mcmory capacity	Micro-processor	No. of floppy drives	Presence of Hard disk	Computing Speed in MHz/GHz
PC	256KB+	8088	1	No	4+ MHz
PCXT	640KB	8088	1 or 2	No	10-12 MHz
PCAT(286)	1 MB +	80286	1 or 2	Yes	16-20 MHz
PCAT(386)	2 MB +	80386	1 or 2	Yes	25-40 MHz
PCAT(486)	4 MB +	80486	1 or 2	Yes	33 to 66 MHz
PCAT(Pentium)	16 MB+	Pentium	1 or 2	Yes	66, 80, 100 MHz
PCAT (Pentium Pro)	32 MB +	Pentium Pro	1 or 2	Yes	150 to 233 MHz
PCAT (Pentium II)	64MB +	P II	1 or 2	Yes	233 to 600 MHz
PCAT (Pentium III)	128 MB +	P III	1 or 2	Yes	400MHz to1 GHz
PCAT (AMD Duron)	128 MB +	Duron	1 or 2	Yes	850MHz to1.4 GHz
PCAT (Pentium IV)	128 MB and 256 MB	P IV	1 or 2	Yes	1.3 to 1.7 GHz

सिस्टम को लगाना (Setting up a System)

यह जान लेने के बाद कि कंप्यूटर के विभिन्न भाग कैसे काम करते हैं, अब हम एक सिस्टम को सेट करने, अर्थात् **मॉनीटर**, **सिस्टम यूनिट**, **की-बोर्ड**, **माउस** और **UPS** को लगाने का तरीका सीखेंगे।

विभिन्न उपकरणों को सिस्टम यूनिट से जोड़ना (Connecting to the System Unit)

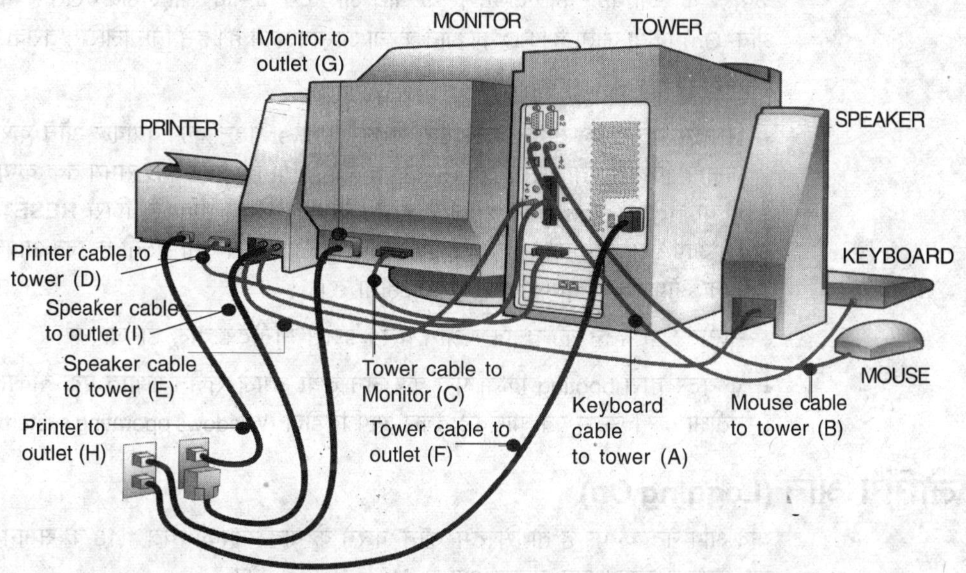

चित्र 1.17: सिस्टम यूनिट के विभिन्न कनेक्शन पॉएंट

विभिन्न उपकरणों जैसे– मॉनीटर, की–बोर्ड, माउस, प्रिंटर, स्पीकर इत्यादि को सिस्टम यूनिट से जोड़ने के लिए निम्नलिखित तरीके अपनाएँ–

- 'की–बोर्ड' में एक rounded plug होता है। इसमें 5 छोटे pins लगे होते हैं। इसे tower (A) में लगाएँ।
- माउस के plug को tower या सिस्टम यूनिट के पीछे (B) में लगाया जाता है।
- मॉनीटर में दो plug cables होते हैं। इनमें से एक cable, tower (C) के साथ जोड़ा जाता है।
- प्रिंटर का plug, tower (D) में जोड़ा जाता है।
- स्पीकर्स को tower (E) में जोड़ा जाता है।

बिजली के तारों को जोड़ना (Connecting the Electrical Wires)

मॉनीटर तथा सिस्टम यूनिट के तारों को इस प्रकार जोड़ें–

- सिस्टम ग़ूनिट ग़ा tower को outlet (F) के साथ जोड़ा जाता है।
- मॉनीटर में दो केबल रहते हैं। इनमें से एक तार बिजली को मॉनीटर तक ले जाता है। मॉनीटर को outlet (G) के साथ जोड़ें।
- प्रिंटर के प्लग को बिजली की आपूर्ति (H) से जोड़ना चाहिए।
- स्पीकर तक बिजली की आपूर्ति करने वाला plug outlet (I) से जोड़ा जाना चाहिए।

सिस्टम को ऑन करना (Turning On the System)

कंप्यूटर के सभी भागों को एक–दूसरे के साथ जोड़ देने के बाद, आइए अब देखते हैं कि सिस्टम को कैसे ऑन (On) किया जाता है। PC को ऑन करना आसान काम है। इसे निम्नलिखित तरीके से करना चाहिए–

- कंप्यूटर का power switch ऑन करें।
- सिस्टम यूनिट के सामने वाले भाग में लगे Power बटन को दबाकर ऑन करें। यहाँ एक light जलेगी, जिससे पता चलेगा कि सिस्टम चालू हो गया है। फिर कुछ समय तक कंप्यूटर की **Booting** क्रिया चलेगी। Tower के अगले भाग में एक और स्विच होता है, जिसे **RESET** बटन कहा जाता है। आप इस बटन को न छुएँ। इसकी आवश्यकता केवल तभी पड़ती है, जब आपको अपना कंप्यूटर बिना ऑफ किए दोबारा चालू करना होता है।
- मॉनीटर के बटन को दबाकर ऑन करें। इससे मॉनीटर चालू हो जाएगा।
- कंप्यूटर द्वारा booting क्रिया पूरी कर लेने तथा अगले स्क्रीन अर्थात् एक बॉक्स दिखाई देने तक प्रतीक्षा करें। उसमें एक पासवर्ड देकर आप विंडोज़ (Windows operating system) में जा सकते हैं।

लॉगिंग ऑन (Logging On)

यदि आप नेटवर्क पर हैं तो सिस्टम 'ऑन' करने के बाद आपको चित्र 1.18 के समान एक बॉक्स स्क्रीन पर दिखाई देगा। यह बॉक्स आपसे **User Name** और **Password** पूछेगा। अपना **User Name** और **Password** टाइप करें। इस प्रक्रिया का क्रमवार विवरण इस प्रकार है–

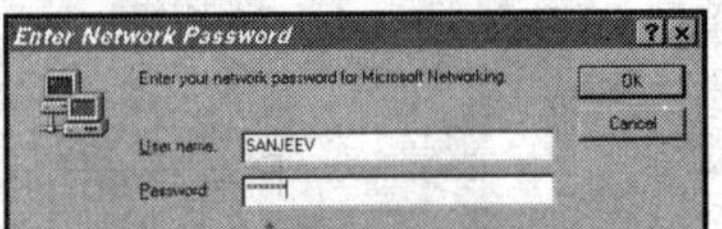

चित्र 1.18: नेटवर्क पर लॉग ऑन करना

- 'की–बोर्ड' द्वारा अपना नाम **User Name** के सामने वाले बॉक्स में टाइप करें।
- अगले बॉक्स पर जाने के लिए **Tab** key दबाएँ और फिर अपना **Password** टाइप करें। आपके द्वारा टाइप किए गए **Password** के स्थान पर कुछ चिन्ह (*) दिखाई देंगे। यह इसलिए होता है कि कोई आपका **Password** देख न सके। अब **Enter** key को दबाएँ।
- यदि आपने **User Name** या **Password** गलत टाइप कर दिया है तो एक अन्य dialog बॉक्स दिखाई देगा जो आपसे फिर से **User Name** और **Password** पूछेगा। इस बार **User Name** और **Password** सही टाइप करें।
- **Enter** key को दबाएँ।
- अंत में सभी बॉक्स स्क्रीन से हट जाएँगे और डेस्कटॉप दिखाई देगा।

माउस का प्रयोग (Using the Mouse)

माउस हाथ में पकड़कर प्रयोग किया जाने वाला उपकरण है, जिसके द्वारा आप 'की–बोर्ड' से निर्देश टाइप किए बिना भी कंप्यूटर पर काम कर सकते हैं। माउस की सहायता से कंप्यूटर पर तेज गति से काम किया जा सकता है, जबकि 'की–बोर्ड' द्वारा काम करने पर काफी समय लगता है। प्रायः माउस आयताकार उपकरण होता है, जिसके निचले भाग में एक Tracking Ball होती है जिससे इसे आसानी से पैड पर घुमाया जा सकता है तथा ऊपर की ओर बटन लगे होते हैं।

माउस की कुछ आवश्यक जानकारी–

- स्क्रीन पर माउस एक arrow के रूप में दिखता है। माउस पैड पर माउस को किसी भी दिशा में घुमाने पर स्क्रीन पर दिखने वाला arrow भी उसी दिशा में घूमता है।
- स्क्रीन पर माउस पॉएंटर कभी–कभी एक blinking cursor (|) के रूप में दिखाई देता है। जब आप माउस को माउस पैड पर घुमाते हैं, तो माउस पॉएंटर भी उसी दिशा में घूम जाता है।
- बाएँ माउस बटन को एक बार दबाकर छोड़ देने की क्रिया को **Click (क्लिक)** कहते हैं। इसका प्रयोग स्क्रीन पर दिखने वाले कुछ विकल्पों, जैसे पुल–डाउन मेन्यू को खोलने तथा डॉक्यूमेंट में कर्सर को मनचाहे स्थान पर लाने के लिए किया जाता है।

विंडोज़ डेस्कटॉप (Windows Desktop)

Booting क्रिया समाप्त हो जाने पर आपको जो पहली स्क्रीन दिखाई देती है, उसे **Desktop (डेस्कटॉप)** कहा जाता है। विंडोज़ 98 का डेस्कटॉप, विंडोज़ Me के डेस्कटॉप से थोड़ा भिन्न होता है। चित्र 1.19 और चित्र 1.20 में क्रमशः विंडोज़ Me तथा विंडोज़ 98 के डेस्कटॉप दिखाए गए हैं।

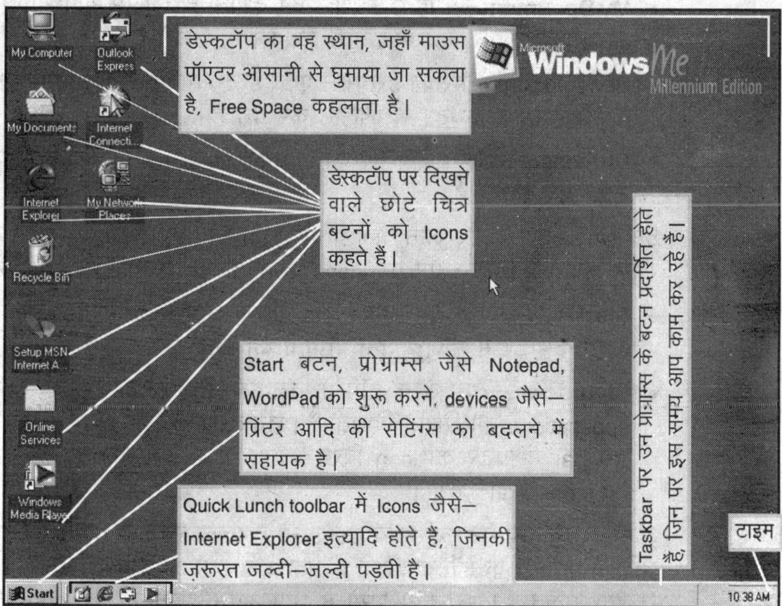

चित्र 1.19: **विंडोज़** Me **का डेस्कटॉप**

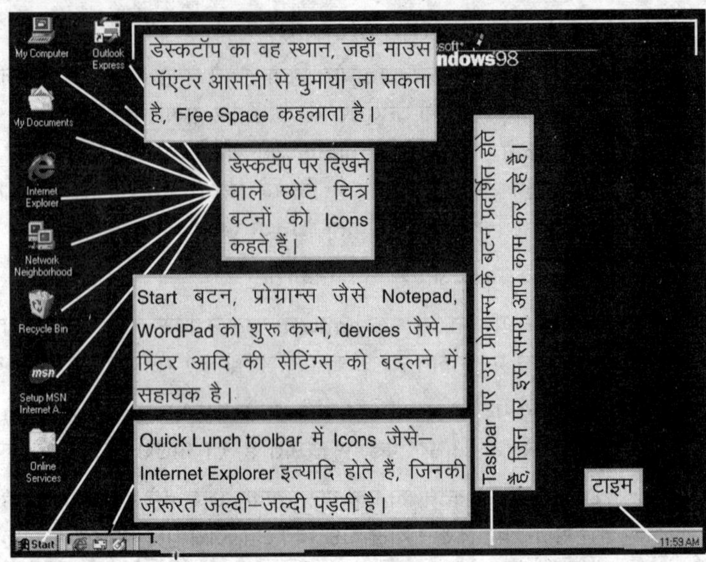

चित्र 1.20: **विंडोज़** 98 **का डेस्कटॉप**

डेस्कटॉप पर छोटे–छोटे चित्र बने होते हैं, जो PC में स्थापित किए गए विभिन्न प्रोग्राम्स को दर्शाते हैं। इन चित्रों को **Icon (आइकॉन)** कहा जाता है। आपको अपने डेस्कटॉप पर अकसर निम्नलिखित icons दिखाई देते हैं–

- **My Computer**—यह आपके कंप्यूटर के कन्टेन्ट्स की सूची (अर्थात् C: ड्राइव, A: ड्राइव, उनमें मौजूद फाइलें) दर्शाता है।
- **My Document**—यह उस स्थान को दर्शाता है, जिसमें आप अपना डाटा स्टोर कर सकते हैं और आवश्यकतानुसार बाद में दोबारा निकाल भी सकते हैं।
- **Recycle Bin**—इसका इस्तेमाल एक 'डस्ट बिन' के समान होता है। इसमें वे फाइलें जमा हो जाती हैं, जिन्हें आप कंप्यूटर से डिलीट कर देते हैं।
- **Briefcase**—अपने किए गए काम के कई versions, जो आपने कंप्यूटर में किया है, को आप इसमें स्टोर कर सकते हैं।

इन icons द्वारा दर्शाए जाने वाले प्रोग्राम्स को आप इन पर बाएँ माउस बटन को दो बार क्लिक करके खोल सकते हैं। डेस्कटॉप पर icons के अतिरिक्त निम्नलिखित भी मौजूद रहते हैं –

- **Start बटन**— इस बटन पर क्लिक करके आप **Start** मेन्यू को खोल सकते हैं। इसके द्वारा आप अपने कंप्यूटर में मौजूद सभी प्रोग्रामों को खोल सकते हैं।
- **Status bar**—यह डेस्क टॉप में बिलकुल नीचे की ओर होता है। इसमें एक clock और विभिन्न applications की स्थिति दिखती है। उदाहरण के लिए– यदि आप प्रिंटर पर काम कर रहे हैं, तो इस bar में प्रिंटर का icon दिखाई देगा, यदि आप CD का इस्तेमाल कर रहे हैं, तो इसमें CD का icon दिखाई देगा।

आपके डेस्कटॉप पर कई अन्य icons भी उपलब्ध रहते हैं। वे प्रत्येक कंप्यूटर में भिन्न हो सकते हैं। चूँकि ये प्रोग्राम्स के शॉर्टकट होते हैं अतः आप इन्हें अपने कंप्यूटर के किसी भी प्रोग्राम के लिए आसानी से बना सकते हैं। अगले अध्यायों में आप अपने डेस्कटॉप पर icons बनाने का तरीका सीखेंगे।

हार्डवेयर और सॉफ्टवेयर (Hardware and Software)

PC कई क्षेत्रों जैसे– पत्र लिखने, लेटरहेड और चार्ट बनाने, अपनी चेकबुक का हिसाब रखने, चित्र बनाने, स्टॉक मूल्यों का पता लगाने, खेलने, होमवर्क करने इत्यादि में आपकी सहायता करता है। आप इस पर संगीत भी सुन सकते हैं और फिल्म भी देख सकते हैं।

किसी भी PC में निश्चित रूप से निम्नलिखित भाग होते हैं –

- Hardware (हार्डवेयर)
- Software (सॉफ्टवेयर)– इसमें निम्नलिखित शामिल होते हैं–
  (i). Operating System (ऑपरेटिंग सिस्टम)
  (ii) Utility Software (यूटिलिटी सॉफ्टवेयर), जो वैकल्पिक (Optional) होता है।

हार्डवेयर (Hardware)

PC के वे भाग, जिन्हें आप छू सकते हैं और महसूस कर सकते हैं, **Hardware (हार्डवेयर)** कहलाते हैं। **की-बोर्ड**, **माउस** और **सिस्टम यूनिट** हार्डवेयर में आते हैं। हार्डवेयर के अतिरिक्त भाग, जिन्हें आप अपने कंप्यूटर के साथ जोड़ सकते हैं– **मॉडम**, **प्रिंटर**, **स्कैनर** इत्यादि हैं।

सॉफ्टवेयर (Software)

Software (सॉफ्टवेयर) में वे तर्कपूर्ण (logical) प्रोग्राम होते हैं, जो आपके PC के विभिन्न भागों को एक–दूसरे के साथ मिलकर काम करने में सहज तरीके से मदद करते हैं। इन्हें न तो छुआ जा सकता है और न ही महसूस किया जा सकता है। **Program**, **Application** और **Software** का प्रयोग हम एक–दूसरे के स्थान पर अदल–बदलकर कर सकते हैं, वस्तुतः इन सभी का अर्थ एक ही है।

यदि आप कोई पत्र टाइप करना चाहते हैं, तो बेहतर होगा कि MS-Word 98 या MS-Word 2000 वर्ड प्रोसेसर सॉफ्टवेयर का प्रयोग आप करें। चित्र, ग्राफिक्स, लोगो आदि बनाने के लिए Paint, Coreldraw, Pagemaker आदि में से किसी भी सॉफ्टवेयर का प्रयोग आप कर सकते हैं।

सॉफ्टवेयर गाइड (Software Guide)

विशेष कार्यों के लिए हमें विशेष सॉफ्टवेयरों की आवश्यकता पड़ती है। विभिन्न कार्यों, जैसे— पत्र लिखने, गणनाएँ करने, चित्रों और लिखित सामग्री को आपस में मिलाने, डाटाबेस या स्प्रेडशीट बनाने आदि के लिए विभिन्न सॉफ्टवेयर उपलब्ध हैं। कंप्यूटर की क्षमता को बढ़ाने के लिए आमतौर पर प्रयोग किए जाने वाले विभिन्न प्रकार के सॉफ्टवेयरों का संक्षिप्त परिचय इस प्रकार है –

- ***Word Processing Programs (वर्ड प्रॉसेसिंग प्रोग्राम्स)***— इन की सहायता से आपका कंप्यूटर एक अत्याधुनिक टाइपराइटर की तरह काम करता है। इन सॉफ्टवेयर्स द्वारा आप पत्र या रिपोर्ट टाइप कर सकते हैं, शब्दों को आसानी से बदल सकते हैं और लिखित सामग्री के ब्लॉक को एक स्थान से दूसरे स्थान पर ले जा सकते हैं। और तो और, वर्ड प्रॉसेसिंग प्रोग्राम Spelling की जाँच भी कर सकते हैं। विभिन्न वर्ड प्रॉसेसिंग प्रोग्राम्स में Windows 98 का **Microsoft Word 98** तथा **WordPad** अधिक लोकप्रिय हैं।

- ***Spreadsheet Programs (स्प्रेडशीट प्रोग्राम्स)***— स्प्रेडशीट प्रोग्राम्स उन व्यक्तियों के लिए उपयोगी रहते हैं, जिन्हें बहुत सी गणनाएँ करने या वित्तीय योजनाएँ बनाने की आवश्यकता पड़ती है। स्प्रेडशीट सेल्स (Cells) से बनी होती है, जो मिलकर ग्रिड (grid) बनाते हैं। प्रत्येक सेल में कोई संख्या, अक्षर या फॉर्मूला प्रविष्ट किया जा सकता है। कभी–कभी स्प्रेडशीट में चार्ट बनाने के साधन भी मौजूद रहते हैं, जिनके द्वारा आप पंक्तियों और कॉलमों में दर्ज मूल्यों को ग्राफ या चार्ट के रूप में दर्शा सकते हैं। अब तक कंप्यूटर पर काम करनेवालों के बीच **Microsoft Excel 97** ने सबसे अधिक लोकप्रियता हासिल की है।

- ***Database Programs (डाटाबेस प्रोग्राम्स)***— डाटाबेस प्रोग्राम्स बड़ी मात्रा में डाटा स्टोर करने, अलग–अलग छाँटने (sort) तथा इन्हें दोबारा निकालने (retrieve)की द ष्टि से उपयोगी रहते हैं। invoices या orders, जिनकी संख्या काफी अधिक हो सकती है, को डाटाबेस प्रोग्राम्स द्वारा अच्छी तरह सँभाला जा सकता है। डाटाबेस सॉफ्टवेयर द्वारा आप नया डाटा प्रविष्ट कर सकते हैं, पहले स्टोर किए गए डाटा में से आवश्यक डाटा को देख सकते हैं तथा रिकार्डों का 'प्रिंट आउट' भी ले सकते हैं। उदाहरण के लिए– किसी भी संस्था को अपने विभिन्न उत्पादनों, सप्लायरों, कर्मचारियों और ग्राहकों के बारे में लेखा–जोखा रखने के लिए डाटाबेस का इस्तेमाल हो सकता है। इसके अलावा चिकित्सक भी अपने मरीजों और उनके इलाज–संबंधी ब्योरे के लिए डाटाबेस को प्रयोग कर सकते हैं। आज सबसे अधिक प्रयोग किया जाने वाला डाटाबेस प्रोग्राम **Microsoft Access 2000** है।

सॉफ्टवेयर को स्थापित करना (Installing the Software)

सॉफ्टवेयर प्रोग्राम्स का एक संग्रह है, जिसके द्वारा आप कंप्यूटर पर काम करते हैं। मूल रूप से सॉफ्टवेयर को हम दो प्रमुख श्रेणियों में बाँट सकते हैं– **Operating System** (जो हार्डवेयर को काम करने के बारे में निर्देश देता है) तथा **Application program software** (जैसे Word, Excel, Access इत्यादि)। आप अपने कंप्यूटर में किसी सॉफ्टवेयर को इस प्रकार install कर सकते हैं–

1. सॉफ्टवेयर पैकेज को खोलें। यह **CD-ROM** या एक **Disk** हो सकता है।
2. यदि यह **CD-ROM** है (आजकल लगभग सभी सॉफ्टवेयर CD-ROM में आते हैं), तो सिस्टम यूनिट पर लगे **CD-ROM** ड्राइव बटन को दबाएँ। **CD-ROM ट्रे** बाहर आ जाएगी।
3. इस **CD-ROM** को ट्रे में इस प्रकार रखें कि CD पर लिखा ब्यौरा ऊपर की ओर रहे। ट्रे स्वयं ही भीतर चली जाएगी।
4. कुछ क्षणों के बाद आपके डेस्कटॉप पर एक नया **icon** दिखाई देगा। उस पर बाएँ माउस बटन को डबल क्लिक कर दें।
5. स्क्रीन पर रंगीन चित्र के साथ सॉफ्टवेयर का नाम दिखाई देगा। आपसे इसे इन्स्टॉल (Install) करने के लिए कहा जाएगा। माउस पॉएंटर को **install** विकल्प पर क्लिक कर दें। इस समय (सॉफ्टवेयर की चोरी से बचने के लिए) कुछ सॉफ्टवेयरों में आपसे Registration number टाइप करने के लिए भी कहा जा सकता है।
6. कई बार नए install किए गए सॉफ्टवेयर पर काम करने के लिए आपको अपना कंप्यूटर बंद करके उसे दोबारा शुरू करने की आवश्यकता पड़ती है। ऐसी हालत में **Start** बटन पर क्लिक करें। स्क्रीन पर एक पॉप–अप मेन्यू दिखाई देगा। यहाँ **Shut Down** विकल्प पर क्लिक कर दें। इसके बाद स्क्रीन पर एक **Shut Down Windows** बॉक्स दिखाई देगा। इसमें मौजूद विभिन्न विकल्पों में से **Restart** पर क्लिक करें और फिर **OK** बटन पर क्लिक कर दें। अब आपका कंप्यूटर दोबारा शुरू हो जाएगा। अब आप नए सॉफ्टवेयर का प्रयोग कर सकते हैं।
7. जब आपको **CD-ROM** डिस्क निकालने की आवश्यकता हो, तो **CD-ROM** ड्राइव पर बने **Eject** बटन को दबा दें। **CD** तुरंत बाहर निकल आएगी।

प्रिंटर लगाना (Setting up a Printer)

हालाँकि प्रिंटर रखना अनिवार्य नहीं है, लेकिन अगर आप तैयार किए गए अपने डॉक्यूमेंट की hard copy प्राप्त करना चाहते हैं, तो आपको प्रिंटर की आवश्यकता पड़ती है। अब हम देखते हैं कि प्रिंटर को PC के साथ कैसे जोड़ा जाता है। इसके लिए आपको इस क्रम का पालन करना होगा–

1. **Start** बटन पर क्लिक करें। स्क्रीन पर एक पॉप–अप मेन्यू दिखाई देगा।

2. **Settings** विकल्प का चयन करें। अब एक दूसरा मेन्यू दिखाई देगा।
3. **Printers** विकल्प का चयन करें।
4. अब **Add Printer** पर क्लिक करें। स्क्रीन पर **Add Printer Wizard** बॉक्स खुल जाएगा।
5. **Next** पर क्लिक कर दें।
6. इस समय **Printer Wizard** द्वारा आपसे पूछा जाएगा कि आपका प्रिंटर **Local** है या **Network** पर है। आप **Next** पर क्लिक करें।
7. यदि आपके कंप्यूटर के साथ 'इन्स्टॉलेशन डिस्क' है, तो **Have Disk** बटन पर क्लिक करें। यदि नहीं, तो प्रिंटर के निर्माता के नाम और मॉडल का चयन करें।
8. उस port (वह सॉकेट, जिसमें आप तार का प्लग लगाएँगे) का चयन करें, जिसमें आप प्रिंटर लगाना चाहते हैं। यदि आपका कंप्यूटर नेटवर्क पर नहीं है तो **LPT1** का चयन करें।
9. प्रिंटर का नाम टाइप करें। आपसे पूछा जाएगा कि क्या आप चाहेंगे कि यह प्रिंटर आपका डिफॉल्ट प्रिंटर हो जाए, अर्थात् जब भी आप प्रिंट करें, इसी प्रिंटर का उपयोग हो। आप **default** पर क्लिक करें।
10. Wizard द्वारा पूछा जाएगा कि क्या आप जांच के तौर पर कोई प ष्ठ प्रिंट करना चाहते हैं? अपनी स्वीक ति दें और प ष्ठ प्रिंट करके देख लें। यदि यह प ष्ठ ठीक से प्रिंट न हुआ हो, तो विंडोज़ द्वारा आपसे कुछ और प्रश्न पूछे जाएँगे। साथ ही, निर्देश भी दिए जाएँगे कि अपनी समस्या का हल कैसे करें।

सिस्टम को बंद करना (Turning off the System)

सिस्टम को बंद करना एक आसान, मगर एक अनिवार्य क्रिया है, जिसके बारे में आपको प्रारंभ में ही अर्थात् कंप्यूटर का इस्तेमाल शुरू करते समय ही जान लेना चाहिए। कंप्यूटर बंद करने के लिए आपको निम्नलिखित क्रम के अनुसार काम करना चाहिए –

1. डेस्कटॉप पर **Start** बटन पर क्लिक करें। **Start** मेन्यू खुल जाएगा।
2. इसमें **Shut Down** पर क्लिक करें। तुरंत एक **Shut Down Windows** बॉक्स दिखाई देगा। **Shut Down** विकल्प पर क्लिक करें और इसके बाद **OK** पर क्लिक करें।
3. स्क्रीन पर संदेश '**It is now safe to turn of your computer**' दिखाई देगा। अब आप सिस्टम यूनिट का On / Off बटन दबाकर कंप्यूटर को बंद कर सकते हैं।

एक अच्छा कंप्यूटर कैसे खरीदें? (Buying a Good Computer)

कंप्यूटर खरीदना कोई आसान काम नहीं है। खास तौर पर इसलिए कि कंप्यूटर के बारे में प्रत्येक व्यक्ति की पसंद अलग–अलग हो सकती है। कंप्यूटर की उपयोगिता के बारे में विशेषज्ञ अलग–अलग राय देते हैं, किंतु कंप्यूटर खरीदते समय सबसे महत्त्वपूर्ण बात यह होती है कि आप पहले अपनी आवश्यकताओं को तय करें, यानी सोच–समझ कर यह फैसला कर लें कि आपको कंप्यूटर किस काम के लिए चाहिए। आप इसे किस उद्देश्य से खरीदने जा रहे हैं ?

- खेलने और इंटरनेट का प्रयोग करने के लिए;
- ऑफिस के काम के लिए;
- डिजाइन बनाने के लिए;
- कंप्यूटर सीखने के लिए;
- किसी अन्य कार्य के लिए।

अपनी जरूरत तय कर लेने के बाद आप एक उपयुक्त कंप्यूटर और सॉफ्टवेयर का चयन करें। उदाहरण के लिए– खेलने और इंटरनेट का प्रयोग करने के लिए आपको एक colour मॉनीटर, 64MB या अधिक RAM, एक मॉडम, 32MB या अधिक के एक VRAM (Video RAM) से युक्त अच्छे Graphic card (ग्राफिक कार्ड) की आवश्यकता होगी। ऑफिस में काम के लिए आपका हार्ड डिस्क स्पेस बहुत अधिक (20GB या अधिक) तथा RAM 64MB या इससे भी अधिक होना चाहिए। Designing के लिए आपको एक अच्छे रंगीन मॉनीटर के साथ अधिक स्पेस वाली हार्ड डिस्क (20 GB या अधिक), कम से कम P III सिस्टम, 256MB RAM के साथ और 64MB + VRAM युक्त अच्छा Display card (डिस्प्ले कार्ड) की जरूरत होगी। कंप्यूटर सीखने के लिए आप Black and White मॉनीटर, Pentium II प्रॉसेसर, 2GB हार्ड डिस्क और 32MB RAM का प्रयोग कर सकते हैं।

अपनी आवश्यकताओं को तय कर लेने के बाद कंप्यूटर के तीन अनिवार्य भागों, जैसे– **Memory**, **Central Processing Unit** और **Video System** की जाँच आप कर लें, क्योंकि अगर इनमें से कोई एक भी अपर्याप्त होगा, तो सिस्टम आपको अपेक्षित परिणाम नहीं दे पाएगा।

हालांकि यह याद रखना भी जरूरी है कि वास्तव में कोई भी कंप्यूटर पूरी तरह संपूर्ण नहीं होता, क्योंकि नए, अच्छे और तेज गति से काम करने वाले भागों का आविष्कार हर दिन हो रहा है। यहां पर हम उन विकल्पों के बारे में जानेंगे जो यह पुस्तक लिखते समय बाज़ार में उपलब्ध थे–

सेंट्रल प्रोसेसिंग यूनिट (Central Processing Unit)

CPU को कंप्यूटर का दिमाग कहा जाता है। इसमें प्रॉसेसर होता है, जो कंप्यूटर के भीतर मौजूद सबसे महत्त्वपूर्ण chip होता है। **CPU** की क्षमता इस बात पर निर्भर करती है कि इसमें सॉफ्टवेयर कितनी तेजी से चल सकता है, कितनी memory को यह एक्सेस कर सकता है तथा कितने जटिल काम को यह आसानी से कर सकता है। प्रॉसेसर की गति जितनी अधिक होगी, डाटा की प्रॉसेसिंग की भी गति उतनी ही अधिक होगी। **CPU** में लगे प्रॉसेसर chip की गति को MHz में मापा जाता है। इस टेबल में कुछ प्रॉसेसर chips की गति दिखाई गई है–

Chip	Speed (MHz/GHz)
Intel Pentium II	233, 266, 300, 333, 350, 400, 600 MHz
AMD Athlon	700 MHz, 1GHz or more
AMD Duron	700 MHz, I GHz or more
Intel Celeron	400, 500, 550, 650, 833 MHz
Intel Pentium III	500, 550, 650, 800, 850 MHz and 1 GHz
Intel Pentium IV	1, 1.2, 1.3, 1.4, 1.5, 1.7 GHz

मदर बोर्ड (Motherboard)

आपको ऐसा **Motherboard (मदर बोर्ड)** खरीदना चाहिए, जिसमें वास्तविक Intel chipset लगा हो। आपका **मदरबोर्ड** ऐसा हो, जिसमें आगे भी सुधार किया जा सके तथा उसकी क्षमता को बढ़ाया जा सके। आधुनिकतम **मदरबोर्ड** में Intel के **810, 815** और **850** chipset लगे होते हैं।

वीडियो सिस्टम (Video System)

वीडियो सिस्टम में दो भाग होते हैं– **मॉनीटर** तथा छोटा **circuit board** (जिसे **video card** कहा जाता है)। **Video card** को main unit के भीतर लगाया जाता है। अच्छे परिणामों के लिए यह जरूरी है कि ये दोनों भाग आपस में compatiable हों। **Video card** की memory कम से कम **4MB** होनी चाहिए।

मॉनीटर (Monitor)

मॉनीटर **Monochrome** या **Colour** हो सकता है। Monochrome मॉनीटर अपेक्षाक त सस्ते होते हैं। कुछ साल पहले तक ये काफी मात्रा में प्रयोग किए जाते थे। आज colour मॉनीटरों की माँग बढ़ गई है। कंप्यूटर का पूरा लाभ उठाने के लिए एक **VGA (Video Graphic Array)** या **SVGA (Super Video Graphic Array)** मॉनीटर लें। Colour मॉनीटर हालाँकि एकरंगी मॉनीटर के समान सुरक्षित नहीं होता परन्तु आप उस पर अधिक सॉफ्टवेयर चला सकते है, अधिक गेम्स खेल सकते हैं तथा नए ऑपरेटिंग सिस्टम का भी प्रयोग इसमें कर सकते हैं। जहाँ तक video card का संबंध है, अधिकतर लोग SVGA या UVGA प्रकार को पसंद करते हैं, हालाँकि HGA, VGA इत्यादि भी उपलब्ध हैं।

मॉनीटर सभी आकारों और माप में मिलते हैं। एक अच्छे मॉनीटर का चयन करना अधिक जरूरी होता है, क्योंकि कंप्यूटर पर किए गए अपने काम को आप इसी पर देखते हैं। यह आपकी आँखों के लिए हानिकारक नहीं होना चाहिए। यह जरूरी नहीं है कि उसका बड़ा स्क्रीन अच्छा हो। हालाँकि इसमें आपको तस्वीर बड़ी और साफ दिखती है, लेकिन इसपर काम करना ऐसा ही होता है, जैसे बड़े स्क्रीन वाले टी.वी. को देखना, जो आपकी आँखों के लिए हानिकारक हो सकता है। मॉनीटर विभिन्न आकारों (14", 15" और 17") में मिलते हैं। मॉनीटर जितना अधिक बड़ा होगा, उसका मूल्य उतना ही अधिक होगा। दूसरी ओर Black and White मॉनीटर द्वारा आप सीमित मात्रा में काम कर सकते हैं। आप इस पर डिज़ाइन बनाने का तथा ऐसे ही अन्य काम नहीं कर सकते। अतः मॉनीटर खरीदने से पहले कुछ बातों पर विचार कर लेना जरूरी है। वे बातें निम्नलिखित हैं–

Sticker (स्टिकर)– कंप्यूटर पर एक चिन्ह (चित्र 1.21) बना होता है, जो बताता है कि यह बिजली की बचत करता है।

चित्र 1.21

Focus (फोकस)– यह अच्छी तरह देख लें कि स्क्रीन पर फोकस केवल बीच में नहीं हो, जैसा कुछ सस्ती किस्मों के कंप्यूटरों में होता है। फोकस पूरे स्क्रीन पर एक समान होना चाहिए। इसकी जाँच करने के लिए कुछ शब्द स्क्रीन के कोनों में तथा बीचो–बीच टाइप करें और ध्यान दें कि देखने में कोई अंतर तो नहीं है।

Glare (चमक)– ऐसा मॉनीटर चुनें, जिसमें भड़कीली चमक कम हो। यह चमक आपकी आँखों के लिए हानिकारक होती है। उभारदार स्क्रीन की तुलना में समतल स्क्रीन वाले मॉनीटरों में यह चमक कम होती है।

Colour Output (रंग)– जाँच–परख करके यह देख लें कि मॉनीटर कितने रंग दिखाता है। रंगों की चमक (Brightness) तथा कॅन्ट्रास्ट (Contrast) की जाँच करके आप देखें कि रंग एक–दूसरे से अलग न दिखाई दे रहे हों। इस बात की जाँच कर लेने के बाद कि सफेद रेखा स्क्रीन के सभी भागों में सफेद दिख रही है या नहीं, आप रंगों के केन्द्रीयकरण (convergence)का पता लगा सकते हैं। यदि यह रेखा कई रंगों में टूट जाए, तो दूसरा मॉनीटर खरीदें।

Lines and Geometry (रेखाएँ और ज्यामिती)– स्क्रीन पर खींची गई रेखाएँ सीधी और एक दूसरे के समानांतर होनी चाहिए। आपको कुछ आक तियों, जैसे– वर्ग (square) आदि का आकार बनाकर भी देखना चाहिए। आप यह भी देख लें कि इसकी विपरीत लाइनें एक दूसरे के समानांतर हैं या नहीं।

Dot Pitch (डॉटपिच)– स्क्रीन छोटे–छोटे बिंदुओं से बना होता है। दो बिंदुओं के बीच की दूरी को **Dot pitch** कहा जाता है। **Dot pitch** जितना कम होगा, तसवीर उतनी ही साफ दिखाई देगी। कम **Dot pitch** से बने एक अच्छे स्क्रीन में ग्राफिक चित्र की बारीकियाँ साफ दिखाई देती हैं।

Resolution (रिजॉल्यूशन)– आपके मॉनीटर का **Resolution (स्पष्टता)** कम से कम 1280×1024 होना चाहिए। यहाँ यह उल्लेखनीय है कि **Resolution** को **Pixels** (Picture elements के लिए संक्षिप्त नाम) में मापा जाता है।

Monitor Controls (मॉनीटर कंट्रोल)– मॉनीटर के कंट्रोल बटन इसके अगले भाग में होने चाहिए, ताकि आप आसानी और सुविधा से इनका प्रयोग कर सकें। ऐसा मॉनीटर न खरीदें, जिसमें कंट्रोल बटन किनारे या पीछे की ओर हों।

मेमोरी (Memory)

बढ़ते प्रयोगों के कारण आज कंप्यूटरों के लिए अधिक **RAM** क्षमता की आवश्यकता पड़ती है। इसलिए अच्छा रहेगा कि आप कम से कम **64MB RAM** युक्त सिस्टम खरीदें। यदि आप इसमें कोई ऐसा काम करना चाहते हैं, जिसके लिए अधिक memory की आवश्यकता हो, तो **RAM** की क्षमता जितनी अधिक होगी, उतना ही अधिक वह आपके लिए फायदेमंद होगी। अधिक memory वाले अधिकांश कामों के लिए **64MB RAM** पर्याप्त रहती है, लेकिन अगर आप डेस्कटॉप वीडियो या 3D modeling का काम करना चाहते हैं, तो **128 + MB RAM** आपके लिए ठीक रहेगा।

हार्ड ड्राइव (Hard Drive)

2 Gigabyte की **Hard Drive (हार्ड ड्राइव)** सबसे कम होती है। आप अधिकतम 60 Gigabyte तक जा सकते हैं। Gigabyte की मात्रा जितनी अधिक होगी, उतनी ही अधिक मात्रा में आप विभिन्न प्रकार के, काम जैसे— डिज़ाइनिंग (Designing) और मल्टीमीडिया प्रोग्रामों (Multimedia programs) से जुड़े काम अपने कंप्यूटर पर कर सकेंगे। यदि आपका विचार बड़ी मात्रा में डाटा को स्टोर करने का है या High Resolution चित्रों का संपादन अथवा डिजिटल वीडियो (digital video)का संपादन करने का है, तो आपको 60 Gigabyte की हार्ड डिस्क लेनी चाहिए।

की-बोर्ड और माउस (Keyboard and Mouse)

Keyboard (की-बोर्ड) में सबसे अधिक लोकप्रिय है, 104 keys वाला अधिक विकसित की–बोर्ड है। कुछ की–बोर्ड्स में keys को ज़ोर से दबाना पड़ता है। आप पहले अलग–अलग प्रकार के की–बोर्ड्स की जाँच कर लें और उसके बाद उसी को चुनें, जिसपर काम करना आपको आरामदेह महसूस होता है। आमतौर पर हलकी keys वाले की–बोर्ड अच्छे रहते हैं।

आपको अधिकांश समय माउस द्वारा काम करना पड़ता है। अतः माउस का चुनाव करते समय सावधानी बरतनी चाहिए। उस समय सबसे अधिक ध्यान देने योग्य बात यह है कि इसका आकार कैसा हो। उभारदार माउस की तुलना में समतल माउस अच्छा रहता है, क्योंकि इससे काम करते समय आपकी कलाई सीधी रहती है और इस पर दबाव कम पड़ता है।

डिस्केट ड्राइव्स (Diskette Drives)

एक standard डिस्क 3.5" वाले आकार की तथा 1.44 MB क्षमता की होती है। आप जो भी सिस्टम खरीदते हैं, उसके साथ कम से कम एक डिस्केट तो होती ही है। आजकल सभी नए सिस्टम में standard आकार 3.5" की डिस्केट ड्राइव लगी होती है। अधिक मात्रा में डाटा स्टोर करने के लिए मिलने वाली एक अन्य लोकप्रिय डिस्केट ड्राइव **Zip Drive (ज़िप ड्राइव)** है। 100 MB + क्षमता से युक्त इस डिस्केट ड्राइव के द्वारा आप बड़ी मात्रा में डाटा स्टोर कर सकते हैं। ये विशेष रूप से ग्राफिक चित्रों तथा उन बड़ी फाइलों को स्टोर करने के लिए उपयुक्त रहती हैं, जो पुराने प्रकार की फ्लॉपी डिस्क में पूरे नहीं आते। आप अपनी पूरी हार्ड डिस्क का backup लेने के लिए भी अधिक क्षमता से युक्त इन ड्राइवों का प्रयोग कर सकते हैं।

सी.डी.-रोम (CD-ROM)

CD ड्राइव दो प्रकार की होती हैं – **CD-ROM** और **CD-RW**। CD-ROM केवल Read Only होती है, जबकि CD-RW का प्रयोग CD पर लिखने के लिए भी किया जाता है। एक CD-ROM 700MB डाटा तक स्टोर कर सकती है। CD-ROM खरीदते समय सबसे तेज़ गति की CD का ही चयन करना आपके लिए फायदेमंद होगा। CD की गति को X द्वारा सूचित किया जाता है, जिसे गति दर्शाने वाले पैरामीटर के बाद लिखा जाता है। आजकल, **56X CD-ROM** को पसंद किया जाता है, हालाँकि **52X CD-ROM** भी उपलब्ध हैं। आजकल CD-ROM के स्थान पर **DVD** का प्रयोग किया जाने लगा है। इसे CD-ROM के स्थान पर प्रयोग करने का अच्छा विकल्प माना जाता है।

चित्र 1.22: DVD **ड्राइव**

पोर्टस (Ports)

आपके कंप्यूटर में कम से कम 2 **USB** port, 2 **COM** ports, 1**LPT** port तथा 2 **PS / 2** ports होने चाहिएँ।

कैबिनेट (Cabinet)

चित्र 1.23: **कैबिनेट**

कंप्यूटर का कैबिनेट कंप्यूटर के विभिन्न भागों को सँभालकर रखता है। इसमें आपके विभिन्न devices के लिए कई Drive bays होने चाहिए। यदि आप SCSI कंट्रोलर का प्रयोग कर रहे हैं तथा कई उपकरणों (devices) का प्रयोग करना चाहते हैं, तो **Tower type** कैबिनेट लें। Tower type कैबिनेट में कई Drive bays होते हैं और आपकी मेज पर ये कम स्थान घेरते हैं। आप नहीं चाहेंगे कि जब आप अपने PC पर घंटों काम करते हों, तो यह आवश्यकता से अधिक गरम होकर जल जाए। इसके साथ 230-250 वाट का एक **UPS (Uninterrupted Power Supply)** भी होना चाहिए।

पावर सप्लाई करने वाला यह उपकरण आपके सिस्टम को जलाने वाले अतिरिक्त बिजली के प्रवाह को रोकता है।

सहायक भाग (Accessories)

प्रिंटर (Printer)

Printer (प्रिंटर) का मूल्य प्रत्येक brand के अनुसार अलग–अलग होता है। वास्तव में, प्रिंटर का मूल्य इसके गुणों, जैसे— आवाज़ (noise), छपाई की गुणवत्ता (print quality), लिखित सामग्री और चित्रों को छापने की गति तथा अंततः छपाई की प्रक्रिया (Dotmatrix, Inkjet, Laser) पर निर्भर करता है। प्रिंटर खरीदते समय आपको इसके dpi (dots per inch) तथा इसकी गति के बारे में जान लेना चाहिए। dpi के द्वारा एक इंच छपी सामग्री में मौजूद बिंदुओं को मापा जाता है। जितनी अधिक dpi होती है, printing उतनी ही अधिक स्पष्ट होती है। औसत रूप से अच्छी गुणवत्ता वाले प्रिंटर में यह मात्रा 600 dpi होनी चाहिए। बाजार में उपलब्ध विभिन्न प्रिंटरों की सूची इस प्रकार है —

प्रिंटर का नाम	प्रिंटर के गुण	गति	रिज़ॉल्यूशन
Dot matrix प्रिंटर	निम्न गुणवत्ता (low quality) की छपाई	1-18 ppm	180-360 dpi
Inkjet प्रिंटर	अपेक्षाक त कम दाम में उच्च गुणवत्ता (high quality) वाली छपाई	2-7 ppm	720-2880 dpi
Laser प्रिंटर	अपेक्षाक त महँगा, उच्च गुणवत्ता वाली छपाई	4-24 ppm	600 से अधिक dpi

मॉडम (Modem)

यदि आप इंटरनेट के साथ संपर्क स्थापित करना चाहते हैं, तो अपने PC के साथ मॉडम अवश्य लगाएँ। मॉडम दो प्रकार के होते हैं – **Internal** और **External** मॉडम। मॉडम को उनकी स्थानांतरण–दर के आधार पर पहचाना जाता है, जिसे bps (bits per second) में मापा जाता है – जितना अधिक bps होता है, स्थानांतरण की दर उतनी ही तेज होती है। आप ऐसा मॉडम लें, जिसकी bps गति तेज, लगभग 56 kbps हो तथा जिसमें V90 chipset लगा हो।

हालाँकि इसका मूल्य अधिक होता है, लेकिन लगाए जाने की सुविधा, लाने–ले जाने की सुविधा, पुनर्विक्रय (resale) तथा काम के दौरान समस्याओं के सरल समाधान की द ष्टि से भीतरी (internal) मॉडम की तुलना में बाहरी (external) मॉडम को अधिक पसंद किया जाता है। भीतरी मॉडम में HSP (Host Signal Processing) तकनीक का प्रयोग किया जाता है, जो आपके कंप्यूटर पर अतिरिक्त भार डालता है। इससे आपके कंप्यूटर की संसाधन–क्षमता घट जाती है।

साउंड कार्ड और स्पीकर्स (Sound Card and Speakers)

Sound card द्वारा आपका सिस्टम ध्वनि (Sound) produce कर सकता है। Sound card के साथ–साथ सिस्टम में **Speakers (स्पीकर्स)** भी होने चाहिएँ। Sound card की सहायता से आप इंटरनेट की कई sites तथा प्रयोग किए जाने वाले मल्टीमीडिया के शीर्षकों की आवाज़ सुन सकते हैं। अगर आपके पास माइक्रोफोन है, तो आप आवाज को रिकॉर्ड भी कर सकते हैं। यह कार्ड कई प्रकार का होता है, जैसे– FM, wavetable और music synthesizers आदि। Sound card 16 bit या अधिक का होना चाहिए।

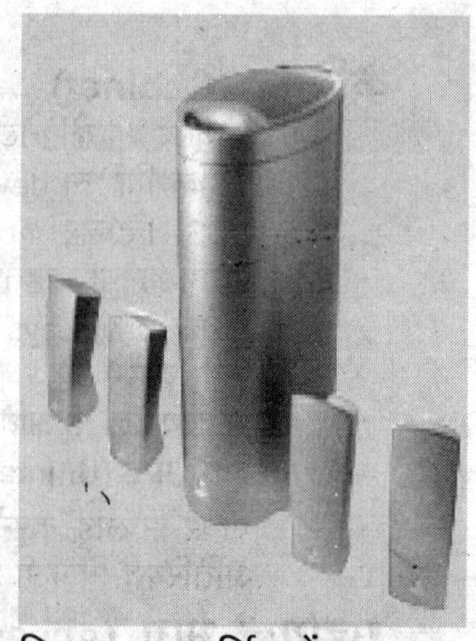

चित्र 1.24: **मार्किट में उपलब्ध आधुनिक** Speakers

स्पीकरों का प्रयोग आपकी पसंद पर निर्भर करता है। स्पीकर खरीदते समय यह ध्यान रखें कि इसमें built-in amplifiers हो तथा इसका चुंबकीय परिरक्षण भी पर्याप्त हो, ताकि यह मॉनीटर के चित्रों की गुणवत्ता पर विपरीत प्रभाव न डाल सके। कुछ स्पीकर सिस्टम्स में एक Subwoofer लगा होता है, जो मशीन के audio spectrum के निचले सिरे में बढ़ोतरी कर देता है। अगर आप चाहते हैं कि कंप्यूटर पर काम करते समय माहौल शांत रहे, तो एक अच्छी गुणवत्ता वाला हेड फोन खरीद लें, ताकि कंप्यूटर की आवाज़ केवल आप को ही सुनाई दे। बाजार में उपलब्ध आधुनिकतम स्पीकर चित्र 1.24 में दिखाए गए हैं।

मल्टीमीडिया एक्सेसरीज़ (Multimedia Accessories)

Multimedia (मल्टीमीडिया) एक्सेसरीज़– **Sound Card (साउंडकार्ड)**, **Graphic Display Card (ग्राफिक डिस्प्ले कार्ड)** तथा अन्य सहायक वस्तुएँ, जैसे– **Joystick (जॉयस्टिक)**, **Steering Wheel (स्टीयरिंग व्हील)**, **Touch Pad (टचपैड)**, **Pen Pointing Device (पेन-पॉएंटिग डिवाइस)**, **TV Tuner Card (टी.वी. ट्यूनर कार्ड)**, **Internet Digital Camera (इंटरनेट डिज़िटल कैमरा)**, **Microphone (माइक्रोफोन)** आदि। आप अपनी आवश्यकता के अनुसार इनका चयन कर सकते हैं। बाजार में उपलब्ध मल्टीमीडिया के आधुनिकतम उपकरण चित्र 1.25, चित्र 1.26 और चित्र 1.27 में दिखाए गए हैं।

चित्र 1.25: **जॉयस्टिक**

चित्र 1.26: **हेड फोन्स**

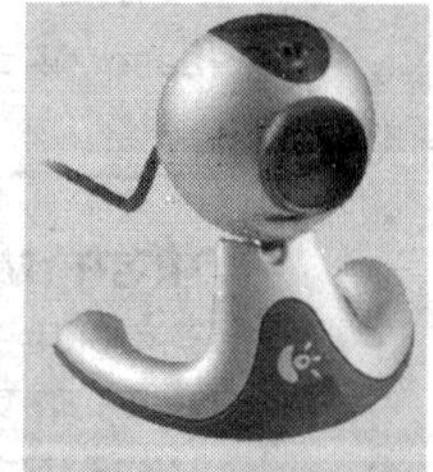

चित्र 1.27: **वेब कैमरा**

अध्याय

2

विंडोज़ XP—एक परिचय

इस अध्याय में—

* विंडोज़ XP की जरूरतें
* माउस (Mouse)—एक परिचय
* विंडोज़ XP में काम करना
* माउस के संबंध में कुछ और महत्त्वपूर्ण जानकारियाँ
* ऐक विंडो के भाग
* विंडोज़ XP से बाहर आना

यह अध्याय, विंडोज़ XP, जो कंप्यूटर के Hardware (हार्डवेयर) को नियंत्रित करने वाला एक **Operating System (ऑपरेटिंग सिस्टम)** है, के बारे में कुछ प्रारंभिक बातें बताता है। कंप्यूटर हार्डवेयर अपने बारे में सब कुछ स्वयं बता पाने में सक्षम नहीं होता है। आपकी जरूरतों को समझने के लिए इसे एक संवाद–माध्यम (communication-medium) की जरूरत पड़ती है। जिस प्रकार एक ट्रैफिक पुलिस वाला पूरी यातायात–व्यवस्था को नियंत्रित करता है, उसी प्रकार **ऑपरेटिंग सिस्टम** आपके कंप्यूटर के सारे कामकाज को नियंत्रित करता है। यह आपकी फाइलों को व्यवस्थित करने में मदद करता है तथा विभिन्न peripheral devices, जैसे– प्रिंटर, मॉनीटर, माउस आदि की जाँच करता है। DOS भी एक ऑपरेटिंग सिस्टम है। DOS कमांड्स को समझना कठिन है; उसे याद करना तो और भी कठिन है। विंडोज़ XP उन कमांड्स को याद रखने में होने वाली कठिनाइयों से आपको बचाता है। उसके बाद कंप्यूटर सीखना आपके लिए काफी सरल हो जाता है।

दरअसल ऑपरेटिंग सिस्टम विभिन्न प्रोग्रामों का एक समूह है। ये प्रोग्राम्स सबसे पहले (सर्वप्रथम) आपके निर्देशों या प्रश्नों का अनुवाद कंप्यूटर की भाषा (या यह कहें कि मशीनी भाषा) में करता है और फिर, कंप्यूटर के उत्तरों को कंप्यूटर की भाषा से अंग्रेजी भाषा में वापस अनुवाद करता है। ऑपरेटिंग सिस्टम को हम इस प्रकार परिभाषित कर सकते हैं– "ऑपरेटिंग सिस्टम वह प्रोग्राम है, जो पर्सनल कंप्यूटर (PC) को निर्देश देता है कि उसे विभिन्न अंगों के साथ कैसे कार्य करना है।"

आजकल बाजार में चार ऑपरेटिंग सिस्टम उपलब्ध हैं– विंडोज़ 98, विंडोज़ 2000, विंडोज़ Me और विंडोज़ XP । ये चारों क्रमशः सितंबर 1998, फरवरी 2000, सितंबर 2000 तथा मई 2001 में लॉन्च किए गए।

विंडोज़ के विगत versions, जैसे– विंडोज़ 3.1/3.11 को ऑपरेट करने के लिए MS-DOS की आवश्यकता पड़ती है। बाद वाले versions, जैसे– विंडोज़ 95 तथा इसके successors विंडोज़ Me तथा विंडोज़ 98 भी काफी हद तक DOS की ही भाँति कार्य करते हैं, जैसे – हार्डवेयर संसाधनों से संपर्क स्थापित करना।

विंडोज़ XP की जरूरतें (Windows XP Requirements)

इन दिनों विंडोज़ XP अत्याधिक लोकप्रिय है; यह अध्याय आपको इसकी मूलभूत बातें तथा उपयोग के बारे में बताने पर केंद्रित रहेगा। किसी भी ऑपरेटिंग सिस्टम को install करने से पहले इससे जुड़े कुछ जरूरी Hardware components की जरूरत महसूस होगी। वे निम्नलिखित हैं–

- न्यूनतम 64 MB RAM; वैसे, 128 MB अधिक पसंद किया जाता है। XP अधिकतम 4 GB RAM तक handle कर सकता है
- 233 मेगाहट्र्ज़ पैन्टियम या समकक्ष माइक्रोप्रोसेसर
- एक 2 GB या बड़ा हार्ड डिस्क, जिसमें कम से कम 650 MB का फ्री स्पेस हो
- VGA मॉनीटर
- की–बोर्ड
- माउस
- CD ROM या DVD ड्राइव।

यदि किसी व्यक्ति के पास सीमित mobility हो और conventional की–बोर्ड का इस्तेमाल करने में उसे कठिनाइयों का सामना करना पड़ता हो, तो वह अपने स्क्रीन पर की–बोर्ड display कर सकता है और माउस या Joystick का इस्तेमाल करके की–बोर्ड से टाइप कर सकता है।

जब आप विंडोज़ XP पर काम करते हैं, तब आपको एक नए उपकरण के extensive उपयोग की आवश्यकता महसूस होती है, जिसका इस्तेमाल DOS पर काम करते समय आपने नहीं किया है। यह उपकरण **कंप्यूटर माउस** के रूप में जाना जाता है।

माउस—एक परिचय (Mouse Basics)

माउस एक छोटा सा उपकरण है, जिसे इस प्रकार डिजाइन किया गया है कि वह हथेली में आ सके। इसके दो मुख्य कार्य हैं–(1) आप इसका उपयोग स्क्रीन पर हर तरफ (बाएँ, दाएँ, ऊपर, नीचे) कर्सर को घुमाने के लिए कर सकते हैं। माउस का सर्वाधिक उपयोगी फीचर इसके बटन हैं, जो हमें विषयों (items) के चयन में सहयोग करते हैं। सामान्यतः एक माउस पर दो बटन होते हैं, मगर कुछ माउसों में बटनों की संख्या तीन या उससे अधिक भी होती है। दो बटनों वाले माउस और तीन बटनों वाले माउस क्रमशः चित्र W-2.1(क) और चित्र W-2.1(ग) में दिखाए गए हैं–

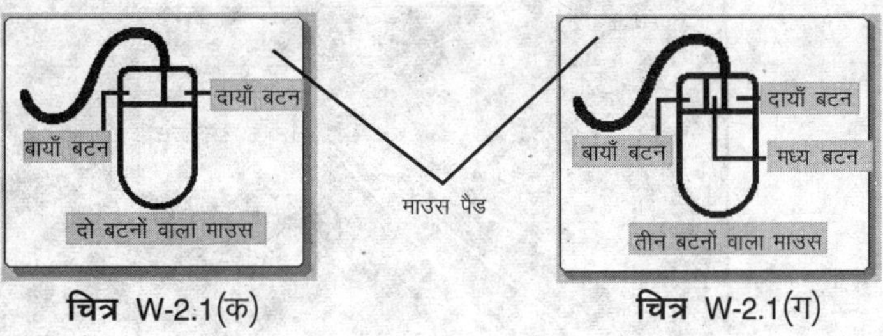

चित्र W-2.1(क) **चित्र** W-2.1(ग)

माउस का इस्तेमाल (Using the Mouse)

आप माउस के द्वारा कोई काम करें, इससे पहले आश्वस्त हो लें कि यह सपाट तथा समतल जगह पर इस तरह से रखा गया है कि आप आसानी से इसे मूव कर सकें। माउस पर एक अच्छी पकड़ बनाए रखने के लिए यह बेहतर होगा कि इसे एक आयताकार पैड पर रखा जाए। इससे इस बात की तसल्ली भी मिलती है कि इसका movement सहज तथा निर्बाध होगा। वह आयताकार पैड **'माउस पैड'** कहलाता है (चित्र W-2.2)।

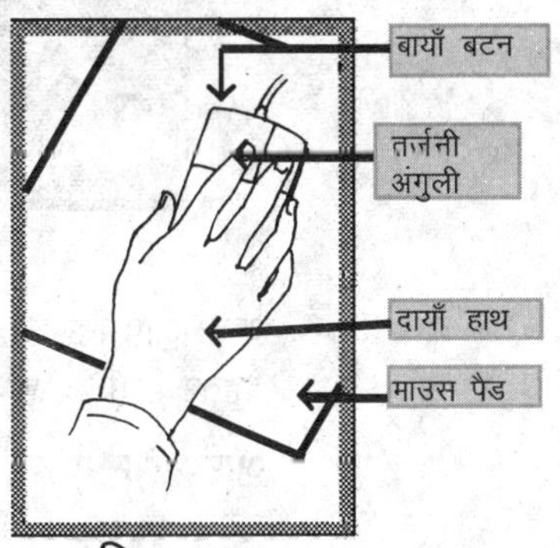

चित्र W-2.2

माउस के दो अधिक प्रचलित कार्य (या उपयोग) **क्लिक** (बाएँ माउस बटन को एक बार दबाना) तथा **डबल क्लिक** (बाएँ माउस बटन को दो बार दबाना) होते हैं। आम तौर पर बाएँ माउस बटन का उपयोग प्राथमिक बटन की तरह सिंगल क्लिक करने, अर्थात् हाईलाइट करने या आइकॉन पर क्लिक करने या मेन्यू विकल्पों का चयन करने के लिए और डबल क्लिक का प्रयोग आइकॉन्स या प्रोग्राम्स को खोलने के लिए किया जाता है। विंडोज़ XP में दाएँ माउस बटन का उपयोग पॉप–अप मेन्यू को खोलने के लिए भी किया जाता है।

विंडोज़ XP में काम करना (Working in Windows XP)

पी॰सी॰ या कंप्यूटर का स्विच ऑन करने अथवा RAM में विंडोज़ XP लोड करने के बाद सबसे पहले यह हार्ड ड्राइव से संपर्क स्थापित करता है। तब यह स्वयं में तथा अपने हार्डवेयर में संवाद स्थापित करने के लिए एक सॉफ्टवेयर लोड करने की अनुमति देता है। विंडोज़ XP सभी हार्डवेयर उपकरणों की जाँच करता है तथा ग्राफिक फाइलों, फॉण्ट फाइलों आदि को लोड करता है, ज़िसकी जरूरत डेस्कटॉप को डिस्प्ले करने में पड़ती है (चित्र W-2.3)।

डेस्कटॉप (Desktop)

जब विंडोज़ XP स्टार्ट (शुरू) किया जाता है, तब आइकॉन्स तथा चित्रों से युक्त एक ग्राफिकल स्क्रीन दिखाई पड़ता है। इस स्क्रीन को **डेस्कटॉप** कहते हैं। ये चित्र तथा आइकॉन्स प्रोग्राम्स के शॉर्टकट्स होते हैं। इन आइकॉन्स तथा चित्रों पर दो बार क्लिक करके आप इनसे जुड़े प्रोग्राम्स को खोल सकते हैं।

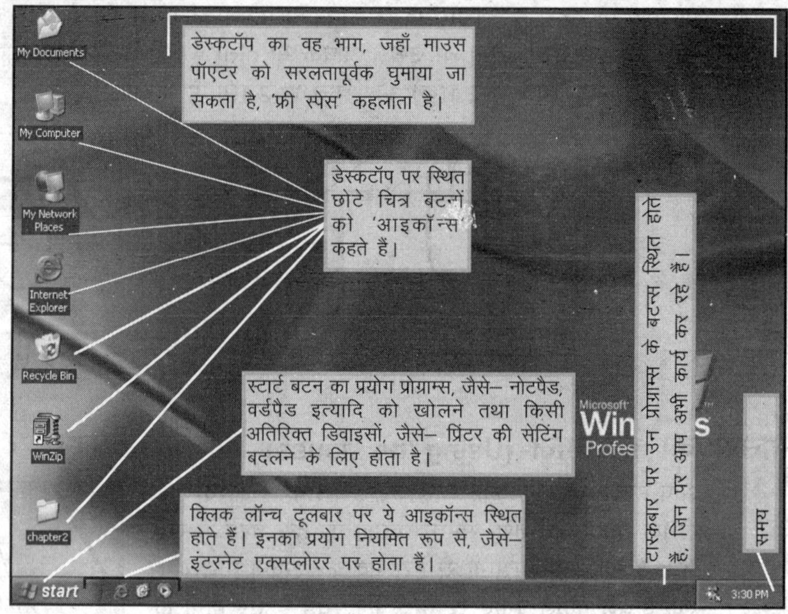

चित्र W-2.3: विंडोज़ XP का डेस्कटॉप

अगर आप विंडोज़ 3.1/3.11 पर काम कर चुके हैं, तो पाएँगे कि विंडोज़ XP का डेस्कटॉप सरल और बेहतर है (चित्र W-2.3)। आइए, अब हम विंडोज़ XP डेस्कटॉप के विभिन्न भागों को जानें।

आइकॉन्स–ये छोटे–छोटे चित्र बटन होते हैं, जो डेस्कटॉप पर मौजूद रहते है। ये प्रोग्राम्स, फोल्डर्स आदि को represent करते हैं।

उदाहरणार्थ – आप **My Computer** आइकॉन को देखिए (चित्र W-2.4)। यह विभिन्न कंप्यूटर संसाधनों, जैसे–डिस्क ड्राइव (A: या B:), CD ROM ड्राइव (D) तथा हार्ड डिस्क ड्राइव (C:) में कार्य करने की सुविधा प्रदान करता है। My Computer आइकॉन द्वारा आप भी विषय–सूची (फाइल्स एण्ड फोल्डर्स) देख सकते हैं, जो इन ड्राइव्स में विद्यमान है (यदि डिस्क ड्राइव A: या B: में एक डिस्क इन्सर्ट हो या CD ड्राइव CD ROM में इन्सर्ट हो)।

My Computer

चित्र W-2.4

टास्कबार (Taskbar) – यह टास्कबार विंडोज़ XP डेस्कटॉप के निचले भाग में विद्यमान रहता है। कंप्यूटर पर जिस प्रोग्राम पर काम किया जा रहा हो, उसे दर्शाने के साथ–साथ यह अन्य जानकारियाँ (जैसे–समय आदि) दाईं तरफ देता है। इस्तेमाल में लाए जाने वाले अधिकतर प्रोग्राम्स (जैसे– इंटरनेट एक्सप्लोरर 5.0, डेस्कटॉप, मीडिया प्लेयर आदि) के शॉर्टकट Quick Launch Toolbar पर भी देखे जा सकते हैं।

टास्कबार की बाईं ओर स्थित **Start** बटन विंडोज़ XP में प्रोग्राम्स को शुरू करने में आपकी मदद करता है।

फ्री स्पेस (Free Space)— डेस्कटॉप पर **free space** का उपयोग माउस पॉएंटर का निर्बाध संचालन करने या फाइल्स से संबंधित कार्य करने (जैसे– फाइलों को कॉपी या मूव करने) के लिए होता है। इस अध्याय में हम इस free space का उपयोग अपने विभिन्न उदाहरणों के लिए करेंगे, जिससे हम माउस के विभिन्न कार्यों तथा operations के बारे में बेहतर जानकारी हासिल कर सकेंगे।

माउस के संबंध में अन्य जानकारियाँ (Learning more about the Mouse)

अब तक आप माउस के बारे में संक्षिप्त जानकारियाँ (जैसे– इसके कितने प्रकार होते हैं तथा कैसे इसे एक या दो बार [illegible] किया जा सकता है) पा चुके हैं। आइए, अब माउस के कार्यों के बारे में अधिक जानकारी [illegible]

माउस के द्वारा कार्य करना (Working with the Mouse)

माउस आपके सिस्टम से जुड़ा उपकरण है। कंप्यूटर पर कार्य करते समय इससे आप सहज महसूस करेंगे। माउस (चित्र W-2.5) में तीन बटन होते हैं– **बायाँ बटन, बीच का बटन** और **दायाँ बटन**। बायाँ बटन और दायाँ बटन अनवरत रूप से प्रयोग में लाए जाते हैं, जबकि बीच वाला बटन कभी–कभी (जब हम विंडोज़ XP में काम करते हैं) प्रयोग में लाया जाता है।

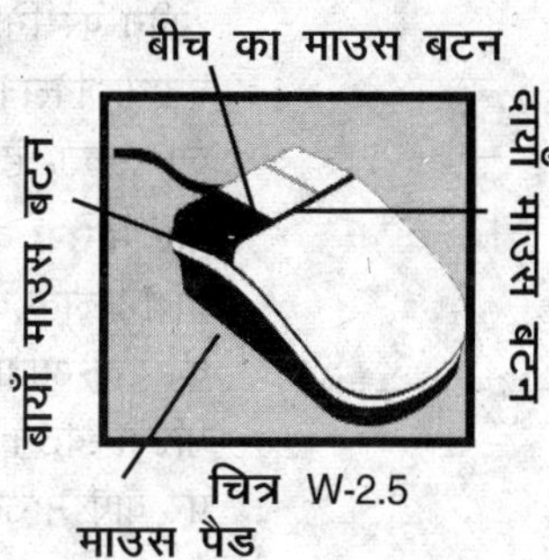

चित्र W-2.5

इससे पहले कि आप एक माउस का इस्तेमाल करें, इस बात की तसल्ली कर लें कि वह (माउस) एक समतल सतह पर रखा गया है। ऐसा होने पर ही आप उसे आसानी से हिला–डुला (move) कर सकेंगे। बेहतर तो यह होता है कि इसे एक चौकोर पैड पर रखा जाए, ताकि यह उस पर सहज और निर्बाध रूप में आवश्यकतानुसार किसी भी दिशा में move हो सके। यह चौकोर पैड **'माउस पैड'** कहा जाता है।

इससे पहले कि आप माउस के दाएँ और बाएँ बटन का प्रयोग करें, यह जानना आवश्यक है कि माउस को अपनी हथेली (पंजे) द्वारा आरामदायक ढंग से कैसे पकड़ें। अगर आप दाएँ हाथ से काम करना सहज और सुविधाजनक महसूस करते हैं, तो अपनी दाईं हथेली से ही माउस को पकड़ें। उसके बाद अपनी पहली (तर्जनी) अंगुली बाएँ माउस–बटन पर और मध्यमा अंगुली दाएँ माउस बटन पर रखें (चित्र w-2.2)। अब माउस–पैड पर माउस को किसी भी दिशा में मूव करें। आप देखेंगे कि माउस को जैसे–जैसे मूव करेंगे, वैसे–वैसे स्क्रीन पर एक ऐरो (↖) भी उसी दिशा में मूव करता है। इस ऐरो को **'माउस-पॉएंटर'** कहते हैं। आइए, अब निम्नलिखित steps के अनुसार माउस द्वारा काम करने की

आप इस बात से आश्वस्त हो लें कि माउस को जब भी आप किसी दिशा में मूव करें तब वह माउस–पैड पर ही रहे। यदि ऐसा नहीं होगा, तो माउस घुमाने पर माउस पॉएंटर नहीं घूमेगा।

कोशिश करते हैं–

1. माउस को उठाएँ और अपने दाएँ हाथ के नीचे माउस–पैड पर रखें।
2. अपनी तर्जनी अंगुली को माउस के बाएँ बटन पर और मध्यमा अंगुली को दाएँ बटन पर रखें।
3. अब माउस पैड पर माउस को बाएँ हाथ की तरफ मूव करें। आप देखेंगे कि माउस–पॉएंटर आपके स्क्रीन पर बाईं तरफ जा रहा है।
4. इसी प्रकार माउस को अन्य दिशाओं में माउस पैड पर रखकर घुमाएँ। आप देखेंगे कि माउस पॉएंटर (↖) स्क्रीन पर उसी दिशा में घूमेगा, जिस दिशा में आप पैड पर माउस को घुमाएँगे।

माउस–पॉएंटर डेस्कटॉप पर स्वयं द्वारा तय की गई दूरी तथा दिशा को मापकर इसकी सूचना कंप्यूटर को देता है। जब माउस–पॉएंटर मूव नहीं करे, तो आप यह समझ लें कि माउस में किसी गड़बडी या कंप्यूटर में पैदा हुई किसी समस्या के कारण ऐसा हो रहा है।

यदि माउस द्वारा काम करते–करते वह माउस पैड के एकदम किनारे चला जाता है, तो उसे उठाकर फिर पैड की दाईं तरफ लाएँ, ताकि दोबारा उससे काम करते समय वह बाईं तरफ आ सके और फिर माउस–पॉएंटर भी बाईं तरफ मूव हो सके।

माउस के कार्य (Performing Mouse Actions)

सामान्यतः माउस चार प्रकार के कार्य करता है– **क्लिक करना, डबल क्लिक करना, ड्रैग करना** और **सेलेक्ट करना**। आइए, अब हम इन चारों को एक–एक करके जानें।

स्क्रीन पर निर्दिष्ट स्थान पर माउस पॉएंटर (↖) को मूव करना और फिर बायाँ माउस बटन एक बार दबाना 'क्लिक' कहलाता है। विंडोज़ XP में बाएँ और दाएँ– दोनों ही माउस बटनों द्वारा **क्लिक** किया जा सकता है। आइए, अब इनमें से प्रत्येक बटन द्वारा कार्य करने की पद्धति जानें।

बाएँ माउस बटन द्वारा क्लिक करना (Clicking with the left mouse button)— बाएँ माउस बटन द्वारा क्लिक करने के लिए उसे एक बार दबाएँ और फिर छोड़ दें। जब आप **'क्लिक'** करेंगे, तब 'टिक' की एक आवाज सुनाई पड़ेगी। किसी डेस्कटॉप आइकॉन को हाईलाइट करने के लिए आपको बायाँ माउस–बटन सिर्फ़ एक बार क्लिक करना होगा। आइए, अब विंडोज़ XP डेस्कटॉप के किसी भी आइकॉन पर बाएँ माउस बटन को क्लिक करने का अभ्यास करें–

Important

किसी आइकॉन को हाइलाइट करने के लिए माउस पॉएंटर को आइकॉन के नाम या चित्र पर मूव करें और बाएँ माउस बटन को क्लिक करें।

1. अपना हाथ माउस पर रखें और उसे इस प्रकार घुमाएँ कि आपके डेस्कटॉप पर **My Computer** आइकॉन पर वह दिखाई पड़े (चित्र W-2.6)।
2. अब बाएँ माउस बटन को एक बार दबाएँ और फिर छोड़ दें। ऐसा करने पर आपको 'टिक' की एक आवाज सुनाई देगी (चित्र W-2.7), जिससे इस बात की पुष्टि हो जाएगी की काम पूरा हो गया। अब आप देखेंगे कि **My Computer** आइकॉन हाईलाइट हो गया है (चित्र W-2.8)।

My Computer ← 1

चित्र W-2.6

2 Click

चित्र W-2.7

My Computer

चित्र W-2.8

3. **My Computer** आइकॉन पर से हाईलाइट को हटाने के लिए विंडोज़ XP डेस्कटॉप की खुली जगह जहां माउस पॉएंटर दिखे, पर माउस को मूव करें।

4. अंत में बाएं माउस बटन को एक बार दबाएँ। इससे **My Computer** आइकॉन पर से हाईलाइट हट जाएगा।

दाएँ माउस बटन से क्लिक करना (Clicking with the right mouse button)— दाएँ माउस बटन से कार्य करने के लिए आप अपनी अंगुली दाएँ माउस बटन पर रखें और क्लिक करें। ऐसा करके आप कमांड्स तथा शॉर्टकट्स के एक पॉप–अप मेन्यू को अपने स्क्रीन पर ला सकते हैं। आइए, अब विंडोज़ XP डेस्कटॉप के किसी भी आइकॉन पर दाएँ बटन को क्लिक करने का अभ्यास करें–

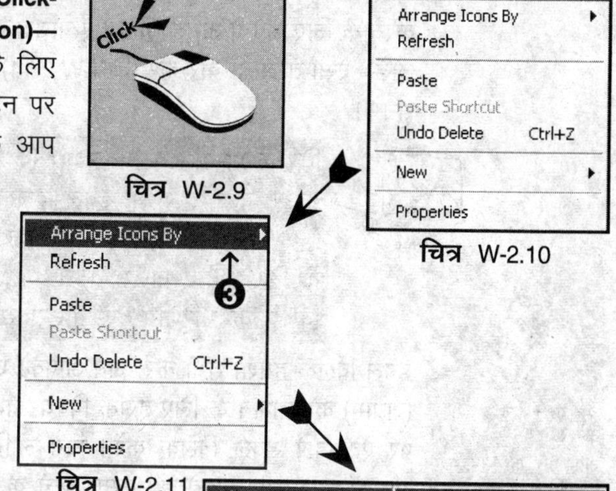

चित्र W-2.9

चित्र W-2.10

चित्र W-2.11

1. अपने डेस्कटॉप के फ्री स्पेस पर माउस पॉएंटर को मूव करें।
2. दाएँ माउस बटन (चित्र W-2.9 में उसे काले रंग में दिखाया गया है) को एक बार दबाएँ और फिर छोड़ दें। तब आप 'टिक' की आवाज सुनेंगे, जिससे इस बात की पुष्टि हो जाएगी कि आपका यह काम हो गया। उसके तुरंत बाद एक पुल–डाउन मेन्यू आपको स्क्रीन पर दिखाई देगा (चित्र W-2.10)।

चित्र W-2.12

3. इस मेन्यू में माउस पॉएंटर को मूव करें और Arrange Icons विकल्प पर रखें (चित्र W-2.11)। आप देखेंगे कि यह विकल्प हाईलाइट हो गया।
4. तुरंत ही पहले मेन्यू के साथ एक और मेन्यू दिखाई देगा।
5. दूसरे मेन्यू में Name विकल्प पर माउस पॉएंटर को ले जाएँ (चित्र W-2.12)। आप देखेंगे कि यह विकल्प हाईलाइट हो गया है।
6. अब आप अपनी अंगुली को बाएँ माउस बटन पर ले जाएँ तथा एक बार दबा दें। 'टिक' की एक आवाज सुनाई देगी, जिससे इस बात की पुष्टि होगी कि चयन (select) हो गया।
7. आप देखेंगे कि दूसरे मेन्यू के साथ पुल–डाउन मेन्यू भी स्क्रीन से गायब हो गया है, और डेस्कटॉप के सभी आइकॉन वर्णानुसार स्वतः arrange हो गए हैं।

यहाँ सिर्फ अभ्यास के लिए, आप arrange किए गए Icon विकल्प पर बाएँ माउस बटन से क्लिक करें। वैसे, यह याद रखें कि जब आप arrange icon विकल्प पर माउस पॉएंटर को रखते हैं, तब दूसरा मेन्यू स्वतः दिखने लगता है। जैसे–जैसे आप आगे बढ़ेंगे, वैसे–वैसे बाएँ माउस बटन को क्लिक करने के संबंध में सीखेंगे।

बाएँ माउस बटन से डबल क्लिक करना – बाएँ माउस बटन को दो बार जल्दी–जल्दी क्लिक करने को 'डबल क्लिक' कहा जाता है। डबल क्लिक करने के लिए माउस पॉएंटर को स्क्रीन पर किसी खास जगह पर मूव करें और बाएँ माउस बटन को जल्दी–जल्दी दो बार क्लिक करें। माउस बटन को क्लिक करने के लिए अपनी अंगुली को बाएँ माउस बटन पर रखें और फिर बटन को जल्दी–जल्दी दबाएँ तथा छोड़ें– ऐसा तुरंत दो बार करें (चित्र W-2.14)। डबल क्लिक करने के बाद आप 'टिक–टिक' की आवाज सुनेंगे।

विंडोज XP में डबल क्लिक सिर्फ बाएँ माउस बटन द्वारा ही किया जा सकता है। आप दाएँ माउस बटन द्वारा भी डबल क्लिक कर सकते हैं, मगर विंडोज XP उनकी उपेक्षा कर देता है। यह ऐसे दो क्लिक को सिंगल (दायाँ) क्लिक के रूप में ही स्वीकार करता है। उदाहरण के लिए– दाएँ माउस बटन को My Computer icon पर दो बार क्लिक करें। आप देखेंगे कि इसका परिणाम दाएँ माउस बटन को एक बार क्लिक करने के परिणाम जैसा ही होगा।

Hot Tip

अगर आप किसी आइकॉन को सही ढंग से खोलने के लिए डबल क्लिक करने में सक्षम नहीं हैं, तो निम्नलिखित steps अपनाइए–

My computer आइकॉन पर माउस पॉएंटर को मूव करें और बाएँ माउस बटन को एक बार क्लिक कर दें। आइकॉन हाईलाइट हो जाएगा।

अब Window में आइकॉन को खोलने के लिए Enter Key को दबाएँ। आइकॉन तुरंत खुल जाएगा।

डबल क्लिक हमेशा तभी करें, जब आपको एक आइकॉन खोलने की आवश्यकता हो। किसी आइकॉन (प्रोग्राम) को खोलने के लिए इसके पिक्चर बटन को आप डबल क्लिक करें। आइए, अब किसी आइकॉन पर एक बार डबल क्लिक करें। मान लीजिए कि आप विंडोज़ XP डेस्कटॉप पर **My Computer** आइकॉन खोलना चाहते हैं। ऐसा करने के लिए आप निम्नलिखित steps अपनाइए–

1. माउस के ऊपर अपना हाथ रखें और उसे इस प्रकार मूव करें कि माउस–पॉएंटर **My Computer** आइकॉन के ऊपर दिखने लगे (चित्र W-2.13)।

चित्र W-2.13

2. अब अपनी तर्जनी अंगुली बाएँ माउस बटन पर रखें।

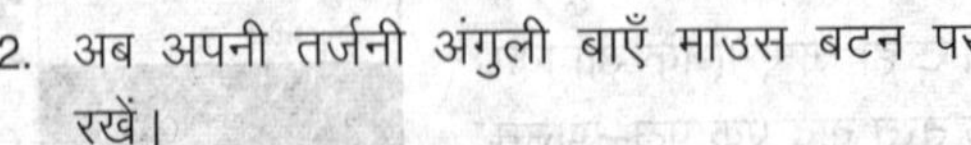

3. बाएँ माउस बटन को जितनी जल्दी–जल्दी हो सके, दो बार दबाएँ और छोड़ दें (चित्र W-2.14)। तत्काल विंडोज़ XP का **My Computer** आइकॉन विंडो के रूप में खुल जाएगा और इसके contents को दिखाएगा (चित्र W-2.15)।

चित्र W-2.14

चित्र W– 2.15, **My Computer** विंडो में एक नया टूल बार है, जो Standard tool bar कहलाता है। इस पर वे बटन दिखते हैं, जो विभिन्न मेन्यू कमांड्स के शॉर्टकट्स होते हैं।

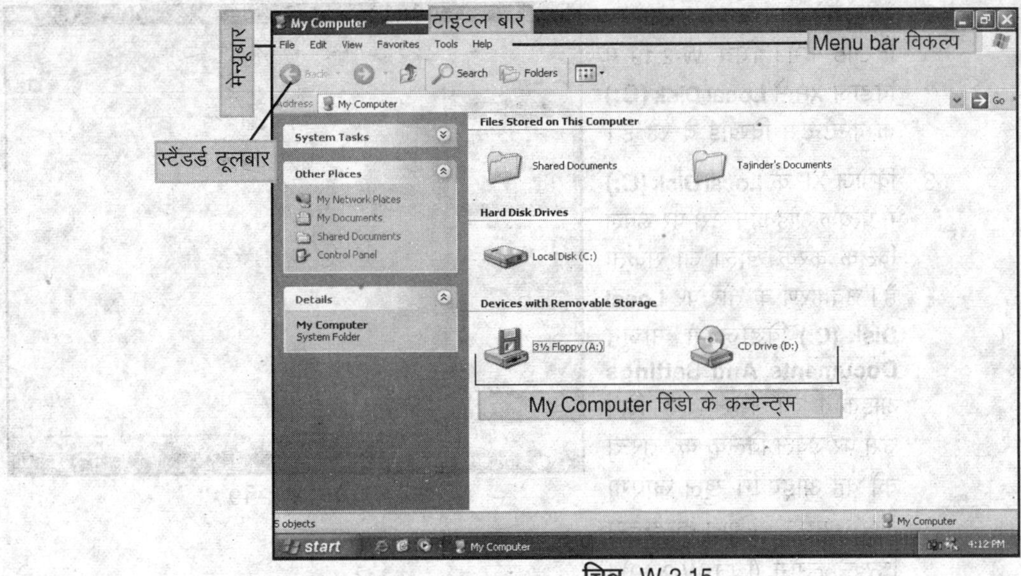

चित्र W-2.15

My Computer विंडो में अनेक आइकॉन्स होते हैं। प्रत्येक आइकॉन **एक खास प्रोग्राम** का प्रतिनिधित्व करता है।

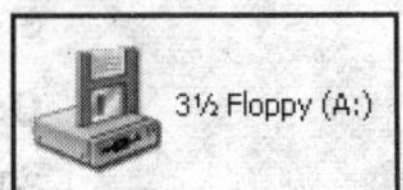

Fig.W-2.16

चित्र W–2.16 में दिख रहा आइकॉन एक प्रोग्राम है, जो साढ़े तीन इंच वाली फ्लॉपी डिस्क के कन्टेन्ट्स को दिखाने के लिए इस्तेमाल में लाया जाता है। आइकॉन के कन्टेन्ट्स को देखने के लिए ड्राईव में फ्लॉपी डिस्क डालें। उसके बाद इस आइकॉन पर डबल क्लिक करें। डाले गये डिस्क के कन्टेन्ट्स जल्द ही आपको स्क्रीन के विंडो पर दिखेंगे।

यदि आप साढ़े पाँच इंच की फ्लॉपी पढ़ना चाहते हैं, तो यह जरूरी है कि आपके सिस्टम में साढ़े पाँच इंच वाला फ्लॉपी डिस्क ड्राइव हो। इसलिए साढ़े पाँच इंच वाले फ्लॉपी डिस्क को उसके ड्राइव में डालें और My Computer विंडो के Corresponding Icon में डालकर डबल क्लिक करें। जल्द ही स्क्रीन पर डिस्क के कन्टेन्ट्स दिख जाएँगे। अगर आपके सिस्टम में साढ़े पाँच इंच वाला फ्लॉपी डिस्क ड्राइव नहीं है, तो इसका आइकॉन My Computer विंडोज़ में दिखाई नहीं देगा।

चित्र W-2.17

चित्र W-2.17 में दिख रहे आइकॉन में हार्ड डिस्क के कन्टेन्ट्स होते हैं। आइए, अब **Local Disk (C:)** आइकॉन को खोलने का प्रयास करें, जो हार्ड डिस्क का प्रतिनिधित्व करता है। ऐसा करने के लिए निम्नलिखित steps उठाएँ–

बाएँ माउस बटन को यथाशीघ्र दो बार दबाने को 'डबल क्लिक' कहते हैं।

1. माउस को मूव करें और माउस पांएटर को विंडोज XP डेस्कटॉप पर मौजूद **My Computer** विंडो में **Local Disk(C:)** पर ले जाएँ (चित्र W-2.18)।

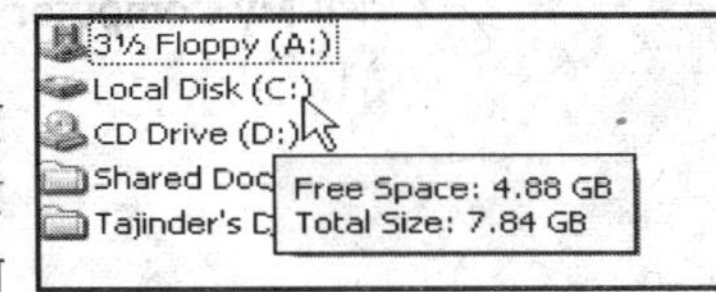

चित्र W-2.18

2. अब अपनी अंगुली को बाएँ माउस बटन पर रखें और दबाएं तथा छोड़ें। जितनी जल्दी–जल्दी हो सके, ऐसा दो बार करें। तत्काल एक विंडोज में **Local Disk (C:)** खुल जाता

है। उसमें अन्य अनेक आइकॉन्स दिखाई देंगे। चित्र W-2.19 में विंडोज़ XP में **Local Disk (C:)** के कन्टेन्ट्स दिखाई दे रहे हैं।

3. विंडोज XP के **Local Disk (C:)** में प्रत्येक आइकॉन उस पर डबल क्लिक करके खोला जा सकता है। उदाहरण के तौर पर **Local Disk (C:)** विंडोज़ में मौजूद **Documents And Settings** आइकॉन को खोलने के लिए उस पर डबल-क्लिक करें तुरन्त की वह आइकॉन खुल जाएगा और उसमें उपस्थित कन्टेन्ट्स दिखने लगेंगे (चित्र W-2.19)।

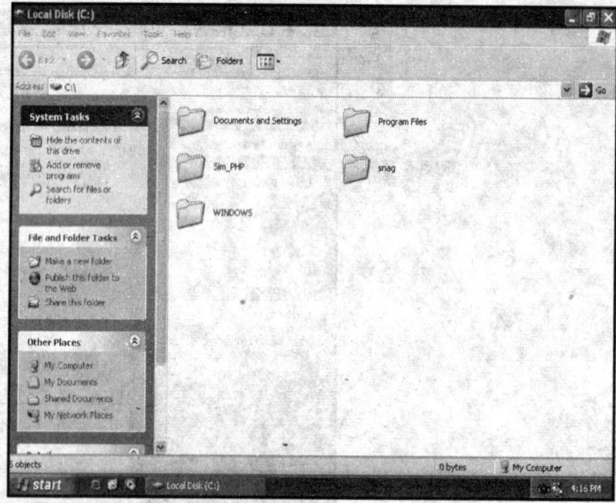

चित्र W-2.19

अगर आपके पास CD-ROM ड्राइव में CD-ROM पहले से ही इन्सर्ट है, तो **CD Drive icon**, जो **My Computer** विंडो में दिखाई दे रहा है, डबल क्लिक करें। तब CD-ROM कन्टेन्ट्स दिखने लगेंगे। इन आइकॉन्स को उन पर बाएँ माउस बटन को डबल क्लिक करके भी खोला जा सकता है।

अब माउस के तीसरे कार्य (**ड्रैगिंग**) के बारे में जानने से पहले यह बेहतर होगा कि एक विंडोज़ के विभिन्न भागों के बारे में कुछ और जानकारी प्राप्त करें।

विंडो के भाग (Components of a Window)

विंडोज़ Me तथा XP के प्रत्येक विंडो के कुछ मूलभूत भाग होते हैं। अभी आपका डेस्कटॉप दो विंडोज़, जैसे **My Computer** तथा **Local Disk (C:)** या **(C:)** को दिखा रहा है। यह विंडो के वर्जन पर निर्भर करता है कि आपका डेस्कटॉप कैसा दिखाई देगा। यदि आप विंडोज़ XP (चित्र W-2.21) का उपयोग कर रहे हैं, तो इन दोनों चित्रों में हम उपरोक्त steps का अनुसरण करके **Local Disk (C:)** को खोल सकते हैं।

कन्टेन्ट्स बॉक्स (Contents Box) – पिछले भाग में सारे विंडोज़ में आपने यह देखा होगा कि एक बड़े बॉक्स में छोटे–छोटे आइकॉन्स हैं। ये आइकॉन्स उसी विंडोज़ के कन्टेन्ट्स को दिखलाते हैं।

टाइटल बार (Title bar)–विंडोज़ XP में किसी विंडो के सबसे ऊपरी भाग को **Title bar** कहा जाता है। यह bar बाईं तरफ विंडो के नाम को दर्शाता है। उदाहरण के तौर पर–चित्र W-2.20 **Local Disk (C:)** तथा **My Computer** विंडोज़ के नामों को दिखाता है। चित्र W-2.21 भी बाईं तरफ नामों को ही दर्शाता है।

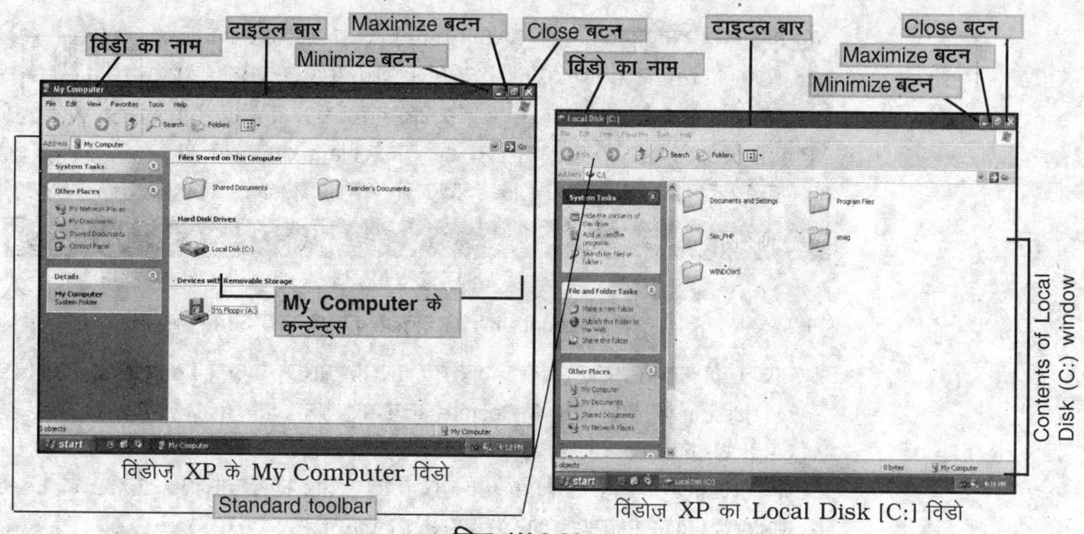

विंडोज़ XP के My Computer विंडो

विंडोज़ XP का Local Disk [C:] विंडो

चित्र W-2.20

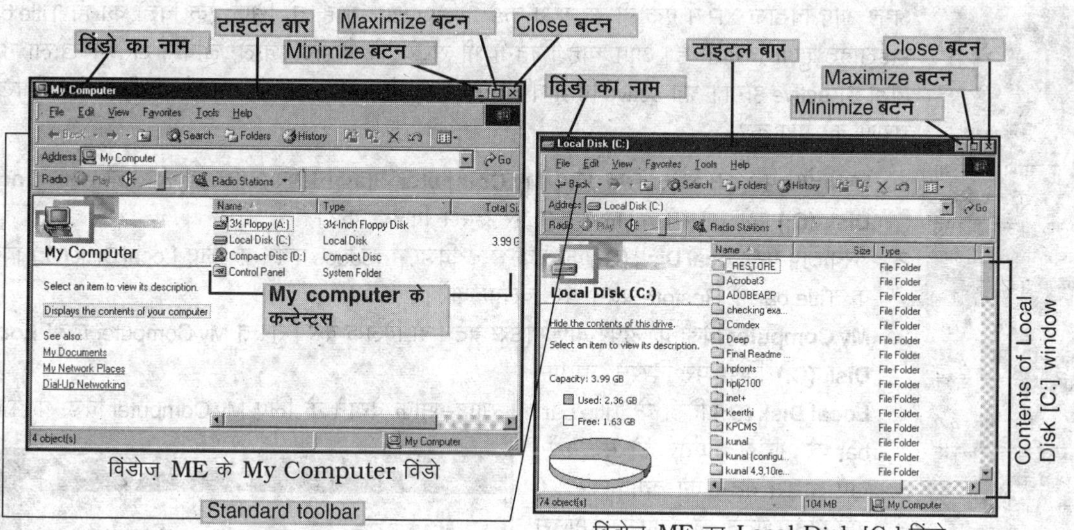

विंडोज़ ME के My Computer विंडो

विंडोज़ ME का Local Disk [C:] विंडो

चित्र W-2.21

दाईं तरफ Title bar पर तीन बटन **Maximize, Minimize** तथा **Close** तीन बटन दिखते हैं। इन बटनों के कार्य निम्नलिखित होते हैं–

(क) **Minimize** बटन (▬)– यह विंडो को बटन के रूप में छोटा कर देता है।

(ख) **Maximize** बटन (▬)– यह विंडो को बड़ा करके पूरे स्क्रीन पर दिखाता है।

(ग) **Close** बटन (☒)– इसका प्रयोग विंडो को बंद करने में किया जाता है।

यदि विंडोज़ XP में आपका विंडो पूरे स्क्रीन को कवर करता है, तब Title bar पर Minimize बटन तथा Close बटन के बीच में एक बटन (▣) दिखाता है जिसे Restore बटन (चित्र W-2.22) कहते हैं। यदि विंडोज़ XP का Local Disk (C:) विंडो पहले से ही बड़ा (enlarged) है, तब भी आप देखेंगे कि Minimize तथा Close बटन के बीच में Restore बटन है (चित्र W-2.23)।

चित्र W-2.22

Local Disk (C:)

चित्र W-2.23 Restore button

आइए, अब विंडोज़ XP के Local Disk (C:) विंडो को सामान्य आकार में लाएँ।

1. माउस को माउस पैड पर इस प्रकार मूव करें कि माउस पॉएंटर **Local Disk (C:)** विंडो के Title bar के दाएँ भाग में Restore बटन पर चला जाए (चित्र W-2.22)।
2. अपनी अंगुली बाएँ माउस बटन पर रखिए।
3. अब बाएँ माउस बटन को सिर्फ एक बार दबाइए और छोड़ दीजिए। तत्काल ही **Local Disk (C:)** विंडो मध्यम आकार में वापस आ जाएगा।

किसी भी फोल्डर या आइकॉन पर डबल क्लिक करने के लिए आप निम्नलिखित क्रम अपना सकते हैं–

1. फोल्डर या आइकॉन पर माउस पॉएंटर को ले जाएँ।

2. उसके बाद बाएँ माउस बटन को दो बार जल्दी–जल्दी दबा दें।

अगर आप विंडोज़ XP में एक ही समय में कई विंडोज़ खोलते हैं, तो सिर्फ एक विंडो का ही Title bar हाईलाइट हुआ दिखता है। आप चाहे जितनी भी संख्या में विंडोज़ खोलें, लेकिन अंत में खोला गया विंडो ही active होगा। अब active विंडो की अवधारणा को बेहतर ढंग से समझने के लिए निम्नलिखित चरणों को पूरा करें–

1. डेस्कटॉप पर इसे खोलने के लिए **My Computer** आइकॉन पर डबल क्लिक करें। अब **Local Disk (C:)** को खोलने के लिए इस पर डबल क्लिक करें।
2. डेस्कटॉप पर **Local Disk (C:)** को एक छोटे विंडो में reduce करने के लिए Local Disk (C:) विंडो के Title bar में Restore बटन पर क्लिक करें।
3. **My Computer** विंडो के ऊपर बाएँ माउस बटन से क्लिक करें। तुरन्त My Computer विंडो **Local Disk (C:)** विंडो पर दिखने लगेगा।
4. **Local Disk (C:)** विंडो के Title bar को साफ–साफ देखने के लिए My Computer विंडो के Title bar पर माउस पॉएंटर को मूव करें।
5. बाएँ माउस बटन को दबाएँ।
6. बाएँ माउस बटन को दबाए रखें, माउस को ड्रैग कर नीचे की तरफ लाएं और बाएँ माउस बटन को छोड़ दें।

अब आप Local Disk (C:) विंडो के Title bar को साफ–साफ देख सकेंगे। विंडोज़ XP में Local Disk (C:) विंडो की तुलना में My Computer विंडो का Title bar अधिक हाईलाइटेड दिखता है। चित्र W-2.24 में विंडोज़ XP के Local Disk (C:) विंडो और My Computer विंडो दिखते है।

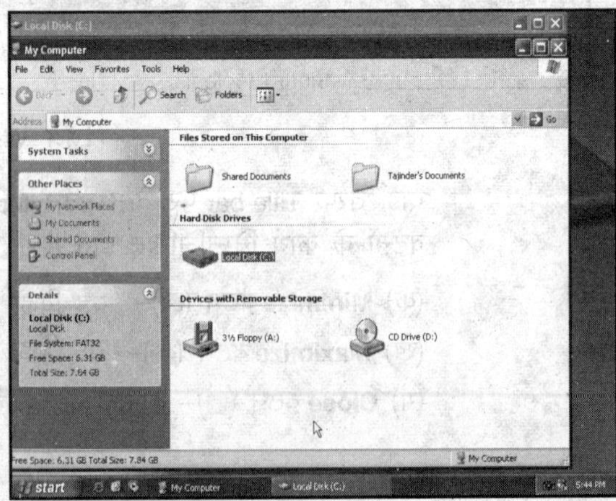

चित्र W-2.24

एक विंडो से दूसरे विंडो में जाने के लिए कृपया Alt Key तथा Tab Key को एक साथ दबाएँ।

मेन्यू बार (Menu bar) – हर विंडो **Title bar** के ठीक नीचे **Menu bar** को दिखलाता है। इन विकल्पों का प्रयोग किन्हीं खास तरह के कार्यों के लिए किया जाता है। **File, Edit, View and Help** उदाहरण के लिए–**File** विकल्प फाइल संबंधित कार्यों को पूरा करने के लिए, **Edit** विकल्प संपादन के उद्देश्य से, **View** विकल्प को किसी विंडो का रूप देने के लिए तथा **Help** विकल्प को कंप्यूटर पर कार्य करने के दौरान उत्पन्न किसी समस्या को दूर करने में सहायता के लिए प्रयोग में लाया जाता है (चित्र W-2.25)।

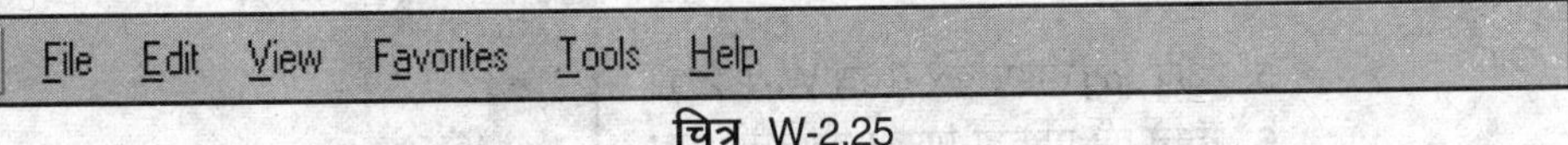

चित्र W-2.25

मेन्यू बार विकल्प (Menu bar Options)

आइए, अब कुछ मेन्यू बार विकल्पों के साथ कार्य करें। **File** मेन्यू बार विकल्प आपको फाइल को सर्च करने, यानी ढूँढ़ने की सुविधा उपलब्ध कराता है। हम यह मानकर चल रहे हैं कि **My Computer** विंडो खुला है और LOCAL DISK (C:) विकल्प चयनित किया हुआ है। अब हम इस प्रकार Search करेंगे–

1. जिस फोल्डर में आप सर्च करना चाहते हैं, उसे क्लिक कीजिए।
2. मेन्यू बार विकल्प में **File** मेन्यू पर क्लिक कीजिए। तुरन्त ही स्क्रीन पर एक पुल डाउन मेन्यू दिखाई देगा (चित्र W - 2.26)।
3. पुल डाउन मेन्यू में **Search** विकल्प पर माउस पॉएंटर को मूव करें (चित्र W - 2.26) तथा बाएँ माउस बटन को क्लिक करें। तुरन्त ही एक **Search Results** बॉक्स स्क्रीन पर दिखेगा (चित्र W - 2.27)।

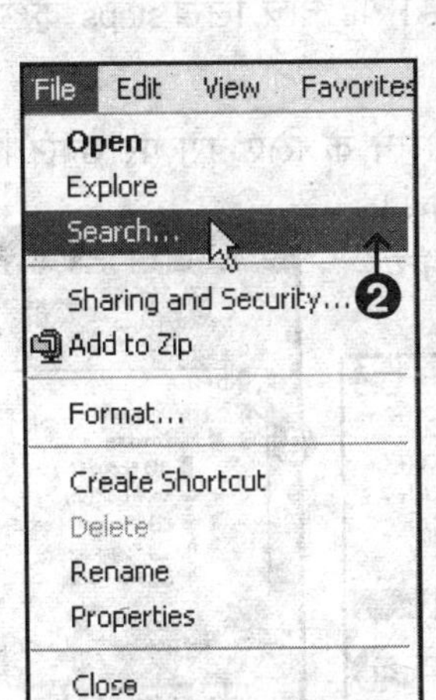

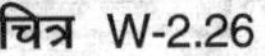
चित्र W-2.26

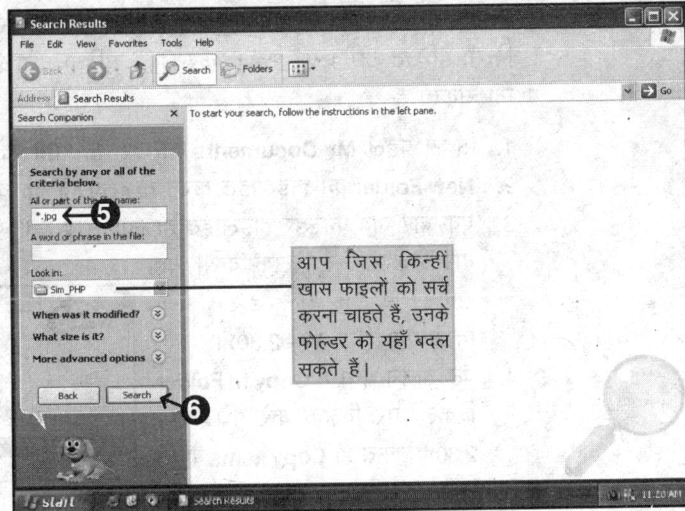

चित्र W-2.27

Search Results डायलॉग बॉक्स फोल्डर किसी खास फाइल को ढूँढ़ने में हमारी मदद करता है। यहाँ आपने ध्यान दिया होगा कि इस बॉक्स में बाईं तरफ एक Search Companion होता है, जो **search** करने में हमारी मदद करता है। इच्छित फाइल या फोल्डर को ढूँढ़ने के लिए आप **All Files and Folders** विकल्प पर क्लिक करें।

4. आइए, अपने सिस्टम में सभी jpg फाइलों को सर्च करें। ऐसा करने के लिए **Search Companion** खंड में मौजूद **All or part of the file name** के साथ वाले बॉक्स पर क्लिक करें।
5. अब .jpg टाइप करें (चित्र W - 2.27)।
6. ढूँढ़ने की प्रक्रिया प्रारम्भ करने के लिए Search Companion खंड में मौजूद **Search** बटन पर क्लिक करें। (चित्र W - 2.27)। तुरन्त ही आपका सिस्टम .jpg extraction के साथ सभी फाइलों के लिए Search करना शुरू कर देगा और जल्द ही उन्हें **Search Results** बॉक्स पर (चित्र W - 2.28) की दाईं तरफ दिखाएगा।

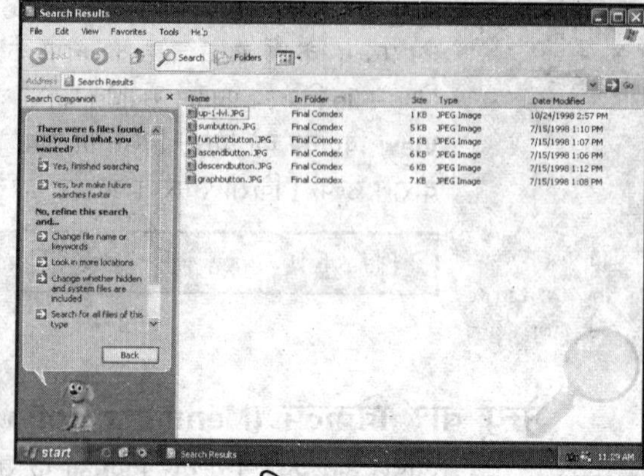

चित्र W-2.28

7. अब **Search Results** बॉक्स को **Close** करने के लिए इसके Title bar पर मौजूद **Close** बटन (x) पर क्लिक करें (चित्र W -2.29)।

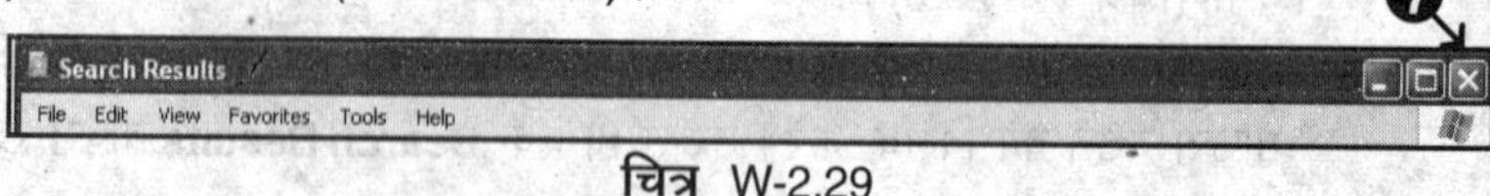

चित्र W-2.29

Edit मेन्यू बार विकल्प आपको किसी फाइल या फोल्डर को सीधे कॉपी या मूव करने और फिर उन्हें किसी इच्छित जगह पर Paste करने की सुविधा देता है। यह नीचे लिखें steps के माध्यम से किया जा सकता है–

1. सबसे पहले **My Documents** फोल्डर को सीधे खोलने के लिए इस पर डबल क्लिक करें।
2. **New Folder** को हाईलाइट करने के लिए क्लिक करें।
3. एक बार जब फोल्डर हाईलाइट हो जाए, तब **Edit** मेन्यू बार विकल्प पर क्लिक करें। यह स्क्रीन पर एक पुल डाउन मेन्यू दिखाएगा (चित्र W - 2.30)।
4. पुल डाउन मेन्यू में **Copy to Folder** विकल्प पर क्लिक करें (चित्र W - 2.30)। तुरन्त ही **Copy Items** बॉक्स स्क्रीन पर दिखाई पड़ेगा (चित्र W - 2.31)।

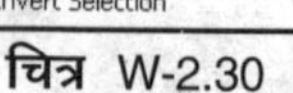

चित्र W-2.30

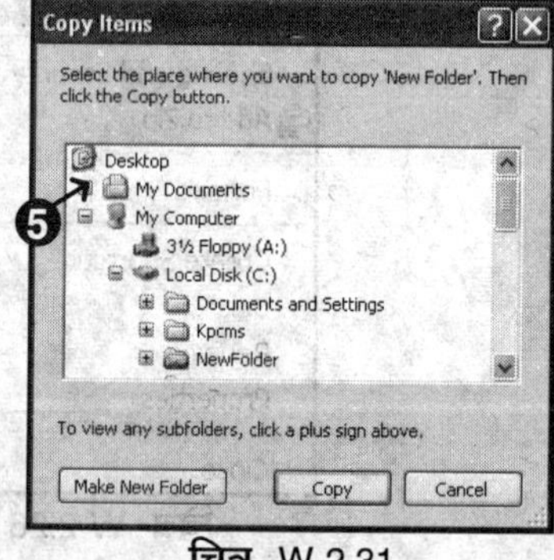

चित्र W-2.31

5. बॉक्स में दिख रहे **My Documents** आइकॉन के बगल में स्थित **Plus sign** (⊞) पर क्लिक करें (चित्र W - 2.31)। बॉक्स विंडो में **My Documents** फोल्डर के कन्टेन्ट्स दिखेंगे।
6. **My Picture** फोल्डर पर क्लिक करें (चित्र W - 2.32)।

7. **Copy** बटन पर क्लिक करें (चित्र W - 2.32)। **New Folder** की कॉपी **My Pictures** फोल्डर में हो जाएगी।
8. **LOCAL DISK (C:)** विंडो में स्थित **My Documents** फोल्डर पर और फिर **My Pictures** फोल्डर पर डबल क्लिक करें। आपके स्क्रीन पर New Folder की कॉपी My pictures folder में दिखने लगेगी (चित्र W - 2.33)।

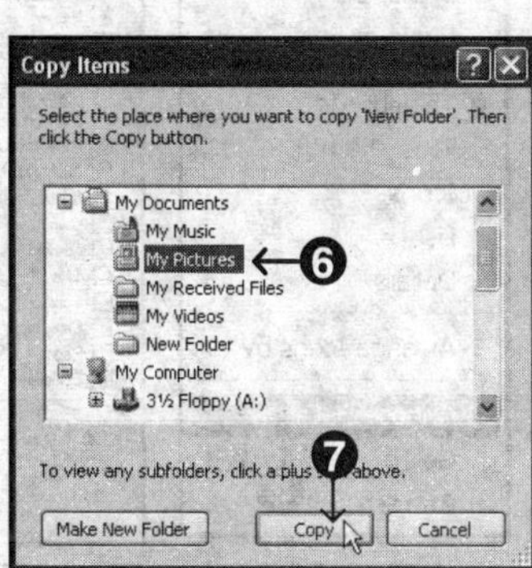

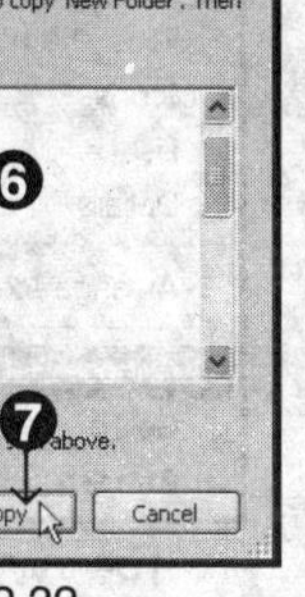

चित्र W-2.32

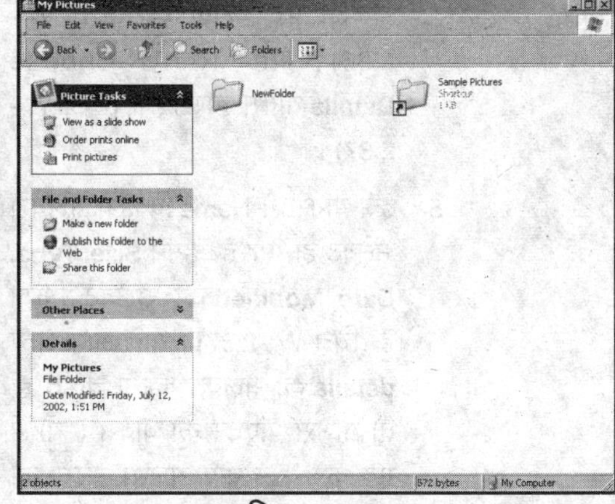

चित्र W-2.33

आपके डिस्प्ले को enhance करने के लिए विंडो XP में कुछ और अतिरिक्त features होते हैं। View मेन्यू को देखने के लिए निम्नलिखित steps का प्रयोग करें–

1. **LOCAL DISK (C:)** विंडो के मेन्यू बार में **View** मेन्यू पर क्लिक करें। ऐसा करने से एक मेन्यू विभिन्न विकल्पों के साथ दिखेगा (चित्र W - 2.34)।
2. इस मेन्यू में **Thumbnails** विकल्प पर क्लिक करें (चित्र W - 2.34)। ऐसा करते ही **LOCAL DISK (C:)** फोल्डर के कॅन्टेट्स **Thumbnails** में दिखेंगे (चित्र W - 2.35)।

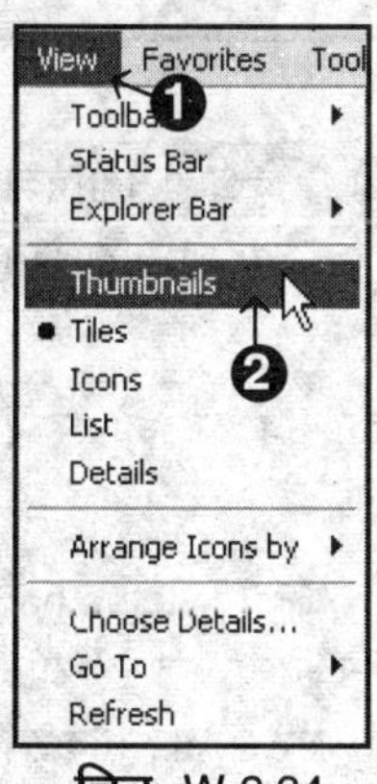

चित्र W-2.34

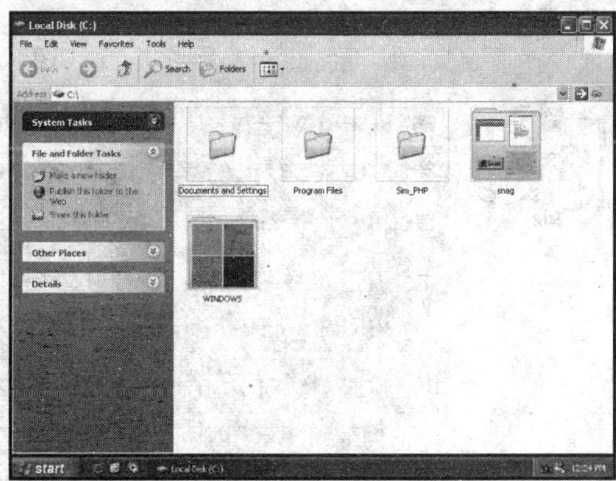

चित्र W-2.35

3. **LOCAL DISK (C:)** स्क्रीन पर उसी रूप में दिखेगा, जो चित्र W-2.19 में दिख रहा है। आइए, अब इसके **Headings** बदलें, जैसे– **Name, Size, Type, Modified** आदि। ऐसा करने के लिए **View** मेन्यू पर क्लिक करें। एक पुल डाउन मेन्यू दिखाई देगा।

4. इस मेन्यू के **Choose Details** विकल्प पर क्लिक करें (चित्र W - 2.36)। यह तत्काल **Choose Details** बॉक्स दिखाएगा (चित्र W - 2.37)।

5. इस बॉक्स में Name विकल्प भूलवश सेलेक्ट हो गया है। हमने **Size, Type, Date, Modified** को सेलेक्ट किया है (चित्र W - 2.37)। यदि आप अन्य **details** को सेलेक्ट करना चाहते हैं, तो माउस पॉएंटर को बॉक्स (☐) में मूव करें और बाएँ माउस बटन को क्लिक करें। एक (✓) सही का निशान बॉक्स में दिखेगा, जिससे इसके सेलेक्ट होने की पुष्टि हो जाएगी।

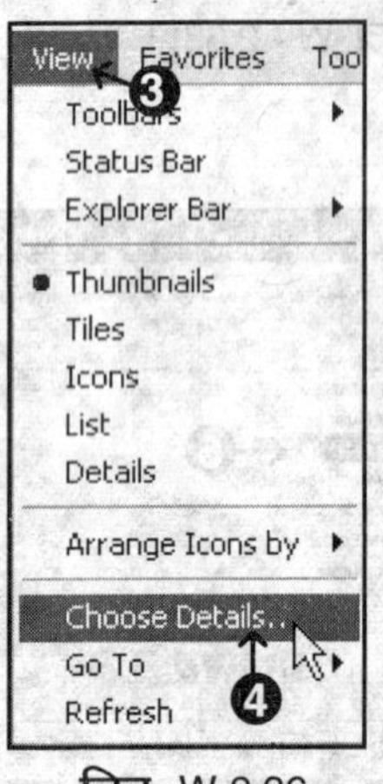

चित्र W-2.36

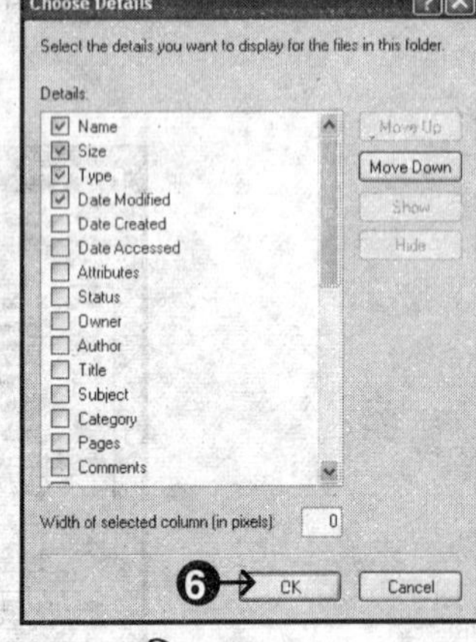

चित्र W-2.37

6. अंत में **OK** बटन पर क्लिक करें (चित्र W - 2.37), जिससे कि सेलेक्ट किए हुए details को विंडो में देखा जा सके। हमारे मामले में यह **LOCAL DISK (C:)** विंडो में दिखेगा।

स्टेटस बार (Status bar) – विंडोज़ XP में किसी विंडो का स्टेटस बार कुछ जानकारियाँ देता है। जैसे–विंडो में मौजूद Items की कुल संख्या, आइटम द्वारा Occupied मेमोरी स्पेस और विंडो का नाम हमारे मामले में **My Computer** है (चित्र W - 2.38)।

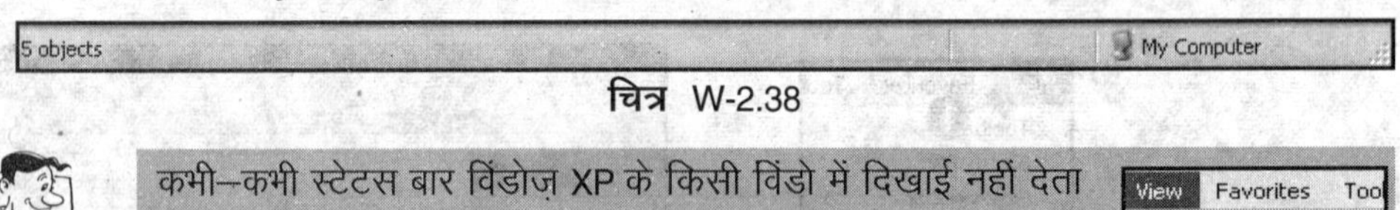

चित्र W-2.38

कभी–कभी स्टेटस बार विंडोज़ XP के किसी विंडो में दिखाई नहीं देता है। अगर स्टेटस बार नहीं दिखे, तो उसे देखने के लिए निम्नलिखित steps के अनुसार कार्य करें –

1. मेन्यू बार में View मेन्यू पर मास पॉएंटर को मूव करें और बाएँ माउस बटन को क्लिक करें।

2. मैन्यू में जब वह दिखे, तब माउस–पॉएंटर को Status bar विकल्प पर मूव करें (जैसा चित्र W - 2.39 में दिख रहा है) और बाएँ माउस बटन को क्लिक करें। जल्द ही स्टेटस बार विकल्प के साथ में एक क्लिक चिन्ह दिखेगा और तब विंडो के निचले भाग में स्टेटस बार दिखेगा।

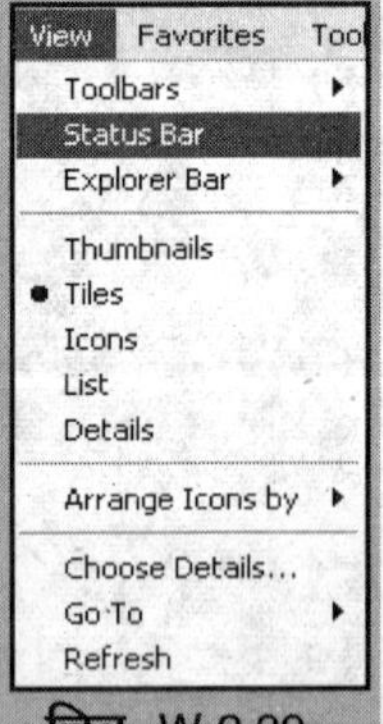

चित्र W 2.39

अब आप विंडो के components को भली–भाँति जान चुके होंगे। आइए, अब माउस के तीसरे सामान्य कार्य **ड्रैगिंग** के बारे में जानें।

ड्रैगिंग (Dragging) – बाएँ माउस बटन को दबाकर अपने माउस को माउस–पैड पर किसी भी दिशा में मूव करने को 'ड्रैगिंग' कहा जाता है। जब आप **ड्रैगिंग** करें, तब इस बात का विशेष ध्यान रखें कि माउस पूरे समय तक माउस पैड पर ही अच्छी तरह रहे। आइकॉन, विंडोज़ आदि को मूव करने के लिए ड्रैगिंग की जाती है। अभी विंडोज़ XP का डेस्कटॉप दो विंडोज़ दिखा रहा है– **My Computer** विंडो और **Local Disk (C:)** विंडो। आइए, अब हम जानें कि किसी भी विंडो को कैसे ड्रैग किया जाता है। उदाहरण के तौर पर– डेस्कटॉप पर **My Computer** विंडो को एक स्थान से दूसरे स्थान पर ले जाने का तरीका जानें।

ड्रैगिंग करते समय आप इस बात से आश्वस्त रहें कि पूरे समय तक माउस माउस–पैड पर ही रहे।

विंडोज़ XP में My Computer विंडो को ड्रैग करना– डेस्कटॉप पर **My Computer** विंडो को ड्रैग करने के लिए आपको निम्नलिखित क्रम से कार्य करना चाहिए–

1. माउस को माउस पैड पर इस प्रकार मूव करें कि माउस पॉएंटर **My Computer** विंडो के टाइटल बार पर चला आए (चित्र W - 2.40)।

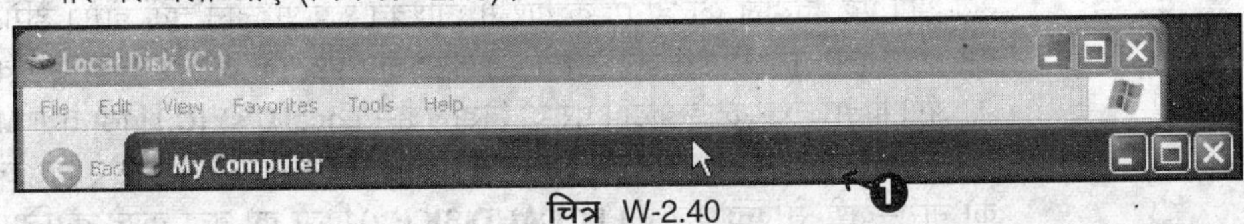

चित्र W-2.40

2. बाएँ माउस बटन को दबाएँ।
3. बाएँ माउस बटन को दबाकर रखें और माउस को माउस पैड पर अपनी दाइं तरफ मूव करें।
4. आप देखेंगे कि **My Computer** विंडो अब जगह बदलकर वहाँ चला गया है, जहाँ आपने माउस को ड्रैग किया था (चित्र W - 2.41)।

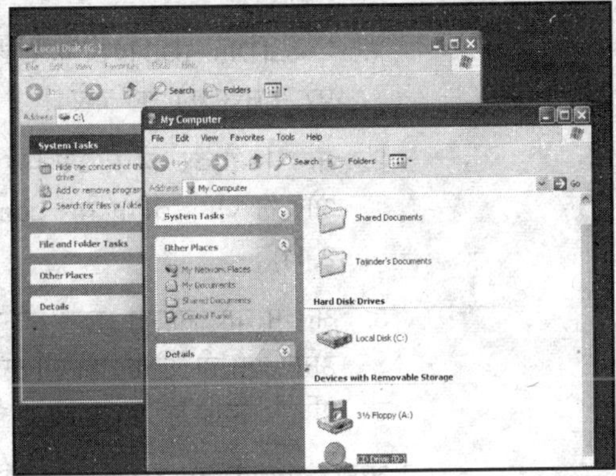

चित्र W-2.41

आइए, अब विंडोज़ XP डेस्कटॉप पर मौजूद **Local Disk (C:)** विंडो को ड्रैग करें, मगर उससे पहले उसे एक ऐक्टिव विंडो में बदलना जरूरी होगा।

Local Disk (C:) विंडो को ऐक्टिव विंडो बनाना – जैसा अपने देखा, Local Disk (C:) विंडो का टाइटल बार हाईलाइट नहीं है (चित्र W - 2.40)। इसका कारण यह है कि यह एक ऐक्टिव विंडो नहीं है; Local Disk (C:) विंडो को ऐक्टिव करने के लिए निम्नलिखित steps का प्रयोग करें।

1. Local Disk (C:) विंडो के टाइटल बार पर माउस पॉएंटर को मूव करें (चित्र W - 2.42)।
2. बाएँ माउस बटन को सिर्फ एक बार दबाएँ और तत्काल छोड़ दें। आप देखेंगे कि **Local Disk (C:)** विंडो हाईलाइट हो गया है और यह **My Computer** विंडो पर दिखने लगा है (चित्र W - 2.43)। यदि आप चाहें, तो इस विंडो को ड्रैग कर सकते हैं।

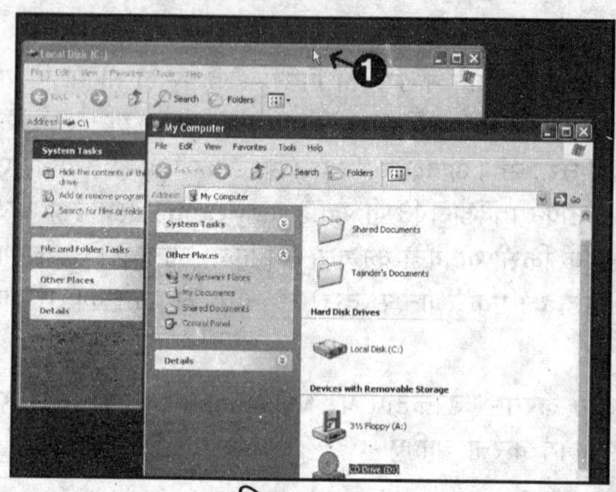

चित्र W-2.42

चित्र W-2.43

अब आप एक विंडोज़ की ड्रैगिंग के बारे में निश्चित रूप से जान चुके होंगे। ड्रैगिंग विंडोज़ के अलावा हम आइकॉन्स को भी ड्रैग कर सकते हैं। डेस्कटॉप पर एक आइकॉन को ड्रैग करना भी बहुत सरल है। अभी विंडोज़ XP के डेस्कटॉप पर दो विंडोज़ हैं– **Local Disk (C:)** विंडो तथा **My Computer** विंडो। इससे पहले कि हम आइकॉन पर ड्रैगिंग का कार्य प्रारम्भ करें, हमें चाहिए कि इन दोंनो खुले विंडोज़ को बारी–बारी से बन्द कर दें। **LOCAL DISK (C:)** विंडो को बन्द करने के लिए निम्नलिखित steps अपनाएं।

Fig. W-2.44

1. **Local Disk (C:)** विंडो के टाइटल बार पर माउस को मूव करें।
2. माउस पॉएंटर को माउस पैड पर दाईं ओर ले जाएं, ताकि यह **Local Disk (C:)** विंडो के Close बटन (☒) पर चला जाए (चित्र W - 2.44)।
3. अंत में बाएँ माउस बटन को एक बार दबाएँ और छोड़ दें। जैसे ही **Local Disk (C:)** विंडो बन्द होगा, वैसे ही 'टिक्' की आवाज सुनाई पड़ेगी। आप देखेंगे कि उसने **My Computer** विंडो को एक ऐक्टिव विंडो में बदल दिया है और इसका टाइटल बार हाईलाइट हो गया है।

आइए, अब विंडोज़ XP के डेस्कटॉप पर मौजूद ऐक्टिव विंडो **My Computer** को बन्द करें। ऐसा करने के लिए निम्नलिखित steps अपनाएं।

1. माउस पैड पर माउस को इस प्रकार मूव करें कि माउस पॉएंटर **My Computer** विंडो के टाइटल बार पर चला जाए।
2. अब माउस को अपनी दाईं ओर ले जाएँ, ताकि माउस पॉएंटर **Close** बटन (☒) पर चला जाए (W - 2.45)।
3. अंत में, बाएँ माउस बटन को एक बार दबाकर छोड़ दें। तत्काल ही **My Computer** विंडो आपके **डेस्कटॉप** से गायब हो जाएगा।

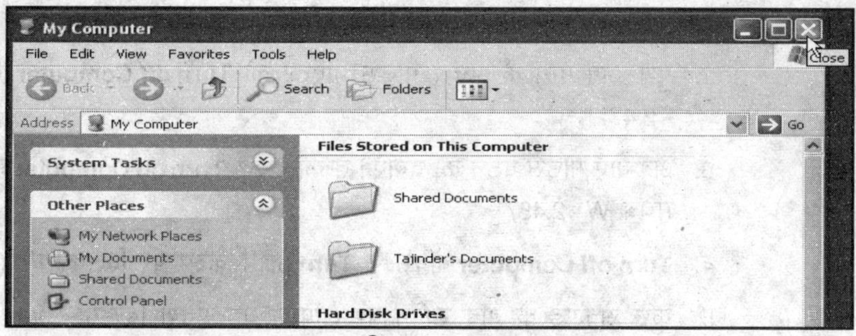

चित्र W-2.45

इस बात से आश्वस्त हो लें कि माउस को किसी भी दिशा में मूव करते समय हर पल वह माउस पैड पर ही रहे।

यदि माउस पैड से माउस का संपर्क टूट जाता है, तो माउस पॉएंटर माउस के साथ–साथ मूव नहीं करेगा।

डेस्कटॉप पर आइकॉन को ड्रैग करना– (Dragging an icon on the Desktop)- विंडोज़ XP का डेस्कटॉप एरिया खाली है। इसके आइकॉन्स में से किसी को भी आप ड्रैग कर सकते हैं। आइए, विंडोज़ XP डेस्कटॉप पर **New Folder** आइकॉन को ड्रैग करने की कोशिश करें। ऐसा करने के लिए निम्नलिखित क्रम को अपनाएं–

1. माउस को इस प्रकार मूव करें कि माउस पॉएंटर **New Folder** आइकॉन पर आ जाए।
2. बाएँ माउस बटन को दबाकर रखें और माउस को अपनी दाईं तरफ माउस पैड पर मूव करें। आप देखेंगे कि एक ग्रे (स्लेटी) रंग (आइकॉन का) भी पॉएंटर के साथ आपके स्क्रीन पर मूव कर रहा है (चित्र W - 2.45)।
3. दबाए हुए बाएँ माउस बटन को छोड़ दें। जैसे ही आप इसे छोड़ेंगे, वैसे ही आप देखेंगे कि **Desktop** की एक नई जगह पर एक आइकॉन मूव कर गया है।

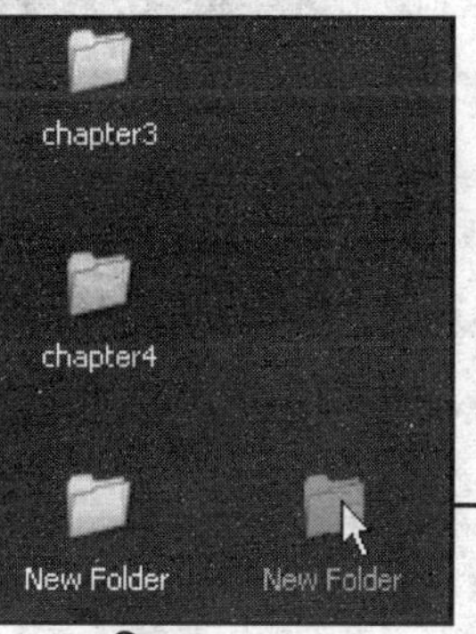

चित्र W-2.46

विंडोज़ XP से बाहर आना (Quitting Windows XP)

माइक्रोसॉफ्ट एक्सेस , माइक्रोसॉफ्ट एक्सेल, माइक्रोसॉफ्ट वर्ड आदि applications को अपने operations के लिए एक प्लैटफॉर्म या एक आधार की जरूरत पड़ती है। विंडोज़ XP एक ऐसा ऑपरेटिंग सिस्टम है, जो उसके applications के लिए एक आधार का काम करता है।

अब तक आप विंडोज़ XP के बारे में काफी कुछ जान चुके होंगे। अगले अध्याय में हम इस ऑपरेटिंग सिस्टम के कुछ अधिक फीचर्स के बारे में जानेंगे। आइए, अब विंडोज़ XP से बाहर आने के क्रम को जानें–

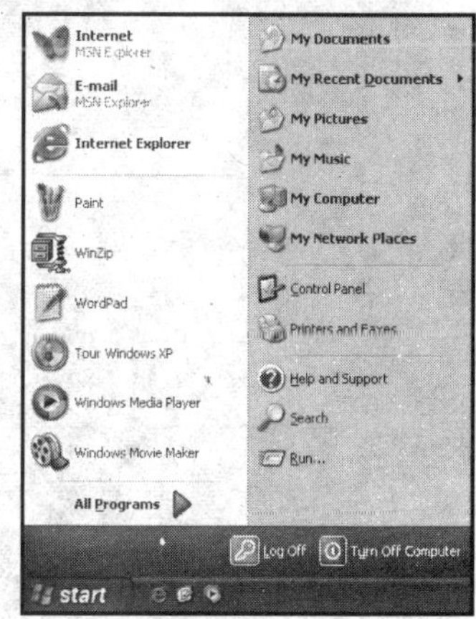

चित्र W-2.47

1. टास्कबार के **Start** बटन (start) पर माउस पॉएंटर को ले जाएं और फिर बाएँ माउस बटन को दबाएँ। जल्द ही एक

पुश–अप मेन्यू स्क्रीन पर दिखेगा (चित्र W - 2.47)।

2. पुश–अप मेन्यू के अन्दर माउस पॉएंटर को **Turn off Computer** विकल्प पर मूव करें (चित्र W - 2.47)।
3. अब बाएँ माउस बटन को दबाएँ। तत्काल एक **Turn off Computer** बॉक्स स्क्रीन पर दिखने लगेगा (चित्र W - 2.48)।
4. **Turn off Computer** बॉक्स में **Turn off** विकल्प पर क्लिक करें (चित्र W - 2.48)।
5. कुछ सेकण्ड के बाद स्क्रीन पर आपको यह संदेश दिखेगा– **It is now safe to turn of your Computer** (चित्र W - 2.49)। यह संदेश दिखने के बाद आप अपने कम्प्यूटर को बंद कर सकते हैं।

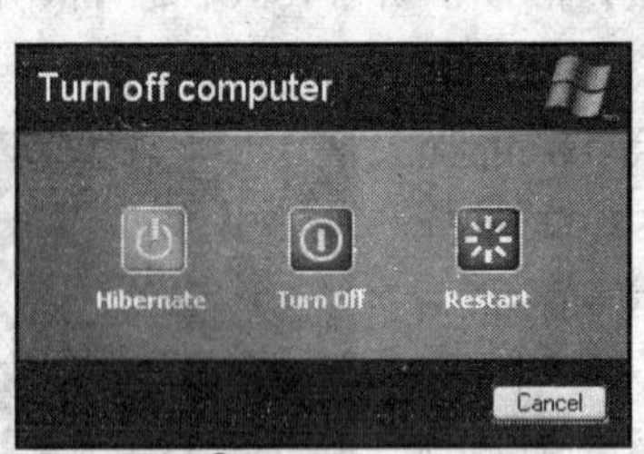

चित्र W-2.48

चित्र W-2.49

अध्याय

3

विंडोज़ XP शुरू करना

इस अध्याय में—

* डेस्कटॉप से परिचय
* एक विंडो से दूसरे विंडो में जाना
* विंडो को स्क्रीन के आकार के बराबर बड़ा करना
* विंडो को उसके पूर्व आकार में लाना
* विंडो को एक टास्कबार बटन के रूप में छोटा करना
* विंडो में एक टास्कबार बटन को खोलना
* विंडो के आकार को इच्छानुसार व्यवस्थित करना
* विंडो को बन्द करना
* एक प्रोग्राम के लिए शॉर्टकट बनाना
* विंडोज़ XP से बाहर आना

विंडोज़ XP का डेस्कटॉप अनेक आइकॉन्स को और हर आइकॉन एक प्रोग्राम को दर्शाता है। ये आइकॉन्स इन पर डबल क्लिक करके खोले जा सकते हैं। एक आइकॉन पर डबल क्लिक करने पर एक विंडो दिखता है, जिसमें मौजूद प्रोग्राम के कन्टेन्ट्स दिखते हैं। वैसे, कन्टेन्ट्स के रूप में आइकॉन भी दिखते हैं, जिन्हें उनके सम्बद्ध विन्डो में खोला जा सकता है। ये सब करने से आपको इच्छित प्रोग्रामों को खालने और देखने में मदद मिलेगी। उदाहरण के लिए, जब आप **My Computer** के आइकॉन पर डबल क्लिक करते हैं, तब यह एक विंडो खोलता है, जिसमें यह आइकॉन के रूप में अपने कन्टेन्ट्स दिखाता है। किसी भी आइकॉन पर डबल क्लिक करके यह भी एक नए विंडो में खुल जाता है।

अगर आपके डेस्कटॉप पर अनेक छोटे–छोटे विंडोज़ खुले हों, तो आप उन्हें डेस्कटॉप पर पुनर्व्यस्थित कर सकते हैं। एक विंडो में सारे आइकॉन्स को देखने के लिए आप विंडो को पूरे स्क्रीन के बराबर बड़ा कर सकते हैं और अपने डेस्कटॉप पर जगह बनाने के लिए आप खुले हुए विंडो को टास्कबार में एक बटन के रूप में छोटा कर सकते हैं। इनके अलावा, आप विंडो के आकार को मनचाहे ढंग से भी adjust कर सकते हैं। आइए, अब हम विंडोज़ XP की इन उपयोगी विशेषताओं के साथ कुछ काम करें।

डेस्कटॉप से परिचय (Getting Familiar with the Desktop)

आप अपने कम्प्यूटर का स्विच जैसे ही ऑन करते हैं, वैसे ही आपका सिस्टम boot होने लगता है। अंत में विंडोज़ XP डेस्कटॉप आपको सामने स्क्रीन पर नजर आता है।

आइए, अब हम डेस्कटॉप पर आइकॉन्स का परिचय प्राप्त करें–

- **My Computer** आइकॉन्स (चित्र W - 3.1) आपके सिस्टम में फाइलों, फोल्डरों ड्राइव्स तथा अन्य tools को दिखाता है

चित्र W-3.1

- **Recycle bin** (चित्र W - 3.2) आपके द्वारा delete की हुई फाइलों को सुरक्षित रखता है और बाद में जरूरत पड़ने पर आपके सामने उसे उपस्थित कर देता है।

चित्र W-3.2

- **My Network Places** आइकॉन द्वारा आप नेटवर्क पर मौजूद विभिन्न Users की फाइलों तथा फोल्डरों को एक स्थानीय नेटवर्क में देख सकते हैं (चित्र W - 3.3)।

चित्र W-3.3

- **टास्कबार** (चित्र W - 3.4) हर खुले विंडोज़ के लिए एक बटन दिखाता है। वे बटन एक विंडो से दूसरे विंडो तक मूव करने के लिए इस्तेमाल किए जा सकते हैं।

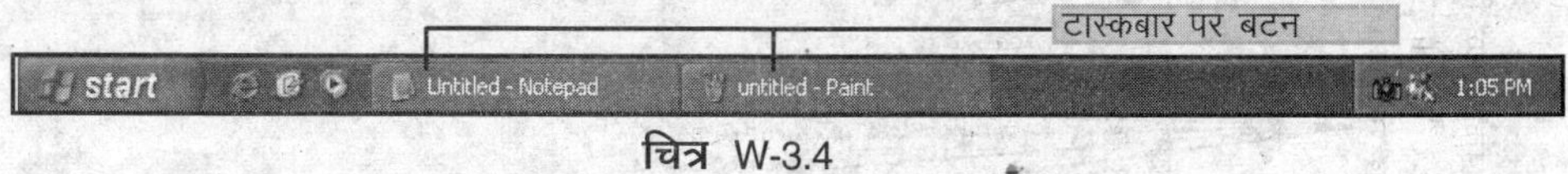

चित्र W-3.4

टास्कबार प्रोग्राम्स तथा applications को खुला रखने में मदद करता है। टास्कबार पर दाईं तरफ समय भी दिखता है। इस पर अन्य आइकॉन्स भी दिखते रहते हैं। यह इस बात पर निर्भर करता है कि आपका कम्प्यूटर अभी क्या काम कर रहा है उदाहरण के लिए– यदि आप किसी दस्तावेज का प्रिन्ट ले रहे हैं तो टास्कबार पर एक प्रिन्टर का आइकॉन्स दिखेगा। इस अध्याय में आप जैसे–जैसे आगे बढ़ेंगे, वैसे–वैसे टास्कबार के उपयोग के बारे में अधिक जानेंगे।

- **Start** बटन (चित्र W - 3.5) विंडोज़ XP के प्रोग्रामों को जल्दी खोलने में सहयोग करता है। यह टास्कबार की बाईं ओर मौजूद रहता है।

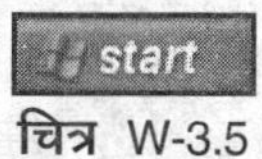

चित्र W-3.5

डेस्कटॉप के आइकॉन को खोलना (Opening an Icon from the Desktop)

आइए, डेस्कटॉप आइकॉन्स को खोलने के लिए पिछले अध्याय में दिए गए steps को दोहराएं। हम यहाँ डेस्कटॉप द्वारा **My Computer** आइकॉन को खोलने का प्रयास करेंगे। ऐसा करने के लिए आगे लिखे steps के अनुसार आगे बढ़ें–

आप माउस पॉएंटर को आइकॉन के चित्र पर (चित्र W - 3.6) की तरह रख सकते हैं।

1. माउस को माउस पैड पर इस प्रकार मूव करें कि माउस पॉएंटर **My Computer** आइकॉन पर आ जाए (चित्र W - 3.6)।

चित्र W-3.6

2. अब बाएँ माउस बटन को डबल क्लिक करें (चित्र W - 3.7 में काले में प्रदर्शित)। तुरन्त ही **My Computer** आइकॉन विंडो में खुल जाएगा (चित्र W - 3.8)।

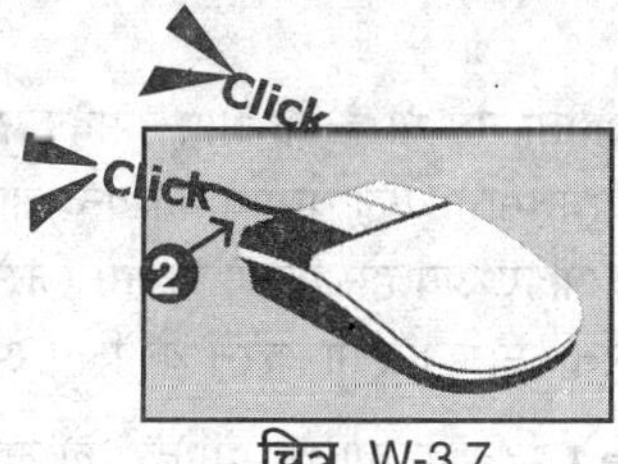

चित्र W-3.7

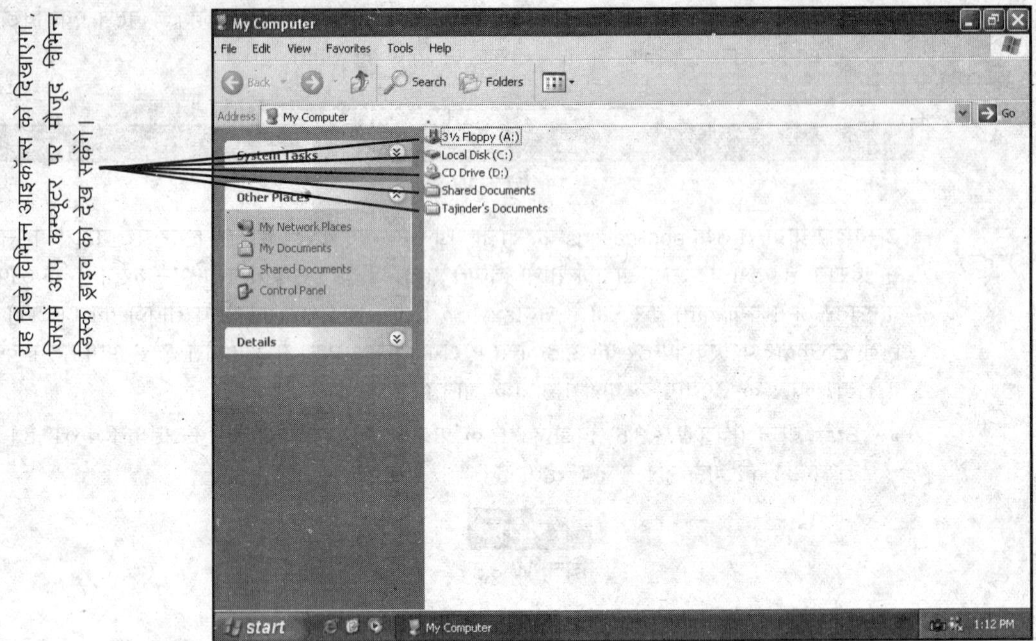

चित्र W-3.8

यह विंडो विभिन्न आइकॉन्स को दिखाएगा , जिसमें आप कम्प्यूटर पर मौजूद विभिन्न डिस्क ड्राइव और अन्य महत्वपूर्ण tools को देख सकेंगे।

डेस्कटॉप पर **My Computer** विंडो को खुला छोड़कर आगे बढ़ते हुए हम **start** बटन द्वारा कुछ और काम करना सीखें।

प्रोग्राम को प्रारम्भ करना (Starting a Program)

Start बटन का उपयोग करके आप किसी भी प्रोग्राम को प्रारम्भ कर सकते हैं। यह बटन टास्कबार के एकदम बाएँ कोने में स्थित रहता है। जब आप **Start** बटन पर क्लिक करते हैं, तब एक पुश–अप मेन्यू दिखता है जो सभी विकल्पों की एक सूची दिखाता है। प्रोग्रामों को खोलने के अलावा आप **Start** मेन्यू का उपयोग करके डॉक्यूमेन्ट को ढूंढ़ने, सहायता पाने या अपने कम्प्यूटर को बन्द करने का काम भी कर सकते हैं।

Start बटन की एक अन्य विशेषता यह भी है कि आप इसका उपयोग दूसरे प्रोग्राम में कार्य करते समय भी कर सकते हैं। यह आपको वर्तमान चालू प्रोग्राम को बन्द या छोटा किए बिना ही जल्दी से एक नया प्रोग्राम शुरू करवा सकता है। आइए अब हम किसी प्रोग्राम, जैसे– **Notepad** प्रोग्राम को खोलने के लिए **Start** बटन का उपयोग करना सीखें। ऐसा करने के लिए आगे लिखे steps के अनुसार आगे बढ़ें–

1. टास्कबार पर मौजूद **Start** बटन पर माउस पॉएंटर को लाएँ (चित्र W-3.9) तथा बाएँ माउस बटन पर क्लिक कर दें। स्क्रीन पर एक पुश–अप मेन्यू दिखाई देगा (चित्र W-3.10)। यह मेन्यू विभिन्न

विकल्पों, जैसे– लॉग–ऑफ, टर्न ऑफ कम्प्यूटर, टूर विंडोज़, XP विंडोज़ मीडिया प्लेयर, माई डॉक्यूमेन्ट्स, माई पिक्चर्स, माई म्यूजिक, कन्ट्रोल पैनल, सर्च एण्ड रन आदि को दिखाएगा।

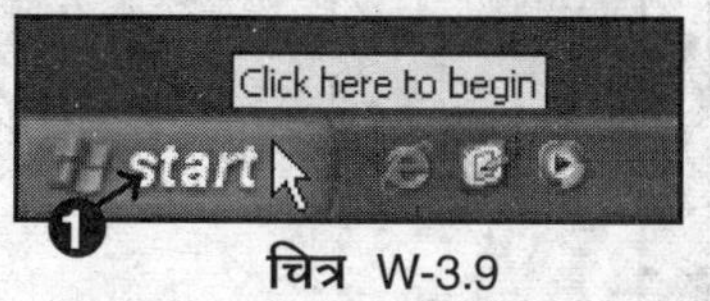

चित्र W-3.9

2. **Notepad** प्रोग्राम को खोलने के लिए माउस कोंऊपर की तरफ मूव करें, ताकि कर्सर **All Program** विकल्प पर चला जाए (चित्र W - 3.10)। तुरन्त ही स्क्रीन पर दूसरा मेन्यू खुल जाएगा, जिसमें कुछ नए विकल्प दिखेंगे (चित्र W 3.10)।
3. माउस को माउस पैड पर दाईं तरफ मूव करें, ताकि माउस पॉएंटर दूसरे मेन्यू में **Accessories** विकल्प पर चला जाए (चित्र W - 3.10)। तत्काल एक तीसरा मेन्यू दिखने लगेगा (चित्र W - 3.10)।
4. माउस को माउस पैड पर दाईं तरफ मूव करें, ताकि माउस पॉएंटर तीसरे मेन्यू पर चला जाये।
5. तीसरे मेन्यू के **Notepad** विकल्प पर माउस पॉएंटर को ले जाएँ (चित्र W- 3.10)।

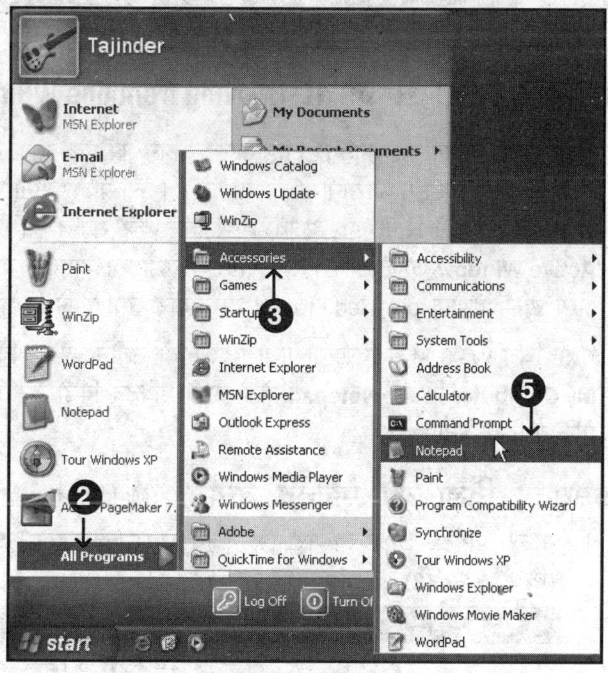

चित्र W-3.10

6. अंत में, बाएँ माउस बटन को सिर्फ एक बार दबाएँ। स्क्रीन पर एक विंडो में **Notepad** प्रोग्राम खुलेगा और **My Computer** विंडो पर दिखने लगेगा (चित्र W- 3.11)।

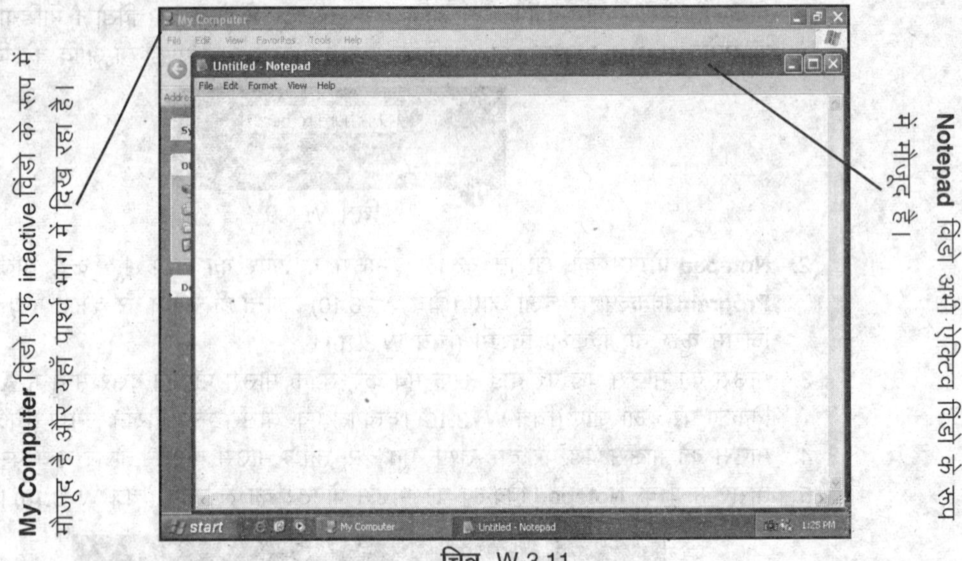

चित्र W-3.11

एक विंडो से दूसरे विंडो में जाना (Moving from one Window to another Window)

जैसा पहले बताया जा चुका है, आप अपने स्क्रीन पर एक साथ कई विंडोज़ खोल सकते हैं और एक विंडो से दूसरे विंडो में आसानी से जा सकते हैं। इस प्रकार सभी खुले विंडोज़ आपको उपलब्ध हैं, मगर आप एक समय में सिर्फ एक ही विंडो पर काम कर सकते हैं। जिस विंडो में आप काम करते हैं, वह **Active Window** कहलाता है। एक ऐक्टिव विंडो का टाइटल बार हमेशा हाईलाइट रहता है, जबकि अन्य खुले विंडोज़ disabled होते हैं। टास्कबार सभी खुले विंडोज़ के लिए बटन दिखलाता है।

जैसा चित्र W - 3.11 में दिखाया गया है, आपके स्क्रीन पर दो विंडोज़ खुले हैं– **Notepad** विंडो और **My Computer** विंडो। **Notepad** विंडो अभी ऐक्टिव विंडो है। आइए, अब **My Computer** विंडो को ऐक्टिव विंडो बनाएँ।

माई कम्प्यूटर विंडो को ऐक्टिव बनाना (Making the My Computer Window Active)

1. माउस पॉएंटर को टास्कबार पर मौजूद **My Computer** बटन (My Computer) पर मूव करें (चित्र W - 3.12)।

चित्र W-3.12

2. बाएँ माउस बटन को सिर्फ एक बार दबाएँ और तुरन्त छोड़ दें। **My Computer** स्क्रीन पर दिखने लगेगा और इसका टाइटल बार हाईलाइट हो जाएगा। इस प्रकार **My Computer** 'एक्टिव विंडो' हो जाएगा। (चित्र W - 3.13)।

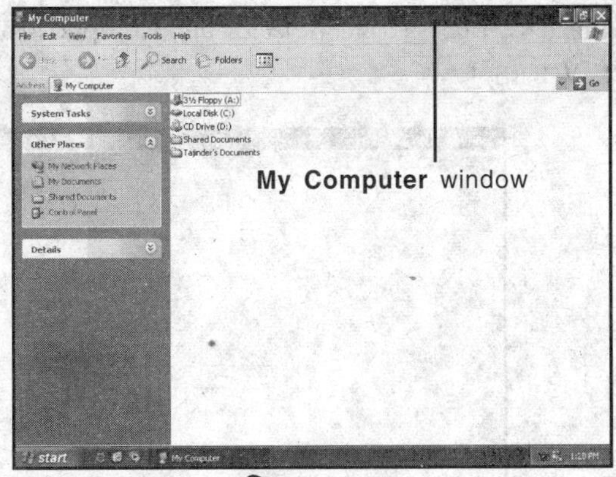

चित्र W-3.13

नोटपैड विंडो को ऐक्टिव करना (Making the Notepad Window Active)

टास्कबार पर मौजूद **Notepad** (Untitled - Notepad) पर माउस को मूव करें (चित्र W - 3.14) और बाएँ माउस बटन को क्लिक करें।

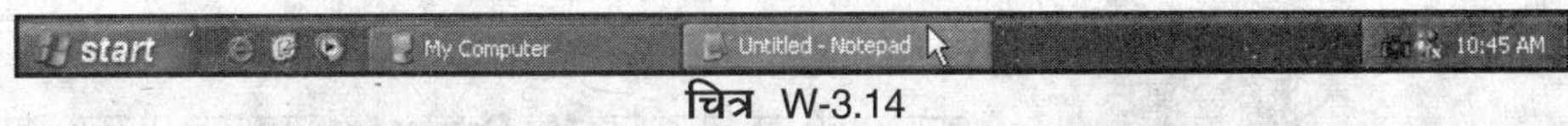

चित्र W-3.14

तुरन्त ही **Notepad** विंडो **My Computer** विंडो पर दिखने लगेगा (चित्र W - 3.14)।

विंडो को स्क्रीन के आकार के बराबर बड़ा करना (Enlarging a Window to the Screen Size)

आपको अपने स्क्रीन पर विंडो को बड़ा करने की जरूरत पड़ सकती है, ताकि आप इससे अधिक कन्टेन्ट्स को देख सकें। इसके लिए विंडो को **Maximize** करना पड़ेगा। उदाहरण के लिए– **Notepad** विंडो, विंडोज़ XP के डेस्कटॉप पर दिख रहा है, मगर यह पूरे स्क्रीन के लायक नहीं है (चित्र W - 3.11)। ऐसी स्थिति में आप इस विंडो को इन steps के द्वारा बड़ा कर सकते हैं–

विंडो को बड़ा करने के लिए आप टाइटल बार पर डबल क्लिक भी कर सकते हैं।

1. Notepad विंडो के टाइटल बार पर माउस पॉइंटर को ले जाएँ और Maximize बटन पर रखें (चित्र W - 3.15)।

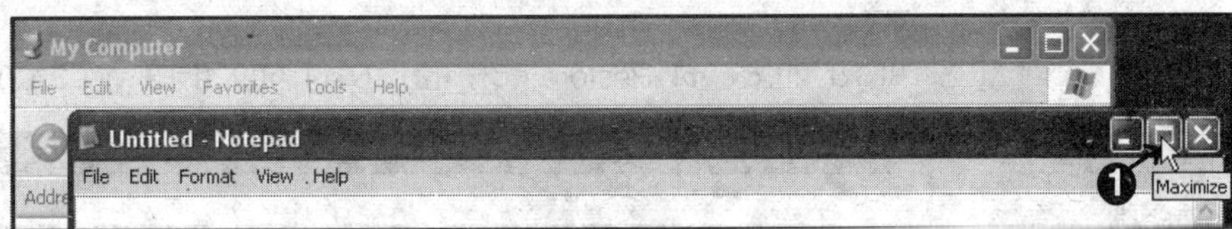

चित्र W-3.15

यदि आपका विंडोज़ पहले से ही बड़े आकार का है, तो आप टाइटल बार पर Maximize बटन के पास Restore बटन (▭) को देखें। Maximize बटन (▭) को देखने के लिए Restore बटन (▭) पर क्लिक करें।

2. **Maximize** बटन (▣) पर क्लिक करें तत्काल **Notepad** विंडो पूरे स्क्रीन के आकार का हो जाएगा (चित्र W- 3.16)।

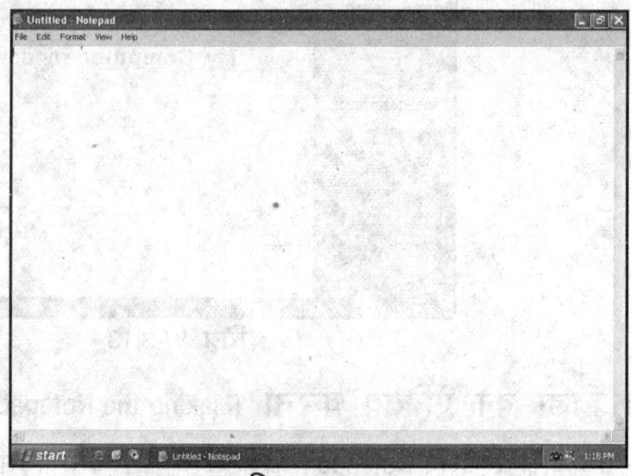

चित्र W-3.16

आपके डेस्कटॉप पर दिख रहे My Computer विंडो को बड़ा कैसे करेंगे?

- **टास्कबार** पर दिख रहे **My Computer** विंडो पर माउस पॉएंटर को ले जाएँ।
- **My Computer** विंडो को ऐक्टिव बनाने के लिए बाएँ माउस बटन को दबाएँ।
- अब **My Computer** विंडो के टाइटल बार को **Maximize** बटन (▣) पर माउस पॉएंटर को ले जाएँ और उस पर क्लिक कर दें।

विंडो को उसके पूर्व आकार में लाना (Reverting a Window to its Previosu Size)

विंडो को इसके मौलिक आकार में पुनः लाने के उपक्रम को विंडो का Restore करना कहलाता है। अभी–अभी आपने My Computer विंडो को Maximized किया है। इसको वास्तविक आकार में लाने के लिए Restore बटन (▣) का उपयोग किया जा सकता है। ऐसा करने के लिए निम्नलिखित कार्य करने होंगे।

Hot Tip

जब आप किसी विंडो के ऊपरी बाएँ कोने को क्लिक करते हैं, तब Minimizing, Maximizing तथा Restoring के लिए विकल्पों के साथ एक मेन्यू दिखेगा।

1. My Computer विंडो के टाइटल बार पर माउस पॉएंटर चला जाए– इस प्रकार माउस को मूव करें।
2. माउस पॉएंटर को Restore बटन (▣) पर ले जाएँ (चित्र W - 3.17)।

चित्र W-3:17

3. बाएँ माउस बटन को सिर्फ एक बार दबाएँ। आप देखेंगे कि **My Computer** विंडो वापस अपने असली आकार में आ गया है (चित्र W- 3.18)।

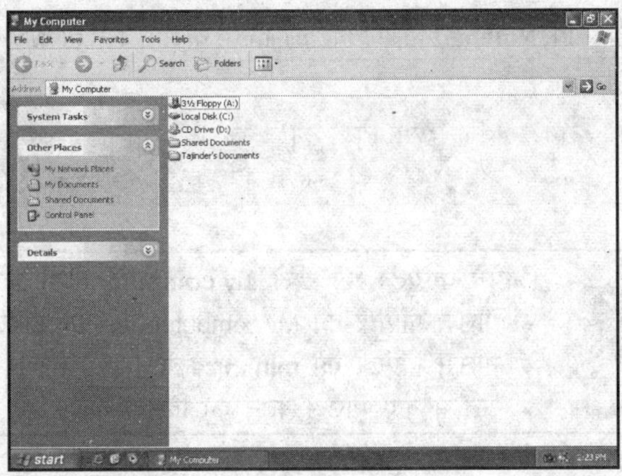

चित्र W-3.18

पूरे स्क्रीन पर दिख रहे Notepad विंडो को restore कैसे करेंगे?

- Note pad विंडो के **Restore** बटन (▣) पर माउस पॉएंटर को ले जाएँ।
- बाएँ माउस बटन को एक बार दबा दें।

विंडो को टास्कबार बटन के रूप में छोटा करना (Reducing the Window to a Taskbar Button)

जब आप एक विंडो का इस्तेमाल नहीं कर रहे हों, तब आप इसे minimize कर सकते हैं और कुछ समय के लिए स्क्रीन से हटा सकते हैं। विंडो को minimize करने पर यह टास्कबार पर एक बटन के रूप में दिखता है।

अब डेस्कटॉप दो विंडोज़ दिखाता है– **Notepad** विंडो और **My Computer** विंडो, जिनको हम एक छोटे बटन के रूप में टास्कबार पर दिखाते हैं, ताकि दूसरा विंडो, अर्थात् **My Computer** विंडो को हम स्पष्ट तौर पर देख सकें। ऐसा करने के लिए निम्नलिखित क्रम के अनुसार आगे बढ़ें–

1. **Notepad** विंडो के Title bar पर माउस पॉएंटर को लाएँ।
2. माउस पॉएंटर को माउस–पैड पर दाईं तरफ मूव करें, ताकि माउस पॉएंटर **minimize** बटन (▬) पर चला जाए (चित्र W-3.19)।

चित्र W-3.19

3. अब बाएँ माउस बटन को सिर्फ एक बार दबाएँ। आप देखेंगे कि **Notepad** विंडो स्क्रीन से ओझल हो गया और छोटा होकर एक बटन के रूप में टास्कबार पर चला आया (चित्र W-3.20)।

चित्र W-3.20

जैसे ही आप **Notepad** विंडो को minimize करेंगे, वैसे ही **My computer** विंडो ऐक्टिव विंडो हो जाएगा।

याद रखें कि किसी विंडो को टास्कबार बटन में minimize करने का अर्थ उस विंडो को बंद करना नहीं है, बल्कि विंडो को एक बटन में बदल देना मात्र है।

आपने कंप्यूटर पर खुले My computer विंडो को आप minimize कैसे करें?

- माउस पॉएंटर को My computer विंडो के टाइटल बार पर मूव करें।
- माउस पॉएंटर को **minimize** बटन (▬) पर ले जाएँ।
- अंत में बाएँ माउस बटन को क्लिक करें।

विंडो में एक टास्कबार बटन को खोलना (Opening a Taskbar Button into a Window)

जब आप एक विंडो को minimize करेंगे, तब यह टास्कबार में बटन के रूप में छोटा हो जाता है। उस विंडो को एक बार फिर दिखाने के लिए टास्कबार पर इसके बटन पर क्लिक करें। विंडो अपनी असली जगह पर उसी आकार में पुनः दिखने लगेगा, जिसमें वह minimize किए जाने के पहले था।

आपके स्क्रीन पर दो बटन दिख रहे हैं– **Notepad** बटन (Untitled - Notepad) और **My computer** बटन (Untitled - Notepad)। यह दिखाता है कि अभी विंडोज़ XP में Notepad और **My computer** नामक दो प्रोग्राम काम कर रहे हैं– हालाँकि दोनों टास्कबार बटन पर बटन के रूप में ही हैं। अब स्क्रीन पर Notepad प्रोग्राम विंडो को देखने के लिए निम्नलिखित क्रम को अपनाएं–

1. माउस–पैड पर माउस को इस प्रकार मूव करें कि माउस पॉएंटर टास्कबार पर मिनिमाइज्ड **Notepad** बटन (Untitled - Notepad) पर चला जाए (चित्र W-3.21)।

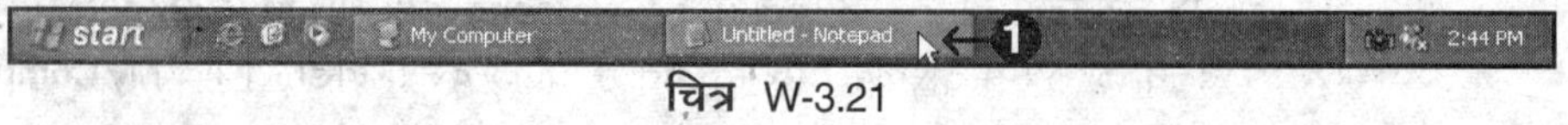

चित्र W-3.21

2. बाएँ माउस बटन को एक बार दबाएँ और छोड़ दें। तत्काल आपके डेस्कटॉप पर मिनिमाइज्ड **Notepad** विंडो खुल जाएगा।

My computer विंडो को इसके टास्कबार बटन द्वारा कैसे दिखाएँ?

- माउस पॉएंटर को टास्कबार पर मूव करें और इसे My Computer (My Computer) विंडो पर ले जाएँ।
- बाएँ माउस बटन को एक बार क्लिक करें।

विंडो के आकार को इच्छानुसार करना (Adjusting the windows size freely)

आप अपने डेस्कटॉप पर एक साथ कई विंडोज़ को खोल सकते हैं। आप विंडो के आकार को adjust भी कर सकते हैं, ताकि एक प्रोग्राम के कन्टेन्ट्स के साथ आप अधिक आसानी से काम कर सकें। अभी आपके डेस्कटॉप पर **My Computer** विंडो एक्टिव है। अब आप मान लें कि विंडो के आकार को दाईं ओर से adjust करना चाहते हैं। ऐसा करने के लिए आपको निम्नलिखित क्रम के अनुसार आगे बढ़ना होगा–

1. **My computer** विंडो की दाईं सीमा पर माउस पॉइंटर को मूव करें। माउस पॉइंटर एक दोमुँहे तीर (↔) में बदल जाएगा (चित्र W-3.22)।

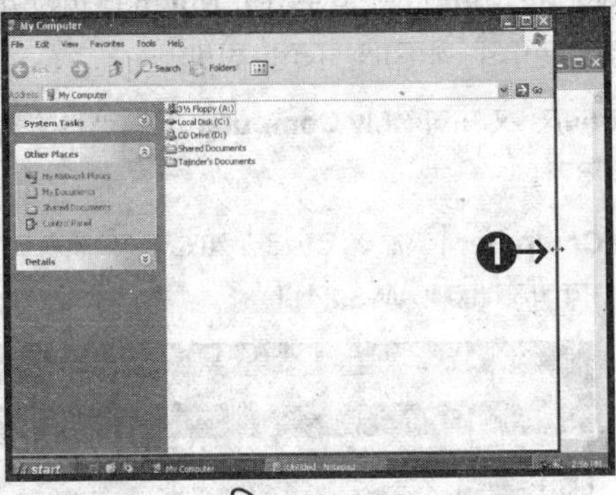

चित्र W-3.22

2. बाएँ माउस बटन को दबाएँ।
3. बाएँ माउस बटन को दबाए रखें तथा माउस को बाएँ हाथ की तरफ ड्रैग करें (चित्र W-3.23)।
4. माउस को तब तक ड्रैग करते रहें, जब तक विंडो आपके इच्छित आकार में छोटा न हो जाए।
5. इच्छित आकार पाने के बाद बाएँ माउस बटन को छोड़ दें। विंडो अपने नए बदले हुए आकार में आ जाएगा (चित्र W-3.23)।

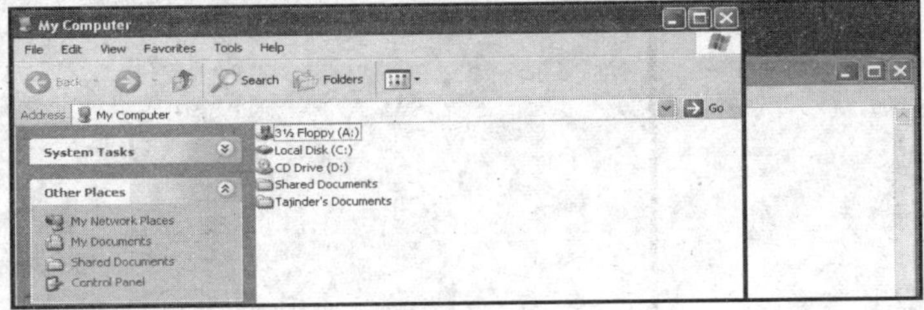

चित्र W-3.23

Inactive Notepad **विंडो की ऊपरी आउट लाइन को कैसे बढ़ाएँ?**

- टास्कबार पर मौजूद **Notepad** बटन को क्लिक करें।
- जब **Notepad** विंडो ऐक्टिव हो जाए, तब इस विंडो की ऊपरी आउटलाइन पर माउस पॉइंटर को मूव करें।
- जब माउस पॉइंटर एक दोमुँहे तीर (↕) में बदल जाएगा, तब बाएँ माउस बटन को दबाएँ।
- माउस बटन को दबाए रखें और माउस को ऊपर की तरफ ड्रैग करें।
- जब इच्छित आकार दिखने लगे, तब बाएँ माउस बटन को छोड़ दें।

विंडो को बंद करना (Closing a Window)

आइए, अब **My Computer** विंडो तथा **Notepad** विंडो को बंद करने का तरीका सीखें। इसके लिए हमें नीचे लिखे क्रम के अनुसार चलना होगा–

1. टास्कबार पर मौजूद **My Computer** ( ) बटन पर क्लिक करें, ताकि यह ऐक्टिव विंडो बन सके।
2. **My Computer** विंडो के टाइटल बार के एकदम दाएँ कोने में close बटन ( ) पर माउस पॉएंटर को मूव करें (चित्र W-3.24)।

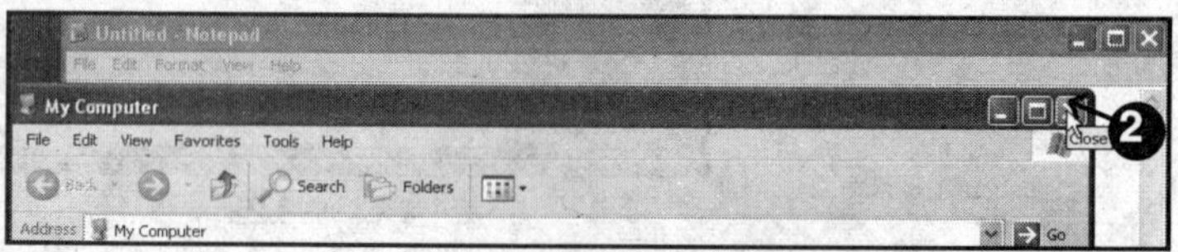

चित्र W-3.24

3. बाएँ माउस बटन को दबाएँ। तुरंत ही **My Computer** विंडो बंद हो जाएगा और **Notepad** विंडो स्क्रीन पर दिखने लगेगा (चित्र W-3.25)।

चित्र W-3.25

प्रोग्राम के लिए शॉर्टकट बनाना (Creating a Shortcut for a Program)

'डेस्कटॉप द्वारा एक आइकॉन को खोलना' शीर्षक के अंतर्गत आप आसानी से **My Computer** आइकॉन को खोल सकते हैं, क्योंकि यह आपके डेस्कटॉप पर दिख रहा था।

Notepad विंडो के मामले में पहले आपने Start बटन पर क्लिक किया था और तब **All Programs** मेन्यू विकल्प द्वारा **Notepad** प्रोग्राम को ढूँढा था। इस प्रक्रिया में कुछ समय लगा था। समय बचाने के लिए आप अपने डेस्कटॉप पर एक **Notepad** आइकॉन बना सकते हैं। इससे आप **Notepad** प्रोग्राम जल्दी खोल सकते हैं। इस प्रोग्राम के लिए एक **Shortcut** आइकॉन बनाकर ऐसा किया जा सकता है।

एक **shortcut** मूलतः किसी अन्य स्थान पर स्थित एक प्रोग्राम, एक फाइल या एक फोल्डर तक जल्दी पहुँचने का एक छोटा–सा माध्यम है। आप अपने डेस्कटॉप पर किसी फोल्डर में या किसी **Start** मेन्यू

पर एक **shortcut** आइकॉन बना सकते हैं। आइए, निम्नलिखित क्रम के अनुसार आगे बढ़ते हुए अब **Notepad** प्रोग्राम के लिए एक **shortcut** बनाएँ–

1. विंडोज़ XP के **डेस्कटॉप** के किसी खुले स्थान पर कहीं भी माउस पॉएंटर को ले जाएँ और दाएँ माउस बटन को दबा दें (चित्र W-3.26)। तब तुरंत ही एक मेन्यू दिखेगा (चित्र W-3.27)।

चित्र W-3.26

2. अब इस मेन्यू में **New** विकल्प पर माउस पॉएंटर को मूव करें। **New** विकल्प हाईलाइट हो जाएगा और एक दूसरा मेन्यू स्क्रीन पर दिखेगा (चित्र W-3.27)।

3. अब दूसरे मेन्यू में **shortcut** विकल्प पर माउस पॉएंटर को मूव करें (चित्र W-3.27) और इस पर बाएँ माउस बटन को दबा दे। स्क्रीन पर **Creat Shortcut** बॉक्स खुल जाएगा (चित्र W-3.28)।

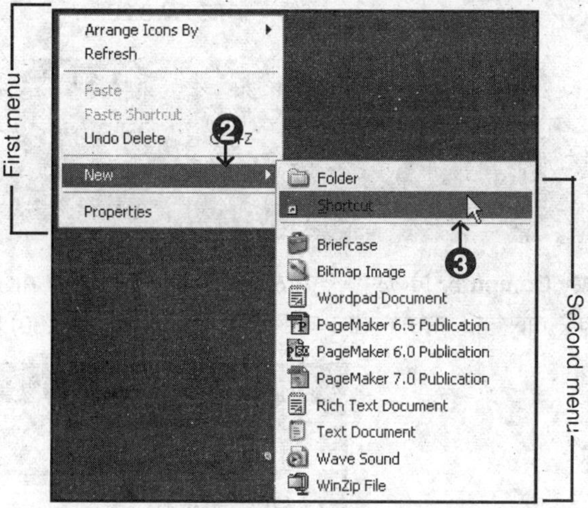

चित्र W-3.27

4. इस बॉक्स में **Browse** बटन पर माउस पॉएंटर को मूव करें (चित्र W-3.28) और बाएँ माउस बटन को क्लिक करें।

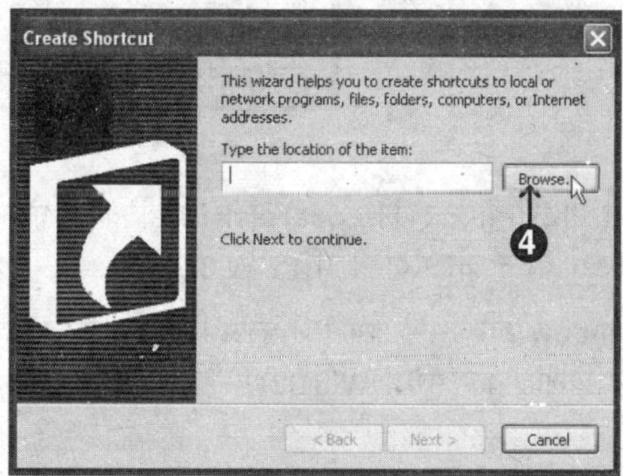

चित्र W-3.28

आपके डेस्कटॉप पर **Browse for Folder** बॉक्स दिखने लगेगा (चित्र W-3.29)।

चित्र W-3.29

Browse for folder बॉक्स में आप कई आइकॉन्स, जैसे–( ) पाएँगे। ( ) ये आइकॉन्स 'फोल्डर' कहे जाते हैं। जैसे–जैसे हम आगे बढ़ेंगे, वैसे–वैसे फोल्डर्स के बारे में और अधिक जानेंगे। फोल्डर्स ठीक अन्य आइकॉन्स की तरह होते है, जिन्हें खोला जा सकता है। किसी भी फोल्डर में कन्टेन्ट्स देखने के लिए इसके आइकॉन पर डबल क्लिक करें।

5. **My Computer** विकल्प के बगल में My Computer पर माउस पॉएंटर को (**प्लस चिह** (+)) मूव करें और बाएँ माउस बटन को क्लिक करें (चित्र W-3.30)।

चित्र W-3.30

6. अब माउस पॉएंटर को **Local disk (C:)** विकल्प के बगल में प्लस चिह (+) पर मूव करें और बाएँ माउस बटन को दबा दें (चित्र W-3.31)।
7. **Window** फोल्डर के बगल में प्लस चिह (+) पर माउस पॉएंटर को मूव करें और बाएँ माउस बटन को क्लिक करें (चित्र W-3.32)।

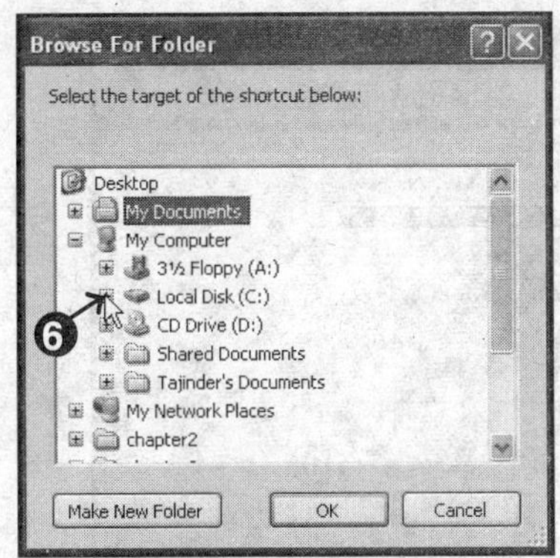

चित्र W-3.31

चित्र W-3.32

अगर आपको बॉक्स में **Windows** फोल्डर नहीं दिखे, तो ब्राउज के डाउन ऐरो स्क्रॉल बार बटन पर क्लिक करें। ऐसा करने पर आप **Local disk (C:)** के सारे कन्टेन्ट्स को देख सकेंगे।

8. **NOTEPAD.EXE** नामक फाइल पर माउस पॉएंटर को मूव करें और बाएँ माउस बटन को क्लिक करें। अब फाइल **select** हो जाएगी (चित्र W-3.33)।

अगर आपको बड़े बॉक्स में **Notpad.Exe** विकल्प नहीं दिख रहा है, तब **Browse Box** के डाउन ऐरो स्क्रॉल बटन (▾) पर क्लिक करें (चित्र W-3.33)। जब आप ऐसा करेंगे, तब सब–फोल्डर **Windows** के कन्टेन्ट्स स्क्रीन पर चले जाएँगे।

चित्र W-3.33

9. अब **Browse for folder** बॉक्स में **OK** बटन पर माउस पॉएंटर को मूव करें (चित्र W-3.33) और बाएँ माउस बटन को क्लिक करें। अब फिर **Create shortcut** बॉक्स स्क्रीन पर दिखने लगेगा (चित्र W-3.34)।

10. इस बॉक्स में **Next** बटन पर माउस पॉएंटर को मूव करें (चित्र W-3.34)।

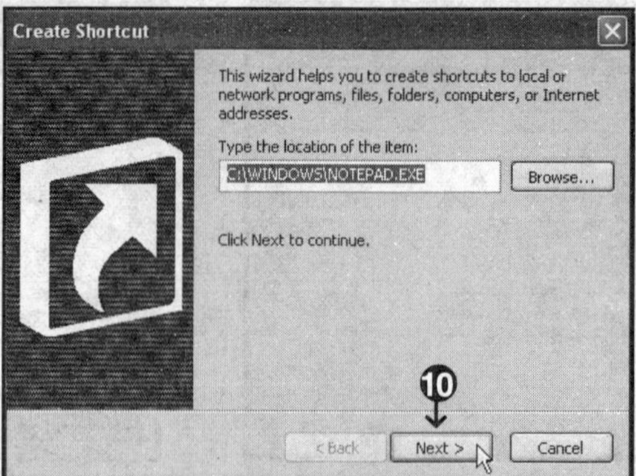

चित्र W-3.34

11. अब बाएँ माउस बटन को एक बार दबाएँ। तत्काल स्क्रीन पर **Select a title for the program** बॉक्स खुल जाएगा (चित्र W-3.35)।

12. **Select a title for the program** बॉक्स में पहले से ही मौजूद एक नाम आपको हाईलाइट हुआ दिखेगा। अगर आप उसे ही इस्तेमाल करना चाहें, तो **Finish** बटन पर क्लिक कर दें।

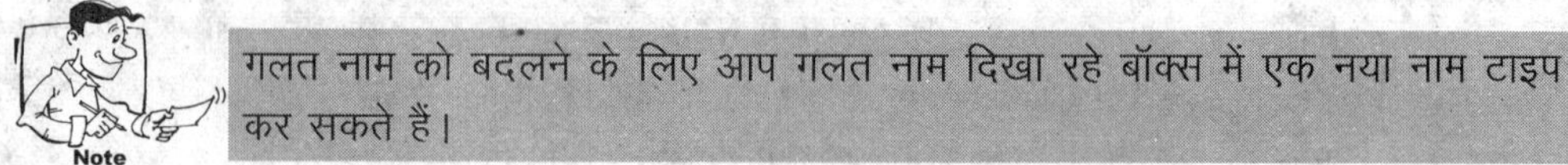

गलत नाम को बदलने के लिए आप गलत नाम दिखा रहे बॉक्स में एक नया नाम टाइप कर सकते हैं।

13. अंत में **Finish** बटन पर माउस पॉएंटर को मूव करें (चित्र W-3.35) और बाएँ माउस बटन को क्लिक करें।

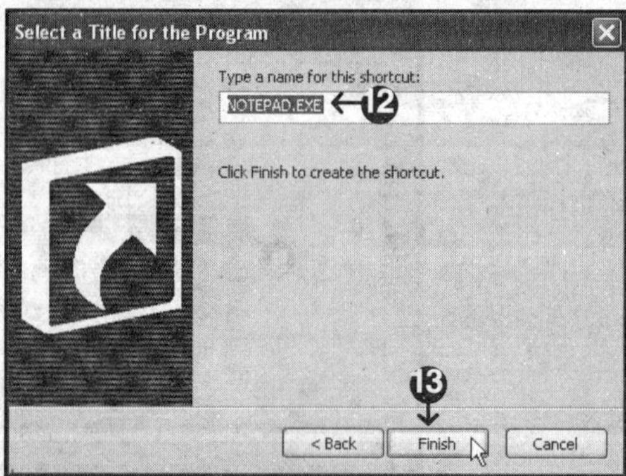

चित्र W-3.35

Select a title for the Program बॉक्स स्क्रीन पर से ओझल हो जाएगा और **Notepad** प्रोग्राम आपके स्क्रीन पर एक छोटे तीर के चिह्न (↗) के साथ दिखाई देने लगेगा (चित्र W-3.36)।

चित्र W-3.36

डेस्कटॉप से **Notepad** का शॉर्टकट आइकॉन खोलने के लिए आप निम्नलिखित क्रम अपनाएँ–

1. डेस्कटॉप में मौजूद **Notepad** आइकॉन पर माउस पॉएंटर को मूव करें।
2. बाएँ माउस बटन को डबल क्लिक करें। तत्काल **Notepad** विंडो आपके स्क्रीन पर खुल जाएगा।

शॉर्टकट आइकॉन को हटाना (Deleting the Shortcut Icon)

अगर आप सभी प्रोग्रामों के लिए शॉर्टकट आइकॉन्स बनाना शुरू कर देते हैं, तो आपका डेस्कटॉप जल्दी ही आइकॉन्स से भर जाएगा। इसलिए आपको विंडोज़ XP डेस्कटॉप की भीड़ को कम करने के लिए सलाह दी जाती है कि आप वैसे कुछ आइकॉन्स को हटा दें, जिनकी जरूरत नहीं है।

आइए, अब डेस्कटॉप पर **Notepad** प्रोग्राम के शॉर्टकट आइकॉन को डिलीट करना सीखें। ऐसा करने के लिए हमें निम्नलिखित क्रम अपनाने होंगे–

1. शॉर्टकट **Notepad** आइकॉन पर माउस पॉएंटर को मूव करें (चित्र W-3.37) और बाएँ माउस बटन को एक बार क्लिक कर दें। आइकॉन हाईलाइट हो जाएगा।

चित्र W-3.37

2. आप अपने की–बोर्ड के **Delete key** को दबाएँ। तत्काल एक **Confirm file delete** बॉक्स स्क्रीन पर दिखने लगेगा (चित्र W-3.38)।
3. अब **Confirm file delete** बॉक्स में **Yes** बटन पर माउस पॉएंटर को मूव करें (चित्र W-3.38) तथा उस पर बाएँ माउस बटन को दबा दें।

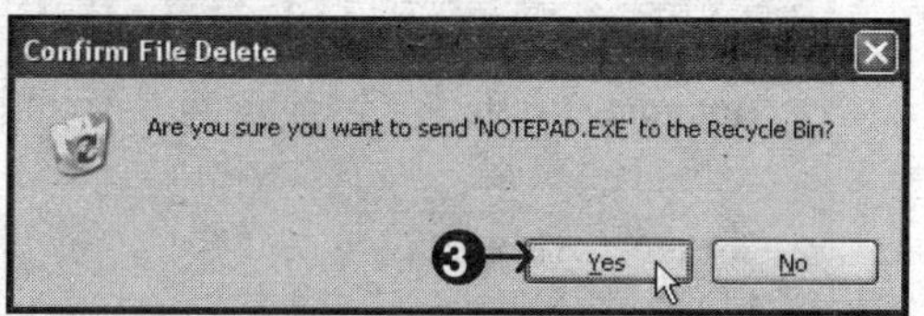

चित्र W-3.38

तुरंत ही डेस्कटॉप पर से आइकॉन ओझल हो जाएगा और **Recycle Bin** कागजों से भरी एक टोकरी में बदल जाएगा। इसका अर्थ यह हुआ कि डिलीट किया हुआ आइकॉन **Recycle Bin** में स्टोर हो गया है और बाद में समय के अनुसार जरूरत पड़ने पर पुनः प्राप्त हो सकता है।

रिसाइकिल बिन के कन्टेन्ट्स को हटाना (Deleting the contents of the Recycle Bin)

जब हम किसी फाइल को **Delete** करते हैं, तब वह **Recycle Bin** में चला जाता है। बाद में हम आसानी से उस फाइल को ज्यों का त्यों प्राप्त कर सकते हैं। वैसे, आप इसे **Recycle Bin** से डिलीट करके हमेशा के लिए भी **Delete** कर सकते हैं। आप इसके सभी आइकॉन्स को **Delete** करके **Recycle Bin** को खाली रख सकते हैं। ऐसा करने के लिए आप निम्नलिखित क्रम अपनाएँ–

1. माउस पॉएंटर को **Recycle Bin** पर मूव करें और दाएँ माउस बटन को क्लिक करें। तत्काल एक

मेन्यू स्क्रीन पर दिखाई देगा (चित्र W-3.39)।

2. इस मेन्यू में माउस पॉएंटर को **Empty Recycle Bin** विकल्प पर मूव करें (चित्र W-3.39) और बाएँ माउस बटन को क्लिक करें। तुरंत ही स्क्रीन पर एक **Confirm file delete** बॉक्स दिखेगा (चित्र W-3.40)। वह आपसे पूछकर इस बात की पुष्टि करना चाहेगा कि आप **Notepad** को डिलीट करना चाहते हैं या नहीं।

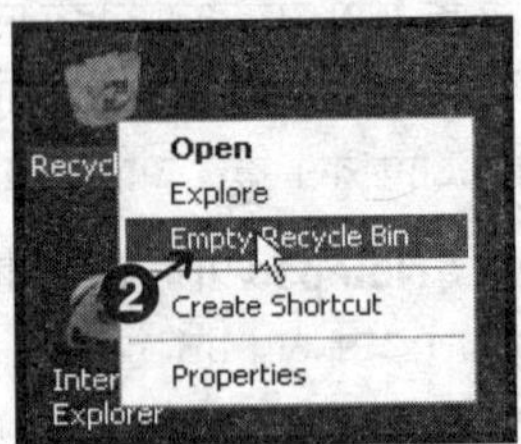

चित्र W-3.39

3. फाइल को डिलीट करने की पुष्टि करते हुए **Yes** बटन पर क्लिक कर दें (चित्र W-3.40)।

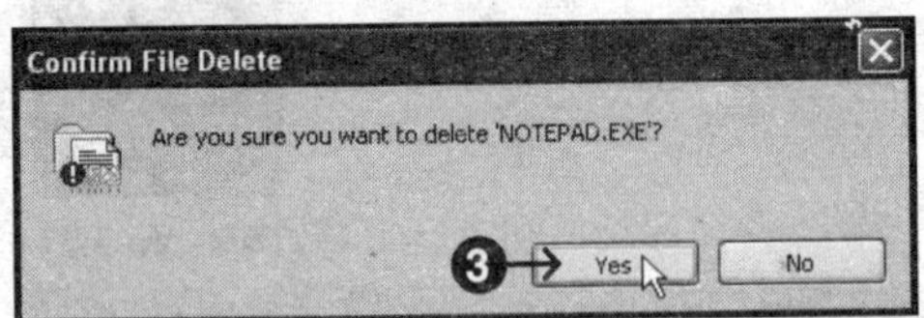

चित्र W-3.40

इन्हीं प्रक्रियाओं का अनुसरण करके आप फोल्डरों में से फाइलों को भी डिलीट कर सकते हैं।

अगर आपने भूलवश किसी आइकॉन या फाइल को डिलीट कर दिया और वह **Recycle Bin** में चली गई, तो निम्नलिखित **Steps** के द्वारा आप उसे आसानी से पुनः प्राप्त कर सकते हैं–

1. **Recycle Bin** पर डबल क्लिक करें। तत्काल **Recycle Bin** एक विंडो के रूप में खुल जाएगा।
2. अब आप उस आइकॉन या फाइल पर दाईं तरफ क्लिक करें, जिसे आप पुनः पाना चाहते हैं।
3. जब एक मेन्यू दिखने लगे, तब Restore विकल्प पर बायाँ माउस बटन क्लिक कर दें। स्टोर करके रखी गई फाइल अपनी पहली अवस्था में तुरंत आ जाएगी।

विंडोज़ XP से बाहर आना

विंडोज़ XP से बाहर आने के लिए आप निम्नलिखित क्रम अपनाएं–

1. टास्कबार पर माउस–पॉएंटर को मूव करें।
2. **Start** बटन पर क्लिक करें। एक पुश–अप मेन्यू दिखेगा (चित्र W-3.41)।
3. पुश–अप मेन्यू में **Turn Off Computer** विकल्प पर माउस पॉएंटर को मूव करें (चित्र W-3.41)

आप अपना कंप्यूटर तभी बंद करें, जब उस पर यह संदेश दिखे–

It is now safe to switch off your computer!

और बाएँ माउस बटन को क्लिक करें। तुरंत ही स्क्रीन पर एक **Turn Off Computer** बॉक्स दिखेगा (चित्र W-3.42)।

4. **Turn Off Computer** बॉक्स में माउस पॉएंटर को **Turn off** बटन पर मूव करें (चित्र W-3.42) और बाएँ माउस बटन को क्लिक करें।
5. कुछ सैकंड के बाद एक संदेश दिखेगा–**It is now safe to turn off your computer**। अब आप अपने कंप्यूटर का स्विच ऑफ कर दें।

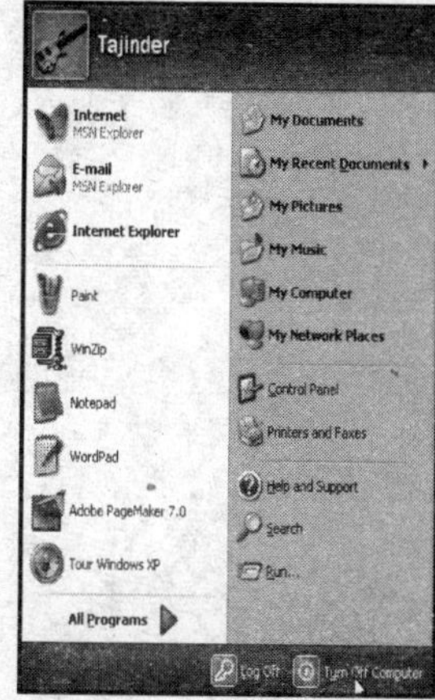

चित्र W-3.41

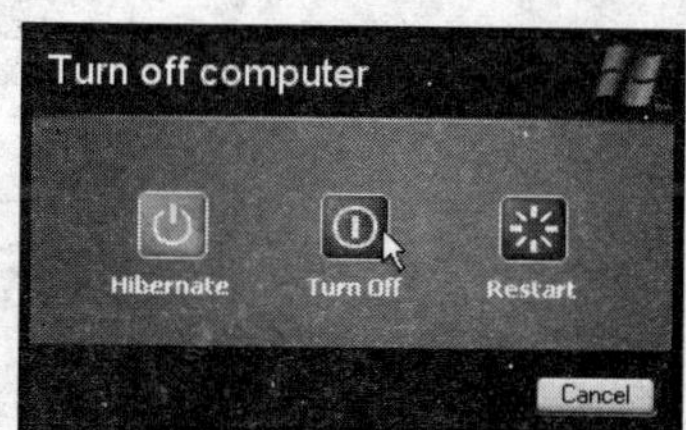

चित्र W-3.42

अध्याय

4

फाइलों को एक्सप्लोरर में व्यवस्थित करना

इस अध्याय में–

* प्रोग्राम को खोलना
* फाइल में काम करना
* फाइल को सेव करना
* फाइल को प्रिंट करना
* प्रोग्राम से बाहर निकलना
* एक्सप्लोरर प्रोग्राम को खोलना
* एक्सप्लोरर विंडो के भाग
* एक्सप्लोरर में काम करना
* एक्सप्लोरर में एक फोल्डर तथा फाइल को खोलना एवं बंद करना
* एक्सप्लोरर द्वारा एक नया सब-फोल्डर बनाना
* एक फाइल और सब–फोल्डर को कॉपी करना तथा दोबारा नाम देना
* एक फाइल और फोल्डर को एक फोल्डर से दूसरे फोल्डर में ले जाना।
* फाइल और फोल्डर को डिलीट करना
* एक्सप्लोरर को बंद करना तथा विंडो से बाहर आना

विंडोज़ से संबंधित मूलभूत बातों को जान लेने के बाद आप विंडोज़ XP के बारे में काफी कुछ जान चुके होंगे। यह अध्याय कंप्यूटर द्वारा कार्य करने की आपकी क्षमता को बढ़ाएगा। इसके लिए यह विंडोज़ XP की एक महत्त्वपूर्ण विशेषता **एक्सप्लोरर** के बारे में बताएगा। एक्सप्लोरर एक 'प्रोग्राम' है, जो विभिन्न फाइलों, फोल्डरों तथा डिस्क ड्राइव की जरूरी बातें समझने में आपकी सहायता करता है।

कंप्यूटर के संदर्भ में फाइलों और फोल्डरों की भूमिका को समझने के लिए आइए, एक ऐसे फाइलिंग कैबिनेट का उदाहरण लें, जिसमें फाइलें (सुरक्षित) रखी रहती हैं। एक फाइलिंग कैबिनेट में विभिन्न विषयों से संबंधित फोल्डर्स रहते हैं। उदाहरण के लिए– आपके फाइलिंग कैबिनेट में ग्राहकों, प्रोजेक्ट्स आदि से संबद्ध फोल्डर्स होंगे। वे तार्किक या अतार्किक ढंग से रखे गए हो सकते हैं। अपने फाइलिंग कैबिनेट के हर फोल्डर में लेख, पत्र, चित्र, रिपोर्ट्स, जो भी आप चाहें, रख सकते हैं। फाइलिंग कैबिनेट की तरह विंडोज़ XP आपके हार्ड डिस्क में तार्किक ढंग से सभी फाइलों और फोल्डरों को रखने के लिए एक्सप्लोरर प्रोग्राम उपलब्ध कराता है। यह प्रोग्राम हार्ड डिस्क में फाइलों और फोल्डरों को व्यवस्थित करने में भी आपकी मदद करता है।

एक्सप्लोरर विंडो दो भागों में बँटा रहता है। बाईं तरफ वाला भाग फोल्डरों को दिखाता है, जबकि दाईं तरफ वाला भाग किसी खास फोल्डर के कन्टेन्ट्स, जो selected हैं, को दिखाता है (चित्र W-4.1)। एक्सप्लोरर आपको इस बात की भी अनुमति देता है कि फाइलों पर विभिन्न प्रकार के कार्य (जैसे–कट, कॉपी, पेस्ट करना आदि) कर लें। आइए, अब हम विंडोज़ एक्सप्लोरर में कार्य करें।

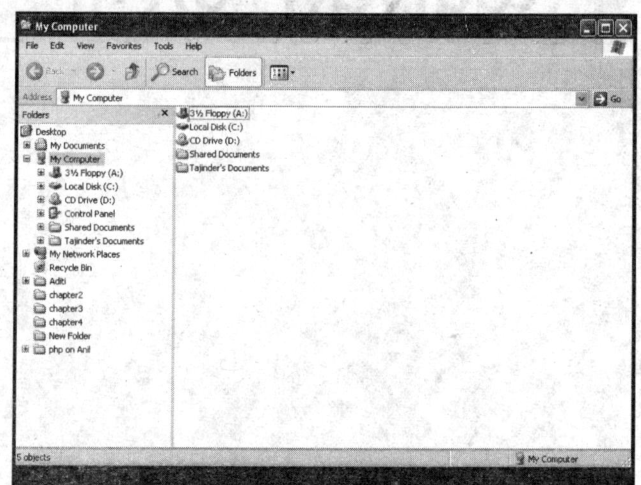

चित्र W-4.1

प्रोग्राम को खोलना

पिछले अध्याय में आपने सीखा कि एक **Notepad** प्रोग्राम को कैसे खोलना चाहिए। आइए, अब जाने कि विंडोज़ XP में दूसरा प्रोग्राम **Wordpad** कैसे खोला जाता है और इस पर कैसे कार्य किया जाता है?

हम ऐसा मानते हैं कि विंडोज़ XP हमारे सिस्टम में पहले से ही हैं। आगे बढ़ने से पहले आपका सिस्टम 'ऑन' रहना चाहिए। आपने एक बार ऐसा किया, तो आपके स्क्रीन पर विंडोज़ XP डेस्कटॉप खुद–ब–खुद दिखेगा।

आइए, अब **Wordpad** प्रोग्राम खोलने का प्रयास निम्नलिखित क्रम के अनुसार आगे बढ़ते हुए करें–

1. माउस को माउस पैड पर इस प्रकार मूव करें कि माउस पॉएंटर टास्कबार पर **Start** बटन (start) पर चला जाए।

2. इस पर बायाँ माउस बटन क्लिक करें। तत्काल एक पुश–अप मेन्यू स्क्रीन पर दिखने लगेगा (चित्र W-4.2)।
3. अब माउस पॉएंटर को पुश–अप मेन्यू में मूव करें और इसे **All programs** विकल्प पर ले जाएँ। एक दूसरा मेन्यू स्क्रीन पर तत्काल दिखेगा (चित्र W-4.2)।
4. दूसरे मेन्यू में माउस पॉएंटर को **Accessories** विकल्प पर मूव करें। एक तीसरा मेन्यू दिखेगा (चित्र W-4.2)।
5. इस मेन्यू में माउस पॉएंटर को **Wordpad** विकल्प पर ले जाएँ (चित्र W-4.2) तथा बाएँ माउस बटन को क्लिक करें। **Wordpad** विंडो आपके स्क्रीन पर खुलेगा (चित्र W-4.3)।

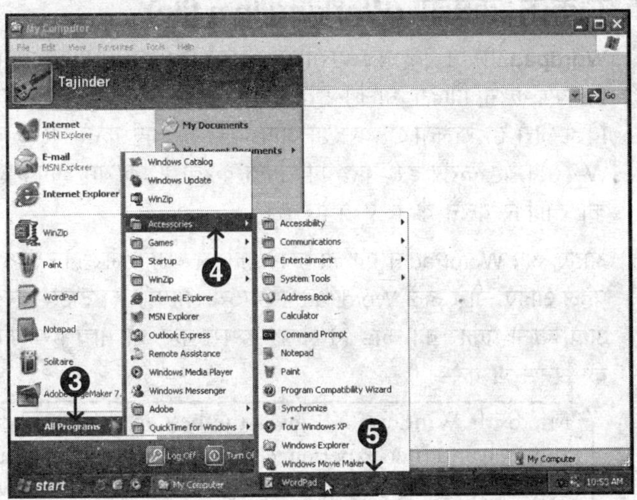

चित्र W-4.2

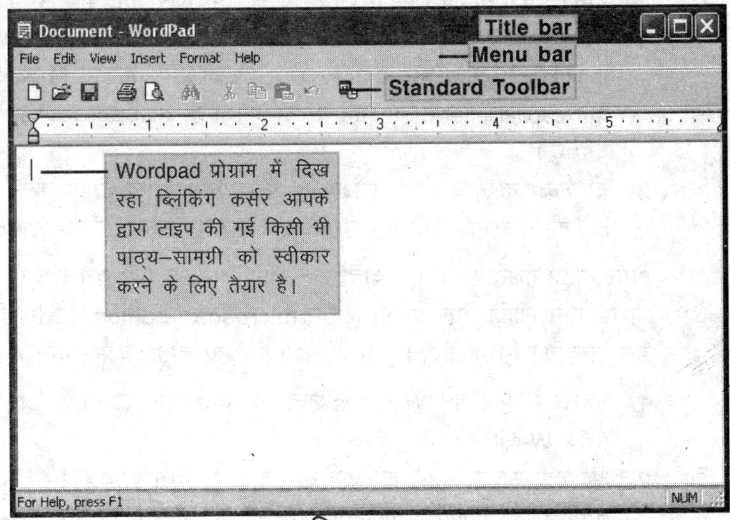

चित्र W-4.3

आइए, अब हम विंडो संबंधी कुछ सामान्य शब्दावली से परिचित हों।

टाइटल बारः किसी भी विंडो में सबसे ऊपर मौजूद रहने वाला बार।

मेन्यू बारः टाइटल बार के ठीक नीचे कुछ कमांड्स के साथ रहने वाला बार।

मेन्यूः कुछ संबद्ध कमांड्स का सेट, जहाँ हर कमांड कुछ खास कार्य करता है, जैसे–**फाइल, एडिट, व्यू, इन्सर्ट, फॉर्मेट, हेल्प** आदि।

पुल-डाउन मेन्यूः जब आप मेन्यू बार में किसी मेन्यू पर क्लिक करते हैं, तब यह कमांड्स की एक सूची दिखाता है। यह सूची 'पुल–डाउन मेन्यू' कहलाती है।

एक फाइल में काम करना (Working in a file)

Wordpad प्रोग्राम एक वर्ड प्रोसेसिंग प्रोग्राम है। ऐसे प्रोग्राम्स आपको कई उपयोगी कार्यों जैसे– पत्र प्रारूपण करने, प्रिंटिंग, मेलिंग सूची बनाने, रिपोर्ट बनाने आदि में आपकी सहायता करता है। **Wordpad** विंडो जैसे ही खुलता है, वैसे ही आप विंडो के बाएँ कोने पर ऊपर एक ब्लिंकिंग कर्सर देखेंगे (चित्र W-4.3)। यह कर्सर इस बात का संकेत करता है कि यह आपके द्वारा टाइप की गई किसी भी सूचना को स्वीकार करने के लिए तैयार है।

आइए, अब WordPad में एक साधारण फाइल बनाएँ और फिर उसे हार्ड डिस्क में store कर लें। सबसे पहले आइए, नीचे खुले WordPad पर पाठ्य–सामग्री को टाइप करना शुरू करें। अगर ऐसा करते समय आप किसी प्रकार की कोई दिक्कत महसूस करें, तो नीचे इस पाठ्य–सामग्री के बाद दिए गए टिप्स का अनुसरण करें–

> Microsoft Windows XP gives the best in digital media, improved user experience and rich internet experience. It supports new and cutting edge technology. This edition starts faster and as you use your PC, the new smart menu simplifies your desktop to show only the items you wish to use the most.

1. टाइप करने के पहले एक लाइन छोड़ने के लिए की–बोर्ड पर **Enter** key को दबा दें।
2. की–बोर्ड द्वारा **Microsoft** टाइप करें। किसी capital letter जैसे– **M** को टाइप करने के लिए **caps lock key** को एक बार दबाकर ऑन कर लें। उसके बाद **M** अक्षर टाइप करें। अगर आप इसके बाद capital letter टाइप नहीं करना चाहते हैं, तो **Caps lock key** को off करने के लिए दोबारा दबा दें।
3. दो शब्दों के बीच जगह छोड़ने के लिए पहला शब्द टाइप करने के बाद key-board के space bar को एक बार दबा दें। उसके बाद अगला टेक्स्ट (जैसे–**Windows Edition**) टाइप करें।

अगर टाइप करते समय एक शब्द छूट जाए, तो आप उसे यथास्थान आसानी से टाइप कर सकते हैं। जैसे– मान लीजिए कि पहली लाइन **microsoft... edition** में **XP** टाइप करना आप भूल गए। आप इस शब्द को निम्नलिखित क्रम को अपनाते हुए टाइप कर सकते हैं–

1. माउस पॉएंटर को Windows शब्द की दाईं ओर ले जाएँ (चित्र W-4.4)।
2. अब बाएँ माउस बटन को एक बार दबा दें (चित्र W-4.4)। तत्काल एक ब्लिंकिंग कर्सर Windows शब्द के बाद दिखने लगेगा।

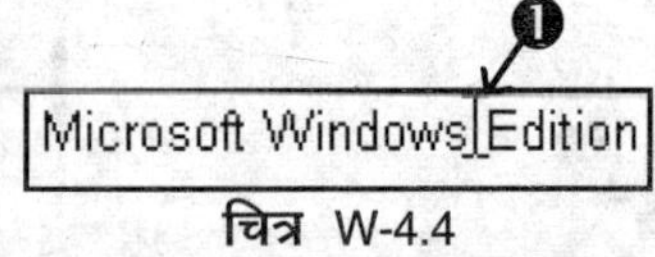

चित्र W-4.4

3. अब की–बोर्ड का space bar key दबा दें। आप देखेंगे कि Windows शब्द के बाद एक जगह बन गई है (चित्र W-4.6)।
4. अंत में key-board द्वारा XP टाइप करें। जहाँ कर्सर ब्लिंकिंग कर रहा था, वहाँ XP शब्द दिखने लगेगा (चित्र W-4.7)।
5. जैसा चित्र W-4.8 में दिखाया गया है, वैसे टेक्स्ट को टाइप करें।

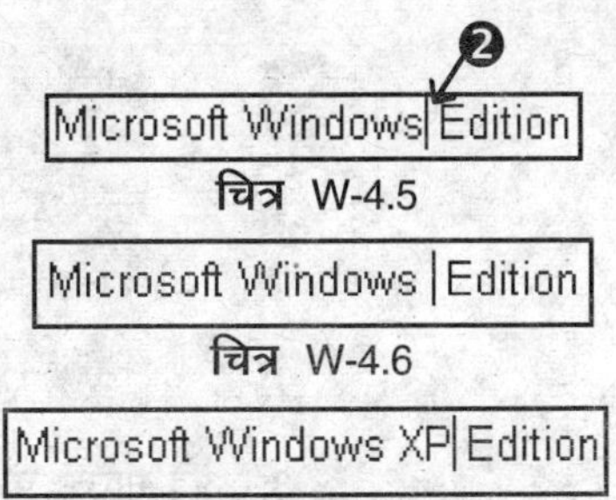

चित्र W-4.5
चित्र W-4.6
चित्र W-4.7

WordPad में टाइप करते समय इसके नियमों का पालन पूरी तरह से करें।

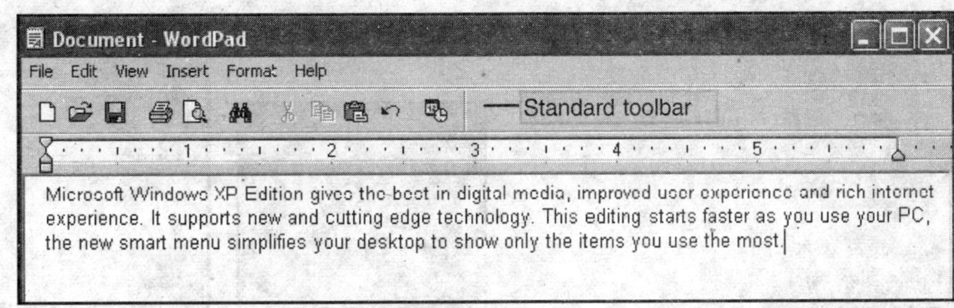

चित्र W-4.8

अगर आपने किसी शब्द/अक्षर को गलत टाइप कर दिया है, तो उसे इस प्रकार ठीक कर सकते हैं–

1. माउस पॉएंटर को गलत शब्द/अक्षर की बाईं ओर लाएँ।
2. बाएँ माउस बटन को एक बार दबा दें। तत्काल आप देखेंगे कि उस जगह पर एक ब्लिंकिंग कर्सर आ गया है।
3. अब की–बोर्ड से delete key को तब तक दबाए रखें, जब तक सारे गलत शब्द/अक्षर डिलीट न हो जाएँ। गलत शब्द/अक्षर के डिलीट होने के बाद सही शब्द/अक्षर को टाइप करें।

फाइल को सेव करना (Saving a file)

जब आप अपनी फाइल में कुछ टाइप करते हैं, तब यह कंप्यूटर की मेमोरी में कुछ समय के लिए दर्ज हो जाता है। अगर यह टेक्स्ट save नहीं किया हुआ हो और कंप्यूटर का स्विच ऑफ हो जाए या अचानक बिजली चली जाए, तो वैसी स्थिति में मेमोरी में से वह कन्टेन्ट्स हमेशा के लिए गायब हो जाएगा। तब आप अपने महत्त्वपूर्ण आँकड़ों को भी गँवा बैठेंगे।

ऐसा न हो – इसके लिए आपको अपने टाइप किए हुए टेक्स्ट को save करते चलना चाहिए, ताकि वह हार्ड डिस्क में सुरक्षित store रहे। आप उस टाइप टेक्स्ट को एक फाइल के रूप में इस क्रम के अनुसार आगे बढ़ते हुए save कर सकते हैं।

1. मेन्यू बार में **File** मेन्यू पर माउस पॉएंटर को ले जाएँ।
2. बाएँ माउस बटन को क्लिक करें। तुरंत ही स्क्रीन पर एक पुल–डाउन मेन्यू दिखाई देगा (चित्र W-4.9)।

नीचे दी गई सूची File मेन्यू में विभिन्न प्रकार के विकल्पों को दिखा रही है।
New– नई फाइल बनाता है, Save as– फाइल को दूसरे नाम से save करता है।
Close– फाइल को बंद करता है। Save– फाइल को Save करता है।
Open– Exist की हुई फाइल को खोलता है।
Print—Exist की हुई फाइल को प्रिन्ट करता है।

3. अब माउस पॉएंटर को Save विकल्प पर ले जाएँ और बाएँ माउस बटन को क्लिक कर दें (चित्र W-4.9)। तुरंत ही स्क्रीन पर save as बॉक्स दिखने लगेगा (चित्र W-4.10)।

आप key board का इस्तेमाल करके भी इस File को Save कर सकते हैं। Key board से Control Key को दबाएँ।

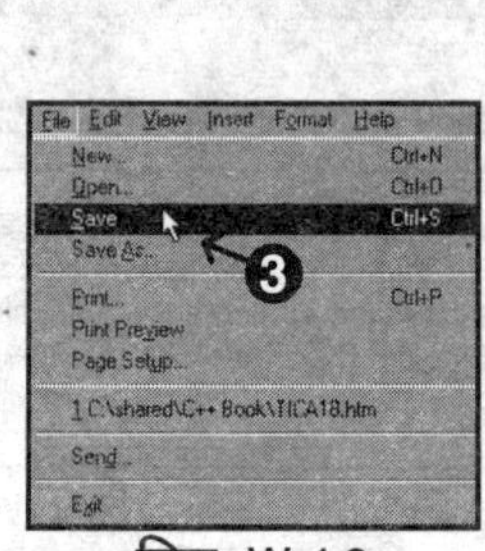

चित्र W-4.9

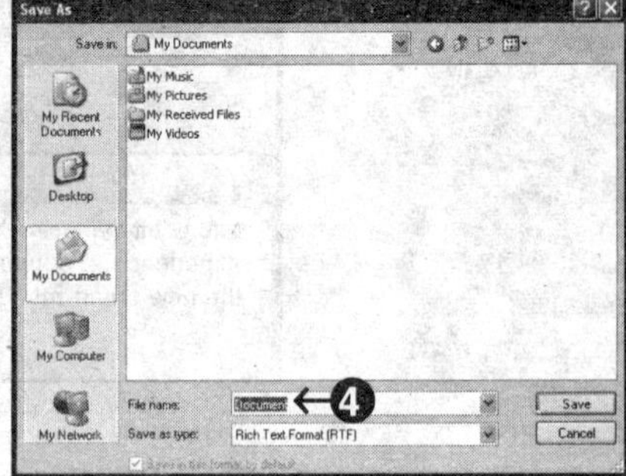

चित्र W-4.10

4. **Save As** बॉक्स में आप पाएंगे कि **File name** विकल्प के पास आयताकार बॉक्स में कुछ हाईलाइट टेक्स्ट है। (चित्र W - 4.10) इस आयताकार बॉक्स में एक फाइल के लिए एक नाम (जैसे–**विकास**) टाइप करें। यह नाम **File name** विकल्प के पास हाईलाइटेड टेक्स्ट की जगह नजर आएगा। (चित्र W - 4.11)

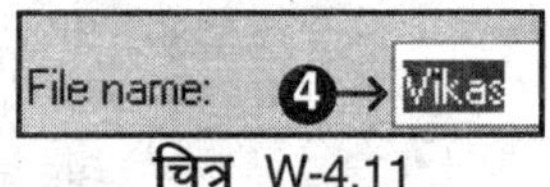

चित्र W-4.11

जब नई बनाई गई फाइल को आप **Save** करते हैं, तो इसे एक नाम देना पड़ता है, ताकि बाद में आप इसे पहचान और खोल सकें।

5. अब आप उस फोल्डर को चुन लें, जहाँ आप **विकास** फाइल को स्टोर करना चाहते हैं। उसके लिए आप माउस पॉएंटर को **Save in** विकल्प के डाउन ऐरो बटन (⌄) के साथ वाले बॉक्स पर मूव करें (चित्र W- 4.12)

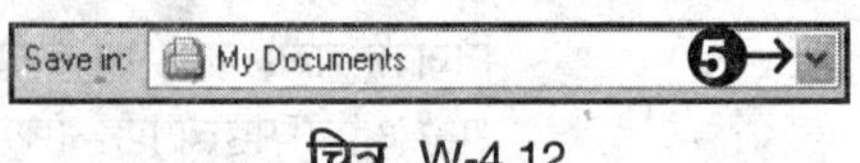

चित्र W-4.12

6. अब बाएँ माउस बटन को इस पर क्लिक करें। तुरन्त ही एक पुल डाउन मेन्यू स्क्रीन पर दिखेगा (चित्र W - 4.13)।
7. पुल डाउन मेन्यू के अन्दर **LOCAL DISK (C:)** विकल्प पर माउस पॉएंटर को मूव करें। आप देखेंगे कि **LOCAL DISK (C:)** विकल्प **Save in** विकल्प के पास वाले बॉक्स में मौजूद है। (चित्र W - 4.14)।

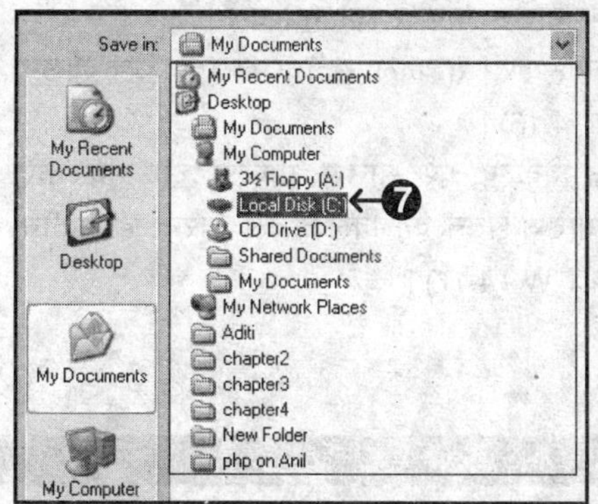

चित्र W-4.13

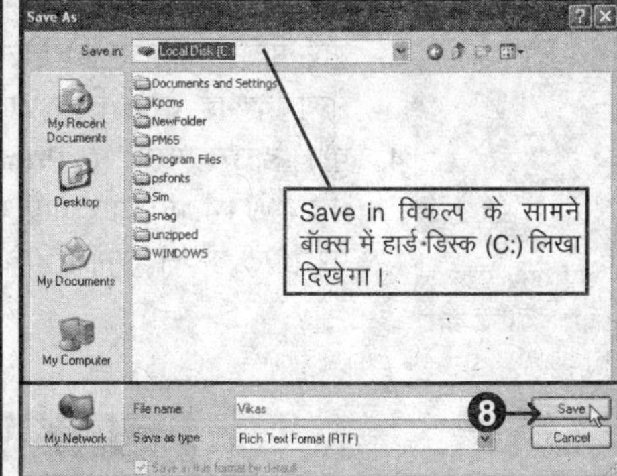

चित्र W-4.14

8. माउस पॉएंटर को **Save in** बॉक्स के बटन पर मूव करें (चित्र W - 4.14) और बाएँ माउस बटन को क्लिक करें। तुरन्त ही **Save As** बॉक्स स्क्रीन पर से ओझल हो जाएगा और **WordPad** डॉक्यूमेंट दिखने लगेगा (चित्र W - 4.15)।

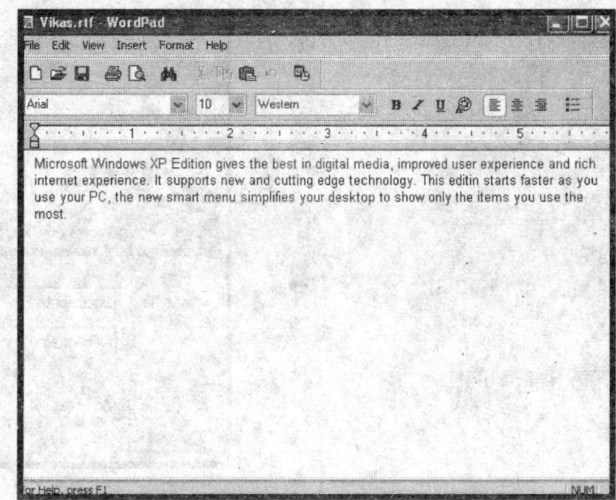

चित्र W-4.15

विंडोज़ **XP WordPad** विंडोज़ के टाइटल बार पर **Vikas** नाम दिखेगा, जिसे आपने फाइल का नाम दिया है। अब आपने फाइल को अपने कम्प्यूटर में **Save** कर लिया है। आवश्यकता पड़ने पर आप इसे संपादित, संशोधित या परिवर्तित कर सकते हैं।

जब आप पहली बार अपनी फाइल को **Save** करेंगे, तब **Save As** बॉक्स देखेगा (चित्र W-4.10) उसके बाद जब आप फाइल को Save करेंगे, तब **Save As** बॉक्स नजर नहीं आएगा। बदले में **WordPad** प्रोग्राम इस फाइल में किए गए परिवर्तनों को स्वतः **Save** कर लेगा। अगर आप **Vikas** फाइल को कोई अन्य नाम देकर **Save** करना चाहते हैं, तो फाइल पुल मेन्यू में **Save** विकल्प के स्थान पर **Save As** विकल्प पर क्लिक करें। यह **Save As** बॉक्स में दिखाई देगा, जहाँ आप उसे अन्य नाम तथा स्थान दे सकते हैं।

फाइल को प्रिन्ट करना (Printing a File)

आपको अपने रिकॉर्ड के लिए अक्सर अपनी फाइल की हार्ड कॉपी या प्रिन्ट की आवश्यकता पड़ती होगी। आइए, अब अपनी फाइल **Vikas** के प्रिन्ट निकालें। ऐसा आप निम्नलिखित क्रम के अनुसार आगे बढ़ते हुए कर सकते हैं।

1. इस बात से आश्वस्त हो लें कि आपका प्रिन्टर ऑन है और आपके कम्प्यूटर से जुड़ा हुआ है।

डॉक्यूमेन्ट के प्रिन्ट लेने के लिए आप स्टैन्डर्ड टूल बार के प्रिन्ट बटन (🖨) पर भी क्लिक कर सकते हैं।

2. मेन्यू बार में फाइल मेन्यू पर माउस पॉएंटर को मूव करें।
3. बाएँ माउस पॉएंटर को क्लिक करें। तत्काल स्क्रीन पर एक पुल डाउन मेन्यू दिखाई देगा (चित्र W - 4.16)।
4. पुल डाउन मेन्यू में **Print** विकल्प पर माउस पॉएंटर को मूव करें (चित्र W - 4.16) और बाएँ माउस बटन को क्लिक करें, तुरन्त ही स्क्रीन पर प्रिन्ट बॉक्स खुलेगा (चित्र W - 4.17)।

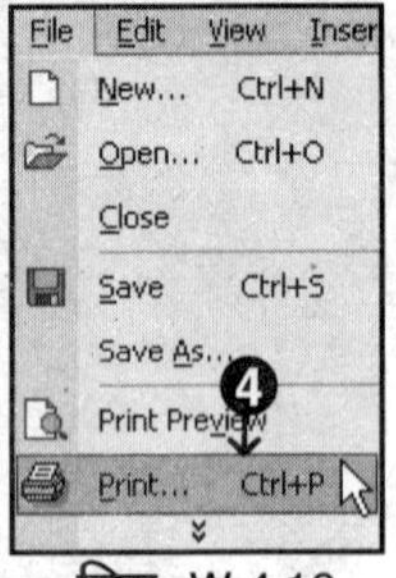

चित्र W-4.16

Key board के key का भी उपयोग करके आप इस प्रकार किसी फाइल का प्रिन्ट ले सकते हैं– Ctrl key तथा P key दोनों को एक साथ दबाएँ।

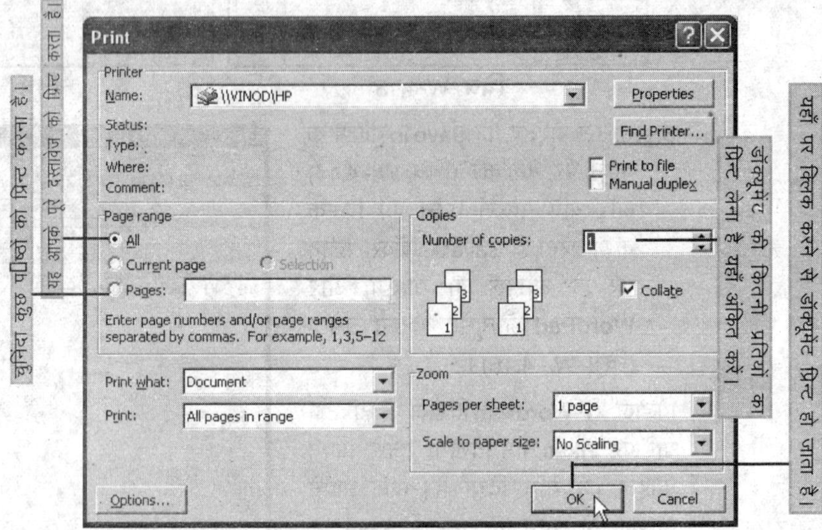

चित्र W-4.17

5. **Print** बॉक्स में **Print range** सेक्शन को देखें (चित्र W - 4.18)। इस सेक्शन में चार उप विकल्प उपलब्ध हैं– **All, Current Page, Pages** तथा **Selection** (हाईलाइट नहीं)।

Note

कभी–कभी ऐसा भी होता है कि आप File विकल्प और फिर Print विकल्प पर जब क्लिक करते हैं, तब एक Message box चित्र W 4.18 की तरह दिखेगा।

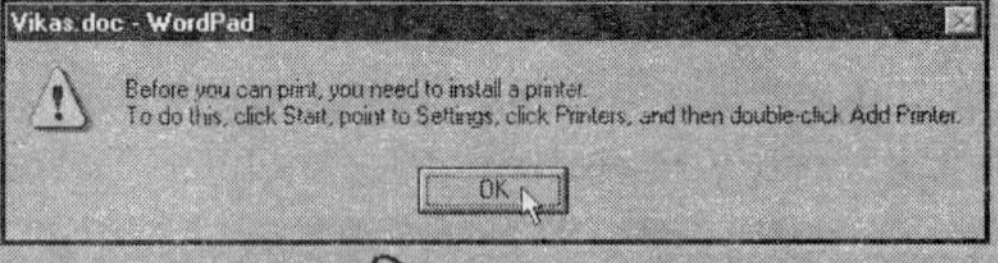

चित्र W-4.1

यह Message box आपको बतलाता है कि आपके सिस्टम का प्रिन्टर Installed नहीं है। वह आपको यह भी बताता है कि किस क्रम के अनुसार उसे Install करें। विंडोज़ XP में प्रिन्टर को Install करने का तरीका इस अध्याय में आगे दिया गया है।

प्रिन्टर को Install करने के बाद अपने विषय 'अपनी फाइल के चुनिंदा पृष्ठों का प्रिन्ट करना' पर लौट आइए।

अपनी फाइल के चुनिंदा पृष्ठों को प्रिन्ट करना (Printing Selected Pages of your File)

मान लीजिए कि आपके डॉक्यूमेंट में 20 पृष्ठ हैं और उनमें से शुरू के मात्र पाँच पृष्ठों के प्रिन्ट आप लेना चाहते हैं। निम्नलिखित प्रक्रिया को अपनाकर आप ऐसा कर सकते हैं–

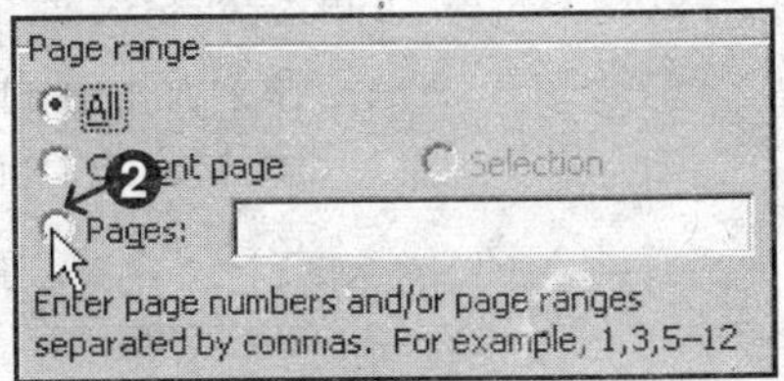

चित्र W-4.19

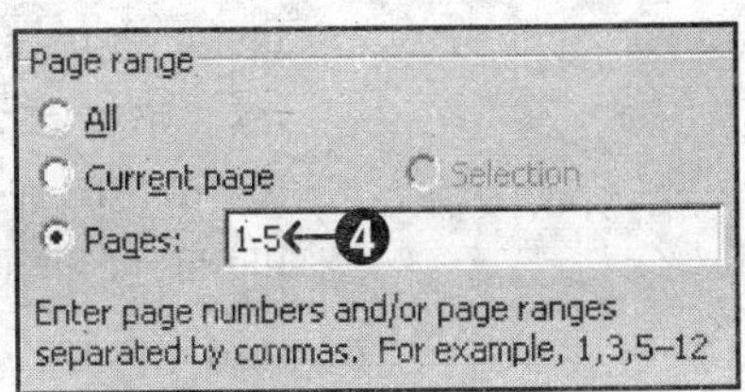

चित्र W-4.20

1. सबसे पहले आप पिछले सेक्शन **फाइल को प्रिन्ट करना** के पाँचवें क्रम तक का अनुसरण करें।
2. जब आपको Print box दिखे, तब आप **Print range** सेक्शन को ढूँढ़ें। इस सेक्शन के तीन उप–विकल्पों में Pages उप–विकल्प के बगल में गोल बटन पर माउस पॉएंटर को क्लिक करें (चित्र W - 4.19)। तुरन्त ही गोल बटन में एक बिन्दु दिखाई देगा (चित्र W - 4.20)।
3. बिलकुल शुरू के पृष्ठ की संख्या टाइप करें (जो हमारे मामले में **1** है, यह Pages विकल्प की दाईं तरफ बॉक्स में है (चित्र W - 4.20)
4. अब key board द्वारा (–) टाइप करें और फिर अंतिम पृष्ठ की संख्या (जो हमारे मामले में **5** है) टाइप करें (चित्र W - 4.21)।
5. अंत में **प्रिन्ट** बॉक्स के **OK** बटन पर क्लिक कर दें। **प्रिन्ट** बॉक्स स्क्रीन पर से ओझल हो जाएगा और आपकी फाइल के शुरूआती पाँच पृष्ठों के प्रिन्ट प्रिन्टर से निकल आएँगें।

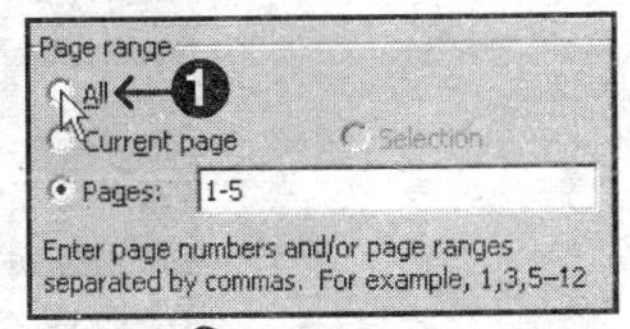

चित्र W-4.21

आपकी फाइल के पूरे कन्टेन्ट्स को प्रिन्ट करना (Printing the Entire Contents of your File)

अगर आप पूरी फाइल का प्रिन्ट लेना चाहते हैं, तो निम्नलिखित क्रम का अनुपालन करें–

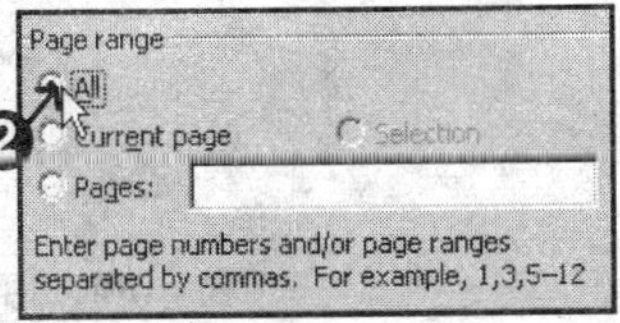

चित्र W-4.22

1. Print range सेक्शन में **All** विकल्प के बगल में गोल विकल्प पर माउस पॉएंटर को मूव करें (चित्र W4.22) और बाएँ माउस बटन से क्लिक करें । तुरन्त ही गोल बटन (◯) के अन्दर एक बिन्दु (⦿) दिखाई देगा (चित्र W - 4.23)।
2. अब Print बॉक्स में **OK** बटन पर माउस पॉएंटर को क्लिक करें। अब **Print** बॉक्स स्क्रीन से गायब हो जाएगा और कुछ सेकंडों के बाद आपका डॉक्यूमेंट प्रिन्ट हो जाएगा।

Page range
All
Current page
Selection
Pages:
Enter page numbers and/or page ranges
separated by commas. For example, 1,3,5–12

चित्र W-4.23

प्रिन्टर को इन्स्टॉल करना (Installing a Printer)

प्रिन्टर को अपने सिस्टम में इन्स्टॉल किए बिना ही अगर आप डॉक्यूमेंट को प्रिन्ट करने का प्रयास करते हैं, तो चित्र W-4.18 की तरह स्क्रीन पर एक **Message Box** दिखेगा। अपने कंप्यूटर (सिस्टम) से प्रिन्टर को इन्स्टॉल करने के लिए आप निम्नलिखित क्रम अपनाएँ–

1. चित्र W-4.18 की तरह जब एक Message Box स्क्रीन पर दिखे, तब Message Box में **OK** बटन पर क्लिक करें।
2. अब टास्क बार के Start बटन पर क्लिक करें। एक पुश–अप मेन्यू स्क्रीन पर दिखेगा (चित्र W-4.24)।
3. पुश–अप मेन्यू में Printer and Faxes विकल्प पर क्लिक करें (चित्र W-4.24)। Printer and Faxes बॉक्स स्क्रीन पर दिखने लगेगा (चित्र W-4.25)।
4. Printer Talks में मौजूद Add a Printer विकल्प पर माउस पॉएंटर को मूव करें और फिर बाएँ माउस बटन को क्लिक करें। तुरंत ही स्क्रीन पर एक Add Printer Wizard दिखेगा (चित्र W-4.26) जो प्रिन्टर को इन्स्टॉल करने की प्रक्रिया को प्रारंभ करेगा।

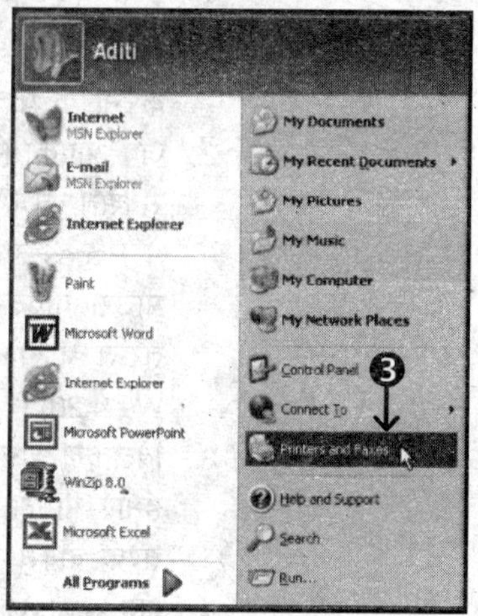

चित्र W-4.24

5. Next बटन पर क्लिक करें (चित्र W-4.26)। Add Printer Wizard का अगला स्क्रीन दिखेगा (चित्र W-4.27)।

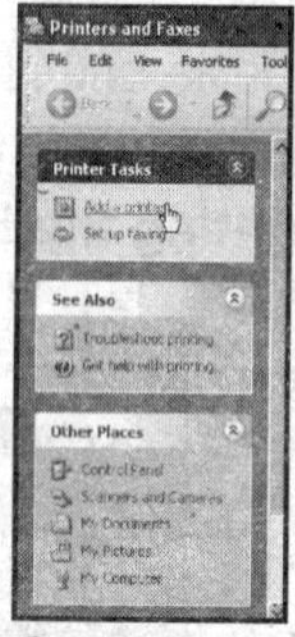

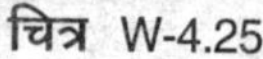
चित्र W-4.25

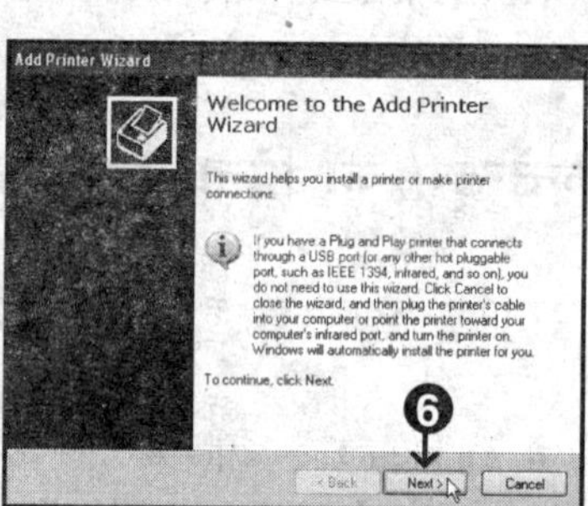

चित्र W-4.26

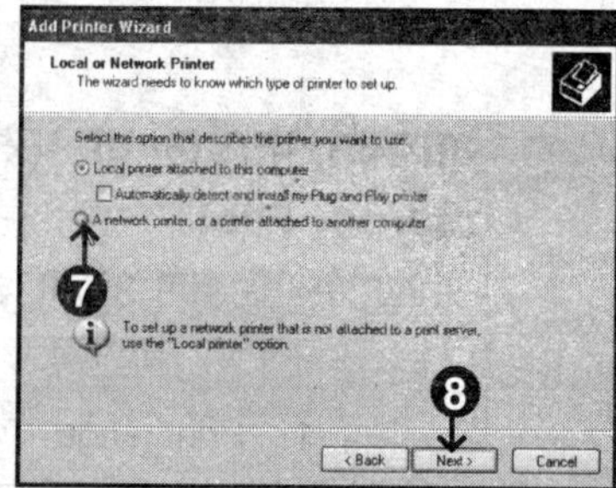

चित्र W-4.27

अगर आपका प्रिन्टर अपने सिस्टम से सीधे तौर पर जुड़ा हुआ है, तो Local printer attached to this computer विकल्प के बगल में गोल बटन क्लिक करें।

6. अब आपको यह तय करना है कि प्रिन्टर आपके सिस्टम से सीधे तौर पर जुड़ा रहेगा या इसे नेटवर्क से जुड़ा है। आप **A network printer or a printer attached to another computer** विकल्प के बगल में गोल बटन पर क्लिक करें (चित्र W-4.27) और फिर अगले बटन पर क्लिक करें। **Add Printer Wizard** का अगला स्क्रीन आपको दिखाई देगा (चित्र W-4.28)।

7. यहां **Browse for a pritner** विकल्प पहले से ही चयनित किया हुआ है, इसलिए आप **Next** बटन पर क्लिक करें, ताकि अगला **Add Printer Wizard** स्क्रीन दिखे (चित्र W-4.28)।
8. यहां पर आप उस फोल्डर का चयन करें, जिसमें आपके प्रिंटर का नाम है। हमारे मामले में यह **HP** है। अब आप **Next** बटन पर क्लिक करें, ताकि अगला स्क्रीन आपके सामने आए।
9. इस विंडो का बाईं तरफ का फ्रेम विभिन्न प्रिन्टर्स के उत्पादकों के नाम दिखाता है। सही नाम (जैसे– **HP**) पर क्लिक करें। दाईं तरफ के **Pane** अब **HP** श्रृंखला के विभिन्न प्रिंटर्स को दिखाएगा (चित्र W-4.30)।
10. प्रिंटर के नाम (जैसे–**HP Laser Jet 4050 Series**) को select करें (चित्र W-4.30)।
11. अब **OK** बटन पर क्लिक करें (चित्र W-4.30)। **Add Printer Wizard** यह दिखाता है कि प्रिन्टर सफलतापूर्वक जुड़ गया है (चित्र W-4.31)।
12. अब **Finish** बटन पर क्लिक करें (चित्र W-4.31) यह प्रिन्टर को इन्स्टॉल करने की प्रक्रिया को समाप्त करता है।

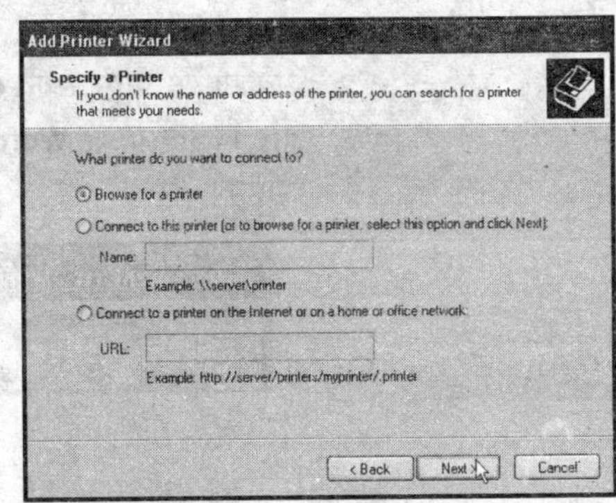

चित्र W-4.28

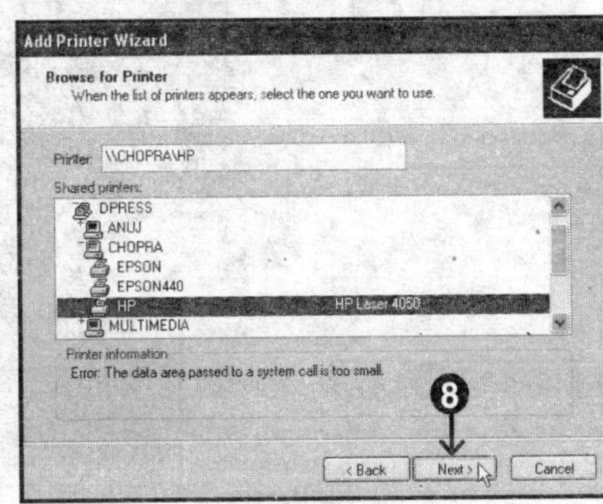

चित्र W-4.29

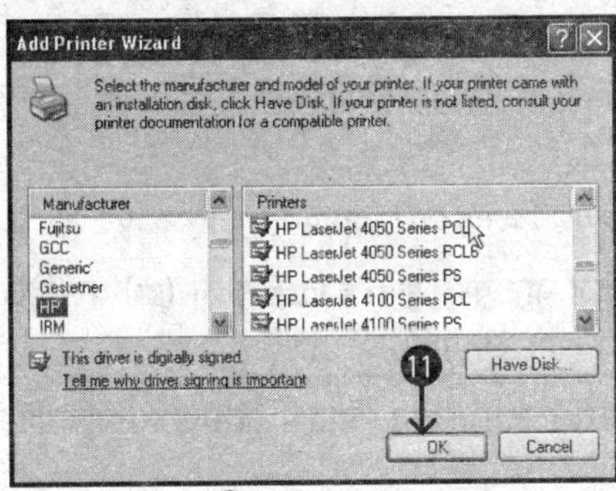

चित्र W-4.30

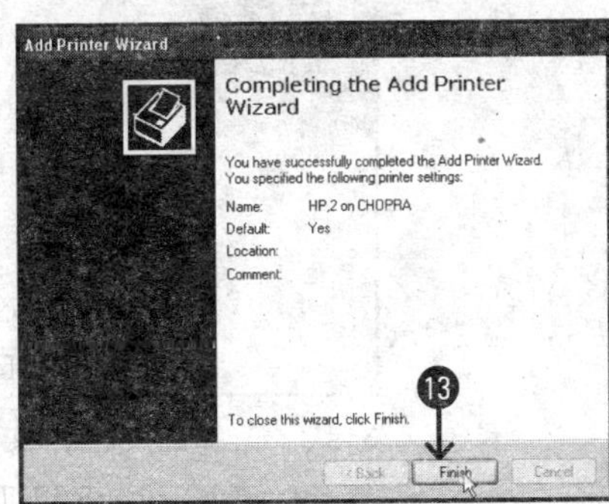

चित्र W-4.31

प्रोग्राम से बाहर आना (Quitting a Program)

Program मे अपना काम समाप्त करने के बाद उसे हमेशा बंद अवश्य कर दें। अब तक आप **Wordpad** में फाइल से संबंधित कार्य, जैसे– एक फाइल बनाने, इसे एक नाम देकर save करने और इसके कन्टेन्ट्स को प्रिन्ट करने का प्रयास कर चुके हैं। आइए, अब हम यह सीखें कि इस (Wordpad) प्रोग्राम को बंद कैसे करें। ऐसा करने के लिए निम्नलिखित क्रम का अनुपालन करें–

1. **WordPad** प्रोग्राम के टाइटल बार पर माउस पॉएंटर को मूव करें।

2. अब माउस पॉएंटर को **Close** बटन (☒) पर रखें (चित्र W-4.32) और बाएँ माउस बटन को एक बार क्लिक करें। **WordPad** विंडो तत्काल बंद हो जाएगा और आप डेस्कटॉप पर वापस लौट आएँगे।

चित्र W-4.32

अगर आपने अपनी फाइल में कुछ परिवर्तन किया है और इसे Save किए बिना ही Close बटन (☒) पर क्लिक कर दिया है, तो एक message बॉक्स आपके स्क्रीन पर दिखाई देगा।

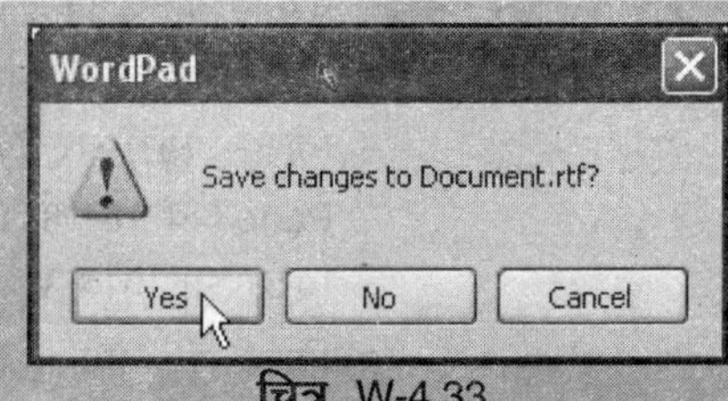

चित्र W-4.33

अगर इस फाइल में किए गए किसी भी परिवर्तन को आप save करना नहीं चाहते हैं, तो माउस पॉएंटर को No बटन पर मूव करें और बाएँ माउस बटन को क्लिक कर दें या फिर Yes बटन पर क्लिक कर दें। ऐसा करने से तुरंत ही Wordpad बंद हो जाएगा और डेस्कटॉप पहले की तरह आपको स्क्रीन पर दिखने लगेगा।

आइए, अब निम्नलिखित कार्य करें–

फाइल को कैसे प्रिन्ट करें और WordPad से बाहर कैसे आएँ?

- माउस पॉएंटर को मेन्यू बार पर लाएँ File मेन्यू पर क्लिक करें।
- Pull-down मेन्यू में Print विकल्प पर क्लिक करें। स्क्रीन पर Print बॉक्स दिखने लगेगा।
- OK बटन पर क्लिक करें। आपकी फाइल प्रिंट हो जाएगी।
- अब टाइटल बार पर स्थित Close बटन (☒) पर क्लिक करें। Wordpad विंडो तत्काल बंद हो जाएगा।

आइए, अब कुछ नया सीखें। नीचे लिखा टेक्स्ट आपको विंडोज़ XP की फाइलों और फोल्डरों के बारे में कई बेहतर बातें बताएगा।

विंडोज़ में फाइल और फोल्डर (Files and Folders in Windows)

अब तक आप 'फाइल' शब्द से भली–भाँति परिचित हो चुके होंगे। 'फाइल' कागज के पन्ने जैसी होती है, जिसमें कुछ जानकारियाँ लिखित रूप में मौजूद रहती हैं। जब भी आप कुछ महत्त्वपूर्ण सूचनाओं को पन्नों पर लिखते हैं, तब स्वाभाविक रूप से उन्हें व्यस्थित ढंग से सुरक्षित जगह पर रखना चाहते हैं। आप उनकी सुरक्षा के प्रति भी आश्वस्त होना चाहेंगे। सम्भव है कि आप उन्हें जिल्द में मढ़वा कर पुस्तक रूप में रखना चाहें।

कंप्यूटर की भाषा में कागज का एक पन्ना 'फाइल' कहलाता है और एक किताब 'फोल्डर' कहलाती है। जैसे किताब में पृष्ठ होते हैं, वैसे ही कंप्यूटर फोल्डर में 'फाइल' होती है। चित्र W-4.34 में फाइलों और फोल्डरों के बीच संबंध को दर्शाया गया है।

चित्र W-4.34

इस प्रकार हम यह कह सकते हैं कि विंडोज़ में **किताब** को **फोल्डर** और **पन्ने** को **फाइल** कहते हैं।

एक्सप्लोरर प्रोग्राम को खोलना (Opening the Explorer Program)

आप जरा सोचिए कि एक शो–रूम में किताबें किस प्रकार रखी गई रहती हैं। किताबों में विभिन्न विषयों – विज्ञान, कंप्यूटर, इतिहास, भूगोल आदि की जानकारियाँ रहती हैं। हर किताब (फोल्डर) में पन्नों (फाइलों) को एक साथ जोड़ा गया होता है, जिनमें लेख, चित्र, रिपोर्ट्स आदि रहती हैं।

आपके सिस्टम में फाइलों और फोल्डरों को ठीक उसी प्रकार रखा जाता है, जिस प्रकार चित्र W-4.39 में दिखाया गया है।

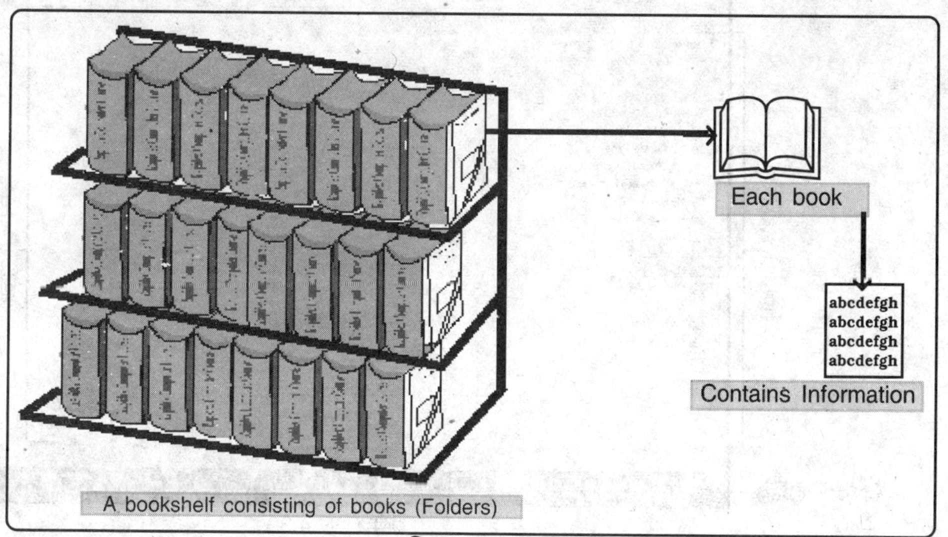

चित्र W-4.35

आइए, विंडोज़ XP के **Explorer** प्रोग्राम की सहायता से अब हम जानें कि उन फाइल और फोल्डरों को किस प्रकार व्यवस्थित किया जा सकता है। लेकिन सबसे पहले यह जरूरी है कि एक्सप्लोरर प्रोग्राम को खोला जाए। आप इसे निम्नलिखित क्रम को अपनाकर खोल सकते हैं–

1. पहले इस बात से आश्वस्त हो लें कि विंडोज़ XP का डेस्कटॉप स्क्रीन पर दिख रहा है। अब आप **My Computer** आइकॉन पर माउस पॉएंटर को मूव करें (चित्र W-4.36)।

2. दाएँ माउस बटन को एक बार दबाएँ (दायाँ माउस बटन चित्र W - 4.37 में काले में दिखाया गया है)। दाएँ माउस बटन को क्लिक करने पर एक पॉप–अप मेन्यू दिखेगा (चित्र W - 4.38)।

3. अब आप पॉप–अप मेन्यू के **Explore** विकल्प पर माउस पॉएंटर को मूव करें और फिर बाएँ माउस बटन को दबा दें। इससे आपके स्क्रीन पर **My Computer** का **Explorer** विंडो खुल जाएगा (चित्र W - 4.39)।

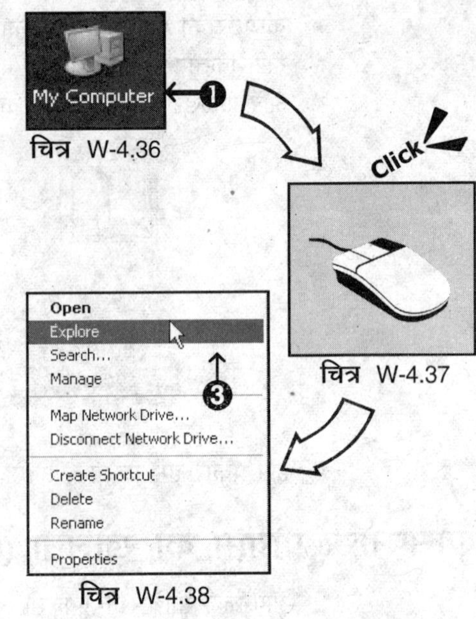

चित्र W-4.36

चित्र W-4.37

चित्र W-4.38

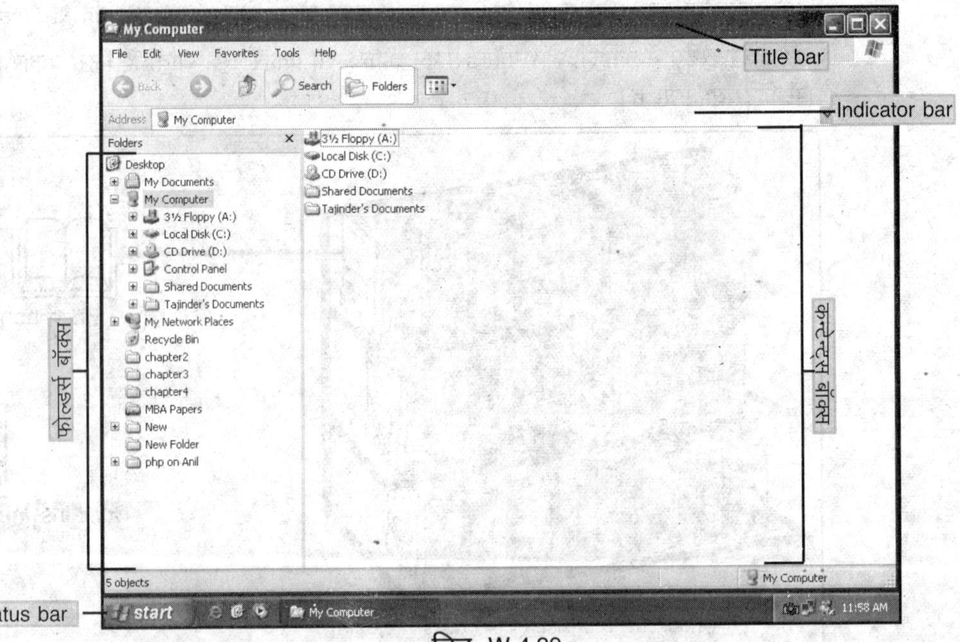

चित्र W-4.39

एक्सप्लोरर विंडोज़ के भाग (Parts of the Explorer Windows)

एक्सप्लोरर विंडोज़ के विविध भाग इस प्रकार हैं–

टाइटल बारः यह एक्सप्लोरर विंडोज़ के ऊपरी भाग में स्थित रहता है। यह उस आइकॉन का नाम दर्शाता है, जहाँ आपने Explorer प्रोग्राम की शुरूआत की थी। आप टास्कबार के Start बटन या Network Neighbourhood आइकॉन या Recycle Bin से भी एक्सप्लोरर प्रोग्राम को शुरू कर सकते हैं।

मेन्यू बारः मेन्यू बार पर कई तरह के विकल्प होते हैं, जैसे– File, Edit, View, Tools और Help विकल्प। ये विकल्प 'मेन्यू' कहलाते हैं।

इंडिकेटर बारः एक्सप्लोरर विंडोज़ को दो भागों में बाँटा जाता है बाईं तरफ का बॉक्स 'फोस्डर्स बॉक्स' कहलाता है, जबकि दाईं तरफ का बॉक्स 'कन्टेन्ट्स बॉक्स' कहलाता है। कन्टेन्ट्स बॉक्स के ऊपरी भाग में हाल में खुले फोल्डर का नाम एक बार को दिखलाता है, जिसे 'इंडिकेटर बार' कहा जाता है।

स्टेटस बारः स्टेट्स बार कन्टेन्ट्स बॉक्स में आइटम की संख्या बताता है। चित्र W - 4.39 में यह पाँच Objects दिखाता है।

फोल्डर्स बॉक्सः जैसा आप जानते हैं, एक्सप्लोरर विंडोज़ के बाएँ भाग में बना बॉक्स 'फोल्डर्स बॉक्स' कहलाता है (चित्र W - 4.40)। यह बॉक्स Recycle Bin सहित विभिन्न आइकॉन्स को दर्शाता है। अगर आप उनमें से किसी एक आइकॉन पर क्लिक करते हैं, तो इसके कन्टेन्ट्स 'कन्टेन्ट्स बॉक्स' में दिखते हैं। डेस्कटॉप My Computer तथा Recycle Bin को नियंत्रित करता है।

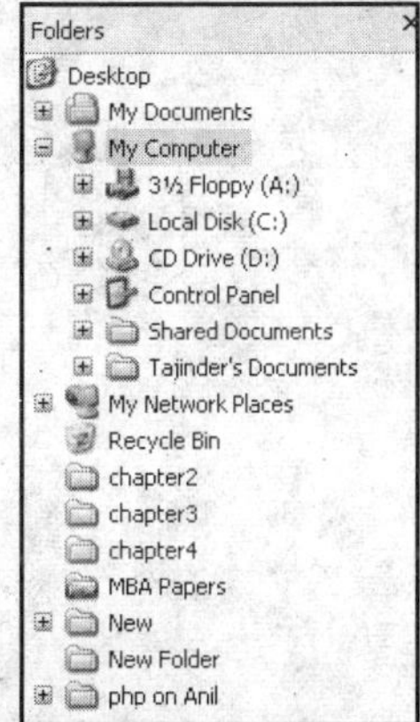

चित्र W-4.40

अगर आप इसके किन्हीं आइकॉन्स पर क्लिक करेंगे, तो इसके कन्टेन्ट्स आपको बॉक्स के अन्दर दिखेंगे। डेस्कटॉप My Computer और Recycle Bin आइकॉन्स, जो अपनी शाखाओं के साथ दिखते हैं, को नियंत्रित करता है।

Explorer विंडोज़ My Computer आइकॉन द्वारा खुला था। इसलिए My Computer आइकॉन के कन्टेन्ट्स Contents Box में शाखाओं, जैसे– 3½ इंच Floppy (A:), Local Disk (C:), CD Drive, Shared Documents और Tajinder Documents के रूप में दिखता है।

Folders बॉक्स में आप पाएँगे कि कुछ आइकॉन्स के चिह्न (⊞) हैं, जबकि कुछ आइकॉन्स के चिह्न (⊟) हैं। (⊞) चिह्न बतलाता है कि फिलहाल आइकॉन्स बन्द है, यानि 3½ इंच Floppy (A:), (C:) और (D:) आइकॉन्स बन्द हैं।

(⊟) चिह्न बतलाता है कि आइकॉन अभी खुला है और इसके सभी कन्टेन्ट्स Contents Box में दिख रहे हैं। हमारे मामले में My Computer आइकॉन खुला है और इसके कन्टेन्ट्स Contents Box में दिख रहे हैं।

कन्टेन्ट्स बॉक्सः एक्सप्लोरर विंडोज़ के दाएँ भाग में स्थित बॉक्स 'कन्टेन्ट्स बॉक्स' कहलाता है। यह एक ड्राइव, एक फोल्डर और एक आइकॉन के कन्टेन्ट्स दिखलाता है, जो फोल्डर बॉक्स में हाईलाइट रहते हैं। जैसा चित्र W - 4.40 में दिख रहा है, My Computer आइकॉन खुला है और उसके कन्टेन्ट्स, जैसे– 3½ इंच Floppy (A:), Local Disk (C:), CD Drive इत्यादि दिख रहे हैं (चित्र W - 4.41)।

चित्र W-4.41

आइए, अब नीचे लिखे शब्दों से परिचित हों, जिनका उपयोग आप आगे बार–बार करेंगे–

फोल्डर्सः फोल्डर्स कन्टेनर्स होते हैं, जिनमें अनेक फाइलें या सब फोल्डर्स को रखा जाता है। फोल्डर्स की न तो कभी कॉपी की जाती है, न ही कभी फाइलों में मूव किया जाता है।

LOCAL DISK (C:): यह एक हार्डडिस्क में सभी फाइलों का प्रधान है। इसका पुनः नामकरण किया जा सकता है, मगर कभी भी इसकी कॉपी नहीं की जा सकती, न ही किसी फाइल या सब–फोल्डर या सब–सब फोल्डर में मूव किया जा सकता है।

नीचे दिया गया रेखाचित्र यह दर्शाता है कि हार्डडिस्क में फोल्डर्स कैसे व्यवस्थित होते हैं–

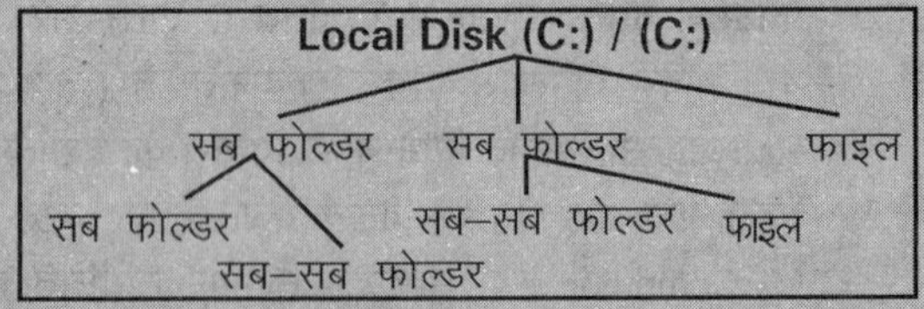

सब फोल्डर– **LOCAL DISK (C:)** के ठीक नीचे के सभी फोल्डर 'सब–फोल्डर' कहलाते हैं। इनका पुनर्नामकरण किया जा सकता है, कॉपी की जा सकती है या किसी अन्य सब–फोल्डर या सब–सब फोल्डर में मूव किया जा सकता है, मगर किसी फाइल में इनकी कॉपी नहीं की जा सकती है।

सब-सब फोल्डर– किसी भी सब–फोल्डर के अन्दर के सभी फोल्डरों को 'सब–सब फोल्डर' कहा जाता है। उनका पुनर्नामकरण किया जा सकता है, उनकी कॉपी की जा सकती है और किसी सब–फोल्डर में या सब–सब फोल्डर में या **Local Disk (C:)** में मूव किया जा सकता है। मगर फाइलों में इनकी कॉपी नहीं की जा सकती है।

एक्सप्लोरर में काम करना (Working in Explorer)

पुस्तकालय एक ऐसी जगह है, जहाँ पुस्तकों का भंडार रहता है। हर पुस्तक में कई पन्ने होते हैं और हर पन्ने में कई जानकारियाँ होती हैं। ठीक इसी तरह कंप्यूटर में फोल्डरों का भंडार रखने के लिए एक्सप्लोरर का इस्तेमाल होता है। हर फोल्डर में कई फाइलें होती हैं और हर फाइल में कुछ खास सूचनाएँ रहती हैं।

एक्सप्लोरर विंडोज़ द्वारा आइकॉन खोलना (Opening an Icon from the Explorer Windows)

My Computer आइकॉन के कन्टेन्ट्स को दिखाने के अलावा एक्सप्लोरर विंडोज़ अन्य आइकॉन्स के कन्टेन्ट्स भी दिखाता है। आइए, अब हम सीखें कि एक आइकॉन को कैसे खोला जाता है और कैसे कन्टेन्ट्स बॉक्स में इसके कन्टेन्ट्स दिखाए जाते हैं। मान लिया जाए कि आप **डेस्कटॉप** आइकॉन खोलना चाहते हैं। इसके लिए आपको निम्नलिखित क्रम अपनाना होगा–

1. हम यह मानकर चलते हैं कि कंप्यूटर के स्क्रीन पर **Explorer Window** खुला है।
2. माउस पॉएंटर को **Desktop** आइकॉन पर ले जाएँ (चित्र W - 4.42) और बायाँ माउस बटन क्लिक कर दें। तुरन्त ही **Desktop** आइकॉन खुल जाएगा और कन्टेन्ट्स बॉक्स में अपने कन्टेन्ट्स दिखलाने लगेगा (चित्र W - 4.47)। आप ध्यान देंगे कि इंडिकेटर बार **Desktop** नाम दिखलाएगा। इससे यह पता चलता है कि कन्टेन्ट्स बॉक्स अब इसके आइकॉन के कन्टेन्ट्स को दिखा रहा है।

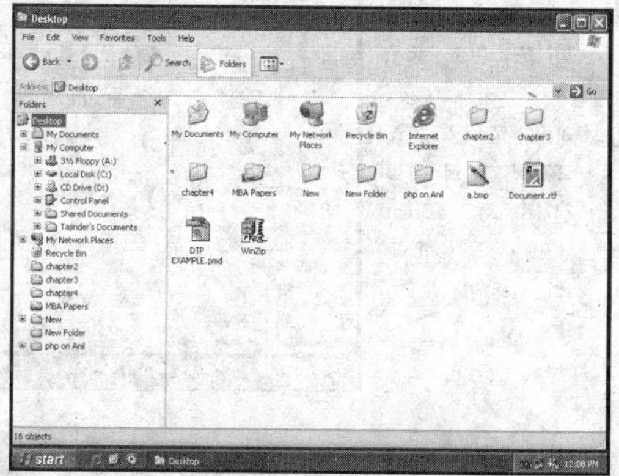

चित्र W-4.42

एक्सप्लोरर द्वारा LOCAL DISK (C:) को खोलना (Opening the Local Disk (C:) through Explorer)

आइकॉन्स की तरह फोल्डर्स उनके कन्टेन्ट्स दिखलाने के लिए भी खोले जाते हैं। आइए, अब हम **Local Disk (C:)** को ढूंढ़ें और इसे खोलें। इसके लिए निम्नलिखित क्रम का पालन करें।

1. **Local Disk (C:) My Computer** आइकॉन के अन्दर रहता है (चित्र W - 4.39)। अतः **Explorer** विंडोज़ के फोल्डर्स बॉक्स में मौजूद **My Computer** आइकॉन पर माउस पॉएंटर को मूव करें (चित्र W -4.43)।
2. इस पर बाएँ माउस पॉएंटर को क्लिक करें। तुरन्त ही कन्टेन्ट्स बॉक्स में **My Computer** आइकॉन दिखने लगेंगे (चित्र W - 4.44)।
3. अब माउस पॉएंटर को फोल्डर्स बॉक्स में **Local Disk (C:)** पर मूव करें और बाएँ माउस बटन को क्लिक करें।

चित्र W-4.43

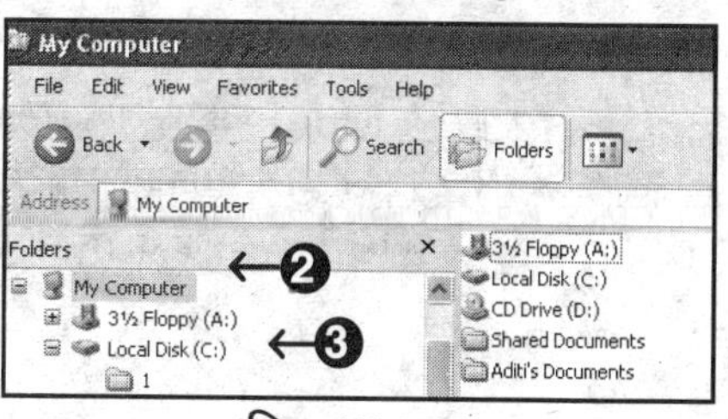

चित्र W-4.44

तुरंत ही Local Disk (C:) के कन्टेन्ट्स Contents Box में दिखने लगेंगे (चित्र W - 4.45)।

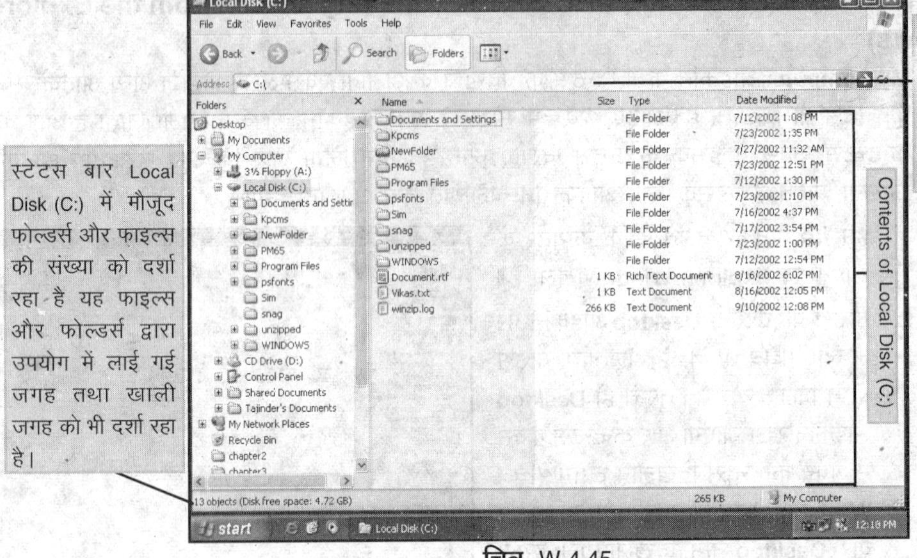

चित्र W-4.45

अगर LOCAL DISK (C:) के कन्टेन्ट्स एक्सप्लोरर विंडो के कन्टेन्ट्स बॉक्स में दिखाई नहीं पड़ते, तो माउस पॉएंटर को Local Disk (C:) पर पुनः मूव करें और बाएँ माउस बटन को उस पर डबल क्लिक करें। तत्काल एक स्क्रीन (चित्र W - 4.49) आपको दिखाई देगा।

एक्सप्लोरर में फोल्डर को खोलना और बन्द करना (Opening and Closing of Folder in Explorer)

चित्र W - 4.44 में Contents बॉक्स Local Disk (C:) में मौजूद फाइलों और फोल्डरों को दिखा रहा है। फोल्डर्स का हर नाम एक आइकॉन (▭) द्वारा दर्शाया जाता है। जैसा आप जानते हैं, फोल्डर्स **Files** को रखते हैं, जो सिर्फ तभी देखे जा सकते हैं, जब फोल्डर्स खुले हों। आइए, अब एक सब–फोल्डर (विंडोज़ सब–फोल्डर) खोलें। ऐसा करने के लिए निम्नलिखित क्रम के अनुसार आगे बढ़ें–

1. पहले इस बात से आश्वस्त हो लें कि **C** ड्राइव स्क्रीन पर खुला है, जैसा चित्र W -4.56 में कंप्यूटर स्क्रीन पर दिख रहा है। उसके बाद माउस पॉएंटर को **Contents** बॉक्स पर मूव करें।
2. Contents बॉक्स में Windows सब–फोल्डर को ढूँढ़ें।

अगर आप Windows सब–फोल्डर को नहीं ढूँढ़ पा रहे हैं, तो **Contents** बॉक्स के किसी भी स्क्रॉल बटन को तब तक दबाए रखें, जब तक वांछित सब–फोल्डर स्क्रीन पर दिखने न लगे (चित्र W - 4.46)।

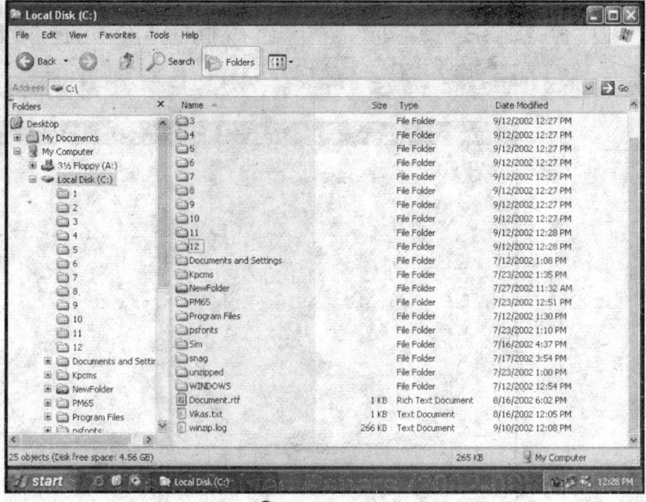

चित्र W-4.46

3. **Windows** सब–फोल्डर को ढूँढ़ लेने के बाद माउस पॉएंटर को इस पर मूव करें (चित्र W - 4.47) और बाएँ माउस बटन को डबल क्लिक करें।

   तत्काल ही **Windows** सब–फोल्डर खुल जाएगा और इसके कन्टेन्ट्स **Contents Box** में दिखने लगेंगे (चित्र W - 4.47)।

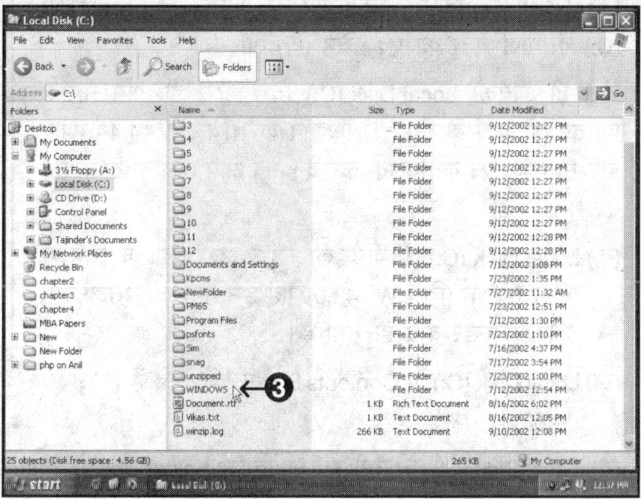

चित्र W-4.47

4. आप देखेंगे कि **Local Disk (C:)** के **Windows** सब–फोल्डर के सभी सब–सब फोल्डर्स अब फोल्डर्स बॉक्स में चले गए हैं और (+) चिह्न के साथ दिख रहे हैं। Contents बॉक्स पर स्थित इंडिकेटर बार अब Windows सब–फोल्डर दिखला रहा है, अर्थात् Windows सब–फोल्डर Local Disk (C:) के नीचे स्थित हो गया है।

विंडोज़ XP में इंडिकेटर बार स्वतः Windows सब–फोल्डर का पूरा रास्ता C:\ Windows की तरह दिखेगा (चित्र W - 4.48)।

चित्र W-4.48

5. आइए, अब Local Disk (C:) को बन्द करें। इसके लिए up arrow scroll बटन (⌃) तब तक दबाए रखें, जब तक आपको Local Disk (C:) दिखता रहे। आप देखेंगे कि अब Local Disk (C:) के पास घटा का एक चिह्न (⊟) आ गया है।

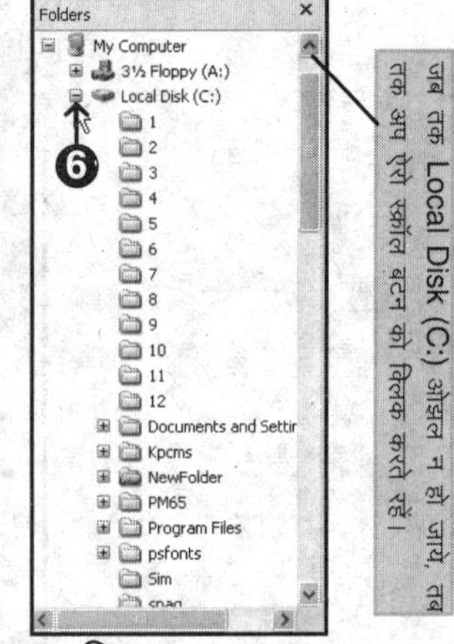

चित्र W-4.49

6. जैसे ही आपको Local Disk (C:) दिखें, वैसे ही आप माउस पॉएंटर को घटा के चिह्न(⊟) पर मूव करें (चित्र W - 4.49) और बाएँ माउस बटन को क्लिक कर दें। अब आप तीन बदलावों को देखेंगे–

(क) Local Disk (C:) के पीछे का प्लस अब घटा के चिह्न में बदल गया है (चित्र W - 4.50) यह इस बात को बतला रहा है कि फोल्डर बन्द हो गया है।

(ख) Local Disk (C:) के Contents Box में दिख रहे हैं (चित्र W - 4.50)।

(ग) Local Disk (C:) के सभी सब–फोल्डर्स Folder Box से ओझल हो गए हैं (चित्र W - 4.50)।

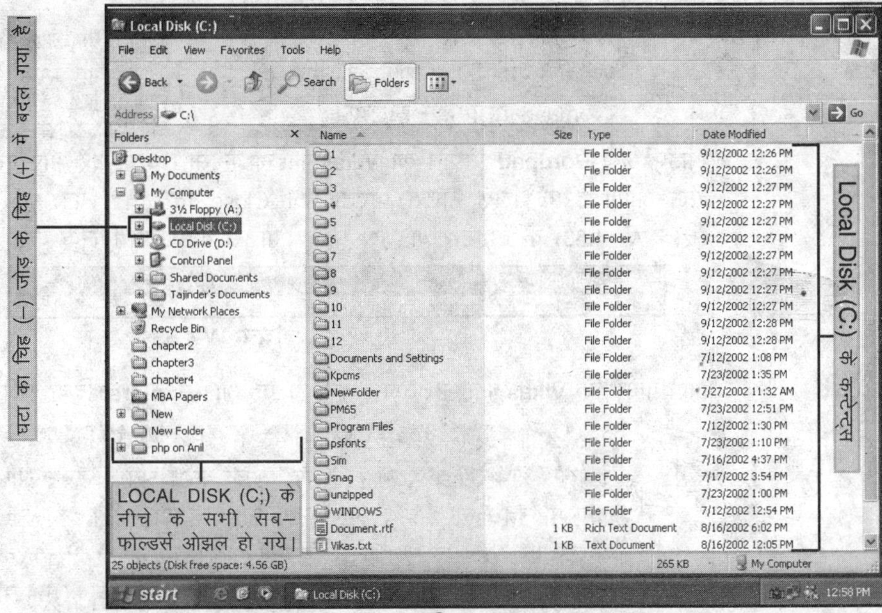

चित्र W-4.50

आपके कंप्यूटर के सभी सब–फोल्डर्स, सब–सब फोल्डर्स आदि विंडोज़ XP के हार्ड डिस्क (C:) (जिसे Local disk (C:) कहा जाता है) में इकट्ठा हो गए हैं।

एक्सप्लोरर में फाइल खोलना और बन्द करना (Opening and Closing file in Explorer)

Local Disk (C:) कन्टेन्ट्स बॉक्स में फाइलों को दिखलाता है। फाइलें , , , , , , , , , , आदि चित्रों द्वारा दिखते हैं। इस अध्याय के शुरू में हम लोगों ने WordPad में एक फाइल बनाई थी। और उसे **Local Disk (C:)** के नीचे Vikas नाम से Save किया था (चित्र W - 4.14)। आइए, अब हम Explorer का उपयोग करते हुए इसे खोलने का प्रयास करें। ऐसा करने के लिए निम्नलिखित क्रम का अनुपालन करें–

कन्टेन्ट्स विशिष्ट रूप में Contents Box में दिख रहे हैं। सभी फोल्डर्स शीर्ष पर दिख रहे हैं और फाइलें Explorer में।

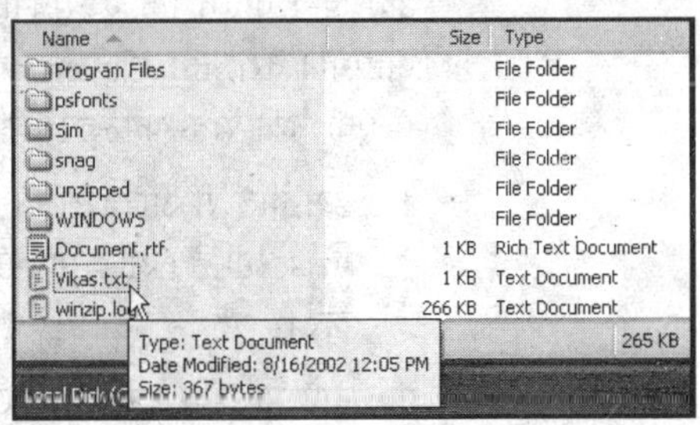

चित्र W-4.51

माउस पॉएंटर को Vikas .txt. (चित्र W - 4.51) पर मूव करें और बाएँ माउस बटन को क्लिक करें। स्क्रीन पर फाइल खुली हुई दिखने लगेगी (चित्र W - 4.52)।

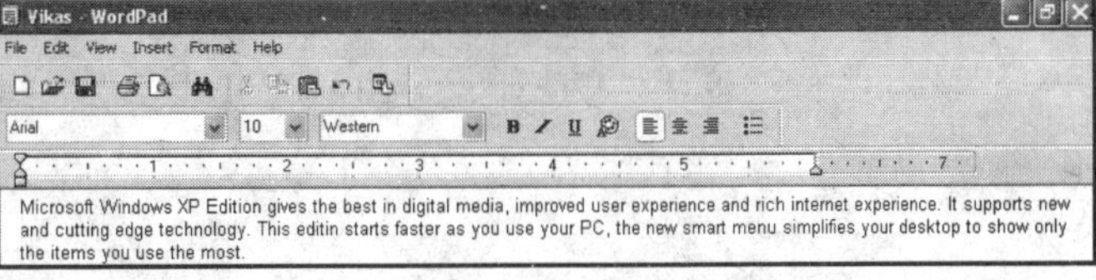

चित्र W-4.52

अगर Microsoft Word आपके सिस्टम में इन्स्टॉल हो गया है, तो 'Vikas' फाइल Microsoft Word में खुलेगी। अगर यह इंस्टॉल नहीं हुई हो, (जैसे हमारे मामले में) तो यह फाइल केवल Wordpad प्रोग्राम में खुलेगी।

आइए, अब **Wordpad** प्रोग्राम को **Vikas** फाइल के साथ बन्द करें और **एक्सप्लोरर** विंडो में वापस चले आएँ। इसके लिए माउस पॉएंटर को Close बटन (☒) पर मूव करें बाएँ **Vikas** फाइल (चित्र W - 4.53) के टाइटल बार पर मौजूद माउस बटन को क्लिक करें।

चित्र W-4.53

आप पाएँगे कि **Vikas** फाइल तत्काल बन्द हो गई और **Explorer** विंडो स्क्रीन पर से ओझल हो गई।

मान लिया जाए कि आपने Vikas फाइल में कुछ परिवर्तन किए हैं। इस फाइल को बन्द करने के लिए आप Close बटन (☒) पर क्लिक करें। अब कंप्यूटर आपसे पूछेगा कि फाइल में किए परिवर्तन को आप Save करना चाहते हैं या नहीं। यदि Save करना हो, तो माउस पॉएंटर को Yes पर मूव करें और बाएँ माउस बटन को क्लिक कर दें (चित्र W - 4.54)। किए गए परिवर्तन Save हो जाएँगे और Wordpad बंद हो जाएगा।

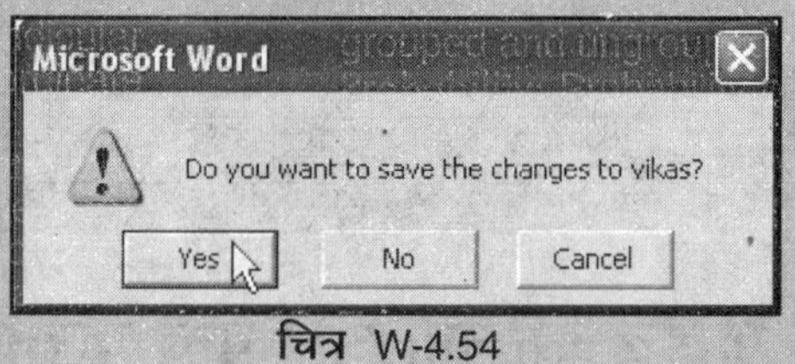

चित्र W-4.54

एक्सप्लोरर द्वारा एक नया सब-फोल्डर बनाना (Creating a new Sub-folder through Explorer)

अब आप पाएँगे कि एक्सप्लोरर प्रोग्राम द्वारा फाइल और फोल्डर्स को ढूंढ़ना आपके लिए आसान हो जाएगा। वैसे, हम Explorer में नया सब–फोल्डर भी बना सकते हैं। आइए, अब हम **Local disk** (C:) में एक नया सब–फोल्डर बनाएँ। ऐसा करने के लिए निम्नलिखित क्रम के अनुसार आगे बढ़ना होगा–

1. इस बात से आश्वस्त हो लें कि आपके कंप्यूटर पर Explorer विंडो **Local Disk (C:)** के कन्टेन्ट्स दिख रहा है। आप माउस पॉएंटर को **Explorer** विंडो के **Contents** बॉक्स में खाली जगह पर मूव करें।
2. बाएँ माउस बटन को क्लिक करें। तत्काल स्क्रीन पर एक पॉप–अप मेन्यू स्क्रीन पर दिखेगा (चित्र W - 4.55)।
3. पॉप–अप मेन्यू में माउस पॉएंटर को **New** विकल्प पर मूव करें (चित्र W - 4.55)। यह **New** विकल्प के पास एक सब–मेन्यू दिखाएगा (चित्र W - 4.56)।

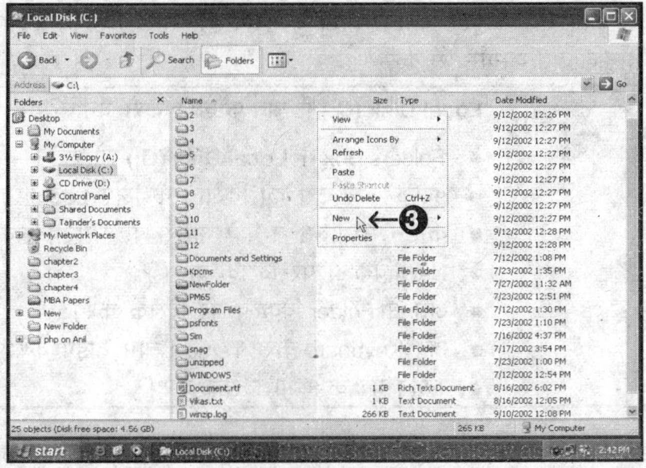

चित्र W-4.55

4. इस सब–मेन्यू में **Folder** विकल्प पर माउस पॉएंटर को मूव करें और बाएँ माउस बटन को क्लिक करें। तुरन्त ही कन्टेन्ट्स बॉक्स में कुछ हाईलाइट टेक्स्ट के साथ एक नया फोल्डर स्क्रीन पर दिखने लगेगा।
5. विंडोज़ XP नए सब–फोल्डर हेतु एक नाम टाइप करने के लिए आपसे कहेगा। एक नाम (जैसे–**temp**) Key-board द्वारा टाइप करें (चित्र W - 4.58)। आप पाएँगे कि **temp** नाम हाईलाइट टेक्स्ट की जगह पर चला आया है (चित्र W - 4.59)।
6. नए सब–फोल्डर को दिए गए नाम की पुष्टि के लिए माउस पॉएंटर को स्क्रीन पर कहीं भी मूव करें और बाएँ माउस बटन को दबा दें। नया फोल्डर temp अब (C:) में बन गया है।

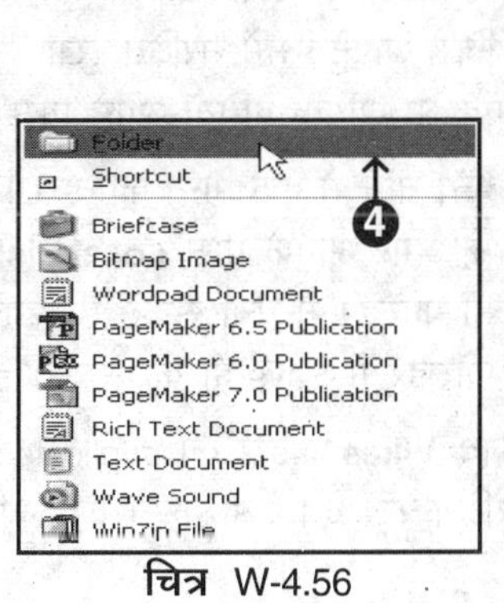

चित्र W-4.56

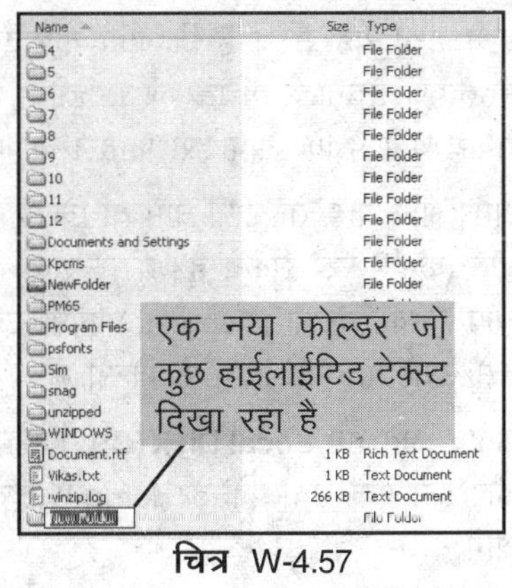

चित्र W-4.57

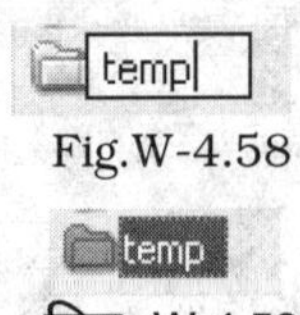

Fig.W-4.58

चित्र W-4.59

अब आप सब–फोल्डर बनाना सीख चुके हैं। इस सीखे हुए को हमेशा तरोताजा रखने के लिए आप निम्नलिखित कार्याभ्यास करें–

Local Disk (C:) में सब-फोल्डर कैसे बनाएँ?

- Folders Box में **Local Disk (C:)** को ढूंढ़ें।
- इसके कन्टेन्ट्स को दिखाने के लिए **Local Disk (C:)** पर क्लिक करें।
- कन्टेन्ट्स बॉक्स में बाएँ माउस बटन पर क्लिक करें।
- **New** विकल्प पर क्लिक करें।
- अंत में Folder विकल्प पर क्लिक करें।
- अब Keyboard द्वारा Temp 1 नाम टाइप करें।
- स्क्रीन पर कहीं भी क्लिक करें।

अब **Local Disk (C:)** में दो सब फोल्डर **temp** तथा **Temp 1** और एक फाइल **Vikas** है। इस अवस्था में फाइल फोल्डर की बनावट इस प्रकार होगी–

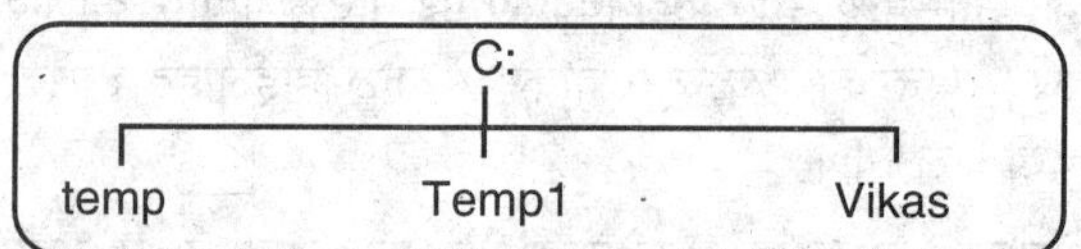

फाइल की कॉपी करना (Copying a file)

कभी–कभी आप कागज के एक पन्ने पर कुछ आवश्यक नोट्स तैयार करते हैं। अगर वह कागज भूलवश या नादानी के कारण फट जाए, तब उस आवश्यक सूचना से वंचित हो सकते हैं। अतः वैसे आवश्यक नोट्स की सुरक्षा के लिए यह जरूरी है कि आप उसकी अन्य प्रति (कॉपी) भी अपने पास रखें।

Hot Tip

हार्ड डिस्क से फ्लॉपी में किसी भी फाइल की कॉपी करने के लिए निम्नलिखित क्रम को अपनाएँ–
1. My Computer आइकॉन पर डबल क्लिक करें।
2. File पर माउस पॉएंटर को मूव करें।
3. फाइल को हार्ड डिस्क (C:) से My Computer विंडो में मौजूद फ्लॉपी डिस्क आइकॉन पर ड्रैग करें।
4. जब फ्लॉपी डिस्क आइकॉन हाईलाइट हो जाएगा, तब बाएँ माउस बटन को छोड़ दें।

इसी तरह यह संभव है कि एक कंप्यूटर फाइल भी खराब हो सकती है। यह खराबी आपको उस महत्त्वपूर्ण सूचना से वंचित कर सकती है, जिसे आपने इसमें सुरक्षित रखा है। ऐसा न हो, इसका सर्वोत्तम उपाय यही है कि आप इस फाइल की एक से अधिक प्रतियाँ अपने पास रखें।

अगर आप चाहें, तो उसी नाम या किसी अन्य नाम से एक भिन्न फोल्डर में अपनी फाइल की एक और प्रति (कॉपी) रख सकते हैं। दूसरे शब्दों में, अगर आपके पास **Local Disk (C:)** में एक फाइल है, तो आप इसकी दूसरी (Duplicate) कॉपी उसी फोल्डर में बना सकते हैं, मगर एक दूसरे नाम से। आप इसे उसी या दूसरे नाम से किसी अन्य फोल्डर में Save भी कर सकते हैं।

आइए, अब हम **Local Disk (C:)** में मौजूद **Vikas** फाइल की duplicate copy बनाने का प्रयास करें और इसे एक सब–फोल्डर **temp** मे सुरक्षित रख दें। ऐसा करने के लिए आप निम्नलिखित क्रम से आगे बढ़ें–

1. **Folders** बॉक्स में **Local Disk (C:)** पर माउस पॉएंटर को मूव करें और बाएँ माउस बटन को क्लिक करें।
2. जब **Local Disk (C:)** कन्टेन्ट्स **Contents Box** में दिखने लगें, तब माउस पॉएंटर को **Vikas txt.** पर मूव करें और इसे हाईलाइट करने के लिए बाएँ माउस बटन को क्लिक करें (चित्र W-4.60)।

निम्नलिखित क्रम को अपनाकर आप एक से अधिक फाइल की भी कॉपी कर सकते हैं–
1. Ctrl Key को दबाएँ
2. Ctrl Key को दबाए रखकर उन फाइलों पर क्लिक करें, जिनकी कॉपी आपको करनी हैं।
3. Ctrl तथा C Key को एक साथ दबाएँ–उन फाइलों को कॉपी करने के लिए।
4. अब आप उस सब–फोल्डर पर डबल क्लिक करें, जिसमें आपको उन फाइलों की कॉपी करनी है।
5. अंत में, कॉपी की हुई फाइलों को पेस्ट करने के लिए Ctrl Key तथा V key को एक साथ दबाएँ।

3. मेन्यू बार में **Edit** विकल्प पर माउस पॉएंटर को मूव करें और बाएँ माउस बटन को क्लिक करें। तत्काल एक पुल डाउन मेन्यू दिखने लगेगा (चित्र W - 4.60)।
4. अब पुल डाउन मेन्यू में **Copy** विकल्प पर माउस पॉएंटर को मूव करें (चित्र W - 4.60) और बाएँ माउस बटन को क्लिक करें।

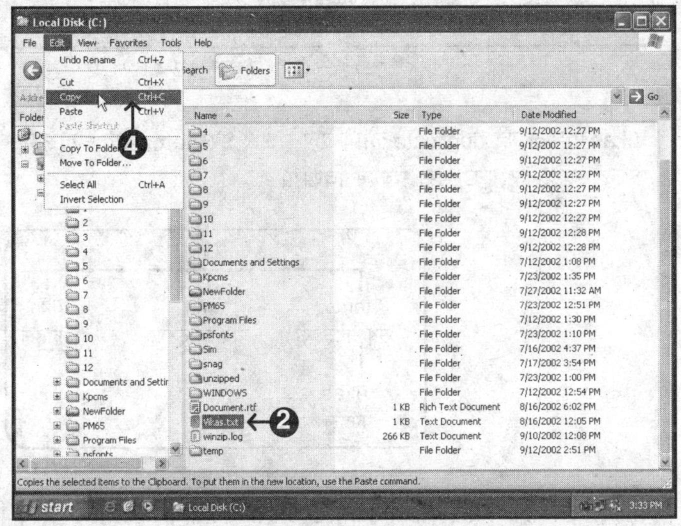

चित्र W-4.60

5. **Vikas** फाइल को **temp** सब–फोल्डर में कॉपी करने के लिए आपको पहले **temp** सब–फोल्डर **Contents** बॉक्स में ढूंढ़ना होगा।
6. **temp** सब–फोल्डर को ढूंढ़ने के बाद इस पर माउस पॉएंटर को मूव करें और बाएँ माउस बटन को डबल क्लिक करें। तत्काल ही **temp** सब–फोल्डर को **Contents** बॉक्स में दिखेंगे। अब **temp** सब–फोल्डर खाली है। **Contents** बॉक्स में कोई भी फाइल नहीं दिख रही है (चित्र W - 4.61)।

चित्र W-4.61

7. अब मेन्यू बार मे **Edit** मेन्यू पर बाएँ माउस बटन को क्लिक करें। पुल डाउन मेन्यू में **Paste** विकल्प पर माउस पॉएंटर को मूव करें। इसके बाद बाएँ माउस बटन को इस पर क्लिक करें। तुरंत ही **Vikas.txt** फाइल **temp** सब–फोल्डर में कॉपी हो जाएगी और **Contents** बॉक्स में दिखने लगेगी (चित्र W - 4.62)।

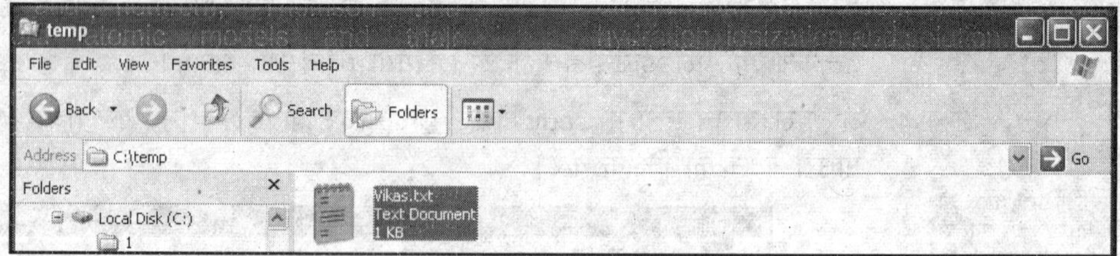

चित्र W-4.62

Vikas फाइल की duplicate कॉपी करने और इसे **temp** सब–फोल्डर में सुरक्षित रखने के बाद आपका फाइल–फोल्डर कुछ इस प्रकार दिखेगा–

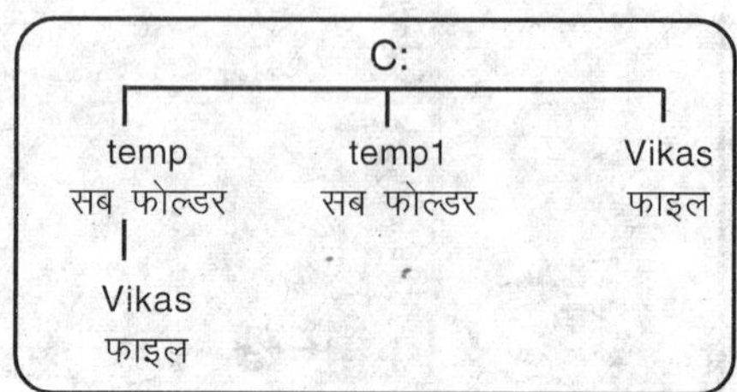

आइए, अब तक हमने जो कुछ सीखा, उसे तरोताजा करने के लिए निम्नलिखित कार्य करें–

Local Disk (C:) में एक नया सब-फोल्डर W1 बनाने और इसमें Vikas फाइल की कॉपी करने का काम हम कैसे करेंगे? फाइल फोल्डर की संरचना हम कैसे बनाएँगे?

- **Local Disk (C:)** को पहले ढूंढें तथा इसके पास घटाव के चिह्न (⊟) पर क्लिक करें।
- पहले New विकल्प पर और फिर Folder विकल्प पर क्लिक करें।
- W1 टाइप करें और कन्टेन्ट्स बॉक्स के अन्दर छोड़कर और कहीं भी क्लिक करें।
- Contents बॉक्स में Vikas फाइल को देखें और इस पर क्लिक करें।
- पहले Edit पर और फिर पुल–डाउन मेन्यू के Copy विकल्प पर क्लिक करें।
- Contents बॉक्स में W1 सब–फोल्डर को फिर देखें और उस पर डबंल क्लिक करें।
- पहले Edit पर और फिर पुल डाउन मेन्यू के Paste विकल्प पर क्लिक करें।

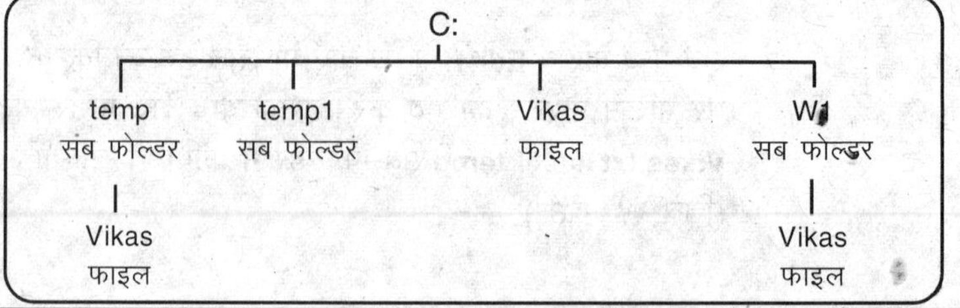

फाइल को नया नाम देना (Renaming a file)

आप अपनी फाइल को कोई ऐसा बेहतर नाम दे सकते हैं, जो इसके कन्टेन्ट्स के बारे में सही जानकारी दे सके। ऐसा करने से फाइल को ढूँढ़ना आपके लिए आसान हो जाएगा। विंडोज़ 95/98/2000/Me/XP में ऐसी फाइलों के नाम इस प्रकार रखने के लिए आप **255** कैरेक्टर्स का उपयोग कर सकते हैं तथा उसके नाम में कुछ अक्षर, जैसे \/:*I"< या > उपयोग नहीं कर सकते हैं। अगर आप फाइल के नाम में किसी बिंदु (.) का इस्तेमाल करते हैं, तो बिंदु के बाद वाला अक्षर फाइल एक्सटेंशन माना जाता हैं। उदाहरण के लिए–वर्ड में बनी फाइल का एक्सटेंशन .doc होगा।

चित्र W - 4.67 temp सब फोल्डर में Vikas फाइल आपको कॉपी हुई नज़र आ रही है। आइए, अब हम निम्नलिखित क्रम के द्वारा दूसरा नाम जैसे– Sachin देने का प्रयास करते हैं।

1. **Local Disk (C:)** को ढूंढें।
2. जब आप एक बार **Local Disk (C:)** देख लें, तब इसके बगल में दिए गए घटाव के चिह्न (⊟) पर माउस पॉएंटर को क्लिक करें और बाएँ माउस बटन को दबा दें। तत्काल इसके कन्टेन्ट्स **Contents** बॉक्स में दिखने लगेंगे।
3. अगर जरूरत महसूस करें, तो **temp** सब–फोल्डर को ढूँढ़ने के लिए कन्टेन्ट्स बॉक्स के डाउन ऐरो स्क्रॉल बटन (⌄) का इस्तेमाल करें।
4. **Contents** बॉक्स में **temp** सब–फोल्डर ढूँढ़ने के बाद इस पर बाएँ माउस बटन से डबल क्लिक करें। तत्काल ही **temp** सब–फोल्डर खुल जाएगा और इसके कन्टेन्ट्स (अर्थात् **Vikas.txt** फाइल) **Contents** बॉक्स में दिखने लगे (चित्र W - 4.63)।
5. **Vikas.txt** पर माउस पॉएंटर को मूव करें (चित्र W - 4.63) और दाएँ माउस बटन को सिर्फ एक बार क्लिक करें। तुरंत एक पॉप–अप मेन्यू दिखने लगेगा (चित्र W - 4.63)
6. इस पॉप–अप–मेन्यू में, माउस पॉएंटर को Rename विकल्प पर मूव करें (चित्र W - 4.63) और उस पर बाएँ माउस बटन को क्लिक करें।

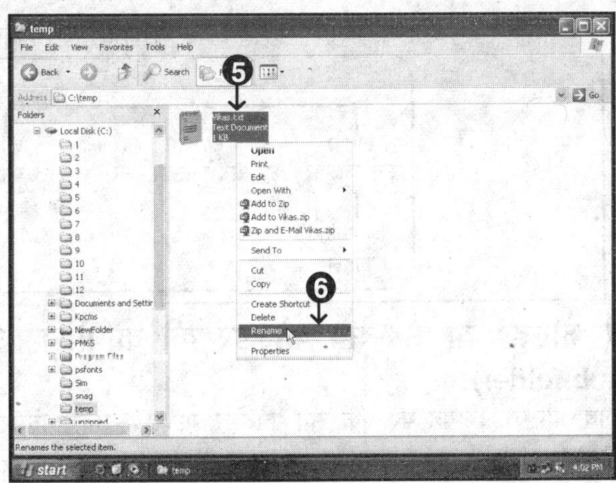

चित्र W-4.63

7. फाइल का नाम **Vikas.txt** हाईलाइट हो जाएगा (चित्र W - 4.65)। अब नया नाम Sachin.txt टाइप करें। आप देखेंगे कि नया नाम पुराने नाम के ऊपर लिखा गया है (चित्र W - 4.65)।

Fig.W-4.64

8. फाइल को इस नए नाम **Sachin.txt** को **Save** करने के लिए **Contents** बॉक्स में कहीं भी बाएँ माउस बटन को क्लिक कर दें।

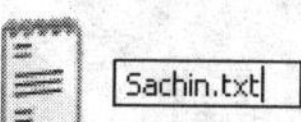

Fig.W-4.65

अब आपका फाइल–फोल्डर नीचे दिए गए बॉक्य की तरह दिखेगा–

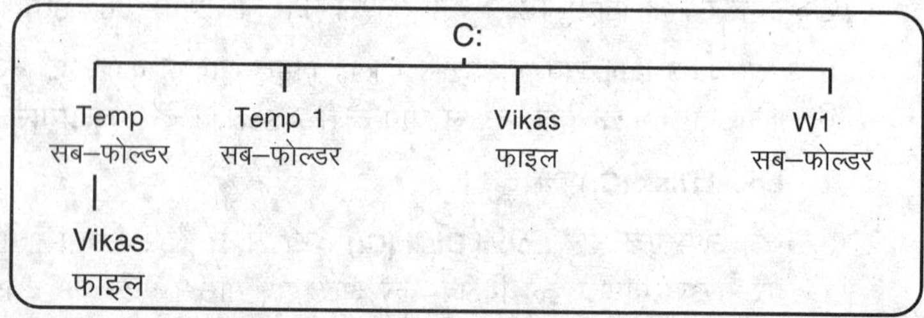

W1 सब-फोल्डर में Vikas फाइल को Shalini नाम से बदलें और इसका फाइल-फोल्डर structure भी बनाएं।

- **Local Disk (C:)** ढूँढ़ें तथा उसके पास घटाव के चिह (⊟) पर क्लिक करें।
- **Contents** बॉक्स में सब–फोल्डर W1 के लिए स्क्रॉल बटन का इस्तेमाल करें।
- इसे ढूँढ़ने के बाद इस पर बाएँ माउस बटन से डबल क्लिक करें।
- **Contents** बॉक्स में **Vikas** फाइल पर माउस पॉएंटर को मूव करें और दाएँ माउस बटन को क्लिक करें।
- जब पॉप अप मेन्यू दिखने लगेगा, तब **Rename** विकल्प पर क्लिक करें।
- **Shalini** नाम टाइप करें और इसके हाईलाइट को हटाने के लिए **Contents** बॉक्स में कहीं भी क्लिक करें।

अंत में, फाइल फोल्डर की संरचना इस प्रकार होगी–

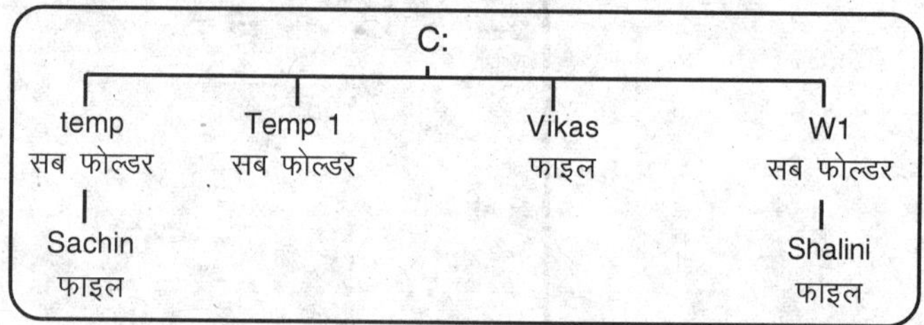

एक सब फोल्डर या सब-सब फोल्डर की कॉपी करना (Coping a Subfolder or a Sub-sub folder)

जब आप नई जगह पर एक सब फोल्डर या सब–सब फोल्डर की कॉपी करते हैं, तो इसके सभी कन्टेन्ट्स की भी कॉपी साथ–साथ हो जाती है। आइए, अभी **Temp 1** सब फोल्डर की कॉपी **Local Disk (C:)** में करें।

ऐसा करने से पहले **Local Disk (C:)** को ढूँढें और फिर निम्नलिखित क्रम के अनुसार आगे बढ़ें।

1. हम यह मान लें कि आप पिछले Workout को पूरा कर चुके हैं।
2. **Local Disk (C:)** ढूँढ़ने के बाद माउस पॉएटंर को घटाव के चिह्न (⊟) के पास मूव करें और बाएँ माउस बटन को क्लिक करें। घटाव का चिह्न तत्काल जोड़ के चिह्न (⊞) में बदल जाएगा और **Local Disk (C:)** के कन्टेन्ट्स **Contents** बॉक्स में दिखने लगेंगे।
3. कॉपी किए जा चुके सब फोल्डर को ढूँढ़ने के बाद/हमारे मामले में सब फोल्डर **Contents** बॉक्स के स्क्रॉल बार पर डाउन ऐरो स्क्रॉल बटन पर क्लिक करते रहें।
4. एक बार **Temp 1** सब फोल्डर ढूँढ़ लेने के बाद इस पर माउस पॉएंटर को मूव करें और बाएँ बटन को क्लिक करें। यह सब फोल्डर हाईलाइट हो जाएगा (चित्र W - 4.66)।
5. अब मेन्यू बार विकल्प में **Edit** मेन्यू पर माउस पॉएंटर को मूव करें और बाएँ बटन को क्लिक करें। तुरंत ही एक पुल डाउन मेन्यू स्क्रीन पर दिखने लगेगा (चित्र W - 4.66)।
6. पुल डाउन मेन्यू में **Copy** विकल्प पर माउस बटन को मूव करें (चित्र W - 4.66)। अब **Temp 1** सब–फोल्डर की कॉपी कंप्यूटर की मेमोरी में हो जाएगी।

Hot Tip

याद रखें कि **Local Disk (C:)** की कॉपी किसी सब फोल्डर या सब–सब फोल्डर में नहीं की जा सकती। फोल्डर या सब–सब फोल्डर की कॉपी सिर्फ नई जगह पर ही की जा सकती है।

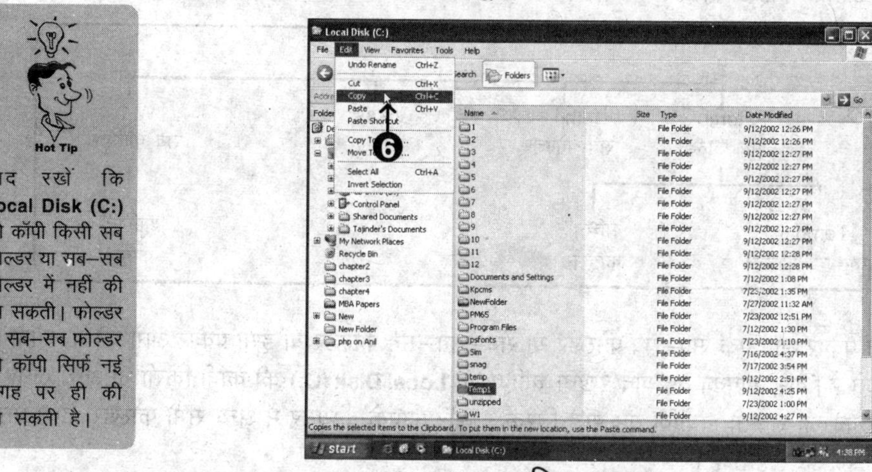

चित्र W-4.66

7. अब आप इसे **temp** सब फोल्डर में पेस्ट करें। ऐसा करने के लिए पहले **temp** सब–फोल्डर को ढूँढें।
8. जब आप **Contents** बॉक्स में एक बार **temp** सब फोल्डर को ढूँढ़ लें, तब माउस पॉएंटर को इस पर मूव करें और बाएँ माउस बटन को क्लिक करें। तुरंत ही **temp** सब फोल्डर के कन्टेन्ट्स हमारे मामले में **Sachin** फाइल **Contents** बॉक्स में दिखने लगेगा (चित्र W - 4.67)।
9. अब आप कॉपी किए हुए सब फोल्डर **(Temp 1)** को पेस्ट करने के लिए तैयार हैं। अतः एक बार फिर **Edit** मेन्यू बार विकल्प पर क्लिक करें। स्क्रीन पर एक पुल डाउन मेन्यू दिखाई पड़ेगा (चित्र W - 4.67)।
10. पुल डाउन मेन्यू में **Paste** विकल्प पर माउस पॉएंटर को मूव करें और बाएँ माउस बटन को क्लिक करें (चित्र W - 4.67)। तत्काल **Temp 1** की कॉपी **temp** सब फोल्डर में हो जाएगी (चित्र W - 4.68)।

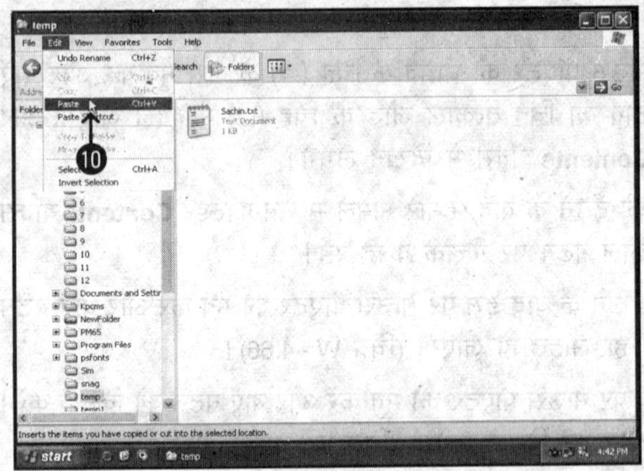

चित्र W-4.67

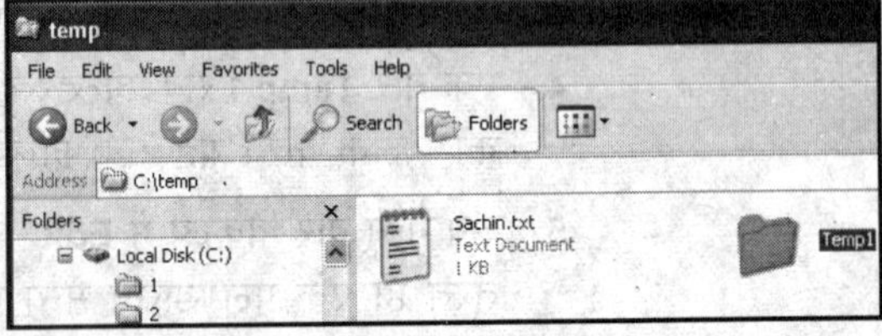

चित्र W-4.68

अब आपके फाइल फोल्डर की संरचना इस प्रकार होगी–

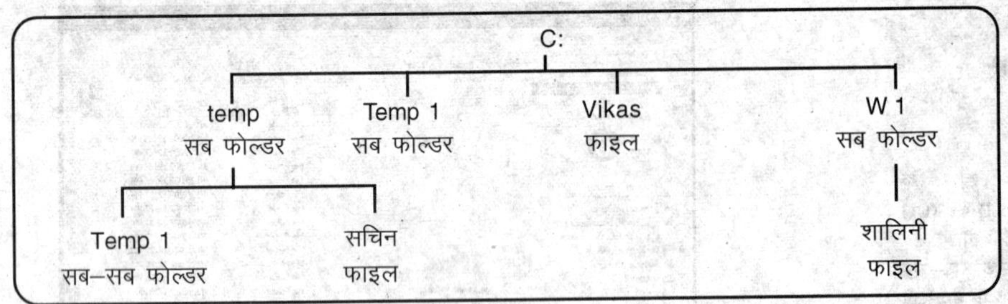

इसी प्रकार आप एक सब–सब फोल्डर या सब–सब–सब फोल्डर या इसी प्रकार आगे की भी कॉपी कर सकते हैं। वैसे, आपको यह याद रखना चाहिए कि **Local Disk (C:)** की कॉपी किसी भी अन्य जगह पर नहीं की जा सकती, क्योंकि यह हार्ड डिस्क है और आपके कंप्यूटर में अन्य सभी फोल्डर्स तथा प्रोग्राम इसी के अंदर होते हैं।

W1 सब फोल्डर में Temp 1 सब फोल्डर की कॉपी कैसे करें और फिर फाइल-फोल्डर्स की संरचना बनाएँ?

- **Local Disk (C:)** को ढूँढ़ने के लिए folders बॉक्स के **Local Disk (C:)** के पास अप ऐरो स्क्रॉल बटन (▲) पर क्लिक करें।
- इसे ढूँढ़ने के बाद घटाव के चिह्न (⊟) पर क्लिक करें।
- **Contents** बॉक्स में Temp 1 सब–फोल्डर को ढूँढ़ें और इस पर क्लिक करें।
- **Edit** विकल्प पर क्लिक करें।
- पुल डाउन मेन्यू में **Copy** विकल्प पर क्लिक करें।
- **Contents** बॉक्स में W 1 सब–फोल्डर को देखने के लिए स्क्रॉल बटन का इस्तेमाल करें।
- इस पर बाएँ माउस बटन को डबल क्लिक करें।

- **Edit** विकल्प पर क्लिक करें।
- पुल डाउन मेन्यू में **Paste** विकल्प पर क्लिक करें।

फोल्डर की संरचना इस प्रकार होगी–

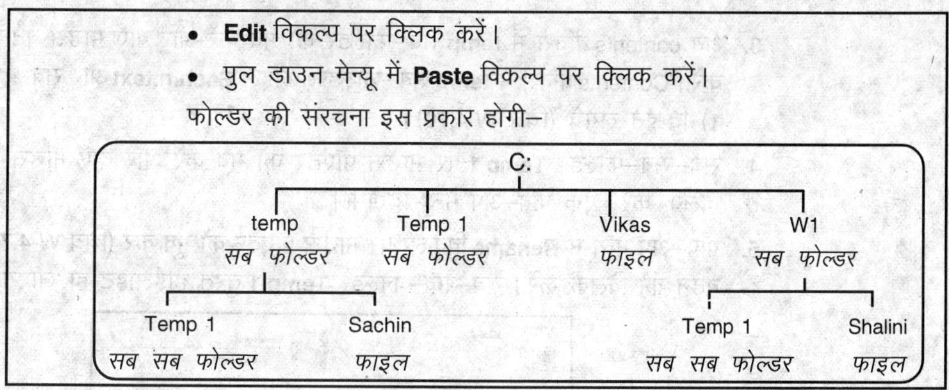

सब फोल्डर (या सब-सब फोल्डर) को नया नाम देना (Renaming a Sub folder or a Sub-sub folder)

मान लीजिए कि आप एक सब–फोल्डर के कन्टेन्ट्स को डिलीट करना चाहते हैं। ऐसी स्थिति में उस सब फोल्डर के नाम को बदल देना चाहिए, ताकि आप इसके बदले हुए कन्टेन्ट्स को इसके नए नाम द्वारा आसानी से पहचान सकें। जैसे ही आपने एक फाइल को नया नाम दिया, वैसे ही आप सब–फोल्डर को भी एक नया नाम दे सकते हैं।

याद रखें, **Local Disk (C:)** का नया नाम कभी नहीं दिया जा सकता।

आइए, अब हम सब–सब फोल्डर **Temp 1** (Temp सब फोल्डर में मौजूद) के नाम को बदल डालें। मान लिया कि आप उसे एक नया नाम **Accounts** देना चाहते हैं। ऐसा करने के लिए पहले **Temp 1** सब फोल्डर को ढूँढ़ें। अब नया नाम देने के लिए निम्नलिखित क्रम के अनुसार आगे बढ़ें।

1. हम यह मानकर चलते हैं कि आपने पिछला कार्य–अभ्यास पूरा किया है, आप माउस पॉएंटर को फोल्डर्स बॉक्स के अप ऐरो स्क्रॉल बटन (⌃) पर मूव करें और बाएँ माउस बटन को तब तक क्लिक करते रहें, जब तक **Local Disk (C:)** दिखने न लगे (चित्र C - 4.69)।

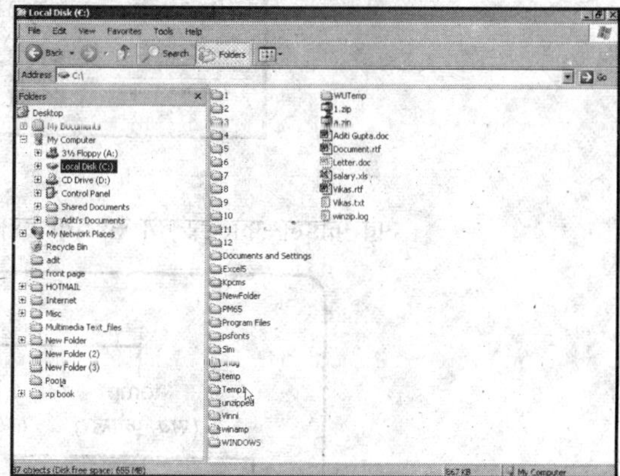

चित्र W-4.69

2. **Local Disk (C:)** ढूँढ़ने के बाद (चित्र C - 4.69) माउस पॉएंटर को **Local Disk (C:)** के पास घटाव के चिह्न (⊟) पर मूव करें और बाएँ माउस बटन को क्लिक करें। तत्काल घटाव का चिह्न (⊟) जोड़ के चिह्न (⊞) में बदल जाएगा तथा **Local Disk (C:)** के कन्टेन्ट्स contents बॉक्स में दिखने लगेंगे।

3. अब contents बॉक्स में **temp** सब–फोल्डर को मूव करें और बाएँ माउस बटन को डबल क्लिक करें। Contents बॉक्स में **temp** सब–फोल्डर (फाइल **Sachin.text** और सब–सब–फोल्डर **Temp 1**) दिखने लगेंगे (चित्र W-4.70)।
4. सब–सब–फोल्डर **Temp 1** पर माउस पॉएंटर को मूव करें और दाएँ माउस बटन को एक बार क्लिक करें। एक पॉप–अप मेन्यू दिखेगा।
5. पॉप–अप मेन्यू में **Rename** विकल्प पर माउस पॉएंटर को मूव करें (चित्र W-4.70) और बाएँ माउस बटन को क्लिक करें। सब–सब–फोल्डर **Temp 1** तुरंत हाईलाइट हो जाएगा (चित्र W-4.70)।

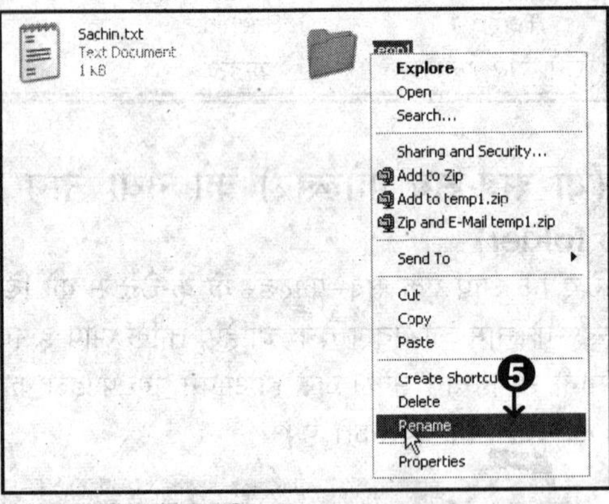

चित्र W-4.70

6. अब Keyboard द्वारा नया नाम **Account** टाइप करें और Contents बॉक्स में कहीं भी बाएँ माउस बटन को क्लिक करें, ताकि नए नाम वाले सब–सब फोल्डर **Accounts** पर से हाईलाइट हट जाए (चित्र W-4.71)।

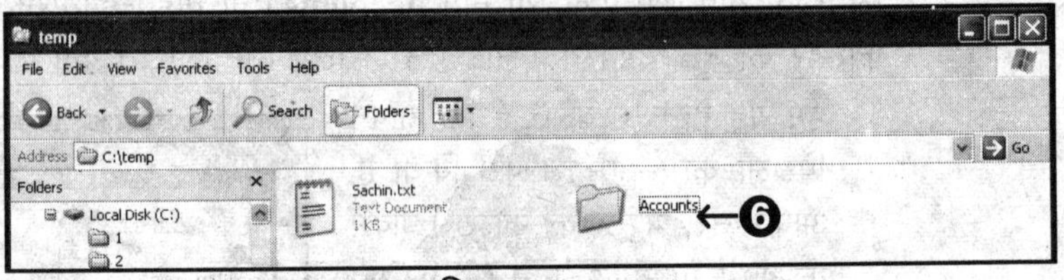

चित्र W-4.71

अब फाइल–फोल्डर की संरचना इस प्रकार होगी।

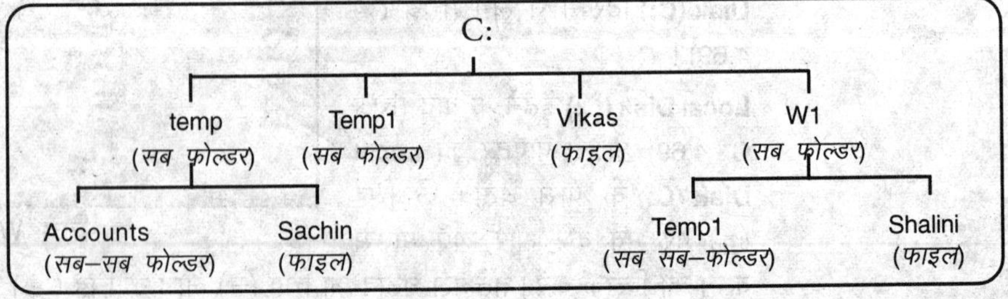

सब-सब-फोल्डर Temp1 के नाम को (सब-फोल्डर W1 में) बदलकर Vinni कैसे करें और इसके फाइल-फोल्डर की संरचना कैसे बनाएँ?

- **Local Disk (C:)** को देखने के लिए फोल्डर्स बॉक्स के अप ऐरो स्क्रॉल बटन (▲) पर क्लिक करें।
- **Local Disk (C:)** ढूँढने के बाद इसके पास घटाव के चिह्न (⊟) को क्लिक करें।
- Contents बॉक्स में W1 सब फोल्डर को देखें।
- इसे ढूँढने के लिए बाएँ माउस बटन को डबल क्लिक करें।
- सब–सब–फोल्डर **Temp1** पर माउस पॉएंटर को मूव करें।
- दाएँ माउस बटन को क्लिक करें।
- **Rename** विकल्प पर क्लिक करें।
- नए नाम **Vinni** को टाइप करें।
- अंत में Contents बॉक्स के अंदर छोड़कर कही भी क्लिक करें।

अब फाइल फोल्डर की संरचना इस प्रकार होगी–

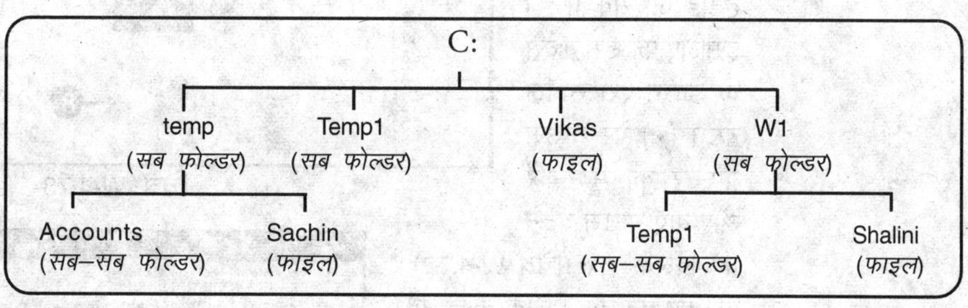

फाइल को दूसरे स्थान पर ले जाना (Moving a File)

एक पर्सनल कंप्यूटर में जब आप एक फाइल को एक स्थान से दूसरे स्थान पर ले जाते हैं, तब फाइल अपने पहले वाले स्थान पर से डिलीट होकर दूसरे स्थान पर पहुंच जाती है। दूसरे शब्दों में– जब आप एक फाइल को कहीं और ले जाते हैं, तब उसकी कॉपी तैयार नहीं होती।

आइए, अब सब–फोल्डर **Temp** की एक फाइल **Sachin.txt** को सब फोल्डर **Temp1** में ले जाएँ। सब–फोल्डर **Temp1, Local Dick (C:)** में मौजूद है। अतः हमें पहले **Local Disk (C:)** को खोलना पड़ेगा। फाइल को कहीं और ले जाने के लिए आपको निम्नलिखित क्रम के अनुसार चलना होगा।

1. **Folders** बॉक्स के अप ऐरो स्क्रॉल बटन (▲) पर माउस पॉएंटर को मूव करें और जब तक **Local Disk (C:)** दिखने न लगे, तब तक बाएँ माउस बटन को क्लिक करते रहें।
2. **Local Disk (C:)** को ढूँढने के बाद माउस पांएटर को इसके पास घटाव के चिह्न (⊟) पर मूव करें और बाएँ माउस बटन को क्लिक करें। तुरंत ही घटाव के चिह्न (⊟) जोड़ के चिह्न (⊞) में बदल जाएँगे और **Local Disk (C:)** के कन्टेन्ट्स Contents बॉक्स में दिखने लगेंगे।
3. अब **Sachin.text** फाइल को इच्छित जगह पर ले जाने से पहले इसे हाईलाइट करना होगा। **Sachin.text** तक पहुँचने के लिए हमें **Temp** सब–फोल्डर खोलना होगा। इसलिए आइए, हम Contents बॉक्स में **Temp** सब–फोल्डर को देखें।

4. **Temp** सब फोल्डर को एक बार ढूँढ़ लेने के बाद आप इस पर बाएँ माउस बटन से डबल क्लिक करें। **Temp** सब–फोल्डर के कन्टेन्ट्स Contents बॉक्स में दिखने लगेंगे (चित्र W-4.72)।

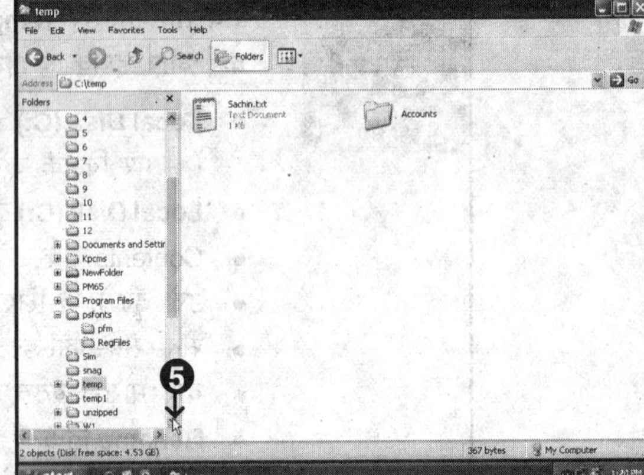

चित्र W-4.72

5. अब आप **Temp** सब फोल्डर के Contents बॉक्स में **Sachin.text** को आसानी से देख सकते हैं। अब हमारा अगला कार्य फोल्डर्स बॉक्स में **Temp1** सब–फोल्डर को लाना है। ऐसा करने के लिए **Sachin.text** फाइल आसानी से हटाई जा सकती है। इसलिए फोल्डर्स बॉक्स के डाउन ऐरो स्क्रॉल बटन (▾) पर माउस पॉएंटर को मूव करें और बाएँ माउस बटन को क्लिक करें (चित्र W-4.72)।

चित्र W-4.73

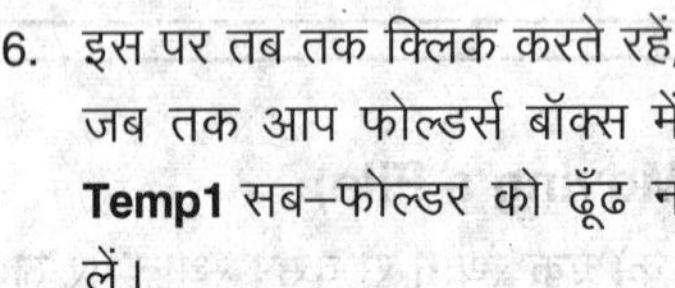

6. इस पर तब तक क्लिक करते रहें, जब तक आप फोल्डर्स बॉक्स में **Temp1** सब–फोल्डर को ढूँढ न लें।
7. **Temp1** सब फोल्डर को एक बार ढूँढ़ लेने के बाद **contents** बॉक्स में दिख रही **Sachin** फाइल पर माउस बटन को मूव करें। तुरंत ही फाइल हाईलाइट हो जाएगी।
8. **Sachin.txt** फाइल पर बाएँ माउस बटन को दबाए रखकर फाइल को Folders बॉक्स में ड्रैग करें। जैसे ही आप फाइल को ड्रैग करेंगे, वैसे ही फाइल की एक परछाई भी फोल्डर्स बॉक्स में आती दिखेगी (चित्र W-4.73)।

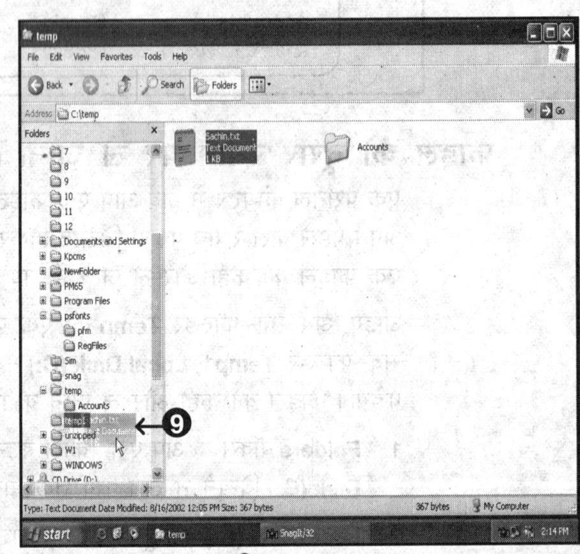

चित्र W-4.74

9. बाएँ माउस बटन को दबाए रखकर फाइल को फोल्डर्स बॉक्स में दिख रहे **Temp1** सब–फोल्डर पर ले जाएँ (चित्र W-4.74)।

Folders बॉक्स के Temp1 सब–फोल्डर में किसी फाइल को जब ड्रैग करें, तब कभी–कभी फाइल स्क्रॉल हो जाती है और Temp सब फोल्डर स्क्रीन पर से ओझल हो जाते हैं। वैसी स्थिति में बाएँ माउस बटन को छोड़े बिना ही फाइल को Contents बॉक्स के पीछे लेते आएँ। उसके बाद बाएँ माउस बटन को छोड़ दें और 'फाइल को हटाना' शीर्षक के अंतर्गत दिए गए क्रम 5 से 9 तक के अनुसार कार्य दोबारा करें।

10. बिना **Temp1** सब फोल्डर हाईलाइट हो जाए, तब बाएँ माउस बटन को छोड़ दें। अब **Temp** सब फोल्डर के Contents बॉक्स में से **Sachin.txt** फाइल ओझल हो जाएगी (चित्र W - 4.75) ।

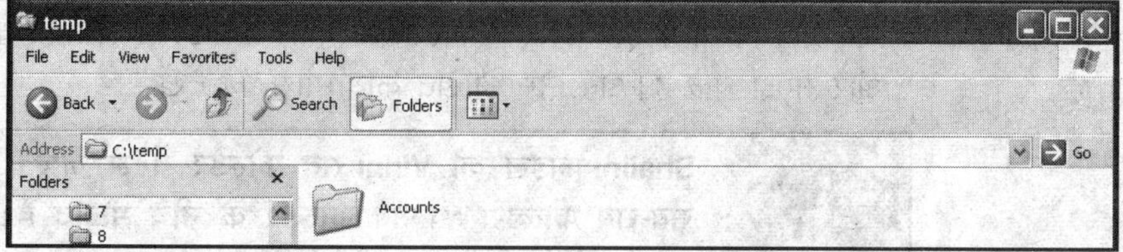

चित्र W-4.75

अगर भूलवश आप **Sachin** फाइल को **Temp 1** सब फोल्डर की बजाय किसी सब फोल्डर में लेकर चले जाते हैं, तब इस कार्य को रद्द कर दें और फाइल को इसके पिछले स्थान के पीछे इस प्रकार ले जाएँ–

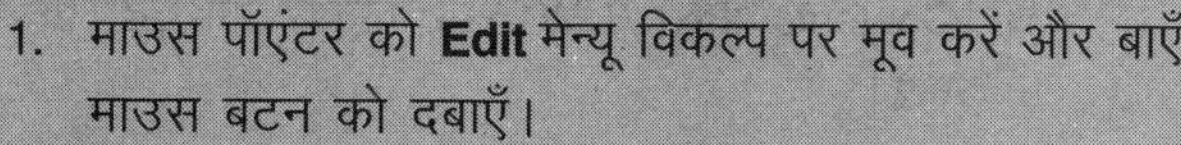

1. माउस पॉएंटर को **Edit** मेन्यू विकल्प पर मूव करें और बाएँ माउस बटन को दबाएँ।

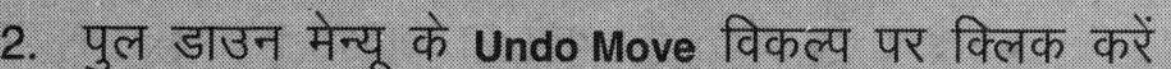

2. पुल डाउन मेन्यू के **Undo Move** विकल्प पर क्लिक करें।
3. अब 'फाइल को हटाना' विषय के क्रम 5 से फिर शुरू करें।

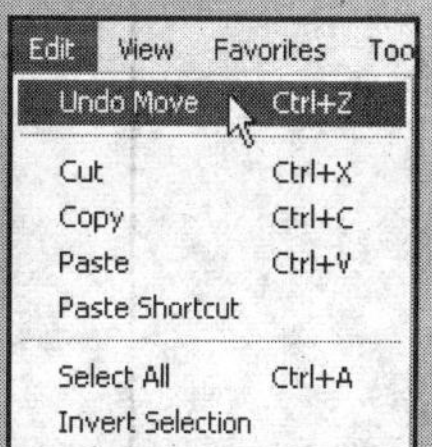

चित्र W-4.76

पुष्टिः आइए, अब हम इस बात की पुष्टि कर लें कि **Sachin txt** फाइल **Temp 1** सब फोल्डर में सचमुच गई है या नहीं। इसकी पुष्टि हम निम्नलिखित क्रम के अनुसार कर सकते हैं–

माउस पॉएंटर को **Temp 1** सब फोल्डर पर मूव करें, जो folders बॉक्स में दिख रहा है। उसके बाद बाएँ माउस बटन को इस पर डबल क्लिक करें। तत्काल **Temp 1** सब फोल्डर Contents बॉक्स में इसके कन्टेन्ट्स दिखाने लगेगा (चित्र W- 4.77)। Contents बॉक्स में आप **Sachin** फाइल देखेंगे, जिसका अर्थ यह होगा कि फाइल सफलतापूर्वक **temp** सब फोल्डर से **Temp 1** सब फोल्डर में जा चुकी है।

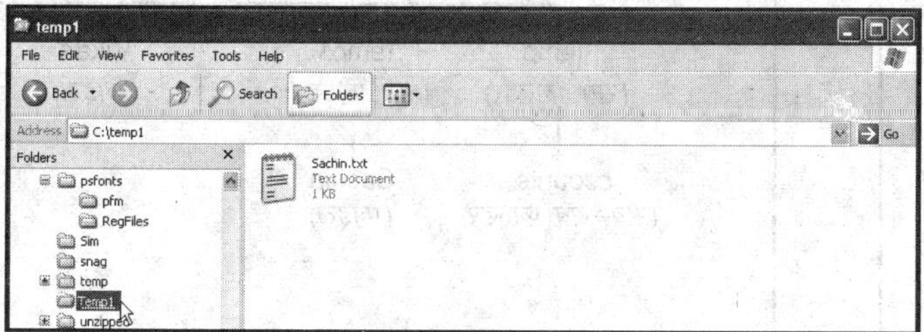

चित्र W-4.77

अब फाइल–फोल्डर की संरचना इस प्रकार होगी–

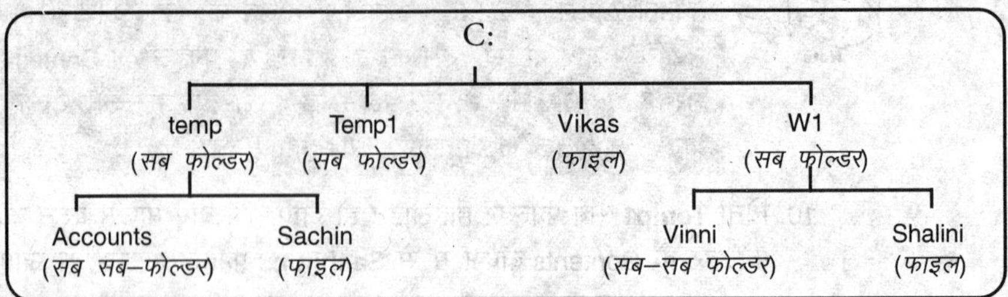

अब आप किसी फाइल को एक फोल्डर से दूसरे फोल्डर में ले जाने के काम को अच्छी तरह जान और समझ चुके हैं। अब निम्नलिखित कार्याभ्यास को देखें–

Shalini फाइल को Vinni सब फोल्डर में ले जाएँ। Shalini फाइल और Vinni सब-सब फोल्डर W1 सब फोल्डर के नीचे मौजूद हैं। इस कार्याभ्यास के अंत में फाइल-फोल्डर संरचना भी बनाएँ।

- **Local Disk (C:)** को ढूँढ़ने के लिए फोल्डर्स बॉक्स के अप ऐरो स्क्रॉल बटन (▲) पर क्लिक करें।
- **Local Disk (C:)** को ढूँढ़ने के बाद इसके बगल में दिख रहे घटाव के चिह्न (⊟) पर क्लिक करें।
- Contents बॉक्स में W1 सब फोल्डर को ढूँढ़ने के लिए स्क्रॉल बटन का प्रयोग करें।
- इसे ढूँढ़ने के बाद बाएँ माउस बटन से इस पर डबल क्लिक करें।
- **Shalini** फाइल पर माउस पॉएंटर को मूव करें और फिर फाइल को हाईलाइट करने के लिए बाएँ माउस बटन से क्लिक करें।
- बाएँ माउस बटन से दबाए रखकर **Shalini** फाइल को **Vinni** सब फोल्डर में ड्रैग करें, जो Contents बॉक्स में मौजूद है। जब **Vinni** सब–सब फोल्डर हाईलाइट हो जाए, तब बाएँ माउस बटन को छोड़ दें।

अब फाइल–फोल्डर की संरचना इस प्रकार होगी–

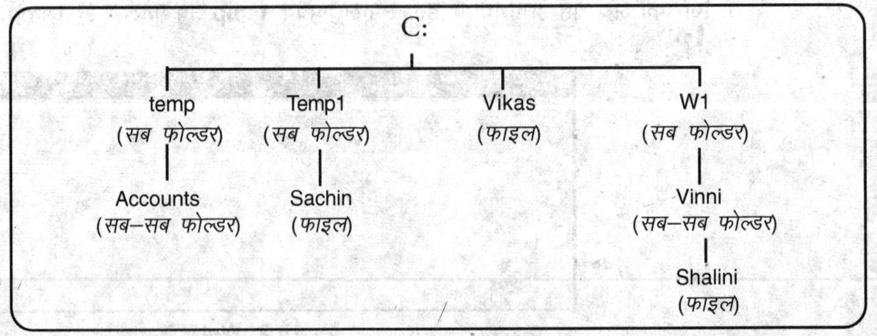

- इस बात की पुष्टि करने के लिए कि **Sachin** फाइल सचमुच **Vinni** सब–सब फोल्डर में चली गई है, माउस पॉएंटर को **Vinni** सब–सब फोल्डर पर मूव करें और बाएँ माउस बटन को इस पर डबल क्लिक करें।

फोल्डर को दूसरे स्थान पर ले जाना (Moving a folder)

एक फोल्डर या एक सब–फोल्डर किसी अन्य फोल्डर या सब–फोल्डर में या उससे भी नीचे के किसी स्तर तक ले जाया जा सकता है।

जब आप किसी फोल्डर या सब–फोल्डर को किसी नई जगह पर ले जाते हैं, तो इसके सारे कन्टेन्ट्स को भी उस जगह पर ले जाया जा सकता है।

Local Disk (C:) को किसी सब–फोल्डर या सब–सब फोल्डर आदि में नहीं ले जा सकते।

आइए, अब **Temp 1** सब फोल्डर को **Temp** सब फोल्डर में ले चलें। यह कार्य करने से पहले आपको **Local Disk (C:)** के कन्टेन्ट्स दिखाने होंगे, क्योंकि Temp सब फोल्डर अभी इसी में मौजूद है। आइए, अब हम फोल्डर को निम्नलिखित क्रम द्वारा ले जाएँ।

1. **Local Disk (C:)** को फोल्डर्स बॉक्स में लाएँ।
2. इसके बाद माउस पॉएंटर को इस पर मूव करें और बाएँ माउस बटन को इस पर क्लिक करें (चित्र W - 4.78)। तुरंत ही **Local Disk (C:)** के कन्टेन्ट्स Contents बॉक्स में दिखने लगेंगे।
3. अब **Temp 1** सब फोल्डर को Contents बॉक्स में लाएँ (चित्र W - 4.78) और फिर इसे हाईलाइट करने के लिए क्लिक करें।
4. अब बाएँ माउस बटन को दबाएँ। इसे दबाए रखकर **Temp 1** सब फोल्डर को ड्रैग करके **temp** सब फोल्डर (जो Contents बॉक्स में भी मौजूद है) पर ले आएँ (चित्र W - 4.78)। जब आप Temp1 सब फोल्डर को मूव करेंगे, तो इसकी एक छाया भी माउस पॉएंटर के साथ चलती दिखाई पड़ेगी।

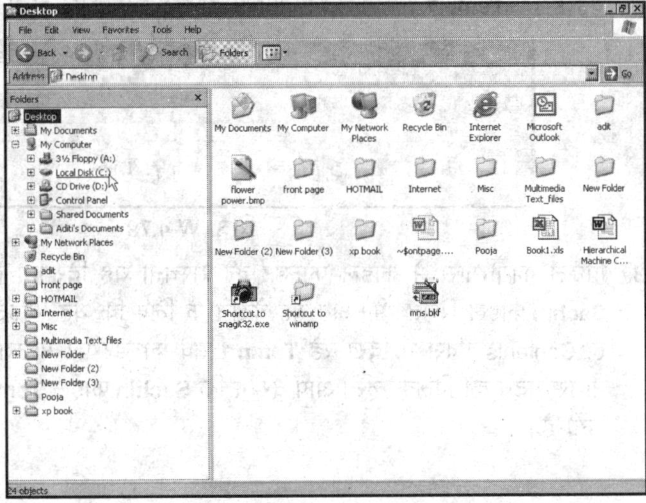

चित्र W-4.78

5. जब **temp** सब फोल्डर हाईलाइट हो जाए, तब माउस बटन को छोड़ दें। तुरंत ही **Temp 1** सब फोल्डर Contents बॉक्स से ओझल हो जाएगा और temp सब फोल्डर में चला जाएगा।

पुष्टि: आइए, अब हम इस बात की पुष्टि कर लें कि **Temp 1** सब फोल्डर सचमुच **temp** में चला गया है। इसके लिए निम्नलिखित क्रम का अनुपालन करें–

1. माउस पॉएंटर को **temp** सब फोल्डर पर Contents बॉक्स में लाएँ (चित्र W- 4.78A)।

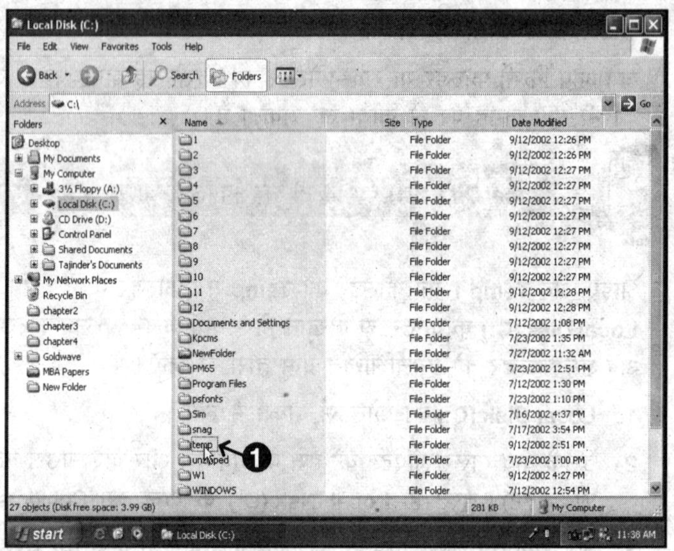

चित्र W-4.78A

2. बाएँ माउस बटन को डबल क्लिक करें। तत्काल **temp** सब फोल्डर खुल जाएगा और इसके कन्टेन्ट्स Contents बॉक्स में दिखने लगेंगे (चित्र W - 4.79)।
   temp सब फोल्डर के Contents बॉक्स में आपको **Temp 1** सब फोल्डर दिखाई देगा। इसका अर्थ यह है कि **Temp 1** सब फोल्डर आपकी इच्छित जगह पर चली गई है।

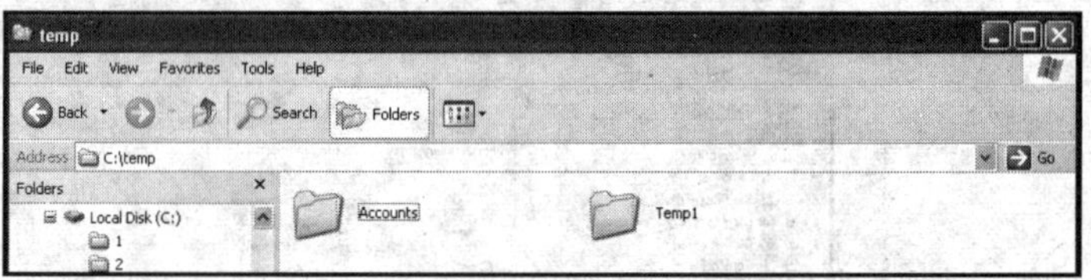

चित्र W-4.79

3. पिछले कार्याभ्यास में फाइल फोल्डर की संरचना यह दिखाती है कि **Temp 1** सब फोल्डर में **Sachin** फाइल स्थित थी। अब यह देखने के लिए कि यह फाइल भी नई जगह पर मूव हो गई है, Contents बॉक्स में दिख रहे **Temp 1** सब फोल्डर पर माउस पॉएंटर को मूव करें और बाएँ माउस बटन को क्लिक करें। आप देखेंगे कि **Sachin** फाइल **Temp 1** सब–सब फोल्डर में दिखने लगी है।

अब फाइल फोल्डर की संरचना इस प्रकार होगी–

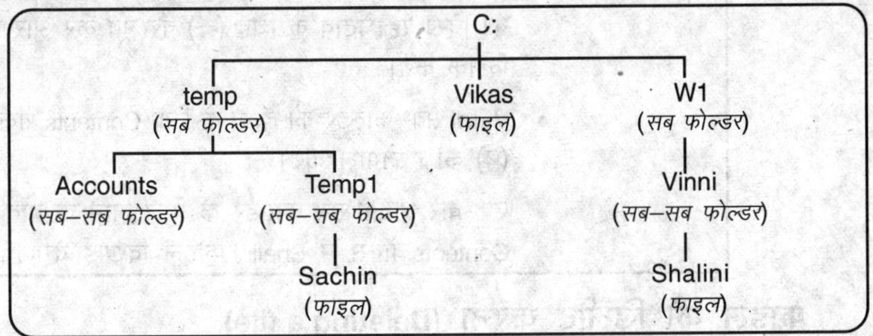

Vinni सब-सब फोल्डर को Local Disk (C:) में ले जाएँ तथा फाइल फोल्डर संरचना भी दिखाएँ।

- **Local Disk (C:)** को ढूँढ़ने के लिए फोल्डर्स बॉक्स के अप ऐरो स्क्रॉल बटन (▲) पर क्लिक करें।
- **Local Disk (C:)** को ढूँढ़ने के बाद इसके पास घटाव के चिह्न (⊟) पर क्लिक करें।
- **Contents** बॉक्स में W 1 सब फोल्डर को ढूँढ़ने के लिए स्क्रॉल बटन का इस्तेमाल करें।
- इसे ढूँढ़ने के बाद इस पर बाएँ माउस बटन से डबल क्लिक करें।
- **Local Disk (C:)** को ढूँढ़ने के लिए फोल्डर्स बॉक्स के अप ऐरो स्क्रॉल बटन (▲) पर क्लिक करें।
- Contents बॉक्स में **Vinni** सब–सब फोल्डर पर माउस पॉइंटर को मूव करें।
- **Vinni** सब–सब फोल्डर को हाईलाइट करने के लिए इस पर बाएँ माउस बटन को क्लिक करें।
- माउस बटन को दबाए रखकर Folders बॉक्स में Vinni सब–सब फोल्डर को ड्रैग करें।
- उसके बाद इसे **Local Disk (C:)** पर मूव करें।
- जब **Local Disk (C:)** हाईलाइट हो जाए, तब बाएँ माउस बटन को छोड़ दें। आप पाएँगे कि **Vinni** सब–सब फोल्डर अब **Vinni** सब फोल्डर हो गया है।

अब फाइल की संरचना इस प्रकार होगी।

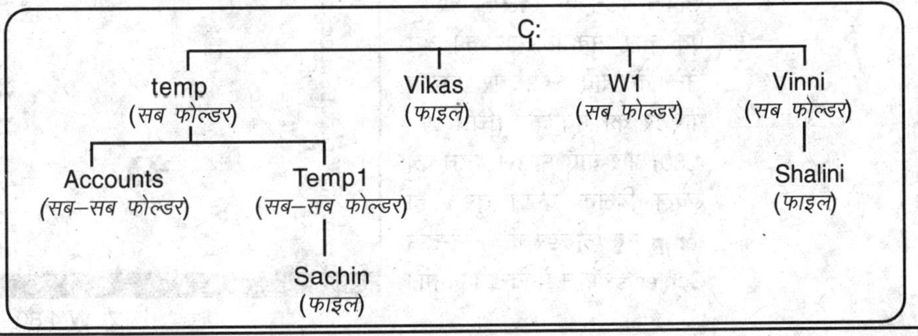

- पुष्टि करनी हो, तो माउस पॉएंटर को **Local Disk (C:)** के पास फोल्डर्स बॉक्स पर दिख रहे घटाव के चिह (⊟) पर मूव करें और बाएँ माउस बटन से इस पर क्लिक करें।
- **Vinni** सब–फोल्डर को ढूँढ़ने के लिए Contents बॉक्स के डाउन ऐरो स्क्रॉल बटन (⌄) का इस्तेमाल करें।
- एक बार **Vinni** सब फोल्डर के मिल जाने के बाद इस पर डबल क्लिक करें। Contents बॉक्स में Shalini फाइल दिखाई देगी।

फाइल को डिलीट करना (Deleting a file)

अनावश्यक फाइल को Recycle Bin में कैसे डालें (How to move an unimportant file to the Recycle Bin)

कई बार आप इस बात की जरूरत महसूस करते होंगे कि आपके कंप्यूटर में खाली जगह हो और इसके लिए आप कुछ अनावश्यक फाइलों और फोल्डरों को हटाना चाहते हैं। वैसी स्थिति में आपके सामने सर्वोत्तम विकल्प यही रहता है कि आप अपने कंप्यूटर के हार्ड डिस्क की सभी अनावश्यक फाइलों को हटा दें।

आइए, अभी **Temp 1** सब–सब फोल्डर में मौजूद **Sachin** फाइल को हटाएँ। ऐसा करने के लिए आप निम्नलिखित क्रम का अनुपालन करें–

1. **Sachin** फाइल को डिलीट करने के लिए हमें सबसे पहले उस सब फोल्डर को ढूँढ़ना और खोलना होगा, जिसमें **Temp 1** सब–सब फोल्डर मौजूद है। इसके लिए folders बॉक्स के अप ऐरो स्क्रॉल बटन (⌃) पर माउस पॉएंटर को मूव करें।
2. बाएँ माउस बटन को तब तक दबाए रखकर क्लिक करते रहें जब तक आप folders बॉक्स में **Local Disk (C:)** को ढूँढ़ न लें।
3. **Local Disk (C:)** को ढूँढ़ने के बाद इसके पास घटाव के चिह (⊟) पर माउस पॉएंटर को मूव करें और बाएँ माउस बटन को क्लिक करें। तुरंत ही घटाव का चिह जोड़ के चिह (⊟) में बदल जाएगा और **Local Disk (C:)** के कन्टेन्ट्स बॉक्स में दिखने लगेंगे।
4. अब **Temp** सब फोल्डर को खोजने के लिए Contents के डाउन ऐरो स्क्रॉल बटन पर क्लिक करें।
5. एक बार सब फोल्डर को ढूँढ़ लेने के बाद उस पर माउस पॉएंटर को मूव करें (चित्र W - 4.80) और बाएँ माउस बटन को डबल क्लिक करें। तुरंत ही **temp** सब फोल्डर के कन्टेन्ट्स Contents बॉक्स में दिखने लगेंगे।

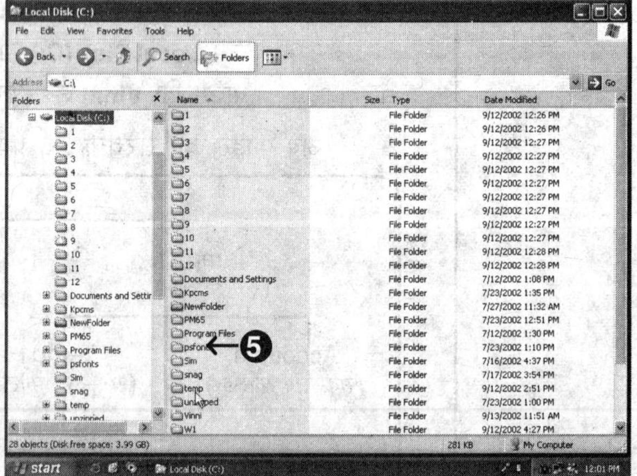

चित्र W-4.80

6. अब माउस पॉएंटर को Contents बॉक्स के **Temp 1** सब–सब फोल्डर पर मूव करें। (चित्र W - 4.81)
7. बाएँ माउस बटन को डबल क्लिक करें, तुरंत ही **Temp 1** सब–सब फोल्डर के कन्टेन्ट्स अर्थात् **Sachin** फाइल Contents बॉक्स में दिखने लगेगी (चित्र W - 4.82)।
8. माउस पॉएंटर को **Sachin.txt** फाइल पर मूव करें और इसे हाईलाइट करने के लिए बाएँ माउस बटन को सिर्फ एक बार क्लिक करें।

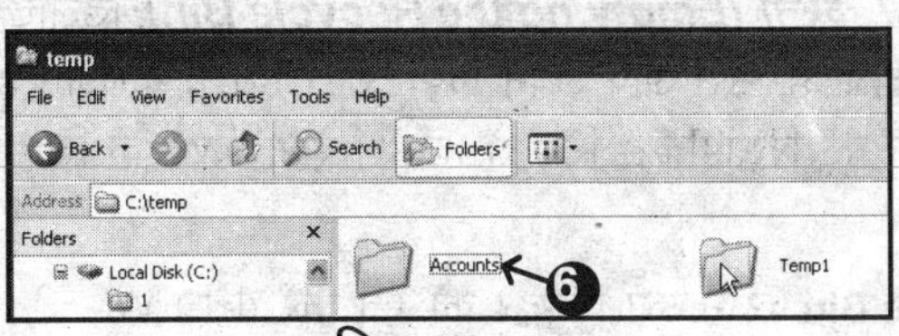

चित्र W-4.81

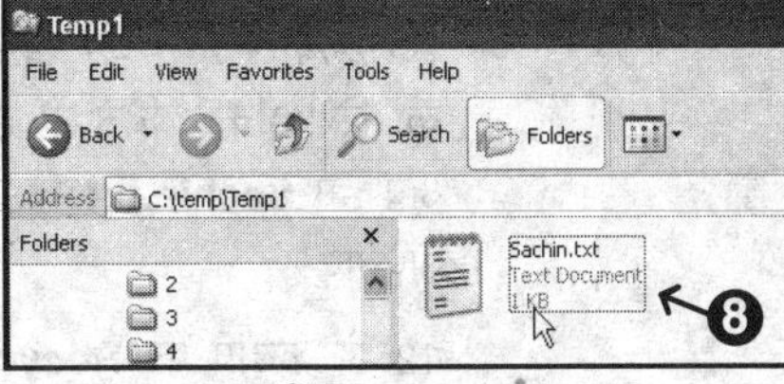

चित्र W-4.82

9. अब मेन्यू बार विकल्प में **File** मेन्यू पर बाएँ माउस बटन से क्लिक करें। तुरंत ही एक पुल डाउन मेन्यू दिखाई देगा (चित्र W - 4.83)।
10. पुल डाउन मेन्यू में माउस पॉएंटर को **Delete** विकल्प पर मूव करें (चित्र W - 4.83) और बाएँ माउस बटन से क्लिक करें। तुरंत ही **Conform File Delete** डायलॉग बॉक्स स्क्रीन पर दिखाई देने लगेगा। (चित्र W - 4.84)

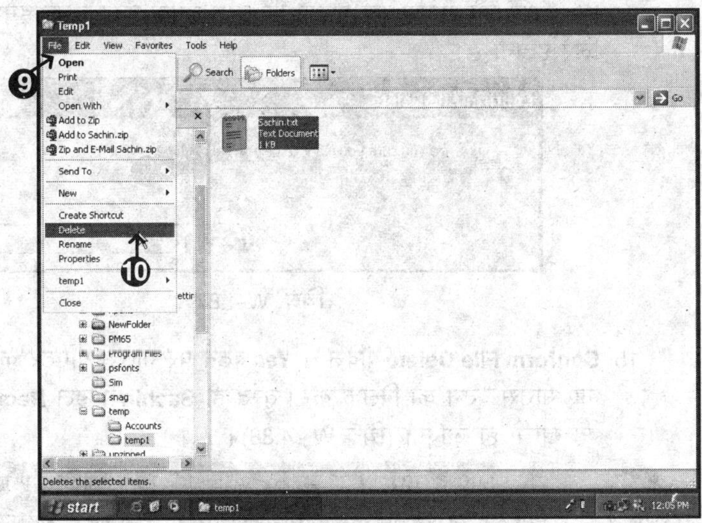

चित्र W-4.83

कोई महत्त्वपूर्ण फाइल किसी आकस्मिक भूल के कारण पूरी तरह हट न जाए–इसलिए विंडोज़ ने Recycle Bin की सुविधा उपलब्ध कराई है। कोई भी फाइल डिलीट किए जाने पर स्वतः ही Recycle Bin में चली जाती है। दूसरे शब्दों में, वह फाइल कंप्यूटर की मेमोरी से हमेशा के लिए गायब नहीं होती। इस फीचर का सबसे बड़ा लाभ यह है कि आप डिलीट की हुई फाइल को बाद में जरूरत महसूस करने पर पुनः प्राप्त कर सकते हैं।

11. अंत में **Confirm File Delete** बॉक्स के **Yes** बटन पर क्लिक करें (चित्र W - 4.84)। अब Contents बॉक्स से **Sachin.txt** फाइल गायब हो जाएगी, जिसका अर्थ यह होगा कि **Recycle Bin** में सफलतापूर्वक हटाई जा चुकी है।

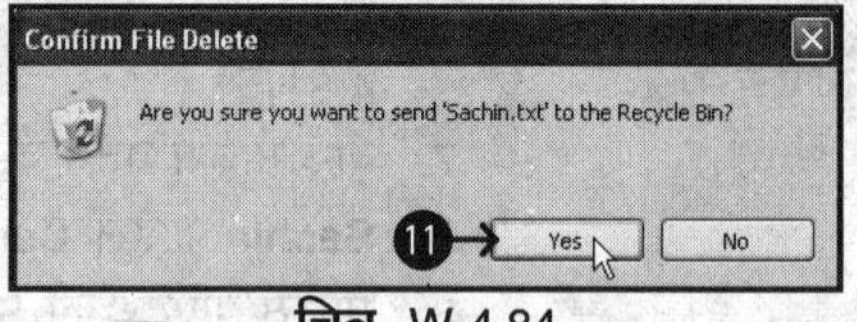

चित्र W-4.84

रिसाइकिल बिन को खाली करना (Emptying the Recycle Bin): डिलीट की हुई जिस फाइल को रिसाइकिल बिन से हटाया है, उसे आप अपने कंप्यूटर से हमेशा के लिए हटा सकते हैं। आइए, अब हम **Sachin.txt** फाइल को रिसाइकिल बिन से हटाएँ। ऐसा करने के लिए निम्नलिखित क्रम को अपनाएं–

12. डेस्कटॉप पर **Recycle Bin** पर माउस पॉएंटर को मूव करें (चित्र W - 4.85)।

चित्र W-4.85

13. इस पर दाएँ माउस बटन को क्लिक करें। तुरंत ही स्क्रीन पर एक पॉप अप मेन्यू दिखने लगेगा (चित्र W - 4.86)।

14. पॉप–अप मेन्यू में **Recycle Bin** विकल्प पर माउस पॉएंटर को मूव करें (चित्र W - 4.86) और बाएँ माउस बटन से क्लिक करें। तुरंत ही **Conform File Delete** डायलॉग बॉक्स स्क्रीन पर दिखने लगेगा (चित्र W - 4.87) जो आपसे यह पूछेगा कि क्या अमुक फाइल को हमेशा के लिए हटाना है।

चित्र W-4.86

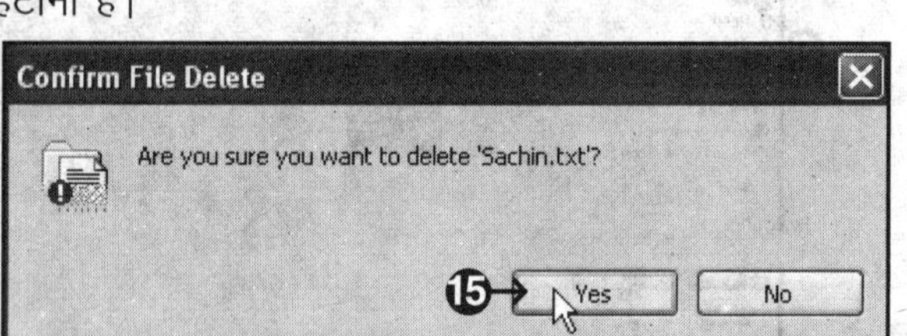

चित्र W-4.87

चित्र W-4.88

15. **Conform File Delete** बॉक्स में **Yes** बटन पर माउस पॉएंटर को मूव करें (चित्र W - 4.87) और बाएँ माउस बटन को क्लिक करें। तुरंत ही **Sachin** फाइल **Recycle Bin** से हट जाएगी, जिससे वह खाली हो जाएगा (चित्र W - 4.88)।

अगर आपके कंप्यूटर के Recycle Bin में एक से अधिक फाइल है, तो Empty Recycle Bin विकल्प को Select करें, जो Recycle Bin में मौजूद सभी फाइलों को हमेशा के लिए डिलीट कर देगा। किसी एक खास फाइल को हटाने के लिए Recycle Bin विकल्प के Contents बॉक्स से फाइल को डिलीट करें।

अब फाइल–फोल्डर की संरचना इस प्रकार होगी–

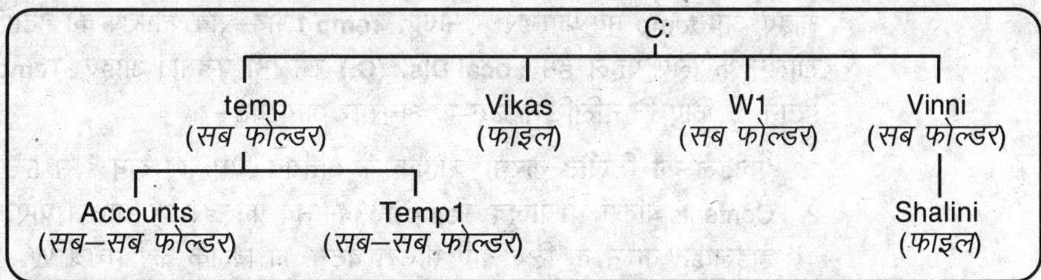

Vinni सब फोल्डर से Shalini फाइल को कैसे डिलीट करेंगे और फाइल फोल्डर की संरचना कैसे बनाएँगे?

- **Local Disk (C:)** को ढूँढ़ने के लिए Folders बॉक्स के अप ऐरो स्क्रॉल बटन (⌃) पर क्लिक करें।
- **Local Disk (C:)** को ढूँढ़ने के बाद इसके पास घटाव के चिह्न (⊟) पर क्लिक करें।
- **Vinni** सब फोल्डर को ढूँढ़ने के लिए Contents बॉक्स के स्क्रॉल बटनों का इस्तेमाल करें।
- इसे ढूँढ़ने के बाद इस पर बाएँ माउस बटन से डबल क्लिक करें।
- **Shalini** फाइल पर माउस पॉएंटर को मूव करें और इसे हाईलाइट करने के लिए क्लिक करें।
- **File** विकल्प पर क्लिक करें।
- उसके बाद **Delete** विकल्प पर क्लिक करें।
- **Conform File Delete** डायलॉग बॉक्स के **Yes** बटन पर क्लिक करें।
- **Recycle Bin** आइकॉन पर दाएँ माउस बटन से क्लिक करें।
- पहले **Empty Recycle Bin** विकल्प पर और फिर **Yes** विकल्प पर क्लिक करें।

अब फाइल फोल्डर की संरचना इस प्रकार होगी–

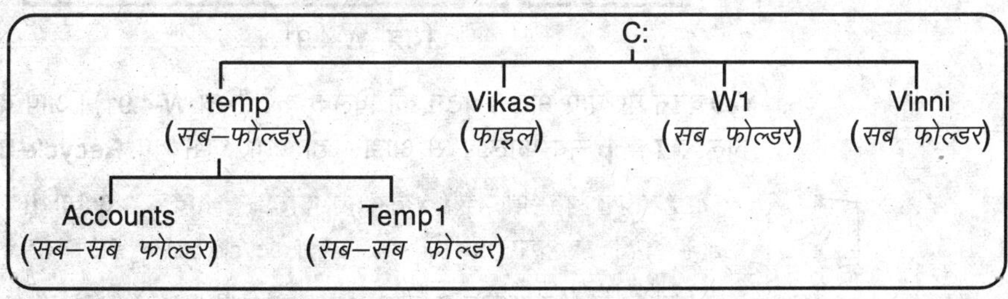

फोल्डर को डिलीट करना (Deleting a folder)

किसी महत्त्वहीन/अनावश्यक फोल्डर को रिसाइकिल बिन में कैसे ले जाएँ?

मान लिया जाए कि आपके कप–बोर्ड में एक ही तरह की दो किताबें हैं। ऐसी स्थिति में आप तो यही चाहेंगे कि उन दोनों में से एक किताब को रखें और दूसरी किताब को या तो बेच दें या फिर अपने

किसी दोस्त को दे दें। ठीक इसी प्रकार, आप फोल्डरों को **Explorer** में ले जा सकते हैं।

आइए, अब **temp** सब फोल्डर में मौजूद **Temp 1** सब–सब फोल्डर को हटाएँ। **temp** सब फोल्डर को खोलने के लिए पहले हमें **Local Disk (C:)** खोलनी पड़ेगी। आइए, **Temp 1** सब–सब फोल्डर को हटाने के लिए निम्नलिखित क्रम के अनुसार आगे बढ़ें–

1. **'फाइल को डिलीट करना'** शीर्षक के अंतर्गत दिए गए क्रम 1 से 5 तक को अपनाएँ।
2. Contents बॉक्स में मौजूद **Temp 1** सब–सब फोल्डर पर माउस पॉएंटर को मूव करें और इसे हाईलाइट करने के लिए बाएँ माउस बटन को क्लिक करें (चित्र W - 4.89)।

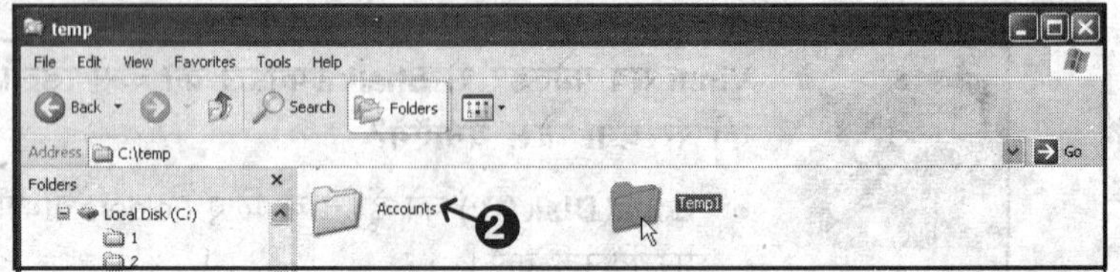

चित्र W-4.89

3. उसके बाद मेन्यू बार में **File** मेन्यू पर माउस पॉएंटर को मूव करें और बाएँ माउस बटन को क्लिक करें। तुरंत ही एक पुल–डाउन मेन्यू दिखाई देगा (चित्र W4.90)।
4. पुल–डाउन मेन्यू में **Delete** विकल्प पर बाएँ माउस बटन को क्लिक करें (चित्र W-4.90)। तत्काल **Confirm Folder Delete** डायलॉग बॉक्स स्क्रीन पर दिखेगा (चित्र W-4.91)।

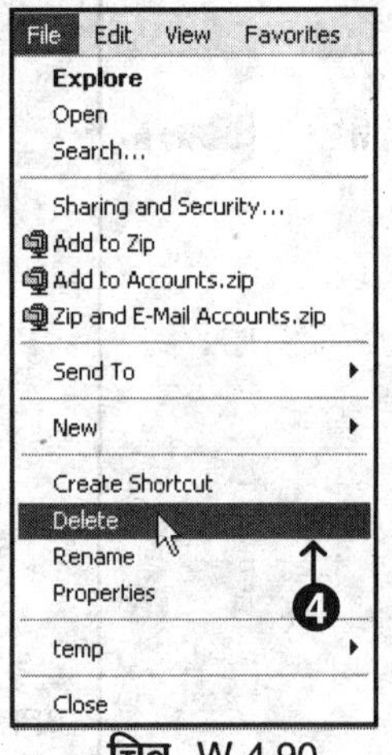

चित्र W-4.90

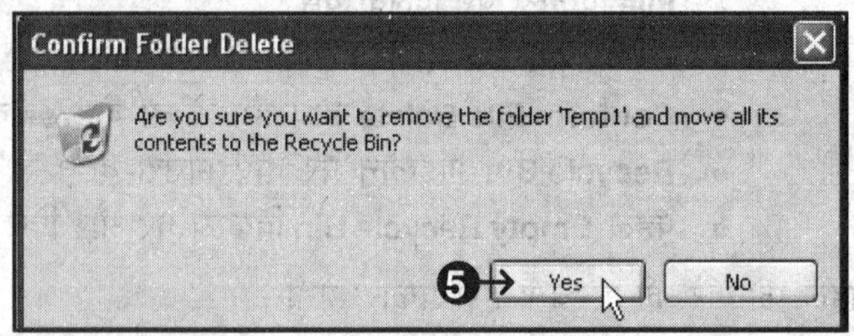

चित्र W-4.91

5. **Yes** बटन पर बाएँ माउस बटन को क्लिक करें (चित्र W-4.91)। आप देखेंगे कि **Temp 1** सब–सब फोल्डर **Temp** सब फोल्डर से ओझल हो गया, जैसे यह **Recycle Bin** पर चला गया था।

महत्त्वपूर्ण सब–फोल्डर्स, सब–सब फोल्डर्स आदि, जो आकस्मिक रूप से डिलीट हो सकते हैं, को प्राप्त करने के लिए विडोज़ Recycle Bin सुविधा देता है।

डिलीट किए हुए सभी फोल्डर्स **Local Disk (C:)** को छोड़कर, जो कभी डिलीट नहीं होता, Recycle Bin में चले जाते हैं और जब तक आप नहीं चाहेंगे, तब तक सिस्टम की हार्ड डिस्क से उसे नहीं हटाया जा सकता। इस फीचर का सबसे बड़ा गुण यह है कि डिलीट किए हुए सब–फोल्डर को जरूरत महसूस करने पर बाद में आप इसे पुनः प्राप्त कर सकते हैं। डिलीट किए हुए फोल्डर को प्राप्त करने के लिए Recycle Bin पर डबल क्लिक करें। उसके बाद इच्छित फोल्डर के नाम पर दाएँ माउस बटन को क्लिक करें।

रिसाइकिल बिन के कन्टेन्ट्स को रिमूव करना (Removing the Contents of the Recycle Bin)

किसी भी क्षण रिसाइकिल बिन **Temp 1** सब–सब फोल्डर ('फोल्डर को डिलीट करना' शीर्षक विषय के क्रम 5 में किए गए कार्य के परिणाम के रूप में) अब आपके सिस्टम की हार्ड डिस्क से **Temp 1** सब–सब फोल्डर को स्थायी रूप से हटाने के लिए निम्नलिखित क्रम को अपनाएँ–

1. डेस्कटॉप पर **Recycle Bin** के ऊपर माउस पॉएंटर को मूव करें और दाएँ माउस बटन को क्लिक करें। तत्काल ही एक पॉप–अप मेन्यू इसके बाद दिखने लगेगा (चित्र W-4.92)।

चित्र W-4.92

2. पुल डाउन मेन्यू में **Empty Recycle Bin** विकल्प पर माउस पॉएंटर को मूव करें (चित्र W-4.92) और बाएँ माउस बटन को क्लिक करें। तुरंत ही **Confirm Delete** डायलॉग बॉक्स स्क्रीन पर दिखने लगेगा (चित्र W-4.93)।

अगर आप रिसाइकिल बिन से एक फोल्डर को डिलीट करना चाहते हैं, तो विंडोज़ एक बार फिर आपसे इस बात की पुष्टि करेगा कि क्या आप फोल्डर (जो हमारे मामले में **Temp 1** सब–सब फोल्डर है) में मौजूद फाइल को भी हटाना चाहते हैं?

3. **Conform File Delete** बॉक्स (चित्र W - 4.93) के **Yes** बटन पर क्लिक करें। अब **Temp 1** सब–सब फोल्डर अपने कन्टेन्ट्स के साथ कंप्यूटर के हार्ड डिस्क (C:) से हट जाएगा।

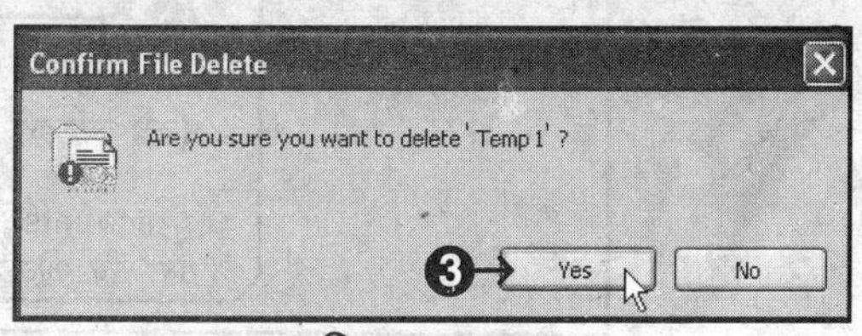

चित्र W-4.93

अब फाइल फोल्डर की संरचना इस प्रकार होगी–

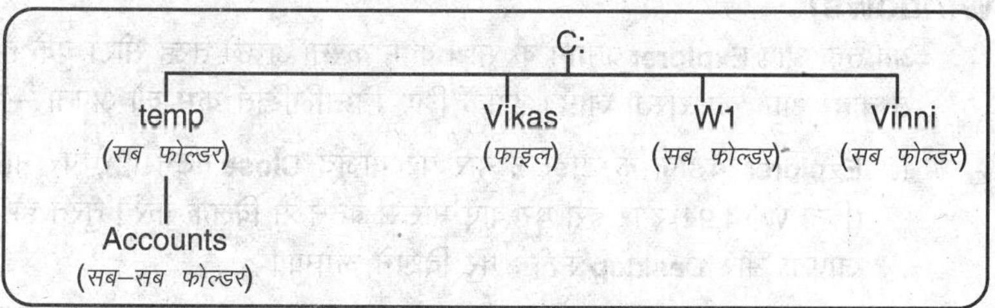

यह आवश्यक नहीं है कि किसी सब–फोल्डर को डिलीट करने से पहले उसके कन्टेन्ट्स को भी डिलीट किया जाए। विंडोज़ उसके कन्टेन्ट्स को स्वतः मिटा देता है। यह सब–सब फोल्डर पर भी लागू होता है।

सब फोल्डर W1 को Local Disk (C:) से कैसे डिलीट करें और कैसे फाइल फोल्डर की संरचना बनाएँ?

- **Local Disk (C:)** को ढूँढ़ने के लिए फोल्डर बॉक्स के अप ऐरो स्क्रॉल बटन (⌃) पर क्लिक करें।
- **Local Disk (C:)** को ढूँढ़ने के बाद इसके पास घटाव के चिह (⊟) पर क्लिक करें।
- W1 सब फोल्डर को ढूँढ़ने के लिए Contents बॉक्स में स्क्रॉल बटन का इस्तेमाल करें।
- इसे ढूँढ़ने के बाद इस पर बाएँ माउस बटन को क्लिक करें।
- **File** मेन्यू पर क्लिक करें।
- उसके बाद **Delete** विकल्प पर क्लिक करें।
- **Confirm Folder Delete** बॉक्स के **Yes** बटन पर क्लिक करें।
- **Recycle Bin** आइकॉन पर दाएँ माउस बटन से क्लिक करें।
- **Empty Recycle Bin** विकल्प पर और उसके बाद Yes बटन पर क्लिक करें।

अब फाइल फोल्डर की संरचना इस प्रकार होगी–

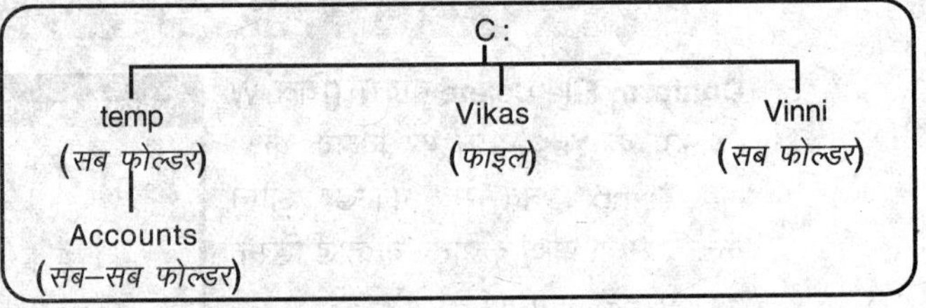

एक्सप्लोरर को बंद करना और विंडोज़ से बाहर आना (Clsosing Explorer and Quitting Windows)

अब तक आप **Explorer** प्रोग्राम के साथ काम करना अच्छी तरह सीख चुके हैं। आइए, अब इस प्रोग्राम से बाहर आने का रास्ता जानें। इसके लिए निम्नलिखित क्रम को अपनाएँ–

1. **Explorer** विंडोज़ के टाइटल बार पर मौजूद **Close** बटन (☒) पर माउस पॉएंटर को मूव करें (चित्र W - 4.94) और इस पर बाएँ माउस बटन से क्लिक करें। तुरंत ही **Explorer** प्रोग्राम बंद हो जाएगा और **Desktop** स्क्रीन पर दिखने लगेगा।

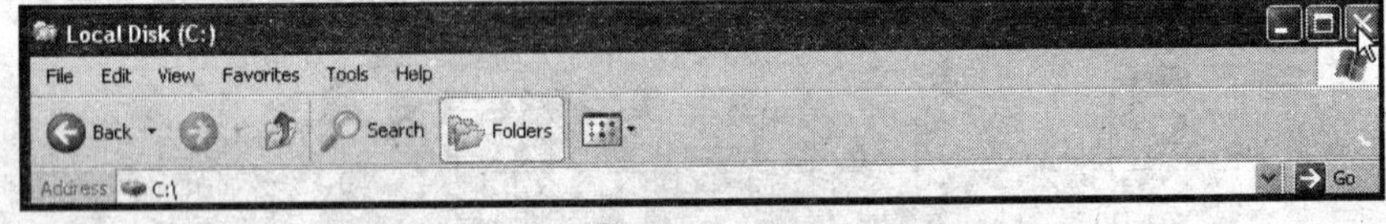

चित्र W-4.94

2. विंडोज XP के टास्क बार पर मौजूद **Start** बटन (start) को दबाएँ। तुरंत ही एक पुश–अप मेन्यू स्क्रीन पर दिखने लगेगा (चित्र W - 4.95)।

3. पुश–अप मेन्यू में **Turn off Computer** विकल्प पर क्लिक करें (चित्र W - 4.95)। तुरंत ही एक **Turn off Computer** डायलॉग बॉक्स दिखने लगेगा (चित्र W - 4.95)।

4. बॉक्स में आप **Turn off** विकल्प को देखेंगे। इस विकल्प पर बाएँ माउस बटन से क्लिक करें। कुछ सेकंडों के बाद स्क्रीन पर एक संदेश **It's now safe to turn off your computer** दिखेगा। अब आप अपने कंप्यूटर के स्विच को ऑफ कर दें।

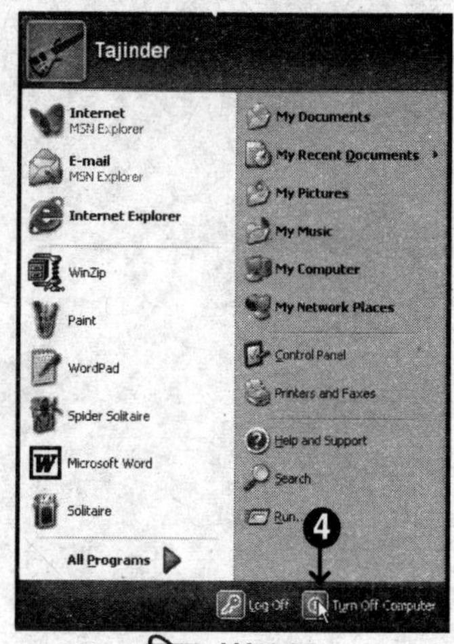

चित्र W-4.95

अध्याय

5

एक्सेसरीज़ — एक परिचय

इस अध्याय में—

* WordPad प्रोग्राम को शुरू करना
* WordPad में टेक्स्ट प्रविष्ट करना
* WordPad में टेक्स्ट की फॉर्मेटिंग (Formatting) करना
* WordPad डॉक्यूमेंट (Document) को सेव करना
* डॉक्यूमेंट को बंद करना और WordPad से बाहर आना
* डॉक्यूमेंट को प्रिंट (Print) करना और विंडोज़ (Windows) से बाहर आना
* Paint प्रोग्राम को शुरू करना
* Paint प्रोग्राम में काम करना
* Paint फाइल को सेव करना
* Paint फाइल को प्रिंट करना
* Paint प्रोग्राम से बाहर आना
* Calculator प्रोग्राम
* Calculator को बंद करना और विंडोज़ से बाहर आना

आइए, अब हम विंडोज़ XP के एक बहुत ही महत्त्वपूर्ण फीचर **Accessories** के बारे में जानें। एक्सेसरीज़ के प्रोग्राम विंडोज़ के साथ ही आते हैं। एक्सेसरीज़ प्रोग्राम आम कामों, जैसे– पत्र लिखने, चित्र बनाने, गणना (Calculation) करने आदि में मदद करते हैं। एक्सेसरीज़ में शामिल कुछ महत्त्वपूर्ण प्रोग्राम इस प्रकार हैं–

WordPad एक सरल वर्ड प्रोसेसर प्रोग्राम है, जिसका उपयोग डॉक्यूमेंट, जैसे– पत्र आदि बनाने में किया जाता है। यह डॉक्यूमेंट बनाने के अनिवार्य tools देता है। यह नए टेक्स्ट को जोड़ने और अनचाहे टेक्स्ट को हटाने (Delete) की सुविधा भी देता है। यह किसी वाक्य को एक जगह से दूसरी जगह ले जाने (Copy and Move) में भी मदद करता है। इसमें आप टेक्स्ट को फॉर्मेट भी कर सकते हैं।

Paint का उपयोग आप कंप्यूटर पर तसवीर बनाने के लिए कर सकते हैं। **Paint** विभिन्न टूल्स देता है, जिनकी मदद से आप तस्वीरों में बदलाव भी सकते हैं।

Calculator प्रोग्राम कई तरह की गणना (Calculation) आसानी से कर देता है। इस application में दो तरह के Calculators होते हैं– Standard calculator एवं Scientific calculator।

Accessories प्रोग्राम में एक **Notepad** प्रोग्राम भी होता है। यह एक text editor (टेक्स्ट का संपादन करने के लिए प्रयुक्त प्रोग्राम) है, जिसका उपयोग छोटे पत्रों, मेमोज़ और टेक्स्ट फाइलों को लिखने में होता है। लेकिन Notepad में टेक्स्ट का प्रारूपण (Formatting) करना एक सीमा तक ही संभव है, क्योंकि यह केवल टेक्स्ट प्रवेश करने के लिए ही बना प्रोग्राम है।

वर्डपैड प्रोग्राम को शुरू करना (Opening the WordPad Program)

WordPad एक सरल वर्ड प्रॉसेसर प्रोग्राम है, जो Accessories प्रोग्राम्स में से एक है इसका उपयोग हम अनेक तरह के डॉक्यूमेंट्स बनाने में कर सकते हैं। कुछ कमांड्स, जिनका इस्तेमाल बेहतर वर्ड प्रॉसेसर प्रोग्राम्स, जैसे– **Microsoft Word** में होता है, वो भी **WordPad** में उपलब्ध हैं। ऐसा एक फीचर है– हमें हर लाइन के बाद Enter key को दबाना नहीं पड़ता है। जो भी टेक्स्ट आप टाइप करते हैं, वो अपने–आप ही बराबर लाइनों मे व्यवस्थित होता रहता है।

इससे पहले कि आप **WordPad** के अन्य फीचर्स को जानें और उसमें काम करें, **WordPad** प्रोग्राम को शुरू करते हैं। ऐसा करने के लिए आपको निम्नलिखित क्रम का पालन करना होगा–

1. अपने कंप्यूटर का स्विच ऑन करें।
2. कुछ क्षणों के बाद विंडोज़ XP का Logo आपके स्क्रीन पर दिखाई देगा। उसके बाद विंडोज़ XP का डेस्कटॉप दिखाई देगा।
3. **Taskbar** पर **Start** बटन पर बायाँ माउस बटन दबाएँ। तुरंत ही स्क्रीन पर 'पुश–अप मेन्यू' दिखाई देगा (चित्र W-5.1)।
4. पुश–अप मेन्यू के अंदर माउस पॉएंटर को **All Programs** विकल्प के ऊपर ले जाएँ और बाएँ माउस बटन को दबाएँ। तुरंत ही एक दूसरा मेन्यू दिखाई देगा (चित्र W-5.1)।
5. अब माउस पॉएंटर को दूसरे मेन्यू के **Accessories** विकल्प पर ले जाएँ और उसके ऊपर बाएँ माउस बटन को दबाएँ। तुरंत एक तीसरा मेन्यू दिखाई देगा (चित्र W-5.1)।

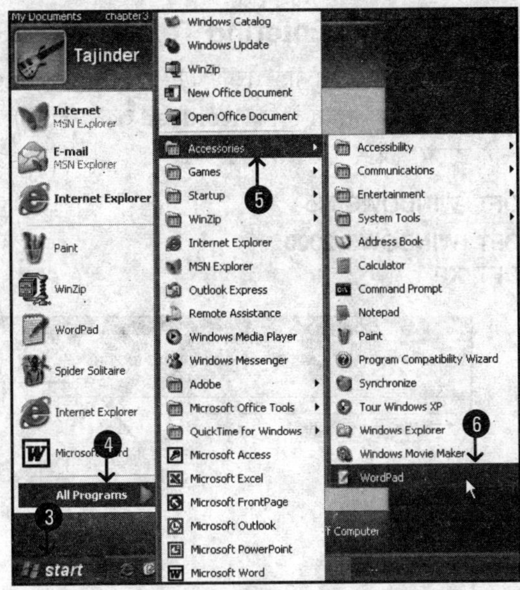

चित्र W-5.1

6. माउस पॉएंटर को तीसरे मेन्यू के **WordPad** विकल्प पर ले जाएँ और बाएँ माउस बटन को दबाएँ। तुरंत **WordPad** विंडो आपके स्क्रीन पर खुल जाएगी (चित्र W-5.2)।

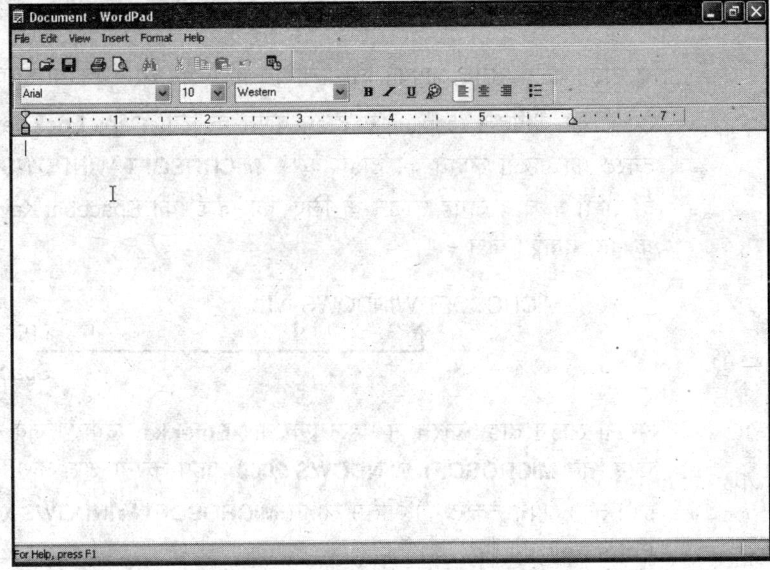

चित्र W-5.2

वर्डपैड में टेक्स्ट प्रविष्ट करना (Entering Text in WordPad)

WordPad विंडो में सबसे ऊपर बाईं तरफ कोने पर एक blinking cursor (ब्लिंकिंग कर्सर) होता है (चित्र W-5.3)। यह कर्सर बताता है कि **WordPad** टेक्स्ट लेने के लिए तैयार है। अब आप नीचे दिए गए टेक्स्ट को टाइप करें–

MICROSOFT WINDOWS Me

MICROSOFT WINDOWS 2000

MICROSOFT XP

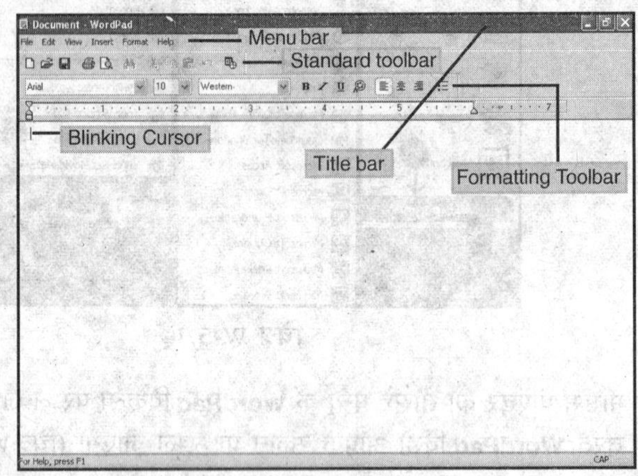

चित्र W-5.3

टेक्स्ट टाइप करते समय आपको निम्नलिखित बातों का ध्यान रखना होगा–

- टेक्स्ट को कैपिटल (capital) में टाइप करने के लिए **Caps Lock** key को एक बार दबाएँ।
- टेक्स्ट की पहली लाइन को टाइप करें– **MICROSOFT WINDOWS Me**।
- दो शब्दों के बीच जगह छोड़ने के लिए 'की–बोर्ड' की Spacebar Key को हर शब्द टाइप करने के बाद दबाएँ। जैसे–

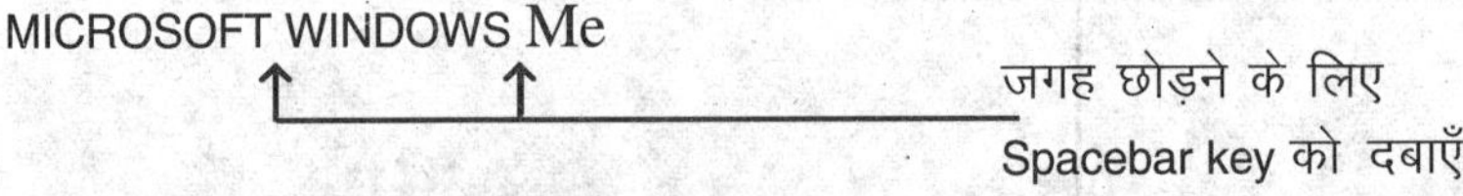

कैपिटल अक्षरों में टाइप करने हेतु Caps Lock key को एक बार दबाएँ और फिर ऑफ करने के लिए एक बार फिर दबाएँ।

- अगली लाइन टाइप करने से पहले एक बार **Enter** key दबाएँ। जब कर्सर अगली लाइन में आ जाएँ, तब **MICROSOFT WINDOWS 2000** टाइप करना शुरू करें।
- इसी तरह अपने टेक्स्ट की अंतिम लाइन **MICROSOFT WINDOWS XP** को टाइप करने से पहले **Enter Key** को फिर दबाएँ।
- टाइप करते समय आपसे कुछ टेक्स्ट छूट सकता है। मान लीजिए कि आपसे तीसरी लाइन **MICROSOFT WINDOWS XP** में टेक्स्ट **WINDOWS** छूट गया। आपको इस टेक्स्ट को डालने के लिए निम्नलिखित क्रम का पालन करना होगा–

1. माउस पॉएंटर को **MICROSOFT** शब्द के बाद ले जाएँ (चित्र W-5.4)।

2. फिर बाएँ माउस बटन को एक बार दबाकर छोड़ दें। तुरंत ही आप उस जगह एक blinking cursor देखेंगे।

चित्र W-5.4

3. अब **Spacebar** key को एक बार दबाएँ। आपके स्क्रीन पर **MICROSOFT** और **XP** के बीच में एक खाली जगह आ जाएगी (चित्र W- 5.5)।

चित्र W-5.5

4. आखिर में आप 'की–बोर्ड' से **WINDOWS** टाइप करें। अब टेक्स्ट **WINDOWS** आपकी अपेक्षित जगह पर आ जाएगा (चित्र W-5.6)।

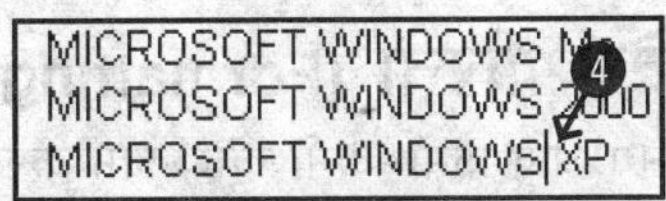

चित्र W-5.6

- ऐसा भी हो सकता है कि आपने एक शब्द में एक या एक से ज़्यादा अक्षरों को गलत टाइप किया हो। जैसे— आपने दूसरी लाइन में **MICROSOFT** शब्द की जगह **MICROSEFT** टाइप कर दिया हो। स्पेलिंग की इस गलती को आप इस क्रम से सुधार सकते हैं—

1. माउस पॉयंटर को **MICROSEFT** शब्द के **E** अक्षर के पहले लाएँ (चित्र W-5.7)।

चित्र W-5.7

2. बाएँ माउस बटन को एक बार क्लिक करें। तुरंत ही एक blinking cursor उस जगह पर दिखाई देगा (चित्र W-5.8)।

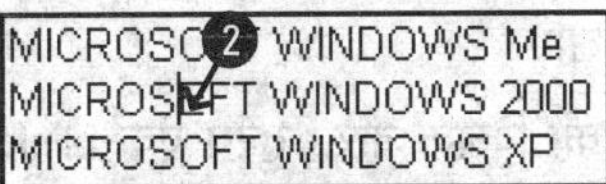

चित्र W-5.8

3. अब **Delete** key एक बार दबाएँ। E अक्षर हट जाएगा। इसके बाद O अक्षर टाइप करें (चित्र W-5.9)।

चित्र W-5.9

टेक्स्ट लिखने के बाद विंडोज XP में **WordPad** डॉक्यूमेंट चित्र W-5.10 की तरह दिखेगा।

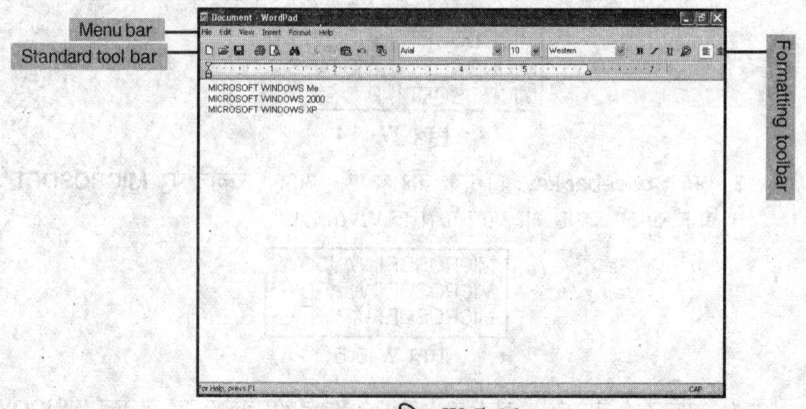

चित्र W-5.10

वर्डपैड में टेक्स्ट की फॉर्मेटिंग करना (Formatting Text in WordPad)

कागज पर लिखते समय आप कभी–कभी कुछ काम करते हैं, जैसे– महत्त्वपूर्ण टेक्स्ट को रेखांकित करना या फिर महत्त्वपूर्ण लाइनों या किसी विषय के शीर्षक को दर्शाने के लिए बोल्ड करना, ताकि वे अलग से नजर आ सकें। डॉक्यूमेंट की इस रूपांकन क्रिया को **Formatting** कहते हैं।

WordPad भी आपको तरह–तरह के formatting के काम करने में समर्थ बनाता है। आप टेक्स्ट के महत्त्वपूर्ण भागों को Centralize (मध्य में व्यवस्थित), underline, boldface एवं italicize कर सकते हैं। लेकिन टेक्स्ट की रूप–रेखा को बदलने से पहले आपको उस टेक्स्ट को select (सिलेक्ट) करना पड़ता है। अब आप चित्र W-5.10 में दिए गए टेक्स्ट को फॉर्मेट करें।

टेक्स्ट को सिलेक्ट करना (Selecting the Text)

किसी टेक्स्ट को चुनने की प्रक्रिया को **Selection** कहते हैं। आप अपने डॉक्यूमेंट के किसी एक अक्षर/नंबर या एक शब्द/वाक्य/पैराग्राफ को चुन सकते हैं। अब selection प्रक्रिया के मूल क्रम को समझने का प्रयास करें। आप अपने कंप्यूटर पर इस क्रम का अभ्यास अभी नहीं करें। अभी सिर्फ पढ़ें।

1. माउस पॉएंटर को दिए गए अक्षर, शब्द, पंक्ति या समूचे पैराग्राफ, जिसे आप सलेक्ट करना चाहते हैं, की बाईं ओर लाएँ।
2. बाएँ माउस बटन को क्लिक करें। तुरंत एक blinking cursor माउस पॉएंटर के साथ दिखाई देगा।
3. माउस पॉएंटर को blinking cursor पर लाएँ। बाएँ माउस बटन को दबाए रखकर माउस को माउस पैड पर दाईं ओर ड्रेग करें, ताकि अपेक्षित अक्षर, शब्द, पंक्ति या पैराग्राफ सेलेक्ट हो जाएँ।
4. अब बाएँ माउस बटन को छोड़ दें।
5. अक्षर, शब्द, पंक्ति या पैराग्राफ से हाईलाइट हटाने के लिए बाएँ माउस बटन को अपने डॉक्यूमेंट पर किसी और जगह पर क्लिक करें।

आइए, अब आप Selection प्रक्रिया का अभ्यास अक्षर, शब्द, पंक्ति और पैराग्राफ को select करके बारी–बारी से करें। आप इस प्रक्रिया को चित्र W-5.10 में टाइप किए हुए टेक्स्ट पर करें। टेक्स्ट को सिलेक्ट करने के लिए आपको विभिन्न तरीकों का पालन करना होगा।

एक अक्षर या नंबर को सिलेक्ट करना (Selecting an Alphabet or a Number)— किसी अक्षर या नंबर को सिलेक्ट करने के लिए (हमारे उदाहरण में पहली पंक्ति का अक्षर **W**) आप इस क्रम का पालन करें:

1. **MICROSOFT WINDOWS Me** पंक्ति के शब्द **WINDOWS** के अक्षर **W** की बाईं ओर माउस पॉएंटर को ले जाएँ (चित्र W-5.11)।

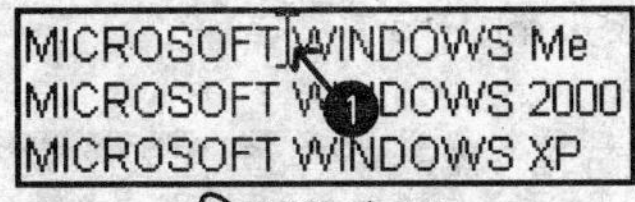

चित्र W-5.11

2. बाएँ माउस बटन को क्लिक करें। एक blinking cursor माउस पॉएंटर के साथ दिखाई देगा (चित्र W-5.12)।

MICROSOFT WINDOWS Me
MICROSOFT WINDOWS 2000
MICROSOFT WINDOWS XP

चित्र W-5.12

3. माउस पाएंटर को cursor पर ले जाएँ। बाएँ माउस बटन को दबाए रखते हुए माउस को ड्रैग करें, ताकि अक्षर **W** अक्षर हाईलाइट हो जाए (चित्र W-5.13)।

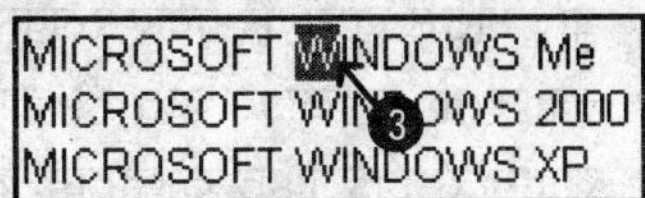

चित्र W-5.13

4. **W** के हाईलाइट होते ही बाएँ माउस बटन को छोड़ दें।

अक्षर सिलेक्ट करने से पहले ही अगर आप गलती से माउस बटन को छोड़ देते हैं, तो 'एक अक्षर या नंबर को सिलेक्ट करना' शीर्षक के क्रम 1 से दुबारा शुरू करें।

5. **W** अक्षर से हाईलाइट हटाने के लिए माउस पॉएंटर को **WordPad** डॉक्यूमेंट के अंदर कहीं भी ले जाएँ और बाएँ माउस बटन को क्लिक करें।

एक शब्द को सिलेक्ट करना (Selecting a Word)— यदि आपको दूसरी लाइन के **WINDOWS** शब्द को हाईलाइट करना हो, तो इसके लिए निम्नलिखित क्रम का पालन करें—

1. दूसरी लाइन के **WINDOWS** शब्द की बाईं तरफ माउस पॉएंटर को ले जाएँ (चित्र W-5.14)।

चित्र W-5.14

2. बाएँ माउस बटन को क्लिक करें। एक blinking cursor तुरंत ही उस जगह पर दिखाई देगा (चित्र W-5.15)।

MICROSOFT WINDOWS Me
MICROSOFT WINDOWS 2000
MICROSOFT WINDOWS XP

चित्र W-5.15

3. माउस पॉएंटर को blinking cursor की जगह पर रखें। फिर बाएँ माउस बटन को दबाए रखते हुए माउस को दाईं तरफ ड्रैग करें, ताकि **WINDOWS** शब्द हाईलाइट हो जाए (चित्र W-5.16)।

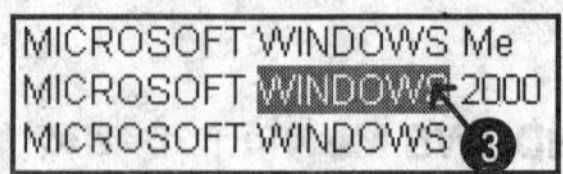

चित्र W-5.16

4. अब बाएँ माउस बटन को छोड़ दें।

अगर आप भूल से माउस बटन को बीच में ही छोड़ देते हैं, तो 'एक शब्द को सिलेक्ट करना' शीर्षक के क्रम 1 से दुबारा शुरू करें।

5. **WINDOWS** शब्द से हाईलाइट को हटाने के लिए माउस पॉएंटर को **WordPad** डॉक्यूमेंट के अंदर कहीं भी ले जाएँ और बाएँ माउस बटन को क्लिक करें।

अब आप Selection सीख चुके हैं। इसके बाद आप निम्नलिखित कार्याभ्यास करें।

पंक्ति हाईलाइट करने के लिए निम्नलिखित क्रम का पालन करें–
1. माउस पॉएंटर को उस पंक्ति के शुरू में ले जाएँ जिसे आप सिलेक्ट करना चाहते हैं। पॉएंटर को पंक्ति के शुरू में ऐसे रखें कि उसकी दिशा इस प्रकार दिखे (↗)

MICROSOFT WINDOWS 98
MICROSOFT WINDOWS Me

2. माउस का बायाँ बटन दबाएँ। पूरी पंक्ति हाईलाइट हो जाएगी।

MICROSOFT WINDOWS 98

TEST

चित्र **W-5.11 की लाइन MICROSOFT WINDOWS Me को कैसे सिलेक्ट करें?**

- लाइन MICROSOFT WINDOWS Me की बाईं ओर क्लिक करें।
- बाएँ माउस बटन को दबाए रखकर, माउस को माउसपैड पर दाईं ओर ड्रैग करें।
- लाइन के हाईलाइट होते ही बाएँ माउस बटन को छोड़ दें।
- लाइन से हाईलाइट को हटाने के लिए अपने डॉक्यूमेंट के अंदर कहीं पर भी क्लिक करें।

एक पैराग्राफ को सिलेक्ट करना *(Selecting a Paragraph)*– आइए चित्र W-5.11 के डॉक्यूमेंट की तीनों लाइनों को एक पैराग्राफ मानकर, उन्हें सिलेक्ट करने की कोशिश करें। ऐसा करने के लिए निम्नलिखित क्रम का पालन करें–

1. माउस पॉएंटर को पहली पंक्ति **MICROSOFT WINDOWS Me** (चित्र W-5.17) की बाईं ओर ले जाएँ।

चित्र W-5.17

2. बाएँ माउस बटन को क्लिक करें। तुरंत ही माउस पॉएंटर के साथ एक blinking cursor दिखेगा (चित्र W-5.18)।

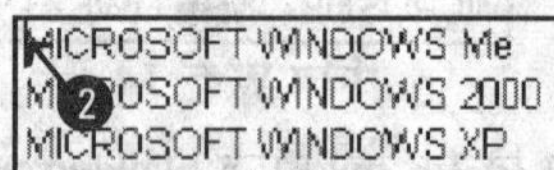

चित्र W-5.18

3. माउस पॉएंटर को blinking cursor की जगह पर रखें। फिर बाएँ माउस बटन को दबाए रखते हुए माउस को नीचे की तरफ ले जाएँ और सभी (तीनों) लाइनों को हाईलाइट करें (चित्र W- 5.19)।

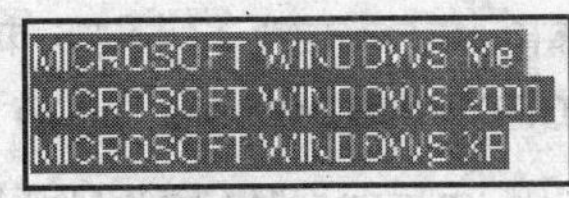
MICROSOFT WINDOWS Me
MICROSOFT WINDOWS 2000
MICROSOFT WINDOWS XP

चित्र W-5.19

4. पूरे पैराग्राफ के हाईलाइट होते ही बाएँ माउस बटन को छोड़ दें।

यदि आप भूल से माउस पॉएंटर को बीच में ही छोड़ देते हैं, तो 'एक पैराग्राफ को सिलेक्ट करना' शीर्षक के क्रम 1 से दुबारा शुरू करें।

5. पैराग्राफ **MICROSOFT ...WINDOWS XP** से हाईलाइट हटाने के लिए माउस पॉएंटर को **WordPad** डॉक्यूमेंट के अंदर कहीं भी ले जाकर बाएँ माउस बटन को क्लिक करें।

चूँकि अब आप टेक्स्ट को सिलेक्ट करना जान चुके हैं, इसलिए अब यह आपके लिए आसान हो गया है कि आप किसी भी तरह की formatting जैसे– centering, boldfacing, underlining, italicizing आदि को सिलेक्ट किए गए टेक्स्ट पर कर सकते हैं। आइए, अब विभिन्न formatting प्रक्रियाओं का अभ्यास बारी–बारी से करें।

टेक्स्ट को मध्य में व्यवस्थित करना (Centering the Text)

आमतौर पर डॉक्यूमेंट में शीर्षक पेज के बीच में रहता है, लेकिन टेक्स्ट पर फॉर्मेटिंग करने से पहले आप टेक्स्ट को सिलेक्ट/हाईलाइट करें। आइए, अब आप **MICROSOFT WINDOWS Me** को सेंटर करने के लिए निम्नलिखित क्रम का अनुसरण करें–

1. माउस पॉएंटर को टेक्स्ट **MICROSOFT WINDOWS Me** की बाईं ओर लाएँ (चित्र W-5.18)।
2. बाएँ माउस बटन को एक बार दबाएँ। तुरंत ही एक blinking cursor **MICROSOFT WINDOWS Me** से पहले दिखेगा।
3. अब माउस पॉएंटर को blinking cursor के ऊपर लाएँ। बाएँ माउस बटन को दबाएँ और उसे दबाए रखकर माउस पॉएंटर को टेक्स्ट **MICROSOFT WINDOWS Me** की दूसरी ओर तक ड्रैग करके इसे हाईलाइट करें (चित्र W-5.20)।

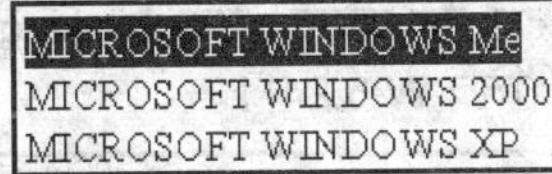
MICROSOFT WINDOWS Me
MICROSOFT WINDOWS 2000
MICROSOFT WINDOWS XP

चित्र W-5.20

4. जब आपका टेक्स्ट हाईलाइट हो जाए, तो बाएँ माउस बटन को छोड़ दें।
5. अब माउस पॉएंटर को **Formatting** toolbar पर ले जाएँ और **Center** बटन (▣) पर रखें (चित्र W-5.21)।

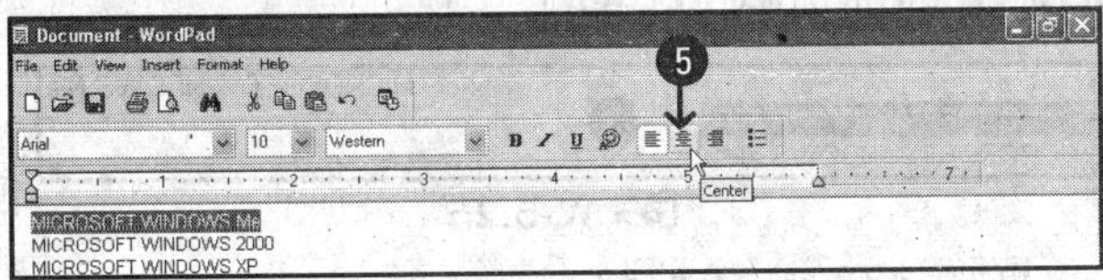

चित्र W-5.21

6. **Center** बटन (▣) पर बाएँ माउस बटन को क्लिक करें। ऐसा करने से हाईलाइटेड टेक्स्ट हमारे उदाहरण में **MICROSOFT WINDOWS Me** पेज के बीच में चला आएगा (चित्र W-5.22)।
7. चित्र W-5.22 में आप पाएँगे कि टेक्स्ट **MICROSOFT WINDOWS Me** center में जाने के बाद भी हाईलाइटेड है। इस हाईलाइट को हटाने के लिए माउस पॉएंटर को **WordPad** डॉक्यूमेंट में कहीं भी ले जाकर बाएँ माउस बटन को क्लिक करें।

चित्र W-5.22

कोई भी फॉर्मेटिंग क्रिया जैसे– टेक्स्ट को bold, italic, underline इत्यादि करने से पहले हमें टेक्स्ट को हाईलाइट करना होता है।

जब भी टेक्स्ट हाईलाइटेड हो, तो की–बोर्ड से को भी Key न दबाएँ, अन्यथा सारा टेक्स्ट डिलीट हो जाएगा।

टेक्स्ट को रेखांकित करना (Underlining the Text)

प्रायः डॉक्यूमेंट में महत्त्वपूर्ण टेक्स्ट को आप underline कर देते हैं। मान लीजिए कि आप टेक्स्ट **MICROSOFT WINDOWS 2000** को underline करना चाहते हैं। ऐसा करने के लिए आपको निम्नलिखित क्रम का पालन करना होगा–

1. जिस टेक्स्ट को underline करना हो, उसे हाईलाइट करें (इस उदाहरण में टेक्स्ट है (MICROSOFT WINDOWS 2000)। माउस पॉएंटर को **MICROSOFTWINDOWS 2000** की बाईं ओर लाएँ (चित्र W- 5.23)।

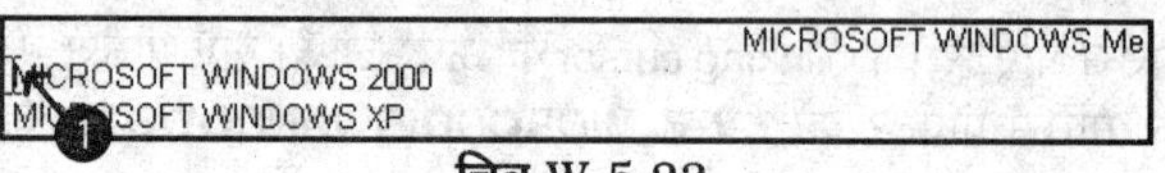

चित्र W-5.23

2. एक बार बाएँ माउस बटन को दबाएँ। एक blinking cursor **MICROSOFT WINDOWS 20000** के पहले नजर आएगा (चित्र W-5.24)।

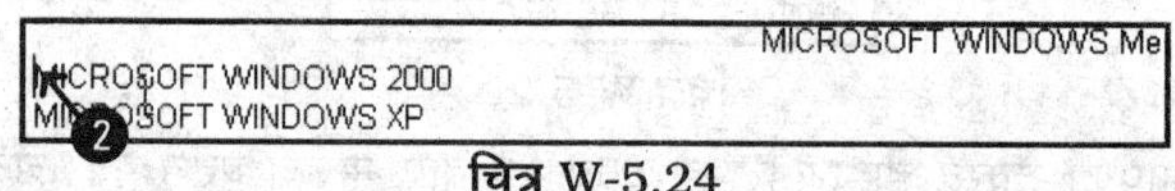

चित्र W-5.24

3. अब माउस पॉएंटर को blinking cursor के ऊपर लाएँ। बाएँ माउस बटन को दबाए रखते हुए, माउस पॉएंटर को टेक्स्ट के दूसरे किनारे तक ड्रैग करें। टेक्स्ट **MICROSOFT WINDOWS 2000** हाईलाइट हो जाएगा (चित्र W-5.25)।

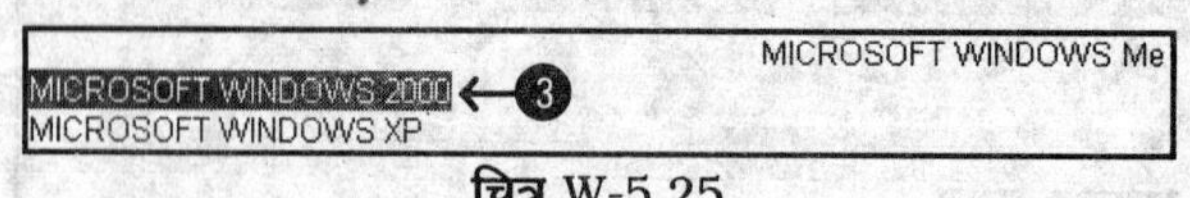

चित्र W-5.25

4. अब बाएँ माउस बटन को छोड़ दें।

5. टेक्स्ट **MICROSOFT WINDOWS 2000** को हाईलाइट करने के बाद माउस पॉएंटर को **Formatting** toolbar के **Underline** बटन (U) पर लाएँ (चित्र W-5.26)।

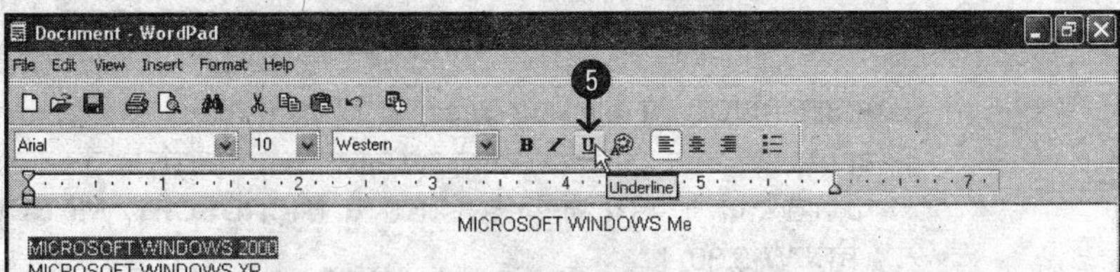

चित्र W-5.26

जब आप माउस पॉएंटर को Formatting toolbar के किसी भी बटन पर ले जाते हैं, तब एक टेक्स्ट, जो उस बटन द्वारा किए जाने वाले काम को समझाता है, स्क्रीन पर दिखता है। इस टेक्स्ट को Tooltip (टूलटिप) कहते हैं। चित्र W-5.26 में Underline बटन की यह Tooltip आप देख सकते हैं। ऐसे ही अगर आप Center या Italic बटन पर माउस पॉएंटर रखेंगे, तो उनकी Tooltip, भी आपको स्क्रीन पर नजर आएँगी।

6. अब बाएँ माउस बटन को **Underline** बटन (U) पर क्लिक करें। टेक्स्ट तुरंत ही Underline हो जाएगा और हाईलाइटेड ही रहेगा।

जब टेक्स्ट हाईलाइटेड हो, तो Enter या कोई अन्य key न दबाएँ, अन्यथा सारा टेक्स्ट डिलीट हो जाएगा। सिर्फ स्क्रीन पर कहीं और माउस बटन द्वारा क्लिक कर दें।

7. अब हाईलाइट हटाने के लिए माउस पॉएंटर को **WordPad** डॉक्यूमेंट के अंदर कहीं भी ले जाकर बाएँ माउस बटन को क्लिक करें। टेक्स्ट से हाईलाइट हट जाएगी (चित्र W-5.27)।

चित्र W-5.27

टेक्स्ट को बोल्ड करना (Making Entries in Bold)

मान लीजिए कि आपको कुछ लोगों के सामने अपनी प्रोजेक्ट रिपोर्ट पर बोलना है। पूरे डॉक्यूमेंट में से महत्त्वपूर्ण टेक्स्ट को खोजने के बजाय आप उसे तुरंत ही जान सकते हैं, अगर आपने इसे दूसरे फॉर्मेट में टाइप किया है। इसके लिए एक उपयुक्त फॉर्मेट है **Bold** फॉर्मेट। अगर आप महत्त्वपूर्ण टेक्स्ट को bold कर देते हैं, तो उसे खोजना आसान हो जाता है। अब आप अपने डॉक्यूमेंट के कुछ टेक्स्ट को bold करने की कोशिश करें। उदाहरण के लिए— **MICROSOFT WINDOWS XP** पंक्ति को बोल्ड करें। ऐसा करने के लिए आप इस क्रम का पालन करें—

1. माउस पॉएंटर को **MICROSOFT WINDOWS XP** के बाईं ओर लाएँ (चित्र W-5.28)।

चित्र W-5.28

2. बाएँ माउस बटन को दबाएँ। एक blinking cursor माउस पॉएंटर के साथ आ जाएगा (चित्र W-5.29)।

चित्र W-5.29

3. माउस पॉएंटर को blinking cursor के ऊपर दबाएँ।
4. बाएँ माउस बटन को दबाए रखते हुए माउस को दाईं तरफ तब तक ड्रैग करें, जब तक आप पंक्ति के अंत तक न पहुँच जाएँ। इस तरह से **MICROSOFT WINDOWS XP,** हाईलाइट हो जाएगा (चित्र W-5.30)।

चित्र W-5.30

5. अब माउस पॉएंटर को **Formatting** toolbar के **Bold** बटन (B) पर ले जाएँ और बाएँ माउस बटन को क्लिक करें (चित्र W-5.31)।

चित्र W-5.31

6. **MICROSOFT WINDOWS XP** अब हाईलाइटेड है और बोल्ड फॉर्मेट में दिखाई दे रहा है। आप अपने डॉक्यूमेंट में कहीं भी क्लिक करके हाईलाइट को हटा दें (चित्र W-5.32)।

चित्र W-5.32

किसी भी फॉर्मेटिंग क्रिया, जैसे– centering, underlining, boldfacing, italicizing आदि को करने के लिए आपको सबसे पहले टेक्स्ट की हाईलाइट करना होगा। इस तरह के काम करने के बाद भी टेक्स्ट हाईलाइटेड ही रहेगा (चित्र W-5.31)। इस हाईलाइट को हटाने के लिए डॉक्यूमेंट के अंदर कहीं भी क्लिक करें।

Enter key या किसी भी अन्य key को न दबाएँ, अन्यथा टेक्स्ट डिलीट हो जाएगा।

टेक्स्ट को इटैलिक्स करना (Making Entries in Italics)

Italicizing एक और फॉर्मेटिंग क्रिया है, जो आपको अपनी प्रोजेक्ट रिपोर्ट के महत्त्वपूर्ण टेक्स्ट को जल्दी पढ़ने में मदद करता है। इस प्रक्रिया के अनुसार काम करने के कारण अक्षर थोड़ा तिरछा हो जाता है। आइए, अब हम **WordPad** में बनाए हुए अपने डॉक्यूमेंट के पूरे टेक्स्ट को **Italic** फॉर्मेट में लिखना सीखें। ऐसा करने के लिए आपको निम्नलिखित क्रम के अनुसार चलना होगा–

1. ाउस पॉएंटर को **MICROSOFT WINDOWS Me** की बाईं ओर लाएँ (चित्र W-5.33)।
2. बाएँ माउस बटन को एक बार दबाएँ। ऐसा करने से एक blinking cursor **MICROSOFT WINDOWS Me** के सामने नजर आएगा (चित्र W-5.34)।

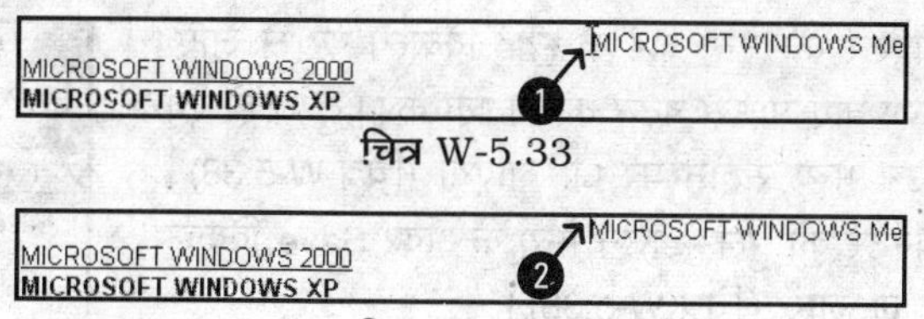

चित्र W-5.33

चित्र W-5.34

3. अब माउस पॉएंटर को blinking cursor पर दबाएँ। बाएँ माउस बटन को दबाए रखते हुए माउस को माउस पैड पर नीचे की ओर लाएँ। ऐसा करने से टेक्स्ट **MICROSOFT WINDOWS .... WINDOWS XP** हाईलाइट हो जाएगा (चित्र W-5.35)।

चित्र W-5.35

4. जब टेक्स्ट हाईलाइटड हो जाए, तो बाएँ माउस बटन को छोड़ दें।
5. माउस पॉएंटर को **Formatting** toolbar पर मौजूद **Italic** बटन (/) पर ले जाएँ (चित्र W-5.36)।

चित्र W-5.36

6. बाएँ माउस बटन को **Italic** बटन (/) पर क्लिक करें। टेक्स्ट Italicized हो जाएगा।
7. टेक्स्ट से हाईलाइट हटाने के लिए माउस पॉएंटर को डॉक्यूमेंट में ले जाकर, बाएँ माउस बटन को क्लिक करें। तुरन्त ही पूरा टेक्स्ट इटैलिक्स में दिखाई देगा (चित्र W-5.37)।

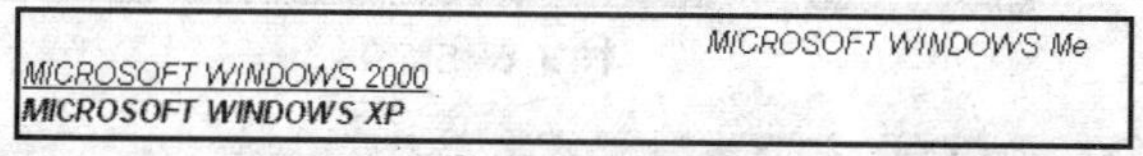

चित्र W-5.37

Centralize, underline, bold एवं italicize फॉर्मेट्स का इस्तेमाल करते हुए, निम्नलिखित टेक्स्ट को ठीक इसी तरह जैसे दिया गया है, टाइप करें-

<u>ASIM CHOUDHRY</u>

TECHNICAL EDITOR

DREAMTECH PRESS

वर्डपैड डॉक्यूमेंट को सेव करना (Saving a WordPad Document)

डॉक्यूमेंट को सेव करने का अर्थ है, इसे अपनी हार्ड–डिस्क पर एक नाम देकर सेव करना। डॉक्यूमेंट को डिस्क पर सेव करने का लाभ यह है कि आप इसका इस्तेमाल भविष्य में भी कर सकते हैं। अपने डॉक्यूमेंट को सेव करने के लिए आप निम्नलिखित क्रम का पालन करें–

1. माउस पॉएंटर को मेन्यू बार के **File** विकल्प पर ले जाएँ।
2. इसके ऊपर बाएँ माउस बटन को क्लिक करें। तुरंत ही एक पुल–डाउन मेन्यू स्क्रीन पर आ जाएगा (चित्र W-5.38)।
3. माउस पॉएंटर को पुल–डाउन मेन्यू के अंदर **Save** विकल्प के ऊपर ले जाएँ (चित्र W-5.38)।
4. बाएँ माउस बटन को **Save** विकल्प पर क्लिक करें। तुरंत ही एक **Save As** बॉक्स आपके स्क्रीन पर नजर आएगा (चित्र W-5.39)। यह बॉक्स आपसे डॉक्यूमेंट के लिए एक नाम देने को कहेगा और फिर पूछेगा कि डॉक्यूमेंट को आप किस फोल्डर में रखना चाहते हैं।

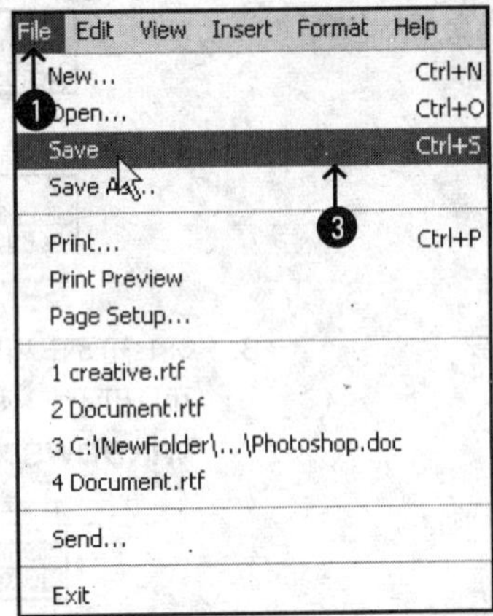

चित्र W-5.38

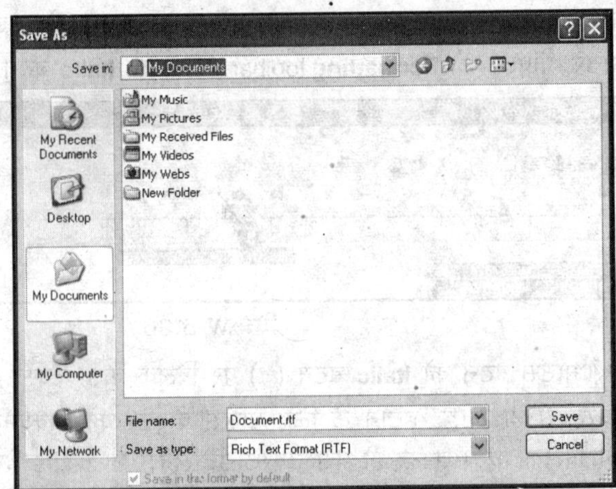

चित्र W-5.39

एक डॉक्यूमेंट को दूसरे डॉक्यूमेंट से अलग रखने के लिए सभी डॉक्यूमेंट्स को एक खास नाम दिया जाना जरूरी है। डॉक्यूमेंट को उसमें लिखे विषय के मुताबिक नाम दें, ताकि आपको इसके कन्टेन्ट्स का पता तुरंत चल जाए।

5. डॉक्यूमेंट को सेव करने के लिए उसे एक नाम देना जरूरी है। आप अपने डॉक्यूमेंट को **Creative** नाम दें और इसे **Desktop** पर सेव करें। ऐसा करने के लिए पहले **Creative** टाइप करें। **File name** विकल्प के साथ वाले बॉक्स में यह नाम लिखा जाएगा (चित्र W-5.40)।
6. अब उस फोल्डर को चुने, जिसमें आप इस फाइल को सेव करना चाहते हैं। आप अपनी फाइल **Desktop** नामक फोल्डर में सेव करें। **Save in** विकल्प के साथ बने बॉक्स में आप एक डाउन ऐरो बटन (▾) देखगे। अपने डाक्यूमेंट को **Desktop** फोल्डर में सेव करने के लिए माउस पॉएंटर को डाउन ऐरो बटन (▾) पर ले जाएँ, जैसा चित्र W-5.41 में दिखाया गया है।

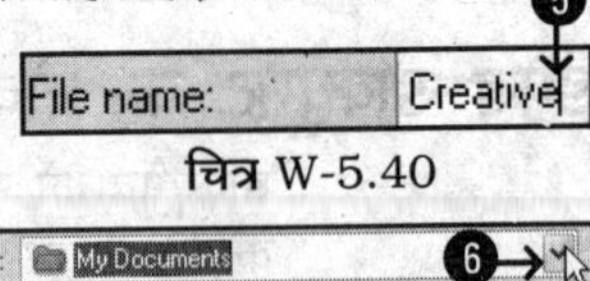

चित्र W-5.40

चित्र W-5.41

7. बाएँ माउस बटन को क्लिक करें। एक पुल डाउन मेन्यू दिखाई देगा (चित्र W-5.42)।
8. पुल–डाउन मेन्यू के अंदर माउस पॉएंटर को **Desktop** विकल्प पर ले जाएँ (चित्र W-5.42)।
9. बाएँ माउस बटन को क्लिक करें। तुरंत ही **Desktop** के कन्टेन्ट्स एक आयताकार बॉक्स के अंदर दिखाई देंगे (चित्र W-5.43)।

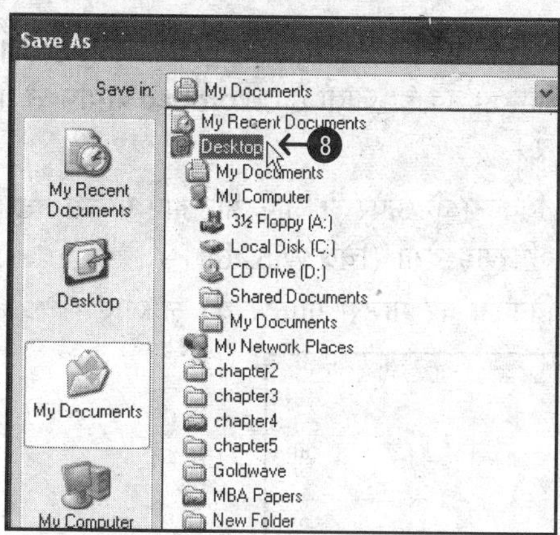

चित्र W-5.42

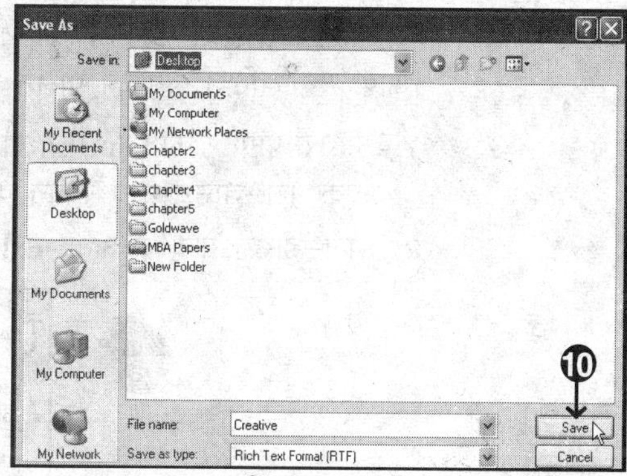

चित्र W-5.43

अपनी फाइल को एक बार सेव कर लेने के बाद भी आप कुछ–कुछ समय पर Ctrl और S keys, को दबाते रहें, ताकि आपकी फाइल नियमित अंतराल में सेव होती रहे।

10. माउस पॉएंटर को **Save** बटन के ऊपर ले जाएँ (चित्र W-5.43) और बाएँ माउस बटन को क्लिक करें। तुरंत ही **Save As** बॉक्स स्क्रीन से हट जाएगा और **WordPad** विंडो के **Title bar** पर **Creative** नाम दिखाई देगा (चित्र W-5.44)।

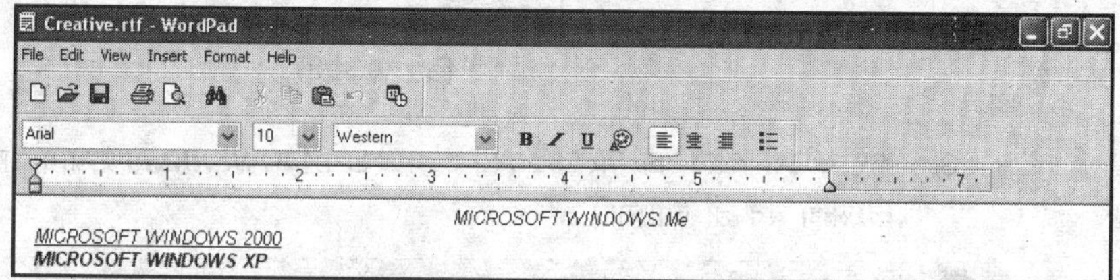

चित्र W-5.44

Note

प्रायः WordPad में बनी फाइलों का कोई extension (एक्सटेंशन) नहीं होता, वह WordPad प्रोग्राम में ही खुलती हैं। लेकिन अगर Microsoft Word आपके सिस्टम में installed है, तब सभी WordPad फाइल्स एक .doc extension के साथ दिखाई देती हैं (चित्र W-5.45)।

चित्र W-5.45

चूँकि Microsoft Word में बनी फाइल्स के साथ extension होता है (इसके बारे में बाद में बताया गया है) अतः ऐसी WordPad फाइलें WordPad प्रोग्राम में खुलने के बजाय केवल Microsoft Word प्रोग्राम में ही खुलेंगी।

डॉक्यूमेंट को बंद करना और वर्डपैड से बाहर आना (Closing a Document and Quitting WordPad)

विभिन्न फॉर्मेटिंग फीचर्स को अब आप भली–प्रकार जान चुके होंगे। अब आप डॉक्यूमेंट को बंद करना और उससे बाहर आना सीखें।

WordPad में डॉक्यूमेंट को बंद करने के लिए अलग से कोई भी विकल्प नहीं होता। जब आप प्रोग्राम से बाहर आते हैं, तो डॉक्यूमेंट अपने आप ही बंद हो जाता है। **WordPad** प्रोग्राम से बाहर आने के लिए आप निम्नलिखित क्रम का पालन करें–

1. माउस पॉएंटर को **File** मेन्यू बार विकल्प के ऊपर ले जाएँ और बाएँ माउस बटन को क्लिक करें। एक पुल–डाउन मेन्यू स्क्रीन पर दिखाई देगा (चित्र W-5.46)।
2. पुल–डाउन मेन्यू के अंदर **Exit** विकल्प पर माउस पॉएंटर को ले जाएँ (चित्र W-5.46)।

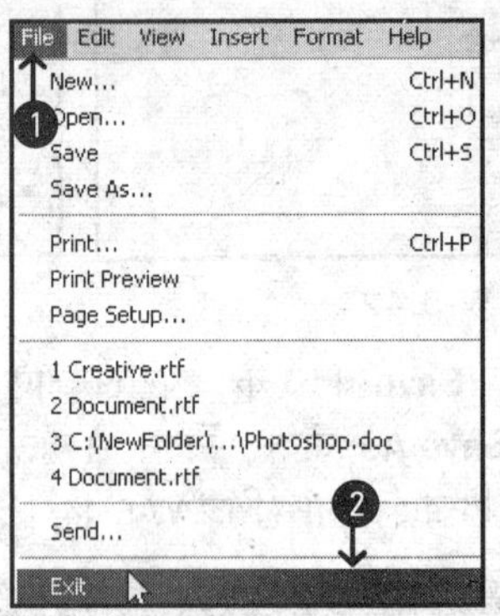

चित्र W-5.46

3. बाएँ माउस बटन को क्लिक करें। आप देखेंगे कि **WordPad** प्रोग्राम आपके डॉक्यूमेंट **Creative** के साथ बंद हो जाएगा।

मान लीजिए कि आपने अपने डॉक्यूमेंट में कुछ बदलाव किया है। अगर आप इन बदलावों को बिना सेव किए Exit विकल्प को चुनते हैं, तब एक Message बॉक्स दिखाई देगा (चित्र W-5.47)। यह आपसे पूछेगा कि आप अपने डॉक्यूमेंट के बदलावों को सेव करना चाहते हैं या नहीं। अगर आप बदलावों को सेव नहीं करना चाहते, तो No बटन पर क्लिक करें, अन्यथा Yes बटन पर क्लिक करें।

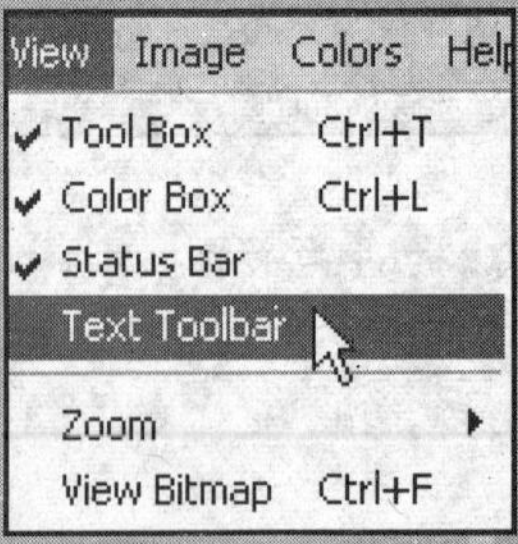

चित्र W-5.47

डॉक्यूमेंट को प्रिंट करना और विंडोज़ से बाहर आना (Printing a Document and Quitting Windows)

जब आप डेस्कटॉप पर अपने डॉक्यूमेंट को सेव करेंगे, तब आपका डॉक्यूमेंट **Creative** एक icon के रूप में डेस्कटॉप के दूसरे icons के साथ दिखाई देगा (चित्र W-5.48)।

किसी भी icon को हाईलाइट करने के लिए बाएँ माउस बटन को उसके चित्र या नाम पर क्लिक करें।

चित्र W-5.48

अब डॉक्यूमेंट **Creative** को डेस्कटॉप से ही प्रिंट करने की कोशिश करें। इसके लिए आप इस क्रम से आगे बढ़ें–

1. माउस पॉइंटर को अपने डेस्कटॉप पर **Creative** icon पर लाएँ।
2. दाएँ माउस बटन को एक बार क्लिक करें। एक पुल–डाउन मेन्यू स्क्रीन पर दिखाई देगा (चित्र W-5.49)।
3. पुल–डाउन मेन्यू के अंदर माउस पॉइंटर को **Print** विकल्प पर लाएँ (चित्र W-5.49) और बाएँ माउस बटन को क्लिक करें। इससे तुरंत ही **WordPad** विन्डो खुल जाएगी और आपका डॉक्यूमेंट **Creative** दिखाई देने लगेगा।

अगर आपके कंप्यूटर पर Microsoft Word प्रोग्राम इन्स्टॉल है, तो WordPad प्रोग्राम में बनें सभी डॉक्यूमेंट Microsoft Word में ही खुलेंगे।

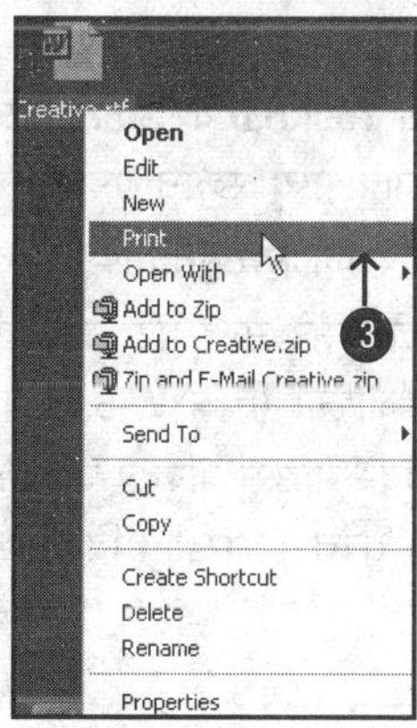

चित्र W-5.49

Message बॉक्स यह बताएगा कि अभी डॉक्यूमेंट प्रिंट हो रहा है। कुछ ही क्षणों के बाद आपका डॉक्यूमेंट प्रिंट हो जाएगा और Message बॉक्स स्क्रीन से हट जाएगा। **WordPad** प्रोग्राम भी बंद हो जाएगा और आप अपने डेस्कटॉप पर वापस आ जाएँगे।

अगर आपके सिस्टम में कोई प्रिंटर installed नहीं है, तब एक Message बॉक्स आपके स्क्रीन पर आएगा, जैसा चित्र W-5.50 में दिख रहा है।

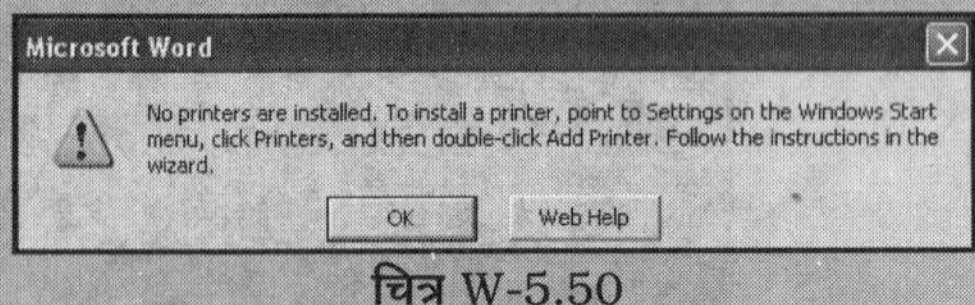

चित्र W-5.50

Message बॉक्स के OK बटन पर क्लिक करें। Message बॉक्स स्क्रीन से हट जाएगा। अगर आप प्रिंटर इन्स्टॉल करना चाहते हैं, तो अध्याय 4 'एक्सप्लोरर में फाइलों को व्यवस्थित करना' के 'प्रिंटर को इन्स्टॉल करना' विषय में दिए गए क्रम का पालन करें।

यहाँ **WordPad** का अध्याय समाप्त होता है। कुछ समय बाद आप Accessories के दूसरे प्रोग्राम पर काम करेंगे, जिसका नाम है **Paint**। अगर आपको विंडोज़ XP से बाहर आना है, तो निम्नलिखित क्रम का पालन करें–

1. **Start** बटन पर क्लिक करें।
2. पुल–डाउन मेन्यू के अंदर **Shut Down** विकल्प पर क्लिक करें।
3. **Yes** बटन पर क्लिक करें। कुछ क्षणों के बाद Message **'It's now safe to turn off your computer'** स्क्रीन पर दिखेगा। अब सिस्टम को बंद कर दें।

पेन्ट प्रोग्राम को शुरू करना (Opening the Paint Program)

आइए, अब आप **Accessories** के एक नए प्रोग्राम में काम करें। आप **Accessories** के **WordPad** प्रोग्राम में काम कर चुके हैं। अब आप दूसरे **Accessories** प्रोग्राम **Paint** में काम करें। यह चित्रों को बनाने और उनमें रंग भरने वाला प्रोग्राम है। इस प्रोग्राम में विभिन्न टूल्स और रंग मौजूद हैं, जिनसे आपके चित्र और सुन्दर दिखेंगे। इस प्रोग्राम को अधिक जानने के लिए आप इसे निम्नलिखित क्रम के अनुसार खोल सकते हैं–

1. माउस पॉएंटर को **Taskbar** के **Start** बटन पर लाएँ और इसके ऊपर बाएँ माउस बटन को क्लिक करें। एक पुश–अप मेन्यू स्क्रीन पर आ जाएगा (चित्र W-5.51)।
2. अब माउस पॉएंटर को **Programs** विकल्प पर ले जाएँ। एक दूसरा मेन्यू दिखाई देगा।
3. माउस पॉएंटर को दूसरे मेन्यू पर ले जाकर **Accessories** विकल्प पर रखें। तुरंत ही स्क्रीन पर तीसरा मेन्यू आ जाएगा (चित्र W-5.51)।
4. तीसरे मेन्यू के अंदर माउस पॉएंटर को **Paint** विकल्प पर ले जाकर बायाँ माउस बटन क्लिक करें (चित्र W-5.51)। तुरंत ही **Paint** विंडो आपके स्क्रीन पर खुल जाएगी (चित्र W-5.52)।

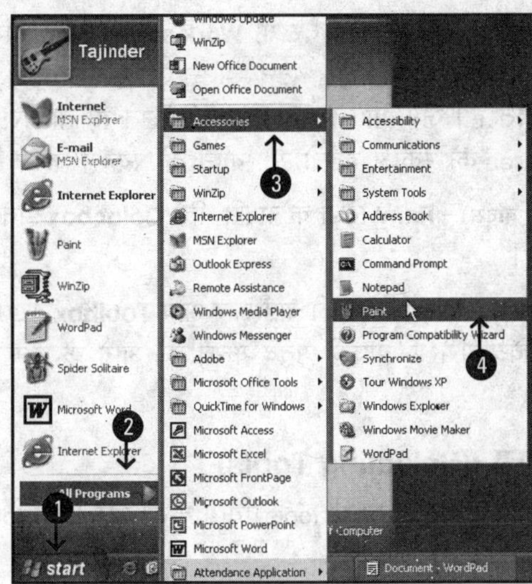

चित्र W-5.51

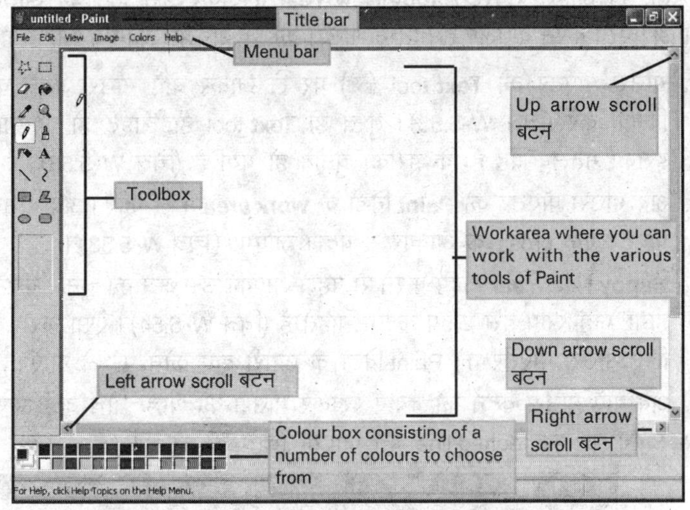

चित्र W-5.52

पेंट प्रोग्राम में काम करना (Working in Paint)

Paint विंडो (चित्र W-5.53) के कई भाग होते हैं। इनका संक्षिप्त विवरण इस प्रकार है–

Title Bar (टाईटल बार) – **Paint** विंडो के सबसे ऊपरी भाग को **Title bar** कहा जाता है। यह bar आमतौर पर प्रोग्राम का नाम और इस समय खुली हुई फाइल का नाम दिखलाता है।

Menu Bar (मेन्यू बार)– यह बहुत सारे विकल्पों जैसे– **File, Edit, View ---- Help** को दिखलता है। आप किसी भी विकल्प का चुनाव उसके ऊपर माउस पॉएंटर ले जाकर, बाएँ माउस बटन को क्लिक करके कर सकते हैं।

Work area (वर्क ऐरिया)– जैसा आप देखेंगे, **Work area, Paint** विंडो का अधिकांश भाग है। स्क्रॉल बटन– बायाँ स्क्रॉल बटन, दायाँ स्क्रॉल बटन, डाउन ऐरो स्क्रॉल बटन और अप ऐरो स्क्रॉल बटन, **Work area** में दिखाई देते हैं। जब आप **Paint** प्रोग्राम खोलते हैं, तो पूरा **Work area** नहीं दिखाई देता। आप पूरे **Work area** को स्क्रॉल बटनों से स्क्रीन को स्क्रॉल करके देख सकते हैं।

Color box (कलर बॉक्स)– **Paint** विंडो के सबसे नीचे **Color box** होता है। यहाँ से आप अपना मनपसंद रंग चुन सकते हैं।

Toolbox (टूल बॉक्स)– **Workarea** की बाईं ओर आप **Toolbox** देखेंगे, जिसमें विभिन्न प्रकार के tools होते हैं। वे tool चित्रकारी में आपकी मदद करते हैं। आगे के भाग में हम इन tools से काम करना सीखेंगे।

टूल्स का चयन करना (Selecting Tools)

Paint प्रोग्राम में आपको कई तरह के tools प्रयोग करने होंगे। इन tools से काम करने का तरीका इस प्रकार है–

Text tool (A)– **Text** tool स्क्रीन पर कोई भी टेक्स्ट लिखने में आपकी मदद करता है। आइए, टेक्स्ट **Happy New Year** लिखकर इस tool को अधिक समझें। ऐसा करने के लिए हमें निम्नलिखित क्रम के अनुसार काम करना होगा–

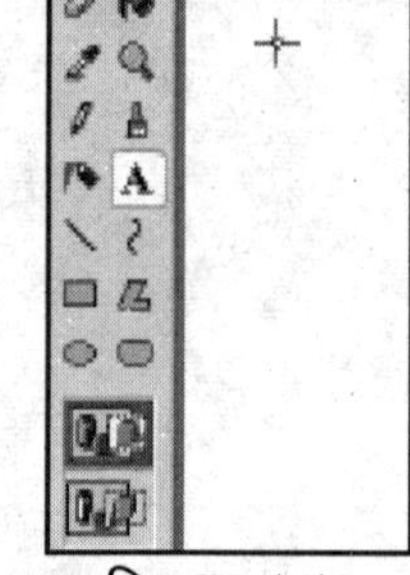

चित्र W-5.53

1. माउस पॉइंटर को **Text** tool (A) पर ले जाकर बाएँ माउस बटन को क्लिक करें (चित्र W-5.53)। तुरंत ही **Text** tool हाईलाइट हो जाएगा। इसका मतलब यह है कि इसका चुनाव हो गया है (चित्र W-5.53)।
2. अब माउस पॉइंटर को **Paint** विंडो के **work area** में ले जाएँ। अब माउस पॉइंटर एक cross के आकार में बदल जाएगा (चित्र W-5.53)।
3. **Happy New Year** टाइप करने से पहले आपको उस क्षेत्र का चुनाव करना होगा, जहाँ आप इसे टाइप करना चाहते हैं (चित्र W-5.54)। ऐसा करने के लिए माउस पॉइंटर को Paint विंडो के ऊपरी बाएँ कोने पर ले जाएँ।
4. अब बाएँ माउस बटन को दबाए रखकर माउस को थोड़ा नीचे दाईं ओर ड्रैग करें। इससे आपके स्क्रीन पर एक dotted line बन जाएगी (चित्र W-5.54)।

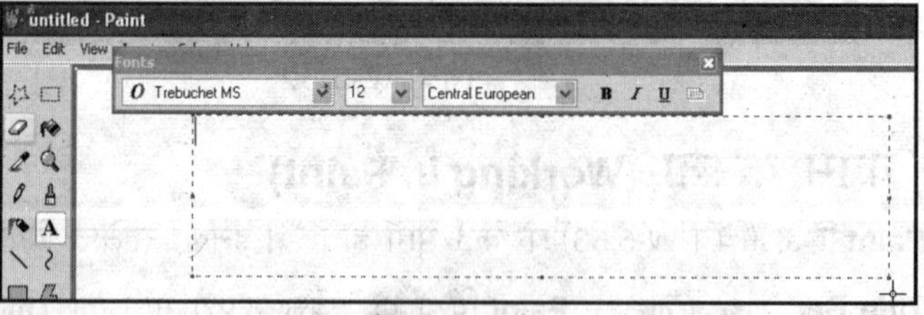

चित्र W-5.54

5. बाएँ माउस बटन को दबाए रखकर माउस पॉइंटर को इस प्रकार ड्रैग करें कि dotted बॉक्स इतना बड़ा हो जाए कि उसमें **Happy New Year** टेक्स्ट सरलता से आ जाए (चित्र W-5.55)।
6. जब एक बार आपने जब जरूरत के अनुसार dotted बॉक्स बना लिया है (चित्र W-5.56), तब बायाँ माउस बटन छोड़ दें। तुरंत ही एक **Text** toolbar आपके स्क्रीन पर दिखाई देगा (चित्र W- 5.56)।

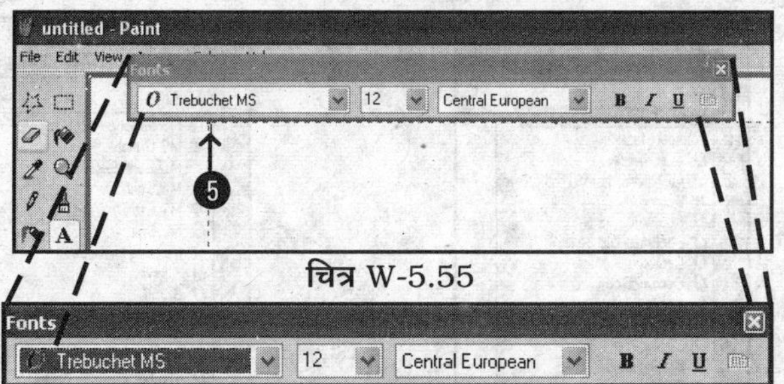

चित्र W-5.55

चित्र W-5.56

अगर Text toolbar खुद दिखाई न दे, तब आप इसे स्क्रीन पर इस प्रकार ला सकते हैं–

1. माउस पॉएंटर को मेन्यू बार के View विकल्प पर ले जाकर बायाँ माउस बटन क्लिक करें। एक पुल–डाउन मेन्यू दिखाई देगा।
2. पुल–डाउन मेन्यू के अंदर माउस पॉएंटर को Text Toolbar विकल्प पर ले जाकर बायाँ माउस बटन क्लिक करें (चित्र W-5.57)। तुरंत ही Text toolbar स्क्रीन पर दिखाई देगी।

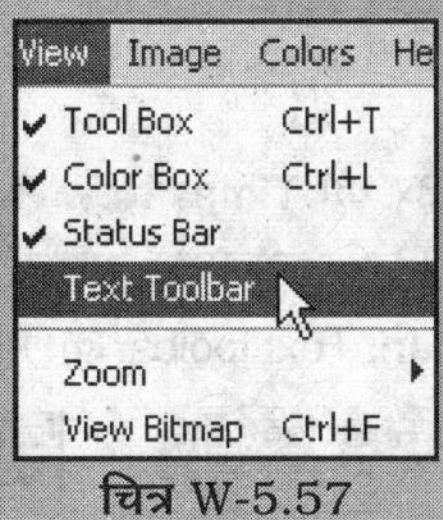

चित्र W-5.57

फॉन्ट को चुनना (Choosing a Font)

लिखे हुए टेक्स्ट के लिए हम विभिन्न fonts (शब्द लिखने की शैलियाँ) का उपयोग कर सकते हैं। यह Fonts, **Text** toolbar में **Fonts** बॉक्स में स्थित रहते हैं। आइए अब अपने टेक्स्ट के लिए किसी फॉन्ट का चयन करके देखते हैं–

1. **Text** toolbar के **Fonts** बॉक्स के डाउन ऐरो बटन (▾) पर माउस पॉएंटर को लाकर बायाँ माउस बटन क्लिक करें। तुरंत ही एक पुल–डाउन मेन्यू दिखाई देगा (चित्र W-5.58)।

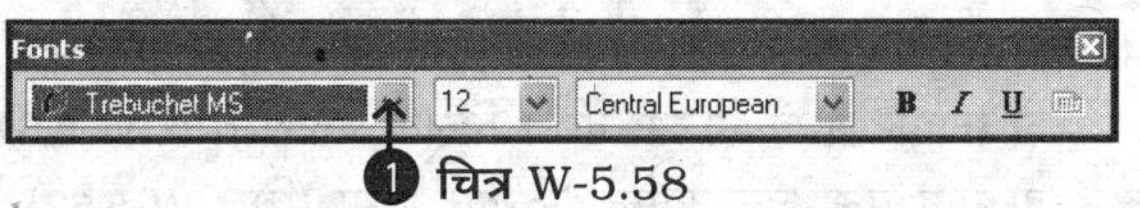

चित्र W-5.58

2. पुल–डाउन मेन्यू के अंदर आइए अब **Times New Roman** फॉन्ट का चुनाव करें। हमार उदाहरण में पुल–डाउन मेन्यू में **Times New Roman** नहीं दिखाई दे रहा है। इसे ढूँढ़ने के लिए डाउन ऐरो स्क्रॉल बटन (▾) का प्रयोग करें (चित्र W-5.59)।
3. बाएँ माउस बटन को तब तक क्लिक करते रहें, जब तक **Times New Roman** दिखाई नहीं दे।

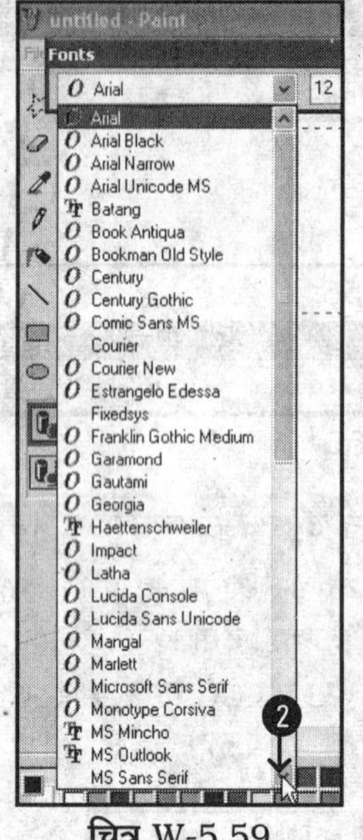

चित्र W-5.59

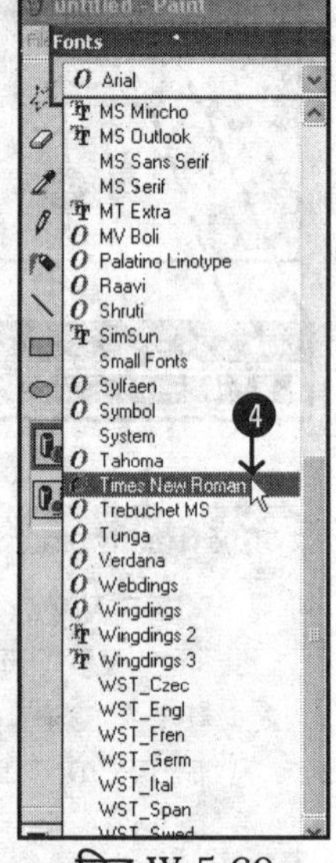

चित्र W-5.60

4. माउस पॉएंटर को **Times New Roman** फॉन्ट (चित्र W- 5.60) पर ले जाकर बायाँ माउस बटन क्लिक करें। तुरंत ही पुल–डाउन मेन्यू गायब हो जाएगा और चुने गए फॉन्ट का नाम– **Times New Roman,** Text toolbar के Fonts बॉक्स में दिखाई देगा (चित्र W-5.61)।

चित्र W-5.61

फॉन्ट के आकार को चुनना (Choosing a Font Size)

दूसरे बॉक्स का इस्तेमाल अक्षरों के आकार को बदलने के लिए होता है। यह **Font size** बॉक्स है। यह बॉक्स (चित्र W-5.61) टाइप किए जाने वाले अक्षरों के आकार को दिखलाता है। अभी इस बॉक्स में **8** लिखा दिखाई दे रहा है। आप इसे बदलकर **12** करें। ऐसा करने के लिए निम्नलिखित क्रम का पालन करें–

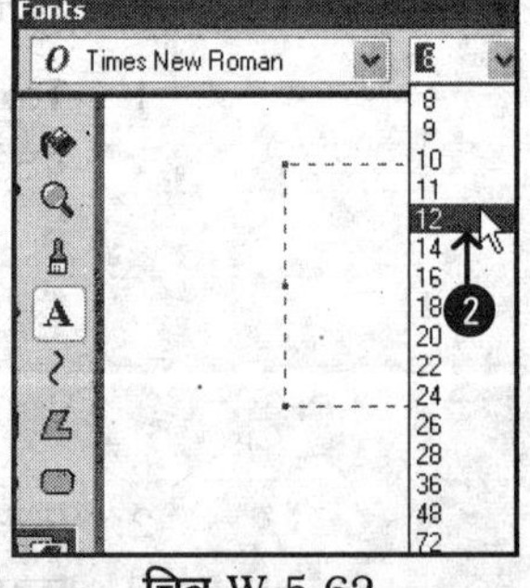

चित्र W-5.62

1. माउस पॉएंटर को **Font size** बॉक्स के डाउन ऐरो बटन (▾) पर ले जाकर बायाँ माउस बटन क्लिक करें (चित्र W- 5.61)। तुरंत ही एक पुल–डाउन मेन्यू दिखाई देगा (चित्र W-5.62)।
2. इस मेन्यू के अंदर माउस पॉएंटर को आकार **12** पर ले जाकर बायाँ माउस बटन क्लिक करें। तुरंत ही पुल–डाउन मेन्यू गायब हो जाएगा और **Font size** बॉक्स के अंदर **12** दिखाई देगा (चित्र W-5.63)।

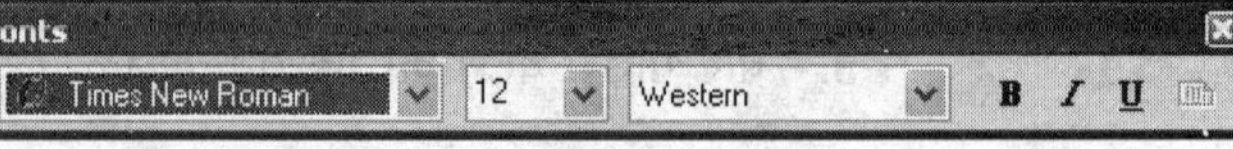

चित्र W-5.63

टेक्स्ट का स्टाइल बदलना (Adding Styles to the Text)

Font style के लिए **Text** toolbar में तीन बटन होते हैं— **Bold** बटन, **Italic** बटन और **Underline** बटन। Font और उसके आकार का चुनाव कर लेने के बाद अब आप टाइप किए जाने वाले टेक्स्ट **Happy New Year** के स्टाइल का चुनाव करें। ऐसा करने के लिए आप निम्नलिखित क्रम से काम करें—

1. चित्र W-5.64 की तरह माउस पॉइंटर को **Bold** बटन पर ले जाकर बायाँ माउस बटन क्लिक करें। तुरंत ही **Bold** बटन (B) दबा दिखाई देगा (चित्र W-5.64)।

चित्र W-5.64

अगर Bold बटन पहले से दबा हुआ है, तो क्रम 2 से आगे बढ़ें। अगर Italic बटन चुना हुआ है, तो क्रम 3 से आगे बढ़ें। अगर Underline बटन दबा हुआ है, तो क्रम 4 से आगे बढ़ें।

2. अब माउस पॉइंटर को **Italic** बटन (I) (चित्र W-5.65) पर ले जाकर बायाँ माउस बटन क्लिक करें। तुरंत ही **Italic** बटन हाईलाइट हो जाएगा (चित्र W-5.65)।

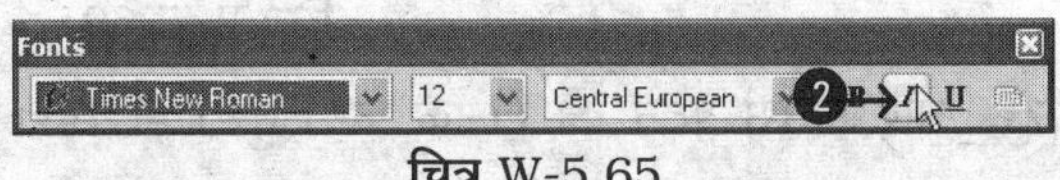

चित्र W-5.65

3. माउस पॉइंटर को **Underline** बटन (U) (चित्र W- 5.66) पर ले जाकर बायाँ माउस बटन क्लिक करें। **Underline** बटन हाईलाइट हो जाएगा (चित्र W-5.66)।

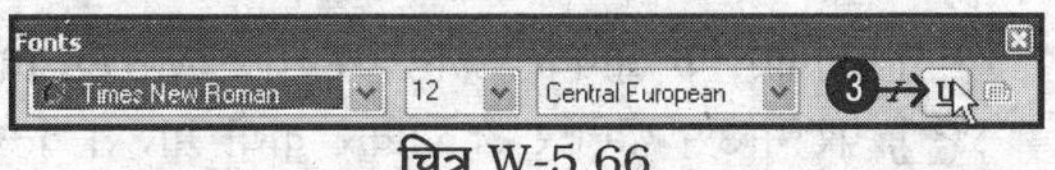

चित्र W-5.66

यह जरूरी नहीं है कि Text toolbar के अंदर के सभी स्टाइल को चुना जाए, जैसा आपने अभ्यास में किया है। यह चुनाव आपकी जरूरत पर निर्भर करता है।

4. अपने टेक्स्ट के लिए सभी विकल्पों का चुनाव कर लेने के बाद अब आप टेक्स्ट Happy New Year टाइप करें। इसके लिए सबसे पहले माउस पॉइंटर को dotted बॉक्स के अंदर ले जाकर बायाँ माउस बटन क्लिक करें। तुरंत ही एक blinking cursor dotted बॉक्स के अंदर नजर आएगा (चित्र W-5.67)।

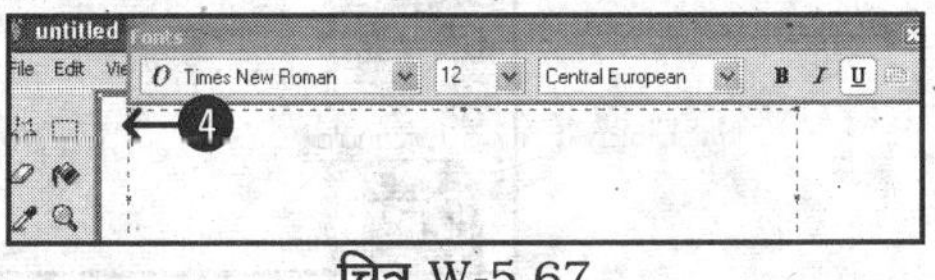

चित्र W-5.67

Happy New Year के अक्षर H, N और Y को बड़े अक्षरों में टाइप करने के लिए Shift key को दबाए रखें।

5. अब टेक्स्ट **Happy New Year** टाइप करें। टेक्स्ट dotted बॉक्स के अंदर नजर आएगा (चित्र W-5.68)। आप देखेंगे कि टाइप किया हुआ टेक्स्ट चुने गए फॉर्मेट (फॉण्ट- Times New Roman, size–12, bold, underline और italic स्टाइल) में दिखेगा।

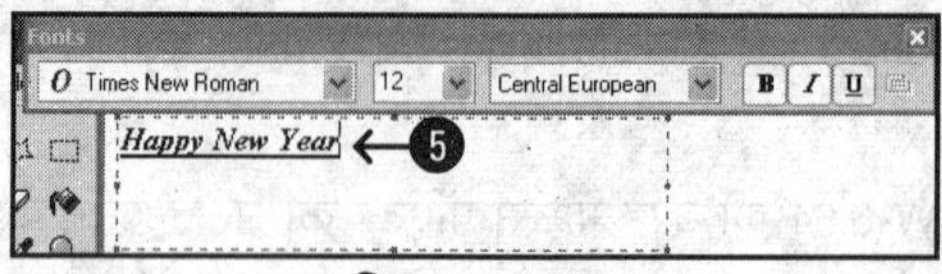

चित्र W-5.68

अब आप Tool बॉक्स के दूसरे tool यानि **Rectangle** tool से काम करें। लेकिन इससे पहले यह अच्छा होगा कि आप **Text** toolbar को स्क्रीन से हटा दें। ऐसा करने के लिए आपको निम्नलिखित प्रक्रिया के अनुसार बढ़ना होगा–

6. **Text** toolbar के **Title bar** पर उपस्थित **Close** बटन (☒) पर माउस पॉइंटर को ले जाएँ (चित्र W-5.69)।

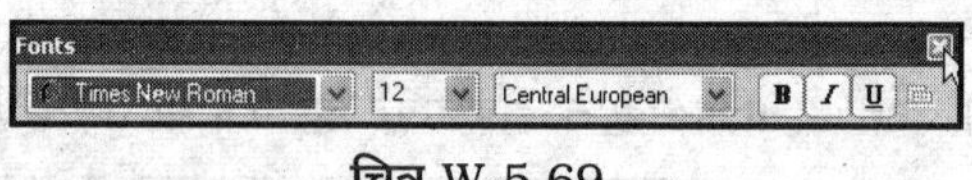

चित्र W-5.69

7. बाएँ माउस बटन को क्लिक करें। तुरंत ही **Text** toolbar गायब हो जाएगा।

Rectangle Tool (▭)- यह किसी भी आकार के वर्ग (square) या आयत (rectangle) बॉक्स को बनाने में आपकी मदद करता है। आइए, अब आप इस tool से काम करना सीखें। इसके लिए आपको निम्नलिखित क्रम का पालन करना होगा–

1. मान लीजिए कि आपके स्क्रीन पर चित्र W-5.68 दिख रहा है। Tool बॉक्स के **Rectangle** tool (▭) पर माउस पॉइंटर ले जाकर बायाँ माउस बटन क्लिक करें (चित्र W-5.70)।

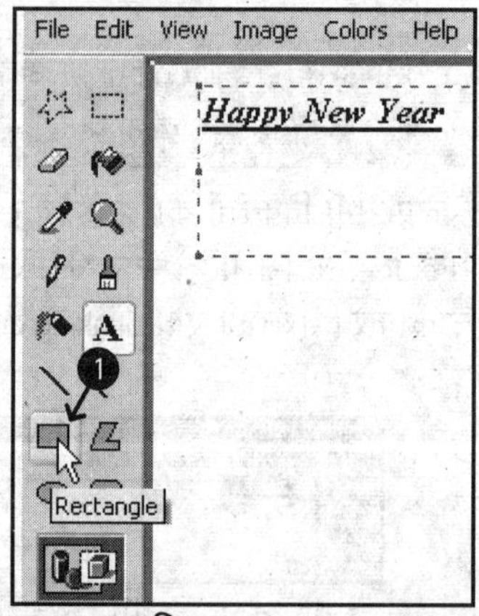

चित्र W-5.70

2. अब **Paint** प्रोग्राम के **work area** में माउस पॉइंटर को ले जाएँ और बायाँ माउस बटन क्लिक करें। Cursor तुरंत ही क्रॉस के आकार में बदल जाएगा।

3. बाएँ माउस बटन को दबाए रखकर माउस को इस प्रकार ड्रैग करें कि **work area** में आयत (rectangle) दिखे (चित्र W-5.71)।
4. जब इच्छित आकार का आयत (rectangle) बन जाए, तब बायाँ माउस बटन छोड़ दें (चित्र W-5.71)।

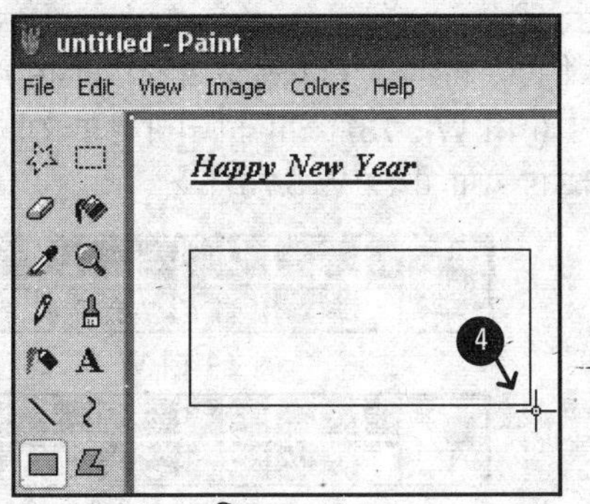

चित्र W-5.71

आइए, अब आप **Ellipse** tool का प्रयोग कर के वृत्त (circle) बनाएँ। यदि आप वृत्त (circle) की रंगीन लाइन चाहते हैं, तो वृत्त (circle) बनाने से पहले रंग का चुनाव कर लें। इसके लिए आपको **color box** से रंग को चयन करना सीखना होगा।

रंगों का चयन (Selecting Colors)

Color बॉक्स मनपसंद रंग से चित्र बनाने या उनमें रंग भरने में आपकी मदद करता है। Color बॉक्स में विभिन्न तरह के रंग होते हैं। रंग चुनने के लिए आप निम्नलिखित क्रम के अनुसार कार्य करें—

1. माउस पॉएंटर को अपेक्षित रंग (हमारे उदाहरण में Dark Grey रंग, जो Color बॉक्स की पहली पंक्ति और दूसरे कॉलम में उपस्थित है) के ऊपर ले जाएँ (चित्र W-5.72)।

चित्र W-5.72

2. बायाँ माउस बटन क्लिक करें।
3. आपने जो रंग चुना है, वह Selected Color बॉक्स में दिखेगा (चित्र W-5.73)।

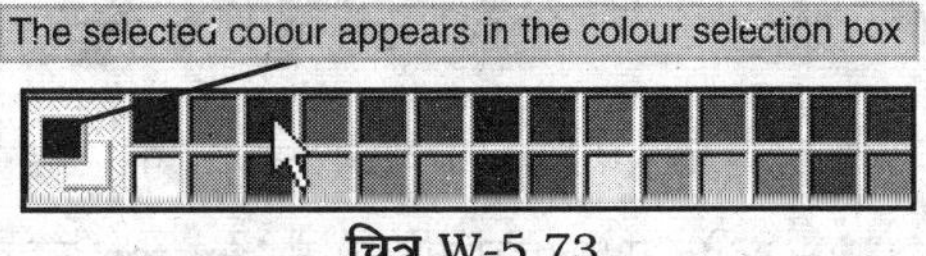

चित्र W-5.73

इसी तरह से आप दूसरे रंगों को भी चुन सकते हैं। आइए, अब आप चुने हुए रंग से **Ellipse** tool का प्रयोग करके वृत्त (circle) बनाए–

Ellipse Tool ( )– इस tool का प्रयोग करके स्क्रीन पर किसी भी त्रिज्या (Radius) का वृत्त (circle) बनाया जा सकता है। स्क्रीन पर रंगीन वृत्त (circle) बनाने के लिए दी गई प्रक्रिया के अनुसार काम करें –

1. चित्र W-5.74 के अनुसार माउस पॉएंटर को **Ellipse** tool (⬭)पर ले जाकर बायाँ माउस बटन क्लिक करें। अब **Ellipse** tool हाईलाइटेड दिखेगा और कर्सर क्रॉस में बदल जाएगा।
2. आइए, अब वृत्त (circle)की लाइन के लिए रंग का चुनाव करें। ऐसा करने के लिए माउस पॉएंटर को color बॉक्स पर लाएँ और मनपसंद रंग के ऊपर क्लिक करें। उदाहरण के लिए– हम पहली पंक्ति के अंतिम कॉलम में उपस्थित रंग पर क्लिक कर सकते हैं (चित्र W-5.75)। आपका चुना हुआ रंग तुरंत ही Selected color बॉक्स में दिखाई देगा (चित्र W-5.76)।

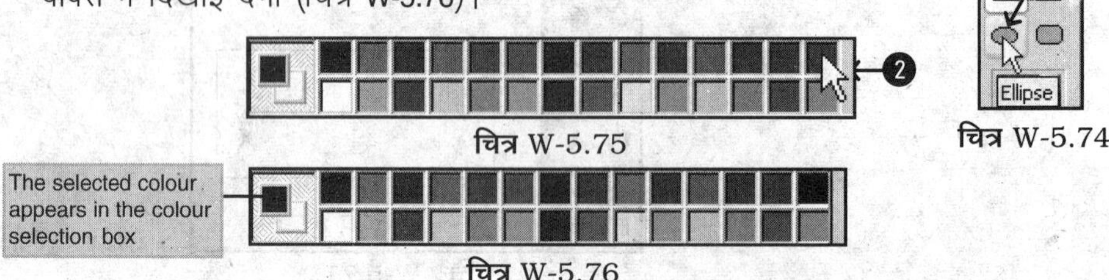

चित्र W-5.74

चित्र W-5.75

चित्र W-5.76

3. आपने **Ellipse** tool और मनपसंद रंग का चयन कर लिया है। आइए, अब आप इससे स्क्रीन पर वृत्त (circle) बनाएँ। ऐसा करने के लिए क्रॉस के आकार का cursor, जो **Ellipse** tool का चुनाव करने के बाद से दिखाई पड़ रहा है, को **Paint** विंडो के **work area** पर ले जाएँ।
4. बाएँ माउस बटन को दबाए रखकर माउस को इस प्रकार ड्रैग करें कि वृत्त (circle) बन जाए (चित्र W-5.77)। आप अपनी इच्छानुसार किसी भी साइज़ की radius का वृत्त (circle) बना सकते हैं।

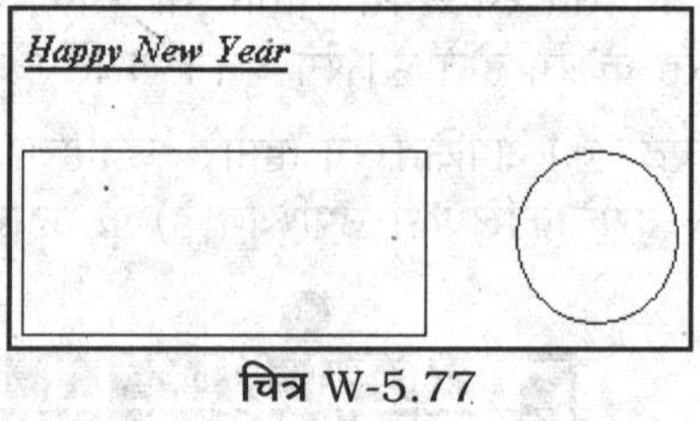

चित्र W-5.77

5. अपेक्षित वृत्त (circle) बनाने के बाद माउस बटन को छोड़ दें।

Paint विंडो कई तरह के tools को दिखलाता है, जिससे आप विभिन्न चित्र बना सकते हैं। किसी tool का नाम देखने के लिए माउस पॉएंटर को उस tool पर ले जाएँ। कुछ क्षणों के बाद माउस पॉएंटर के नीचे एक छोटे–से बॉक्स में tool का नाम दिखेगा।

आइए, अब आप **Line** tool का प्रयोग करके स्क्रीन पर लाइन खींचना सीखें।

Line Tool (▭)– स्क्रीन पर लाइन खींचने में **Line** tool मदद करता है। इसके अलावा **Width** बॉक्स के विकल्पों का प्रयोग करके आप लाइन को मोटा या पतला कर सकते हैं। **Line** tool का प्रयोग करने के लिए आपको दिए गए क्रम के अनुसार कार्य करना होगा –

1. माउस पॉएंटर को **Line** tool (⧅) के ऊपर ले जाकर बाएँ माउस बटन को क्लिक करें (चित्र W-5.78)। जैसे ही आप **Line** tool पर क्लिक करते हैं, वैसे ही यह हाईलाइट हो जाता है और **Width** बॉक्स में विभिन्न width (चौड़ाई) भी दिखने लगती है (चित्र W-5.79)।

2. अब माउस पॉएंटर को इच्छित चौड़ाई पर ले जाएँ। उदाहरण के लिए– यदि आप मोटी लाइन बनाना चाहते हैं, तो माउस पॉएंटर को **Width** बॉक्स की तीसरी width पर ले जाकर बायाँ माउस बटन क्लिक करें (चित्र W-5.79)।
3. **Work area** के अंदर माउस पॉएंटर को ले जाकर बायाँ माउस बटन क्लिक करें।

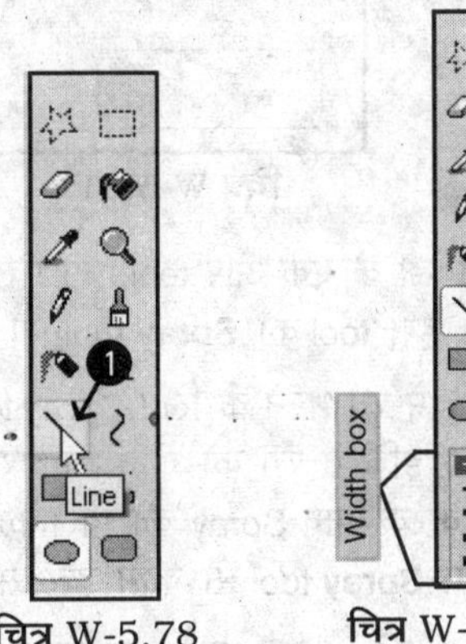

चित्र W-5.78 चित्र W-5.79

4. बाएँ माउस बटन को दबाए रखकर माउस को माउस पैड पर ड्रैग करें। आप देखेंगे कि स्क्रीन पर इच्छित चौड़ाई की लाइन बन रही है (चित्र W-5.80)। अब बायाँ माउस बटन छोड़ दें।

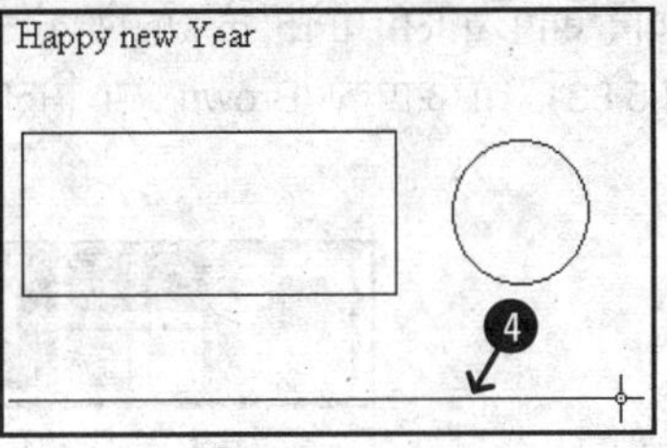

चित्र W-5.80

अब आपने विभिन्न तरह के चित्रों को स्क्रीन पर बनाना सीख लिया है। अब आप नीचे दिया गया कार्याभ्यास करें।

Paint विंडो के अंदर काले रंग का Rounded Rectangle कैसे बनाएँ?

- **Rounded Rectangle** tool (▭) पर क्लिक करें।
- **Color** बॉक्स के काले रंग पर क्लिक करें।
- माउस पॉएंटर को **work area** में ले जाएँ।
- बाएँ माउस बटन को दबाए रखकर माउस को माउस पैड पर नीचे दाईं ओर rounded rectangle बनाने के लिए ड्रैग करें।
- Rounded rectangle बनाने के बाद बायाँ माउस बटन छोड़ दें।
- अब स्क्रीन पर एक आयत (rectangle), वृत्त (circle), लाइन (line) और rounded rectangle आपको दिखेंगे (चित्र W-5.81)।

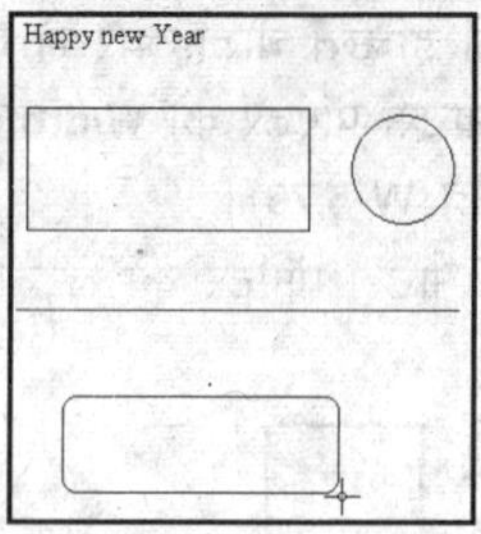

चित्र W-5.81

आइए, अब आप **Paint** विंडो के एक और tool, जो चित्र W-5.81 की आकृत्तियों में रंग भरने में मदद करेगा, के बारे में जानें। इस tool को **Spray** tool या **Air Brush** tool कहा जाता है।

Spray Tool (▪)- आकृति में रंग भरने के लिए **Spray** tool का प्रयोग किया जाता है। यह tool आपकी अपेक्षित आकृति में आपके इच्छित रंग को गोल आकार के बिंदुओं में स्प्रे करता है। **Paint** प्रोग्राम के **Width** बॉक्स का प्रयोग करके आप Spray की गोलाकार बिन्दुओं का आकार बढ़ा या घटा सकते हैं। निम्नलिखित क्रम से आप **Spray** tool से काम कर सकते हैं–

1. माउस पॉएंटर को **Spray** tool (▪) पर ले जाकर बाएँ माउस बटन को क्लिक करें (चित्र W-5.82)। **Spray** tool हाईलाइट हो जाएगा।
2. अब माउस पॉएंटर को **Color** बॉक्स में अपने इच्छिंत रंग पर ले जाएँ। उदाहरण के लिए– यदि आप पहली पंक्ति के तीसरे कॉलम के रंग पर क्लिक करते हैं (चित्र W-5.83), तो आपको Brown रंग मिलेगा।

चित्र W-5.83

चित्र W-5.82

3. रंग का चुनाव कर लेने के बाद अब आप **Spray** tool के लिए चौड़ाई (Width) का चुनाव करें। ऐसा करने के लिए माउस पॉएंटर को **Width** बॉक्स के तीसरे width पर ले जाएँ (चित्र W-5.84) और बायाँ माउस बटन क्लिक करें।
4. माउस पॉएंटर को **rounded rectangle** के अंदर ले जाकर बायाँ माउस बटन दबाएँ।
5. माउस को दबा कर माउस पैड पर इस प्रकार ड्रैग करें कि rounded rectangle में रंगों का स्प्रे दिखाई दे (चित्र W-5.85)। माउस को दबाए रखकर इस प्रकार तब तक ड्रैग करें, जब तक पूरा rounded rectangle रंग से न भर जाए (चित्र W-5.85)। इसी तरह rounded rectangle को दूसरे रंग से भरने का प्रयास करें।

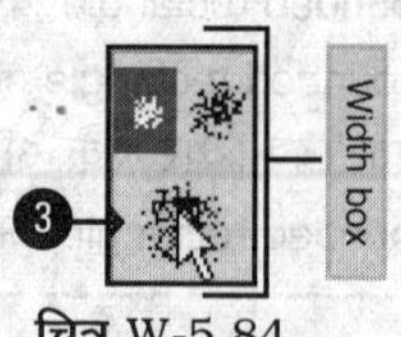

चित्र W-5.84

चित्र W-5.85

Filler Tool (🖌)— इसका प्रयोग किसी चित्र में किसी भी रंग को तुरंत भरने के लिए किया जाता है। इस tool का प्रयोग करते समय रंग भरने के लिए आपको माउस को ड्रैग करने की जरूरत नहीं है। आपने इस tool का चयन कर लिया है, अब आपको सिर्फ उस आकृत्ति में क्लिक करना होगा, जिसमें रंग भरना है। आकृत्ति चुने हुए रंग से भर जाएगी। Filler tool से काम करने के लिए आपको निम्नलिखित क्रम के अनुसार काम करना होगा –

1. माउस पॉएंटर को **Filler** tool (🖌) पर लाकर बायाँ माउस बटन क्लिक करें (चित्र W-5.86)।

चित्र W-5.86

2. माउस पॉएंटर को **color** बॉक्स के किसी भी रंग पर लाएँ और बायाँ माउस बटन क्लिक करें। उदाहरण के लिए– पहली पंक्ति के दूसरे कॉलम के रंग पर क्लिक करें (चित्र W-5.87)।

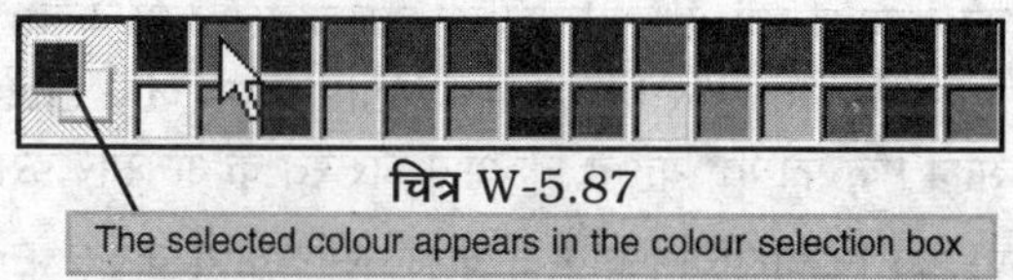

चित्र W-5.87

The selected colour appears in the colour selection box

3. अब मान लीजिए कि स्क्रीन पर दिख रहे आयत (rectangle) में आप रंग भरना चाहते हैं। ऐसा करने के लिए आप माउस पॉएंटर को rectangle के अंदर ले जाएँ।
4. बाएँ माउस बटन को एक बार क्लिक करें। तुरंत ही rectangle चुने हुए रंग से भर जाएगा (चित्र W-5.88)।

चित्र W-5.88

अब आप निम्नलिखित कार्याभ्यास करें –

Brush Tool का प्रयोग करके काले रंग से वृत्त (circle) को कैसे भरें?

- **Brush** tool (🖌) पर क्लिक करें।
- **Color** बॉक्स के काले रंग पर क्लिक करें।
- **Tool box** के नीचे विभिन्न आकार के ब्रश दिए हुए हैं, उनमें से पहले आकार पर क्लिक करें।
- माउस पॉएंटर को वृत्त (circle) के अंदर ले जाएँ।
- बाएँ माउस बटन को दबाकर माउस को इस प्रकार ड्रैग करें कि चुना हुआ रंग वृत्त (circle) के अंदर दिखे।

- अब चुने हुए रंग से पूरे वृत्त (circle) को भर लें। अब बाएँ माउस बटन को छोड़ दें।

यह काम करने के बाद **Paint** विंडो चित्र W-5.89 की तरह दिखेगी –

चित्र W-5.89

Eraser Tool ( )– आकृति खींचने के समय आपसे गलती हो सकती है। ऐसी स्थिति में **Eraser** tool आपकी मदद करता है। आमतौर पर कागज पर काम करते समय आप पेन्सिल के चिन्ह को हटाने के लिए रबर का प्रयोग करते हैं। **Paint** प्रोग्राम में यह कार्य **Eraser** tool करता है। सामान्य रबर की तुलना में इसका एक फायदा यह है कि आप जरूरत के अनुसार इस **Eraser** tool का आकार बदल सकते हैं।

आइए, अब निम्नलिखित प्रक्रिया के अनुसार कार्य करके Eraser Tool को समझने का प्रयास करें–

1. माउस पॉएंटर को **Eraser** tool ( ) पर ले जाकर क्लिक करें (चित्र W-5.90)। तुरंत ही tool हाईलाइट हो जाएगा आप **Width** बॉक्स में **Eraser** के विभिन्न आकार भी देखेंगे (चित्र W-5.91)। इनके ऊपर क्लिक करके आप इच्छित आकार का चयन कर सकते हैं। उदाहरण के लिए– आप तीसरा आकार चुनें।

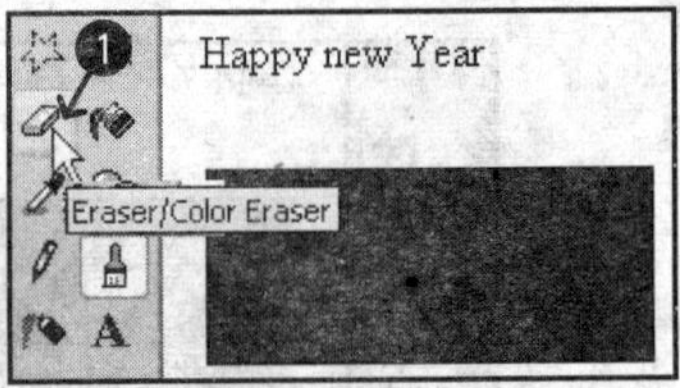

चित्र W-5.90

2. तीसरा आकार चुनने के लिए माउस पॉएंटर को इसके ऊपर ले जाकर बाएँ माउस बटन को क्लिक करें। तुरंत ही तीसरा आकार हाईलाइट हो जाएगा (चित्र W-5.91)।

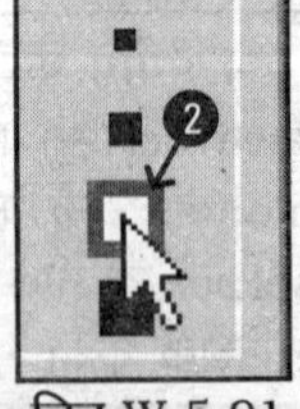

चित्र W-5.91

3. आइए, अब चित्र W-5.92 के स्क्रीन से वृत्त (circle) को हटाएँ। ऐसा करने के लिए माउस पॉएंटर को **Paint** विंडो के **work area** पर ले जाएँ।

4. अब इसे वृत्त (circle) के ऊपर ले जाएँ। आप देखेंगे कि cursor छोटे वर्ग (square) के रूप में दिखाई देगा।
5. अब बाएँ माउस बटन को दबाए रखकर माउस को माउस पैड पर ड्रैग करें। आप देखेंगे कि माउस पॉएंटर **Eraser** का आकार लेकर जैसे–जैसे घूम रहा है, वैसे–वैसे वृत्त (circle) मिट रहा है (चित्र W-5.92)। बाएँ माउस बटन को दबाए रखकर माउस को तब तक घुमाते रहें, जब तक वृत्त (circle) मिट नहीं जाता है।

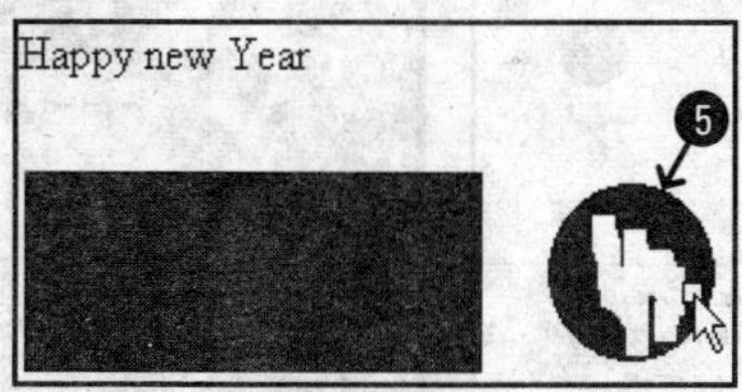

चित्र W-5.92

अब मिटाने की प्रक्रिया का अभ्यास करने के लिए नीचे दिया गया कार्याभ्यास करें–

चित्र **W-5.92 से टेक्स्ट Happy New Year कैसे हटाएँ?**

- **Eraser** tool (▱) पर क्लिक करें।
- **Width** बॉक्स के अंदर चौथी width, जिसका आकार सबसे बड़ा है, पर क्लिक करें।
- माउस पॉएंटर को टेक्स्ट **Happy New Year** पर ले जाएँ।
- बाएँ माउस बटन को दबाए रखकर माउस पॉएंटर को टेक्स्ट पर ड्रैग करें।
- जब टेक्स्ट पूरी तरह से हट जाए, तो बाएँ माउस बटन को छोड़ दें।

आपने यह देखा होगा कि जब आप विभिन्न Tools का चयन करते हैं, तब cursor भी विभिन्न आकार में बदल जाता है।

उदाहरण के लिए– Rectangle, Ellipse, Line या Rounded rectangle का चयन करने पर यह cursor, क्रॉस (cross) आकार में बदल जाता है।

Spray tool का चयन करने पर कर्सर Spray bottle में बदल जाता है। Filler tool का चयन करने पर कर्सर tilted bottle में बदल जाता है। इसी तरह Eraser tool का चयन करने पर कर्सर, square आकृति में बदल जाता है।

यदि आप गलती से आकृति का कुछ भाग डिलीट कर देते हैं, तो इसे वापस लाने के लिए Edit मेन्यू बार विकल्प पर क्लिक करें। पुल–डाउन मेन्यू के विकल्पों में से Undo विकल्प चुन लें।

पेंट फाइल को सेव करना (Saving a Paint File)

एक बार जब आपने सभी आकृतियों को अंतिम रूप दे दिया है, तो जरूरत पड़ने पर बाद में देखने के लिए आप अपनी फाइल को सेव कर सकते हैं। एक फाइल को दूसरी फाइल से अलग करने के लिए प्रत्येक फाइल का अलग नाम होना चाहिए। आप अपनी फाइल को सेव करने के लिए निम्नलिखित क्रम के अनुसार कार्य कर सकते हैं–

1. माउस पॉएंटर को मेन्यू बार के ऊपर ले जाकर **File** विकल्प पर क्लिक करें। एक पुल–डाउन मेन्यू कई विकल्पों के साथ दिखाई देगा (चित्र W- 5.93)।

2. पुल–डाउन मेन्यू के **Save** विकल्प पर क्लिक कर चुनें (चित्र W-5.93)। तुरंत ही स्क्रीन पर **Save As** बॉक्स दिखेगा (चित्र W-5.94)।

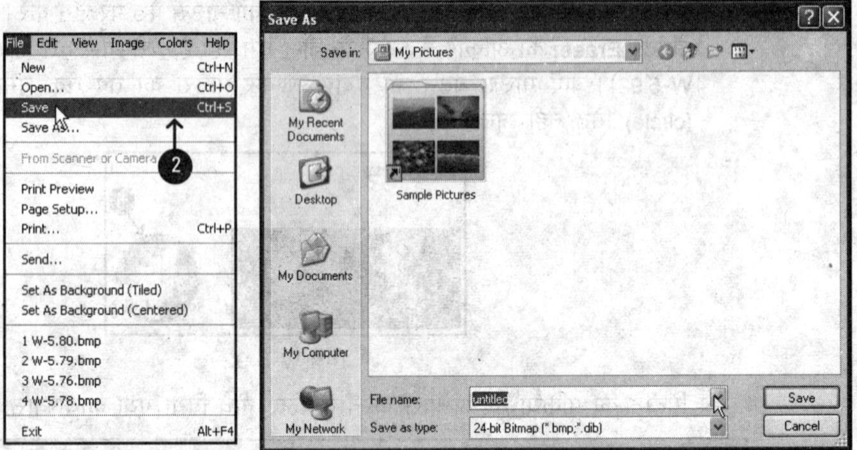

चित्र W-5.93

चित्र W-5.94

3. कोई भी नाम (जैसे– Dreams) टाइप करें। जैसे ही आप यह नाम टाइप करेंगे, वैसे ही यह **File name** विकल्प के साथ वाले बॉक्स में लिखा दिखाई देगा (चित्र W-5.95)।

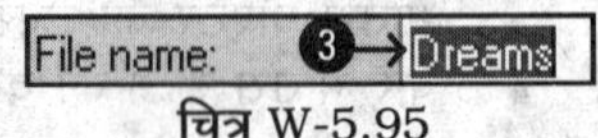

चित्र W-5.95

4. **Save in** विकल्प के साथ वाले बॉक्स के डाउन ऐरो बटन (▾) पर माउस पॉएंटर को ले जाकर बाएँ माउस बटन को क्लिक करें। तुरंत ही एक पुल–डाउन मेन्यू स्क्रीन पर दिखाई देगा (चित्र W-5.96)।

चित्र W-5.96

5. पुल–डाउन मेन्यू के अंदर माउस पॉएंटर को **Local Disk [C:]** के ऊपर ले जाकर (चित्र W-5.96) बाएँ माउस बटन को क्लिक करें। **Save in** विकल्प के साथ वाले बॉक्स में **Local Disk [C:]** तुरंत दिखाई देगा (चित्र W-5.97)।

चित्र W-5.97

6. अंत में **Save** बटन पर क्लिक करें। यह आपकी फाइल को **Dreams** नाम के साथ **Local Disk [C:]** में सेव कर देगा। जब आप **Save** बटन पर क्लिक करेंगे, तो **Save As** बॉक्स स्क्रीन से गायब हो जाएगा और आप **Paint** विंडो में लौट आएँगे। आप पाएँगे कि **Title bar** में फाइल **Dreams.bmp** एक्सटेंशन के साथ दिख रहा है (चित्र W-5.98)।

चित्र W-5.98

पेंट फाइल को प्रिंट करना (Printing a Paint File)

कंप्यूटर की भाषा में **Softcopy** और **Hardcopy** शब्द का उपयोग आप कई बार करते हैं। **Softcopy** वह फाइल है, जो कंप्यूटर पर दिखती है। इसे छुआ या महसूस नहीं किया जा सकता है। दूसरी तरफ **Hardcopy** वह है, जिसे हम कागज़ पर प्रिंट करते हैं। जब **Softcopy** को कागज पर प्रिंट किया जाता है, तब यह **Hardcopy** हो जाती है। **Softcopy** के बदलने या क्षतिग्रस्त होने की आशंका रहती है। **Hardcopy** स्थायी होती है, क्योंकि इसे कागज पर प्रिंट किया जाता है।

पिछले भाग में आपने **Paint** प्रोग्राम के माध्यम से **Dreams** फाइल बनाई थी। आइए, अब इसे प्रिंट करें। इसके लिए आपको निम्नलिखित क्रम के अनुसार कार्य करना होगा –

1. बाएँ माउस बटन को **File** मेन्यू बार विकल्प पर क्लिक करें। तुरंत ही एक पुल–डाउन मेन्यू स्क्रीन पर दिखेगा (चित्र W-5.99)।
2. पुल–डाउन मेन्यू के अंदर बाएँ माउस बटन को **Print** विकल्प पर क्लिक करें (चित्र W-5.99)। तुरंत ही **Print** बॉक्स स्क्रीन पर दिखाई देगा (चित्र W-5.100)।

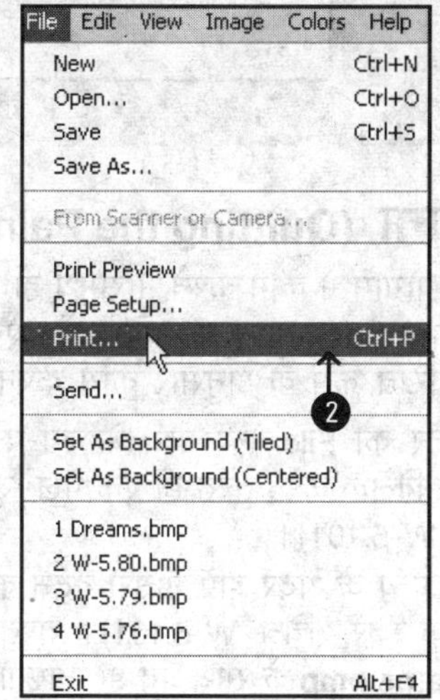

चित्र W-5.99

3. Print बॉक्स के अंदर माउस पॉइंटर को **OK** बटन पर ले जाकर बाएँ माउस बटन को क्लिक करें। यह प्रिंट की प्रक्रिया को अनुमति देकर आपकी फाइल को प्रिंट करने लगता है। क्योंकि **Number of copies** विकल्प के साथ वाले बॉक्स में 1 है, यह आपकी फाइल की एक कॉपी प्रिंट करेगा।

यदि आप Dreams फाइल की पाँच कॉपी प्रिंट करना चाहते हैं, तो आपको निम्नलिखित प्रक्रिया के अनुसार कार्य करना होगा–

1. Print बॉक्स के अंदर Number of copies विकल्प ढूढ़े (चित्र W-5.100)।
2. इस विकल्प के साथ वाले बॉक्स में आप दो बटन देखेंगे – अप ऐरो स्क्रॉल बटन (▲) और डाउन ऐरो स्क्रॉल बटन (▼)।
   चूँकि आप एक से ज्यादा कॉपी प्रिंट करना चाहते हैं। इसलिए माउस पॉएंटर को अप ऐरो स्क्रॉल बटन (▲) पर ले जाएँ।
3. 5 दिखने तक बाएँ माउस बटन को क्लिक करें।
4. फाइल की प्रिंटिंग शुरू करने के लिए Print बॉक्स के OK बटन पर क्लिक करें।

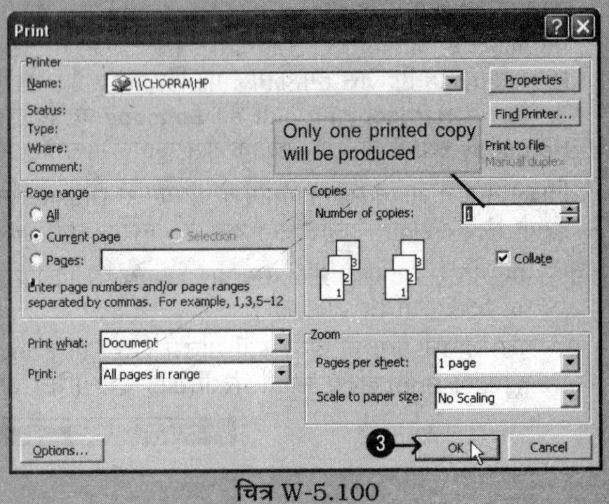

चित्र W-5.100

पेंट प्रोग्राम से बाहर आना (Quitting the Paint Program)

अब आप **Paint** प्रोग्राम में काम करने में समर्थ हो गए होंगे। इसलिए आइए, अब आप **Paint** प्रोग्राम को बंद करें। ऐसा करने के लिए आपको निम्नलिखित क्रम के अनुसार कार्य करना होगा–

1. माउस पॉएंटर को **File** मेन्यू बार विकल्प पर ले जाकर बायाँ माउस बटन क्लिक करें। तुरंत ही एक पुल–डाउन मेन्यू दिखाई देगा (चित्र W-5.101)।
2. पुल–डाउन मेन्यू के अंदर बाएँ माउस बटन को **Exit** विकल्प के ऊपर क्लिक करें (चित्र W-5.101)। तुरंत ही **Paint** विंडो फाइल **Dreams.bmp** के साथ बंद हो जाएगी और आप विंडोज़ Me/98 के डेस्क्टॉप पर लौट आएँगे।

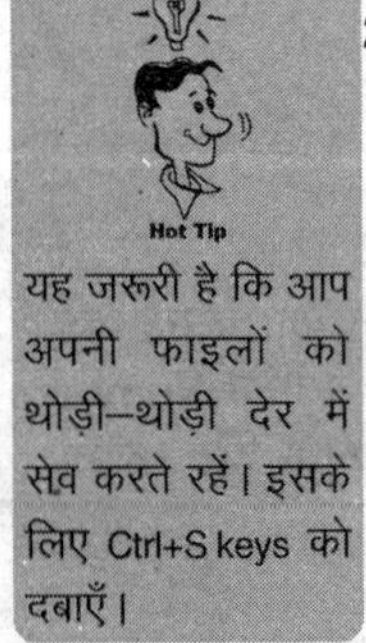

यह जरूरी है कि आप अपनी फाइलों को थोड़ी–थोड़ी देर में सेव करते रहें। इसके लिए Ctrl+S keys को दबाएँ।

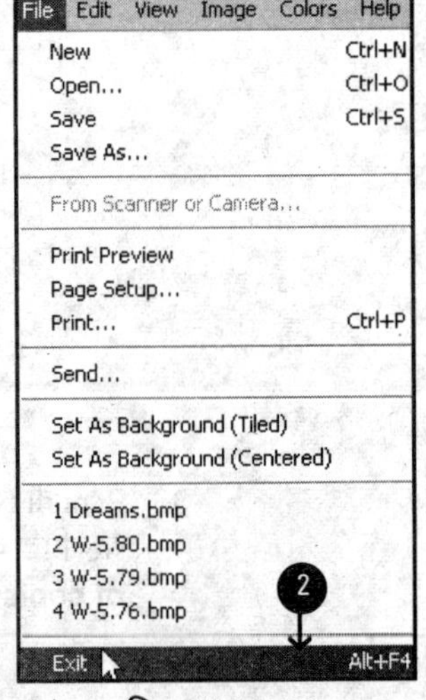

चित्र W-5.101

मान लीजिए कि आपने पहली फाइल में कुछ परिवर्तन किए हैं, लेकिन उसे Paint प्रोग्राम को बंद करने से पहले सेव करना भूल गए हैं। इस परिस्थिति में स्क्रीन पर एक Message बॉक्स दिखेगा (चित्र W-5.102), जो आपसे पूछेगा कि क्या आप परिवर्तनों को सेव करना चाहते हैं?

यदि आप परिवर्तनों को सेव करना चाहते हैं, तो Yes बटन पर क्लिक करें। यदि आप परिवर्तन को सेव नहीं करना चाहते हैं, तो No बटन पर क्लिक करें। यदि आप Cancel बटन पर क्लिक करते हैं, तो Message बॉक्स बंद हो जाएगा, लेकिन Paint विंडो आपके स्क्रीन पर खुली रहेगी।

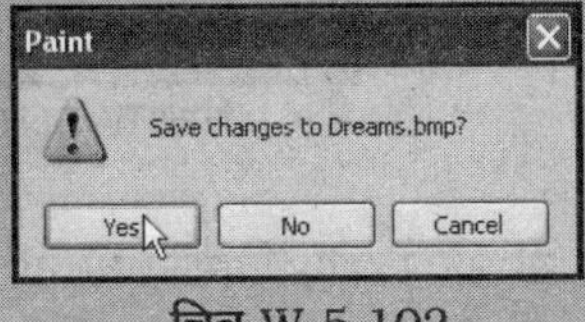

चित्र W-5.102

Paint प्रोग्राम को सीखने के बाद आइए, अब आप **Accessories** के एक अन्य उपयोगी प्रोग्राम **Calculator** को सीखें।

कैलक्युलेटर (Calculator)

कंप्यूटर में गणना करने के लिए आप **Accessories** के अन्य महत्त्वपूर्ण प्रोग्राम **Calculator** का प्रयोग कर सकते हैं। इस प्रोग्राम द्वारा आप पलक झपकते ही लंबी से लंबी गणना कर सकते हैं। यह प्रोग्राम गणितीय गणना (Mathematical Calculation) को जल्दी और बेहतर तरीके से करता है।

कंप्यूटर का **Calculator** प्रोग्राम हाथ वाले कैलक्युलेटर की तरह होता है। परन्तु **Calculator** प्रोग्राम अधिक तेज तथा बिना किसी गलती के गणना करने की क्षमता रखता है।

Calculator प्रोग्राम में काम करने के लिए आप पहले इसे खोलें। यह प्रोग्राम **Accessories** के अंदर होता है। इसे खोलने के लिए आप इस क्रम को अपना सकते हैं—

1. माउस पॉएंटर को **Start** बटन पर ले जाकर बाएँ माउस बटन को क्लिक करें। तुरंत ही एक पुश–अप मेन्यू स्क्रीन पर दिखाई देगा (चित्र W-5.103)।
2. पुश–अप मेन्यू के अंदर माउस पॉएंटर को **<u>P</u>rograms** विकल्प पर ले जाएँ। तुरंत ही स्क्रीन पर एक दूसरा मेन्यू दिखाई देगा (चित्र W-5.103)।
3. दूसरे मेन्यू के अंदर माउस पॉएंटर को **Accessories** विकल्प पर ले जाएँ। तुरंत ही तीसरा मेन्यू दिखाई देगा (चित्र W-5.103)।
4. अब तीसरे मेन्यू के अंदर माउस पॉएंटर को **Calculator** विकल्प पर ले जाकर बाएँ माउस बटन को क्लिक करें (चित्र W-5.103)। तुरंत

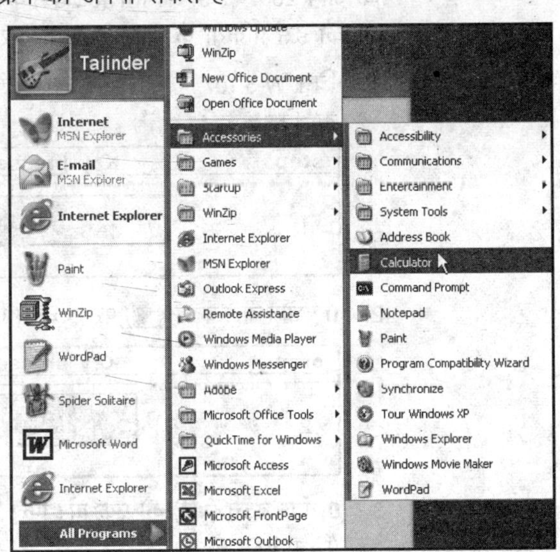

चित्र W-5.103

ही **Calculator** विंडो आपके स्क्रीन पर खुल जाएगी (चित्र W-104)।

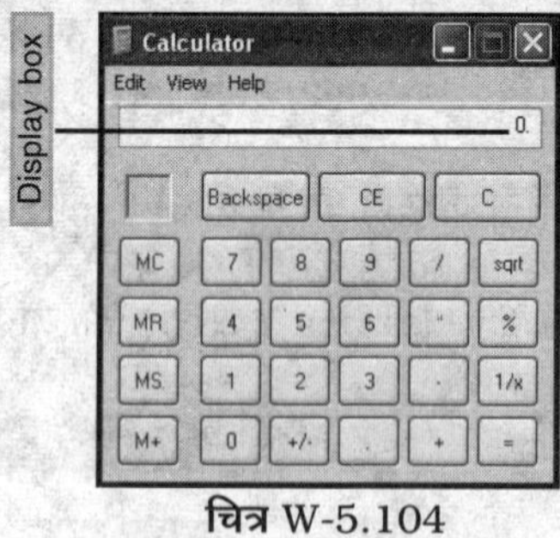

चित्र W-5.104

Calculator विंडो के अंदर आप विभिन्न बटनों को देखेंगे। Numeric बटन (0–9), चित्र W-5.105 में दिखाए गए हैं, जबकि चित्र W-5.106 दूसरे बटन जैसे, **Arithmetic operator** बटन (/, *, -+) को दिखलाता है।

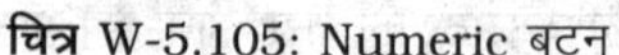
चित्र W-5.105: Numeric बटन

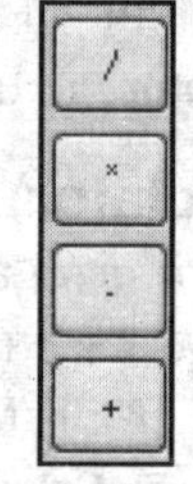

चित्र W-5.106: Arithmetic Operator बटन

आइए, अब आप इन बटनों से परिचित होने और कार्य करने के लिए साधारण गणना करें। मान लीजिए कि आप 200 को 5 से भाग (divide) करना चाहते हैं। **Calculator** प्रोग्राम से गणना करने के लिए आपको इस प्रक्रिया के अनुसार कार्य करना होगा–

1. चित्र W-5.107 की तरह माउस पॉइंटर को **2** नंबर बटन (2) पर ले जाकर बाएँ माउस बटन को क्लिक करें।

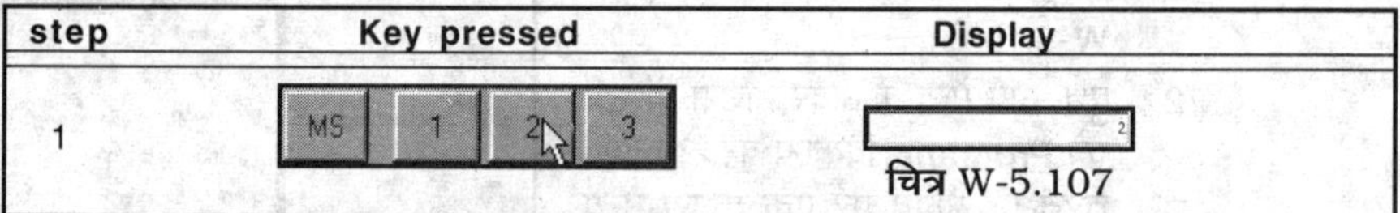

step	Key pressed	Display
1	MS 1 2 3	2

चित्र W-5.107

2. **0** दर्शाने वाले बटन (0) पर एक बार क्लिक करें। अब **Display** बॉक्स में **20** दिखेगा (चित्र W-5.108)।

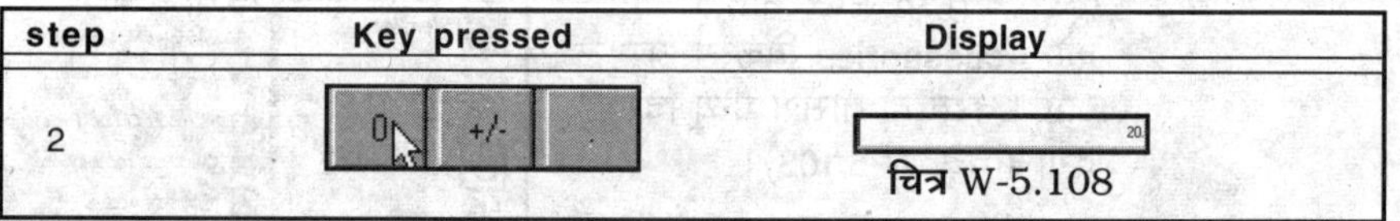

step	Key pressed	Display
2	0 +/- .	20

चित्र W-5.108

3. **0** नंबर बटन (0) को एक बार फिर क्लिक करें। यह संख्या **200** को **Display** बॉक्स में दिखाएगा (चित्र W-5.109)।

step	Key pressed	Display
3	0 +/- .	200.

चित्र W-5.109

4. अब माउस पॉएंटर को **Division** बटन (/) पर ले जाकर बाएँ माउस बटन को क्लिक करें (चित्र W-5.110)। क्लिक करते ही प्रोग्राम को यह पता चल जाएगा कि आप चयनित संख्या को भाग चाहते हैं।

step	Key pressed	Display
4	7 8 9 /	200.

चित्र W-5.110

5. अब **5** नंबर बटन (5) पर क्लिक करें। **Display** बॉक्स तुरंत संख्या **5** दिखलाएगा। इसका मतलब यह हुआ कि प्रोग्राम अब **200** को **5** से भाग कर देगा (चित्र W-5.11)।

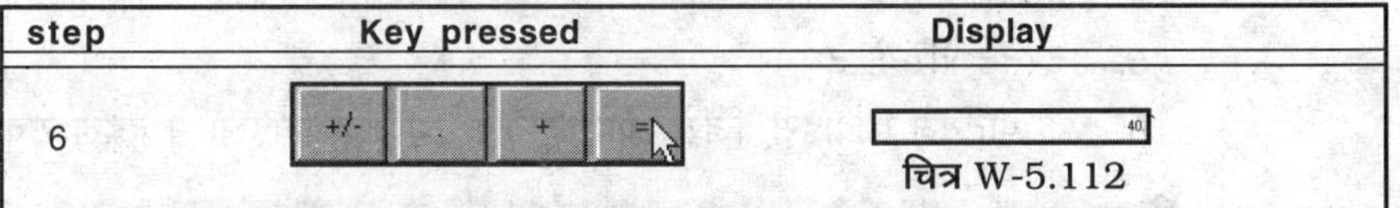

step	Key pressed	Display
5	4 5 6	5.

चित्र W-5.111

6. अंत में चित्र W-5.112 की तरह माउस पॉएंटर को **Equal to** बटन (=) पर ले जाकर बायाँ माउस बटन क्लिक करें। **Display** बॉक्स में तुरंत ही उत्तर (40) दिखेगा।

step	Key pressed	Display
6	+/- . + =	40.

चित्र W-5.112

कैलक्युलेटर को बंद करना (Closing Calculator)

अब आप **Calculator** प्रोग्राम से बाहर आएँ। इसके लिए निम्नलिखित क्रम के अनुसार चलें–

1. **Title bar** की दाईं ओर स्थित **Close** बटन (☒) पर माउस पॉएंटर को ले जाएँ (चित्र W-5.113)।
2. बाएँ माउस बटन को क्लिक करें। तुरंत ही **Calculator** प्रोग्राम स्क्रीन से हट जाएगा और स्क्रीन पर डेस्क्टाप दिखेगा।

चित्र W-5.113

विंडोज़ मीडिया प्लेयर (Windows Media Player)

लोग आम तौर पर वी. सी. डी. (विजुअल कंप्यूटर डिस्क) तथा डी. वी. डी. (डिजिटल वीडियो डिस्कस्) अपने कंप्यूटर पर देखते हैं। उन सी. डी. पर उत्तम तस्वीर, अच्छा resolution और बेहतर प्रस्तुति दिखती है। एक सी. डी. की भंडारण–क्षमता लगभग 650 एम. बी. रहती है। अतः तीन घंटे की एक पूरी फिल्म एक फिल्म में संरक्षित की (डाली) जा सकती है।

अब सवाल यह उठता है कि एक कंप्यूटर पर किसी सी. डी. को कैसे प्ले किया जाता है? यह बहुत ही सरल है। विंडोज़ ऑपरेटिंग सिस्टम ऐसे ही एक प्रोग्राम 'विंडोज़ मीडिया प्लेयर' के साथ हमारे सामने आया है। जब आप इस ऑपरेटिंग सिस्टम जिसे विंडोज़ X-P कहा जाता है को इन्स्टॉल करते हैं, तब विंडोज़ मीडिया प्लेयर प्रोग्राम कंप्यूटर की मेमोरी में दर्ज हो जाती है। वह एक्ससेरीज़ विकल्पों में सूचीबद्ध मनोरंजन पत्रों में अपनी जगह बना लेती है।

विंडोज़ मीडिया प्लेयर एक ऐसा प्रोग्राम है, जो अपने उपयोगकर्ता को संगीत सुनने और फिल्में देखने की सुविधा कंप्यूटर पर उपलब्ध करवाता है। संगीत सुनने और फिल्में देखने के अलावा आप इसके मार्फत रेडियो (या एफ. एम.) सुन सकते हैं, अपनी सी. डी. का प्ले कर सकते हैं या उसकी कॉपी कर सकते हैं, फिल्मों का स्टोर कर सकते हैं और उन फिल्मों को देख सकते हैं, जो इंटरनेट पर उपलब्ध हैं। विंडोज़ मीडिया प्लेयर अनेक skins उपलब्ध कराता है।

आप उन स्किनों की सूची में एक वैसी स्किन चुन सकते हैं, जो विंडोज़ मीडिया प्लेयर के साथ बनने वाले हैं। कुछ स्किन्स बनेंगी, जबकि अन्य वेब से डाउनलोड किए जा सकते हैं।

विंडोज़ मीडिया प्लेयर निम्नलिखित फीचरों से युक्त हैं–

1. सी. डी. प्लेयर
2. ऑडियो और वीडियो प्लेयर
3. मीडिया ज्यूक बॉक्स
4. मीडिया गाइड
5. इंटरनेट रेडियो ट्यूनर
6. एक पोर्टेबल डिवाइस, जिसे आप म्यूजिक म्यूजिक फाइलों में बदल सकते हैं।

अगर विंडोज़ मीडिया प्लेयर आपके कंप्यूटर में इन्स्टॉल किया हुआ नहीं है, तो विंडोज़ ऑपरेटिंग सिस्टम सी. डी. को इन्सर्ट करें और विंडोज़ मीडिया प्लेयर को इन्स्टॉल करें या अपने वेंडर को बुलाएँ।

विंडोज़ मीडिया प्लेयर को खोलना (Opening the Windows Media Player)

आइए, अब विंडोज़ मीडिया प्लेयर को खोलने के क्रम पर विचार करें–

1. टास्कबार को स्टार्ट बटन पर माउस पॉएंटर को मूव करें। स्क्रीन पर एक स्टार्ट अप मेन्यू दिखाई देगा (चित्र W - 5.114)
2. इस स्टार्ट अप मेन्यू में माउस पॉएंटर को All Programs विकल्प पर रखें (चित्र W - 5.114)। स्क्रीन पर सब–मेन्यू दिखने लगेगा।
3. अब माउस पॉएंटर को Accessories विकल्प पर मूव करें (चित्र W - 5.114)। अब दुसरा सब–मेन्यू दिखने लगेगा।
4. अब इस सब–मेन्यू में माउस पॉएंटर को Entertainment विकल्प पर मूव करें (चित्र W - 5.114)। अब स्क्रीन पर दुसरा सब–मेन्यू दिखने लगेगा।

चित्र W-5.114

5. इसमें विंडोज़ मीडिया प्लेयर विकल्प पर क्लिक करें (चित्र W - 5.114) 'विंडोज़ मीडिया प्लेयर' स्क्रीन पर खुल जाएगा (चित्र W - 5.115)।

चित्र W-5.115

वी.सी.डी. और डी.वी.डी. को प्ले करें (Play VCDs and DVDs)

अगर आप अपने कंप्यूटर पर कोई वी. सी. डी. या डी. वी. डी. प्ले करना चाहते हैं, तो निम्नलिखित क्रम के अनुसार आगे बढ़ें—

1. Opening the Windows Media player शीर्षक के अंर्तगत नीचे दिए गए 1 से 6 तक के क्रम का पालन करें।
2. सी. डी. ड्राइव में सी. डी. को इन्सर्ट करें।
3. Windows Media Player विंडो के मेन्यू बार में फाइल विकल्प पर क्लिक करें। तुरंत ही स्क्रीन पर एक पुल डाउन मेन्यू दिखेगा।
4. पुल डाउन मेन्यू में open विकल्प पर क्लिक करें (चित्र W - 5.116)। open डायलॉग बॉक्स दिखने लगेगा (चित्र W - 5.117)।

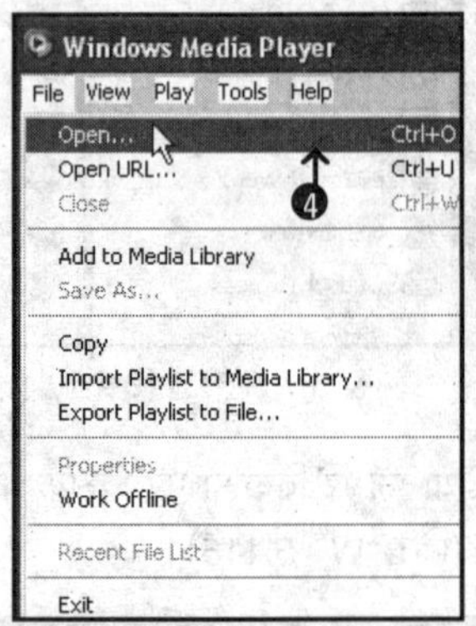

चित्र W-5.116

5. अभी open डायलॉग बॉक्स My Documents फोल्डर में फाइलों को दिखा रहा है (चित्र W - 5.117)।
6. सी. डी. ड्राइव में फाइल को खोलने के लिए Look in विकल्प के पास बॉक्स में डाउन ऐरो बटन पर क्लिक करें (चित्र W - 5.117)। अब आपके कंप्यूटर पर विभिन्न ड्राइवों और फोल्डरों के नामों की सूची दिखेगी।

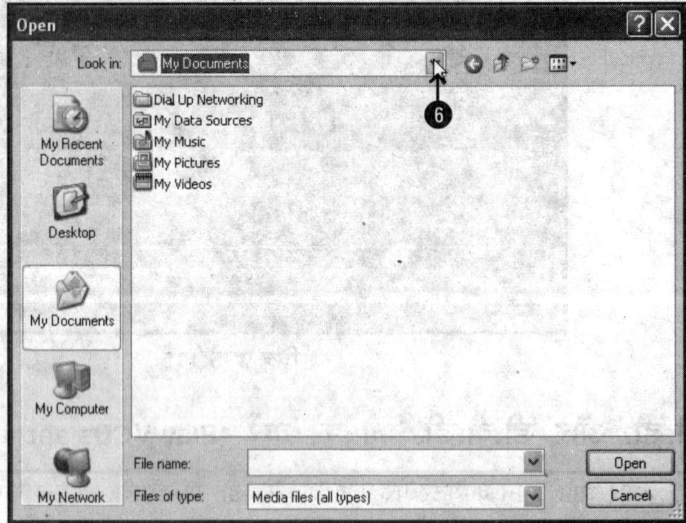

चित्र W-5.117

7. इस सूची में CD Drive E के नाम पर क्लिक करें (चित्र W - 5.118)। सी. डी. के कन्टेन्ट्स डायलॉग बॉक्स विंडो में दिख रहे हैं (चित्र W - 5.119)।

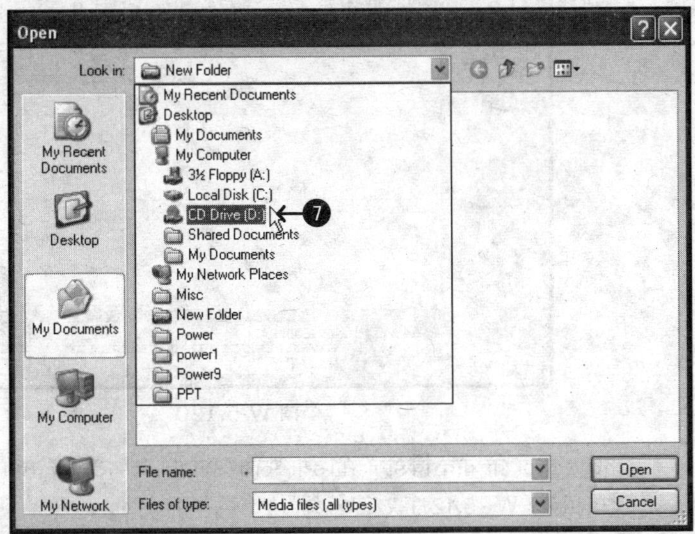

चित्र W-5.118

8. उस फोल्डर के नाम पर डबल क्लिक करें, जिसमें प्ले होने वाली फाइल MPEGAV Contain है (चित्र W - 5.119)। डायलॉग बॉक्स विंडो में इस फोल्डर के कन्टेन्ट्स दिखेंगे (चित्र W - 5.120)।

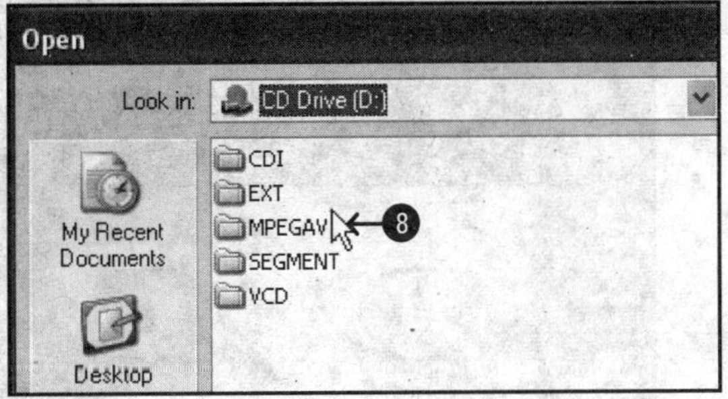

चित्र W-5.119

9. अब प्ले की जाने वाली फाइल के नाम AVSEQ01.DAT पर क्लिक करें ओर मूल में असपष्ट ओपेन डायलॉग बॉक्स में open बटन पर क्लिक करें (चित्र W - 5.120)।

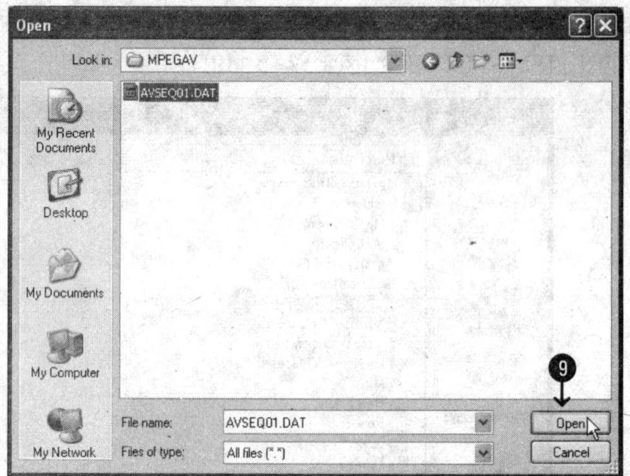

चित्र W-5.120

कुछ सेकंडों के बाद विंडोज़ मीडिया प्लेयर आपके कंप्यूटर के स्क्रीन पर फिल्म का प्रदर्शन शुरू कर देगा (चित्र W - 5.121)।इ

इसी प्रकार आप गीतों की फाइल और डी. वी. डी. (अगर आपका कंप्यूटर डी. वी. डी. Compatable) को विंडोज़ मीडिया प्लेयर पर प्ले कर सकते हैं।

चित्र W-5.121

पार्श्व नियंत्रण क्षेत्र (Play Back Control Area)

प्ले बैक कंट्रोल एरिया Player के निचले भाग में दिखता है। आप इन Contents का उपयोग आवाज को नियंत्रित तथा समायोजित करने और प्लेबैक के मूलभूत कार्यो जैसे–ऑडियो और विडियो फाइलों के Playing, Pausing, stopping, rewinding और फॉरवर्डिंग–को नियंत्रित करना है। हर कंट्रोल का संक्षिप्त description इस प्रकार है (चित्र W - 5.122)–

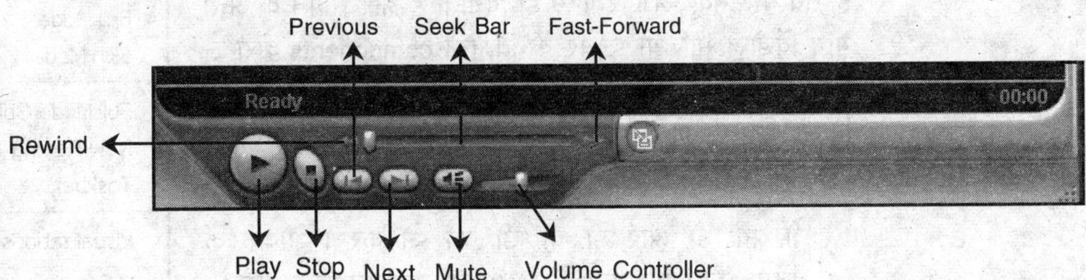

चित्र W-5.122

1. प्ले बटन ( ) – एक फिल्म या गीतों की फाइल को प्ले करने के लिए Play बटन को क्लिक करें। जब फाइल Play करना शुरू हो जाएगी, Play बटन Pause बटन में बदल जाता है।
2. पॉज़ बटन( ) – जब आप किसी फाइल को Pause देना चाहें तब Pause बटन पर क्लिक करें। जब एक फाइल रुक जाती है, तब पॉज़ बटन Play में बदल जाता है।
3. स्टॉप बटन ( ) – जब आप चयनित फाइल के प्ले को रोकना चाहें, तब Stop बटन पर क्लिक कर दें।
4. सीक बार ( ) – सीक बार यह जतलाता रहता है कि चयनित सामग्री कितनी प्ले हुई। जब आप किसी गीत या फिल्म के किसी और भाग को प्ले करना चाहें, तो चयनित फाइल में प्रोग्रेस इंडिकेटर को कहीं भी ड्रैग कर सकते हैं।
5. वॉल्यूम कंट्रोलर( ) – जिस फाइल को आप प्ले कर रहे हैं उसके स्वर स्तर को वॉल्यूम कंट्रोल का बटन नियंत्रित करता है।
6. म्यूट बटन ( ) – जब हम इस बटन पर क्लिक करते हैं, तब आवाज म्यूट कर जाती है। इस म्यूट को टर्न ऑफ करने, यानी आवाज को पहले की तरह करने के लिए इस बटन को एक बार फिर क्लिक करें।
7. प्रीविएस बटन ( ) – यह बटन उस फाइल को प्ले करता है, जो सूची में Previous फाइल है।
8. नेक्स्ट बटन ( ) – यह बटन Play list में Next को प्ले करता है।
9. Revind बटन ( ) – यह बटन वीडियो या ऑडियो फाइलों के द्वारा स्क्रॉल बैकवर्ड करने में सहयोग करता है।

10. फास्ट फारवर्ड बटन (⏩) – यह बटन ऑडियो और विडियो फाइलों के द्वारा स्क्रॉल बैकवर्ड करने में सहायता करता है।

फिल्म को फुल स्क्रीन मोड में प्ले करना (Play the Movie in Full Screen Mode)

आप कभी–कभी यह पाते हैं कि जब आप एक मूवी को प्ले करते हैं, तब यह 'मूवी प्ले एरिया' में ही दिखता है और स्क्रीन के अन्य भाग विंडोज़ मीडिया प्लेयर के विभिन्न components द्वारा ले लिये जाते है। वैसे, हम इसकी अनदेखी करके पूरे स्क्रीन पर किसी फिल्म को प्ले कर सकते हैं। ऐसा करने के लिए निम्नलिखित क्रम के अनुसार आगे बढ़ें–

1. 'वी. सी. डी. और डी. वी. डी. को प्ले करना' शीर्षक के अंर्तगत दिए गए क्रम 1 से 10 तक का अनुपालन करें।
2. जब आपकी फिल्म 'मूवी प्ले एरिया' में दिखने लगे, तब view विकल्प पर क्लिक कर दें (चित्र W - 5.123)। एक ड्रॉप डाउन सूची स्क्रीन पर दिखने लगेगी।
3. अब इस सूची के Full Screen विकल्प पर क्लिक करें (चित्र W - 5.123)। अब पूरे स्क्रीन पर फिल्म दिखने लगेगी (चित्र W - 5.124)।

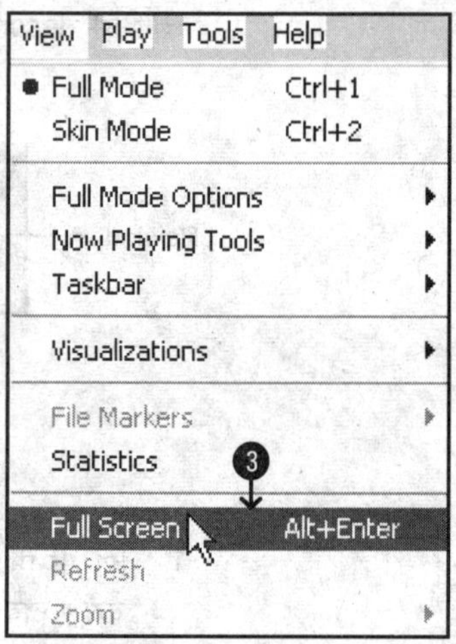

चित्र W-5.123

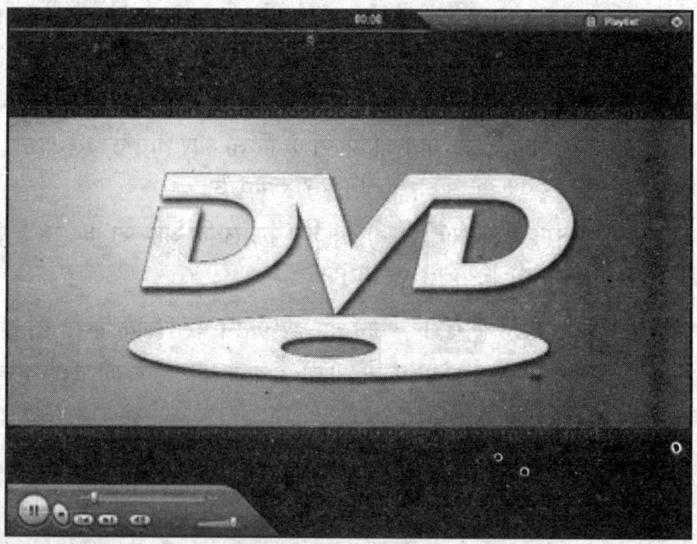

चित्र W-5.124

अगर फुल स्क्रीन मोड को बदलकर पुनः सामान्य करना है, तो अपने key board से Escpe Key को दबाएँ।

विंडो के appearance को बदलना (Changing the Appearance of the Window)

मीडिया प्लेयर के स्क्रीन को बदलने के लिए निम्नलिखित क्रम के अनुसार बढ़ें–

1. मेन्यू बार में view मेन्यू पर क्लिक करें। तुरंत ही ड्रॉप–डाउन मेन्यू दिखाई पड़ेगा (चित्र W - 5.125)
2. अब इस ड्रॉप–डाउन मेन्यू के टास्क बार विकल्प पर माउस पॉएंटर को लाएँ (चित्र W - 5.125)।
3. इस सब मेन्यू क Skin Chooser विकल्प पर क्लिक करें (चित्र W - 5.125) विंडोज़ मीडिया प्लेयर डायलॉग बॉक्स स्क्रीन पर दिखने लगेगा। जो स्कीनों के विभिन्न प्रकारों की सूची दिखाएगा (चित्र W - 5.126)

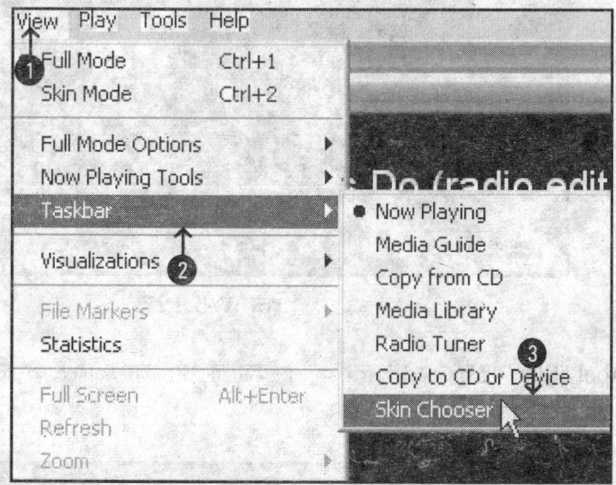

चित्र W-5.125

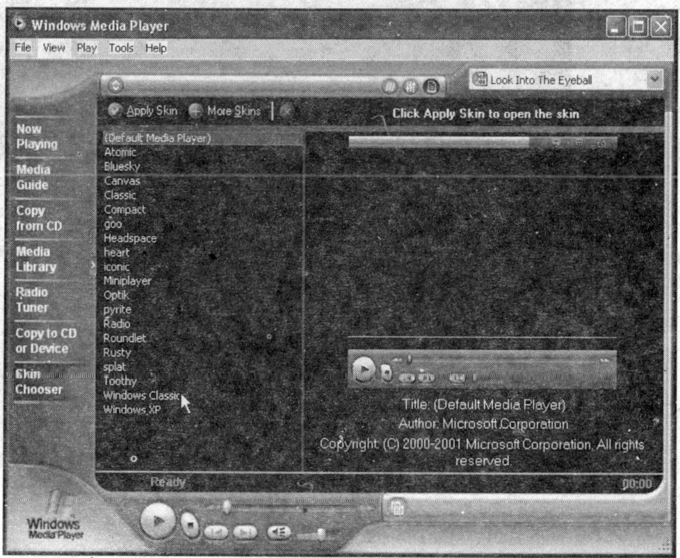

चित्र W-5.126

4. Skins में से एक Windows Classic पर क्लिक करें (चित्र W - 5.127)।

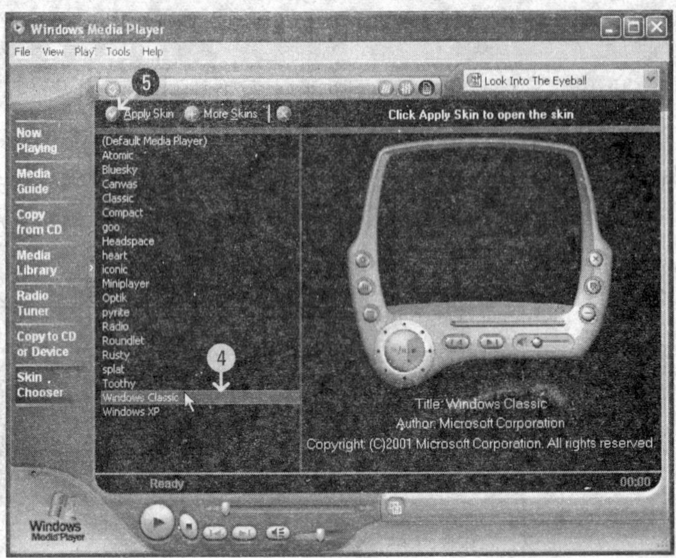

चित्र W-5.127

5. Apply Skin बटन पर क्लिक करें। विंडोज़ मीडिया प्लेयर के लिए चयनित Skin को Apply किया गया है (चित्र W - 5.128)।

चित्र W-5.128

जब आप स्कीन मोड में हों और आप अपना पिछला स्क्रीन (default window) चाहते हों–

1. दाएँ माउस बटन पर क्लिक करें स्क्रीन पर एक मेन्यू दिखेगा (चित्र W - 5.129)
2. इस मेन्यू में फुल मोड विकल्प के स्विच पर क्लिक करें (चित्र W - 5.129) मीडिया प्लेयर का पिछला Appearance restored हो गया।

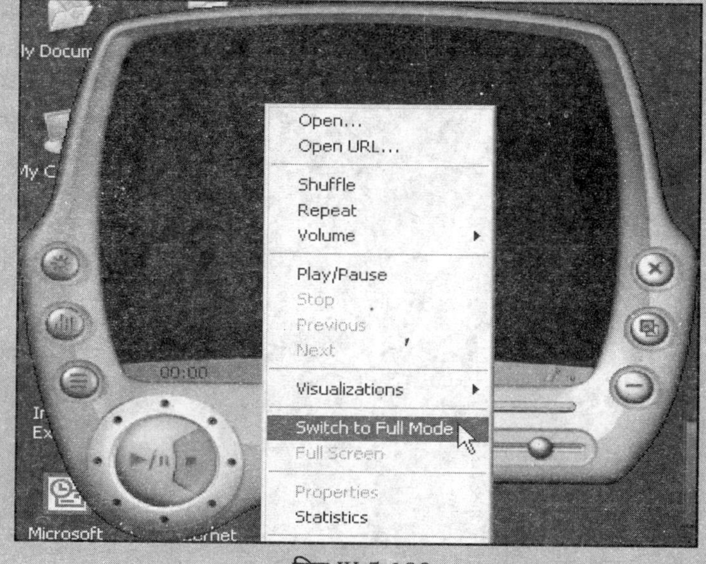

चित्र W-5.129

विंडोज़ मीडिया प्लेयर को बंद करना (Closing the Windows Media Player)

अभी तक हमने यह जाना कि संगीत या फिल्मों की फाइल कैसी खोली और प्ले की जाती है। आइए, अब हम यह जानें कि विंडोज़ मीडिया प्लेयर को कैसे बंद किया जाता है। इसे बंद करने के लिए निम्नलिखित क्रम का अनुपालन करें–

1. प्ले की जाने वाली फाइल को बंद करने के लिए Stop बटन को क्लिक करें।
2. अब टाइटल बार के Close बटन पर माउस पॉएंटर को मूव करें और बाएँ माउस बटन को क्लिक करें। विंडोज़ मीडिया प्लेयर बंद हो गया (चित्र W - 5.130)।

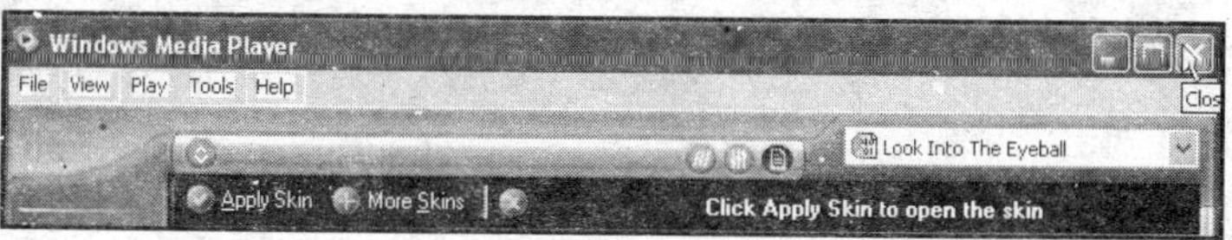

चित्र W-5.130

अध्याय

डॉस में काम करना

इस अध्याय में–

* डॉस (DOS) में काम करना
* विंडोज़ Me/98 से DOS को सक्रिय (activate) करना
* डॉस प्रॉम्प्ट (DOS Prompt)
* कमांड टाइप करना
* कमांड्स के प्रकार
* डॉस के वर्ज़न्स (Versions)
* डॉयरेक्टरीज़ (Directories) और फाइल्स
* विंडोज़ Me/98 में रूट डायरेक्टरी (Root Directory)
* पाथ (Path)
* फाइल्स और डायरेक्टरीज़ को नाम देना
* फाइल्स के प्रकार
* डॉस कमांड्स
* स्क्रीन पर अपनी फाइल्स देखना
* किसी अन्य डायरेक्टी/ड्राइव की फाइल्स देखना
* फाइल को कॉपी करना
* वाइल्ड कार्ड्स (Wild Cards)
* फाइल डिलीट करना
* MD (Make Directory) कमांड द्वारा डायरेक्टरी बनाना
* CD (Change Directory) कमांड द्वारा डायरेक्टरी बदलना
* AUTOEXEC.BAT फाइल
* CONFIG.SYS फाइल

इस अध्याय में आपका परिचय **DOS-Disk Operating System (डॉस-डिस्क ऑपरेटिंग सिस्टम)** से कराया जाएगा। DOS एक सॉफ्टवेयर है, जो आपके कंप्यूटर के हार्डवेयर को नियंत्रित करता है तथा आपके प्रोग्राम्स को चलाता है। यह कंप्यूटर और प्रयोगकर्त्ता के बीच संपर्क बनाने का काम करता है। जब आप विभिन्न कमांड्स टाइप करते हैं, तो DOS कंप्यूटर को बताता है कि उसे क्या करना है।

विंडोज़ Me/98 से पहले विंडोज़ के जो वर्ज़न मौजूद थे, वे ऑपरेटिंग सिस्टम नहीं थे, क्योंकि इन्हें चलाने के लिए हमेशा DOS की आवश्यकता पड़ती थी। हालाँकि विंडोज़ Me/98 को एक 'ऑपरेटिंग सिस्टम' कहा जा सकता है, क्योंकि DOS के अधिकांश काम अब यही करते है। DOS अब कुछेक ही कार्य करता है।

जब आप अपना कंप्यूटर शुरू करते हैं, तो सबसे पहले बूटिंग क्रिया होती है और स्क्रीन पर कुछ लिखित संदेश दिखाई देते हैं। बूट करने की यह क्रिया DOS द्वारा की जाती है। जब आपके सिस्टम के हार्डवेयर की जाँच पूरी हो जाती है, केवल तभी विंडोज़ Me/98 अपनी निर्धारित प्रक्रिया शुरू करके हार्डवेयर से संपर्क बनाता है। यह काम पूरा हो जाने के बाद स्क्रीन पर एक संदेश **Starting Windows Me/98** दिखाई देता है।

विंडोज़ Me/98 एक वास्तविक ऑपरेटिंग सिस्टम है, क्योंकि बूट करने की प्रक्रिया समाप्त होते ही यह **डॉस प्रॉम्प्ट (DOS Prompt)** दिखाए बिना खुद लोड हो जाता है।

इसका अर्थ यह नहीं है कि आप DOS के कमांड प्रॉम्प्ट में काम नहीं कर सकते। पिछले सभी विंडोज़ के वर्ज़नों के समान विंडोज़ Me/98 भी एक DOS विकल्प दिखाता है, जिसका इस्तेमाल करके आप विंडोज़ में ही DOS प्रोग्राम और कमांड्स पर काम कर सकते हैं। आपको अलग से DOS लोड करने की आवश्यकता नहीं पड़ती। यह विंडोज़ Me/98 के साथ ही आता है।

डॉस में काम करना (Working in DOS)

आप की–बोर्ड या माउस द्वारा जो कमांड्स दर्ज करते हैं, DOS उन्हें ऐसे संकेतों में बदल देता है, जिन्हें कंप्यूटर समझ सकता है। इसके बाद CPU प्रॉसेसिंग करता है और परिणाम को मॉनीटर पर दिखा देता है।

सिस्टम यूनिट, जिसमें आपके PC का दिमाग यानि CPU या हार्ड–डिस्क इत्यादि होते हैं, DOS द्वारा संचालित होता है, जो स्वयं भी आपके द्वारा की–बोर्ड से टाइप किए गए कमांड्स से चलता है। चित्र D-6.1 में इस प्रक्रिया को दिखाया गया है।

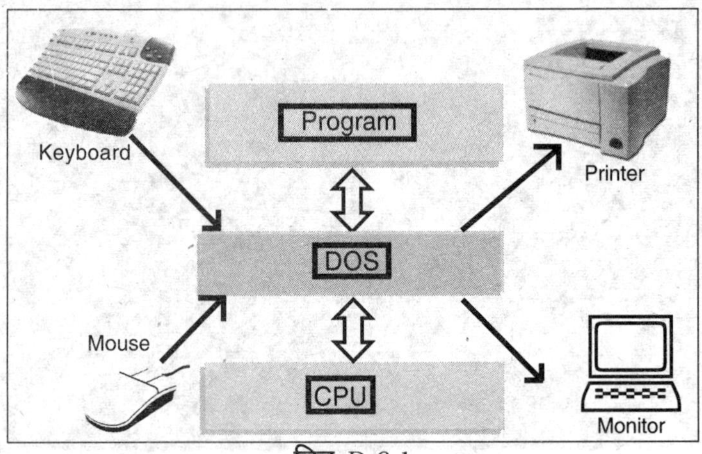

चित्र D-6.1

विंडोज़ Me/98 से डॉस को सक्रिय करना (Activating DOS from Windows Me/98)

आपके स्क्रीन पर विंडोज़ Me/98 दिखाई देने के बाद DOS में काम करना बहुत आसान हो जाता है। DOS को विंडोज़ Me/98 से सक्रिय करने के लिए आप अगले पृष्ठ पर दिए गए क्रम का पालन करें–

1. सबसे पहले डेस्कटॉप पर **MS-DOS** icon देखें।

यदि आपको विंडोज़ Me/98 के डेस्कटॉप पर MS-DOS icon दिखाई न दे, तो इसे दिखाने के लिए यह क्रम अपनाएँ–

क. डेस्कटॉप पर मौजूद My Computer icon पर दो बार क्लिक करें। तुरंत My Computer icon एक विंडो में खुल जाएगा।

ख. अब Local Disk [C:] पर या (विंडोज़ 98 में मौजूद हों तो [C:]) पर डबल क्लिक करें। तुरंत Local Disk [C:] या [C:] के कन्टेन्ट्स आपके स्क्रीन पर एक विंडो में दिखाई देंगे।

ग. Local Disk [C:] के कन्टेन्ट्स में Windows फोल्डर देखें और इस पर डबल क्लिक करें। तुरंत स्क्रीन पर Windows फोल्डर के कन्टेन्ट्स दिखाई देंगे।

घ. MS-DOS icon का पता लगाने के लिए My Computer विंडो के दाएँ ऐरो स्क्रॉल बटन (▸) पर क्लिक करते जाएँ।

ङ. MS-DOS icon मिल जाने पर माउस पॉयंटर को इस पर लाएँ और बायाँ माउस बटन दबा दें।

च. बाएँ माउस बटन को दबाए रखकर icon को डेस्कटॉप पर ड्रैग करें। स्क्रीन पर तुरंत एक Message बॉक्स दिखाई देगा, जिसमें पूछा जाएगा कि आप icon का शॉर्टकट बनाना चाहते हैं या नहीं?

छ. आप Yes बटन पर क्लिक कर दें। डेस्कटॉप पर तुरंत MS-DOS का icon दिखाई देने लगेगा।

2. माउस पॉयंटर को डेस्कटॉप पर मौजूद **MS-DOS** icon पर लाएँ और बाएँ माउस बटन को दो बार क्लिक करें। तुरंत आपके सामने **DOS** स्क्रीन खुल जाएगी, जिसमें DOS prompt (C:\>) दिखाई देगा।

डॉस प्रॉम्प्ट (The DOS Prompt)

जैसे ही DOS रैंडम एक्सेस मेमोरी (RAM) में लोड हो जाता है, वैसे ही स्क्रीन पर एक prompt दिखाई देने लगता है, जिससे पता चलता है कि यह आपसे निर्देश लेने के लिए तैयार है। आप इस prompt पर अपने सभी DOS के कमांड्स टाइप कर सकते हैं। आम तौर पर ये DOS prompt चित्र D-6.2 के समान दिखाई देता है।

चित्र D-6.2

इस Prompt का पहला कैरेक्टर आपको बताता है कि इस समय कौन सी डिस्क ड्राइव सक्रिय (active) है। आम तौर पर डॉस का हार्ड डिस्क ड्राइव C: ड्राइव ही होता है (फ्लॉपी डिस्क ड्राइव को A: ड्राइव या B: ड्राइव कहा जाता है)।

इस समय सक्रिय ड्राइव का अर्थ है कि आपके द्वारा टाइप किए गए सभी कमांड्स, डिफॉल्ट से इसी ड्राइव से तब तक संबंधित होंगे, जब तक कि आप अपने कमांड्स में किसी ड्राइव के नाम का उल्लेख नहीं करेंगे।

Prompt में मौजूद ड्राइव बताने वाले अक्षर के बाद कोलन चिन्ह (:), एक स्लैश चिन्ह (\) और उसके बाद (>) चिन्ह लगा होता है। आपको इस prompt के बाद एक blinking cursor दिखाई देगा।

कभी–कभी स्क्रीन पर prompt कुछ भिन्न रूप में आपको दिखाई देता है, जैसा नीचे दिखाया गया है—

C:\Windows> या C:\Windows\Desktop>

ऐसा होने पर केवल **cd** टाइप करें और **Enter** key दबा दें। आपका prompt C:\> में बदल जाएगा। यदि आप फ्लॉपी ड्राइव A में काम कर रहे हों, तो prompt इस प्रकार दिखाई देगा –

A:\>

कमांड टाइप करना (Typing a Command)

DOS को सीखना किसी नई भाषा को सीखने जैसा होता है। DOS में काम करने के लिए आपको उन्हीं शब्दों और कमांड्स का इस्तेमाल करना होगा, जिन्हें DOS समझ सकता है। DOS में इस्तेमाल की जाने वाली भाषा को **Syntax (सिन्टेक्स)** कहा जाता है।

Prompt पर टाइप किए गए कमांड DOS को किसी प्रोग्राम को चलाने के लिए दिया गया निर्देश या किसी फाइल पर काम करने के लिए किया गया अनुरोध हो सकता है। आप कमांड को uppercase (कैपिटल अक्षरों) में टाइप करें या lowercase (छोटे अक्षरों) में, इससे कोई फर्क नहीं पड़ता। DOS **COPY, Copy** या **copy** को एक ही कमांड के रूप में पढ़ता है।

जब आप इस पुस्तक में दिए गए अभ्यास करें, तो सावधानीपूर्वक सही कमांड (स्पेस इत्यादि का ध्यान रखते हुए) उसी प्रकार टाइप करें, जिस प्रकार इस पुस्तक में दिया गया है। यदि सिन्टेक्स सही नहीं होगा, तो कमांड काम नहीं करेगा। यदि कमांड ठीक प्रकार से काम न कर रहा हो, तो कमांड को दोबारा टाइप करें। यदि टाइप करते समय आपसे कोई गलती हो जाए, तो Enter key दबाने से पहले Backspace key दबाकर उन कैरेक्टर्स को डिलीट कर दें, जो गलत टाइप किए गए हैं।

कमांड्स के प्रकार (Types of Commands)

DOS के कमांड्स दो प्रकार के होते हैं : **Internal (भीतरी)** तथा **External (बाहरी)**।

Internal Commands– इन कमांड्स को एक्ज़ीक्यूट होने के लिए किसी विशेष फाइल की आवश्यकता नहीं पड़ती। कंप्यूटर के स्विच को आप जैसे ही 'ऑन' करते है, वैसे ही ये कमांड्स कंप्यूटर की मेमॅरी में आ जाते हैं। ये कमांड्स हैं : COPY, DEL, DIR, TYPE, CD, MD, CLS, DATE, TIME, और PATH।

External Commands– इन कमांड्स को एक्जीक्यूट होने के लिए कुछ विशेष फाइल्स जैसे– FORMAT, CHKDSK, XCOPY, PRINT, ATTRIB, DISKCOPY इत्यादि की आवश्यकता होती है। जरूरी नहीं कि ये सभी फाइल्स आपके सिस्टम में मौजूद हों।

इन फाइल्स को अपने सिस्टम में कॉपी करते समय आपको ध्यान रखना चाहिए कि वे सभी DOS के उस वर्ज़न के ही हों, जो आपके सिस्टम में स्थापित है, वरना आपको परेशानियों का सामना करना पड़ सकता है। जैसे– यदि DOS का वर्ज़न कॉपी की गई फाइल्स के वर्जन से अलग हुआ, तो आपके स्क्रीन पर **Incorrect version** जैसा संदेश दिखाई दे सकता है।

डॉस के वर्ज़न्स (Versions of DOS)

अब तक DOS के छः प्रमुख वर्ज़न्स निकल चुके हैं। इन्हें **DOS 1, DOS 2** से लेकर **DOS 6** तक संख्या दी गई है। इनके अलावा कुछेक संशोधनों के साथ लघु (Mini) वर्ज़न्स भी बाजार में आए हैं, जिनके साथ दशमलव बिंदु (Decimal point) लगा होता है। इस क्रममाला में नवीनतम वर्ज़न **6.22** है। DOS के प्रत्येक वर्ज़न में आपके इस्तेमाल के लिए कुछ अतिरिक्त सुविधाएँ और कमांड्स जुड़े होते हैं।

विंडोज़ के प्रत्येक नए वर्ज़न के साथ DOS का एक नया वर्ज़न भी आता है। जैसे– विंडोज़ 95 के साथ आपको DOS का 7.0 वर्ज़न मिलता है, हालाँकि इन DOS वर्ज़न्स में प्रयोगकर्त्ता के लिए कोई अतिरिक्त विशेषता मौजूद नहीं है, ये वर्ज़न 6.22 के समान ही हैं।

यदि आपके PC में DOS के वर्ज़न 6 से कोई निचला वर्ज़न होगा, तो छठे वर्ज़न के कमांड्स का इस्तेमाल नहीं किया जा सकेगा। हालाँकि किसी पिछले वर्ज़न के सभी कमांड्स अगले वर्ज़न्स में अच्छी तरह काम करते हैं, जैसे– वर्ज़न 6 के सभी कमांड्स वर्जन 6.22 में काम करेंगे।

डायरेक्टरीज़ और फाइल्स (Directories and Files)

सोचिए कि आपके कार्यालय में किस प्रकार डॉक्यूमेंट रखे जाते हैं। वहाँ फाइल रखने के लिए एक कैबिनेट होगा, जिसमें आप विभिन्न परियोजनाओं, ग्राहकों या किन्हीं अन्य समूहों से संबंधित फोल्डर्स रखते हैं। इसके अलावा हर फोल्डर में आपके कुछ लेख, रिपोर्ट्स, पत्र, चित्र इत्यादि रखे होंगे। DOS में भी डॉक्यूमेंट इत्यादि रखने की इसी प्रक्रिया का इस्तेमाल किया जाता है।

DOS में हार्ड डिस्क, फाइल रखने की एक कैबिनेट के समान होती है और हार्ड डिस्क में डॉयरेक्टरीज़ अलग से निर्धारित स्थान होते हैं, जिनमें फाइल्स जैसे–मीमो, ज्ञापन, चित्रों इत्यादि को स्टोर किया जाता है। डायरेक्टरी में एक फाइल वही वस्तुएँ इलेक्ट्रॉनिक रूप में स्टोर करती है, जिन्हें आप मीमो, लेखों या डायग्राम्स के रूप में स्टोर करते हैं। सरल शब्दों में कहें, तो हार्ड डिस्क में डायरेक्टरीज़ और डायरेक्टरीज़ में फाइल्स रखी रहती हैं।

विंडोज़ Me/98 में डायरेक्टरी के उल्लेख के लिए एक अलग नाम का इस्तेमाल किया जाता है। विंडोज Me/98 में डायरेक्टरी को **फोल्डर** कहा जाता है। इसका अर्थ हुआ कि हार्ड डिस्क में फोल्डर्स रहते हैं और फोल्डर्स में फाइल्स रहती हैं। इस नाम के बदलाव से इनके काम में कोई अंतर नहीं आता और फोल्डर्स में फाइल्स उसी प्रकार काम करती हैं, जिस प्रकार DOS की डायरेक्टरी में फाइल्स काम करती हैं। दोनों का काम एक जैसा ही रहता है। अंतर केवल इनके नाम में है।

विंडोज़ Me/98 में रूट डायरेक्टरी (Root Directory in Windows Me/98)

DOS में आपके हार्ड डिस्क में मौजूद प्रमुख डायरेक्टरी को **Root Directory (रूट डायरेक्टरी)** कहा जाता है। विंडोज़ Me/98 में इसे **Local Disk [C:]/[C:]** कहा जाता है। रूट डायरेक्टरी के अंतर्गत आने वाली सभी डायरेक्टरीज़ को **Sub-directory (सब-डायरेक्टरी)** कहा जाता है। **Sub-directory** के अंतर्गत आनेवाली डायरेक्टरी को **Sub-sub-directory (सब-सब-डायरेक्टरी)** कहते हैं। रूट डायरेक्टरी में फाइल्स तथा डायरेक्टरीज़ उसी प्रकार व्यवस्थित रहती हैं, जैसे एक पेड़ की डालों के रूप में शाखाएँ होती हैं। डायरेक्टरी में फाइल्स, प्रोग्राम इत्यादि मौजूद रहते हैं। DOS में रूट डायरेक्टरी को बैक स्लैश (Back slash) चिन्ह (\) द्वारा सूचित किया जाता है। DOS में रूट डायरेक्टरी तथा इसकी सभी सब–डायरेक्टरीज़ नीचे दी गई संरचना में मौजूद रहती हैं।

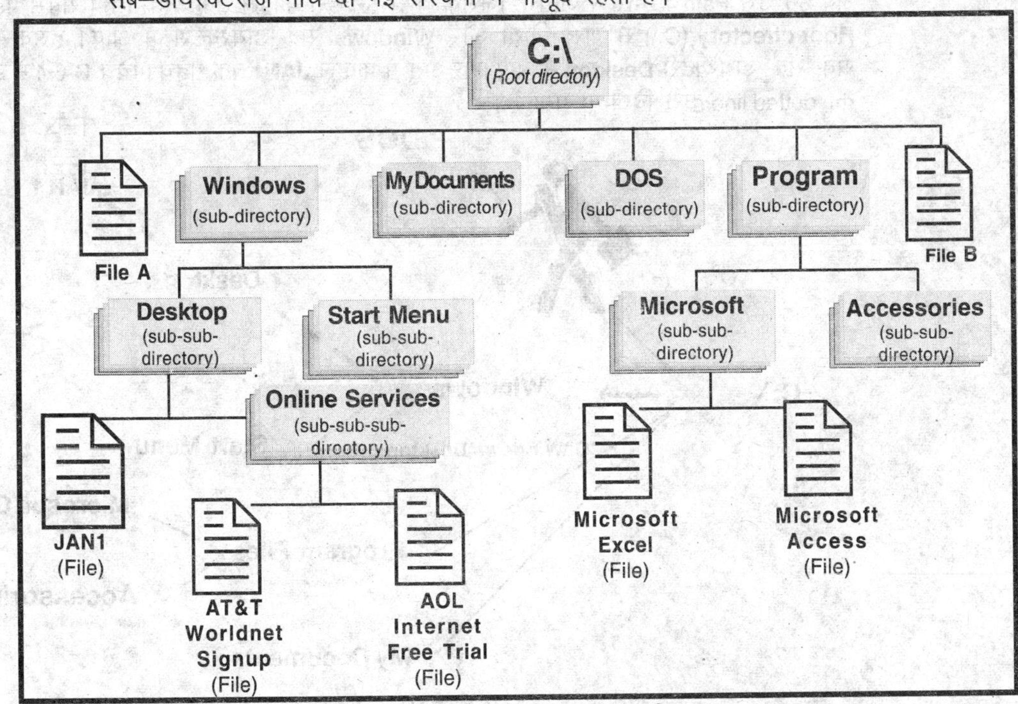

चित्र D-6.3 : कंप्यूटर में फाइल्स तथा डायरेक्टरीज़ का व्यवस्था-क्रम

जैसा चित्र D-6.3 में दिखाया गया है, रूट डायरेक्टरी (C:\) निम्नलिखित रूप से व्यवस्थित है–

- दो स्वतंत्र फाइल्स (A और B);
- चार सब–डायरेक्टरीज़, जिनके नाम हैं : **Windows, My Documents, DOS** और **Program Files**
  - **Windows** सब–डायरेक्टरी में दो सब–सब–डायरेक्टरीज़ हैं, जिनके नाम हैं : Desktop और **Start Menu** ।
  - **Program Files** सब–डायरेक्टरी में दो सब–सब–डायरेक्टरीज़ हैं, जिनके नाम हैं– **Microsoft Office** और **Accessories** ।
    - **Desktop** सब–सब–डायरेक्टरी में एक सब–सब–सब डायरेक्टरी है, जिसका नाम है– **Online Services** तथा एक फाइल है, जिसका नाम है **JAN1** । इसी प्रकार आगे का क्रम है।

याद रखें कि विंडोज़ Me/98 में–

- रूट डायरेक्टरी को Local Disk [C:]/[C:] कहा जाता है।
- सब–डायरेक्टरी को सब–फोल्डर कहा जाता है;
- सब–सब–डायरेक्टरी को सब–सब–फोल्डर कहा जाता है और यह क्रम इसी प्रकार आगे बढ़ता है।

पाथ (Path)

Path उन डॉयरेक्टरीज़ तथा सब–डायरेक्टरीज़ की सूची को कहते हैं, जिनसे होकर आप एक फाइल तक पहुँच सकते हैं। यह path रूट डायरेक्टरी से शुरू होता है। हर डायरेक्टरी के नाम के आगे लगा बैक स्लेश (\) चिन्ह इसे दूसरी डायरेक्टरी से अलग करता है। किसी फाइल तक पहुँचने के लिए रूट डायरेक्टरी से सब–डायरेक्टरी या सब–सब डायरेक्टरी, जिसमें फाइल मौजूद है, तक के Path का पता होना चाहिए। उदाहरण के लिए– चित्र D-6.3 के संदर्भ में, सब–सब–डायरेक्टरी Desktop में फाइल **JAN 1** तक पहुँचने के लिए Path इस प्रकार होगा–

C:\Windows\Desktop\JAN1

अब हम उस Path के बारे में जानेंगे, जिसके द्वारा हम इस फाइल तक पहुँचते हैं। सबसे पहले हमने **Root directory** (C:\) से शुरू किया और **Windows** सब–डायरेक्टरी में आए। इसके बाद हम सब–सब–डायरेक्टरी **Desktop** में आए और अंत में फाइल **JAN1** तक पहुँचे। चित्र D-6.4 में इस Path को dotted line द्वारा दिखाया गया है।

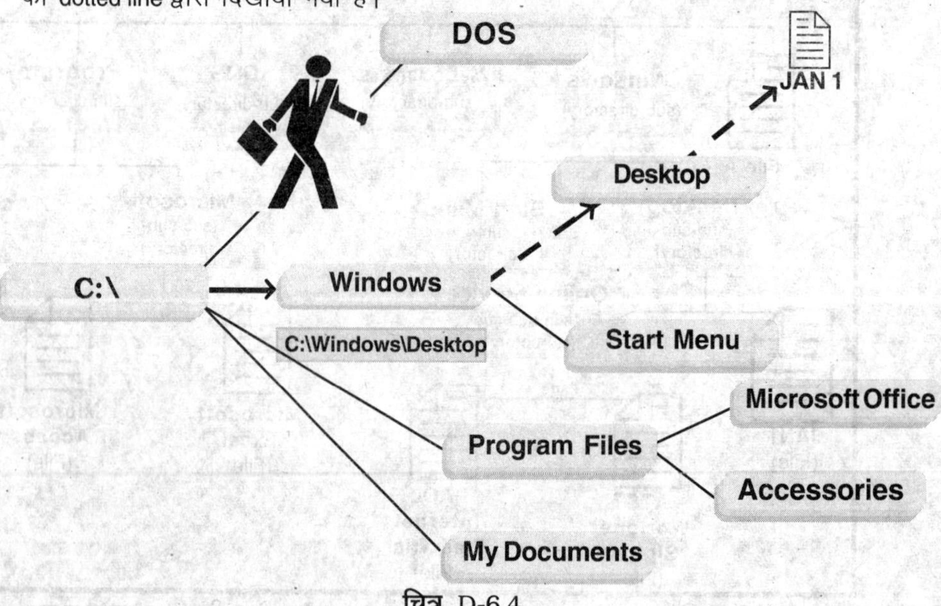

चित्र D-6.4

फाइल्स और डायरेक्टरीज़ को नाम देना (Naming Files and Directories)

मान लीजिए कि आपने एक कैबिनेट में विभिन्न फोल्डर्स रखे हैं। उन सभी फोल्डर्स की अलग–अलग पहचान कैसे करेंगे? सीधा सा तरीका है कि आप हर फोल्डर पर एक अलग नाम लिख देंगे, ताकि आप इसमें रखी सामग्री को पहचान सकें। इसी प्रकार कंप्यूटर फाइल्स को नाम दिया जाता है। फाइल्स के नामों को दो भागों में बाँटा जा सकता है – पहला नाम (First Name) और एक्सटेंशन नाम (Extension Name)।

पहला नाम (First Name)

हार्ड डिस्क में रखी हर फाइल और डायरेक्टरी का एक अलग और खास नाम होता है, जिसे **First Name (पहला नाम)** कहा जाता है। विंडोज़ के पुराने वर्ज़न में यह पहला नाम केवल 1 से लेकर 8 कैरेक्टर लंबा होता था और कैरेक्टर्स के बीच में कोई space भी नहीं छोड़ा जा सकता था।

परन्तु विंडोज़ Me/98 में ऐसा कोई प्रतिबंध नहीं होता। आप अपनी फाइल्स और डायरेक्टरीज़ के लिए पहला नाम कितना भी लंबा दे सकते हैं तथा इन नामों में स्पेस भी दिया जा सकता है।

एक्स्टेंशन नाम (Extension Name)

फाइल के नाम के दूसरे भाग को **Extension Name (एक्स्टेंशन नाम)** कहते हैं। यह नाम वैकल्पिक (optional) होता है तथा यह तीन कैरेक्टर लंबा हो सकता है।

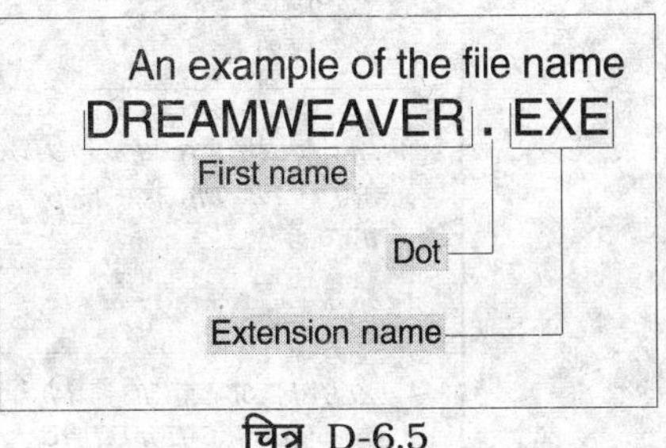

चित्र D-6.5

प्रथम नाम और एक्सटेंशन नाम इनके बीच लगे dot चिन्ह (.) द्वारा आपस में जुड़े रहते हैं (चित्र D-6.5 देखें)। आप इस dot के पहले स्पेस छोड़ सकते हैं। हालाँकि dot के बाद ही स्पेस देना ठीक रहता है। कुछ मान्य फाइल नाम हैं : BACKUP.EXE, PRINT.EXE, Salary Info.DOC इत्यादि। यहाँ .EXE एक्सटेंशन बताता है कि BACKUP और PRINT फाइल्स executable फाइल्स हैं, जबकि .DOC बताता है कि Salary Info एक प्रकार की डॉक्यूमेंट फाइल है।

फाइल्स और डायरेक्टरीज़ को नाम देने के लिए निर्धारित नियम (Rules for Naming Files and Directories)

1. डायरेक्टरीज़ और फाइल्स के नाम लिखते समय नीचे लिखे कैरेक्टर्स के संयोजन के प्रयोग किए जा सकते हैं–
   - वर्णाक्षर A से लेकर Z तक (कैपिटल और स्मॉल– दोनों)
   - 0 से 9 तक अंक
   - विशेष कैरेक्टर्स, जैसे '!^ ( ) $ & # @ % - { } [ ] + = _ ~ |
2. जिन विशेष कैरेक्टर्स का प्रयोग नहीं किया जा सकता, वे हैं ? / \ : | < > " * |
3. कुछ शब्द ऐसे हैं, जिन्हें विशेष फाइल्स के लिए विशेष रूप से रिजर्व रखा जाता है तथा इनका प्रयोग अकेले नहीं किया जा सकता। ये शब्द हैं ; CON, COM1, COM2, COM3, COM4, AVX, LPT1, LPT2, LPT3, PRN, NUL। इन शब्दों के प्रयोग संयोजन में किए जा सकते हैं, जैसे– ASCon, deltacom1, Panamavx इत्यादि।
4. वे फाइल्स, जिनके नामों के साथ एक्सटेंशन नाम, जैसे .EXE, .COM और .BAT होते हैं, एक्ज़ीक्यूटेबल (executable) फाइल्स कहलाती हैं तथा DOS द्वारा इन्हें विशेष महत्त्व दिया जाता है।
5. बिंदु–चिन्ह (.) का प्रयोग केवल एक बार किया जा सकता है, यानि आप SMART.X.DOC जैसे नामों का प्रयोग नहीं कर सकते।

फाइल्स के प्रकार (Types of Files)

आप अपने कंप्यूटर में अपनी आवश्यकता के अनुसार विभिन्न प्रकार की फाइल्स तैयार कर सकते हैं। आपके द्वारा बनी प्रत्येक फाइल को अलग–अलग पहचानने के लिए कंप्यूटर इन्हें एक एक्स्टेंशन नाम देता है। चित्र D-6.6 में, विभिन्न प्रकार की फाइल्स को उनके एक्स्टेंशन नाम के साथ दिखाया गया है:

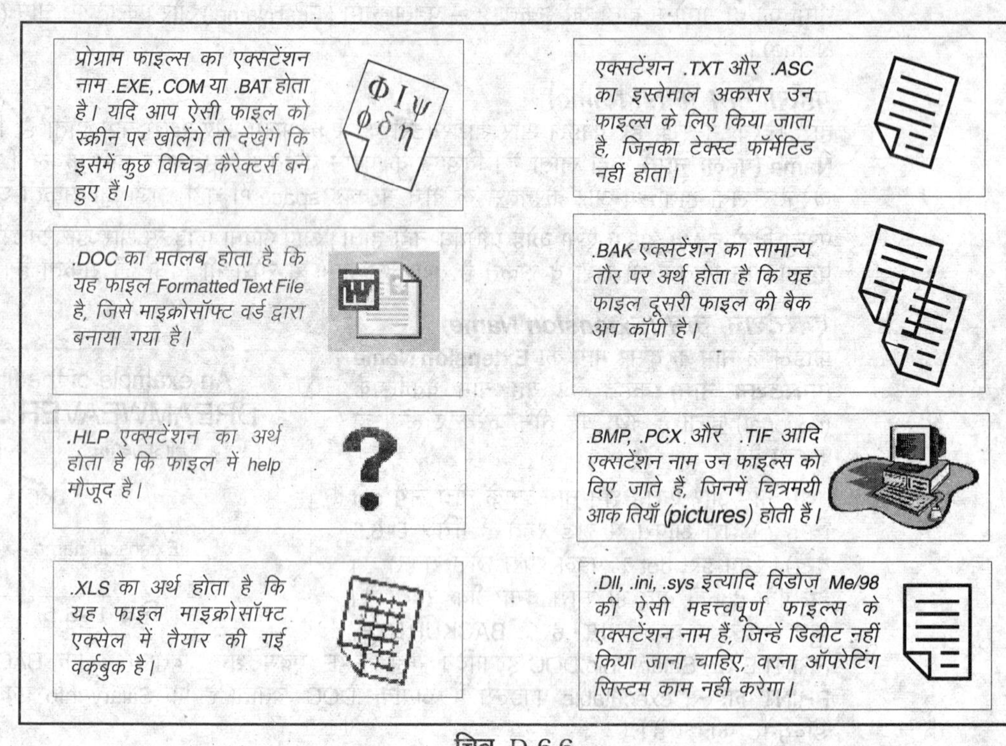

चित्र D-6.6

डॉस कमांड्स (DOS Commands)

अब तक आप DOS की विशेषताओं से परिचित हो चुके होंगे। अब आप कुछ उपयोगी DOS कमांड्स के बारे में जानें। DOS के काम करने के तरीके के बारे में भली–भाँति समझने के लिए ये कमांड्स बहुत महत्त्वपूर्ण होते हैं।

स्क्रीन पर अपनी फाइल्स देखना (Displaying Your Files on Screen)

किसी डायरेक्टरी की पूरी सूची देखने के लिए **DIRectory (DIR)** कमांड का इस्तेमाल किया जाता है। उदाहरण के लिए– रूट डायरेक्टरी की सूची देखने के लिए आप इस कमांड को टाइप करें–

C:\>**DIR** ↵

और **Enter** key दबाएँ। तुरंत रूट डायरेक्टरी के अंतर्गत मौजूद फाइलों और डायरेक्टरियों की सूची स्क्रीन पर दिखाई देगी।

इस अध्याय में दिए गए चिन्ह (↵) का अर्थ है कि आपको कमांड टाइप कर देने के बाद 'की–बोर्ड' से Enter key दबानी है।

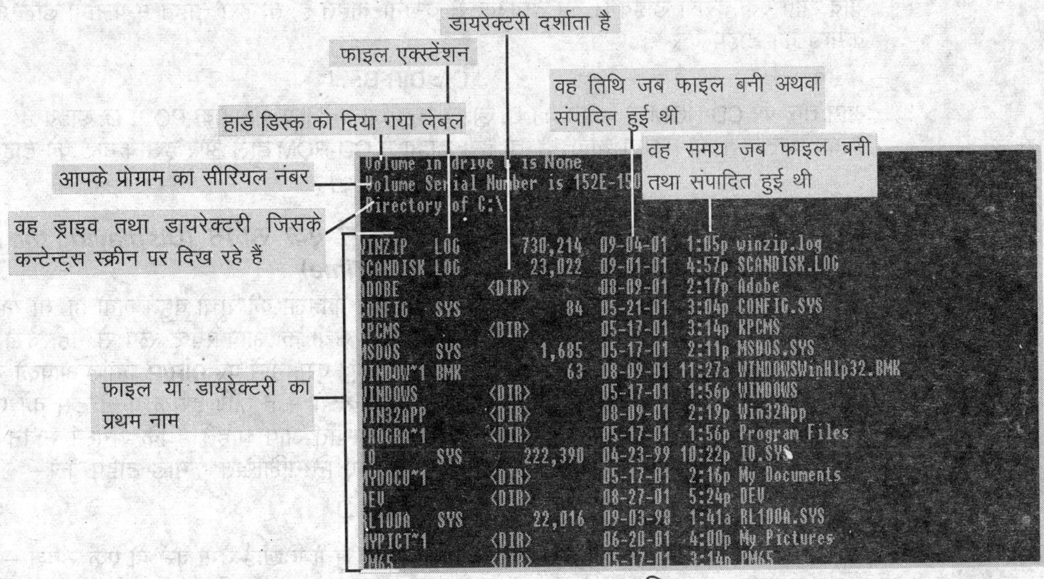

चित्र D-6.7

किसी अन्य डायरेक्टरी/ड्राइव की फाइल्स देखना (Displaying Files of Some Other Directory/Drive)

अन्य डायरेक्टरीज़ की फाइल्स को भी आप स्क्रीन पर दिखा सकते हैं। इसके लिए आपको इनके path का उल्लेख करना होगा। Path ही DOS को बताता है कि कोई फाइल कहाँ मौजूद है।

मान लीजिए कि इस समय आप **रूट डायरेक्टरी** (C:\>) में हैं और **My documents** डायरेक्टरी में जमा फाइलों की सूची को देखना चाहते हैं। ऐसी स्थिति में आपको DOS prompt (C:\>) पर यह कमांड टाइप करना होगा–

C:\>**DIR\Mydocu~1**↵

या

C:\>**DIR Mydocu~1**↵

चूँकि सब–डायरेक्टरी My documents के बीच में स्पेस है, अतः स्पेस से युक्त इस नाम को DOS स्वीकार नहीं करेगा। DOS में ऐसा नाम टाइप करते समय आप इन बातों का ध्यान रखें–

1. इस लंबे नाम के पहले छः अक्षर टाइप करें, जो Mydocu होंगे।
2. इसके बाद Shift key को दबाए रखें और की–बोर्ड से Tilde (~) key को दबाएँ।
3. 1 टाइप करें।

किसी अन्य ड्राइव की फाइल्स की सूची देखना (Listing Files of Some Other Drive)

मान लीजिए कि आप C: ड्राइव में हैं और ड्राइव A: में डाली गई फ्लॉपी डिस्क की डायरेक्टरी देखना चाहते हैं। इसके लिए आप इस कमांड को टाइप करें–

C:\>**DIR A:** ↵

यदि आप एक दूसरी ड्राइव B: की डायरेक्टरी देखना चाहते हैं, तो इस ड्राइव में फ्लॉपी डालें और इस कमांड को टाइप करें–

C:\>**DIR B:** ↵

आम तौर पर CD-ROM के ड्राइव को D: ड्राइव कहा जाता है। यदि आपके PC में D: ड्राइव है और आप इसके कन्टेन्ट्स को देखना चाहते हैं, तो इस ड्राइव में CD-ROM डालें और इस कमांड को टाइप करें–

C:\>**DIR D:** ↵

डायरेक्टरी की पूरी सूची देखना - एक बार में एक स्क्रीन (Displaying the Entire Contents of a Directory - One Screen at a Time)

यदि किसी डायरेक्टरी में मौजूद सब–डायरेक्टरीज़ और फाइलों की सूची बहुत लंबी हो, तो यह स्क्रीन पर आकर जल्दी से बाहर निकल जाएगी। फलतः इस सूची को आप स्पष्ट रूप से नहीं देख पाएँगे। शायद आपको कुछ आखिरी फाइल्स के नाम ही दिख पाएँ। ऐसा होने पर **DIR/P** कमांड आपकी सहायता करता है। मान लीजिए कि आप इस समय रूट डायरेक्टरी में हैं और इसके कन्टेन्ट्स को एक बार में केवल एक स्क्रीन भर के क्रम में देखना चाहते हैं, अर्थात् आप चाहते हैं कि अगला स्क्रीन आपकी आवश्यकता के अनुसार ही आए, तो ऐसा करने के लिए निम्नलिखित कमांड टाइप करें–

C:\>**DIR/P** ↵

जैसे ही आपके सामने पूरे स्क्रीन पर फाइलों के नामों की सूची दिखाई देगी वैसे ही एक संदेश – **Press any key to continue...** भी दिखाई देगा। बाकी फाइल्स देखने के लिए कोई भी key दबा दें।

डायरेक्टरी की पूरी सूची को एक ही बार में स्क्रीन पर देखना (Displaying Entire Contents of Directory in One Screen)

यदि आप किसी डायरेक्टरी की पूरी सूची को एक ही बार में स्क्रीन पर देखना चाहते हैं, तो **DIR/W** कमांड इसमें आपकी मदद करता है।

अगर आप रूट डायरेक्टरी की पूरी सूची एक ही स्क्रीन पर देखना चाहते हैं, तो इसके लिए आप यह कमांड टाइप करें–

C:\>**DIR/W** ↵

रूट डायरेक्टरी की पूरी सूची एक ही स्क्रीन पर दिखाई देगी। इस स्क्रीन पर सारी फाइल्स के नाम तो होंगे परन्तु आप उनका बाकी विवरण, जैसे— वह तिथि— जिस दिन वह बनी तथा संपादित हुई थी, वह समय जब वह बनी तथा संपादित हुई थी, इत्यादि नहीं देख पाएँगे।

फाइल को कॉपी करना (Copying a File)

फाइल्स को एक जगह से दूसरी जगह पर कॉपी करने के लिए **COPY** कमांड का इस्तेमाल किया जाता है। अब आप देखें कि COPY कमांड किस प्रकार काम करता है।

पहले हम COPY टाइप करते हैं और एक स्पेस छोड़ देते हैं; इसके बाद source फाइल का (वह फाइल, जिसे आप कॉपी करना चाहते हैं) का नाम लिखते हैं; इसके बाद एक स्पेस छोड़कर अंत में destination नाम (उस डायरेक्टरी या ड्राइव का नाम, जहाँ इस फाइल को कॉपी करना है) टाइप करने के बाद फाइल का नाम टाइप करें।

किसी डायरेक्टरी से फाइल को फ्लॉपी डिस्क में कॉपी करना (Copying a File from any Directory into a Floppy Disk)

मान लीजिए कि आप एक फाइल, जैसे **Colours.bmp** को रूट डायरेक्टरी (C:\) से ड्राइव **A:** में डली फ्लॉपी डिस्क में कॉपी करना चाहते हैं। आप निम्नलिखित कमांड देकर ऐसा कर सकते हैं :–

C:\>**Copy Colours.bmp A:** ↵

इसके बाद **Enter** key दबा दें। इस कमांड से फाइल **Colours.bmp** ड्राइव **C:** से ड्राइव **A:** में कॉपी हो जाएगी और DOS स्क्रीन पर यह संदेश दिखेगा–

1 File(s) Copied

कॉपी करने की प्रक्रिया ठीक ढंग से पूरी हुई है या नहीं, इसकी जाँच के लिए DOS prompt पर DIR A: कमांड टाइप करें और इसके बाद Enter key दबा दें। आपको ड्राइव A: में उसी नाम से कॉपी की गई फाइल दिखाई देगी।

फ्लॉपी डिस्क से फाइल किसी भी डायरेक्टरी में कॉपी करना (Copying a File from the Floppy Disk to any Directory)

यदि आप किसी फाइल जैसे– **Colours.bmp** को फ्लॉपी डिस्क से रूट डायरेक्टरी में कॉपी करना चाहते हैं, तो यह कमांड टाइप करें–

C:\>**COPY A:Colours.bmp C:** ↵

इसी प्रकार फ्लॉपी डिस्क से यह फाइल रूट डायरेक्टरी में एक अलग नाम (जैसे– **VIK.bmp**) के नाम से भी आप कॉपी कर सकते हैं। मान लीजिए कि आप ड्राइव **A:** में मौजूद फाइल **Colours.bmp** को हार्ड डिस्क में एक अलग नाम (जैसे– **Vik.bmp**) से कॉपी करना चाहते हैं। इसके लिए आप यह कमांड टाइप करें–

C:\>**COPY A:Colours.bmp C:Vik.bmp** ↵

यह कमांड एक्जीक्यूट हो जाने के बाद, **Colours.bmp** दूसरे नाम **Vik.bmp** के साथ रूट डायरेक्टरी में कॉपी हो जाएगी।

C:\>**COPY A:Colours.bmp** ↵

उपरोक्त कमांड देने पर फाइल **Colours.bmp** रूट डायरेक्टरी में **Colours.bmp** के नाम से कॉपी होगी। जब आप रूट डायरेक्टरी से फाइल्स को फ्लॅापी डिस्क में कॉपी करेंगे, तब भी यही नियम लागू होंगे।

वाइल्ड कार्ड्स (Wild Cards)

जब आप सभी फाइल्स पर एक साथ एक समूह में काम करना चाहते हैं, तो **वाइल्ड कार्ड्स (Wild Cards)** का इस्तेमाल किया जाता है। Wild cards दो प्रकार के होते हैं :– **star (*)** और **question mark (?)**।

Star (*)

* wild card सभी कैरेक्टर्स के साथ मेल खाता है। सबसे अधिक इस्तेमाल होने वाला wild card *.* है। Wild card के इस संयोजन को Star-dot-Star (स्टार–डॉट–स्टार) कहा जाता है। मान लीजिए कि आपके पास तीन फाइल्स हैं, जिनके नाम हैं : **Vik.bmp, Vi.bmp** और **Colours.bmp**। अब आप इन सभी फाइल्स को एक डायरेक्टरी (जैसे– **My documents** सब–डायरेक्टरी) में कॉपी करना चाहते हैं। इन सभी को **My documents** सब–डायरेक्टरी में कॉपी करने के लिए आप यह कमांड टाइप करें–

C:\>**COPY *.bmp C:\Mydocu~1** ↵

फाइल स्पेसीफिकेशन ***.bmp** उन सभी फाइल्स को कॉपी कर देता है, जिनका एक्सटेंशन नाम .bmp है, चाहे उनका पहला नाम (*) कोई भी हो।

यदि आप एक ही नाम (जैसे– Vikas) की सभी फाइल्स को, जिनका एक्सटेंशन अलग–अलग है, किसी एक डायरेक्टरी (जैसे My documents) में कॉपी करना चाहते हैं, तो निम्नलिखित कमांड टाइप करें:–

C:\>COPY Vikas.* C:\ Mydocu~1 ↵

यदि आप सभी फाइल्स को एक डायरेक्टरी में कॉपी करना चाहते हैं, तो सभी फाइल्स के नाम देने की बजाय केवल COPY *.* कमांड टाइप करें :

C:\>COPY *.* C:\Mydocu~1 ↵

Question Mark (?)

प्रश्न–चिन्ह wildcard (?) किसी भी अकेले कैरेक्टर से मेल खाता है। मान लीजिए कि आपके पास कुछ फाइल्स हैं, जिनके नाम ESALES.DOC, WSALES.DOC, NSALES.DOC, JNSALES.Txt, ESALES.xls और SSALES.DOC हैं। अब हम इन सभी फाइल्स, जिनका एक्सटेंशन .DOC है, एक दूसरी डायरेक्टरी, जैसे– **My documents** में कॉपी करना चाहते हैं। इसके लिए आप नीचे लिखे कमांड को टाइप करें :

C:\>COPY?SALES.DOC c:\Mydocu~1 ↵

यदि आप अपने कमांड में फाइल का स्पेसीफिकेशन **?SALES.DOC** देंगे, तो इसमें वे सभी फाइल्स शामिल हो जाएँगी, जो किसी भी वर्णाक्षर (alphabet) से शुरू होती हैं, किंतु **SALES.DOC** के नाम से समाप्त होती हैं। जिन फाइल्स का उल्लेख ऊपर किया गया है, उनमें से नीचे लिखी फाइल्स इस वर्ग में आएँगी –

ESALES.DOC
WSALES.DOC
NSALES.DOC
SSALES.DOC

नीचे लिखी फाइल्स कॉपी नहीं होंगी –

JNSALES.Txt - इस फाइल के नाम में शब्द **SALES** से पहले एक के स्थान पर दो कैरेक्टर मौजूद हैं। एक्सटेंशन नाम भी भिन्न है।

ESALES.XLS - इसका एक्सटेंशन नाम भिन्न है।

आप एक वर्ग में शामिल फाइल्स के लिए wild cards के विभिन्न संयोजनों को इस्तेमाल कर सकते हैं। मान लीजिए कि आप एक पुस्तक लिख रहे हैं, जिसमें आठ अध्याय हैं। हर अध्याय की एक फाइल बनाई गई है और इनका नाम **CHAP1.DOC** से लेकर **CHAP8.DOC** तक रखा है। केवल इन्हीं फाइल्स को स्क्रीन पर देखने के लिए आप नीचे लिखी कमांड टाइप कर सकते हैं–

C:\>DIR CHAP?.DOC ↵

ये कमांड DOS को बताती है कि उन सभी फाइल्स को शामिल करे, जिनका पहला नाम **CHAP** से शुरू होता है, जिसके बाद एक कैरेक्टर और एक्सटेंशन नाम **.DOC** होता है।

मान लीजिए कि आपकी पुस्तक में 15 अध्याय हैं और इसकी फाइल्स को CHAP1.DOC से लेकर CHAP15.DOC तक का नाम दिया गया है। इन सभी फाइल्स को स्क्रीन पर दर्शाने के लिए आप नीचे लिखा कमांड टाइप करें–

C:\>DIR CHAP*.DOC ↵

या

C:\>DIR CHAP??.DOC↵

याद रखें कि * wild card कैरेक्टर्स की किसी भी संख्या को दर्शाता है, जबकि ? wild card एक बार में केवल एक कैरेक्टर दर्शाता है।

फाइल डिलीट करना (Deleting a File)

आप **DEL** कमांड देकर फाइल को डिलीट कर सकते हैं। इसके लिए आप **DEL** टाइप करने के बाद एक स्पेस दें और फिर डिलीट की जाने वाली फाइल का नाम टाइप कर दें।

अपने हार्ड डिस्क से फाइल डिलीट करना (Deleting a File from Your Hard Disk)

यदि आप कोई फाइल, मान लीजिए कि **Vi.bmp** को किसी डायरेक्टरी, (जैसे– 'रूट डायरेक्टरी') से डिलीट करना चाहते हैं, तो नीचे लिखा कमांड टाइप करें–

C:\>DEL vi.bmp ↵

आप जिस फाइल को डिलीट करे रहे हैं, वह यदि कंप्यूटर में मौजूद नहीं है या आपने फाइल का नाम गलत टाइप कर दिया है, तो स्क्रीन पर एक संदेश 'File not found' दिखाई देगा।

DEL कमांड का प्रयोग बड़ी सावधानी से करना चाहिए। किसी डायरेक्टरी, जैसे— My Documents से सभी फाइल्स और डायरेक्टरीज़ डिलीट करने के लिए आप नीचे लिखे कोई भी कमांड टाइप कर सकते हैं—

C:\>Cd Mydocu~1 ↵

C:\My Documents>Del *.* ↵

DOS स्क्रीन पर यह संदेश आएगा –

All files in directory will be deleted !

Are you sure [Y/N]?

सब–डायरेक्टरी My Documents के सभी कन्टेन्ट्स डिलीट न करने हो, तो **N** दबाएँ, वरना **Y** दबाएँ।

अपने हार्ड डिस्क से फाइल्स का एक समूह डिलीट करना (Deleting a Group of Files from Your Hard Disk)

मान लीजिए कि आप किसी डायरेक्टरी (जैसे— रूट डायरेक्टरी) से वे सभी फाइल्स डिलीट करना चाहते हैं, जिनका एक्सटेंशन नाम **.bmp** है। इसके लिए आप नीचे लिखा कमांड टाइप करें :–

C:\>Del *.bmp ↵

फ्लॉपी डिस्क से फाइल डिलीट करना (Deleting a File from a Floppy Disk)

आप **DEL** कमांड का इस्तेमाल फ्लॉपी डिस्क में मौजूद फाइल को डिलीट करने के लिए भी कर सकते हैं। मान लीजिए कि फ्लॉपी डिस्क में मौजूद फाइल **Colours.bmp** को आप डिलीट करना चाहते हैं। इसके लिए ड्राइव **A:** में फ्लॉपी डिस्क डालें और नीचे लिखा कमांड टाइप करें –

C:\>Del A:\Colours.bmp ↵

फ्लॉपी डिस्क से फाइल्स के एक समूह को डिलीट करना (Deleting a Group of Files from a Floppy Disk)

यदि आप ड्राइव **A:** में मौजूद फ्लॉपी डिस्क की उन सभी फाइल्स को डिलीट करना चाहते हैं, जिनका एक्सटेंशन .bmp है, तो आपको नीचे लिखे कमांड का प्रयोग करना चाहिए –

C:\>DEL A:*.BMP ↵

MD कमांड देकर डायरेक्टरी बनाना (Creating a Directory with the Make Directory Command)

DOS में **Make Directory (MD)** कमांड का इस्तेमाल डायरेक्टरी बनाने के लिए किया जाता है। अब हम नीचे दिए गए चित्र के अनुसार एक डायरेक्टरी स्ट्रक्चर बनाएँगे—

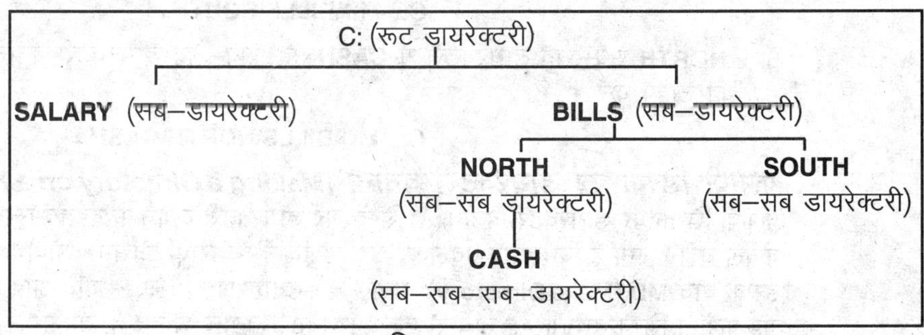

चित्र D-6.8

विंडोज़ Me/98 में डायरेक्टरी के लिए इस्तेमाल किया जाने वाला नाम बदल गया है। विंडोज़ Me/98 में डायरेक्टरी को 'फोल्डर' कहा जाता है, अर्थात् हार्ड डिस्क में फोल्डर होते हैं, जिनमें फाइलें मौजूद रहती हैं। नाम में भले ही अंतर हो, किंतु फोल्डर भी वही काम करते हैं, जो काम डायरेक्टरी करती है।
डायरेक्टरी को नाम देने के नियम फाइल को नाम देने के नियमों के समान ही है, किंतु डायरेक्टरीज़ को एक्सटेंशन नाम नहीं दिया जाता (हालाँकि विंडोज़ Me/98 में आप यह नाम दे सकते हैं)।

चित्र D-6.8 में दी गई डायरेक्टरी संरचना बनाने के लिए आप नीचे लिखे क्रम का पालन करें–

1. रूट डायरेक्टरी में **SALARY** सब–डायरेक्टरी बनाने के लिए DOS Prompt (C:\) पर निम्नलिखित कमांड टाइप करें–

   C:\>**MD SALARY** ↵

2. 'रूट डायरेक्टरी' (C:) में दूसरी सब–डायरेक्टरी **BILLS** बनाने के लिए आप इस कमांड को टाइप करें–

   C:\>**MD BILLS** ↵

यदि उपरोक्त कमांड एक्जीक्यूट होने पर स्क्रीन पर एक संदेश Directory already exists दिखाई दे, तो डायरेक्टरी का एक नया नाम टाइप करें।

3. अब **DIR** कमांड टाइप करें और अपने की–बोर्ड से **Enter** key दबा दें। आपका स्क्रीन चित्र D-6.9 के समान दिखाई देगा–

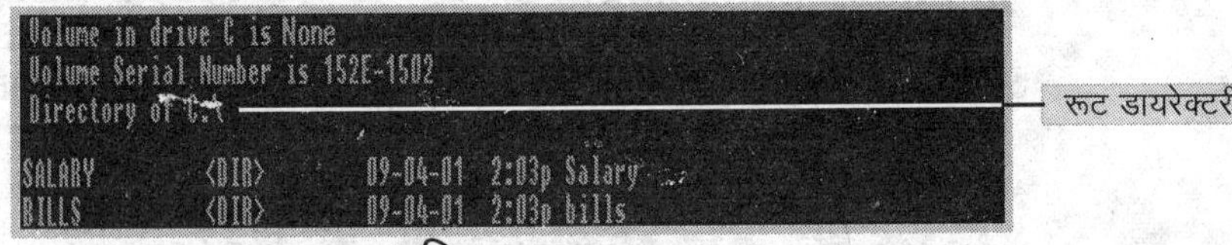

```
Volume in drive C is None
Volume Serial Number is 152E-1502
Directory of C:\

SALARY        <DIR>        09-04-01  2:03p Salary
BILLS         <DIR>        09-04-01  2:03p bills
```


चित्र D-6.9

चित्र D-6.9 में दिखाया गया है कि **SALARY** और **BILLS** सब–डायरेक्टरीज़ रूट डायरेक्टरी में मौजूद हैं।

4. अब आप **BILLS** सब–डायरेक्टरी में सब–सब–डायरेक्टरी **NORTH** बनाने के लिए इस कमांड को टाइप करें–

   C:\>**MD\BILLS\NORTH** ↵

5. सब–डायरेक्टरी **BILLS** के अंतर्गत सब–सब–डायरेक्टरी **SOUTH** बनाने के लिए आप नीचे लिखा कमांड टाइप करें –

   C:\>**MD\BILLS\SOUTH** ↵

6. **NORTH** सब–सब डायरेक्टरी में **CASH** सब–सब–सब डॉयरेक्टरी बनाने के लिए इस कमांड को टाइप करें –

   C:\>**MD\BILLS\NORTH\CASH** ↵

फ्लॉपी डिस्क पर डायरेक्टरी बनाना (Making a Directory on a Floppy Disk)

फ्लॉपी डिस्क पर डायरेक्टरी बनाना, **C** डिस्क पर डायरेक्टरी बनाने से बहुत भिन्न नहीं है। आपको इसमें केवल यही करना है कि ड्राइव बदलकर उस ड्राइव में आ जाएँ, जिसमें फ्लॉपी डिस्क डाली गई है और इसके बाद **MD (Make Directory)** कमांड दें। उदाहरण के लिए– यदि आप ड्राइव **A** में प्रविष्ट की गई फ्लॉपी डिस्क में VIKAS नाम से एक डायरेक्टरी बनाना चाहते हैं, तो अगले पृष्ठ पर दिए गए क्रम को अपनाएँ–

1. ड्राइव **A** में डिस्क डालें।
2. DOS prompt **(C:\)** पर इस कमांड को टाइप करें–

C:\>**A:** ↵

आप देखेंगे कि **C:** prompt अब **A:** prompt में बदल गया है।

3. इस कमांड को टाइप करें–

A:\>**MD VIKAS** ↵

4. नीचे दिए गए कमांड को टाइप करके आप DOS prompt को स्क्रीन पर ले आएँ–

A:\>**C:** ↵

डायरेक्टरी बदलने का कमांड (Change Directory Command)

यदि आप किसी खास सब–डायरेक्टरी की फाइल्स पर काम करना चाहते हैं, तो आपको **CD (Change Directory)** कमांड देकर उस सब–डायरेक्टरी में जाना होगा। इसके लिए **CD** कमांड टाइप करें; एक स्पेस टाइप करें और फिर उस डायरेक्टरी का नाम टाइप करें, जिसमें आप जाना चाहते हैं। अब **Enter** key दबा दें (↵)।

यदि उक्त डायरेक्टरी किसी दूसरी डायरेक्टरी में मौजूद है (यानी यदि यह सब–डायरेक्टरी या सब–सब–डायरेक्टरी है), तो पूरा path टाइप करना होगा। उदाहरण के लिए– यदि आप रूट डायरेक्टरी **(C:\)** के अंतर्गत मौजूद **BILLS** सब–डायरेक्टरी में जाना चाहते हैं, तो कमांड इस प्रकार होगा–

C:\>**CD BILLS** ↵

उपरोक्त कमांड देने से पहले आप 'रूट डायरेक्टरी' में थे। यह कमांड देने के बाद आप **BILLS** सब–डायरेक्टरी में आ जाते हैं और आपका DOS prompt इस प्रकार दिखाई देता है–

C:\>**BILLS>**

BILLS सब–डायरेक्टरी में आने के बाद आप किसी भी डायरेक्टरी में जा सकते हैं, जैसे हम इस सब–डायरेक्टरी में मौजूद **NORTH** सब–सब–डायरेक्टरी में जाकर देखते हैं। इसके लिए आप नीचे लिखा कमांड टाइप करें–

C:\>BILLS>**CD NORTH** ↵

तुरंत आपका prompt बदलकर ऐसा दिखाई देगा –

C:\>**BILLS\NORTH>**

यदि **NORTH** सब–सब–डायरेक्टरी में कोई फाइल मौजूद है, तो अब आप आसानी से उस तक पहुँच सकते हैं।

किसी भी डायरेक्टरी से सीधे रूट डायरेक्टरी में आना (Returning Directly from any Directory to the Root directory)

यदि आप सीधे रूट डायरेक्टरी में लौटना चाहते हैं, तो नीचे लिखा कमांड टाइप करें–

C:\>**BILLS\NORTH>CD** ↵

यह कमांड किसी भी डायरेक्टरी से आपको सीधे रूट डायरेक्टरी में पहुँचा देगी।

आप इस समय रूट डायरेक्टरी में हैं। आप यह जान चुके हैं कि NORTH सब–सब डायरेक्टरी में आप कैसे जा सकते हैं, पर आप सीधे ही NORTH सब–सब डारेक्टरी में, BILLS सब–डायरेक्टरी से जा सकते हैं। इसके लिए आप नीचे लिखा कमांड टाइप करें–

C:\>CD BILLS\NORTH ↵

अब NORTH सब–सब डायरेक्टरी से वापस रूट डायरेक्टरी में आने के लिए निम्नलिखित कमांड टाइप करें–

C:\BILLS\NORTH>CD\ ↵

किसी डायरेक्टरी से एक-एक क्रम करके रूट डायरेक्टरी में लौटना (Returning Step-by-Step from any Directory to the Root Directory)

चित्र D-6.8 के संदर्भ में हम सबसे पहले सब–सब–सब–डायरेक्टरी **CASH** में आते हैं और इसके बाद एक–एक क्रम करके रूट डायरेक्टरी **(C:\)** में लौटेंगे।

सब–सब–सब–डायरेक्टरी CASH में आने के लिए आप इस कमांड को टाइप करें–

C:**BILLS\NORTH\CASH** ↵

आपका prompt तुरंत इस प्रकार दिखाई देगा–

C:\BILLS\NORTH\CASH>

अब आप क्रमवार रूट डायरेक्टरी में लौटने के लिए नीचे लिखा क्रम अपनाएँ–

1. सब–सब–डायरेक्टरी **NORTH** में आने के लिए, अर्थात् एक क्रम पीछे जाने के लिए आप इस कमांड को टाइप करें –

   C:\BILL\NORTH\CASH>**CD..** ↵

2. यह कमांड आपको एक क्रम पीछे यानी **CASH** की Parent डायरेक्टरी **NORTH** सब–सब–डायरेक्टरी में ले जाएगा। आपका DOS prompt अब इस प्रकार दिखाई देगा–

   C:\BILLS**NORTH>**

3. अब फिर एक क्रम पीछे, यानी **BILLS** सब–डायरेक्टरी में आने के लिए आप इस कमांड को टाइप करें–

   C:\BILLS\NORTH>**CD..** ↵

   तुरंत DOS prompt **C:\BILLS>** में बदल जाएगा।

4. अंत में रूट डायरेक्टरी में लौटने के लिए इस कमांड को टाइप करें–

   C:\BILLS>**CD..** ↵

   आपका prompt अब C:\> होगा।

आप CASH सब–सब–सब–डायरेक्टरी से सीधे ही BILLS सब–डायरेक्टरी पर आने के लिए DOS prompt पर इस कमांड को टाइप करें –

C:\BILLS\NORTH\CASH>CD..\.. ↵

AUTOEXEC.BAT फाइल

आपके सिस्टम में **AUTOEXEC.BAT** फाइल सबसे महत्त्वपूर्ण बैच (Batch) फाइल है। रूट डायरेक्टरी में मौजूद इस फाइल को आपका P.C. उस समय खुद ही पढ़ लेता है, जब आप इसे बूट करते हैं। यह फाइल अधिक उपयोगी है, क्योंकि कंप्यूटर का स्विच ऑन करते ही यह कमांड्स के एक क्रम, जैसे– path और prompt इत्यादि निर्धारित करना, को खुद ही एक्ज़ीक्यूट कर देती है।

CONFIG.SYS फाइल

जब आप अपना कंप्यूटर शुरू करते है, तो DOS कुछ कमांड्स को एक्जीक्यूट करता है, जो आपके हार्डवेयर को configure करती हैं तथा सूचनाओं के संसाधन के लिए कंप्यूटर की मेमोरी में स्थान सुरक्षित कर देती हैं। इन कमांड्स से युक्त फाइल को **CONFiG.SYS** फाइल कहा जाता है। यह फाइल आपके P.C. की कार्यप्रणाली (Performance) में वृद्धि (enhancement) करने में मदद करती है।

माइक्रोसॉफ्ट विंडोज़ XP—कुछ उदाहरण

इस भाग में विंडोज़ XP के उदाहरण दिए गए हैं। इन उदाहरणों को सफलतापूर्वक समझने के लिए दिए गए क्रम का पालन कठोरता से करें।

उदाहरण 1

इस उदाहरण में आप सीखेंगे कि **Notepad** और **My Computer** विंडो को कैसे खोलें तथा उनमें कैसे काम करें। ये काम पूरा करने के लिए आप निम्नलिखित क्रम का पालन करें–

1. **Taskbar** पर मौजूद **Start** बटन पर क्लिक करें। स्क्रीन पर तुरंत एक पुश–अप मेन्यू दिखाई देगा (चित्र WXP-1)।
2. माउस पॉएंटर को पुश–अप मेन्यू में **Programs** विकल्प पर लाएं। स्क्रीन पर एक दूसरा मेन्यू दिखाई देगा (चित्र WXP-1)।

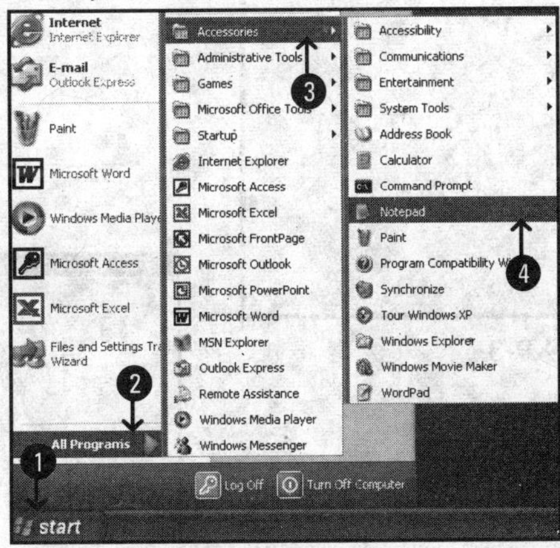

चित्र WXP-1

3. माउस पॉएंटर को इस दूसरे मेन्यू में लाकर **Accessories** विकल्प पर रखें। तुरंत एक तीसरा मेन्यू खुल जाएगा (चित्र WXP-1)।
4. तीसरे मेन्यू में माउस पॉएंटर को **Notepad** विकल्प पर लाएँ और बायाँ माउस बटन क्लिक करें। तुरंत स्क्रीन पर **Notepad** विंडो खुल जाएगी (चित्र WXP-2)।

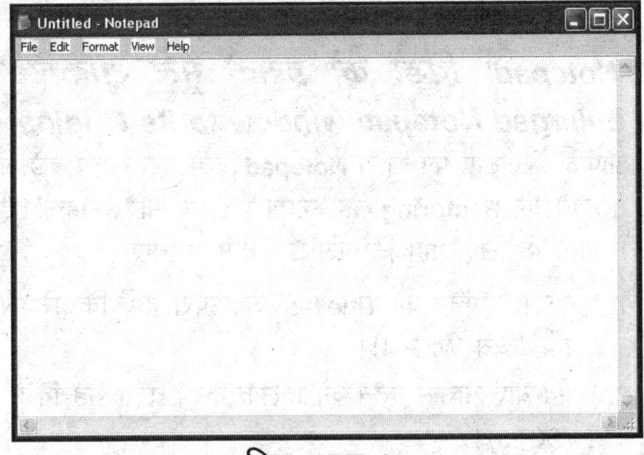

चित्र WXP-2

'Notepad' विंडो को बड़ा करना (Enlarging the Notepad Window)

आपके विंडोज़ Me/98 के डेस्कटॉप पर **Notepad** विंडो एक छोटी विंडो के रूप में दिखाई देती है। आप इसे पूरे स्क्रीन के आकार में बड़ा कर सकते हैं। विंडो को बड़ा करने की क्रिया को **maximizing** कहा जाता है। **Notepad** विंडो को मैक्सिमाइज़ करने के लिए आप निम्नलिखित क्रम अपनाएं:

5. माउस पॉएंटर को **Title bar** के सबसे ऊपरी दाएँ कोने पर लाएँ और इसे **Maximize** बटन (▣) पर रखें (चित्र WXP-3)।
6. बाएँ माउस बटन को क्लिक कर दें। तुरंत **Notepad** विंडो पूरे स्क्रीन पर खुल जाएगी और विंडोज़ Me/98 का डेस्कटॉप इसके पीछे छिप जाएगा (चित्र WXP-4)।

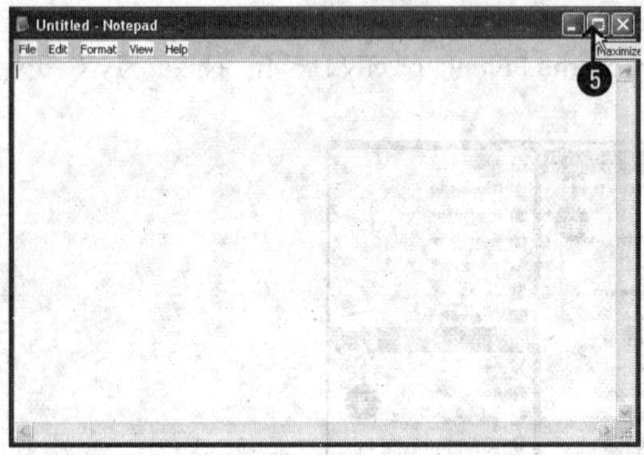

चित्र WXP-3

चित्र WXP-4

'Notepad' विंडो को इसके मूल आकार में लाना (Bringing back the Enlarged Notepad window to its Original Size)

आपके डेस्कटॉप पर खुली **Notepad** विंडो इस समय बड़े आकार में है। विंडो को अपने मूल आकार में लाने को **Restoring** कहा जाता है। अब मैक्सिमाइज़ हुई **Notepad** विंडो को इसके मूल आकार में लाने के लिए आप निम्नलिखित क्रम अपनाएँ–

7. माउस पॉएंटर को **Title bar** के ऊपरी दाएँ किनारे पर लाएँ और इसे **Restore** बटन (▣) पर रखें (चित्र WXP-4)।
8. अब बाएँ माउस बटन को क्लिक करें। तुरंत यह विंडो अपने मूल आकार में लौट आएगी (चित्र WXP-3)।

'Notepad' विंडो को मिनिमाइज़ करना (Minimizing the Notepad window)

कभी–कभी अपने डेस्कटॉप को पूरा देखने और इस पर अच्छी तरह काम करने के लिए आपको खुली हुई सभी विंडो को Taskbar पर एक बटन के आकार में घटाने की आवश्यकता पड़ती है। ऐसा करने पर कोई भी विंडो अस्थायी रूप से स्क्रीन से हट जाती है। अपने उदाहरण में इस समय स्क्रीन पर मौजूद **Notepad** विंडो के आकार को घटाकर, Taskbar में एक बटन के रूप में बदलने के लिए आप निम्नलिखित क्रम अपनाएं।

9. माउस पॉएंटर को **Title bar** में सबसे ऊपरी दाएँ कोने पर मौजूद **Minimize** बटन (▁) पर लाएं और बाएँ माउस बटन को क्लिक करें (चित्र WXP-5)।

चित्र WXP-5

तुरंत विंडो लुप्त होकर विंडोज़ XP की Taskbar में एक बटन के रूप में बदल जाएगी (चित्र WXP-6)।

चित्र WXP-6

Notepad विंडो को मिनिमाइज़ करते ही स्क्रीन पर पूरा डेस्कटॉप दिखाई देने लगेगा।

'My Computer' आइकॉन को खोलना (Opening the My Computer icon)

अब आप डेस्कटॉप पर मौजूद एक icon जैसे– **My Computer** icon को खोलकर देखें। इसके लिए हमें निम्नलिखित क्रम अपनाना होगा–

1. माउस पॉएंटर को **My Computer** icon (इसके चित्र या नाम पर) लाएँ (चित्र WXP-7)।
2. बाएँ माउस बटन को डबल क्लिक करें। तुरंत **My Computer** icon विंडोज़ XP के डेस्कटॉप पर एक विंडो के रूप में खुल जाएगा (चित्र WXP-8)।

चित्र WXP-7

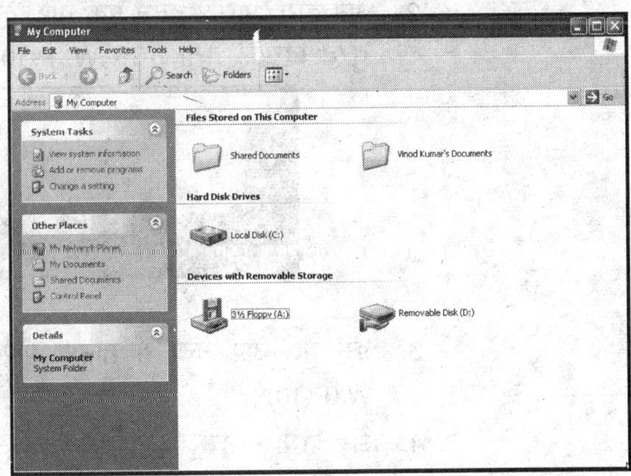

चित्र WXP-8

टास्कबार से 'Notepad' बटन को खोलना (Opening the Notepad button from the Taskbar)

अब आप डेस्कटॉप पर एक साथ दो विंडो खोलकर देखें। आपके स्क्रीन पर **My Computer** विंडो पहले से ही मौजूद है। अतः अब आप **Notepad** विंडो को खोलेंगे, जिसे हमने पहले 'मिनिमाइज' करके Taskbar पर बटन के रूप में बदल दिया था। ऐसा करने के लिए निम्नलिखित क्रम अपनाएँ–

1. माउस पॉएंटर को **Taskbar** पर मिनिमाइज़ रूप में मौजूद **Notepad** बटन पर लाएँ।
2. बाएँ माउस बटन को इस पर क्लिक करें। मिनिमाइज़ हुआ **Notepad** बटन आपके विंडोज़ Me/98 के डेस्कटॉप पर एक विंडो के रूप में तुरंत खुल जाएगा (चित्र WXP-9)।

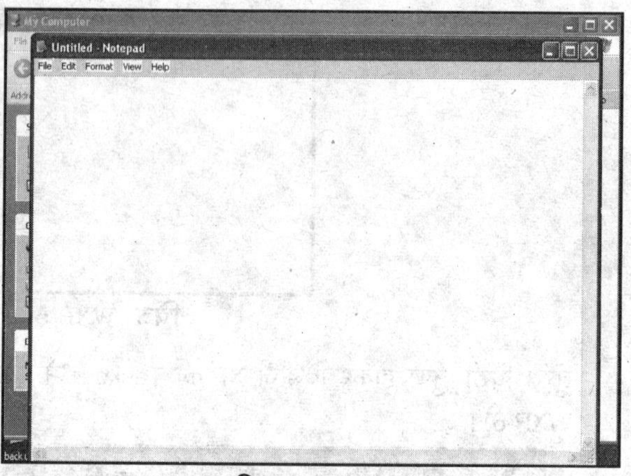

चित्र WXP-9

आप देखेंगे कि जब आपके डेस्कटॉप पर **Notepad** विंडो खुलती है, तो यह **My Computer** विंडो के ऊपर आ जाती है, अर्थात् **My Computer** विंडो का केवल एक छोटा भाग ही दिखाई देता है। अब आप इन दोनों विंडो को इस प्रकार व्यवस्थित करें कि कोई एक दूसरे के ऊपर न आए।

विंडो को एक-दूसरे के साथ-साथ लगाना (Displaying the windows Vertically without Overlapping)

1. माउस पॉएंटर को **Taskbar** के खाली स्थान पर लाएँ।
2. अब दायाँ माउस बटन एक बार क्लिक करें। विंडोज़ Me/98 के Taskbar पर एक पुश–अप मेन्यू तुरंत दिखाई देगा (चित्र WXP-10)।

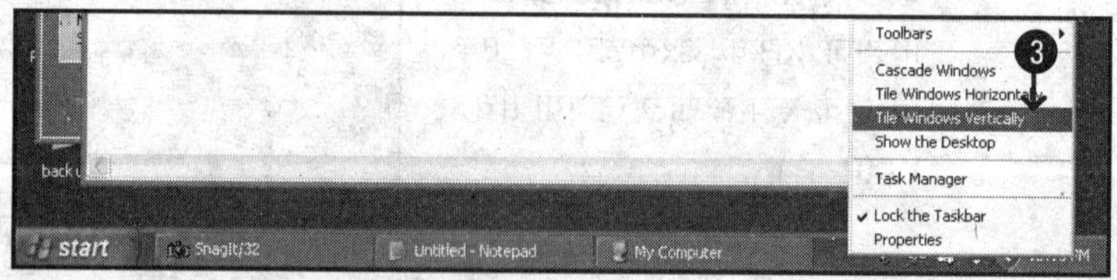

चित्र WXP-10

3. इस पुश–अप मेन्यू में माउस पॉएंटर को **Title Windows Vertically** विकल्प पर लाएँ (चित्र WXP-10)।
4. अब बायाँ माउस बटन क्लिक कर दें। आप देखेंगे कि दोनों विंडो स्क्रीन पर सीधी (Vertically) व्यवस्थित हो जाती हैं (चित्र WXP-11)।

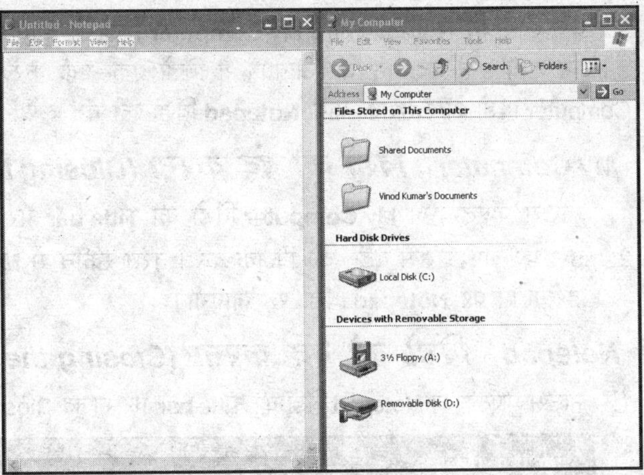

चित्र WXP-11

विंडो को एक-दूसरे के ऊपर व्यवस्थित करना (Overlapping the windows)

विंडो को एक–दूसरे के ऊपर लाने के लिए निम्नलिखित क्रम अपनाएं–

1. माउस पॉएंटर को **Taskbar** में खाली स्थान पर लाएँ।
2. दाएँ माउस बटन को दबाएँ। तुरंत विंडोज़ XP के स्क्रीन पर एक पुश–अप मेन्यू दिखाई देगा (चित्र WXP-12)।

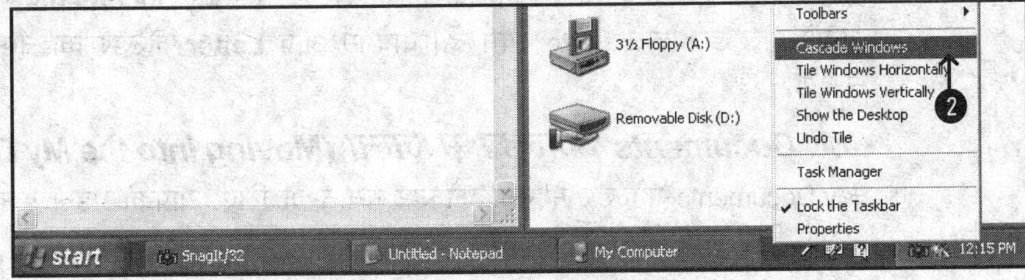

चित्र WXP-12

3. इस पुश–अप मेन्यू में माउस पॉएंटर को **Cascade Windows** विकल्प पर लाएँ (चित्र WXP-12)। और बाएँ माउस बटन को इस पर क्लिक करें। तुरंत स्क्रीन पर **My Computer** विंडो के ऊपर **Notepad** विंडो आ जाएगी (चित्र WXP-13)।

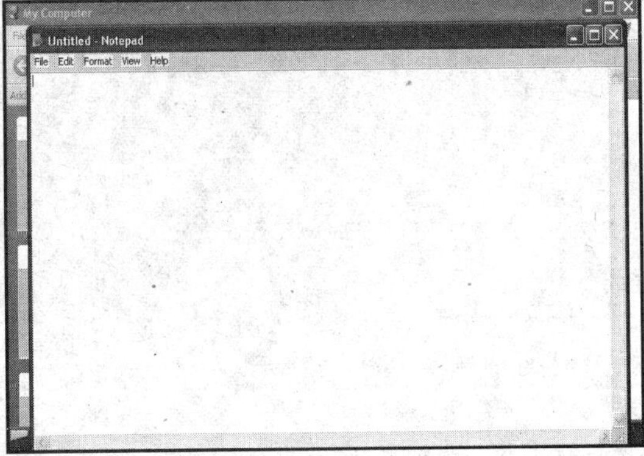

चित्र WXP-13

इस प्रकार आपने **Notepad** और **My Computer** विंडो में काम करते समय कुछ नई बातें सीख ली हैं। अब आप इन्हें बंद कर दें। आपको ये विंडो एक–एक करके बंद करनी होंगी। पहले आप My Computer विंडो और इसके बाद **Notepad** विंडो को बंद करें।

'My Computer' विंडो को बंद करना (Closing the My Computer Window)

1. माउस पॉएंटर को **My Computer** विंडो की **Title bar** पर मौजूद **Close** बटन (☒) पर लाएं।
2. इस पर बाएँ माउस बटन को क्लिक करें। तुरंत स्क्रीन से **My Computer** विंडो हट जाएगी और डेस्कटॉप पर **Notepad** विंडो रह जाएगी।

'Notepad' विंडो को बंद करना (Closing the Notepad Window)

1. माउस पॉएंटर को **Notepad** विंडो की **Title bar** पर मौजूद **Close** बटन (☒) पर लाएं (चित्र WXP-14)।

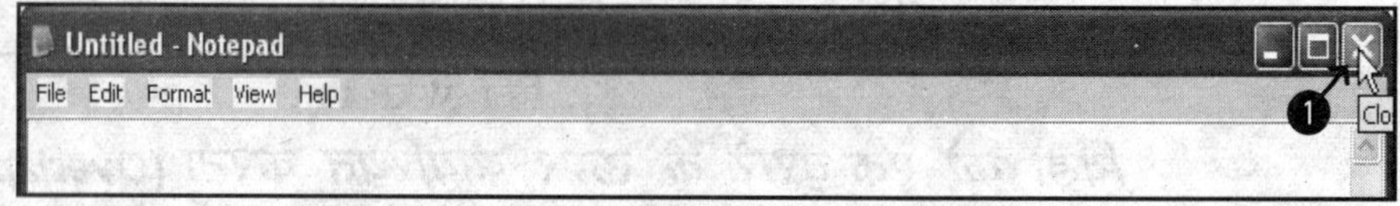

चित्र WXP-14

2. बाएँ माउस बटन को इस पर क्लिक करें। तुरंत स्क्रीन से **Notepad** विंडो हट जाएगी और पूरा डेस्कटॉप दिखाई देगा।

उदाहरण 2

इस उदाहरण में आप सीखेंगे कि किसी फोल्डर, जैसे– **My Documents** में कोई अन्य फोल्डर कैसे बनाएँ और इसे कैसे **Letter** नाम दें। बाद में आप **Letter** फोल्डर का नाम बदलकर **Dreamtech** रखेंगे।

'My Documents' फोल्डर में जाना (Moving into the My Documents folder)

My Documents फोल्डर में नया फोल्डर बनाने के लिए, आपको पहले इस फोल्डर में आना होगा। इसके लिए आप निम्नलिखित क्रम अपनाएं–

1. माउस पॉएंटर को **My Computer** icon पर लाएँ (चित्र WXP-7)।
2. अब बाएँ माउस बटन को इस पर डबल क्लिक करें। तुरंत स्क्रीन पर **My Computer** विंडो खुल जाएगी (चित्र WXP-15)।

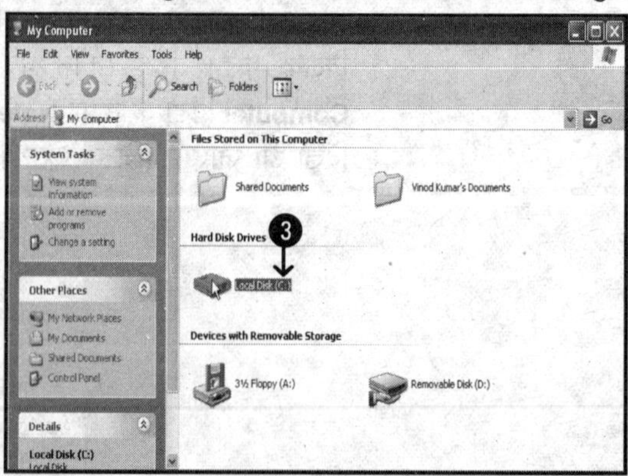

चित्र WXP-15

3. इस विंडो में माउस पॉएंटर को **[C:]** पर लाएँ (चित्र WXP-15)।
4. बाएँ माउस बटन को दो बार क्लिक करें। तुरंत स्क्रीन पर **[C:]** के कन्टेन्ट्स दिखाई देंगे (चित्र WXP-16)।
5. अब माउस पॉएंटर को **My Documents** फोल्डर पर लाएँ (चित्र WXP-16)।
6. **My Documents** फोल्डर को खोलने के लिए बाएँ माउस बटन को दो बार क्लिक करें और इसके कन्टेन्ट्स दर्शाएँ।

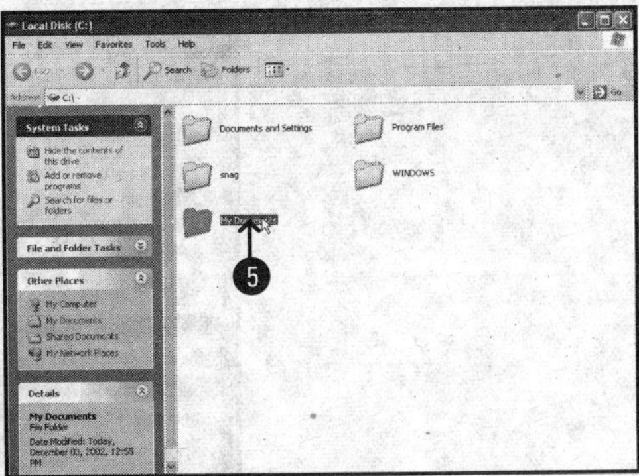

चित्र WXP-16

यदि C: विंडो में My Documents फोल्डर दिखाई न दे, तो C: विंडो के डाउन ऐरो स्क्रॉल बटन पर क्लिक करें। तुरंत स्क्रीन पर My Documents फोल्डर दिखाई देगा।

फोल्डर बनाना (Creating a Folder)

7. अब माउस पॉएंटर को **File** मेन्यू बार विकल्प पर लाएँ और बाएँ माउस बटन को क्लिक करें। तुरंत स्क्रीन पर एक पुल–डाउन मेन्यू दिखाई देगा।
8. पुल–डाउन मेन्यू में माउस पॉएंटर को **New** विकल्प पर लाएँ। तुरंत स्क्रीन पर एक दूसरा मेन्यू दिखाई देगा (चित्र WXP-17)।

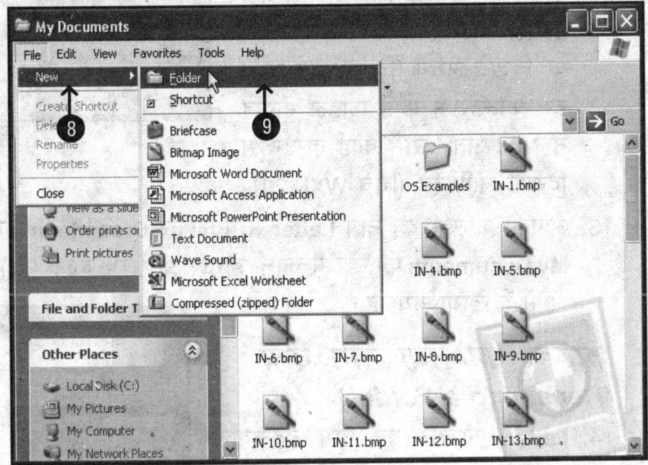

चित्र WXP-17

9. इस दूसरे मेन्यू में माउस पॉएंटर को **Folder** विकल्प पर लाएँ (चित्र WXP-17) और बायाँ माउस बटन क्लिक करें। तुरंत **My Documents** विंडो में एक नया फोल्डर दिखाई देगा जिसके कुछ शब्द हाईलाइटेड दिखाई देंगे (चित्र WXP-18)।
10. हाईलाइटेड टेक्स्ट को डिलीट करने के लिए **Delete key** दबा दें। अब फोल्डर के नाम के लिए **Letter** टाइप करें और **Enter** key दबा दें। तुरंत फोल्डर का नाम **New Folder** से बदलकर **Letter** हो जाएगा (चित्र WXP-19)।

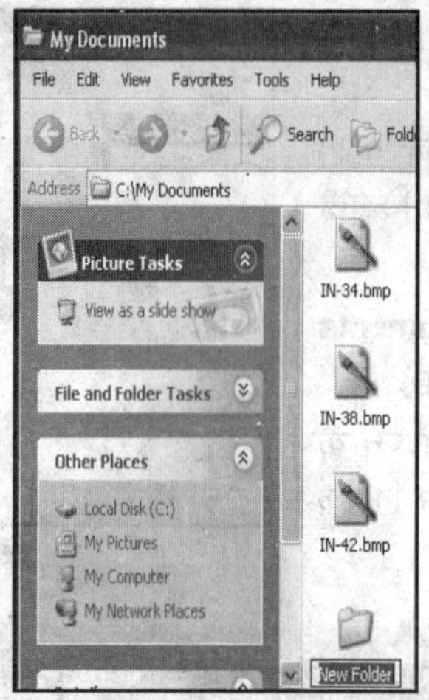

चित्र WXP-18

चित्र WXP-19

अब आप इस फोल्डर के कन्टेन्ट्स देखने के लिए इसे खोलने का प्रयास करेंगे।

'Letter' नामक फोल्डर को खोलना (Opening the Folder named Letter)

11. फोल्डर **Letter** खोलने के लिए माउस पॉएंटर को इस पर लाएँ।
12. अब बाएँ माउस बटन को क्लिक करें। विंडोज़ XP में मौजूद **Letter** फोल्डर के कन्टेन्ट्स स्क्रीन पर दिखने लगेंगे (चित्र WXP-20)। इस फोल्डर में कोई फाइल मौजूद नहीं है। अतः इसमें कोई कन्टेन्ट्स दिखाई नहीं देंगे (चित्र WXP-20)।

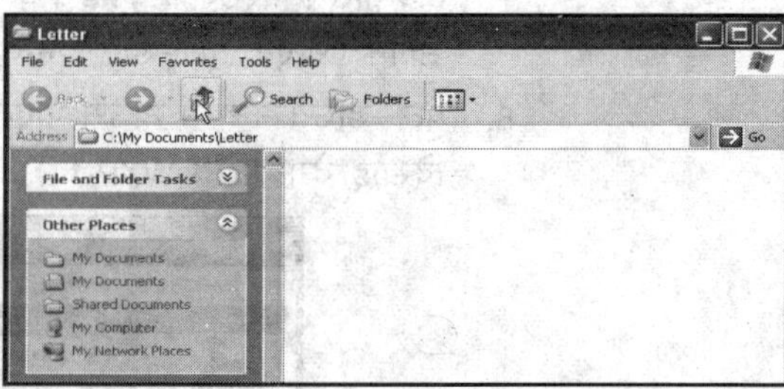

चित्र WXP-20

13. आपको फोल्डर का नाम **Letter** से बदलकर **Dreamtech** करना है। अतः आपको एक बार फिर **My Documents** फोल्डर में जाना होगा। अतः, **Up** बटन (▣) पर क्लिक करें, जैसा चित्र WXP-20 में दिखाया गया है।

फोल्डर को नया नाम देना (Renaming a Folder)

14. **Letter** फोल्डर का नाम बदलकर **Dreamtech** रखने के लिए माउस पॉएंटर को **Letter** फोल्डर पर लाएँ (चित्र WXP-21)।
15. अब दाएँ माउस बटन को इस पर क्लिक करें। स्क्रीन पर तुरंत एक पुल-डाउन मेन्यू दिखाई देगा (चित्र WXP-21)।

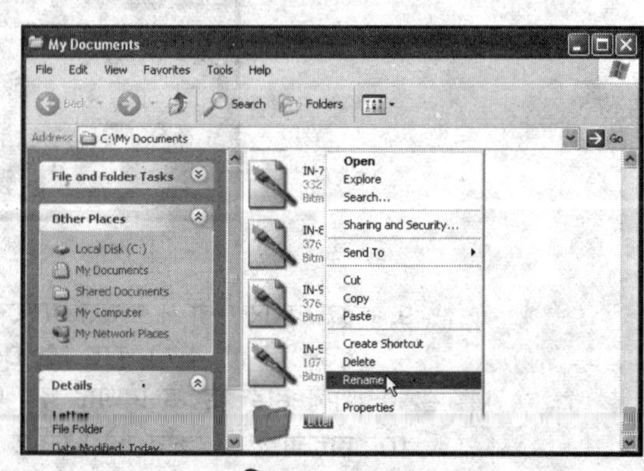

चित्र WXP-21

16. पुल–डाउन मेन्यू में माउस पॉएंटर को **Rename** विकल्प पर लाएँ (चित्र WXP-21)।

चित्र WXP-22

17. बाएँ माउस बटन को इस पर क्लिक कर दें। तुरंत फोल्डर का नाम **Letter** हाईलाइट हो जाएगा, जिससे पता चलता है कि यह नया नाम दिए जाने के लिए तैयार है।
18. फोल्डर का नया नाम **Dreamtech** टाइप करें और **Enter** key दबाएँ। फोल्डर का नाम अब बदलकर **Dreamtech** हो जाएगा (चित्र WXP-22)।

नया नाम टाइप करने से पहले हमेशा Delete key दबाना जरूरी नहीं है। यदि आप उस समय नया नाम टाइप करेंगे, जब फोल्डर का नाम 'हाईलाइटेड' है, तो पुराने नाम के स्थान पर नया नाम आ जाएगा।

'My Documents' फोल्डर को बंद करना (Closing the My Documents folder)

19. विंडोज़ XP के डेस्कटॉप पर दिखाई देने वाली **My Documents** विंडो की **Title bar** मौजूद **Close** बटन (☒) पर माउस पॉएंटर को लाएँ।
20. बाएँ माउस बटन को क्लिक करें। तुरंत **My Documents** विंडो बंद हो जाएगी और स्क्रीन पर डेस्कटॉप दिखने लगेगा।

अध्याय

1

वर्ड-प्रॉसेसर की मूल जानकारी

इस अध्याय में—

* वर्ड–प्रॉसेसर संबंधी मूल जानकारी
* वर्ड रैपिंग (Word Wrapping)
* टेक्स्ट लिखना या डिलीट करना
* टेक्स्ट के ब्लॉक का चुनाव करना
* टेक्स्ट को कॉपी करना (Copying Text)
* टेक्स्ट को दूसरी जगह पर ले जाना (Moving Text)
* सर्च और रिप्लेस (Search and Replace)
* डॉक्यूमेंट का संपादन (Editing)
* कैरेक्टर का प्रारूप (Character Formatting) तथा शैली (Style) निर्धारित करना
* पृष्ठ का प्रारूप (Format) तैयार करना
* मार्जिन (Margin) और कॉलम बनाना
* टेक्स्ट को व्यवस्थित (Justify) करना
* पंक्तियों के बीच खाली जगह छोड़ना (Line Spacing)
* टैब निर्धारित करना (Setting Tabs)
* कार्यों को स्वचालित करना (Automating Tasks)
* पूर्वनिर्मित (Readymade) फॉर्मेट में पत्र बनाना

Microsoft Word 2000 (माइक्रोसॉफ्ट वर्ड 2000) एक ऐसा प्रोग्राम है, जिसकी सहायता से आप आसानी से साफ तथा सुंदर डॉक्यूमेंट झटपट तैयार कर सकते हैं। पत्रों (औपचारिक तथा व्यावसायिक पत्रों) को तैयार करने, डाक–सूची (Mailing List) तैयार करने और रिपोर्ट इत्यादि बनाने में आपको इसकी बहूपयोगी क्षमता काफी सुविधाजनक प्रतीत होगी। Typewriter (टाइपराइटर) की तुलना में Word Processor (वर्ड–प्रॉसेसर) में आप बेहतर डॉक्यूमेंट तैयार कर सकते हैं। आपका कंप्यूटर अपने इलेक्ट्रॉनिक माध्यम से इन्हें सुरक्षित रख लेता है। जरूरत पड़ने पर आप इन्हें दोबारा भी प्रयोग कर सकते हैं। कुछ विशेष सुविधाओं (जैसे— स्पेलिंग तथा व्याकरण की जाँच करने, पहले से तैयार किए गए टेक्स्ट में नए वाक्यों और अनुच्छेदों (paragraphs) को सरलता से जोड़ने, पृष्ठ–संख्या अंकित करने इत्यादि) के कारण वर्ड–प्रॉसेसर एक टाइपराइटर की तुलना में अधिक सरल है, यह काम को जल्दी पूरा करता है तथा त्रुटिरहित (शुद्ध) डॉक्यूमेंट तैयार करता है। टाइपराइटर के विपरीत वर्ड–प्रॉसेसर में आप अपने महत्त्वपूर्ण डॉक्यूमेंट हार्ड डिस्क में स्टोर कर सकते हैं इससे इन्हें बार–बार टाइप करने की जरूरत आपको नहीं पड़ेगी।

माइक्रोसॉफ्ट वर्ड द्वारा आप अपने लिखित टेक्स्ट की रूप–रेखा (appearance) को भी बदल सकते हैं तथा अपने डॉक्यूमेंट में दर्ज डाटा को व्यवस्थित ढंग से रख सकते हैं। 'टेक्स्ट' की रूप–रेखा बदलने के लिए आप font (फॉन्ट), fontsize (फॉन्ट आकार), शैली (Style), रंगों इत्यादि में बदलाव कर सकते हैं। आप डॉक्यूमेंट को अधिक व्यवस्थित एवं आकर्षक बनाने के लिए इसमें Page numbers (पृष्ठ–संख्या), पृष्ठ के Margin (हाशिए) निर्धारित कर सकते हैं, विशेष सूचनाएँ आदि दिखाने के लिए Header (शीर्षक–पंक्ति) तथा Footer (अंतिम–पंक्ति) को भी जोड़ सकते हैं।

वर्ड में डाटा को टेबल के रूप में पेश करने की भी सुविधा मौजूद है।

अपने डॉक्यूमेंट को फॉर्मेट करने के बाद आप इसे प्रिंट भी कर सकते हैं। वर्ड आपको अपना डॉक्यूमेंट प्रिंट करने से पहले उसका Print Preview (प्रतिरूप) देखने की भी सुविधा प्रदान करता है।

वर्ड-प्रॉसेसर संबंधी मूल जानकारी

वर्ड-रैपिंग (Word Wrapping)

यदि आपके डॉक्यूमेंट का Margin (हाशिया) पहले से ही व्यवस्थित है, तो आपको हर पंक्ति के अंत में Enter key दबाने की आवश्यकता नहीं है। जब आपकी पंक्ति आपके द्वारा निर्धारित margin के अंत में पहुँच जाती है, तो वर्ड–प्रॉसेसर आपको खुद ही अगली पंक्ति पर ले जाता है और लिखित डाटा को उसी के अनुसार व्यवस्थित कर देता है।

टेक्स्ट लिखना या डिलीट करना (Adding or Deleting Text)

जब आप टाइपराइटर पर एक डॉक्यूमेंट टाइप करते हैं, तो कुछ गलतियाँ आपसे होना स्वाभाविक है, जैसे– कोई वाक्य छूटना या कोई अनचाहा अक्षर टाइप हो जाना आदि। फलतः पूरा डॉक्यूमेंट आपको दोबारा टाइप करना पड़ता है, जिसमें काफी समय नष्ट होता है। वर्ड–प्रॉसेसर का इस्तेमाल करके आप ऐसी गलतियों का स्क्रीन पर ही सुधार सकते हैं। इससे आपको पूरा डॉक्यूमेंट दोबारा टाइप करने की आवश्यकता नहीं पड़ती।

आप डॉक्यूमेंट में किसी भी प्रकार का टेक्स्ट आसानी से प्रविष्ट करा सकते हैं। जब आप कोई टेक्स्ट बीच में टाइप करते हैं, तो इसके आसपास के शब्द, जिनके बीच नए टेक्स्ट को आपने प्रविष्ट किया है, अपने–आप ही व्यवस्थित होकर नए शब्द के लिए जगह बना देते हैं। इसी प्रकार, जब आप कोई टेक्स्ट हटाते (डिलीट करते) हैं, तो इसके आसपास के शब्द खाली जगह को भर देते हैं और खुद ही व्यवस्थित हो जाते हैं। आगे दिए गए चित्रों में कुछ शब्द प्रविष्ट करने और खुद ही शब्दों के व्यवस्थित हो जाने की प्रक्रिया दिखाई गई है।

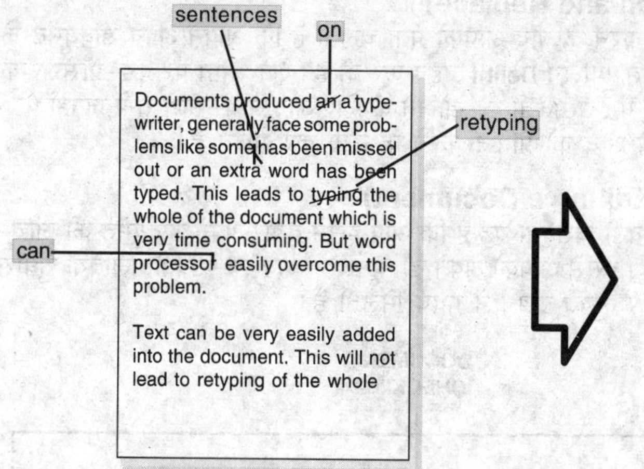

Documents produced on a type-writer, generally face some problems like some sentence has been missed out or an extra word has been typed. This leads to retyping the whole of the document which is very time consuming. But word processor can easily overcome this problem.

Text can be very easily added into the document. This will not lead to retyping of the whole

नए शब्दों को प्रविष्ट करने से पहले का टेक्स्ट

नए शब्दों को प्रविष्ट करने के बाद का टेक्स्ट

टेक्स्ट के ब्लॉक का चुनाव करना (Selecting Blocks of Text)

वर्ड–प्रॉसेसर में टेक्स्ट का संपादन (Editing) अथवा प्रारूपण (Formatting) करने से पहले आपको इसका चुनाव (Select) करना होता है। कोई भी काम करने से पहले चुने गए टेक्स्ट को आमतौर पर **टेक्स्ट ब्लॉक (Text Block)** कहा जाता है। इसी प्रकार सिलेक्ट किए गए टेक्स्ट का एक अंश नीचे दिखाया गया है।

Text can be very easily added into the document. This will not lead to retyping of the whole

चुना गया टेक्स्ट स्क्रीन पर हाईलाइटेड दिखता है।

टेक्स्ट को कॉपी करना (Copying Text)

आप अपने डॉक्यूमेंट में टेक्स्ट को बड़ी आसानी से दूसरी जगह पर कॉपी कर सकते हैं। कॉपी करने से टेक्स्ट अपने मूल स्थान पर भी रहता है। इसकी केवल एक कॉपी दूसरी जगह पर पेस्ट हो जाती है।

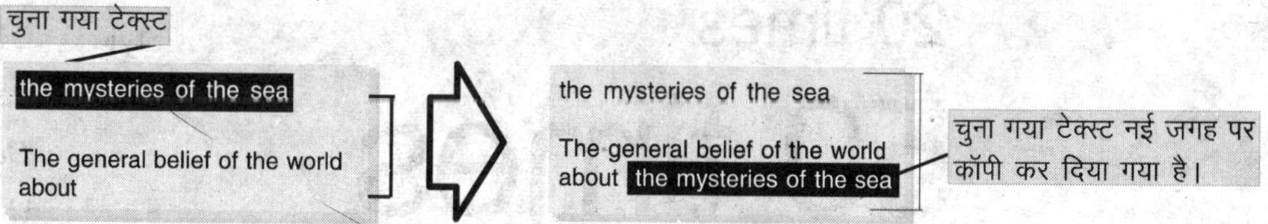

टेक्स्ट को दूसरी जगह पर ले जाना (Moving Text)

टेक्स्ट को दूसरी जगह पर ले जाने का अर्थ है– इसे इसके मूल स्थान से हटाकर दूसरी जगह पर कॉपी करना। इसलिए **Move** कमांड दो मूल कार्य करता है — डाटा को एक नई जगह पर कॉपी करता है तथा इसे अपनी मूल जगह से भी हटा देता है।

सर्च और रिप्लेस (Search and Replace)

मान लीजिए कि टाइप करने के बाद आपको पता चलता है कि आपने अपने डॉक्यूमेंट के अधिकतर पृष्ठों पर **Delhi** की गलत स्पेलिंग **Dellhi** टाइप कर दी है। ऐसे समय पर वर्ड–प्रॉसेसर का इस्तेमाल आप अपने पूरे डॉक्यूमेंट में इस गलती को खोजने के लिए और साथ–साथ सभी जगहों पर उक्त गलत शब्द की जगह पर सही शब्द को प्रविष्ट करने के लिए कर सकते हैं।

डॉक्यूमेंट का संपादन (Editing a Document)

वर्ड–प्रॉसेसर की सबसे बड़ी विशेषता यह है कि आप इसमें तैयार अपने डॉक्यूमेंट की जाँच–परख और फिर सुधार कर सकते हैं। इससे आपको अपने डॉक्यूमेंट में व्याकरण–संबंधी गलतियाँ सुधारने तथा इसे स्पेलिंग–संबंधी त्रुटियों से मुक्त रखने में मदद मिलती है।

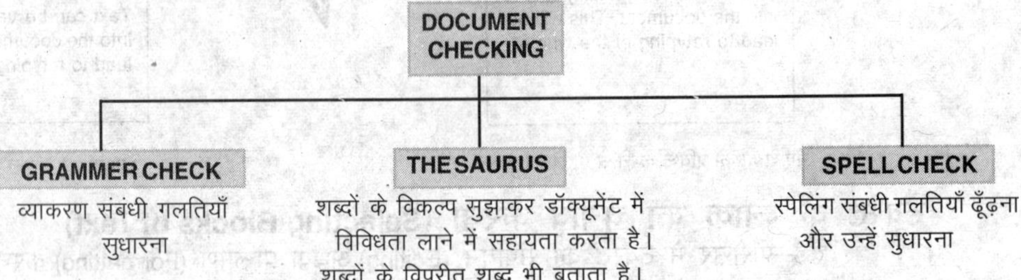

व्याकरण संबंधी गलतियाँ सुधारना

शब्दों के विकल्प सुझाकर डॉक्यूमेंट में विविधता लाने में सहायता करता है। शब्दों के विपरीत शब्द भी बताता है।

स्पेलिंग संबंधी गलतियाँ ढूँढ़ना और उन्हें सुधारना

कैरेक्टर का प्रारूप और शैली तैयार करना (Character Formatting and Style)

आप वर्ड–प्रॉसेसर के द्वारा अक्षरों के डिज़ाइन, शैली और आकार बदल सकते हैं। विभिन्न प्रकार के फॉन्ट (Fonts) का इस्तेमाल करके आप अपने टेक्स्ट को अलग तथा आकर्षक रूप में पेश कर सकते हैं। इससे आपका साधारण–सा पत्र भी सुंदर और सुपाठ्य बन जाएगा। अक्षरों के आकार तथा फॉन्ट के कुछ नमूने नीचे दिए गए हैं–

Size : 5 times
10 times

20 times

50 times

Style : **BOLD**
Italics
Bold Italics
Underline

पृष्ठ का प्रारूप बनाना – हेडर्स, फुटर्स और पृष्ठ-संख्या डालना (Page Formatting–Headers, Footers and Page Numbers)

आप अपने डॉक्यूमेंट में वर्ड–प्रॉसेसर का इस्तेमाल करके **Header** (हर पृष्ठ के ऊपरी भाग पर दिखने वाली शीर्ष पंक्ति) तथा **Footer** (प्रत्येक पृष्ठ के निचले भाग में दिखने वाली पंक्ति) लिख सकते हैं। वर्ड प्रॉसेसर की मदद से आपके डॉक्यूमेंट के हर पृष्ठ पर पृष्ठ–संख्या अंकित हो सकती है।

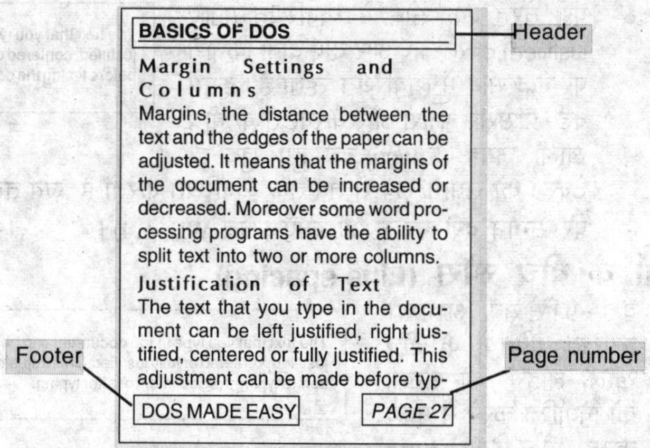

मार्जिन और कॉलम बनाना (Margin Settings and Columns)

हाशिया (**Margin**) टेक्स्ट तथा कागज़ के किनारों के बीच की दूरी होती है। 'वर्ड–प्रॉसेसर' **Margin** निर्धारित करने में आपकी **मदद करता है**, जिससे डॉक्यूमेंट के Margin को घटाया या बढ़ाया जा सकता है।

कुछ वर्ड–प्रॉसेसिंग प्रोग्राम टेक्स्ट को दो या दो से अधिक कॉलम्स में भी बाँट सकते हैं।

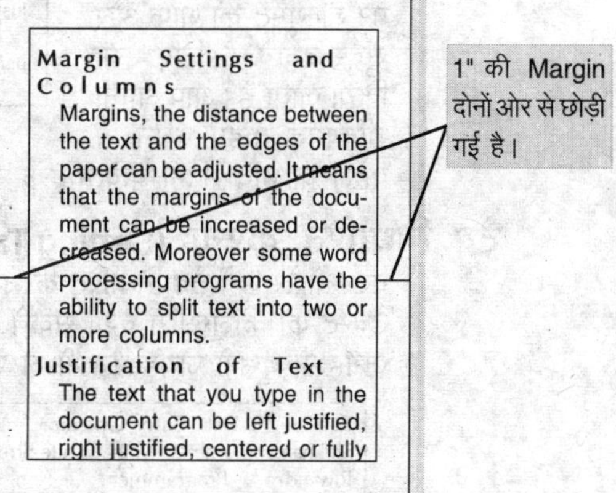

टेक्स्ट को अलाइन करना (Alignment of Text)

आप अपने डॉक्यूमेंट में टाइप किए गए टेक्स्ट को बाईं ओर एक सीध में (left justified), दाईं ओर एक सीध में (right justified), बीच में एक सीध में (Centered) या सभी तरफ से पूरी तरह व्यवस्थित (fully justified) कर सकते हैं। ये बदलाव डॉक्यूमेंट को टाइप करने से पहले या बाद में कभी भी किया जा सकता है।

The text that you type in the document can be left justified, right justified, centered or fully justified. This adjustment can be made before typing the document or after typing.

चित्र WD-1.1

The text that you type in the document can be left justified, right justified, centered or fully justified. This adustment can be made before typing the document or after typing.

चित्र WD-1.2

The text that you type in the document can be left justified, right justified, centered or fully justified. This adjústment can be made before typing the document or after typing.

चित्र WD-1.3

- बाईं ओर एक सीध में व्यवस्थित (Left justified) टेक्स्ट बाएँ किनारे पर एक सीध में रहता है तथा इसके दाएँ किनारे की पंक्तियाँ असमान दूरी पर समाप्त हो जाती हैं (चित्र WD-1.1)।
- दाईं ओर एक सीध में व्यवस्थित (Right justified) टेक्स्ट दाएँ किनारे पर एक सीध में रहता है तथा इसके बाएँ किनारे पर पंक्तियाँ असमान दूरी पर समाप्त हो जाती हैं (चित्र WD-1.2)।
- बीच में एक सीध में व्यवस्थित (Centred) टेक्स्ट में टेक्स्ट दाएँ और बाएँ किनारों के बीचो–बीच व्यवस्थित रहता है (चित्र WD-1.3)।

- पूरी तरह एक सीध में व्यवस्थित (fully justified) टेक्स्ट बाएँ और दाएँ दोनों किनारों पर एक सीध में व्यवस्थित रहता है। इसमें वर्ड–प्रॉसेसर अक्षरों और कैरेक्टरों के बीच खाली जगह (Space) देते हुए खुद ही टेक्स्ट को समान रूप से तब तक व्यवस्थित करता है, जब तक टेक्स्ट की पंक्तियाँ दोनों किनारों पर समान दूरी पर न आ जाएँ (चित्र WD-1.4)।

The text that you type in the document can be left justified, right justified, centered or fully justified. This adjustment can be made before typing the document or after typing.

चित्र WD-1.4

पंक्तियों के बीच स्पेस (Line spacing)

वर्ड–प्रॉसेसर आपको लिखित पंक्तियों के बीच खाली लाइनों की संख्या को निर्धारित करने में मदद करता है, जिसे **Line spacing (लाइन स्पेसिंग)** कहा जाता है। सामान्य तौर पर डॉक्यूमेंट को साफ और सुंदर बनाने के लिए ऐसा किया जाता है। आप अपना डॉक्यूमेंट टाइप करने से पहले या बाद में भी पंक्तियों के बीच **Line spacing** दे सकते हैं।

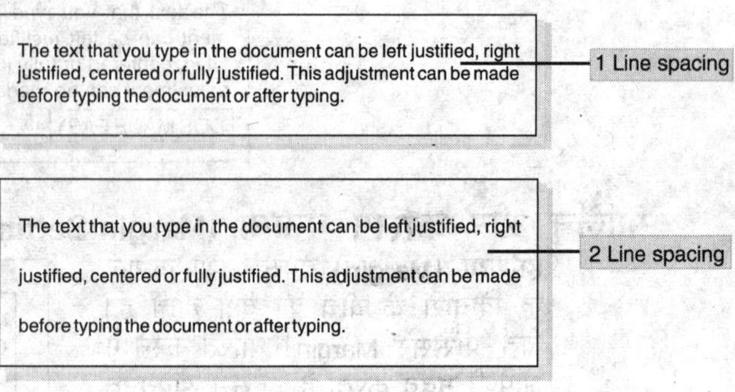

टैब निर्धारित करना (Setting Tabs)

वर्ड–प्रॉसेसर में टैब निर्धारित करने की प्रक्रिया टाइपराइटर जैसी ही होती है। इसकी सहायता से आप टेक्स्ट को कॉलम्स में दर्शा सकते हैं, टैब निर्धारित कर सकते हैं, इसे डिलीट कर सकते हैं तथा एक जगह से दूसरी जगह पर भी ले जा सकते हैं।

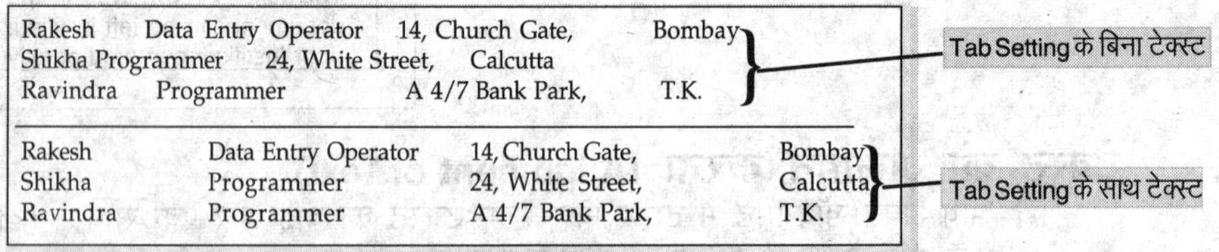

कार्यों को स्वचालित करना (Automating Tasks)

वह शब्द, जिन्हें याद रख पाना आपके लिए कठिन है, का रिकॉर्ड रखने की एक उपयोगी सुविधा वर्ड 2000 में मौजूद है। ऐसा शब्द टाइप करने के लिए आप इसका सिर्फ एक अंश टाइप कर दें, वर्ड 2000 इसे खुद ही पूरा कर देगा। इस सुविधा को **Auto Correct (ऑटो करेक्ट)** कहा जाता है।

पूर्वनिर्मित फॉर्मेट में पत्र बनाना (Creating Letters in Readymade Formats)

वर्ड–प्रॉसेसर में मौजूद कुछ तैयार प्रारूपों (Formats) की सहायता से आप पत्र आसानी से लिख सकते हैं। इन तैयार फॉर्मेट्स को **Templates (टेम्पलेट्स)** या **Wizard (विज़ार्ड)** कहा जाता है।

अध्याय

2

माइक्रोसॉफ्ट वर्ड के मेन्यूज़

इस अध्याय में–

* माइक्रोसॉफ्ट वर्ड खोलना
* मेन्यूज़ (Menus)
* टूलबार्स (Toolbars)
* स्टैंडर्ड टूलबार (Standard Toolbar)
* फॉर्मेटिंग टूलबार (Formatting Toolbar)
* डॉक्यूमेंट बंद करना और वर्ड से बाहर आना

माइक्रोसॉफ्ट वर्ड एक वर्ड–प्रॉसेसिंग पैकेज है, जिसका इस्तेमाल कुछ डॉक्यूमेंट्स, जैसे— पत्र, रिपोर्ट इत्यादि तैयार करने के लिए किया जाता है।

जब आप वर्ड को खोलते हैं, तो स्क्रीन पर एक नया माइक्रोसॉफ्ट वर्ड डॉक्यूमेंट दिखाई देता है (चित्र WD-2.1)। इस खाली डॉक्यूमेंट में एक Menu bar और अनेक toolbars मौजूद रहते हैं। इनमें से दो toolbars बहुत महत्त्वपूर्ण होते हैं। ये हैं :

1. Standard toolbar (स्टैंडर्ड टूलबार)
2. Formatting toolbar (फॉर्मेटिंग टूलबार)

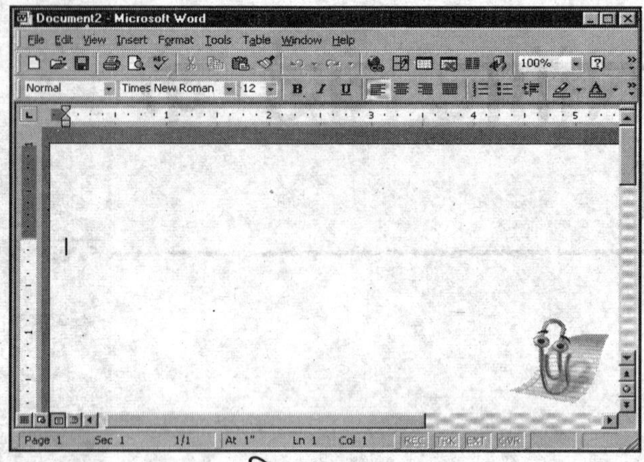

चित्र WD-2.1

माइक्रोसॉफ्ट वर्ड 2000 में अनेक विशेषताएँ मौजूद हैं, जिन्हें menus और toolbars के रूप में व्यवस्थित किया गया है। इन सुविधाओं के उपयोग से प्रयोगकर्त्ता इस प्रोग्राम का इस्तेमाल लाभकारी और प्रभावकारी ढंग से कर सकता है।

Menu bar प्रोग्राम में उपलब्ध कमांड्स की एक सूची है। यह प्रोग्राम का अभिन्न अंग है। मेन्यू का प्रत्येक कमांड एक निश्चित काम करता है, जिसकी सहायता से आप वर्ड में अपना काम आसानी से पूरा कर सकते हैं। माइक्रोसॉफ्ट वर्ड के Menu केवल उसी समय काम करते हैं, जब आप उनका चुनाव करते हैं।

Toolbars में कई बटन मौजूद रहते हैं, जो Menu bar में मौजूद कमांड्स के शॉर्ट कट होते हैं। दूसरे शब्दों में, Menu bar से कमांड विकल्प का चुनाव करने के स्थान पर आप अपना काम आसानी से पूरा करने के लिए toolbar पर मौजूद इनके समरूपी बटनों का चुनाव कर सकते हैं।
अब आप माइक्रोसॉफ्ट वर्ड को खोलें और मेन्यू विकल्पों के बारे में अधिक जानकारी प्राप्त करें। मान लें कि इस समय आपका कंप्यूटर ऑन (ON) है तथा आपके सामने विंडोज़ Me/98 का डेस्कटॉप दिखाई दे रहा है।

यदि आपका सिस्टम ऑफ हो, तो पावर–स्विच ऑन करें। अब कुछ समय तक इंतजार करें। कुछ क्षणों के बाद आपके स्क्रीन पर विंडोज़ का डेस्कटॉप दिखाई देगा।

माइक्रोसॉफ्ट वर्ड खोलना (Opening Microsoft Word)

माइक्रासॉफ्ट वर्ड में काम करने के लिए आपको सबसे पहले इसे खोलना होगा। इसके लिए आप नीचे लिखे क्रम को अपनाएँ –

1. माउस पॉएंटर को **Taskbar** पर मौजूद **Start** बटन (Start) पर लाएँ, जैसा चित्र WD-2.2 में दिखाया गया है।

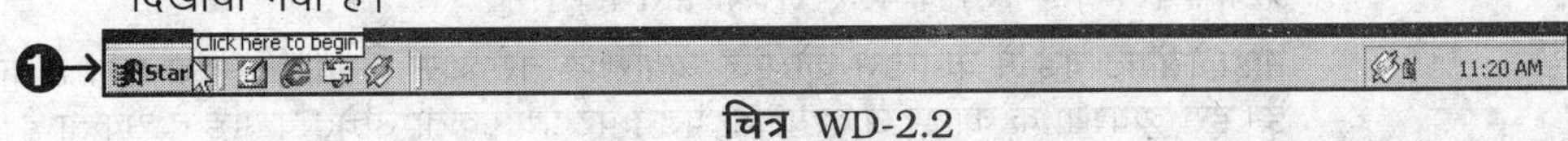

चित्र WD-2.2

2. इस पर बाएँ माउस बटन को क्लिक करें। तुरंत ही स्क्रीन पर एक पुश–अप मेन्यू दिखाई देगा (चित्र WD-2.3)।
3. पुश–अप मेन्यू में माउस पॉएंटर को **Programs** विकल्प पर लाएँ। तुरंत **Programs** विकल्प हाईलाइट हो जाएगा तथा आपको एक और मेन्यू दिखाई देगा।
4. इस दूसरे मेन्यू में माउस पॉएंटर को **Microsoft Word** विकल्प पर लाएँ (चित्र WD-2.3)।
5. इस पर बाएँ माउस बटन से क्लिक करें। आपके सामने तुरंत माइक्रोसॉफ्ट वर्ड विंडो खुल जाएगी (चित्र WD-2.4)।

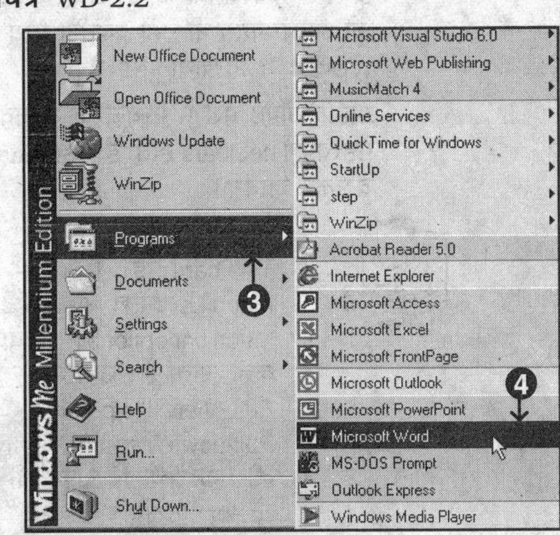

चित्र WD-2.3

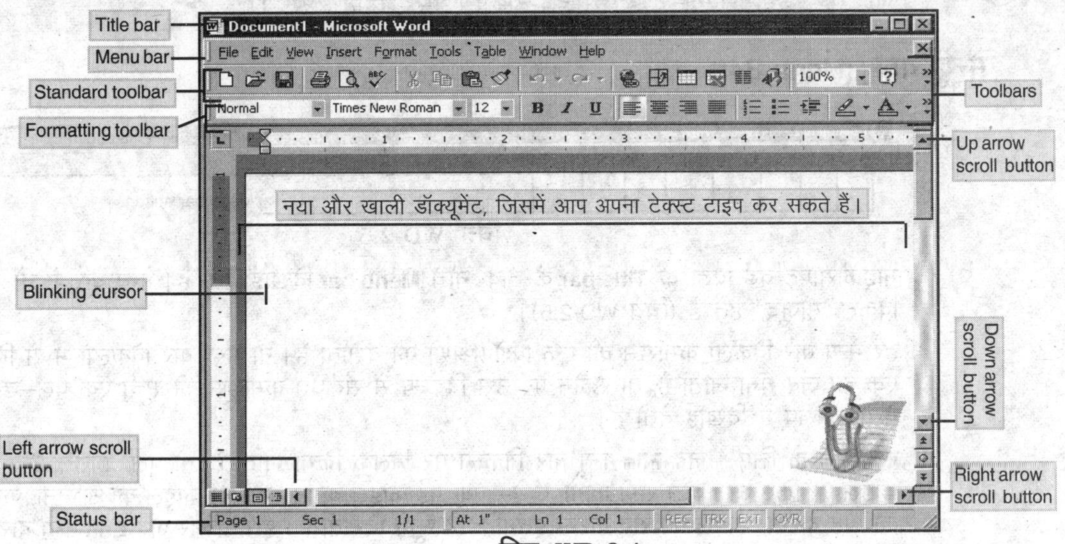

चित्र WD-2.4

मेन्यूज़ (Menus)

कंप्यूटर प्रोग्राम केवल तभी चलते हैं, जब आप उन्हें कमांड देते हैं, किंतु काम करने वाले व्यक्ति को कोई विशेष काम करने के लिए इस्तेमाल किए जाने वाले कमांड की भी जानकारी होनी चाहिए। दूसरे शब्दों में प्रयोगकर्त्ताओं को उन सभी कमांड्स की भरपूर जानकारी होनी चाहिए, जो किसी भी कंप्यूटर प्रोग्राम पर काम करने के लिए जरूरी होते हैं।

माइक्रोसॉफ्ट वर्ड में कमांड्स को एक व्यवस्थित तरीके से क्रमवार लगाया गया है, जिसे मेन्यू कहते हैं। इस व्यवस्था के कारण आवश्यकता पड़ने पर प्रयोगकर्ता उचित कमांड दे सकता है। इसे याद रखने की आवश्यकता भी नहीं पड़ती। मेन्यू को हम स्क्रीन पर सीधी बार के रूप में देख सकते हैं, जैसा चित्र WD-2.4 में दिखाया गया है।

माइक्रोसॉफ्ट वर्ड में मेन्यूज़ के अलावा कमांड्स को toolbars में से भी चुना जा सकता है। वर्ड में दो महत्त्वपूर्ण toolbars होते हैं। **Standard** toolbar तथा **Formatting** toolbar इनके बारे में आप आगे चलकर जानेंगे।

नीचे लिखे शब्दों के बारे में पहले जान लें, जो आगे बार–बार आपके सामने आएँगे—
Title bar (टाइटल बार)— हर विंडो का सबसे ऊपरी भाग।
Menu bar (मेन्यू बार)— टाइटल बार के ठीक नीचे स्थित बार।
Menu bar options (मेन्यू बार विकल्प)— मेन्यू बार पर मौजूद कमांड्स को मेन्यू बार विकल्प कहा जाता है। उदाहरण के लिए– माइक्रोसॉफ्ट वर्ड में मौजूद मेन्यू बार विकल्प हैं: File, Edit, View, Help आदि।
Pull-down Menu (पुल–डाउन मेन्यू)— हर मेन्यू बार विकल्प पर क्लिक करने से कमांड्स की एक सूची दिखाई देती है, जिसे पुल–डाउन मेन्यू कहा जाता है।
Toolbar (टूलबार)— मेन्यू बार के नीचे मौजूद एक सीधी बार के समान जिसमें कमांड्स के चित्रित बटन मौजूद रहते हैं, टूलबार कहलाता है। आपके सामने जिन दो टूलबार्स का जिक्र किया जाएगा, वे हैं : स्टैंडर्ड टूलबार और फॉर्मेटिंग टूलबार।

मेन्यू बार (Menu Bar)

चित्र WD-2.5

माइक्रोसॉफ्ट वर्ड विंडो के **Title bar** के ठीक नीचे **Menu bar** दिखाई देता है। मेन्यू बार में नौ मेन्यू विकल्प मौजूद रहते हैं (चित्र WD-2.5)।

हर मेन्यू बार विकल्प कमांड्स की एक विशेष श्रेणी को दर्शाता है। नौ मेन्यू बार विकल्पों में से किसी एक को जब चुना जाता है, तो स्क्रीन पर उस विकल्प से संबंधित कमांड्स की सूची एक पुल–डाउन मेन्यू के रूप में दिखाई देती है।

उदाहरण के लिए– जब **File** मेन्यू बार विकल्प पर क्लिक किया जाता है, तो पुल–डाउन मेन्यू एक फाइल पर किए जाने वाले सभी कामों, जैसे– एक नई फाइल बनाना, मौजूदा फाइल को खोलना, फाइल को प्रिंट करना, फाइल को सेव करना इत्यादि की सूची दिखती है। इसी प्रकार जब **Edit** मेन्यू बार पर क्लिक किया जाता है, तो इसके पुल–डाउन मेन्यू में एक फाइल में किए जाने वाले संपादन–संबंधी सभी कामों, जैसे– टेक्स्ट कॉपी करना, दूसरी जगह पर ले जाना, डिलीट करना इत्यादि की सूची दिखाई देगी। अन्य मेन्यू बार विकल्पों पर क्लिक करने पर भी वे अपना एक अलग पुल–डाउन मेन्यू दर्शाते हैं।

आवश्यक मेन्यू बार विकल्प का चुनाव (Selecting the required menu bar option)— माउस का इस्तेमाल करने से मेन्यू बार विकल्प का चुनाव करना बहुत आसान हो जाता है। अब हम देखते हैं कि मेन्यू बार विकल्पों का चुनाव कैसे किया जाता है।

मान लीजिए कि आप एक फाइल खोलना चाहते हैं। यह काम फाइल से संबंधित कामों की श्रेणी में आता है। इसलिए आपको मेन्यू बार में से **File** विकल्प को चुनना होगा। इसके लिए आप नीचे लिखा क्रम अपनाएँ–

1. माउस पॉएंटर को मेन्यू बार में मौजूद **File** विकल्प पर लाएँ (चित्र WD-2.6)।
2. बाएँ माउस बटन को एक बार क्लिक करें। स्क्रीन पर तुरंत एक पुल–डाउन मेन्यू दिखाई देगा (चित्र WD-2.6)। इसी प्रकार, मेन्यू बार पर मौजूद नौ विकल्पों का अपना एक अलग पुल–डाउन मेन्यू होता है। अब हम इन पुल–डाउन मेन्यूज़ के बारे में विस्तार से जानेंगे।

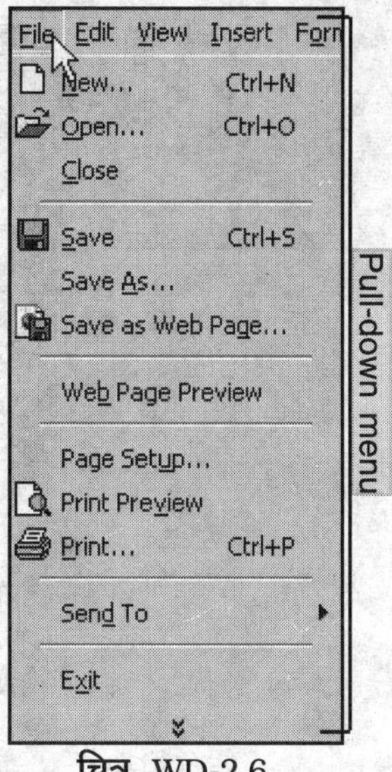

चित्र WD-2.6

पुल-डाउन मेन्यू (Pull-down menu)— आप जानते हैं कि Menu bar के विकल्पों पर क्लिक करने से उस विकल्प के ठीक नीचे कमांड्स की एक सूची दिखाई देती है। उक्त Menu bar विकल्प से संबंधित कमांड्स दर्शाने वाली इस सूची को **पुल-डाउन मेन्यू** कहा जाता है। आपको यह याद रखना होगा कि पुल–डाउन मेन्यू स्क्रीन पर केवल तभी दिखाई देता है, जब आप Menu bar में इससे जुड़े विकल्प पर क्लिक करते हैं। उदाहरण के लिए– चित्र WD-2.6 में **File** मेन्यू बार विकल्प का पुल–डाउन मेन्यू उससे संबंधित कमांड्स दिखाता है। इन महत्त्वपूर्ण कमांड्स के बारे में टेबल 1 में बताया गया है।

New	:	नई फाइल बनाता है।
Open	:	मौजूदा फाइल को खोलता है।
Close	:	फाइल को बंद करता है।
Print	:	फाइल को प्रिंट करता है।
Save	:	फाइल को कंप्यूटर की Memory में स्टोर करता है।
Save As	:	फाइल को किसी दूसरे नाम से भी Memory में स्टोर करता है।
Exit	:	उस प्रोग्राम से बाहर अर्थात् बंद कर देता है।

टेबल 1

मान लीजिए कि माइक्रोसॉफ्ट वर्ड डॉक्यूमेंट को खोलने के पश्चात् आप गलती से किसी Menu bar विकल्प पर या toolbar के किसी बटन पर दायाँ माउस बटन क्लिक कर देते हैं। ऐसा करते ही स्क्रीन पर एक दूसरा पुल–डाउन दिखाई देता है, जैसा चित्र WD-2.7 में दिखाया गया है।

इस पुल डाउन मेन्यू को स्क्रीन से हटाने के लिए आप नीचे लिखे क्रम का पालन कर सकते हैं–

1. माउस पॉएंटर को अपने डॉक्यूमेंट में किसी भी जगह पर ले जाएँ।
2. बायाँ माउस बटन क्लिक करें। पुल–डाउन मेन्यू तुरंत स्क्रीन से हट जाएगा। अब आप अपना काम दोबारा शुरू कर सकते हैं।

इसी प्रकार जब आप Menu bar के किसी विकल्प पर बाएँ माउस बटन को क्लिक करते हैं, तो स्क्रीन पर एक पुल–डाउन मेन्यू दिखाई देता है, जिसमें उस विकल्प से जुड़े कमांड्स रहते हैं।

इस पुल–डाउन मेन्यू को स्क्रीन से हटाने के लिए बाएँ माउस बटन को डॉक्यूमेंट में किसी भी जगह पर क्लिक कर दें।

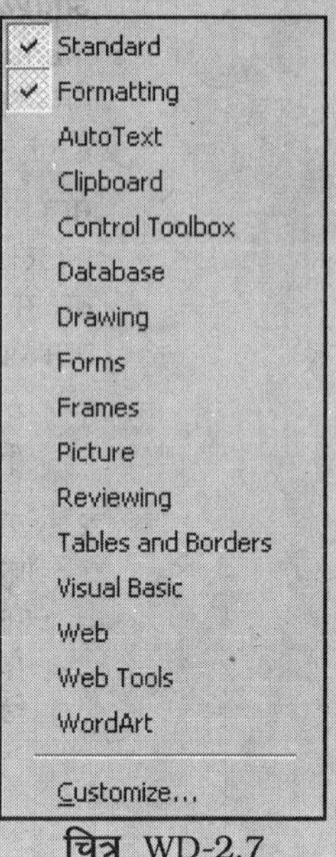

चित्र WD-2.7

File मेन्यू बार विकल्प के पुल–डाउन मेन्यू में दिख रहे विकल्पों में से कुछ विकल्पों का चयन करने का अभ्यास अब हम करेंगे।

डॉक्यूमेंट बंद करने के लिए Close विकल्प का चुनाव करना (Selecting the Close option for Closing a Document)— आप जानते हैं कि पुल–डाउन मेन्यू में एक विशेष काम से जुड़े कमांड्स का क्रम मौजूद रहता है। अब आप एक काम (जैसे– फाइल को बंद करना) करके देखें। इसके लिए आप नीचे लिखे क्रम का पालन करें–

1. सबसे पहले **File** मेन्यू बार विकल्प का चुनाव करें। इसके लिए माउस पॉएंटर को **File** मेन्यू बार विकल्प पर लाएँ (चित्र WD-2.8)।
2. इस पर बाएँ माउस बटन को क्लिक करें। तुरंत आपके सामने एक पुल–डाउन मेन्यू दिखाई देगा। इस पुल–डाउन मेन्यू का एक भाग चित्र WD-2.8 में दिखाया गया है।
3. माउस पॉएंटर को **Close** विकल्प पर लाएँ (चित्र WD-2.8)।

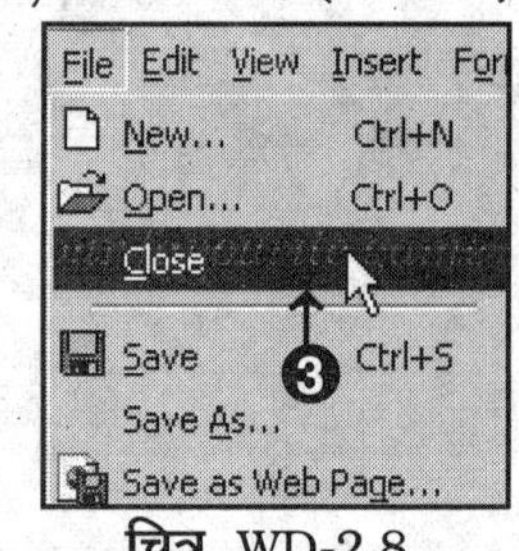

चित्र WD-2.8

यदि आप अपने डॉक्यूमेंट में कुछ नया टेक्स्ट जोड़ेंगे और इसके बाद डॉक्यूमेंट को बंद करेंगे, तो स्क्रीन पर एक बॉक्स दिखाई देगा, जिसमें आपसे पूछा जाएगा कि क्या आप डॉक्यूमेंट को सेव करना चाहते हैं (चित्र WD-2.9)? अगर आप डॉक्यूमेंट को सेव नहीं करना चाहते तो No बटन पर क्लिक करें। आपका डॉक्यूमेंट बंद हो जाएगा।

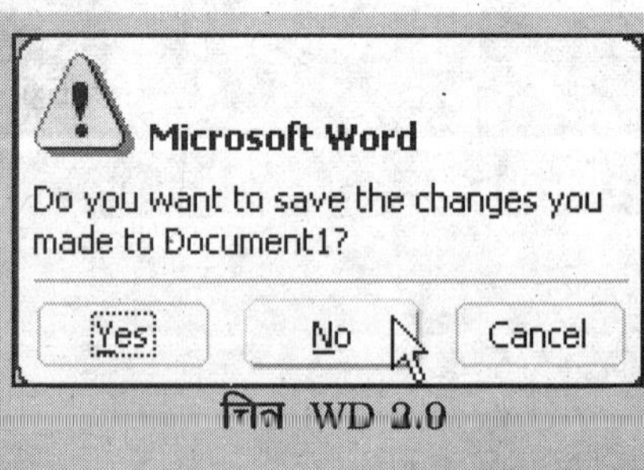

चित्र WD-2.9

4. बाएँ माउस बटन को एक बार क्लिक करें। स्क्रीन पर खुला डॉक्यूमेंट तुरंत बंद हो जाएगा और आपके सामने **Microsoft Word** विंडो दिखाई देने लगेगी (चित्र WD-2.10)।

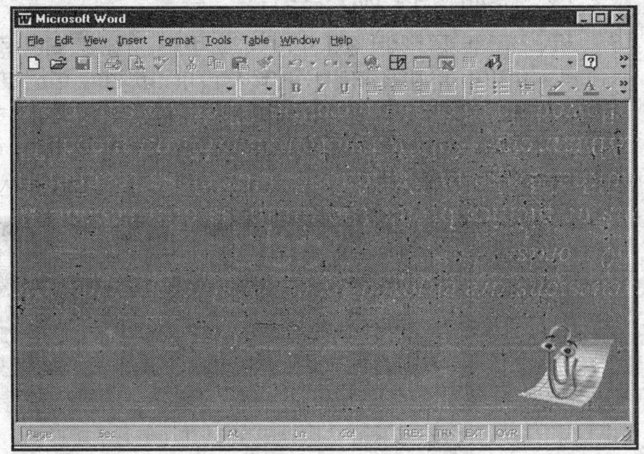

चित्र WD-2.10

स्क्रीन के एक हिस्से को पुल–डाउन मेन्यू ढक लेता है। इसीलिए स्क्रीन पर आपके डॉक्यूमेंट का कुछ हिस्सा छिप जाता है।

एक नया डॉक्यूमेंट बनाने के लिए New विकल्प का चुनाव करना (Selecting the New option for Creating a New Document)— अब हम एक अन्य विकल्प का चुनाव करके देखेंगे। मान लीजिए कि हमें **File** मेन्यू बार विकल्प का प्रयोग करके एक नया डॉक्यूमेंट बनाना है। इसके लिए आप नीचे लिखे क्रम का पालन करें–

1. माउस पॉएंटर को **File** मेन्यू बार विकल्प पर लाएँ (चित्र WD-2.11)।
2. बाएँ माउस बटन को इस पर क्लिक कर दें। तुरंत स्क्रीन पर एक पुल–डाउन मेन्यू दिखाई देगा (चित्र WD-2.11)।
3. पुल–डाउन मेन्यू में माउस पॉएंटर को **New** विकल्प पर लाएँ (चित्र WD-2.11)।
4. बाएँ माउस बटन को क्लिक करें। तुरंत स्क्रीन पर एक **New** बॉक्स दिखाई देगा (चित्र WD-2.12)।

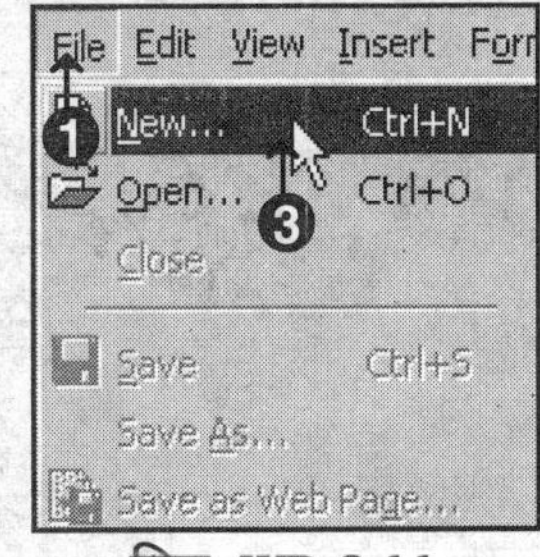

चित्र WD-2.11

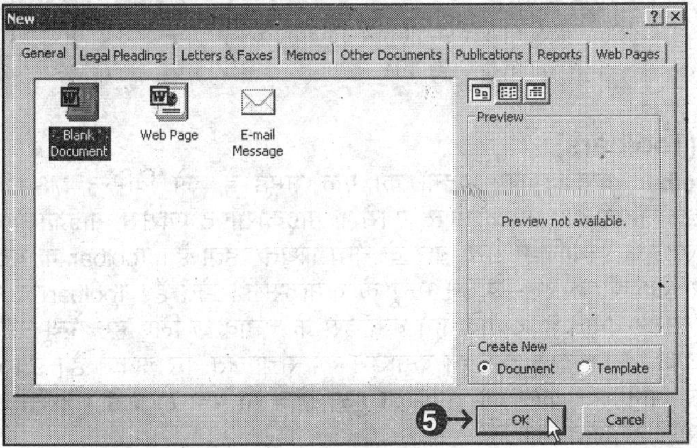

चित्र WD-2.12

5. इस **New** बॉक्स में आपको एक अन्य बॉक्स में **Blank Document** icon दिखाई देगा। नया डॉक्यूमेंट बनाने के लिए आपको यह icon खोलना पड़ेगा। इसलिए माउस पॉएंटर को **OK** बटन पर ले आएँ (चित्र WD-2.12)।
6. बाएँ माउस बटन को इस पर क्लिक करें। जैसे ही आप इस बटन को क्लिक करेंगे, माइक्रोसॉफ्ट वर्ड प्रोग्राम के पास संदेश पहुँच जाएगा कि आप एक खाली डॉक्यूमेंट फाइल बनाना चाहते हैं। इसलिए प्रोग्राम इसे आपके लिए स्क्रीन पर खोल देगा। यह खाली डॉक्यूमेंट फाइल (चित्र WD-2.13) एक खाली कागज के समान दिखाई देती है, जिस पर आप अपनी आवश्यकतानुसार टेक्स्ट टाइप कर सकते हैं।

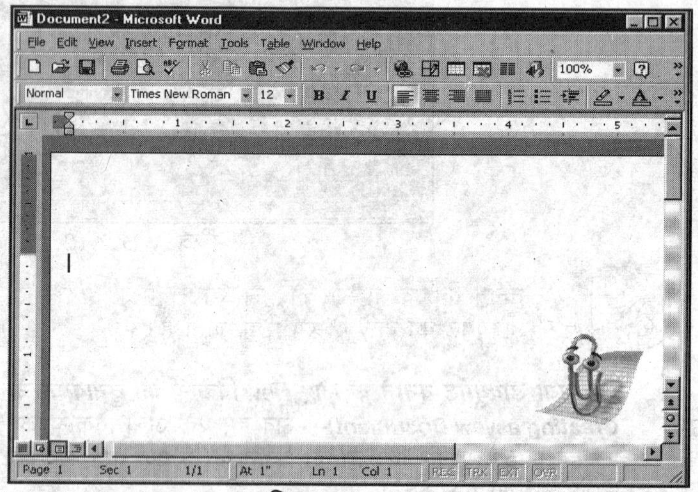

चित्र WD-2.13

अब आपके सामने माइक्रोसॉफ्ट वर्ड का एक खाली डॉक्यूमेंट दिखाई देगा। यदि आपने इस डॉक्यूमेंट के बीच गलती से दाएँ माउस बटन को क्लिक कर दिया, तो आपके स्क्रीन पर एक पुल–डाउन मेन्यू दिखाई देगा (चित्र WD-2.14)। इस पुल–डाउन मेन्यू को हटाने के लिए आप नीचे लिखे क्रम का पालन करें–

1. माउस पॉएंटर को अपने डॉक्यूमेंट में किसी भी जगह पर लाएँ।
2. बाएँ माउस बटन को क्लिक करें। पुल–डाउन मेन्यू तुरंत हट जाएगा।

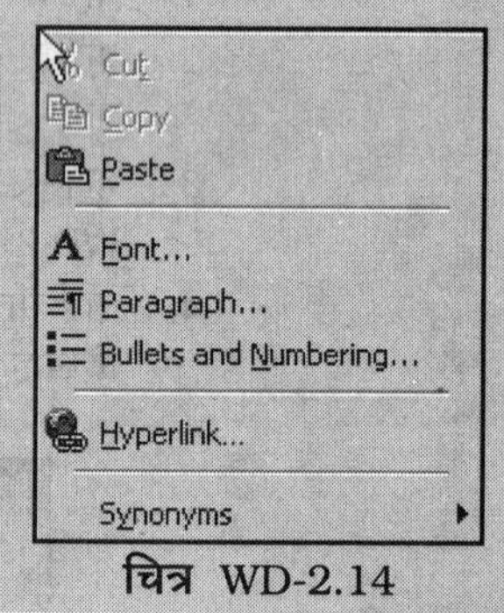

चित्र WD-2.14

टूलबार्स (Toolbars)

Toolbar, क्रमवार लगे बटनों का एक समूह है, जो विभिन्न MS-Office 2000 प्रोग्राम्स, जैसे– माइक्रोसॉफ्ट वर्ड, माइक्रोसॉफ्ट एक्सेल, माइक्रोसॉफ्ट एक्सेस, माइक्रोसॉफ्ट पावर पॉएंट, माइक्रोसॉफ्ट आउटलुक इत्यादि में मेन्यू बार के नीचे स्थित रहता है। Toolbar के बटनों में मौजूद कमांड्स, मेन्यू बार विकल्पों के पुल–डाउन मेन्यू के कमांड्स ही होते हैं। Toolbar पर बने बटन कमांड्स के चुनाव को सरल बनाते हैं, क्योंकि इन कमांड्स के चुनाव के लिए हमें मेन्यू नहीं खोलने पड़ते केवल माउस के एक क्लिक द्वारा हम इन कमांड्स को संचालित कर सकते हैं। इन बटनों पर इन कमांड्स द्वारा किए जाने वाले काम को समझाता हुआ चित्र भी बना होता है, जिससे इन बटनों का चुनाव और भी आसान हो जाता है।

माइक्रोसॉफ्ट वर्ड में कई प्रकार के toolbars मौजूद रहते हैं, जैसे– **Standard** toolbar, **Formatting** toolbar, **Drawing** toolbar, **Forms** toolbar, **Tables** और **Borders** toolbar इत्यादि। इन सभी में Standard और Formatting toolbar काफी महत्त्वपूर्ण होते हैं। इसलिए अभी आप इन्हीं दो toolbars के बारे में जानेंगे।

स्टैंडर्ड टूलबार (The Standard toolbar)

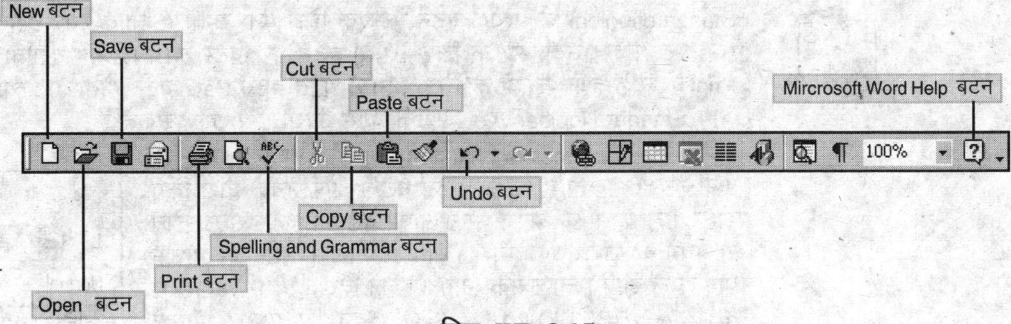

चित्र WD-2.15

माइक्रोसॉफ्ट वर्ड की डॉक्यूमेंट फाइल में मौजूद Standard toolbar चित्र WD-2.15 के समान दिखाई देता है। यह Menu bar के ठीक नीचे रहता है। Standard toolbar पर बने बटन Menu bar विकल्पों के पुल–डाउन मेन्यू के अकसर इस्तेमाल में आने वाले कमांड्स के शॉर्ट कट बटन होते हैं।

जब आप इनमें से किसी भी बटन पर क्लिक करेंगे, तो उस बटन से संबंधित कमांड एक्ज़ीक्यूट हो जाएगी और मेन्यू तथा पुल–डाउन मेन्यू को चुनने की परेशानी से आप बच जाएँगे।

स्टैंडर्ड टूलबार के बटनों का चुनाव कैसे करें (How to select buttons from the standard toolbar)— Toolbar पर बने बटनों में से किसी भी बटन पर क्लिक करके आप उसका चुनाव कर सकते हैं। उदाहरण के लिए–मान लीजिए कि आपको माइक्रोसॉफ्ट वर्ड में एक फाइल खोलनी है। इसके लिए आप नीचे लिखे क्रम को अपना सकते हैं –

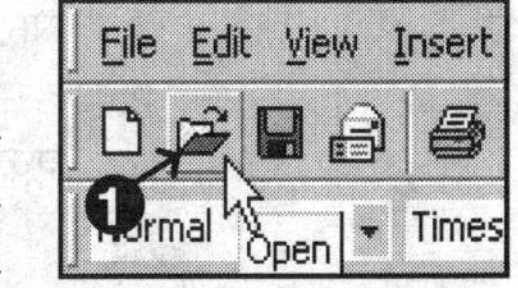

चित्र WD-2.16

1. माउस पॉएंटर को **Open** बटन () पर लाएँ (चित्र WD-2.16)।
2. बाएँ माउस बटन को एक बार क्लिक करें। तुरंत स्क्रीन पर एक **Open** बॉक्स (चित्र WD-2.17) दिखाई देगा। इस **Open** बॉक्स के द्वारा आप उस फाइल का चुनाव कर सकते हैं, जिसे आप खोलना चाहते हैं।

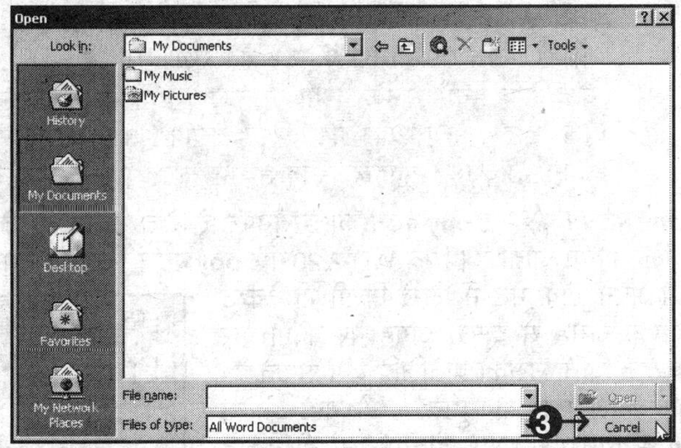

चित्र WD-2.17

3. फिलहाल हम **Open** बॉक्स को बंद कर देते हैं, क्योंकि अभी हम **Standard** toolbar की कार्यपद्धति के बारे में बात कर रहे हैं। अतः **Open** बाक्स में **Cancel** बटन पर माउस पॉएंटर लाएँ (चित्र WD-2.17)।
4. बाएँ माउस बटन को क्लिक करें। ऐसा करते ही **Open** बॉक्स तुरंत बंद होकर आपके स्क्रीन से हट जाएगा।

Standard toolbar के प्रत्येक बटन पर एक चित्र बना रहता है, ताकि आप इसके काम को याद रख सकें। उदाहरण के लिए– (🖶) बटन पर प्रिंटर का चित्र यह दर्शाता है कि यह Print बटन है तथा फ्लॉपी के चिन्ह (💾) से युक्त बटन Save बटन होता है, इत्यादि। इससे आप Standard toolbar पर कोई भी काम आसानी से कर सकते हैं।

चूँकि Standard toolbar पर अनेक बटन मौजूद रहते हैं, इसलिए हो सकता है कि आप इन बटनों और उनके द्वारा किए जाने वाले कामों के बारे में भूल जाएँ। वर्ड आपको इस उलझन से बचने का उपाय भी देता है। यदि आप किसी बटन पर माउस पॉएंटर ले जाएँगे, तो उसका नाम आपको दिखाई देगा। उदाहरण के लिए– चित्र WD-2.18 में Save बटन पर माउस पॉएंटर लाने पर इसका नाम Save दिख रहा है।

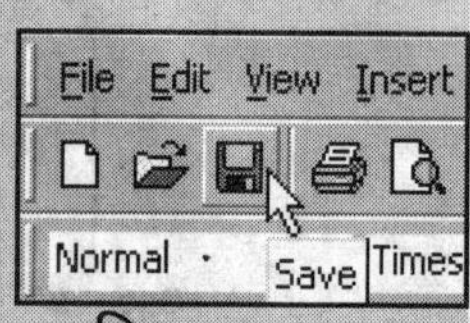

चित्र WD-2.18

अब हम **Standard** toolbar पर मौजूद कुछ चित्रमय बटनों के बारे में जानेंगे, जिनका इस्तेमाल हम अकसर करते हैं।

अभी नीचे लिखे क्रम को अपने कंप्यूटर पर पूरा करने की कोशिश न करें, आप इसे बाद में कर सकते हैं, किंतु आप ऑफिस असिस्टेंट और फॉर्मेटिंग टूलबार विषय में दिए गए क्रमों को साथ ही साथ करके देख सकते हैं।

New बटन **(🗋)**— इस बटन का इस्तेमाल तब किया जाता है, जब हम काम करने के लिए एक नई और खाली फाइल को खोलना चाहते हैं। एक नई फाइल बनाने के लिए आप नीचे लिखा क्रम अपनाएँ →

1. माउस पॉएंटर को **New** बटन पर लाएँ (चित्र WD-2.19)।
2. इस पर बाएँ माउस बटन को क्लिक कर दें। तुरंत आपके स्क्रीन पर एक नई डॉक्यूमेंट फाइल खुल जाएगी (चित्र WD-2.12)।

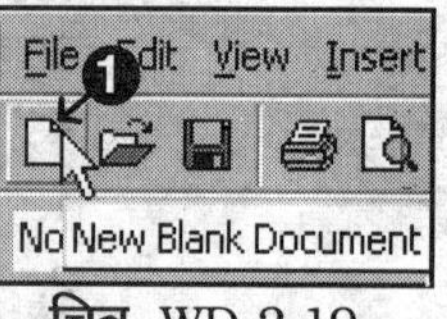

चित्र WD-2.19

यदि आप किसी बटन के द्वारा किए जाने वाले काम के बारे में भूल गए हैं, तो केवल माउस को इस बटन पर ले आएँ। बटन का नाम इसके नीचे दिखाई देगा।

चित्र WD-2.16, चित्र WD-2.18 और चित्र WD-2.19 में उन बटनों के नाम लिखे दिखाए गए हैं, जिन पर माउस पॉएंटर को रखा गया है।

यदि आप इनमें से किसी भी बटन पर दायाँ माउस बटन क्लिक करेंगे, तो इससे संबंधित पुल–डाउन मेन्यू स्क्रीन पर दिखाई देगा। इस पुल–डाउन मेन्यू को स्क्रीन से हटाने के लिए अपनी डॉक्यूमेंट फाइल में किसी भी जगह पर क्लिक कर दें।

Copy बटन **(📋)— Copy** बटन का इस्तेमाल लिखित टेक्स्ट के किसी भी भाग की दूसरी कॉपी बनाने के लिए किया जाता है। चित्र WD-2.20 में **Copy** बटन दिखाया गया है। कॉपी करने की क्रिया के द्वारा आप अपने डॉक्यूमेंट में लिखे किसी भी टेक्स्ट को एक जगह से दूसरी जगह पर कॉपी कर सकते है, यानी उसकी प्रतिलिपि बना सकते है। आप केवल एक डॉक्यूमेंट में ही नहीं, बल्कि एक डॉक्यूमेंट से दूसरे डॉक्यूमेंट में भी टेक्स्ट को कॉपी कर सकते हैं।

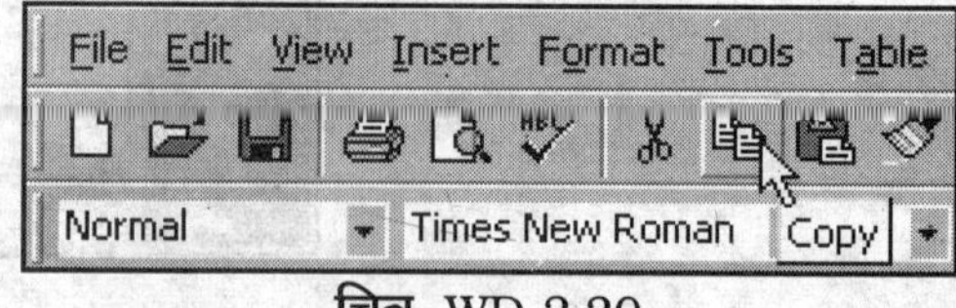

चित्र WD-2.20

***Cut* बटन** (✂)— इसका इस्तेमाल डॉक्यूमेंट में टेक्स्ट के किसी भाग या ब्लॉक को एक जगह से दूसरी जगह पर ले जाने के लिए किया जाता है। कट की क्रिया के दौरान टेक्स्ट की कोई कॉपी (प्रतिलिपि) नहीं बनती, बल्कि जब टेक्स्ट को हम नई जगह पर ले जाते हैं, तो यह अपने मूल स्थान से डिलीट हो जाता है। चित्र WD-2.21 में **Standard** toolbar पर **Cut** बटन को दिखाया गया है। इस बटन की सहायता से आप टेक्स्ट को केवल एक डॉक्यूमेंट में ही नहीं, बल्कि एक डॉक्यूमेंट से दूसरे डॉक्यूमेंट में भी ले जा सकते हैं।

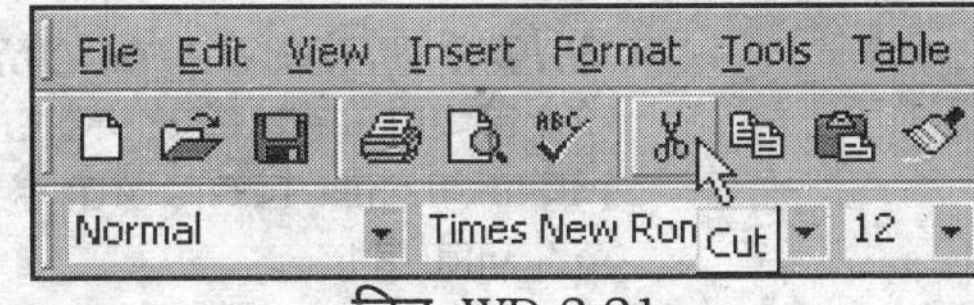

चित्र WD-2.21

***Paste* बटन** (📋)— कॉपी या कट क्रिया के बाद डाटा को नई जगह पर लाने की क्रिया को **Paste (पेस्ट)** करना कहते हैं। इसे **Paste** बटन की सहायता से आसानी से किया जा सकता है (चित्र WD-2.22)। **Paste** बटन का इस्तेमाल हमेशा टेक्स्ट को cut या copy करने के बाद ही किया जाता है। किसी भी प्रकार के डाटा को आप, एक डॉक्यूमेंट में से कॉपी कर सकते हैं या निकालकर दूसरी जगह पर ले जा सकते हैं तथा उसी डॉक्यूमेंट में या किसी दूसरे डॉक्यूमेंट में पेस्ट कर सकते हैं।

चित्र WD-2.22

***Spelling and Grammar* बटन** (✓)— जैसा कि नाम से ही पता चलता है, इस बटन का इस्तेमाल डॉक्यूमेंट में स्पेलिंग संबंधी गलतियों की जाँच के लिए किया जाता है। आमतौर पर, इस बटन (चित्र WD-2.23) का इस्तेमाल पूरे टेक्स्ट को टाइप कर लेने के बाद किया जाता है।

चित्र WD-2.23

***Save* बटन** (💾)— अपनी फाइल को सेव करने का सबसे आसान और संक्षिप्त तरीका है **Save** बटन (चित्र WD-2.24) का इस्तेमाल करना। जिस डॉक्यूमेंट पर आप काम कर रहे हैं, उसे सेव करने के लिए केवल **Save** बटन पर क्लिक करें। अपना काम करते समय थोड़ी–थोड़ी देर पर **Save** बटन पर क्लिक करते रहें, ताकि आपका किया गया काम सुरक्षित बना रहे।

चित्र WD-2.24

***Undo* बटन** (↶)— मान लीजिए कि आपने एक डॉक्यूमेंट तैयार करके उसमें कुछ टेक्स्ट टाइप किया है। आप इसे पढ़ते समय कुछ फेरबदल कर देते हैं। कुछ समय बाद आपको पता चलता है कि आपने ये सब फेरबदल किसी गलत स्थान पर कर दिए हैं। आप इससे परेशान न हों, क्योंकि आप **Undo** बटन (चित्र WD-2.25) का इस्तेमाल करके, किए गए सारे फेरबदल को रद्द करके अपने मूल टेक्स्ट को वापस पा सकते हैं। इस बटन पर तब तक क्लिक करते रहें, जब तक आप अपने मूल डॉक्यूमेंट को वापस न पा लें।

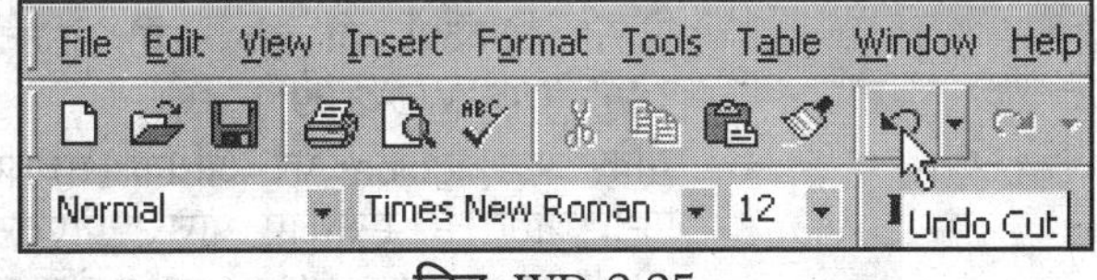

चित्र WD-2.25

ऑफिस असिस्टेंट (The Office Assistant)

जैसे ही आप माइक्रोसॉफ्ट वर्ड खोलते हैं, वैसे ही आपको स्क्रीन पर एक icon कुछ निर्देशों के साथ दिखाई देता है, जिसे **Office Assistant (ऑफिस असिस्टेंट)** कहा जाता है।

चित्र WD-2.26

यदि आप अपने स्क्रीन पर Office Assistant icon को नहीं देख पा रहे हैं, तो माउस पॉएंटर को Microsoft Word Help बटन पर लाएँ। यह बटन Standard toolbar पर मौजूद रहता है (चित्र WD-2.27)।

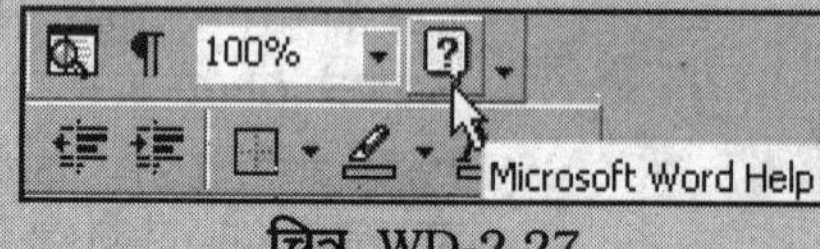

चित्र WD-2.27

अब बाएँ माउस बटन को इस पर क्लिक करें। तुरंत स्क्रीन पर Office Assistant icon दिखाई देगा (चित्र WD-2.27) और आपसे उस विषय का नाम टाइप करने के लिए कहेगा, जिस विषय पर आप सहायता पाना चाहते हैं।

***ऑफिस असिस्टेंट की सहायता से किसी विषय को खोजना (Searching a topic with the help of Office Assistant)*— Office Assistant** आपका मित्र है, जो वर्ड से संबंधित आपकी समस्याओं का समाधान करने में या किसी विषय पर अधिक जानकारी प्राप्त करने में आपकी मदद करता है। उदाहरण के लिए– यदि आपको किसी विशेष विषय, जैसे toolbars के बारे में अधिक जानकारी प्राप्त करनी है, तो नीचे लिखे क्रम का पालन करें–

1. **toolbar** टाइप करें। आप देखेंगे कि ये शब्द **What would you like to do?** विकल्प के नीचे बॉक्स में लिखा दिखाई देगा (चित्र WD-2.28)।
2. माउस पॉएंटर को **Search** बटन पर लाएँ।
3. बाएँ माउस बटन को क्लिक करें। आपके सामने एक दूसरा बॉक्स दिखाई देगा, जिसमें विकल्पों की एक सूची मौजूद रहेगी (चित्र WD-2.29)।
4. चूँकि आप toolbar पर अधिक सूचना पाना चाहते हैं, इसलिए माउस पॉएंटर को **What would you like to do?** विकल्प के नीचे मौजूद सूची में **About toolbars** विकल्प पर लाएँ (चित्र WD-2.29)।
5. बाएँ माउस बटन को क्लिक करें। आप देखेंगे कि स्क्रीन पर एक **Help** फाइल खुल गई है (चित्र WD-2.30)।

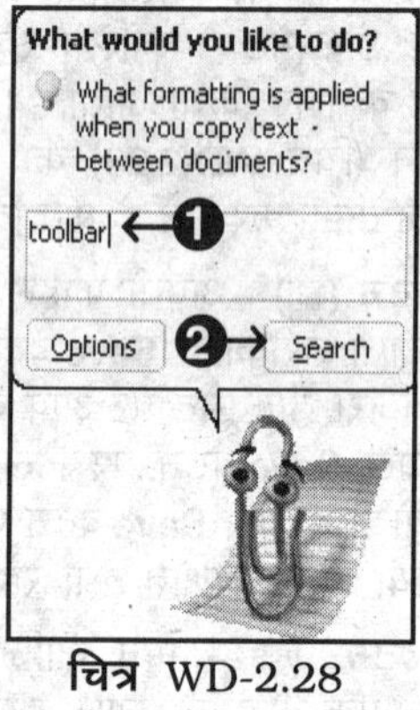

चित्र WD-2.28

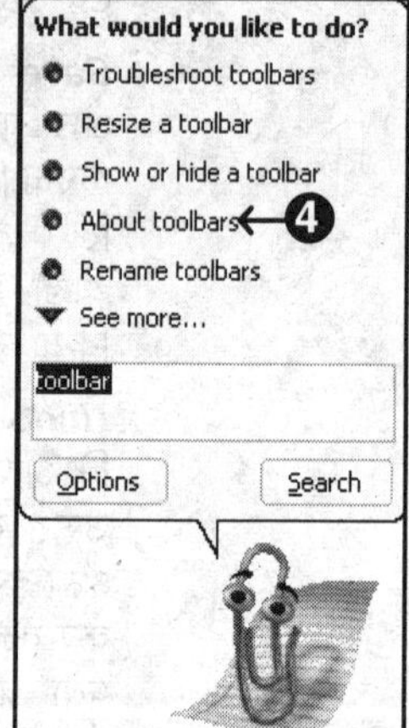

चित्र WD-2.29

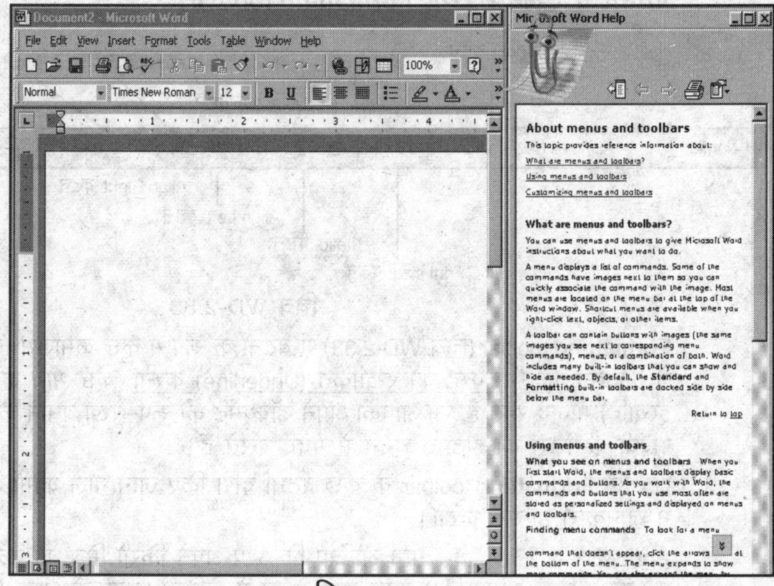

चित्र WD-2.30

अब आप toolbar के बारे में अधिक जानकारी पाने के लिए इस फाइल को पढ़ सकते हैं। यदि आपके स्क्रीन पर पूरी **Help** फाइल दिखाई न दे रही हो, तो पूरी फाइल पढ़ने के लिए स्क्रॉल बटनों, जैसे– अप ऐरो स्क्रॉल बटन (▲) और डाउन ऐरो स्क्रॉल बटन (▼) का प्रयोग करें।

6. इस **Help** फाइल को बंद करने के लिए माउस पॉएंटर को **Title bar** पर मौजूद **Close** बटन (**x**) पर ले आएँ (चित्र WD-2.31) और बाएँ माउस बटन को क्लिक करें। तुरंत **Help** फाइल बंद हो जाएगी और **Office Assistant** आपके स्क्रीन पर दिखाई देने लगेगा। इस प्रकार आप कोई भी मदद पाने के लिए **Office Assistant** का इस्तेमाल कर सकते हैं।

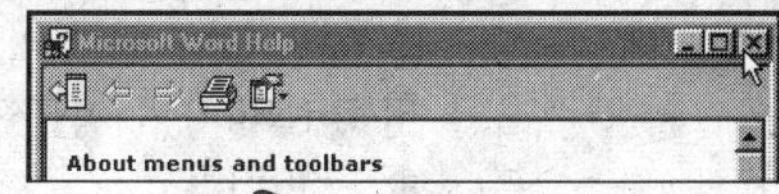

चित्र WD-2.31

ऑफिस असिस्टेंट को छिपाना (Hiding the Office Assistant)— अगर आप **Office Assistant** को बंद करना चाहें, तो नीचे लिखे क्रम का पालन करें –

1. माउस पॉएंटर को **Office Assistant** पर लाएँ और दाएँ माउस बटन को क्लिक करें। तुरंत स्क्रीन पर एक मेन्यू दिखाई देगा (चित्र WD-2.32)।
2. इस मेन्यू में **Hide** विकल्प पर क्लिक करें। **Office Assistant** स्क्रीन से तुरंत हट जाएगा।

चित्र WD-2.32

फॉर्मेटिंग टूलबार *(The Formatting toolbar)*

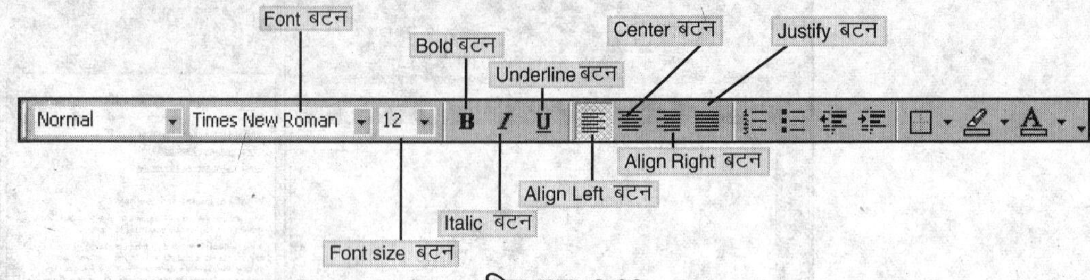

चित्र WD-2.33

Formatting toolbar (चित्र WD-2.33) में बटनों के रूप में कुछ कमांड्स (जैसे **टेक्स्ट को बोल्ड अक्षरों में लिखना**, किसी टेक्स्ट को रेखांकित (Underline) करना, *कुछ भाग को इटैलिक अक्षरों में लिखना* इत्यादि) मौजूद रहते हैं, जो आपको अपने डॉक्यूमेंट की रूप–रेखा बनाने के लिए फॉर्मेट और ले–आउट संबंधी कमांड्स को झटपट चुनने में मदद करते हैं।

अब हम **Formatting** toolbar के कुछ बटनों द्वारा किए जाने वाले कामों और उनके इस्तेमाल के बारे में जानकारी हासिल करेंगे।

Font बटन (Times New Roman)— मान लीजिए कि आप अपने किसी मित्र को पत्र लिखना चाहते हैं। आपका पत्र सुंदर दिखे इसके लिए माइक्रोसॉफ्ट वर्ड में विभिन्न प्रकार के अक्षर (यानी अल्फाबेट) लिखने की शैलियाँ मौजूद रहती हैं। कंप्यूटर की भाषा में इन्हें **Fonts (फॉन्ट्स)** कहा जाता है। **Font** बटन फॉन्ट चुनने में आपकी मदद करता है।

सबसे अधिक इस्तेमाल में आने वाला फॉन्ट **Times New Roman** फॉन्ट है। आम तौर पर इस फॉन्ट का प्रयोग सरकारी पत्र, प्रोजेक्ट, डॉक्यूमेंट इत्यादि लिखने के लिए किया जाता है, हालाँकि आप कोई अन्य font भी चुन सकते हैं। ऐसा करने के लिए आप नीचे लिखा क्रम अपनाएँ –

चित्र WD-2.34

चित्र WD-2.35

1. माउस पॉएंटर को **Font** बॉक्स में डाउन ऐरो बटन (▼) पर लाएँ (चित्र WD-2.34)।
2. बाएँ माउस बटन को केवल एक बार क्लिक करें। तुरंत स्क्रीन पर एक पुल–डाउन मेन्यू दिखाई देगा, जिसमें मौजूद सारे fonts लिखे दिखाई देंगे (चित्र WD-2.35)।
3. इस पुल–डाउन मेन्यू में से कोई font चुने लें। यहाँ हम **Roman** फॉन्ट चुन रहे हैं। यदि पुल–डाउन मेन्यू में यह फॉन्ट दिखाई न दे रहा हो, तो अप ऐरो स्कॉल बटन (▲) या डाउन ऐरो स्कॉल बटन (▼) पर क्लिक करें।
4. इस बटन पर बाएँ माउस बटन को तब तक क्लिक करते रहें, जब तक आपको पुल–डाउन मेन्यू में **Roman** font दिखाई न देने लगे।

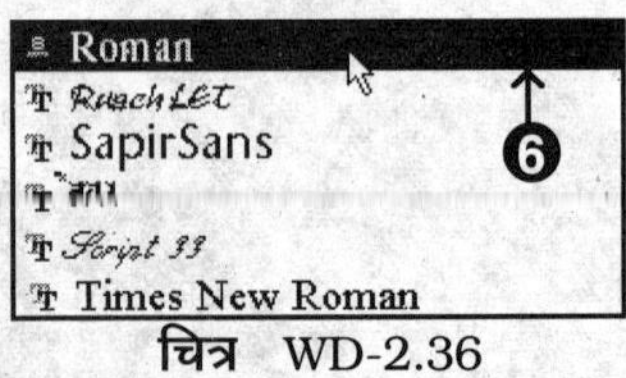

चित्र WD-2.36

5. जैसे ही आपको अपना मनचाहा font (हमारे उदाहरण में **Roman**) मिल जाए, वैसे ही बाएँ माउस बटन को क्लिक करना छोड़ दें।
6. माउस पॉएंटर को **Roman** font पर लाएँ (चित्र WD-2.36)।

7. बाएँ माउस बटन को क्लिक करें। आपका चुना हुआ font, अब **Font** बॉक्स में लिखा दिखाई देगा (चित्र WD-2.37)।

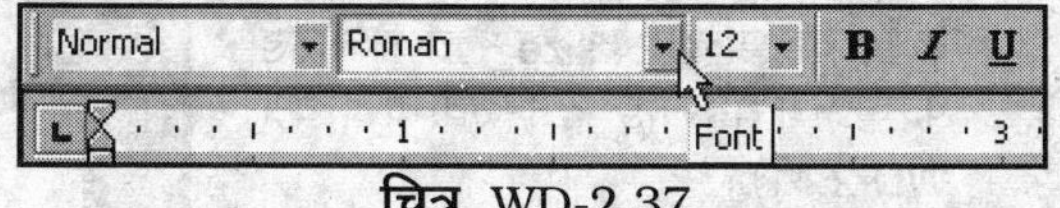

चित्र WD-2.37

***Font Size* बटन** ( )— इस बटन का इस्तेमाल अक्षर का आकार छोटा या बड़ा (निर्धारित) करने के लिए किया जाता है। आप जिस टेक्स्ट को टाइप करने जा रहे हैं, उसके लिए अक्षरों का आकार निर्धारित करने के लिए नीचे लिखा क्रम अपनाएँ –

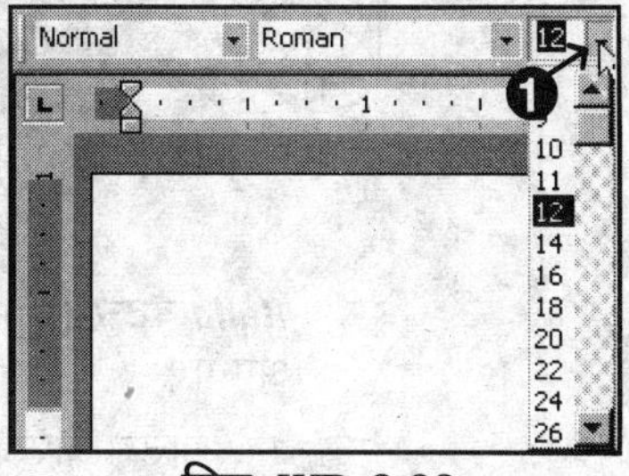

चित्र WD-2.38

1. **Font size** बटन के डाउन ऐरो बटन ( ) पर माउस पॉएंटर को लाएँ (चित्र WD-2.38)।
2. बाएँ माउस बटन को क्लिक करें। तुरंत एक पुल–डाउन मेन्यू दिखाई देगा, जिसमें विभिन्न font sizes दिखाई देंगे (चित्र WD-2.38)।
3. मान लीजिए कि आप **24** font size का चयन करना चाहते हैं। इसके लिए माउस पॉएंटर को **24** पर लाएँ (चित्र WD-2.39)।

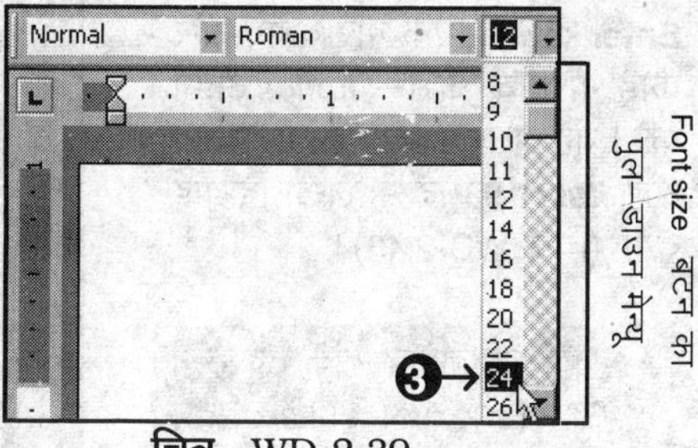

चित्र WD-2.39

4. बाएँ माउस बटन को क्लिक करें। आपके द्वारा चुना गया size, **Font size** बॉक्स में तुरंत दिखाई देने लगेगा।

यदि आप किसी बड़ी संख्या पर क्लिक करेंगे, तो आपके टेक्स्ट के अक्षरों का size बड़ा हो जाएगा। इसी प्रकार यदि आप किसी छोटी संख्या पर क्लिक करेंगे, तो आपके द्वारा टाइप किए जाने वाले टेक्स्ट के अक्षर छोटे दिखाई देने लगेंगे।

आप अपने टेक्स्ट का आकार (Size), प्रारूप (Format) और दिखावट (Appearance), को आवश्यकतानुसार निर्धारित करने के अलावा टेक्स्ट के कुछ महत्त्वपूर्ण हिस्से की शैली (Style) भी बदल सकते हैं, ताकि ये बाकी टेक्स्ट से अलग दिखाई दें। ऐसा करने के लिए आप Formatting toolbar पर मौजूद **Bold** बटन, *Italic* बटन और <u>Underline</u> बटन की सहायता ले सकते हैं।

***Bold* बटन** ( )— यदि आप किसी टेक्स्ट को बाकी की तुलना में मोटे (बोल्ड) अक्षरों में दिखाना चाहते हैं, तो नीचे लिखा क्रम अपनाएँ :

1. माउस पॉएंटर को **Bold** बटन ( ) पर लाएँ, जैसा चित्र WD-2.40 में दिखाया गया है।

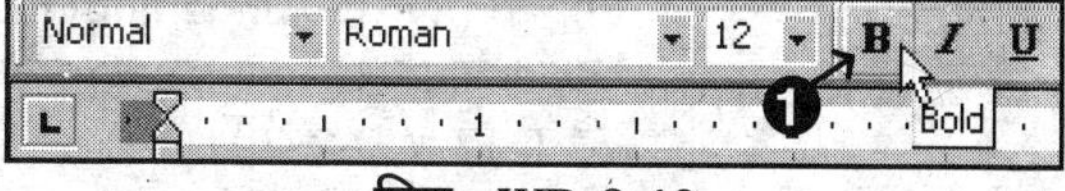

चित्र WD-2.40

2. बाएँ माउस बटन को क्लिक करें।
3. कोई भी शब्द (जैसे– **Bold**) टाइप करें। यह शब्द **24** size में तथा बोल्ड फॉर्मेट में दिखाई देने लगेगा (चित्र WD-2.41)।

यदि आप चाहते हैं कि आपके टेक्स्ट में अक्षर बोल्ड न हों तो एक बार फिर Bold बटन पर क्लिक करें।

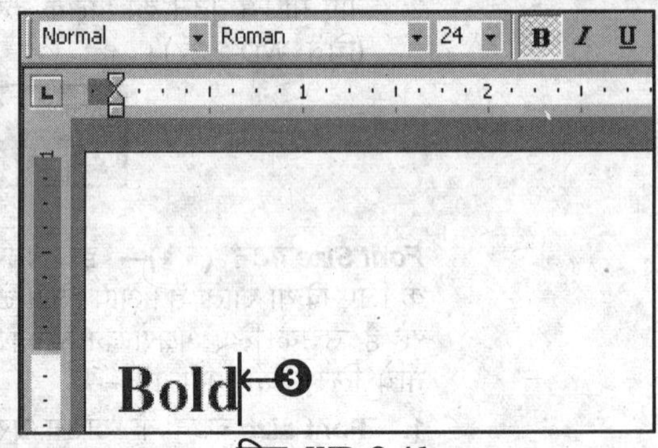

चित्र WD-2.41

***Italic* बटन** (*I*)— यदि आप चाहते हैं कि टेक्स्ट के अक्षर तिरछे दिखें, तो नीचे लिखा क्रम अपनाएं–

1. माउस पॉएंटर को **Italic** बटन (*I*) पर लाएँ जैसा चित्र WD-2.42 दिखाया गया है।
2. बाएँ माउस बटन को क्लिक करें।
3. **Enter** key को एक बार दबाएँ और कोई भी शब्द, जैसे– ***Italics*** टाइप करें। यह अक्षर **24** आकार में, **Bold** और ***Italics*** फॉर्मेट में लिखा दिखाई देगा (चित्र WD-2.43)।

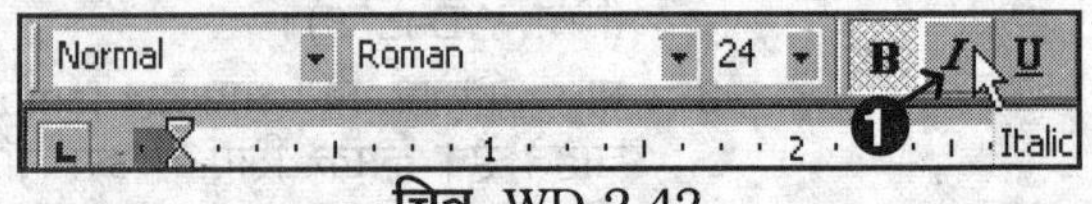

चित्र WD-2.42

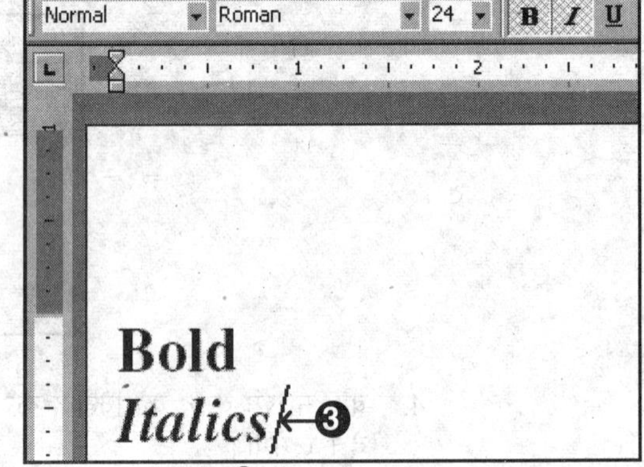

चित्र WD-2.43

यदि आप चाहते हैं कि टेक्स्ट में अक्षर Italic न हों, तो Italic बटन पर एक बार फिर क्लिक करें। चित्र WD-2.43 में Italics— Bold तथा Italic दोनों फॉर्मेट में लिखा दिखाई दे रहा है, क्योंकि हमने Bold बटन को अभी भी select कर रखा है।

***Underline* बटन** (U)— यदि आप अपने टेक्स्ट को रेखांकित (Underline) करना चाहते हैं, तो नीचे लिखा क्रम अपनाएँ–

1. माउस पॉएंटर को **Underline** बटन (U) पर लाएँ चित्र WD-2.44।
2. बाएँ माउस बटन को क्लिक करें।
3. एक बार **Enter** key दबाएँ और कोई भी शब्द (जैसे– **Underline**) टाइप करें। आप देखेंगे कि इस शब्द के नीचे एक रेखा खिंच जाती है, यानी यह शब्द रेखांकित हो जाता है (चित्र WD-2.45)।

चित्र WD-2.44

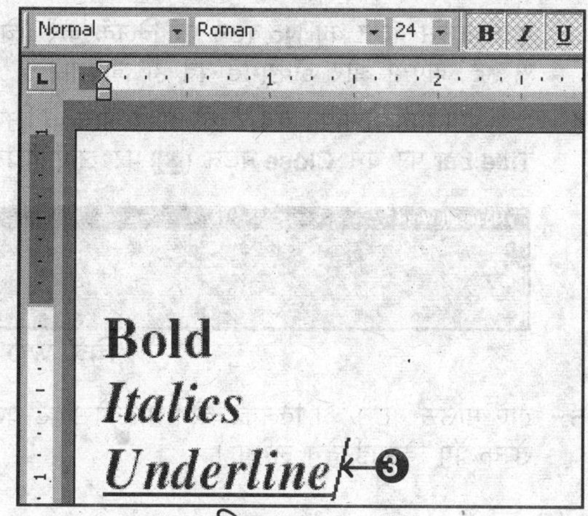

चित्र WD-2.45

अपने टेक्स्ट को रेखांकित न होने देने के लिए Underline बटन पर क्लिक करें। आप चित्र WD-2.45 में देख सकते हैं कि शब्द Underline, bold तथा italics फॉर्मेट में भी आ रहा है। इसका कारण यह है कि Bold तथा Italic बटनों को हमने अभी भी चुन रखा है।

अब तक आप Menu bar और toolbars के कामों से भली–भाँति परिचित हो गए होंगे। कई अन्य विकल्प भी हैं, जिनके बारे में अध्याय 5, 'डॉक्यूमेंट का प्रारूप बनाना' में आप विस्तार से जानकारी प्राप्त करेंगे।

डॉक्यूमेंट को बंद करना और वर्ड से बाहर आना (Closing the Document and Quitting Word)

स्क्रीन पर खुली डॉक्यूमेंट फाइल को अब आप बंद करें और इसके बाद माइक्रोसॉफ्ट वर्ड से बाहर आने का तरीका सीखें। इसके लिए आप नीचे लिखे क्रम को अपनाएँ –

1. माउस पॉएंटर को **File** मेन्यू बार विकल्प पर लाएँ और बाएँ माउस बटन को क्लिक करें। स्क्रीन पर तुरंत एक पुल–डाउन मेन्यू दिखाई देगा (चित्र WD-2.46)।

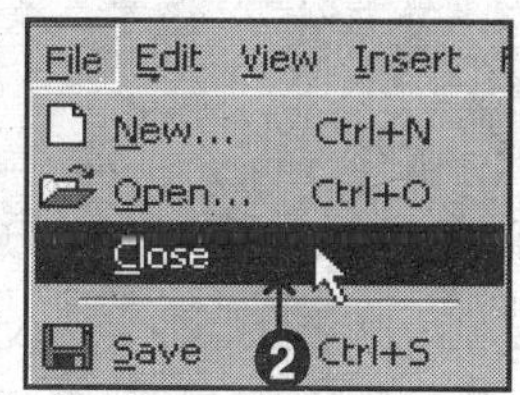

चित्र WD-2.46

2. पुल–डाउन मेन्यू में माउस पॉएंटर को **Close** विकल्प पर लाएँ और बाएँ माउस बटन को क्लिक करें (चित्र WD-2.46)।

   जैसे ही आप **Close** विकल्प पर क्लिक करेंगे, वैसे ही माइक्रोसॉफ्ट वर्ड एक **Message** बॉक्स दिखाएगा, जिसमें पूछा जाएगा कि क्या आप अपने डॉक्यूमेंट में किए गए परिवर्तनों को सेव करना चाहते हैं (चित्र WD-2.47)।

3. अपने कंप्यूटर में बनाए गए हर डॉक्यूमेंट को कंप्यूटर की memory में सेव करना होता है। जब आप कोई डॉक्यूमेंट सेव करते हैं, तो हमेशा इसे एक नाम देना होता है। सेव करने की क्रिया के बारे में हम अगले अध्याय में जानेंगे। यहाँ आप अपने डॉक्यूमेंट को सेव किए बिना बंद कर दें।

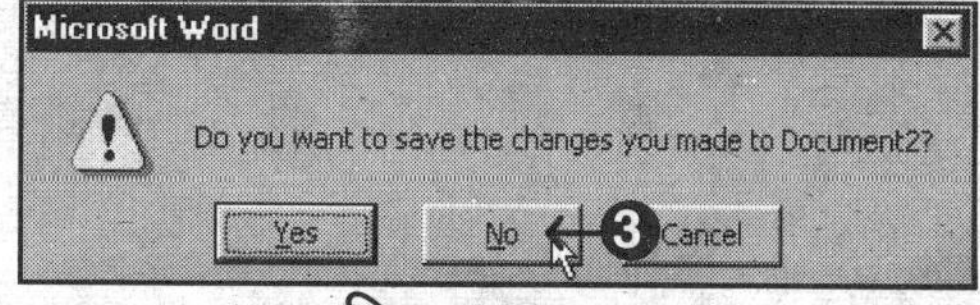

चित्र WD-2.47

बाएँ माउस बटन को **No** बटन पर क्लिक करें (चित्र WD-2.47)। **Message** बॉक्स तुरंत स्क्रीन से हट जाएगा और डॉक्यूमेंट बंद हो जाएगा।

4. अब आप माइक्रोसॉफ्ट वर्ड से भी बाहर आने के लिए माउस पॉएंटर को माइक्रोसॉफ्ट वर्ड विंडो के **Title bar** पर बने **Close** बटन (☒) पर लाएँ (चित्र WD-2.48)।

चित्र WD-2.48

5. बाएँ माउस बटन को क्लिक करें। माइक्रोसॉफ्ट वर्ड तुरंत बंद हो जाएगा और आपके स्क्रीन पर डेस्कटॉप दिखाई देने लगेगा।

अध्याय

वर्ड 2000— एक परिचय

इस अध्याय में —

* वर्ड 2000 शुरू करना
* वर्ड का प्रयोग करना
* टाइप करने के लिए सहायक निर्देश
* डॉक्यूमेंट सेव करना
* डॉक्यूमेंट को प्रिंट से पहले देखना (Print Preview)
* डॉक्यूमेंट को प्रिंट करना
* वर्ड डॉक्यूमेंट को बंद करना
* डॉक्यूमेंट का आकार (size) बदलना।
* माइक्रोसॉफ्ट वर्ड विंडो का आकार घटाना
* Taskbar बटन का आकार बढ़ाकर विंडो में बदलना
* माइक्रोसॉफ्ट वर्ड विंडो को इच्छानुसार आकार में समायोजित (Adjust) करना
* डॉक्यूमेंट को बंद करना तथा माइक्रोसॉफ्ट वर्ड से बाहर आना

एक बार फिर **माइक्रोसॉफ्ट वर्ड 2000** में आपका स्वागत है। पिछले अध्यायों में आप यह देख चुके हैं कि वर्ड 2000 में काम करना काफी आसान है। इसकी विभिन्न विशेषताओं का लाभ उठाकर आप सुंदर और सार्थक डॉक्यूमेंट तैयार कर सकते हैं और उनको प्रिंट भी कर सकते हैं। प्रिंट करने से पहले **माइक्रोसॉफ्ट वर्ड 2000** डॉक्यूमेंट का preview देखने की सुविधा प्रदान करता है।

प्रिव्यू स्क्रीन में डॉक्यूमेंट आपको उसी रूपरेखा और फॉर्मेट में दिखाई देता है, जिसमें वह कागज़ पर प्रिंट होगा। स्क्रीन पर डॉक्यूमेंट का प्रिव्यू देखने से आपको डॉक्यूमेंट में फ़ॉर्मेट से संबंधित गलतियों, जैसे– गलत मार्जिन (Margins), पैराग्राफों के बीच अतिरिक्त स्थान छूटना इत्यादि का पता चल जाता है। यदि आपका डॉक्यूमेंट लंबा है और इसमें कई पृष्ठ हैं, तो preview स्क्रीन में बने स्क्रॉल बटनों का प्रयोग करके आप हर पृष्ठ को अलग–अलग देख सकते हैं।

डॉक्यूमेंट में एक magnifying कर्सर भी होता है, जो डॉक्यूमेंट के किसी भी भाग को बड़ा करके दिखा देता है। इस magnifying कर्सर को बंद करने के बाद आप preview स्क्रीन में अपने डॉक्यूमेंट का संपादन भी कर सकते हैं। संपादन करने के बाद आप इसे प्रिंट कर सकते हैं।

माइक्रोसॉफ्ट वर्ड 2000 शुरू करना (Starting Microsoft Word 2000)

माइक्रोसॉफ्ट वर्ड में काम करने और इसकी विभिन्न विशेषताओं के बारे में जानने के लिए आप नीचे लिखे क्रम को अपनाकर इस प्रोग्राम को शुरू कर सकते हैं –

1. माउस पॉएंटर को विंडोज़ Me/98 **Taskbar** के **Start** बटन पर लाएँ और बाएँ माउस बटन को इस पर क्लिक कर दें (चित्र WD-3.1)।

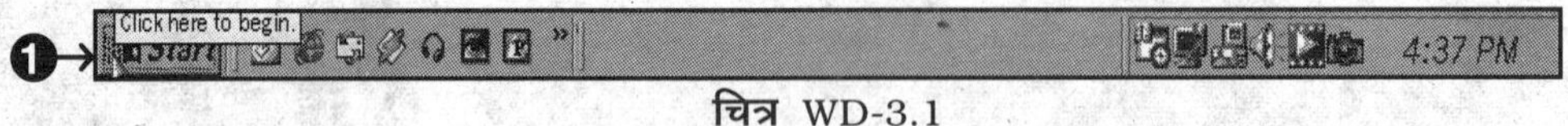

चित्र WD-3.1

स्क्रीन पर तुरंत एक पुश–अप मेन्यू दिखाई देगा (चित्र WD-3.2)।

2. पुश–अप मेन्यू में **Programs** विकल्प पर माउस पॉएंटर लाएँ। तुरंत ही एक दूसरा मेन्यू दिखाई देगा (चित्र WD-3.2)।
3. माउस पॉएंटर को **Microsoft Word** विकल्प (चित्र WD-3.2) पर लाएँ और क्लिक करें।

   आपके स्क्रीन पर एक विंडो दिखाई देगी। यह माइक्रोसॉफ्ट वर्ड की प्रारंभिक स्क्रीन है, जिसमें एक खाली डॉक्यूमेंट फाइल दिखाई देती है (चित्र WD-3.3)।

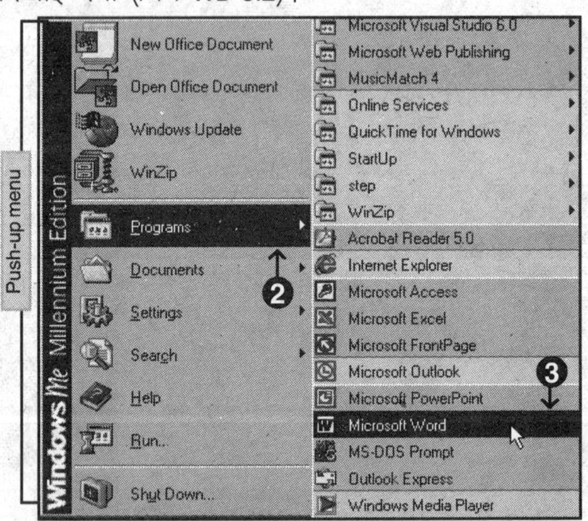

चित्र WD-3.2

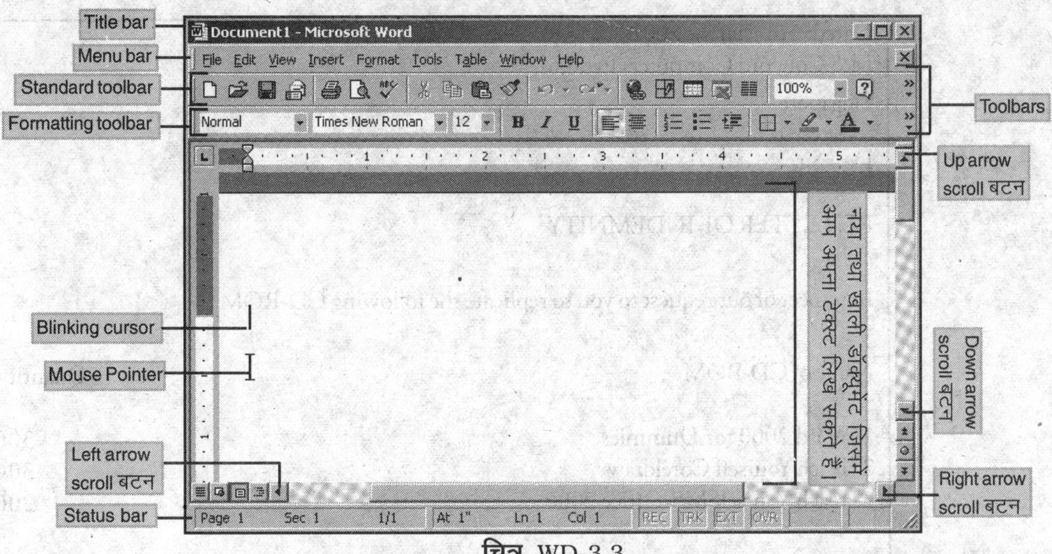

चित्र WD-3.3

जब आप माउस पॉएंटर को माइक्रोसॉफ्ट वर्ड डॉक्यूमेंट में लिखने के लिए लाते हैं, तो इसकी आकृति से में बदल जाती है (चित्र WD-3.3)।

खाली डॉक्यूमेंट के बाएँ कोने में एक blinking cursor दिखाई देगा, जिसे स्क्रीन कर्सर कहा जाता है। यह जहाँ पर दिखाई दे रहा है, वहीं से आप टेक्स्ट लिखना शुरू कर सकते हैं।

वर्ड का परिचय (Introduction to Word)

अब हम एक पत्र लिखेंगे, जिसकी रूप–रेखा अगले पृष्ठ पर दिखाई गई है। इस पत्र को टाइप करते समय आप सीखेंगे कि माइक्रोसॉफ्ट वर्ड की विभिन्न सुविधाओं का लाभ कैसे उठाया जा सकता है। पत्र लिखने के बाद आप इसे सेव करके प्रिंट भी कर सकते हैं।

टाइप करने के लिए सहायक निर्देश (Guidelines for Typing)

1. पहली पंक्ति टाइप करने से पहले **Enter** key को दो बार दबाएँ। पत्र का टेक्स्ट टाइप करने से पहले कुछ पंक्तियाँ खाली छोड़ना उपयोगी है।
2. तारीख (**Dated: 5th March 2001**) टाइप करें। इसके बाद **Enter** key दबाएँ। अब **M/S Concord Computers Pvt. Ltd.** टाइप करें। फिर **Enter** key दबाएँ। अब **Singapore** टाइप करें। अब **Enter** key दो बार दबाएँ। **Dear Sir , RE: LETTER OF INDEMNITY** तथा **In respect.... CD-ROM.** लिखने के बाद भी **Enter** key दो बार दबाएँ। प्रत्येक पैराग्राफ के बाद भी **Enter** key दो बार दबाएँ।

Dated: 5th March, 2001
M/S Concord Computers Pvt. Ltd.
Singapore

Dear Sir,

RE: LETTER OF INDEMNITY

In respect of our request to you to replicate the following CD-ROM.

Name of CD-ROM	Quantity
1. Word 2000 for Dummies	3000
2. Teach Yourself Coreldraw	3000
3. Teach Yourself MS-Office 2000	2000

We hereby warrant that :

1. The use, testing, replicating and mass production of any or all of the aforesaid CD-ROMs, CD-ROM software and any other computer software, program or information supplied by us will not result in the infringement of intellectual property rights of third parties.

2. We are permitted by law which authorises us full power and right (in and out of Singapore) to instruct or advise you to use, test, replicate or mass-produce any or all of the computer software, software program or information.

3. We will indemnify and agree to keep you and your employees, agents or representatives fully and effectively indemnified against any actions, suits, claims, demands, proceedings, governmental prosecutions, losses, damages, compensations, sums of money, costs (including solicitor and client costs), charges, interests, judgments, court order or other liabilities whatsoever which you and your employees, agents or representatives may incur.

Signed by :____________ Dated :____________

NRIC NO :____________ Company Stamp : ________

3. यदि आपको चालू पंक्ति के खत्म होने से पहले अगली पंक्ति में कुछ शब्द टाइप करने हैं, तो **Enter** key को एक बार दबाएँ और अगली पंक्ति में टाइप करना शुरू करें। उदाहरण के लिए—

   (i) **M/S Concord Computers Pvt. Ltd.** टाइप करें (चित्र WD-3.4)।

M/S Concord Computers Pvt. Ltd.

चित्र WD-3.4

(ii) **Enter** key को दबाएँ। आप देखेंगे कि blinking cursor अगली पंक्ति में चला गया (चित्र WD-3.5)।

M/S Concord Computers Pvt. Ltd.

चित्र WD-3.5

(iii) **Singapore** टाइप करें। यह शब्द आपके डॉक्यूमेंट की अगली पंक्ति में लिखा दिखाई देगा (चित्र WD-3.6)।

M/S Concord Computers Pvt. Ltd.
Singapore

चित्र WD-3.6

4. अपने डॉक्यूमेंट में **Dear Sir,** टाइप कर लेने के बाद आपके सामने एक बॉक्स दिखाई देगा, जिसमें एक संदेश **Dear Sir/Madam** लिखा होगा। इस पर ध्यान न देते हुए अपना पत्र टाइप करना जारी रखें। अब एक पंक्ति खाली छोड़ने के लिए **Enter** key को दो बार दबाएँ।

5. पत्र के विषय यानी **RE : LETTER OF INDEMNITY** को कैपिटल अक्षरों में टाइप करने के लिए नीचे लिखे क्रम को अपनाएँ –

   (i) की–बोर्ड की **CapsLock** key को एक बार दबाएँ। इससे **CapsLock** ऑन हो जाएगा।

   (ii) टेक्स्ट **RE: LETTER OF INDEMNITY** टाइप करें।

   (iii) **CapsLock** को ऑफ करने के लिए **CapsLock** key को एक बार फिर दबाएँ। अब अगली पंक्ति टाइप करने से पहले **Enter** key को दो बार दबाएँ।

6. यदि आप दो शब्दों जैसे– **LETTER** और **OF** या क्रम–संख्या तथा इसके बाद लिखे जाने वाले शब्दों, जैसे **1.The use... third parties** के बीच खाली स्थान (space) देना चाहते हैं, तो की–बोर्ड की **Spacebar** key को एक बार दबा दें।

7. कभी–कभी एक ही पंक्ति में कुछ खाली जगह छोड़कर आप एक शब्द टाइप करना चाहते हैं। जैसे शब्द **Quantity** आपको **Name of CD-ROM** के बाद कुछ खाली जगह छोड़कर लिखा हुआ दिखाना है। ऐसा करने के लिए आप नीचे लिखा क्रम अपनाएँ –

   (i) टेक्स्ट **Name of CD-ROM** टाइप करें (चित्र WD-3.7)।

   (ii) की–बोर्ड से **Tab** key (Tab) को 5 बार दबाएँ। ऐसा करने पर कर्सर अपनी जगह से पाँच स्पेस आगे चला जाएगा (चित्र WD-3.8)।

Name of CD-ROM

चित्र WD-3.7

In respect of our request to you to replicate the following CD-ROM.

Name of CD-ROM

चित्र WD-3.8

   (iii) **Quantity** शब्द टाइप करें। यह शब्द आपकी अपेक्षित जगह पर दिखाई देने लगेगा (चित्र WD-3.9)। अब अगली पंक्ति टाइप करने से पहले **Enter** key दो बार दबाएँ।

In respect of our request to you to replicate the following CD-ROM.

Name of CD-ROM Quantiity

चित्र WD-3.9

8. अब पंक्ति **1. Word 2000 for Dummies** टाइप करने के लिए आप नीचे लिखे क्रम को अपनाएँ–
   (i) शब्द **Quantity** के बाद **Enter** key को दो बार दबाएँ।
   (ii) **1. Word 2000 for Dummies** टाइप करें।
   (iii) **Tab** key को तीन बार दबाएँ।
   (iv) **3000** टाइप करें।
   (v) **Enter** key को एक बार दबाएँ।
   (vi) अन्य दो पंक्तियाँ, **2. Teach Yourself Coreldraw.....(Tab** key तीन बार) **3000** और **3. Teach Yourself MS-Office 2000..... (Tab** key तीन बार) **2000** भी इसी प्रकार टाइप करें।
9. अब पत्र का बाकी टेक्स्ट, **1. The use .... third parties** बिना यह चिंता किए कि अगली पंक्ति पर जाने से पहले आपको पिछली पंक्ति खत्म करनी है, टाइप करते जाएँ। जैसे ही आपकी यह पंक्ति पूरी होगी, वैसे ही शब्द अपने आप अगली पंक्ति में चले जाएँगे। अब **Enter** key को दो बार दबाएँ और बाकी टेक्स्ट **2. We are .... or information** तथा **3. We will.... agents or representatives may incur** भी टाइप कर दें।
10. यदि कोई शब्द गलत टाइप हो जाता है या **Enter** key दब जाती है, तो गलत शब्द, अतिरिक्त स्पेस या पंक्ति को मिटाने के लिए की–बोर्ड से **Backspace** key दबा दें।
11. **Signed by :** टाइप करने के बाद **Hyphen** key **(-)** को दस–बारह बार दबाएँ। आप देखेंगे कि स्क्रीन पर एक रेखा बन जाएगी।
12. **Tab** key केवल एक बार दबाएँ और इसी पंक्ति में आगे लिखे जाने वाले शब्द, **Dated:** टाइप करें। इसी प्रकार, इस शब्द के बाद एक रेखा खींचें। बाकी टेक्स्ट भी इसी प्रकार टाइप करें।

टाइप करते समय आपको माइक्रोसॉफ्ट वर्ड स्क्रीन में सबसे नीचे एक Status bar दिखाई देगी (चित्र WD-3.10)। इस बार पर आपको जिस पृष्ठ संख्या पर आप इस समय टाइप कर रहे हैं वह पृष्ठ संख्या दिखाई देगी। हमारे उदाहरण के अनुसार यह पृष्ठ 1 है।

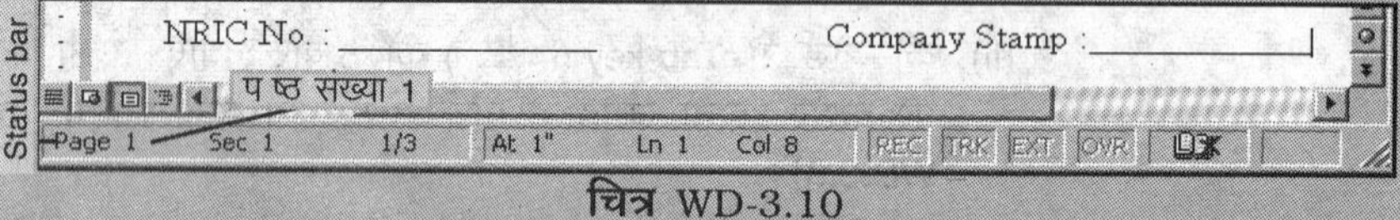

चित्र WD-3.10

यदि टाइप करते समय एक dotted outline दिखाई दे, तो परेशान न हों। वह dotted outline यह बताती है कि आपका चालू पृष्ठ अब खत्म हो गया है। यदि आप इस dotted outline से आगे भी टाइप करते जाएँगे, तो Status bar एक भिन्न पृष्ठ–संख्या दिखाएगा। इसका अर्थ यह है कि नया पृष्ठ शुरू हो गया है।

यह आशा करते हुए कि ऊपर दिए गए क्रम को आप भली–भाँति समझ गए हैं, अब पूरा पत्र टाइप कर सकते हैं।

डॉक्यूमेंट को सेव करना (Saving the Document)

जिस पत्र को अभी आपने टाइप किया है, वह कंप्यूटर की memory में अस्थायी रूप से स्टोर हुआ है। अगर आप कंप्यूटर का स्विच ऑफ करेंगे या अगर बिजली चली जाती है, तो पूरा पत्र डिलीट हो जाएगा।

इसलिए इस डॉक्यूमेंट, जिसमें आपने अपना पत्र टाइप किया है, को थोड़े–थोड़े समय पर सेव करते रहें। एक बार सेव कर लेने के बाद आप जब चाहें, अपने डॉक्यूमेंट को खोल सकते हैं और इस पर काम कर सकते हैं।

जब आप डॉक्यूमेंट को सेव करते हैं, तो माइक्रोसॉफ्ट वर्ड इसे एक नामयुक्त फाइल के रूप में कंप्यूटर की memory में सेव कर लेता है। अब हम नीचे लिखे क्रम को अपनाकर अभी बनाए डॉक्यूमेंट को एक नाम देकर सेव करेंगे –

1. माउस पॉएंटर को **File** मेन्यू बार विकल्प पर लाएँ और बाएँ माउस बटन को क्लिक करें। तुरंत स्क्रीन पर एक पुल–डाउन मेन्यू दिखाई देगा (चित्र WD-3.11)। इस मेन्यू में फाइल से संबंधित कई कमांड्स होते हैं।

चित्र WD-3.11

यदि आप File मेन्यू बार विकल्प पर बाएँ माउस बटन की जगह पर गलती से दाएँ माउस बटन को क्लिक कर देंगे, तो स्क्रीन पर चित्र WD-3.12 के समान एक पुल–डाउन मेन्यू दिखाई देगा। इस पुल–डाउन मेन्यू को हटाने के लिए –

1. माउस पॉएंटर को अपने डॉक्यूमेंट में किसी खाली स्थान पर लाएँ।
2. बाएँ माउस बटन को क्लिक करें। तुरंत पुल–डाउन मेन्यू स्क्रीन से हट जाएगा।
3. माउस पॉएंटर को File मेन्यू बार विकल्प पर लाएँ और बाएँ माउस बटन को क्लिक करें।

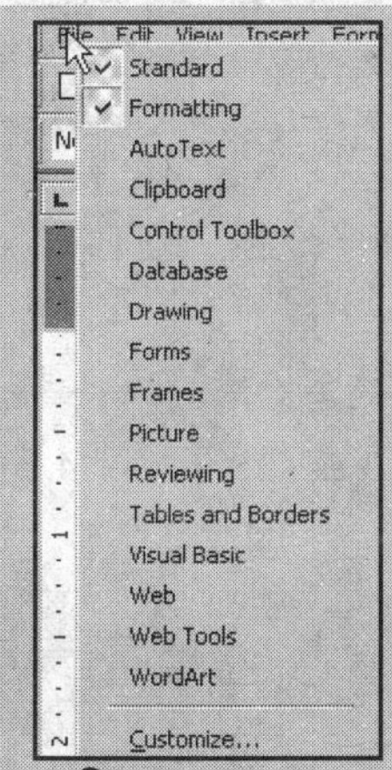

चित्र WD-3.12

2. माउस पॉएंटर को पुल–डाउन मेन्यू में **Save** विकल्प पर लाएँ और क्लिक करें (चित्र WD-3.13)। माइक्रोसॉफ्ट वर्ड तुरंत एक **Save As** बॉक्स स्क्रीन पर दिखाएगा (चित्र WD-3.14)।

New... Ctrl+N
Open... Ctrl+O
Close
Save Ctrl+S
Save As...
Save as Web Page...

चित्र WD-3.13

माइक्रोसॉफ्ट वर्ड में हर डॉक्यूमेंट को .doc एक्सटेंशन दिया जाता है।

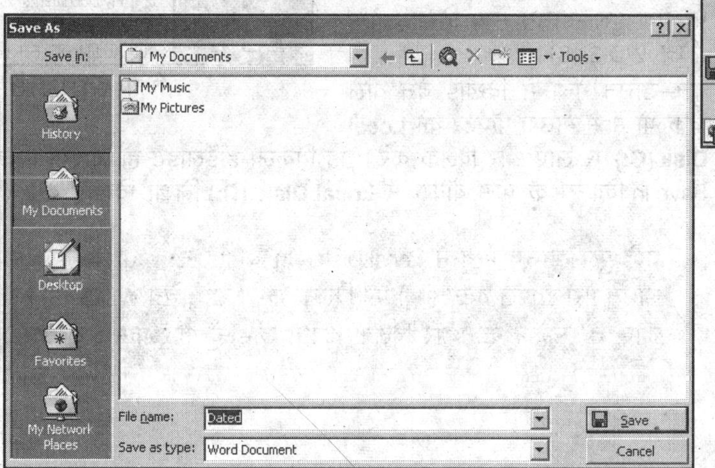

चित्र WD-3.14

इस बॉक्स में आपको **File name** विकल्प के साथ कुछ हाईलाइटेड शब्द दिखेंगे (चित्र WD-3.14)। इस बॉक्स में आपको अपने डॉक्यूमेंट का नाम प्रविष्ट करना होगा।

File name: Dated

चित्र WD-3.15

3. डॉक्यूमेंट का कोई नाम (जैसे– **Letter**) टाइप करें। यह नाम **File name** विकल्प के सामने बने बॉक्स में लिखा दिखाई देगा (चित्र WD-3.16)।

चित्र WD-3.16

नए बनाए गए डॉक्यूमेंट को जब आप पहली बार सेव करते हैं, तो माइक्रोसॉफ्ट वर्ड हमेशा डॉक्यूमेंट को एक नाम देने के लिए आपसे कहता है।

एक फोल्डर में रखे दो डॉक्यूमेंट्स का नाम एक नहीं हो सकता। आप अपने डॉक्यूमेंट को जो नाम दे रहे हैं, यदि वही नाम पहले भी, उसी फोल्डर के किसी दूसरे डॉक्यूमेंट को दिया जा चुका है, तो माइक्रोसॉफ्ट वर्ड एक चेतावनी संदेश दिखाता है।

डॉक्यूमेंट का नाम ऐसा होना चाहिए, जिससे आप तुरंत यह जान जाएँ कि इसमें क्या दर्ज किया गया था। इसलिए किसी डॉक्यूमेंट का नाम देते समय ध्यान रखें कि इसे वही नाम दिया जाए, जो इसमें दर्ज टेक्स्ट के बारे में बताता है।

4. **Save As** बॉक्स में **Save in** विकल्प के साथ बने बॉक्स में **My Documents** फोल्डर का नाम लिखा दिखाई देता है। (चित्र WD-3.17)

   हम अपना डॉक्यूमेंट स्टोर करने के लिए **Local Disk (C:)** चुन लेते हैं। ऐसा करने के लिए **Save in** बॉक्स पर मौजूद डाउन ऐरो बटन (▾) पर माउस पॉएंटर को लाएँ (चित्र WD-3.17)।

Save in: My Documents 4

चित्र WD-3.17

चित्र WD-3.18

5. बाएँ माउस बटन को क्लिक करें। स्क्रीन पर एक पुल–डाउन मेन्यू दिखाई देगा (चित्र WD-3.18)।
6. पुल–डाउन मेन्यू में दिखाई देने वाले विकल्पों में से माउस पॉएंटर को **Local Disk (C:)** पर लाएँ और क्लिक करें। यह विकल्प हाईलाइट हो जाएगा (चित्र WD-3.18)। तुरंत Save in विकल्प के पास बॉक्स में **Local Disk (C:)** लिखा दिखाई देगा (चित्र WD-3.19)।

यदि पुल–डाउन मेन्यू में Local Disk (C:) दिखाई न दे, तो अप ऐरो स्क्रॉल बटन (▴) या डाउन ऐरो स्क्रॉल बटन (▾) पर क्लिक करते रहें (चित्र WD-3.18)। Local Disc (C:) मिल जाए, तो स्क्रॉल बटन पर क्लिक करना छोड़ दें और क्रम 6 से आगे बढ़ें।

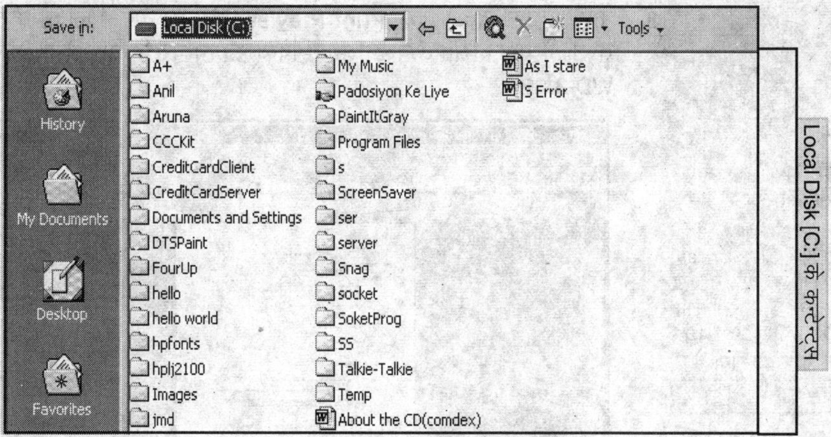

चित्र WD-3.19

Save in विकल्प के नीचे बड़े बॉक्स सक्रिय फोल्डर (active folder) (हमारे उदाहरण में **Local Disk (C:)**) के कन्टेन्ट्स दिखाई देंगे, जैसा चित्र WD-3.19 में दिखाई दे रहा है।

7. माउस पॉएंटर को **Save** बटन (चित्र WD-3.20) पर लाएँ और बाएँ माउस बटन को क्लिक करें।

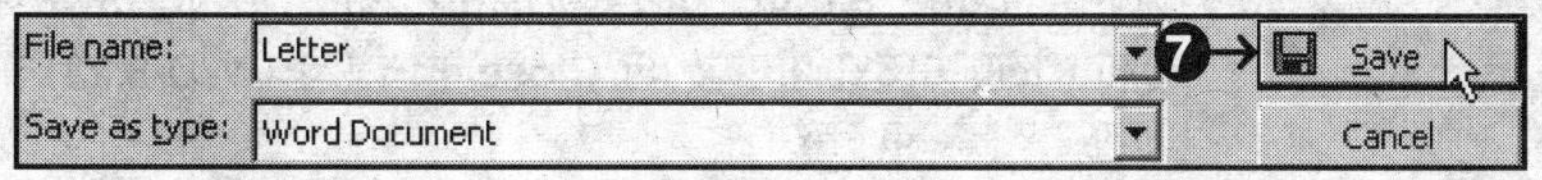

चित्र WD-3.20

तुरंत स्क्रीन से **Save As** बॉक्स हट जाएगा और आप अपने डॉक्यूमेंट में लौट आएँगे। अब **Title bar** में आपको **Letter.doc** नाम लिखा दिखाई देगा, जो आपने अभी–अभी अपने डॉक्यूमेंट को दिया है। याद रखें, अपने काम को थोड़े–थोड़े समय पर सेव करते रहना अच्छा रहता है।

यदि आप अपने डॉक्यूमेंट को पहली बार सेव करने के लिए Save बटन पर क्लिक करते हैं, तो स्क्रीन पर एक Save As बॉक्स दिखाई देता है। डॉक्यूमेंट को नाम देकर सेव कर लेने के बाद Save बटन पर क्लिक करने पर हर बार आपके द्वारा किए गए परिवर्तन सेव हो जाएँगे और आप अपना काम बिना किसी बाधा के जारी रख सकेंगे।

डॉक्यूमेंट का प्रिव्यू देखना (Previewing the Document)

अब हम अपने डॉक्यूमेंट को प्रिंट करना सीखेंगे, किंतु इससे पहले हमें स्क्रीन पर देख लेना चाहिए कि प्रिंट होने पर यह कैसा दिखेगा। माइक्रोसॉफ्ट वर्ड में मौजूद **Print Preview** की सुविधा का लाभ उठाकर प्रिंट करने से पहले हम अपने डॉक्यूमेंट का प्रतिरूप (Preview) देख सकते हैं। अब हम अपने डॉक्यूमेंट **Letter.doc** को प्रिंट से पहले देख लेते हैं। इसके लिए आप नीचे लिखे क्रम को अपनाएँ–

1. माउस पॉएंटर को **File** मेन्यू बार विकल्प पर लाएँ और बाएँ माउस बटन को क्लिक करें। तुरंत ही स्क्रीन पर एक पुल–डाउन मेन्यू दिखाई देगा (चित्र WD-3.21)।
2. पुल–डाउन मेन्यू में माउस पॉएंटर को **Print Preview** विकल्प पर लाएँ (चित्र WD-3.21)।

3. बाएँ माउस बटन को **Print Preview** विकल्प पर क्लिक करें। तुरंत ही माइक्रोसॉफ्ट वर्ड पत्र का प्रिव्यू स्क्रीन पर दिखाई देगा (चित्र WD-3.22)।

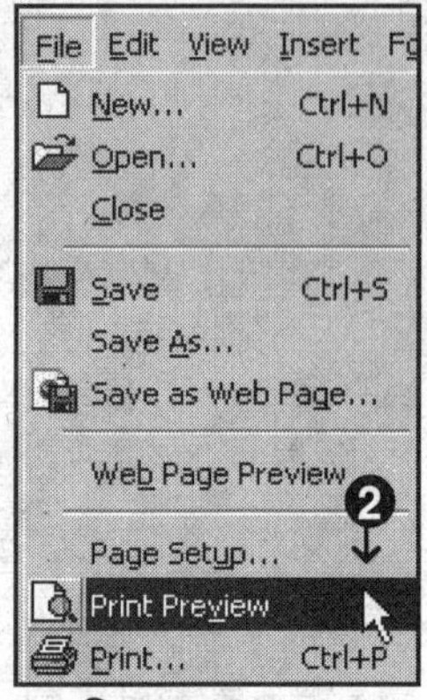

चित्र WD-3.21

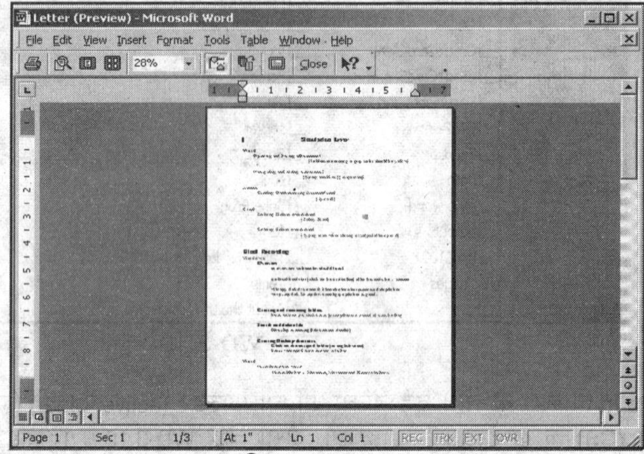

चित्र WD-3.22

4. अपने डॉक्यूमेंट का प्रिंट प्रिव्यू देख लेने के बाद इसे बंद करके आप अपने डॉक्यूमेंट में लौट आएँ। इसके लिए माउस पॉएंटर को **Close** बटन (चित्र WD-3.23) पर लाएँ और बाएँ माउस बटन को एक बार क्लिक करें।

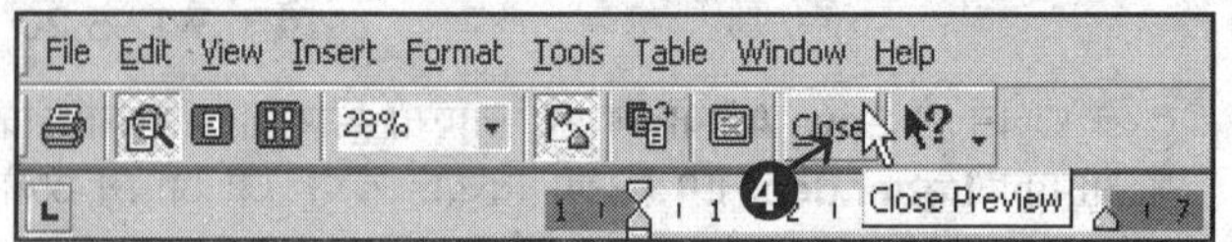

चित्र WD-3.23

डॉक्यूमेंट को प्रिंट करना (Printing the Document)

अब आप डॉक्यूमेंट **Letter.doc** को प्रिंट करें। इसके लिए आपको नीचे लिखे क्रम का पालन हमें करना होगा –

1. माउस पॉएंटर को **File** मेन्यू बार विकल्प पर लाकर क्लिक करें। तुरंत ही स्क्रीन पर एक पुल–डाउन मेन्यू दिखाई देगा (चित्र WD-3.24)।
2. पुल–डाउन मेन्यू में माउस पॉएंटर को **Print** विकल्प पर लाएँ (चित्र WD-3.24) और बाएँ माउस बटन को क्लिक करें। तुरंत ही स्क्रीन पर एक Print बॉक्स दिखाई देगा (चित्र WD-3.25)।
3. अपने डॉक्यूमेंट को प्रिंट करना शुरू करने के लिए माउस पॉएंटर को **Print** बॉक्स में **OK** बटन पर लाएँ और बाएँ माउस बटन को क्लिक करें। आपका डॉक्यूमेंट अब प्रिंट हो जाएगा।

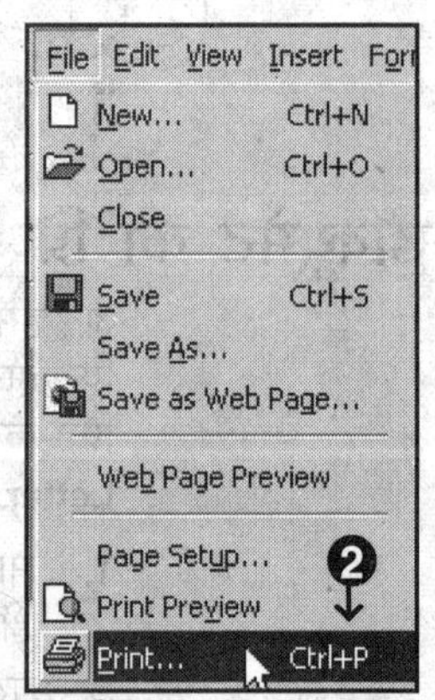

चित्र WD-3.24

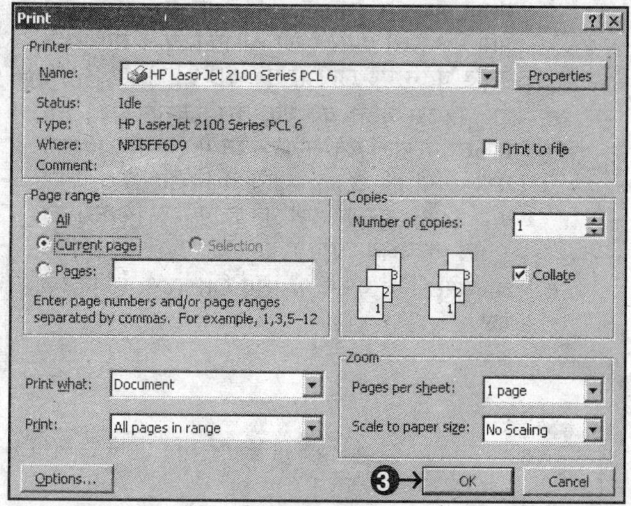

चित्र WD-3.25

ध्यान रखें कि आपका प्रिंटर कंप्यूटर के साथ जुड़ा हुआ हो। यदि प्रिंटर का तार कंप्यूटर से जुड़ा नहीं होगा या ठीक ढंग से काम नहीं कर रहा होगा, तो आपका डॉक्यूमेंट प्रिंट नहीं होगा। उस हालत में स्क्रीन पर आपको एक Message बॉक्स (चित्र WD-3.26) दिखाई देगा। आप इस Message बॉक्स को स्क्रीन से हटाने के लिए नीचा लिखा क्रम अपनाएँ –

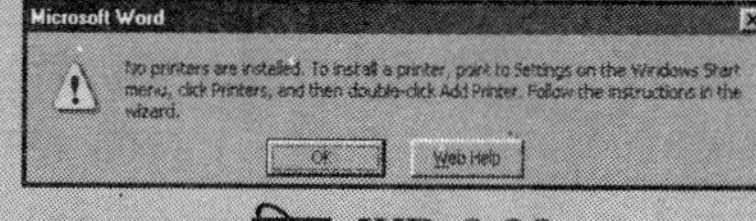

चित्र WD-3.26

1. माउस पॉएंटर को इस Message बॉक्स के OK बटन पर लाएँ (चित्र WD-3.26) और बाएँ माउस बटन को क्लिक करें।
2. इसके बाद प्रिंटर को कंप्यूटर के साथ जोड़ें। इसके लिए विंडोज़ के अध्याय 3 में 'प्रिंटर लगाना' विषय में दिए गए क्रमांक का पालन करें।
3. प्रिंटर का स्विच ऑन करें और यह निश्चित कर लें कि इसमें कागज लगा हुआ है।

माइक्रोसॉफ्ट वर्ड में डॉक्यूमेंट को आप चार तरह से प्रिंट कर सकते हैं–

- **All** – इस विकल्प द्वारा आप अपने डॉक्यूमेंट का प्रत्येक पृष्ठ प्रिंट कर सकते हैं।
- **Pages** – इस विकल्प द्वारा आप अपने डॉक्यूमेंट के कुछ चुने हुए पृष्ठ प्रिंट कर सकते हैं।
- **Current Page** – इस विकल्प द्वारा स्क्रीन पर खुला हुआ पृष्ठ प्रिंट हो जाएगा।
- **Selection** – यह विकल्प चुने हुए टेक्स्ट को प्रिंट करता है।

पूरे डॉक्यूमेंट को प्रिंट करना (Printing the whole document)— सबसे पहले आप अपने डॉक्यूमेंट **Letter.doc** को पूरा प्रिंट करें। इसके लिए नीचे लिखे क्रम को अपनाएँ

1. माउस पॉएंटर को **File** मेन्यू बार विकल्प पर लाएँ और बाएँ माउस बटन को क्लिक करें। तुरंत ही आपके सामने एक पुल–डाउन मेन्यू दिखाई देगा (चित्र WD-3.24)।
2. पुल–डाउन मेन्यू में माउस पाएंटर को **Print** विकल्प पर लाएँ (चित्र WD-3.24)।
3. बाएँ माउस बटन को क्लिक करें। तुरंत ही आपके स्क्रीन पर एक **Print** बॉक्स दिखाई देगा (चित्र WD-3.25)।

4. **Print** बॉक्स में **Page range** भाग पर जाएँ। इस भाग में माउस पॉएंटर को **All** विकल्प के साथ बने राउँड बटन पर लाएँ (चित्र WD-3.27)।
5. बाएँ माउस बटन को एक बार क्लिक करें। **All** विकल्प के साथ बने राउँड बटन में एक बिंदु दिखाई देगा, यानी वह O की बजाय ⊙ दिखाई देगा (चित्र WD-3.28)। इसका अर्थ यह है कि इस विकल्प का चुनाव कर लिया गया है।
6. डॉक्यूमेंट प्रिंट करने के लिए OK बटन पर क्लिक करें।

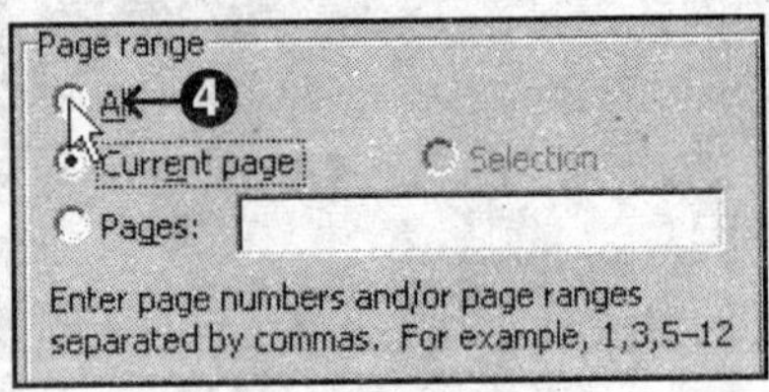

चित्र WD-3.27

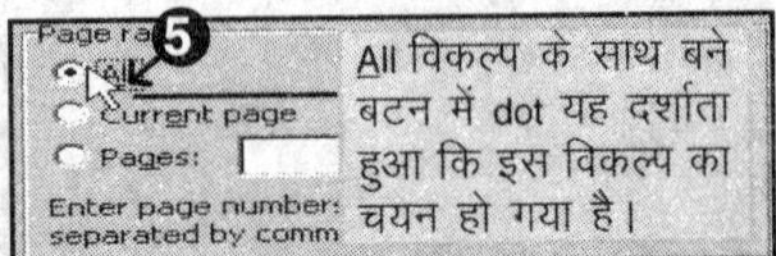

चित्र WD-3.28

स्क्रीन पर All विकल्प कभी–कभी पहले ही चुना हुआ दिखाई देता है। आप केवल OK बटन पर क्लिक करें।

कुछ विशेष पृष्ठ प्रिंट करना (Printing specific pages)— माइक्रोसॉफ्ट वर्ड के डॉक्यूमेंट को आप पृष्ठों में विभाजित कर सकते हैं और इन पृष्ठों पर अलग–अलग पत्र टाइप कर सकते हैं। कभी–कभी आपको अपने डॉक्यूमेंट के सभी पृष्ठों की बजाय कुछेक पृष्ठों को ही प्रिंट करने की आवश्यकता पड़ती है। उदाहरण के लिए– अपने डॉक्यूमेंट में पृष्ठ 2 और 10 पर लिखे दो पृष्ठों को ही आप प्रिंट करना चाहते हैं। इसके लिए आप नीचे लिखा क्रम अपनाएँ –

1. माउस पॉएंटर को **File** मेन्यू बार विकल्प पर लाएँ और बाएँ माउस बटन को एक बार क्लिक करें। तुरंत ही एक पुल–डाउन मेन्यू स्क्रीन पर दिखाई देगा (चित्र WD-3.24)।
2. पुल–डाउन मेन्यू में माउस पॉएंटर को **Print** विकल्प पर लाएँ (चित्र WD-3.24) और बाएँ माउस बटन को क्लिक करें। तुरंत आपके स्क्रीन पर एक **Print** बॉक्स दिखाई देगा (चित्र WD-3.25)।
3 **Print** बॉक्स में **Page range** सेक्शन पर जाएँ। इस भाग में माउस पॉएंटर को **Pages** विकल्प के साथ बने गोल बटन पर लाएँ (चित्र WD-3.29)।
4. बाएँ माउस बटन को इस पर क्लिक करें। इसके सामने बने आयताकार खाने में तुरंत एक blinking cursor दिखाई देगा।
5. इसमें **2,10** टाइप करें (चित्र WD-3.30)। इसमें उन पृष्ठों की संख्या लिखी जाती है, जिन्हें प्रिंट करना होता है। हमारे उदाहरण में यह पृष्ठ **2** और **10** हैं (चित्र WD-3.30)।
6. पृष्ठ **2** और **10** को प्रिंट करने के लिए **OK** बटन पर क्लिक करें।

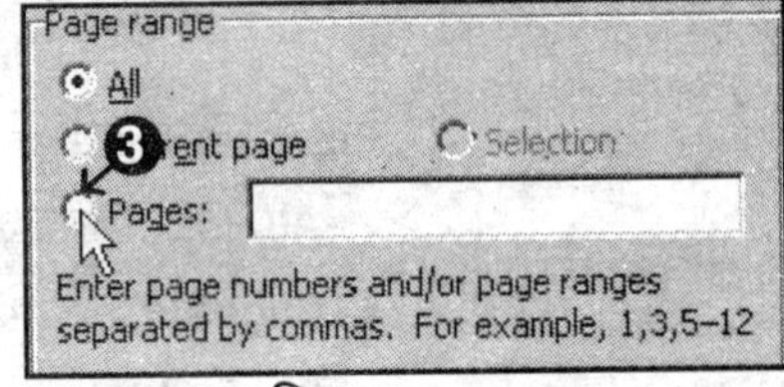

चित्र WD-3.29

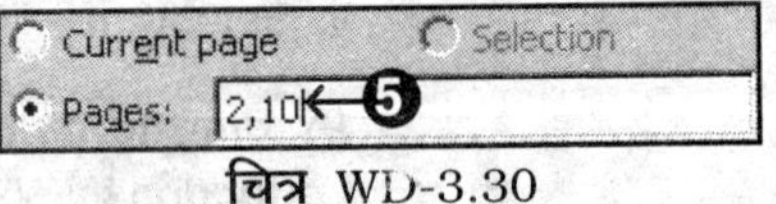

चित्र WD-3.30

लगातार कुछ पृष्ठों (जैसे– पृष्ठ 3 से 9 तक) को प्रिंट करने के लिए ऊपर दिए गए क्रमांक 5 में 3-9 टाइप करें और OK बटन पर क्लिक करें।

चालू पृष्ठ को प्रिंट करना (Printing the Current Page)— मान लीजिए कि आप अपनी डॉक्यूमेंट फाइल के उस पृष्ठ को प्रिंट करना चाहते हैं, जिसपर अभी आप काम कर रहे हैं, और आपको इसकी पृष्ठ–संख्या मालूम नहीं है। ऐसी हालत में आप नीचे लिखे क्रम का पालन करें –

1. माउस पॉएंटर को **File** मेन्यू बार विकल्प पर लाएँ और बाएँ माउस बटन को क्लिक करें। तुरंत ही आपको एक पुल–डाउन मेन्यू दिखाई देगा (चित्र WD-3.24)।
2. पुल–डाउन मेन्यू में माउस पॉएंटर को **Print** विकल्प पर लाएँ (चित्र WD-3.24)।
3. बाएँ माउस बटन को इसपर क्लिक करें। तुरंत ही स्क्रीन पर एक **Print** बॉक्स दिखाई देगा (चित्र WD-3.25)।
4. **Print** बॉक्स में **Page range** भाग पर जाएँ। इस भाग में माउस पॉएंटर को **Current page** विकल्प के साथ बने राउँड बटन पर लाएँ (चित्र WD-3.31)।
5. बाएँ माउस बटन को क्लिक करें। तुरंत ही एक बिंदु दिखाई देगा, यानी वह अब O की बजाय ⊙ दिखेगा (चित्र WD-3.32)।
6. प्रिंट करने के लिए **OK** बटन पर क्लिक करें।

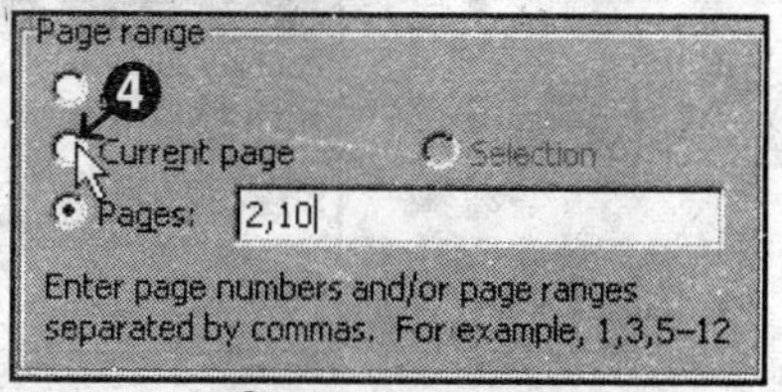

चित्र WD-3.31

चित्र WD-3.32

टेक्स्ट के चुने हुए भाग को प्रिंट करना (Printing a Small Section of Text)— आप अपने टेक्स्ट के एक छोटे भाग को भी प्रिंट कर सकते हैं। ऐसा करने के लिए आपको पहले उस भाग का चुनाव करना होगा, जिसे आप प्रिंट करना चाहते हैं। इसके बाद प्रिंट कमांड देना होगा।

अपने डॉक्यूमेंट **Letter.doc** की इन पंक्तियों का चुनाव करें और इन्हें प्रिंट करें।

3. We will indemnify and agree to keep you and your employees, agents or representatives fully and effectively indemnified against any actions, suits, claims, demands, proceedings, governmental prosecutions, losses, damages, compensations,...

अपने डॉक्यूमेंट के इस भाग को प्रिंट करने के लिए आप नीचे लिखा क्रम अपनाएँ–

1. माउस पॉएंटर को पंक्ति **3. We will indemnify.....** की बाईं ओर लाएँ (चित्र WD-3.33)।

3. We will indemnify and agree to keep you and your employees, agents or representatives fully and effectively indemnified against any actions, suits, claims, demands, proceedings, governmental prosecutions, losses, damages, compensations, sums of money, costs (including solicitor and client costs), charges, interests, judgments, court order or other liabilities whatsoever which you and your employees, agents or representatives may incur.

चित्र WD-3.33

2. बाएँ माउस बटन को एक बार दबाएँ। इस जगह पर एक blinking cursor दिखाई देगा (चित्र WD-3.34)।

3. We will indemnify and agree to keep you and your employees, agents or representatives fully and effectively indemnified against any actions, suits, claims, demands, proceedings, governmental prosecutions, losses, damages, compensations, sums of money, costs (including solicitor and client costs), charges, interests, judgments, court order or other liabilities whatsoever which you and your employees, agents or representatives may incur.

चित्र WD-3.34

3. माउस पॉएंटर को उस जगह पर लाएँ, जहाँ कर्सर दिख रहा है।
4. बाएँ माउस बटन को दबाएँ। इसे दबाए रखकर माउस को आवश्यक टेक्स्ट की अंतिम पंक्ति .... **prosecutions, losses, damages, compensations** तक ऊपर से नीचे ड्रैग करें। आपका स्क्रीन चित्र WD-3.35 के समान दिखाई देगा, जिसमें चुना गया टेक्स्ट हाईलाइटेड दिखाई देगा।

3. We will indemnify and agree to keep you and your employees, agents or representatives fully and effectively indemnified against any actions, suits, claims, demands, proceedings, governmental prosecutions, losses, damages, compensations, sums of money, costs (including solicitor and client costs), charges, interests, judgments, court order or other liabilities whatsoever which you and your employees, agents or representatives may incur.

Signed by : ____________ Dated : ____________

NRIC NO : ____________ Company Stamp : ____________

चित्र WD-3.35

5. प्रिंट किया जाने वाला भाग जब हाईलाइट हो जाए, तब बाएँ माउस बटन को (दबाना) छोड़ दें।
6. माउस पॉएंटर को **File** मेन्यू बार विकल्प पर लाएँ और एक बार क्लिक करें। तुरंत ही एक पुल–डाउन मेन्यू दिखाई देगा (चित्र WD-3.24)।
7. पुल–डाउन मेन्यू में माउस पॉएंटर को **Print** विकल्प पर लाएँ (चित्र WD-3.24)।
8. बाएँ माउस बटन को इस पर क्लिक करें। तुरंत ही स्क्रीन पर **Print** बॉक्स दिखाई देगा (चित्र WD-3.25)।
9. **Print** बॉक्स में **Page range** भाग पर जाएँ। इस भाग में माउस पॉएंटर को **Selection** विकल्प के साथ बने राउँड बटन पर लाएँ।
10. बाएँ माउस बटन को इस पर क्लिक करें। इसके बीच एक बिंदु दिखाई देने लगेगा, यानी O अब ⊙ दिखाई देगा, जिससे पता चलेगा कि इस विकल्प का चुनाव कर लिया गया है (चित्र WD-3.36)।
11. प्रिंटिग शुरू करने के लिए **OK** बटन पर क्लिक करें।

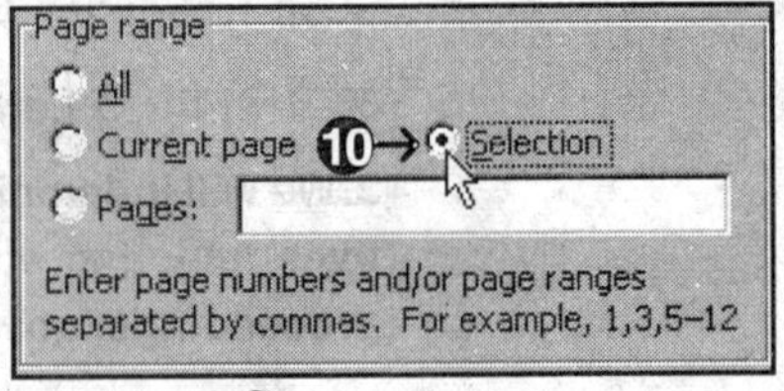

चित्र WD-3.36

वर्ड डॉक्यूमेंट को बंद करना (Closing the Word Document)

अब हम सीखेंगे कि डॉक्यूमेंट **Letter.doc** और माइक्रोसॉफ्ट वर्ड प्रोग्राम को कैसे बंद किया जाता है। ऐसा करने के लिए आप नीचे लिखे क्रम का पालन करें–

1. माउस पॉएंटर को **File** मेन्यू बार विकल्प पर लाएँ और बाएँ माउस बटन को क्लिक करें। तुरंत ही स्क्रीन पर एक पुल–डाउन मेन्यू दिखाई देगा (चित्र WD-3.37)।

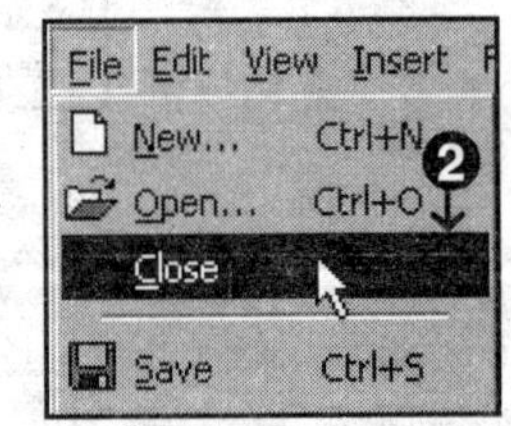

चित्र WD-3.37

2. पुल–डाउन मेन्यू में माउस पॉएंटर को **Close** विकल्प पर लाएँ (चित्र WD-3.37) और बाएँ माउस बटन को क्लिक करें।

यदि आपने अपने डॉक्यूमेंट Letter.doc में कुछ परिवर्तन किए हैं, तो स्क्रीन पर एक Message बॉक्स दिखाई देगा (चित्र WD-3.38)। यह आपको याद दिलाएगा कि आपने अपने डॉक्यूमेंट में कुछ परिवर्तन किए हैं। यदि आप उस डॉक्यूमेंट में किए गए परिवर्तनों को सेव करना चाहते हैं, तो Yes बटन पर, अन्यथा No बटन पर क्लिक करें, जैसा चित्र WD-3.38 में दिखाया गया है।

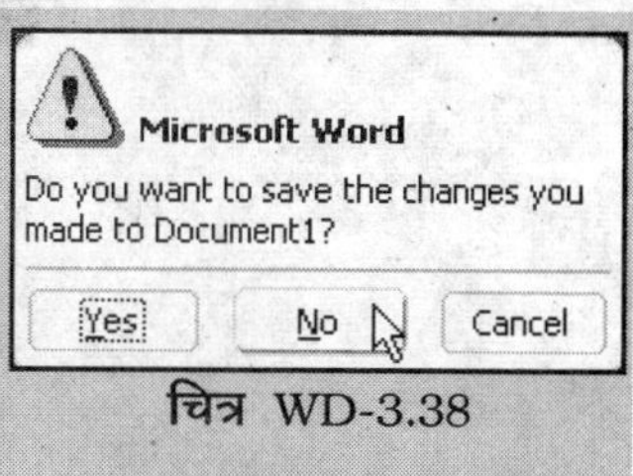

चित्र WD-3.38

डॉक्यूमेंट तुरंत बंद हो जाएगा और स्क्रीन चित्र WD-3.39 के समान दिखाई देने लगेगी।

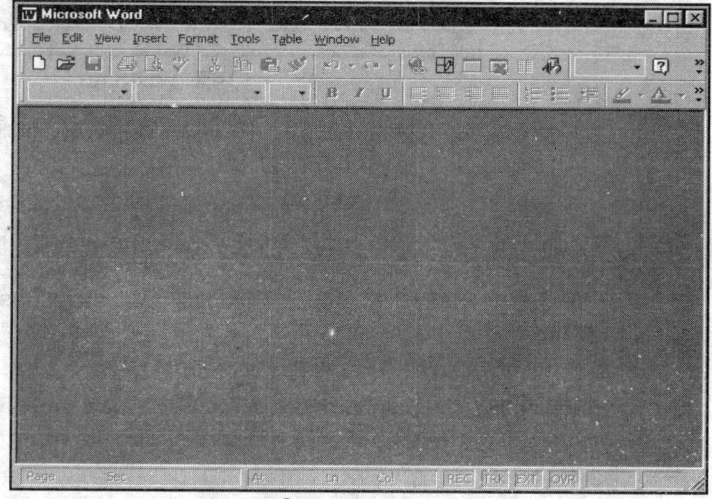

चित्र WD-3.39

डॉक्यूमेंट का आकार बदलना (Changing the Size of a Document)

अब आप एक विंडो या एक डॉक्यूमेंट के आकार को अपनी आवश्यकतानुसार बदलना सीखेंगे। ऐसा करने से पहले आपको माइक्रोसॉफ्ट वर्ड विंडो पर बने कुछ बटनों के बारे में जान लेना चाहिए (चित्र WD-3.40)। आपको अपने डॉक्यूमेंट का आकार अपनी आवश्यकतानुसार बदलने के लिए इन बटनों का इस्तेमाल करना पड़ेगा–

- **Minimize बटन** (_) — इसका इस्तेमाल विंडो को बटन में बदलने के लिए किया जाता है।
- **Restore बटन** (🗗) — इसका इस्तेमाल विंडो के आकार को प्रयोगकर्त्ता की आवश्यकता के अनुसार बदलने के लिए किया जाता है।
- **Close बटन** (×) — इसका इस्तेमाल किसी विंडो को बंद करने के लिए किया जाता है।
- **Maximize बटन** (□) — इसका इस्तेमाल मिनीमाइज़ हुई या बटन के रूप में छोटी की गई विंडो को बड़ा करने के लिए किया जाता है।

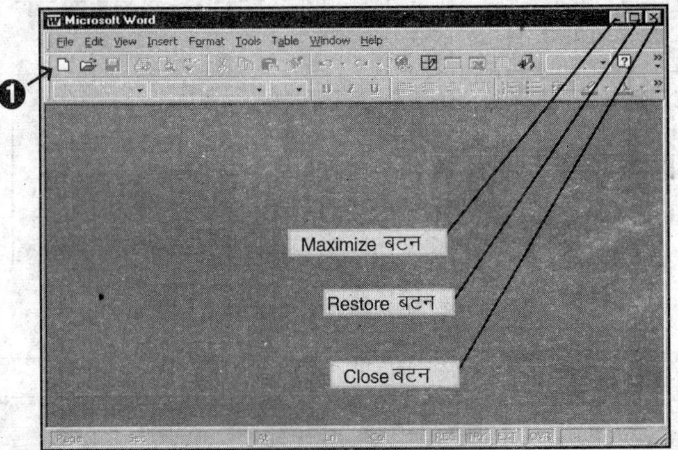

चित्र WD-3.40

कभी–कभी माइक्रोसॉफ्ट वर्ड विंडो या डॉक्यूमेंट में Maximize बटन (▢) के स्थान पर Restore बटन (▣) दिखाई देता है।

जब विंडो पहले ही बड़ी यानी मैक्सिमाइज़ हो, तो Maximize बटन, Title bar से हट जाता है तथा इसके स्थान पर Restore बटन दिखाई देने लगता है।

चित्र WD-3.41 में माइक्रोसॉफ्ट वर्ड के **Title bar** में **Minimize**, **Restore** और **Close** बटन दिखाए गए हैं। माइक्रोसॉफ्ट वर्ड के हर डॉक्यूमेंट में ये बटन दिखाई देते हैं। अब हम नीचे लिखे क्रम का पालन करके माइक्रोसॉफ्ट वर्ड में एक नया डॉक्यूमेंट खोलें–

1. माउस पॉइंटर को **Standard** toolbar पर मौजूद **New** बटन पर लाएँ (चित्र WD-3.40)।
2. बाएँ माउस बटन को क्लिक करें। तुरंत ही स्क्रीन पर एक नया डॉक्यूमेंट दिखाई देगा (चित्र WD-3.41)।

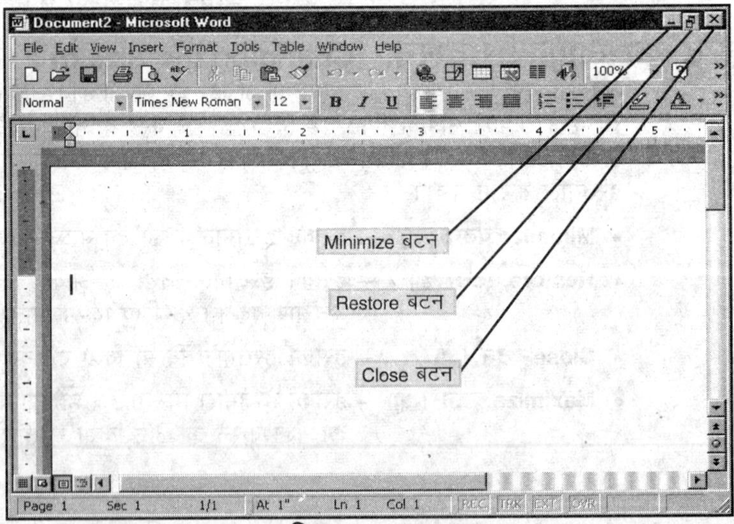

चित्र WD-3.41

माइक्रोसॉफ्ट वर्ड विंडो का आकार घटाना (Reducing Microsoft Word Window)

(माइक्रोसॉफ्ट वर्ड विंडो को एक टास्कबार बटन के रूप में छोटा कैसे करें?)

अब हम माइक्रोसॉफ्ट वर्ड विंडो के आकार को **Taskbar** बटन के रूप में छोटा करके देखेंगे। ऐसा करने के लिए आप नीचे लिखे क्रम का पालन करें –

1. माउस पॉएंटर को **Title bar** के दाएँ कोने में स्थित **Minimize** बटन (▁) पर लाएँ (चित्र WD-3.42)।

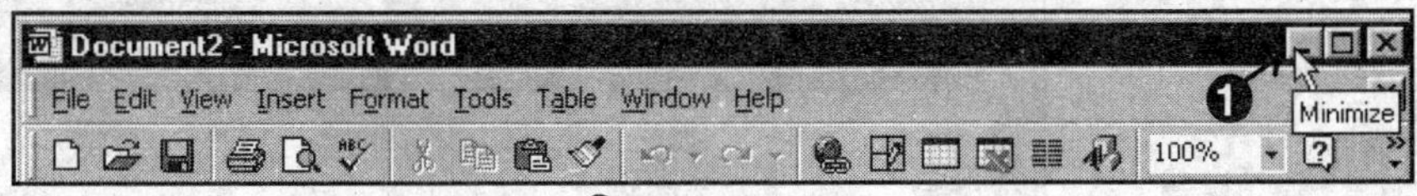

चित्र WD-3.42

2. बाएँ माउस बटन को क्लिक करें। तुरंत ही माइक्रोसॉफ्ट विंडो एक **Taskbar** बटन में बदल जाएगी (चित्र WD-3.43)।

चित्र WD-3.43

टास्कबार बटन का आकार बढ़ाकर विंडो में बदलना (Maximizing a Taskbar button into a Window)

(माइक्रोसॉफ्ट वर्ड टास्कबार बटन को विंडो के रूप में बड़ा कैसे करें?)

माइक्रोसॉफ्ट वर्ड विंडो के **Taskbar** बटन के आकार को बढ़ाकर विंडो के रूप में बदलने के लिए आप नीचे लिखे क्रम को अपनाएँ –

1. माउस पॉएंटर को **Taskbar** पर मौजूद **Document 2-Microsoft Word** बटन पर लाएँ (चित्र WD-3.44)।

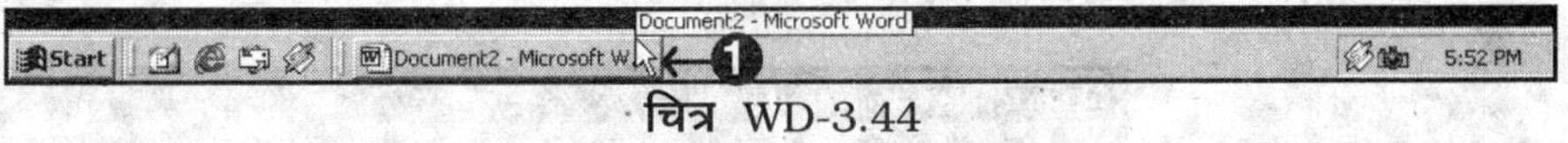

चित्र WD-3.44

2. बाएँ माउस बटन को क्लिक करें। तुरंत ही आपके स्क्रीन पर माइक्रोसॉफ्ट वर्ड विंडो खुल जाएगी (चित्र WD-3.41)।

माइक्रोसॉफ्ट वर्ड विंडो को किसी भी आकार में बदलना (Adjusting the Microsoft Word Window)

(अपनी आवश्यकतानुसार माइक्रोसॉफ्ट वर्ड विंडो का आकार कैसे बदलें?)

अब आप माइक्रोसॉफ्ट वर्ड विंडो का आकार बदलें। मान लीजिए कि आप माइक्रोसॉफ्ट वर्ड विंडो की बाएँ ओर बने बॉर्डर को बदलना चाहते हैं। इसके लिए आप नीचे लिखे क्रम को अपनाएँ –

1. माउस पॉएंटर को माइक्रोसॉफ्ट वर्ड विंडो के **Title bar** पर मौजूद **Restore** बटन (🗗) पर लाएँ (चित्र WD-3.45)।

चित्र WD-3.45

2. बाएँ माउस बटन को क्लिक करें। तुरंत माइक्रोसॉफ्ट वर्ड विंडो अपने मूल आकार में लौट आएगी।
3. अब माउस पॉएंटर को माइक्रोसॉफ्ट वर्ड विंडो के निचले बाएँ कोने में लाएँ। तुरंत माउस पॉएंटर **twin-headed arrow (↗)** में बदल जाएगा (चित्र WD-3.46)।

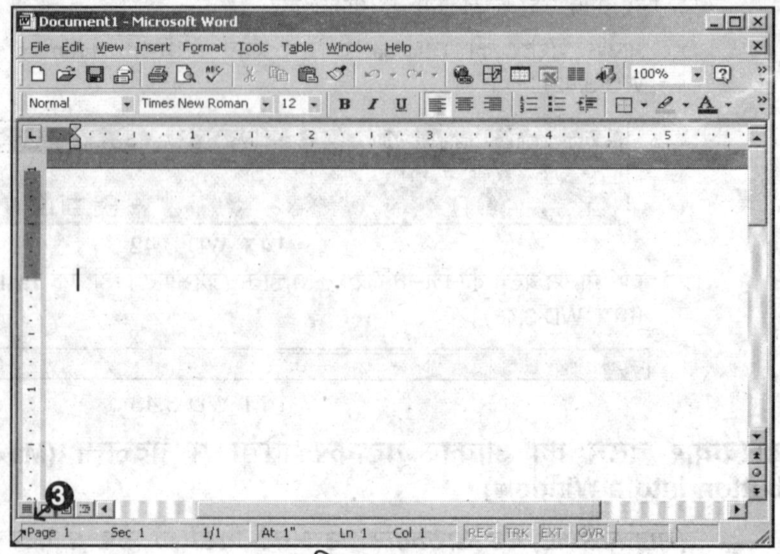

चित्र WD-3.46

4. माउस पॉएंटर को अपनी जगह से हिलाए बिना बाएँ माउस बटन को दबाएँ।
5. बाएँ माउस बटन को दबाए रखकर माउस को ऊपर की ओर तिरछा तथा माउस पैड की दाईं ओर ड्रैग करें। आप देखेंगे कि माइक्रोसॉफ्ट वर्ड विंडो का आकार बाईं ओर से घट जाएगा (चित्र WD-3.47)।

अगर आप भूलवश बाएँ माउस बटन को छोड़ देते हैं, तो नीचे लिखे क्रम को अपनाएँ–

1. माउस पॉएंटर को दोबारा डॉक्यूमेंट के बाएँ किनारे पर लाएँ और बाएँ माउस बटन को दबा दें।
2. बाएँ माउस बटन को दबाए रखकर माउस को दाईं ओर ड्रैग करें और अपने डॉक्यूमेंट का आकार अपनी आवश्यकता के अनुसार निश्चित कर लें।

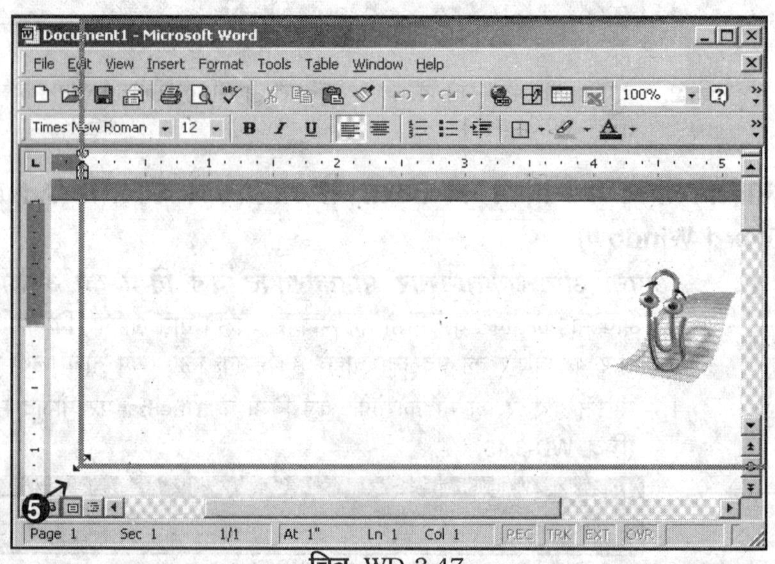

चित्र WD-3.47

6. माउस को तब तक आगे बढ़ाते रहें, जब तक माइक्रोसॉफ्ट वर्ड विंडो आपके मनचाहे आकार में न आ जाए। इसके बाद बाएँ माउस बटन को (दबाना) छोड़ दें। अब माइक्रोसॉफ्ट वर्ड विंडो एक नया आकार ले लेगी।

अब आप विंडो का आकार ऐडजस्ट करना सीख गए हैं। अब आप नीचे लिखा कार्याभ्यास करें –

माइक्रोसॉफ्ट वर्ड विंडो का आकार बाईं ओर से कैसे बढ़ाएँ?

- माउस पॉएंटर को माइक्रोसॉफ्ट वर्ड विंडो के बाएँ किनारे पर लाएँ।
- जब माउस पॉएंटर **twin-headed arrow** (↔) में बदल जाए, तो बाएँ माउस बटन को दबा दें।
- बाएँ माउस बटन को दबाए रखकर माउस को माउस पैड पर दाईं ओर डैग करें।
- जब विंडो का मनचाहा आकार बन जाए, तब बाएँ माउस बटन को छोड़ दें।

Twin-headed arrow हमेशा एक ही आकार में दिखाई नहीं देता। यह उस किनारे के अनुरूप अपना आकार बदल लेता है, जिसपर माउस पॉएंटर को रखा गया है।

उदाहरण के लिए– यदि आप माउस पॉएंटर को अपने डॉक्यूमेंट के दाएँ किनारे पर रखेंगे, तो माउस पॉएंटर का आकार (↔) हो जाएगा (बाएँ किनारे पर भी ऐसा ही होगा)।

यदि आप माउस पॉएंटर को अपने डॉक्यूमेंट के ऊपरी या निचले किनारे पर रखेंगे, तो इसका आकार (↕) हो जाएगा।

निचले बाएँ किनारे और ऊपरी दाएँ किनारे पर माउस पॉएंटर का आकार (⤢) तथा निचले दाएँ किनारे और ऊपरी बाएँ किनारे पर इसका आकार (⤡) हो जाएगा।

अब आप अपने डॉक्यूमेंट का आकर बदलना सीख गए हैं। अब इसे बंद करके माइक्रोसॉफ्ट वर्ड से हम बाहर निकलते हैं।

डॉक्यूमेंट को बंद करना और माइक्रोसॉफ्ट वर्ड से बाहर आना (Closing the Document and Quitting Microsoft Word)

(Close बटन का इस्तेमाल करके डॉक्यूमेंट और माइक्रोसॉफ्ट वर्ड विंडो को कैसे बंद करें?)

माइक्रोसॉफ्ट वर्ड विंडो में मौजूद डॉक्यूमेंट को बंद करने हेतु आप नीचे लिखे क्रम को अपना सकते हैं–

1. माउस पॉएंटर को माइक्रोसॉफ्ट वर्ड विंडो की **Title bar** पर मौजूद **Close** बटन (☒) पर लाएँ (चित्र WD-3.48)।

चित्र WD-3.48

2. बाएँ माउस बटन को क्लिक करें। तुरंत ही माइक्रोसॉफ्ट वर्ड विंडो बंद हो जाएगी।

पिछले अध्याय में हमने पहले File मेन्यू बार विकल्प पर और इसके बाद Close विकल्प पर क्लिक करके अपने डॉक्यूमेंट को बंद किया था, किंतु 'डॉक्यूमेंट को बंद करना और माइक्रोसॉफ्ट विंडो से बाहर निकलना' विषय में डॉक्यूमेंट को बंद करने के लिए हमने Close बटन (☒) पर क्लिक किया है। यह डॉक्यूमेंट को बंद करने का आसान तरीका है।

अध्याय

4

डॉक्यूमेंट का संपादन

इस अध्याय में–

* माइक्रोसॉफ्ट वर्ड्शुरू करना
* पहले से मौजूद वर्ड डॉक्यूमेंट खोलना
* कर्सर की जगह बदलना
* अपने डॉक्यूमेंट में बदलाव (संपादन) करना
* टेक्स्ट का चुनाव करना
* डॉक्यूमेंट में किए गए बदलावों को सेव करना
* डॉक्यूमेंट में स्पेलिंग (Spelling) की जाँच करना
* स्पेलिंग (Spelling) की जाँच का काम खत्म करना
* गलतियों की स्वयं सुधार (automatic correction) प्रक्रिया
* डॉक्यूमेंट को सेव करना और बंद करना
* माइक्रोसॉफ्ट वर्ड को बंद करना

डॉक्यूमेंट टाइप करते समय कुछ गलतियाँ होना स्वाभाविक है। **Letter.doc** को टाइप करते समय भी आपसे कुछ गलतियाँ हो गई होंगी। ऐसी गलतियों को सुधारने का काम **संपादन** कहलाता है। माइक्रोसॉफ्ट वर्ड में उपलब्ध संपादन–संबंधी विभिन्न सुविधाओं का लाभ उठाकर आप अपने डॉक्यूमेंट की गलतियाँ दूर कर सकते हैं।

यदि आप चाहें, तो माइक्रोसॉफ्ट वर्ड की मदद से पहले टाइप किए गए टेक्स्ट में अक्षर/शब्द/पंक्तियाँ प्रविष्ट कर सकते हैं। आप अपने डॉक्यूमेंट में खाली पंक्तियाँ भी प्रविष्ट कर सकते हैं। इसके साथ–साथ वर्ड आपको मौजूदा टेक्स्ट की जगह पर नया टेक्स्ट डालने तथा नए टेक्स्ट के लिए जगह बनाने की भी सुविधा देता है।

आप अपने डॉक्यूमेंट में से अनचाहे टेक्स्ट को डिलीट भी कर सकते हैं। यह टेक्स्ट एक अक्षर, शब्द, पंक्ति या पूरा पैराग्राफ भी हो सकता है। डिलीट किया गया टेक्स्ट चाहे कितना ही लंबा क्यों न हो, वर्ड 2000 खुद ही इस खाली जगह को भरने के लिए आपके डॉक्यूमेंट के बाकी टेक्स्ट को व्यवस्थित कर लेता है।

यदि आपसे भूलवश अपने डॉक्यूमेंट का कोई महत्त्वपूर्ण टेक्स्ट डिलीट हो गया है, तो आप माइक्रोसॉफ्ट वर्ड 2000 की **Undo** सुविधा का लाभ उठाकर इसे वापस प्राप्त कर सकते हैं।

माइक्रोसॉफ्ट वर्ड 2000 में उपलब्ध संपादन–संबंधी अन्य सुविधाएँ हैं— **Spell and Grammar checking**, **Find and Replace**, **Automatic Correction** की सुविधा आदि।

माइक्रोसॉफ्ट वर्ड शुरू करना (Starting Microsoft Word)

माइक्रोसॉफ्ट वर्ड में बने किसी डॉक्यूमेंट में सुधार करने के लिए आपको पहले विंडोज़ Me/98 को शुरू करना होगा और इसके बाद माइक्रोसॉफ्ट वर्ड प्रोग्राम को खोलना होगा। इसके लिए आप नीचे लिखे क्रम को अपनाएँ –

1. अपने कंप्यूटर का स्विच ऑन करें। कुछ ही क्षणों में विंडोज़ Me/98 का डेस्कटॉप आपके सामने दिखाई देगा।
2. अब **Microsoft Word** प्रोग्राम शुरू करने के लिए बाएँ माउस बटन को **Start** बटन पर लाकर क्लिक करें। तुरंत ही स्क्रीन पर एक पुश–अप मेन्यू दिखाई देगा (चित्र WD-4.1)।
3. माउस पॉइंटर को पुश–अप मेन्यू में लाएँ और इसे **Programs** विकल्प पर ले जाएँ। **Programs** विकल्प तुरंत हाईलाइट हो जाएगा और स्क्रीन पर एक दूसरा मेन्यू दिखाई देगा (चित्र WD-4.1)।
4. इस दूसरे मेन्यू में माउस पॉइंटर को **Microsoft Word** विकल्प पर लाएँ और बाएँ माउस बटन को क्लिक करें (चित्र WD-4.1)। तुरंत ही आपके सामने **Microsoft Word** विंडो खुल जाएगी (चित्र WD-4.2)।

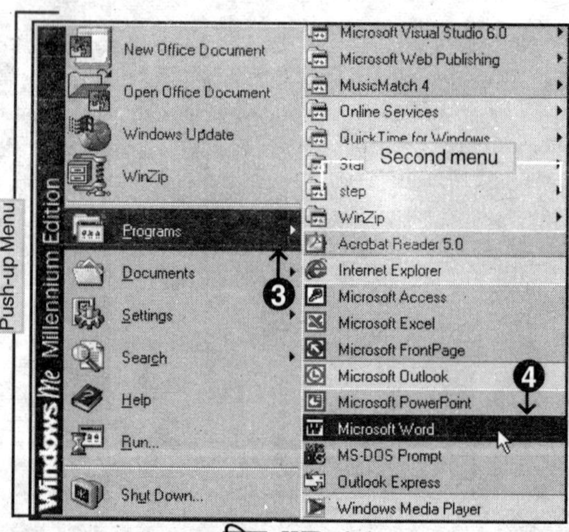

चित्र WD-4.1

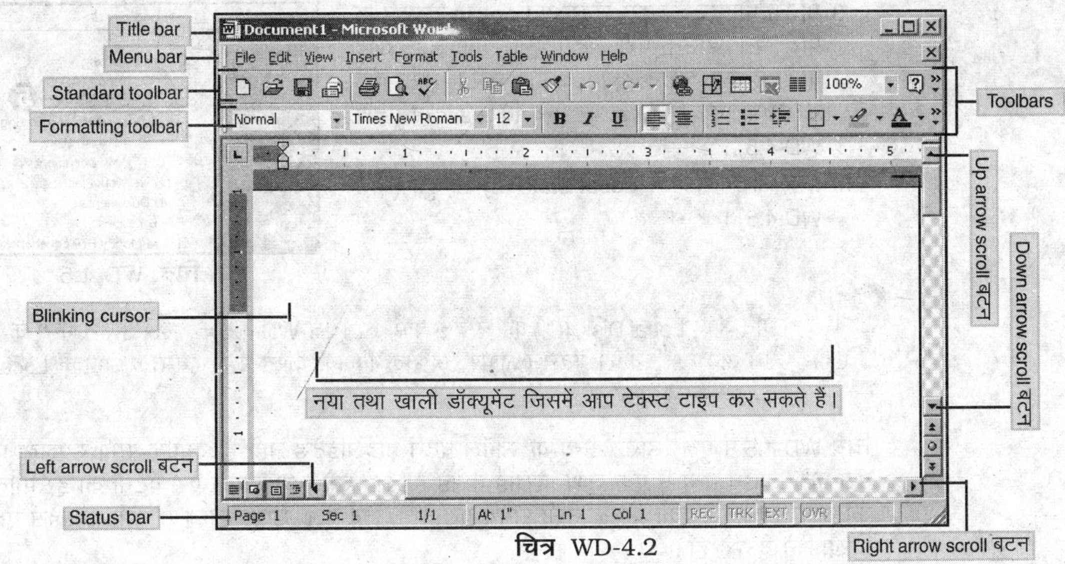

चित्र WD-4.2

पहले से मौजूद वर्ड डॉक्यूमेंट को खोलना (Opening an Existing Word Document)

पिछले अध्याय में आपने एक डॉक्यूमेंट बनाया था और इसे **Letter.doc** नाम देकर **(C:)** ड्राइव में सेव किया था। मान लीजिए कि आप इस डॉक्यूमेंट में कुछ परिवर्तन करना चाहते हैं।

यह बदलाव करने के लिए पहले आप नीचे लिखे क्रम के अनुसार इस डॉक्यूमेंट को खोलें–

1. माउस पॉएंटर को **File** मेन्यू बार विकल्प पर लाएँ और बाएँ माउस बटन को क्लिक करें। तुरंत ही स्क्रीन पर एक पुल–डाउन मेन्यू दिखाई देगा (चित्र WD-4.3)।
2. पुल–डाउन मेन्यू में माउस पॉएंटर को **Open** विकल्प (चित्र WD-4.3) पर लाएँ और बाएँ माउस बटन को क्लिक करें। स्क्रीन पर एक **Open** बॉक्स दिखाई देगा (चित्र WD-4.4)।

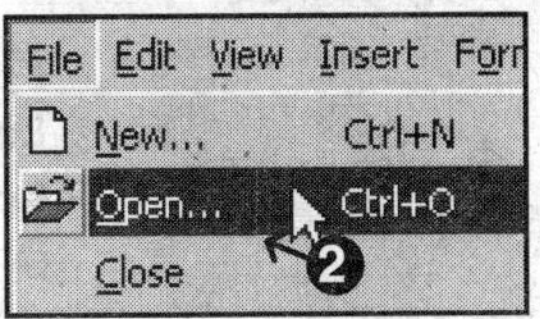

चित्र WD-4.3

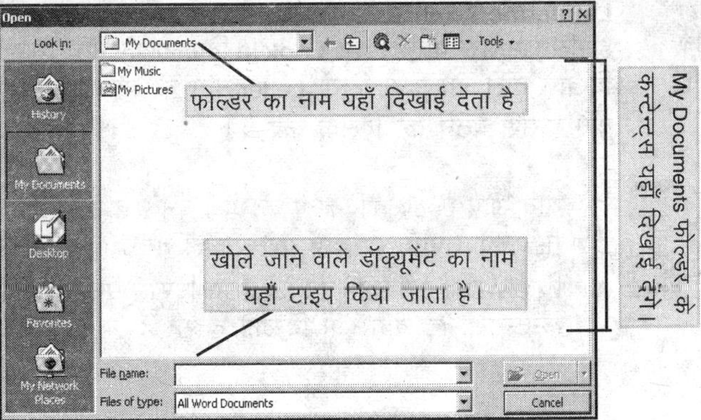

चित्र WD-4.4

3. माउस पॉएंटर को इस बॉक्स में **Look in** विकल्प के पास बने डाउन ऐरो बटन (▾) पर लाएँ और बाएँ माउस बटन को क्लिक करें। तुरंत ही स्क्रीन पर एक पुल–डाउन मेन्यू दिखाई देगा (चित्र WD-4.5)।
4. पुल–डाउन मेन्यू में **Local Disk (C:)** को ढूँढ़ें (चित्र WD-4.5)।

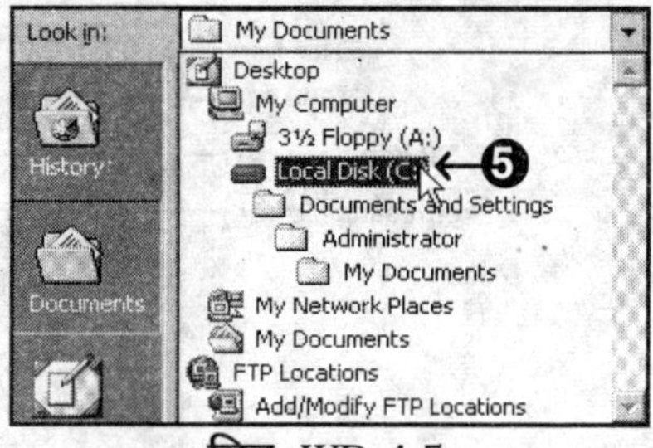

चित्र WD-4.5

यदि आप Local Disk (C:) को न ढूँढ़ पाएँ, तो चित्र WD-4.5 के पुल–डाउन मेन्यू के सामने बने अप ऐरो स्क्रॉल बटन (▴) पर तब तक क्लिक करते रहें, जब तक आपको Local Disk (C:) न मिल जाए।

चित्र WD-4.5 में पुल–डाउन मेन्यू के स्क्रॉल बटन हाईलाइटेड नहीं हैं, क्योंकि सभी उपलब्ध फोल्डर्स इस पुल–डाउन मेन्यू में एक साथ दिखाई दे रहे हैं। अप ऐरो तथा डाउन ऐरो बटनों का इस्तेमाल करने की आवश्यकता आपको केवल उसी समय पड़ती है, जब पुल–डाउन मेन्यू में सभी फोल्डर्स एक साथ दिखाई न दे रहे हों।

Important

किसी डॉक्यूमेंट को जल्दी खोलने के लिए बाएँ माउस बटन को Standard toolbar पर मौजूद Open बटन() पर क्लिक करें। तुरंत ही एक Open बॉक्स खुलेगा, जिसमें आप उस डॉक्यूमेंट का नाम टाइप करें, जिसे आप खोलना चाहते हैं।

5. **Local Disk (C:)** को खोज लेने के बाद माउस पॉएंटर को इस पर लाएँ और बाएँ माउस बटन को क्लिक करें (चित्र WD-4.5)।

   Look in विकल्प के साथ बने बॉक्स में **Local Disk (C:)** आपको तुरंत दिखाई देगा। इसके अतिरिक्त **Local Disk (C:)** की सूची आपको **Look in** विकल्प के नीचे बने बड़े आयताकार बॉक्स में दिखाई देगी (चित्र WD-4.6)।

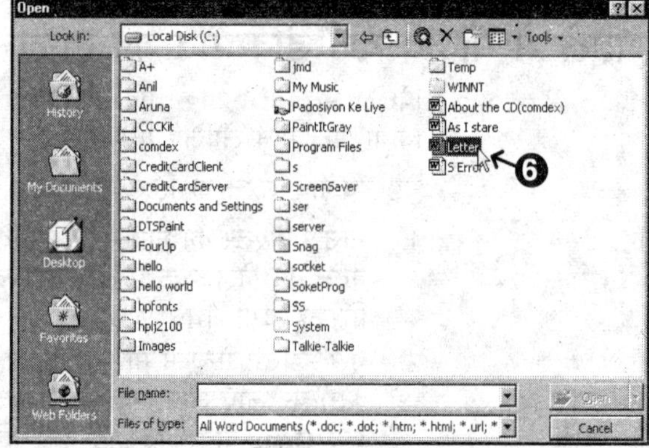

चित्र WD-4.6

6. चूँकि हम अपना डॉक्यूमेंट **Letter.doc** खोलना चाहते हैं, इसलिए माउस पॉएंटर को **Look in** विकल्प के नीचे लिखे इसके नाम पर यानी नामों की सूची दिखाने वाले बॉक्स में लिखे Letter नाम के डॉक्यूमेंट पर लाएँ (चित्र WD-4.6)।
7. बाएँ माउस बटन को क्लिक कर दें।

यदि आप Look in विकल्प के नीचे बने बड़े आयताकार बॉक्स में डॉक्यूमेंट Letter.doc को नहीं खोज पाएँ, तो दाएँ ऐरो स्क्रॉल बटन (▸) पर क्लिक करते रहें।

चित्र WD-4.6 में कोई स्क्रॉल बटन दिखाई नहीं दे रहा है, क्योंकि Local Disk (C:) के सभी कन्टेन्ट्स बड़े बॉक्स में दिखाई दे रहे हैं।

8. माउस पॉएंटर को **Open** बटन पर लाएँ (चित्र WD-4.7) और बाएँ माउस बटन को क्लिक करें। ऐसा करते ही माइक्रोसॉफ्ट वर्ड **Letter.doc** डॉक्यूमेंट को स्क्रीन पर खोल देगा (चित्र WD-4.8)।

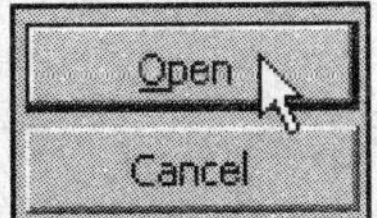

चित्र WD-4.7

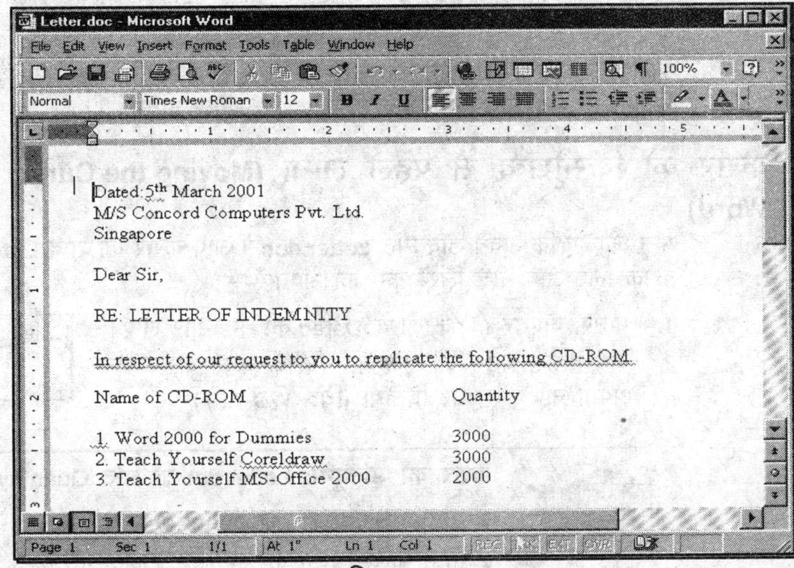

चित्र WD-4.8

माइक्रोसॉफ्ट वर्ड विंडो का **Status bar** नीचे दिए जा रहे विवरण को दर्शाता है –

- Page 1 — उस पृष्ठ की संख्या दिखाता है, जो अभी स्क्रीन पर खुला हुआ है।
- 1/1 — आपके डॉक्यूमेंट **Letter.doc** में लगे कुल पृष्ठों की संख्या तथा अभी स्क्रीन पर खुले पृष्ठ की संख्या दिखाता है। यदि कुल डॉक्यूमेंट चार पृष्ठों का है और अभी स्क्रीन पर तीसरा पृष्ठ खुला हुआ है, तो **Status bar** इसे 3/4 दिखाएगा।
- Ln 1 — उस पंक्ति की संख्या दिखाता है, जिसपर इस समय कर्सर मौजूद है। चित्र WD-4.8 में कर्सर पहली पंक्ति पर दिखाई दे रहा है।
- Col 1 — उस कॉलम की संख्या दर्शाता है, जिसपर कर्सर मौजूद है (चित्र WD-4.8)।
- OVR — बताता है कि इस समय **Insert** key काम कर रही (On) है या नहीं (OFF) है। चित्र WD-4.9 में **OVR** बटन हाईलाइटेड नहीं है, इसका अर्थ यह है कि Insert mode इस समय काम कर रहा (ON) है।

कर्सर का स्थान बदलना (Moving the Cursor)

नीचे दिए गए कर्सर के चिन्ह आपको स्क्रीन पर दिखाई देते हैं –

(i) I — यह **blinking cursor** कहलाता है। यह स्क्रीन पर उस जगह पर दिखाई देता है, जहाँ अभी आप अपने की–बोर्ड से टाइप कर रहे हैं।

(ii) I — इसे **माउस पॉएंटर** कहा जाता है। इसकी सहायता से आप अपने डॉक्यूमेंट में कर्सर को किसी भी जगह पर ले जा सकते हैं।

अपने डॉक्यूमेंट में कर्सर को मनचाही जगह पर दिखाने के लिए आप इस क्रम का पालन करें–

1. माउस पॉएंटर (I) को उस जगह पर लाएँ, जहाँ आप कर्सर लाना चाहते हैं।
2. बाएँ माउस बटन को एक बार दबाएँ। अब तुरंत इसी जगह पर कर्सर दिखाई देने लगेगा।

आप कर्सर को अपने स्क्रीन पर किसी भी जगह पर ऊपर या नीचे, बाएँ या दाएँ ले जा सकते हैं। इस अध्याय में आगे आप इनके बारे में उदाहरण सहित जानेंगे।

कर्सर को किसीशब्द से पहले लाना (Moving the Cursor Before a Particular Word)

मान लीजिए कि अपने डॉक्यूमेंट **Letter.doc** में आप कर्सर को शब्द **Dated** से पहले लाना चाहते हैं। इसके लिए आप नीचे लिखे क्रम को अपनाएँ –

1. माउस पॉएंटर (I) को शब्द **Dated** की बाईं ओर लाएँ।
2. बाएँ माउस बटन को एक बार क्लिक करें। कर्सर अब अपनी नई जगह पर दिखेगा (चित्र WD-4.9)।

Dated:5th March 2001
M/S Concord Computers Pvt. Ltd.
Singapore

चित्र WD-4.9

कर्सर को डॉक्यूमेंट Letter.doc के शब्द Quantity से पहले कैसे लाएँ ?
- माउस पॉएंटर को **Quantity** शब्द से पहले लाएँ।
- बाएँ माउस बटन को एक बार क्लिक करें।

कर्सर को दो शब्दों के बीच में लाना (Moving the Cursor Between Two Words)

आप कर्सर को किन्हीं दोशब्दों के बीच में भी ला सकते हैं। मान लीजिए कि आप कर्सर को अपने डॉक्यूमेंट Letter.doc के पहले पैराग्राफ में लिखे दो शब्दों computer और **software** के बीच में लाना चाहते हैं। ऐसा करने के लिए आप नीचे लिखे क्रम को अपनाएँ –

1. माउस पॉएंटर (I) को शब्द **computer** और **software** के बीच में लाएँ (चित्र WD-4.10)।

We hereby warrant that :
1. The use, testing, replicating and mass production of any or all of the aforesaid CD-ROMs, CD-ROM software and any other computer software, program or information supplied by us will not result in the

चित्र WD-4.10

यदि आपको स्क्रीन पर Letter.doc का पहला पैराग्राफ यानी 1. The use .... parties नहीं मिल रहा हो, तो डाउन ऐरो स्क्रॉल बटन (▾) पर तब तक क्लिक करते रहें, जब तक यह पैराग्राफ स्क्रीन पर दिखाई न देने लगे। इसके बाद 'कर्सर को दो शब्दों के बीच में लाना' विषय के क्रम 1 से शुरू करें।

2. अब बाएँ माउस बटन को एक बार दबाएँ। तुरंत ही नई जगह पर, शब्द computer और software के बीच में कर्सर दिखाई देने लगेगा, जैसा चित्र WD-4.11 दिखाया गया है।

We hereby warrant that :
1. The use, testing, replicating and mass production of any or all of the aforesaid CD-ROMs, CD-ROM software and any other computer software, program or information supplied by us will not result in the infringement of intellectual property rights of third parties.

चित्र WD-4.11

आप जब कर्सर को किसी अन्य जगह पर लाना चाहें, तो नीचे लिखे क्रम को अपनाएँ –
- माउस पॉएंटर को अपेक्षित जगह पर लाएँ।
- बाएँ माउस बटन को एक बार क्लिक करें।

कर्सर को Letter.doc के शब्दों OF और INDEMNITY के बीच कैसे लाएँ ?
- अप ऐरो स्क्रॉल बटन (▲) पर तब तक क्लिक करते रहें, जब तक पंक्ति **RE: LETTER OF INDEMNITY** स्क्रीन पर न दिखने लगे।
- माउस पॉएंटर को **OF** शब्द के बाद लाएँ।
- बाएँ माउस बटन को क्लिक करें।

कर्सर को पंक्ति के शुरू में लाना (Moving the Cursor to the Beginning of a Line)

मान लीजिए कि आप कर्सर को पंक्ति **In respect ... CD-ROM** के शुरू में लाना चाहते हैं। इसके लिए आप नीचे लिखे क्रम को अपनाएँ –

1. माउस पॉएंटर को पंक्ति **In re... CD-ROM** के आरंभ में लाएँ (चित्र WD-4.12)।

RE: LETTER OF INDEMNITY
माउस पॉएंटर
In respect of our request to you to replicate the following CD-ROM.

चित्र WD-4.12

2. बाएँ माउस बटन को एक बार क्लिक करें। Blinking cursor तुरंत अपनी नई जगह पर, यानी पंक्ति **In respect....** के शुरू में दिखाई देगा (चित्र WD-4.13)।

RE: LETTER OF INDEMNITY
Blinking cursor
In respect of our request to you to replicate the following CD-ROM.

चित्र WD-4.13

कर्सर को Letter.doc के तीसरे पैराग्राफ के शुरू में कैसे लाएँगे?
- स्क्रीन पर **Letter.doc** के तीसरे पैराग्राफ को अपने सामने लाने के लिए डाउन ऐरो स्क्रॉल बटन (▼) को क्लिक करते रहें।
- माउस पॉएंटर को पंक्ति **3. We will indemnify..... agents or reprentatives may incure.** की बाईं ओर लाएँ।
- बाएँ माउस बटन को एक बार क्लिक करें।

अपने डॉक्यूमेंट में फेरबदल (संपादन) करना (Editing Your Document)

संभव है कि किसी डॉक्यूमेंट में टाइप करते समय आपसे कुछ गलतियाँ हो जाएं। बाद में जब आप टाइप किए गए टेक्स्ट को ध्यान से पढ़ते हैं, तो उन गलतियों का पता चलता है। उन गलतियों को सुधारने को **संपादन** कहते हैं।

इस समस्या के समाधान में माइक्रोसॉफ्ट वर्ड आपकी मदद करता है। इसके द्वारा आप मौजूदा टेक्स्ट में ही मनचाहा सुधार और फेरबदल कर सकते हैं। इस काम में पूरा टेक्स्ट दोबारा टाइप नहीं करना पड़ता। अब हम माइक्रोसॉफ्ट वर्ड में उपलब्ध संपादन से संबंधित विभिन्न सुविधाओं के बारे में जानेंगे।

पंक्ति के बीच में शब्दों को प्रविष्ट करना (Inserting Words in the Middle of a Line)

माइक्रोसॉफ्ट वर्ड डॉक्यूमेंट में कुछ टेक्स्ट टाइप करते समय कभी–कभी आपसे कोई अक्षर, शब्द या वाक्य छूट जाता है। उदाहरण के लिए– अपने डॉक्यूमेंट **Letter.doc** के तीसरे पैराग्राफ में आपसे भूलवश **definitely** शब्द छूट गया है, जिसे आपको पंक्ति **3. We will indemnify and ....** के तुरंत बाद टाइप करना था।

आप इस छूटे हुए शब्द को नीचे लिखे तरीके से सही जगह पर आसानी से प्रविष्ट कर सकते हैं –

1. माउस पॉएंटर को पंक्ति— **3. We will indemnity and....** की दाईं ओर लाएँ (चित्र WD-4.14)।

माउस पॉएंटर

3. We will indemnify and agree to keep you and your employees, agents or representatives fully and effectively indemnified against any actions, suits, claims, demands, proceedings, governmental prosecutions, losses, damages, compensations, sum of money, costs (including solicitor and client costs) charges, interests, judgments, court order or other liabilities whatsoever which you and your employees, agents or representatives may incur.

चित्र WD-4.14

2. बाएँ माउस बटन को क्लिक करें। तुरंत ही **and** शब्द के बाद एक blinking cursor दिखाई देगा (चित्र WD-4.15)।

Blinking cursor

3. We will indemnify and agree to keep you and your employees, agents or representatives fully and effectively indemnified against any actions, suits, claims, demands, proceedings, governmental prosecutions, losses, damages, compensations, sum of money, costs (including solicitor and client costs) charges, interests, judgments, court order or other liabilities whatsoever which you and your employees, agents or representatives may incur.

चित्र WD-4.15

अब आप इन दो तरीकों में से कोई एक तरीका अपनाकर इसशब्द को सही जगह पर टाइप कर लें–

Typeover Mode (टाइपओवर मोड)— इस मोड में की–बोर्ड द्वारा टाइप किए गए अक्षर उस जगह पर प्रविष्ट हो जाते हैं, जहाँ स्क्रीन पर कर्सर दिखाई देता है। इस मोड की खासियत यह है कि जब आप कोई शब्द टाइप करते हैं, तो यह अपनी दाईं ओर लिखे अक्षरों को मिटाकर उनकी जगह ले लेता है। इस मोड में काम करने के लिए आपको नीचे लिखे क्रम को अपनाना होगा–

1. माउस पॉएंटर को माइक्रोसॉफ्ट वर्ड डॉक्यूमेंट के **Status bar** में लाकर इसे **OVR** बटन पर रखें (चित्र WD-4.16)।

Page 1 Sec 1 1/1 At 2.5" Ln 9 Col 68 REC TRK EXT OVR 1

चित्र WD-4.16

2. बाएँ माउस बटन को दो बार क्लिक करें। इससे **OVR** बटन हाईलाइट हो जाएगा (चित्र WD-4.17)। इससे पता चलता है कि **Typeover** मोड इस समय सक्रिय है।

Page 1 Sec 1 1/1 At 5.6" Ln 27 Col 86 REC TRK EXT OVR

चित्र WD-4.17

यदि OVR बटन पर पहले से ही हाईलाइटेड है, तो क्रमांक 1 और 2 को छोड़ दें तथा सीधे क्रमांक 3 से आगे बढ़ें।

3. **Spacebar** को एक बार दबाएँ। चित्र WD-4.15 में दिखाई गई जगह से कर्सर नई जगह पर चला जाएगा (चित्र WD-4.18)।

3. We will indemnify and agree to keep you and your employees, agents or representatives fully and effectively indemnified against any actions, suits, claims, demands, proceedings, governmental

Blinking cursor

चित्र WD-4.18

4. अब **definitely** शब्द टाइप करें। आप देखेंगे कि यह शब्द दाईं ओर के शब्दों की जगह पर दिखाई दे रहा है (चित्र WD-4.19)।

शब्द *definitely* टेक्स्ट *agree to k* पर overwrite हो गया है।

Blinking cursor

3. We will indemnify and definitelyeep you and your employees, agents or representatives fully and effectively indemnified against any actions, suits, claims, demands, proceedings, governmental

चित्र WD-4.19

चित्र WD-4.20 में शब्द **agree to k** की जगह पर अब शब्द **definitely** लिखा दिखाई दे रहा है। अब यदि आप इन शब्दों यानी **agree to k**, जो मिट गए हैं, को दुबारा टाइप करने की कोशिश करेंगे, तो पहले से लिखे हुए कुछ और शब्द मिटते जाएँगे। एक भिन्न मोड जिसे Insert mode (इन्सर्ट मोड) कहा जाता है, में टाइप करके इस समस्या से बच सकते हैं।

Insert Mode (इन्सर्ट मोड)— इस mode में भी की–बोर्ड से टाइप किए गए कैरेक्टर्स स्क्रीन पर उसी जगह प्रविष्ट होते हैं, जहाँ कर्सर मौजूद है, किंतु इस mode की विशेषता यह है कि जब भी आप **Insert mode** में कुछ टाइप करते हैं, तो पहले से मौजूद शब्द दाईं ओर मूव होते जाते हैं और नए टाइप किए गए अक्षर, शब्द, वाक्य या पैराग्राफ के लिए जगह बनती जाती है।

डिलीट हो गए शब्दों, **agree to k** को हम अब इनकी नियत जगह पर टाइप करेंगे, जिससे अन्य शब्द डिलीट नहीं होंगे, यानी ये शब्द अपने अगले शब्दों को ओवरराइट नहीं करेंगे। इसके लिए आप नीचे लिखे क्रम का पालन करें —

1. माउस पॉएंटर को माइक्रोसॉफ्ट वर्ड डॉक्यूमेंट के **Status bar** पर लाएँ और इसे **OVR** बटन पर रखें (चित्र WD-4.20)।

Page 1 Sec 1 1/1 At 5.6" Ln 27 Col 86 REC TRK EXT OVR

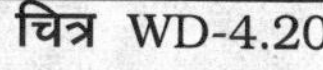

चित्र WD-4.20

यदि इस समय आपके Status bar में OVR बटन हाईलाइटेड नहीं है, तो इस पर दो बार क्लिक करें, ताकि यह चित्र WD-4.20 के समान हाईलाइट हो जाए।

2. बाएँ माउस बटन को **OVR** बटन पर दो बार क्लिक करें। अब **OVR** बटन हाईलाइटेड नहीं रह जाएगा। इस प्रकार **Insert mode** सक्रिय हो जाएगा।
3. अभी आपके डॉक्यूमेंट में **definitely** शब्द के पास दाईं ओर कर्सर मौजूद है (चित्र WD-4.19)।

यदि कर्सर इस जगह पर न हो, तो माउस पॉएंटर को definitely शब्द की दाईं ओर लाएँ और बाएँ माउस बटन को क्लिक करें, जिसके बाद यह चित्र WD-4.19 के समान दिखाई देगा।

4. **definitely** शब्द और **eep** अक्षरों के बीच खाली स्थान बनाने के लिए आप अपने की–बोर्ड से **Spacebar** को एक बार दबाएँ (चित्र WD-4.21)।

Blinking cursor

3. We will indemnify and definitely eep you and your employees, agents or representatives fully and effectively indemnified against any actions, suits, claims, demands, proceedings, governmental

eep अक्षरों से पहले खाली जगह दिखाई गई है।

चित्र WD-4.21

5. की–बोर्ड से **agree** शब्द टाइप करें। आप देखेंगे कि इसकी दाईं ओर लिखे शब्द आगे खिसकते जा रहे हैं।
6. अब एक बार फिर **Spacebar** key दबाएँ और की–बोर्ड से **to** टाइप करें (चित्र WD-4.22)।

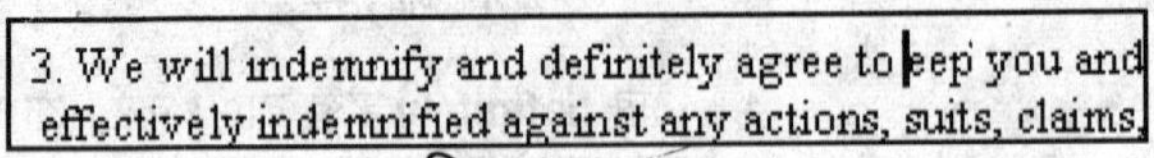

3. We will indemnify and definitely agree to eep you and effectively indemnified against any actions, suits, claims,

चित्र WD-4.22

7. एक बार फिर **Spacebar** key दबाएँ और अंत में **K** टाइप करें (चित्र WD-4.23)।

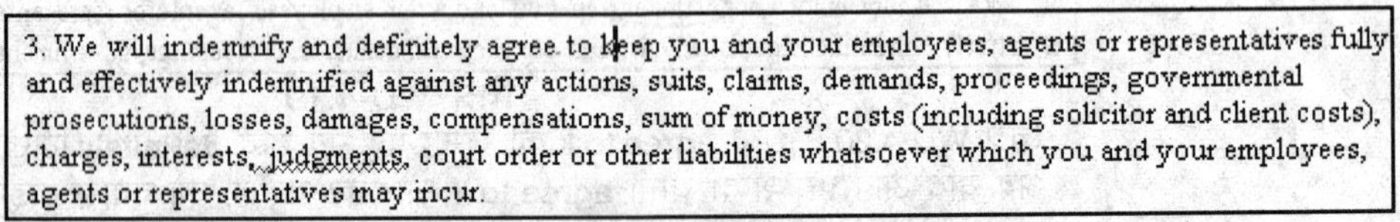

3. We will indemnify and definitely agree to keep you and your employees, agents or representatives fully and effectively indemnified against any actions, suits, claims, demands, proceedings, governmental prosecutions, losses, damages, compensations, sum of money, costs (including solicitor and client costs), charges, interests, judgments, court order or other liabilities whatsoever which you and your employees, agents or representatives may incur.

चित्र WD-4.23

खाली पंक्ति प्रविष्ट करना (Inserting a Blank line)

माउस का इस्तेमाल करके आप अपने डॉक्यूमेंट में आसानी से खाली पंक्ति डाल सकते हैं। उदाहरण के लिए– **Letter.doc** के तीसरे पैराग्राफ की अंतिम पंक्ति के बाद खाली पंक्ति प्रविष्ट करने के लिए आप नीचे लिखे क्रम को अपनाएँ –

1. माउस पॉएंटर को तीसरे पैराग्राफ की अंतिम पंक्ति के आखिर में लाएँ (चित्र WD-4.24)।

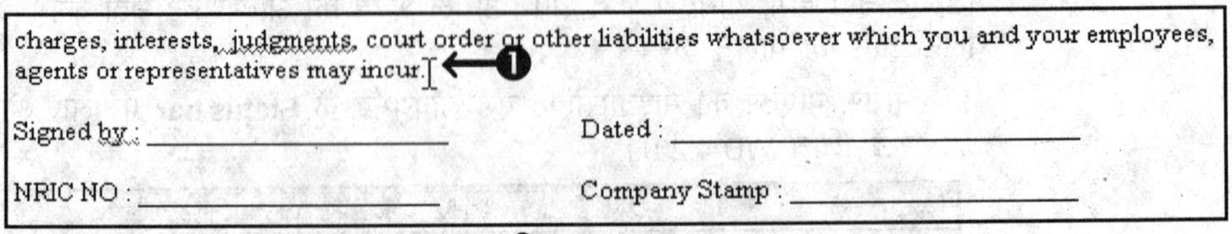

charges, interests, judgments, court order or other liabilities whatsoever which you and your employees, agents or representatives may incur. ← 1

Signed by : ____________ Dated : ____________

NRIC NO : ____________ Company Stamp : ____________

चित्र WD-4.24

2. बाएँ माउस बटन को क्लिक करें। इस जगह पर तुरंत एक **blinking cursor** दिखाई देगा (चित्र WD-4.25)।

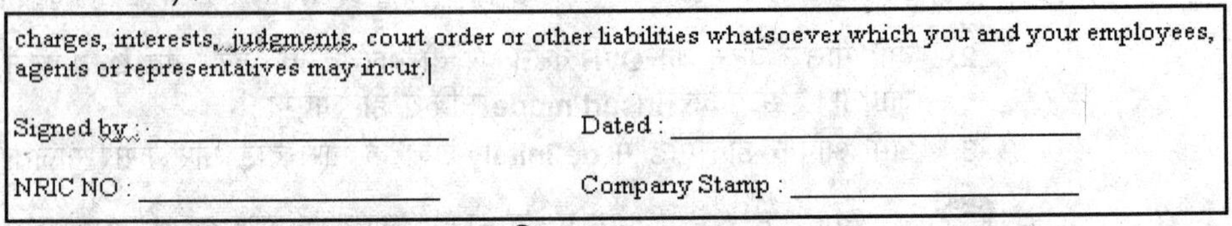

charges, interests, judgments, court order or other liabilities whatsoever which you and your employees, agents or representatives may incur.|

Signed by : ____________ Dated : ____________

NRIC NO : ____________ Company Stamp : ____________

चित्र WD-4.25

3. अब की–बोर्ड से एक बार **Enter** key दबाएँ। तुरंत एक खाली पंक्ति प्रविष्ट हो जाएगी (चित्र WD-4.26)।

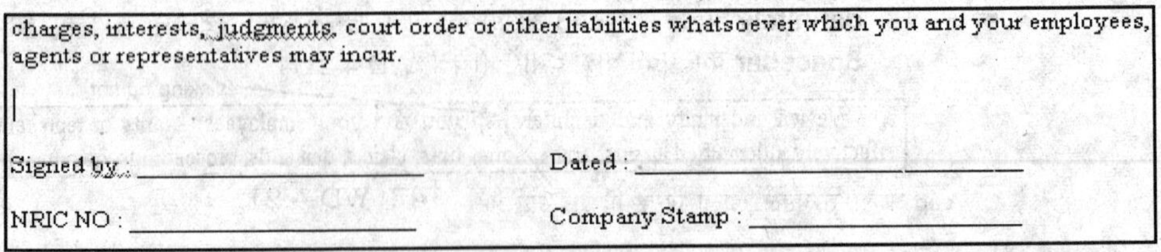

charges, interests, judgments, court order or other liabilities whatsoever which you and your employees, agents or representatives may incur.

|

Signed by : ____________ Dated : ____________

NRIC NO : ____________ Company Stamp : ____________

चित्र WD-4.26

कर्सर के द्वारा कोई भी काम करने से पहले यह देखना जरूरी नहीं है कि कर्सर कहाँ है। आप जहाँ भी माउस पॉएंटर लाकर बाएँ माउस बटन को क्लिक करेंगे, वहीं पर कर्सर दिखाई देगा।

टेक्स्ट का चुनाव करना (Selecting the Text)

किसी टेक्स्ट का चुनाव करने का अर्थ है– उसे हाईलाइट करना। आप टेक्स्ट का चुनाव एक अक्षर, एक शब्द, एक पंक्ति या एक पैराग्राफ के रूप में भी कर सकते हैं, यानी उसे हाईलाइट कर सकते हैं। आप जिस टेक्स्ट पर कोई काम करना चाहते हैं, जैसे– यदि आप इसे बोल्ड या इटैलिक अक्षरों में लिखना चाहते हैं या इसे रेखांकित करना चाहते हैं, तो आपको हमेशा पहले इसका चुनाव यानी इसे हाईलाइट करना होगा।

अपने डॉक्यूमेंट **Letter.doc** के टेक्स्ट का चुनाव शुरू करने से पहले आपको कुछ बुनियादी क्रमों की जानकारी ले लेनी चाहिए। नीचे दिए गए बुनियादी क्रमों को अपने डॉक्यूमेंट पर आजमाए बिना, सिर्फ पढ़ें –

1. माउस पॉएंटर अपने डॉक्यूमेंट में चुने जाने वाले टेक्स्ट (अक्षर या शब्द या वाक्य या पैराग्राफ) के शुरू में ले आएँ।
2. बाएँ माउस बटन से क्लिक करें। इस जगह पर एक blinking cursor दिखाई देगा।
3. माउस पॉएंटर को कर्सर पर लाएँ और बाएँ माउस बटन को दबाएँ।
4. बाएँ माउस बटन को दबाए रखकर माउस पॉएंटर को अपेक्षित टेक्स्ट (अक्षर या शब्द या वाक्य या पैराग्राफ) पर ड्रैग करें। ऐसा करते ही टेक्स्ट हाईलाइट हो जाएगा।
5. बाएँ माउस बटन को (दबाना) छोड़ दें।
6. इस टेक्स्ट से हाईलाइट हटाने के लिए अपने डॉक्यूमेंट में किसी भी जगह पर क्लिक कर दें।

यदि अपेक्षित टेक्स्ट को हाईलाइट करने से पहले आपकी अंगुली बाएँ माउस बटन से अचानक हट जाए, तो माउस पॉएंटर को स्क्रीन पर किसी भी दूसरी जगह पर लाकर क्लिक कर दें। तुरंत ही उस टेक्स्ट से हाईलाइट हट जाएगी। अब उस टेक्स्ट को हाईलाइट करने की प्रक्रिया दोबारा शुरू करें।

किसी अक्षर या संख्या का चुनाव करना (Selecting a Letter, Alphabet or any number)

मान लीजिए कि आपको डॉक्यूमेंट **Letter.doc** के शुरू में लिखे शब्द **Sir** के प्रथम अक्षर **S** को हाईलाइट करना है। इसके लिए आप नीचे लिखे क्रम का पालन करें –

डॉक्यूमेंट Letter.doc के प्रारंभ में आने के लिए माइक्रोसॉफ्ट वर्ड विंडो के अप ऐरो स्क्रॉल बटन (▲) पर आप तब तक क्लिक करते रहें, जब तक Dear Sir शब्द स्क्रीन पर दिखाई देने न लगें।

1. माउस पॉएंटर को **S** अक्षर की बाईं ओर लाएँ (चित्र WD-4.27)।

Dear Sir, ← 1

RE: LETTER OF INDEMNITY

In respect of our request to you to replicate the following CD-ROM.

चित्र WD-4.27

2. बाएँ माउस बटन को क्लिक करें। इस जगह पर एक blinking cursor दिखाई देगा (चित्र WD-4.28)।
3. माउस पॉएंटर को कर्सर पर लाएँ और बाएँ माउस बटन को दबाएँ।
4. इस बटन को दबाए रखकर माउस पॉएंटर को **S** अक्षर पर ड्रैग करें।
5. जब **S** अक्षर हाईलाइट हो जाए, तब बाएँ माउस बटन को छोड़ दें (चित्र WD-4.29)।

Dear Sir,

RE: LETTER OF INDEMNITY

चित्र WD-4.28

RE: LETTER OF INDEMNITY

चित्र WD-4.29

यदि आपने S अक्षर की जगह पर गलती से कोई दूसरा अक्षर हाईलाइट कर दिया हो, तो माउस पॉएंटर को अपने डॉक्यूमेंट में किसी भी जगह पर लाकर क्लिक कर दें। ऐसा करने पर गलत अक्षर के ऊपर से हाईलाइट हट जाएगी। अब 'अक्षर या शब्द का चुनाव करना' विषय के क्रम 1 से लेकर 5 तक को दोहराएँ।

6. **S** अक्षर पर से हाईलाइट हटाने के लिए माउस पॉएंटर को अपने डॉक्यूमेंट में किसी भी जगह पर लाएँ और बाएँ माउस बटन को क्लिक कर दें।

Letter.doc में संख्या 1 आप को कैसे हाईलाइट करेंगे?

- माउस पॉएंटर को संख्या 1 की बाईं ओर लाएँ और बाएँ माउस बटन को क्लिक करें। माउस पॉएंटर को कर्सर पर रखें।
- बाएँ माउस बटन को दबाए रखकर माउस पॉएंटर को संख्या **1** पर ड्रैग करें।
- संख्या **1** हाईलाइट हो जाने के बाद बाएँ माउस बटन को छोड़ दें।
- अपने डॉक्यूमेंट में किसी भी अन्य जगह पर क्लिक करके हाईलाइट हटा दें।

शब्द का चुनाव करना (Selecting a Word)

मान लीजिए कि आप अपने डॉक्यूमेंट **Letter.doc** की पंक्ति **RE: LETTER OF INDEMNITY** में से **LETTER** शब्द को हाईलाइट करना चाहते हैं। ऐसा करने के लिए आप नीचे लिखे क्रम को अपनाएँ–

1. माउस पॉएंटर को **LETTER** शब्द की बाईं ओर लाएँ (चित्र WD-4.30)।

RE: LETTER OF INDEMNITY

चित्र WD-4.30

2. अब बाएँ माउस बटन को क्लिक करें। इस जगह पर तुरंत एक blinking cursor दिखाई देगा (चित्र WD-4.31)।
3. माउस पॉएंटर को कर्सर पर लाएँ और बाएँ माउस बटन को दबाएँ।
4. बाएँ माउस बटन को दबाए रखकर माउस पॉएंटर को **LETTER** शब्द पर ड्रैग करें।
5. **LETTER** शब्द हाईलाइट हो जाए (चित्र WD-4.32), तो बाएँ माउस बटन को दबाना छोड़ दें।

Dear Sir,

RE: LETTER OF INDEMNITY

चित्र WD-4.31

Dear Sir, ❺

RE: LETTER OF INDEMNITY

चित्र WD-4.32

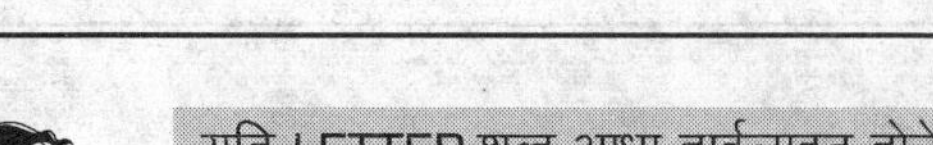

यदि LETTER शब्द आधा हाईलाइट होने के बाद अचानक बायाँ माउस बटन आपकी अंगुली से छूट जाए, तो घबराएँ नहीं। अपने डॉक्यूमेंट में किसी अन्य जगह पर क्लिक करके अधूरी हाईलाइट को हटा दें। इसके बाद LETTER शब्द को ठीक ढंग से हाईलाइट करने के लिए 'एक शब्द का चुनाव करना' विषय में दिए गए क्रम 1 से 5 तक को दोहराएँ।

6. किसी अन्य जगह पर क्लिक करें, ताकि चुने गए शब्द से हाईलाइट हट जाए।

शब्द INDEMNITY से INDEM अक्षरों का चयन कैसे करें?

- बाएँ माउस बटन को **INDEMNITY** शब्द की बाईं ओर लाकर क्लिक करें।
- माउस पॉएंटर को blinking cursor पर लाएँ।
- बाएँ माउस बटन को दबाएँ। इसे दबाए रखकर माउस पॉएंटर को **INDEMNITY** शब्द के अक्षरों **INDEM** पर ड्रैग करें।
- अक्षर हाईलाइट हो जाने के बाद बाएँ माउस बटन को छोड़ दें।
- अपने डॉक्यूमेंट में किसी दूसरी जगह पर क्लिक करके हाईलाइट को हटा दें।

पंक्ति का चुनाव करना (Selecting a Line)

मान लीजिए कि आप डॉक्यूमेंट **Letter.doc** की पंक्ति **In respect ....following CD-ROM** को हाईलाइट करना चाहते हैं। इसके लिए आप नीचे लिखे क्रम को अपनाएँ –

1. माउस पॉएंटर को पंक्ति **In respect.... following CD-ROM** की बाईं ओर लाएँ (चित्र WD-4.33)।

Dear Sir,

RE: LETTER OF INDEMNITY

In respect of our request to you to replicate the following CD-ROM.

चित्र WD-4.33

2. बाएँ माउस बटन को **In** शब्द से पहले क्लिक करें। **In** शब्द के पहले blinking cursor दिखाई देगा (चित्र WD-4.34)।

Dear Sir,

RE: LETTER OF INDEMNITY

In respect of our request to you to replicate the following CD-ROM.

चित्र WD-4.34

3. माउस पॉएंटर को कर्सर पर लाएँ और बाएँ माउस बटन को दबाएँ।
4. बाएँ माउस बटन को दबाए रखकर माउस को माउस पैड पर इस प्रकार ड्रैग करें कि पंक्ति **In respect .... following CD-ROM** हाईलाइट हो जाए (चित्र WD-4.35)।

Dear Sir,

RE: LETTER OF INDEMNITY

In respect of our request to you to replicate the following CD-ROM.

चित्र WD-4.35

5. पूरी पंक्ति हाईलाइट हो जाए, तब बाएँ माउस बटन को (दबाना) छोड़ दें।
6. अपने डॉक्यूमेंट में किसी भी अन्य जगह पर क्लिक करके पंक्ति पर से हाईलाइट हटा दें।

पैराग्राफ का चुनाव करना (Selecting a Paragraph)

आप जानते हैं कि पंक्तियों का एक समूह मिलकर एक पैराग्राफ बनता है। मान लीजिए कि आप पंक्तियों के एक समूह, यानी अपने डॉक्यूमेंट **Letter.doc** के एक पैराग्राफ **1. The use....mass production.... information supplied....of third parties** को हाईलाइट करना चाहते हैं। ऐसा करने के लिए आप नीचे लिखे क्रम को अपनाएँ–

यदि आपके स्क्रीन पर Letter.doc का पहला पैराग्राफ दिखाई नहीं दे रहा है, तो माउस पॉएंटर को डाउन ऐरो स्क्रॉल बटल (▾) पर लाएँ। इस पर तब तक क्लिक करते रहें, जब तक यह पैराग्राफ स्क्रीन पर दिखाई न देने लगे।

1. माउस पॉएंटर को उस जगह की बाईं ओर लाएँ, जहाँ से पैराग्राफ **1. The use....maas prodution.....information supplied...** शुरू होता है (चित्र WD-4.36)।

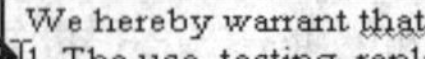

We hereby warrant that :
1. The use, testing, replicating and mass production of any or all of the aforesaid CD-ROMs, CD-ROM software and any other computer software, program or information supplied by us will not result in the infringement of intellectual property rights of third parties.

चित्र WD-4.36

2. बाएँ माउस बटन को क्लिक करें, ताकि blinking cursor इस जगह पर दिखने लगे (चित्र WD-4.37)।

We hereby warrant that :
1. The use, testing, replicating and mass production of any or all of the aforesaid CD-ROMs, CD-ROM software and any other computer software, program or information supplied by us will not result in the infringement of intellectual property rights of third parties.

चित्र WD-4.37

3. माउस पॉएंटर को कर्सर पर लाएँ और बाएँ माउस बटन को क्लिक करें।
4. इसे दबाए रखकर माउस को माउस पैड पर इस प्रकार ड्रैग करें कि पूरा पैराग्राफ हाईलाइट हो जाए (चित्र WD-4.38)।

We hereby warrant that :
1. The use, testing, replicating and mass production of any or all of the aforesaid CD-ROMs, CD-ROM software and any other computer software, program or information supplied by us will not result in the infringement of intellectual property rights of third parties.
4

चित्र WD-4.38

5. पैराग्राफ हाईलाइट होने पर बाएँ माउस बटन को छोड़ दें।

Letter.doc के पहले पैराग्राफ का आधा भाग हाईलाइट होते ही अगर बाएँ माउस बटन से आपकी अंगुली हट जाती है, तब पैराग्राफ से अधूरी हाईलाइट हटाने के लिए अपने डॉक्यूमेंट में किसी भी जगह पर क्लिक करें। इस पैराग्राफ को सही ढंग से हाईलाइट करने के लिए 'पैराग्राफ चुनना' विषय में दिए गए क्रम 1 से 5 तक को दोहराएँ।

6. पैराग्राफ से हाईलाइट को हटाने के लिए डॉक्यूमेंट में कहीं भी क्लिक कर दें।

चुनाव द्वारा किए जाने वाले काम (Operations Done with Selection)

किसी टेक्स्ट की जगह पर दूसरा वैकल्पिक टेक्स्ट कैसे डालें?

अपने डॉक्यूमेंट में किसी टेक्स्ट की जगह पर दूसरा टेक्स्ट प्रविष्ट कराने के लिए आपको हमेशा चार मूल क्रमांकों को दोहराना होगा, जिनका संक्षिप्त विवरण इस प्रकार है –

नीचे दिए गए क्रमांक को अभी अपने कंप्यूटर पर न आजमाएँ। इस क्रम को एक अलग भाग में विस्तार से समझाया गया है। उस भाग को पढ़ते समय इन्हें अपने कंप्यूटर पर करके देखें।

1. जिस टेक्स्ट को आप बदलना चाहते हैं, उसकी बाईं ओर माउस पॉयंटर को लाएँ।
2. बाएँ माउस बटन को क्लिक करें, ताकि एक blinking cursor उस जगह पर दिखाई देने लगे।
3. माउस पॉयंटर को कर्सर पर लाएँ और बाएँ माउस बटन को दबाएँ।
4. इसे दबाए रखकर माउस को माउस पैड पर इस प्रकार ड्रैग करें कि बदला जाने वाला अक्षर/शब्द/वाक्य/पैराग्राफ 'हाईलाइट' हो जाए।
5. बाएँ माउस बटन को (दबाना) छोड़ दें।
6. की–बोर्ड से नया टेक्स्ट (अक्षर/शब्द/वाक्य/पैराग्राफ) टाइप करें। यह नया टेक्स्ट हाईलाइटेड टेक्स्ट की जगह पर दिखने लगेगा। इस नए टेक्स्ट से हाईलाइट खुद ही हट जाएगी।

एक संख्या या एक अक्षर की जगह पर नया टेक्स्ट टाइप करना (Substituting a Number or a Letter with New Text)

मान लीजिए कि अपने बॉस द्वारा दिए गए एक महत्त्वपूर्ण पत्र को डाक में डालने में आपने काफी देर कर दी है और अब आप जल्दी इस पत्र को डाक में डालना चाहते हैं, किंतु पहले आपको उस पत्र की तारीख बदलनी होगी, क्योंकि वह पत्र कुछ दिन पहले लिखा गया था।

अब हम डॉक्यूमेंट **Letter.doc** में पुरानी तारीख (**5th March, 2001**) की जगह पर नई तारीख (**30th March, 2001**) डालें। ऐसा करने के लिए आप नीचे लिखे क्रम का पालन करें –

यदि Letter.doc की तारीख वाली पंक्ति आपके स्क्रीन पर दिखाई नहीं दे रही है, तो अप ऐरो स्क्रॉल बटन (▲) पर क्लिक करते रहें। ऐसा करने पर स्क्रीन नीचे की ओर जाएगा और जल्द ही आपको आवश्यक पंक्ति दिखाई देने लगेगी।

1. **Dated : 5th March, 2001** पंक्ति में संख्या **5** की बाईं ओर माउस पॉयंटर को लाएँ।
2. बाएँ माउस बटन को क्लिक करें। इस जगह पर एक blinking cursor दिखाई देगा (चित्र WD-4.39)।
3. माउस पॉयंटर को कर्सर पर लाएँ और बाएँ माउस बटन को क्लिक करें।
4. इसे दबाए रखकर माउस पॉयंटर को संख्या **5** पर ड्रैग करें। यह संख्या तुरंत हाईलाइट हो जाएगी (चित्र WD-4.40)।
5. बाएँ माउस बटन को छोड़ दें।
6. की–बोर्ड से **30** टाइप करें। पुरानी तारीख की जगह पर अब नई तारीख दिखाई देने लगेगी (चित्र WD-4.41)।

Dated: 5th March 2001
M/S Concord Computers Pvt. Ltd.
Singapore

चित्र WD-4.39

Dated: 5th March 2001
M/S Concord Computers Pvt. Ltd.
Singapore

चित्र WD-4.40

Dated: 30th March 2001
M/S Concord Computers Pvt. Ltd.
Singapore

चित्र WD-4.41

अब आप नीचे दिया गया कार्याभ्यास करें–

डॉक्यूमेंट Letter.doc की अंतिम पंक्ति से पहली पंक्ति Signed by: में small b की जगह पर capital B कैसे लिखेंगे?

- स्क्रीन पर अंतिम पंक्ति से पहली पंक्ति लाने के लिए डाउन ऐरो स्क्रॉल बटन (▾) पर क्लिक करते रहें।
- पंक्ति **Signed by:** में small अक्षर **b** की बाईं ओर क्लिक करें।
- माउस पॉएंटर को कर्सर पर लाएँ और बाएँ माउस बटन को दबाएँ।
- बाएँ माउस बटन को दबाए रखकर माउस पॉएंटर को **b** पर ड्रैग करें।
- की–बोर्ड की **Caps Lock** key दबाएँ।
- **B** टाइप करें।
- की–बोर्ड की **Caps Lock** key को ऑफ करने के लिए इसे दोबारा दबाएँ।

टेक्स्ट को कॉपी करना (Copying a Section of Text)

टेक्स्ट के एक भाग (चाहे वह अक्षर, वाक्य या पैराग्राफ हो) को डॉक्यूमेंट में एक जगह से दूसरी जगह पर कॉपी किया जा सकता है। ऐसा करने पर उसी टेक्स्ट को दूसरी जगह पर दोबारा टाइप नहीं करना पड़ता। इससे आपका समय बच जाता है। अब हम एक उदाहरण द्वारा कॉपी करने या प्रति बनाने का अभ्यास करेंगे–

मान लीजिए कि आप दूसरे पैराग्राफ यानी **2. We are permitted .....software program or information** की सभी पंक्तियों को कॉपी करना चाहते हैं। आप यह भी भलीभाँति जानते हैं कि कॉपी करने से पहले इस टेक्स्ट को हाईलाइट करना होगा। अब हम निम्नलिखित क्रम द्वारा टेक्स्ट को कॉपी करना सीखेंगे–

1. माउस पॉएंटर को टेक्स्ट के शुरू में, यानी पंक्ति **2. We are permitted .... advise you to use** की बाईं ओर लाएँ और बाएँ माउस बटन को क्लिक करें। एक blinking cursor तुरंत इस जगह पर दिखाई देगा (चित्र WD-4.42)।

❶ → 2. We are permitted by law which authorises full power and right (in and out Singapore) to instruct or advise you to use, test, replicate replicate or mass-produce any or all of the computer software, software program or information.

चित्र WD-4.42

2. माउस पॉएंटर को blinking cursor पर लाएँ।
3. बाएँ माउस बटन को दबाए रखकर माउस पॉएंटर को अपेक्षित पंक्तियों पर ड्रैग करें। ऐसा करने पर पंक्तियाँ हाईलाइट हो जाएँगी (चित्र WD-4.43)।

2. We are permitted by law which authorises full power and right (in and out Singapore) to instruct or advise you to use, test, replicate replicate or mass-produce any or all of the computer software, software program or information.

चित्र WD-4.43

जब टेक्स्ट हाईलाइट हो जाए, तो Enter key या कोई अन्य key न दबाएँ। कोई key दबाने से टेक्स्ट डिलीट हो जाएगा।

4. बाएँ माउस बटन को (दबाना) छोड़ दें।
5. मेन्यू बार में **Edit** विकल्प पर क्लिक करें। तुरंत ही स्क्रीन पर एक पुल–डाउन मेन्यू दिखाई देगा (चित्र WD-4.44 में इस पुल–डाउन मेन्यू का केवल एक भाग दिखाया गया है)।
6. पुल–डाउन मेन्यू में माउस पॉएंटर को **Copy** विकल्प पर लाएँ (चित्र WD-4.44)। बाएँ माउस बटन को क्लिक करें। अब चुना गया टेक्स्ट अस्थायी तौर पर आपके सिस्टम की memory में स्टोर हो जाएगा।

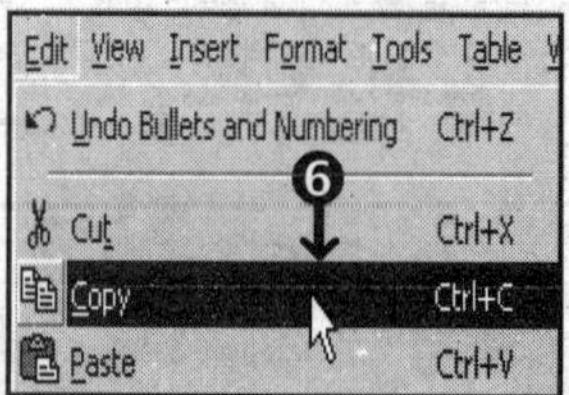

चित्र WD-4.44

7. पैराग्राफ से हाईलाइट हटाने के लिए अपने डॉक्यूमेंट में किसी अन्य जगह पर क्लिक कर दें।
8. अब माउस पॉएंटर को अपने डॉक्यूमेंट की अंतिम पंक्ति के आखिर में, यानी पंक्ति **Company Stamp ....** के बाद लाएँ और बाएँ माउस बटन को क्लिक करें। स्क्रीन पर तुरंत एक blinking cursor दिखाई देगा (चित्र WD-4.45)।

Hot Tip

किसी भी टेक्स्ट को कॉपी करने के लिए Ctrl और C keys को एक साथ दबाएँ तथा पेस्ट करने के लिए Ctrl और V keys एक साथ दबाएँ।

2. We are permitted by law which authorises full power and right (in and out Singapore) to instruct or advise you to use, test, replicate replicate or mass-produce any or all of the computer software, software program or information.

3. We will indemnify and agree to keep you and your employees, agents or representatives fully and effectively indemnified against any actions, suits, claims, demands, proceedings, governmental prosecutions, losses, damages, compensations, sum of money, costs (including solicitor and client costs), charges, interests, judgments, court order or other liabilities whatsoever which you and your employees, agents or representatives may incur.

Signed by : ____________ Dated : ____________

NRIC NO : ____________ Company Stamp : ____________

चित्र WD-4.45

9. **Enter** key को दो बार दबाएँ।
10. मेन्यू बार में **Edit** विकल्प पर क्लिक करें (चित्र WD-4.46)। स्क्रीन पर एक पुल–डाउन मेन्यू तुरंत दिखाई देगा।
11. पुल–डाउन मेन्यू में माउस पॉएंटर को **Paste** विकल्प पर लाएँ (चित्र WD-4.46) और बाएँ माउस बटन को क्लिक करें।

उपरोक्त कमांड लागू होने पर दूसरा पैराग्राफ डॉक्यूमेंट के अंत में कॉपी हो जाएगा। यह पैराग्राफ अपनी मूल जगह पर भी मौजूद रहेगा (चित्र WD-4.47)।

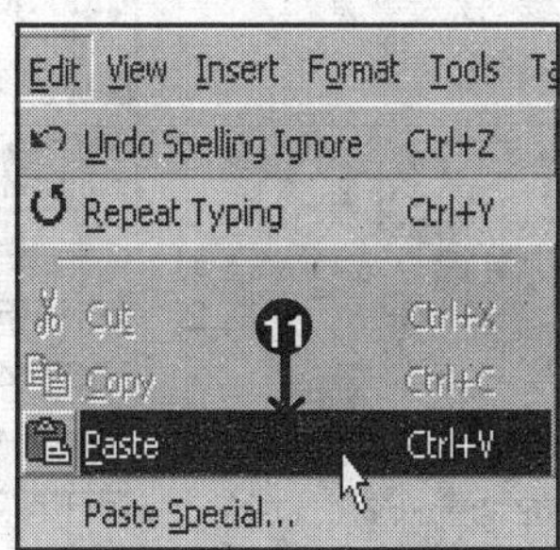

चित्र WD-4.46

2. We are permitted by law which authorises full power and right (in and out Singapore) to instruct or advise you to use, test, replicate replicate or mass-produce any or all of the computer software, software program or information.

3. We will indemnify and agree to keep you and your employees, agents or representatives fully and effectively indemnified against any actions, suits, claims, demands, proceedings, governmental prosecutions, losses, damages, compensations, sum of money, costs (including solicitor and client costs), charges, interests, judgments, court order or other liabilities whatsoever which you and your employees, agents or representatives may incur.

Signed by : ____________ Dated : ____________

NRIC NO : ____________ Company Stamp : ____________

2. We are permitted by law which authorises full power and right (in and out Singapore) to instruct or advise you to use, test, replicate replicate or mass-produce any or all of the computer software, software program or information.

चित्र WD-4.47

टेक्स्ट को डॉक्यूमेंट में किसी दूसरी जगह पर ले जाना (Moving a Section of Text)

कॉपी करने की क्रिया के विपरीत टेक्स्ट के किसी भाग को दूसरी जगह पर ले जाने का अर्थ है, इसे इसकी मूल जगह से हटाकर डॉक्यूमेंट में नई जगह पर ले जाना।

अब हम उस पैराग्राफ को दूसरी जगह पर ले जाएँगे, जिसे अभी हमने डॉक्यूमेंट के अंत में कॉपी किया था, यानी पैराग्राफ **2. We are permitted by law.... program or information** को पंक्ति **Dated:** के बाद ले आएँगे। ऐसा करने के लिए नीचे लिखे क्रम को अपनाएँ –

1. बाएँ माउस बटन को अपने डॉक्यूमेंट के अंतिम पैराग्राफ **2. We are permitted by law .... program or information** के आरंभ में क्लिक करें। एक blinking cursor तुरंत इसके आगे दिखाई देगा (चित्र WD-4.48)।

3. We will indemnify and agree to keep you and your employees, agents or representatives fully and effectively indemnified against any actions, suits, claims, demands, proceedings, governmental prosecutions, losses, damages, compensations, sum of money, costs (including solicitor and client costs), charges, interests, judgments, court order or other liabilities whatsoever which you and your employees, agents or representatives may incur.

Signed by : ____________________ Dated : ____________________

NRIC NO : ____________________ Company Stamp : ____________________

2. We are permitted by law which authorises full power and right (in and out Singapore) to instruct or advise you to use, test, replicate replicate or mass-produce any or all of the computer software, software program or information.

चित्र WD-4.48

आप कोई भी टेक्स्ट का भाग cut कर सकते हैं। टेक्स्ट को cut करने के लिए की–बोर्ड से Ctrl और X keys एक साथ दबाएँ। उसके बाद इस टेक्स्ट को नई जगह पर ले जाने क लिए की–बोर्ड से Ctrl और V keys एक साथ दबाएँ।

2. पैराग्राफ को उसी प्रकार हाईलाइट करें, जिस प्रकार 'टेक्स्ट को कॉपी करना' विषय में क्रम 1 से लेकर 4 तक दिया गया है।
3. माउस पॉएंटर को **Menu bar** पर लाएँ और **Edit** विकल्प पर क्लिक करें। स्क्रीन पर एक पुल–डाउन मेन्यू तुरंत दिखाई देगा (चित्र WD-4.49)।
4. पुल–डाउन मेन्यू में **Cut** विकल्प पर क्लिक करें (चित्र WD-4.49)।
5. माउस पॉएंटर को पंक्ति **Dated :-------** के अंत में लाकर क्लिक करें। एक blinking cursor तुरंत इस जगह पर दिखाई देगा (चित्र WD-4.50)।

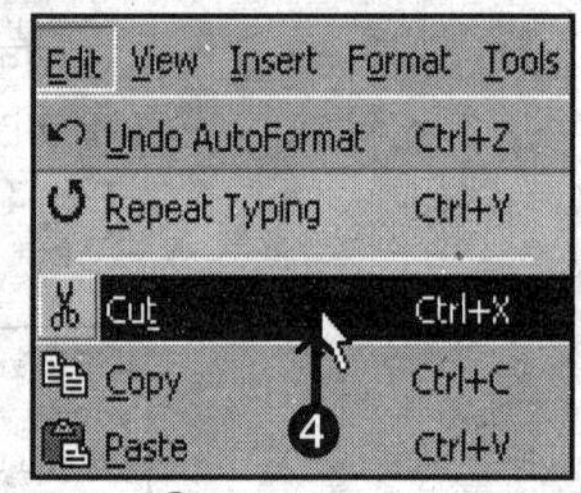

चित्र WD-4.49

Signed by : ____________________ Dated : ____________________

NRIC NO : ____________________ Company Stamp : ____________________

चित्र WD-4.50

6. **Enter** key को दो बार दबाएँ।
7. **Menu bar** पर **Edit** विकल्प पर क्लिक करें। एक पुल–डाउन मेन्यू स्क्रीन पर तुरंत दिखाई देगा (चित्र WD-4.51)।
8. पुल–डाउन मेन्यू में माउस पॉएंटर को **Paste** विकल्प पर लाएँ (चित्र WD-4.51) और बाएँ माउस बटन को क्लिक करें।

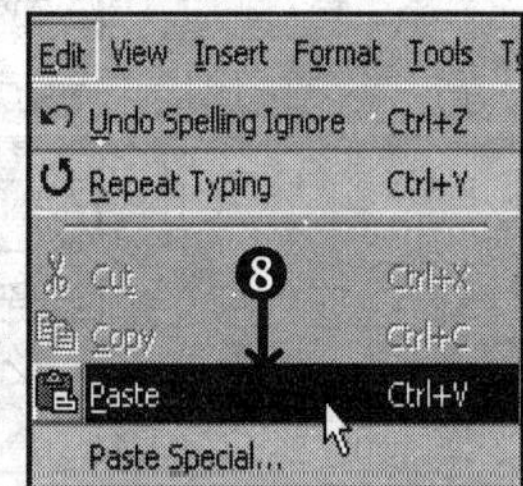

चित्र WD-4.51

अब चुना गया टेक्स्ट अपनी मूल जगह से हटकर नई जगह पर चला जाएगा (चित्र WD-4.52)।

Signed by : ____________ Dated : ____________

2. We are permitted by law which authorises full power and right (in and out Singapore) to instruct or advice you to use, test, replicate replicate or mass-produce any or all the computer software, software program or information.

NRIC NO : ____________ Company Stamp : ____________

चित्र WD-4.52

टेक्स्ट को डिलीट करना (Deleting a Section of the Text)

आप जानते हैं कि की–बोर्ड से **Backspace** या **Delete** key को दबाकर आप किसी भी अक्षर या शब्द को डिलीट कर सकते हैं। जब आपको कुछ पंक्तियाँ डिलीट करनी होती हैं, तो एक–एक अक्षर को मिटाना काफी जटिल और उबाऊ हो जाता है। इसका एक अच्छा विकल्प यह है कि डिलीट की जाने वाली सभी पंक्तियों को हाईलाइट कर लिया जाए और इसके बाद इन्हें एक बार में डिलीट कर दिया जाए। इस विधि द्वारा आप अपने डॉक्यूमेंट से कितने भी लंबे अनावश्यक टेक्स्ट को डिलीट कर सकते हैं। जब आप अपने डॉक्यूमेंट से कोई टेक्स्ट डिलीट करते हैं, तो उससे उत्पन्न हुई खाली जगह को बाकी टेक्स्ट खुद व्यवस्थित कर देता है।

अब हम एक उदाहरण लेते हैं। मान लीजिए कि आप उस पैराग्राफ यानी **2. We are permitted by law .... program or information** जिसे आपने अभी दूसरी जगह पर मूव किया था, को डिलीट करना चाहते हैं। इसके लिए आप नीचे लिखे क्रम को अपनाएँ–

1. माउस पॉएंटर को पैराग्राफ **2. We are permitted by law....program or information** पर लाएँ और बाएँ माउस बटन को क्लिक करें। एक blinking cursor स्क्रीन पर तुरंत दिखाई देगा।
2. पैराग्राफ को हाईलाइट करने के लिए (चित्र WD-4.43) विषय 'टेक्स्ट को कॉपी करना' के क्रम 2 से 4 तक को दोहराएँ।
3. अब माउस पॉएंटर को **Menu bar** पर लाएँ और **Edit** विकल्प पर क्लिक करें। एक पुल डाउन मेन्यू स्क्रीन पर तुरंत दिखाई देगा (चित्र WD-4.53)।
4. पुल–डाउन मेन्यू में माउस पॉएंटर को **Clear** विकल्प पर लाएँ (चित्र WD-4.53) और बाएँ माउस बटन को क्लिक करें। चयन किए गए वाक्य तुरंत डिलीट हो जाएँगे (चित्र WD-4.54)।

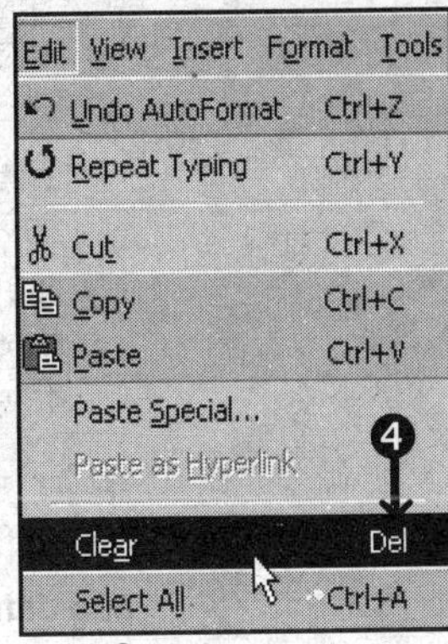

चित्र WD-4.53

Hot Tip

किसी टेक्स्ट को डिलीट करने का एक तरीका यह भी है–

1. आवश्यक टेक्स्ट को हाईलाइट करें।
2. की–बोर्ड से Delete key या Enter key को दबा दें।

Signed by : ____________ Dated : ____________

NRIC NO : ____________ Company Stamp : ____________

चित्र WD-4.54

5. अब पंक्तियों **Signed by : .... and NRIC NO : ....** के बीच की अतिरिक्त खाली पंक्ति को डिलीट करने के लिए एक बार फिर **Delete** key को दबा दें।

किसी शब्द को दूसरे शब्द से बदलना (Substituting a Word)

अब हम पंक्ति **Signed by** में लिखे **Signed** शब्द की जगह पर **Signature** शब्द लिखने का तरीका देखेंगे। ऐसा करने के लिए आप नीचे लिखे क्रम को अपनाएँ–

1. माउस पॉइंटर को **Signed** शब्द की बाईं ओर लाएँ (चित्र WD-4.55)।

Signed by : ______	Dated : ______
NRIC NO : ______	Company Stamp : ______

चित्र WD-4.55

Note: यदि आप स्क्रीन पर पंक्ति Signed by : को नहीं देख पा रहे हों, तो डाउन ऐरो स्क्रॉल बटन (▾) पर तब तक क्लिक करते रहें, जब तक यह पंक्ति दिखाई न देने लगे।

2. अब बाएँ माउस बटन को क्लिक करें। एक blinking cursor दिखाई देगा (चित्र WD-4.56)।

Signed by : ______	Dated : ______
NRIC NO : ______	Company Stamp : ______

चित्र WD-4.56

3. माउस पॉइंटर को कर्सर पर लाएँ और बाएँ माउस बटन को दबाएँ (चित्र WD-4.57)।इसे दबाए रखकर माउस को माउस पैड पर इस प्रकार ड्रैग करें कि **Signed** शब्द हाईलाइट हो जाए (चित्र WD-4.57)।

5. शब्द हाईलाइट हो जाए, तब बाएँ माउस बटन को छोड़ दें।

Signed by : ______	Dated : ______
NRIC NO : ______	Company Stamp : ______

चित्र WD-4.57

6. की–बोर्ड से **Signature** शब्द टाइप करें। यह शब्द स्क्रीन पर **Signed** शब्द की जगह पर दिखाई देने लगेगा।

Signed by : ______	Dated : ______
NRIC NO : ______	Company Stamp : ______

चित्र WD-4.58

पंक्ति को शब्द से बदलना (Substituting a Line)

मान लीजिए कि आप अपने डॉक्यूमेंट **Letter.doc** में तीसरे पैराग्राफ में लिखी पंक्ति **will indemnify and definitely agree** की जगह पर **agree** शब्द लिखना चाहते हैं। ऐसा करने के लिए आप इस क्रम का पालन करें–

1. माउस पॉइंटर को पंक्ति **Will indemnify and definitely agree** की बाईं ओर लाएँ (चित्र WD-4.59)।

3. We will indemnify and definitely agree to keep you and your employees, agents or representatives fully and effectively indemnified against any actions, suits, claims, demands, proceedings, governmental

चित्र WD-4.59

2. बाएँ माउस बटन को क्लिक करें। एक blinking cursor इस जगह पर तुरंत दिखाई देगा (चित्र WD-4.60)।

3. We will indemnify and definitely agree to keep you and your employees, agents or representatives fully and effectively indemnified against any actions, suits, claims, demands, proceedings, governmental

चित्र WD-4.60

3. माउस पॉएंटर को कर्सर पर लाएँ और बाएँ माउस बटन को दबाएँ। इसे दबाए रखकर माउस को माउस पैड पर इस प्रकार ड्रैग करें कि पंक्ति **will indemnify and definitely agree** हाईलाइट हो जाए (चित्र WD-4.61)।

3. We will indemnify and definitely agree to keep you and your employees, agents or representatives fully and effectively indemnified against any actions, suits, claims, demands, proceedings, governmental

चित्र WD-4.61

4. जब पंक्ति हाईलाइट हो जाए तो बाएँ माउस बटन को छोड़ दें।
5. की–बोर्ड से **agree** टाइप करें। हाईलाइटेड पंक्ति की जगह पर **agree** शब्द आ जाएगा (चित्र WD-4.62)।

3. We agree to keep you and your employees, agents or representatives fully and effectively indemnified against any actions, suits, claims, demands proceedings, governmental prosecutions, losses, damages.

चित्र WD-4.62

इसी तरीके से आप किसी पैराग्राफ की जगह पर कोई भी टेक्स्ट (अक्षर/शब्द/वाक्य/पैराग्राफ) लिख सकते हैं। इसके लिए पहले आप वह पैराग्राफ, जिसे आप बदलना चाहते हैं हाईलाइट करें उसके बाद नया टेक्स्ट टाइप करें।

चुनाव करने के बाद टेक्स्ट को डिलीट करना (Removing Text after Selecting it)

कई बार ऐसा होता है कि टाइप करते समय आप गलत टेक्स्ट (एक अक्षर/शब्द/वाक्य/पैराग्राफ) टाइप कर देते हैं। अपनी इस गलती को आप तुरंत पकड़ नहीं पाते। टाइप का काम पूरा करने के बाद या फिर इसे दोबारा पढ़ने पर ही आपको अपनी गलती का पता चलता है। गलत टेक्स्ट को सुधारने के लिए आपको हमेशा तीन बुनियादी क्रमों को दोहराना पड़ता है। यहाँ वे क्रम संक्षेप में बताए गए हैं। इन क्रमांकों को आप अभी अपने कंप्यूटर पर आज़माए बिना केवल पढ़ लें—

1. माउस पॉएंटर को डिलीट किए जाने वाले टेक्स्ट (अक्षर/शब्द/वाक्य/पैराग्राफ) की बाईं ओर लाएँ।
2. बाएँ माउस बटन को क्लिक करें। तुरंत ही एक blinking cursor दिखाई देगा।
3. क) एक अक्षर मिटाने के लिए की–बोर्ड से **Delete** key दबा दें।
   ख) एक शब्द/वाक्य/पैराग्राफ मिटाने के लिए माउस पॉएंटर को कर्सर पर लाएँ और बाएँ माउस बटन को दबा दें। उसे दबाए रखकर माउस को माउस पैड पर इस प्रकार ड्रैग करें कि अपेक्षित शब्द या वाक्य या पैराग्राफ हाईलाइट हो जाए। इसके बाद की–बोर्ड से **Delete** key दबा दें।

यह काम करने से पहले स्क्रीन पर यह देखना जरूरी नहीं होता कि कर्सर किस जगह मौजूद है। कर्सर हमेशा उस जगह पर आ जाएगा, जहाँ आप माउस पॉएंटर को रखकर एक बार क्लिक कर देंगे।

मान लीजिए कि **Letter.doc** के दूसरे पैराग्राफ में टाइप करते समय आपसे कुछ गलतियाँ छूट गई हैं। इन गलतियों को चित्र WD-4.63 में दिखाया गया है।

शब्द power गलत लिखा हुआ है।

2. We are permitted by law which authorises us full ppower and right (in and out of Singapore) to instruct or advice you to use, test, replicate replicate or mass-produce any or all of the computer software. Software program or information.

शब्द *replicate* दो बार लिखा हुआ

चित्र WD-4.63

चित्र WD-4.63 को ध्यान से देखने पर आपको पता चलेगा कि गलत शब्दों के नीचे रेखाएँ खिंची हुई हैं। माइक्रोसॉफ्ट वर्ड स्पेलिंग–संबंधी त्रुटियाँ दर्शाने के लिए गलत शब्दों को खुद ही रेखांकित (Underline) कर देता है। अब हम इन गलतियों को सुधारना सीखेंगे।

किसी अक्षर या संख्या को डिलीट करना (Deleting a Letter or any Number)

दूसरे पैराग्राफ में **power** शब्द में **p** अक्षर दो बार टाइप हो गया है। इस अतिरिक्त अक्षर (alphabet) को मिटाने के लिए आप नीचे लिखे क्रम को अपनाएँ –

1. माउस पॉएंटर को दूसरे पैराग्राफ में लाएँ और इसे शब्द **ppower** की बाईं ओर रखें (चित्र WD-4.64)।

1 माउस पॉएंटर

2. We are permitted by law which authorises us full ppower and right (in and out of Singapore) to instruct or advice you to use, test, replicate replicate or mass-produce any or all of the computer software, software program or information

चित्र WD-4.64

2. बाएँ माउस बटन को क्लिक करें। आपको तुरंत एक blinking cursor दिखाई देगा (चित्र WD-4.65 में स्क्रीन का केवल एक भाग दिखाया गया है)।
3. अब की–बोर्ड से **Delete** key दबाएँ। अतिरिक्त अक्षर **p** डिलीट हो जाएगा (चित्र WD-4.66)।

2. We are permitted by law which authorises us full ppower and
or advice you to use, test, replicate replicate or mass-produce any
software program or information.

चित्र WD-4.65

2. We are permitted by law which authorises us full power
advice you to use, test, replicate replicate or mass-produce
program or information.

चित्र WD-4.66

शब्द मिटाना (Deleting a Word)

दूसरे पैराग्राफ में आप देखेंगे कि दूसरी पंक्ति में **replicate** शब्द दो बार टाइप हो गया है (चित्र WD-4.67)।

2. We are permitted by law which authorises us full power and right (in and out of Singapore) to instruct or advice you to use, test, replicate replicate or mass-produce any or all of the computer software, software program or information.

चित्र WD-4.67

इनमें से किसी एक शब्द को मिटाने के लिए आप नीचे लिखे क्रम को अपनाएँ –

1. दूसरे पैराग्राफ में लिखे गए पहले **replicate** शब्द पर माउस पॉएंटर को लाएँ (चित्र WD-4.68)।

2. We are permitted by law which authorises us full power advice you to use, test, replicate replicate or mass-produce program or information.

चित्र WD-4.68

2. बाएँ माउस बटन को क्लिक करें। एक blinking cursor इस जगह पर तुरंत दिखाई देगा (चित्र WD-4.69)।

2. We are permitted by law which authorises us full power advice you to use, test, replicate replicate or mass-produce program or information.

चित्र WD-4.69

3. माउस पॉएंटर को कर्सर पर लाएँ और बाएँ माउस बटन को दबाएँ।
4. उसे दबाए रखकर माउस को माउस पैड पर इस प्रकार ड्रैग करें कि **replicate** शब्द हाईलाइट हो जाए (चित्र WD-4.70)।

2. We are permitted by law which authorises us full power advice you to use, test, replicate replicate or mass-produce program or information.

चित्र WD-4.70

5. की–बोर्ड से **Delete key** दबाएँ। **replicate** शब्द तुरंत डिलीट हो जाएगा।

इसी प्रकार आप किसी ऐसी पंक्ति या पैराग्राफ, जिसे आप डिलीट करना चाहते हैं, को भी हाईलाइट कर सकते हैं। उसके बाद इसे मिटाने के लिए Delete key दबा दें।

किसी काम को रद्द करना (Undoing any Operation)

अब हम माइक्रोसॉफ्ट वर्ड की एक और उपयोगी विशेषता के बारे में जानेंगे। इसकी सहायता से आप अपने डॉक्यूमेंट पर की गई किसी भी क्रिया जैसे– डिलीट करने, टेक्स्ट प्रविष्ट करने, फेरबदल करने इत्यादि को रद्द (Undo) कर सकते हैं। मान लीजिए कि आपने अनजाने में ही अपने डॉक्यूमेंट का कोई महत्त्वपूर्ण टेक्स्ट डिलीट कर दिया है। डिलीट किए गए उक्त पैराग्राफ का महत्त्व बाद में पता चलने पर आप इसे वापस लौटाना (पाना) चाहते हैं। यहाँ **Undo** की सुविधा आपके काम आती है। डिलीट हो गए टेक्स्ट को **Undo** कमांड की सहायता से इसकी मूल जगह पर आप पुनः दिखा सकते हैं।

अब हम एक उदाहरण लेते हैं। मान लीजिए कि आपसे डॉक्यूमेंट **Letter.doc** का तीसरा पैराग्राफ डिलीट हो गया है। अब इसे **Undo** कमांड द्वारा वापस लौटाना है। इसके लिए आप नीचे लिखे क्रम को अपनाएँ–

पैराग्राफ डिलीट करना (Deleting a Paragraph)

1. माउस पॉएंटर को तीसरे पैराग्राफ **3. We agree to .... may incur** के शुरू में लाएँ (चित्र WD-4.71)।

3. We agree to keep you and your employees, agents or representatives fully and effectively indemnified against any actions, suits, claims, demands, proceedings, governmental prosecutions, losses, damages, compensations, sums of money, costs (including solicitor and client costs), charges, interests, judgments, court order or other liabilities whatsoever which you and your employees, agents or representatives may incur.

चित्र WD-4.71

2. बाएँ माउस बटन पर क्लिक करें। एक blinking cursor इस जगह पर तुरंत दिखाई देगा (चित्र WD-4.72)।

> 3. We agree to keep you and your employees, agents or representatives fully and effectively indemnified against any actions, suits, claims, demands, proceedings, governmental prosecutions, losses, damages, compensations, sums of money, costs (including solicitor and client costs), charges, interests, judgments, court order or other liabilities whatsoever which you and your employees, agents or representatives may incur.

चित्र WD-4.72

3. माउस पॉएंटर को कर्सर पर लाएँ और बाएँ माउस बटन को दबा दें।
4. बाएँ माउस बटन को दबाए रखकर माउस पॉएंटर को तीसरे पैराग्राफ पर इस प्रकार ड्रैग करें कि पूरा पैराग्राफ हाईलाइट हो जाए (चित्र WD-4.73)।

> 3. We agree to keep you and your employees, agents or representatives fully and effectively indemnified against any actions, suits, claims, demands, proceedings, governmental prosecutions, losses, damages, compensations, sums of money, costs (including solicitor and client costs), charges, interests, judgments, court order or other liabilities whatsoever which you and your employees, agents or representatives may incur.

चित्र WD-4.73

5. की–बोर्ड से **Delete** key दबाएँ। तीसरा पैराग्राफ डिलीट हो जाएगा।

डिलीट क्रिया को रद्द करना (Undoing the Deletion Operation)

डिलीट किए गए तीसरे पैराग्राफ को इसके मूल स्थान पर वापस लौटाने के लिए **Delete** क्रिया को अब हम रद्द (Undo) करके देखते हैं। दूसरे शब्दों में, चित्र WD-4.71 के समान हमारा स्क्रीन दोबारा दिखाई देगा। इसलिए डिलीट क्रिया को विपरीत करने के लिए आप नीचे लिखे क्रम को अपनाएँ –

1. माउस पॉएंटर को **Undo** बटन (↶) पर लाएँ (चित्र WD-4.74)।
2. बाएँ माउस बटन को क्लिक करें। स्क्रीन एक बार फिर चित्र WD-4.74 के समान दिखने देने लगेगी।

चित्र WD-4.74

3. एक बार फिर **Undo** बटन पर क्लिक करें। स्क्रीन चित्र WD-4.71 के समान दिखने देने लगेगी। इसी तरह यदि आप बार–बार **Undo** बटन पर क्लिक करते रहेंगे, तो आप देखेंगे कि आपने अपने डॉक्यूमेंट पर जो काम किए थे, वे बारी–बारी से विपरीत क्रम में लौटते जा रहे हैं। **Undo** की सुविधा विशेष रूप से तब उपयोगी सिद्ध होती है, जब आप अनजाने ही कुछ महत्त्वपूर्ण टेक्स्ट डिलीट कर देते हैं।

मान लीजिए कि चित्र WD-4.74 से शुरू करके आपने कई undo किए और आप चित्र WD-4.70 तक पहुँच गए। अब आप चित्र WD-4.74 पर लौटना चाहते हैं। इस स्क्रीन तक लौटने का एक तरीका यह है कि चित्र WD-4.74 तक पहुँचने के लिए सभी आवश्यक क्रम आप एक बार फिर पूरे करें, किंतु इसमें काफी समय लगेगा। अतः आपके लिए सबसे अच्छा विकल्प यह है कि Standard toolbar पर मौजूद Redo बटन (↷) पर आप तब तक क्लिक करते रहें, जब तक आप चित्र WD-4.74 तक न पहुँच जाएँ।

डॉक्यूमेंट में किए गए परिवर्तनों को सेव करना (Saving Changes Made to the Document)

अपनी फाइल पर काम करते समय आप इसे नियमित अंतराल पर सेव करते रहने की आदत डाल लें। ऐसा करने पर आपका काम सुरक्षित रहेगा। अपनी फाइल को सेव करने के लिए माउस पॉएंटर को **Standard** toolbar पर मौजूद **Save** बटन (▣) पर लाएँ (चित्र WD-4.75) और बाएँ माउस बटन को क्लिक कर दें। आपकी फाइल सेव हो जाएगी।

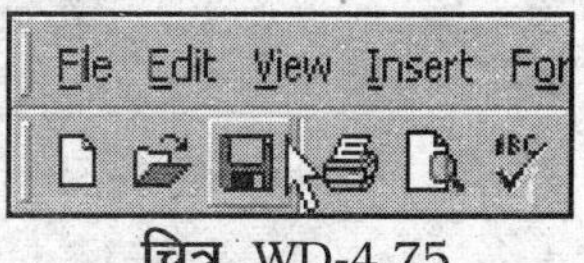

चित्र WD-4.75

डॉक्यूमेंट में स्पेलिंग की जाँच करना (Checking Spellings in the Document)

आप अपने डॉक्यूमेंट में स्पेलिंग संबंधी गलतियों का पता लगा सकते हैं तथा वर्ड की स्पेल चेक सुविधा का इस्तेमाल करके इन्हें सुधार सकते हैं। अपने डॉक्यूमेंट **Letter.doc** में स्पेलिंग की जाँच करने के लिए आप नीचे लिखे क्रम का पालन करें –

1. माउस पॉएंटर को **Standard** toolbar पर मौजूद **Spelling and Grammar** बटन (✓) पर लाएँ (चित्र WD-4.76) और बाएँ माउस बटन को क्लिक करें। आपके स्क्रीन पर तुरंत एक **Spelling and Grammar : English[U.S.]** बॉक्स (चित्र WD-4.77) दिखाई देगा।

चित्र WD-4.76

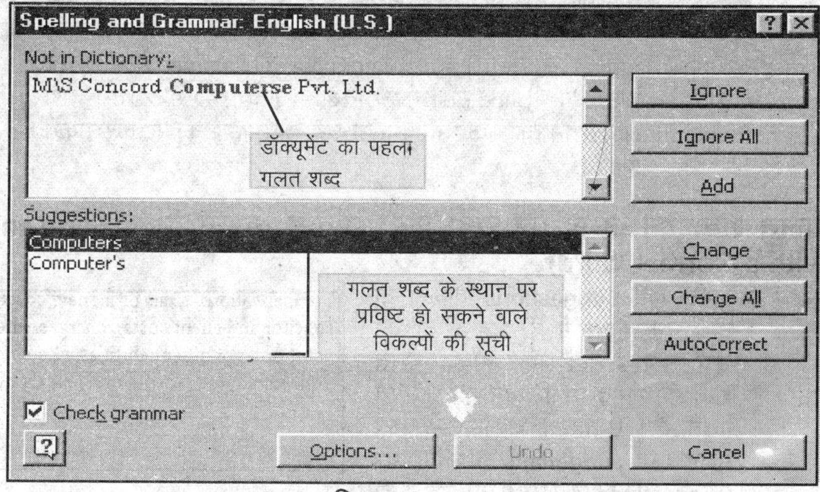

चित्र WD-4.77

जैसा आप चित्र WD-4.77 में देख रहे हैं, माइक्रोसॉफ्ट वर्ड ने **Computerse**, शब्द को **Not in Dictionary:** में दिखाया है, क्योंकि यह गलत तथा अर्थरहित है।

Computerse की जगह पर जो शब्द इस्तेमाल हो सकते हैं आप उन्हें **Suggestions:** बॉक्स में देख सकते हैं। आप इस शब्द को चुनकर **Change** बटन पर क्लिक करें। जब स्पेलिंग की जाँच समाप्त हो जाती है, तब माइक्रोसॉफ्ट वर्ड कोई अन्य सुझाव नहीं देता और **Fragment (no spelling suggestions)** संदेश स्क्रीन पर दिखाता है (चित्र WD-4.78)।

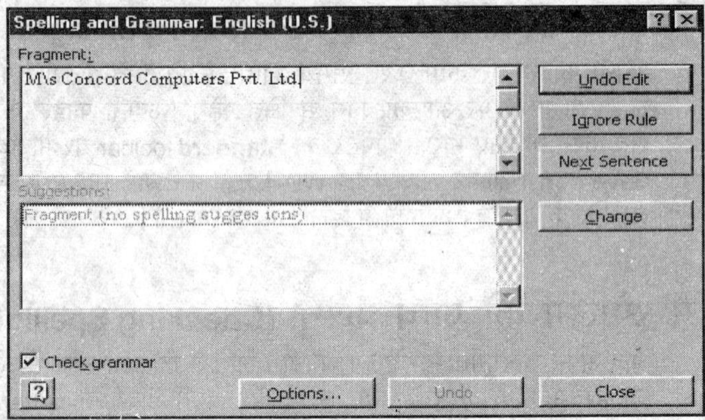

चित्र WD-4.78

कुछ गलतियों को अनदेखा करना (Ignoring Certain Errors)

मान लीजिए कि आप शब्द **Pvt.** (चित्र WD-4.78) को किसी भी अन्य शब्द से नहीं बदलना चाहते। इस स्थित में आप नीचे लिखे क्रम को अपनाएँ–

1. माउस पॉइंटर को **Ignore** बटन पर लाएँ।
2. बाएँ माउस बटन को क्लिक करें। इसके बाद जल्द ही बॉक्स में **Not in Dictionary:** विकल्प के नीचे अगला गलत शब्द दिखाई देगा।

यदि आप वर्ड द्वारा Suggestions बॉक्स में दिए गए किसी शब्द की जगह पर गलत शब्द को Not in dictionary विकल्प के नीचे खुद ही सुधार देते हैं, तो Spelling and Grammer बॉक्स (चित्र WD-4.78) Undo Edit बटन दिखाने लगता है। इस बटन द्वारा आप अपने द्वारा किए गए (गलत शब्द के) सुधार को रद्द कर सकते हैं।

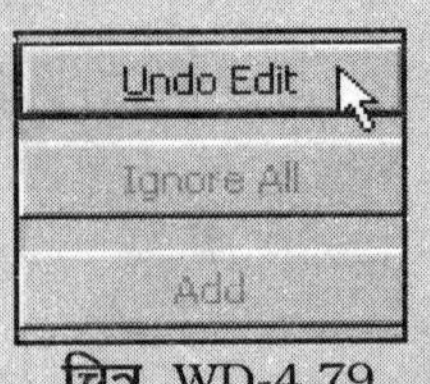

चित्र WD-4.79

गलत शब्द की जगह पर सही शब्द प्रविष्ट करना (Replacing an Incorrect Word with a Correct Word)

कभी–कभी **Suggestions** विकल्प के नीचे बने बॉक्स में दी गई शब्दों की सूची से कोई शब्द लेकर आपको गलत शब्द की जगह पर लिखने की जरूरत पड़ती है। उदाहरण के लिए– आप गलत शब्द **Judgments** की जगह पर **Suggestions** विकल्प में दी गई सूची से लेकर सही शब्द **Judgements** लिखना चाहते हैं (चित्र WD-4.80)।

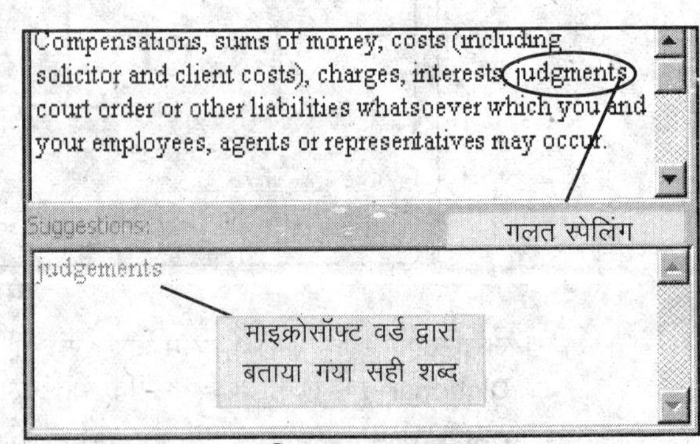

चित्र WD-4.80

ऐसा करने के लिए आप नीचे लिखे क्रम को अपनाएँ –

1. माउस पॉइंटर को **Suggestions** विकल्प के नीचे बने बॉक्स में लिखे शब्द **Judgements** पर लाएँ।
2. **Judgements** शब्द को हाईलाइट करने के लिए इस पर बाएँ माउस बटन को क्लिक कर दें।

3. माउस पॉएंटर को **Change** बटन (चित्र WD-4.81) पर लाएँ और बाएँ माउस बटन को इस पर क्लिक करें। ऐसा करते ही **Judgments** शब्द की जगह पर **Judgements** लिखा दिखाई देने लगेगा। इसके बाद वर्ड एक बार फिर स्पेलिंग की जाँच का काम शुरू कर देगा और अगले गलत शब्द पर चला जाएगा।

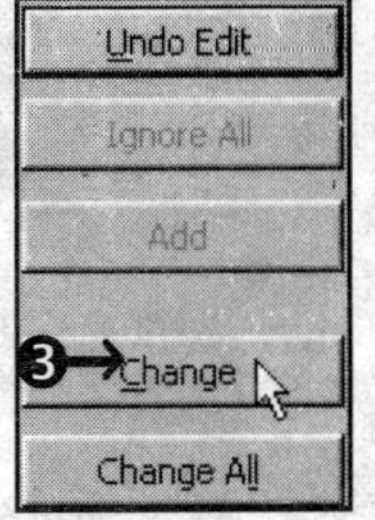

चित्र WD-4.81

स्पेलिंग की जाँच का काम पूरा करना (Completing the Spell-check)

1. आप अपने डॉक्यूमेंट की पूरी स्पेलिंग–जाँच के लिए कुछ 'गलतियों को अनदेखा करना' तथा 'गलत शब्द की जगह पर सही शब्द प्रविष्ट करना' विषय के अंतर्गत दिए गए क्रम (जो भी आवश्यक हो) का पालन करें। पूरे डॉक्यूमेंट की जाँच हो जाने तक आप इस क्रम को दोहराते रहें।
2. पूरे डॉक्यूमेंट की जाँच हो जाने के बाद स्क्रीन पर एक **Message** बॉक्स (चित्र WD-4.82) दिखाई देगा, जिसमें आपको सूचित किया जाएगा कि स्पेलिंग–जाँच का काम पूरा हो गया है।
3. अपने डॉक्यूमेंट पर वापस लौटने के लिए **OK** बटन पर क्लिक करें (चित्र WD-4.82)। स्क्रीन पर से यह **Message** बॉक्स तुरंत हट जाएगा।

चित्र WD-4.82

यदि आप डॉक्यूमेंट की स्पेलिंग–जाँच पूरी हाने से पहले ही इसे बीच में बंद करना चाहें, तो माउस पॉएंटर को चित्र WD-4.83 के समान Spelling and Grammar बॉक्स के Close बटन पर ले आएँ। इसके बाद बाएँ माउस बटन को क्लिक करें। स्क्रीन पर आपका डॉक्यूमेंट तुरंत दिखाई देने लगेगा।

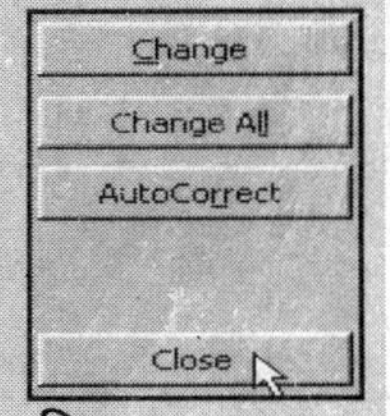

चित्र WD-4.83

गलतियों की स्वयं-सुधार क्रिया (Automatic Correction of Errors)

AutoCorrect (ऑटो करेक्ट) यानी स्वयं–सुधार की क्रिया माइक्रोसॉफ्ट वर्ड की एक प्रमुख विशेषता है। इसकी मदद से आप उन शब्दों की सही स्पेलिंग लिख सकते हैं, जिन्हें आप आसानी से याद नहीं रख पाते। **AutoCorrect** सुविधा का इस्तेमाल करते हुए आपको केवल उन कठिन शब्दों का संक्षिप्त (शॉर्ट कट) रूप लिखना होता है, जिन्हें आप अकसर भूल जाते हैं। माइक्रोसॉफ्ट वर्ड इसे खुद ही पूरा लिख देता है।

मान लीजिए कि अपने डॉक्यूमेंट **Letter.doc** में टाइप करते समय आपको **Computer** शब्द की सही स्पेलिंग याद नहीं आती है। इसलिए हर बार आप इस शब्द की गलत स्पेलिंग टाइप कर देते हैं। इस स्थिति से बचने के लिए आप नीचे लिखे क्रम का पालन करें–

1. पंक्ति **.... of the computer software, software program or information** में माउस पॉएंटर को **computer** शब्द की बाईं ओर लाएँ (चित्र WD-4.84)।

2. We are permitted by law which authorises us full ppower and right (in and out of Singapore) to instruct or advise you to use, test, replicate or mass-produce any or all of the computer software, software program or information.

चित्र WD-4.84

2. बाएँ माउस बटन को क्लिक करें। एक blinking cursor दिखाई देगा।
3. माउस पॉएंटर को कर्सर पर लाएँ और बाएँ माउस बटन को दबाएँ।
4. बाएँ माउस बटन को दबाए रखकर माउस को माउस पैड पर इस प्रकार ड्रैग करें कि **computer** शब्द हाईलाइट हो जाए (चित्र WD-4.85)।

2. We are permitted by law which authorises us full ppower and right (in and out of Singapore) to instruct or advise you to use, test, replicate or mass-produce any or all of the computer software, software program or information.

चित्र WD-4.85

5. मेन्यू बार में **Tools** विकल्प पर क्लिक करें। आपके स्क्रीन पर एक तुरंत ही पुल–डाउन मेन्यू दिखाई देगा (चित्र WD-4.86)।
6. पुल–डाउन मेन्यू में **AutoCorrect** विकल्प पर क्लिक करें (चित्र WD-4.86)। तुरंत ही स्क्रीन पर एक **Auto Correct** बॉक्स खुल जाएगा (चित्र WD-4.87)।

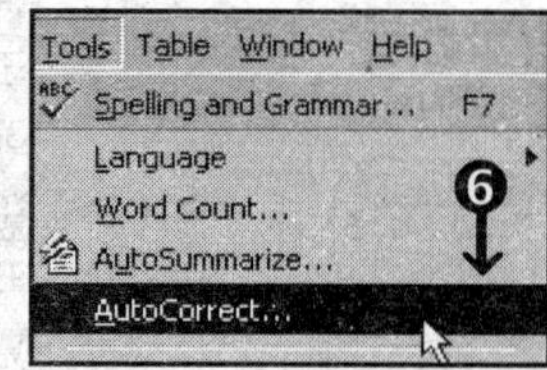

चित्र WD-4.86

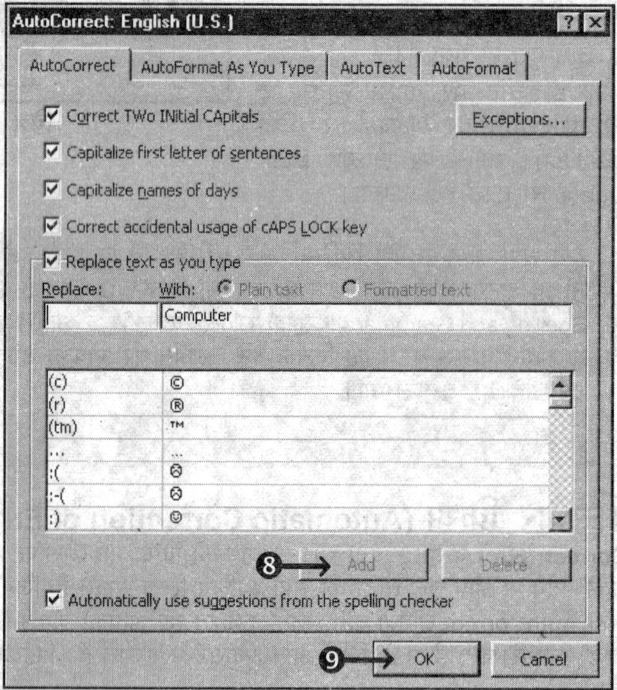

चित्र WD-4.87

7. **AutoCorrect** बॉक्स में **With:** विकल्प के नीचे एक बॉक्स में **Computer** शब्द लिखा दिखाई देगा (चित्र WD-4.88)।

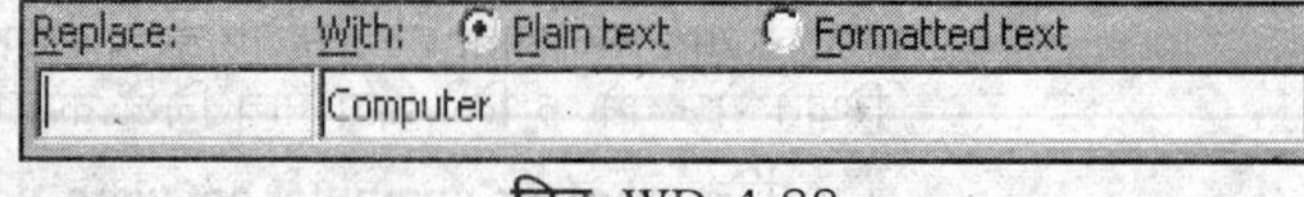

चित्र WD-4.88

इसी बॉक्स में **Replace** विकल्प के नीचे बने बॉक्स में एक blinking cursor भी मौजूद है। यहाँ **Computer** शब्द के लिए एक छोटा और आसान नाम (जैसे **Co**) टाइप कर दें (चित्र WD-4.89)।

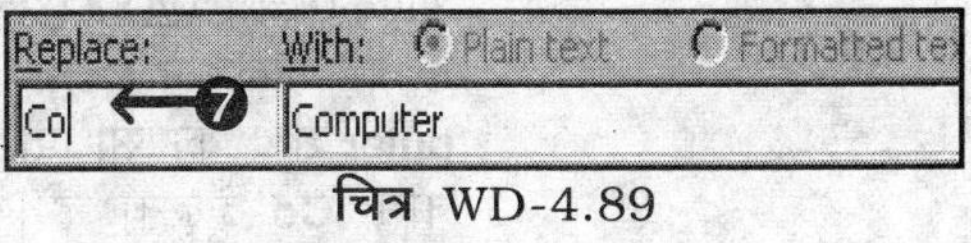

चित्र WD-4.89

8. **Add** बटन (चित्र WD-4.87) पर क्लिक करें। **Computer** शब्द अपने संक्षिप्त नाम **Co** के साथ **AutoCorrect** टेबल में तुरंत जुड़ जाएगा (चित्र WD-4.90)।

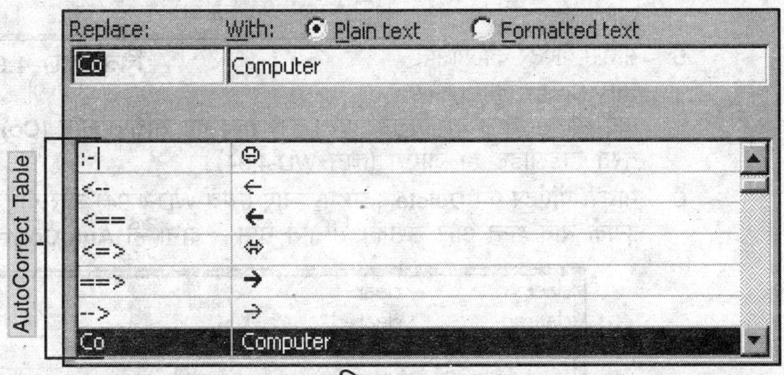

चित्र WD-4.90

9. **OK** बटन पर क्लिक करें (चित्र WD-4.87)। स्क्रीन से **AutoCorrect** बॉक्स हट जाएगा और आपका डॉक्यूमेंट **Letter.doc** स्क्रीन पर लौट आएगा।

10. यह जाँच करने के लिए कि **Computer** का संक्षिप्त (शॉर्ट कट) नाम **Co** अपना सही काम करेगा या नहीं, अपने डॉक्यूमेंट में किसी भी जगह पर **Co** टाइप करें (चित्र WD-4.91)।

चित्र WD-4.91

11. की–बोर्ड से **Spacebar** दबा दें। तुरंत संक्षिप्त नाम बदलकर पूरा शब्द **Computer** बन जाएगा (चित्र WD-4.92)।

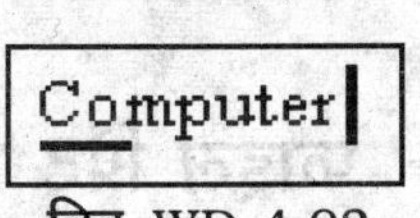

चित्र WD-4.92

अब आप अन्य कठिन शब्दों के संक्षिप्त (शॉर्टकट) नाम बनाने और उन्हें **AutoCorrect** टेबल में शामिल करने का अभ्यास कर सकते हैं।

ऑटो करेक्ट से शॉर्ट कट को डिलीट करना (Deleting a Shortcut from AutoCorrect)

मान लीजिए कि आपने इतने अधिक शॉर्ट कट बना लिये हैं कि उन सभी को याद रख पाना आपके लिए कठिन हो रहा है। इस मुश्किल से बचने का सबसे अच्छा तरीका यह है कि आप **AutoCorrect** से कुछ संक्षिप्त नाम मिटा दें। उदाहरण के तौर पर– **Computer** शब्द का अभी बनाया शॉर्ट कट **Co** मिटाकर देखें। इसके लिए आप नीचे लिखे क्रम का पालन करें –

1. **Menu bar** में **Tools** विकल्प पर क्लिक करें। स्क्रीन पर एक पुल–डाउन मेन्यू दिखाई देगा।
2. पुल–डाउन मेन्यू में **AutoCorrect** विकल्प पर क्लिक करें। स्क्रीन पर एक **AutoCorrect** बॉक्स दिखाई देगा।
3. इस **AutoCorrect** बॉक्स में माउस पॉएंटर को डाउन ऐरो बटन (▾) पर लाएँ (चित्र WD-4.93)।

4. आपको चित्र WD-4.93 के बड़े बॉक्स में **Computer** शब्द का संक्षिप्त नाम **Co** ढूँढ़ना है। इसलिए तब तक डाउन ऐरो बटन (▾) पर क्लिक करते रहें, जब तक आपको **Co** शब्द न मिल जाए।

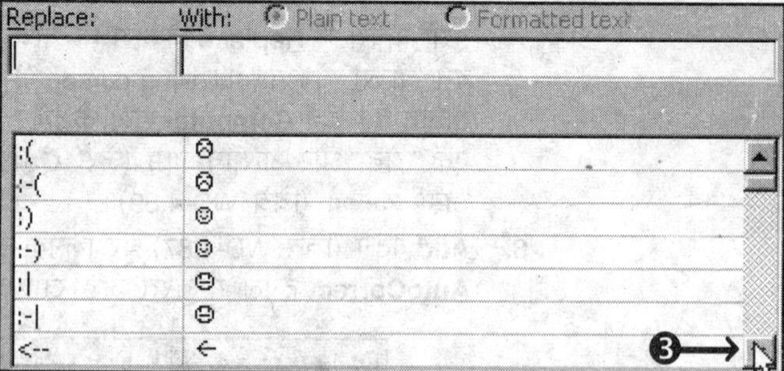

चित्र WD-4.93

5. माउस पॉएंटर को संक्षिप्त नाम **Co** पर लाएँ और बाएँ माउस बटन को क्लिक करें। इस शब्द का संक्षिप्त नाम (**Co**) और पूरा नाम (**Computer**) तुरंत हाईलाइट हो जाएँगे (चित्र WD-4.94)।
6. माउस पॉएंटर को **Delete** बटन पर लाएँ (चित्र WD-4.94) और बाएँ माउस बटन को क्लिक करें। इसके बाद शब्द और उसका संक्षिप्त नाम— दोनों ही **AutoCorrect** टेबल से हट जाएँगे।

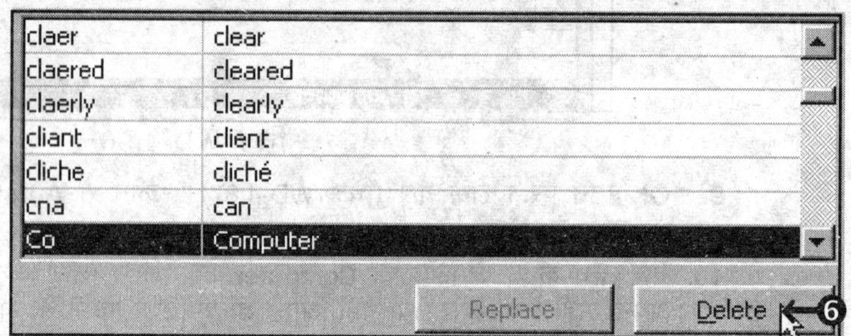

चित्र WD-4.94

7. **AutoCorrect** बॉक्स में **OK** बटन पर क्लिक करें।

फाइल प्रिंट करना (Printing the File)

अपने डॉक्यूमेंट में सारे अनिवार्य फेरबदल कर लेने के बाद, अब आप इसे प्रिंट कर लें। ऐसा करने के लिए आप नीचे लिखे क्रम को अपनाएँ–

1. प्रिंटर ऑन करें।
2. माउस पॉएंटर को **Print** बटन (🖶) पर लाएँ (चित्र WD-4.95)।
3. बाएँ माउस बटन को क्लिक करें। आपका डॉक्यूमेंट प्रिंट हो जाएगा।

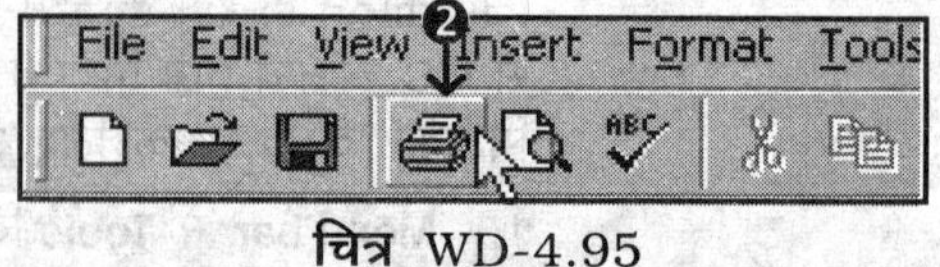

चित्र WD-4.95

डॉक्यूमेंट को सेव करके बंद करना (Saving and Closing the Document)

आपने अपनी आवश्यकता के अनुसार डॉक्यूमेंट के टेक्स्ट में सुधार कर लिया है। इसे प्रिंट भी कर लिया है। अब आप इसे बंद कर दें। इसके लिए आपको नीचे लिखे क्रम का पालन करना होगा–

1. मेन्यू बार में से **File** विकल्प का चुनाव करें और उस पर बाएँ माउस बटन को क्लिक कर दें। स्क्रीन पर तुरंत एक पुल–डाउन मेन्यू दिखाई देगा (चित्र WD-4.96)।

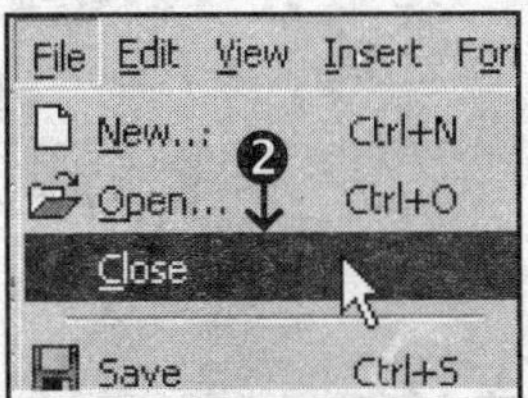

चित्र WD-4.96

2. पुल–डाउन मेन्यू में **Close** विकल्प पर क्लिक करें (चित्र WD-4.96)।
3. चूँकि आपने अंतिम बार संपादन करने के बाद अपना डॉक्यूमेंट सेव नहीं किया था, इसलिए स्क्रीन पर एक बॉक्स दिखाई देगा, जिसमें आपसे यह पूछा जाएगा कि क्या आप डॉक्यूमेंट में किए गए बदलावों को सेव करना चाहते हैं? उन बदलावों को सेव करने के लिए **Yes** बटन पर क्लिक करें (चित्र WD-4.97)। तुरंत ही यह बॉक्स स्क्रीन से हट जाएगा और आपका डॉक्यूमेंट **Letter.doc** सेव होकर बंद हो जाएगा।

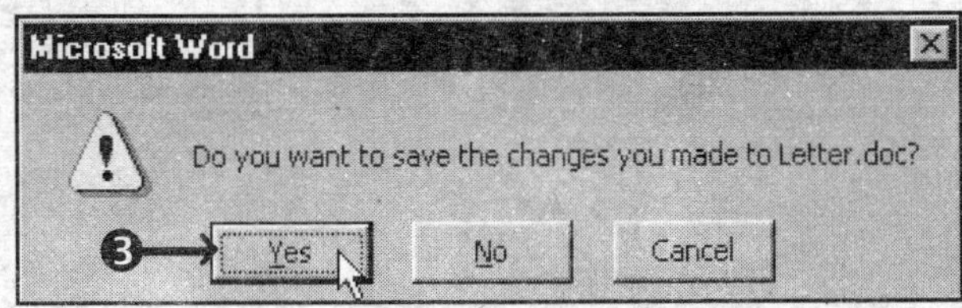

चित्र WD-4.97

माइक्रोसॉफ्ट वर्ड बंद करना (Quitting Microsoft Word)

अब हम माइक्रोसॉफ्ट वर्ड को भी बंद कर देते हैं। इसके लिए आप नीचे लिखे क्रम को अपनाएँ–

1. माउस पॉएंटर को **Title bar** पर मौजूद **Close** बटन (x) पर लाएँ (चित्र WD-4.98)।

चित्र WD-4.98

2. बाएँ माउस बटन को क्लिक करें। तुरंत ही माइक्रोसॉफ्ट वर्ड विंडो बंद हो जाएगी और आपका डेस्कटॉप दिखाई देने लगेगा।

अध्याय

5

डॉक्यूमेंट का रूपांकन

इस अध्याय में–

* विंडोज़ और माइक्रोसॉफ्ट वर्ड को खोलना
* डॉक्यूमेंट का फॉर्मेट बनाना
* बाएँ, दाएँ, ऊपर और नीचे का मार्जिन (Margin) निर्धारित करना
* डॉक्यूमेंट का प्रतिरूप (Preview) स्क्रीन पर देखना
* अपने डॉक्यूमेंट में पृष्ठ–संख्या (Page-numbers) डालना
* हर पृष्ठ में सबसे ऊपर और नीचे विशेष टेक्स्ट निर्धारित करना
* टेबल बनाना
* माउस द्वारा डाटा का चयन करना
* रोज़ प्रविष्ट करना
* कॉलम्स प्रविष्ट करना
* रो डिलीट करना
* कॉलम डिलीट करना
* फांट (Font) बदलना
* फांट का आकार (Font Size) बदलना
* प्रिंट करने से पहले डॉक्यूमेंट का प्रतिरूप (Preview) देखना
* डॉक्यूमेंट बंद करना तथा वर्ड से बाहर आना

यदि आप अपने डॉक्यूमेंट को सुंदर और विशेष रूप में तैयार करना चाहते हैं, तो माइक्रोसॉफ्ट वर्ड की **प्रारूप (Format)** बनाने की सुविधा बहुत उपयोगी सिद्ध होती है। इस सुविधा का लाभ उठाकर आप अपने शीर्षकों को शेष टेक्स्ट से अलग दिखा सकते हैं, टेक्स्ट के विशेष विषयों को हाईलाइट कर सकते हैं, मार्जिन बना सकते हैं, अक्षरों, कैरेक्टर्स इत्यादि की बनावट (Style) और फांट (Font) का आकार बदल सकते हैं तथा डाटा को रोज़ और कॉलम्स में साफ–साफ दिखा सकते हैं।

विंडोज़ और माइक्रोसॉफ्ट वर्ड को खोलना (Opening Windows and Microsoft Word)

1. अपने कंप्यूटर को ऑन करें।
2. स्क्रीन पर डेस्कटॉप दिखाइ देने पर माउस पॉएंटर को **Taskbar** पर बने **Start** बटन पर लाएँ और बाएँ माउस बटन को क्लिक करें। स्क्रीन पर तुरंत एक पुश–अप मेन्यू दिखाई देगा।
3. माउस पॉएंटर को **Programs** विकल्प पर लाएँ। पुश–अप मेन्यू के साथ आपको एक दूसरा मेन्यू दिखाई देगा (चित्र WD-5.1)।
4. इस दूसरे मेन्यू में माउस पॉएंटर को **Microsoft Word** विकल्प पर लाएँ और बाएँ माउस बटन को क्लिक करें (चित्र WD-5.1)। तुरंत आपके स्क्रीन पर **माइक्रोसॉफ्ट वर्ड** विंडो खुल जाएगी (चित्र WD-5.2)।

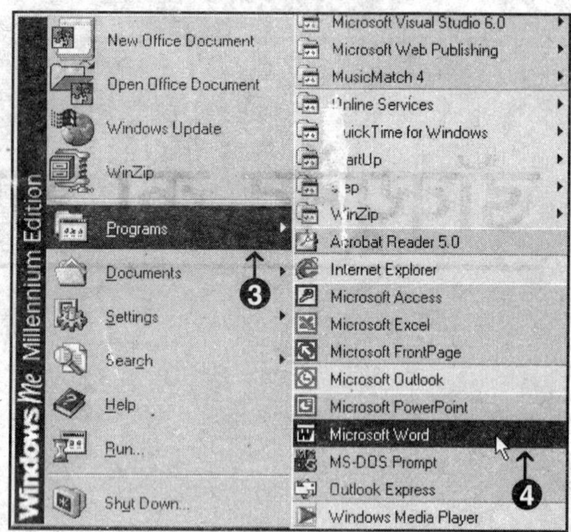

चित्र WD-5.1

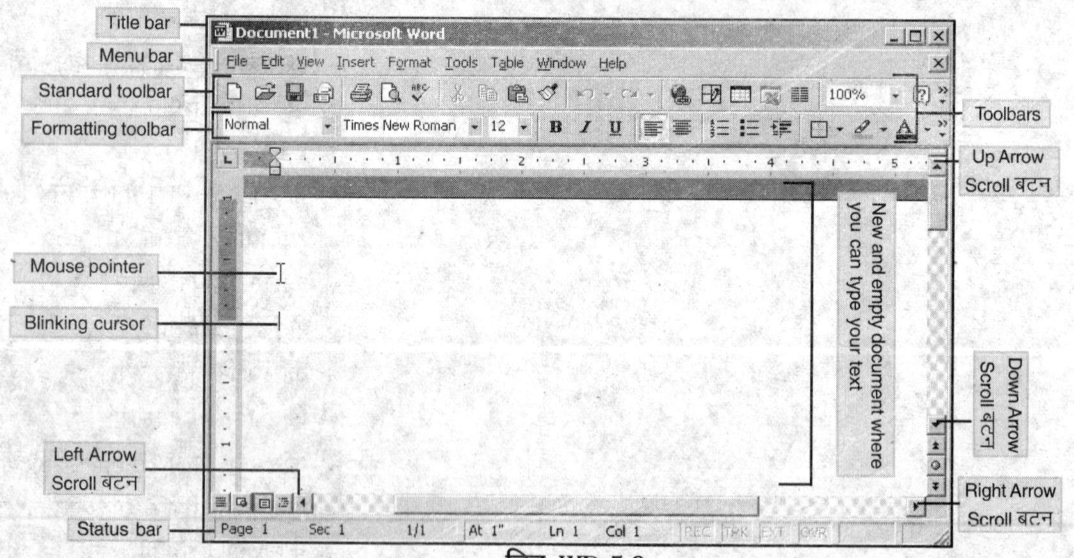

चित्र WD-5.2

यदि आपके स्क्रीन पर माइक्रोसॉफ्ट वर्ड विंडो पहले ही खुली हो, तो आप 'डॉक्यूमेंट का फॉर्मेट तैयार करना' विषय से सीधे ही शुरू कर सकते हैं।

डॉक्यूमेंट का फार्मेट तैयार करना (Creating a well Formatted Document)

कोई भी डॉक्यूमेंट तब अधिक सुंदर लगता है, जब इसके टेक्स्ट को एक निर्धारित मार्जिन (Margin) के बीच में लिखा जाता है। डॉक्यूमेंट **Letter.doc** के margin को हम नीचे लिखे माप के अनुसार निर्धारित करके देखते हैं–

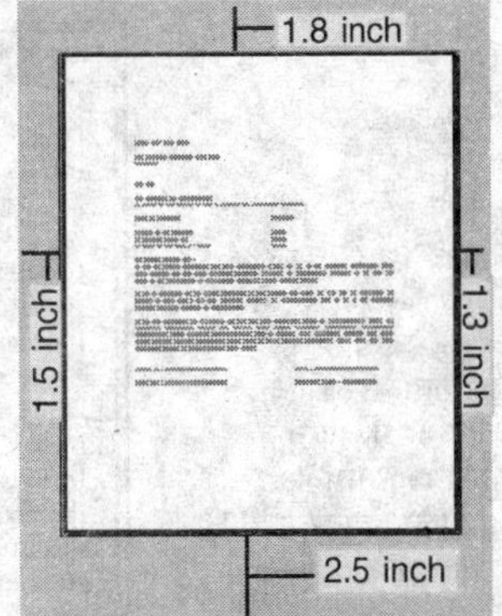

ऊपरी हाशिया (Top Margin)— 1.8 इंच, यानी ऊपर से 1.8 इंच जगह खाली रखें।

निचला हाशिया (Bottom Margin)— 2.5 इंच, यानी नीचे से 2.5 इंच जगह खाली रखें।

बायाँ हाशिया (Left Margin)— 1.5 इंच, यानी बाईं ओर से 1.5 इंच जगह खाली रखें।

दायाँ हाशिया (Right Margin)— 1.3 इंच, यानी दाईं ओर से 1.3 इंच जगह खाली रखें।

ऊपर दिए गए निर्देशों के अनुसार अपने डॉक्यूमेंट के टेक्स्ट का margin निर्धारित करने से पहले हम इस डॉक्यूमेंट को खोलेंगे। इसके लिए आप नीचे लिखे क्रम का पालन करें –

1. माउस पॉएंटर को चित्र WD-5.3 के अनुसार **Open** बटन (📂) पर लाएँ और बाएँ माउस बटन को क्लिक करें (चित्र WD-5.3)। तुरंत आपके सामने एक **Open** बॉक्स खुल जाएगा (चित्र WD-5.4)।

चित्र WD-5.3

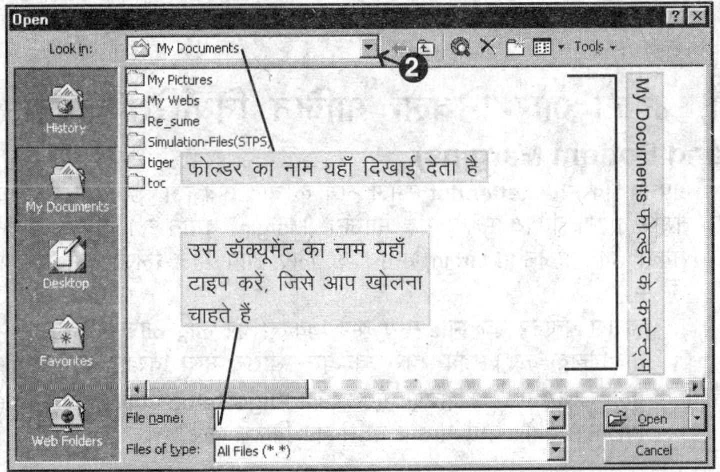

चित्र WD-5.4

2. याद रखें कि आपने अपना **Letter.doc** नाम का डॉक्यूमेंट **Local Disk [C:]** में सेव किया था। इसलिए **Local Disk [C:]** में जाने के लिए, **Look in** विकल्प के साथ बने बॉक्स में मौजूद डाउन ऐरो बटन (▾) पर क्लिक करें (चित्र WD-5.4)। स्क्रीन पर एक पुल–डाउन मेन्यू दिखाई देगा।

3. पुल–डाउन मेन्यू में माउस पॉएंटर को **Local Disk [C:]** पर लाएँ और बाएँ माउस बटन को इस पर क्लिक करें (चित्र WD-5.5)। **Open** बॉक्स में **Look in** विकल्प के साथ बने बॉक्स में तुरंत **Local Disk [C:]** दिखाई देगा। इसके कन्टेन्ट्स **Look in** विकल्प के नीचे मौजूद बड़े बॉक्स में दिखाई देने लगेंगे (चित्र WD-5.6)।

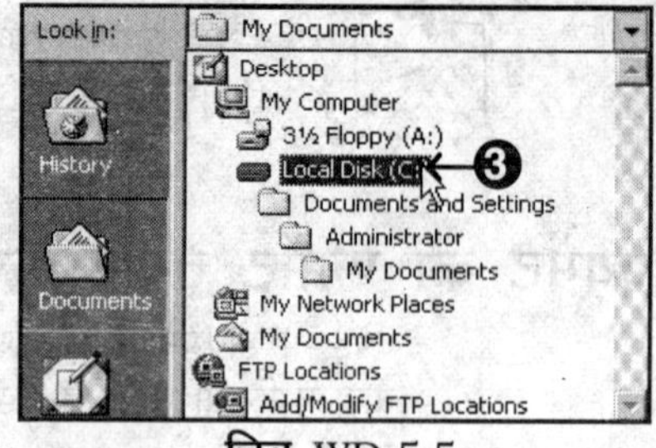

चित्र WD-5.5

चित्र में दिखाई गई सारी फाइल्स आपके कंप्यूटर पर मौजूद नहीं होंगी। यह संभव है कि आपके कंप्यूटर पर यह फाइल्स भिन्न होंगी।

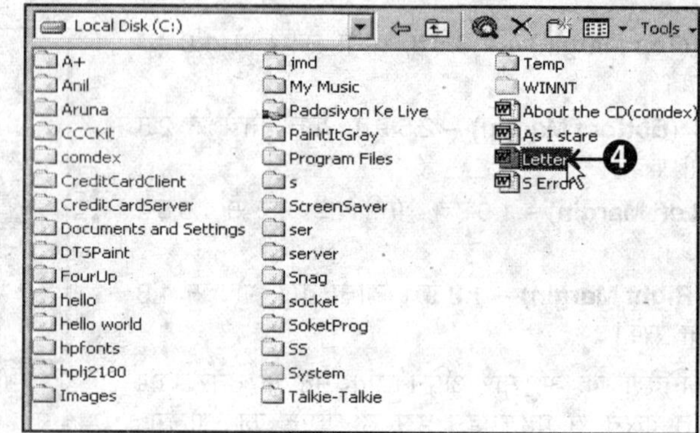

चित्र WD-5.6

4. **Look in** विकल्प के नीचे बड़े बॉक्स में डॉक्यूमेंट **Letter.doc** को खोजें। इसके बाद माउस पॉएंटर को **Letter.doc** (चित्र WD-5.6) पर लाएँ और बाएँ माउस बटन को क्लिक करें।
5. माउस पॉएंटर को **Open** बटन पर लाएँ और बाएँ माउस बटन को क्लिक करें। इसके साथ ही **Open** बॉक्स स्क्रीन से हट जाएगा और डॉक्यूमेंट **Letter.doc** दिखाई देने लगेगा।

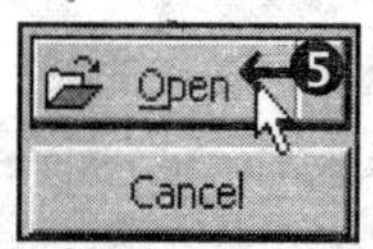

चित्र WD-5.7

बायाँ, दायाँ, ऊपरी और निचला मार्जिन निर्धारित करना (Setting the Left, Right, Top and Bottom Margins)

अपना डॉक्यूमेंट **Letter.doc** खोल लेने के बाद अब हम 'डॉक्यूमेंट का फार्मेट तैयार करना' विषय में दी गई मार्जिन (Margin) बनाने की प्रक्रिया शुरू कर सकते हैं। मार्जिन (Margin) बनाने के लिए आप नीचे लिखे क्रम का पालन करें –

1. माउस पॉएंटर को **File** मेन्यू बार विकल्प पर लाएँ और बाएँ माउस बटन को क्लिक करें। स्क्रीन पर एक पुल–डाउन मेन्यू दिखाई देगा।
2. पुल–डाउन मेन्यू में माउस पॉएंटर को **Page Setup** विकल्प पर लाएँ (चित्र WD-5.8) और बाएँ माउस बटन को क्लिक करें।

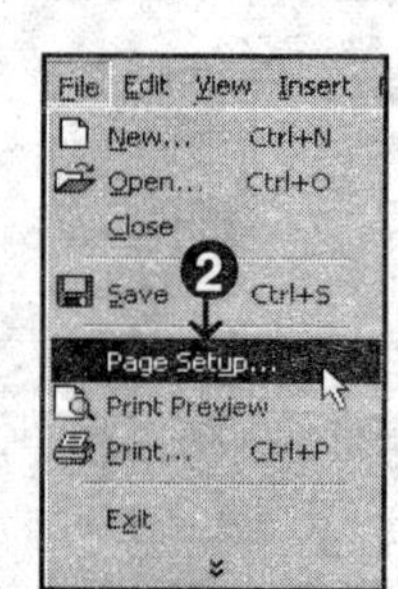

चित्र WD-5.8

ऐसा करते ही स्क्रीन पर **Page Setup** बॉक्स दिखाई देगा (चित्र WD-5.9)। इस बॉक्स में कई विकल्प मौजूद रहते हैं।

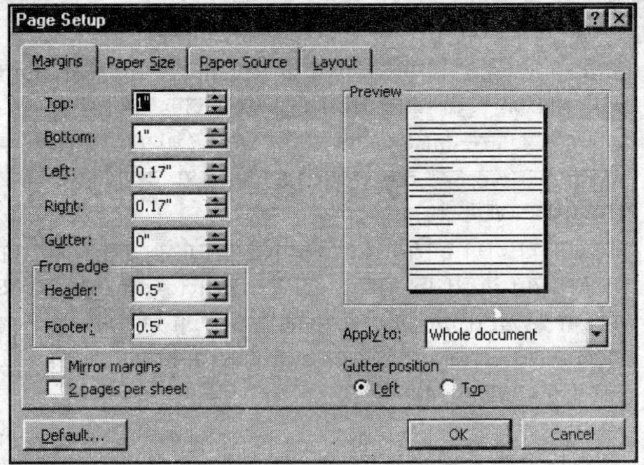

चित्र WD-5.9

3. बॉक्स में **Top, Bottom, Left** और **Right** विकल्प के साथ आपको कुछ अन्य बॉक्स दिखेंगे। इनमें लिखी संख्या इनके माप को इंचों में दर्शाती है।

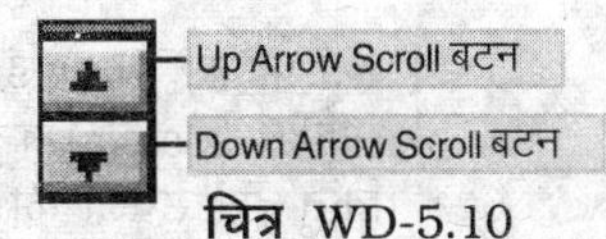

चित्र WD-5.10

जैसा आप देख रहे हैं, प्रत्येक बॉक्स में स्क्रॉल बटन (⬍)भी बने हैं (चित्र WD-5.10)। (▲) अप ऐरो स्क्रॉल बटन को और (▼) डाउन ऐरो स्क्रॉल बटन को दर्शाता है।

हमें अपने पत्र में ऊपर की ओर **1.8** इंच का मार्जिन (Margin) छोड़ना है। इस मार्जिन के लिए माउस पॉएंटर को **Top** विकल्प के साथ बने बॉक्स में **अप ऐरो स्क्रॉल बटन** (▲) पर लाएँ और बाएँ माउस बटन को क्लिक करें। इस बॉक्स में लिखी संख्या तुरंत ही बढ़ जाएगी।

चित्र WD-5.11

4. आप, अप ऐरो स्क्रॉल बटन पर तब तक क्लिक करते रहें, जब तक संख्या **1.8"** दिखाई न देने लगे (चित्र WD-5.11)।

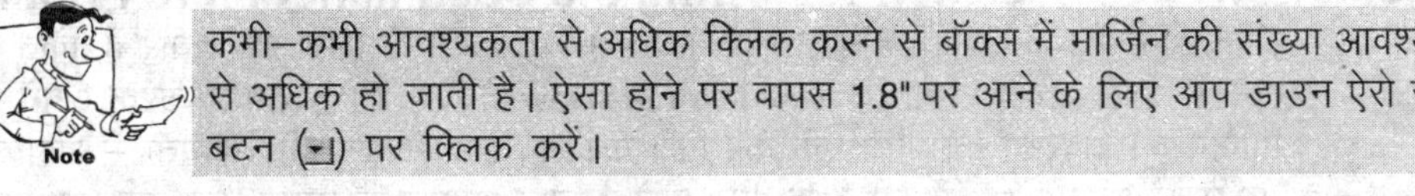

Note

कभी–कभी आवश्यकता से अधिक क्लिक करने से बॉक्स में मार्जिन की संख्या आवश्यकता से अधिक हो जाती है। ऐसा होने पर वापस 1.8" पर आने के लिए आप डाउन ऐरो स्क्रॉल बटन (▼) पर क्लिक करें।

5. इसी प्रकार निचला मार्जिन **2.5"** निर्धारित करने के लिए माउस पॉएंटर को **Bottom** विकल्प के साथ बने बॉक्स में लाएँ। इस बॉक्स में भी स्क्रॉल बटन बने होते हैं (चित्र WD-5.10)। अब माउस पॉएंटर को अप ऐरो स्क्रॉल बटन (▲) पर लाएँ और बाएँ माउस बटन को क्लिक करें।
6. बाएँ माउस बटन को तब तक क्लिक करते रहें, जब तक संख्या **2.5"** बॉक्स में दिखाई न देने लगे (चित्र WD-5.12)।

चित्र WD-5.12

यदि आप गलती से अधिक बार क्लिक कर दें, यानी बॉक्स में मार्जिन की माप दर्शाने वाली संख्या आवश्यकता से अधिक बढ़ जाए, तो वापस 2.5" पर लौटने के लिए डाउन ऐरो स्क्रॉल बटन (▼) पर क्लिक करें।

7. बायाँ मार्जिन **1.5"** निर्धारित करने के लिए माउस पॉएंटर को **Left** विकल्प के साथ बने बॉक्स में लाएँ और अप ऐरो स्क्रॉल बटन (▲) पर क्लिक करें।
8. बाएँ माउस बटन को अप ऐरो स्क्रॉल बटन (▲) पर तब तक क्लिक करते रहें, जब तक संख्या **1.5"** बॉक्स में दिखाई न देने लगे (चित्र WD-5.13)।

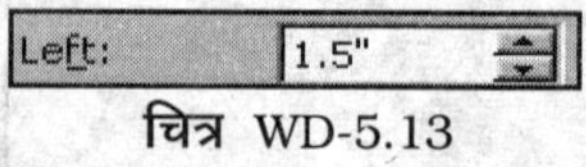

चित्र WD-5.13

9. अब आपको दायाँ हाशिया **1.3"** निर्धारित करना है। इसके लिए माउस पॉएंटर को **Right** विकल्प के साथ बने बॉक्स पर लाकर अप ऐरो स्क्रॉल बटन (▲) पर रखें।
10. बाएँ माउस बटन को अप ऐरो स्क्रॉल बटन (▲) पर तब तक क्लिक करते रहें, जब तक संख्या **1.3"** बॉक्स में दिखाई न देने लगे (चित्र WD-5.14)।

चित्र WD-5.14

यदि आप गलती से अधिक बार क्लिक कर दें, यानी बॉक्स में मार्जिन की माप बताने वाली संख्या जरूरत से अधिक दिखाई देने लगे, तो वापस 1.3" पर लौटने के लिए डाउन ऐरो स्क्रॉल बटन (▼) पर क्लिक करें।

इस प्रकार, आपने डॉक्यूमेंट **Letter.doc** के सभी चारों किनारों पर मार्जिन (Margin) बनाने का काम सफलतापूर्वक पूरा कर लिया है, किंतु इस सज्जा की पुष्टि करने के लिए आप नए मार्जिन के बीच सजे अपने डॉक्यूमेंट को प्रिंट करने से पहले देखना भी चाहेंगे। इसे हम **Open** बॉक्स में मौजूद **Preview** विकल्प द्वारा देख सकते हैं (चित्र WD-5.15)।

चित्र WD-5.15

11. मार्जिन की माप के निर्धारण की पुष्टि करने के लिए बाएँ माउस बटन को **Page Setup** बॉक्स के **OK** बटन (चित्र WD-5.16) पर लाकर क्लिक करें। आपके स्क्रीन से **Page Setup** बॉक्स हट जाएगा और आपके द्वारा बताए गए फॉर्मेट में डॉक्यूमेंट व्यवस्थित हो जाएगा।

चित्र WD-5.16

डॉक्यूमेंट का प्रतिरूप देखना (Previewing the Document before Printing)

अपने डॉक्यूमेंट के मार्जिन बना लेने के बाद इसे प्रिंट करने के लिए आप तैयार हैं, किंतु प्रिंट–आउट लेने से पहले अच्छा रहेगा कि आप **Print Preview** विकल्प का इस्तेमाल करके अपने डॉक्यूमेंट में मार्जिन की रूपरेखा की जाँच एक बार फिर कर लें। इस विकल्प की सहायता से आपको स्क्रीन पर यह देखने की सुविधा मिलती है कि प्रिंट होने के बाद आपका डॉक्यूमेंट कैसा दिखेगा। ऐसा करने के लिए आप नीचे लिखे क्रम का पालन करें –

1. माउस पॉएंटर को **Standard** toolbar में **Print Preview** बटन (🔍) पर लाएँ (चित्र WD-5.17) और बाएँ माउस बटन को क्लिक करें।

चित्र WD-5.17

Print Preview स्क्रीन में भी आप इस तरीके से अपने डॉक्यूमेंट को भली–भाँति देख सकते है–

1. माउस पॉएंटर को डॉक्यूमेंट में लाएँ। कर्सर एक Magnifying Glass में तुरंत बदल जाएगा।
2. अब बायाँ माउस बटन क्लिक कर दें। डॉक्यूमेंट के शब्द स्पष्ट दिखाई देने लगेंगे।

डॉक्यूमेंट **Letter.doc** का प्रतिरूप स्क्रीन पर तुरंत दिखाई देगा (चित्र WD-5.18)। **Print Preview** स्क्रीन पर दिखाई देने वाले टेक्स्ट को आप पढ़ नहीं पाएँगे। इसका कारण यह है कि इसमें टेक्स्ट का केवल फॉर्मेट दिखाई देता है, वास्तविक टेक्स्ट नहीं।

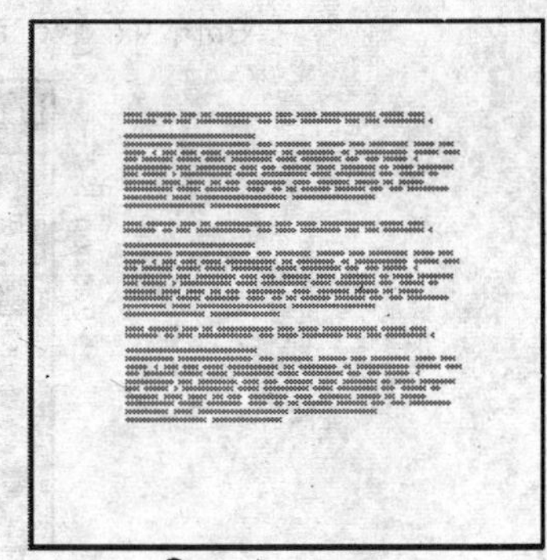

चित्र WD-5.18

2. डॉक्यूमेंट की रूपरेखा से संतुष्ट नहीं रहने की स्थिति में आप इसमें परिवर्तन **Print Preview** स्क्रीन में नहीं कर सकते। परिवर्तन करने के लिए आपको मूल डॉक्यूमेंट में लौटना होगा।
3. मूल डॉक्यूमेंट में लौटने के लिए माउस पॉएंटर को Print **Preview** toolbar में मौजूद **Close** बटन (Close) पर लाएँ (चित्र WD-5.19)।

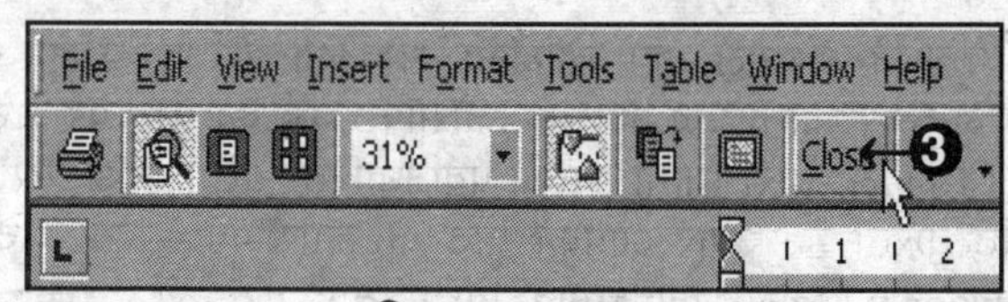

चित्र WD-5.19

4. बाएँ माउस बटन को क्लिक कर दें। तुरंत आप मूल डॉक्यूमेंट **Letter.doc** में लौट आएँगे।

अपने डॉक्यूमेंट में पृष्ठ-संख्या डालना (Setting Page Numbers on Your Document)

जब डॉक्यूमेंट प्रिंट होता है, तो माइक्रोसॉफ्ट वर्ड हर पृष्ठ के अंत में खुद पृष्ठ–संख्या नहीं दिखाता। इस बारे में आपको माइक्रोसॉफ्ट वर्ड को विशेष रूप से निर्देश देने की आवश्यकता पड़ती है। माइक्रोसॉफ्ट वर्ड में पृष्ठ–संख्या को दो स्थानों– पृष्ठ में सबसे ऊपर या सबसे नीचे दिखाया जा सकता है। अब हम डॉक्यूमेंट **Letter.doc** में सबसे नीचे पृष्ठ–सख्या लिख कर देखेंगे। ऐसा करने के लिए आप नीचे लिखा क्रम अपना सकते हैं –

1. माउस पॉएंटर को **Menu bar** में **Insert** विकल्प पर लाएँ और बाएँ माउस बटन को क्लिक कर दें। तुरंत स्क्रीन पर एक पुल–डाउन मेन्यू दिखाई देगा, जिसमें कई विकल्प होंगे (चित्र WD-5.20)।
2. पुल–डाउन मेन्यू में माउस पॉएंटर को **Page Numbers** विकल्प पर लाएँ (चित्र WD-5.20) और बाएँ माउस बटन को क्लिक करें।

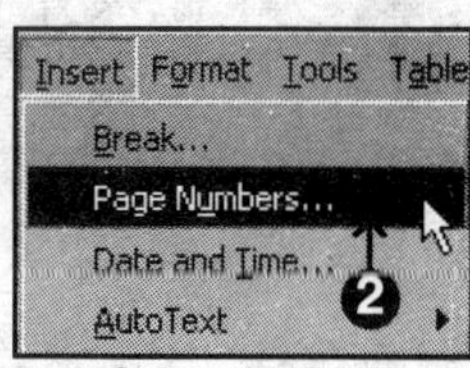

चित्र WD-5.20

स्क्रीन पर तुरंत ही एक **Page Numbers** बॉक्स दिखाई देगा (चित्र WD-5.21)।

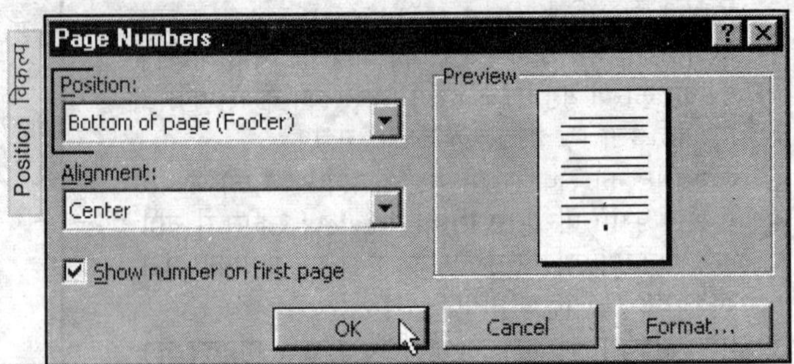

चित्र WD-5.21

3. **Page Numbers** बॉक्स में **Position** विकल्प ढूँढ़े (चित्र WD-5.21)।

आगे बढ़ने से पहले आप 'डिफॉल्ट' शब्द का अर्थ समझ लें। इसका अर्थ है 'कंप्यूटर की सेटिंग के अनुसार' यानी जब आप माइक्रोसॉफ्ट वर्ड को पृष्ठ पर संख्या दिखाने का निर्देश देते हैं, तो यह डिफॉल्ट द्वारा (यानी इसकी पूर्वनिर्धारित सेटिंग के आधार पर) पृष्ठ–संख्या को पृष्ठ के नीचे प्रिंट करता है। अगर आपको पृष्ठ के ऊपर पृष्ठ–संख्या दिखानी है तो आप **Top of page (Header)** विकल्प का चुनाव विशेष तौर पर करें। माइक्रोसॉफ्ट वर्ड **Bottom of page (Footer)** विकल्प **Position** विकल्प के नीचे बने बॉक्स में दर्शाता है। **Position** विकल्प माइक्रोसॉफ्ट वर्ड को बताता है कि पृष्ठ–संख्या को, पृष्ठ के ऊपर देना है या नीचे (चित्र WD-5.22)।

चित्र WD-5.22

पृष्ठ पर पृष्ठ–संख्या यदि सबसे नीचे लिखी हो, तो अधिक अच्छी लगती है, जिसे माइक्रोसॉफ्ट वर्ड डिफॉल्ट द्वारा खुद ही करता है। इसलिए आप इस क्रमांक को छोड़ सकते हैं।

यदि आप पृष्ठ–संख्या को पृष्ठ पर सबसे ऊपर दिखाना चाहते हैं, तो नीचे लिखे क्रम को अपनाएँ–

1. माउस पॉएंटर को Position विकल्प के नीचे बॉक्स में बने डाउन ऐरो बटन (▾) पर लाकर बाएँ माउस बटन को क्लिक करें। स्क्रीन पर एक पुल–डाउन मेन्यू तुरंत दिखाई देगा (चित्र WD-5.23)।

चित्र WD-5.23

2. माउस पॉएंटर को Top of page (Header) विकल्प पर लाएँ और बाएँ माउस बटन को क्लिक करें (चित्र WD-5.23)।

4. पृष्ठ–संख्या की जगह चुन लेने के बाद **Alignment** विकल्प को ढूँढ़ें (चित्र WD-5.24)।

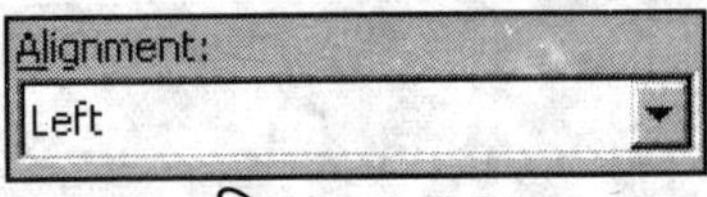

चित्र WD-5.24

यह विकल्प पृष्ठ–संख्या को पृष्ठ के निचले भाग में एक खास जगह पर, यानी बाईं ओर, दाईं ओर या बीच में रखने की सुविधा देता है। हम पृष्ठ–संख्या को बीच में रखेंगे (चित्र WD-5.25)।

ऐसा करने के लिए माउस पॉएंटर को डाउन ऐरो बटन (▾) पर लाएँ और बाएँ माउस बटन को क्लिक करें। स्क्रीन पर पुल–डाउन मेन्यू दिखाई देगा (चित्र WD-5.25)।

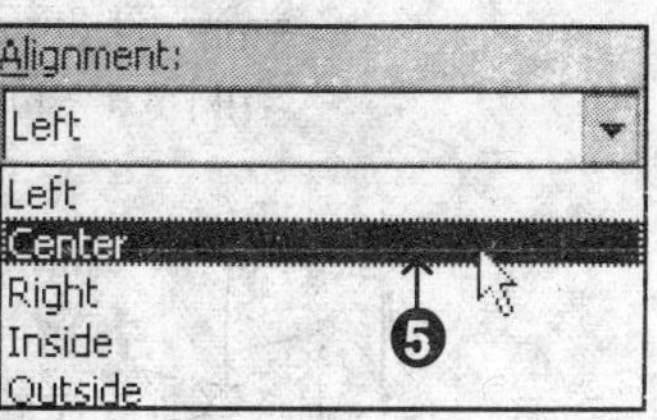

चित्र WD-5.25

5. पुल–डाउन मेन्यू में माउस पॉएंटर को **Center** विकल्प पर लाएँ और बायाँ माउस बटन क्लिक करें (चित्र WD-5.25)। आप देखेंगे कि **Center** विकल्प **Alignment** विकल्प के ठीक नीचे बने बॉक्स में दिखने लगा है (चित्र WD-5.26)।

चित्र WD-5.26

6. पृष्ठ–संख्या को बीच में लाने के बाद **Page Numbers** बॉक्स में मौजूद **Preview** विकल्प डॉक्यूमेंट की रूपरेखा पर एक नजर डालने की सुविधा आपको देता है (चित्र WD-5.27)। प्रिव्यू स्क्रीन में आप पृष्ठ–संख्या को साफ नहीं देख पाएँगे, किंतु उस जगह पर बना बिंदु पृष्ठ–संख्या की जगह दिखाता है।

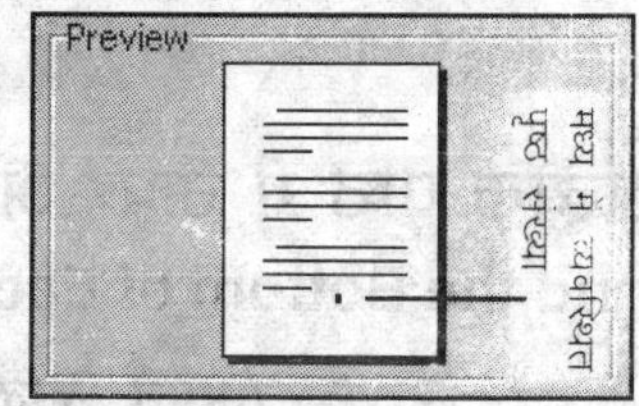

चित्र WD-5.27

7. अब **Alignment** बॉक्स में ही **Show number on first page** विकल्प (चित्र WD-5.28) देखें। इस विकल्प का चुनाव करने पर पृष्ठ–संख्या प्रथम पृष्ठ पर भी दिखाई देगी।

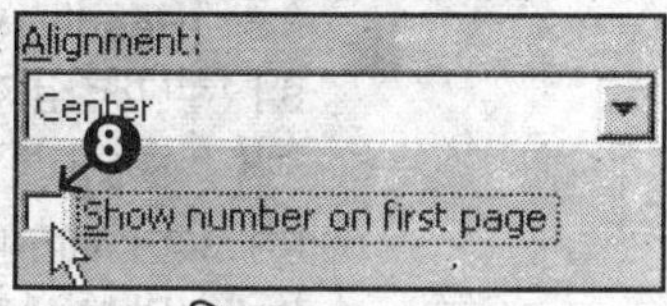

चित्र WD-5.28

8. **Show number on first page** विकल्प के साथ आपको एक बॉक्स दिखाई देगा। इस विकल्प का चुनाव करने के लिए माउस पॉएंटर को इस बॉक्स में लाकर बाएँ माउस बटन को क्लिक करें (चित्र WD-5.28)। इसमें एक चिन्ह [☑] (चित्र WD-5.29) दिखाई देगा, जिससे पता चलेगा है कि इस विकल्प का चुनाव कर लिया गया है।

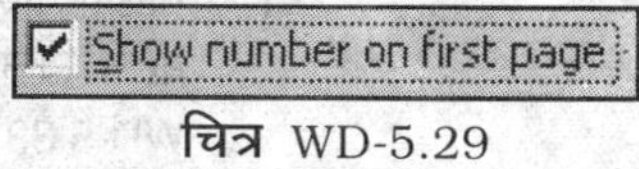

चित्र WD-5.29

यदि आप इस बॉक्स को खाली छोड़ देंगे, तो पृष्ठ–संख्या आपके डॉक्यूमेंट के दूसरे पृष्ठ पर दिखाई देगी, प्रथम पृष्ठ पर नहीं।

9. **Page Numbers** बॉक्स में **OK** बटन पर क्लिक कर दें (चित्र WD-5.30)। तुरंत यह बॉक्स स्क्रीन से हट जाएगा।

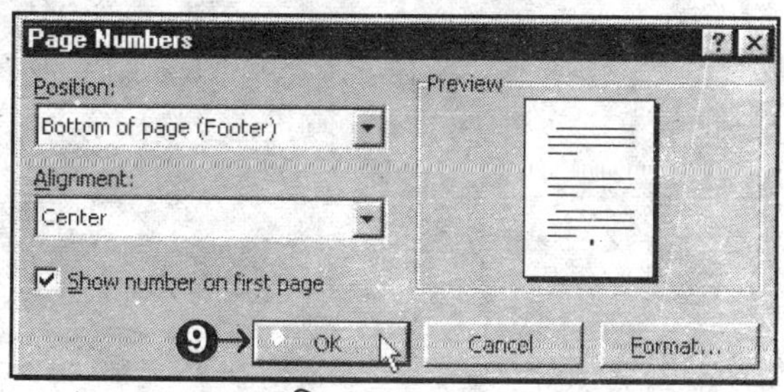

चित्र WD-5.30

10. यह जाँच करने के लिए कि पृष्ठ–संख्या उचित जगह पर दी गई है या नहीं, अपने डॉक्यूमेंट का प्रतिरूप (Preview) आपको देखना होगा। इसलिए **Print Preview** बटन (🔍) पर क्लिक करें (चित्र WD 5.17)।

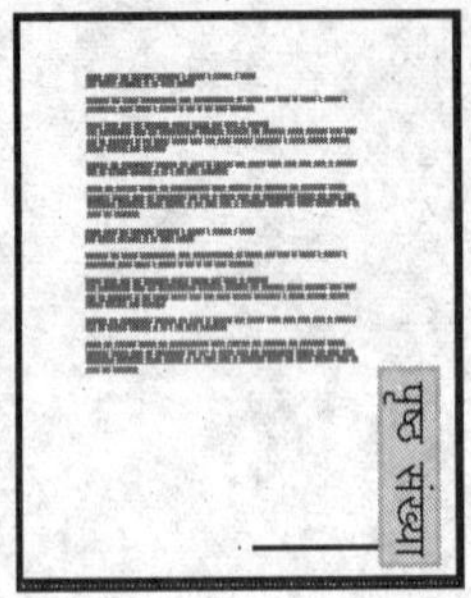

चित्र WD-5.31

स्क्रीन पर आपको डॉक्यूमेंट का प्रतिरूप (चित्र WD-5.31) तुरंत दिखाई देगा। इस स्क्रीन में पृष्ठ–संख्या एक बिंदु द्वारा दर्शाई जाती है।

यदि आप अपने डॉक्यूमेंट का प्रिंट–प्रिव्यू देखने के बाद पृष्ठ–संख्या की जगह से संतुष्ट न हों, तो परिवर्तन करने के लिए आप 'डॉक्यूमेंट में पृष्ठ–संख्या डालना' विषय में दिए गए क्रमांक 1 से दोबारा शुरू करें।

12. **Print Preview** स्क्रीन बंद करने और अपने डॉक्यूमेंट में लौटने के लिए **Close** बटन (Close) पर क्लिक करें (चित्र WD-5.32)।

चित्र WD-5.32

प्रत्येक पृष्ठ में ऊपर और नीचे विशेष पंक्ति लिखना (Specifying Text at the Top and the Bottom of Each Page)

(अपने डॉक्यूमेंट में हेडर्स और फुटर्स कैसे बनाएँ)

हेडर्स (Headers)

हेडर (Header) उस शीर्षक या पंक्ति को कहते हैं, जिसे आमतौर पर पृष्ठ में सबसे ऊपर लिखा जाता है। डिफॉल्ट द्वारा माइक्रोसॉफ्ट वर्ड कोई **Header** नहीं दर्शाता। जब आप कुछ टेक्स्ट **Header** के रूप में टाइप करने का निर्देश देते हैं, केवल तभी यह डॉक्यूमेंट के हर पृष्ठ पर दिखाई देता है।

हम अपने डॉक्यूमेंट **Letter.doc** में एक **Header** [जैसे–**IDG Books India (P) Ltd.**] देकर देखते हैं। इसके लिए आप नीचे लिखे क्रम अपनाएँ–

1. माउस पॉएंटर को **Menu bar** में **View** विकल्प पर लाकर बायाँ माउस बटन क्लिक कर दें। तुरंत स्क्रीन पर एक पुल–डाउन मेन्यू (चित्र WD-5.33) दिखाई देगा।
2. पुल–डाउन मेन्यू में माउस पॉएंटर को **Header and Footer** विकल्प (चित्र WD-5.33) पर लाएँ और बाएँ माउस बटन को क्लिक करें।

   तुरंत स्क्रीन पर एक **Header and Footer** बॉक्स दिखाई देगा (चित्र WD-5.34)। इस समय उस बॉक्स में, जहाँ कर्सर दिखाई दे रहा है, वहाँ **Header** में लिखे जाने वाले शब्द आपको टाइप करने हैं।

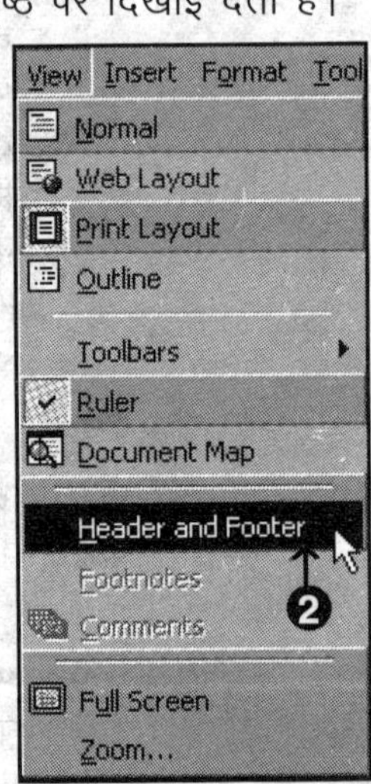

चित्र WD-5.33

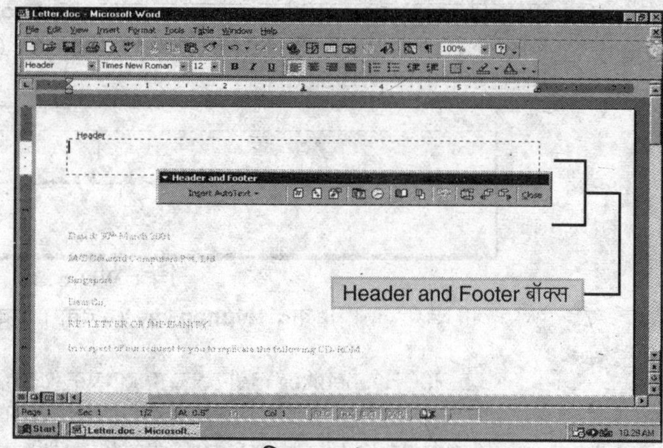

चित्र WD-5.34

3. अब **Header** के रूप में लिखे जाने वाले शब्द **[IDG Books India (P) Ltd.]** को टाइप करें (चित्र WD-5.35)।

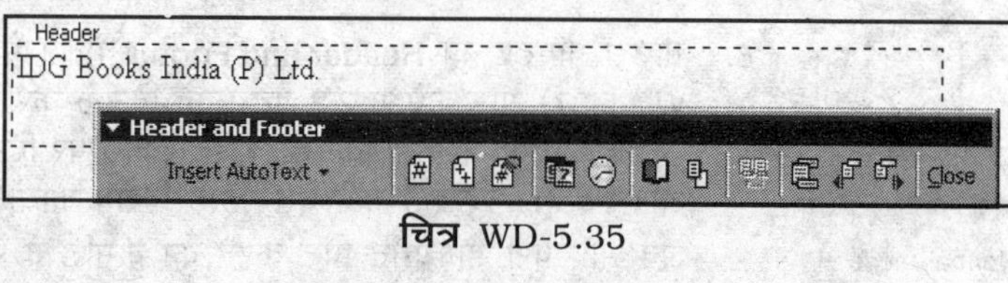

चित्र WD-5.35

4. **Header** के बाद एक पंक्ति खाली छोड़ने के लिए **Enter** key दबा दें।

फुटर्स (Footers)

Header के रूप में आपने जो पंक्ति टाइप की है, वह आपके डॉक्यूमेंट में सबसे ऊपर दिखाई देगी। अब हम अपने डॉक्यूमेंट के लिए एक **Footer (फुटर)** बनाएँगे। **Footer** वे शब्द या पंक्ति होते हैं, जो डॉक्यूमेंट के हर पृष्ठ में सबसे नीचे दिखाई देते हैं। अपने डॉक्यूमेंट **Letter.doc** के लिए **Footer** बनाने के लिए आप नीचे लिखे क्रम के अनुसार काम करें–

5. माउस पॉएंटर को **Switch Between Header and Footer** बटन (▣) (चित्र WD-5.36) पर लाएँ और बाएँ माउस बटन को क्लिक कर दें। तुरंत एक कर्सर और पृष्ठ–संख्या से युक्त dotted बॉक्स आपके डॉक्यूमेंट में सबसे नीचे दिखाई देगा।

चित्र WD-5.36

चित्र WD-5.37

6. हम कोई विशेष शब्द या पंक्ति लिखने के स्थान पर **Footer** के रूप में केवल एक सीधी रेखा खींचेंगे। इसके लिए आप अपने की–बोर्ड से **Hyphen** key (-) को दबाते रहें, ताकि एक सीधी रेखा खिंच जाए (चित्र WD-5.38)।

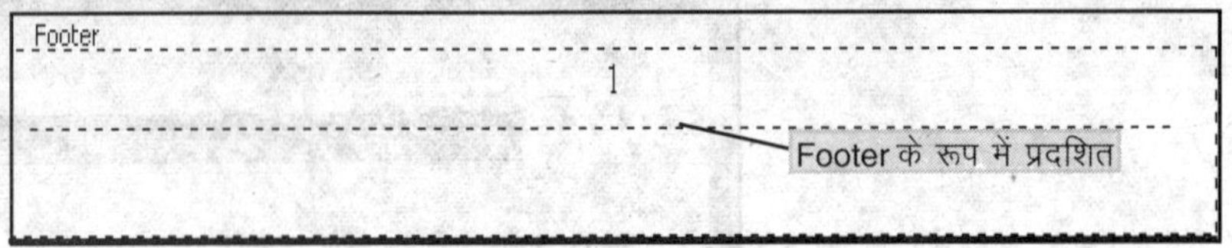

चित्र WD-5.38

7. पूरी रेखा खिंच जाने के बाद **Hyphen** key (-) दबाना बंद कर (छोड़) दें।

यदि आप Hyphen key दबाए रखेंगे, तो एक रेखा बनने के बाद दूसरी पंक्ति भी बनने लगेगी। इस दूसरी रेखा को मिटाने के लिए आप अपने की–बोर्ड की Backspace key को तब तक दबाए रखें, जब तक वह अतिरिक्त रेखा मिट न जाए।

जब आपका डॉक्यूमेंट Normal mode में न होकर किसी अन्य मोड में होता है तब Header और Footer आपके डॉक्यूमेंट में काफी फीके दिखाई देते हैं। यदि आप अपने डॉक्यूमेंट को Normal Mode में दोबारा लाना चाहते हैं तो View मेन्यू बार विकल्प पर क्लिक करके Normal विकल्प को चुनें।

8. माउस पॉएंटर को **Header and Footer** बॉक्स में मौजूद **Close** बटन (Close) पर लाएँ (चित्र WD-5.37) और बाएँ माउस बटन को क्लिक कर दें। तुरंत **Header and Footer** बॉक्स स्क्रीन से हट जाएगा और आपका डॉक्यूमेंट स्क्रीन पर दिखाई देगा। आमतौर पर डॉक्यूमेंट में **Header** और **Footer** दिखाई नहीं देते। इन्हें विशेष कार्यों में ही इस्तेमाल में लाया जाता है।

अब आप पूरा डॉक्यूमेंट प्रिंट करने का कमांड दे सकते हैं, किंतु प्रिंट करने से पहले यह जाँच करना अच्छा रहेगा कि **Header** और **Footer** को सही जगह पर दिखाया गया है या नहीं। यहाँ **Print Preview** की सुविधा आपके काम आती है।

9. माउस को **Standard** toolbar में **Print Preview** बटन (🔍) पर लाएँ (चित्र WD-5.17) और बाएँ माउस बटन को को क्लिक करें।
10. तुरंत **Print Preview** स्क्रीन दिखाई देगी। इस स्क्रीन में आपके डॉक्यूमेंट की वह रूपरेखा भी दिखाई देगी, जिसमें यह प्रिंट होगा (चित्र WD-5.39)।
11. डॉक्यूमेंट **Letter.doc** का प्रिंट–प्रिव्यू देखने के बाद **Close** बटन (Close) पर क्लिक करें और अपने डॉक्यूमेंट में लौट आएँ। तुरंत प्रिव्यू स्क्रीन से हट जाएगा और स्क्रीन पर आपका मूल डॉक्यूमेंट लौट आएगा।

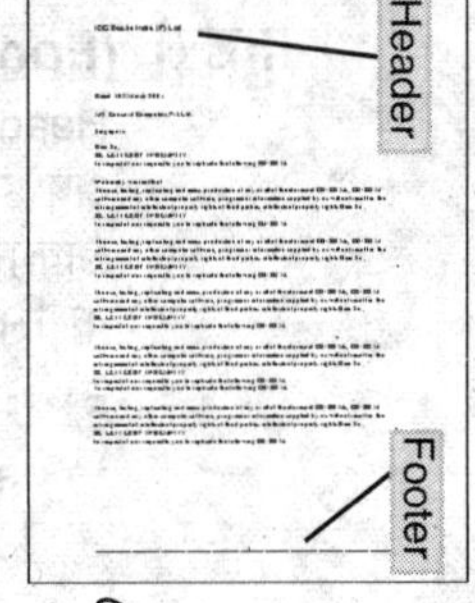

चित्र WD-5.39

टेबल बनाना (Creating Tables)

मान लीजिए कि आपके बॉस ने stock में मौजूद Word 2000 पर लिखी तीन किताबों की list बनाने के लिए कहा है। इसके लिए आपको एक साफ–सुथरे फॉर्मेट में stock की स्थिति दिखानी होगी और तीन शीर्षकों यानी **Book-Code**, **Book-Name** और **Quantity** में इसका विवरण दर्शाना होगा। ऐसा विवरण दिखाने का सबसे अच्छा माध्यम टेबल्स (Tables) ही है।

आप जानते हैं कि आपका पिछला पत्र डॉक्यूमेंट **Letter.doc** एक पूरे पृष्ठ पर लिखा गया था। इसलिए टेबल बनाने के लिए आपको दूसरे पृष्ठ पर जाना होगा, क्योंकि प्रथम पृष्ठ पर टेबल बनाने के लिए पर्याप्त जगह नहीं बची है। इसके लिए आप अगले पृष्ठ पर दिए गए क्रम को अपनाएँ –

1. माउस पॉएंटर को अपने पत्र की अंतिम पंक्ति **Company Stamp ....** पर लाएँ और बाएँ माउस बटन को क्लिक कर दें।

तुरंत इस अंतिम पंक्ति की दाईं ओर एक blinking cursor दिखाई देगा (चित्र WD-5.40)।

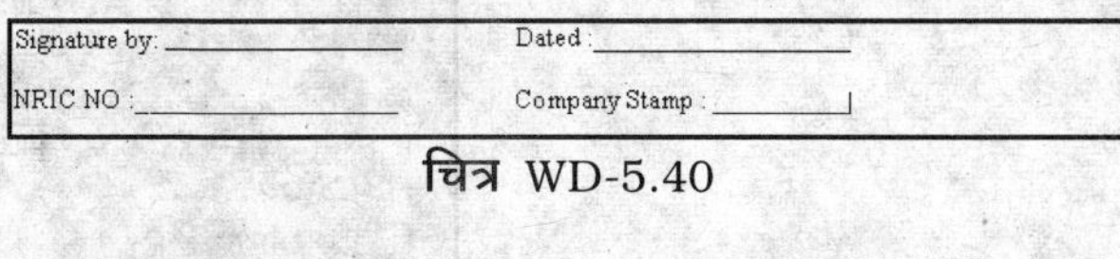

चित्र WD-5.40

2. की–बोर्ड की **Enter** key को तब तक दबाए रखें, जब तक स्क्रीन पर एक dotted outline दिखाई न देने लगे (चित्र WD-5.41)।

यह dotted outline **Page Break** line कहलाती है, क्योंकि यहाँ पहला पृष्ठ समाप्त हो जाता है। जब कर्सर इस **Page Break** line को पार करता है, तो **Status bar** पर पृष्ठ–संख्या स्वयं बदल जाती है।

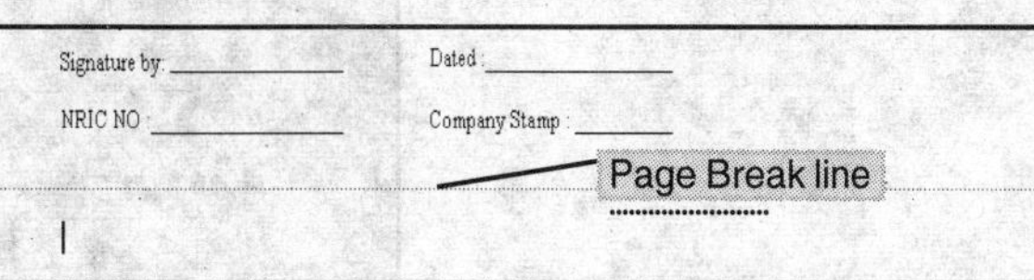

चित्र WD-5.41

3. अतः **Enter** key तब तक दबाए रखें, जब तक **Page Break** line को कर्सर पार न कर ले। इसके साथ ही **Status bar** पर पृष्ठ–संख्या 2 दिखाई देगी (चित्र WD-5.42)। इसका अर्थ यह है कि आप अगले पृष्ठ पर आ गए हैं।

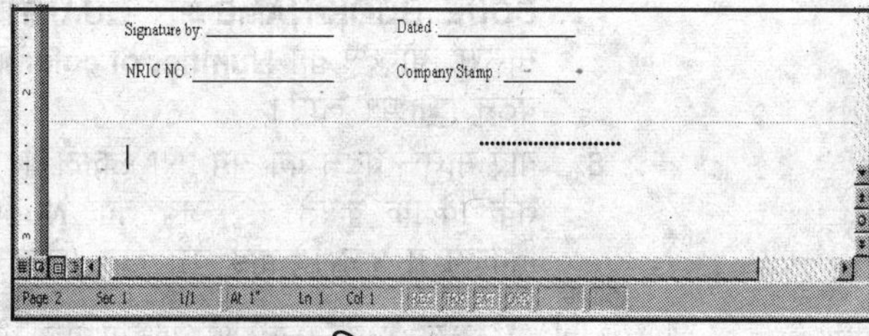

चित्र WD-5.42

4. नए खाली पृष्ठ पर आने के बाद माउस को मेन्यू बार में **Table** विकल्प पर लाएँ और बाएँ माउस बटन को क्लिक कर दें। स्क्रीन पर एक पुल–डाउन मेन्यू दिखाई देगा।
5. पुल–डाउन मेन्यू में **Insert** विकल्प पर क्लिक करें। स्क्रीन पर एक दूसरा मेन्यू दिखाई देगा (चित्र WD-5.43)।
6. इस दूसरे मेन्यू में **Table** विकल्प पर बाएँ माउस बटन को लाकर क्लिक करें (चित्र WD-5.43)। तुरंत स्क्रीन पर एक **Insert Table** बॉक्स दिखाई देगा (चित्र WD-5.44), जिसमें आपसे अपनी टेबल के लिए रोज़ और कॉलम्स का विवरण बताने के लिए कहा जाएगा।

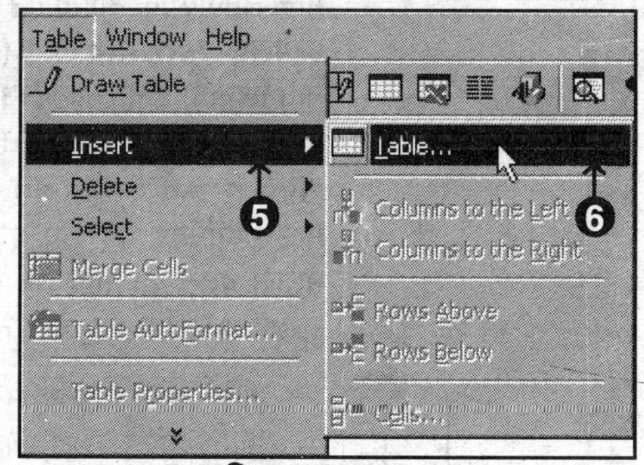

चित्र WD-5.43

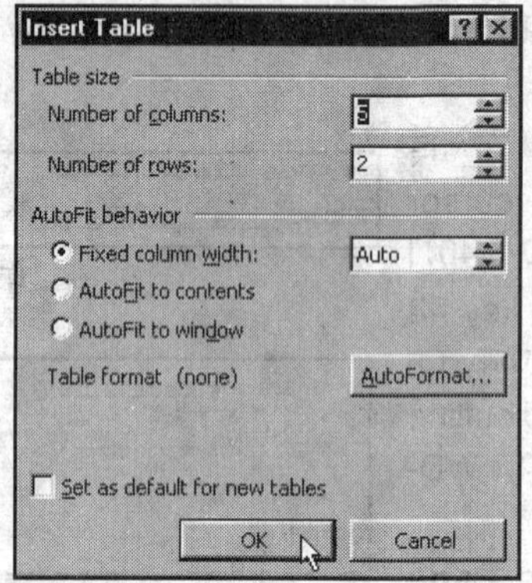

चित्र WD-5.44

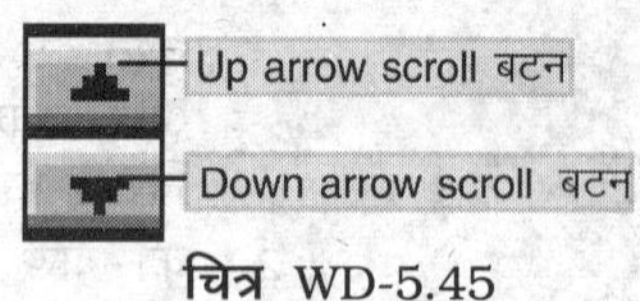

चित्र WD-5.45

Insert Table बॉक्स में कई विकल्प मौजूद रहते हैं। हर विकल्प के सामने एक बॉक्स भी मौजूद रहता है, जिसमें स्क्रॉल बटन (⬍) बने रहते हैं (चित्र WD-5.45)।

7. आप अपनी टेबल के लिए कॉलम्स और रोज़ की संख्या निर्धारित करें। आप जानते हैं कि **BOOK-CODE, BOOK-NAME** और **QUANTITY** के लिए तीन कालम्स की आवश्यकता है। इसलिए माउस पॉएंटर को **Number of columns** विकल्प के साथ बने बॉक्स में मौजूद अप ऐरो स्क्रॉल बटन (▲) पर लाएँ।

8. बाएँ माउस बटन का अप ऐरो स्क्रॉल बटन (▲) पर आप तब तक क्लिक करते रहें, जब तक **Number of columns** विकल्प में **3** न दिखाई देने लगे (चित्र WD-5.46)।

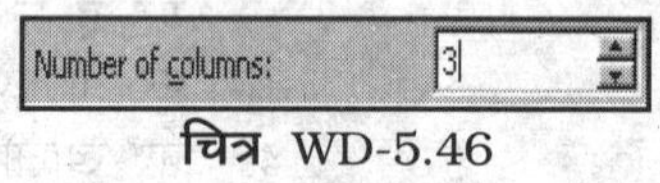

चित्र WD-5.46

यदि आप गलती से अधिक बार क्लिक कर दें, तो बॉक्स में कॉलम्स की संख्या आपकी आवश्यकता से अधिक दिखाई देने लगेगी। ऐसी स्थिति में संख्या 3 पर लौटने के लिए डाउन ऐरो स्क्रॉल बटन (▼) पर क्लिक करें।

9. अपनी टेबल के लिए आवश्यक रोज़ को निर्धारित करें। मान लीजिए कि आपको 3 पुस्तकों का विवरण दिखाना है। इसलिए टेबल में 4 रोज़ (सबसे ऊपरी रो में कॉलम्स के नाम लिखेंगे) होनी चाहिए। **Insert Table** बॉक्स में **Number of rows** विकल्प ढूँढ़ें। इस विकल्प के सामने आपको एक बॉक्स में स्क्रॉल बटन बने दिखाई देंगे (चित्र WD-5.47)।

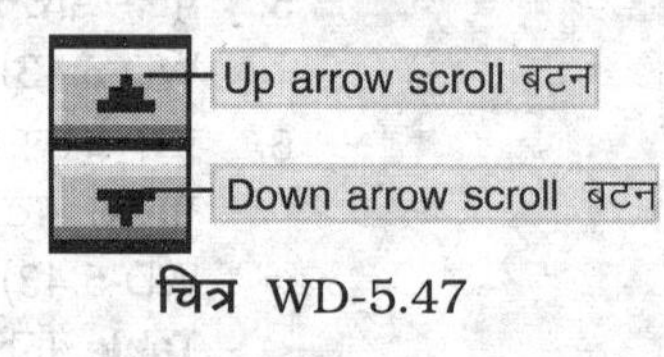

चित्र WD-5.47

10. माउस पॉएंटर को अप ऐरो स्क्रॉल बटन पर लाएँ। बाएँ माउस बटन को आप तब तक क्लिक करते रहें, जब तक संख्या **4** न दिखाई देने लगे (चित्र WD-5.48)।

चित्र WD-5.48

यदि आप गलती से अधिक बार क्लिक कर दें, तो बॉक्स में रोज़ की संख्या आपकी आवश्यकता से अधिक दिखाई देने लगेगी। ऐसी स्थिति में संख्या 4 पर लौटने के लिए डाउन ऐरो स्क्रॉल बटन (▼) पर क्लिक करें।

11. अपनी टेबल के लिए कॉलम्स और रोज़ की संख्या निर्धारित कर लेने के बाद आप माउस पॉएंटर को **Insert Table** बॉक्स में बने **OK** बटन पर लाएँ (चित्र WD-5.44) और बाएँ माउस बटन को क्लिक करें।

तुरंत स्क्रीन से **Insert Table** बॉक्स हट जाएगा और डॉक्यूमेंट **Letter.doc** के दूसरे पृष्ठ पर आपको एक टेबल दिखाई देगी (चित्र WD-5.49)।

Signature by: ____________ Dated: ____________

NRIC NO: ____________ Company Stamp: ____________

कॉलम 1	कॉलम 2	कॉलम 3	
			रो 1
			रो 2
			रो 3
			रो 4

चित्र WD-5.49

ऊपर दी गई टेबल में तीन कॉलम्स और चार रोज़ हैं। टेबल की पहली रो और पहले कॉलम में आपको एक blinking cursor भी दिखाई देगा।

टेबल में टेक्स्ट प्रविष्ट करना (Entering Text into Tables)

अब हम अभी तैयार की गई टेबल में निम्नलिखित डाटा प्रविष्ट करेंगे –

BOOK-CODE	BOOK-NAME	QUANTITY
01	Word 2000 for Dummies	10,000
02	Teach Yourself CorelDraw	12.000
03	Teach Yourself MS-Office	10,000

आप देख रहे हैं कि टेबल के पहले कॉलम की पहली रो पर blinking cursor दिखाई दे रहा है (चित्र WD-5.49)। अब टेबल में उपरोक्त विवरण दर्ज करने के लिए आप नीचे लिखे क्रम को अपनाएँ –

1. सबसे पहले **Caps Lock** key दबाएँ और की–बोर्ड से **BOOK-CODE** (चित्र WD-5.50) टाइप करें। ये शब्द आपकी टेबल के पहले कॉलम में दिखाई देने लगेंगे।
2. पहले कॉलम में नाम लिखने के बाद की–बोर्ड से **Tab** key दबा दें। ऐसा करते ही कर्सर अगले कॉलम पर चला जाएगा (चित्र WD-5.50)।

BOOK-CODE ⟵❶		

चित्र WD-5.50

3. दूसरे कॉलम का शीर्षक (**BOOK-NAME**) टाइप करें।
4. एक बार फिर **Tab** Key दबाएँ। कर्सर अब तीसरे कॉलम पर blink करता दिखाई देगा।
5. तीसरे कॉलम में **QUANTITY** टाइप करें। टेबल चित्र WD-5.51 के समान दिखाई देगी।

BOOK-CODE	BOOK-NAME	QUANTITY

चित्र WD-5.51

6. पहली रो में टेक्स्ट टाइप करने के बाद हम एक–एक करके प्रत्येक रो में आवश्यक डाटा प्रविष्ट करेंगे। इसके लिए की–बोर्ड से **Tab** key दबाएँ। पहली रो के तीसरे कॉलम में मौजूद कर्सर तुरंत दूसरी रो के पहले कॉलम में चला जाएगा।
7. अब **01** लिखें और **Tab** key दबाएँ तथा एक बार **Caps Lock** key दबा दें।
8. शब्द **Word 2000 for Dummies** टाइप करें और **Tab** key दबाएँ।
9. इसके बाद 10,000 टाइप करें और **Tab** key दबाएँ। कर्सर तीसरी रो के प्रथम कॉलम पर दिखाई देगा।
10. अब **02** टाइप करें और एक बार फिर **Tab** key दबाएँ।
11. इसके बाद **Teach Yourself CorelDraw** टाइप करें और **Tab** key दबाएँ।
12. अंत में **12,000** टाइप करें और **Tab** key दबाएँ। इसी प्रकार चौथी रो का ब्योरा भी टाइप करें। पूरा ब्योरा टाइप कर देने के बाद टेबल चित्र WD-5.52 के समान दिखाई देगी।

अपनी टेबल में किसी भी स्थान पर जाने के लिए आप माउस का प्रयोग भी कर सकते हैं। इसके लिए माउस को वांछित स्थान पर लाकर बायाँ माउस बटन क्लिक कर दें।

BOOK-CODE	BOOK-NAME	QUANTITY
01	Word 2000 for Dummies	10,000
02	Teach yourself CorelDraw	12,000
03	Teach yourself MS-Office	10,000

चित्र WD-5.52

कभी–कभी अधिक ब्योरा लिखने के लिए आपको अपनी टेबल को बड़ा करने की आवश्यकता पड़ती है। इसके लिए आपको टेबल में नए कॉलम और नई रोज़ डालनी पड़ेंगी, किंतु मौजूद टेबल में नए कॉलम और नई रोज़ बनाने का तरीका सीखने से पूर्व किसी टेक्स्ट (शब्द, वाक्य या पैराग्राफ) का चयन करने की प्रक्रिया हम दोहरा लें।

माउस द्वारा टेक्स्ट का चयन करना (Selecting Text using the Mouse)

शब्द का चयन कैसे करें (How to Select a Word)

मान लीजिए कि आप अपनी टेबल में से शब्द **BOOK-CODE** का चयन करना चाहते हैं। इसके लिए आप निम्नलिखित क्रम अपनाएँ –

अपने टेबल में किसी शब्द को तुरंत हाईलाइट करने के लिए माउस पॉइंटर (I) को उस शब्द में कहीं भी ले जाकर बाएँ माउस बटन द्वारा डबल–क्लिक करें।

1. माउस पॉइंटर (I) को शब्द **BOOK-CODE** की बाईं ओर लाएँ (चित्र WD-5.53) और बायाँ माउस बटन क्लिक कर दें। इस स्थान पर तुरंत एक blinking cursor दिखाई देगा।
2. अब माउस पॉइंटर को कर्सर पर लाकर बायाँ माउस बटन दबा दें।
3. इसे दबाए रखकर माउस को माउस पैड पर जब तक ड्रैग करें, तब तक **BOOK-CODE** शब्द हाईलाइट न हो जाए (चित्र WD-5.54)।
4. पूरा शब्द हाईलाइट हो जाने के बाद बाएँ माउस बटन को छोड़ दें।
5. इस शब्द से हाईलाइट हटाने के लिए बाएँ माउस बटन को अपने डॉक्यूमेंट में किसी भी अन्य स्थान पर क्लिक कर दें।

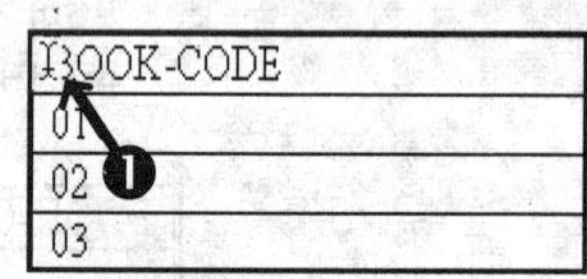

चित्र WD-5.53

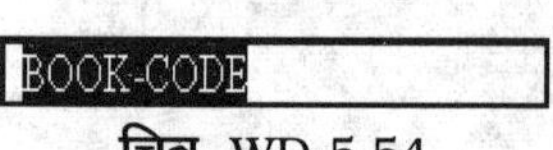

चित्र WD-5.54

वाक्य का चयन कैसे करें (How to Select a Sentence)

यदि आप टेबल में से एक वाक्य **01 Word 2000 for Dummies 10,000** का चयन करना चाहते हैं, तो निम्नलिखित क्रम अपनाएँ –

1. माउस पॉइंटर (I) को अंक **01** की बाईं ओर लाकर बायाँ माउस बटन क्लिक कर दें (चित्र WD-5.55)। इस स्थान पर एक blinking cursor दिखाई देगा।

BOOK-CODE	BOOK-NAME	QUANTITY
01	Word 2000 for Dummies	10,000

चित्र WD-5.55

2. माउस पॉएंटर को कर्सर पर रखें।
3. बाएँ माउस बटन को दबाए रखकर माउस को आवश्यक वाक्य, अर्थात् अपनी टेबल की दूसरी रो पर ड्रैग करें, ताकि रो हाईलाइट हो जाए (चित्र WD-5.56)।

BOOK-CODE	BOOK-NAME	QUANTITY
01	Word 2000 for Dummies	10,000

चित्र WD-5.56

4. आवश्यक रो हाईलाइट हो जाने पर बाएँ माउस बटन को छोड़ दें।
5. पंक्ति से हाईलाइट हटाने के लिए माउस पॉएंटर को अपने डॉक्यूमेंट में किसी भी दूसरे स्थान पर लाएँ और बायाँ माउस बटन क्लिक कर दें।

अपने डॉक्यूमेंट में किसी वाक्य का चयन तुरंत करने के पहले Ctrl key दबाएँ। इसे दबाए रखकर बाएँ माउस बटन को वाक्य पर एक बार क्लिक करें। पूरा वाक्य हाईलाइट हो जाएगा।

एक पैराग्राफ का चयन (Select a Paragraph)

मान लीजिए कि आपको **Letter.doc** के **1. The use of testing .... of third parties** पैराग्राफ को हाईलाइट करना है। इसके लिए आप निम्नलिखित क्रम अपनाएँ –

1. तब तक अप ऐरो स्क्रॉल बटन (▲) पर क्लिक करते रहें, जब तक आप अपने डॉक्यूमेंट की पृष्ठ–संख्या **1** पर न पहुँच जाएँ।
2. माउस को पैराग्राफ के आरंभ में, अर्थात् **1. The ... third parties** की बाईं ओर लाएँ और बायाँ माउस बटन क्लिक कर दें। इस स्थान पर तुरंत एक blinking cursor दिखाई देगा (चित्र WD-5.57)।

We hereby warrant that :
1. The use, testing, replicating and mass production of any or all of the aforesaid CD-ROMs, CD-ROM software and any other computer software, program or information supplied by us will not result in the infringement of intellectual property rights of third parties.

चित्र WD-5.57

3. अब माउस पॉएंटर को कर्सर पर लाएँ और बायाँ माउस बटन दबाएँ।
4. बायाँ माउस बटन दबाए रखकर माउस को ऊपर से नीचे की ओर सीधा ड्रैग करें, ताकि पूरा पैराग्राफ हाईलाइट हो जाए (चित्र WD-5.58)।

किसी पैराग्राफ का झटपट चयन करने के लिए, माउस पॉएंटर को इस पैराग्राफ में किसी भी स्थान पर लाकर तुरंत बायाँ माउस बटन तीन बार दबा दें।

1. The use, testing, replicating and mass production of any or all of the aforesaid CD-ROMs, CD-ROM software and any other computer software, program or information supplied by us will not result in the infringement of intellectual property rights of third parties.

चित्र WD-5.58

5. पूरा पैराग्राफ हाईलाइट हो जाने के बाद बाएँ माउस बटन पर से अंगुली हटा लें।
6. पैराग्राफ से हाईलाइट हटाने के लिए अपने डॉक्यूमेंट में किसी दूसरे स्थान पर क्लिक कर दें।

लिखित टेक्स्ट के किसी भी भाग का चयन कैसे करें (How to Select any portion of Text)

अब आप डॉक्यूमेंट **Letter.doc** में टेक्स्ट के किसी भी भाग को हाईलाइट करके देखें। मान लीजिए कि आप इसके तीसरे पैराग्राफ में से लिखित टेक्सट **effectively indemnified.. charges** का चयन करना चाहते हैं। इसके लिए आप अगले पृष्ठ पर दिए गए क्रम को अपनाएँ –

1. माउस को तीसरे पैराग्राफ की पंक्ति **effectivley indemnified.... Charges** की बाईं ओर लाएँ और बायाँ माउस बटन क्लिक करें। इस स्थान पर एक blinking cursor तुरंत दिखाई देगा (चित्र WD-5.59)।

> 3. We agree to keep you and your employees, agents or representatives fully and effectively indemnified against any actions, suits, claims, demands proceedings, governmental prosecutions, losses, damages, compensations, sums of money, costs (including solicitor and client costs), charges, interests, judgements, court order or other liabilities whatsoever which you and your employees, agents or representatives may incur.

चित्र WD-5.59

2. अब माउस पॉएंटर को कर्सर पर लाएँ और बायाँ माउस बटन क्लिक करें।
3. बाएँ माउस बटन को दबाए रखकर माउस पॉएंटर को टेक्स्ट पर ड्रैग करें, ताकि यह हाईलाइट हो जाए (चित्र WD-5.60)।

> 3. We agree to keep you and your employees, agents or representatives fully and effectively indemnified against any actions, suits, claims, demands proceedings, governmental prosecutions, losses, damages, compensations, sums of money, costs (including solicitor and client costs), charges, interests, judgements, court order or other liabilities whatsoever which you and your employees, agents or representatives may incur.

चित्र WD-5.60

4. टेक्स्ट का आवश्यक भाग हाईलाइट हो जाने पर बाएँ माउस बटन को छोड़ दें।
5. अब इस टेक्स्ट से हाईलाइट हटाने के लिए अपने डॉक्यूमेंट में किसी भी दूसरे स्थान पर क्लिक कर दें।

चयनित टेक्स्ट पर किए जाने वाले कार्य (Operations done with Selection)

इस विषय पर हम पहले भी बात कर चुके हैं। फिर भी इसे हम जल्दी से दोहरा लेते हैं। कभी–कभी आपको अपनी टेबल में कुछ विशेष विवरण प्रमुखता से दर्शाने के लिए अक्षरों या आँकड़ों को मोटे अक्षरों (Bold face), इटैलिक अक्षरों (italic), में लिखने अथवा मध्य (Center) में दर्शाने की आवश्यकता पड़ती है। चयन–प्रक्रिया टेबल के डाटा पर ये सभी काम पूरे करने में आपकी सहायता करती है। अब हम एक विशेष कॉलम के टेक्स्ट को, जैसे **BOOK-CODE** कॉलम के शब्दों के बीच में लाकर देखते हैं। ऐसा करने के लिए आप निम्नलिखित क्रम अपनाएँ –

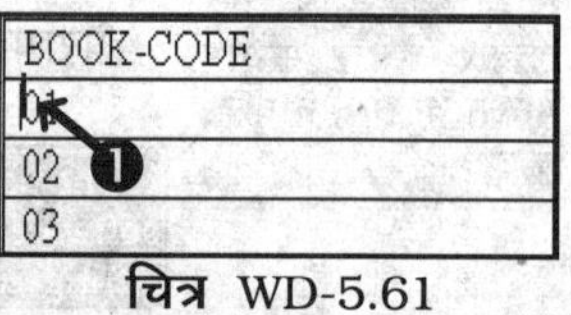

चित्र WD-5.61

1. माउस पॉएंटर को अंक **01** की बाईं ओर (चित्र WD-5.61) रखें और बाएँ माउस बटन को क्लिक कर दें।
2. माउस पॉएंटर को कर्सर पर लाएँ और बायाँ माउस बटन दबा दें।
3. बाएँ माउस बटन को दबाए रखकर माउस को इस प्रकार ड्रैग करें कि **BOOK-CODE** शब्द हाईलाइट हो जाए (चित्र WD-5.62)।

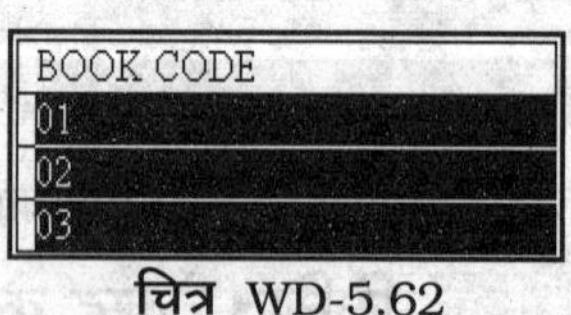

चित्र WD-5.62

4. अब बाएँ माउस बटन को छोड़ दें तथा माउस को **Formatting** toolbar में लाकर **Center** बटन (▤) पर क्लिक करें। तुरंत पूरा शब्द बीच में आ जाएगा (चित्र WD-5.63)

BOOK CODE	BOOK NAME	QUANTITY
01	Word 2000 for Dummies	10,000
02	Teach Yourself CorelDraw	12,000
03	Teach Yourself Ms-Office	10,000

चित्र WD-5.63

रोज़ प्रविष्ट करना (Inserting Rows)

टेबल के बीच में रोज़ प्रविष्ट (Inserting Rows in the Middle of Table)

मान लीजिए आप अपनी टेबल में किसी एक पुस्तक का ब्योरा दर्ज करना भूल जाते हैं। यह ब्योरा **BOOK-CODE 02** के बाद प्रविष्ट करना था। अब इस छूट गए ब्योरे को प्रविष्ट करने के लिए आपको दूसरी और तीसरी रो अर्थात् **BOOK-CODE 02** और **03** के बीच एक नई रो प्रविष्ट करनी होगी। इसके लिए इस प्रकार काम करें –

1. माउस पॉएंटर को प्रथम कॉलम की तीसरी रो में लाएँ और इसे अंक **03** की बाईं ओर लाएँ। अब बाएँ माउस बटन को क्लिक करें। तुरंत एक blinking cursor दिखाई देगा।
2. अब माउस पॉएंटर को कर्सर पर लाएँ और बायाँ माउस बटन क्लिक कर दें।
3. बाएँ माउस बटन को दबाए रखकर माउस को ड्रैग करें और **03** को हाईलाइट करें (चित्र WD-5.64)।
4. **BOOK-CODE 03** हाईलाइट हो जाने पर बायाँ माउस बटन छोड़ दें।
5. अब माउस पॉएंटर को **Menu bar** में मौजूद **Table** विकल्प पर लाएँ और बायाँ माउस बटन क्लिक कर दें। तुरंत स्क्रीन पर एक पुल–डाउन मेन्यू दिखाई देगा (चित्र WD-5.65)।
6. पुल–डाउन मेन्यू में माउस पॉएंटर को **Insert** विकल्प पर लाएँ (चित्र WD-5.65) और बायाँ माउस बटन क्लिक करें।
7. स्क्रीन पर एक और मेन्यू दिखाई देगा। इस मेन्यू में **Cells** विकल्प पर क्लिक करें।

   स्क्रीन पर तुरंत एक **Insert Cells** बॉक्स दिखाई देगा (चित्र WD-5.66)।
8. **Insert Cells** बॉक्स में माउस पॉएंटर को **insert entire row** विकल्प के पास बने राउँड बटन पर लाएँ (चित्र WD-5.67)।
9. अब बाएँ माउस बटन को क्लिक कर दें। इस राउँड बटन में तुरंत एक बिंदु दिखाई देगा, अर्थात् O अब ⊙ के रूप में बदल जाएगा (चित्र WD-5.68)।

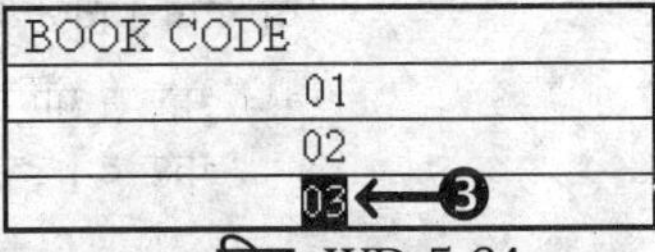

चित्र WD-5.64

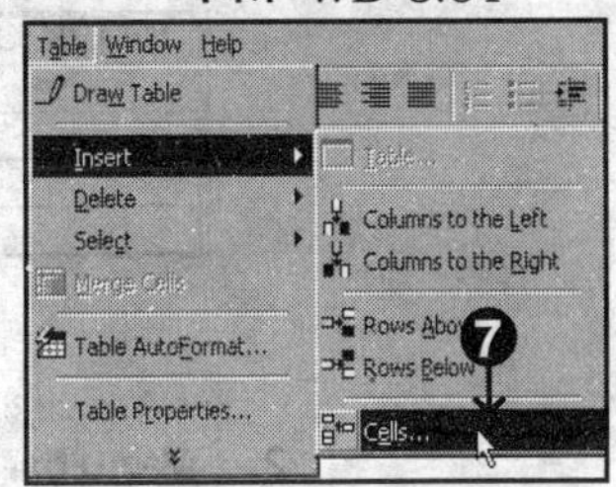

चित्र WD-5.65

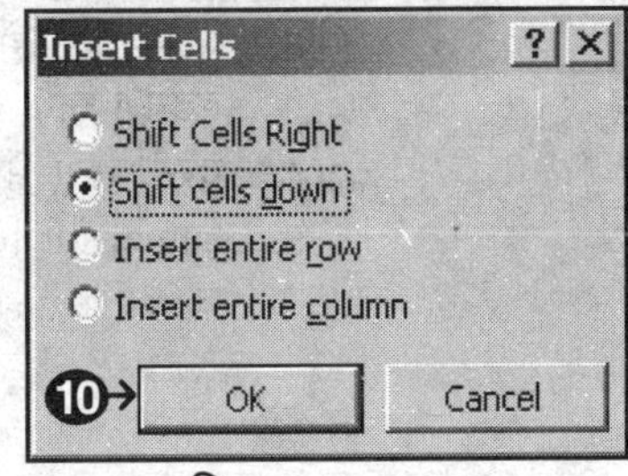

चित्र WD-5.66

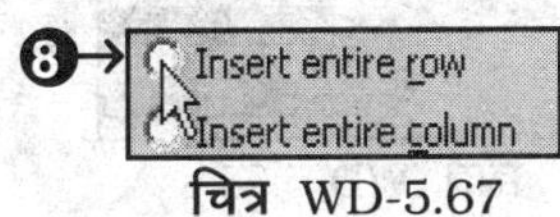

चित्र WD-5.67

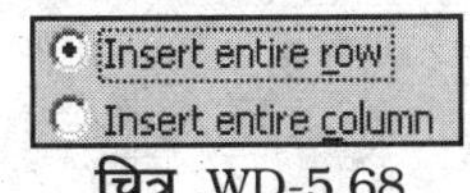

चित्र WD-5.68

10. अंत में **Insert Cells** बॉक्स में **OK** बटन पर क्लिक करें। अब आपकी टेबल में **BOOK-CODEs 02** और **03** के बीच एक नई रो प्रविष्ट हो जाएगी (चित्र WD-5.69)। अब इस टेबल में पाँच रोज़ और तीन कॉलम हैं।

BOOK CODE	BOOK NAME	QUANTITY
01	Word 2000 for Dummies	10,000
02	Teach Yourself CorelDraw	12,000
03	Teach Yourself MS-Office	10,000

चित्र WD-5.69

आप टेबल के अंत में भी रोज़ प्रविष्ट कर सकते हैं। अब आप यह सीखें कि ये रोज़ कैसे प्रविष्ट करें।

टेबल के अंत में रोज़ प्रविष्ट करना (Instering Rows at the End of Table)

यदि आप अपनी टेबल में कुछ अधिक पुस्तकों का स्टॉक–संबंधी ब्योरा दर्ज करना चाहते हैं, तो कुछ खाली रोज़ की आवश्यकता आपको निश्चित रूप से पड़ेगी। अब हम टेबल के अंत में नई रोज़ यानी दो रोज़ प्रविष्ट करके देखेंगे। इसके लिए निम्नलिखित क्रम अपनाएँ–

1. माउस पॉयंटर को पाँचवीं रो, अर्थात् **Book Code 03** के बाद लाएँ और बायाँ माउस बटन क्लिक कर दें। इस स्थान पर एक blinking cursor दिखाई देगा (चित्र WD-5.70)।

BOOK CODE	BOOK NAME	QUANTITY
01	Word 2000 for Dummies	10,000
02	Teach Yourself CorelDraw	12,000
03	Teach Yourself MS-Office	10,000 ❶

चित्र WD-5.70

2. **Menu bar** में **Table** विकल्प पर क्लिक करें। तुरंत स्क्रीन पर एक पुल–डाउन मेन्यू दिखाई देगा (चित्र WD- 5.71)।
3. पुल–डाउन मेन्यू में माउस पॉयंटर को **Insert** विकल्प (चित्र WD-5.71) पर लाएँ और बायाँ माउस बटन क्लिक कर दें। स्क्रीन पर एक और मेन्यू दिखाई देगा।
4. दूसरे मेन्यू में **Rows Below** विकल्प पर माउस का बायाँ बटन क्लिक करें।
5. आप देखेंगे कि टेबल के अंत में एक नई रो प्रविष्ट हो गई है।

चित्र WD-5.71

जब भी आपको टेबल में नई रोज़ प्रविष्ट करनी हो, आप Rows above और Rows below विकल्पों पर क्लिक कर सकते हैं।

आपकी टेबल के अंत में दो नई रोज़ दिखाई दे रही हैं, जो इस समय हाईलाइटेड हैं (चित्र WD-5.72)।

BOOK CODE	BOOK NAME	QUANTITY	रो 1
01	Word 2000 for Dummies	10,000	रो 2
02	Teach Yourself CorelDraw	12,000	रो 3
			रो 4
03	Teach Yourself MS-Office	10,000	रो 5
			रो 6
			रो 7

चित्र WD-5.72

6. नई प्रविष्ट हुई रोज़ से हाईलाइट हटाने के लिए अपने डॉक्यूमेंट में किसी भी अन्य जगह पर क्लिक कर दें। अब आपकी टेबल में 7 रोज़ और 3 कॉलम्स हैं।

कॉलम्स प्रविष्ट करना (Inserting Columns)

टेबल में कॉलम्स कैसे प्रविष्ट करें (How to Insert Columns in the Table)

इस समय आपकी टेबल में तीन कॉलम्स – **BOOK-CODE, BOOK-NAME** तथा **QUANTITY** हैं। मान लीजिए कि हर पुस्तक का मूल्य भी आपको लिखना है। इसके लिए **BOOK-CODE** और **BOOK-NAME** के बीच एक नए कॉलम की आवश्यकता आपको पड़ेगी। इसलिए टेबल में एक नया कॉलम प्रविष्ट करना होगा। ऐसा करने के लिए आप नीचे लिखे क्रम का पालन करें–

1. माउस पॉएंटर को **BOOK-NAME** शब्द की बाईं ओर लाएँ और बाएँ माउस बटन को क्लिक करें। इस जगह पर एक blinking cursor दिखाई देगा।
2. माउस पॉएंटर को इस कर्सर पर लाएँ।
3. बाएँ माउस बटन को दबाए रखकर माउस पॉएंटर को इस प्रकार ड्रैग करें कि **BOOK-NAME** शब्द हाईलाइट हो जाए (चित्र WD-5.73)।

BOOK CODE	BOOK NAME ← 3	QUANTITY
01	Word 2000 for Dummies	10,000
02	Teach Yourself CorelDraw	12,000
03	Teach Yourself MS-Office	10,000

चित्र WD-5.73

4. **BOOK-NAME** शब्द हाईलाइट हो जाने के बाद बाएँ माउस बटन को छोड़ दें।

5. **Menu bar** में **Table** विकल्प पर क्लिक करें। स्क्रीन पर एक पुल–डाउन मेन्यू तुरंत दिखाई देगा (चित्र WD-5.74)।
6. माउस पॉएंटर को **Insert** विकल्प पर लाएँ और क्लिक करें (चित्र WD-5.76)। स्क्रीन पर तुरंत एक और मेन्यू दिखाई देगा (चित्र WD-5.74)। इस मेन्यू में **Cells** विकल्प पर क्लिक करें। स्क्रीन पर एक **Insert Cells** बॉक्स तुरंत दिखाई देगा (चित्र WD-5.75)।

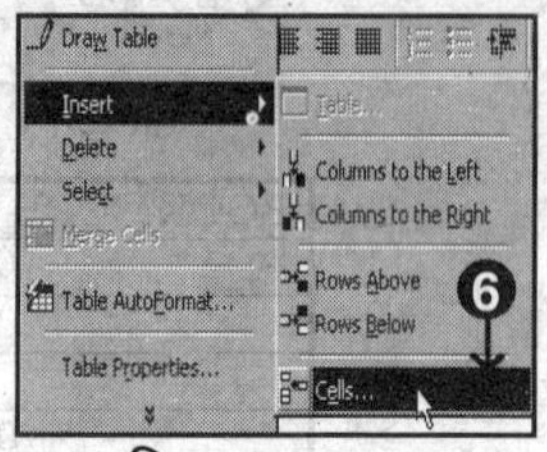

चित्र WD-5.74

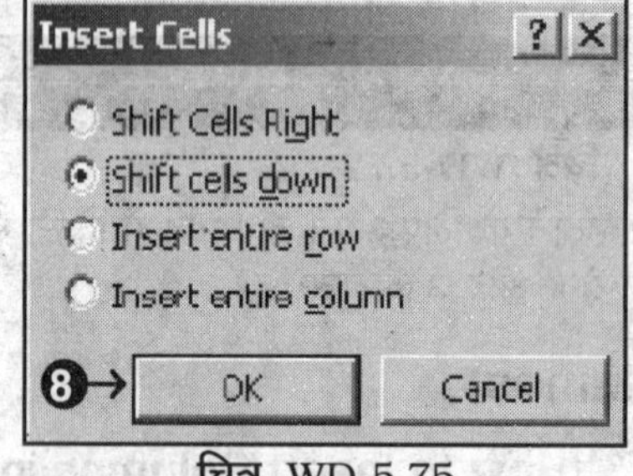

चित्र WD-5.75

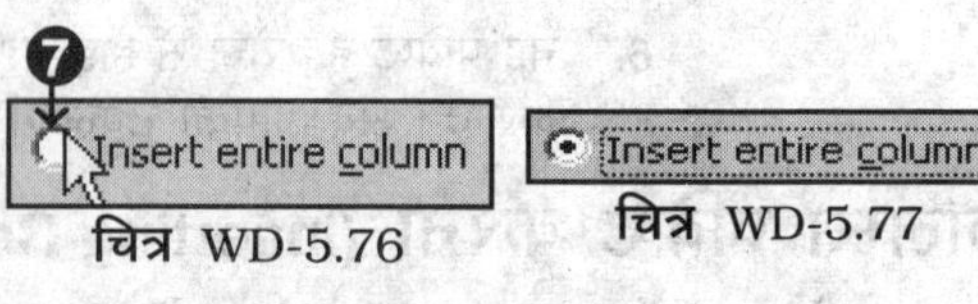

चित्र WD-5.76

चित्र WD-5.77

7. माउस पॉएंटर को **Insert entire column** विकल्प के साथ बने राउँड बटन (चित्र WD-5.76) पर लाएँ और बाएँ माउस बटन को क्लिक करें। तुरंत इस राउँड बटन के बीच में एक बिंदु (⊙) दिखाई देगा (चित्र WD-5.77)। यह इस बात का संकेत है कि इस विकल्प का चुनाव हो गया है।
8. **Insert Cells** बॉक्स में **OK** बटन पर क्लिक कर दें। तुरंत **Insert Cells** बॉक्स स्क्रीन से हट जाएगा और आपकी टेबल स्क्रीन पर दिखाई देने लगेगी। अब आपकी टेबल में एक नया कॉलम बन गया है (चित्र WD-5.78 में हाईलाइटेड कॉलम), जो **BOOK-CODE** और **BOOK-NAME** कॉलम्स के बीच में मौजूद है।

BOOK CODE		BOOK NAME
01		Word 2000 for Dummies
02		Teach Yourself CorelDraw
03		Teach Yourself MS-Office

चित्र WD-5.78

9. नए बनाए गए कॉलम से हाईलाइट हटाने के लिए किसी भी जगह पर क्लिक कर दें। अब आपकी टेबल में सात रोज़ और चार कॉलम्स हैं, हालाँकि इस समय चित्र WD-5.77 केवल तीन कॉलम्स दिखा रहा है। अब आप की–बोर्ड की सहायता से इस नए कॉलम में पुस्तकों का मूल्य–संबंधी ब्योरा टाइप कर सकते हैं।

टेबल के अंतिम कॉलम के बाद नया कॉलम कैसे प्रविष्ट करें (How to Insert Columns after the Last Column)

यदि आप अपनी टेबल के आखिरी कॉलम के बाद नए कॉलम बनाना चाहते हैं, तो नीचे लिखे क्रम को अपनाएँ–

1. माउस पॉएंटर को प्रथम रो के चौथे कॉलम के अंत में टेबल के बाहर लाएँ और बाएँ माउस बटन को क्लिक कर दें। तुरंत उस जगह पर एक blinking cursor दिखाई देगा (चित्र WD-5.79)।

	BOOK NAME	QUANTITY
	Word 2000 for Dummies	10,000

←2

चित्र WD-5.79

2. माउस पॉएंटर को टेबल के बाहर कर्सर पर रखें।
3. मेन्यू बार में **Table** विकल्प पर क्लिक करें। तुरंत स्क्रीन पर एक पुल–डाउन मेन्यू दिखाई देगा (चित्र WD-5.80)।
4. पुल–डाउन मेन्यू में माउस पॉएंटर को **Insert** विकल्प पर लाएँ (चित्र WD-5.81)। स्क्रीन पर एक दूसरा मेन्यू भी दिखेगा। इस मेन्यू में **Cells** विकल्प पर माउस पॉएंटर को लाएँ और बाएँ माउस बटन को क्लिक करें। तुरंत स्क्रीन पर एक **Insert Cells** बॉक्स दिखाई देगा (चित्र WD-5.82)। इस बॉक्स में विभिन्न विकल्प दिखाई देंगे।

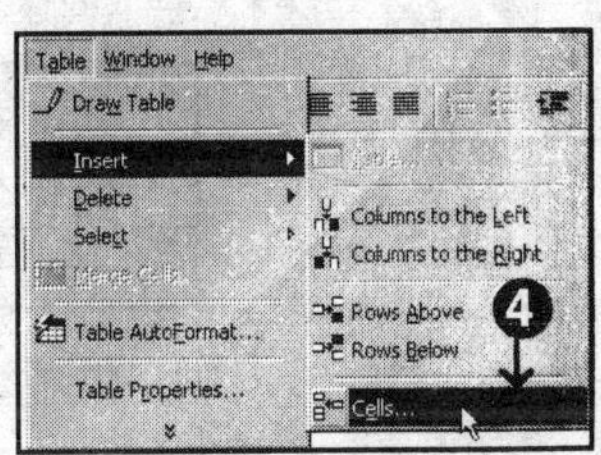

चित्र WD-5.80

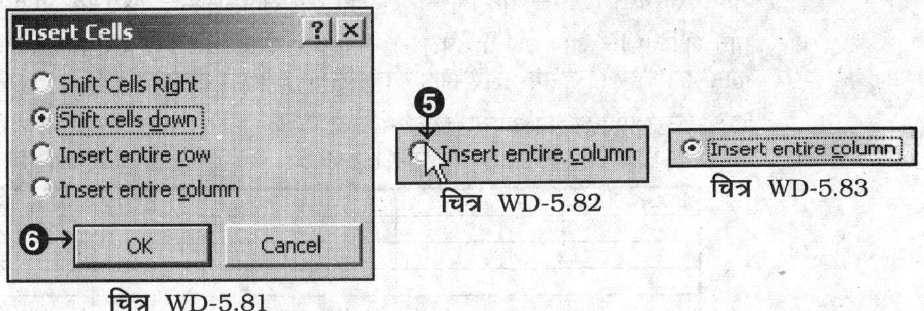

चित्र WD-5.81

चित्र WD-5.82

चित्र WD-5.83

5. माउस पॉएंटर को **Insert Cells** बॉक्स में **Insert entire column** विकल्प पर लाएँ और बाएँ माउस बटन को क्लिक करें (चित्र WD-5.82)। ऐसा करने पर राउँड बटन के बीच में एक बिंदु (⊙) दिखाई देगा (चित्र WD-5.83), जिससे पता चलेगा कि **Insert entire column** विकल्प का चुनाव हो गया है।
6. **Insert Cells** बॉक्स में **OK** बटन पर क्लिक करें (चित्र WD-5.81)। ऐसा करने पर **Insert Cells** बॉक्स स्क्रीन से हट जाएगा और आपकी टेबल स्क्रीन पर दिखाई देने लगेगी। अब आपकी टेबल में एक नया कॉलम जुड़ गया है। यह कॉलम हाईलाइटेड दिखेगा (चित्र WD-5.84)।

BOOK NAME	QUANTITY	
Word 2000 for Dummies	10,000	
Teach Yourself CorelDraw	12,000	
Teach Yourself MS-Office	10,000	

चित्र WD-5.84

7. इस कॉलम से हाईलाइट हटाने के लिए स्क्रीन पर किसी भी जगह पर क्लिक करें। अब आपकी टेबल चित्र WD-5.85 के समान दिखाई देगी।

कॉलम 1, कॉलम 2, कॉलम 3, कॉलम 4; रो 1 – रो 6

BOOK CODE	BOOK NAME	QUANTITY	
01	Word 2000 for Dummies	10,000	
02	Teach Yourself CorelDraw	12,000	
03	Teach Yourself MS-Office	10,000	

चित्र WD-5.85

रो को डिलीट करना (Deleting a Row)

कभी–कभी आपको अपनी टेबल से एक या अधिक रोज़ को डिलीट करने की आवश्यकता पड़ती है। आप ऐसा कैसे करेंगे– यह जानने के लिए अब आप डिलीट करने की प्रक्रिया सीखें।

मान लीजिए कि आप अपनी टेबल से उस छठी रो को डिलीट करना चाहते हैं, जिस पर आप अभी काम कर रहे थे। इसके लिए आप नीचे लिखे क्रम को अपनाएँ –

1. माउस पॉइंटर को अपनी टेबल में छठी रो के पहले कॉलम पर लाएँ और बाएँ माउस बटन को क्लिक करें। इस जगह पर एक blinking cusor तुरंत दिखाई देगा (चित्र WD-5.86)।

BOOK CODE		BOOK NAME
01		Word 2000 for Dummies
02		Teach Yourself CorelDraw
03		Teach Yourself MS-Office
I ⟵ ❶		

चित्र WD-5.86

2. माउस पॉइंटर को कर्सर पर लाएँ और बाएँ माउस बटन को क्लिक करें।

3. बाएँ माउस बटन को दबाए रखकर माउस को माउस पैड पर दाईं ओर इस प्रकार ड्रैग करें कि पूरी छठी रो हाईलाइट हो जाए (चित्र WD-5.87)।

BOOK CODE		BOOK NAME
01		Word 2000 for Dummies
02		Teach Yourself CorelDraw
03		Teach Yourself MS-Office
❸ ⟶		

चित्र WD-5.87

4. छठी रो हाईलाइट हो जाने के बाद बाएँ माउस बटन को छोड़ दें।
5. **Menu bar** में **Table** विकल्प पर क्लिक करें। तुरंत स्क्रीन पर एक पुल–डाउन मेन्यू दिखाई देगा (चित्र WD-5.88)।
6. पुल–डाउन मेन्यू में माउस पॉएंटर को **Delete** विकल्प (चित्र WD-5.88) पर लाएँ और बाएँ माउस बटन को क्लिक करें। स्क्रीन पर एक और मेन्यू दिखाई देगा। इस मेन्यू में से **Cells** विकल्प पर क्लिक करें। स्क्रीन पर कुछ विकल्पों के साथ एक **Delete Cells** बॉक्स तुरंत दिखाई देगा (चित्र WD-5.89)।

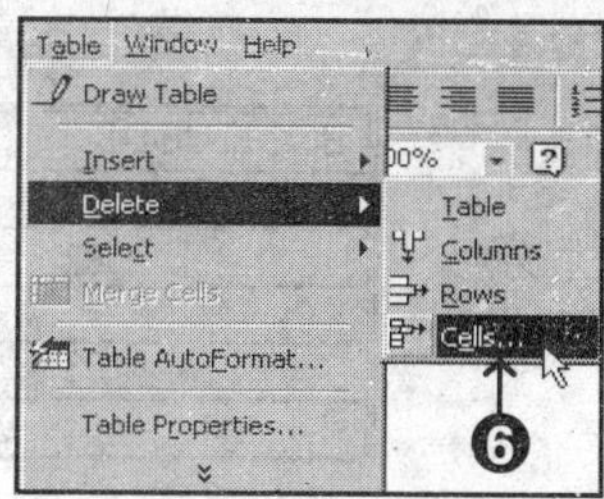

चित्र WD-5.88

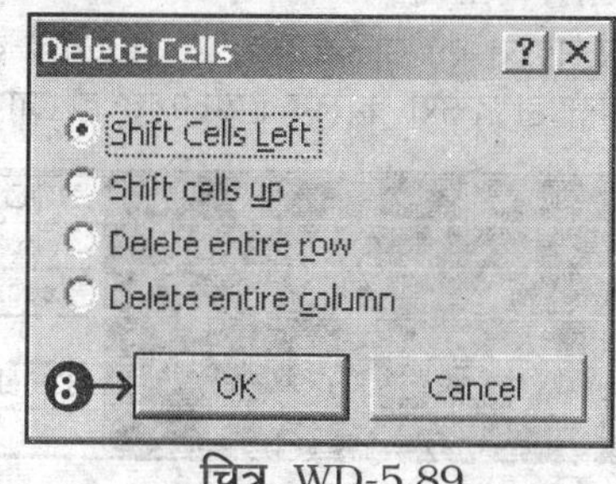

चित्र WD-5.89

चित्र WD-5.90

चित्र WD-5.91

7. माउस पॉएंटर को **Delete entire row** विकल्प के साथ बने राउँड बटन पर लाएँ और बाएँ माउस बटन को क्लिक करें (चित्र WD-5.90)। इसके साथ ही राउँड बटन में एक बिंदु दिखाई देगा (चित्र WD-5.91), जिससे पता चलता है कि इस विकल्प का चुनाव कर लिया गया है।
8. **Delete Cells** बॉक्स में **OK** बटन पर क्लिक करें (चित्र WD-5.89)। **Delete Cells** बॉक्स स्क्रीन से तुरंत हट जाएगा तथा टेबल दिखाई देने लेगेगी (चित्र WD-5.92)। आप देखेंगे कि इस टेबल में से छठी रो डिलीट हो गई है और इसकी जगह सातवीं रो ने ले ली है।

BOOK CODE		BOOK NAME	रो 1
01		Word 2000 for Dummies	रो 2
02		Teach Yourself CorelDraw	रो 3
			रो 4
03		Teach Yourself MS-Office	रो 5
			रो 6

चित्र WD-5.92

अब आप कॉलम को डिलीट करने के बारे में जानकारी हासिल करेंगे। इसके अंतर्गत आपको यह बताया जाएगा कि टेबल में बने कॉलम को डिलीट करने का तरीका क्या है।

कॉलम को डिलीट करना (Deleting a Column)

अब आपकी टेबल में पांच कॉलम और छः रोज़ बची हैं। मान लीजिए कि आपका बॉस **BOOK-CODE** और **BOOK-NAME** कॉलम्स के बीच बनाए गए कॉलम, यानी दूसरे कॉलम को डिलीट करने के लिए आपसे कहता है। ऐसा करने के लिए आप नीचे लिखे क्रम का पालन करें –

1. माउस पॉएंटर को अपनी टेबल में प्रथम रो और दूसरे कॉलम पर लाएँ तथा बाएँ माउस बटन को क्लिक करें। इस स्थान पर एक blinking cursor तुरंत दिखाई देगा (चित्र WD-5.93)।

कॉलम 1 कॉलम 2 कॉलम 3

BOOK CODE		BOOK NAME
01		Word 2000 for Dummies
02		Teach Yourself CorelDraw
03		Teach Yourself MS-Office

चित्र WD-5.93

2. माउस पॉइंटर को blinking cursor पर लाएँ।
3. बाएँ माउस बटन को दबाए रखकर माउस को माउस पैड पर सीधे नीचे की ओर ड्रैग करें। जैसे ही माउस नीचे की ओर आएगा, वैसे ही दूसरा कॉलम हाईलाइट हो जाएगा (चित्र WD-5.94)।

BOOK CODE		BOOK NAME
01		Word 2000 for Dummies
02		Teach Yourself CorelDraw
03		Teach Yourself MS-Office

चित्र WD-5.94

4. दूसरा कॉलम पूरी तरह हाईलाइट हो जाने के बाद बाएँ माउस बटन को (दबाना) छोड़ दें।
5. माउस पॉइंटर को **Menu bar** में **Table** विकल्प पर लाएँ और बाएँ माउस बटन को क्लिक करें। एक पुल–डाउन मेन्यू तुरंत दिखाई देगा (चित्र WD-5.95)।
6. पुल–डाउन मेन्यू में माउस पॉइंटर को **Delete** विकल्प (चित्र WD-5.95) पर लाएँ और बाएँ माउस बटन को क्लिक करें। स्क्रीन पर एक और मेन्यू दिखाई देगा। इस मेन्यू में से **Columns** विकल्प का चुनाव करें। वांछित कॉलम, यानी कॉलम **2** तुरंत डिलीट हो जाएगा तथा इसकी जगह पर कॉलम **3** आ जाएगा। अब इस टेबल में केवल चार कॉलम और छः रोज़ ही शेष हैं। चित्र WD-5.96 में छः रोज़ दिखाई दे रही हैं, किंतु चौथा कॉलम नहीं दिखाई दे रहा है।

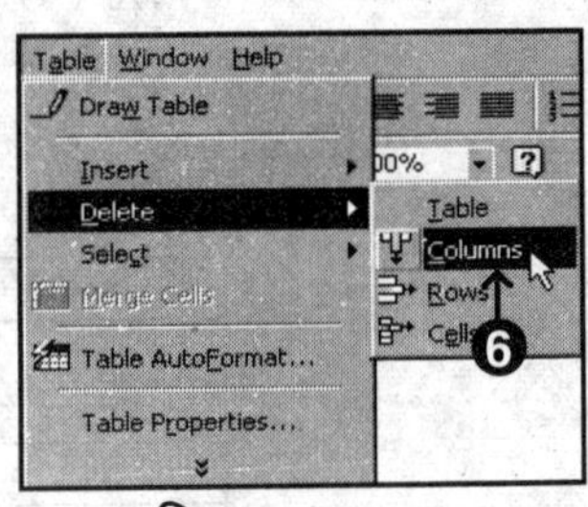

चित्र WD-5.95

BOOK CODE	BOOK NAME	QUANTITY
01	Word 2000 for Dummies	10,000
02	Teach Yourself CorelDraw	12,000
03	Teach Yourself MS-Office	10,000

रो 1 रो 2 रो 3 रो 4 रो 5 रो 6

चित्र WD-5.96

टेक्स्ट का प्रारूप बनाना (Formatting the Text)

फॉर्मेट बनाने की कुछ सुविधाओं, जैसे– टेक्स्ट को बीच में व्यवस्थित करना (centering), इसे रेखांकित करना (underlining), कुछ शब्दों को बोल्ड (bold) या इटैलिक (italic) शब्दों में लिखना आदि द्वारा आप अपने डॉक्यूमेंट को अधिक सुंदर और आकर्षक बना सकते हैं।

अब आप अपने डॉक्यूमेंट को फॉर्मेट करके देखें, किंतु आगे बढ़ने से पहले यह देखना जरूरी है कि आवश्यक टेक्स्ट का चुनाव करने का तरीका आपको याद है या नहीं। इसलिए अच्छा रहेगा कि 'माउस का इस्तेमाल करके टेक्स्ट का चुनाव करना' विषय को आप दोहरा लें।

मान लीजिए कि आप पूरे डॉक्यूमेंट का चुनाव करना चाहते हैं, जिसमें कई पृष्ठ (जैसे– पाँच पृष्ठ) हैं। इस डॉक्यूमेंट के सभी पृष्ठों को ड्रैगिंग प्रक्रिया द्वारा हाईलाइट करना थोड़ा कठिन होगा। इसे सरल तरीके से हाईलाइट करने के लिए आप नीचे लिखे क्रम को अपनाएँ–

1. माउस पॉएंटर को Menu bar में Edit विकल्प पर लाएँ और बाएँ माउस बटन को क्लिक करें। चित्र WD-5.97 के समान एक पुल–डाउन मेन्यू तुरंत आपको दिखाई देगा।
2. पुल–डाउन मेन्यू में माउस पॉएंटर को Select All विकल्प पर लाएँ और बाएँ माउस बटन को क्लिक करें (चित्र WD-5.97)।
3. हाईलाइट हटाने के लिए बाएँ माउस बटन को स्क्रीन पर किसी भी जगह पर क्लिक करें। हाईलाइट तुरंत हट जाएगी।

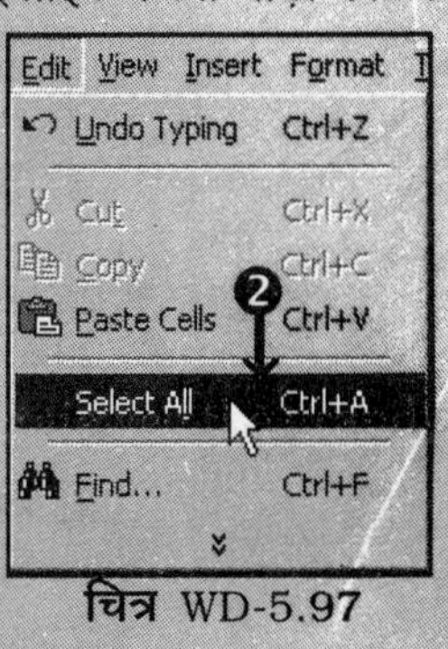

चित्र WD-5.97

टेक्स्ट को रेखांकित करना (Underlining the Text)

आपने अपने डॉक्यूमेंट **Letter.doc** के पृष्ठ 2 पर जो टेबल बनाई थी, उसके कॉलम्स के शीर्षक नाम **BOOK-CODE, BOOK-NAME** और **QUANTITY** थे। निश्चय ही आप यह चाहेंगे कि ये शीर्षक अलग दिखें। इसका एक तरीका यह है कि आप इन्हें रेखांकित कर दें। ऐसा करने के लिए आपको नीचे लिखे क्रम को अपनाना होगा –

1. अपने डॉक्यूमेंट **Letter.doc** की पृष्ठ–संख्या 2 पर बनी टेबल तक जाने के लिए उस (डॉक्यूमेंट) के डाउन ऐरो स्क्रॉल बटन (▼) पर क्लिक करते रहें।
2. जब टेबल दिखाई देने लगे, तो माउस पॉएंटर को **BOOK-CODE** शब्द की बाईं ओर लाएँ और बाएँ माउस बटन को क्लिक करें। इस जगह पर एक blinking cursor तुरंत दिखाई देगा (चित्र WD-5.98)।

BOOK CODE	BOOK NAME	QUANTITY
01	Word 2000 for Dummies	10,000

❷

चित्र WD-5.98

3. माउस पॉएंटर को कर्सर पर लाएँ।
4. बाएँ माउस बटन को दबाए रखकर माउस पैड पर माउस को इस प्रकार ड्रैग करें कि **BOOK-CODE** शब्द हाईलाइट हो जाए (चित्र WD-5.99)।

BOOK CODE	BOOK NAME	QUANTITY
01	Word 2000 for Dummies	10,000

चित्र WD-5.99

5. पहला शीर्षक हाईलाइट करने के बाद बाएँ माउस बटन को (दबाना) छोड़ दें।

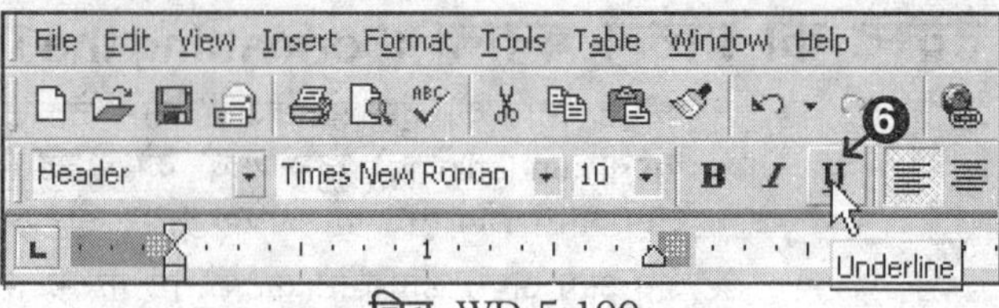

चित्र WD-5.100

6. अब **Formatting** toolbar में मौजूद **Underline** बटन (U) पर क्लिक करें। **Underline** बटन तुरंत सक्रिय हो जाएगा और इस रूप (U) में दिखने लगेगा।
7. पहले शीर्षक से हाईलाइट हटाने के लिए स्क्रीन पर किसी भी अन्य जगह पर क्लिक करें। अब **BOOK-CODE** शब्द रेखांकित हो जाएगा (चित्र WD-5.101)।

BOOK CODE	BOOK NAME	QUANTITY
01	Word 2000 for Dummies	10,000

चित्र WD-5.101

टेक्स्ट के नीचे से रेखा को हटाना (Removing Underline from the Text)

यदि आप **BOOK-CODE** शब्द के नीचे खींची गई रेखा को हटाना चाहते हैं, तो नीचे लिखे क्रम को अपनाएँ–

1. माउस पॉएंटर को रेखांकित शब्द **BOOK-CODE** की बाईं ओर लाएँ और बाएँ माउस बटन को क्लिक करें। इस जगह पर तुरंत एक blinking cursor दिखाई देगा।
2. माउस पॉएंटर को सक्रिय **Underline** बटन (U) पर लाएँ (चित्र WD-5.102)।

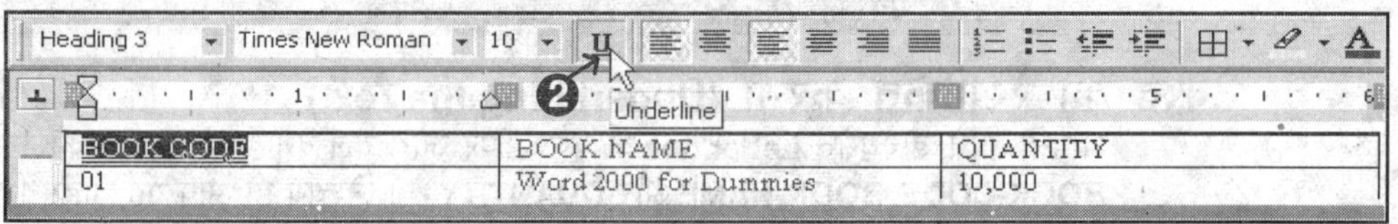

चित्र WD-5.102

3. Underline फॉर्मेट को हटाने के लिए एक बार फिर **Underline** बटन पर बाएँ माउस बटन को क्लिक करें। अब यह बटन इस प्रकार (U) दिखेगा।
4. हाईलाइट हटाने तथा शब्दों को साफ–साफ देखने के लिए (चित्र WD-5.103) अपने डॉक्यूमेंट में किसी भी जगह पर क्लिक कर दें।

BOOK CODE	BOOK NAME	QUANTITY
01	Word 2000 for Dummies	10,000

चित्र WD-5.103

शीर्षक BOOK-NAME और QUANTITY को कैसे रेखांकित करें ?

- शीर्षक **BOOK-NAME** की बाईं ओर क्लिक करें।
- माउस पॉएंटर को blinking cursor पर लाएँ।
- बाएँ माउस बटन को दबाए रखकर माउस पॉएंटर को दोनों शीर्षकों यानी **BOOK-NAME** और **QUANTITY** पर ड्रैग करें।
- जब दोनों शीर्षक हाईलाइट हो जाएँ, तब बाएँ माउस बटन को छोड़ दें।
- **Underline** बटन (U) पर क्लिक करें।
- हाईलाइट हटाने के लिए डॉक्यूमेंट में किसी भी जगह पर क्लिक करें।

शब्दों को बोल्ड अक्षरों में लिखना (Boldfacing the Text)

प्रोजेक्ट रिपोर्ट बनाते समय आपको कुछ विशेष और महत्त्वपूर्ण टेक्स्ट को अलग प्रकार से दिखाना पड़ता है। आप इन्हें बाकी टेक्स्ट से कुछ अधिक मोटे अक्षरों में दिखा सकते हैं। माइक्रोसॉफ्ट वर्ड की 'बोल्ड' में लिखने की सुविधा यहाँ आपके काम आती है।

मान लीजिए कि आप अपने डॉक्यूमेंट **Letter.doc** में लिखी पंक्ति **LETTER OF INDEMNITY** को बोल्ड अक्षरों में दर्शाकर शेष टेक्स्ट से अलग दिखाना चाहते हैं। इसके लिए नीचे लिखे क्रम को अपनाएँ–

1. माउस पॉएंटर को डॉक्यूमेंट **Letter.doc** के अप ऐरो स्क्रॉल बटन (▲) पर क्लिक करके पहले पृष्ठ में सबसे ऊपर ले आएँ।
2. माउस पॉएंटर को **LETTER** शब्द की बाईं ओर लाएँ और बायाँ माउस बटन क्लिक करें। इस जगह पर एक blinking cursor दिखाई देगा (चित्र WD-5.104)।

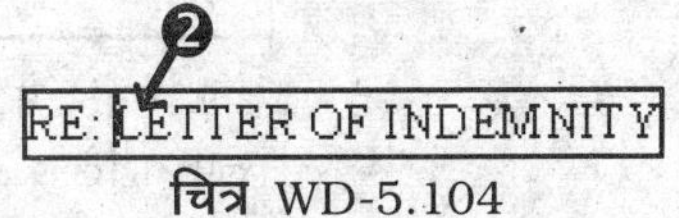

चित्र WD-5.104

3. बाएँ माउस बटन को दबाए रखकर माउस को माउस पैड पर इस प्रकार ड्रैग करें कि **LETTER OF INDEMNITY** शब्द हाईलाइट हो जाएँ (चित्र WD-105)।

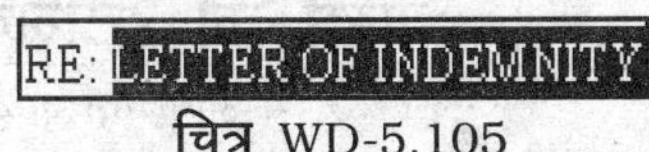

चित्र WD-5.105

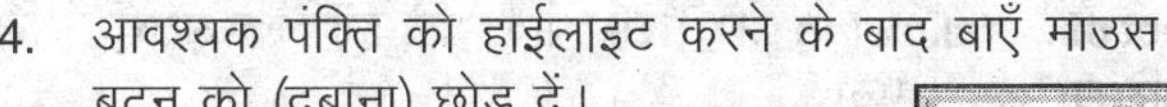

4. आवश्यक पंक्ति को हाईलाइट करने के बाद बाएँ माउस बटन को (दबाना) छोड़ दें।
5. माउस पॉएंटर को **Bold** बटन (B) पर लाएँ (चित्र WD-5.106) और बाएँ माउस बटन को क्लिक कर दें।

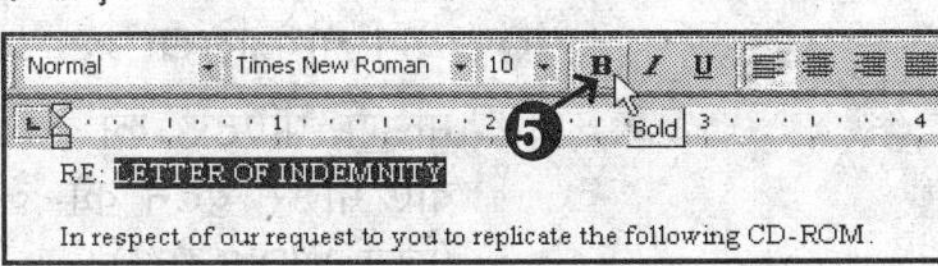

चित्र WD-5.106

शब्दों के बोल्ड रूप को हटाना (Removing Boldface from the Text)

यदि आप अभी बोल्ड प्रारूप में लिखे गए शब्दों **LETTER OF NDEMNITY** से बोल्ड रूप को हटाना चाहते हैं, तो नीचे लिखे क्रम का पालन करें –

1. माउस पॉएंटर को बोल्ड में लिखे गए **LETTER OF INDEMNITY** शब्दों की बाईं ओर लाएँ और बाएँ माउस बटन को क्लिक करें। इस जगह पर एक blinking cursor तुरंत दिखाई देगा।
2. माउस पॉएंटर को **Bold** बटन (B) पर लाएँ (चित्र WD-5.107)।

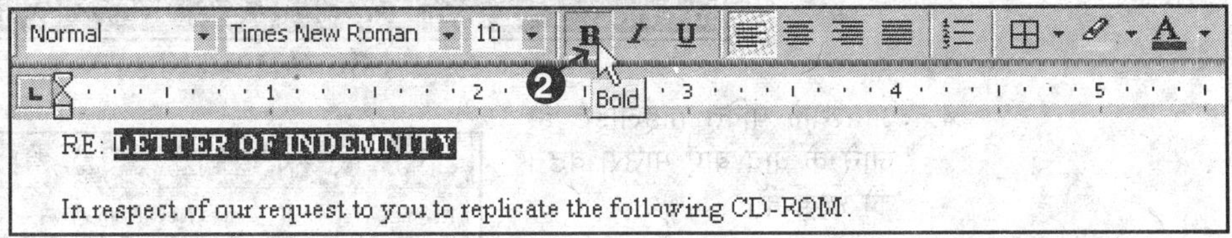

चित्र WD-5.107

3. बोल्ड फॉर्मेट को हटाने के लिए और **Bold** बटन पर बायाँ माउस बटन क्लिक करें। ऐसा करने से **Bold** बटन (B) इस प्रकार दिखेगा।
4. इन शब्दों को साफ–साफ देखने के लिए अपने डॉक्यूमेंट में किसी भी जगह पर क्लिक कर दें (चित्र WD-5.108)।

RE: LETTER OF INDEMNITY

चित्र WD-5.108

आप **Signed By.....Company Stamp: .....** पंक्ति को बोल्ड अक्षरों में कैसे दिखाएँगे?

- पंक्ति **Signed By : ....** की बाईं ओर क्लिक करें।
- माउस पॉएंटर को कर्सर पर लाएँ।
- बाएँ माउस बटन को दबाए रखकर माउस को इस प्रकार ड्रैग करें कि **Signed By: ......Company Stamp:.......** पंक्ति हाईलाइट हो जाए।
- जब पंक्ति हाईलाइट हो जाए, तब बाएँ माउस बटन को छोड़ दें।
- बाएँ माउस बटन को **Bold** बटन (B) पर क्लिक करें।
- हाईलाइट हटाने के लिए अपने डॉक्यूमेंट में किसी अन्य जगह पर क्लिक करें।

आप टेबल में टेक्स्ट प्रविष्ट करना विषय के अंतर्गत टेबल के लिए बनाए गए शीर्षकों को भी बोल्ड रूप में लिख सकते हैं। यहाँ भी आपको टेबल के इन शीर्षकों को पहले हाईलाइट करना होगा और इसके बाद बाएँ माउस बटन को **Bold** बटन (B) पर क्लिक करना होगा।

शब्दों को इटैलिक अक्षरों में लिखना (Italicizing the Text)

आप एक शब्द को या शब्दों के क्रम को इटैलिक रूप में लिख सकते हैं। मान लीजिए कि आप अपने पत्र में **In respect of .... following CD_ROM** पंक्ति को इटैलिक अक्षरों में लिखना चाहते हैं। इसके लिए आप नीचे लिखा क्रम अपनाएँ –

1. माउस पॉएंटर को **In respect of....following CD-ROM** पंक्ति की बाईं ओर लाएँ और बाएँ माउस बटन को क्लिक कर दें। **In** शब्द के पहले एक blinking cursor तुरंत दिखाई देगा (चित्र WD-5.109)।

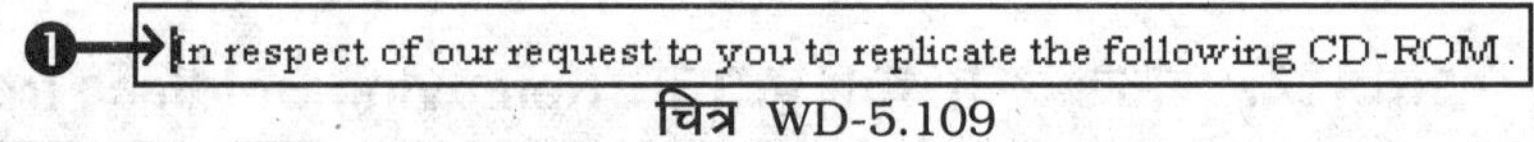

चित्र WD-5.109

2. माउस पॉएंटर को कर्सर पर लाएँ।
3. बाएँ माउस बटन को दबाए रखकर माउस को माउस पैड पर इस प्रकार ड्रैग करें कि आवश्यक पंक्ति हाईलाइट हो जाए (चित्र WD-5.110)।

In respect of our request to you to replicate the following CD-ROM.

चित्र WD-5.110

4. आवश्यक पंक्ति हाईलाइट हो जाने के बाद बाएँ माउस बटन को छोड़ दें।
5. माउस पॉएंटर को **Italic** बटन (I) पर लाएँ और बाएँ माउस बटन को क्लिक कर दें (चित्र WD 5.111)।

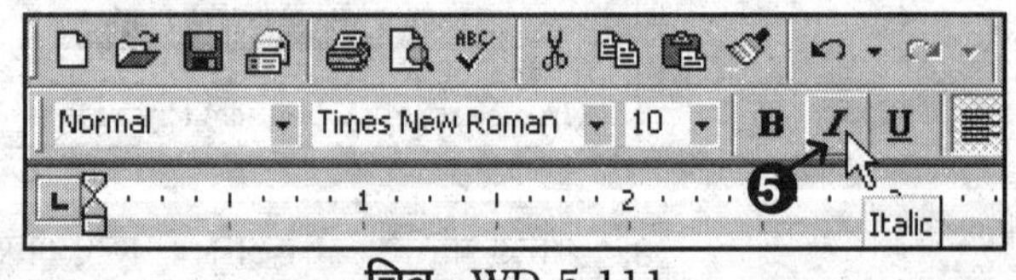

चित्र WD-5.111

6. पंक्ति से हाईलाइट हटाने के लिए माउस बटन को अपने डॉक्यूमेंट में किसी अन्य जगह पर क्लिक करें। तुरंत ही स्क्रीन से हाईलाइट हट जाएगा और पंक्ति इटैलिक अक्षरों में लिखी दिखाई देगी (चित्र WD-5.112)।

In respect of our request to you to replicate the following CD-ROM.

चित्र WD-5.112

शब्दों से इटैलिक रूप को हटाना (Removing Italics face from Text)

यदि आप किसी टेक्स्ट (जैसे **In respect of...CD_ROM**) के अक्षरों के इटैलिक रूप को हटाना चाहते हैं, तो नीचे लिखे क्रम को अपना सकते हैं–

1. माउस पॉएंटर को इटैलिक रूप में लिखी पंक्ति **In respect....CD-ROM** की बाईं ओर लाएँ और बाएँ माउस बटन को क्लिक करें। तुरंत **In** शब्द से पहले एक blinking cursor दिखाई देगा।
2. बाएँ माउस बटन को कर्सर पर लाकर दबाएँ। इसे दबाए रखकर इटैलिक रूप में लिखी पंक्ति पर ड्रैग करें। उसके बाद इसे **Italic** बटन (▨) पर ले जाएँ (चित्र WD-5.113)।

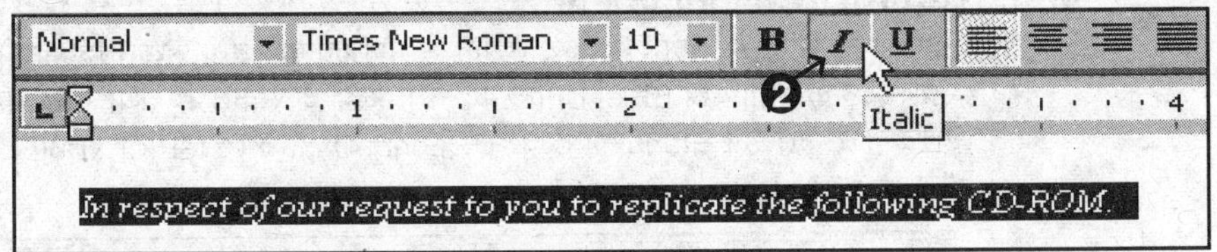

चित्र WD-5.113

3. बाएँ माउस बटन को **Italic** बटन पर क्लिक करें। इससे इटैलिक फॉर्मेट हट जाएगा और यह बटन इस प्रकार (▨) दिखने लगेगा।
4. इस पंक्ति को साफ–साफ चित्र WD-5.114 के समान देखने के लिए अपने डॉक्यूमेंट में किसी भी अन्य जगह पर क्लिक कर दें।

In respect of our request to you to replicate the following CD-ROM.

चित्र WD-5.114

शब्दों को पंक्ति में मध्य को व्यवस्थित करना (Centering the Text)

किसी भी डॉक्यूमेंट में अकसर शीर्षक पंक्ति को पृष्ठ में बीचो–बीच रखा जाता है। क्योंकि हमारे डॉक्यूमेंट में कोई भी शीर्षक पंक्ति नहीं है, इसलिए आप कोई भी पंक्ति (जैसे– **We hereby warrant that**) को बीच में दिखाने की कोशिश करें। इसके लिए आप नीचे लिखे क्रम का पालन करें–

We hereby warrant that:

चित्र WD-5.115

1. माउस पॉएंटर को पंक्ति **We hereby warrant that** की बाईं ओर लाएँ तथा बाएँ माउस बटन को क्लिक करें। तुरंत **We** शब्द से पहले एक blinking cursor दिखाई देगा (चित्र WD-5.115)।
2. माउस पॉएंटर को कर्सर पर रखें।

We hereby warrant that:

चित्र WD-5.116

3. बाएँ माउस बटन को दबाएँ रखकर माउस को माउस पैड पर इस प्रकार ड्रैग करें कि पूरी पंक्ति हाईलाइट हो जाए (चित्र WD-5.116)।
4. आवश्यक पंक्ति को हाईलाइट करने के बाद बाएँ माउस बटन को छोड़ दें।
5. माउस पॉएंटर को **Center** बटन (▨) पर लाएँ और बाएँ माउस बटन को इस पर क्लिक करें (चित्र WD-5.117)। हाईलाइटेड पंक्ति पृष्ठ के बीच में दिखाई देगी।

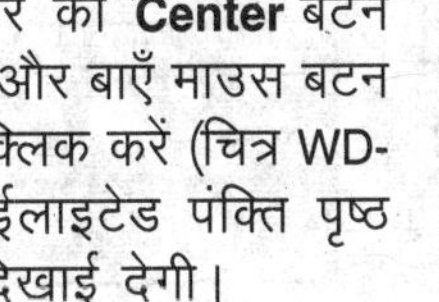

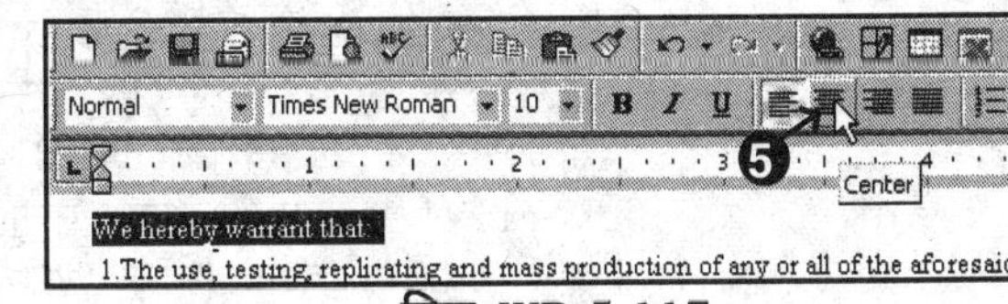

चित्र WD-5.117

अपनी फाइल को नियमित अंतराल पर सेव करते रहना ठीक रहता है। अतः माउस पॉएंटर को Standard toolbar में मौजूद Save बटन (▨) पर क्लिक करें। फाइल तुरंत सेव हो जाएगी।

6. इस पंक्ति से हाईलाइट हटाने के लिए अपने डॉक्यूमेंट में किसी भी अन्य जगह पर क्लिक कर दें (चित्र WD-5.118)।

> We hereby warrant that:
> 1.The use, testing, replicating and mass production of any or all of the aforesaid CD-ROMs, CD-ROM software and any other computer software, program or information supplied by us will not result in the infringement of intellectual property rights of third parties.

चित्र WD-5.118

फॉन्ट बदलना (Changing Fonts)

आप अपने डॉक्यूमेंट को एक अन्य तरीके से भी आकर्षक बना सकते हैं। अपने अक्षरों के फॉन्ट या इनका रूप बदलकर आप अपने डॉक्यूमेंट को नया रूप दे सकते हैं तथा कुछ महत्त्वपूर्ण बातों को प्रमुखता से दर्शा सकते हैं। माइक्रोसॉफ्ट वर्ड में Font बॉक्स की सहायता से आप यह बदलाव कर सकते हैं (चित्र WD-5.119)।

चित्र WD-5.119

मान लीजिए कि अपने डॉक्यूमेंट **Letter.doc** में **BOOK-NAME** तथा **QUANTITY** शीर्षकों का फॉन्ट आप बदलना चाहते हैं, ताकि ये और अधिक स्पष्ट हो जाएँ। इसके लिए आप नीचे लिखा क्रम अपनाएँ

1. माउस पॉएंटर को पंक्ति **1. Word 2000 for Dummies** की बाईं ओर लाएँ और बाएँ माउस बटन को क्लिक करें। इस जगह पर एक blinking cursor तुरंत दिखाई देगा (चित्र WD-5.120)।

चित्र WD-5.120

2. माउस पॉएंटर को कर्सर पर लाएँ।
3. बाएँ माउस बटन को दबाए रखकर माउस को ऊपर से नीचे इस प्रकार ड्रैग करें कि **3. Teach Yourself MS-Office** तक सभी तीन पुस्तकों के विवरण हाईलाइट हो जाएँ (चित्र WD-5.121)।

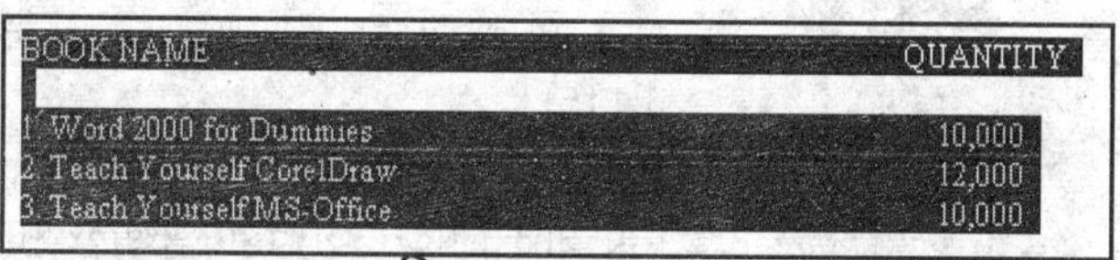

चित्र WD-5.121

4. आवश्यक विवरण हाईलाइट हो जाने के बाद बाएँ माउस बटन को (दबाना) छोड़ दें।
5. माउस को **Font** बॉक्स में बने डाउन ऐरो बटन (▾) पर लाएँ और बाएँ माउस बटन को क्लिक कर दें। स्क्रीन पर एक पुल–डाउन मेन्यू तुरंत दिखाई देगा (चित्र WD-5.123)।

चित्र WD-5.122

6. पुल–डाउन मेन्यू में फॉन्ट **Arial** देखें और इस पर बाएँ माउस बटन को क्लिक कर दें। चयन किया गया फॉन्ट आपको **Font** बॉक्स में लिखा तुरंत दिखाई देगा (चित्र WD-5.124) और पुल–डाउन मेन्यू स्क्रीन से हट जाएगा।

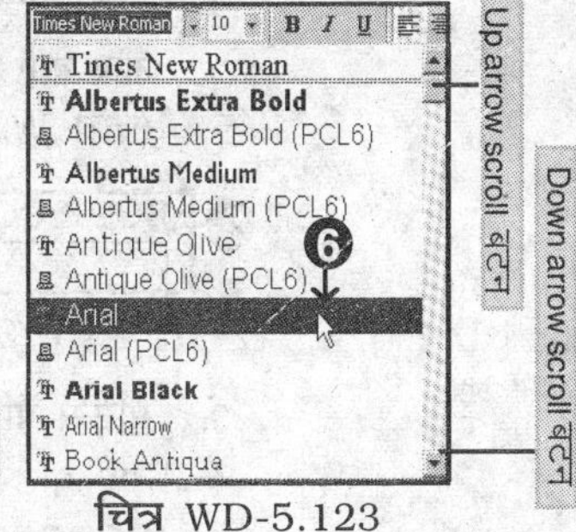

चित्र WD-5.124

चित्र WD-5.123

यदि आप फॉन्ट Arial नहीं देख पाएँ, तो इसे ढूँढ़ने के लिए डाउन ऐरो स्क्रॉल बटन (▾) पर क्लिक करते रहें। मनचाहा फॉन्ट दिखाई देने पर बाएँ माउस बटन को इस पर क्लिक करें। चुना गया फॉन्ट आपको Font बॉक्स में लिखा दिखाई देगा।

7. इस पंक्ति से हाईलाइट हटाने के लिए अपने डॉक्यूमेंट में किसी भी अन्य जगह पर क्लिक करें। बदले हुए फॉन्ट के साथ यह पंक्ति चित्र WD-5.125 के समान दिखाई देगी।

BOOK-NAME	QUANTITY
1. Word 2000 for Dummies	10,000
2. Teach Yourself CorelDraw	12,000
3. Teach Yourself MS-Office	10,000

चित्र WD-5.125

आप इसी प्रकार अक्षरों, शब्दों, वाक्यों या पंक्तियों के समूह का फॉन्ट बदल सकते हैं। फॉन्ट बदलने से पहले यह याद रखें कि टेक्स्ट को हाईलाइट करना आवश्यक होता है।

ऊपर दिए गए उदाहरण में हमने एक डॉक्यूमेंट में पहले से मौजूद टेक्स्ट का फॉन्ट बदल कर देखा था, किंतु यदि आप चाहें तो किसी नए डॉक्यूमेंट में एक अलग फॉन्ट लेकर भी टाइप कर सकते हैं। इसके लिए आपको टेक्स्ट को हाईलाइट नहीं करना होगा। आप केवल 'फॉन्ट बदलना' विषय में दिए गए क्रम 5 से शुरू करें।

फॉन्ट का आकार बदलना (Changing Font Size)

कभी–कभी आपको किसी कैरेक्टर, कैरेक्टर्स के एक समूह या पंक्तियों के आकार बदलने की आवश्यकता होती है। इन्हें बदलने के लिए आपको माइक्रोसॉफ्ट वर्ड का **Font Size** बॉक्स काफी उपयोगी सिद्ध होगा। फॉन्ट का आकार बदलने के लिए आपको उस कैरेक्टर, शब्द या पंक्ति, जिसका आकार आप बदलना चाहते हैं, को हाईलाइट करना होगा। उसके बाद आप इसके आकार को बदल सकते हैं।

चित्र WD-5.126

अब हम अपने डॉक्यूमेंट **Letter.doc** की टेबल में दिए गए शीर्षक **BOOK-CODE**, का आकार बढ़ाएँगे। इसके लिए आप नीचे लिखे क्रम के अनुसार काम करें–

1. यह टेबल डॉक्यूमेंट **Letter.doc** के पृष्ठ **2** पर है। इसलिए डाउन ऐरो स्क्रॉल बटन (▾) पर तब तक क्लिक करते रहें, जब तक टेबल दिखाई न देने लगे।

2. स्क्रीन पर टेबल दिखाई देने के बाद माउस पॉएंटर को **BOOK-CODE** शब्द की बाईं ओर लाएँ और बाएँ माउस बटन को क्लिक करें। इस स्थान पर एक blinking cursor आपको दिखाई देगा (चित्र WD-5.127)।

BOOK CODE	BOOK NAME	QUANTITY
01	Word 2000 for Dummies	10,000

चित्र WD-5.127

3. माउस पॉएंटर को कर्सर पर लाएँ और क्लिक करें।
4. बाएँ माउस बटन को दबाए रखकर माउस को माउस पैड पर इस प्रकार ड्रै ग करें कि **BOOK-CODE** शीर्षक हाईलाइट हो जाए (चित्र WD-5.128)।

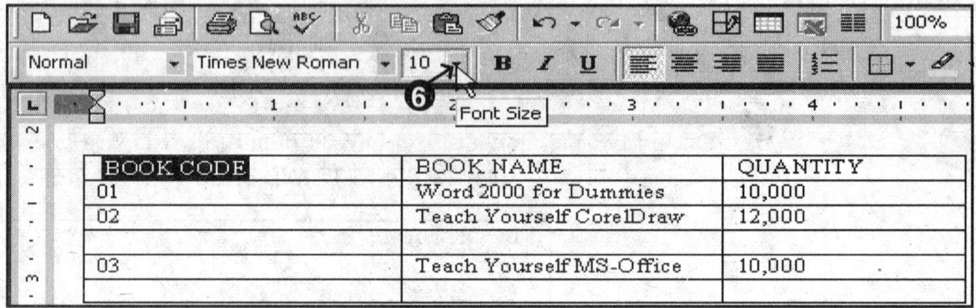

चित्र WD-5.128

5. **BOOK-CODE** शब्द को पूरी तरह हाईलाइट कर लेने के बाद बाएँ माउस बटन को (दबाना) छोड़ दें।
6. अब माउस पॉएंटर को **Font Size** बॉक्स में बने डाउन ऐरो बटन (▾) पर लाएँ (चित्र WD-5.128) और बाएँ माउस बटन को क्लिक करें। स्क्रीन पर एक पुल–डाउन मेन्यू आपको तुरंत दिखाई देगा (चित्र WD-5.129)।
7. मान लीजिए कि आप शीर्षक का फॉन्ट आकार **14** point में बदलना चाहते हैं, तो माउस पॉएंटर को **14** पर लाएँ (चित्र WD-5.129)।
8. बाएँ माउस बटन को क्लिक करें। स्क्रीन से पुल–डाउन मेन्यू तुरंत हट जाएगा और हाईलाइटेड शब्दों का आकार बढ़ कर **14** हो जाएगा।

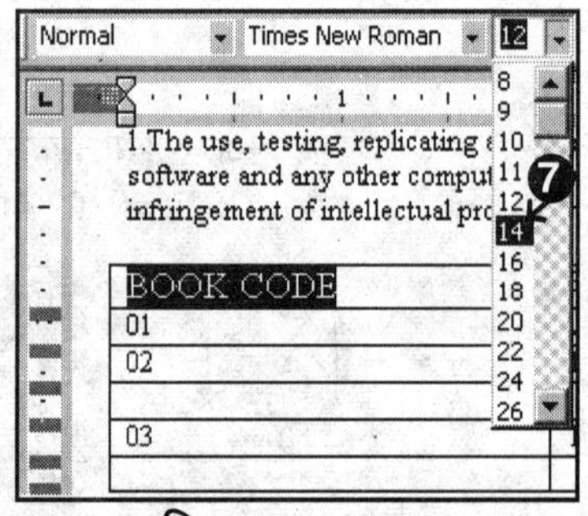

चित्र WD-5.129

9. शीर्षक को नए आकार में साफ–साफ देखने के लिए माउस पॉएंटर को स्क्रीन पर किसी भी जगह पर लाकर क्लिक करें। **BOOK-CODE** शब्द से हाईलाइट तुरंत हट जाएगा। आपको इस पहले शीर्षक और दोनों अन्य शीर्षकों के आकार में अंतर साफ दिखाई देगा (चित्र WD-5.130)।

BOOK CODE	BOOK NAME	QUANTITY
01	Word 2000 for Dummies	10,000
02	Teach Yourself CorelDraw	12,000
03	Teach Yourself Ms-Office	10,000

चित्र WD-5.130

आप इसी प्रकार अन्य दो शीर्षकों को भी हाईलाइट करके उनके आकार बदल सकते हैं। इस तरह आप अपनी टेबल को अधिक सुंदर बना सकते हैं।

10. आप अपने डॉक्यूमेंट को थोड़े–थोड़े समय पर सेव करते रहें, वरना आपका डाटा नष्ट भी हो सकता है। आप इसे सेव करने के लिए आप **Save** बटन (▣) पर क्लिक करें।

डॉक्यूमेंट को सेव करना (Saving the Document)

आपने अपने डॉक्यूमेंट **Letter.doc** में काफी बदलाव किए है। यदि आप इन सभी बदलावों को सेव करना चाहते हैं, तो नीचे लिखे क्रम को अपनाएँ –

माउस पॉएंटर को **Standard** toolbar पर मौजूद **Save** बटन (▣) पर लाएँ (जैसा चित्र WD-5.131 में दिखाया गया है) और बाएँ माउस बटन को क्लिक करें। डॉक्यूमेंट **Letter.doc** में किए गए बदलाव तुरंत सेव हो जाएँगे।

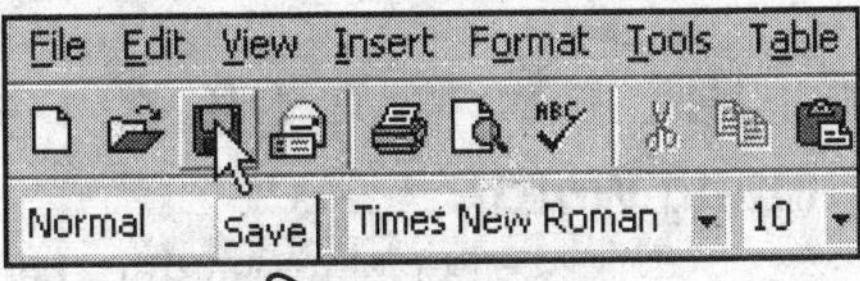

चित्र WD-5.131

प्रिंट करने से पहले प्रिंट-प्रिव्यू देखना (Looking at the Print Preview before Printing)

आशा है कि टेबल बनाने से संबंधित सभी काम अब तक आपने अच्छी तरह सीख लिये होंगे और इन्हें आसानी से इस्तेमाल में ला रहे होंगे। अब आप अपने डॉक्यूमेंट **Letter.doc** को प्रिंट करने से पहले स्क्रीन पर इसकी अंतिम रूपरेखा देखें। इसे देखने के लिए आपको नीचा लिखा क्रम अपनाना होगा–

1. माउस पॉएंटर को **Standard** toolbar पर मौजूद **Print Preview** बटन (▣) पर लाएँ (चित्र WD-5.132) और बाएँ माउस बटन को क्लिक कर दें। आपके स्क्रीन पर **Print Preview** स्क्रीन तुरंत दिखाई देगा (चित्र WD-5.133)।

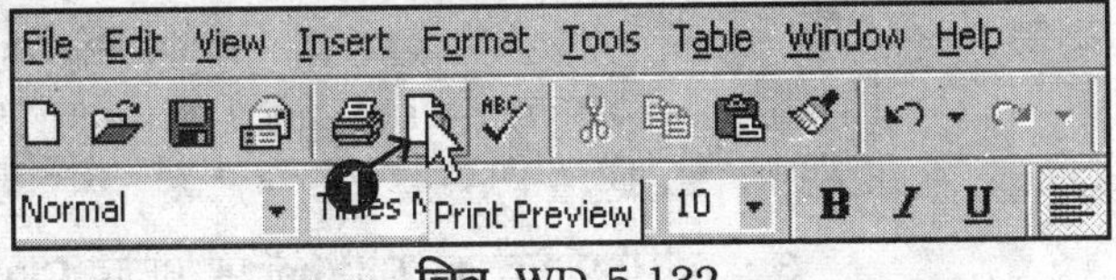

चित्र WD-5.132

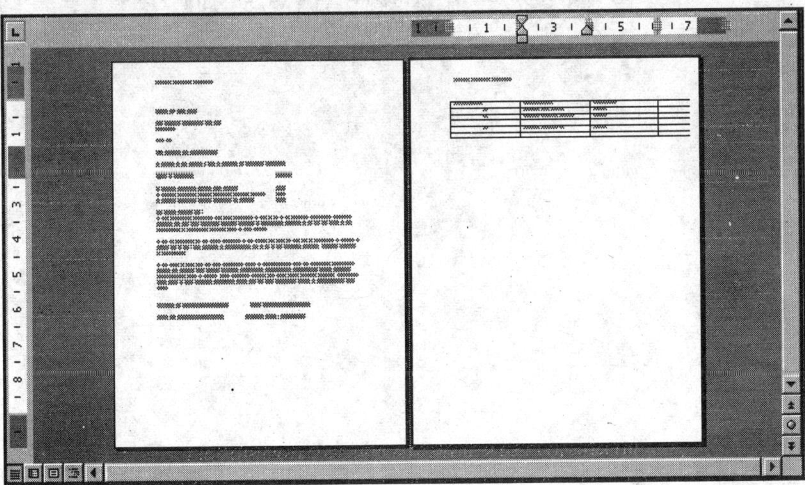

चित्र WD-5.133

2. चूँकि डॉक्यूमेंट की रूपरेखा ठीक–ठाक दिखाई दे रही है, इसलिए आप इसे प्रिंट करें। इसके लिए माउस पॉएंटर को **Preview** स्क्रीन पर मौजूद **Print** बटन (🖨) पर लाएँ (चित्र WD-5.134) और बाएँ माउस बटन को क्लिक करें।

चित्र WD-5.134

3. **Preview** स्क्रीन बंद करके डॉक्यूमेंट में लौटाने के लिए माउस पॉएंटर को **Close** बटन (✕) पर लाएँ तथा बाएँ माउस बटन को क्लिक करें।

डॉक्यूमेंट को बंद करना और वर्ड से बाहर आना (Closing the Document and Quitting Word)

आपने अपने डॉक्यूमेंट **Letter.doc** को कई प्रकार से फॉर्मेट करने का अभ्यास कर लिया है। अब इस डॉक्यूमेंट को हमें 'बंद' करना है। ऐसा करने के लिए आप नीचे लिखे क्रम का पालन करें –

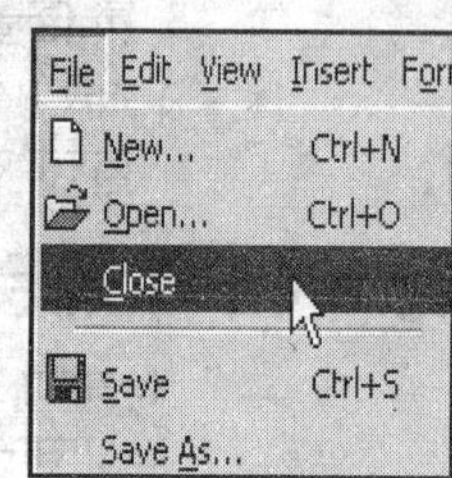

चित्र WD-5.135

1. सबसे पहले **File** मेन्यू बार विकल्प पर क्लिक करें। एक पुल–डाउन मेन्यू तुरंत दिखाई देगा (चित्र WD-5.135)।
2. पुल–डाउन मेन्यू में माउस पॉएंटर को **Close** विकल्प (चित्र WD-5.135) पर लाएँ और बाएँ माउस बटन को क्लिक करें।

यदि आपने अपने डॉक्यूमेंट में किए गए बदलावों को सेव नहीं किया है, तो माइक्रोसॉफ्ट वर्ड आपको एक Message बॉक्स दिखाएगा जिसमें पूछा जाएगा है कि आप अपनी फाइल सेव करना चाहते हैं या नहीं। Yes बटन पर क्लिक करने से आपका डॉक्यूमेंट सेव हो जाएगा।

3. माउस पॉएंटर को **Title bar** पर मौजूद **Close** बटन (✕) पर लाएँ और बाएँ माउस बटन को क्लिक करें। माइक्रोसॉफ्ट वर्ड विंडो तुरंत बंद हो जाएगी।

अध्याय 6

मेल मर्ज

इस अध्याय में—

* मेल मर्ज (Mail Merge) डॉक्यूमेंट बनाना
* डॉक्यूमेंट का प्रकार (Type) निर्धारित करना
* डाटा प्रविष्ट करना
* मेन डॉक्यूमेंट (Main Document) तैयार करना
* मेन डॉक्यूमेंट (Main Document) में डाटा मर्ज (Merge) करना
* मर्ज किए गए डॉक्यूमेंट को प्रिंट करना
* मेन डॉक्यूमेंट (Main Document) को सेव करना
* डाटा सोर्स (Data Source) में रिकॉर्ड्स में परिवर्तन करना
* नया रिकॉर्ड प्रविष्ट करना
* मौजूदा रिकॉर्ड को बदलना
* मौजूदा रिकॉर्ड को डिलीट करना
* मेन डॉक्यूमेंट (Main Document) को बंद करना
* माइक्रोसॉफ्ट वर्ड से बाहर आना

माइक्रोसॉफ्ट वर्ड की एक बहुत ही उपयोगी विशेषता है – **Mail Merge (मेल मर्ज)**। इसकी मदद से आप अपनी mailing list में शामिल हर व्यक्ति के लिए जल्दी से एक अलग पत्र तैयार कर सकते हैं।

मान लीजिए कि आपकी कंपनी अनेक व्यापारियों के साथ व्यापार–संबंधी मामलों पर पत्र–व्यवहार करती है। कभी–कभी अलग–अलग व्यापारियों के लिए एक ही पत्र को बार–बार टाइप करना बहुत उबाऊ हो जाता है, किंतु अब आपको यह उबाऊ नहीं लगेगा, क्योंकि इसका हल आपके कंप्यूटर के पास मौजूद है। यह हल माइक्रोसॉफ्ट वर्ड की एक अनोखी तथा उपयोगी सुविधा के रूप में मिलता है, जिसे **Mail Merge (मेल मर्ज)** कहा जाता है। इस सुविधा का लाभ उठाकर आप अपनी mailing list में दर्ज हर व्यापारी के लिए अलग–अलग पत्र तैयार कर सकते हैं।

इस सुविधा में पूरा डाटा एक अलग डॉक्यूमेंट में सुरक्षित रखा जाता है। पत्र का प्रारूप (Format) कुछ विशेष निर्देशों के साथ एक अलग डॉक्यूमेंट में स्टोर किया जाता है। उस दूसरे डॉक्यूमेंट को **Main Document (मेन डॉक्यूमेंट)** कहा जाता हैं। **Mail Merge** प्रक्रिया के दौरान **Main Document** को इस डाटा से युक्त डॉक्यूमेंट के साथ मिला दिया जाता है। माइक्रोसॉफ्ट वर्ड **Main Document** में दिए गए विशेष निर्देशों की जगह पर दूसरे डॉक्यूमेंट का डाटा प्रविष्ट कर देता है।

अब आप **Mail Merge** में काम करें और देखें कि इसे कैसे बनाया तथा एक्ज़ीक्यूट किया जाता है।

Mail Merge आपके सभी व्यापारियों के पते एक डॉक्यूमेंट में रखेगा तथा उन्हें भेजे जाने वाले पत्र का प्रारूप एक दूसरे डॉक्यूमेंट में सेव करेगा। पत्र के फॉर्मेट में कुछ विशेष निर्देश दिए जाएँगे, जो वर्ड को बताएँगे कि पतों को कहाँ प्रविष्ट करना है। जब इन दोनों डॉक्यूमेंट्स को मिला दिया जाएगा, यानी merge कर दिया जाएगा, तो पहले डॉक्यूमेंट में दिए गए अलग–अलग पते पत्र में दिए गए विशेष निर्देशों के अनुसार इनकी जगह ले लेंगे।

Mail Merge में काम करने के लिए आपको इन दो फाइल्स की आवश्यकता होगी–

1. **Data Source (डाटा सोर्स)**– वह फाइल, जिसमें नाम और अन्य सूचनाएँ दर्ज रहती हैं, **Data Source** फाइल कहलाती है।
2. **Main Document (मेन डॉक्यूमेंट)**– एक साथ कई लोगों के पास भेजे जाने वाले पत्र का फॉर्मेट जिस फाइल में मौजूद रहता है, उसे **Main Document** फाइल कहा जाता है। **Data Source** से लिये जाने वाले डाटा के बारे में विशेष निर्देश इस डॉक्यूमेंट में मौजूद रहते हैं।

Mail Merge बनाने के लिए तीन क्रम आवश्यक होते हैं–

1. Data Source तैयार करना
2. Main Document तैयार करना तथा
3. Main Document और Data Source को merge करना, यानी आपस में मिलाना।

मेल मर्ज डॉक्यूमेंट तैयार करना (Creating a Mail Merge Document)

डॉक्यूमेंट का प्रकार निर्धारित करना (Deciding the Type of Document)

एक **Mail Merge** डॉक्यूमेंट बनाने की दिशा में सबसे पहले आप यह तय करें कि **Main Document** किस प्रकार का बनाना हैं, यानी यह एक पत्र हो, लेबल हो या कैटालॉग (Catalogue) हो।

मान लीजिए कि अपने सभी व्यापारियों के पास भेजने के लिए आप एक निमंत्रण–पत्र अगले पेज पर दिए गए फॉर्मेट में बनाना चाहते हैं। इस पत्र के फील्ड नाम – **Dealer Name, Company Name, Address, City, State** तथा **Reference** होंगे, जो हर व्यापारी के संदर्भ में बदल जाएँगे।

To

Dealer's First Name and Last Name,
Company Name,
Address,
City, State,
Postal Code.

Sub. : With Reference to your letter dated [Reference]

Dear [Dealer's First name]
This is to inform you that our company is holding the annual meeting of all the dealers at Hotel Surya Conference Room, Friends Colony, New Delhi on the 17th of July, 2001. You are requested to attend the meeting at 7 pm sharp. Dinner will be served at 10 pm.

Sincerely,
Vikas Gupta
Marketing Director
(Dreamtech Publishing House)

Mail Merge में आगे बढ़ने के लिए आप पहले **माइक्रोसॉफ्ट वर्ड** को खोलें। इसके लिए आप नीचे लिखे क्रम को अपनाएँ–

1. **Taskbar** में पहले **Start** बटन (Start) पर क्लिक करें। स्क्रीन पर एक पुश–अप मेन्यू दिखाई देगा (चित्र WD-6.1)।
2. पुश–अप मेन्यू में **Programs** विकल्प पर क्लिक करें। स्क्रीन पर चित्र WD-6.1 के समान एक दूसरा मेन्यू तुरंत दिखाई देगा।
3. दूसरे मेन्यू में माउस पॉएंटर को **Microsoft Word** विकल्प पर लाएँ (चित्र WD-6.1) और बाएँ माउस बटन को क्लिक करें। स्क्रीन पर एक खाली डॉक्यूमेंट तुरंत दिखाई देगा।
4. **Tools** मेन्यू बार विकल्प पर क्लिक करें। स्क्रीन पर एक पुल–डाउन मेन्यू तुरंत दिखाई देगा (चित्र WD-6.2)।

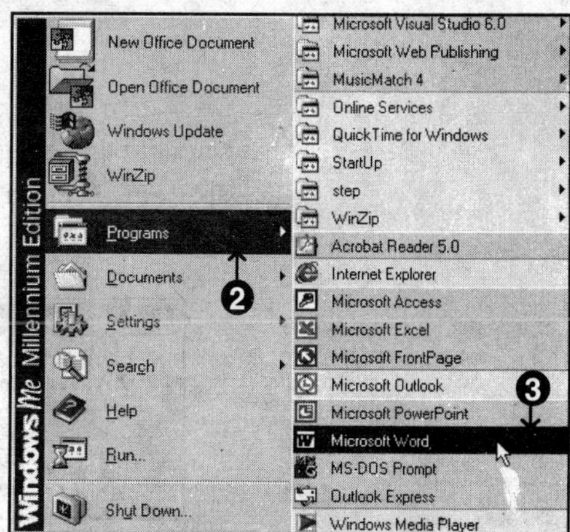

चित्र WD-6.1

5. पुल–डाउन मेन्यू में माउस पॉएंटर को **Mail Merge** विकल्प पर लाएँ (चित्र WD-6.2) और बाएँ माउस बटन को क्लिक करें। स्क्रीन पर एक **Mail Merge Helper** बॉक्स तुरंत दिखाई देगा (चित्र WD-6.3)।

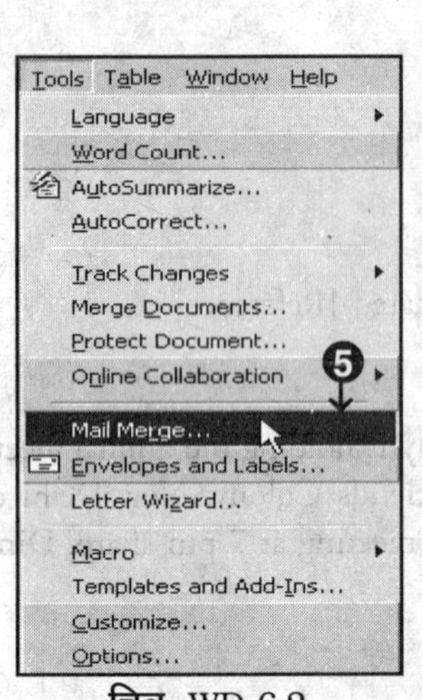

चित्र WD-6.2

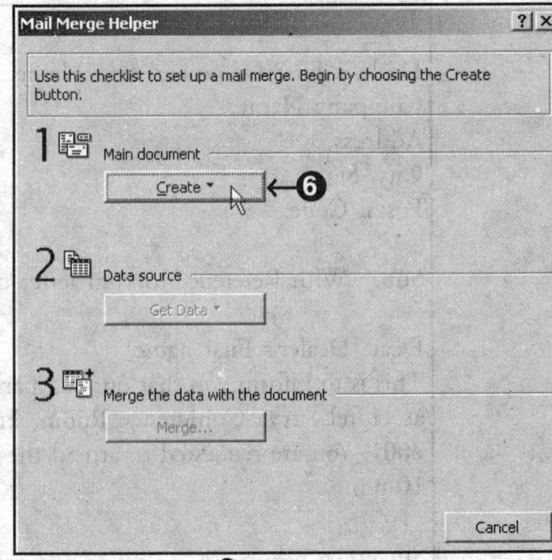

चित्र WD-6.3

6. **Main Document** का प्रकार प्रविष्ट करने के लिए आपसे इस बॉक्स में कहा जाता है। अतः **<u>C</u>reate** बटन (चित्र WD-6.3) पर क्लिक करें। स्क्रीन पर एक पुल–डाउन मेन्यू तुरंत दिखाई देगा (चित्र WD-6.4)।

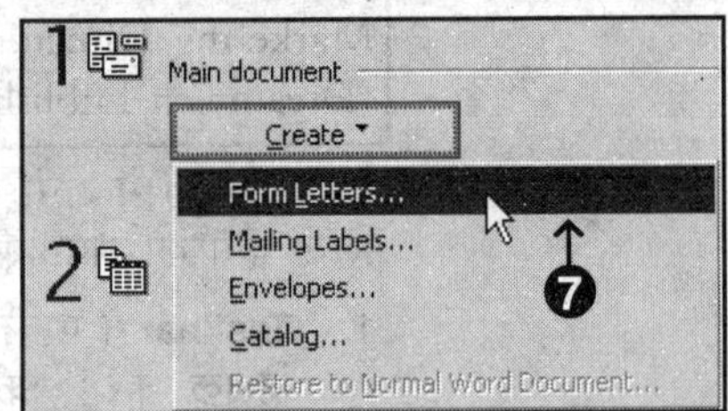

चित्र WD-6.4

7. चूँकि आप अपने सभी व्यापारी मित्रों को निमंत्रण–पत्र भेजना चाहते हैं, इसलिए माउस पॉएंटर को पुल–डाउन मेन्यू में **Form <u>L</u>etters** विकल्प पर लाएँ और बाएँ माउस बटन को क्लिक करें (चित्र WD-6.4)। स्क्रीन पर एक **Message** बॉक्स तुरंत दिखाई देगा (चित्र WD-6.5)।

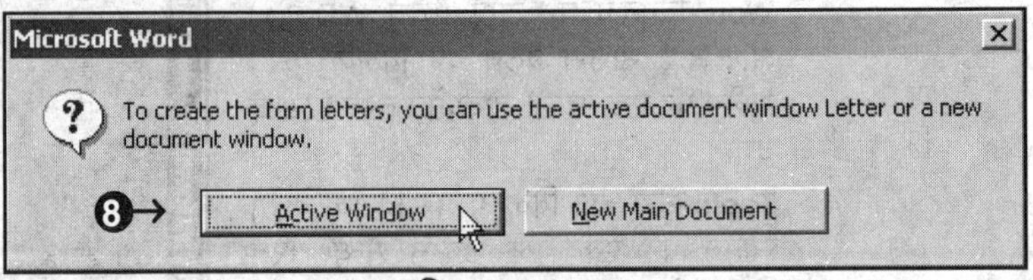

चित्र WD-6.5

8. इस **Message** बॉक्स में पूछा जाता है कि आप अपने पत्र के प्रारूप को इस समय खुली हुई सक्रिय विंडो में देना चाहते हैं या एक नई डॉक्यूमेंट विंडो बनाना चाहते हैं?

हम इसे अभी खुले हुए डॉक्यूमेंट में ही दिखाने की कोशिश करेंगे। इसके लिए आप **<u>A</u>ctive Window** बटन (चित्र WD-6.5) पर क्लिक करें। **Mail Merge Helper** बॉक्स एक बार फिर स्क्रीन पर दिखाई देगा (चित्र WD-6.6)।

डाटा प्रविष्ट करना (Entering Data)

डाटा की सूची (Data List) को **Data Source** कहा जाता है। हमारे उदाहरण में वह डॉक्यूमेंट, जिसमें आप व्यापारियों के पते स्टोर करेंगे, **Data Source** कहलाएगा। अब आप सबसे पहले सभी व्यापारियों के पते स्टोर करने के लिए **Data Source** बनाएँ। इसके लिए आपको नीचे लिखा क्रम अपनाना होगा –

1. **Mail Merge Helper** बॉक्स में माउस पॉएंटर को **Get Data** बटन (चित्र WD-6.6) पर लाएँ और बाएँ माउस बटन को क्लिक करें। स्क्रीन पर एक पुल–डाउन मेन्यू तुरंत दिखाई देगा (चित्र WD-6.7)।
2. पुल–डाउन मेन्यू में **Create Data Source ....** विकल्प पर क्लिक करें (चित्र WD-6.7)। स्क्रीन पर एक **Create Data Source** बॉक्स तुरंत दिखाई देगा (चित्र WD-6.8)।

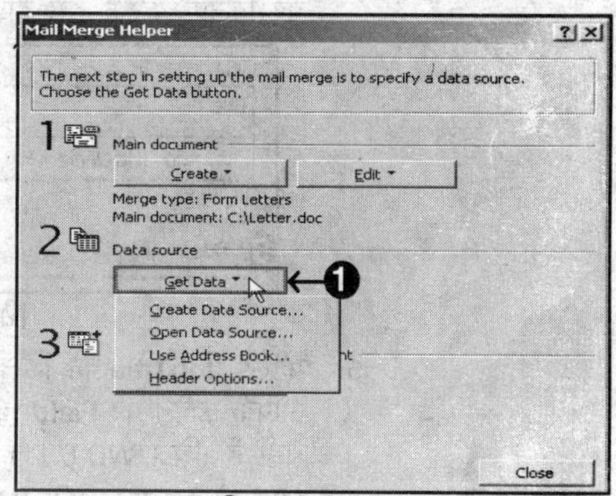

चित्र WD-6.6

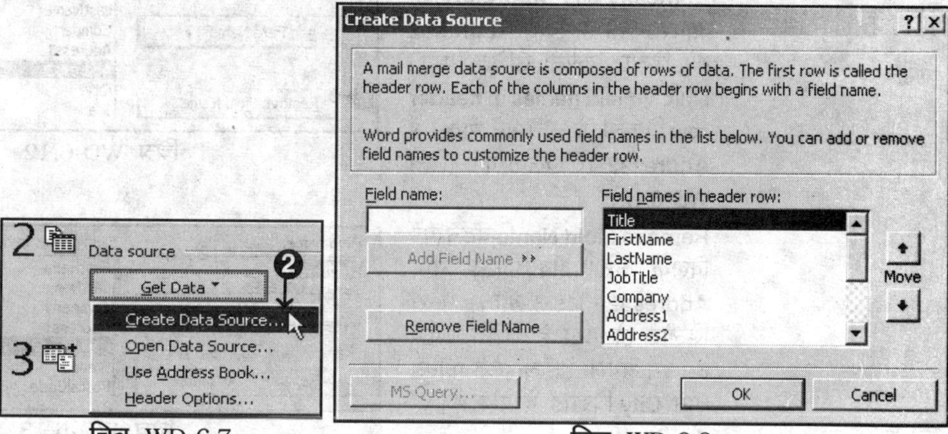

चित्र WD-6.7 चित्र WD-6.8

सभी व्यापारियों के पास भेजे जाने वाले पत्र के फॉर्मेट में कुछ विशेष फील्ड नाम (जैसे– **Dealer's FirstName**, **LastName**, **Company**, **Address**, **City**, **State**, **Reference** आदि) होने चाहिए। इसलिए **Create Data Source** बॉक्स (चित्र WD-6.8) द्वारा आप इन फील्ड नामों को चुन सकते हैं।

3. **Create Data Source** बॉक्स में **Field names in header row** विकल्प के नीचे कई फील्ड नाम लिखे रहते हैं। इन नामों में से **Title** पहले ही हाईलाइटेड है (चित्र WD-6.9)।

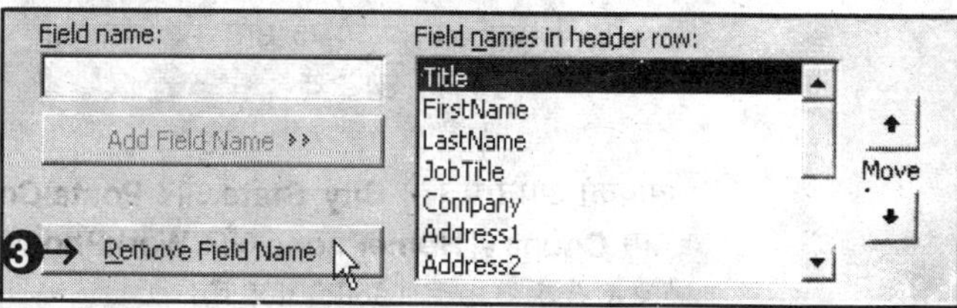

चित्र WD-6.9

चूँकि आपके पत्र में **Title** नाम का कोई फील्ड नहीं है, इसलिए अच्छा रहेगा कि आप इसे डिलीट कर दें। चित्र WD-6.9 के अनुसार, **Remove Field Name** बटन पर क्लिक करें। **Title** तुरंत डिलीट हो जाएगा और अब अगला फील्ड नाम **FirstName** हाईलाइट हो जाएगा।

4. आपको **FirstName** और **LastName** की जरूरत है। इसलिए इन्हें आप सूची में से नहीं निकालें। अगला फील्ड नाम **Job Title** है, जिसकी जरूरत आपको नहीं है। इसलिए फील्ड नाम **JobTitle** पर क्लिक करके इसे हाईलाइट करें (चित्र WD-6.10)।

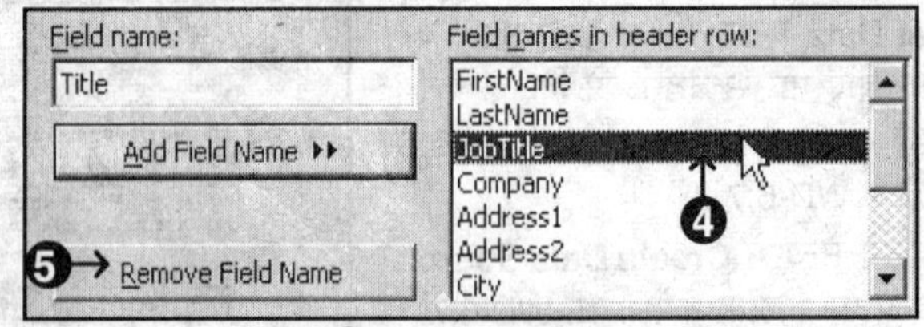

चित्र WD-6.10

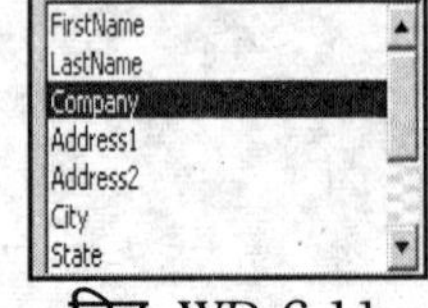

चित्र WD-6.11

5. फील्ड **JobTitle** को डिलीट करने के लिए **Remove Field Name** बटन पर क्लिक करें। अब आपके स्क्रीन पर **Field names in header row** विकल्प के नीचे लिखे फील्ड नामों में **JobTitle** नहीं है (चित्र WD-6.11)।

6. आपको अगले फील्ड नामों **Company** और **Address1** की आवश्यकता है, किंतु **Address2** को डिलीट करना उचित होगा। इसलिए **Field names in header row** विकल्प के नीचे बने बॉक्स में **Address2** पर क्लिक करें (चित्र WD-6.12)।

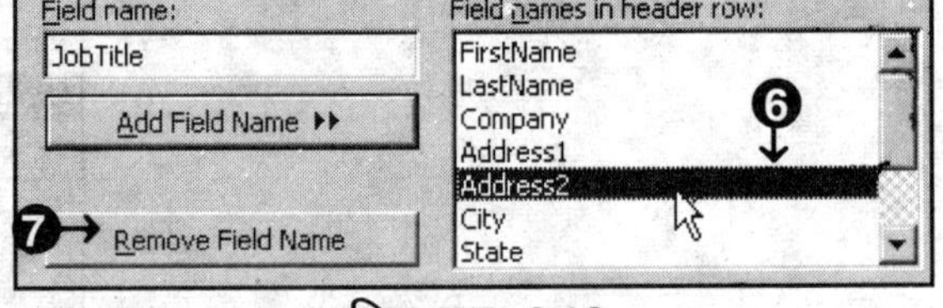

चित्र WD-6.12

7. **Remove Field Name** बटन पर क्लिक करें। अब फील्ड नाम **Address2** भी इस बॉक्स में से डिलीट हो गया है। चित्र WD-6.13 में अगला हाईलाइटेड फील्ड नाम **City** दिखाई दे रहा है।

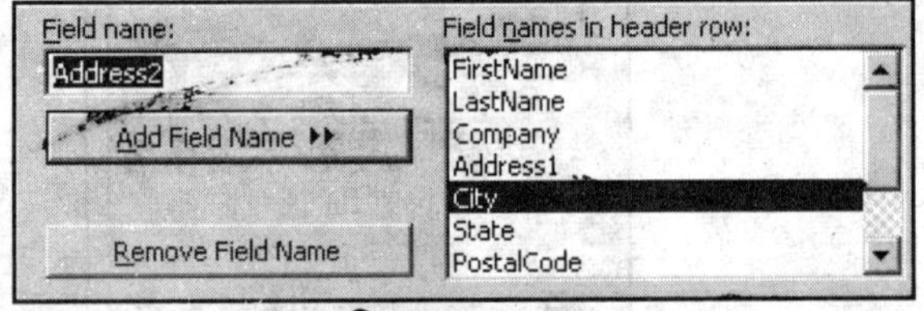

चित्र WD-6.13

यदि आप Field names in header row विकल्प के नीचे बने बॉक्स में सभी फील्ड नाम नहीं देख पा रहे हों, तो इस बॉक्स के डाउन ऐरो स्क्रॉल बटन (▾) पर क्लिक करें (चित्र WD-6.14)।

जब आप सूची के अंत में पहुँच जाएँ, तो बाएँ माउस बटन को छोड़ दें।

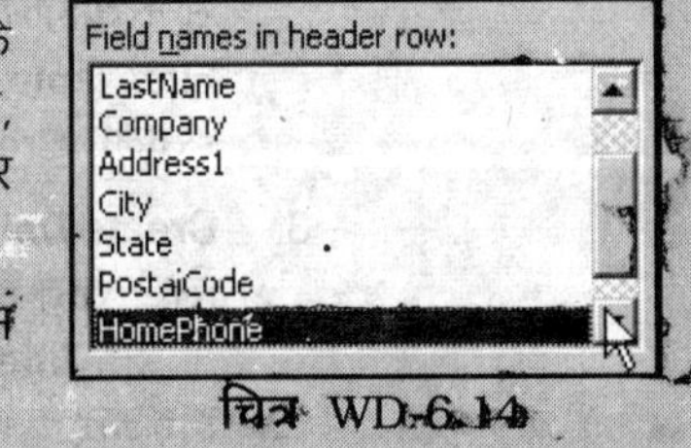

चित्र WD-6.14

आपको अपने पत्र में **City, State** और **PostalCode** फील्ड नामों की आवश्यकता होगी, जबकि फील्ड नाम **Country, HomePhone** और **WorkPhone** को डिलीट किया जा सकता है। इसलिए ऊपर बताए गए तरीके से इन्हें डिलीट कर दें।

अंत में कुल मिलाकर सात फील्ड नाम आपने चुने हैं, जो इस प्रकार हैं –

FirstName
LastName
Company
Address1
City
State
PostalCode

8. हमारे पत्र के फॉर्मेट के अनुसार आपको **Reference** नाम के एक और फील्ड की आवश्यकता होगी। चूँकि सूची में इस नाम का फील्ड मौजूद नहीं है, इसलिए आपको इस फील्ड का नाम इस सूची में डालना होगा।

   इसलिए माउस पॉएंटर को **Field name** विकल्प के नीचे बने बॉक्स में लाएँ और बाएँ माउस बटन क्लिक कर दें। आप देखेंगे कि इस बॉक्स में पहले से ही कुछ शब्द लिखे हुए हैं (चित्र WD-6.15)।

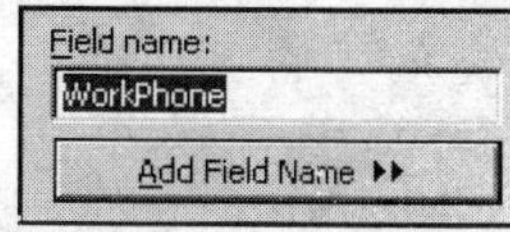

चित्र WD-6.15

9. माउस पॉएंटर को कर्सर पर लाकर बाएँ माउस बटन को दो बार क्लिक करें। तुरंत ही **Field name** विकल्प के नीचे बॉक्स में लिखा टेक्स्ट हाईलाइट हो जाएगा (चित्र WD-6.15)।
10. नए फील्ड का नाम **Reference** टाइप करें।
11. **Add Field Name** बटन पर क्लिक करें (चित्र WD-6.16)। यह नया फील्ड नाम **Field names in header row** विकल्प के नीचे बने बॉक्स में जुड़ जाएगा (चित्र WD-6.17)।
12. **OK** बटन पर क्लिक करें (चित्र WD-6.17)।

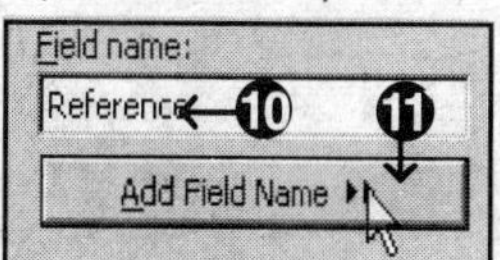

चित्र WD-6.16

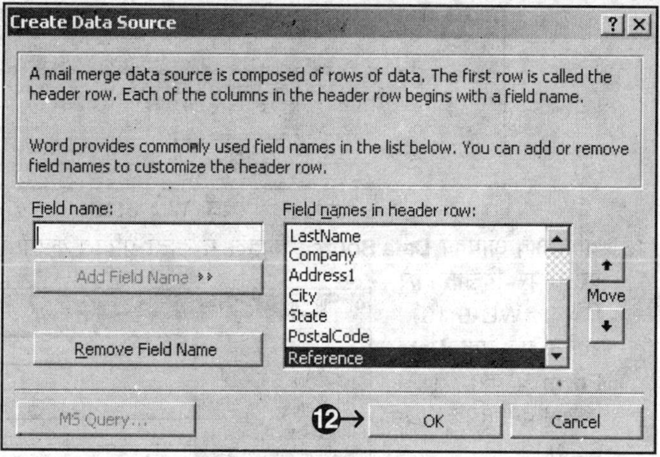

चित्र WD-6.17

13. स्क्रीन पर एक **Save As** बॉक्स तुरंत दिखाई देगा (चित्र WD-6.18)। अभी आपने जो **Data Source** डॉक्यूमेंट बनाया है, उसके लिए एक नाम, जैसे– **Dealers** टाइप करें। यह नाम **File name** विकल्प के साथ बने बॉक्स में लिखा दिखाई देगा (चित्र WD-6.18)।

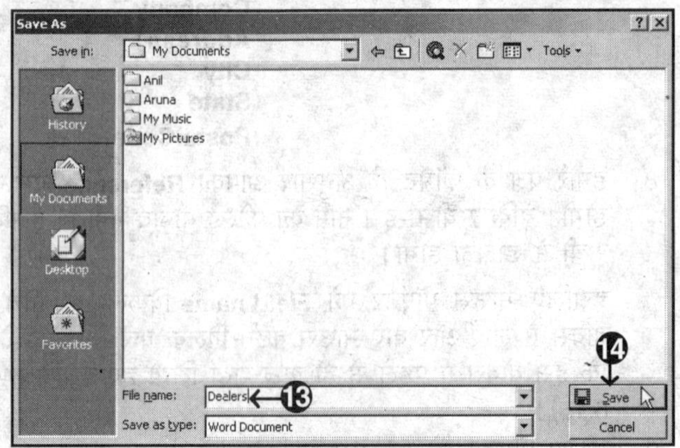

चित्र WD-6.18

14. आप इस डॉक्यूमेंट को किसी भी फोल्डर में (उदाहरण के लिए– **My Documents** नामक फोल्डर में) सेव कर सकते हैं। आप देखेंगे कि **Save in** विकल्प के साथ बने बॉक्स में पहले ही **My Documents** फोल्डर का नाम दिखाई दे रहा है। इसलिए **Save As** बॉक्स के **Save** बटन पर क्लिक करें (चित्र WD-6.18)। स्क्रीन पर एक **Message** बॉक्स तुरंत दिखाई देगा (चित्र WD-6.19)। इस बॉक्स द्वारा आपसे पूछा जाएगा कि आप फील्ड युक्त डॉक्यूमेंट का संपादन करना चाहते हैं या **Main Document** में काम करना तथा पत्र टाइप करना चाहते हैं।

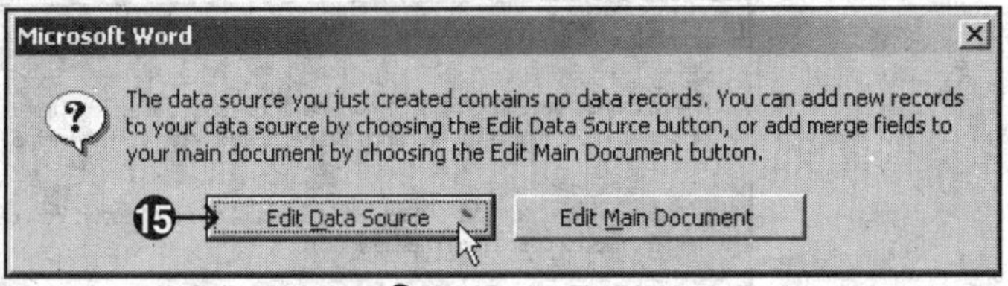

चित्र WD-6.19

15. चूँकि अब आपको **Data Source** फाइल में डाटा प्रविष्ट करना है, इसलिए **Edit Data Source** बटन पर क्लिक करें (चित्र WD-6.19)। स्क्रीन पर एक **Data Form** बॉक्स तुरंत दिखाई देगा (चित्र WD-6.20)।

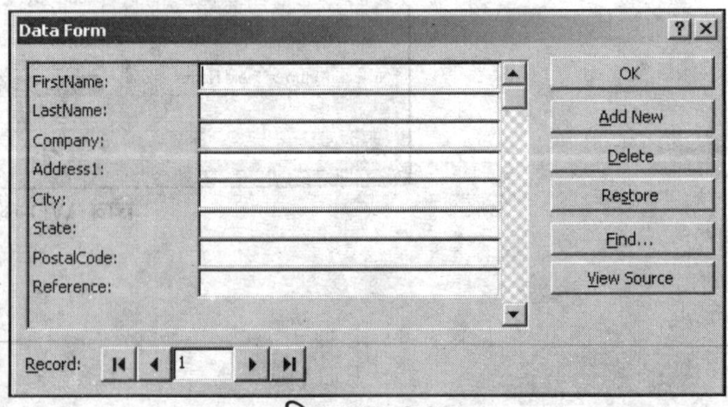

चित्र WD-6.20

Data Form बॉक्स में (चित्र WD-6.20) आपको सभी व्यापारियों से संबंधित सूचना प्रविष्ट करनी हैं। आइए अब बॉक्स में, दिया गया डाटा प्रविष्ट करें–

Fieldname	Entry to be made	Field name	Entry to be made
FirstName	Supriya	FirstName	Kamal
LastName	Thukral	LastName	Kishore
Company	Thukral Books	Company	Kishore & Sons
Address1	A-172, Vikas Puri	Address1	8, Linking Lane
City	Amritsar	City	Srinagar
State	Punjab	State	Jammu & Kashmir
PostalCode	110086	PostalCode	660098
Reference	23-10-99	Reference	24-10-99
FirstName	Rohit	FirstName	Vishal
LastName	Soni	LastName	Kashyap
Company	Teksons	Company	Kashyap Brothers
Address1	6/80, Punjabi Bagh	Address1	187, Kiran Vihar
City	Shimla	City	Mumbai
State	Himachal Pradesh	State	Maharashtra
PostalCode	660025	PostalCode	887786
Reference	20-11-99	Reference	23-10-99
FirstName	Atul	FirstName	Ritika
LastName	Mathur	LastName	Seghal
Company	Mathur & Sons	Company	Kellys
Address1	6, Hari Nagar	Address1	52-Paradise groove
City	Sirsa	City	Chandigarh
State	Haryana	State	Punjab
PostalCode	129962	PostalCode	123892
Reference	19-01-98	Reference	03-12-99
FirstName	Rachna	FirstName	Nisha
LastName	Kishore	LastName	Kashyap
Company	Kishore Store	Company	GoodStuff
Address1	D-44, Ajay Enclave	Address1	J-164, Vatika Enclave
City	New Delhi	City	Rohtak
State	New Delhi	State	Haryana
PostalCode	110018	PostalCode	128864
Reference	20-01-98	Reference	23-10-99
FirstName	Chandni	FirstName	Achal
LastName	Gupta	LastName	Khanna
Company	Best Books	Company	Khanna Book Store
Address1	49, Roop Nagar	Address1	29-D, Pitampura
City	Rohtak	City	New Delhi
State	Haryana	State	New Delhi
PostalCode	128064	PostalCode	110082
Reference	19-02-01	Reference	28-02-01

आइए आप अब पहली फील्ड में डाटा डालें। इसके लिए आप नीचे लिखे क्रम को अपनाएँ—

16. **Data Form** बॉक्स में **FirstName** के सामने **Supriya** टाइप करें और की–बोर्ड से **Tab** key दबा दें। **Tab** key दबाने पर अगले फील्ड नाम, **LastName** के सामने बने बॉक्स में आपको एक कर्सर दिखाई देगा (चित्र WD-6.21)।

Data Form	
FirstName:	Supriya ←16
LastName:	
Company:	

चित्र WD-6.21

17. **Thukral** टाइप करें और एक बार फिर **Tab** key दबा दें (चित्र WD-6.22)।
18. **Company** के सामने **Thukral Books** टाइप करें और **Tab** key दबा दें (चित्र WD-6.22)।

चित्र WD-6.22

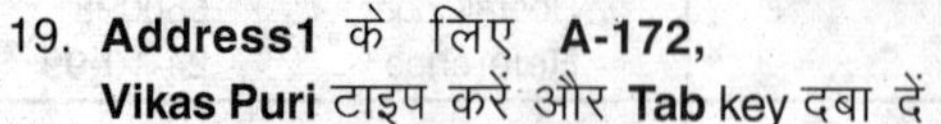

19. **Address1** के लिए **A-172, Vikas Puri** टाइप करें और **Tab** key दबा दें।

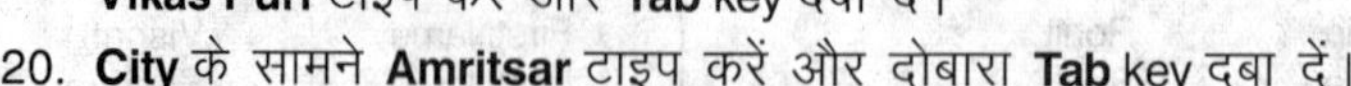

20. **City** के सामने **Amritsar** टाइप करें और दोबारा **Tab** key दबा दें।
21. **State** के सामने **Punjab** टाइप करें और **Tab** key दबा दें।
22. **PostalCode** के लिए **110086** टाइप करें और **Tab** key दबा दें (चित्र WD-6.23)।
23. **Reference** के लिए **23-10-99** टाइप करें।

इस प्रकार आपने पहले व्यापारी से संबंधित विवरण प्रविष्ट करने का काम पूरा कर लिया है।

24. माउस पॉइंटर को **Data Form** बॉक्स में **Add New** बटन पर लाएँ (चित्र WD-6.23) और बाएँ माउस बटन को क्लिक करें।

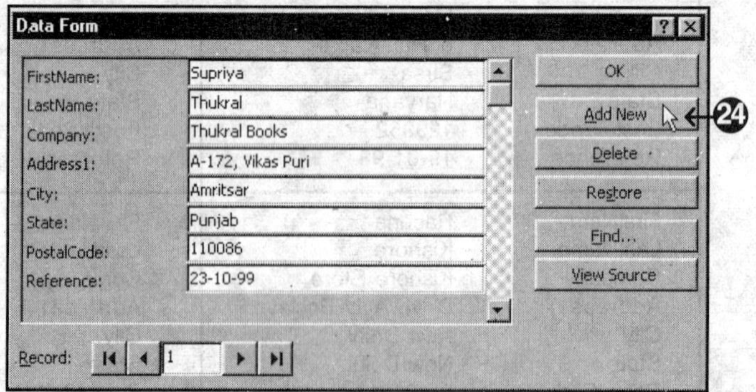

चित्र WD-6.23

स्क्रीन पर एक खाली **Form** तुरंत दिखाई देगा (चित्र WD-6.24)। इस **Form** में अगला रिकॉर्ड, यानी अगले व्यापारी **Kamal Kishore** का विवरण टाइप करें। अब आप इसी प्रकार **Data Form** बॉक्स में शेष व्यापारियों के भी विवरण प्रविष्ट कर सकते हैं।

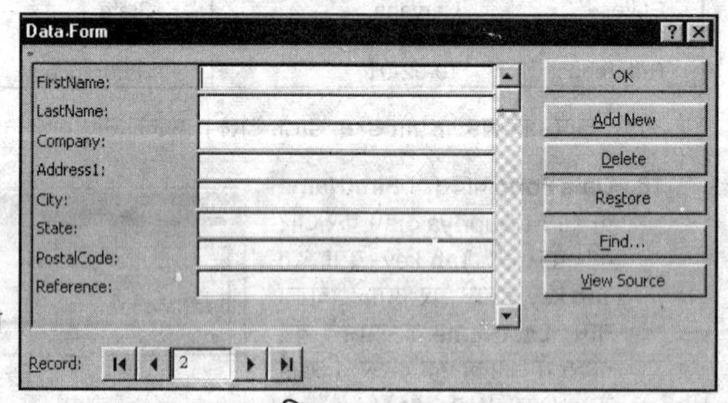

आप ये ... विवरण

चित्र WD-6.24

किसी भी क्रम में भर सकते हैं। उपरोक्त उदाहरण में आपने Kamal Kishore के विवरण को दूसरे रिकॉर्ड के रूप में प्रविष्ट किया है, किंतु आप किसी भी नाम (जैसे– Rohit Soni इत्यादि) के विवरण को भी दूसरे रिकॉर्ड के रूप में दर्ज कर सकते हैं।

25. पूरा विवरण प्रविष्ट करने के बाद अब आप यह भी देखना चाहेंगे कि पूरी सूची कैसी दिखाई देती है। इसे देखने के लिए माउस पॉएंटर को **Data Form** बॉक्स में **View Source** बटन पर लाएँ (चित्र WD-6.25) और बाएँ माउस बटन को क्लिक करें।

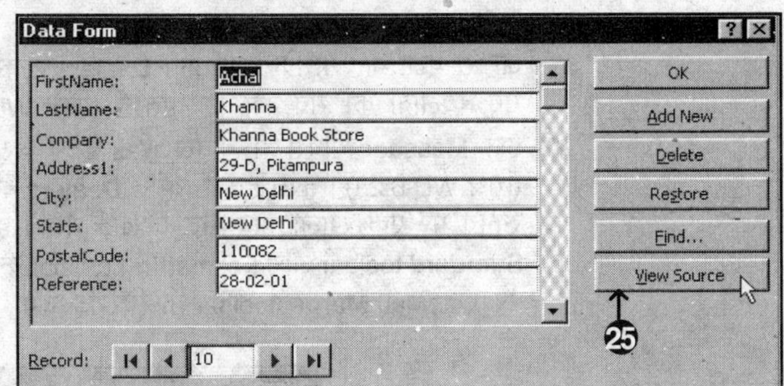

चित्र WD-6.25

सभी व्यापारियों से संबंधित विवरण रोज़ और कॉलम्स में आपके स्क्रीन पर तुरंत दिखाई देने लगेगा (चित्र WD-6.26)। इसमें कुल मिलाकर ग्यारह रोज़ हैं। टेबल की पहली रो में फील्ड नाम है, जबकि शेष दस रोज़ में हर व्यापारी से संबंधित सारी जरूरी सूचनाएँ हैं।

Dealers.doc - Microsoft Word

File Edit View Insert Format Tools Table Window Help

FirstName	LastName	Company	Address1	City	State	PostalCode	Reference
Supriya	Thukral	Thukral Book	A-172, Vikas Puri	Amritsar	Punjab	110086	23-10-99
Kamal	Kishore	Kishore & Sons	8-Linking Lane	Srinagar	Jammu & Kashmir	660098	24-10-99
Rohit	Soni	Teksons	6/80, Punjabi Bagh	Shimla	Himachal Pradesh	660025	20-11-99
Vishal	Kashyap	Kashyap Brothers	187, Kiran Vihar	Mumbai	Maharashtra	887786	23-10-99
Atul	Mathur	Mathur & Sons	6, Hari Nagar	Sirsa	Haryana	129962	19-01-98
Ritika	Seghal	Kellys	52-Paradise Groove	Chandigarh	Punjab	123892	03-12-99
Rachna	Kishore	Kishore Store	D-44, Ajay Enclave	New Delhi	New Delhi	110018	20-01-98
Nisha	Kashyap	GoodStuff	J-164, Vatika	Rohtak	Haryana	128864	23-10-99

चित्र WD-6.26

26. आप यह भी देखेंगे कि चित्र WD-6.26 में **Title bar** में **Dealers** नाम लिखा दिखाई दे रहा है। इसका अर्थ यह है कि स्क्रीन पर नया डॉक्यूमेंट **Dealers** खुला हुआ है। पत्र का टेक्स्ट टाइप करने के लिए आपको **Dealers** डॉक्यूमेंट बंद करके **Main Document** में आना होगा।

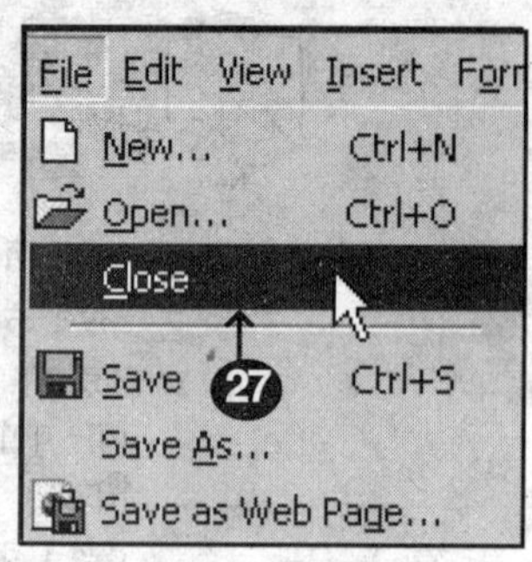

चित्र WD-6.27

File मेन्यू बार विकल्प पर क्लिक करें। स्क्रीन पर एक पुल–डाउन मेन्यू तुरंत दिखाई देगा।

27. पुल–डाउन मेन्यू में माउस पॉएंटर को **Close** विकल्प (चित्र WD-6.27) पर लाएँ और बाएँ माउस बटन को क्लिक कर दें। स्क्रीन पर एक **Message** बॉक्स तुरंत दिखाई देगा, जिसमें आपसे पूछा जाएगा कि क्या आप **Dealers** डॉक्यूमेंट में किए गए बदलावों को सेव करना चाहते हैं (चित्र WD-6.28)।
28. इस **Message** बॉक्स में केवल **Yes** बटन पर क्लिक करें (चित्र WD-6.28)। तुरंत ही डॉक्यूमेंट **Dealers** बंद हो जाएगा, स्क्रीन पर एक खाली डॉक्यूमेंट दिखाई देगा। इसके अलावा **Standard** toolbar और **Formatting** toolbar के साथ स्क्रीन पर एक **Mail Merge** toolbar भी दिखाई देगा (चित्र WD-6.29)।

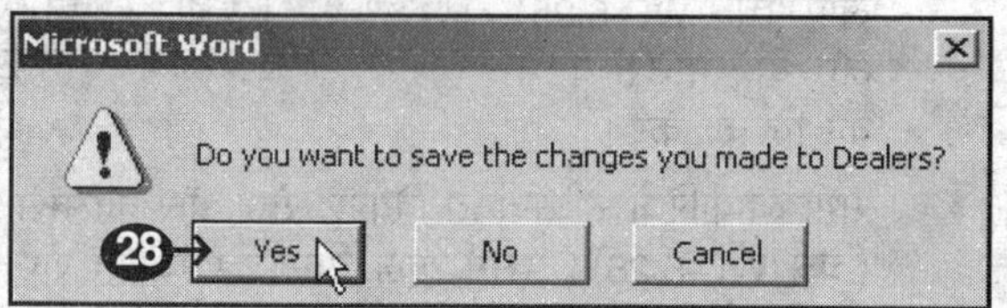

चित्र WD-6.28

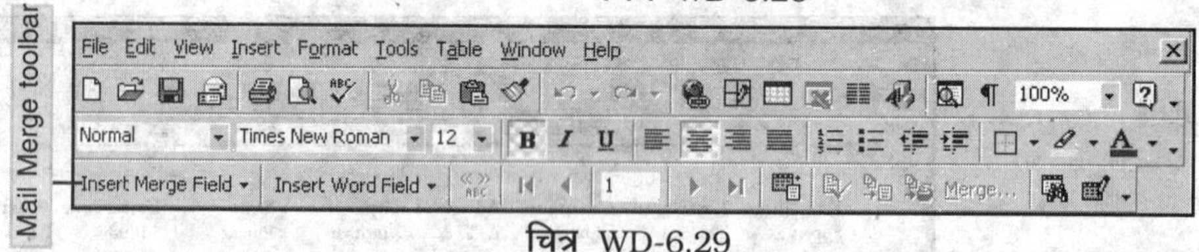

चित्र WD-6.29

अब आप वह पत्र टाइप करें, जिसे आप विभिन्न व्यापारियों के पास भेजना चाहते हैं।

मेन डॉक्यूमेंट तैयार करना (Creating the Main Document)

Main Document वह पत्र है, जिसे हम अपनी mailing list में दर्ज सभी व्यापारियों के पास भेजना चाहते हैं। **Main Document** में पत्र टाइप करते समय आपको विशेष निर्देश दर्ज करने होंगे। ये निर्देश उन फील्ड नामों के माध्यम से दिए जाते हैं, जिन्हें आपने अपने पिछले भाग में चुना था। ये निर्देश इसी डॉक्यूमेंट को विभिन्न व्यापारियों या डीलरों के लिए इस्तेमाल करने में आपकी मदद करते हैं, यानी माइक्रोसॉफ्ट वर्ड **Main Document** में फील्ड नामों की जगह पर **Data Source** से उनसे संबंधित सूचना लेकर दर्ज कर देता है, जिससे हर डीलर के लिए एक अलग पत्र तैयार हो जाता है।

अब आप इस अध्याय के शुरू में दिए गए पत्र–प्रारूप के अनुसार एक पत्र तैयार करें। इसके लिए आप नीचे लिखा क्रम अपनाएँ–

1. खाली डॉक्यूमेंट में सबसे ऊपर बाएँ कोने में blinking cursor दिख रहा है। इसलिए यहाँ की–बोर्ड से **To** टाइप करें।
2. **Enter** key को दो बार दबाएँ।
3. व्यापारी का **FirstName** और **LastName** टाइप करें। यहाँ आपको विशेष निर्देश प्रविष्ट करने होंगे, क्योंकि प्रत्येक व्यापारी से संबंधित डाटा भिन्न–भिन्न है। अतः विशेष निर्देश देने के लिए माउस पॉएंटर को **Mail Merge** toolbar पर लाएँ और **Insert Merge** Field बटन पर क्लिक करें। स्क्रीन पर तुरंत एक पुल–डाउन मेन्यू दिखाई देगा (चित्र WD-6.30)।

4. पुल–डाउन मेन्यू में माउस पॉइंटर को फील्ड नाम **FirstName** पर लाएँ (चित्र WD-6.30) और बाएँ माउस बटन को क्लिक कर दें। व्यापारी के **FirstName** के लिए विशेष निर्देश आपके डॉक्यूमेंट में तुरंत प्रविष्ट हो जाएँगे (चित्र WD-6.31)।

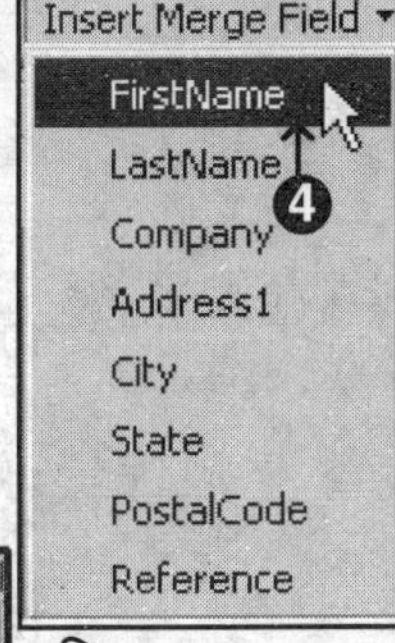

चित्र WD-6.30

5. फील्ड नामों **FirstName** और **LastName** को एक साथ दिखाया जाना चाहिए। इसलिए की–बोर्ड से **Spacebar** दबाएँ और एक बार फिर **Insert Merge Field** बटन पर क्लिक करें। स्क्रीन पर एक पुल–डाउन मेन्यू तुरंत दिखाई देगा (चित्र WD-6.32)।

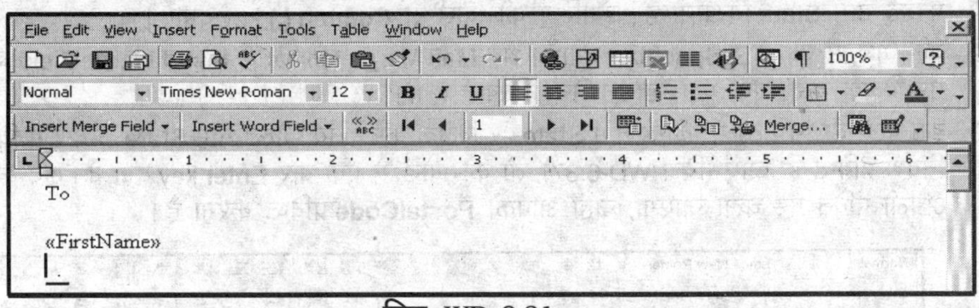

चित्र WD-6.31

6. पुल–डाउन मेन्यू में फील्ड नाम **LastName** पर क्लिक करें (चित्र WD-6.32)। आपके डॉक्यूमेंट में व्यापारी के **LastName** से संबंधित विशेष निर्देश तुरंत दर्ज हो जाएँगे (चित्र WD-6.33)।

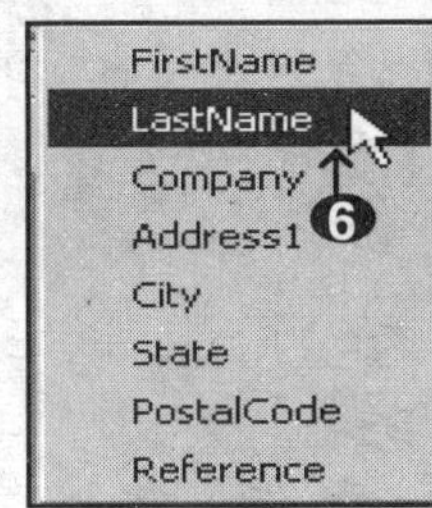

चित्र WD-6.32

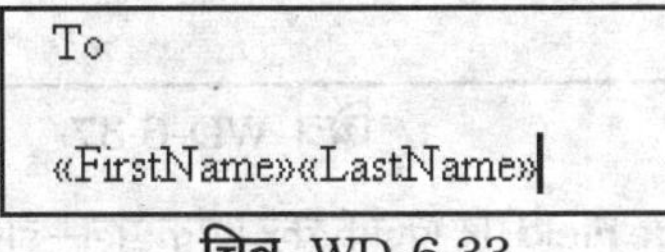

चित्र WD-6.33

7. अगली पंक्ति में कंपनी का नाम प्रविष्ट करने के लिए की–बोर्ड से एक बार **Enter** key दबाएँ और **Insert Merge Field** बटन पर क्लिक करें। स्क्रीन पर एक पुल–डाउन मेन्यू (चित्र WD-6.34) तुरंत दिखाई देगा।

8. पुल–डाउन मेन्यू में फील्ड नाम **Company** पर क्लिक करें। कंपनी के नाम के लिए विशेष निर्देश डॉक्यूमेंट में तुरंत प्रविष्ट हो जाएँगे। अब अगली पंक्ति में **Address** दर्शाने के लिए एक बार फिर **Enter** key दबाएँ (चित्र WD-6.35)।

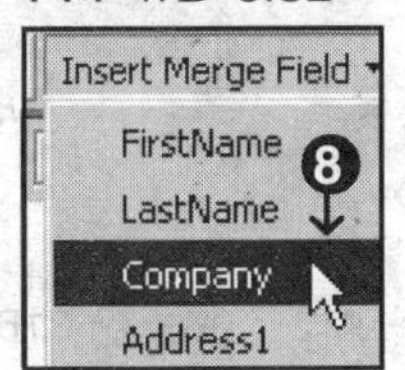

चित्र WD-6.34

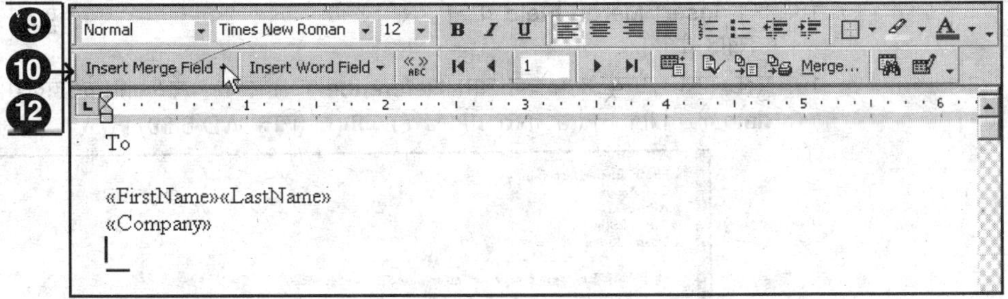

चित्र WD-6.35

9. नई पंक्ति में कंपनी का पता प्रविष्ट करने के लिए एक बार फिर **Insert Merge Field** बटन पर क्लिक करें (चित्र WD-6.35)। इसके बाद **Address1** फील्ड नाम पर क्लिक करें। अब आपके डॉक्यूमेंट में पते के लिए विशेष निर्देश दर्ज हो जाएँगे (चित्र WD-6.36)।

To

«FirstName»«LastName»
«Company»
«Address1»

चित्र WD-6.36

10. नई पंक्ति **City** के लिए विशेष निर्देश प्रविष्ट करने के लिए एक बार फिर **Enter** Key दबाएँ और **Insert Merge Field** बटन पर क्लिक करें।
11. पुल–डाउन मेन्यू (चित्र WD-6.32), दिखाई देने पर फील्ड नाम **City** पर क्लिक करें। अब आपको फील्ड नाम **State** दिखाना है। इसलिए की–बोर्ड से **Comma (,)** key दबाएँ।
12. की–बोर्ड से एक बार **Spacebar** दबाएँ। अब **Mail Merge** toolbar में **Insert Merge Field** बटन पर क्लिक करें। एक पुल–डाउन मेन्यू दिखाई देगा।
13. इस पुल–डाउन मेन्यू में फील्ड नाम **State** पर क्लिक करें। जब फील्ड नाम **State** के बारे में विशेष निर्देश प्रविष्ट हो जाएँ (चित्र WD-6.37), तो की–बोर्ड से एक बार **Enter** key दबा दें। अब कर्सर अगली पंक्ति पर चला जाएगा, जहाँ आपको **PostalCode** प्रविष्ट करना है।

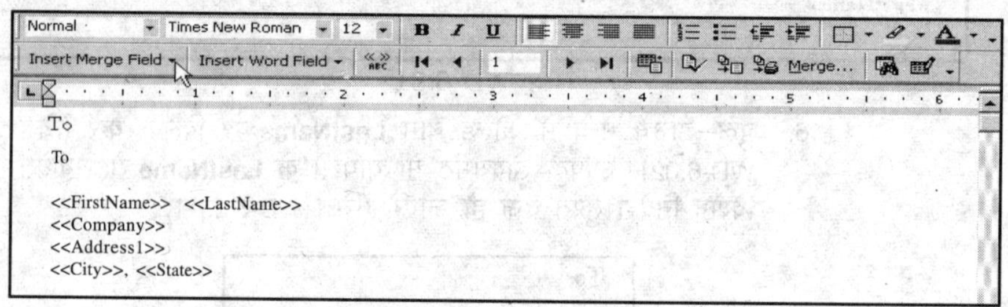

चित्र WD-6.37

14. एक बार फिर **Insert Merge Field** पर क्लिक करें। एक पुल–डाउन मेन्यू तुरंत दिखाई देगा (चित्र WD-6.32)।
15. पुल–डाउन मेन्यू में फील्ड नाम **PostalCode** पर क्लिक करें। आपके डॉक्यूमेंट में **PostalCode** के लिए विशेष निर्देश प्रविष्ट हो जाएँगे (चित्र WD-6.38)।
16. दो बार **Enter** key दबाएँ और **Sub : With Reference to your letter dated** टाइप करें।
17. की–बोर्ड से एक बार **Spacebar** दबाएँ, ताकि **Reference date** से पहले एक स्पेस (खाली जगह) दिखाई दे।

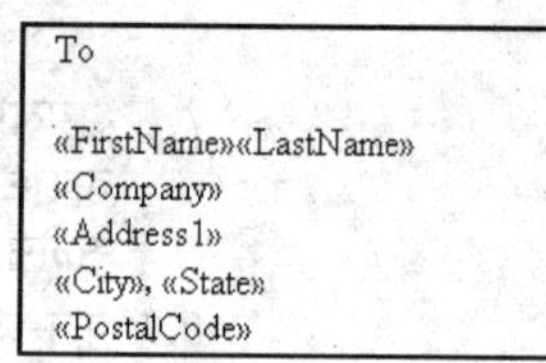

चित्र WD-6.38

18. अब **Insert Merge Field** बटन पर क्लिक करें। स्क्रीन पर एक पुल–डाउन मेन्यू तुरंत दिखाई देगा।
19. पुल–डाउन मेन्यू में फील्ड नाम **Reference** पर क्लिक करें। आपके डॉक्यूमेंट में **Reference date** के विशेष निर्देश तुरंत प्रविष्ट हो जाएँगे (चित्र WD-6.39)।

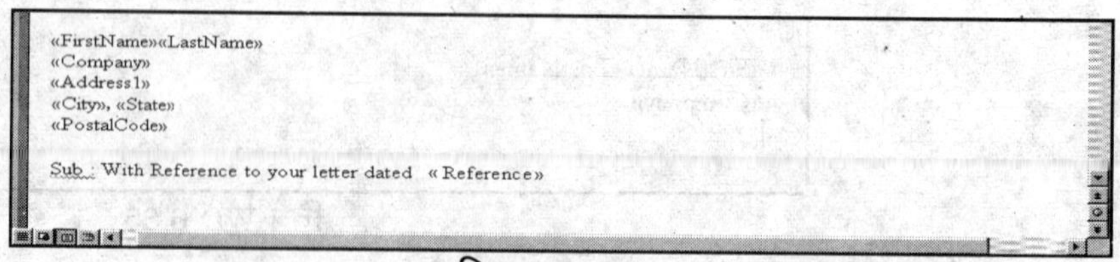

चित्र WD-6.39

20. **Enter** key को दो बार दबाएँ। इसके बाद **Dear** टाइप करें।
21. व्यापारी का प्रथम नाम **(FirstName)** दिखाने वाले फील्ड नाम से पहले एक खाली जगह देने के लिए की–बोर्ड से एक बार **Spacebar** दबाएँ।
22. **Insert Merge Field** बटन पर क्लिक करें। उसके बाद पुल–डाउन मेन्यू में फील्ड नाम **FirstName** पर क्लिक करें। आपके डॉक्यूमेंट में व्यापारी के प्रथम नाम के लिए विशेष निर्देश तुरंत प्रविष्ट हो जाएँगे (चित्र WD-6.40)।

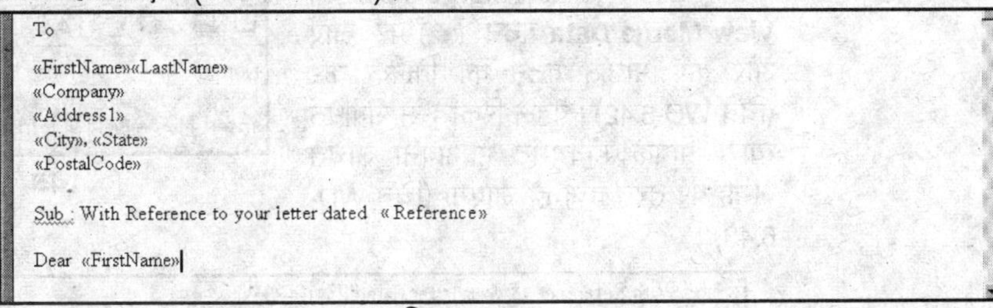
To

«FirstName»«LastName»
«Company»
«Address1»
«City», «State»
«PostalCode»

Sub : With Reference to your letter dated «Reference»

Dear «FirstName»

चित्र WD-6.40

23. अपने डॉक्यूमेंट में Comma (,) डालने के लिए की–बोर्ड से एक बार **Comma (,)** key को और फिर **Enter** key दबाएँ।
24. अब **Enter** key दबाए बिना अपने डॉक्यूमेंट में पत्र का नीचे लिखा टेक्स्ट टाइप करें–
This is to inform you that our company is holding the annual meeting of all the dealers at Hotel Surya Conference Room, Friends Colony, New Delhi on the 17th of July, 2001. You are requested to attend the meeting at 7 pm sharp. Dinner will be served at 10 pm.
25. टेक्स्ट टाइप करने के बाद पत्र की अंतिम पंक्तियाँ टाइप करने के लिए **Enter** key को चार बार दबाएँ।
26. **Sincerely** टाइप करें और की–बोर्ड से **Comma (,)** key दबाएँ।
27. **Enter** key को एक बार दबाएँ और कोई भी नाम (जैसे– **Vikas Gupta**) टाइप करें।
28. एक बार **Enter** key दबाएँ और पद का नाम (जैसे– **Marketing Director**) टाइप करें।
29. एक बार फिर **Enter** key दबाएँ और **Dreamtech Publishing House** टाइप करें। अब आपका पत्र तैयार हो गया है। यह पत्र चित्र WD-6.41 के समान दिखाई देगा।

To

«FirstName»«LastName»
«Company»
«Address1»
«City», «State»
«PostalCode»

Sub : With Reference to your letter dated «Reference»

Dear «FirstName»
This is to inform you that our company is holding the annual meeting of all the dealers at Hotel Surya, Conference Room, Friends Colony, Delhi on the 17th of July, 2001. You are requested to attend the meeting at 7pm sharp. Dinner will be served at 10pm.

Sincerely,
Vikas Gupta
Marketing Director
(Dreamtech Publishing House)

चित्र WD-6.41

मेन डॉक्यूमेंट में डाटा मर्ज करना (Merging the Main Document with Data)

Main Document में विशेष निर्देश प्रविष्ट करने का काम सफलतापूर्वक पूरा कर लेने के बाद अब आप अपनी डाक–सूची में दर्ज हर डीलर के लिए एक व्यक्तिगत पत्र बनाने में सफल हो गए हैं। **Main Document** और **Data Source** को आपस में मिलाने यानी merge करने के लिए आप नीचे लिखे क्रम का पालन करें –

1. माउस पॉएंटर को **Mail Merge** toolbar में **View Merge Data** बटन () पर लाएँ और बाएँ माउस बटन को क्लिक करें (चित्र WD-6.42)। पहले रिकॉर्ड से संबंधित ब्योरा आपके डॉक्यूमेंट में अपनी उचित जगह पर तुरंत दर्ज हो जाएगा (चित्र WD-6.43)।

चित्र WD-6.42

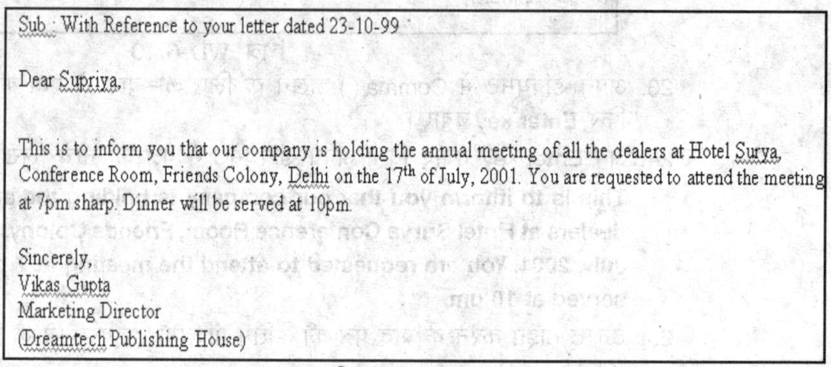

Sub : With Reference to your letter dated 23-10-99

Dear Supriya,

This is to inform you that our company is holding the annual meeting of all the dealers at Hotel Surya, Conference Room, Friends Colony, Delhi on the 17th of July, 2001. You are requested to attend the meeting at 7pm sharp. Dinner will be served at 10pm.

Sincerely,
Vikas Gupta
Marketing Director
(Dreamtech Publishing House)

चित्र WD-6.43

2. अगले रिकॉर्ड का ब्योरा दर्ज करने के लिए **Mail Merge** toolbar के **Next Record** बटन (▸) पर क्लिक करें (चित्र WD-6.44)। दूसरे रिकॉर्ड, हमारे उदाहरण में **Kamal Kishore** का ब्योरा डॉक्यूमेंट में अपनी उचित जगह पर तुरंत प्रविष्ट हो जाएगा।
3. इसी प्रकार शेष रिकॉर्ड्स का ब्योरा प्रविष्ट करने के लिए **Next Record** बटन (▸) पर तब तक क्लिक करते रहें, जब तक आप अंतिम रिकॉर्ड पर न पहुँच जाएँ। चित्र WD-6.44 में अंतिम रिकॉर्ड का विवरण दिखाया गया है।

पिछले रिकॉर्ड को दिखाने के लिए Previous Record बटन (◂) पर क्लिक करें। अगर आप इस बटन पर क्लिक करते रहेंगे, तो एक के बाद एक पिछले रिकॉर्ड आपको दिखते रहेंगे।

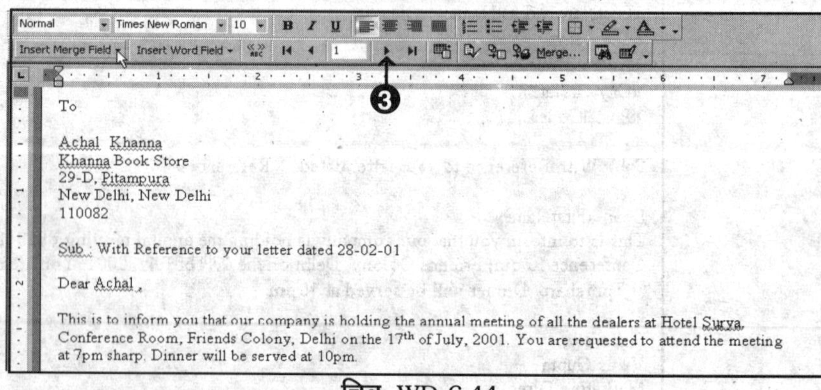

To

Achal Khanna
Khanna Book Store
29-D, Pitampura
New Delhi, New Delhi
110082

Sub : With Reference to your letter dated 28-02-01

Dear Achal ,

This is to inform you that our company is holding the annual meeting of all the dealers at Hotel Surya, Conference Room, Friends Colony, Delhi on the 17th of July, 2001. You are requested to attend the meeting at 7pm sharp. Dinner will be served at 10pm.

चित्र WD-6.44

मर्ज किए गए डॉक्यूमेंट को प्रिंटर पर भेजना (Sending the Merged Document to the Printer)

अब सभी व्यापारियों के पत्र प्रिंट करने के लिए आप नीचे लिखे क्रम को अपनाएँ –

चित्र WD-6.45

1. माउस पॉएंटर को **Mail Merge** toolbar में **Merge to Printer** बटन ( ) पर लाएँ (चित्र WD-6.45)।
2. बाएँ माउस बटन को क्लिक करें। आपका **Main Document** खुद ही सभी (दस) रिकॉर्ड्स में मिल जाएगा और प्रत्येक रिकॉर्ड प्रिंट हो जाएगा। सभी दस व्यापारियों को भेजा जाने वाला पत्र अब तैयार है। आप इन्हें उनके पतों पर भेज सकते हैं।

Merge to New Document बटन ( ) पर क्लिक करके आप नए डॉक्यूमेंट में भी डाटा merge कर सकते हैं। आपके स्क्रीन पर एक नया डॉक्यूमेंट तुरंत खुल जाएगा। Merge किए हुए सभी पत्र उसमें प्रदर्शित हो जाएँगे, जो रेखाओं द्वारा एक दूसरे से अलग बने रहेंगे। इस डॉक्यूमेंट को बंद करने के लिए पहले File मेन्यू बार विकल्प पर और उसके बाद Close विकल्प पर क्लिक करें। स्क्रीन पर एक Message बॉक्स तुरंत दिखाई देगा, जिसमें आपसे पूछा जाएगा कि क्या आप डॉक्यूमेंट को सेव करना चाहते हैं या नही। यदि आप डॉक्यूमेंट को सेव करना चाहते हैं, तो Yes बटन पर क्लिक कर दें। डॉक्यूमेंट के लिए कोई उचित नाम टाइप करें और OK बटन पर क्लिक करें। यदि आप इस डॉक्यूमेंट को सेव करना नहीं चाहते तो Message बॉक्स में NO बटन पर क्लिक कर दें।

मेन डॉक्यूमेंट को सेव करना (Saving the Main Document)

यदि आप **Main Document** में बने पत्र को भविष्य में इस्तेमाल के लिए सेव करना चाहते हैं, तो इसे अपनी डिस्क में स्टोर करना ठीक रहेगा। इसके लिए आप नीचे लिखे क्रम को अपनाएँ–

1. **Standard** toolbar में **Save** बटन ( ) पर क्लिक करें।
2. स्क्रीन पर **Save As** बॉक्स दिखाई देने पर अपने डॉक्यूमेंट के लिए कोई भी नाम (उदाहरण के लिए– **Letter**) टाइप कर लें।
3. चूँकि डाटा फाइल अभी होल्डर **My Documents** में है, इसलिए इस पत्र को भी इसी फोल्डर में सेव कर लेना उचित होगा। आप इसे किसी अन्य फोल्डर में भी सेव कर सकते हैं, किंतु इसके लिए आपको **Save in** विकल्प के साथ बने पुल–डाउन मेन्यू में से फोल्डर चुनना होगा।
4. **Save As** बॉक्स के **Save** बटन पर क्लिक करें। अब आपके स्क्रीन पर **Title bar** में लिखे इसके नाम के साथ डॉक्यूमेंट दिखाई देगा।

डाटा सोर्स में रिकॉर्ड्स में परिवर्तन करना (Modifying Records in the Data Source)

आप अपने **Data Source** में किसी भी डीलर के बारे में उससे संबंधित विवरण को डिलीट कर सकते हैं, या नया रिकॉर्ड डाल सकते हैं या उसे बदल भी सकते हैं। अब इन क्रियाओं को एक–एक करके समझें–

नया रिकॉर्ड प्रविष्ट करना (Adding a New Record)

मान लीजिए कि आपके व्यापार में हाल ही में एक नया डीलर शामिल हुआ है। इसलिए उसका विवरण आप अपने **Data Source** में दर्ज करना चाहेंगे। वह विवरण इस प्रकार है–

फील्डनाम	विवरण
FirstName	Mohit
LastName	Bhasin
Company	Bhasin Bros
Address1	20, Prashant Vihar
City	New Delhi
State	New Delhi
PostalCode	110035
Reference	23.04.01

अब आप अपने **Data Source** में ये डाटा प्रविष्ट करें। इसके लिए आप नीचे लिखे क्रम को अपनाएँ–

1. माउस पॉएंटर को **Mail Merge** toolbar में **Edit Data Source** बटन ( ) पर लाएँ (चित्र WD-6.46) और बाएँ माउस बटन को क्लिक करें। चित्र WD-6.25 के समान एक **Data Form** बॉक्स स्क्रीन पर तुरंत दिखाई देगा।

चित्र WD-6.46 ❶

2. **Data Form** बॉक्स में **Add New** बटन पर क्लिक करें। स्क्रीन पर एक खाली डाटा फॉर्म तुरंत आ जाएगा (चित्र WD-6.24)।
3. डीलर के प्रथम नाम (**FirstName**) में **Mohit** टाइप करें।
4. अगले फील्ड यानी **LastName** पर जाने के लिए **Tab** key दबाएँ और **Bhasin** टाइप करें।
5. इसी प्रकार अन्य विवरण दर्ज करने के लिए एक बार फिर **Tab** key दबाएँ और आगे बढ़ते जाएँ।

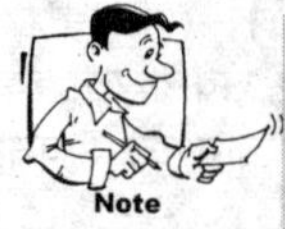

यदि आप अपने डॉक्यूमेंट Dealers में कुछ और रिकॉर्ड दर्ज करना चाहते हैं, तो Data Form बॉक्स में Add New बटन पर क्लिक करें। हर बार नया रिकॉर्ड दर्ज करने के लिए पहले Add New बटन पर क्लिक करें।

6. यह जानने के लिए कि आपकी सूची कैसी दिखाई देती है, आपको **View Source** बटन पर क्लिक करना होगा (चित्र WD-6.24)। आपके स्क्रीन पर डॉक्यूमेंट **Dealers** तुरंत खुल जाएगा, जिसमें **Data Source** की पूरी सूची दिखाई देगी (चित्र WD-6.47)।

Kamal	Kishore	Kishore & Sons	8-Linking Lane	Srinagar	Jammu & Kashmir	660098	24-10-99
Rohit	Soni	Teksons	6/80, Punjabi Bagh	Shimla	Himachal Pradesh	660025	20-11-99
Vishal	Kashyap	Kashyap Brothers	187, Kiran Vihar	Mumbai	Maharashtra	887786	23-10-99
Atul	Mathur	Mathur & Sons	6, Hari Nagar	Sirsa	Haryana	129962	19-01-98
Ritika	Seghal	Kellys	52-Paradise Groove	Chandigarh	Punjab	123892	03-12-99
Rachna	Kishore	Kishore Store	D-44, Ajay Enclave	New Delhi	New Delhi	110018	20-01-98
Nisha	Kashyap	GoodStuff	J-164, Vatika Enclave	Rohtak	Haryana	128864	23-10-99
Chandni	Gupta	Best Books	49, Roop Nagar	Rohtak	Haryana	128064	19-02-01
Achal	Khanna	Khanna Book Store	29-D, Pitampura	New [illegible]	New Delhi	110082	28-02-01
Mohit	Bhasin	Bhasin Bros	20, Prashant Vihar	New Delhi	New Delhi	110035	23-04-01

Mohit Bhasin का रिकॉर्ड

चित्र WD-6.47

7. अब यह जाँच करने के लिए कि सूची में **Mohit** का नया रिकॉर्ड शामिल हुआ है या नहीं, अपने डॉक्यूमेंट में डाउन ऐरो स्क्रॉल बटन (▾) पर आप तब तक क्लिक करें (चित्र WD-6.47), जब तक आपको अपेक्षित रिकॉर्ड दिखाई न दे।
8. डॉक्यूमेंट **Dealers** में किए गए बदलावों को सेव करने के लिए **Save** बटन () पर क्लिक करें।
9. डॉक्यूमेंट Dealers को बंद करने के लिए **File** मेन्यू बार विकल्प पर क्लिक करें।
10. पुल–डाउन मेन्यू में **Close** विकल्प पर क्लिक करें। आपका डॉक्यूमेंट तुरंत बंद हो जाएगा।
11. नए व्यापारी के लिए पत्र देखने के उद्देश्य से **Next Record** बटन (▸) पर क्लिक करें।
12. केवल नए व्यापारी का पत्र प्रिंट करने के लिए **File** मेन्यू बार विकल्प पर क्लिक करें। इसके बाद **Print** विकल्प चुनें।
13. जब स्क्रीन पर **Print** बॉक्स दिखाई दे, तब **Current Page** विकल्प के साथ बने राउँड बटन पर क्लिक करें और इसके बाद **OK** बटन पर क्लिक करें।

मौजूदा रिकॉर्ड को बदलना (Changing an Existing Record)

यदि किसी एक व्यापारी का पता बदल गया है, तो आपको अपने रिकॉर्ड में भी इसमें फेरबदल करना होगा। मान लीजिए कि आप अपने अंतिम रिकॉर्ड, यानी **Mohit** नामक व्यापारी के फील्ड नाम **Address1** में लिखा पता बदलकर **45/C, Prasad Vihar** करना चाहते हैं, तो इसके लिए आपको नीचे लिखा क्रम अपनाना होगा –

1. माउस पॉएंटर को **Mail Merge** toolbar के **Edit Data Source** बटन () पर लाएँ (चित्र WD-6.46) और बाएँ माउस बटन को क्लिक करें। स्क्रीन पर **Data Form** बॉक्स (चित्र WD-6.25) तुरंत दखाई देगा।
2. इस बॉक्स में रिकॉर्ड **Achal Khanna** का विवरण दिखाई दे रहा है। चूँकि आप अंतिम (ग्यारहवें) रिकॉर्ड (**Mohit Bhasin** का रिकार्ड) बदलना चाहते हैं, इसलिए माउस पॉएंटर को **Record** विकल्प के साथ बने **Next Record** बटन (▸) पर लाएँ (चित्र WD-6.48) और बाएँ माउस बटन को क्लिक करें।

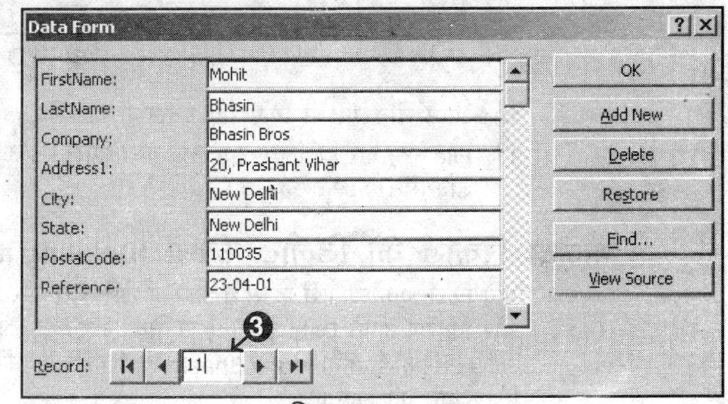

चित्र WD-6.48

3. ग्यारहवें रिकॉर्ड पर पहुँचने के लिए **Next Record** बटन (▸) पर क्लिक करते रहें।
4. जब स्क्रीन पर ग्यारहवाँ रिकॉर्ड दिखाने लगे, तो **Next Record** बटन (▸) को दबाना छोड़ दें।
5. **Address1** फील्ड नाम के साथ बने बॉक्स में क्लिक करें।
6. फील्ड नाम **Address1** के पते को डिलीट करने के लिए **Backspace** key दबाएँ।
7. अब नया पता **45/C, Prasad Vihar** टाइप करें (चित्र WD-6.49)।

8. अंतिम रिकॉर्ड में बदलाव करने के बाद यदि आप इसे देखना चाहते हैं, तो **Data Form** बॉक्स के **View Source** बटन पर क्लिक करें। तुरंत आपके स्क्रीन पर डॉक्यूमेंट **Dealers** खुल जाएगा।
9. स्क्रीन पर **Mohit Bhasin** का रिकॉर्ड देखने के लिए इस डॉक्यूमेंट के डाउन ऐरो स्क्रॉल बटन (▾) पर क्लिक करते रहें (चित्र WD-6.50)।

FirstName:	Mohit
LastName:	Bhasin
Company:	Bhasin Bros
Address1:	45/C, Prasad Vihar ← 7
City:	New Delhi
State:	New Delhi
PostalCode:	110035
Reference:	23-04-01

चित्र WD-6.49

Ritika	Seghal	Kellys	52-Paradise Groove	Chandigarh	Punjab	123892	03-12-99
Rachna	Kishore	Kishore Store	D-44, Ajay Enclave	New Delhi	New Delhi	110018	20-01-98
Nisha	Kashyap	GoodStuff	J-164, Vatika Enclave	Rohtak	Haryana	128864	23-10-99
Chandni	Gupta	Best Books	49, Roop Nagar	Rohtak	Haryana	128064	19-02-01
Achal	Khanna	Khanna Book Store	29-D, Pitampura	New Delhi	New Delhi	110082	28-02-01
Mohit	Bhasin	Bhasin Bros	20, Prashant Vihar	New Delhi	New Delhi	110035	23-04-01

Down arrow scroll बटन

चित्र WD-6.50

10. अपने डॉक्यूमेंट में किए गए बदलावों को सेव करने के लिए **Save** बटन (💾) पर क्लिक करें।
11. **File** मेन्यू बार विकल्प पर क्लिक करके पुल–डाउन मेन्यू में से **Close** विकल्प का चुनाव करें और डॉक्यूमेंट को बंद कर दें।

मौजूदा रिकॉर्ड को डिलीट करना (Deleting an Existing Record)

यदि किसी एक व्यापारी के साथ आपका लेन–देन और व्यापार समाप्त हो चुका है, तो आप उसका नाम और विवरण अपने **Data Source** से निकाल सकते हैं। मान लीजिए कि आप डॉक्यूमेंट **Dealers** का आखिरी रिकॉर्ड, यानी **Mohit Bhasin** का रिकॉर्ड अब डिलीट करना चाहते हैं, तो इसके लिए आप नीचे लिखे क्रम को अपनाएँ –

1. माउस पॉइंटर को **Mail Merge** toolbar के **Edit Data Source** बटन (📝) पर लाएँ और बाएँ माउस बटन को क्लिक करें। तुरंत आपके स्क्रीन पर एक **Data Form** बॉक्स दिखाई देगा (चित्र WD-6.25)।
2. जिस आखिरी रिकॉर्ड को आप डिलीट करना चाहते हैं, उसे स्क्रीन पर दिखाने के लिए **Data Form** बॉक्स में नीचे मौजूद **Next Record** बटन (▸) पर क्लिक करें।
3. जब अंतिम, यानी ग्यारहवाँ रिकॉर्ड स्क्रीन पर दिखाई दे (चित्र WD-6.49), तो **Next Record** बटन (▸) को दबाना छोड़ दें।

4. माउस पॉएंटर को **Delete** बटन (चित्र WD-6.51) पर लाएँ और बाएँ माउस बटन को क्लिक करें। **Dealers** फाइल से अंतिम रिकॉर्ड तुरंत डिलीट हो जाएगा।
5. यह जाँचने के लिए कि डॉक्यूमेंट **Dealers** में से अंतिम रिकॉर्ड डिलीट हुआ है या नहीं, **Data Form** बॉक्स के **View Data Source** बटन पर क्लिक करें।

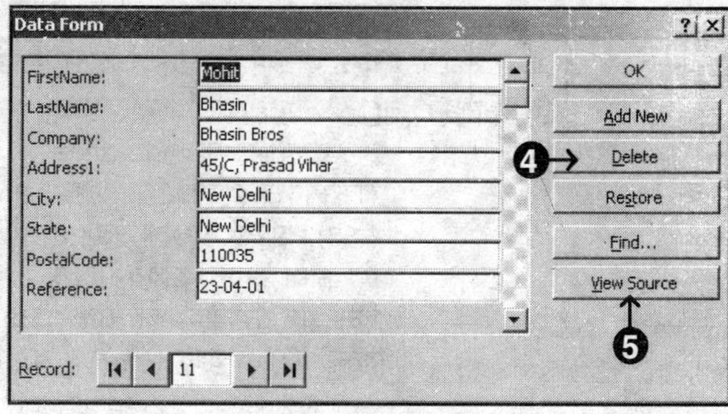

चित्र WD-6.51

6. अंतिम रिकॉर्ड देखने के लिए डॉक्यूमेंट **Dealers** के डाउन ऐरो स्क्रॉल बटन (▾) पर क्लिक करें। आप देखेंगे कि यह रिकॉर्ड अब फाइल में मौजूद नहीं है (चित्र WD-6.52)।

Rohit	Soni	Teksons	6/80, Punjabi Bagh	Shimla	Himachal Pradesh	660025	20-11-99
Vishal	Kashyap	Kashyap Brothers	187, Kiran Vihar	Bombay	Maharashtra	887786	23-10-99
Atul	Mathur	Mathur & Sons	6, Hari Nagar	Sirsa	Haryana	129962	19-01-98
Ritika	Seghal	Kellys	52-Paradise Groove	Chandigarh	Punjab	123892	03-12-99
Rachna	Kishore	Kishore Store	D-44, Ajay Enclave	New Delhi	New Delhi	110018	20-01-98
Nisha	Kashyap	GoodStuff	J-164, Vatika Enclave	Rohtak	Haryana	128864	23-10-99
Chandni	Gupta	Best Books	49, Roop Nagar	Rohtak	Haryana	128064	19-02-01
Achal	Khanna	Khanna Book Store	29-D, Pitampura	New Delhi	New Delhi	110082	28-02-01

Down arrow scroll बटन

चित्र WD-6.52

7. अब **Standard** toolbar पर मौजूद **Save** बटन पर क्लिक करके डॉक्यूमेंट **Dealers** को सेव करें।
8. **File** मेन्यू बार विकल्प पर क्लिक करने के बाद पुल–डाउन मेन्यू में से **Close** विकल्प का चयन करके डॉक्यूमेंट **Dealers** को बंद कर दें।

मेन डॉक्यूमेंट को बंद करना (Closing the Main Document)

डाटा तैयार करने, इसमें सुधार करने तथा डिलीट करने के बारे में आपने पूरी जानकारी प्राप्त कर ली है। अब उस **Main Document** को बंद करें, जिसमें आपने पत्र बनाया था। इसके लिए आप नीचे लिखे क्रम को अपनाएँ –

1. बाएँ माउस बटन को **File** मेन्यू बार विकल्प पर क्लिक करें।
2. पुल–डाउन मेन्यू में **Close** विकल्प पर बाएँ माउस बटन को क्लिक करें।

यदि आपने Main Document में कुछ बदलाव किए हैं, तो Close बटन पर क्लिक करते ही स्क्रीन पर एक Message बॉक्स दिखाई देगा (चित्र WD-6.53)। इसमें पूछा जाता है कि आप अपने डॉक्यूमेंट में किए गए बदलावों को सेव करना चाहते हैं या नहीं। परिवर्तनों को सेव करने के लिए Yes बटन पर, अन्यथा No बटन पर क्लिक करें।

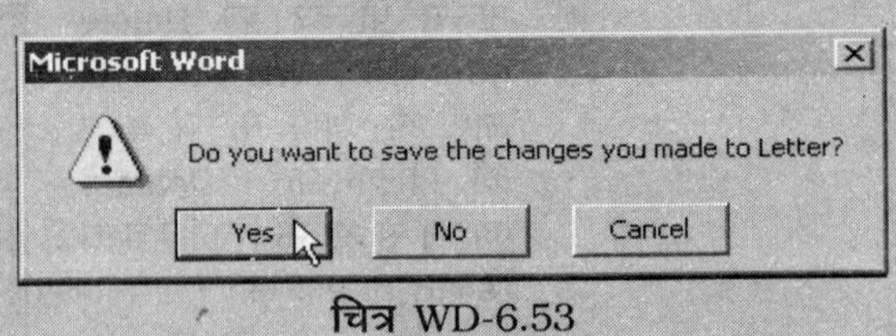

चित्र WD-6.53

माइक्रोसॉफ्ट वर्ड से बाहर आना (Quitting Microsoft Word)

पत्र को **Data Source** में मिलाने (merge करने), एक नए डॉक्यूमेंट में किए गए काम को दिखाने तथा मर्ज करके बनाए गए डॉक्यूमेंट को प्रिंट करने के तरीके के बारे में आप पूरी जानकारी हाँसिल कर चुके हैं, अब आप माइक्रोसॉफ्ट वर्ड प्रोग्राम से बाहर आएँ। इसके लिए आप नीचे लिखे क्रम को अपनाएँ –

1. माउस पॉएंटर को **Title bar** में दाईं तरफ मौजूद **Close** बटन (☒) पर लाएँ (चित्र WD-6.54)।

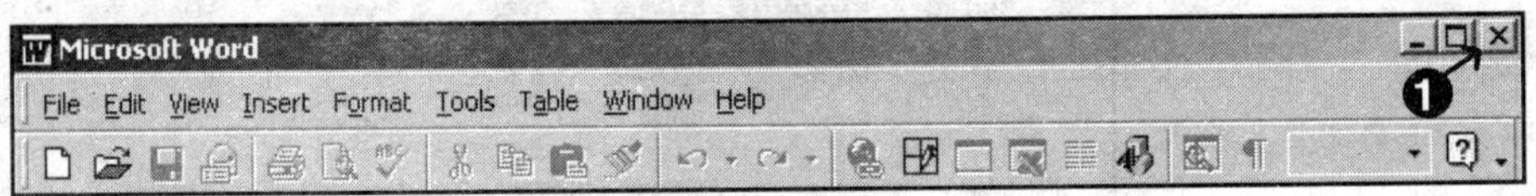

चित्र WD-6.54

2. बाएँ माउस बटन को क्लिक करें। **माइक्रोसॉफ्ट वर्ड** प्रोग्राम तुरंत बंद हो जाएगा और आपके स्क्रीन पर विंडोज़ Me/98 का डेस्कटॉप दिखाई देने लगेगा।

माइक्रोसॉफ्ट वर्ड 2000-कुछ उदाहरण

यह भाग माइक्रोसॉफ्ट वर्ड के कुछ उदाहरण प्रस्तुत कर रहा है, जो आपके ज्ञान को बढ़ाएगा। आपसे यह अपेक्षा की जाती है कि इस अंश में दिए गए प्रत्येक क्रम को वैसे ही करें, जैसा दिया गया है।

उदाहरण 1

इस उदाहरण में पहले से मौजूद फाइल **Comdex** में पूरे डॉक्यूमेंट की फॉन्ट शैली (font style) में आप कुछ परिवर्तन करेंगे। इसके लिए आपको निम्नलिखित क्रम का पालन करना होगा –

1. **Taskbar** पर मौजूद **Start** बटन (Start) पर क्लिक करें। स्क्रीन पर एक पुश–अप मेन्यू तुरंत दिखाई देगा (चित्र WD-1)।
2. माउस पॉएंटर को इस मेन्यू के **Programs** विकल्प पर लाएँ। स्क्रीन पर एक दूसरा मेन्यू तुरंत दिखाई देगा (चित्र WD-1)।
3. अब **Microsoft Word** विकल्प पर क्लिक करें। स्क्रीन पर एक Microsoft Word विंडो तुरंत दिखाई देगी (चित्र WD-2)।

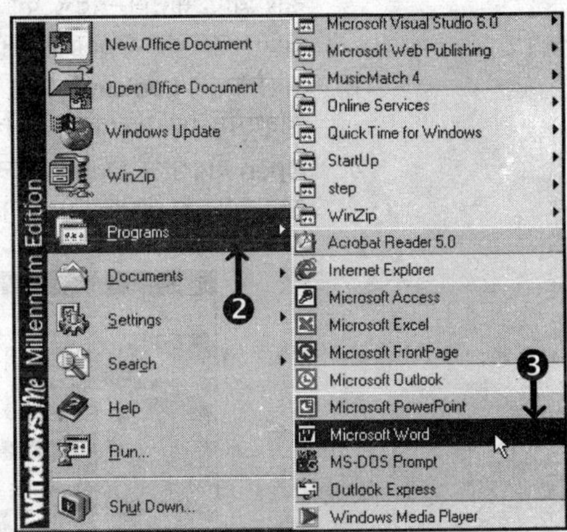

चित्र WD-1

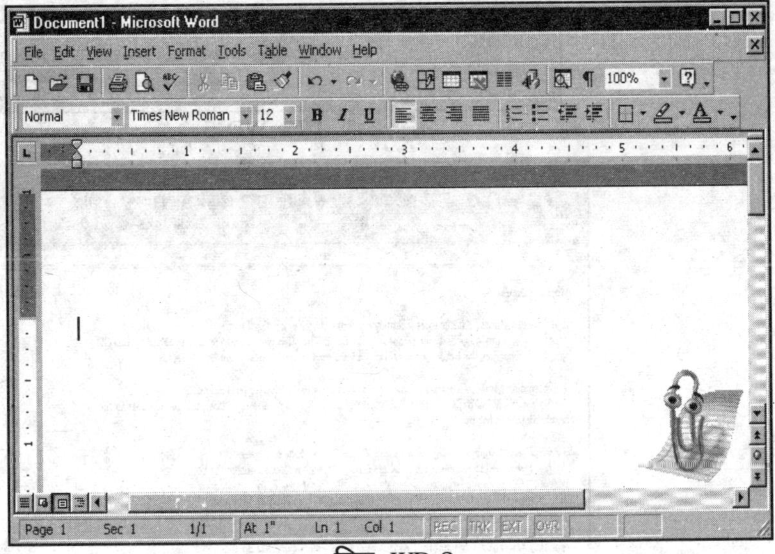

चित्र WD-2

4. माउस पॉएंटर को **Menu bar** में लाएँ और **File** विकल्प पर क्लिक करें (चित्र WD-3)। स्क्रीन पर एक पुल–डाउन मेन्यू तुरंत दिखाई देगा।

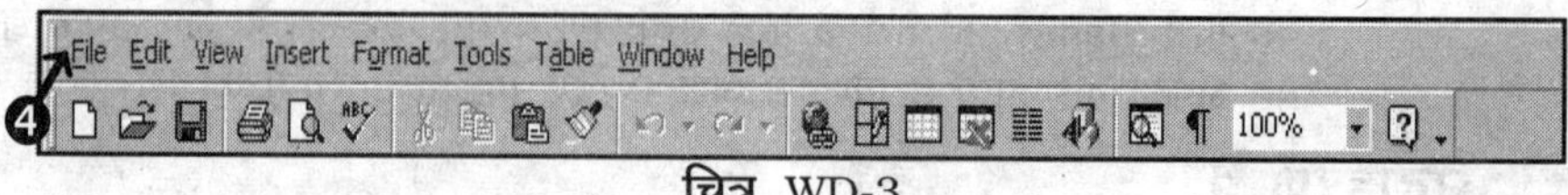

चित्र WD-3

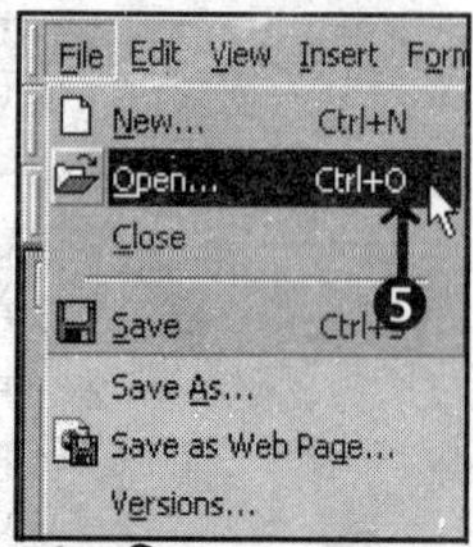

चित्र WD-4

5. इस पुल–डाउन मेन्यू में माउस पॉएंटर को **Open** विकल्प पर लाएँ और बाएँ माउस–बटन को इस पर क्लिक कर दें (चित्र WD-4)। स्क्रीन पर एक **Open** बॉक्स तुरंत खुल जाएगा (चित्र WD-5)।
6. सबसे पहले **Look in** विकल्प के नीचे बने बॉक्स में लिखे **Comdex.doc** डॉक्यूमेंट पर क्लिक करें (चित्र WD-5)।
7. **Open** बॉक्स में **Open** बटन पर क्लिक करें (चित्र WD-5)। आपके स्क्रीन पर **Comdex.doc** फाइल तुरंत खुल जाएगी (चित्र WD-6)।

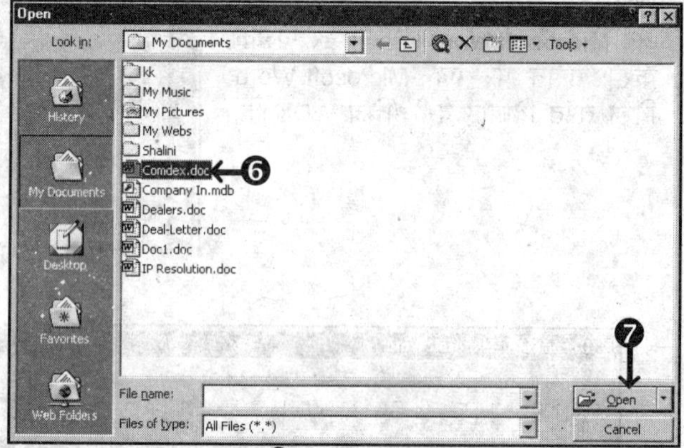

चित्र WD-5

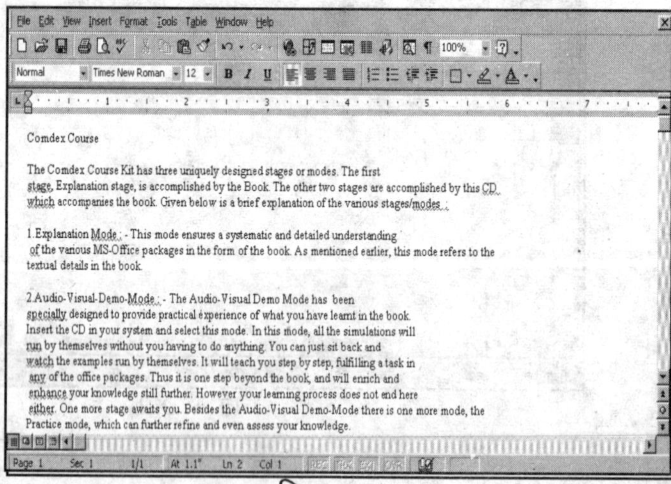

चित्र WD-6

8. अब माउस पॉएंटर को **Edit** मेन्यू बार विकल्प पर लाएँ और बायाँ माउस बटन क्लिक करें। स्क्रीन पर एक पुल–डाउन मेन्यू दिखाई देगा।
9. पुल–डाउन मेन्यू में **Select All** विकल्प पर क्लिक करें (चित्र WD-7)। डॉक्यूमेंट **Comdex.doc** का सारा टेक्सट हाईलाइट हो जाएगा (चित्र WD-8)।

चित्र WD-7

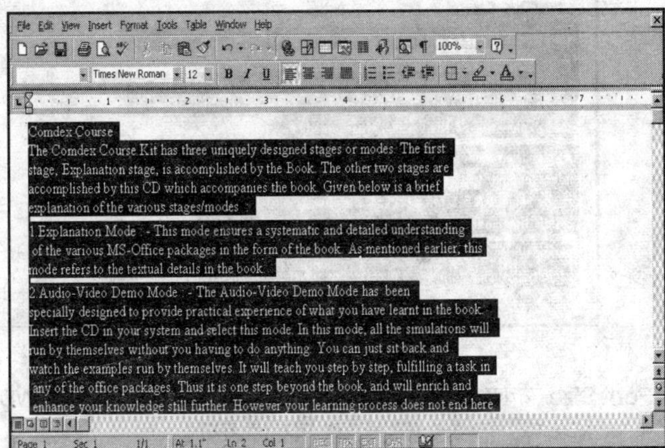

चित्र WD-8

10. अब **Font name** विकल्प के साथ बने डाउन ऐरो (▾) पर क्लिक करें (चित्र WD-9)। स्क्रीन पर एक पुल–डाउन मेन्यू दिखाई देगा।
11. पुल–डाउन मेन्यू में डाउन ऐरो स्क्रॉल बटन (▾) पर तब तक क्लिक करते रहें, जब तक आपको **COMIC Sans MS** फॉन्ट दिखाई न देने लगे (चित्र WD-10)।

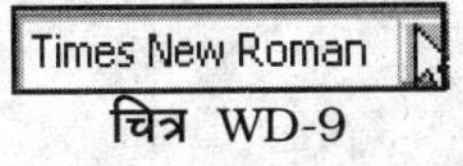

चित्र WD-9

चित्र WD-10

12. इसके बाद **COMIC Sans MS** फॉन्ट पर क्लिक करें। आपका डॉक्यूमेंट चित्र WD-11 के समान दिखाई देगा।

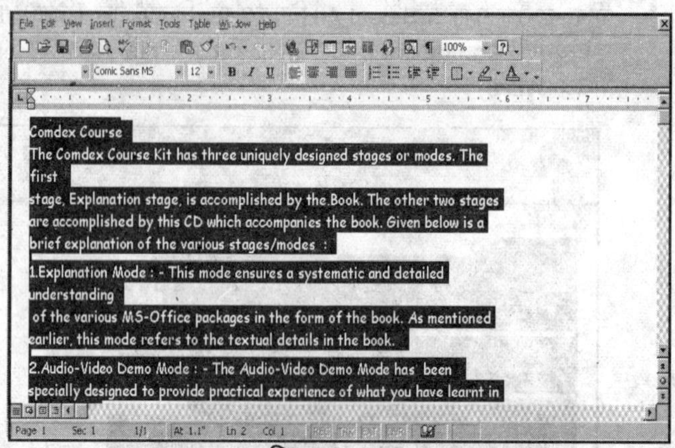

चित्र WD-11

13. अब **Font Size** बॉक्स में डाउन ऐरो बटन (▾) पर क्लिक करें (चित्र WD-12)। स्क्रीन पर एक पुल–डाउन मेन्यू तुरंत दिखाई देगा।

चित्र WD-12

14. इस मेन्यू में point size **11** पर बायाँ माउस बटन क्लिक करें (चित्र WD-13)। डॉक्यूमेंट **Comdex.doc** के अक्षरों का आकार तुरंत **11** हो जाएगा (चित्र WD-14)।

चित्र WD-13

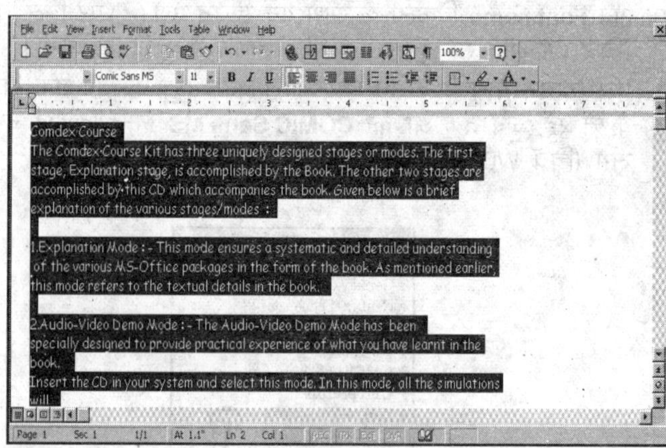

चित्र WD-14

15. अंत में, हाईलाइट हटाने के लिए स्क्रीन पर किसी भी स्थान पर क्लिक कर दें।

उदाहरण 2

इस उदाहरण में आप एक पंक्ति को हाईलाइट करना और तत्पश्चात् उसमें परिवर्तन करना सीखेंगे। ऐसा करने के लिए आप निम्नलिखित क्रम अपनाएँ –

1. माउस पॉएंटर को पंक्ति **Comdex Course** पर ड्रैग करके इसे हाईलाइट कर लें (चित्र WD-15)।

Comdex Course
The Comdex Course Kit has three uniquely designed stages or modes. The first stage, Explanation stage, is accomplished by the Book. The other two stages are accomplished by this CD which accompanies the book. Given below is a brief explanation of the various stages/modes :

चित्र WD-15

2. अब माउस पॉएंटर को **Formatting** toolbar में लाकर **Bold** बटन ( ) पर क्लिक करें। 'हाईलाइटेड' पंक्ति तुरंत Bold हो जाएगी (चित्र WD-16)।

Comdex Course
The Comdex Course Kit has three uniquely designed stages or modes. Th
stage, Explanation stage, is accomplished by the Book. The other two sta
accomplished by this CD which accomplishes the book. Given below is a
explanation of the various stages/modes :

चित्र WD-16

3. इसके बाद माउस पॉएंटर को **Formatting** toolbar में **Center** बटन ( ) पर लाकर क्लिक करें। हाईलाइटेड पंक्ति अब आपको बीच में दिखाई देगी (चित्र WD-17)।

Comdex Course
The Comdex Course Kit has three uniquely designed stages or modes. The first stage, Explanation stage, is accomplished by the Book. The other two stages are accomplished by this CD which accomplishes the book. Given below is a brief explanation of the various stages/modes :

चित्र WD-17

4. चयन की गई इस पंक्ति को रेखांकित करने के लिए **Underline** बटन ( ) पर क्लिक कर दें (चित्र WD-18)।

Comdex Course
The Comdex Course Kit has three uniquely designed stages or modes. The first stage, Explanation stage, is accomplished by the Book. The other two stages are accomplished by this CD which accomplishes the book. Given below is a brief explanation of the various stages/modes :

चित्र WD-18

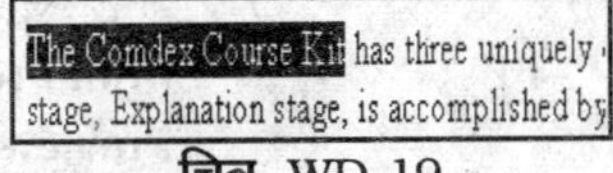
The Comdex Course Kit has three uniquely
stage, Explanation stage, is accomplished by

चित्र WD-19

The Comdex Course Kit has three uniquely
stage, Explanation stage, is accomplished by

चित्र WD-20

5. हाईलाइट हटाने के लिए स्क्रीन पर किसी भी अन्य स्थान पर क्लिक कर दें।
6. अब टेक्स्ट **The Comdex Course Kit** (चित्र WD-19) का चयन करें।
7. इसके बाद **Formatting** toolbar के **Italic** बटन ( ) पर क्लिक करें। हाईलाइटेड शब्दों के अक्षर इटैलिक में बदल जाएँगे (चित्र WD-20)। अंत में हाईलाइट हटाने के लिए अपने डॉक्यूमेंट में किसी भी अन्य स्थान पर क्लिक कर दें।

उदाहरण 3

इस उदाहरण में आप अपने डॉक्यूमेंट में **Header** और **Footer** डालने का तरीका सीखेंगे। **Header** और **Footer** प्रविष्ट करने के लिए आपको निम्नलिखित क्रम अपनाना होगा –

1 माउस पॉएंटर को **Menu bar** में लाकर **View** विकल्प पर क्लिक करें। स्क्रीन पर एक पुल–डाउन मेन्यू तुरंत दिखाई देगा (चित्र WD-21)।
2. पुल–डाउन मेन्यू में **Header and Footer** विकल्प पर क्लिक करें (चित्र WD-21)। स्क्रीन पर एक **Header and Footer** बॉक्स दिखाई देगा।

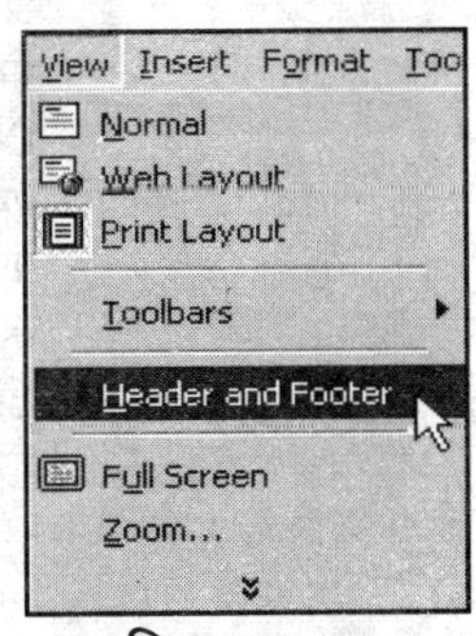

चित्र WD-21

3. अब कोई भी **Header** (शीर्षक पंक्ति), जैसे— **DREAMTECH PRESS** टाइप करें (चित्र WD-22)।

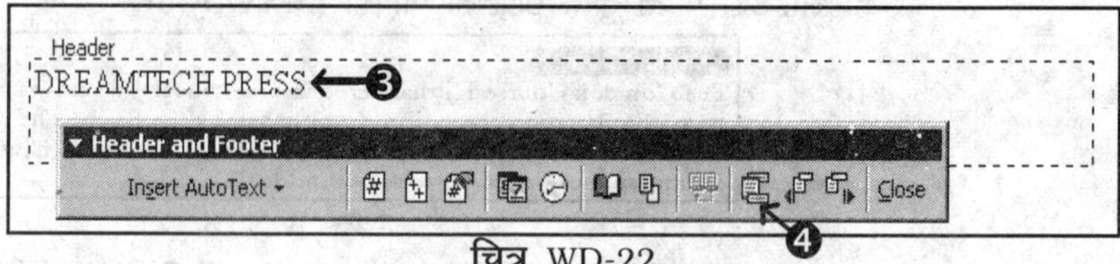

चित्र WD-22

4. **Header** टाइप करने के पश्चात् **Switch Between Header and Footer** बटन ( ) पर क्लिक करें।
5. अब आपको **Footer** (निचली पंक्ति) के लिए कुछ शब्द टाइप करने हैं, जो आपके डॉक्यूमेंट में सबसे नीचे दिखाई देंगे। मान लीजिए कि आप प्रत्येक पृष्ठ पर तारीख (June 11, 2001) लिखना चाहते हैं। इसके लिए **June 11, 2001** टाइप करें (चित्र WD-23)।

चित्र WD-23

6. इतना करने के पश्चात् **Header and Footer** बॉक्स को बंद करने के लिए **Close** बटन पर क्लिक करें। आप देखेंगे कि **Header** और **Footer** के रूप में टाइप की गई पंक्तियाँ आपके डॉक्यूमेंट के प्रत्येक पृष्ठ पर दिखाई दे रही हैं (चित्र WD-24)।
7. अपने डॉक्यूमेंट को प्रिंट करने से पहले एक बार देखने के लिए **Print Preview** बटन ( ) पर क्लिक करें। आपके सामने **Print Preview** स्क्रीन तुरंत दिखाई देगी।
8. **Print Preview** स्क्रीन बंद करने के लिए **Close** बटन पर क्लिक करें (चित्र WD-25)।

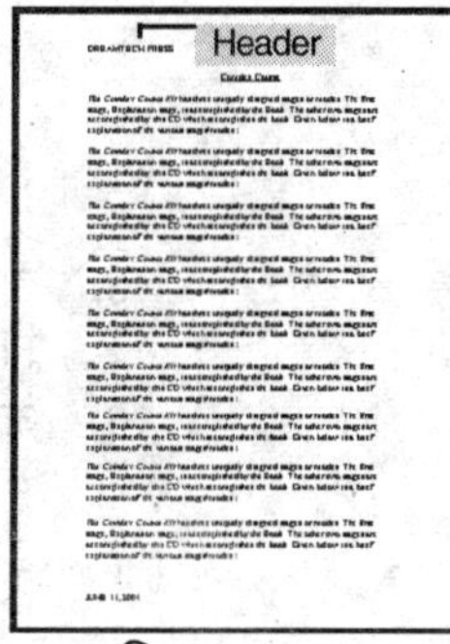

चित्र WD-24

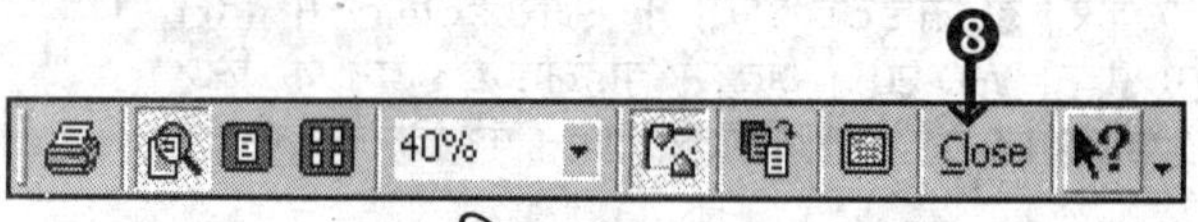

चित्र WD-25

9. अंत में डॉक्यूमेंट बंद करने के लिए माउस पॉएंटर को **Comdex.doc** डॉक्यूमेंट के **Close** बटन पर क्लिक करें। वर्ड आपको एक बॉक्स दिखाएगा, जिसमें आपसे डॉक्यूमेंट बंद करने से पहले सेव करने के लिए पूछा जाएगा (चित्र WD-26)।
10. डॉक्यूमेंट को सेव करने के लिए **Yes** बटन पर क्लिक करें (चित्र WD-26)।

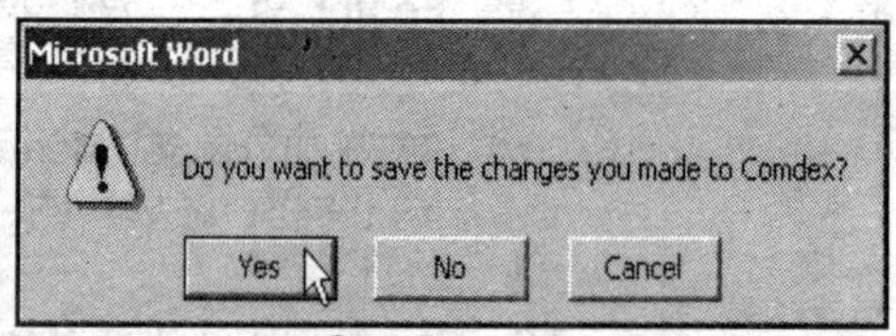

चित्र WD-26

उदाहरण 4

इस उदाहरण द्वारा आप अपने एक अन्य डॉक्यूमेंट में स्पेलिंग की गलतियों की जाँच और उनका सुधार करना सीखेंगे।

अपने डॉक्यूमेंट में स्पेलिंग की गलतियों की जाँच के लिए आप निम्नलिखित क्रम अपनाएँ–

1. अपने **(C:)** ड्राइव में स्थित एक अन्य डॉक्यूमेंट **Overview.doc** को हम खोलते हैं। इसके लिए **File** मेन्यू–बार विकल्प पर क्लिक करें। स्क्रीन पर एक पुल–डाउन मेन्यू दिखाई देगा (चित्र WD-27)।
2. पुल–डाउन मेन्यू में **Open** विकल्प पर क्लिक करें (चित्र WD-27)। आपके सामने एक **Open** बॉक्स तुरंत दिखाई देगा (चित्र WD-30)।
3. इस **Open** बॉक्स में **Look in** विकल्प के साथ बने बॉक्स में डाउन ऐरो बटन पर क्लिक करें (चित्र WD-28)। आपको एक पुल–डाउन मेन्यू तुरंत दिखाई देगा (चित्र WD-29)।

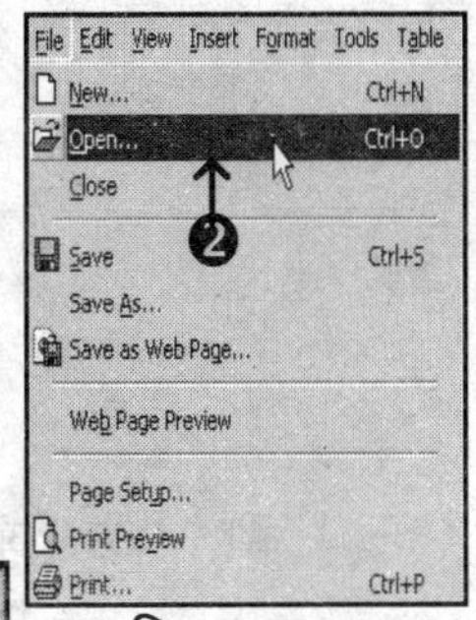

चित्र WD-27

चित्र WD-28 चित्र WD-29

4. पुल–डाउन मेन्यू में दिखाई देने वाले सभी विकल्पों में से **(C:)** पर क्लिक करें (चित्र WD-29)। **Look in** विकल्प के नीचे बने बड़े बॉक्स में आपको **(C:)** में मौजूद फाइल्स की सूची तुरंत दिखाई देगी (चित्र WD-30)।

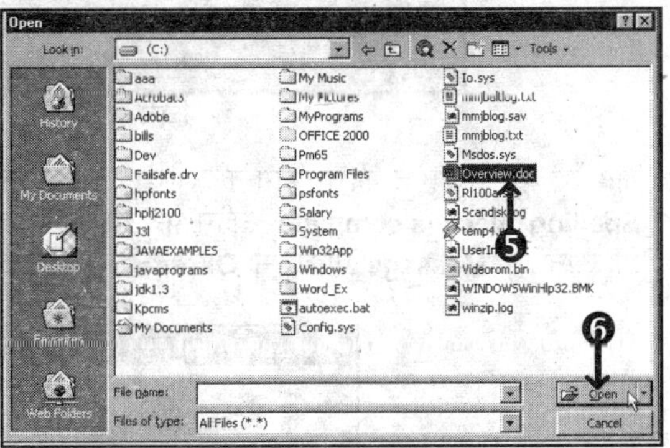

चित्र WD-30

5. अपने डॉक्यूमेंट **Overview.doc** पर क्लिक करें (चित्र WD-30)।
6. इसके बाद **Open** बटन पर क्लिक करें (चित्र WD-30)। आपके स्क्रीन पर तुरंत **Overview.doc** फाइल खुल जाएगी (चित्र WD-31)।

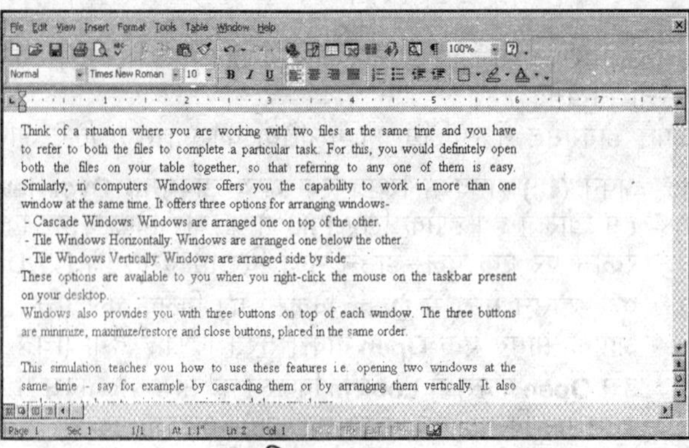

चित्र WD-31

7. अब माउस पॉएंटर को **Standard** toolbar में लाएँ और Spelling and Grammar बटन ( ) पर क्लिक करें। स्क्रीन पर एक **Spelling and Grammar** बॉक्स तुरंत दिखाई देगा (चित्र WD-32)।
8. इस **Spelling and Grammar** बॉक्स में आपको पहली गलत स्पेलिंग दिखाई देगी, जिसका सही शब्द भी उपलब्ध रहेगा। गलत स्पेलिंग के स्थान पर सही स्पेलिंग दर्ज करने के लिए **Change** बटन (चित्र WD-32) पर क्लिक करें।
9. यदि आपके सामने कोई व्यक्तिवाचक संज्ञा (Proper Noun) जैसे— किसी व्यक्ति या स्थान का नाम दिखाई दे, तो **Ignore** बटन पर क्लिक कर दें, क्योंकि माइक्रोसॉफ्ट वर्ड के शब्दकोश में व्यक्तिवाचक संज्ञा शामिल नहीं है।

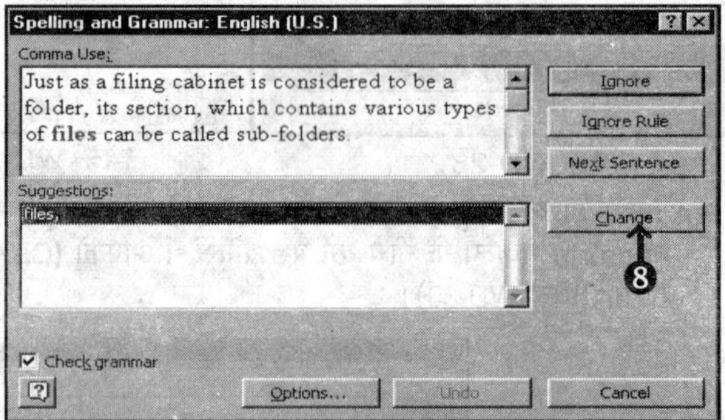

चित्र WD-32

10. जब वर्ड पूरे डॉक्यूमेंट की स्पेलिंग की जाँच का काम पूरा कर लेता है, तो यह एक संदेश – The **Spelling check is complete** स्क्रीन पर स्वयं ही दर्शाता है। स्पेलिंग की जाँच का काम पूरा हो जाने पर **Message** बॉक्स में **OK** बटन पर क्लिक करें (चित्र WD-33)।

चित्र WD-33

उदाहरण 5

इस उदाहरण में आप किसी शब्द के स्थान पर दूसरे शब्द को डालना सीखेंगे। ऐसा आप वर्ड की **Find and Replace** सुविधा से कर सकते हैं। इसके पश्चात् आप अपने डॉक्यूमेंट को सेव करना भी सीखेंगे। हम यह मानकर चल रहे हैं कि **Overview.doc** आपके स्क्रीन पर खुला हुआ है। अब आप निम्नलिखित क्रम अपनाएँ–

चित्र WD-34

1. सबसे पहले **Edit** मेन्यू बार विकल्प पर क्लिक करें। स्क्रीन पर एक पुल–डाउन मेन्यू दिखाई देगा।
2. पुल–डाउन मेन्यू में **Find** विकल्प (चित्र WD-34) पर क्लिक करें। स्क्रीन पर एक **Find** बॉक्स तुरंत दिखाई देगा (चित्र WD-35)।
3. **Replace** टैब पर क्लिक करें (चित्र WD-35)।
4. **feature** शब्द ढूँढ़ने के लिए, इस शब्द को **Find what** विकल्प के सामने बने बॉक्स में टाइप करें (चित्र WD-35)।
5. की–बोर्ड से **Tab** key दबाएँ। **capability** शब्द **Replace with** विकल्प के सामने बने बॉक्स में टाइप करें।
6. **Replace** बटन पर क्लिक करें। वर्ड **feature** शब्द को डॉक्यूमेंट में ढूँढ़कर इसे हाईलाइट कर देगा (चित्र WD-35)।
7. दोबारा **Replace** बटन पर क्लिक करें, ताकि feature शब्द के स्थान पर **capability** शब्द आ जाए।

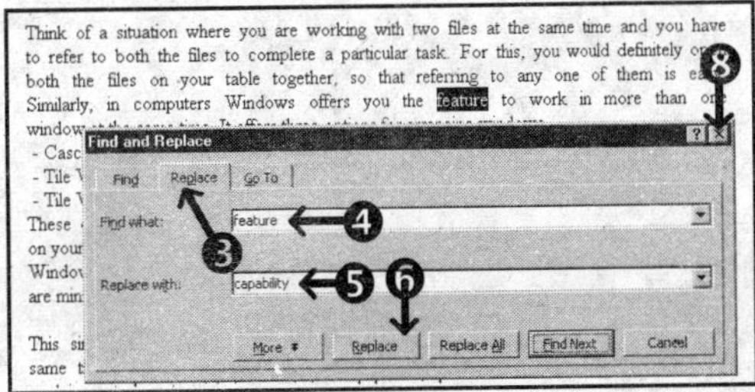

चित्र WD-35

8. अब **Find and Replace** बॉक्स के **Close** बटन (×) पर क्लिक करें (चित्र WD-35)।
9. **File** मेन्यू बार विकल्प पर क्लिक करें (चित्र WD-36)। स्क्रीन पर एक पुल–डाउन मेन्यू दिखाई देगा।
10. पुल–डाउन मेन्यू में **Save** विकल्प पर क्लिक करें (चित्र WD-36)। आपका डॉक्यूमेंट सेव हो जाएगा।
11. अब, जब आप अपना डॉक्यूमेंट सेव कर चुके हैं, आप इसे बंद कर सकते हैं। साथ ही आप वर्ड विंडो भी बंद कर सकते हैं। इसके लिए वर्ड विंडो के **Close** बटन (×) पर क्लिक करें।

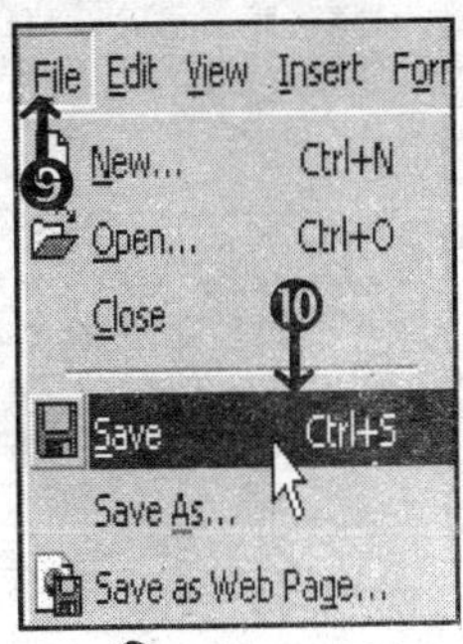

चित्र WD-36

अध्याय

स्प्रेडशीट्स— एक परिचय

इस अध्याय में—

* स्प्रेडशीट (Spreadsheet) का उपयोग
* स्प्रेडशीट की प्राथमिक जानकारियाँ
* लेबल्स (Labels), वैल्यूज़ (Values) तथा फंक्शन्स (Functions)
* फॉर्मूला (Formula)
* फंक्शन्स (Function)
* व्हाट इफ अनालिसिस (What-if Analysis)
* ऑटोमेटिक रिकैलक्युलेशन (Automatic Recalculation)
* स्प्रेडशीट का प्रारूप (Format) वनाना
* ग्राफ्स (Graphs)

आइए, अब हम **Microsoft Excel (माइक्रोसॉफ्ट एक्सेल)** को सीखें, जिसका इस्तेमाल डाटा को प्रविष्ट करने, डाटा का विश्लेषण (Analyse) करने और डाटा को बेहतर ढंग से पेश करने के लिए किया जाता है। एक इलेक्ट्रॉनिक पैड की तरह काम करने वाला यह प्रोग्राम गणित के मुश्किल से मुश्किल कामों (Mathematical Operations) को पलक झपकते ही पूरा कर देता है। आप एक्सेल के बारे में और अधिक जानें, इससे पहले **Spreadsheets (स्प्रेडशीट्स)** के बारे में मूलभूत बातें जानना आपके लिए जरूरी है।

Spreadsheet (स्प्रेडशीट) एक टेबल के समान होती है, जिसमें **Rows (रोज़)** तथा **Columns (कॉलम्स)** होते हैं। इनमें आप किसी भी प्रकार के डाटा को प्रविष्ट कर सकते हैं। एक विद्यार्थी की रिपोर्ट कार्ड या बैंक खाते के लिए बनाया गया लेजर (Ledger), **स्प्रेडशीट** के उत्तम उदाहरण हैं। इन्हें ध्यान में रखकर आप स्प्रेडशीट्स को अच्छी तरह समझ सकते हैं।

आइए, अब कंप्यूटर पर बनी स्प्रेडशीट के बारे में जानें। चित्र EX-1.1 को देखें। यह एक क्लास–रिपोर्ट को दर्शाता है। इसमें छात्रों के विभिन्न विषयों के अंक, कुल अंक और अंको के प्रतिशत (Percentage) दिए गए हैं। मान लीजिए कि इस रिपोर्ट में **APARNA** के **ENGLISH** के अंकों में आपको बदलाव करना है। ऐसा करने पर **TOTAL** और **PERCENTAGE** आपको दुबारा निकालनें होंगे। कंप्यूटर पर बनी स्प्रेडशीट्स का महत्त्व आपको यहाँ पर नजर आएगा। कंप्यूटर की स्प्रेडशीट में यदि आप किसी छात्र (जैसे– **APARNA**) के अंकों को बदलते हैं, तो उसका **TOTAL** और **PERCENTAGE** खुद ही कैलक्युलेट (Calculate) होकर आपके सामने आ जाएगा।

CLASS-REPORT					
		RAHUL	**ASHA**	**ANUJ**	**APARNA**
SUBJECT	**MAX. MARKS**				
ENGLISH	100	70	80	72	67 (77)
HINDI	100	$65^1/2$	$76^1/2$	67	80
MATHS	100	57	90	80	82
SCIENCE	100	79	79	85	92
SST	100	60	72	60	87
DRAWING	100	67	80	70	80
G.K. GR.	A+	B	A+	B+	A+
TOTAL	600	$398^1/2$	$477^1/2$	434	488 (498)
%(AGE)		66.3%	79.5%	72.33%	81.33% (83%)

चित्र EX-1.1

माइक्रोसॉफ्ट एक्सेल एक स्प्रेडशीट प्रोग्राम है। इस अध्याय में आप माइक्रोसॉफ्ट एक्सेल स्प्रेडशीट के बारे में जानेंगे।

स्प्रेडशीट का उपयोग (Use of Spreadsheets)

स्प्रेडशीट का उपयोग आमतौर पर मुश्किल गणना (calculations) करने के लिए, जरूरत पड़ने पर दुबारा गणना करने के लिए तथा वित्तीय रिपोर्ट (Financial Report) इत्यादि बनाने के लिए किया जाता है। स्प्रेडशीट्स की यह खासियत होती है कि यह डाटा के समूह बना सकती है। इन डाटा के समूहों का विश्लेषण करके आप जल्दी से निष्कर्ष निकाल सकते हैं।

स्प्रेडशीट की प्राथमिक जानकारियाँ (Spreadsheet Basics)

स्प्रेडशीट **रोज़** तथा **कॉलम्स** से बनी होती हैं। तालिका 1 को देखिए। इसमें आपको कुछ लंबवत् यानि सीधी (Vertical) तथा कुछ पट यानि समतल (Horizontal) पंक्तियाँ दिखेंगी। इन समतल पंक्तियों को रोज़ (Rows) तथा सीधी पंक्तियों को कॉलम्स (Column) कहा जाता है। अधिक स्पष्ट समझने के लिए चित्र EX-1.1 देखें। इस चित्र में छात्रों के किसी एक विषय (जैसे– **ENGLISH** या **SCIENCE**) के अंक रोज़ में तथा प्रत्येक छात्र (जैसे **RAHUL** या **ASHA**) के सारे विषयों के अंक कॉलम्स में प्रदर्शित हैं। एक्सेल में हर Row (रो) तथा हर Column (कॉलम) को नाम दिया जाता है। रोज़ को नंबर (number) तथा कॉलम्स को वर्णाक्षर (alphabets) के रूप में नाम दिए जाते हैं। जैसे– नीचे दिए गए टेबल को देखिए, इसमें रोज़ को **1** से लेकर **5** तक तथा कॉलम्स को **A** से लेकर **C** तक नाम दिए गए हैं। **Cell (सेल)** रोज़ तथा कॉलम्स के मेल से बना एक बॉक्स है, जिसमें आप डाटा डाल सकते हैं। अब आप टेबल 1 को एक बार फिर देखिए, इसमें रोज़ तथा कॉलम्स के मेल से बने बहुत सारे छोटे–छोटे बॉक्स हैं। इन बॉक्सों को 'सेल' कहा जाता है। चित्र EX-1.1 को देखिए। इसमें प्रत्येक विद्यार्थी के अंक, उनके नाम इत्यादि अलग–अलग **Cells (सेल्स)** में डाले गए हैं। एक्सेल में हर सेल को भी एक नाम दिया जाता है। यह उस रो तथा कॉलम के नामों से बना मिला–जुला नाम होता है, जिनसे वह सेल बना है। टेबल 1 में सेल **B3** को विशेष रूप से दिखाया गया है। **B3** का अर्थ है कि यह सेल **Column Name (कॉलम नेम) B** और **Row Number (रो-नंबर) 3** के मेल से बना है। इसीलिए इस सेल का नाम **B3** है। एक्सेल में सेल का नाम **Cell Address (सेल ऐड्रेस)** भी कहलाता है। सेलों का नाम लिखते समय इस बात पर ध्यान दें कि ये कॉलम नेम से ही शुरू होते हैं, रो–नंबर से नहीं। इसलिए सेल का सही नाम **B3** है। आप इसे **3B** नहीं लिख सकते।

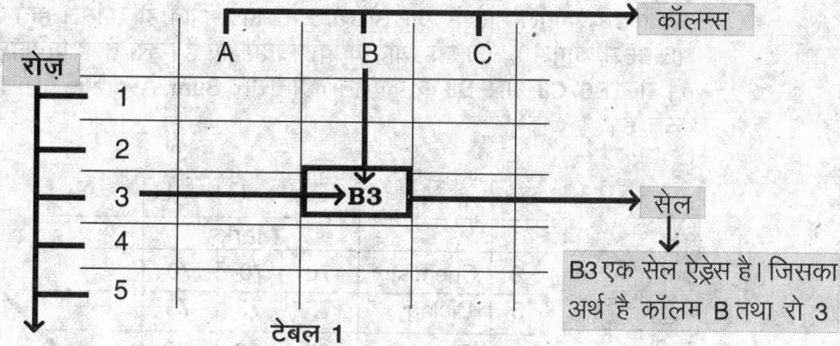

टेबल 1

लेबल्स, वैल्यूज़ तथा फंक्शन्स (Labels, Values and Functions)

सेलों में प्रविष्ट होने वाले शीर्षकों को **Labels (लेबल्स)** कहा जाता है। चित्र EX-1.1 को देखिए। इसमें सभी छात्रों के नामों को 'लेबल्स' कहा जाएगा। **Values (वैल्यूज़)** वे नंबर होते हैं, जिन पर गणना की जा सकती है। जैसे चित्र EX-1.1 में छात्रों के अंक वैल्यूज़ कहलाएँगे। **Formulas (फॉर्मूले)** और **Functions (फंक्शन्स)** द्वारा आप अपने डाटा की गणना अधिक आसानी से कर सकते हैं।

	A	B	C	D	E
1		**PROFIT IN MONTHS**			
2					
3	EXPORT	1,000	1,500	1,470	
4	IMPORT	2,000	1,785	2,100	
5					
6	TOTALS	3,000	C3+C4	3,570	

वैल्यू (2,100) · लेबल (TOTALS) · फॉर्मूला (C3+C4)

टेबल 2

जो फॉर्मूले स्प्रेडशीट में ही उपस्थित होते हैं, उन्हें **फंक्शन** कहते हैं। आप अपने फॉर्मूलों को भी सेल में डाल सकते हैं। टेबल 2 के सेल B6, C6 और D6 में फॉर्मूले हैं, जो **EXPORT** और **IMPORT** के वैल्यूज़ को जोड़ते हैं।

फॉर्मूला (Formula)

आप **फॉर्मूले** द्वारा किसी भी प्रकार की गणना कर सकते हैं।

उदाहरण के लिए– टेबल 3 के सेल **C4** में वह फॉर्मूला है, जो **Interest** की गणना करता है। सेल **C1** में **Principal (P)**, **C2** में **Time (T)** और **C3** में **Rate (R)** है। इसलिए सेल **C4** में फॉर्मूला डालने के बाद परिणाम 60 दिखाई दे रहा है।

	A	B	C	D	E
1	Principal		1000		
2	Time		2		
3	Rate		3		
4	Interest		60		
5					

टेबल 3

सेल C4 का फॉर्मूला है $\left(\frac{P*R*T}{100}\right)$

यदि टेबल से फॉर्मूले में वैल्यूज़ डाल दिए जाएँ, तो $= \frac{C1*C2*C3}{100}$

$= \frac{1000*2*3}{100}$

$= 60$

फंक्शन्स (Functions)

फंक्शन्स वे फार्मूले होते हैं, जो स्प्रेडशीट में अपने–आप ही शामिल होते हैं। टेबल **4** के सेल **B6, C6** और **D6** में फॉर्मूले हैं, जो स्प्रेडशीट के द्वारा दिए गए हैं। इस तरह के फॉर्मूलों को 'फंक्शन' कहा जाता है। सेल **B6, C6,** और **D6** के फंक्शन क्रमानुसार **Sum, Average** तथा **Maximum** नंबर कैलक्युलेट करते हैं।

	A	B	C	D	E
1		Marks			
2	Chemistry	70	70	70	
3	Biology	73	73	73	
4	Physics	80	80	80	
5	Maths	85	85	85	
6		308	77	85	
7					

टेबल 4

इस सेल में SUM फंक्शन है–
= SUM(B2..B5)
= B2+B3+B4+B5
= 70+73+80+85
= 308

इस सेल में MAX फंक्शन है–
= MAX (B2:B5)
= B2,B3,B4,B5)
= (70,73,80,85)
= 85

इस सेल में AVERAGE फंक्शन है–
= AVERAGE (B2..B5)
= (B2 + B3 + B4 + B5)/4
= (70 + 73 + 80 + 85)/4
= 77

व्हाट इफ अनालिसिस (What-if Analysis)

What-if Analysis (व्हाट–इफ अनालिसिस) स्प्रेडशीट की महत्त्वपूर्ण विशेषता है। इस विशेषता के द्वारा आप स्टोर किए गए डाटा को भविष्य में इस्तेमाल कर सकते हैं। दूसरे शब्दों में– व्हाट इफ अनालिसिस स्प्रेडशीट के डाटा में हुए बदलावों का विश्लेषण करता है। उदाहरण के लिए–यदि **RAHUL** के **SCIENCE** में **79** के स्थान पर **90** अंक हैं (चित्र EX-1.1) तो उसका **TOTAL** क्या होगा और उसके **%(AGE)** में भी कितनी बढ़ोतरी होगी।

ऑटोमेटिक रिकैलक्युलेशन (Automatic Recalculation)

हाथ से बनी स्प्रेडशीट का एक नुकसान यह है कि यदि इसमें कोई डाटा बदला जाता है, तो आपको पूरे डाटा की गणना दुबारा करनी पड़ती है, पर इलेक्ट्रॉनिक स्प्रेडशीट अपने आप सारे डाटा की गणना आपके लिए करती है। आपको सिर्फ डाटा बदलना होता है, बाकी काम स्प्रेडशीट द्वारा अपने आप किए जाते हैं।

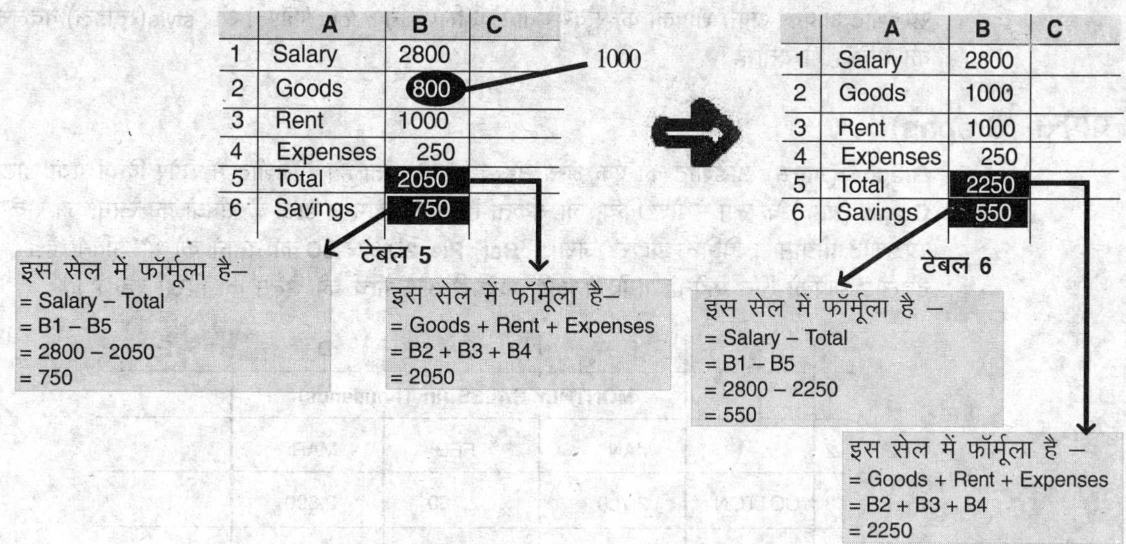

आइए, अब हम सीखें कि एक्सेल में दुबारा गणना किस प्रकार होती है— आप टेबल 5 को लेकर चलें। **Total** के सामने **Goods, Rent** तथा **Expenses** का जोड़ दिख रहा है। टेबल 5 में **Savings** की गणना **Salary (2800)** में से **Total (2050)** को घटाकर की गई है।

यदि आप **Goods** पर किए गए खर्च को बढ़ाकर **800** से **1000** कर देते हैं, तो **Total** तथा **Savings** बदल जाएँगी, जैसा टेबल 6 में दिखाया गया है। यहाँ इस बात पर ध्यान दें कि दोनों टेबलों में एक ही फॉर्मूले का उपयोग किया गया है। टेबल 6 में स्प्रेडशीट प्रोग्राम स्वयं ही **Goods** की नई वैल्यू को लेकर **Total** तथा **Savings** की गणना दुबारा कर देगा। इसलिए **Total 2050** से बदलकर **2250** और **Savings 750** से बदलकर **550** हो जाएगा।

स्प्रेडशीट का प्रारूप बनाना (Formatting a Spreadsheet)

स्प्रेडशीट कई फॉर्मेट्स में डिज़ाइन की जाती है। आमतौर पर डिजाइनिंग का अर्थ है कि स्क्रीन पर नंबर किस प्रकार दिखना चाहिए। विभिन्न प्रकार के फॉर्मेट्स इस प्रकार हैं—

Comma	1,750
Percent	63.25%
Currency	Rs. 78,00,000
Scientific	4.00 E + 09

सेल में डाटा बाईं तरफ, दाईं तरफ तथा बीच में भी व्यवस्थित हो सकता है।

References	Left-aligned
References	Right-aligned
References	Centered

स्प्रेडशीट आपको अपने शीर्षकों को सुंदर बनाने के लिए उनके font (फॉण्ट) और style(स्टाइल) बदलने की सुविधा भी देती है।

ग्राफ्स (Graphs)

Graphs (ग्राफ्स) स्प्रेडशीट की एक अन्य महत्त्वपूर्ण विशेषता है। स्प्रेडशीट में स्टोर किया गया डाटा **Graph (ग्राफ)** के रूप में पेश किया जा सकता है, ताकि विभिन्न डाटा के संबंधों को जाना जा सके। स्प्रेडशीट प्रोग्राम में विभिन्न ग्राफ्स, जैसे – **Bar**, **Pie**, **2D** और **3D** को बनाने की भी सुविधा है.। टेबल 7 आपको तीन महीनों यानी **जनवरी**, **फरवरी** और **मार्च** की सेल्स को दिखा रही है।

	A	B	C	D	E
1		**MONTHLY SALES (In Thousands)**			
2		JAN	FEB	MAR	
3	COTTON	2,750	2,780	2,890	
4	WOOL	3,100	3,175	3,150	
5	YARN	2,975	2,870	3,000	
6	JUTE	2,100	2,100	2,200	
7	FIBRE	3,010	3,275	3,190	
8					

टेबल 7

टेबल 7 का डाटा **Bar** ग्राफ में चित्र EX-1.2 के समान दिखाई देगा।

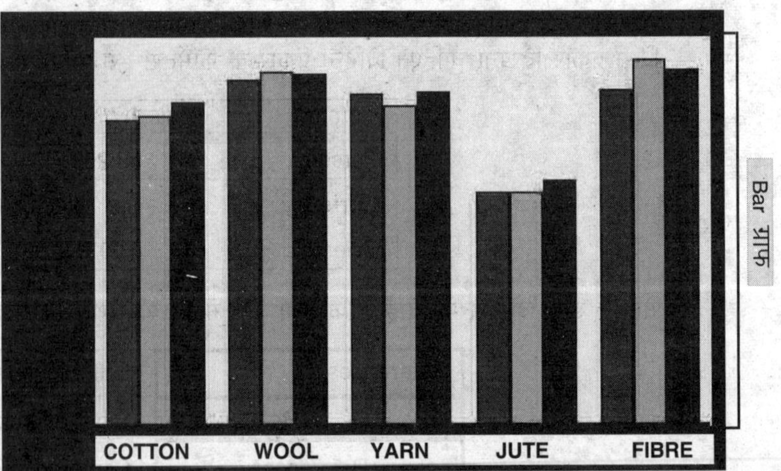

चित्र EX-1.2

अध्याय

2

एक्सेल 2000— एक परिचय

इस अध्याय में—

* माइक्रोसॉफ्ट एक्सेल (Microsoft Excel) के काम (Functions)
* माइक्रोसॉफ्ट एक्सेल शुरू करना
* एक्सेल में उपलब्ध सुविधाएँ (Work Environment)
* वर्कशीट (Worksheet) और एक्सेल विंडो का आकार (size) बदलना
* सेल (Cell) और सेल ऐड्रेस (Cell Address)
* स्टैंडर्ड टूलबार (Standard toolbar)
* फॉर्मेटिंग टूलबार (Formatting toolbar)
* फॉर्मूला बार (Formula bar)
* स्टेटस बार (Status bar)
* एक्सेल वर्कबुक के भाग (Components)
* सेव किए बिना एक्सेल वर्कबुक को बंद करना
* माइक्रोसॉफ्ट एक्सेल को बंद करना

आइए, अब **माइक्रोसॉफ्ट एक्सेल 2000** को अच्छी तरह जानें। इसमें एकाउंटेन्ट के लिए उपयोगी बहुत सारी सुविधाएँ मौजूद हैं। माइक्रोसॉफ्ट एक्सेल का विकास सरल तथा कठिन कैलक्युलेशन्स करने के लिए हुआ है। यह PC के लिए सबसे अधिक उपयोगी और लोकप्रिय स्प्रेडशीट (Spreadsheet) है। एकाउंटेन्ट के लिए यह एक इलेक्ट्रॉनिक पैड का काम करता है। इसके द्वारा गणित की कठिन से कठिन गणनाएँ की जा सकती हैं।

माइक्रोसॉफ्ट एक्सेल की प्रत्येक फाइल को **Workbook (वर्कबुक)** कहा जाता है। एक्सेल की प्रत्येक वर्कबुक में **Worksheets (वर्कशीट्स)** होती हैं। इन वर्कशीट्स में **रोज़ (Rows)** और **कॉलम्स (Columns)** बने होते हैं। जिस स्थान पर रोज़ और कॉलम्स आपस में मिलते हैं, उसे **सेल (Cell)** कहा जाता है। सेल का प्रयोग डाटा स्टोर करने के लिए किया जाता है।

माइक्रोसॉफ्ट एक्सेल की विंडो में एक **Menu bar (मेन्यू बार)**, दो **Toolbars (टूलबार्स)** तथा एक **Formula bar (फॉर्मूला बार)** होता है। Menu bar में एक्सेल में विभिन्न कार्यों को करने के लिए कमांड्स मौजूद रहते हैं।

एक्सेल विंडो में दो Toolbars होते हैं, जिनमें से एक **Standard toolbar (स्टैंडर्ड टूलबार)** तथा दूसरा **Formatting toolbar (फॉर्मेटिंग टूलबार)** होता है।

Formula bar में आप **Formule (फॉर्मूले)** तथा **Function (फंक्शन)** टाइप कर सकते हैं।

माइक्रोसॉफ्ट एक्सेल के काम (Functions of Microsoft Excel)

माइक्रोसॉफ्ट एक्सेल 2000 का विकास, विशेष रूप से accounting के काम से जुड़ी समस्याओं (जैसे– बड़ी संख्याओं की गणना करना, कोई संख्या छूट जाने पर सभी संख्याओं की दोबारा गणना करना, संख्याओं को क्रमवार लगाकर एक बार फिर गणना करना इत्यादि) को ध्यान में रखकर किया गया है। आप अब माइक्रोसॉफ्ट एक्सेल 2000 जिससे account संबंधी समस्याओं को हल करने में मदद मिलती है, की विभिन्न विशेषताओं के बारे में जानेंगे।

गणना करना (Calculation)

सबसे पहले उस डाटा, जिस पर गणना करनी है को प्रविष्ट किया जाता है। उसके बाद अपनी जरूरत के अनुसार आप जैसी गणना करना चाहते हैं, उसके अनुसार एक फॉर्मूला सेल में डालते हैं। इस फॉर्मूले द्वारा गणना हो जाने पर एक्सेल उसका उत्तर निकालकर स्क्रीन पर दिखा देता है।

दोबारा गणना करना (Recalculation)

यदि डाटा में कुछ बदलाव होता है तो एक्सेल बदले हुए डाटा के आधार पर दोबारा गणना कर देता है। इसलिए जब भी किसी ऐसे डाटा में बदलाव हो, जिस पर गणना की गई है, तो एक्सेल नया डाटा लेकर उसकी दोबारा गणना करके उत्तर निकाल देगा।

डाटा को दोहराना (Repeat Information)

अपनी शीट में आप किसी टेक्स्ट, वैल्यू या फॉर्मूले को किसी दूसरे स्थान पर कॉपी कर सकते हैं। ऐसा करने के बाद आपको हर सेल के लिए अलग फॉर्मूला नहीं लिखना पड़ेगा। जिन सेल्स के लिए फॉर्मूला कॉपी हुआ है, उनकी गणना यह खुद ही कर देगा। उदाहरण के लिए– जब आपको किसी एक वर्ष में हर माह का बजट तैयार करना होता है, तो सबसे पहले केवल एक फॉर्मूले द्वारा जनवरी के बजट की गणना करनी होती है। इसके बाद आप बाकी हर माह के बजट की गणना करने के लिए इस फॉर्मूले की कॉपी कर सकते हैं। अतः आपको हर महीने के बजट की गणना करने के लिए अलग–अलग फॉर्मूले टाइप करने की आवश्यकता नहीं होती।

किए गए बदलावों को रद्द करना (Reverse Changes)

माइक्रोसॉफ्ट एक्सेल में मौजूद **Undo** कमांड के द्वारा आप अपना डाटा (वह डाटा, जिसे आपने अभी डिलीट किया है या दूसरे स्थान पर ले गए हैं या फिर उसकी कॉपी की है) उसके मूल रूप में पा सकते हैं। परंतु इस बात का ध्यान रखें कि अगर आप अपनी वर्कबुक को सेव कर चुके हैं, तो आप Undo कमांड का प्रयोग नहीं कर सकते।

वर्कशीट को सुंदर बनाना (Add Display Enhancements)

आप अपनी रिपोर्ट में **हेडर (Header)** या **फुटर (Footer)** का प्रयोग करके किसी संख्या को डॉलर चिन्ह ($) या प्रतिशत (%) चिन्ह या तारीख के रूप में दिखाकर इसका प्रस्तुतीकरण सुधार सकते हैं। इसके अलावा आप लिखित डाटा को सेल की बाईं तरफ (Left aligned), दाईं तरफ (Right aligned) या मध्य में (Center aligned) में भी दर्शा सकते हैं। किसी टेक्स्ट को हाईलाइट करने या विशेष रूप में दिखाने के लिए आप इसके नीचे रेखा खींच सकते हैं या इसे एक बॉक्स में डाल सकते हैं।

वर्कशीट कीं कॉपी बनाकर दोबारा प्रयोग करना (Copy and Re-use your Sheet)

एक्सेल 2000 के द्वारा आप शीट की प्रतिलिपि (Copy) बना सकते हैं। इसके बाद उस दूसरी शीट में आवश्यक बदलाव करके एक नई शीट बना सकते हैं।

मान लीजिए कि Sales के लिए बनाई गई एक शीट के फॉर्मेट का इस्तेमाल आप Marketing के लिए बनाई जाने वाली दूसरी शीट के लिए करना चाहते हैं। इसके लिए आपको केवल Sales शीट के फॉर्मेट की कॉपी करनी होगी और फिर sales के डाटा को डिलीट करके शीट के फॉर्मेट में Marketing का डाटा प्रविष्ट करना होगा।

माइक्रोसॉफ्ट एक्सेल 2000 में आप अपनी आवश्यकतानुसार कितनी भी संख्या में शीट तैयार कर सकते हैं। उदाहरण के लिए— Stock, Investment, Inventory इत्यादि का डाटा रखने के लिए आप इस प्रोग्राम का इस्तेमाल कर सकते हैं। एक्सेल 2000 की सहायता से आप Balance Sheet तथा Income statements बनाने के अलावा अपने व्यक्तिगत तथा व्यापार–संबंधी खर्चों की भी गणना कर सकते हैं। साथ ही अपने ग्राहकों और कर्मचारियों की सूची भी रख सकते हैं।

माइक्रोसॉफ्ट एक्सेल शुरू करना (Starting Microsoft Excel)

अब आप माइक्रोसॉफ्ट एक्सेल को शुरू करें। इसके लिए आप नीचे लिखा क्रम अपनाएँ—

1. माउस पॉइंटर को **Taskbar** के बाएँ कोने में मौजूद **Start** बटन (चित्र EX-2.1) पर लाएँ और बाएँ माउस बटन को क्लिक कर दें। तुरंत स्क्रीन पर एक पुश–अप मेन्यू (चित्र EX-2.2) दिखाई देगा।

Start

चित्र EX-2.1

2. पुश–अप मेन्यू में माउस पॉइंटर को **Programs** विकल्प पर लाएँ। तुरंत स्क्रीन पर एक दूसरा मेन्यू दिखाई देगा (चित्र EX-2.2)।
3. माउस पॉइंटर को **Microsoft Excel** विकल्प (चित्र EX-2.2) पर लाएँ और बायाँ माउस बटन क्लिक करें। तुरंत एक खाली **Workbook (वर्कबुक) Book1** (चित्र EX-2.3) स्क्रीन पर दिखाई देगी। इस Workbook में आप डाटा दर्ज कर सकते हैं तथा डाटा पर (वह अगर numeric data हों तो) कोई भी गणना कर सकते हैं।

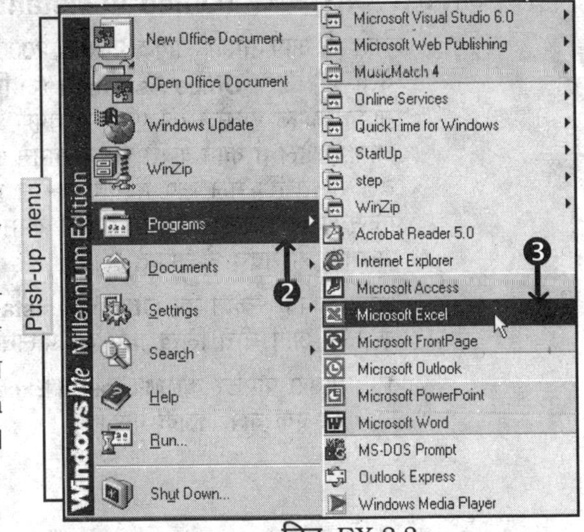

चित्र EX-2.2

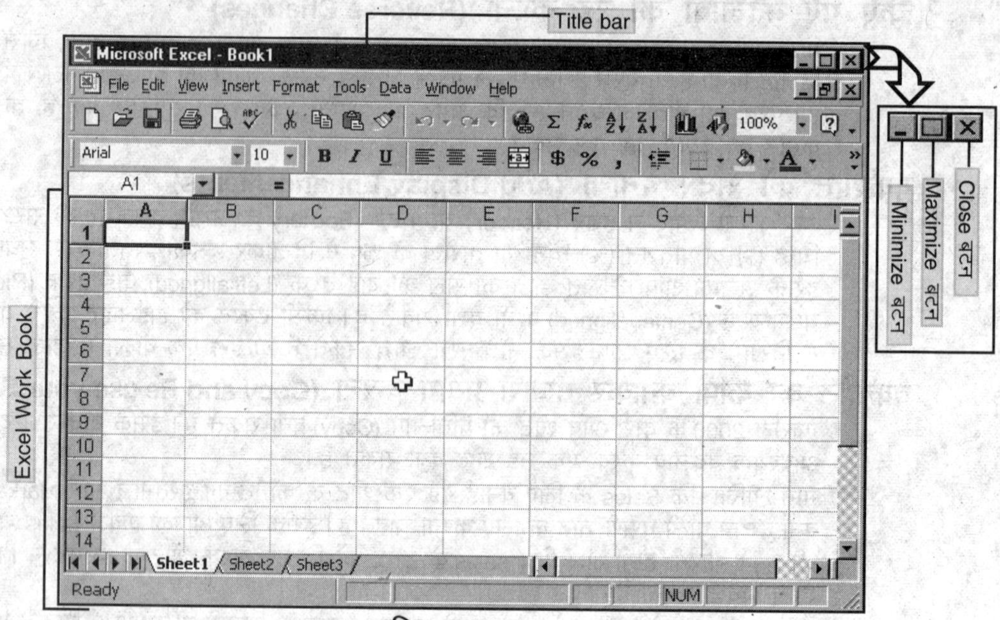

चित्र EX-2.3

एक्सेल में उपलब्ध कुछ सुविधाएँ (Excel Work Environment)

एक वर्कबुक में तीन Worksheet होती हैं। अगर आप चाहें तो वर्कबुक में और भी Worksheets डाल सकते हैं। Worksheet का क्षेत्रफल काफी बड़ा होता है। इसमें 65,536 रोज़ तथा 256 कॉलम्स होते हैं। प्रत्येक रो और कॉलम आपस में जिस स्थान पर एक–दूसरे से मिलते हैं, उसे **सेल (Cell)** कहाऽजाता है।

स्क्रीन पर एक बार में इसका केवल छोटा भाग दिखाई देता है। कॉलम्स को A-Z तक तथा इसके बाद AA-AZ तक और इसके बाद BA-BZ इत्यादि के नाम में दिखाया जाता है। रोज़ को आप 1 से लेकर 65,536 तक की संख्या के नाम से देख सकते हैं। आप अब वर्कबुक के विभिन्न भागों के बारे में जानकारी हासिल करें।

ऑफिस असिस्टेंट (Office Assistant)

जैसे ही आप माइक्रोसॉफ्ट एक्सेल 2000 को खोलते हैं, वैसे ही आपको एक animated icon दिखाई देता है, जिसे **Office Assistant (ऑफिस असिस्टेंट)** कहा जाता है (चित्र EX-2.4)। यह icon माइक्रोसॉफ्ट एक्सेल की एक महत्त्वपूर्ण सुविधा को दर्शाता है। इसकी सहायता से आप एक्सेल में काम करते समय सामने आने वाली विभिन्न समस्याओं का समाधान ढूँढ़ सकते हैं। मूल रूप में यह एक्सेल द्वारा तत्काल सहायता देने की सुविधा है, जिसका लाभ उठाकर आप अपना काम पूरा करने के लिए किसी भी विषय पर आसानी से मदद ले सकते हैं।

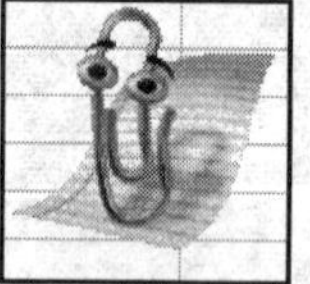

चित्र EX-2.4

अगर आपके स्क्रीन पर **Office Assistant** दिखाई न दे रहा हो, तो इसे दिखाने के लिए आप नीचे लिखे क्रम का पालन करें–

1. माउस पॉएंटर को **Microsoft Excel Help** बटन (चित्र EX-2.5) पर लाएँ और बाएँ माउस बटन को एक बार क्लिक करें।

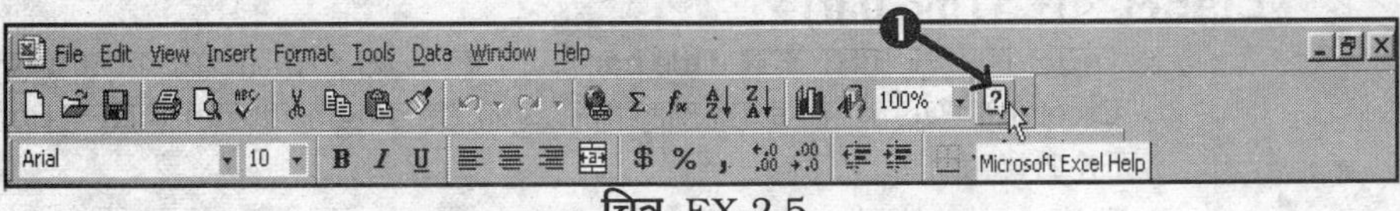

चित्र EX-2.5

आपकी स्क्रीन पर तुरंत **Office Assistant** कुछ निर्देशों के साथ दिखाई देगा (चित्र EX-2.6 और चित्र EX-2.9), जिसमें आपसे पूछा जाएगा– **What would you like to do?** (आप क्या करना चाहते हैं?। जिस विषय के बारे में आप जानना चाहते हैं, उसके लिए प्रश्न टाइप करें और फिर **Search** बटन पर क्लिक करें। आपके प्रश्न से जुड़े उत्तर स्क्रीन पर तरंत दिखाई देंगे। इस बॉक्स में एक और विकल्प, **Options** भी मौजूद रहता है।

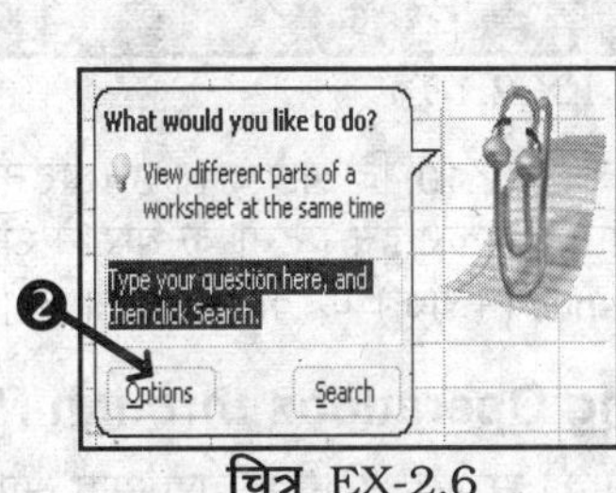

चित्र EX-2.6

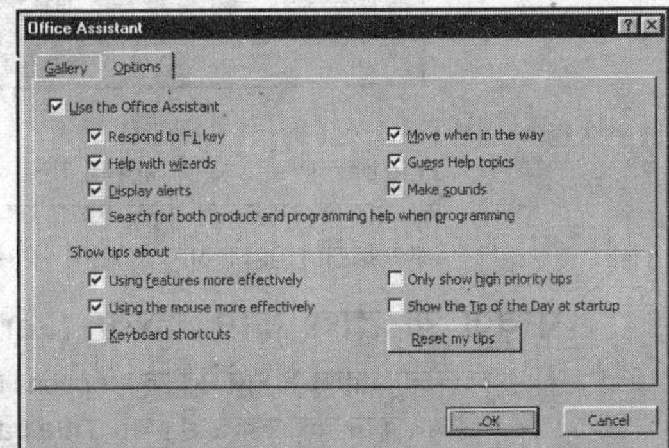

चित्र EX-2.7

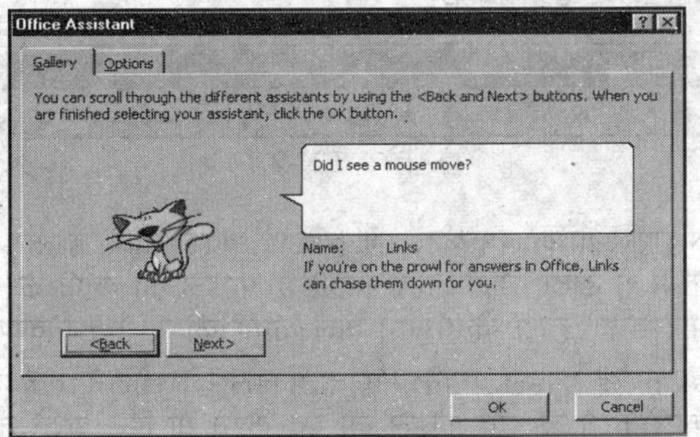

चित्र EX-2.8

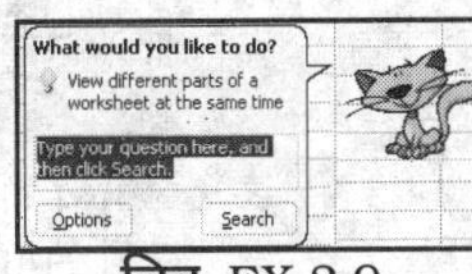

चित्र EX-2.9

2. आप **Options** बटन पर क्लिक करें (चित्र EX-2.6)। तुरंत स्क्रीन पर एक **Office Assistant** बॉक्स दिखाई देगा (चित्र EX-2.7)।
3. इस बॉक्स में आपको दो टैब्स **Gallery** और **Options** दिखाई देंगे (चित्र EX-2.7)। आप **Gallery** टैब पर क्लिक कर दें। तुरंत ही स्क्रीन पर Office Assistant के विभिन्न characters दिखाई देंगे। माइक्रोसॉफ्ट एक्सेल 2000 में Office Assistant icon के रूप में आठ animated characters मौजूद रहते हैं।
4. स्क्रीन पर आपको **Next** बटन दिखाई देगा। Office Assistant के animated characters को एक–एक करके देखने के लिए इस बटन पर क्लिक करें।
5. अपनी पसंद का icon चुन लेने के बाद **Office Assistant** बॉक्स में मौजूद **OK** बटन पर क्लिक करें। तुरंत स्क्रीन से **Office Assistant** बॉक्स हट जाएगा और आपकी Worksheet में चुना गया Office Assistant icon दिखाई देने लगेगा (चित्र EX-2.9)।

टाइटल बार (Title bar)

एक्सेल विंडो में सबसे ऊपर **Title bar** मौजूद रहता है। इसमें प्रोग्राम का नाम (जो इस समय Microsoft Excel है) दिखाई देगा। इसके साथ अभी खुली हुई वर्कबुक का नाम (जैसे– Book1) दिखाई देगा (चित्र EX-2.10)।

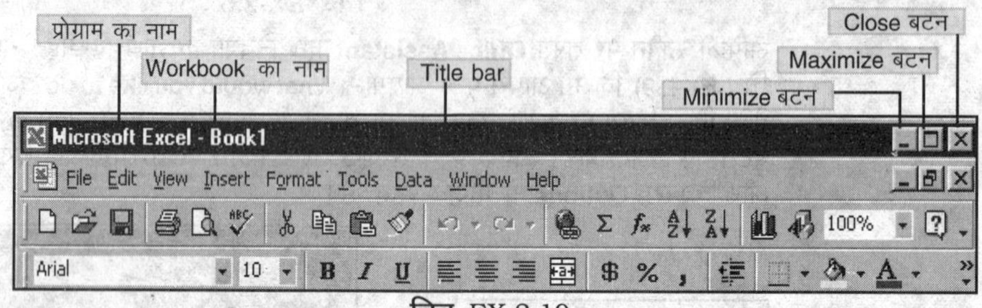

चित्र EX-2.10

Title bar की दाईं ओर आपको तीन बटन (चित्र EX-2.10) दिखाई देंगे। इन बटनों का इस्तेमाल विंडो का आकार बदलने के लिए किया जाता है। आगे चलकर इन बटनों के बारे में आप अधिक जानकारी प्राप्त करेंगे। पहले आप एक्सेल में मौजूद menus (मेन्यूज़) के बारे में जान लें।

मेन्यूज़ के द्वारा काम करना (Performing Operations through Menus)

मेन्यू आपस में संबंधित कुछ options (विकल्पों) की सूची है, जिनके द्वारा आप अपनी वर्कबुक के डाटा पर काम कर सकते हैं। यह **Title bar** के ठीक नीचे एक सीधी बार के रूप में क्रमवार लगे रहते हैं, जिसे **Menu bar** कहा जाता है (चित्र EX-2.11)।

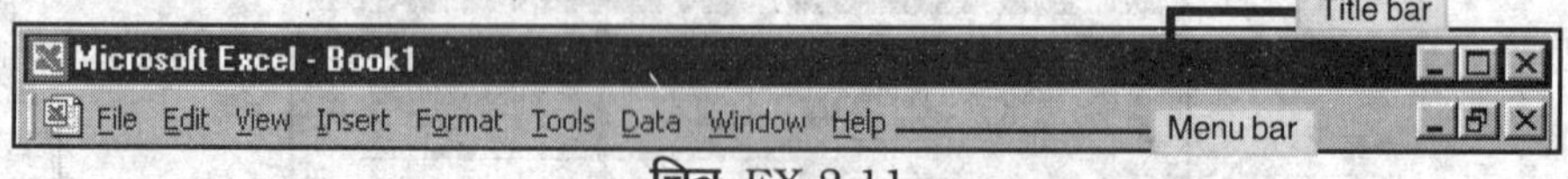

चित्र EX-2.11

मेन्यू बार विकल्पों के द्वारा आप कॉलम की width (चौड़ाई) बदल सकते हैं, संख्याओं को किसी भी फॉर्मेट में लगा सकते हैं, सेल्स से डाटा डिलीट कर सकते हैं, फाइल की कॉपी कर सकते हैं, इत्यादि। कुछ मेन्यू बार विकल्प और उनके द्वारा किए जाने वाले कामों का संक्षिप्त विवरण नीचे दिया गया है–

File — यह विकल्प एक नई फाइल बनाने, मौजूदा फाइल को खोलने, वर्कबुक का हाशिया (Margin) बनाने, सेव करने, काम करने के बाद फाइल को बंद करने या प्रिंट करने तथा माइक्रोसॉफ्ट एक्सेल को बंद करने में मदद करता है।

Edit — यह विकल्प टेक्स्ट के किसी भाग को मूव करने, कॉपी करने, डिलीट करने तथा कॉपी या मूव किए गए भाग को दूसरी जगह पर पेस्ट करने, पूरी शीट को डिलीट करने तथा माउस पॉएंटर को जल्दी से किसी भी शीट में ले जाने में मदद करता है।

Insert — यह विकल्प शीट में नई रोज़ तथा कॉलम्स डालने में मदद करता है।

Format — यह विकल्प टेक्स्ट के चुने गए भाग के Font style या Font size को बदलने तथा किसी विशेष रो या कॉलम की चौड़ाई को बदलने में मदद करता है।

Tools — यह विकल्प आपकी मौजूदा खुली हुई शीट में स्पेलिंग की गलतियों की जाँच करने में मदद करता है, नियमित आधार पर आपकी फाइल को खुद ही सेव होने में और आवश्यकताओं के अनुसार आपकी शीट को customize (आपकी पसंद के मुताबिक व्यवस्थित) करने में मदद करता है।

Data — यह विकल्प डाटा को आरोही (Ascending) या अवरोही (Descending) क्रम में रखने में आपकी मदद करता है।

वर्कबुक तथा एक्सेल विंडो का आकार बदलना (Changing the Size of a Workbook and Excel Window)

एक्सेल विंडो या शीट का आकार बदलने की शुरूआत करने से पहले आप माइक्रोसॉफ्ट एक्सेल विंडो के कुछ बटनों के बारे में जानकारी हॉसिल कर लें (चित्र EX-2.3)। ये बटन हैं–

- **Minimize बटन** (▁)– इसका इस्तेमाल विंडो/शीट को बटन के रूप में बदलने के लिए किया जाता है।
- **Restore बटन** (🗗)– इसका इस्तेमाल विंडो/शीट को अपने पहले वाले आकार में लाने तथा विंडो/शीट का आकार आवश्यकतानुसार समायोजित (adjust) करने के लिए किया जाता हे।
- **Close बटन** (☒)– इसका इस्तेमाल विंडो/शीट को बंद करने के लिए किया जाता है (इसका वर्णन माइक्रोसॉफ्ट एक्सेल को बंद करना विषय में दिया गया है)।
- **Maximize बटन** (□)– इसका इस्तेमाल विंडो/शीट, जिसे छोटा या रीस्टोर किया गया है, को बड़ा करने के लिए किया जाता है।

शीट के आकार को बटन के रूप में घटाना (Reducing the Sheet into a Button)

Minimize बटन का इस्तेमाल शीट या विंडो का आकार घटाने के लिए किया जाता है। चित्र EX-2.12 में दो **Minimize** बटन दिखाए गए हैं, जिनमें से एक **Title bar** की दाईं ओर तथा दूसरा **Menu bar** की दाईं ओर मौजूद है। ऊपर मौजूद बटन को माइक्रोसॉफ्ट एक्सेल विंडो का **Minimize** बटन कहा जाता है, जबकि नीचे मौजूद बटन को एक्सेल वर्कबुक का Minimize बटन कहा जाता है, जो हमारे उदाहरण में **Book1** नामक वर्कबुक है। यहाँ यह समझना जरूरी है कि एक्सेल विंडो और एक्सेल वर्कबुक के Minimize बटन अलग–अलग काम करते हैं।

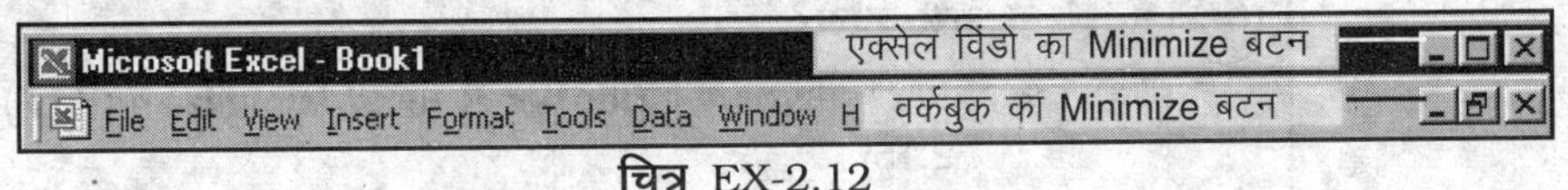

चित्र EX-2.12

एक्सेल विंडो के **Title bar** के ऊपरी दाईं तरफ मौजूद **Minimize** बटन विंडो **Taskbar** बटन में बदल देता है और **Menu bar** पर मौजूद **Minimize** बटन **वर्कबुक** को एक्सेल विंडो में एक बटन में बदल देता है। निम्नलिखित अभ्यास द्वारा आप इन बटनों के काम को भलीभाँति समझ सकते हैं–

1. माउस पॉइंटर को **Menu bar** में **Minimize** बटन (▁) पर लाएँ (चित्र EX-2.13)।

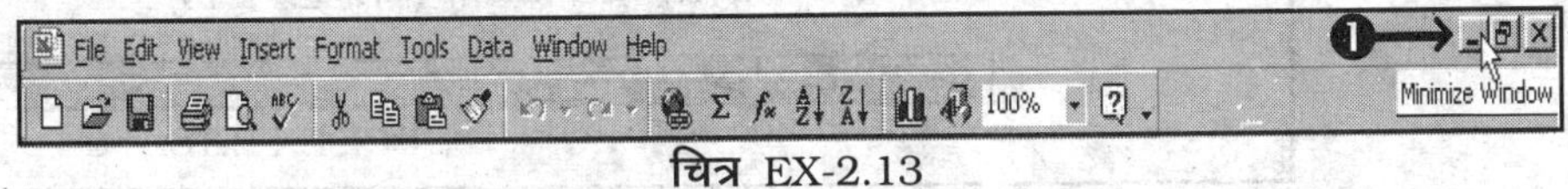

चित्र EX-2.13

2. बाएँ माउस बटन को क्लिक करें। तुरंत **वर्कबुक** का आकार **एक्सेल** विंडो के भीतर एक छोटे बटन के रूप में घट जाएगा (चित्र EX-2.14)।

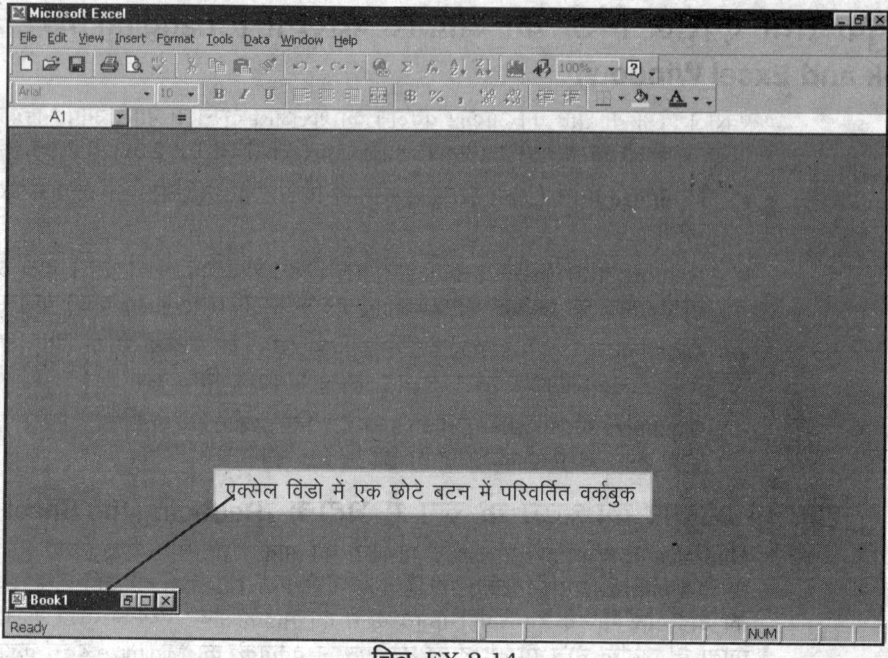

चित्र EX-2.14

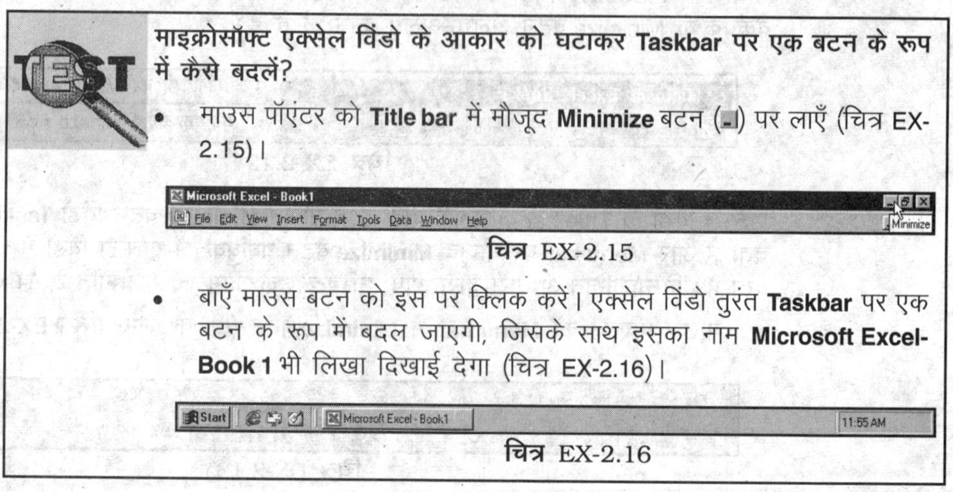

माइक्रोसॉफ्ट एक्सेल विंडो के आकार को घटाकर Taskbar पर एक बटन के रूप में कैसे बदलें?

- माउस पॉएंटर को **Title bar** में मौजूद **Minimize** बटन (▁) पर लाएँ (चित्र EX-2.15)।

चित्र EX-2.15

- बाएँ माउस बटन को इस पर क्लिक करें। एक्सेल विंडो तुरंत **Taskbar** पर एक बटन के रूप में बदल जाएगी, जिसके साथ इसका नाम **Microsoft Excel-Book 1** भी लिखा दिखाई देगा (चित्र EX-2.16)।

चित्र EX-2.16

टास्कबार पर मौजूद एक्सेल के बटन को विंडो में बदलना (Enlarging the Excel Taskbar Button into a window)

अब हमऽउस एक्सेल विंडो के आकार को बड़ा करेंगे, जिसे हमने अभी **Minimize** बटन द्वारा छोटा किया था। इसके लिए आप नीचे लिखा क्रम अपनाएँ–

1. माउस पॉएंटर को **Taskbar** पर मौजूद **Microsoft Excel-Book 1** बटन पर लाएँ (चित्र EX-2.17)।

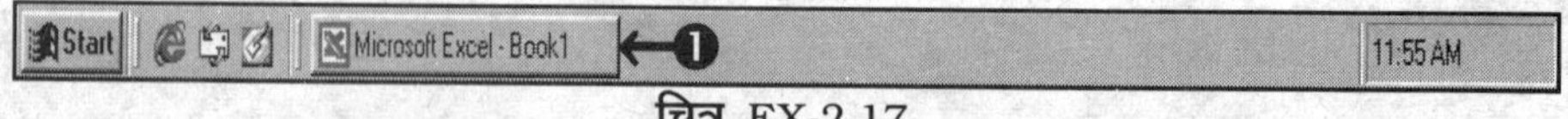

चित्र EX-2.17

2. बाएँ माउस बटन को क्लिक कर दें। तुरंत **Microsoft Excel** बटन का आकार बड़ा होकर यह विंडो के रूप में स्क्रीन पर खुल जाएगा (चित्र EX-2.14)।

अब बटन को विंडो के आकार में बड़ा करने की प्रक्रिया के बारे में अधिक जानकारी पाने के लिए आप निम्नलिखित नीचे दिया गया अभ्यास करें—

माइक्रोसॉफ्ट एक्सेल विंडो की वर्कबुक Book1 को बड़े आकार में कैसे बदलें?

- माउस पॉएंटर को वर्कबुक में **Maximize** बटन (□) पर लाएँ (चित्र EX-2.18)।

चित्र EX-2.18

- बाएँ माउस बटन को क्लिक करें। तुरंत एक्सेल वर्कबुक का आकार बढ़कर पूरी विंडो के रूप में बदल जाएगा (चित्र EX-2.19)।

चित्र EX-2.19

वर्कबुक के आकार को मनचाहे ढंग से बदलना (Adjusting the Size of a Workbook Freely)

आइए, अब हम माउस का प्रयोग करके माइक्रोसॉफ्ट एक्सेल में बनी अपनी वर्कबुक **Book1** का आकार adjust करने का प्रयत्न करें। ऐसा करने के लिए नीचे लिखा क्रम अपनाएँ—

1. माउस पॉएंटर को **Menu bar** पर मौजूद **Restore** बटन (🗗) पर लाएँ (चित्र EX-2.20)।

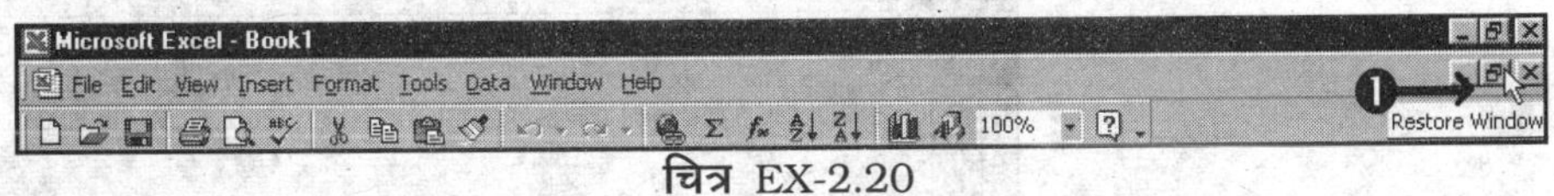

चित्र EX-2.20

2. बाएँ माउस बटन को क्लिक करें। आप देखेंगे कि वर्कबुक **Book1** का आकार थोड़ा घट जाता है,यानि अब यह पूरे स्क्रीन को नहीं ढकती (चित्र EX-2.21)।
   इसकी जाँच करने का तरीका केवल यही है कि आप **Menu bar** पर मौजूद **Restore** बटन (🗗) को देखें। आप पाएँगे कि इसके स्थान पर अब **Maximize** बटन (□) दिखाई दे रहा है।

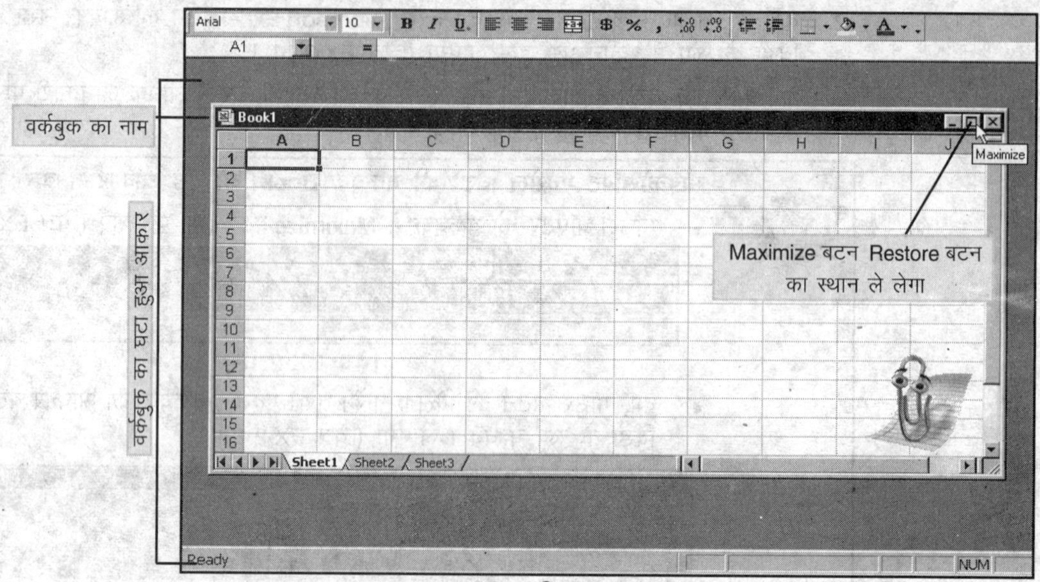

चित्र EX-2.21

3. वर्कबुक **Book1** के आकार को बाईं ओर से घटाएँ। इसके लिए माउस पॉएंटर को अपनी वर्कबुक के बाएँ किनारे पर लाएँ (चित्र EX-2.22)। माउस पॉएंटर (✥) यहाँ आकर **twin-headed arrow** (↔) में बदल जाएगा।

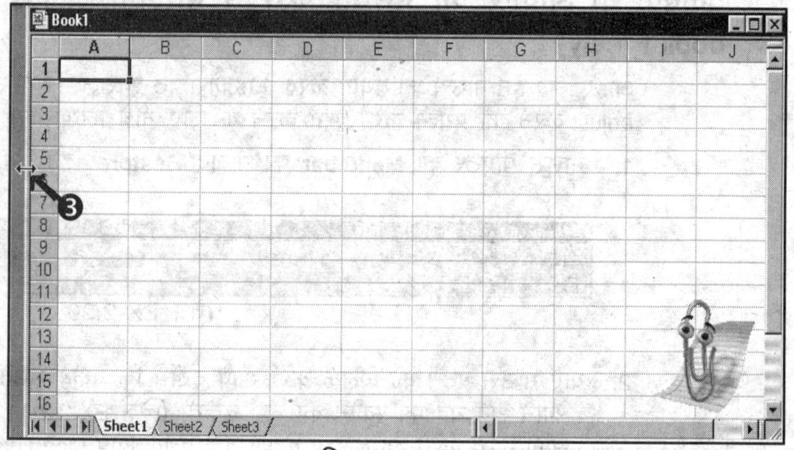

चित्र EX-2.22

4. माउस पॉएंटर को इसके स्थान से हटाए बिना बाएँ माउस बटन को दबाएँ।
5. बाएँ माउस बटन को दबाए रखकर **twin-headed arrow** माउस पॉएंटर को दाईं ओर ड्रैग करें। तुरंत वर्कबुक **Book1** का आकार बाईं ओर से कम हो जाएगा।

विंडो को मनचाहे आकार में adjust करने से पहले ही अगर बाएँ माउस बटन पर से आपकी अंगुली हट जाए, तो चिंता न करें। केवल नीचे लिखे क्रम का पालन करें–

1. माउस पॉएंटर को एक बार फिर अपनी वर्कबुक के बाएँ किनारे पर लाएँ और बायाँ माउस बटन क्लिक करें।
2. बाएँ माउस बटन को दबाए रखकर माउस को माउस पैड पर दाईं ओर ड्रैग करें और विंडो को मनचाहे आकार में बदल लें।

6. वर्कबुक **Book1** को मनचाहे आकार में बदल लेने के बाद बाएँ माउस बटन को छोड़ दें। चित्र EX-2.23 में वर्कबुक **Book1** को बदले आकार में दिखाया गया है।

चित्र EX-2.23

Twin headed arrow माउस पॉएंटर उस किनारे के अनुसार अपनी दिशा बदल लेता है, जिस पर उसे रखा गया है।

अगर आप माउस पॉएंटर को अपनी वर्कबुक के दाएँ किनारे पर रखेंगे, तो माउस पॉएंटर का आकार (↔) twin headed arrow में बदल जाएगा (माउस पॉएंटर को बाएँ किनारे पर रखने पर भी इसका आकार ऐसा ही होगा)।

अगर आप माउस पॉएंटर को अपनी वर्कबुक के सबसे ऊपरी या निचले किनारे पर लाएँगे तो माउस पॉएंटर का आकार (↕) twin headed arrow में बदल जाएगा।

अपनी वर्कबुक के चार किनारों में से किसी भी किनारे पर लाने के बाद इसका आकार हर बार अलग होगा। जैसे निचले बाएँ और ऊपरी दाएँ कोने में माउस पॉएंटर का आकार (⤢) होगा। निचले दाएँ और ऊपरी बाएँ कोने में इसका आकार (⤡) होगा।

माइक्रोसॉफ्ट विंडो को मनचाहे आकार में बदलना (Adjusting the Size of Microsoft Excel Windows Freely)

अब आप माउस का प्रयोग करके माइक्रोसॉफ्ट एक्सेल विंडो के आकार को बदलना सीखें। पहले आप माइक्रोसॉफ्ट एक्सेल विंडो की दाईं ओर के सबसे निचले किनारे को adjust करके देखें। इसके लिए आप नीचे लिखा क्रम अपनाएँ–

1. माउस पॉएंटर को **Title bar** के **Restore** बटन (🗗) पर लाएँ (चित्र EX-2.24) और बाएँ माउस बटन को क्लिक करें।

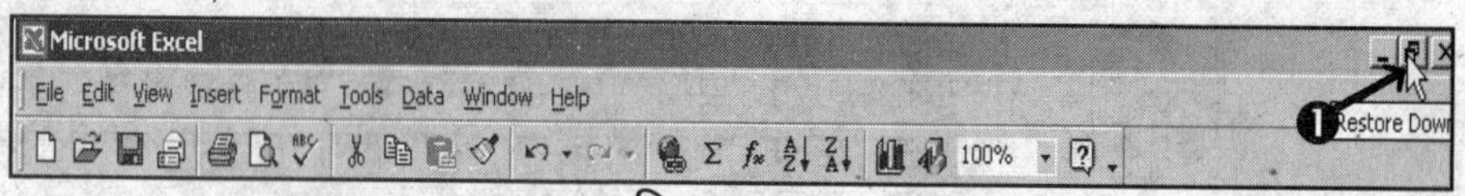

चित्र EX-2.24

तुरंत एक्सेल विंडो आकार में घटकर स्क्रीन के लगभग एक चौथाई भाग में दिखाई देने लगेगी।

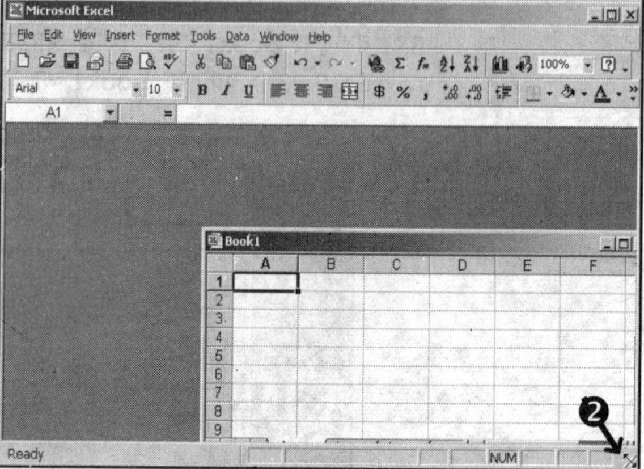

चित्र EX-2.25

2. माउस पॉएंटर को माइक्रोसॉफ्ट एक्सेल विंडो के दाएँ निचले किनारे पर लाएँ। तुरंत माउस पाएंटर **twin headed arrow** (↘) माउस पॉएंटर में बदल जाएगा (चित्र EX- 2.25)।
3. माउस पॉएंटर को हिलाए बिना बाएँ माउस बटन को दबाएँ।
4. बाएँ माउस पॉएंटर को दबाए रखकर माउस को ऊपर की ओर तिरछा तथा माउस पैड पर बाईं ओर ड्रैग करें।
5. बाईं ओर तबऽतक ड्रैग करें, जब तक आपकी वर्कबुक अपेक्षित आकार में न आ जाए। उसके बाद बाएँ माउस बटन को दबाना छोड़ दें। अब माइक्रोसॉफ्ट एक्सेल विंडो एक नए आकार में दिखाई देगी।

Title bar के बिलकुल दाएँ कोने में Close बटन (☒) बना होता है। इसका इस्तेमाल अधिकतर माइक्रोसॉफ्ट एक्सेल विंडो को बंद करने के लिए किया जाता है। आप इस अध्याय में आगे चलकर इस बटन के बारे में विस्तार से जानेंगे।

सेल और सेल ऐड्रेस (Cell and Cell Address)

रोज़ और कॉलम्सऽजहाँ आपस में मिलते हैं, वहाँ एक सेल (Cell) बन जाता है, जिसमें आप अपना डाटा टाइप करते हैं। उदाहरण के लिए– चित्र EX-2.26 में कॉलम A में 11 सेल, कॉलम B में 11 सेल तथा इसी प्रकार कॉलम C, कॉलम D इत्यादि में 11 सेल हैं। Cell Address (सेल ऐड्रेस) प्रत्येक सेल का स्थान बताता है। किसी सेल को कॉलम का नाम और रो का नाम मिलाकर पहचाना जाता है। उदाहरण के लिए– चित्र EX-2.26 में कॉलम **A** और रो **1** के मिलने के स्थान पर बने सेल का ऐड्रेस **A1** होगा।

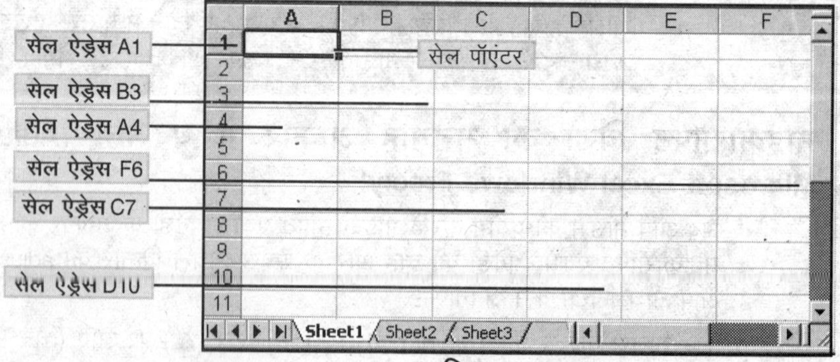

चित्र EX-2.26

रो की संख्या से शुरू होने वाले सेल ऐड्रेस जैसे– **3B** या **10A** को गलत या अमान्य सेल ऐड्रेस माना जाता है।

सक्रिय सेल का नाम–सेल पॉएंटर (Cell Pointer—Name of the Current Working Cell)

शीट पर मौजूद हाईलाइटेड rectangle (आयताकार) इस समय सक्रिय सेल की स्थिति बताता है। यहाँ आपके द्वारा टाइप किया डाटा दर्ज होता है। इसे **Cell Pointer** कहा जाता है। नई शीट में सेल पॉएंटर हमेशा सेल ऐड्रेस **A1** पर मौजूद रहता है (चित्र EX-2.26)।

स्टैंडर्ड टूलबार (Standard Toolbar)

Standard toolbar, **Menu bar** के ठीक नीचे स्थित रहता है (चित्र EX-2.27)। इसमें कुछ बटन होते हैं, जो एक्सेल **Menu bar** विकल्पों के शॉर्ट–कट होते हैं।

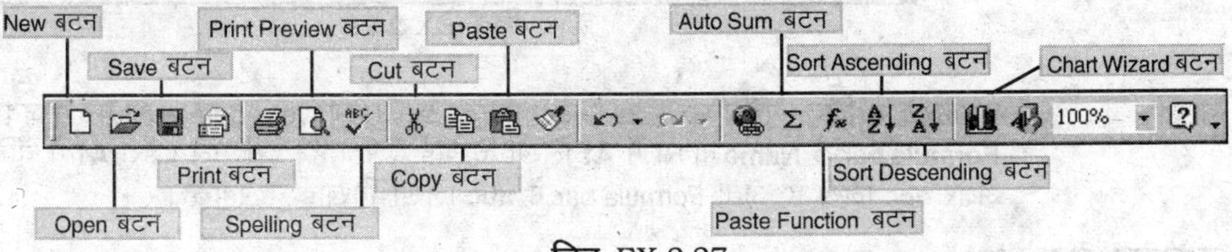

चित्र EX-2.27

Standard toolbar के बाएँ भाग में दिखाई देने वाले बटनों के काम करने के तरीके के बारे में आप पहले ही जान चुके हैं, क्योंकि ये बटन उसी प्रकार काम करते हैं, जिसके बारे में हम माइक्रोसॉफ्ट वर्ड के अध्याय में बता चुके हैं। अब आप **Standard** toolbar में मौजूद कुछ नए बटनों, जो गणनाओं में मदद करते हैं, की जानकारी लें–

Auto Sum बटन (Σ): यह संख्याओं के Sum (योग) की गणना करता है।

Paste Function बटन (*fx*): यह डाटा पर की जाने वाली गणना के लिए फंक्शन उपलब्ध कराता है

Sort Ascending बटन (A/Z↓): यह डाटा को आरोही (Ascending) क्रम में व्यवस्थित करता है।

Sort Descending बटन (Z/A↓): यह डाटा को अवरोही (Descending) क्रम में व्यवस्थित करता है।

Chart Wizard बटन: यह डाटा का Chart (graph) बनाने में मदद करता है।

फॉर्मेटिंग टूलबार (Formatting Toolbar)

Standard toolbar के ठीक नीचे **Formatting** toolbar मौजूद रहता है (चित्र EX-2.28)। इसमें टेक्स्ट को बोल्ड, इटैलिक, रेखांकित करने, डाटा को बीचो–बीच लाने इत्यादि के लिए बटन मौजूद रहते हैं।

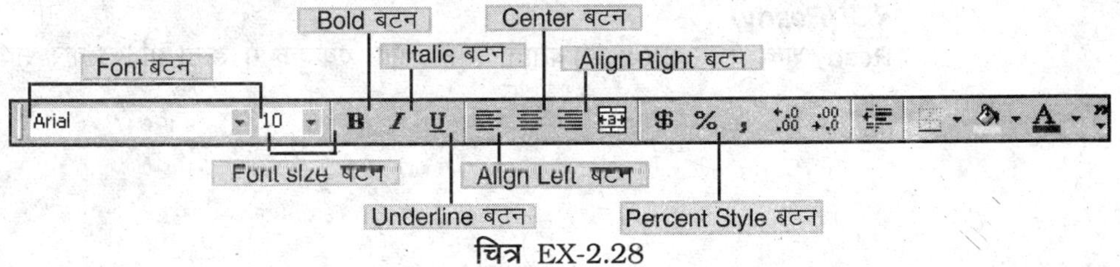

चित्र EX-2.28

फॉर्मूला बार (The Formula Bar)

Formula bar एक्सेल विंडो में **Fomatting** toolbar के ठीक नीचे मौजूद रहता है (चित्र EX-2.29)। इसमें सक्रिय सेल का ऐड्रेस (अर्थात् उस जगह का नाम, जहाँ सेल पॉएंटर मौजूद है) तथा सक्रिय सेल का डाटा लिखा रहता है।

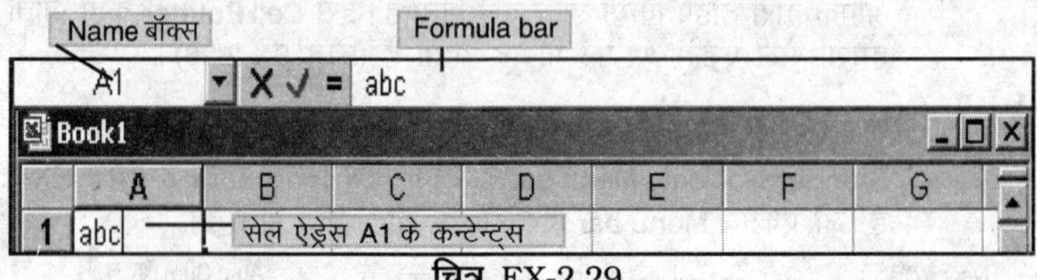

चित्र EX-2.29

उदाहरण के लिए– चित्र EX-2.29 में सेल पॉएंटर इस समय Cell Address **A1** पर मौजूद है। इसलिए **Formula bar** के **Name** बॉक्स में **A1** लिखा दिखाई दे रहा है। इस सेल ऐड्रेस **A1** में चूँकि इस समय अक्षर **abc** लिखे हैं, अतः Formula bar में **abc** लिखा दिखाई दे रहा है।

स्टेटस बार (Status Bar)

माइक्रोसॉफ्ट एक्सेल विंडो में **Status bar** सबसे नीचे मौजूद रहता है (चित्र EX-2.30)। इसमें बाईं ओर **Ready** तथा दाईं ओर **NUM** लिखा रहता है।

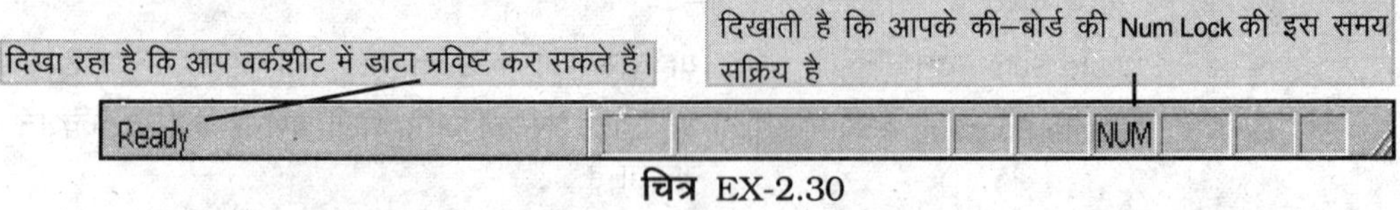

चित्र EX-2.30

नम इंडीकेटर (NUM Indicator)

की–बोर्ड पर NUM indicator light को **Num Lock** key को दबाकर ऑन तथा ऑफ किया जा सकता है। जब ये ऑन होती हैं, तो की–बोर्ड पर **Num Lock** key के नीचे मौजूद arrow/number keys, number keys के रूप में काम करती हैं।

NUM indicator light को ऑफ करने के लिए की–बोर्ड पर बनी **Num Lock** key को दोबारा दबाएँ। जब ये ऑफ होती हैं, तो arrow/number keys, arrow keys के रूप में काम करती हैं। इनका इस्तेमाल सेल पॉएंटर को एक स्थान से दूसरी जगह पर ले जाने के लिए किया जाता है।

रेडी (Ready)

Ready शब्द (चित्र EX-2.30) बताता है कि आप वर्कबुक में डाटा प्रविष्ट कर सकते हैं।

एक्सेल वर्कबुक के भाग (Components of an Excel Workbook)

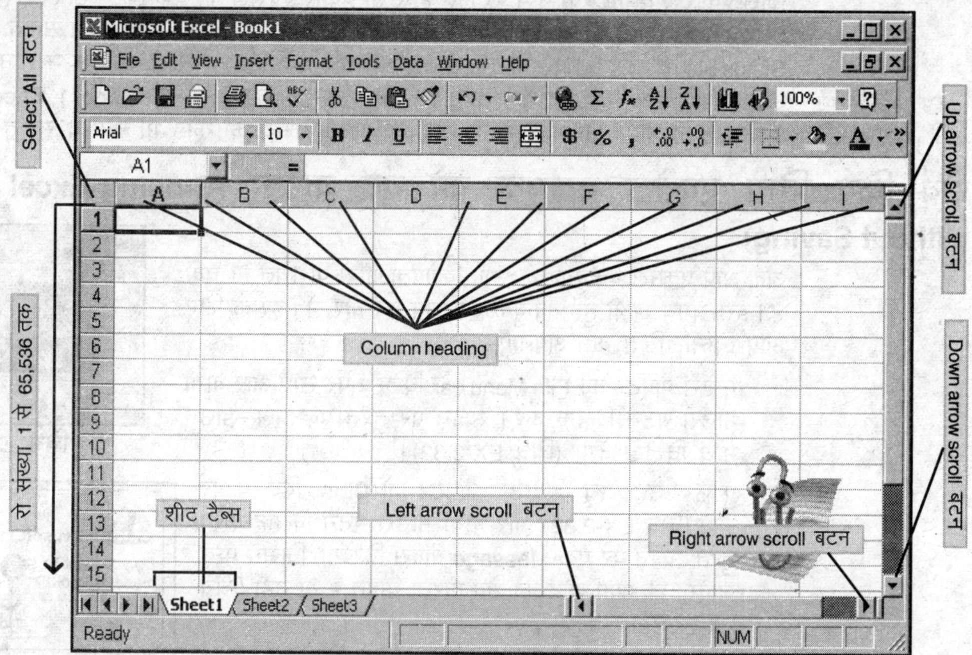

चित्र EX-2.31

रो नंबर्स (Row Numbers)

सीधी (Horizontal) पंक्ति में क्रमवार व्यवस्थित सेलों के समूह को रो कहा जाता है। प्रत्येक रो के लिए एक संख्या तय रहती है। रो की संख्या वर्कबुक की बाईं ओर दिखाई देती है। यह संख्या **1** से शुरू होकर **65, 536** तक, यानि आखिरी रो तक जाती है (चित्र EX-2.31)।

कॉलम हेडिंग्स (Coloumn Headings)

प्रत्येक कॉलम को दिया गया नाम कॉलम हेडिंग या शीर्षक कहलाता है। एक्सेल वर्कबुक में **256** कॉलम्स होते हैं। कॉलम्स के नाम **A** से **Z** तक तथा इसके बाद **AA** से **AZ** तक और **BA** से **BZ** तक इत्यादि क्रम में होते हैं। कॉलम्स के नाम **Formula bar** के ठीक नीचे दिखाई देते हैं (चित्र EX-2.31)।

वर्टिकल स्क्रॉल बार (Vertical Scroll Bar)

Vertical scroll bar में दो बटन **Up arrow scroll** बटन (▲) तथा **Down arrow scroll** बटन (▼) मौजूद रहते हैं (चित्र EX-2.31)। इस vertical scroll bar के बटनों पर क्लिक करके आप अपनी शीट की उन रोज़ को देख सकते हैं, जो स्क्रीन पर दिखाई नहीं दे रही हैं।

हॉरिजॉन्टल स्क्रॉल बार (Horizontal Scroll Bar)

Horizontal scroll bar में भी दो बटन - **Right arrow scroll** बटन (▶) तथा **Left arrow scroll** बटन (◀) मौजूद रहते हैं (चित्र EX-2.31)। इस horizontal scroll bar के बटनों पर क्लिक करके आप अपनी शीट के उन कॉलम्स को देख सकते हैं, जो स्क्रीन पर दिखाई नहीं दे रहे हों।

Select All बटन (Select All button)

Select All बटन वह जगह है, जहाँ रोज़ की संख्या और कॉलम्स के शीर्षक मिलते हैं (चित्र EX-2.31)। इस बटन पर क्लिक करने से खुली हुई शीट के सभी सेल्स हाईलाइट हो जाते हैं।

शीट टैब्स (Sheet Tabs)

जिस प्रकार एक नोटबुक में प ष्ठ होते हैं, उसी प्रकार एक्सेल की वर्कबुक में Sheets (शीट्स) होती हैं। **Sheet Tabs (शीट टैब्स)** का प्रयोग करके आप एक शीट से दूसरी शीट में जा सकते हैं। ये शीट टैब्स Status bar के ठीक ऊपर मौजूद रहते हैं (चित्र EX-2.31)। एक्सेल वर्कबुक में तीन शीट्स होती हैं और हर शीट का नाम प्रदर्शित रहता है। शीट टैब्स का डिफॉल्ट नाम **Sheet 1**, **Sheet 2** और **Sheet 3** होता है, हालाँकि आप किसी भी शीट को अपनी पसंद का कोई भी नाम दे सकते हैं।

सेव किए बिना एक्सेल वर्कबुक को बंद करना (Closing Excel Workbook without Saving)

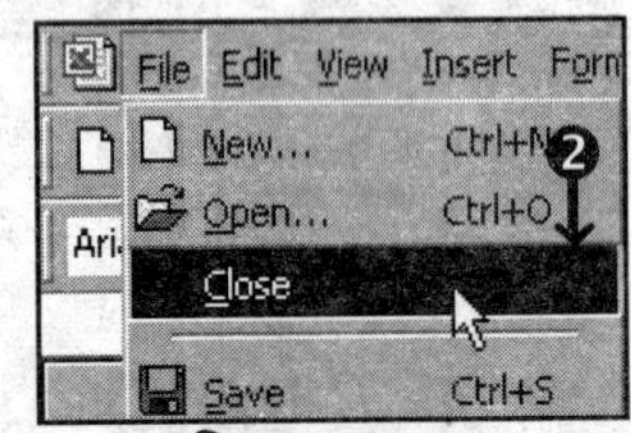

चित्र EX-2.32

अब, आप एक्सेल वर्कबुक की सभी विशेषताओं से परिचित हो चुके हैं। इस समय खुली हुई वर्कबुक को आप बंद कर लें। इसके लिए आप निम्नलिखित क्रम अपनाएँ–

1. माउस पॉएंटर को **File** Menu bar विकल्प पर लाएँ और बायाँ माउस बटन क्लिक करें। स्क्रीन पर तुरंत एक पुल–डाउन मेन्यू दिखाई देगा (चित्र EX-2.32)।
2. पुल–डाउन मेन्यू में माउस पॉएंटर को **Close** विकल्प पर लाएँ (चित्र EX-2.32) और बायाँ माउस बटन क्लिक करें। तुरंत स्क्रीन पर एक **Message** बॉक्स दिखेगा, ज़िसमें पूछा जाएगा कि आप शीट को सेव करना चाहते हैं या नहीं (चित्र EX-2.33)।
3. माउस पॉएंटर को **No** बटन पर ले आएँ और बाएँ माउस बटन को क्लिक कर दें। तुरंत **Message** बॉक्स स्क्रीन से हट जाएगा और वर्कबुक बंद हो जाएगी।

चित्र EX-2.33

माइक्रोसॉफ्ट एक्सेल को बंद करना (Quitting Microsoft Excel)

अब आप माइक्रोसॉफ्ट एक्सेल प्रोग्राम को बंद कर दें। इसके लिए आप नीचे लिखा क्रम अपनाएँ–

1. माउस पॉएंटर को **Close** बटन (☒) पर लाएँ (चित्र EX-2.34)।
2. बाएँ माउस बटन को इस पर क्लिक करें। तुरंत एक्सेल विंडो बंद हो जाएगी और आपके स्क्रीन पर डेस्कटॉप दिखाई देने लगेगा।

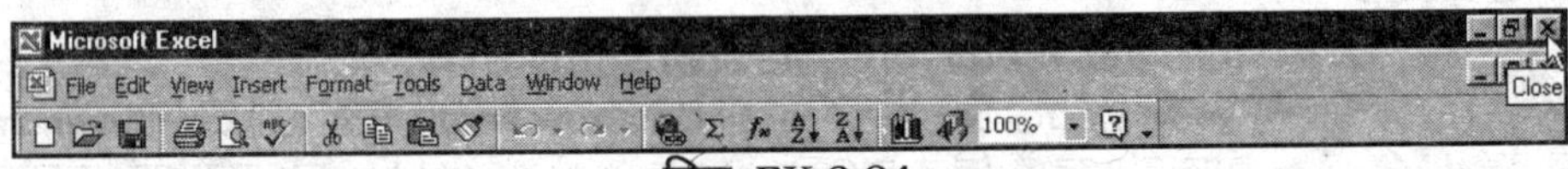

चित्र EX-2.34

अध्याय

एक्सेल 2000 में काम करना

इस अध्याय में—

* वर्कबुक में जाना
* सेल पॉएंटर (Cell Pointer) को एक सेल से दूसरे सेल पर ले जाना
* कमांड का चयन
* डाटा के प्रकार (Types of Data)
* सेल ऐड्रेस (Cell Address) में डाटा प्रविष्ट करना
* डाटा में बदलाव करना
* वर्कबुक को सेव करना
* वर्कबुक को बंद करना
* माइक्रोसॉफ्ट एक्सेल से बाहर आना

Numbers (संख्याएँ) वर्कबुक में सबसे अधिक प्रविष्ट होने वाला डाटा है। Numbers के अलावा, आप इसमें फॉर्मूला (Formula), फंक्शंस (Functions), टेक्स्ट (Text), चार्ट (Chart) आदि भी डाल सकते हैं।

फॉर्मूला सेल ऐड्रेसों में प्रविष्ट numeric डाटा पर गणित के काम जैसे– जमा, घटा इत्यादि को करता है। यह हमेशा **equal to (=)** के निशान से शुरू होता है। आप जिस फॉर्मूले पर इस समय काम कर रहे हैं, वह फॉर्मूला Formula bar पर लिखा दिखाई देगा। जब आप फॉर्मूला टाइप करके की–बोर्ड से Enter key दबाएँगे, तब उसका उत्तर शीट में सेल पर लिखा दिखाई देगा।

फंक्शन (Function) पहले से मौजूद (Pre-defined) फॉर्मूले को कहते हैं, जो दिए गए वैल्यूज़ पर गणना करता है और फिर आपको उत्तर देता है। यह हमेशा **equal to (=)** के निशान से शुरू होता है। इसके तुरंत बाद इसमें फंक्शन का नाम, बायाँ कोष्ठक (bracket) चिन्ह, सेलों के नाम तथा दायाँ कोष्ठक (bracket) चिन्ह आते हैं।

दोनों फंक्शन और फॉमूले को काम करने के लिए Cell addresses के ग्रुप की आवश्यकता होती है। इस तरह के सेल ऐड्रेसेज़ (Cell addresses) को **Range of Cell addresses** कहते हैं।

लेबल (Label) उस टेक्स्ट को कहते हैं, जो एक्सेल के वर्कबुक में प्रविष्ट किया जाता है। टेक्स्ट में सिर्फ alphabets ही नहीं बल्कि punctuation marks, spaces और even numbers भी होते हैं।

एक्सेल में काम शुरू करने से पहले आप इसमें प्रयुक्त कुछ महत्त्वपूर्ण terms को जान लें।

वर्कबुक (Workbook)– माइक्रोसॉफ्ट एक्सेल में फाइल को **वर्कबुक** कहते हैं। हर वर्कबुक के नीचे और Status bar के ऊपर आप तीन शीट टैब्स (Sheet tabs) देखेंगे। ये शीट टैब्स **Sheet1, Sheet2** और **Sheet3** (चित्र EX-3.1) के नाम से मौजूद रहते हैं।

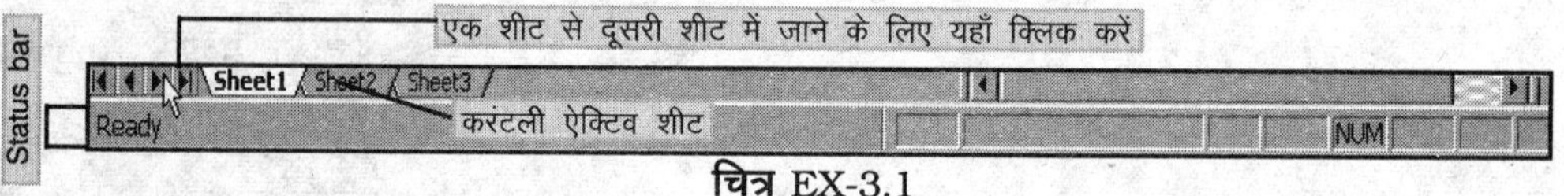

चित्र EX-3.1

चित्र EX-3.1 में Sheet 1 टैब सफेद रंग में दिखाई दे रहा है। इसका मतलब यह है कि वर्कबुक की पहली शीट इस समय स्क्रीन पर खुली हुई है। किसी विशेष शीट (जैसे– **Sheet 3**) को स्क्रीन पर खोलने के लिए बाएँ माउस बटन को उसके नाम पर क्लिक करें।

अगर सभी शीट्स के नाम Status bar के ऊपर दिखाई नहीं दे रहे हैं, तो शीट के दाएँ ऐरो स्क्रॉल बटन (▶) को दबाते रहें। ऐसा करने पर शीट स्क्रीन पर दिखेगी।

फॉर्मूला (Formula)—गणित के काम करने और शीट में डाटा का विश्लेषण करने में इस्तेमाल होता है।

फंक्शन (Function)—एक्सेल में पहले से बने हुए फॉर्मूले को **फंक्शन** कहा जाता है। यह आपके डाटा पर गणना आसान बनाकर तथा फॉर्मूले को टाइप किए बिना ही गणना करता है। उदाहरण के लिए कुछ फंक्शन्स जो एक्सेल में प्रयोग हो सकते हैं, वे हैं **Average, Max** आदि।

लेबल/टेक्स्ट (Label/Text)— एक्सेल आपको कैरेक्टर **A-Z** तक या **a-z** या अन्य विशेष कैरेक्टर्स जैसे (*,^,#,@,',") को टाइप करने की इजाज़त देता है। इन सभी कैरेक्टर्स को **लेबल/टेक्स्ट** इंट्री कहा जाता है।

रेंज/सेल ऐड्रेसेज़ के ग्रुप (Range/Group of Cell Addresses)— मान लीजिए कि वह नंबर जिसके लिए आप फॉर्मूला या फंक्शन डालना चाहते हैं, एक के बाद एक सेल्स में स्थित हैं। ऐसे सेल्स को **Range** (रेंज) या **Group** (ग्रुप)कहते हैं।

रेंज ऐड्रेस (Range Address) - मान लीजिए कि नंबरों के क्रम, जो सेल ऐड्रेसेज़ में एक के बाद एक व्यवस्थित हैं, को फंक्शन या फॉर्मूले में आप डालना चाहते हैं। इस काम में सभी सेल ऐड्रेसेज़ को बारी–बारी से फॉर्मूले/फंक्शन में टाइप करना होगा। यह काम काफी वक्त लेगा। अगर आप इस लंबी प्रक्रिया से बचना चाहते हैं, तो रेन्ज ऐड्रेस (Range Address) फीचर का इस्तेमाल करें। **रेंज ऐड्रेस** बनाने के लिए आप क्रमशः वह सेल ऐड्रेस (जिसमें पहला नंबर है), फिर कोलन (:) और फिर वह सेल ऐड्रेस जिसमें आखिरी नंबर मौजूद है, टाइप करें, जैसे नीचे दिखाया गया है–

शुरू का सेल ऐड्रेस:अंत का सेल ऐड्रेस

या

शुरू का सेल ऐड्रेस..अंत का सेल ऐड्रेस

उदाहरण के लिए– रेन्ज **A1:C3** में सेल **A1, A2, A3, B1, B2, B3, C1, C2** और **C3** सेल हैं। इस काम में सेल A1 शुरू का सेल ऐड्रेस और सेल **C3** आखिर का सेल ऐड्रेस है।

वैल्यू/नंबर्स (Value/Numbers)— माइक्रोसॉफ्ट एक्सेल में संख्यित डाटा को **वैल्यू/नंबर** कहा जाता हैं। वर्कबुक में गणित के सभी काम सिर्फ नंबरों पर ही किए जाते हैं।

वर्कबुक में जाना (Moving Inside a Workbook)

वर्कबुक में शीट के भीतर जिस स्थान पर रोज़ तथा कॉलम्स का मेल होता है, उसे **सेल** कहते हैं। वर्कशीट के भीतर माउस पॉएंटर (✜) प्रकार दिखाई देता है। आप जानते हैं कि माइक्रोसॉफ्ट वर्ड में जब माउस को डॉक्यूमेंट में क्लिक किया जाता है, तब एक blinking cursor आपको दिखाई देता है। माइक्रोसॉफ्ट एक्सेल में जब माउस को किसी भी जगह पर क्लिक किया जाता है, तो **सेल पॉएंटर (Cell Pointer)** दिखाई देता है। यह सेल पॉएंटर कुछ इस तरह का दिखता है (▭)। करंटली ऐक्टिव सेल वह सेल होता है, जिस पर सेल पॉएंटर इस समय मौजूद है।

सेल में डाटा को प्रविष्ट करने के लिए माउस पॉएंटर को उस रो से हटाकर अपनी मनचाही रो पर लाएँ और बाएँ माउस बटन को क्लिक करें। सेल पॉएंटर अब नई रो पर चला जाता है।

सेल में डाटा को प्रविष्ट करने के लिए सेल पॉएंटर (▭) को उस सेल पर रखना होता है जिसमें डाटा प्रविष्ट करना है। आप सेल पॉएंटर को किस प्रकार उस विशेष सेल पर लेकर जाएँगे? सेल पॉएंटर को कुछ विशेष तरीकों से एक सेल से दूसरे सेल पर ले जाया जा सकता है। इनमें से प्रमुख हैं–

1. सेल पॉएंटर को एक रो नीचे लाने के लिए माउस पॉएंटर (✜) को उस समय की रो से हटाकर अपनी पसंद की रो पर लाएँ और बाएँ माउस बटन को क्लिक करें। सेल पॉएंटर (▭) नई रो पर चला जाएगा।
2. सेल पॉएंटर को एक कॉलम दाएँ पर लाने के लिए माउस पॉएंटर (✜) को उस कॉलम पर लाएँ और बाएँ माउस बटन को क्लिक करें। तुरंत ही सेल पॉएंटर (▭) नए कॉलम पर चला जाएगा।
3. सेल पॉएंटर को एक रो ऊपर लाने के लिए माउस पॉएंटर (✜) को उस रो पर लाएँ और बाएँ माउस बटन को क्लिक करें। सेल पॉएंटर (▭) फिर उस जगह पर चला जाएगा।
4. सेल पॉएंटर को एक कॉलम बाएँ ले जाने के लिए माउस पॉएंटर (✜) को उस कॉलम पर ले जाएँ तथा बायाँ माउस बटन क्लिक करें। सेल पॉएंटर (▭) अब उस कॉलम पर आ जाएगा।

सेल पॉइंटर को सेल ऐड्रेस A1 से B9 पर लाने के लिए क्या करेंगे?

- माउस पॉइंटर (✚) को सेल ऐड्रेस **A1** से **B9** पर ले जाएँ तथा बायाँ माउस बटन दबाएँ।

मान लीजिए कि सेल पॉइंटर C1 पर है। जब आप दो बार Enter key दबाएँगे तो क्या होगा?

- सेल पॉइंटर सेल ऐड्रेस **C3** पर दिखाई देगा।

सेल पॉइंटर को जल्दी से घुमाना (Moving the Cell-pointer Quickly)

सेल पॉइंटर (▭) को किसी अन्य सेल ऐड्रेस पर लाने के लिए आप माउस का इस्तेमाल कर सकते हैं। उदाहरण के लिए– अगर आपको सेल पॉइंटर को सेल ऐड्रेस **E38** पर लाना है, तो आपको नीचे लिखी प्रक्रिया के अनुसार चलना होगा–

1. माउस पॉइंटर को कॉलम **E** पर लाएँ।
2. कॉलम **E** में माउस पॉइंटर को रो संख्या **38** पर लाएँ और बाएँ माउस बटन को क्लिक करें। सेल पॉइंटर सेल ऐड्रेस **E38** पर चला जाएगा।

अगर आप 38 नंबर रो को नहीं देख पा रहे हैं, तो बाएँ माउस बटन को वर्कबुक के डाउन ऐरो स्क्रोल बटन (▾) पर क्लिक करें। जब रो संख्या 38 दिखाई दे, तब बाएँ माउस बटन को दबाना छोड़ दें।

किसी सेल ऐड्रेस पर सेल पॉइंटर (▭) को तुरंत ले जाने के लिए एक्सेल में एक शॉर्ट–कट (Short-cut) भी उपलब्ध है। उदाहरण के लिए– अगर आप सेल पॉइंटर को सेल ऐड्रेस **D20** पर लाना चाहते हैं, तो आपको नीचे लिखी प्रक्रिया के अनुसार चलना होगा–

1. **Edit** मेन्यू बार विकल्प पर क्लिक करें। तुरंत ही पुल–डाउन मेन्यू दिखाई देगा (चित्र EX- 3.2)।
2. पुल–डाउन मेन्यू के अंदर माउस–पॉइंटर को **Go To** विकल्प पर लाएँ (चित्र EX-3.2) और बाएँ माउस बटन को क्लिक करें। तुरंत ही **Go To** बॉक्स स्क्रीन पर दिखाई देगा (चित्र EX- 3.3)।

अगर आप गलती से किसी अन्य मेन्यू विकल्प पर क्लिक कर देते हैं, तो की–बोर्ड से Esc key दबाएँ। तुरंत ही वह मेन्यू बंद हो जाएगा और आप अपनी शीट पर लौट आएँगे।

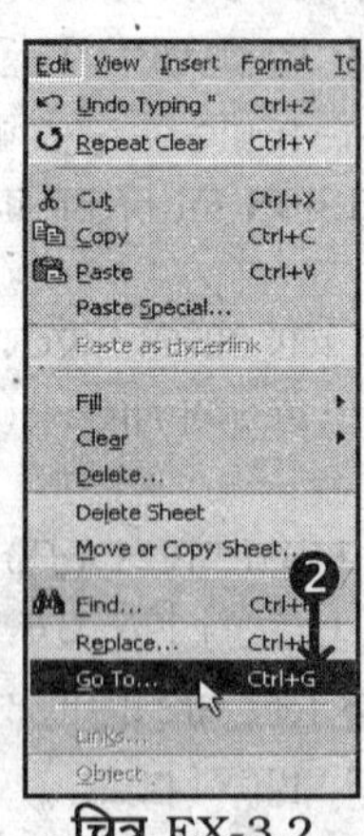

चित्र EX-3.2

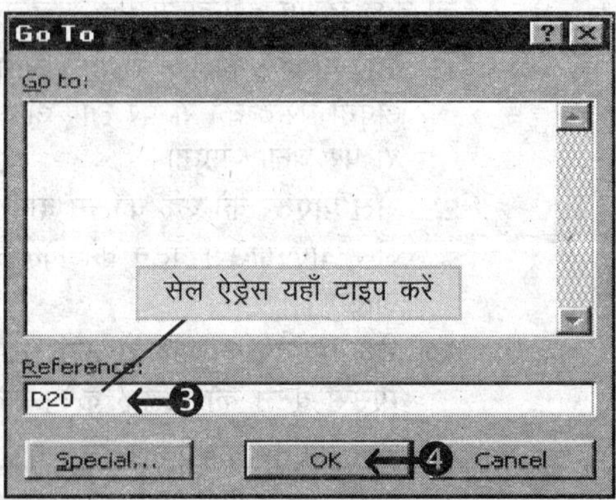

चित्र EX-3.3

3. **Reference** विकल्प के साथ **Go To** बॉक्स में आपको एक आयताकार बॉक्स में एक blinking cursor दिखाई देगा। इसमें **D20** टाइप करें। टाइप किया गया ऐड्रेस **Reference** विकल्प के साथ बने बॉक्स में दिखाई देगा (चित्र EX-3.3)।

4. अब **OK** बटन पर क्लिक करें (चित्र EX-3.3)। स्क्रीन से **Go To** बॉक्स हट जाएगा और सेल पॉएंटर सेल ऐड्रेस **D20** पर दिखाई देगा।

Hot Tip

सेल पॉएंटर को जल्दी से किसी दूसरे सेल ऐड्रेस पर ले जाने का एक और सरल तरीका है– Name बॉक्स में वह सेल ऐड्रेस टाइप करें जिस पर आप सेल पॉएंटर को ले जाना चाहते हैं। फिर की–बोर्ड से Enter key दबाएँ।

कुछ Keys जिनका प्रयोग हम जल्दी से सेल पॉएंटर को एक स्थान से दूसरे स्थान पर ले जाने के लिए कर सकते हैं नीचे दी गई हैं

Key	Function (काम)
Home	जिस पर आप इस समय काम कर रहे हैं, सेल पॉएंटर को उस रो के कॉलम A पर ले जाती है।
Tab	जिस पर आप इस समय काम कर रहे हैं, सेल पॉएंटर को उस रो के अगले (दाएँ) कॉलम पर ले जाती है।
Shift+Tab	जिस पर आप इस समय काम कर रहे हैं, सेल पॉएंटर को उस रो के पिछले (बाएँ) कॉलम पर ले जाती है।
PgDn	एक स्क्रीन नीचे (अगले स्क्रीन) ले जाती है।
PgUp	एक स्क्रीन ऊपर (पिछले स्क्रीन) ले जाती है।

सेल ऐड्रेस Z4 की बाईं तरफ कौन सा सेल ऐड्रेस होगा?
- AA4

Home key आपको हमेशा कहाँ लेकर जाएगी?
- **Home key** उस रो, जिस पर आप काम कर रहे हैं, के कॉलम **A** पर लेकर जाएगी।

ऐड्रेस A1 से AY110 पर जल्दी जाने का कौन-सा तरीका सबसे उत्तम है?
- **Edit** विकल्प पर क्लिक करें और फिर **Go To** विकल्प पर क्लिक करें। उसके बाद सेल ऐड्रेस **AY110** को टाइप करें। अंत में **OK** बटन पर क्लिक करें।

कमांड का चयन (Selecting a Command)

माइक्रोसॉफ्ट एक्सेल आपको किसी विकल्प या कमांड को **Menu bar** से चुनने के लिए दो तरीके देता है–

पहली पद्धति (method) में की–बोर्ड का इस्तेमाल होता है, जबकि दूसरी पद्धति में कमांड के चुनाव के लिए माउस का इस्तेमाल किया जाता है।

पहली पद्धति (Method I)

आप यह जानते हैं कि हर **Menu bar** विकल्प में एक रेखांकित (Underlined) शब्द होता है। जरूरत वाले Menu bar विकल्प को चुनने के लिए आप पहले **Alt** key को दबाएँ। उसे दबाएँ रखकर, अपने मनचाहे विकल्प के रेखांकित शब्द को की–बोर्ड से दबाएँ। जैसे– अगर आप **File** मेन्यू बार विकल्प का चुनाव करना चाहते हैं, तो **Alt** और **F** keys को की–बोर्ड से पुल–डाउन मेन्यू को लाने के लिए दबाएँ।

पुल–डाउन मेन्यू के अंदर भी हर कमांड (command) में रेखांकित अक्षर होंगे। यहाँ दुबारा आपको **Alt** key को दबाना होगा और रेखांकित अक्षर को दबाना होगा। उदाहरण के लिए– **Print** विकल्प को **File** पुल–डाउन मेन्यू से चुनने के लिए **Alt** तथा **F** keys को की–बोर्ड से एक साथ दबाएँ और उसके बाद **P** को दबाएँ।

दूसरी पद्धति (Method II)

दूसरी पद्धति को आप पहले से ही जानते हैं, यह है **Menu bar** विकल्प पर माउस पॉएंटर को लाना और फिर बाएँ माउस बटन को क्लिक करना। जैसे– **File** मेन्यू बार विकल्प के चुनाव के लिए माउस पॉएंटर को इस विकल्प पर लाएँ और फिर बाएँ माउस बटन को क्लिक करें।

पुल–डाउन मेन्यू के अंदर अपनी पसंद के कमांड पर माउस पॉएंटर को लाएँ और बाएँ माउस बटन को क्लिक करें। उदाहरण के लिए–यदि आप Print विकल्प का चुनाव करना चाहते हैं, तो माउस पॉएंटर को इस विकल्प पर लाएँ और बाएँ माउस बटन को क्लिक करें।

डाटा के प्रकार (Types of Data)

जो डाटा आप वर्कबुक की शीट में प्रविष्ट करते हैं, वह टेक्स्ट या नंबर या फॉर्मूला या कोई विशेष कैरेक्टर हो सकता है।

वैल्यू वह नंबर है, जिस पर फॉर्मूलों की मदद से कैलक्युलेशन होती है। जब भी एंट्री की शुरुआत **+**, –, निशान या अंक से होती है माइक्रोसॉफ्ट एक्सेल इनको वैल्यू के रूप में लेता है।

लेबल उस टेक्स्ट एंट्री को कहते हैं, जिसमें alphabets या non-numeric characters (जैसे **#**, **&**) होते हैं। अतः **Accounts**, **#4** और **Monthly-expenses** ये सभी **Labels** कहलाएँगे। एंट्री, जिसमें alphabets या letters होते हैं, नंबर से शुरू होने पर भी टेक्स्ट एंट्री ही कहलाएगी। तो **24 Chowrangee Lane** और **4th**, टेक्स्ट एंट्री हैं।

सेल ऐड्रेस में डाटा प्रविष्ट करना (Entering Data at a Cell Address)

एक्सेल वर्कबुक के सेल में तीन प्रकार के डाटा डाले जा सकते हैं– **Number/Value**, **Text/Label** और **Formula** इन डाटा को प्रविष्ट करने के लिए आप सेल पॉएंटर को उस सेल ऐड्रेस पर लाएँ, जहाँ पर आपको इस डाटा को प्रविष्ट करना है, फिर डाटा को टाइप करें।

उदाहरण के लिए अगर आप सेल ऐड्रेस **A1** में **3** प्रविष्ट करना चाहते हैं, तो पहले माउस पॉएंटर को सेल ऐड्रेस **A1** पर लाएँ और बाएँ माउस बटन को क्लिक करें।

जब सेल पॉएंटर **A1** पर दिखाई दे, तब **3** टाइप करें। आप देखेंगे कि जब आप **3** टाइप करेंगे, तब यह चयन किए गए सेल तथा **Formula bar** में भी दिखाई देगा (चित्र EX-3.4)।

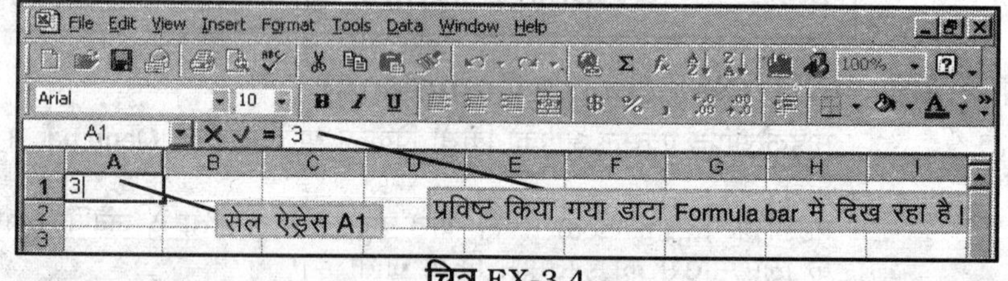

चित्र EX-3.4

लेबल/टेक्स्ट को प्रविष्ट करना (Entering a Label/Text)

टेक्स्ट को प्रविष्ट करने के लिए सेल पॉएंटर को उस सेल ऐड्रेस पर लाएँ, जहाँ पर आपको टेक्स्ट को प्रविष्ट करना है। फिर की–बोर्ड से डाटा टाइप करें। उदाहरण के लिए– टेक्स्ट **Item** को सेल ऐड्रेस **A1** में टाइप करने के लिए आपको अगले पृष्ठ पर दी गई प्रक्रिया के अनुसार चलना होगा–

1. माउस पॉइंटर (✚) को सेल ऐड्रेस **A1** पर लाएँ और बाएँ माउस बटन को एक बार क्लिक करें। तुरंत ही सेल पॉइंटर (▭) सेल ऐड्रेस **A1** पर आ जाएगा।
2. अब **Item** टाइप करें।
3. **Enter** key को दबा दें। आपकी वर्कबुक चित्र EX-3.5 जैसी दिखेगी।

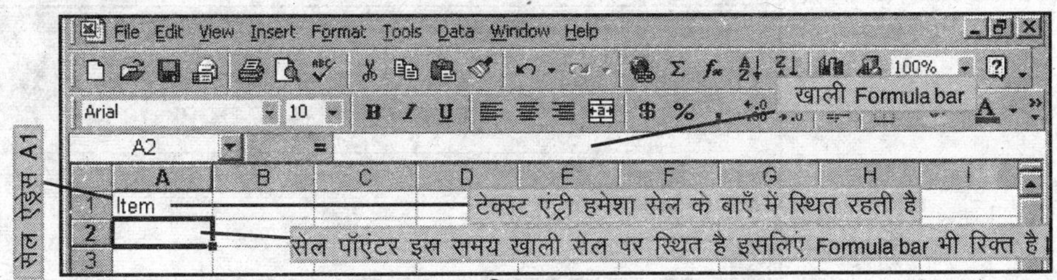

चित्र EX-3.5

टेक्स्ट एंट्रीज़ आमतौर पर रो तथा कॉलम के शीर्षक जैसे– फोन नंबरों, पतों आदि को प्रविष्ट करने के लिए इस्तेमाल होती है। सभी टेक्स्ट एंट्रीज़ बाईं तरफ व्यवस्थित होती हैं। फॉर्मूले को आप टेक्स्ट एंट्रीज़ पर इस्तेमाल नहीं कर सकते।

हर सेल में 9-10 कैरेक्टर्स प्रविष्ट हो सकते हैं। यदि सेल की एंट्री उसकी डिफॉल्ट width से ज्यादा है, तो वह अगले सेल में दिखाई देगी। इसका अर्थ यह नहीं कि वह अगले सेल की जगह को अपना लेगी, वह उस पर सिर्फ दिखाई देगी।

जैसे– आप टेक्स्ट Item Description को सेल ऐड्रेस A1 में प्रविष्ट करते हैं। आप जैसे ही टेक्स्ट को टाइप करते हैं, वैसे ही वह अगले सेल B1 पर चला जाता है (चित्र EX-3.6)।

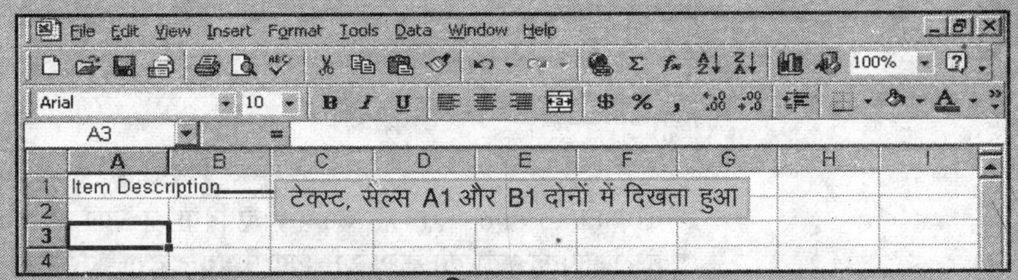

चित्र EX-3.6

लेबल Item Description हालाँकि (चित्र EX-3.6) दो सेल ऐड्रेसेज़ (A1 और B1) में दिखाई देगा, पर वह वस्तुतः A1 सेल ऐड्रेस में ही स्थित है। यह जानने के लिए कि असल में टेक्स्ट कहाँ पर है, आपको नीचे लिखी प्रक्रिया के अनुसार चलना होगा–

बाएँ माउस बटन को सेल ऐड्रेस B1 पर क्लिक करें। आप देखेंगे कि Formula bar टेक्स्ट एंट्री को नहीं दिखाएगा।

अब सेल ऐड्रेस A1 पर बाएँ माउस बटन से क्लिक करें। आप देखेंगे कि Formula bar टेक्स्ट Item Description को दिखाएगा।

वैल्यू/नंबर को प्रविष्ट करना (Entering a Value/Number)

वैल्यू/नंबर को प्रविष्ट करने के लिए माउस पॉइंटर को उस सेल पर लाएँ, जिस सेल में आपको नंबर प्रविष्ट करना है। उदाहरण के लिए–अगर आपको **400** को सेल ऐड्रेस **A2** में प्रविष्ट करना है, तो आपको अगले पृष्ठ पर दी गई प्रक्रिया के अनुसार चलना होगा–

1. माउस पॉएंटर (✚) को सेल ऐड्रेस **A2** पर लाएँ और बाएँ माउस बटन को क्लिक करें।
2. अब **400** टाइप करें तथा माउस पॉएंटर (✚) को वर्कबुक में कहीं पर भी क्लिक करें। आपको चित्र EX-3.7 के समान, वर्कबुक दिखाई देगी। आप देखेंगे कि **400** नंबर जो टेक्स्ट एंट्री नहीं है, वह सेल की दाईं तरफ स्थित है।

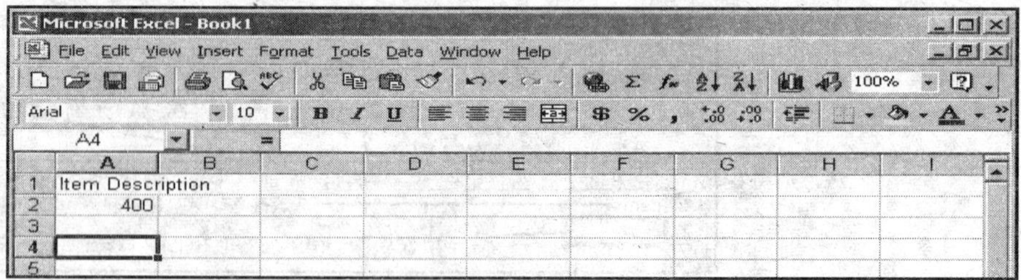

चित्र EX-3.7

आप टेक्स्ट में किसी भी नंबर को दिखा सकते हैं। मान लीजिए कि आप सेल ऐड्रेस A3 में नंबर 500 टाइप करना चाहते हैं। तो इसके लिए आपको पहले apostrophy (') और फिर 500 टाइप करना होगा। इसके बाद माउस पॉएंटर को शीट पर कहीं भी क्लिक कर दें। टाइप किया हुआ नंबर आपको सेल में बाएँ हाथ की तरफ दिखाई देगा (चित्र EX-3.8)।

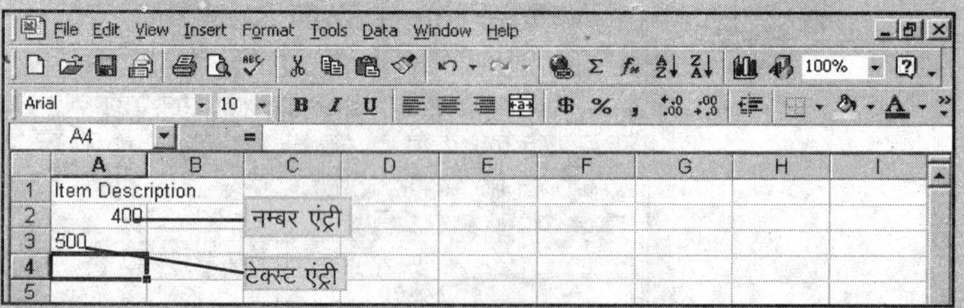

चित्र EX-3.8

अगर आप apostrophy (') को टाइप किए बिना ही नंबर को टाइप करते हैं, तो माइक्रोसॉफ्ट एक्सेल आपकी एंट्री को वैल्यू या नंबर में बदल देगा और उसे सेल में दाईं तरफ दिखाएगा। यह आपको इन प्रविष्टियों पर कैलक्युलेशन करने की भी इजाज़त देता है।

यह भी ध्यान दें—

- यदि आप कोई नंबर 7-7-01 टाइप करते हैं, तो माइक्रोसॉफ्ट एक्सेल उसको तिथि (date) के रूप में लेगा और अपने आप ही उसे 7/7/2001 दिखाएगा।
- एक्सेल के पहले के versions में यदि आप 1000—200 को प्रविष्ट करते हैं और फिर Enter Key को दबाते हैं, तो आपको गणित का उत्तर 800 मिलता, लेकिन माइक्रोसॉफ्ट एक्सेल 2000 घटा (–) के निशान को हाइफन (hyphen) मानेगा और 1000—200 नंबर को टेक्स्ट लेगा। गणना करने के लिए पहले आपको equal to (=) को टाइप करना होगा। फिर नंबर 1000—200 को टाइप करना होगा। अब माइक्रोसॉफ्ट एक्सेल 2000 आपको उत्तर 800 देगा।
- अगर आप घटा के निशान (—) को टाइप करते हैं या जोड़ के निशान (+) को नंबर से पहले टाइप करते हैं, तो माइक्रोसॉफ्ट एक्सेल 2000 आपकी एंट्री को negative या positive नंबर लेगा।

लेबल/टेक्स्ट को सेल में व्यवस्थित करना (Positioning Label/Text in a Cell)

सेल के अंदर लेबल तथा टेक्स्ट को आप तीन प्रकार से दिखा सकते हैं–

- बाईं तरफ (Left aligned)
- बीच में (Center aligned)
- दाईं तरफ (Right aligned)

टेक्स्ट को व्यवस्थित करने के लिए **Formatting** toolbar पर स्थित विभिन्न बटनों का इस्तेमाल आप कर सकते हैं। आइए, अब हम टेक्स्ट को प्रविष्ट करें। हम **Rate** को सेल ऐड्रेस **C1** पर और फिर उसे सेल के बीच में व्यवस्थित करेंगे। इसके लिए आपको इस प्रकार चलना होगा–

1. माउस पॉइंटर को सेल ऐड्रेस **C1** पर लाएँ और फिर बाएँ माउस बटन को क्लिक करें। सेल पॉइंटर तुरंत ही **C1** पर चला जाएगा और उसे ऐक्टिव सेल बना देगा (चित्र EX-3.9)।

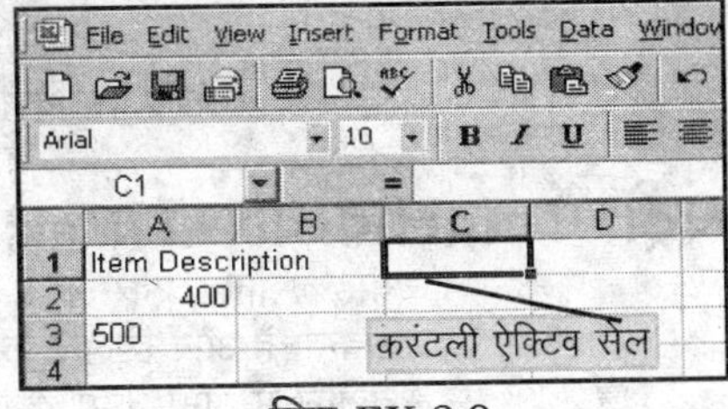

चित्र EX-3.9

2. अब **Rate** टाइप करें। आप सेल के अंदर एक blinking cursor देखेंगे। उस समय आप उक्त सेल के टेक्स्ट को बीच में, बाईं या दाईं तरफ नहीं कर सकते। अब **Enter** key को की–बोर्ड से दबा दें, ताकि हम blinking cursor को हटा सकें और सेल पॉइंटर को एक जगह से दूसरी जगह पर ले जा सकें (चित्र EX-3.10)।

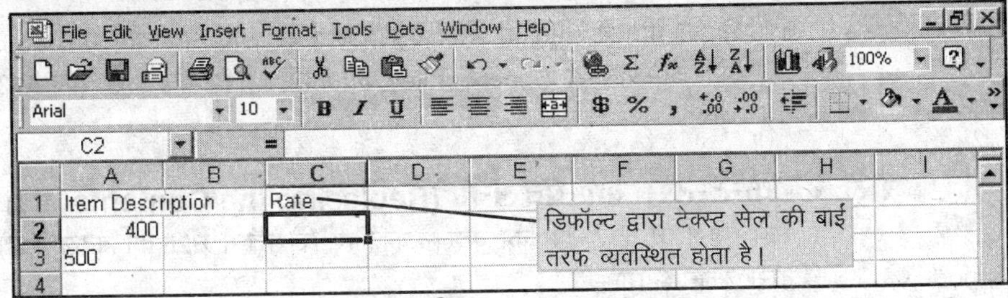

चित्र EX-3.10

3. टेक्स्ट **Rate** को सेल के बीचो–बीच लाने के लिए दोबारा सेल ऐड्रेस **C1** पर क्लिक करें। फिर माउस पॉइंटर को **Formatting** toolbar पर लाएँ और फिर **Center** बटन (▤) पर लाएँ (चित्र EX-3.11)।

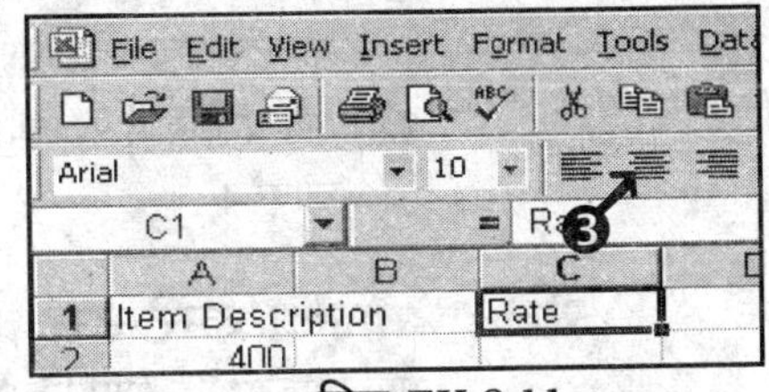

चित्र EX-3.11

4. अब बाएँ माउस बटन को एक बार क्लिक करें। तुरंत ही आपको सेल के बीच में टेक्स्ट दिखाई देगा (चित्र EX-3.12)।

C1		= Rate	
A	B	C	D
1 Item Description		Rate	
2 400			

चित्र EX-3.12

अगर आप किसी टेक्स्ट को (हमारे उदाहरण में Rate को) सेल की दाईं तरफ दिखाना चाहते हैं तो Align Right बटन (≡) पर क्लिक करें (चित्र EX-3.13)। टेक्स्ट तुरंत ही सेल की दाईं तरफ आ जाएगा (चित्र EX-3.14)।

चित्र EX-3.13

	A	B	C	D	E	F
1	Item Description		Rate			
2	400					
3	500					

चित्र EX-3.14

इसी तरह अगर आप टेक्स्ट को सेल की बाईं तरफ लाना चाहते हैं, तो Align Left (≡) बटन पर क्लिक करें।

एंट्री में बदलाव करना (Making Changes to an Entry)

माइक्रोसॉफ्ट एक्सेल में कामऽकरने का एक लाभ यह है कि यह आसानी से सेल कन्टेन्ट्स को बदल सकता है और डिलीट कर सकता है। यह करने के लिए माइक्रोसॉफ्ट एक्सेल द्वारा दिए गए किसी भी तरीके से आप काम कर सकते हैं। आइए, इनके बारे में एक–एक करके आपको बताते हैं।

सेल के कुछ कन्टेन्ट्स को डिलीट करना (Deleting Some Contents of a Cell)

किसी सेल ऐड्रेस के कन्टेन्ट्स को डिलीट करने के लिए आपको नीचे लिखे क्रम के अनुसार चलना होगा (हम सेल **A13** के कन्टेन्ट्स को डिलीट करेंगे)–

1. माउस पॉएंटर (✚) को सेल ऐड्रेस **A13** पर लाएँ और बाएँ माउस बटन को क्लिक करें।
2. अब की–बोर्ड से **Spacebar** key को दबाएँ। ऐसा करने से सेल **A13** के कन्टेन्ट्स डिलीट हो जाएँगे।

सेल के कन्टेन्ट्स को बदलना (Replacing the Contents of a Cell)

सेल ऐड्रेस के कन्टेन्ट्स को बदलने के लिए (जैसे हमें **B20** को बदलना है) आपको नीचे लिखे क्रम द्वारा चलना होगा–

1. माउस पॉएंटर (✚) को सेल–ऐड्रेस **B20** पर लाएँ और बाएँ माउस बटन को क्लिक करें। सेल पॉएंटर अब **B20** पर आ जाएगा और उसे ऐक्टिव सेल बना देगा।
2. अब की–बोर्ड से नया डाटा टाइप करें। आप देखेंगे कि पुराने कन्टेन्ट्स अब नए कन्टेन्ट्स से बदल जाएँगे।

सेल के मौजूदा कन्टेन्ट्स को बदलना (Modifying the Existing Contents of a Cell)

मान लीजिए कि आप किसी निश्चित सेल ऐड्रेस में मौजूद डाटा में नया डाटा भी डालना चाहते हैं, जैसे– सेल ऐड्रेस **C32** में। इसके लिए आपको नीचे लिखे क्रम द्वारा चलना होगा–

1. माउस पॉएंटर को सेल ऐड्रेस **C32** पर लाएँ और बाएँ माउस बटन को क्लिक करें।
2. की–बोर्ड से **F2** key को दबाएँ। Blinking cursor तुरंत ही टेक्स्ट के अंत में आ जाएगा। अब दाईं तथा बाईं ऐरो कीज़ दबाएँ, ताकि blinking cursor **C32** सेल ऐड्रेस के उस स्थान पर आ जाए, जहाँ पर आपको कोई बदलाव करने हैं। आखिर में अपने मनचाहे डाटा को टाइप करें।

पहले किए गए परिवर्तनों को रद्द करना (Undoing the Last Changes)

मान लीजिए कि अपनी शीट पर किए गए कुछ कामों को आप रद्द करना चाहते हैं। ऐसा करने के लिए एक्सेल आपको **Undo** की सुविधा देता है। इसका इस्तेमाल करने के लिए **Undo** बटन ( ) जो **Standard** toolbar पर मौजूद रहता है पर तब तक क्लिक करते रहें, जब तक वह सारे काम रद्द नहीं हो जाते, जिन्हें आप रद्द करना चाहते हैं।

वर्कबुक को सेव करना (Saving Your Workbook)

अपने किए गए काम को डिलीट होने से बचाने के लिए (जैसे अचानक बिजली चली जाने पर हो सकता है) वर्कबुक को कुछ–कुछ समय के बाद आप सेव करते रहें। माइक्रोसॉफ्ट एक्सेल आपसे वर्कबुक के लिए नाम डालने को कहेगा और फिर इसे सेव करेगा। जब आप नई वर्कबुक खोलते हैं तो वर्कबुक का नाम **Book1** और **Book2** आदि होता है जो एक्सेल द्वारा ही दिया जाता है। फाइल को सेव करते समय एक्सेल आपसे पूछेगा कि क्या आप अपनी वर्कबुक को नया नाम देना चाहते हैं?

आइए, अब हम इस समय खुली हुई वर्कबुक को **accounts** नाम से **Local Disk [C:]** में सेव करें। इसके लिए आपको नीचे लिखी प्रक्रिया द्वारा चलना होगा–

1. माउस पॉएंटर को **Standard** toolbar के **Save** बटन ( ) पर लाएँ (चित्र EX-3.15) और बाएँ माउस बटन को क्लिक करें। एक्सेल तुरंत ही आपको स्क्रीन पर **Save As** बॉक्स दिखाएगा (चित्र EX-3.16)।

चित्र EX-3.15

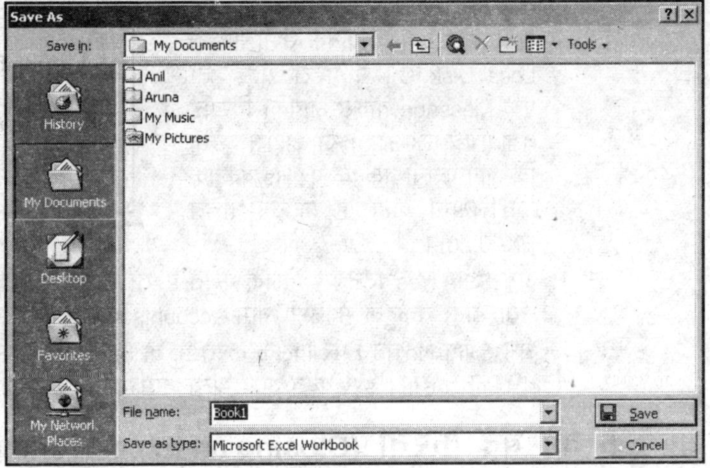

चित्र EX-3.16

File name:	accounts

चित्र EX-3.17

2. अब अपने वर्कबुक के लिए नाम, जैसे–**accounts** टाइप करें। जैसे ही आप नाम टाइप करेंगे, वैसे ही वह उस बॉक्स में लिखा दिखाई देगा, जो **File name** विकल्प के साथ होता है (चित्र EX-3.17)।
3. **Local Disk [C:]** का चुनाव करने के लिए माउस पाएंटर को डाउन ऐरो बटन ( ) पर लाएँ, जो **Save in** विकल्प के साथ आयताकार बॉक्स में दिखाई दे रहा है और फिर बाएँ माउस बटन को क्लिक करें। तुरंत ही एक पुल–डाउन मेन्यू आपको स्क्रीन पर दिखाई देगा (चित्र EX-3.18)।

4. पुल–डाउन मेन्यू के अंदर माउस पॉएटंर को **Local Disk (C:)** पर लाएँ और बाएँ माउस बटन को क्लिक करें (चित्र EX-3.18)।

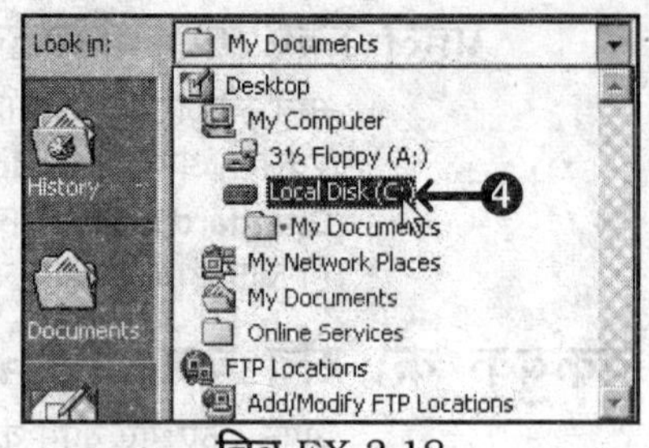

चित्र EX-3.18

5. अंत में **Save As** बॉक्स के **Save** बटन पर क्लिक करें। तुरंत ही **Save As** बॉक्स हट जाएगा। **Title bar** आपकी वर्कबुक को अब **accounts** नाम से दिखाएगी। जिसका अर्थ है कि वर्कबुक अब **accounts** नाम से सेव हो गई है (चित्र EX-3.19)।

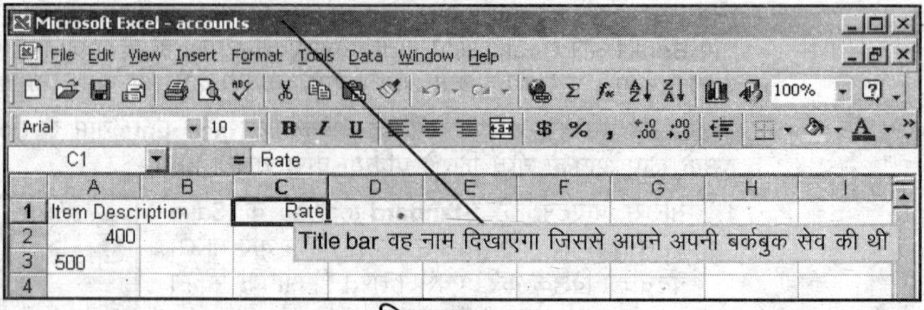

चित्र EX-3.19

एक्सेल अपने–आप (By default) वर्कशीट्स को एक्सटेंशन .XLS देता है, (अगर आप कोई और एक्सटेंशन न दें तो)।

अगर कोई दूसरी वर्कबुक उसी नाम से Local Disk [C:] में पहले से है, तो एक Message बॉक्स आपको दिखाई देगा (चित्र EX-3.20), जो आपसे पूछेगा कि आप पुरानी वर्कबुक पर नई वर्कबुक को लिखना चाहते हैं या नहीं (चित्र EX- 3.20)।

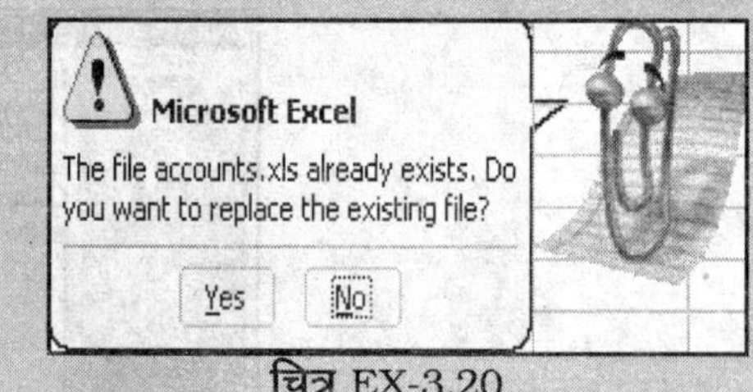

चित्र EX-3.20

अगरऽआप Yes बटन पर क्लिक करते हैं, तो पुरानी वर्कबुक के डाटा को आप खो देंगे और नया डाटा वर्कबुक में उसी नाम accounts.XLS में स्टोर हो जाएगा।

अगरऽआप No बटन पर क्लिक करते हैं, तो Save As बॉक्स दोबारा आपसे अन्य फाइल नाम देने को कहेगा। इस वक्त आप अन्य नाम टाइप करें और Save बटन पर क्लिक करें।

एक्सेल वर्कबुक को बंद करना (Closing an Excel Workbook)

अब तक आप एक्सेल के कुछ और विकल्पों को जान चुके हैं। अब आप वर्कबुक को बंद करें। इसके लिए आपको नीचे लिखे क्रम के अनुसार चलना होगा–

1. **File** मेन्यू बार विकल्प पर क्लिक करें। तुरंत ही पुल–डाउन मेन्यू दिखाई देगा (चित्र EX-3.21)।
2. पुल–डाउन मेन्यू के अंदर माउस पॉएंटर को **Close** विकल्प पर लाएँ और बाएँ माउस बटन को क्लिक करें (चित्र EX-3.21)। तुरंत ही वर्कबुक बंद हो जाएगी।

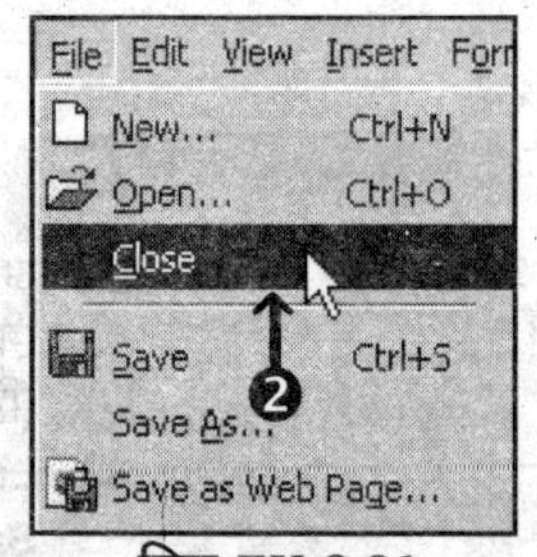

चित्र EX-3.21

अगर आपने वर्कबुक को बंद करने से पहले कुछ बदलाव किए हैं, तो आपको एक Message बॉक्स दिखाई देगा, जो आपसे पूछेगा कि इन बदलावों को सेव करना है या नहीं (चित्र EX-3.22)।

इन बदलावों को सेव करने के लिए आप Yes बटन पर क्लिक करें।

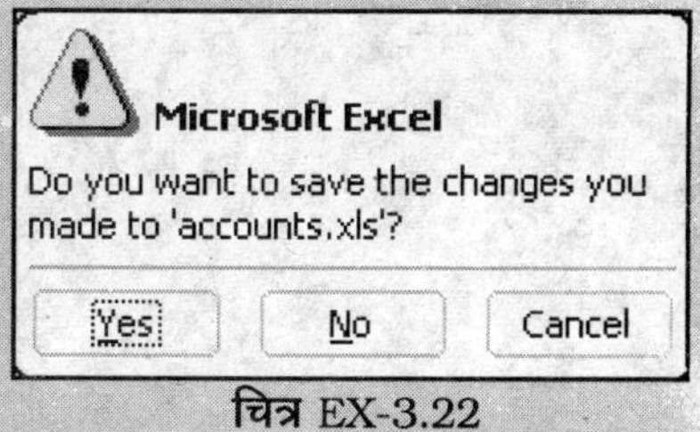

चित्र EX-3.22

माइक्रोसॉफ्ट एक्सेल से बाहर आना (Quitting Microsoft Excel)

माइक्रोसॉफ्ट एक्सेल से बाहर आने के लिए आपको नीचे लिखे क्रम के अनुसार चलना होगा—

1. **Title bar** की दाईं तरफ स्थित **Close** बटन (☒) पर माउस पॉइंटर लाएँ (चित्र EX-3.23)।

चित्र EX-3.23

2. बाएँ माउस बटन को क्लिक करें। तुरंत ही **माइक्रोसॉफ्ट एक्सेल** विंडो बंद हो जाएगी।

अध्याय

4

गणित के कैलक्युलेशन्स

इस अध्याय में–

* फॉर्मूलों में अंकों (Numbers) का प्रयोग करना
* फॉर्मूलों में सेल ऐड्रेसेज़ का प्रयोग करना
* माइक्रोसॉफ्ट एक्सेल खोलना तथा डाटा प्रविष्ट करना
* फॉर्मूलों द्वारा वर्कबुक के डाटा की गणना करना
* फंक्शंस का प्रयोग

माइक्रोसॉफ्ट एक्सेल आपके कैलक्युलेटर की तरह काम करता है। यह एक स्प्रेडशीट प्रोग्राम है, जो आपको अंकीय डाटा की गणना करने में मदद करता है। अगर आपको डाटा का जोड़ या किसी कठिन फॉर्मूले का हल निकालना है, तो माइक्रोसाफ्ट एक्सेल आपके लिए काफी उपयोगी सिद्ध होगा। एक्सेल की एक विशेषता उसके फॉर्मूले हैं। ये न सिर्फ डाटा की गणना में मदद करते हैं, बल्कि किसी सेल का डाटा बदल जाने की स्थिति में डाटा की गणना दोबारा करने में भी मदद करते हैं। जब आप कैलक्युलेटर में नंबर डालते हैं, तब वह उसी क्रम में गणना करता है, जिस क्रम में नंबर प्रविष्ट हुए हैं, पर एक्सेल में गणना विभिन्न तकनीक द्वारा की जाती है। एक्सेल पूरे फॉर्मूले का निरीक्षण बाएँ से दाएँ करता है और कुछ operators (ऑपरेटर्स) को प्राथमिकता देता है, जैसे– गुणा, भाग से पहले होता है, उसके बाद जोड़, फिर घटाव। उदाहरण के लिए–सेल ऐड्रेस **C1** से **C10** के अंकों को जोड़ने के लिए फॉर्मूला इस प्रकार होगा–

=C1+C2+C3+C4+C5+C6+C7+C8+C9+C10

फंक्शन, फॉर्मूला काशॉर्ट–कट होता है। उदाहरण के लिए– सेल **C1** से **C10** के अंकों का जोड़ निकालने के लिए फंक्शन इस प्रकार होगा–

= SUM(C1:C10)

दो बिंदुएँ (:) आपको सेल ऐड्रेसेज़ का ग्रुप दिखाती हैं। आप देख सकते हैं कि फॉर्मूले की जगह फंक्शन को लिखना आसान है।

फॉर्मूलों में अंकों का प्रयोग करना (Formulas using Numbers)

फॉर्मूला उस गणितीय प्रक्रिया को कहते हैं, जो उन अंकों, जिन पर वह लागू किया गया है, से उत्तर निकालता है। उदाहरण के लिए–एक आसान–सा फॉर्मूला 10 छात्रों के Average (औसत) अंक – उन छात्रों के अंकों को जोड़कर और फिर जोड़ को 10 से भाग करके निकाल सकता है।

सभी फॉर्मूलों की शुरुआत **equal to (=)** या **जमा (+)** के निशान से होती है। अगर आप **equal to (=)** या **जमा** (+) के निशान नहीं डालते हैं, तो माइक्रोसॉफ्ट एक्सेल उसे टेक्स्ट के रूप में लेगा।

फॉर्मूलों में पाँच Operators (ऑपरेटर्स) इस्तेमाल होते हैं– **Plus (+), Minus (-), Division (/), Multiplication (*) और Exponential(^)।**

फॉर्मूलो में सेल ऐड्रेसेज़ का प्रयोग करना (Formulas using Cell Addresses)

फॉर्मूलों में अंकों के स्थान पर सेल ऐड्रेसेज़ का भी इस्तेमाल किया जाता है। इस स्थिति में फॉर्मूला उसमें शामिल सेल ऐड्रसेज़ के कन्टेन्ट्स पर लागू होगा। टाइप या हाईलाइट करके फॉर्मूले में सेल ऐड्रेसेज़ डाले जा सकते हैं। फॉर्मूले में ऐड्रेसेज़ के साथ आप अंकों, गणित ऑपरेट्र्स और फंक्शन का इस्तेमाल भी कर सकते हैं। अगर आप सेल ऐड्रेस **A20** के कन्टेन्ट्स को सेल ऐड्रेस **C13** में जोड़ना चाहते हैं, तो फॉर्मूला इस प्रकार होगा–

=A20+C13

गणना का डिफॉल्ट क्रम इस प्रकार होता है:– ( ) [कोष्ठक], *(गुणा),/(भाग), +(जोड़), और -(घटा)। + और - में से जो भी फॉर्मूले में पहले होता है, पहले हल किया जाता है।

अगर किसी फॉर्मूले में एक से ज़्यादा ऑपरेटर्स होते हैं, तो एक्सेल पहले से ही तय एक क्रम में गणना करता है, जैसे– गुणा, जमा से पहले किया जाता है। उदाहरण के लिए **2*3+4** फॉर्मूले में एक्सेल पहले **2** और **3** को गुणा करेगा, फिर परिणाम में **4** जोड़ देगा। इसलिए परिणाम **10** होगा, **14** नहीं।

हालाँकि आप कोष्ठकों (Parenthesis) का इस्तेमाल करके क्रम को बदल सकते हैं। उदाहरण के लिए अगर आप **3** और **4** के जोड़ को **2** से गुणा करना चाहते हैं तो फॉर्मूला इस प्रकार होगा–

= 2*(3+4)

कुछ फॉर्मूले इस प्रकार हैं–

+(C2+D3+E4)/3

= D7+D7+62

माइक्रोसॉफ्ट एक्सेल खोलना तथा डाटा प्रविष्ट करना (Opening Microsoft Excel and Entering Data)

आइए, अब हम एक्सेल वर्कबुक में फॉर्मूलों तथा फंक्शन्स से काम करना शुरू करें। इसके लिए पहले आपको माइक्रोसॉफ्ट एक्सेल 2000 प्रोग्राम को शुरू करना होगा।इसके लिए नीचे लिखे क्रम के अनुसार चलना होगा–

1. **Start** बटन (Start) पर क्लिक करें। तुरंत ही आपको स्क्रीन पर एक पुश–अप मेन्यू दिखाई देगा (चित्र EX-4.1)।
2. पुश–अप मेन्यू के अंदर माउस–पॉइंटर को **Programs** विकल्प पर लाएँ। तुरंत ही आपको एक अन्य मेन्यू दिखाई देगा (चित्र EX-4.1)।
3. दूसरे मेन्यू के अंदर **Microsoft Excel** विकल्प पर क्लिक करें। तुरंत ही एक खाली वर्कबुक स्क्रीन पर खुली दिखाई देगी (चित्र EX-4.2)।

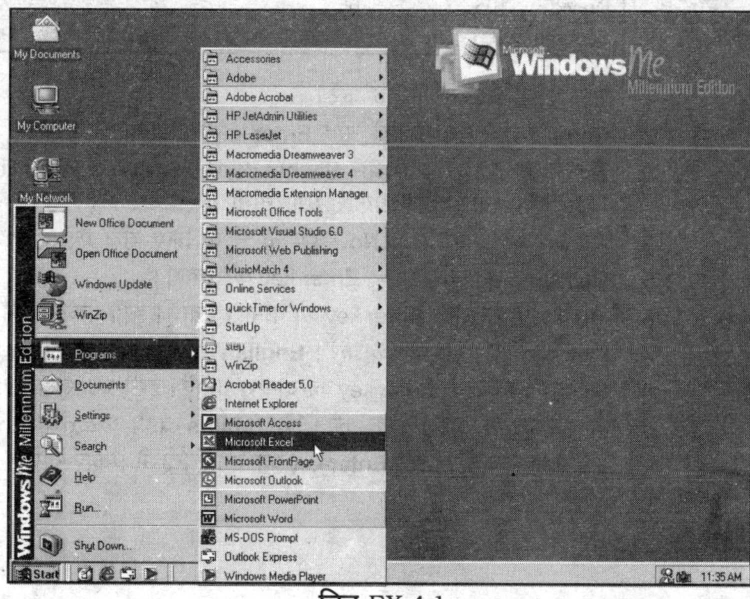

चित्र EX-4.1

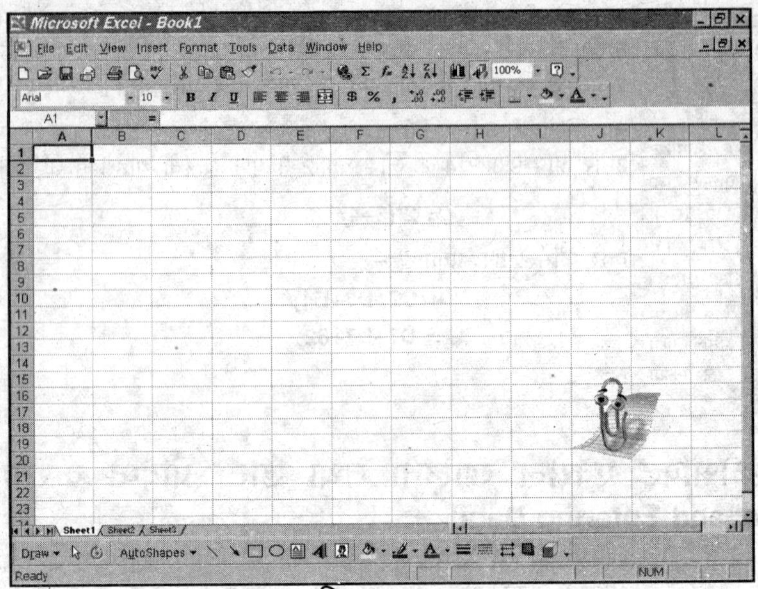

चित्र EX-4.2

आइए, अब हम नीचे लिखे डाटा को वर्कबुक में प्रविष्ट करें–

Name	Roll No	English	Maths	Science	Total
Sachin	101	80	75	88	
Ajay	102	78	70	75	
Anil	103	70	50	60	
Robin	104	89	65	72	
Dravid	105	65	74	74	
Saurabh	106	90	98	98	

1. सेल ऐड्रेस **A1** पर क्लिक करें।
2. **Name** टाइप करें। उसके बाद **Enter** key को दबाएँ।
3. सेल ऐड्रेस **A2** पर जाएँ और **Sachin** टाइप करें। दुबारा **Enter** key को दबाएँ। फिर सेल **A3** में **Ajay** टाइप करें। इसी प्रकार सभी नामों को प्रविष्ट करें।
4. अब अगला शीर्षक **Roll No** टाइप करने के लिए सेल ऐड्रेस **B1** पर क्लिक करें।
5. **Roll No** टाइप करें। फिर **Enter** key को दबाएँ।
6. **101** टाइप करें तथा **Enter** key को दोबारा दबाएँ। इसी प्रकार सभी roll numbers को प्रविष्ट करें।
7. सेल ऐड्रेस **C1** पर क्लिक करें। **English** टाइप करें तथा **Enter** key दबाएँ।
8. **80** टाइप करें तथा **Enter** key को दोबारा दबाएँ। इसी प्रकार अंग्रेजी के सभी अंकों को प्रविष्ट करें।
9. सेल ऐड्रेस **D1** पर क्लिक करें। फिर **Maths** टाइप करें तथा **Enter** key को दबाएँ।
10. अब **75** टाइप करें तथा **Enter** key को दबाएँ। इसी प्रकार गणित के सभी अंकों को प्रविष्ट करें।

11. सेल ऐड्रेस **E1** पर क्लिक करें तथा **Science** टाइप करें। **Enter** key दबाएँ।
12. **88** टाइप करें और फिर **Enter** key को दोबारा दबाएँ। इसी प्रकार **Science** के बाकी अंकों को प्रविष्ट करें।
13. सेल ऐड्रेस **F1** पर क्लिक करें। **Total** टाइप करें।
14. सेल ऐड्रेस **A1** पर क्लिक करें। **Shift** key को दबाएँ। उसे दबाए रखकर सेल ऐड्रेस **F1** पर क्लिक करें। अब सेल ऐड्रेस **A1** से **F1** तक सभी सेल हाईलाईटेड दिखेंगे।
15. **Formatting** toolbar पर स्थित **Bold** बटन (B) पर क्लिक करें। सारेशीर्षक बोल्ड हो जाएँगे।

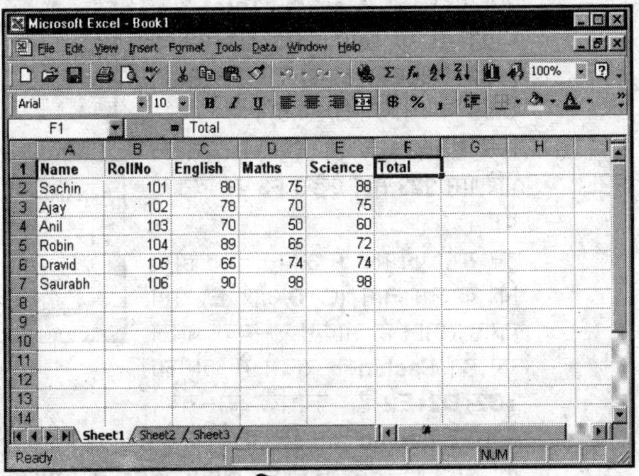

चित्र EX-4.3

पूरा डाटा प्रविष्ट करने के बाद (चित्र EX-4.3) अब आप इस वर्कबुक को एक नाम से सेव करें। इसके लिए इस प्रकार काम करें–

1. **Standard** toolbar पर मौजूद **Save** बटन (💾) पर क्लिक करें। तुरंत ही **Save As** बॉक्स दिखाई देगा।
2. अब अपनी वर्कबुक का नाम (जैसे– **Marks**) टाइप करें।
3. **Save in** विकल्प में उस फोल्डर को चुनें, जहाँ पर आपको इसे सेव करना है।
4. **Save** बटन पर क्लिक करें। तुरंत ही **Save As** बॉक्स स्क्रीन से हट जाएगा और वर्कबुक सेव हो जाएगी।

फॉर्मूले द्वारा वर्कबुक के डाटा की गणना करना (Using Formula to Calculate the Workbook Data)

आइए, अब हम सभी विद्यार्थियों के **Total** अंकों की गणना करें और उसे स्क्रीन पर दिखाएँ। आप **Sachin** से शुरुआत करें। **Sachin** के **Total** अंकों को जानने के लिए आपको नीचे लिखे क्रम के अनुसार चलना होगा–

1. माउस पॉएंटर (✚) को सेल ऐड्रेस **F2** पर ले जाएँ, जहाँ आपको **Total** अंक दिखाने हैं।
2. बाएँ माउस बटन को क्लिक करें। तुरंत ही सेल पॉएंटर सेल **F2** पर दिखाई देगा।
3. अब एक फॉर्मूला **Sachin** के **English, Maths, Science** के अंक जोड़ने के लिए टाइप करना है। इसलिए **+C2+D2+E2** या **(=C2+D2+E2)** फॉर्मूला टाइप करें।

आप जैसे ही यह फॉर्मूला टाइप करेंगे, वैसे ही वह सेल ऐड्रेस **F2** के साथ **Formula bar** में भी दिखाई देगा (चित्र EX-4.4)।

4. अब की–बोर्ड से **Enter** key को दबाएँ। तुरंत ही फॉर्मूला सेल **C2, D2** और **E2** के कन्टेन्ट्स को जोड़ देगा। उसका परिणाम **243** आपको सेल ऐड्रेस **F2** में दिखाई देगा (चित्र EX-4.5)।
5. अगले छात्र **Ajay** के **Total** अंक निकालने के लिए **+C3+D3+E3** या **(=C3+D3+E3)** को सेल ऐड्रेस **F3** में टाइप करें (चित्र EX-4.5)।
6. फिर **Enter** key को दबाएँ। तुरंत ही परिणाम **223** सेल ऐड्रेस **F3** पर दिखाई देगा।

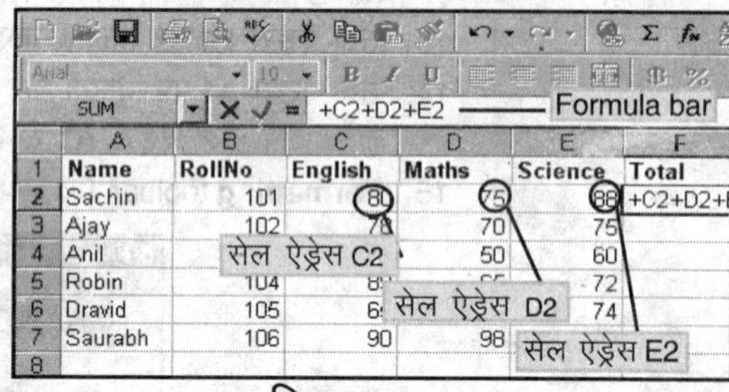

	A	B	C	D	E	F
1	Name	RollNo	English	Maths	Science	Total
2	Sachin	101	80	75	88	+C2+D2+E[illegible]
3	Ajay	102	78	70	75	
4	Anil	[illegible]	[illegible]	50	60	
5	Robin	104	[illegible]	[illegible]	72	
6	Dravid	105	[illegible]	[illegible]	74	
7	Saurabh	106	90	98	[illegible]	
8						

चित्र EX-4.4

	A	B	C	D	E	F
1	Name	RollNo	English	Maths	Science	Total
2	Sachin	101	80	75	88	243
3	Ajay	102	78	70	75	[illegible]3+D3+E3
4	Anil	[illegible]	[illegible]	[illegible]	60	
5	Robin	[illegible]	[illegible]	[illegible]	72	
6	Dravid	105	65	74	[illegible]	
7	Saurabh	106	90	98	[illegible]	

सेल ऐड्रेस C3
सेल ऐड्रेस D3
सेल ऐड्रेस E3

चित्र EX-4.5

इन सभी फॉर्मूलों में आपने देखा होगा कि कॉलम नाम (**C**, **D** और **E**) सभी जगह समान हैं, लेकिन रो–नंबर बदल गए हैं। **Sachin** के संदर्भ में फॉर्मूला **+C2+D2+E2** है, क्योंकि रो–नंबर (जिसमें **Sachin** नाम लिखा है) **2** है। **Ajay** के संदर्भ में फॉर्मूला **+C3+D3+E3** है, क्योंकि **Ajay** का डाटा रो–नंबर **3** में है। आइए, अब हम **Anil** के अंकों की गणना करते हैं।

7. **+C4+D4+E4** या **(=C4+D4+E4)** फॉर्मूले को **Anil** के Total अंकों की गणना के लिए सेल ऐड्रेस **F4** में टाइप करें और **Enter** key को दबाएँ।

इसी प्रकार शेष छात्रों के भी **Total** की गणना करें। इसके बाद वर्कबुक **Marks** की **Sheet1** आपको चित्र EX-4.6 की तरह दिखाई देगी।

Hot Tip

फॉर्मूले में प्रयोग किए गए किसी अंक को अगर आप बदल देते हैं तो एक्सेल स्वयं ही बदले हुए अंक के आधार पर दोबारा गणना करके परिणाम निकाल देता है।

	A	B	C	D	E	F
1	Name	RollNo	English	Maths	Science	Total
2	Sachin	101	80	75	88	243
3	Ajay	102	78	70	75	223
4	Anil	103	70	50	60	180
5	Robin	104	89	65	72	226
6	Dravid	105	65	74	74	213
7	Saurabh	106	90	98	98	286

चित्र EX-4.6

फंक्शंस का प्रयोग (Defining Functions)

पिछले शीर्षक के अंतर्गत आपने एक ऐसे आसान फॉर्मूले के इस्तेमाल को जाना था, जो विभिन्न सेलों के अंकों को जोड़ता है। उस उदाहरण में आपको केवल तीन विषयों के अंकों का जोड़ करना था। मान लीजिए कि आपको 50 विषयों के अंकों का कुल जोड़ निकालना है। इस काम में आपको फॉर्मूले में 50 सेल ऐड्रेसेज़ को टाइप करना होगा, ताकि आपको उत्तर मिल सके।

पर आपको इस लंबी प्रक्रिया में जाने की आवश्यकता नहीं है। आप इस प्रकार की गणना फंक्शंस की सहायता से आसानी से कर सकते हैं। फंक्शंस पहले बने फॉर्मूले होते हैं। एक फंक्शन **=** या **+** के निशान के साथृशुरू होता है।

रेंजेज़ (Ranges)

फंक्शन द्वारा गणना करने के लिए आपको सेल रेंजेज़ का इस्तेमाल करना होगा। इसलिए यह समझना आवश्यक है कि **रेंज** किसे कहते हैं। **रेंज** सेल ऐड्रेसेज़ के sequence (अनुक्रम) को कहते हैं। हम उसे इस फॉर्मेट में लिखते हैं–

पहला सेल ऐड्रेस:आखिरी सेल ऐड्रेस

हम इसे ऐसे भी लिख सकते हैं– **पहला सेल ऐड्रेस..आखिरी सेल ऐड्रेस**। किंतु यहाँ पर हम–**पहला सेल ऐड्रेस:आखिरी सेल ऐड्रेस** फॉर्मेट का ही इस्तेमाल करेंगे। चित्र EX-4.7 आपको रेन्जेज़ के कुछ उदाहरण दिखाता है और उसे लिखने का तरीका भी बताता है। सिर्फ एक सेल ऐड्रेस भी 'रेन्ज' हो सकता है।

- रेन्ज **A1:C1** में सेल ऐड्रेस **A1, B1** और **C1** आते हैं।
- रेन्ज **B3:E4** में सेल ऐड्रेस **B3, B4, C3, C4, D3, D4, E3** और **E4** आते हैं।
- रेन्ज **G1:G4** में सेल ऐड्रेस **G1, G2, G3** और **G4** आते हैं।

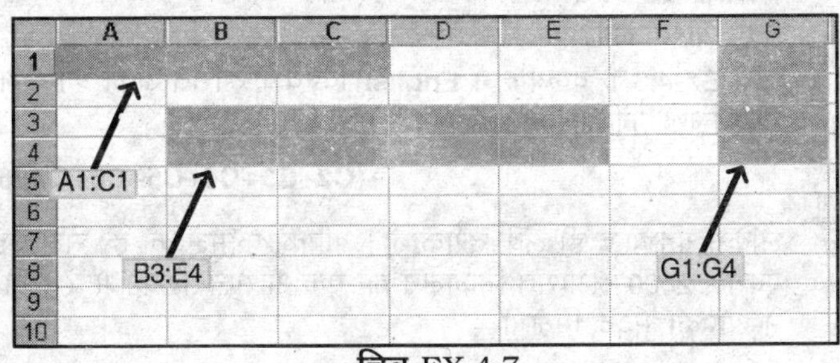

चित्र EX-4.7

फंक्शन लिखना (Writing a Function)

फंक्शन को आप इस फॉर्मेट में टाइप कर सकते हैं–

= फंक्शन का नाम(सेल ऐड्रेस का रेन्ज)

आइए, अब आप किसी फंक्शन (जैसे–SUM फंक्शन) को लिखें। चित्र EX-4.7 के एक रेंज (जैसे **B3:E4** का जोड़) **SUM** फंक्शन से ऐसे निकाला जा सकता है– **=SUM(B3:E4)**।

आप एक से ज्यादा सेल रेन्जेज़ को फंक्शन में प्रयोग कर सकते हैं। उदाहरण के लिए– SUM फंक्शन में आप तीनों रेंजों को डाल सकते हैं (चित्र EX-4.7)। इस उदाहरण में SUM फंक्शन ऐसा होगा–

= SUM (A1:C1, B3:E4, G1:G4)

एक्सेल के कुछ महत्त्वपूर्ण फंक्शन (Common Excel Functions)

एक्सेल आपको वर्कबुक में किसी भी अंकीय डाटा की गणना करने के लिए 200 से भी ज़्यादा फंक्शन देता है। आइए, अब हम माइक्रोसॉफ्ट एक्सेल 2000 के फंक्शन्स (Functions) में से कुछ का इस्तेमाल करने के बारे में जानें। ये इस प्रकार हैं–

SUM फंक्शन

इस अध्याय के पहले उदाहरण में आपने Sachin के **Total** अंक दिखाने के लिए **+C2+D2+E2** फॉर्मूला, सेल ऐड्रेस **F2** में डाला था।

अब आप यही परिणाम पहले से बने फंक्शन **SUM** की मदद से निकाल सकते हैं। यह फंक्शन अपने आप ही सेल रेन्ज के सेलों के अंकों का जोड़ कैलक्युलेट करता है। इसका सामान्य फॉर्मेट इस प्रकार है–

=SUM(पहला सेल ऐड्रेस:आखिरी सेल ऐड्रेस)

मान लीजिए कि आप Science के अंकों (यानी की सेल रेन्ज E2 से E7) का औसत निकालना चाहते हैं (चित्र EX-4.12)। इसके लिए यह क्रम अपनाएँ–

1. सेल ऐड्रेस E8 पर क्लिक करें।
2. फॉर्मूला =AVERAGE (E2:E7) टाइप करें।
3. Enter key दबाएँ। सेल ऐड्रेस E8 में परिणाम दिखाई देगा।

आइए, अब हम नीचे लिखे क्रम द्वारा इस फंक्शन को समझने की कोशिश करें–

1. माउस पॉएंटर (✚) को सेल ऐड्रेस **A12** पर लाएँ और बाएँ माउस बटन को क्लिक करें। सेल ऐड्रेस **A12** ऐक्टिव सेल बन जाएगा।
2. अब फंक्शन **= SUM (C2:E2)** टाइप करें।
3. **Enter** Key को दबाएँ। तुरंत ही सेल ऐड्रेस **C2, D2** और **E2** के कन्टेन्ट्स का जोड़ सेल ऐड्रेस **A12** में दिखाई देगा।
4. आइए, अब हम **Ajay** के अंकों (चित्र EX-4.3) का जोड़ **SUM** फंक्शन द्वारा करें। जोड़ करने के लिए **= SUM (C3:E3)** फंक्शन को सेल ऐड्रेस **A13** में टाइप करें और फिर **Enter** key को दबाएँ। तुरंत ही **Ajay** के **Total** अंक सेल ऐड्रेस **A13** में दिखाई देंगे। इसी तरह आप बाकी छात्रों के Total अंक को कैलक्युलेट कर सकते हैं।

AVERAGE फंक्शन

AVERAGE फंक्शन आपको दिए गए सेल ऐड्रेस के रेंज में वैल्यूज़ का औसत (average) निकालने में मदद करता है।

चित्र EX-4.3 के वर्कबुक में **English** विषय के औसत अंकों को सेल ऐड्रेस **C8** में दिखाने के लिए आप नीचे लिखे फॉर्मूले को टाइप करें–

+(C2+C3+C4+C5+C6+C7)/6

लेकिन यह बहुत ही लंबा तरीका है। आपको फॉर्मूले को हर सेल ऐड्रेस में अलग से टाइप करना होगा। एक्सेल 2000 में औसत निकालने का एक आसान तरीका भी है। नीचे लिखे क्रम से यह तरीका सीखने में आपको मदद मिलेगी–

1. माउस पॉएंटर (✚) को उस सेल ऐड्रेस पर लाएँ, जहाँ पर आप औसत दिखाना चाहते हैं (जैसे सेल ऐड्रेस **C8** पर) और फिर बाएँ माउस बटन को क्लिक करें। **C8** अब करंटली ऐक्टिव सेल बन जाएगा।
2. अब **Paste Function** बटन (f_x) पर क्लिक करें (चित्र EX-4.8)। तुरंत ही आपको **Paste Function** बॉक्स दिखाई देगा (चित्र EX-4.9)।

चित्र EX-4.8

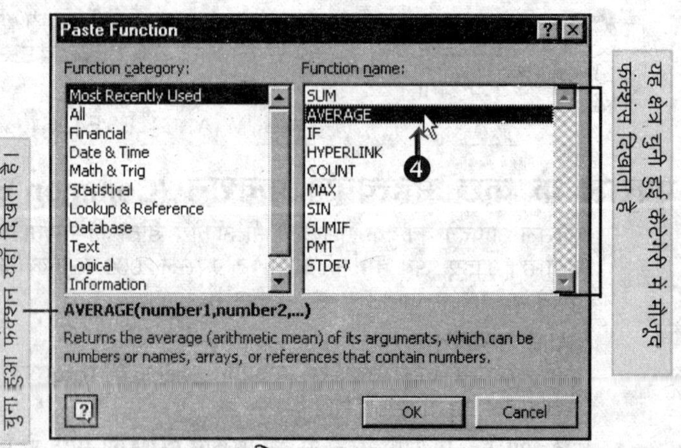

चित्र EX-4.9

3. **Paste Function** बॉक्स में **Most Recently Used** विकल्प पर क्लिक करें, जो **Function category** विकल्प के नीचे दिखाई देगा। तुरंत ही **Function name** विकल्प की नीचे बॉक्स में उपलब्ध फंक्शंस की सूची दिखाई देगी।
4. **AVERAGE** फंक्शन पर क्लिक करें (चित्र EX-4.9)।
5. **OK** बटन पर क्लिक करें। तुरंत ही आपको स्क्रीन पर **AVERAGE** बॉक्स दिखाई देगा (चित्र EX-4.10)।
6. ज्यादातर **AVERAGE** बॉक्स में सेल रेंज पहले ही लिखी रहती है। अगर ऐसा नहीं है, तो उसे टाइप करें। हमारे उदाहरण में **C2:C7 Number1** विकल्प के सामने टाइप करें। (चित्र EX-4.11)।

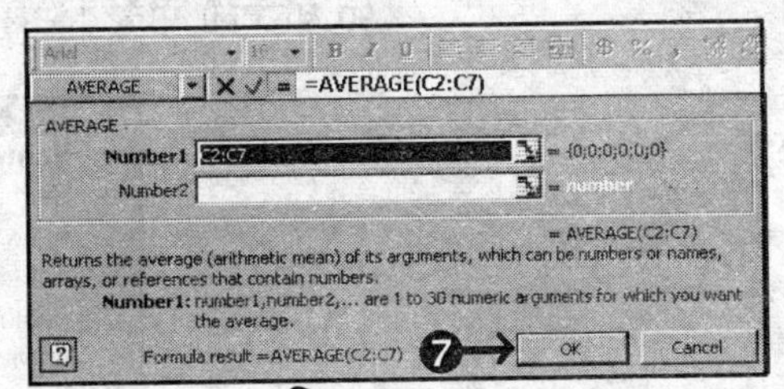

चित्र EX-4.10

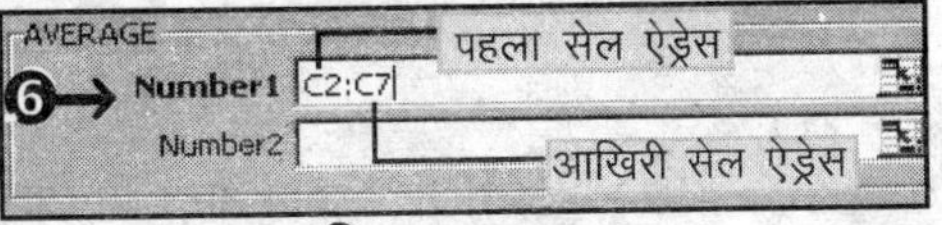

चित्र EX-4.11

दो सेल रेन्जेज़ का औसत कैलक्युलेट करने के लिए एक सेल रेंज Number1 विकल्प के साथ वाले बॉक्स में टाइप करें। फिर अगली सेल रेंज को Number2 विकल्प के साथ वाले बॉक्स में टाइप करें।

7. **OK** बटन पर क्लिक करें। तुरंत ही **English** के अंकों का औसत आपको सेल ऐड्रेस **C8** में दिखाई देगा (चित्र EX-4.12) और फंक्शन, **= AVERAGE (C2: C7) Formula bar** में दिखाई देगा।

	A	B	C	D	E	F
1	**Name**	**RollNo**	**English**	**Maths**	**Science**	**Total**
2	Sachin	101	80	75	88	243
3	Ajay	102	78	70	75	223
4	Anil	103	70	50	60	180
5	Robin	104	89	65	72	226
6	Dravid	105	65	74	74	213
7	Saurabh	106	90	98	98	286
8			78.66667			

चित्र EX-4.12

MAX फंक्शन

MAX भी एक्सेल का एक उपयोगी फंक्शन है। यह ऐक्टिव सेल में किसी सेल रेंज की सबसे बड़ी वैल्यू को दिखाता है। इसका सामान्य फॉर्मेट है–

=MAX(पहला सेल ऐड्रेस:आखिरी सेल ऐड्रेस)

मान लीजिए कि आप सेल ऐड्रेस **C9** में **English** विषय के अधिकतम (highest) अंक दिखाना चाहते हैं। इसके लिए आप नीचे लिखी प्रक्रिया के अनुसार चलें–

1. माउस पॉएंटर (✚) को सेल ऐड्रेस **C9** पर लाएँ और फिर बाएँ माउस बटन को क्लिक करें। सेल ऐड्रेस **C9** अब करेंटली ऐक्टिव सेल बन जाएगा (चित्र EX- 4.13)।

	A	B	C	D	E	F
1	**Name**	**RollNo**	**English**	**Maths**	**Science**	**Total**
2	Sachin	101	80	75	88	243
3	Ajay	102	78	70	75	223
4	Anil	103	70	50	60	180
5	Robin	104	89	65	72	226
6	Dravid	105	65	74	74	213
7	Saurabh	106	90	98	98	286
8			78.66667			
9		❶→	✚			

चित्र EX-4.13

2. अब **= MAX (C2:C7)** टाइप करें और फिर **Enter** key को की–बोर्ड से दबाएँ। तुरंत ही फॉर्मूला highest वैल्यू को निकालकर उसे सेल ऐड्रेस **C9** में दिखाएगा। चित्र EX-4.14 आपको परिणाम **90**, करंटली ऐक्टिव सेल ऐड्रेस **C9** में दिखा रहा है।

	A	B	C	D	E	F
1	**Name**	**RollNo**	**English**	**Maths**	**Science**	**Total**
2	Sachin	101	80	75	88	243
3	Ajay	102	78	70	75	223
4	Anil	103	70	50	60	180
5	Robin	104	89	65	72	226
6	Dravid	105	65	74	74	213
7	Saurabh	106	90	98	98	286
8			78.66667			
9			90			

चित्र EX-4.14

इसी तरह आप अन्य विषयों के highest अंकों को भी **MAX** फंक्शन की मदद से निकाल सकते हैं।

सेल ऐड्रेसेज में highest वैल्यू की गणना करने का एक अन्य तरीका भी है, जिसे Paste Function कहा जाता है। इस तरीके के द्वारा आप दोबारा उसी सेल ऐड्रेस C9 में English के highest अंकों की गणना कर सकते हैं। इसके लिए आपको नीचे लिखी प्रक्रिया के अनुसार चलना होगा–

1. सेल ऐड्रेस C9 पर क्लिक करें।
2. Standard toolbar पर मौजूद Paste Function बटन (f_x) पर क्लिक करें। तुरंत ही Paste Function बॉक्स स्क्रीन पर दिखाई देगा।
3. बॉक्स के अंदर Most Recently Used विकल्प, जो Category विकल्प के नीचे स्थित है, पर क्लिक करें।
4. Function name विकल्प के नीचे MAX फंक्शन पर क्लिक करें।
5. OK बटन पर क्लिक करें।
6. सेल रेंज C2:C7 टाइप करें।
7. OK बटन पर क्लिक करें।

MIN फंक्शन

MIN फंक्शन का इस्तेमाल किसी सेल ऐड्रेस रेंज में से minimum (न्यूनतम) वैल्यू निकालने के लिए किया जाता है। इसका फॉर्मेट इस प्रकार है–

=MIN (पहला सेल ऐड्रेसःआखिरी सेल ऐड्रेस)

आइए, अब हम इस फंक्शन का इस्तेमाल चित्र EX-4.14 की वर्कबुक की तालिका पर करें। अगर आप सेल ऐड्रेस **C10** में **English** के minimum (न्यूनतम) अंकों को डालना चाहते हैं, तो आपको नीचे लिखे क्रम के अनुसार चलना होगा–

1. माउस पॉइंटर (✚) को सेल ऐड्रेस **C10** पर लाएँ और एक बार क्लिक करें। सेल ऐड्रेस **C10** अब आपकी शीट का करंटली ऐक्टिव सेल बन जाएगा।
2. सेल ऐड्रेस **C10** पर **= MIN(C2:C7)** फंक्शन टाइप करें।

3. फिर **Enter** key को दबाएँ। रेन्ज की सबसे छोटी वैल्यू, **65** तुरंत ही स्क्रीन पर सेल ऐड्रेस **C10** में दिखाई देगी (चित्र EX- 4.15)।

	A	B	C	D	E	F
1	**Name**	**RollNo**	**English**	**Maths**	**Science**	**Total**
2	Sachin	101	80	75	88	243
3	Ajay	102	78	70	75	223
4	Anil	103	70	50	60	180
5	Robin	104	89	65	72	226
6	Dravid	105	65	74	74	213
7	Saurabh	106	90	98	98	286
8			78.66667			
9			90			
10			65			

चित्र EX-4.15

UPPER फंक्शन

यह फंक्शन आपको सेल ऐड्रेस के रेंज के टेक्स्ट को बड़े (Capital) अक्षरों में बदलने की सुविधा देता है। इस फंक्शन का फॉर्मेट इस प्रकार है–

=UPPER(सेल ऐड्रेस)

चित्र EX-4.15 की वर्कबुक में सेल ऐड्रेस **A1** के कन्टेन्ट **Name** को देखिए। मान लीजिए कि आप इस को सेल ऐड्रेस **G1** पर capital अक्षरों में दिखाना चाहते हैं। इसके लिए आपको नीचे लिखे क्रम के अनुसार चलना होगा–

1. सेल ऐड्रेस **G1** पर क्लिक करें। **G1** अब करंटली ऐक्टिव सेल बन जाएगा।
2. **= UPPER (A1)** फंक्शन टाइप करें।
3. **Enter** key को दबाएँ। तुरंत ही **Name** शब्द बदलकर **NAME** बन जाएगा और सेल ऐड्रेस **G1** पर दिखाई देगा (चित्र EX-4.16)।

LOWER फंक्शन

यह फंक्शन सेल ऐड्रेस के रेंज में capital letters को small letters में बदल देगा। इसका सामान्य फॉर्मेट इस प्रकार है–

= LOWER (सेल ऐड्रेस)

आपने अभी **NAME** को सेल ऐड्रेस **G1** में **UPPER** फंक्शन के इस्तेमाल से दिखाया है। आइए, अब हम सेल ऐड्रेस **G1** में लिखे **NAME** को **Name** में बदलें और उसे सेल ऐड्रेस **G3** पर दिखाएँ। यह करने के लिए आपको नीचे लिखे क्रम के अनुसार चलना होगा–

1. सेल ऐड्रेस **G3** पर क्लिक करें।
2. **=LOWER (G1)** टाइप करें।
3. फिर **Enter** key को दबाएँ। तुरंत ही ऐड्रेस **G3** में **Name** लिखा दिखाई देगा (चित्र EX-4.16)।

	A	B	C	D	E	F	G
1	**Name**	**RollNo**	**English**	**Maths**	**Science**	**Total**	NAME
2	Sachin	101	80	75	88	243	
3	Ajay	102	78	70	75	223	name
4	Anil	103	70	50	60	180	
5	Robin	104	89	65	72	226	
6	Dravid	105	65	74	74	213	
7	Saurabh	106	90	98	98	286	
8			78.66667				
9			90				
10			65				

चित्र EX-4.16

COUNT फंक्शन

यह फंक्शन उन सेल ऐड्रेसेज़ को गिनने के लिए इस्तेमाल किया जाता है, जिनमें डाटा है। इस फंक्शन का फॉर्मेट इस प्रकार है

=COUNT (पहला सेल ऐड्रेस:आखिरी सेल ऐड्रेस)

इस फंक्शन को भली प्रकार जानने के लिए अब हम नीचे दिए गए डाटा को सेल ऐड्रेसेज़ **I1** से **I6** और **J1** से **J6** में डालते हैं।

Year	Sales
1993	324666
1994	87324
1995	273645
1996	3244532
1997	344634436

ऊपर दिए गए डाटा को प्रविष्ट करने के लिए आप नीचे लिखे क्रम के अनुसार चलें—

1. सेल ऐड्रेस **I1** पर क्लिक करें और **Formatting** toolbar पर मौजूद **Bold** बटन (**B**) पर क्लिक करें।
2. **Year** टाइप करें और **Enter** key को दबाएँ।
3. अब **1993** टाइप करें तथा **Enter** key को दबाएँ करें।
4. फिर **1994** टाइप् करें तथा **Enter** key को दोबारा दबाएँ। इसी तरह बाकी डाटा को इस कॉलम में डालें।
5. Sales के डाटा को प्रविष्ट करने के लिए सेल ऐड्रेस **J1** में क्लिक करें और **Bold** बटन (**B**) पर क्लिक करें।
6. **Sales** टाइप करें तथा **Enter** key को दबाएँ। इसी तरह बाकी डाटा को इस कॉलम में डालें (चित्र EX-4.17)।

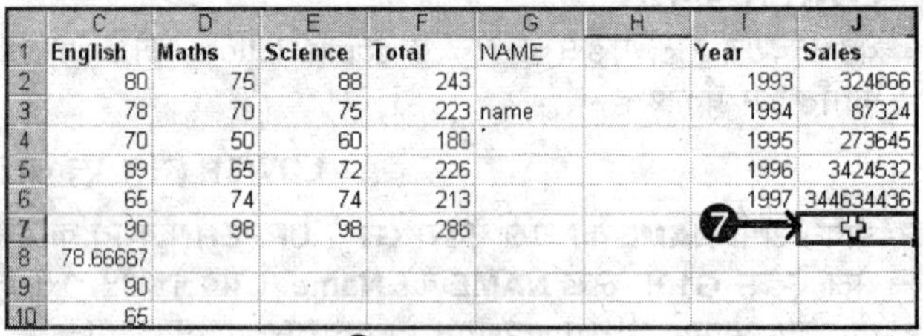

	C	D	E	F	G	H	I	J
1	English	Maths	Science	Total	NAME		Year	Sales
2	80	75	88	243			1993	324666
3	78	70	75	223	name		1994	87324
4	70	50	60	180			1995	273645
5	89	65	72	226			1996	3424532
6	65	74	74	213			1997	344634436
7	90	98	98	286			7	
8	78.66667							
9	90							
10	65							

चित्र EX-4.17

आइए, अब हम कॉलम **J** के उन सेलों को गिनते हैं, जिनमें sales का डाटा है। उसका परिणाम किसी अन्य सेल ऐड्रेस (जैसे— सेल ऐड्रेस **J7**) पर दिखाते हैं। इसके लिए आप नीचे लिखी प्रक्रिया के अनुसार चलें

7. **J7** को करंटली ऐक्टिव सेल बनाने के लिए उस पर क्लिक करें (चित्र EX-4.17)।
8. **=COUNT(J2:J6)** टाइप करें।

9. **Enter** key को दबाएँ। परिणाम **5** तुरंत ही आपको सेल ऐड्रेस **J7** पर दिखाई देगा (चित्र EX-4.18)।

	C	D	E	F	G	H	I	J
1	English	Maths	Science	Total	NAME		Year	Sales
2	80	75	88	243			1993	324666
3	78	70	75	223	name		1994	87324
4	70	50	60	180			1995	273645
5	89	65	72	226			1996	3424532
6	65	74	74	213			1997	344634436
7	90	98	98	286				5
8	78.66667							
9	90							
10	65							

चित्र EX-4.18

IF फंक्शन

IF फंक्शन एक तर्कपूर्ण फंक्शन है, जो सेल ऐड्रेस के कन्टेन्ट की तुलना किसी दी हुई वैल्यू से करने में आपकी मदद करता है। अगर दी हुई condition सत्य है तो माइक्रोसॉफ्ट एक्सेल एक प्रक्रिया को करेगा, वरना दूसरी प्रक्रिया को करेगा। **IF** फंक्शन को आप निम्नलिखित फॉर्मेट में लिख सकते हैं–

= IF (comparison, action if match, action if no match)

जहाँ, **comparison -** कंडीशन की जाँच करता है,

action if match - वह प्रक्रिया जो कंडीशन के सत्य होने पर की जाएगी और

action if no match - वह प्रक्रिया जो कंडीशन के गलत होने पर की जाएगी।

यह प्रक्रिया किसी टेक्स्ट या नंबर दिखाने या कोई गणना करने से संबंधित हो सकती है। आइए, हम हम उदाहरण के साथ **IF** फंक्शन को अच्छी तरह समझें।

मान लीजिए कि आप **1993** तथा **1996** के sales की जाँच करके यह देखना चाहते हैं कि किस वर्ष में अधिक sale हुई थी। आप परिणाम को किसी भी सेल ऐड्रेस (जैसे– **J8**) में दिखा सकते हैं। इसके लिए आपको नीचे लिखे क्रम के अनुसार चलना होगा–

1. सेल ऐड्रेस **J8** पर क्लिक करें, जहाँ आप परिणाम देखना चाहते हैं। यही वह जगह है, जहाँ पर आप **IF** फंक्शन को भी टाइप करेंगे।
2. **=IF(J5>J2,1,0)** टाइप करें।
3. **Enter** key को दबाएँ। आप देखेंगे कि सेल ऐड्रेस **J8** पर **1** दिखाई देगा (चित्र EX-4.19)।

J8 = =IF(J5>J2,1,0)

	A	B	C	D	E	F	G	H	I	J
1	Name	RollNo	English	Maths	Science	Total	NAME		Year	Sales
2	Sachin	101	80	75	88	243			1993	324666
3	Ajay	102	78	70	75	223	name		1994	87324
4	Anil	103	70	50	60	180			1995	273645
5	Robin	104	89	65	72	226			1996	3424532
6	Dravid	105	65	74	74	213			1997	344634436
7	Saurabh	106	90	98	98	286				5
8			78.66667							1
9			90							
10			65							

चित्र EX-4.19

सेल ऐड्रेस **J5** पर वैल्यू **3424532** और सेल ऐड्रेस **J2** पर **324666** है। इसलिए कंडीशन **J5>J2** सत्य है और सेल ऐड्रेस **J8** पर **1** दिखाई दे रहा है।

यहाँ पर यह याद रखना ज़रूरी है कि **IF** फंक्शन का फॉर्मेट सही होना चाहिए। फंक्शन की शुरुआत **equal to (=)** के चिन्ह तथा उसके नाम से होनी चाहिए। कोष्ठक के अंदर **तर्कपूर्ण कंडीशन**, **वैल्यू यदि सही (Value if true)**, और **वैल्यू यदि गलत (Value if false)** को सही क्रम में लिखें। पिछले उदाहरण में आपने **IF** फंक्शन का इस्तेमाल **1993** तथा **1996** के sales की तुलना के लिए किया था। अगर परिणाम **1** है तो condition सत्य है और यदि परिणाम **0** है तो condition गलत है। सेल **J8** में **1** दिख रहा था। इसका अर्थ है condition सत्य थी। यानी **1996** में हुई sales, **1993** में हुई sales से अधिक थी।

अगर आपने फंक्शन =IF(J5<J2,1,0) टाइप किया होता, तो J5<J2 गलत होता और सेल ऐड्रेस J8 में 0 दिखाई देता।

अगर आप भूलवश फंक्शन को सेल ऐड्रेस पर गलत टाइप कर देते हैं, तो माइक्रोसॉफ्ट एक्सेल उस सेल ऐड्रेस पर error दिखाता है (चित्र EX-4.20)। इसे ठीक करने के लिए आपको सेल ऐड्रेस पर बाएँ माउस बटन से क्लिक करना होगा। तुरंत ही वह फंक्शन Formula bar में दिखाई देगा। अब आप फंक्शन फॉर्मेट पर क्लिक करें और जब कर्सर नजर आए तो गलती को ठीक करें। किसी फॉर्मूले को और उसमें शामिल सेलों को आसानी से जानने के लिए आपको उस सेल ऐड्रेस पर डबल क्लिक करना होगा, जिसमें फॉर्मूले का परिणाम है (चित्र EX-4.21)।

#NAME?

चित्र EX-4.20

C	D	E	F
English	Maths	Science	Total
80	75	88	243
78	70	75	223
70	50	60	180
89	65	72	226
65	74	74	213
90	98	98	286
78,66667		=AVERAGE(E2:E7)	
90			
65			

चित्र EX-4.21

जैसे– यह जानने के लिए कि 90 सेल ऐड्रेस C9 में कैसे दिख रहा है, सिर्फ सेल ऐड्रेस C9 पर डबल क्लिक करें (चित्र EX-4.22)।

C	D
English	Maths
80	75
78	70
70	50
89	65
65	74
90	98
78.66667	
=MAX(C2:C7)	
65	

चित्र EX-4.22

हम इस अध्याय में यह वर्कबुक बंद नहीं करेंगे, क्योंकि अगले अध्याय में हमें इसी वर्कबुक पर काम करना है। अगर आप चाहें, तो कंप्यूटर पर अपनी वर्कबुक बंद कर सकते हैं।

अध्याय

डाटा में बदलाव करना

इस अध्याय में—

* डाटा को किसी दूसरी जगह पर ले जाना (Moving Data)
* डाटा को कॉपी (Copy) करना
* रिलेटिव सेल ऐड्रेसिंग (Relative Cell Addressing)
* ऐब्सॉल्यूट सेल ऐड्रेसिंग (Absolute Cell Addressing)
* ... फंक्शन के स्थान पर वैल्यूज़

आप अपनी वर्कबुक में डाटा को कॉपी करके तथा एक जगह से दूसरी जगह पर ले जाकर या अनावश्यक डाटा को डिलीट करके डाटा को व्यवस्थित तथा क्रम में रख सकते हैं। यह माइक्रोसॉफ्ट एक्सेल की **Copy, Cut** और **Delete** सुविधा के द्वारा संभव है। यह क्रियाएँ डाटा को दोबारा टाइप करने में लगने वाले आपके समय को बचाती है। आप कई सेलों में डाटा को कॉपी कर सकते हैं।

जब आप डाटा को एक जगह से दूसरी जगह पर ले जाते हैं, तो यह अपने मूल सेल से हट जाता है और नए सेल में दिखने लगता है। डाटा को दूसरी जगह पर ले जाने का एक आसान तरीका यह है कि उस सेल ऐड्रेस को हाईलाइट करें, फिर **Cut** बटन (✂) पर क्लिक करें।

डाटा की कॉपी भी इसी प्रकार होती है, लेकिन कॉपी होने के बाद डाटा नए सेल ऐड्रेस के साथ–साथ पुराने सेल ऐड्रेस पर भी रहता है। डाटा की कॉपी करने के लिए पहले सेल ऐड्रेस को हाईलाइट करें। फिर **Copy** बटन (⧉) पर क्लिक करें।

डाटा को शीट पर दूसरी जगह ले जाकर, उसे वहाँ पेस्ट करने की प्रक्रिया को Pasting of Data कहते हैं। यह क्रिया Paste बटन (📋) द्वारा होती है।

डाटा को किसी दूसरी जगह पर ले जाना (Moving Data)

कई बार आप गलती से डाटा को किसी गलत सेल में प्रविष्ट कर देते हैं। ऐसी हालत में गलत जगह पर प्रविष्ट किए हुए डाटा को डिलीट करने और सही जगह पर दोबारा टाइप करने की आवश्यकता नहीं होती। आप सिर्फ डाटा को सही जगह पर ले जाकर paste कर सकते हैं।

आमतौर पर जब आप डाटा को एक जगह से दूसरी जगह पर लेकर जाते हैं, तो वह तुरंत ही अपनी मूल जगह से हट जाता है और दूसरी जगह पर आ जाता है। एक्सेल में जब आप डाटा को एक जगह से दूसरी जगह पर लेकर जाते हैं, तो एक बिंदुकित रेखा (Dotted line) डाटा के चारों ओर दिखाई देने लगती है और यह दर्शाती है कि इसे अभी दूसरी जगह पर ले जाना है। यह blinking outline डाटा पर तब तक दिखाई देगी, जब तक वह शीट पर अन्य जगह पर paste नहीं हो जाता है।

डाटा को एक जगह से दूसरी जगह पर ले जाने के कई तरीके होते हैं, पर आपको दो आसान तरीकों द्वारा काम करना होगा। पहले तरीके में **Cut** बटन (✂) का इस्तेमाल होता है। दूसरा तरीका चुने हुए सेल ऐड्रेस के कन्टेन्ट्स को माउस की सहायता से ड्रैग करता है। आइए, अब हम अपनी शीट में सेल ऐड्रेस के कन्टेन्ट्स को एक जगह से दूसरी जगह पर ले जाना सीखें।

अगर आपने अध्याय 4 में बनाई गई Marks.xls को बंद कर दिया है, तो इसे फिर खोलने के लिए आपको नीचे लिखी प्रक्रिया के अनुसार चलना होगा–

माइक्रोसॉफ्ट एक्सेल विंडो के Standard toolbar पर मौजूद Open बटन (📂) पर क्लिक करें। तुरंत ही आपको Open बॉक्स दिखाई देगा।

बॉक्स के अंदर Look in विकल्प के साथ वाले बॉक्स में डाउन ऐरो बटन (▾) पर क्लिक करें। इसके पुल–डाउन मेन्यू में उस फोल्डर पर क्लिक करें, जिसमें आपने फाइल को सेव किया था। हमारे उदाहरण में यह Local Disk [C:] है। तुरंत ही Local Disk [C:] के कन्टेन्ट्स ...पको बड़े आयताकार बॉक्स (जो Look in विकल्प के नीचे है) में दिखाई देंगे। फिर वर्कबुक ...xls पर क्लिक करें। अंत में Open बटन पर क्लिक करें।

डाटा को शीट में एक सेल से दूसरे सेल में ले जाना (Moving Data in a Sheet)

आपने अध्याय 4 में एक शीट बनाई थी (चित्र EX-4.3)। अब आप उस शीट में काम करेंगे। सबसे पहले आप डाटा को एक कॉलम से दूसरे कॉलम (जैसे–कॉलम **A** से कॉलम **G**) पर ले जाना सीखें (चित्र EX-5.1)।

	A	B	C	D	E	F	G
1	**Name**	**RollNo**	**English**	**Maths**	**Science**	**Total**	NAME
2	Sachin	101	80	75	88	243	
3	Ajay	102	78	70	75	223	name
4	Anil	103	70	50	60	180	
5	Robin	104	89	65	72	226	
6	Dravid	105	65	74	74	213	
7	Saurabh	106	90	98	98	286	
8			78.66667				
9			90				
10			65				

चित्र EX-5.1

कॉलम **A** के पूरे कन्टेन्ट्स को कॉलम **G** में ले जाने के लिए आप नीचे लिखे क्रम को अपनाएँ–

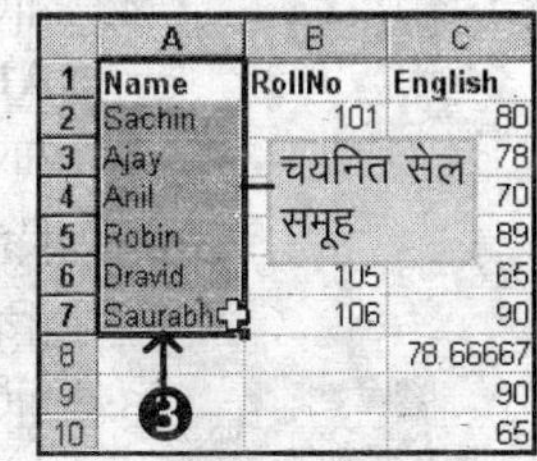

	A	B	C
1	**Name**	**RollNo**	**English**
2	Sachin	101	80
3	Ajay		78
4	Anil		70
5	Robin		89
6	Dravid	105	65
7	Saurabh	106	90
8			78.66667
9			90
10			65

चित्र EX-5.2

1. पहले आपको कॉलम **A** का चुनाव करना होगा। उसके लिए माउस पॉइंटर (✥) को सेल ऐड्रेस **A1** पर लाएँ और फिर बाएँ माउस बटन को क्लिक करें। अब सेल ऐड्रेस **A1** ऐक्टिव सेल बन जाएगा।
2. माउस पॉइंटर (✥) को सेल पॉइंटर (▭) पर लाएँ।
3. बाएँ माउस बटन को दबाए रखकर माउस पॉइंटर (✥) को अपने माउस पैड पर तब तक ड्रैग करें, जब तक सेल ऐड्रेस **A1** से **A7** तक हाईलाइट न हो जाएँ (चित्र EX-5.2)।
4. बाएँ माउस बटन को छोड़ दें।
5. माउस पॉइंटर (✥) को **Standard** toolbar पर लाएँ और **Cut** बटन (✂) पर क्लिक करें (चित्र EX-5.3)। तुरंत ही Dotted Line हाईलाइट किए हुए सेल के आसपास नजर आएगी (चित्र EX-5.3), जो आपको दिखाएगी कि ये सेल दूसरी जगह पर ले जाने हैं।
6. अब आपको कॉलम **A** के कन्टेन्ट्स को कॉलम **G** पर paste करने हैं, यानी सेल ऐड्रेस **G1** से **G7** पर। पहले सेल **G1** पर क्लिक करें। डाटा को पेस्ट करने के लिए सभी सेल ऐड्रेसेज़ का चुनाव करने की आवश्यकता नहीं होती। आपको सिर्फ शुरू के सेल ऐड्रेस का चुनाव करना होता है।
7. अब माउस पॉइंटर को **Standard** toolbar पर मौजूद **Paste** बटन (📋) पर लाएँ और बाएँ माउस बटन को सिर्फ एक बार क्लिक करें। तुरंत ही कॉलम **A** के कन्टेन्ट्स कॉलम **G** में चले जाएँगे (चित्र EX-5.4)।

चित्र EX-5.1 में दिखाया गया है की सेल G1 तथा G3 में पहले से ही कुछ डाटा है। लेकिन जब नया डाटा कॉलम G में पेस्ट किया गया तो पुराना डाटा अपने आप डिलीट हो गया (चित्र EX-5.4)।

Dotted outline उस डाटा पर दिखाई देती है, जिसे आप मूव करना चाहते हैं।

File Edit View Insert Format Too

Arial 10 Cut

A1 = Name

	A	B	C
1	**Name**	**RollNo**	**English**
2	Sachin	101	
3	Ajay	102	
4	Anil	103	
5	Robin	104	
6	Dravid	105	
7	Saurabh	106	

चित्र EX-5.3

s Data Window Help

Paste

D	E	F	G
Maths	**Science**	**Total**	**Name**
75	88	243	Sachin
70	75	223	Ajay
50	60	180	Anil
65	72	226	Robin
74	74	213	Dravid
98	98	286	Saurabh

कॉलम A के कन्टेन्ट्स कॉलम G में पेस्ट हो गए हैं

चित्र EX-5.4

8. आप देखेंगे कि कॉलम **G** के सेलों के नए कन्टेन्ट्स अब हाईलाइटेड हैं (चित्र EX-5.4)। कॉलम **G** से हाईलाइट हटाने के लिए शीट पर किसी भी अन्य जगह पर क्लिक करें।

डाटा को दूसरी जगह पर ले जाने का एक अन्य तरीका भी है। यह तरीका आपके डाटा को जल्दी से नई जगह पर ले जाने में सहायक होता है। आइए, अब दोबारा नए तरीके से कॉलम **A** के कन्टेन्ट्स को कॉलम **G** में ले जाएँ। इसके लिए आपको नीचे लिखे क्रम द्वारा चलना होगा–

1. कॉलम **G** से कॉलम **A** पर डाटा को वापस लाने के लिए **Undo** बटन (↶) पर क्लिक करें (चित्र EX-5.5)।
2. कॉलम **A** के सेल ऐड्रेसेज़ से dotted outline को हटाने के लिए **Esc** key को दबाएँ।
3. आप कॉलम **A** के कन्टेन्ट्स को अन्य तरीके से कॉलम **G** में ले जाएँ। पहले आप **A1..A7** सेल ऐड्रेसेज़ को हाईलाइट करें। इसके लिए सेल एड्रेस **A1** पर क्लिक करें और माउस पॉएंटर (✚) को सेल पॉएंटर पर लाएँ।

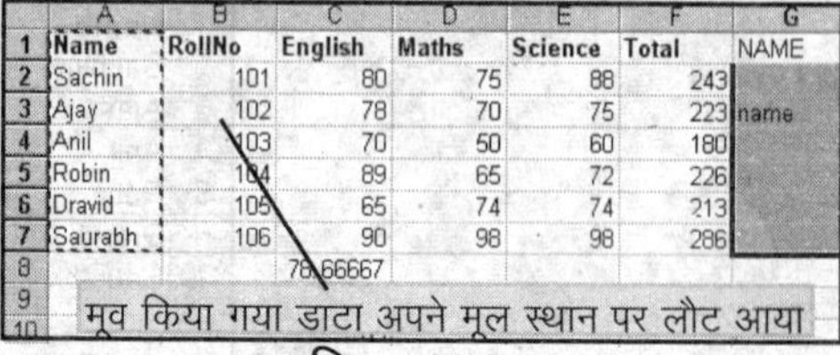

	A	B	C	D	E	F	G
1	Name	RollNo	English	Maths	Science	Total	NAME
2	Sachin	101	80	75	88	243	
3	Ajay	102	78	70	75	223	name
4	Anil	103	70	50	60	180	
5	Robin	104	89	65	72	226	
6	Dravid	105	65	74	74	213	
7	Saurabh	106	90	98	98	286	
8			78.66667				
9							
10							

चित्र EX-5.5

4. बाएँ माउस बटन को दबाए रखकर माउस को माउस पैड पर इस प्रकार ड्रैग करें कि सेल ऐड्रेसेज **A1..A7** हाईलाइट हो जाएँ। उसके बाद बाएँ माउस बटन को छोड़ दें।
5. माउस पॉएंटर (✚) को सेल ऐड्रेसेज के बॉर्डर पर इस तरह लाएँ कि माउस पॉएंटर की आकृति (✚) से बदलकर (↖) हो जाए (चित्र EX-5.6)।
6. बाएँ माउस बटन को दबाए रखें और माउस पॉएंटर (✚) को सेल ऐड्रेस **G1** से **G7** तक (जहाँ आपको अपना डाटा ले जाना है) ड्रैग करें। आपको एक grey रंग की outline माउस पॉएंटर के साथ सेल ऐड्रेस **G1** से **G7** की ओर जाती हुई दिखाई देगी (चित्र EX-5.7)।

	A	B
1	Name	RollNo
2	Sachin	101
3	Ajay	102
4	Anil	103
5	Robin	104
6	Dravid	105
7	Saurabh	10

चित्र EX-5.6

Important

यदि आप अभी डाटा को नए स्थान पर नहीं ले जाना चाहते, तो Cancel बटन पर क्लिक करें। तुरंत ही Message बॉक्स बंद हो जाएगा और कॉलम A का डाटा अपने मूल स्थान पर ही रहेगा।

	A	B	C	D	E	F	G	H
1	Name	RollNo	English	Maths	Science	Total	NAME	
2	Sachin	101	80	75	88	243		
3	Ajay	102	78	70	75	223	name	
4	Anil	103	70	50	60	180		G1:G7
5	Robin	104	89	65	72	226		
6	Dravid	105	65	74	74	213		
7	Saurabh	106	90	98	98	286		
8			78.66667					
9			90					
10			65					

चित्र EX-5.7

7. जब grey outline कॉलम **G** पर आ जाए, (चित्र EX-5.7), बाएँ माउस बटन को दबाना छोड़ दें। तुरंत ही एक **Message** बॉक्स स्क्रीन पर दिखेगा। वह आपसे पूछेगा कि आपको कॉलम **G** के डाटा को कॉलम **A** के नए डाटा से बदलना है (चित्र EX-5.8)।
8. **OK** बटन पर क्लिक करें (चित्र EX-5.8)। तुरंत ही नई जगह पर डाटा चला जाएगा (चित्र EX-5.4)।

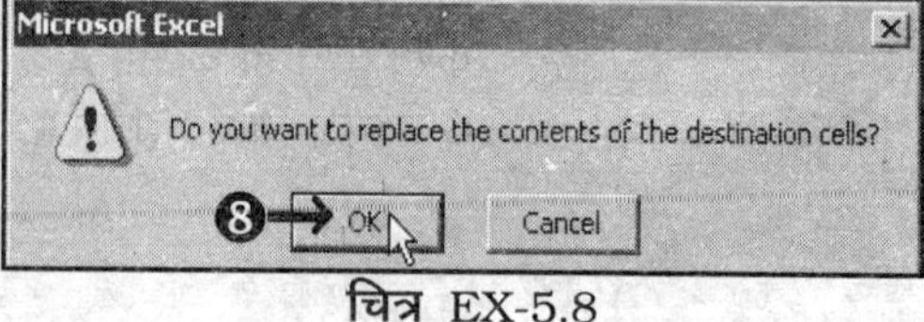

चित्र EX-5.8

डाटा को कॉपी करना (Copying Data)

डाटा को कॉपी करना तथा एक जगह से दूसरी जगह पर ले जाना एक जैसी प्रक्रिया है, लेकिन इसमें एक अंतर भी है। वह यह कि चुने हुए सेल ऐड्रेस के कन्टेन्ट्स को आप जब कॉपी करते हैं, तो माइक्रोसॉफ्ट एक्सेल इनके कन्टेन्ट्स की एक कॉपी बना देता है, डाटा को उसके मूल स्थान से नहीं हटाता।

किसी सेल ऐड्रेस के कन्टेन्ट्स को कॉपी करने के लिए पहले उनको हाईलाइट करें और फिर **Copy** बटन (📋) पर क्लिक करें।

आमतौर पर जब डाटा को कॉपी किया जाता है, तो उसकी एक कॉपी बन जाती है। एक्सेल में जब आप डाटा को कॉपी करते हैं, तो यह एक dotted outline से घिर जाता है। यह outline बताती है कि जो डाटा उसमें है, उसे अभी paste करना है। एक्सेल इस dotted outline को तब तक दिखाएगा, जब तक आप **Esc** key नहीं दबाएँगे।

कॉपी करने का फीचर आमतौर पर फॉर्मूले की कॉपी करने के लिए इस्तेमाल होता है, ताकि गणना आसानी से हो जाए। इसी पाठ में आगे इस फीचर के बारे में आप और भी जानेंगे।

डाटा को शीट पर कॉपी करना (Copying Data in a Sheet)

शीट पर डाटा को कॉपी करना सीखने के लिए हम एक उदाहरण लेकर चलते हैं। मान लीजिए कि चित्र EX-5.4 की वर्कशीट में आपको सेल ऐड्रेस **G1** से **G7** तक के कन्टेन्ट्स को खाली सेल ऐड्रेसेज़ **A1** से **A7** में कॉपी करना है। इसके लिए आप नीचे लिखे क्रम के अनुसार चलें–

1. सेल ऐड्रेसेज़ **G1** से **G7** तक हाईलाइट करें। इसके लिए सेल ऐड्रेस **G1** पर क्लिक करें और माउस पॉएंटर (✚) को सेल पॉएंटर (▭) पर लाएँ।
2. बाएँ माउस बटन को दबाए रखें और माउस को माउस पैड पर नीचे की तरफ ड्रैग करें। तुरंत ही सेल ऐड्रेसेज़ **G1** से **G7** तक हाईलाइट हो जाएँगे।
3. अब **Standard** toolbar पर मौजूद **Copy** बटन (📋) पर क्लिक करें। तुरंत ही dotted outline **G1** से **G7** सेल ऐड्रेसेज़ के चारों ओर दिखाई देगी, जो दर्शाएगी कि इन सेल ऐड्रेसेज़ के कन्टेन्ट्स की कॉपी होनी है।
4. माउस पॉएंटर (✚) को उस जगह पर लाएँ, जिस जगह पर आपको चुने हुए डाटा को पेस्ट करना है, (जो आपने उदाहरण में सेल ऐड्रेस **A1** है) और फिर बाएँ माउस बटन को क्लिक करें।
5. डाटा को सेल ऐड्रेस **A1** से **A7** पर paste करने के लिए **Standard** toolbar पर मौजूद **Paste** बटन (📋) पर क्लिक करें। डाटा उन सेल्स में कापी हो जाएगा (चित्र EX-5.9)।

डाटा कॉलम A में कॉपी हो गया है

	A	B	C	D	E	F	G
1	Name	RollNo	English	Maths	Science	Total	NAME
2	Sachin	101	80	75	88	243	Sachin
3	Ajay	102	78	70	75	223	Ajay
4	Anil	103	70	50	60	180	Anil
5	Robin	104	89	65	72	226	Robin
6	Dravid	105	65	74	74	213	Dravid
7	Saurabh	106	90	98	98	286	Saurabh
8			78.66667				
9			90				
10			65				

चित्र EX-5.9

शीट में फॉर्मूले की कॉपी करना (Copying a Formula in a Sheet)

अध्याय 4 में आपने छात्रों के **Total** अंकों को कॉलम **F** में डाला था (चित्र EX-4.6)। आपको याद होगा कि आपने **Sachin** के **Total** अंक, फॉर्मूला **+C2+D2+E2** को सेल ऐड्रेस F2 पर टाइप करके, कैलक्युलेट किए थे। फिर आपने फॉर्मूला **+C3+D3+E3** को सेल ऐड्रेस **F3** पर टाइप किया था, ताकि **Ajay** के **Total** अंक निकाल सकें और **+C4+D4+E4** को सेल ऐड्रेस **F4** में **Anil** के **Total** अंक निकालने के लिए। यह तरीका बहुत ही समय लेने वाला है, क्योंकि हर छात्र के लिए अलग–अलग फॉर्मूला टाइप करना पड़ता है।

E	F	G
Science	Total	NAME
88		Sachin
75		Ajay
60		Anil
72		Robin
74		Dravid
98		Saurabh

Delete key दबाने से कॉलम F के कन्टेन्ट्स डिलीट हो गए हैं।

चित्र EX-5.10

सभी छात्रों के **Total** अंकों की गणना करने का एक और भी तरीका है। इस तरीके में गणना को आसान बनाने के लिए, **Total** अंक निकालने वाले फॉर्मूले की कॉपी की जाती है। आइए, अब हम **Total** अंकों (चित्र EX-5.9) को इस प्रक्रिया द्वारा निकाल कर देखें। पर पहले कॉलम F में दिए गए सभी **Total** अंकों को डिलीट करें। इसके लिए आपको नीचे लिखे क्रम के अनुसार चलना होगा–

1. अपनी शीट के सेल ऐड्रेस **F2** को ऐक्टिव सेल बनाने के लिए माउस पॉएंटर (✥) को उस पर लाएँ और बाएँ माउस बटन से क्लिक करें।
2. बाएँ माउस बटन को दबाए रखकर माउस को माउस पैड पर नीचे की तरफ ड्रैग करें। ताकि सेल ऐड्रेस **F2** से **F7** तक हाईलाइट हो जाए।
3. सेल ऐड्रेस **F2** से **F7** के कन्टेन्ट्स को डिलीट करने के लिए की–बोर्ड से **Delete** key को दबाएँ। तुरंत ही कॉलम **F** के सभी **Total** अंक डिलीट हो जाएँगे (चित्र EX-5.10)।
4. अब आपको **Total** अंक निकालने का फॉर्मूला सेल ऐड्रेस **F2** में टाइप करना होगा। इसके लिए सेल **F2** में क्लिक करें। तुरंत ही सेल ऐड्रेस **F2** ऐक्टिव हो जाएगा (चित्र EX-5.11)।

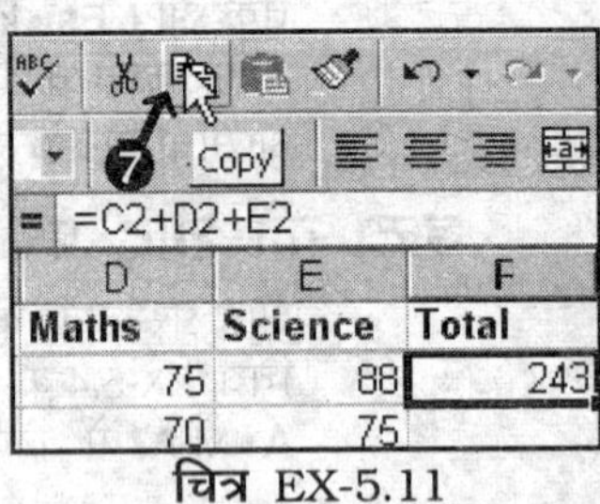

चित्र EX-5.11

5. फॉर्मूला **+C2+D2+E2** को टाइप करें और **Enter** key को दबाएँ। तुरंत ही **Total** अंक कैलक्युलेट हो जाएँगे और सेल ऐड्रेस **F2** पर परिणाम दिखाई देगा (चित्र EX-5.11)।
6. सेल ऐड्रेस **F3** से **F7** में फॉर्मूले की कॉपी करने के लिए सेल ऐड्रेस **F2** पर क्लिक करें। तुरंत ही सेल ऐड्रेस **F2** ऐक्टिव सेल बन जाएगा (चित्र EX-5.11)।
7. माउस पॉएंटर को **Copy** बटन (📋) पर लाएँ (चित्र EX-5.11) और बाएँ माउस बटन को क्लिक करें। फॉर्मूला अब कॉपी हो जाएगा और dotted outline अब सेल ऐड्रेस **F2** पर दिखाई देगी।

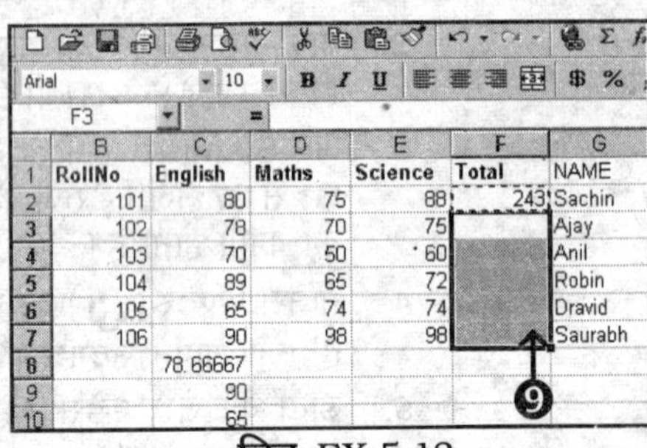

चित्र EX-5.12

अपनी शीट में किए गए बदलावों को समय–समय पर सेव करते रहना चाहिए। इसके लिए Standard toolbar पर मौजूद Save (💾) बटन पर क्लिक करें।

8. शेष छात्रों के **Total** अंकों की गणना करने के लिए आपको सेल ऐड्रेस **F3** से **F7** को हाईलाइट करना होगा। अब सेल ऐड्रेस **F3** पर क्लिक करें और माउस पॉएंटर को इस पर लाएँ।

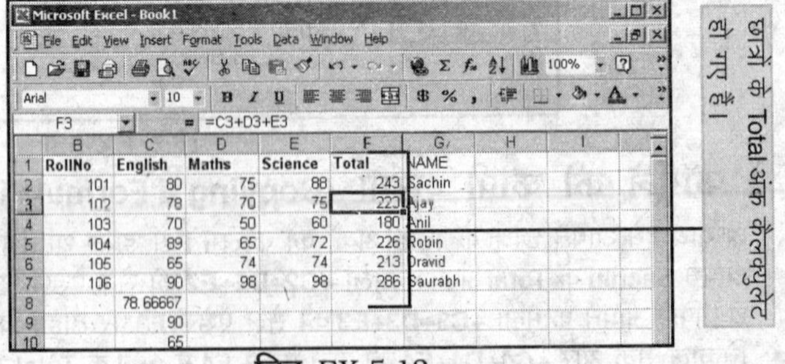

चित्र EX-5.13

9. बाएँ माउस बटन को दबाए रखें और माउस को माउस पैड पर नीचे की तरफ ड्रैग करें, ताकि सेल ऐड्रेस **F3** से **F7** तक हाईलाइट हो जाएँ (चित्र EX-5.12)।
10. माउस पॉइंटर को **Paste** बटन (📋) पर लाएँ (चित्र EX-5.12) और बाएँ माउस बटन को क्लिक करें। तुरंत ही सेल ऐड्रेस **F3** से **F7** में फॉर्मूला कॉपी हो जाएगा और परिणाम आपको दिखाई देगा (चित्र EX-5.13)। यह फॉर्मूला अपने आप ही गणना कर देगा और **Ajay** के **Total** अंकों को **F3** में, **Anil** के **F4** में, **Robin** के **F5** में, **Dravid** के **F6** में और **Saurabh** के **F7** में दिखाएगा (चित्र EX-5.13)।
11. शीट से हाईलाइट को हटाने के लिए शीट पर कहीं भी माउस पॉइंटर से क्लिक करें।
12. Dotted line को सेल ऐड्रेस **F2** से हटाने के लिए की–बोर्ड से **Esc** key को दबाएँ।

रिलेटिव सेल ऐड्रेसिंग (Relative Cell Addressing)

Relative cell addressing का अर्थ है कि सेल ऐड्रेसेज़ के स्थान तथा फॉर्मूला सेल के स्थान के संबंध को ध्यान में रखकर कैलक्युलेशन्स किए जाते हैं। **फॉर्मूला सेल** वह सेल ऐड्रेस है, जिसमें फॉर्मूला होता है। चित्र EX-5.13 में कॉलम F के सभी सेल ऐड्रेसेज़ फॉर्मूला सेल हैं, क्योंकि उनमें उत्तर को निकालने के लिए फॉर्मूलों का इस्तेमाल हुआ है। उदाहरण के लिए सेल ऐड्रेस **F2** पर डबल क्लिक करने से फॉर्मूला **+C2+D2+E2, Formula bar** में दिखाई देता है। इसका मतलब हुआ कि सेल **F2** फॉर्मूला सेल है और इसमें निम्नलिखित का sum है–

- सेल ऐड्रेस **C2** की वैल्यू (फॉर्मूला सेल से तीन कॉलम्स पहले)
- सेल ऐड्रेस **D2** की वैल्यू (फॉर्मूला सेल से दो कॉलम्स पहले)
- सेल ऐड्रेस **E2** की वैल्यू (फॉर्मूला सेल से एक कॉलम पहले)

इसी प्रकार सेल ऐड्रेस **F3** को भी फॉर्मूला सेल कह सकते हैं, जिसमें निम्नलिखित का sum है–

- सेल ऐड्रेस **C3** की वैल्यू (फॉर्मूला सेल से दो कॉलम्स पहले)
- सेल ऐड्रेस **D3** की वैल्यू (फॉर्मूला सेल से दो कॉलम्स पहले)
- सेल ऐड्रेस **E3** की वैल्यू (फॉर्मूला सेल से एक कॉलम पहले)

Relative Cell Addressing की विशेषता यह है कि सेल ऐड्रेस उस रो तथा कॉलम का ऐड्रेस बताता है, जिसमें गणना होती है।

ऐब्सॉल्यूट सेल ऐड्रेसिंग (Absolute Cell Addressing)

मान लीजिए कि हमारे उदाहरण में (चित्र EX-5.13) कुछ Science के प्रश्न कोर्स से बाहर के आ जाते हैं, तो बोर्ड यह निर्णय करता है कि छात्रों को 10 अंक अतिरिक्त दिए जाएँगे। सभी छात्रों को **Science** में अतिरिक्त **10** अंक देने के लिए नीचे लिखे क्रम के अनुसार चलना होगा–

1. सेल ऐड्रेस **H1** पर क्लिक करें।
2. अतिरिक्त अंक (जो हमारे उदाहरण में **10** है) को टाइप करें और फिर **Enter** key को दबाएँ। सेल ऐड्रेस **H2** अब ऐक्टिव सेल बन जाएगा।

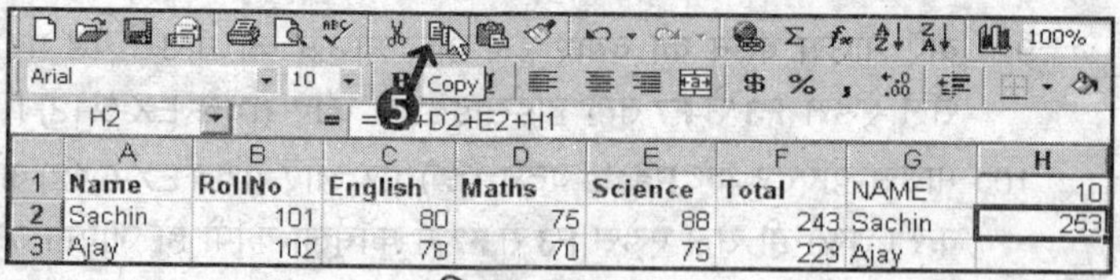

	A	B	C	D	E	F	G	H
1	Name	RollNo	English	Maths	Science	Total	NAME	10
2	Sachin	101	80	75	88	243	Sachin	253
3	Ajay	102	78	70	75	223	Ajay	

चित्र EX-5.14

3. फॉर्मूला **+C2+D2+E2+H1** को सेल ऐड्रेस **H2** में टाइप करें और **Enter** key को दबाएँ। यह फॉर्मूला **Sachin** के **Total** अंकों को **10** अतिरिक्त अंकों के साथ निकालेगा (चित्र EX-5.14)।
4. अब आप इस फॉर्मूले को अन्य सेल में कॉपी करें। इसके लिए सेल ऐड्रेस **H2** पर क्लिक करें।
5. **Copy** बटन (📋) पर क्लिक करें (चित्र EX-5.14)।
6. इस फॉर्मूले को बाकी सभी सेल ऐड्रेसेज़ पर कॉपी करने से पहले कॉलम H के किसी एक सेल ऐड्रेस पर कॉपी करें। हम कॉपी किए हुए फॉर्मूले के कैलक्युलेशन की जाँच करने के लिए नीचे लिखे क्रम को कर रहे हैं। किसी भी सेल ऐड्रेस (जैसे– **H3**) पर क्लिक करें।
7. **Paste** बटन (📋) पर क्लिक करें। तुरंत ही परिणाम **476** आपको दिखाई देगा (चित्र EX-5.15)।

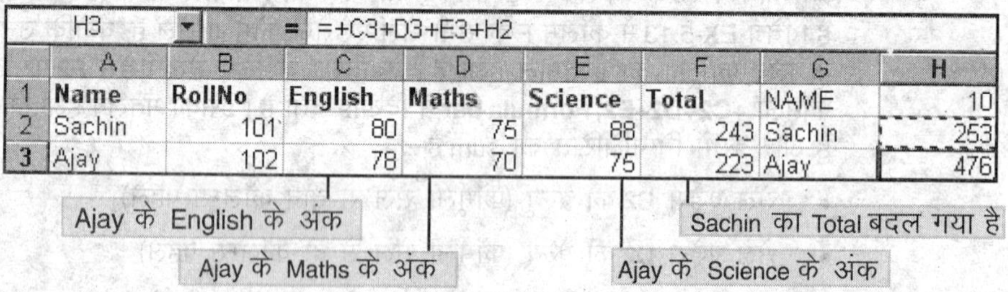

H3 = +C3+D3+E3+H2

	A	B	C	D	E	F	G	H
1	Name	RollNo	English	Maths	Science	Total	NAME	10
2	Sachin	101	80	75	88	243	Sachin	253
3	Ajay	102	78	70	75	223	Ajay	476

Ajay के English के अंक

Ajay के Maths के अंक

Ajay के Science के अंक

Sachin का Total बदल गया है

चित्र EX-5.15

जो परिणाम सेल ऐड्रेस **H3** में है, वह गलत है, क्योंकि **Ajay** के **Total** अंक अगर निकालें जाएँ, तो मात्र **233** हैं। फॉर्मूला जो **Formula bar** में दिखाई दे रहा है, अब हम उसकी जाँच करेंगे (चित्र EX-5.15)। यह फॉर्मूला इस प्रकार है–

+C3+D3+E3+H2

आपको जाँच से पता चलता है कि सेल ऐड्रेस **H3** का फॉर्मूला **Ajay** के **Total** अंक में **Sachin** के **Total** अंक भी जोड़ रहा है, जबकि आपको अतिरिक्त **10** अंक ही जोड़ने हैं। इस समस्या को सुलझाने के लिए आपको एक ऐड्रेस स्थिर (static) बनाना होगा, ताकि फॉर्मूला कहीं भी कॉपी किया जाए लेकिन यह सेल ऐड्रेस समान रहे। इस प्रक्रिया को **Absolute Cell Addressing** कहा जाता है और इसके लिए एक डॉलर का निशान **($)** कॉलम नाम और रो–संख्या दोनों से पहले टाइप किया जाता है जैसा– कि नीचे दिया गया है–

$कॉलम नाम$रो संख्या

जब आप सेल ऐड्रेस **H2** पर फॉर्मूला **+C2+D2+E2+H1** टाइप करते हैं, तो परिणाम अतिरिक्त **10** अंक के साथ कैलक्युलेट होता है।

पर सेल एड्रेस **H3** में कॉपी होने पर यह फॉर्मूला गलत परिणाम देगा, क्योंकि यह सेल ऐड्रेस **C3(78), D3(70), E3 (75)** के साथ **H2 (253)** को भी जोड़ देगा जिससे परिणाम **233** के स्थान पर **476** दिखाई देगा। सही **Total** निकालने के लिए, आप सेल ऐड्रेस **H2** पर फॉर्मूले को बदलें। ऐसा करने के लिए आप नीचे लिखे क्रम के अनुसार चलें–

1. **H2** सेल ऐड्रेस पर दोबारा क्लिक करें और नया फार्मूला **+C2+D2+E2+$H$1** को टाइप करें।
2. **Enter** key को दबाएँ।
3. इस फॉर्मूले को कॉपी करने के लिए शीट पर किसी अन्य जगह पर क्लिक करें। सेल ऐड्रेस **H2** पर दोबारा क्लिक करें और फिर **Copy** बटन () पर क्लिक करें।
4. सेल ऐड्रेस **H3** पर क्लिक करें और फिर **Paste** बटन () पर क्लिक करें। तुरंत ही सही परिणाम आपको दिखाई देगा (चित्र EX-5.16)।

H3 = =+C3+D3+E3+$H$1

	A	B	C	D	E	F	G	H
1	Name	RollNo	English	Maths	Science	Total	NAME	10
2	Sachin	101	80	75	88	243	Sachin	253
3	Ajay	102	78	70	75	223	Ajay	233

चित्र EX-5.16

जब सेल ऐड्रेस **H2** का फॉर्मूला **C2+D2+E2+$H$1** सेल **H3** में कॉपी होगा, तो वह अपने–आप ही बदलकर **C3+D3+E3+$H$1** हो जाएगा, यानी **- 78+70+75+10** और परिणाम **233** आपको दिखाई देगा।

5. अब सेल ऐड्रेस **H3** का परिणाम सही है इसलिए आप बाकी के सेल ऐड्रेसेज़ में फॉर्मूले को कॉपी कर सकते हैं। **H4** से **H7** तक सेल ऐड्रेस को हाईलाइट करें।
6. **Paste** बटन () पर क्लिक करें। तुरंत ही सभी छात्रों के **Total** अंक कैलक्युलेट हो जाएँगे और पूरी शीट चित्र EX-5.17 के समान दिखाई देगी।
7. हाईलाइट को हटाने के लिए शीट पर बाएँ माउस बटन से कहीं भी क्लिक करें और सेल ऐड्रेस **H2** से dotted outline को हटाने के लिए की–बोर्ड से **Esc** key को दबाएँ।

	A	B	C	D	E	F	G	H
1	Name	RollNo	English	Maths	Science	Total	NAME	10
2	Sachin	101	80	75	88	243	Sachin	253
3	Ajay	102	78	70	75	223	Ajay	233
4	Anil	103	70	50	60	180	Anil	190
5	Robin	104	89	65	72	226	Robin	236
6	Dravid	105	65	74	74	213	Dravid	223
7	Saurabh	106	90	98	98	286	Saurabh	296
8			78.66667					
9			90					
10			65					

Total अंक अतिरिक्त 10 अंक जोड़ने के बाद

चित्र EX-5.17

फंक्शन या फॉर्मूले के स्थान पर वैल्यूज को कॉपी करना (Copying Values, not Formula or Function)

मान लीजिए कि आपको छः छात्रों के **Total** अंक शीट में किसी दूसरी जगह पर कॉपी करने हैं, जैसे– सेल ऐड्रेस **G9** से **G15** तक। यह करने के लिए आपको अगले पृष्ठ पर दिए गए क्रम के अनुसार चलना होगा–

1. सेल ऐड्रेस **F2** से **F7** के कन्टेन्ट्स को कॉपी करने के लिए पहले आपको उन्हें हाईलाइट करना होगा। ऐसा करने के लिए सेल ऐड्रेस **F2** पर क्लिक करें और माउस पॉएंटर (✚) को उस पर लाएँ।
2. बाएँ माउस बटन को दबाए रखें और माउस को माउस पैड पर नीचे की तरफ ड्रैग करें, ताकि सेल ऐड्रेस **F2** से **F7** तक हाईलाइट हो जाएँ।

G9 = =+D9+E9+F9

	A	B	C	D	E	F	G
1	Name	RollNo	English	Maths	Science	Total	NAME
2	Sachin	101	80	75	88	243	Sachin
3	Ajay	102	78	70	75	223	Ajay
4	Anil	103	70	50	60	180	Anil
5	Robin	104	89	65	72	226	Robin
6	Dravid	105	65	74	74	213	Dravid
7	Saurabh	106	90	98	98	286	Saurabh
8			78.66667				
9			90				0
10			65				0
11							0
12							0
13							0
14							0

वैल्यूज़ के स्थान पर फॉर्मूले कॉपी हो गए हैं।

चित्र EX-5.18

3. फिर **Standard** toolbar पर उपस्थित **Copy** बटन (📋) पर क्लिक करें।
4. आपको हाईलाइट किए हुए कन्टेन्ट्स को सेल ऐड्रेस **G9** से **G14** पर कॉपी करने हैं। इसलिए सेल ऐड्रेस **G9** पर क्लिक करें।
5. **Paste** बटन (📋) पर क्लिक करें। आप देखेंगे कि कुछ अलग ही वैल्यूज़ सेल ऐड्रेस **G9** से **G14** में कॉपी हो गए हैं (चित्र EX-5.18)।

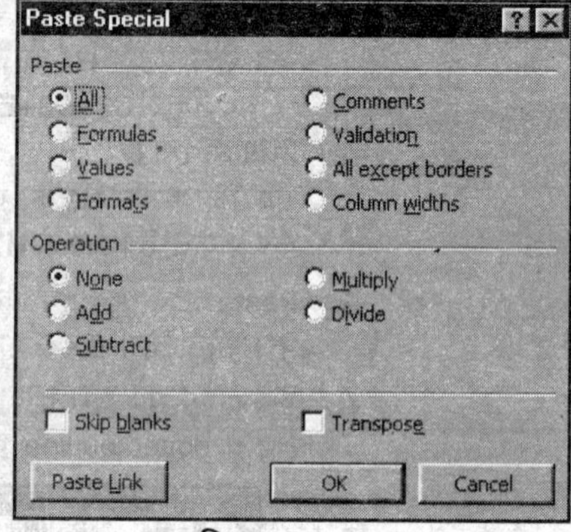

चित्र EX-5.19

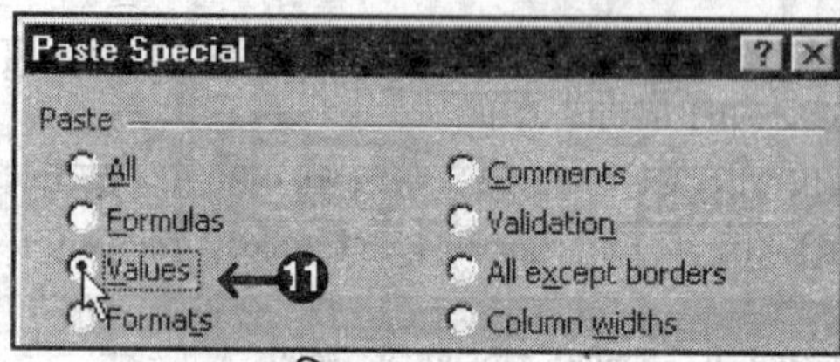

चित्र EX-5.20

यह इसलिए हुआ है, क्योंकि आपने वैल्यूज़ की जगह फॉर्मूला को कॉपी किया है, यानी सेल ऐड्रेस **G9** में सेल ऐड्रेस **D9**, **E9** और **F9** का sum कैलक्युलेट हो गया है (जैसा चित्र EX-5.18 के **Formula bar** में दिखाया गया है)। इसलिए परिणाम **0** है। यही बाकी सेल ऐड्रेसेज़ यानी **G10** से **G14** में भी हुआ है। इस समस्या को आप फॉर्मूले की जगह वैल्यू को कॉपी करके सुलझा सकते हैं। इसके लिए आप इस क्रम को अपनाएँ–

6. सेल ऐड्रेस **G9** से **G14** के कन्टेन्ट्स को डिलीट करने के लिए **Delete** key को दबाएँ।
7. ऊपर दिए गए क्रम **1** से **3** तक को दोहराएँ।
8. **Edit** मेन्यू बार विकल्प पर क्लिक करें।
9. पुल–डाउन मेन्यू के अंदर **Paste Special** विकल्प पर क्लिक करें। तुरंत ही एक **Paste Special** बॉक्स स्क्रीन पर दिखाई देगा (चित्र EX-5.19)।
10. **Paste Special** बॉक्स में **Paste** विकल्प को ढूँढ़ें (चित्र EX-5.19)।
11. **Values** विकल्प के साथ वाले राउंड बटन पर माउस पॉएंटर को लाएँ और फिर बाएँ माउस बटन को क्लिक करें (चित्र EX-5.20)।

12. **OK** बटन पर क्लिक करें। तुरंत ही सेल ऐड्रेस **F2** से **F7** के वैल्यूज़ सेल ऐड्रेस **G2** से **G7** में कॉपी हो जाएँगे (चित्र EX-5.21)।

G9 = 243

	A	B	C	D	E	F	G	H
1	**Name**	**RollNo**	**English**	**Maths**	**Science**	**Total**	NAME	10
2	Sachin	101	80	75	88	243	Sachin	253
3	Ajay	102	78	70	75	223	Ajay	233
4	Anil	103	70	50	60	180	Anil	190
5	Robin	104	89	65	72	226	Robin	236
6	Dravid	105	65	74	74	213	Dravid	223
7	Saurabh	106	90	98	98	286	Saurabh	6
8			78.66667					
9			90				243	
10			65				223	
11							180	
12							226	
13							213	
14							286	

फॉर्मूले के स्थान पर वैल्यूज़ कॉपी हो गए हैं।

चित्र EX-5.21

रोज़ तथा कॉलम्स को डिलीट करना (Deleting Rows and Columns)

जिन सेल ऐड्रेसेज़ के कन्टेन्ट्स की आवश्यकता नहीं है, उन्हें हटाने के लिए आप अपनी शीट में किसी भी रो या कॉलम को डिलीट कर सकते हैं। जब आप किसी एक सेल ऐड्रेस के कन्टेन्ट्स को डिलीट करते हैं, तो माइक्रोसॉफ्ट एक्सेल उन सेल्स की फॉर्मेटिंग को बनाए रखता है, ताकि जब आप नया डाटा टाइप करें, तो वह उसी फॉर्मेट में दिखाई दे।

किसी कॉलम के कन्टेन्ट्स को डिलीट करना (Deleting the Contents of a Column)

मान लीजिए कि आप कॉलम **G** के सेल ऐड्रेसेज़ के कन्टेन्ट्स को अपनी शीट से डिलीट करना चाहते हैं (चित्र EX-5.21)। इसके लिए आपको नीचे लिखे क्रम के अनुसार चलना होगा–

1. कॉलम **G** के किसी सेल ऐड्रेस (जैसे– सेल ऐड्रेस **G1**) पर क्लिक करें। ।
2. **Edit** मेन्यू बार विकल्प पर क्लिक करें।
3. पुल–डाउन मेन्यू के अंदर **Delete** विकल्प पर क्लिक करें। तुरंत ही स्क्रीन पर **Delete** बॉक्स दिखाई देगा (चित्र EX-5.22)।

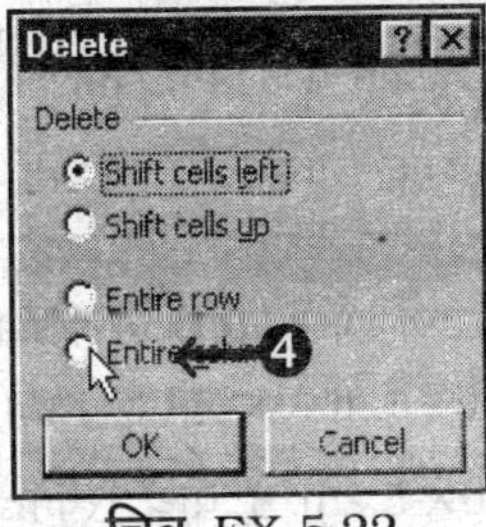

चित्र EX-5.22

E	F	G
Science	**Total**	10
88	243	253
75	223	233
60	180	190
72	226	236
74	213	223
98	286	296

कॉलम H के कन्टेन्ट्स कॉलम G में आ गए।

चित्र EX-5.23

4. अब माउस पॉइंटर को राउंड बटन पर लाएँ, जो **Entire column** विकल्प के साथ है (चित्र EX-5.22) और फिर बाएँ माउस बटन को क्लिक करें। तुरंत ही एक बिंदु आपको राउंड बटन के अंदर दिखेगा, जो आपको दर्शाएगा कि आपने विकल्प का चयन कर लिया है।

5. **OK** बटन पर क्लिक करें। तुरंत ही कॉलम **G** के सेल ऐड्रेसेज़ के कन्टेन्ट्स डिलीट हो जाएँगे। इस प्रक्रिया के बाद कॉलम **H** के कन्टेन्ट्स कॉलम **G** में, कॉलम **I** के कॉलम **H** में और कॉलम **J** के कॉलम **I** में चले जाएँगे (चित्र EX-5.23)।

रो के कन्टेन्ट्स को डिलीट करना (Deleting the Contents of a Row)

कॉलम के कन्टेन्ट्स को डिलीट करने का तरीका आप जान चुके हैं। आइए, अब रो को डिलीट करें। मान लीजिए कि चित्र EX-5.23 की तालिका में **Robin** के अंक जिस रो में हैं, उस रो संख्या **5** को आप डिलीट करना चाहते हैं। यह करने के लिए आपको निम्नलिखित प्रक्रिया के अनुसार चलना होगा–

1. बाएँ माउस बटन को रो–संख्या **5** पर क्लिक करें। तुरंत ही पूरी रो हाईलाइट हो जाएगी (चित्र EX-5.24)।

A5 = Robin

	A	B	C	D	E	F	G	H	I
1	**Name**	**RollNo**	**English**	**Maths**	**Science**	**Total**	10	**Year**	**Sales**
2	Sachin	101	80	75	88	243	253	1993	324666
3	Ajay	102	78	70	75	223	233	1994	87324
4	Anil	103	70	50	60	180	190	1995	273645
5	Robin	104	89	65	72	226	236	1996	3424532
6	Dravid	105	65	74	74	213	223	1997	344634436
7	Saurabh	106	90	98	98	286	296		5
8			78.66667						
9			90						
10			65						

चित्र EX-5.24

2. मेन्यू बार में **Edit** विकल्प पर क्लिक करें।
3. पुल–डाउन मेन्यू में **Delete** विकल्प पर क्लिक करें। तुरंत ही पाँचवीं रो डिलीट हो जाएगी और उसके नीचे की सभी रोज़ ऊपर चली जाएँगी (चित्र EX-5.25)।

A5 = Dravid

	A	B	C	D	E	F	G	H	I
1	**Name**	**RollNo**	**English**	**Maths**	**Science**	**Total**	10	**Year**	**Sales**
2	Sachin	101	80	75	88	243	253	1993	324666
3	Ajay	102	78	70	75	223	233	1994	87324
4	Anil	103	70	50	60	180	190	1995	273645
5	Dravid	105	65	74	74	213	223	1997	344634436
6	Saurabh	106	90	98	98	286	296		5
7			78.66667						
8			90						
9			65						

चित्र EX-5.25

अब छठी रो के कन्टेन्ट्स पाँचवीं रो पर चले जाएँगे और जो सातवीं रो पर हैं, वे छठी रो पर चले जाएँगे (चित्र EX-5.25)।

4. रो संख्या **5** (जो अब **Dravid** के अंक दिखा रही है) से हाईलाइट हटाने के लिए शीट पर कहीं भी बाएँ माउस बटन से क्लिक करें।

रोज़ प्रविष्ट करना (Inserting Rows)

एक शीट में आप जितनी चाहे उतनी रोज़ डाल सकते हैं, जिसमें पहले से ही कुछ डाटा है। शीट में पहले से मौजूद डाटा, नई रोज़ तथा कॉलमों के लिए जगह बनाने के लिए खुद ही व्यवस्थित हो जाएगा।

मान लीजिए कि आप वर्कशीट (चित्र EX-5.25) में चौथे रिकॉर्ड के बाद किसी नए छात्र के डाटा को डालना चाहते हैं यानी **Anil** के बाद। इसके लिए आप अगले पृष्ठ पर दिए गए क्रम के अनुसार चलें–

चित्र EX-5.26

1. माउस पॉएंटर को रो–संख्या **5** पर लाकर बाएँ माउस बटन को एक बार क्लिक करें। तुरंत ही वह रो हाईलाइट हो जाएगी।
2. **Insert** मेन्यू बार विकल्प पर क्लिक करें।
3. पुल–डाउन मेन्यू के अंदर **Rows** विकल्प पर क्लिक करें (चित्र EX-5.26)। तुरंत ही एक खाली रो, चौथी रो के बाद प्रविष्ट हो जाएगी (चित्र EX-5.27)।

Hot Tip
अपनी शीट को समय–समय पर सेव करते रहना चाहिए। इसके लिए Standard toolbar पर मौजूद Save (💾) बटन पर क्लिक करके आप इसे सेव कर सकते हैं।

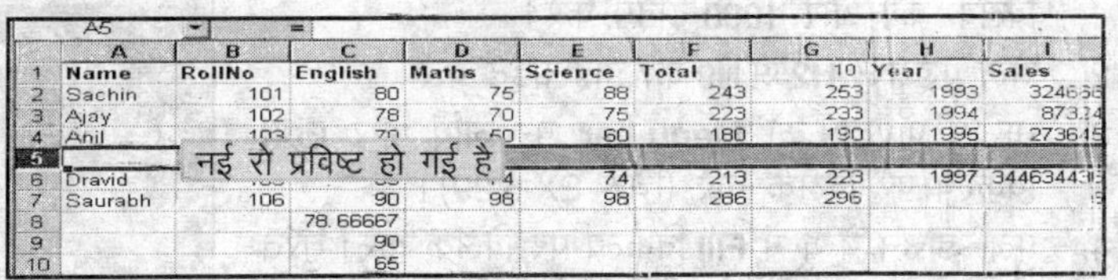
A5 =

	A	B	C	D	E	F	G	H	I
1	Name	RollNo	English	Maths	Science	Total	10	Year	Sales
2	Sachin	101	80	75	88	243	253	1993	324666
3	Ajay	102	78	70	75	223	233	1994	873.24
4	Anil	103	70	50	60	180	190	1995	273645
5									
6	Dravid	[illegible]	[illegible]	[illegible]	74	213	223	1997	34463443
7	Saurabh	106	90	98	98	286	296		
8			78.66667						
9			90						
10			65						

चित्र EX-5.27

4. नई रो से हाईलाइट हटाने के लिए बाएँ माउस बटन को अपनी शीट पर कहीं भी क्लिक करें। अब आप नई रो में किसी अन्य छात्र के अंक डाल सकते हैं।

कॉलम प्रविष्ट करना (Inserting Columns)

आप अपनी शीट में कई कॉलम्स भी डाल सकते हैं। आइए, अब हम एक कॉलम को शीट में (जैसे– कॉलम **G** और **H** के बीच में) प्रविष्ट करें। इसके लिए आप नीचे लिखे क्रम के अनुसार चलें–

1. आप जिस कॉलम से पहले नए कॉलम को प्रविष्ट करना चाहते हैं, उस कॉलम के सेल ऐड्रेस पर माउस पॉएंटर को लाएँ। मान लीजिए कि आप कॉलम **H** से पहले एक नए कॉलम को प्रविष्ट करना चाहते हैं, तो माउस पॉएंटर को कॉलम **H** के किसी सेल ऐड्रेस (जैसे– **H1**) पर लाएँ।
2. बाएँ माउस बटन को क्लिक करें। तुरंत ही **H1** ऐक्टिव सेल बन जाएगा।
3. **Insert** मेन्यू बार विकल्प पर क्लिक करें।
4. पुल–डाउन मेन्यू के अंदर **Columns** विकल्प पर क्लिक करें। तुरंत ही आपकी शीट पर एक नया कॉलम **G** तथा **H** के बीच दिखाई देगा (चित्र EX-5.28)।

नया कॉलम प्रविष्ट हो गया

H1 =

	A	B	C	D	E	F	G	H	I
1	Name	RollNo	English	Maths	Science	Total	10		Sales
2	Sachin	101	80	75	88	243	253		1993
3	Ajay	102	78	70	75	223	233		1994
4	Anil	103	70	50	60	180	190		1995

चित्र EX-5.28

ऑटोमेटिक फिलिंग ऑफ एंट्रीज़ (Automatic Filling of Entries)

कई बार आपको किसी सेल के रेन्ज में बार–बार आने वाली संख्यायों या क्रम में भरने की आवश्यकता होती है। एक्सेल में आप बहुत ही आसानी से यह कर सकते हैं, क्योंकि एक्सेल एक रेन्ज में खुद ही समान वैल्यू या वैल्यूज़ के क्रम को भरने की सुविधा प्रदान करता है। इस [illegible] **[illegible]matic filling of entries** कहते हैं। आइए, उदाहरण की सहायता से इसके बारे में [illegible]

मान लीजिए कि आपकी कक्षा के छात्रों की परीक्षा के roll numbers का क्रम **10**[illegible] छात्र का roll number लिखने में समय गँवाने की बजाय आप इसके लिए **Auton**[illegible] का इस्तेमाल कर सकते हैं।

मान लीजिए कि छात्रों के roll numbers कॉलम **H** में आप लिखना चाहते हैं (चित्र EX-5.28)। इसके लिए आपको नीचे लिखे क्रम के अनुसार चलना होगा–

1. कॉलम **H** में परीक्षा के roll numbers जो **1000** से शुरू होते हैं, को देखने के लिए सेल ऐड्रेस **H2** पर क्लिक करें और **1000** टाइप करें।
2. सेल ऐड्रेसेज़ **H2** से **H9** को हाईलाइट करें।
3. माउस पॉएंटर को **Menu bar** पर लाएँ और **Edit** विकल्प पर क्लिक करें (चित्र EX-5.29)।
4. पुल–डाउन मेन्यू में **Fill** विकल्प पर क्लिक करें। तुरंत ही दूसरा मेन्यू स्क्रीन पर दिखाई देगा (चित्र EX-5.29)।
5. दूसरे मेन्यू के अंदर **Series** विकल्प पर क्लिक करें (चित्र EX-5.29)। तुरंत ही स्क्रीन पर **Series** बॉक्स दिखाई देगा (चित्र EX-5.30)।

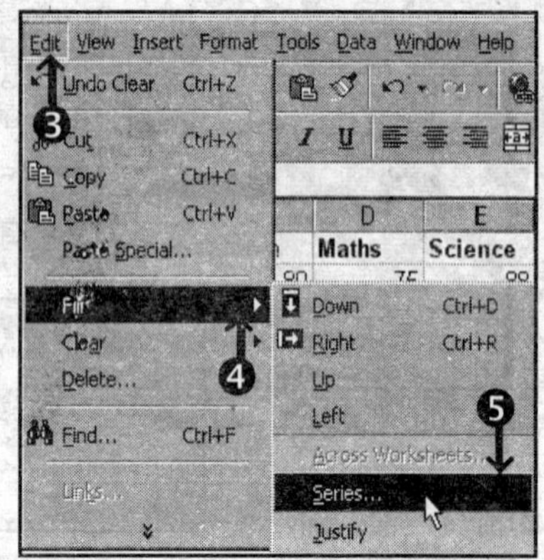

चित्र EX-5.29

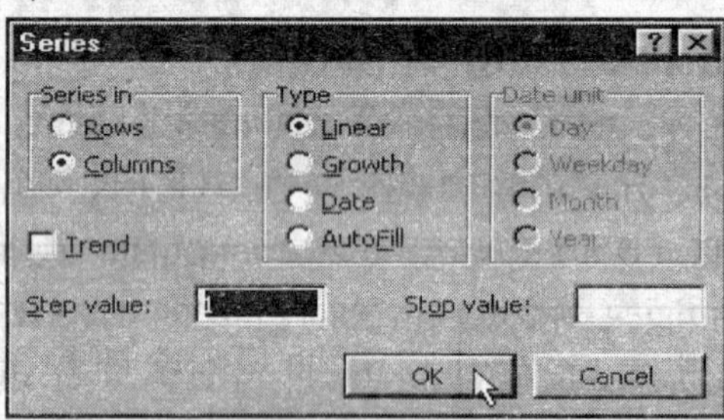

चित्र EX-5.30

6. इस बॉक्स के अंदर **Step value** विकल्प में पहले से ही 1 लिखा है। अतः **OK** बटन पर क्लिक करें (चित्र EX-5.30)। परिणाम चित्र EX-5.31 की तरह दिखेगा। छात्रों के roll numbers अपने आप ही क्रम में दिख रहे हैं; आपको टाइप करने की आवश्यकता नहीं है।
7. सेल ऐड्रेस **H2** से **H7** की हाईलाइट को हटाने के लिए स्क्रीन पर कहीं भी क्लिक करें।

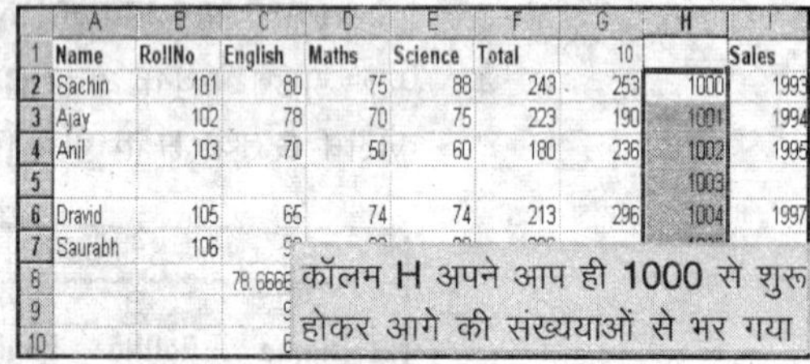

चित्र EX-5.31

माइक्रोसॉफ्ट एक्सेल से बाहर आना (Quitting Microsoft Excel)

अब तक आप माइक्रोसॉफ्ट के विभिन्न फीचर्स के बारे में काफी कुछ जान गए होंगे। आइए, अब इस वर्कबुक **Marks.xls** को बंद करें। इसके लिए आपको नीचे लिखे क्रम के अनुसार चलना होगा–

1. माउस पॉएंटर का **File** मेन्यू बार विकल्प पर लाएँ और बाएँ माउस बटन को क्लिक करें। तुरंत ही स्क्रीन पुल–डाउन मेन्यू दिखाई देगा।
2. पुल–डाउन मेन्यू के अंदर **Close** विकल्प पर क्लिक करें।

3. आपने अपने काम को बहुत समय से सेव नहीं किया है। सेव किए बिना ही **Close** विकल्प पर जब आप क्लिक करेंगे तो माइक्रोसॉफ्ट एक्सेल आपको एक **Message** बॉक्स दिखाएगा, जो आपसे पूछेगा कि वर्कबुक में किए हुए बदलावों को आप सेव करना चाहते हैं या नहीं। अगर आप सेव करना चाहते हैं तो **Yes** बटन पर क्लिक करें। (चित्र EX-5.32)।

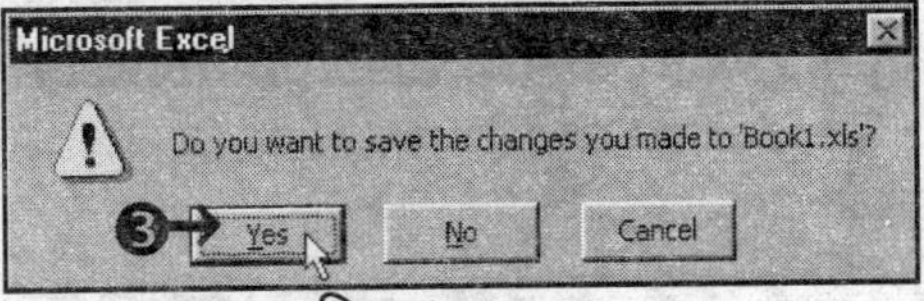

चित्र EX-5.32

4. माइक्रोसॉफ्ट एक्सेल को बंद करने के लिए **Title bar** की दाईं तरफ मौजूद **Close** बटन (☒) पर क्लिक करें (चित्र EX-5.33)।

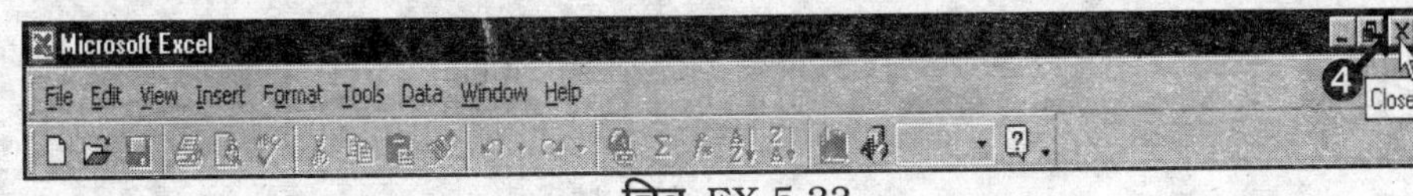

चित्र EX-5.33

माइक्रोसॉफ्ट एक्सेल विंडो तुरंत ही बंद हो जाएगी और विंडोज़ Me/98 का डेस्कटॉप स्क्रीन पर दिखाई देगा।

एक नई वर्कबुक कैसे बनाएँ और उसमें निम्नलिखित डाटा कैसे प्रविष्ट करें?

YEAR	INCOME	EXPENSES	PROFIT/LOSS
1990-91	15000	-17000	
1991-92	17000	-14000	
1992-93	18000	-16000	
1993-94	10000	-10000	
1994-95	22000	-21000	
1995-96	28000	-22000	

1. सेल ऐड्रेस **A1** पर क्लिक करें और **Year** टाइप करें।
2. इसी प्रकार सेल ऐड्रेस **B1** में **INCOME**, **C1** में **EXPENSES** और **D1** में **PROFIT/LOSS** टाइप करें।
3. सेल ऐड्रेस **A2** में **1990-91** टाइप करें और **Enter** key दबाएँ। इसी तरह कॉलम **A** में बाकी डाटा प्रविष्ट करें।
4. सेल ऐड्रेस **B2** में **15000** टाइप करें और **Enter** key दबाएँ। **INCOME** के बाकी आँकड़े भी इसी तरह प्रविष्ट करें।
5. अब सेल ऐड्रेस **C2** में **17000** टाइप करें और **Enter** key दबाएँ। **EXPENSES** के बाकी आँकड़े इसी प्रकार प्रविष्ट करें।
6. सेल ऐड्रेस **D2** में **PROFIT/LOSS** की गणना सेल ऐड्रेसेज़ **B2** तथा **C2** के कन्टेन्ट्स को जोड़कर होगी। इसलिए सेल ऐड्रेसेज **B2** से **C2** को हाईलाइट करें।
7. **Standard** toolbar पर मौजूद **Autosum** बटन (Σ) पर क्लिक करें। सेल ऐड्रेस **D2** में परिणाम दिखाई देगा।
8. पहले सेल ऐड्रेस **D2** पर और फिर **Copy** बटन () पर क्लिक करें।
9. सेल ऐड्रेस **D3** से **D7** को हाईलाइट करें और **Paste** बटन () पर क्लिक करें।

अध्याय

ले-आउट को बदलना

इस अध्याय में–

* डाटा को अलाइन (Align) करना
* कॉलम की चौड़ाई को बढ़ाना तथा घटाना
* रोज़ की ऊँचाई को बढ़ाना तथा घटाना
* शीट के कन्टेन्ट्स डिलीट करना
* सेल ऐड्रेसेज़ (Cell Addresses) से डाटा को डिलीट करना
* कॉलम की चौड़ाई को 0 निर्धारित करना
* वैल्यूज़ को फॉर्मेट (Format) करना
* याद रखने योग्य बातें
* वर्कबुक बंद करना तथा एक्सेल से बाहर आना

माइक्रोसॉफ्ट एक्सेल आपको अलग–अलग तरीकों द्वारा शीट के डिज़ाइन चुनने की सुविधा देता है। इस सुविधा द्वारा आप अपनी ज़रूरत के मुताबिक एक या एक से ज़्यादा शीट बना सकते हैं।

माइक्रोसॉफ्ट एक्सेल 2000 टेक्स्ट के प्रारूप को बदलने और नंबरों को स्क्रीन पर बदलने की सुविधा भी देता है। एक्सेल में आप विभिन्न डिज़ाइन तथा स्टाइल इस्तेमाल कर सकते हैं, जिससे इसमें तैयार विभिन्न डॉक्यूमेंट्स या रिपोर्ट्स को पढ़ने में आसानी होती है। जब आप डाटा को किसी निश्चित सेल में फॉर्मेट करते हैं, तो उसके वैल्यू पर कोई असर नहीं पड़ता, उसका सिर्फ रूप बदलता है। इस फॉर्मेटिंग को आप कई सेल ऐड्रेसेज़ पर लागू कर सकते हैं। एक्सेल आपको एक रो या रो के समूह को भी फॉर्मेट करने की इजाज़त देता है। आप रो के नाम को भी बदल सकते हैं और यह भी तय कर सकते हैं कि इस रो को छुपाना है या दिखाना है। इसकी एक अन्य उपयोगी सुविधा भी है, जिसे **Autofit row** कहा जाता है। यह सेल्स को रो में अपने आप ही व्यवस्थित कर देती है।

आप कॉलम/कॉलमों की चौड़ाई को भी बदल सकते हैं, उन्हें छिपा अथवा दिखा सकते हैं। Autofit सुविधा का लाभ पाकर आप सेल्स को कॉलम में भी व्यवस्थित कर सकते हैं। एक्सेल 2000 की एक अन्य उपयोगी सुविधा है, जिसे **Alignment of data** कहा जाता है। यह सेल में डाटा के स्थान को बदल सकता है। इस प्रकार के सेलों में बदलाव उसके डाटा टाइप को नहीं बदलते।

अगर आप डिज़ाइन को प्रभावशाली बनाना चाहते हैं या डाटा में बदलावों को फॉर्मेट करना चाहते हैं, तो पहले यह निश्चित कर लें कि एक्सेल 2000 आपके स्क्रीन पर खुला है या नहीं। माइक्रोसॉफ्ट एक्सेल को खोलने के लिए **Start** बटन पर क्लिक करें। जब पुश–अप मेन्यू आए, तब **Programs** विकल्प पर क्लिक करें। दूसरे मेन्यू के अंदर **Microsoft Excel** विकल्प पर क्लिक करें। कुछ समय के बाद स्क्रीन पर एक खाली शीट दिखेगी, जिस पर **Title bar Book1** दर्शा रहा होगा। आइए, अब हम डाटा को प्रविष्ट करें, जैसा टेबल 1 में दिखाई दे रहा है। हम सेल ऐड्रेस A1 से डाटा प्रविष्ट करना शुरू करेंगे (चित्र EX-6.1)।

	A	B	C	D	E	F	G	H
1	Rina							
2	Bina							
3	Tina							
4	Sheena							
5								
6								

चित्र EX-6.1

Rina
Bina
Tina
Sheena

टेबल 1

डाटा को अलाइन करना (Aligning Data)

डाटा को किसी निश्चित सेल ऐड्रेस में Center (मध्य), Left (बाएँ) या Right (दाएँ) अलाइन किया जा सकता है। आप जानते हैं कि जिस टेक्स्ट में alphabets होते हैं, उसे **Label entry** कहा जाता है और वे हमेशा बाईं तरफ व्यवस्थित होती है। माइक्रोसॉफ्ट एक्सेल अपने आप सभी टेक्स्ट या Label entries को बाईं तरफ रखता है। आप देख सकते हैं कि कॉलम A की सभी प्रविष्टियाँ बाईं तरफ व्यवस्थित हैं (चित्र EX-6.1)।

माइक्रोसॉफ्ट एक्सेल **Formatting** toolbar पर आपको कुछ बटन देता है (चित्र EX-6.2), जैसे– **Align Left** बटन, **Center** तथा **Align Right** बटन, जो किसी टेक्स्ट या नंबर के alignment को बदलते हैं। आइए, अब हम उदाहरण द्वारा इन बटनों के कामों को समझें।

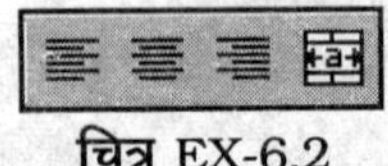

चित्र EX-6.2

चुने गए सेल्स के डाटा के अलाइनमेंट को बदलना (Changing Alignment of Selected Cells)

आप जैसे ही सेल ऐड्रेस में टेक्स्ट को प्रविष्ट करते हैं, वैसे ही यह टेक्स्ट अपने–आप बाईं तरफ अलाइन हो जाता है। आइए, अब हम अलग–अलग जगह पर डाटा को अलाइन करें। सबसे पहले सेल की दाईं तरफ डाटा अलाइन करें, इसके लिए आपको नीचे लिखे क्रम के अनुसार चलना होगा–

	A
1	Rina
2	Bina
3	Tina
4	Sheena

चित्र EX-6.3

1. माउस–पॉएंटर (✚) को सेल ऐड्रेस **A1** पर लाएँ और बाएँ माउस बटन को क्लिक करें। सेल ऐड्रेस **A1** ऐक्टिव सेल बन जाएगा (चित्र EX-6.3)।
2. माउस पॉएंटर (✚) को सेल ऐड्रेस **A1** पर लाएँ और बाएँ माउस बटन को दबाएँ।
3. बाएँ माउस बटन को दबाए रखते हुए माउस को माउस पैड पर नीचे की तरफ ड्रैग करें ताकि **A1** से **A4** तक सेल ऐड्रेस हाईलाइट हो जाएँ (चित्र EX-6.4)।
4. माउस पॉएंटर को **Formatting** toolbar पर लाएँ और **Align Right** बटन (▤) पर क्लिक करें (चित्र EX-6.5)। तुरंत ही टेक्स्ट दाईं तरफ अलाइन हो जाएगा (चित्र EX-6.6)।
5. टेक्स्ट से हाईलाइट हटाने के लिए शीट पर कहीं भी क्लिक करें।

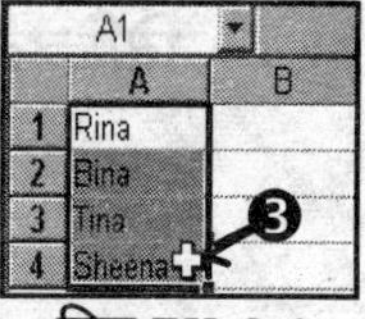

चित्र EX-6.4

चित्र EX-6.5

	A
1	Rina
2	Bina
3	Tina
4	Sheena

चित्र EX-6.6

शीट के सभी सेल्स के डाटा को एक साथ अलाइन करना (Simultaneous Aligning of Data in all the Cells of a Sheet)

मान लीजिए कि आपने एक पृष्ठ की रिपोर्ट बनाई है। इस रिपोर्ट के अंदर आप सभी प्रविष्टियों को मध्य में लाना चाहते हैं। इसे करने का तरीका यह है कि हर रो के लिए **Center** बटन पर बार–बार क्लिक करें। यह प्रक्रिया आपका बहुत समय लेती है, लेकिन इसका एक अन्य तरीका भी है, जिसे समझने के लिए आपको नीचे लिखे क्रम के अनुसार चलना होगा–

1. वर्कशीट पर ऊपर बाएँ हाथ के कोने पर मौजूद **Select All** बटन (चित्र EX-6.7) पर माउस पॉएंटर (✚) को लाएँ और बाएँ माउस बटन को क्लिक करें। तुरंत ही सभी सेल्स हाईलाइट हो जाएँगे (चित्र EX-6.7)।

Important
जब टेक्स्ट हाईलाइटेड हो, तो की–बोर्ड की किसी भी key को ना दबाएँ वरना सारा टेक्स्ट डिलीट हो जाएगा।

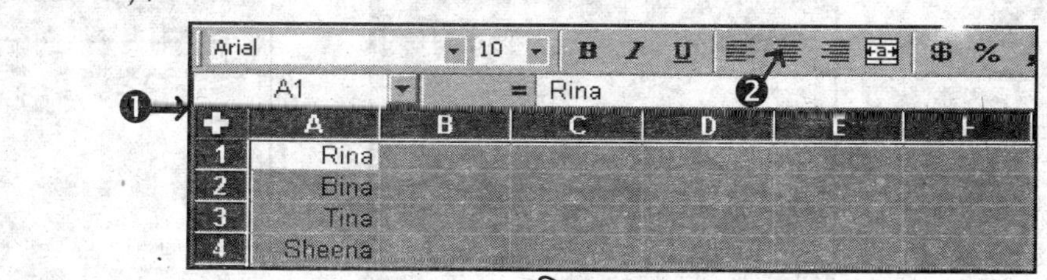

चित्र EX-6.7

2. **Formatting** toolbar पर मौजूद **Center** बटन (▤) पर क्लिक करें (चित्र EX- 6.7)। अब आप सेल ऐड्रेस में जो भी डाटा प्रविष्टि करेंगे, वह बीच में आएगा (चित्र EX- 6.8)।

शीट में सिर्फ टेक्स्ट को ही नहीं, बल्कि नंबरों को भी अलाइन किया जा सकता है।

A1	= Rina						
	A	B	C	D	E	F	G
1	Rina						
2	Bina						
3	Tina						
4	Sheena						
5							

चित्र EX-6.8

3. टेक्स्ट से हाईलाइट को हटाने के लिए बाएँ माउस बटन को शीट पर कहीं भी क्लिक करें।

निश्चित ऐंगल पर डाटा को अलाइन करना (Aligning Data at an Angle)

माइक्रोसॉफ्ट एक्सेल में एक बहुत ही उपयोगी विकल्प है, जो डाटा को आपकी मनचाही जगह पर रखने की सुविधा देता है। इस विकल्प को **Orientation** कहते हैं, जो **Format Cells** बॉक्स के अंदर मौजूद रहता है (चित्र EX-6.11)। इस विकल्प के इस्तेमाल से आप डाटा को अलाइन या डाटा को किसी भी degree के angle पर मोड़ सकते हैं।

आइए, अब हम किसी टेक्स्ट को angle पर अलाइन करना सीखें, जैसे **Sheena** को **45 degrees** angle पर लाते हैं (चित्र EX-6.8)। इसे करने के लिए आपको नीचे लिखे क्रम के अनुसार चलना होगा—

1. टेक्स्ट **Sheena** पर कोई काम करने से पहले आपको इसका चुनाव करना होगा। इसलिए सेल ऐड्रेस **A4** पर बाएँ माउस बटन पर क्लिक करें। यह सेल करंटली ऐक्टिव सेल बन जाएगा।
2. फिर **Format** मेन्यूबार विकल्प पर क्लिक करें। स्क्रीन पर तुरंत ही एक पुल–डाउन मेन्यू दिखाई देगा।
3. पुल–डाउन मेन्यू के अंदर **Cells** विकल्प पर क्लिक करें (चित्र EX-6.9)। स्क्रीन पर तुरंत ही **Format Cells** बॉक्स दिखाई देगा (चित्र EX-6.10)।
4. **Format Cells** बॉक्स में माउस पॉएंटर को **Alignment** टैब पर लाएँ (चित्र EX-6.10) और बाएँ माउस बटन को क्लिक करें। **Format Cells** बॉक्स चित्र EX-6.11 जैसे बॉक्स में बदल जाएगा।
5. माइक्रोसॉफ्ट एक्सेल 2000 अपने आप सभी टेक्स्ट को 0 degrees पर अलाइन कर देता है। इस डिफॉल्ट अलाइनमेंट को अपनी पसंद से बदलने के लिए (यानी **45** degrees) माउस पॉएंटर को छोटे बॉक्स में जो **Degrees** विकल्प के साथ है, पर लाएँ (चित्र EX-6.11) और बाएँ माउस बटन को अप ऐरो स्क्रॉल बटन (▲) पर क्लिक करें।

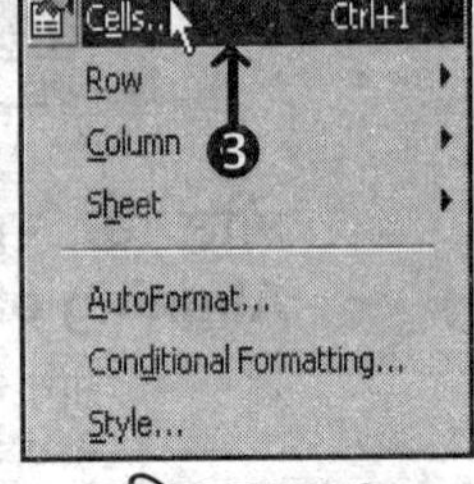

चित्र EX-6.9

आप किसी भी नंबर को अपने मनचाहे ऐंगल पर अलाइन कर सकते हैं।

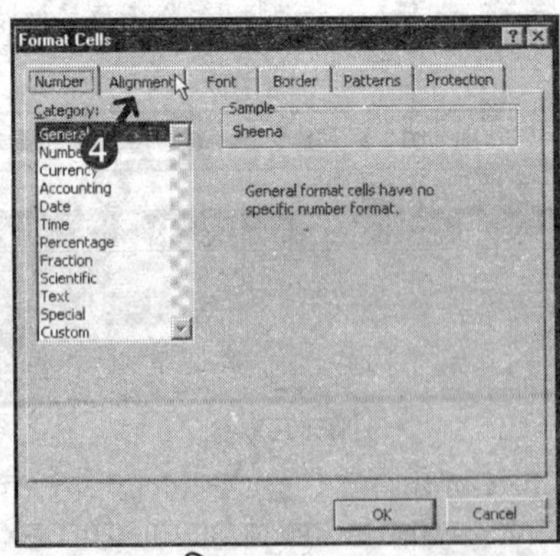

चित्र EX-6.10

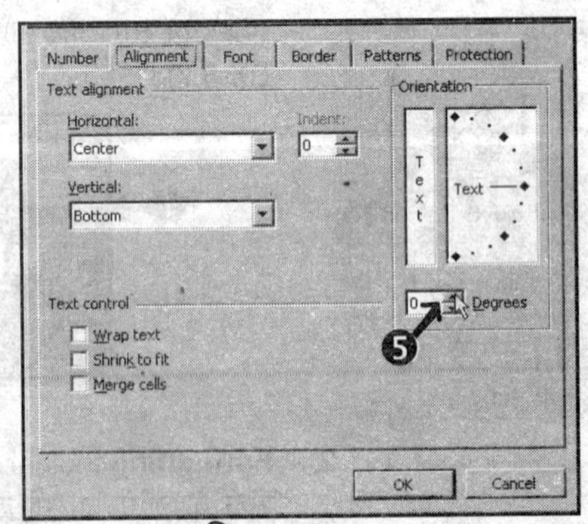

चित्र EX-6.11

6. अगर आप टेक्स्ट **Sheena** को **45 degrees** पर अलाइन करना चाहते हैं, तो अप ऐरो स्क्रॉल बटन (▲) पर तब तक क्लिक करते रहें, जब तक बॉक्स में **45** न दिखने लगे (चित्र EX-6.12)। आप देखेंगे कि टेक्स्ट **Orientation** विकल्प के नीचे **45 degrees** पर अलाइन हुआ बॉक्स में दिखाई देगा।

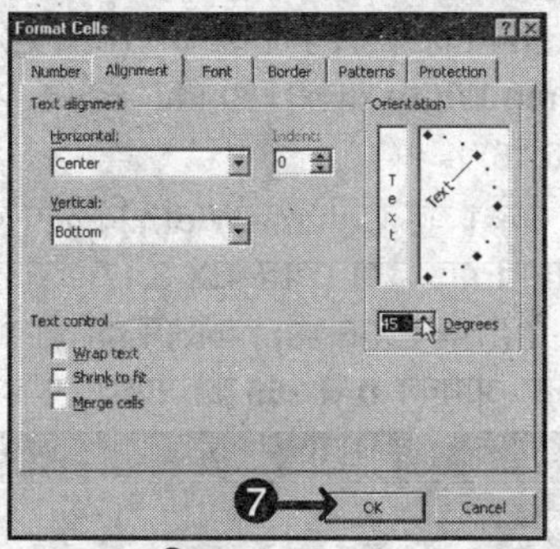

चित्र EX-6.12

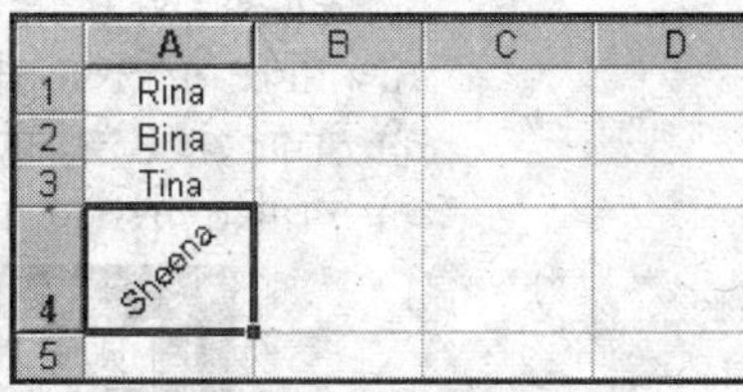

चित्र EX-6.13

7. **OK** बटन पर क्लिक करें। तुरंत ही **Format Cells** बॉक्स स्क्रीन से हट जाएगा और टेक्स्ट **Sheena 45** degrees angle पर अलाइन हुआ सेल ऐड्रेस **A4** में दिखाई देगा (चित्र EX-6.13)।

कॉलम की चौड़ाई को बढ़ाना तथा घटाना (Increasing or Decreasing the Column Width)

शीट पर सभी सेल्स के कॉलम्स की डिफॉल्ट चौड़ाई **9** कैरेक्टर्स होती है, यानी हर सेल अपने आप **9** कैरेक्टर्स को दिखा सकता है, लेकिन एक्सेल आपको शीट पर हर सेल के कॉलम की चौड़ाई को बदलने की सुविधा देता है। विभिन्न कॉलम्स की शीट पर विभिन्न चौड़ाई होती हैं, लेकिन याद रखें कि सभी सेल्स की चौड़ाई एक निश्चित कॉलम में एक ही होती है।

सभी कॉलम्स की चौड़ाई को बदलना (Changing the Width of all Columns)

अगर आप चौड़ाई को बदलना चाहते हैं, (जैसे– सभी कॉलम्स की चौड़ाई **6** करना चाहते हैं) तो आपको नीचे लिखे क्रम के अनुसार चलना होगा–

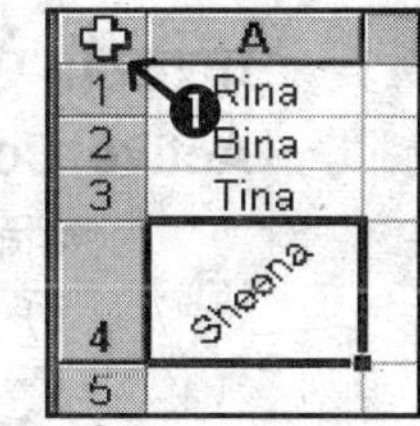

चित्र EX-6.14

1. क्योंकि हमें सभी कॉलम्स की चौड़ाई को बदलना है इसलिए पहले उन सभी सेल्स को हाईलाइट करना होगा। इसके लिए माउस पॉइंटर को **Select All** बटन पर लाएँ और बाएँ माउस बटन को क्लिक करें (चित्र EX-6.14)। तुरंत ही पूरी शीट हाईलाइट हो जाएगी (चित्र EX-6.15)।
2. अब **Format** मेन्यूबार विकल्प पर क्लिक करें। तुरंत ही स्क्रीन पर पुल–डाउन मेन्यू दिखाई देगा (चित्र EX-6.15)।

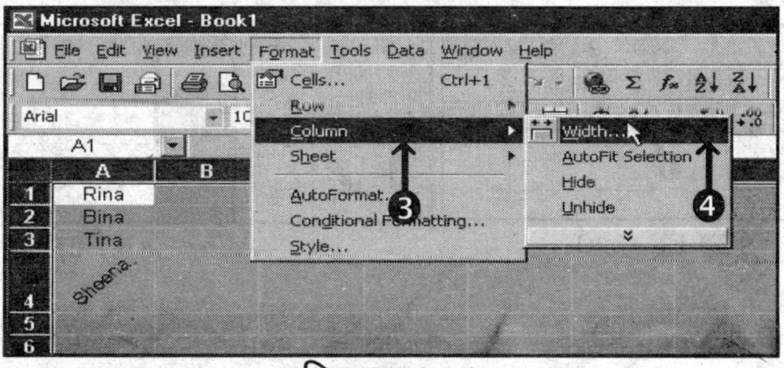

चित्र EX-6.15

3. पुल–डाउन मेन्यू के अंदर **Column** विकल्प पर माउस पॉएंटर को लाएँ (चित्र EX-6.15)। तुरंत ही आपको दूसरा मेन्यू दिखाई देगा।

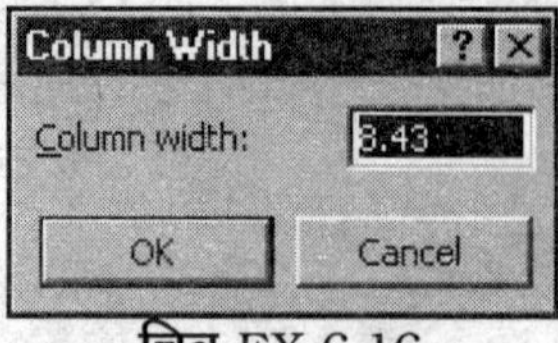

चित्र EX-6.16

4. दूसरे मेन्यू के अंदर **Width** विकल्प पर क्लिक करें (चित्र EX-6.15)। तुरंत ही **Column Width** बॉक्स आपको स्क्रीन पर दिखाई देगा (चित्र EX-6.16)।

चित्र EX-6.17

5. अब की–बोर्ड से **6** टाइप करें। यह **Column Width** विकल्प के साथ बॉक्स में लिखा हुआ दिखाई देगा (चित्र EX-6.17)। सेल्स की चौड़ाई अब **6** हो जाएगी (चित्र EX-6.18)। कॉलम की चौड़ाई को निर्धारित करने के लिए आपको **0** से **255** की संख्या में ही रहना होगा।

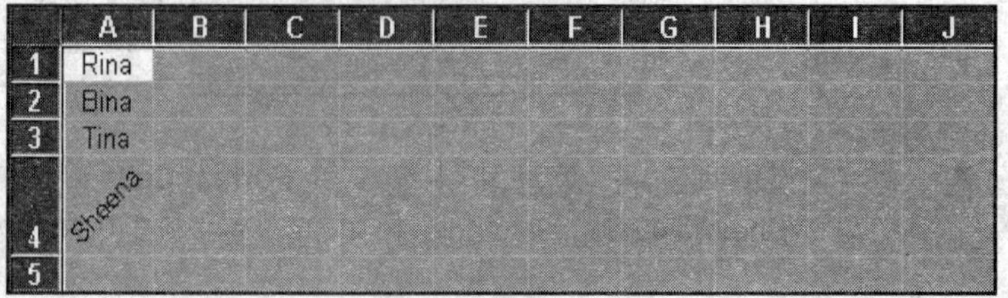

चित्र EX-6.18

यदि आप चौड़ाई 256 टाइप करते हैं, तो एक Message बॉक्स आपको स्क्रीन पर दिखाई देगा (चित्र EX-6.19)। अब आप OK बटन पर क्लिक करें और दोबारा क्रम 5 को करें।

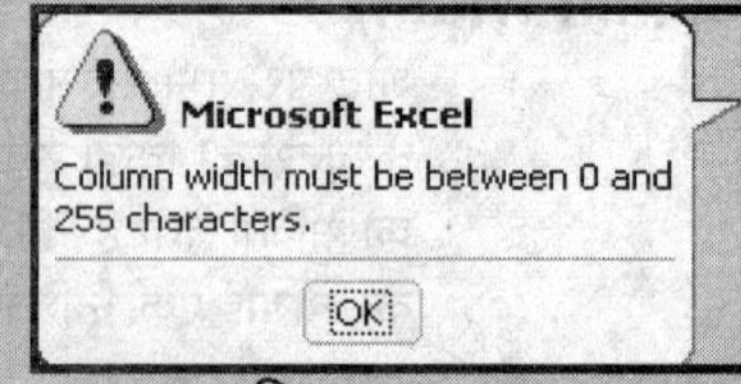

चित्र EX-6.19

6. कॉलम की चौड़ाई को निर्धारित कर लेने के बाद शीट पर कहीं भी क्लिक करके हाईलाइट हटा दें।

करंटली ऐक्टिव सेल की चौड़ाई बदलना (Changing the Width of the Currently Active Column)

यदि आप करंटली ऐक्टिव कॉलम की चौड़ाई को बदलना चाहते हैं, (जैसे कॉलम **C** की चौड़ाई **8** चाहते हैं) तो इसके लिए आपको निम्नलिखित क्रम के अनुसार चलना होगा–

1. माउस पॉएंटर (✥) को कॉलम शीर्षक **C** (चित्र EX-6.20) पर लाएँ और बाएँ माउस बटन को क्लिक करें। तुरंत ही पूरा कॉलम **C** हाईलाइट हो जाएगा (चित्र EX-6.21)।

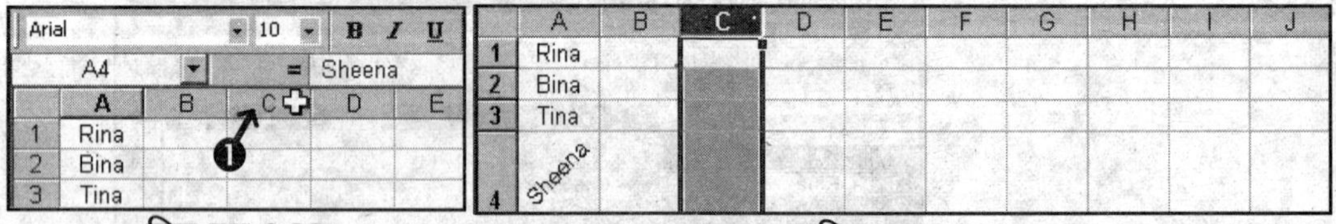

चित्र EX-6.20

चित्र EX-6.21

2. **Menu bar** से **Format** विकल्प का चयन करें। तुरंत ही स्क्रीन पर पुल–डाउन मेन्यू दिखाई देगा (चित्र EX-6.15)।
3. पुल–डाउन मेन्यू से **Column** विकल्प पर क्लिक करें (चित्र EX-6.15)।
4. दूसरे मेन्यू से **Width** विकल्प का चुनाव करें (चित्र EX-6.15)। तुरंत ही आपको **Colum Width** बॉक्स दिखाई देगा (चित्र EX-6.22)।
5. की–बोर्ड से **8** टाइप करें। यह **Column width** विकल्प के साथ बॉक्स के अंदर लिखा जाएगा (चित्र EX-6.22)।
6. **OK** बटन पर क्लिक करें। अपनी शीट के कॉलम **C** से हाईलाइट हटाने के लिए किसी भी जगह पर क्लिक करें।

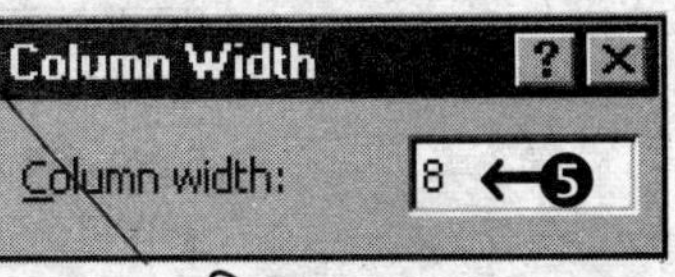

चित्र EX-6.22

चुने गए कॉलम्स की चौड़ाई को बदलना (Changing the Width of Selectecd Columns)

कॉलम्स की चौड़ाई को बदलने के लिए (जैसे कॉलम्स **A** से **C** तक की चौड़ाई **10** करने के लिए) आपको नीचे लिखे क्रम के अनुसार चलना होगा–

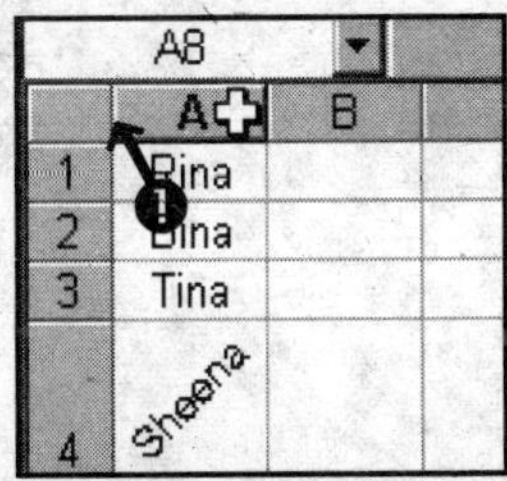

चित्र EX-6.23

1. माउस पॉएंटर (✚) को कॉलम शीर्षक **A** पर लाएँ (चित्र EX-6.23) और बाएँ माउस बटन को उस पर क्लिक करें।
2. बाएँ माउस बटन को दबाए रखते हुए माउस पॉएंटर को कॉलम **C** तक ड्रैग करें। आप देखेंगे कि इन तीन कॉलम्स के सेल्स हाईलाइट हो जाएँगे (चित्र EX-6.24)।

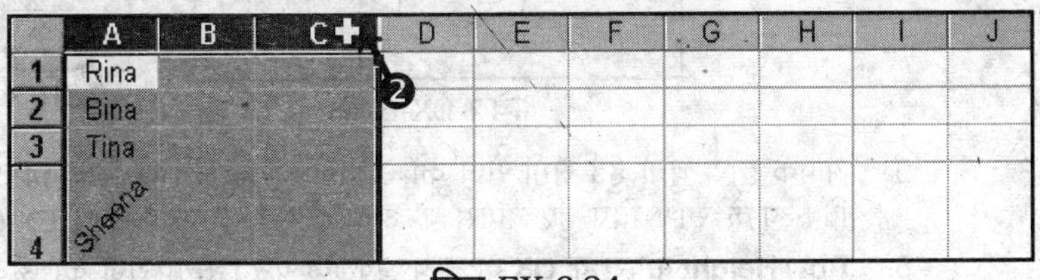

चित्र EX-6.24

3. **Format** मेन्यूबार विकल्प का चुनाव करें।
4. पुल–डाउन मेन्यू में **Column** विकल्प पर क्लिक करें।
5. जब आपको दूसरा मेन्यू दिखाई दे, तब **Width** विकल्प पर क्लिक करें (चित्र EX-6.15)। तुरंत ही **Column Width** बॉक्स आपके स्क्रीन पर दिखाई देगा।
6. की–बोर्ड से **10** टाइप करें। **Column width** विकल्प के साथ बने बॉक्स में **10** दिखाई देगा।
7. **OK** बटन पर क्लिक करें। अब सभी सेल्स की चौड़ाई बदलकर **10** हो जाएगी।
8. कॉलम्स से हाईलाइट हटाने के लिए शीट पर कहीं भी क्लिक कर दें।

रोज़ की ऊँचाई को बढ़ाना तथा घटाना (Increasing or Decreasing the Height of Rows)

शीट पर सभी रोज़ की अपनी डिफॉल्ट ऊँचाई **12.75** होती है। एक्सेल आपको शीट पर हर रो की ऊँचाई को बदलने की सुविधा देता है। शीट पर अलग–अलग रोज़ की अलग–अलग ऊँचाई होती है, पर सभी सेल ऐड्रेसेज़ की किसी एक निश्चित रों में समान ऊँचाई होती है।

सभी रोज़ की ऊँचाई को बदलना (Changing the Height of all Rows)

यदि आप सभी रोज़ की ऊँचाई, को बदलना चाहते हैं (जैसे **14**) तो इसके लिए आपको नीचे लिखे क्रम के अनुसार चलना होगा–

1. जिन रोज़ की ऊँचाई को आप बदलना चाहते हैं, उन्हें पहले हाईलाइट करना होगा। इसके लिए माउस पॉएंटर (✥) को **Select All** बटन पर लाएँ (चित्र EX-6.25) और बाएँ माउस बटन को क्लिक करें। तुरंत ही पूरी शीट हाईलाइट हो जाएगी।

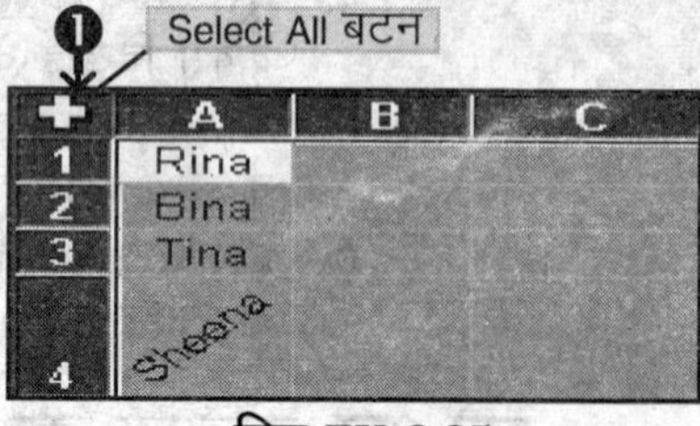

चित्र EX-6.25

2. **Format** मेन्यूबार विकल्प पर क्लिक करें। तुरंत ही पुल–डाउन मेन्यू आपको दिखाई देगा।
3. उसमें **Row** विकल्प पर क्लिक करें। तुरंत ही आपको दूसरा मेन्यू दिखाई देगा (चित्र EX-6.26)।
4. दूसरे मेन्यू के अंदर **Height** विकल्प पर क्लिक करें (चित्र EX-6.26)। तुरंत ही **Row Height** बॉक्स आपको स्क्रीन पर दिखाई देगा (चित्र EX-6.27)।

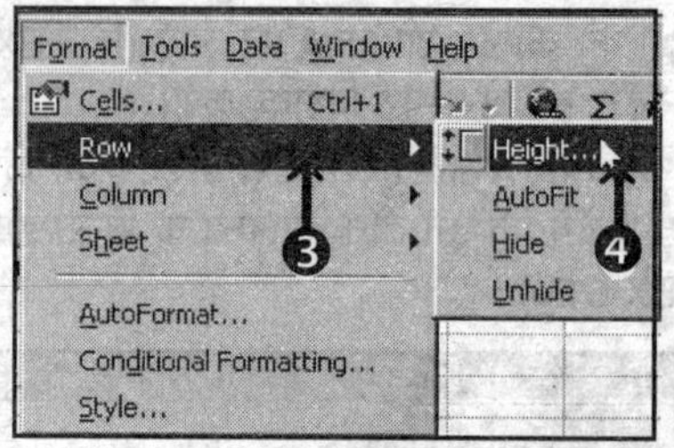

चित्र EX-6.26

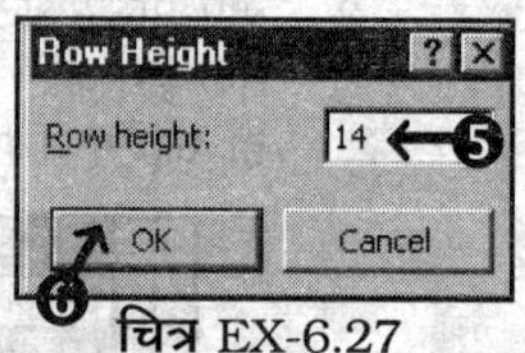

चित्र EX-6.27

5. आपके द्वारा चुनी हुई सभी रोज़ की ऊँचाई को बदलने के लिए **14** टाइप करें। यह **Row height** विकल्प के साथ दिए हुए बॉक्स के अंदर लिखा जाएगा (चित्र EX-6.27)।
6. **Row Height** बॉक्स के **OK** बटन पर क्लिक करें। सभी रोज़ की ऊँचाई बदलकर **14** हो जाएगी।
7. सभी रोज़ से हाईलाइट हटाने के लिए शीट पर कहीं पर भी क्लिक करें।

करंटली ऐक्टिव रो की ऊँचाई बदलना (Changing the Height of the Currently Active Row)

अगर आप करंटली ऐक्टिव रो (हमारे उदाहरण में रो संख्या **5**) की ऊँचाई को बदलना चाहते हैं (जैसे– **16**), तो आपको नीचे लिखे क्रम के अनुसार चलना होगा–

1. माउस–पॉएंटर (✥) को रो संख्या **5** पर लाएँ और बाएँ माउस बटन को क्लिक करें। तुरंत ही पूरी रो **5** हाईलाइट हो जाएगी (चित्र EX-6.28)।

	A	B	C	D	E	F	G	H	I
1	Rina								
2	Bina								
3	Tina								
4									
5									

चित्र EX-6.28

2. **Menu bar** से **Format** विकल्प का चुनाव करें। तुरंत ही एक पुल–डाउन मेन्यू आपको स्क्रीन पर दिखाई देगा (चित्र EX-6.26)।
3. पुल–डाउन मेन्यू में **Row** विकल्प पर क्लिक करें (चित्र EX-6.26)।
4. दूसरे मेन्यू से **Height** विकल्प का चुनाव करें (चित्र EX-6.26)। तुरंत ही **Row Height** बॉक्स आपको दिखाई देगा (चित्र EX-6.29)।
5. की–बोर्ड से अपनी चुनी हुई ऊँचाई (जो **16** है) को टाइप करें। यह **Row Height** विकल्प के साथ दिए हुए बॉक्स के अंदर लिखी दिखाई देगी (चित्र EX-6.29)।
6. **OK** बटन पर क्लिक करें। रो **5** में सभी सेल्स की ऊँचाई बदलकर **16** हो जाएगी। शीट पर किसी भी जगह पर क्लिक करें, ताकि रो **5** से हाईलाइट हट जाए।

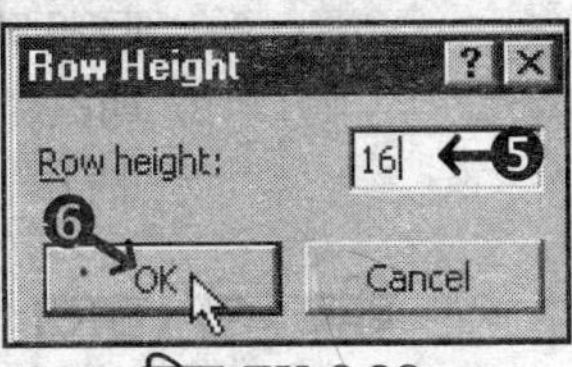

चित्र EX-6.29

चुनी हुई रोज़ की ऊँचाई बदलना (Changing the Height of Selected Rows)

रोज़ (जैसे रो 1 से रो 3 तक) की ऊँचाई बदलने के लिए आपको नीचे लिखे क्रम के अनुसार चलना होगा–

1. माउस पॉएंटर (✚) को रो संख्या **1** पर लाएँ और बाएँ माउस बटन को क्लिक करें।
2. बाएँ माउस बटन को दबाए रखें और माउस पॉएंटर को तब तक ड्रैग करें, जब तक तीनों रोज़ के सभी कॉलम हाईलाइट न हो जाएँ (चित्र EX-6.30)।

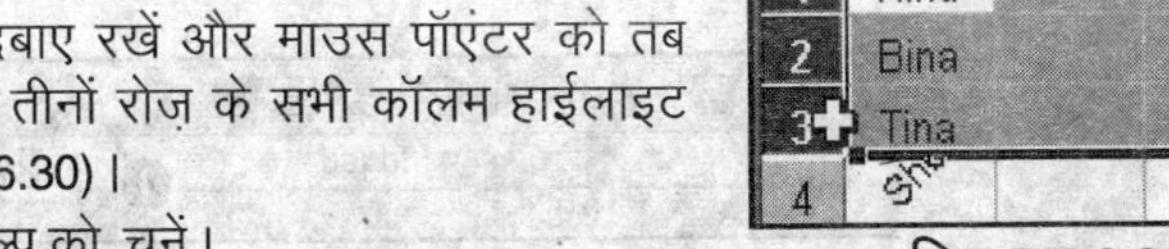

चित्र EX-6.30

3. **Format** मेन्यूबार विकल्प को चुनें।
4. पुल–डाउन मेन्यू के अंदर **Row** विकल्प पर क्लिक करें।
5. जब दूसरा मेन्यू दिखे, तब **Height** विकल्प पर क्लिक करें (चित्र EX-6.26)। तुरंत ही **Row Height** बॉक्स आपको दिखाई देगा (चित्र EX-6.31)।
6. की–बोर्ड से **10** टाइप करें। अब यह **Row height** विकल्प के साथ बॉक्स में लिखा दिखाई देगा (चित्र EX-6.31)।
7. **OK** बटन पर क्लिक करें। उन सभी रोज़ की ऊँचाई बदलकर **10** हो जाएगी।
8. इन रोज़ से हाईलाइट हटाने के लिए शीट पर कहीं भी क्लिक करें।

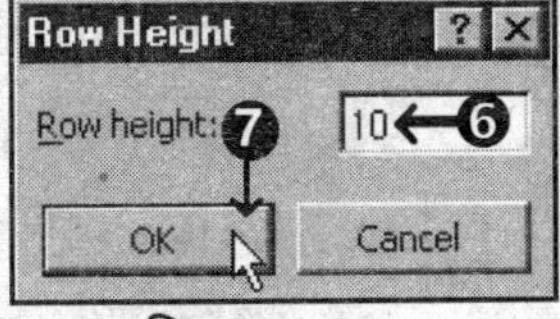

चित्र EX-6.31

शीट के कन्टेन्ट्स डिलीट करना (Erasing the Contents of a Sheet)

कई बार ऐसा भी होता है कि आपकी शीट डाटा से भरी रहती है और आप उसमें नया डाटा डालना चाहते हैं। इस स्थिति में जगह बनाने के लिए आपको पहले वाले डाटा को डिलीट करना होगा। आइए, जिस शीट पर हम काम कर रहे हैं, उस पर से डाटा को डिलीट करने की प्रक्रिया जानें–

1. माउस पॉएंटर (✚) को **Select All** बटन पर लाएँ, जहाँ पर रो संख्या और कॉलम नाम मिलते हैं (चित्र EX- 6.14)। अब बाएँ माउस बटन को क्लिक करें। आप देखेंगे कि पूरी शीट हाईलाइट हो गई है।
2. अब **Menu bar** पर मौजूद **Edit** विकल्प पर क्लिक करें। तुरंत ही आपको पुल–डाउन मेन्यू दिखाई देगा (चित्र EX-6.32)।

3. पुल–डाउन मेन्यू में से **Clear** विकल्प पर क्लिक करें। तुरंत एक और मेन्यू स्क्रीन पर दिखाई देगा (चित्र EX-6.32)।
4. दूसरे मेन्यू में **Contents Del** विकल्प पर क्लिक करें (चित्र EX-6.32)। तुरंत पूरी शीट का डाटा डिलीट हो जाएगा।
5. शीट से हाईलाइट हटाने के लिए शीट पर कहीं भी क्लिक करें।

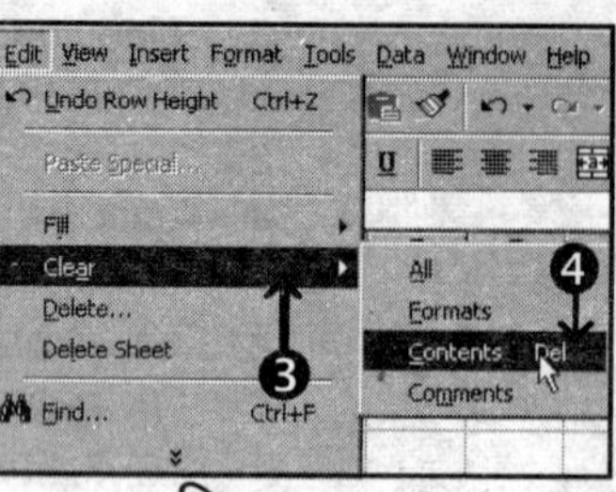

चित्र EX-6.32

शीट से डाटा डिलीट करने की क्रिया को रद्द करना (Undo Erasing the Contents of the Sheet)

यदि आप गलती से कोई डाटा डिलीट कर देते हैं, तो डिलीट किया हुआ डाटा आप वापिस भी ला सकते हैं। इसके लिए आपको नीचे लिखे क्रम के अनुसार चलना होगा–

1. **Standard** toolbar पर मौजूद **Undo** बटन (↶) पर माउस पॉएंटर को लाएँ (चित्र EX-6.33) और फिर बाएँ माउस बटन को क्लिक करें। डिलीट किया हुआ डाटा तुरंत ही आपकी शीट पर दिखाई देगा (चित्र EX-6.34)।

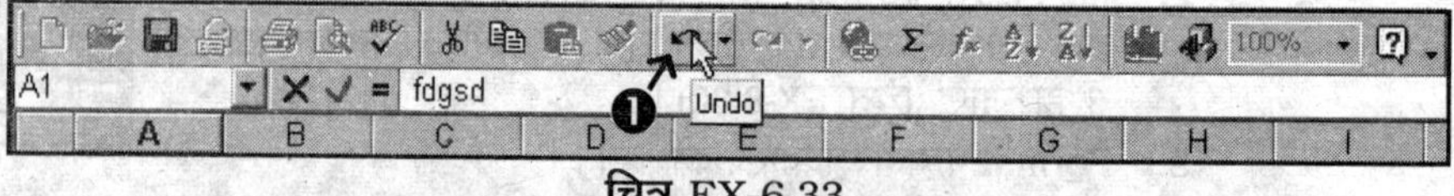

चित्र EX-6.33

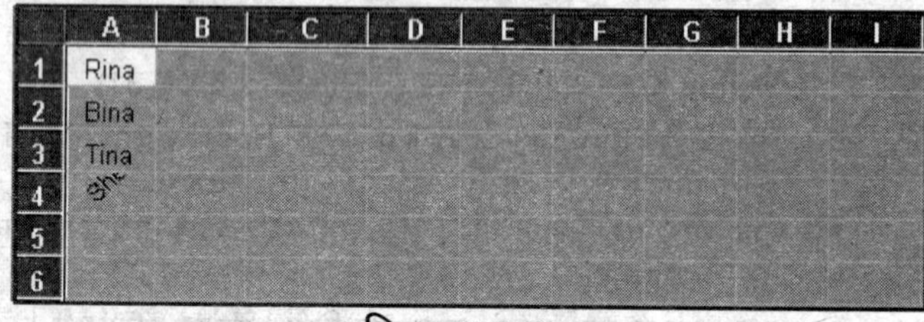

चित्र EX-6.34

2. अपनी शीट से हाईलाइट हटाने के लिए माउस पॉएंटर को शीट पर कहीं भी क्लिक करें। हाईलाइट हट जाएगी।

सेल ऐड्रेसेज़ से डाटा को डिलीट करना (Deleting Data from Cell Addresses)

मान लीजिए कि आपकी पूरी शीट डाटा से भरी हुई है। पूरे डाटा में से आप सिर्फ किसी निश्चित सेल ऐड्रेसेज़ (जैसे **A1** से **B6** तक) के डाटा को डिलीट करना चाहते हैं। यह काम करने के लिए आपको नीचे लिखे क्रम के अनुसार चलना होगा–

1. सेल ऐड्रेस **A1** से डाटा डिलीट करने के लिए माउस पॉएंटर को सेल ऐड्रेस **A1** पर लाएँ और बाएँ माउस बटन को क्लिक करें। सेल ऐड्रेस **A1** अब ऐक्टिव सेल बन जाएगा।
2. बाएँ माउस बटन को सेल ऐड्रेस **A1** पर क्लिक करें।

	A	B
1	Rina	
2	Bina	
3	Tina	
4		
5		
6		

चित्र EX-6.35

3. बाएँ माउस बटन को दबाए रखें और माउस को माउस पैड पर नीचे की तरफ तब तक ड्रैग करें, जब तक आप सेल ऐड्रेस **B6** तक न पहुँच जाएँ। वहाँ पहुँचने के बाद तुरंत ही कॉलम **A** और **B** की सभी रोज़ हाईलाइट हो जाएँगी (चित्र EX-6.35)।
4. अब **Menu bar** से **Edit** विकल्प पर क्लिक करें। आपको पुल–डाउन मेन्यू दिखाई देगा (चित्र EX-6.32)।
5. पुल–डाउन मेन्यू के अंदर **Clear** विकल्प पर क्लिक करें (चित्र EX-6.32) तुरंत ही दूसरा मेन्यू आपको दिखाई देगा।
6. दूसरे मेन्यू के अंदर माउस पॉइंटर को **Contents Del** विकल्प पर लाएँ (चित्र EX-6.32) और बाएँ माउस बटन को क्लिक करें। सेल ऐड्रेस **A1** से **B6** तक तुरंत ही पूरा डाटा डिलीट हो जाएगा।

कॉलम की चौड़ाई को 0 निर्धारित करना (Setting the Column Width to Zero)

मान लीजिए कि आप एक सूची बना रहे हैं, जिसमें आपको XII कक्षा के छात्रों के name, address, marks, performance, grade आदि डालने हैं। आप आसानी से यह सूची बना सकते हैं। पर यदि आपको इस सूची के प्रिंट लेने हैं, जिनमें सिर्फ name और grade दिखाई देते हैं, तो यह थोड़ा कठिन काम हो जाता है। इस समय जिन कॉलम्स की आवश्यकता आपको नहीं है, उन्हें आप किस प्रकार अस्थायी रूप से हटा सकते हैं?

आपकी इस परेशानी को माइक्रोसॉफ्ट एक्सेल सुलझाता है। आइए, हम इस सुविधा को एक उदाहरण द्वारा समझें। पहले टेबल 2 के कन्टेन्ट्स को शीट में प्रविष्ट करें।

Student	Address	Class	Marks	Grade
Prakash	C-28, Strawbery Lane, Delhi	XII	98	A+
Nilesh	B-25, Rasberry Lane, Delhi	XII	78	B+
Anjum	K-34, Lovers Lane, Delhi	XII	65	C
Amrita	N-98, vishal Enclave, Delhi	XII	78	B+
Madhu	P-67, Mayur Enclave, Delhi	XII	89	A

टेबल 2

अपनी टेबल में यदि आप छात्र के सिर्फ **Name** और **Grade** देखना चाहते हैं, तब आपको नीचे लिखे क्रम के अनुसार चलना होगा–

1. डाटा को किसी सेल ऐड्रेस (जैसे सेल ऐड्रेस **A1**) से प्रविष्ट करना शुरू करें (चित्र EX-6.36)।

कॉलम B के सभी सेल्स की चौड़ाई को 26 निर्धारित करने के लिए Format मेन्यूबार विकल्प पर क्लिक करें। पुल–डाउन मेन्यू में से Column विकल्प का चुनाव करें। स्क्रीन पर एक और मेन्यू दिखाई देगा। इस मेन्यू में से Width विकल्प का चुनाव करें। फिर 26 टाइप करें।

E6 = A

	A	B	C	D	E	F	G
1	Student	Address	Class	Marks	Grade		
2	Prakash	C-28, Strawbery Lane, Delhi	XII	98	A+		
3	Nilesh	B-25, Rasberry Lane, Delhi	XII	78	B+		
4	Anjum	K-34, Lovers Lane, Delhi	XII	65	C		
5	Amrita	N-98, Vishal Enclave, Delhi	XII	78	B+		
6	Madhu	P-67, Mayur Enclave, Delhi	XII	89	A		

चित्र EX-6.36

अपनी वर्कबुक को कुछ–कुछ समय पर सेव करते रहें। इसके लिए निम्नलिखित क्रम अपनाएँ–

1. File मेन्यू बार विकल्प पर क्लिक करें।
2. Save विकल्प पर क्लिक करें। Save As बॉक्स आपके स्क्रीन पर खुल जाएगा।
3. कोई भी नाम टाइप करें। हम Item टाइप कर रहे हैं।
4. अब वह फोल्डर चुनें जिसमें आप अपनी वर्कबुक को सेव करना चाहते हैं। हम My Documents फोल्डर का चयन कर रहे हैं। आप चाहें तो Local Disk [C:] में भी अपनी वर्कबुक सेव कर सकते हैं।
5. आखिर में Save बटन पर क्लिक कर दें।

2. क्योंकि हमें विद्यार्थियों के Name तथा Grade दिखाने हैं और Address, Class और Marks छिपाने हैं, इसलिए माउस पॉइंटर (✜) को कॉलम **B** पर ले जाएँ।
3. बाएँ माउस बटन को दबाएँ।
4. बटन दबाए रखकर माउस पॉइंटर (✜) को कॉलम **B** से लेकर **D** तक ड्रैग करें, ताकि कॉलम **B** तथा **D** के सभी सेल्स हाईलाइट हो जाएँ (चित्र EX-6.37)।

Arial 10 B I U $ % ,
B1 = Address

	A	B	C	D	E	F
1	Student	Address	Class	Marks	Grade	
2	Prakash	C-28, Strawbery Lane, Delhi	XII	98	A+	
3	Nilesh	B-25, Rasberry Lane, Delhi	XII	78	B+	
4	Anjum	K-34, Lovers Lane, Delhi	XII	65	C	
5	Amrita	N-98, Vishal Enclave, Delhi	XII	78	B+	
6	Madhu	P-67, Mayur Enclave, Delhi	XII	89	A	
7						

चित्र EX-6.37

5. माउस पॉइंटर को **Format** मेन्यूबार विकल्प पर लाएँ और बाएँ माउस बटन को क्लिक करें। तुरंत ही पुल–डाउन मेन्यू आपको दिखाई देगा।
6. पुल–डाउन मेन्यू के अंदर **Column** विकल्प पर क्लिक करें। एक दूसरा मेन्यू आपको दिखाई देगा (चित्र EX-6.38)।
7. **Hide** विकल्प पर क्लिक करें (चित्र EX- 6.38)। तुरंत ही कॉलम **B,C** तथा **D** स्क्रीन पर से गायब हो जाएँगे और कॉलम **A** तथा कॉलम **B** पास आ जाएँगे (चित्र EX-6.39)।
8. अब हम इस शीट का प्रिंट ले सकते हैं, जिसमें विद्यार्थी के सिर्फ Name तथा Grade हैं।

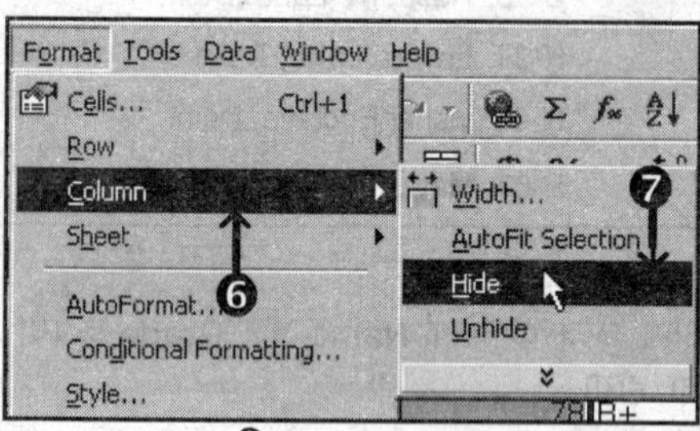

चित्र EX-6.38

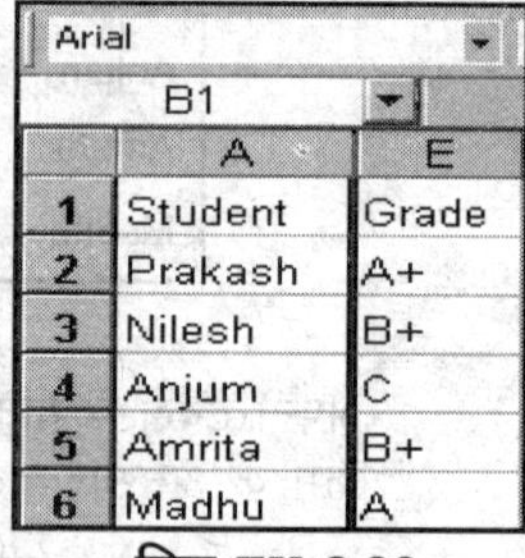
Arial
B1

	A	E
1	Student	Grade
2	Prakash	A+
3	Nilesh	B+
4	Anjum	C
5	Amrita	B+
6	Madhu	A

चित्र EX-6.39

छिपे कॉलम्स को वापिस दर्शाना (Restoring the Hidden Columns)

छिपाए गए कॉलम्स को दोबारा स्क्रीन पर दिखाना आवश्यक होता है। नीचे लिखा भाग छिपाए गए कॉलम्स को वापिस दिखाने में आपकी मदद करेगा।

1. उन कॉलम्स को हाईलाइट करें, जो पास–पास (हमारे उदाहरण में कॉलम **A** और **E**) व्यवस्थित हैं। इसके लिए कॉलम **A** पर क्लिक करें।
2. अब माउस पॉइंटर को **Format** मेन्यूबार विकल्प पर ले जाएँ और बाएँ माउस बटन को क्लिक करें। स्क्रीन पर एक पुल–डाउन मेन्यू दिखाई देगा (चित्र EX-6.40)।
3. पुल–डाउन मेन्यू में **Column** विकल्प पर माउस पॉइंटर को ले जाएँ, एक दूसरा मेन्यू स्क्रीन पर दिखेगा (चित्र EX-6.40)।

4. आखिर में **Unhide** विकल्प पर क्लिक कर दें (चित्र EX-6.40)। अब आपके द्वारा छिपाए गए सारे कॉलम्स स्क्रीन पर दिखने लगेंगे।

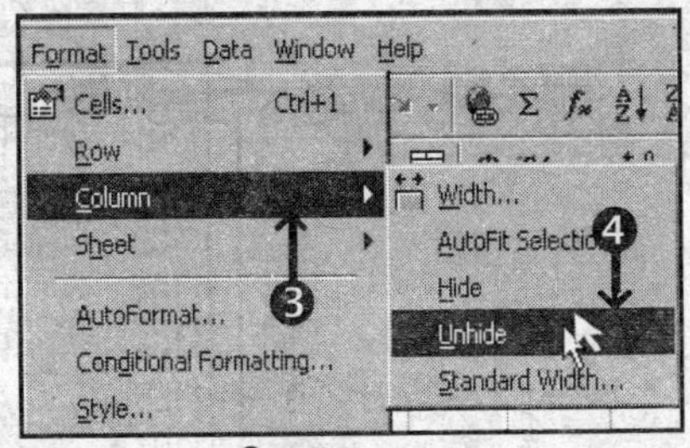

चित्र EX-6.40

वैल्यूज़ को फॉर्मेट करना (Values Formatting)

नंबरों की प्रस्तुति उसके टाइप के अनुसार आप कर सकते हैं। उदाहरण के लिए– यदि आपके नंबर Dollar में हैं, तो उन्हें आसानी से पहचानने के लिए उनके आगे Dollar का निशान ($) दिखाना पड़ता है। यदि कुछ नंबर Percentage में होते हैं, तो उन्हें Percentage के निशान (%) द्वारा दिखाया जाता है। माइक्रोसॉफ्ट एक्सेल आपको विभिन्न नंबरों को लिखने और शीट पर वैल्यूज़ को लिखने के विभिन्न तरीके बताता है। उदाहरण के लिए– (आप कोई नंबर जैसे– 20) नीचे लिखे फॉर्मेट में लिख सकते हैं–

20	—	साधारण रूप
20.00	—	दशमलव के दूसरे स्थान तक निर्धारित
2.00E+o1	—	वैज्ञानिक (Scientific)
20%	—	प्रतिशत में (Percentage)
$ 20.00	—	मुद्रा में (Currency)

एक्सेल में डिफॉल्ट साधारण रूप है, जिसका अर्थ है कि नंबर उसी प्रकार दिखाई देंगे, जैसे आप उन्हें टाइप करेंगे। यदि नंबर सेल में आने के नजरिये से बड़ा है, तो आप उसे Scientific फॉर्मेट में से बदल सकते हैं।

इसे और अधिक साफ–साफ समझने के लिए यह अच्छा होगा कि आप टेबल 3 के डाटा के साथ काम करें–

Sr. No.	Name	Rate	Dis %	Perform	Extended
1101	Bananas	82	0.02	1	
1102	Berries	27	0.03	2	
1103	Cookies	32.1	0.035	3	
1104	Cakes	42.5	0.024	1	
1105	Pasteries	22	0.031	2	
1106	Apples	87	0.012	1	
1107	Oranges	24	0.021	-1	
1108	Biscuits	12.5	0.032	-2	
1109	Cocoa	13.5	0.012	-2	
1110	Plums	12.5	0.021	3	

टेबल 3

फॉर्मेट करने पर टेबल 3 चित्र EX-6.41 जैसा दिखेगा। आइए, अब हम माइक्रोसॉफ्ट एक्सेल में डाटा प्रविष्ट करें–उसके बाद उसे फॉर्मेट करेंगे।

शीर्षक बोल्ड में प्रदर्शित

Sr.No.	Name	Rate	Dis%	Perform	Extended
1101	Bananas	82.00	2%	1	83.6
1102	Berries	27.00	3%	2	28.6
1103	Cookies	32.10	4%	3	35.5
1104	Cakes	42.50	2%	1	43.5
1105	Pasteries	22.00	3%	2	23.4
1106	Apples	87.00	1%	1	88.0
1107	Orange	24.00	2%	-1	23.5
1108	Biscuits	12.50	3%	-2	11.7
1109	Cocoa	13.50	1%	-2	13.2
1110	Plums	12.50	2%	3	13.3

नम्बर बाईं तरफ व्यवस्थित

Extended Amount की गणना हो गई है

Dis% प्रतिशत में दिखता हुआ

चित्र EX-6.41

डाटा प्रविष्ट करना (Entering Data in Microsoft Excel Sheet)

किसी सेल ऐड्रेस (जैसे **A1**) से टेबल बनाने के लिए आपको नीचे लिखे क्रम के अनुसार चलना होगा।

1. नए टेबल को बनाने के लिए पहले किसी टैब (जैसे– अपने वर्कबुक **items** की **Sheet3** टैब) पर क्लिक करें। तुरंत ही एक खाली शीट आपको दिखाई देगी।
2. सेल ऐड्रेस **A1** पर क्लिक करें और **Sr. No.** टाइप करें।
3. सेल ऐड्रेस **B1** पर क्लिक करें और **Name** टाइप करें।
4. इसी प्रकार सेल ऐड्रेस **C1** पर **Rate, D1** पर **Dis%, E1** पर **Perform** और **F1** पर **Extended** टाइप करें।
5. हर कॉलम के लिए शीर्षक टाइप करने के बाद सेल ऐड्रेस **A2** पर क्लिक करें तथा **1101** टाइप करें और **Enter** key दबाएँ। अब सेल ऐड्रेस **A3** ऐक्टिव सेल बन जाएगा।
6. कॉलम **A** में **1110** तक नंबरों को क्रमवार डालें। इसके लिए सेल ऐड्रेस **A2** पर दोबारा क्लिक करें और फिर बाएँ माउस बटन को दबाएँ।
7. बाएँ माउस बटन को दबाए रखते हुए माउस पॉएंटर को सेल ऐड्रेस **A11** तक ड्रैग करें।
8. फिर **Edit** मेन्यू बार विकल्प को क्लिक करें।
9. पुल–डाउन मेन्यू के अंदर **Fill** विकल्प पर क्लिक करें।
10. दूसरे मेन्यू में **Series** विकल्प पर क्लिक करें। नंबर **1101** से **1110** तक कॉलम **A** में दिखेंगे।
11. अब सेल ऐड्रे स **B2** पर क्लिक करें और **Bananas** टाइप करें। फिर **Enter key** दबाएँ।
12. सेल ऐड्रेस **B3** में **Berries** टाइप करें और **Enter** key दबाएँ।
13. **Cookies** को सेल ऐड्रेस **B4** टाइप करें और **Enter** key दबाएँ। टेबल **3** के दूसरे कॉलम में मौजूद डाटा को इसी प्रकार टाइप करें।
14. सेल ऐड्रेस **C2** पर क्लिक करें और **82** टाइप करके। फिर **Enter** key दबाएँ।
15. सेल ऐड्रेस **C3** में **27** प्रविष्ट करें और **Enter** key दबाएँ।
16. टेबल **3** के तीसरे कॉलम पर मौजूद बाकी डाटा को इसी प्रकार प्रविष्ट करें।
17. अब सेल ऐड्रेस **D2** को क्लिक करें और **0.02** को प्रविष्ट करें। फिर **Enter** key दबाएँ।
18. सेल ऐड्रेस **D3** में **0.03** को प्रविष्ट करें। फिर **Enter** key दबाएँ।
19. टेबल **3** में चौथे कॉलम में मौजूद डाटा को इसी प्रकार प्रविष्ट करें।
20. अब सेल ऐड्रेस **E2** पर क्लिक करें और **1** प्रविष्ट करके **Enter** key दबाएँ।
21. सेल ऐड्रेस **E3** में **2** को प्रविष्ट करें और **Enter** key दबाएँ।

22. टेबल 3 के पाँचवें कॉलम में मौजूद बाकी डाटा को इसी प्रकार प्रविष्ट करें। आपकी शीट चित्र EX-6.42 के समान दिखेगी।

	Sr.No	Name	Rate	Dis%	Perform	Extended
2	1101	Bananas	82	0.02	1	
3	1102	Berries	27	0.03	2	
4	1103	Cookies	32.1	0.035	3	
5	1104	Cakes	42.5	0.024	1	
6	1105	Pasteries	22	0.031	2	
7	1106	Apples	87	0.012	1	
8	1107	Orange	24	0.021	-1	
9	1108	Biscuits	12.5	0.032	-2	
10	1109	Cocoa	13.5	0.012	-2	
11	1110	Plums	12.5	0.021	3	

चित्र EX-6.42

कॉलम के शीर्षकों को बोल्ड तथा बीच में व्यवस्थित करना (Making the Column Headings Bold and Centered)

चित्र EX- 6.41 में कॉलम शीर्षक (जैसे **Sr.No., Name, Rate, Dis%, Perform** और **Extended**) को बोल्ड फॉर्मेट और मध्य में व्यवस्थित किया गया है। आइए, अब हम इन कॉलम शीर्षकों को बोल्ड करके बीच में व्यवस्थित करें–

1. माउस पॉएंटर (✚) को सेल ऐड्रेस **A1** पर लाएँ और बाएँ माउस बटन को क्लिक करें। अब सेल ऐड्रेस **A1** ऐक्टिव सेल बन जाएगा।

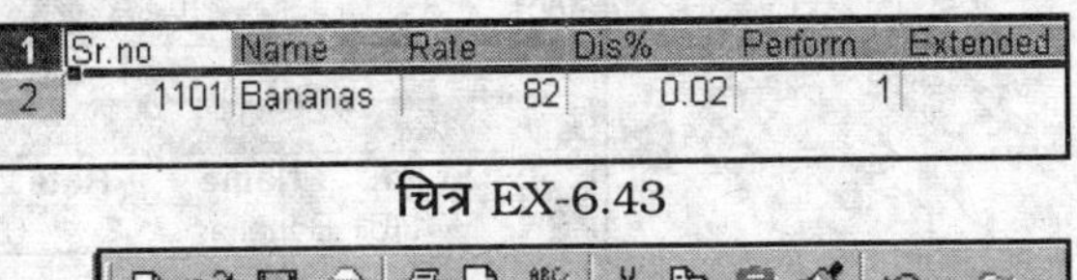

चित्र EX-6.43

2. अब सेल ऐड्रेस **A1** पर बाएँ माउस बटन को दबाए रखते हुए माउस पॉएंटर (✚) को तब तक ड्रैग करें, जब तक माउस पॉएंटर सेल ऐड्रेस **F1** पर न आ जाए। जब सभी सेल ऐड्रेस के कॉलम शीर्षक हाईलाइट हो जाएँ, तब बाएँ माउस बटन को छोड़ दें (चित्र EX-6.43)।

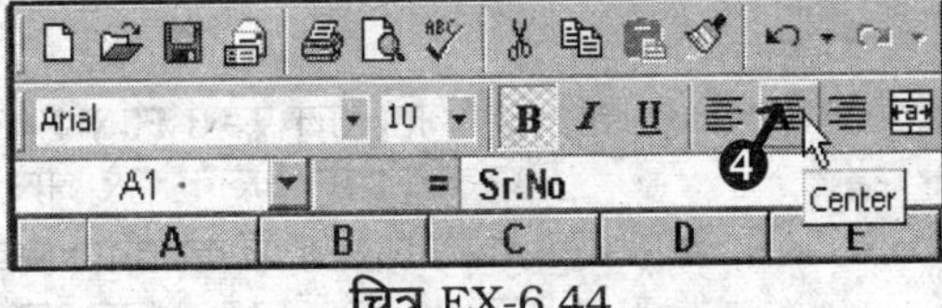

चित्र EX-6.44

4. राशी कॉलम शीर्षकों को बीच में व्यवस्थित करने के लिए माउस पॉएंटर (✚) को **Formatting** toolbar पर लाएँ और **Center** बटन (▣) पर क्लिक करें (चित्र EX-6.44)।

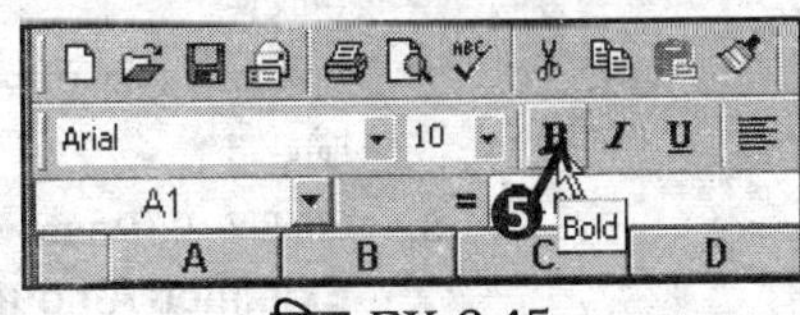

चित्र EX-6.45

5. **Bold** बटन (▣) पर क्लिक करें (चित्र EX-6.45)।
6. सेल ऐड्रेस **A1** से **F1** तक हाईलाइट हटाने के लिए शीट पर कहीं भी क्लिक करें। आप देखेंगे कि कॉलम शीर्षक बोल्ड तथा बीच में दिख रहे हैं (चित्र EX-6.46)।

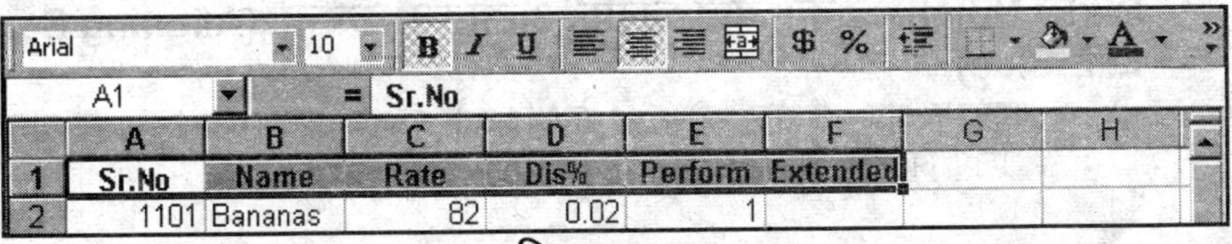

चित्र EX-6.46

Extended Amount की गणना करना (Calculating the Extended Amount)

कॉलम **F** आपको **Extended Amount** दिखाएगा। इस amount की गणना करने के लिए आपको **Rate**, **Dis%** तथा **Perform** को गुणा करना होगा और प्राप्त उत्तर को कॉलम **C** के **Rate** में जमा करना होगा। **Extended Amount** की गणना करने के लिए नीचे लिखा फॉर्मूला सेल **F2** में टाइप करें–

+C2+(C2*D2*E2)

जहाँ कॉलम **C Rate**, कॉलम **D Dis%** और कॉलम **E Performance** दर्शाएगा। आइए, हम पहले सेल ऐड्रेस **F2** के **Extended Amount** को कैलक्युलेट करें। उसके बाद इस फॉर्मूला को सेल ऐड्रेस **F3** से **F11** तक कॉपी करेंगे। इसके लिए आपको नीचे लिखे क्रम के अनुसार चलना होगा–

1. सेल ऐड्रेस **F2** पर क्लिक करें और फॉर्मूला **+C2+(C2*D2*E2)** को प्रविष्ट करें।
2. **Enter** key दबाएँ। सेल ऐड्रेस **F2** में तुरंत ही उत्तर दिखाई देगा (चित्र EX-6.47)।

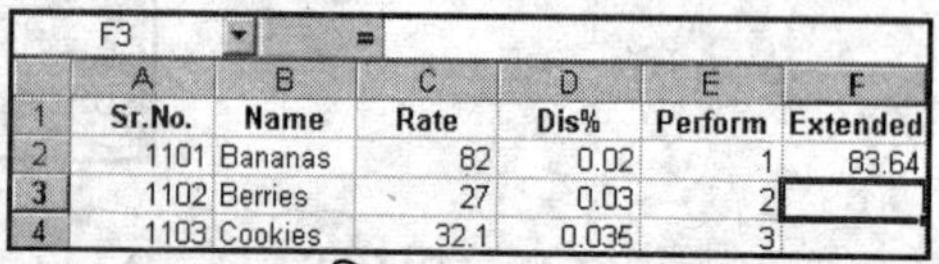

	A	B	C	D	E	F
1	Sr.No.	Name	Rate	Dis%	Perform	Extended
2	1101	Bananas	82	0.02	1	83.64
3	1102	Berries	27	0.03	2	
4	1103	Cookies	32.1	0.035	3	

चित्र EX-6.47

3. सभी **items** के **Extended Amount** को कैलक्युलेट करने के लिए सेल ऐड्रेस **F2** के फॉर्मूले को सेल ऐड्रेस **F3** से **F11** तक कॉपी करें। यह काम (कॉपी) करने के लिए सेल ऐड्रेस **F2** पर दोबारा क्लिक करें।
4. माउस पॉएंटर (✥) को **Copy** बटन (▣) पर (चित्र EX-6.48) ले जाएँ और बाएँ माउस बटन को क्लिक करें। सेल ऐड्रेस अब एक dotted outline में दिखेगा।

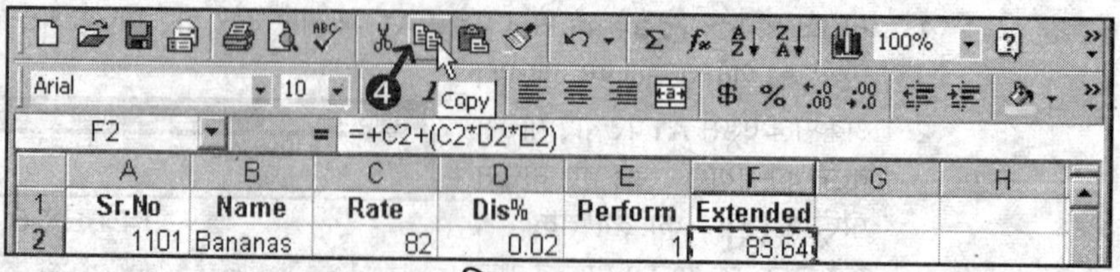

Arial 10 Copy 100%

F2 = =+C2+(C2*D2*E2)

	A	B	C	D	E	F	G	H
1	Sr.No	Name	Rate	Dis%	Perform	Extended		
2	1101	Bananas	82	0.02	1	83.64		

चित्र EX-6.48

5. अब आप सेल ऐड्रेस **F3** से **F4** के रेंज को हाईलाइट करें, ताकि फॉर्मूले को पेस्ट कर सकें। सेल ऐड्रेस **F3** पर क्लिक करें और फिर बाएँ माउस बटन को क्लिक करें।
6. बाएँ माउस बटन को दबाए रखते हुए माउस पॉएंटर को सेल ऐड्रेस **F11** पर तब तक ड्रैग करें जब तक सेल ऐड्रेस **F3** से **F11** तक हाईलाइट न हो जाएँ।
7. जब सभी सेल ऐड्रेसेज़ हाईलाइट हो जाएँ, तब बाएँ माउस बटन को दबाना छोड़ दें।
8. आखिर में **Paste** बटन (▣) पर क्लिक करें। तुरंत ही सभी items की **Extended Amount** की गणना हो जाएगी और शीट चित्र EX-6.49 जैसी दिखाई देगी।
9. सेल ऐड्रेस F3 से F11 तक हाईलाइट हटाने के लिए शीट पर कहीं भी क्लिक करें।

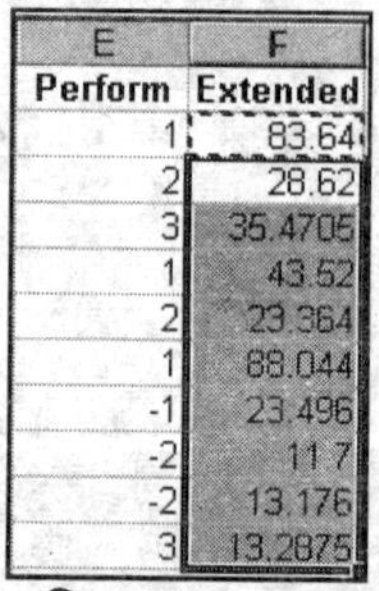

E	F
Perform	Extended
1	83.64
2	28.62
3	35.4705
1	43.52
2	23.364
1	88.044
-1	23.496
-2	11.7
-2	13.176
3	13.2875

चित्र EX-6.49

Serial Numbers को बाईं तरफ अलाइन करना (Aligning Serial Numbers to the Left Side)

आइए, अब हम सेल ऐड्रेस **A2** से **A11** तक मौजूद serial numbers को बाईं तरफ अलाइन करें। इसके लिए आपको दिए गए क्रम के अनुसार चलना होगा–

1. आप सेल ऐड्रेसेज़ **A2** से **A11** तक के कन्टेन्ट्स को बाईं तरफ अलाइन करना चाहते हैं। इसके लिए पहले इन्हें हाईलाइट करें। फिर सेल ऐड्रेस **A2** पर बाएँ माउस बटन को क्लिक करें।
2. बाएँ माउस बटन को दबाए रखते हुए माउस को माउस पैड पर नीचे की तरफ इस प्रकार ड्रैग करें कि सेल ऐड्रेस **A2** से **A11** तक हाईलाइट हो जाएँ।
3. जब आपकी जरूरत के सेल ऐड्रेसेज़ हाईलाइट हो जाएँ, तब बाएँ माउस बटन को छोड़ दें।
4. अब **Formatting** toolbar पर स्थित **Align Left** बटन (≡) पर क्लिक करें (चित्र EX-6.50)। तुरंत ही सेल ऐड्रेस **A2** से **A11** तक के कन्टेन्ट्स सेल की बाईं तरफ आ जाएँगे।
5. सेल ऐड्रेस **A2** से **A11** तक से हाईलाइट हटाने के लिए किसी अन्य जगह पर क्लिक करें।

Arial 10 B I U — A2 = 1101 — 4

	A	B	C	D
1	Sr.No.	Name	Rate	Dis%
2	1101	Bananas	82	0.02
3	1102	Berries	27	0.03
4	1103	Cookies	32.1	0.035
5	1104	Cakes	42.5	0.024
6	1105	Pasteries	22	0.031
7	1106	Apples	87	0.012
8	1107	Orange	24	0.021
9	1108	Biscuits	12.5	0.032
10	1109	Cocoa	13.5	0.012
11	1110	Plums	12.5	0.021

चित्र EX-6.50

Rates की दशमलव-संख्या को बढ़ाना (Increasing the Decimal Values of Rates)

चित्र EX-6.50 में कॉलम **C** में **Rate** दो दशमलव संख्या (two decimal places) तक आपको दिखाई नहीं दे रहा है। कॉलम **C** के वैल्यूज़ को दशमलव के दूसरे स्थान तक दिखाने के लिए आपको नीचे लिखे क्रम के अनुसार चलना होगा–

1. सेल ऐड्रेस **C2** से **C11** तक को हाईलाइट करें और माउस पॉइंटर (✚) को सेल ऐड्रेस **C2** पर लाएँ।
2. बाएँ माउस बटन को दबाएँ। तुरंत ही सेल ऐड्रेस **C2** ऐक्टिव सेल बन जाएगा।
3. बाएँ माउस बटन को दबाए रखते हुए माउस को माउस पैड पर नीचे की तरफ तब तक ड्रैग करें जब तक सेल ऐड्रेस **C2** से **C11** तक हाईलाइट न हो जाएँ (चित्र EX-6.51)। एक बार सभी सेल ऐड्रेसेज़ हाईलाइट हो जाएँ, तब बाएँ माउस बटन को छोड़ दें।

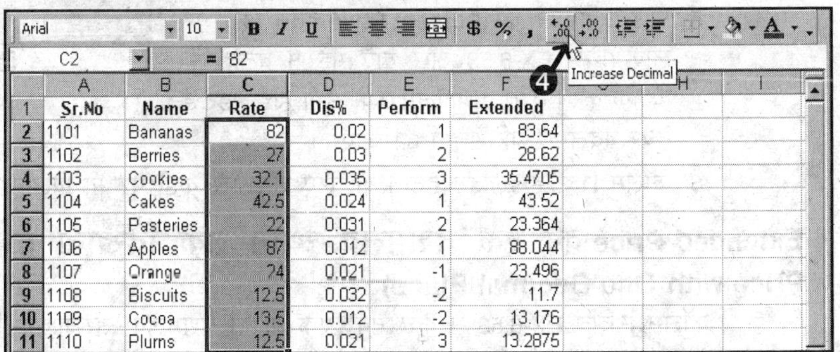

	A	B	C	D	E	F	G	H	I
1	Sr.No	Name	Rate	Dis%	Perform	Extended			
2	1101	Bananas	82	0.02	1	83.64			
3	1102	Berries	27	0.03	2	28.62			
4	1103	Cookies	32.1	0.035	3	35.4705			
5	1104	Cakes	42.5	0.024	1	43.52			
6	1105	Pasteries	22	0.031	2	23.364			
7	1106	Apples	87	0.012	1	88.044			
8	1107	Orange	24	0.021	-1	23.496			
9	1108	Biscuits	12.5	0.032	-2	11.7			
10	1109	Cocoa	13.5	0.012	-2	13.176			
11	1110	Plums	12.5	0.021	3	13.2875			

चित्र EX-6.51

4. अब माउस पॉइंटर को **Increase Decimal** बटन (.00) पर लाएँ।

   यदि बटन को एक बार क्लिक करेंगे, तो एक दशमलव संख्या के साथ नंबर आपको दिखाई देंगे। यदि आप दो बार क्लिक करेंगे, तो नंबर दो दशमलव संख्याओं के साथ दिखाई देंगे।

5. क्योंकि हमें सभी नंबरों को दशमलव के दूसरे स्थान तक कॉलम **C** में दिखाना है, इसलिए **Increase Decimal** बटन (.00→.0) पर दो बार क्लिक करें। तुरंत ही नंबर कॉलम **C** में दशमलव के दूसरे स्थान तक दिखाई देंगे (चित्र EX-6.52)।
6. कॉलम **C** से हाईलाइट हटाने के लिए शीट पर कहीं भी क्लिक करें।

	A	B	C
1	Sr.No	Name	Rate
2	1101	Bananas	82.00
3	1102	Berries	27.00
4	1103	Cookies	32.10
5	1104	Cakes	42.50
6	1105	Pasteries	22.00
7	1106	Apples	87.00
8	1107	Orange	24.00
9	1108	Biscuits	12.50
10	1109	Cocoa	13.50
11	1110	Plurns	12.50

चित्र EX-6.52

Discounts को प्रतिशत (%) में दिखाना (Displaying the Discounts in Percentage Format)

कॉलम **Dis%** की सभी संख्याओं को प्रतिशत में दिखाने के लिए आपको नीचे लिखे क्रम के अनुसार चलना होगा–

1. आप सेल ऐड्रेस **D2** से **D11** तक को हाईलाइट करें। फिर सेल ऐड्रेस **D2** पर माउस पॉएंटर को लाएँ और क्लिक करें। सेल ऐड्रेस **D2** अब ऐक्टिव सेल बन जाएगा।
2. बाएँ माउस बटन को क्लिक करें।
3. बाएँ माउस बटन को दबाए रखते हुए माउस को माउस पैड पर नीचे की तरफ इस प्रकार ड्रैग करें कि सेल ऐड्रेस **D2** से **D11** तक हाईलाइट हो जाएँ।
4. बाएँ माउस बटन को छोड़ दें।
5. माउस पॉएंटर को **Percent Style** बटन (%) पर लाएँ (चित्र EX-6.53) और बाएँ माउस बटन को क्लिक करें। तुरंत ही कॉलम **D** के सभी हाईलाइटेड नंबर बदलकर प्रतिशत में आ जाएँगे।
6. कॉलम **D** से हाईलाइट हटाने के लिए शीट पर कहीं पर भी क्लिक करें।

Percent Style

D	E	F	G
Dis%	Perform	Extended	
2%	1	83.64	
3%	2	28.62	
4%	3	35.4705	
2%	1	43.52	
3%	2	23.364	
1%	1	88.044	
2%	-1	23.496	
3%	-2	11.7	
1%	-2	13.176	
2%	3	13.2875	

चित्र EX-6.53

Extended Price को एक दशमलव स्थान तक दिखाना (Displaying Extended Price with One Decimal Place)

कॉलम **F** चित्र EX-6.53 में कुछ नंबर एक या दो दशमलव–संख्या तक दिखाई देते हैं, जबकि अन्य में तीन दशमलव संख्या तक दिखाई देते हैं। आइए, अब हम सभी नंबरों को एक समान दशमलव संख्या (जैसे– एक दशमलव संख्या) में लाएँ। इसके लिए आपको नीचे लिखे क्रम के अनुसार चलना होगा–

1. सेल ऐड्रेस **F2** से **F11** तक को आप हाईलाइट करें, इसके लिए सेल ऐड्रेस **F2** पर क्लिक करें।

2. बाएँ माउस बटन को दबाए रखते हुए माउस को माउस पैड पर नीचे की तरफ ड्रैग करें। तुरंत ही कॉलम **F** के सभी सेल ऐड्रेसेज़ हाईलाइट हो जाएँगे (चित्र EX-6.54)।
3. सेल ऐड्रेस को हाईलाइट करने के बाद बाएँ माउस बटन को छोड़ दें।
4. सभी नंबरों को दशमलव के बाद एक स्थान तक दिखाने के लिए बाएँ माउस बटन को **Decrease Decimal** बटन (.00→.0) पर क्लिक करें (चित्र EX-6.54) आप जैसे ही इस बटन पर क्लिक करेंगे, वैसे ही नंबर दशमलव के एक स्थान तक दिखाई देंगे (चित्र EX-6.55)।
5. कॉलम **F** से हाईलाइट हटाने के लिए शीट पर कहीं भी क्लिक करें।

4 Decrease Decimal

F	G	H	I
Extended			
83.64			
28.62			
35.4705			
43.52			
23.364			
88.044			
23.496			
11.7			
13.176			
13.2875			

चित्र EX-6.54

अपने काम को थोड़े-थोड़े समय पर सेव करना एक अच्छी आदत है। इसके लिए स्टैंडर्ड टूल बार पर मौजूद Save बटन (💾) पर क्लिक करें।

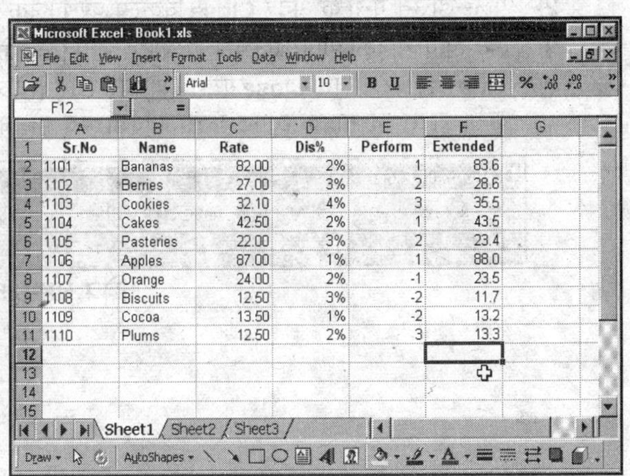

Microsoft Excel - Book1.xls

	A	B	C	D	E	F	G
1	Sr.No	Name	Rate	Dis%	Perform	Extended	
2	1101	Bananas	82.00	2%	1	83.6	
3	1102	Berries	27.00	3%	2	28.6	
4	1103	Cookies	32.10	4%	3	35.5	
5	1104	Cakes	42.50	2%	1	43.5	
6	1105	Pasteries	22.00	3%	2	23.4	
7	1106	Apples	87.00	1%	1	88.0	
8	1107	Orange	24.00	2%	-1	23.5	
9	1108	Biscuits	12.50	3%	-2	11.7	
10	1109	Cocoa	13.50	1%	-2	13.2	
11	1110	Plums	12.50	2%	3	13.3	

चित्र EX-6.55

याद रखने योग्य बातें (Points to Remember)

जब आप किसी सेल की चौड़ाई को बढ़ाते तथा घटाते हैं, तो वह उस कॉलम में उपस्थित बाकी सभी सेल्स की भी चौड़ाई बढ़ाता या घटाता है। ऐसे ही यदि आप किसी रो की ऊँचाई को बढ़ाते तथा घटाते हैं, तो वह उस रो में उपस्थित सभी सेल्स की ऊँचाई भी बढ़ाता **या घटाता है।**

- फॉर्मूले में किसी भी नंबर तथा alphabets के बीच में खाली स्थान नहीं आना चाहिए। जैसे फॉर्मूला **=C2+(C2*D2*E2)** कोई मान्य नहीं रखेगा, यदि वह इस प्रकार प्रविष्ट किया गया हो— **=C2+(C2 *D2 *E2)**
- सेल के फॉर्मेट को बदलने से इसके कन्टेन्ट्स नहीं बदलते। सिर्फ स्क्रीन पर इन कन्टेन्ट्स की प्रस्तुति ही बदलती है।
- यदि कॉलम डाटा को अपने सेल ऐड्रेस में नहीं स्टोर कर सकता, तो इसकी चौड़ाई को बढ़ाना होगा, ताकि कन्टेन्ट्स हर सेल में पूरी तरह से फिट हो जाएँ। कॉलम की चौड़ाई (Width) को बढ़ाने के लिए आपको नीचे लिखे क्रम के अनुसार चलना होगा–

i. जिस सेल ऐड्रेस के कॉलम की चौड़ाई आपको बढ़ानी है, उस पर माउस पॉएंटर (✚) को लाएँ और बाएँ माउस बटन को क्लिक करें।
ii. **Menu bar** के **Format** विकल्प पर क्लिक करें। स्क्रीन पर एक पुल–डाउन मेन्यू दिखाई देगा।
iii. पुल–डाउन मेन्यू के अंदर **Column** विकल्प पर क्लिक करें। अब आपको दूसरा पुल–डाउन मेन्यू दिखाई देगा।

iv. दूसरे मेन्यू के अंदर **Width** विकल्प पर क्लिक करें। तुरंत ही आपको **Column Width** बॉक्स दिखाई देगा (चित्र EX-6.56)।

v. अब कॉलम के लिए width (जैसे– **25**) को प्रविष्ट करें (चित्र EX-6.56)।

vi. **OK** बटन पर क्लिक करें। सभी कॉलम्स की चौड़ाई बढ़कर **25** हो जाएगी।

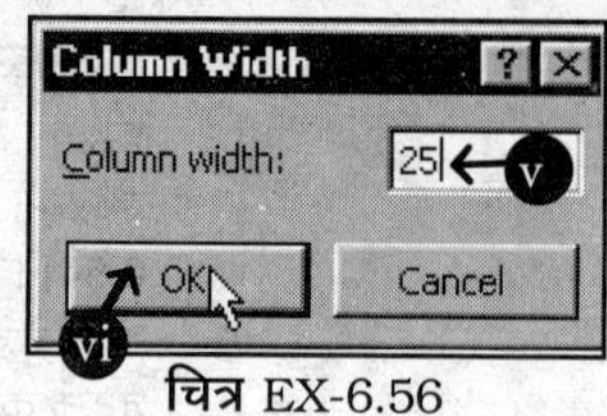

चित्र EX-6.56

वर्कबुक बंद करना तथा एक्सेल से बाहर आना (Closing the Workbook and Quitting Excel)

अब हम वर्कबुक **Items.xls** को बंद करेंगे। इसके लिए आपको नीचे लिखे क्रम के अनुसार चलना होगा–

1. **File** मेन्यू बार विकल्प पर क्लिक करें। तुरंत ही पुल–डाउन मेन्यू दिखाई देगा।
2. पुल–डाउन मेन्यू के अंदर **Close** विकल्प पर क्लिक करें। तुरंत ही वर्कबुक **Items** बंद हो जाएगी।
3. अब आप माइक्रोसॉफ्ट एक्सेल से बाहर आएँ। इसके लिए माउस पॉएंटर को दाएँ हाथ की तरफ **Title bar** पर मौजूद **Close** बटन (☒) पर लाएँ (चित्र EX-6.57) और बाएँ माउस बटन को क्लिक करें। तुरंत ही माइक्रोसॉफ्ट एक्सेल विंडो बंद हो जाएगी और आप डेस्कटॉप पर आ जाएँगे।

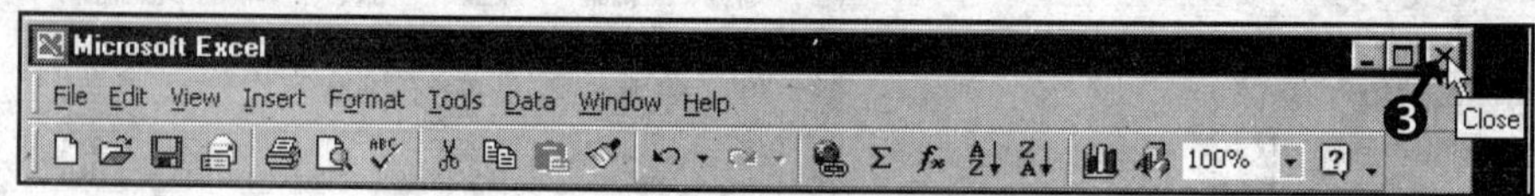

चित्र EX-6.57

अध्याय

7

ग्राफ बनाना

इस अध्याय में–

- माइक्रोसॉफ्ट एक्सेल खोलना तथा डाटा प्रविष्ट करना
- ग्राफ (Graph) बनाना
- ग्राफ को नाम देना
- ग्राफ को सेव करना
- ग्राफिक शीट (Graphic Sheet) को प्रिंट तथा बंद करना
- सेव की हुई ग्राफिक शीट को खोलना
- माइक्रोसॉफ्ट एक्सेल से बाहर आना

Graph (ग्राफ) एक ऐसा माध्यम है जो महत्त्वपूर्ण डाटा को आसानी से समझने में सहायता करता है। टेक्स्ट की अपेक्षा ग्राफ में डाटा को समझाना और उससे कोई निष्कर्ष निकालना आसान होता है तथा इसमें समय भी कम लगता है। मान लीजिए कि आपको अपनी कंपनी के सेल्स से संबंधित एक रिपोर्ट बनानी है। यह रिपोर्ट 12 पृष्ठ लंबी हो सकती है। परन्तु यही रिपोर्ट 2 पृष्ठों में भी बनाई जा सकती है अगर ग्राफ का इसतेमाल किया जाए। 12 पृष्ठों की रिपोर्ट पढ़ने के बाद उसका निष्कर्ष निकालना एक लंबा और समय लेने वाला काम है। लेकिन ग्राफ की सहायता से इस लंबी प्रक्रिया से बचा जा सकता है और तुरन्त ही डाटा के उतार–चढ़ाव को देखकर निष्कर्ष निकाला जा सकता है।

ग्राफ बनाने की सुविधा माइक्रोसॉफ्ट एक्सेल में मौजूद है। एक्सेल में आप अपनी आवश्यकतानुसार किसी भी प्रकार का ग्राफ (जैसे– **Bar graph**, **Line graph**, **Pie graph** इत्यादि) बना सकते हैं। ग्राफ बनाने के लिए उससे संबंधित डाटा होना आवश्यक है। इसलिए इस अध्याय में आप पहले एक्सेल की वर्कबुक में ग्राफ का डाटा प्रविष्ट करेंगे और फिर उस डाटा से ग्राफ बनाना सीखेंगे।

माइक्रोसॉफ्ट एक्सेल खोलना तथा डाटा प्रविष्ट करना (Opening Microsoft Excel and Entering Data)

ग्राफ माइक्रोसॉफ्ट एक्सेल का बहुत ही महत्त्वपूर्ण फीचर है। इसकी मदद से आप आसानी से डाटा को समझ सकते हैं और कोई निर्णय ले सकते हैं। आइए, अब हम माइक्रोसॉफ्ट एक्सेल में ग्राफ बनाने का अभ्यास करें। इसके लिए सबसे पहले आपको वर्कबुक खोलने की आवश्यकता है–

1. माउस पॉएंटर को **Taskbar** पर मौजूद **Start** बटन (Start) पर लाएँ और बाएँ माउस बटन को क्लिक करें। तुरंत ही पुश–अप मेन्यू स्क्रीन पर दिखेगा।
2. माउस पॉएंटर को **Programs** विकल्प पर लाएँ। तुरंत ही पहले के साथ दूसरा मेन्यू दिखाई देगा।
3. माउस पॉएंटर को दूसरे मेन्यू पर लाएँ और **Microsoft Excel** विकल्प पर क्लिक करें। तुरंत ही माइक्रोसॉफ्ट एक्सेल स्क्रीन पर नई वर्कबुक को खोल देगा।

1994	1150000
1995	750000
1996	1040000
1997	1200000
1998	2400000

टेबल 1

आइए, अब हम अपनी कंपनी का **Sales** का ग्राफ बनाएँ। पर इससे पहले आप टेबल 1 में दिए गए डाटा को वर्कशीट में प्रविष्ट करें। इसके लिए नीचे लिखे क्रम का पालन करें–

1. **सेल ऐड्रेस A1** पर क्लिक करें और **1994** टाइप करें।
2. **Enter** key को दबाएँ। इसी प्रकार शेष डाटा को कॉलम A में टाइप करें।
3. **सेल ऐड्रेस B1** पर क्लिक करें और **1150000** टाइप करें।
4. **Enter** key दबाएँ तथा कॉलम **B** के शेष डाटा को भी टाइप करें। अब आपकी शीट चित्र EX-7.1 की तरह दिखेगी।

	A	B	C
1	1994	1150000	
2	1995	750000	
3	1996	1040000	
4	1997	1200000	
5	1998	2400000	
6			
7			

चित्र EX-7.1

ग्राफ बनाना (Drawing a Graph)

बेहतर होगा कि इस ग्राफ को बनाने की बुनियादी बातों को आप जान लें। ग्राफ बनाने से पहले नीचे लिखे निर्देशों को समझें–

1. जिस डाटा का ग्राफ आपको बनाना है, उसे हाईलाइट करें।
2. **Standard** toolbar पर मौजूद **Chart Wizard** बटन ( ) पर क्लिक करें।
3. जब स्क्रीन पर **Chart Wizard** बॉक्स दिखेगा, तब ग्राफ का चुनाव करें और **Next** बटन पर क्लिक करें। तुरंत ही दूसरा बॉक्स दिखेगा।
4. यह बॉक्स आपको सेल ऐड्रेस (जिसमें डाटा है और जिसे आपने हाईलाइट किया है) का रेंज दिखाएगा। फिर **Next** बटन पर दोबारा क्लिक करें।
5. एक और बॉक्स स्क्रीन पर दिखेगा। इस बॉक्स का उपयोग ग्राफ तथा इसके X और Y axis को नाम देने के लिए किया जाता है। इनको कोई नाम दें और **Next** बटन पर क्लिक करें।
6. **Chart Wizard** का अंतिम बॉक्स दिखेगा। इस बॉक्स के अंदर आप यह चुनाव करें कि आप ग्राफ को नई शीट में देखना चाहते हैं या अभी खुली हुई शीट में ही चाहते हैं। किसी एक विकल्प पर क्लिक करें और फिर **Finish** बटन पर क्लिक करें।
7. शीट पर ग्राफ को उचित जगह पर लाने के लिए पहले ग्राफ में खाली जगह पर माउस पॉइंटर को लाएँ और फिर बाएँ माउस बटन को दबाएँ।
8. बाएँ माउस बटन को दबाए रखकर माउस को माउस पैड पर इस प्रकार ड्रैग करें कि पूरा ग्राफ सही जगह पर आ जाए।
9. अपनी मनचाही जगह पर ग्राफ को लाने के बाद माउस बटन को छोड़ दें।

आइए, अब एक ग्राफ (जैसे– **Line** ग्राफ) अपनी शीट पर बनाएँ। इसके लिए आप नीचे लिखे क्रम के अनुसार चलें–

1. माउस पॉइंटर को सेल ऐड्रेस **A1** पर लाएँ और बाएँ माउस बटन को दबाएँ।
2. बाएँ माउस बटन को दबाए रखकर माउस पॉइंटर को आखिरी सेल ऐड्रेस (जो यहाँ **B5** है) पर लाएँ।
3. जब ग्राफ बनाने के लिए डाटा के दोनों कॉलम्स हाईलाइट हो जाएँ (चित्र EX-7.2), तब बाएँ माउस बटन को छोड़ दें।

1	1994	1150000	
2	1995	750000	
3	1996	1040000	
4	1997	1200000	
5	1998	2400000	
6			

चित्र EX-7.2

4. माउस पॉइंटर को **Standard** toolbar पर मौजूद **Chart Wizard** ( ) बटन पर लाएँ (चित्र EX-7.3) और बाएँ माउस बटन को क्लिक करें।

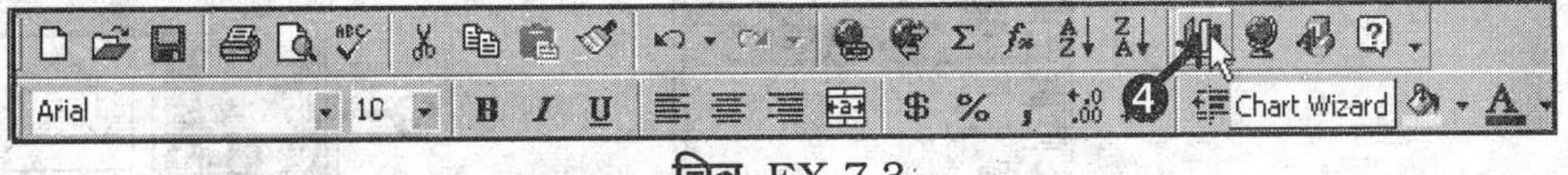

चित्र EX-7.3

तुरंत ही **Chart Wizard - Step 1 of 4- Chart Type** बॉक्स आपके स्क्रीन पर दिखाई देगा (चित्र EX-7.4)।

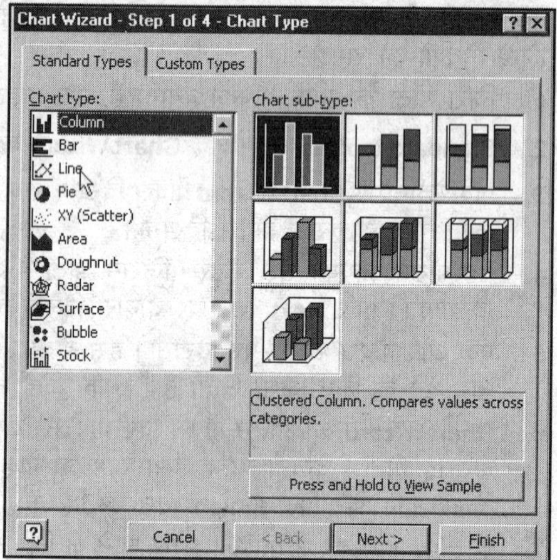

चित्र EX-7.4

अगर स्क्रीन पर Office Assistant दिखाई दे रहा है, तो यह आपसे एक प्रश्न पूछेगा (चित्र EX-7.5)। अगर आप प्रश्न को रद्द करना चाहते हैं, तो इसके लिए आपको नीचे लिखे क्रम के अनुसार चलना होगा–

1. माउस पॉएंटर को 'No, don't provide help now' विकल्प पर माउस पॉएंटर को लाएँ।
2. बाएँ माउस बटन को क्लिक करें।

Office Assistant

Would you like help with this feature?

- Yes, please provide help
- No, don't provide help now

चित्र EX-7.5

5. माउस पॉएंटर को **Chart type** विकल्प के नीचे दिए गए बॉक्स में **Line** विकल्प पर लाएँ (चित्र EX-7.6) और बाएँ माउस बटन को क्लिक करें। तुरंत ही सभी प्रकार के **Line** ग्राफ आपको **Chart sub-type** विकल्प के नीचे बॉक्स में दिखाई देंगे (चित्र EX-7.7)।

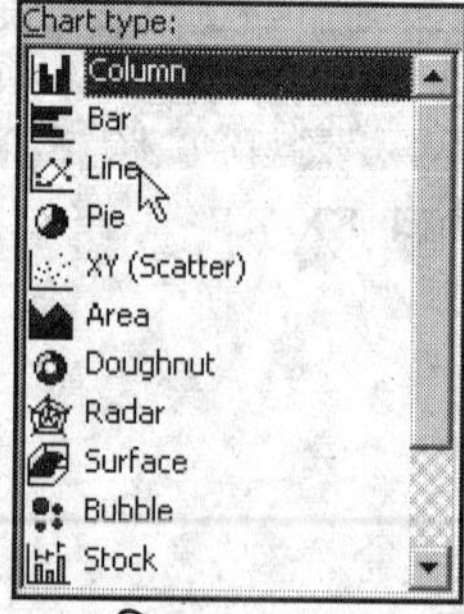

चित्र EX-7.6

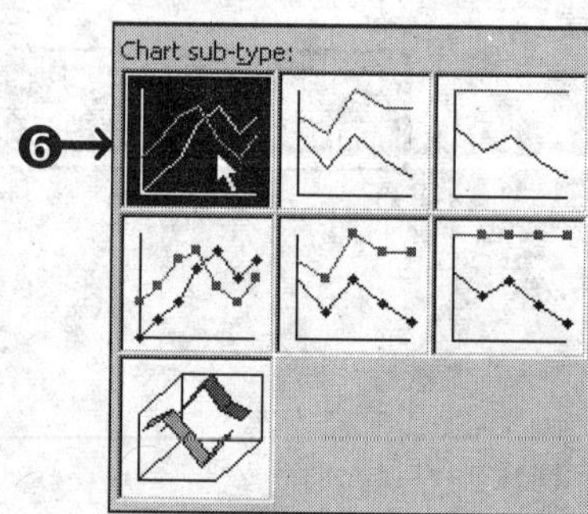

चित्र EX-7.7

6. माउस पॉएंटर को **Chart sub-type** के नीचे दिए हुए बॉक्स में पहले **Line** ग्राफ पर लाएँ (चित्र EX-7.7) और फिर बाएँ माउस बटन को क्लिक करें। चुना हुआ ग्राफ तुरंत ही हाईलाइट हो जाएगा।
7. **Next** बटन पर क्लिक करें। तुरंत ही **Chart Wizard - Step 2 of 4 - Chart Source Data** बॉक्स खुल जाएगा, जो चुने हुए ग्राफ के साथ–साथ चुने हुए सेल ऐड्रेस का रेंज भी दिखाएगा (चित्र EX-7.8)।
8. अब माउस पॉएंटर को **Chart Wizard- Step 2 of 4 - Chart Source Data** बॉक्स के **Next** बटन पर लाएँ (चित्र EX-7.8) और बाएँ माउस बटन को क्लिक करें। तुरंत ही **Chart Wizard - Step 3 of 4 - Chart Options** बॉक्स स्क्रीन पर दिखाई देगा (चित्र EX-7.9)।

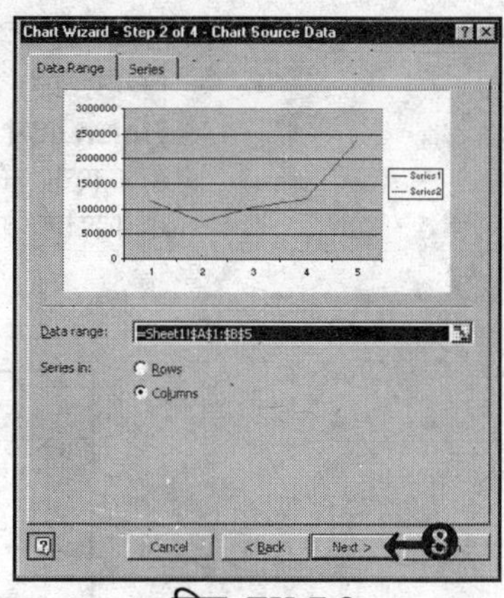

चित्र EX-7.8

9. **Chart title** विकल्प के नीचे दिए हुए बॉक्स के अंदर क्लिक करें और **DREAM** टाइप करें (चित्र EX-7.9)। यह विकल्प ग्राफ को नाम देने के लिए होता है।
10. आपको **X** axis और **Y** axis को नाम देने की आवश्यकता भी होती है। नाम देने के लिए जैसे– **X** axis को **YEAR**, **Category (X) axis** के बॉक्स में क्लिक करें और फिर **YEAR** टाइप करें (चित्र EX-7.9)।
11. इसी प्रकार **Value (Y) axis** के नीचे बॉक्स में **SALES** टाइप करें (चित्र EX-7.9)।

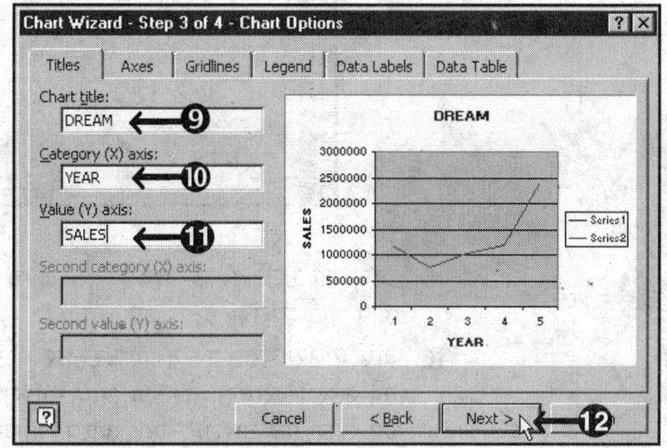

चित्र EX-7.9

12. **Next** बटन पर क्लिक करें। तुरंत ही **Chart Wizard- Step 4 of 4 - Chart Location** बॉक्स स्क्रीन पर खुल जाएगा (चित्र EX-7.10)।

    यह बॉक्स आपसे पूछेगा कि आप ग्राफ को इस समय खुली शीट पर देखना चाहते हैं या इसके लिए नई शीट बनाना चाहते हैं।

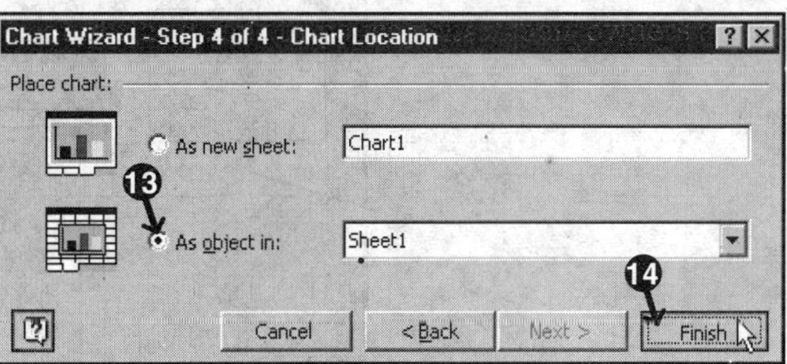

चित्र EX-7.10

13. आप अगर खुली हुई शीट में ग्राफ देखना चाहते हैं, तो **As object in** विकल्प के राउंड बटन पर क्लिक करें।
14. **Finish** बटन पर क्लिक करें। तुरंत ही **Chart Wizard - Step 4 of 4-Chart Location** बॉक्स बंद हो जाएगा, और ग्राफ डाटा टेबल के साथ दिखाई देगा (चित्र EX-7.11)। आपको एक **Chart** toolbar भी दिखाई देगा। इस toolbar का इस्तेमाल ग्राफ में बदलाव करने के लिए किया जाता है।

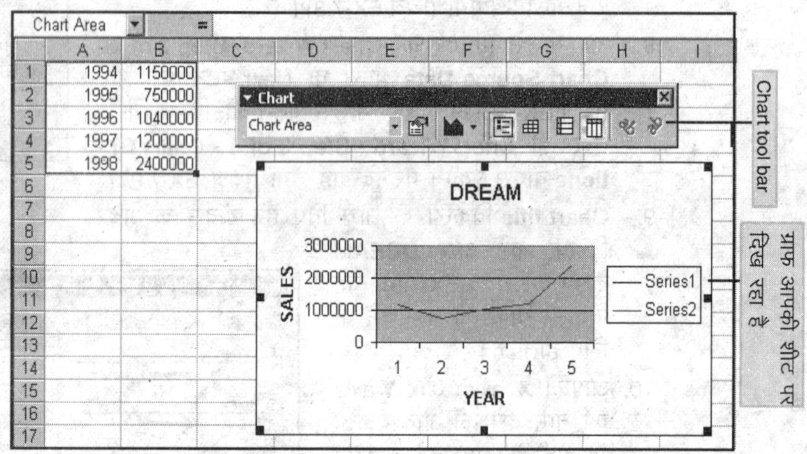

चित्र EX-7.11

15. ग्राफ को छठी रो के नीचे स्थित करने के लिए माउस पॉएंटर को ग्राफ की खाली जगह पर लाएँ और बाएँ माउस बटन को दबाएँ।
16. बाएँ माउस बटन को दबाए रखकर माउस को इस प्रकार नीचे ड्रैग करें कि ग्राफ भी शीट पर नीचे की ओर खिसके। जैसे ही आप माउस को नीचे ड्रैग करंगे, वैसे ही ग्राफ की dotted line भी नीचे की ओर मूव करती नज़र आएगी (चित्र EX-7.12)।
17. अब ग्राफ की आउटलाइन के बाएँ ऊपरी कोने को सेल ऐड्रेस **A7** पर लाएँ (चित्र EX-7.12)।

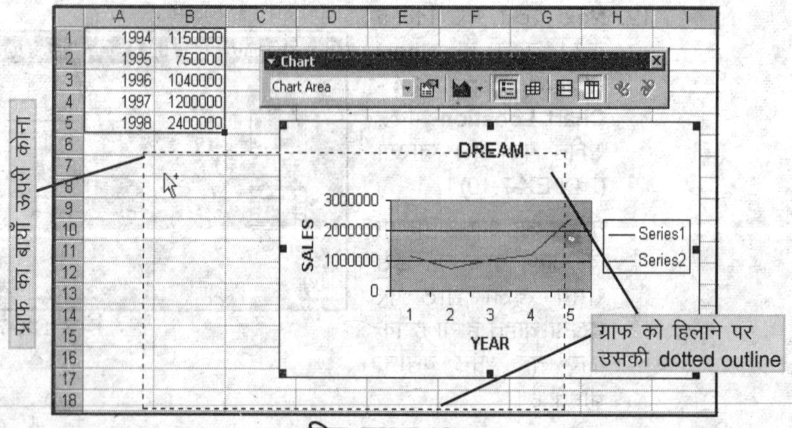

चित्र EX-7.12

Note: आप जब भी चाहें Chart toolbar को बंद कर सकते हैं। इसके लिए Chart toolbar के title bar पर दाईं ओर स्थित Close बटन (☒) पर क्लिक करें।

18. मनचाही जगह पर ग्राफ एक बार आ जाए, तो बाएँ माउस बटन को छोड़ दें। ग्राफ अब dotted line के बिना दिखाई देगा (चित्र EX-7.13)।

    आपको आठ बिंदुएँ (dots) ग्राफ के बॉर्डर पर दिखाई देंगी। यह ग्राफ के आकार (size) को बढ़ाने तथा घटाने में मदद करती है।

19. ग्राफ के आकार को रो संख्या 19 तक बढ़ाने के लिए माउस पॉएंटर को ग्राफ के निचले भाग पर मौजूद किसी बिंदु (जैसे– मध्यम बिंदु) पर लाएँ। माउस पॉएंटर तुरंत ही **twin-headed arrow** (↕) में बदल जाएगा (चित्र EX-7.14)।

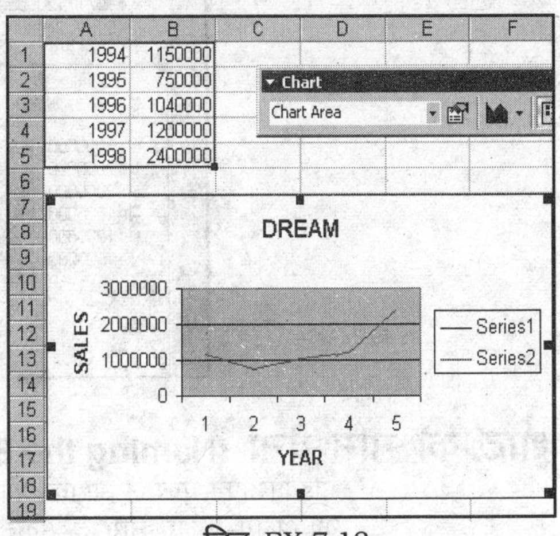

चित्र EX-7.13

Important

माइक्रोसॉफ्ट एक्सेल कई तरह के ग्राफ जैसे– Bar ग्राफ, Pie ग्राफ, Area ग्राफ इत्यादि, बनाने में आपकी मदद करता है। हर तरह के ग्राफ का आकार 'ग्राफ बनाना' शीर्षक के अंतर्गत 18 से 21 तक के क्रमों से घटाया या बढ़ाया जा सकता है।

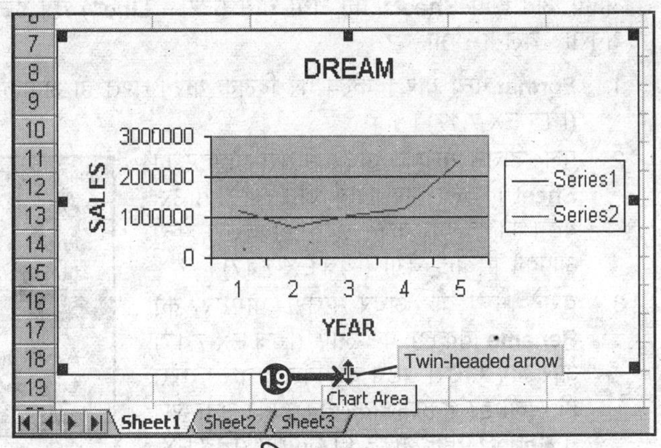

चित्र EX-7.14

20. अब बाएँ माउस बटन को दबाए रखकर माउस को माउस पैड पर नीचे की तरफ ड्रैग करें। ग्राफ को आप जैसे ही नीचे की ओर लाएँगे वैसे ही ग्राफ की dotted outline नीचे की तरफ मूव होने लगेगी (चित्र EX-7.15)।

21. ग्राफ का आकार सेट करने के बाद बाएँ माउस बटन को छोड़ दें (चित्र EX-7.16)।

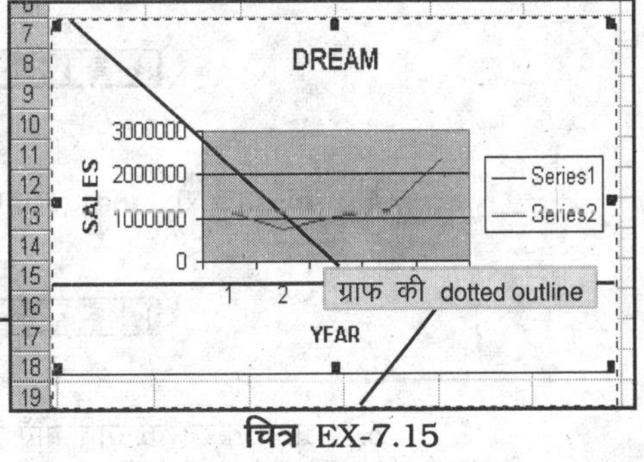

चित्र EX-7.15

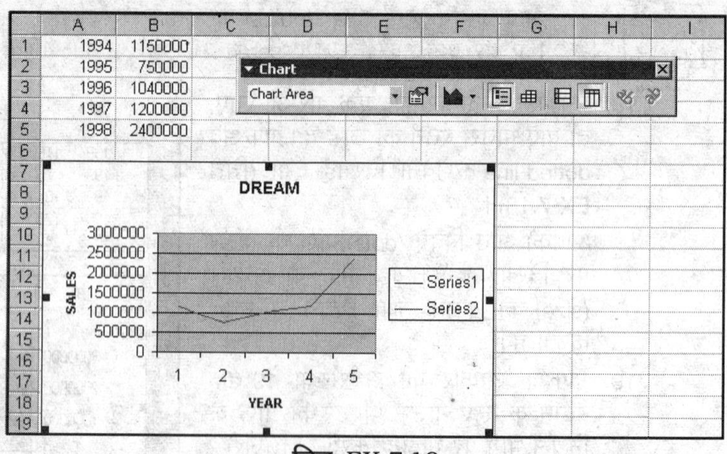

चित्र EX-7.16

शीट को नाम देना (Naming the Sheet)

माइक्रोसॉफ्ट एक्सेल आपको शीट का मनपसंद नाम रखने की सुविधा देता है। आप अपनी वर्कशीट्स को अलग–अलग नाम दे सकते हैं, ताकि उन्हें आसानी से पहचाना जा सके।

आइए, अब आप **Sheet1** को नया नाम (जैसे– **Line1**) दें। इसके लिए आपको नीचे लिखे क्रम के अनुसार चलना होगा–

1. **Format** मेन्यू बार विकल्प पर क्लिक करें। तुरंत ही आपको एक पुल–डाउन मेन्यू दिखाई देगा (चित्र EX-7.17)।
2. पुल–डाउन मेन्यू के अंदर माउस पॉएंटर को **Sheet** विकल्प पर लाएँ और बाएँ माउस बटन को क्लिक करें। तुरंत ही दूसरा मेन्यू आपको दिखाई देगा (चित्र EX-7.17)।
3. दूसरे मेन्यू के अंदर माउस पॉएंटर को **Rename** विकल्प पर लाएँ (चित्र EX-7.17) और बाएँ माउस बटन को क्लिक करें। तुरंत ही खुली हुई वर्कशीट का टैब (हमारे उदाहरण में **Sheet1**) हाईलाइट हो जाएगा (चित्र EX-7.18)।

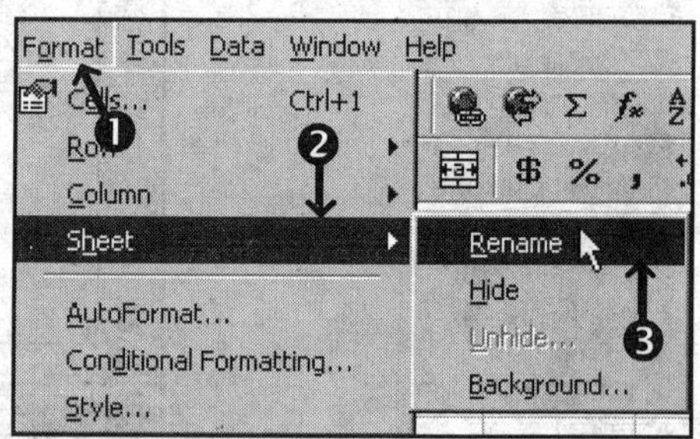

चित्र EX-7.17

चित्र EX-7.18

4. की–बोर्ड से **Line1** टाइप करें। यह **Sheet1** की जगह पर दिखाई देगा (चित्र EX-7.19)।

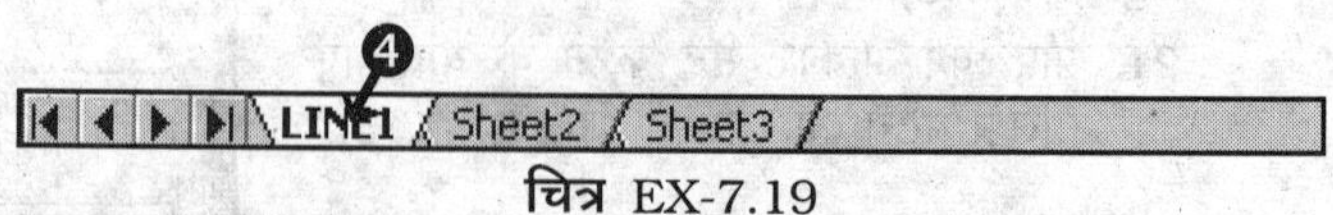

चित्र EX-7.19

5. टाइप करने के बाद बाएँ माउस बटन को स्क्रीन पर कहीं भी क्लिक करें। अब blinking cursor टैब से हट जाएगा।

ग्राफ को सेव करना (Saving the Graph)

आइए, अब हम वर्कबुक में बनाए हुए ग्राफ को नीचे लिखे क्रम के अनुसार सेव करें–

1. **Standard** toolbar पर मौजूद **Save** बटन (💾) पर क्लिक करें। तुरंत ही आपको **Save As** बॉक्स स्क्रीन पर दिखाई देगा।
2. इस वर्कबुक के लिए कोई नाम (जैसे **Dream**) टाइप करें। यह **File name** विकल्प के साथ वाले बॉक्स में दिखाई देगा।
3. किसी अन्य फोल्डर में वर्कबुक को सेव करने के लिए माउस पॉएंटर को **Look in** विकल्प के साथ वाले बॉक्स में डाउन ऐरो बटन (▾) पर लाएँ। फिर बाएँ माउस बटन को क्लिक करें। तुरंत ही आपको पुल–डाउन मेन्यू दिखाई देगा।
4. माउस पॉएंटर को किसी फोल्डर या **Local Disk [C:]** पर लाएँ और बाएँ माउस बटन को क्लिक करें।
5. माउस पॉएंटर को **Save** बटन पर लाएँ और बाएँ माउस बटन को क्लिक करें। ग्राफ अब **Local Disk [C:]** में सेव हो जाएगा।

ग्राफिक शीट को प्रिंट तथा बंद करना (Printing and Closing the Graphic Sheet)

किसी ग्राफ को बनाने के बाद अगर आप उसे प्रिंट करना चाहते हैं, तो आपको नीचे लिखे क्रम के अनुसार चलना होगा–

1. प्रिंटर ऑन है और आपके कंप्यूटर से जुड़ा हुआ है, इस बात की जाँच कर लें। माउस पॉएंटर को **File** मेन्यू बार विकल्प पर लाएँ और बाएँ माउस बटन को क्लिक करें। तुरंत ही आपको एक पुल–डाउन मेन्यू स्क्रीन पर दिखाई देगा (चित्र EX-7.20)।
2. पुल–डाउन मेन्यू के अंदर माउस पॉएंटर को **Print** विकल्प पर लाएँ (चित्र EX-7.20) और बाएँ माउस बटन को क्लिक करें। तुरंत ही **Print** बॉक्स स्क्रीन पर दिखाई देगा (चित्र EX-7.21)

चित्र EX-7.20

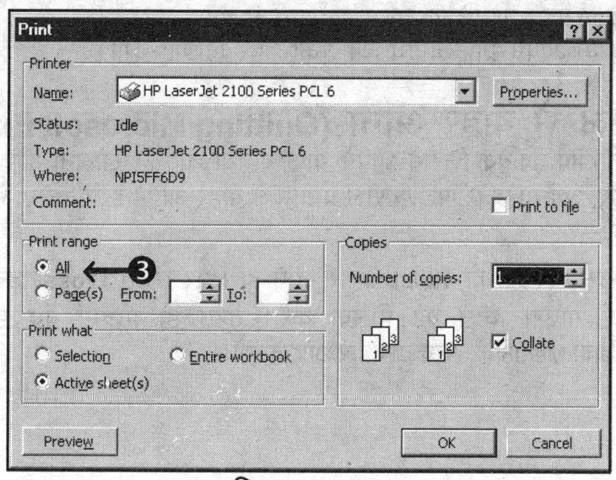

चित्र EX-7.21

3. सभी शीट्स को प्रिंट करना है, तो बाएँ माउस–बटन को **All** विकल्प के साथ दिए गए राउंड बटन पर क्लिक करें (चित्र EX-7.21)।
4. **OK** बटन पर क्लिक करें। तुरंत ही ग्राफ प्रिंट हो जाएगा।
5. फाइल को बंद करने के लिए पहले **File** मेन्यू बार विकल्प पर क्लिक करें।
6. पुल–डाउन मेन्यू के अंदर **Close** विकल्प पर क्लिक करें।

सेव की हुई ग्राफिक शीट को खोलना (Opening the Saved Graphic Sheet)

अभी बनाए गए ग्राफ को देखने के लिए आपको नीचे लिखें क्रम के अनुसार काम करना होगा–

1. माउस पॉएंटर को **File** मेन्यू बार विकल्प पर लाएँ और बाएँ माउस बटन को उस पर क्लिक करें। एक पुल–डाउन मेन्यू आपको दिखेगा।
2. पुल–डाउन मेन्यू में **Open** विकल्प पर क्लिक करें। तुरंत ही आपको स्क्रीन पर **Open** बॉक्स दिखाई देगा।
3. **Look in** विकल्प के साथ वाले बॉक्स के अंदर डाउन ऐरो बटन (▾) पर क्लिक करें। तुरंत ही स्क्रीन पर एक पुल डाउन मेन्यू दिखाई देगा (चित्र EX-7.22)।
4. पुल–डाउन मेन्यू के अंदर माउस पॉएंटर को **Local Disk [C:]** पर लाएँ (चित्र EX-7.22) और बाएँ माउस बटन से क्लिक करें। तुरंत ही **Look in** विकल्प के साथ वाले आयताकार बॉक्स में **Local Disk [C:]** लिखा दिखाई देगा (चित्र EX-7.23)।
5. **Look in** विकल्प के नीचे आयताकार बॉक्स में **Dream** वर्कबुक पर क्लिक करें।
6. **Open** बटन पर क्लिक करें। वर्कबुक **Dream**, जिसमें आपने ग्राफ बनाया था, स्क्रीन पर दिखाई देगी।

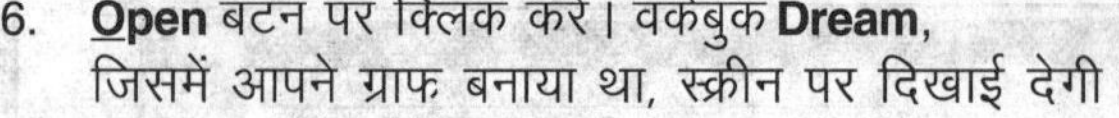

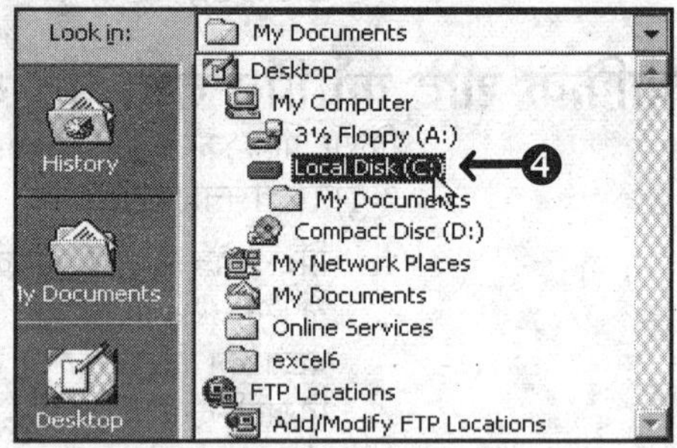

चित्र EX-7.22

चित्र EX-7.23

माइक्रोसॉफ्ट एक्सेल से बाहर आना (Quitting Microsoft Excel)

अब तक आप वर्कबुक जिसमें आपने ग्राफ बनाया था, को खोलना और उसमें काम करना सीखे चुके हैं। आइए, अब माइक्रोसॉफ्ट एक्सेल प्रोग्राम से बाहर आएँ। इसके लिए आप नीचे लिखे क्रम के अनुसार काम करें–

1. माउस पॉएंटर को **Title bar** पर, दाएँ हाथ पर स्थित **Close** बटन (☒) पर लाएँ।
2. बाएँ माउस बटन को क्लिक करें। तुरंत ही प्रोग्राम बंद हो जाएगा और आप वापस विंडोज़ Me/98 के डेस्कटॉप पर आ जाएँगे।

अध्याय

8

डाटाबेस को व्यवस्थित करना

इस अध्याय में–

* डाटाबेस (Database) में डाटा प्रविष्ट करना
* डाटाबेस में बदलाव करना
* नए रिकॉर्ड प्रविष्ट करना
* नई रो प्रविष्ट करना
* नई रोज़ को प्रविष्ट करना
* कॉलम प्रविष्ट करना
* एक से अधिक कॉलम्स प्रविष्ट करना
* रो डिलीट करना
* कॉलम्स डिलीट करना
* डाटाबेस की छँटाई (Sort) करना
* वर्कबुक बंद करना तथा एक्सेल से बाहर आना

अब तक आप एक्सेल को स्प्रेडशीट पैकेज (Spreadsheet package) के रूप में जान चुके होंगे। आप जानते हैं कि स्प्रेडशीट रोज़ तथा कॉलम्स में डाटा को दिखाती है। आमतौर पर स्प्रेडशीट में नंबर प्रविष्ट किए जाते हैं, जिन पर आप गणित के काम या बार–बार की जाने वाली गणनाएँ कर सकते हैं।

अब आप एक्सेल के डाटाबेस फीचर्स को देखें। **डाटाबेस**, डाटा का व्यवस्थित संग्रह (Systematic collection) है, जो रोज़ तथा कॉलम्स में व्यवस्थित है। इसका इस्तेमाल जल्दी से डाटा को ढूँढ़ने और निश्चित criteria पर डाटा को खोजने के लिए होता है। डाटाबेस की भाषा में हर रो को **रिकॉर्ड** और हर कॉलम को **फील्ड** कहते हैं। डाटाबेस का इस्तेमाल आप ज्यादा डाटा को स्टोर करने के लिए करते हैं।

कुछ हद तक माइक्रोसॉफ्ट एक्सेल Database management software की तरह काम करता है, जो कॉलम्स तथा रोज़ के रूप में डाटा को स्टोर करता है। एक्सेल में **256** कॉलम्स तथा **65,536** रोज़ होती हैं।

डाटाबेस में डाटा प्रविष्ट करना (Entering Data into a Database)

फोनबुक (Phonebook) डाटाबेस का एक अच्छा उदाहरण है। फोनबुक में कई रिकॉर्ड होते हैं, जो तीन फील्ड्स Name, address और phone number में बँटे होते हैं। आइए, अब हम अपनी वर्कबुक में एक डाटाबेस बनाएँ जिसमें नीचे लिखे डाटा हैं–

Name	Address	Phone
A. Mehra	J10/1, Rajouri Garden	674382
J. Ninan	30/D, Tilak Nagar	726783
R. Mohan	40-F-1, Ansari Road	382731
B. Kapoor	110F, Hari Nagar	572378
R. Anand	2-3 K, Kidwai Nagar	436732

टेबल 1

ऊपरी डाटा को अपनी वर्कबुक में प्रविष्ट करने के लिए आपको नीचे लिखे क्रम के अनुसार चलना होगा–

वर्कबुक में डाटा प्रविष्ट करने के बाद आप इस वर्कबुक को सेव कर लें। एक्सेल अपनी फाइलों को लंबे नाम से सेव करने की सुविधा देता है। इन नामों में खाली जगह (Spaces) भी हो सकती है।

1. **Start** बटन पर क्लिक करें, फिर माउस पॉइंटर को **Programs** विकल्प पर लाएँ और अंत में **Microsoft Excel** विकल्प पर क्लिक करें। कुछ समय पश्चात् आपको एक खाली वर्कबुक (जिसका नाम **book1** होगा) स्क्रीन पर दिखाई देगी। आप देखेंगे कि **A1** वर्कबुक का करेंटली ऐक्टिव सेल है।
2. **Format** मेन्यू बार विकल्प पर क्लिक करें। तुरंत ही आपको पुल–डाउन मेन्यू दिखाई देगा।
3. पुल–डाउन मेन्यू में **Column** विकल्प पर क्लिक करें। तुरंत ही आपको दूसरा मेन्यू दिखाई देगा।
4. दूसरे मेन्यू में **Width** विकल्प पर क्लिक करें। तुरंत ही आपको **Column Width** बॉक्स दिखाई देगा।
5. जरूरत की कॉलम की चौड़ाई (जैसे– **10**) को की–बोर्ड से टाइप करें।
6. **OK** बटन पर क्लिक करें। आप देखेंगे कि कॉलम **A** की चौड़ाई बढ़कर **10** हो जाएगी।
7. कॉलम **B** की चौड़ाई **20** निर्धारित करें। इसके लिए **B1** पर क्लिक करके उसे ऐक्टिव सेल बनाएँ।
8. क्रम 2, 3 और 4 को दोहराएँ तथा **20** टाइप करें।
9. **OK** बटन पर क्लिक करें।
10. सेल ऐड्रेस **C2** पर क्लिक करें। **C2** अब करेंटली ऐक्टिव सेल बन जाएगा।

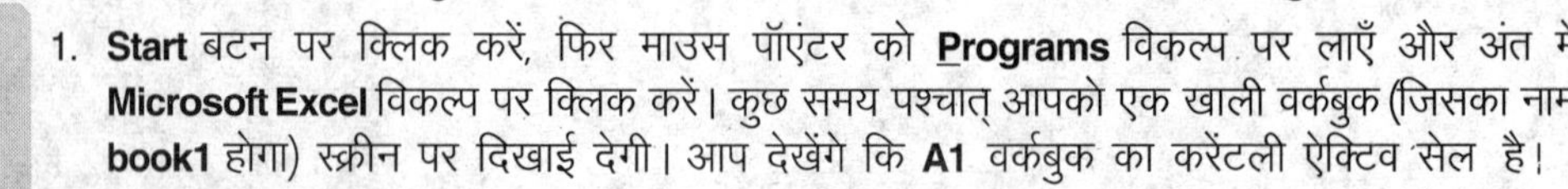

11. बायाँ माउस बटन दबाएँ। उसे दबाए रखकर इसे नीचे की ओर ड्रैग करें, ताकि सेल ऐड्रेस **C2** से **C6** तक सभी सेल हाईलाइट हो जाएँ।
12. **Formatting** toolbar के **Align Left** बटन (▤) पर क्लिक करें।
13. रिकॉर्ड प्रविष्ट करना शुरू करें। सारे रिकॉर्ड प्रविष्ट करने के बाद आपकी वर्कबुक चित्र EX-8.1 के समान दिखेगी।

C2 = 674382

	A	B	C	D	E	F
1	Name	Address	Phone			
2	A.Mehra	J10/1 Rajouri Garden	674382			
3	J.Ninan	30/D Tilak Nagar	726783			
4	R.Mohan	40-F-1 Ansari Road	382731			
5	B.Kapoor	110 F Hari Nagar	572378			
6	R.Anand	2-3 K Kidwai Nagar	436732			

चित्र EX-8.1

नीचे लिखे क्रम के अनुसार वर्कबुक को सेव करें–

1. Save बटन (💾) पर क्लिक करें। तुरंत ही आपको Save As बॉक्स दिखाई देगा।
2. अपनी वर्कबुक के लिए नाम टाइप करें (जैसे– Phone) जो File name विकल्प के साथ लिखा दिखाई देगा।
3. बॉक्स के अंदर Save in विकल्प के साथ बने डाउन ऐरो बटन (▾) पर क्लिक करें। स्क्रीन पर तुरंत एक पुल डाउन मेन्यू दिखाई देगा।
4. पुल–डाउन मेन्यू के अंदर Local Disk [C:] पर क्लिक करें, जिसमें आप वर्कबुक को सेव करना चाहते हैं।
5. Save बटन पर क्लिक करें। तुरंत ही स्क्रीन से Save As बॉक्स हट जाएगा और Title bar आपकी वर्कबुक का नाम Phone लिखा दिखाएगा।

डाटाबेस में बदलाव करना (Modifying a Database)

आपने पहले ही नई वर्कबुक बना ली है और उसमें कुछ डाटा भी प्रविष्ट कर दिया है। उसे एक नाम के साथ सेव भी कर लिया है। अब आप डाटाबेस में बदलाव करना सीखें। इसके लिए आपको नीचे लिखे क्रम के अनुसार काम करना होगा–

नए रिकॉर्ड प्रविष्ट करना (Adding New Records)

अगर आप नए रिकॉर्ड को अपने डाटाबेस के सेल ऐड्रेस **A7** में डालना चाहते हैं, तो आपको नीचे लिखे क्रम के अनुसार काम करना होगा–

1. माउस पॉएंटर को **A7** सेल ऐड्रेस पर लाएँ।
2. कोई नाम टाइप करें।
3. **Tab** key को सेल ऐड्रेस **B7** पर ले जाने के लिए एक बार दबाएँ। इसी प्रकार बाकी डाटा को भी प्रविष्ट करें।

नई रो प्रविष्ट करना (Inserting a Row)

कई बार आपको नई रो डालने की आवश्यकता पड़ती है। शीट में मौजूद डाटा के बीच में आप आसानी से नई रो प्रविष्ट कर सकते हैं। उदाहरण के लिए– अगर आप रो संख्या **4** और **5** के बीच में नए रिकॉर्ड को डालने के लिए नई रो को प्रविष्ट करते हैं, तो इसके लिए आपको दी गई प्रक्रिया के अनुसार कार्य करना होगा–

1. रो संख्या **5** पर बाएँ माउस बटन को क्लिक करें (चित्र **EX-8.2**)। तुरंत ही पूरी रो हाईलाइट हो जाएगी।

2	A.Mehra	J10/1 Rajouri Garden	674382
3	J.Ninan	30/D Tilak Nagar	726783
4	R.Mohan	40-F-1 Ansari Road	382731
5	B.Kapoor	110 F Hari Nagar	572378

चित्र EX-8.2

2. फिर माउस पॉएंटर को **Insert** मेन्यू बार विकल्प पर लाएँ तथा बाएँ माउस बटन को क्लिक करें। तुरंत ही आपको पुल–डाउन मेन्यू दिखाई देगा।
3. पुल–डाउन मेन्यू के अंदर **Rows** विकल्प पर क्लिक करें (चित्र EX-8.3)। रिकॉर्ड 4 और 5 के बीच एक नई रो प्रविष्ट हो जाएगी (चित्र EX-8.4)।

चित्र EX-8.3

रिकॉर्ड 4 और 5 के बीच नई रो डालने के कारण रो संख्या 5 अब रो संख्या 6 हो गई है।

	A	B	C
1	Name	Address	Phone
2	A.Mehra	J10/1 Rajouri Garden	674382
3	J.Ninan	30/D Tilak Nagar	726783
4	R.Mohan	40-F-1 Ansari Road	382731
5			
6	B.Kapoor	110 F Hari Nagar	572378
7	R.Anand	2-3 K Kidwai Nagar	436732

चित्र EX-8.4

4. नई रो से हाईलाइट हटाने के लिए शीट पर कहीं भी क्लिक करें।

नई रोज़ प्रविष्ट करना (Inserting Rows)

कई बार आपको एक से ज्यादा रोज़ को प्रविष्ट करने की आवश्यकता पड़ती है। मान लीजिए कि आप पहली रो के बाद तीन रोज़ को प्रविष्ट करना चाहते हैं। इसके लिए आपको पहली रो के बाद की तीनों रोज़ को हाईलाइट करना होगा। इसके बाद आपको नीचे लिखे क्रम के अनुसार कार्य करना होगा–

1. माउस पॉएंटर को रो संख्या **2** पर लाएँ (चित्र **EX-8.5**)।

	A	B	C
1	Name	Address	Phone
2	A.Mehra	J10/1 Rajouri Garden	674382
3	J.Ninan	30/D Tilak Nagar	726783
4	R.Mohan	40-F-1 Ansari Road	382731
5			
6	B.Kapoor	110 F Hari Nagar	572378
7	R.Anand	2-3 K Kidwai Nagar	436732

चित्र EX-8.5

2. बाएँ माउस बटन को क्लिक करें। तुरंत ही पूरी दूसरी रो हाईलाइट हो जाएगी।
3. बाएँ माउस बटन को रो संख्या **2** पर दबाए हुए माउस को रो संख्या **3** और **4** पर नीचे की तरफ इस प्रकार ड्रैग करें कि तीनों रोज़, यानी रो संख्या **2, 3** और **4** हाईलाइट हो जाएँ (चित्र **EX-8.6**)।

4. अब **Menu bar** के **Insert** विकल्प पर क्लिक करें।
5. पुल–डाउन मेन्यू के अंदर **Rows** विकल्प का चुनाव करें। तुरंत ही 3 रोज़ पहली रो के बाद प्रविष्ट हो जाएँगी और दूसरे, तीसरे तथा चौथे रोज़ के कन्टेन्ट्स नीचे की तरफ सरक जाएँगे (चित्र EX-8.7)।

	A	B	C
1	Name	Address	Phone
2	A.Mehra	J10/1 Rajouri Garden	674382
3	J.Ninan	30/D Tilak Nagar	726783
4	R.Mohan	40-F-1 Ansari Road	382731
3R			
6	B.Kapoor		
7	R.Anand	2-3 K Kidwai Nagar	436732

3R यह दर्शाता है कि तीन रोज़ को हाईलाइट किया गया है।

चित्र EX-8.6

	A	B	C
1	Name	Address	Phone
2			
3			
4			
5	A.Mehra	J10/1 Rajouri Garden	674382
6	J.Ninan	30/D Tilak Nagar	726783
7	R.Mohan	40-F-1 Ansari Road	382731
8			
9	B.Kapoor	110 F Hari Nagar	572378
10	R.Anand	2-3 K Kidwai Nagar	436732

चित्र EX-8.7

6. अब तीनों रोज़ से हाईलाइट हटाने के लिए शीट पर कहीं भी क्लिक कर दें।

कॉलम प्रविष्ट करना (Inserting a Column)

आप अपनी वर्कबुक के भीतर नए कॉलम या फील्ड भी प्रविष्ट कर सकते हैं। उदाहरण के लिए– कॉलम **A** और **B** के बीच में नए कॉलम को आप इस प्रकार प्रविष्ट करें–

1. दो कॉलम्स के बीच में नए कॉलम को प्रविष्ट करने के लिए दूसरे कॉलम पर क्लिक करें। उदाहरण के लिए– अगर आप कॉलम **A** और **B** के बीच में कॉलम को प्रविष्ट करना चाहते हैं, तो कॉलम **B** पर क्लिक करें। तुरंत ही कॉलम **B** का सेल ऐड्रेस हाईलाइट हो जाएगा (चित्र EX-8.8)।
2. फिर **Insert** मेन्यू बार पर क्लिक करें। तुरंत ही आपको पुल–डाउन मेन्यू दिखाई देगा (चित्र EX-8.9)।
3. पुल–डाउन मेन्यू के अंदर **Columns** विकल्प पर क्लिक करें (चित्र EX-8.9)। तुरंत ही कॉलम **A** और **B** के बीच में एक नया कॉलम प्रविष्ट हो जाएगा। आप देखेंगे कि कॉलम **B** का डाटा अब कॉलम **C** में चला गया है (चित्र EX-8.10)।

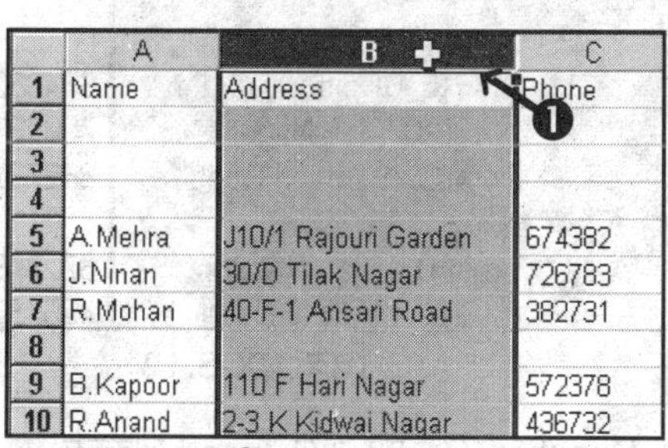

	A	B	C
1	Name	Address	Phone
2			
3			
4			
5	A.Mehra	J10/1 Rajouri Garden	674382
6	J.Ninan	30/D Tilak Nagar	726783
7	R.Mohan	40-F-1 Ansari Road	382731
8			
9	B.Kapoor	110 F Hari Nagar	572378
10	R.Anand	2-3 K Kidwai Nagar	436732

चित्र EX-8.8

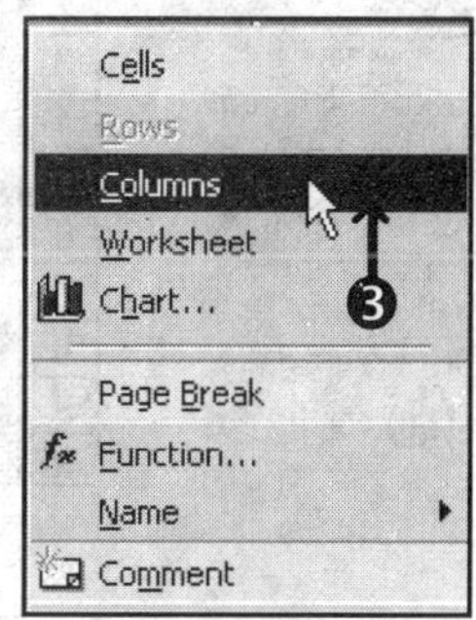

चित्र EX-8.9

	A	B	C	D
1	Name.		Address	Phone
2				
3				
4				
5	A.Mehra		J10/1 Rajouri Garden	674382
6	J.Ninan		30/D Tilak Nagar	726783
7	R.Mohan		40-F-1 Ansari Road	382731
8				
9	B.Kapoor		110 F Hari Nagar	572378
10	R.Anand		2-3 K Kidwai Nagar	436732

नया कॉलम, कॉलम्स A और C के बीच प्रविष्ट हो गया है। कॉलम्स B और C के मूल कन्टेन्ट्स अब कॉलम्स C और B में चले गए हैं।

चित्र EX-8.10

4. नए प्रविष्ट हुए कॉलम पर से हाईलाइट हटाने के लिए शीट पर कहीं भी क्लिक कर दें।

एक से अधिक कॉलम्स प्रविष्ट करना (Inserting Columns)

एक से ज़्यादा कॉलम्स को भी आप प्रविष्ट कर सकते हैं। इसमें पहले आपको उपस्थित कॉलम्स को हाईलाइट करना होगा, जिस जगह से आप नए कॉलम को प्रविष्ट करना चाहते हैं। आइए, इसे अच्छी तरह समझने के लिए कॉलम **A** से पहले तीन कॉलम्स को प्रविष्ट करें। इसके लिए आपको नीचे लिखे क्रम के अनुसार कार्य करना होगा–

1. माउस पॉएंटर को उस कॉलम नाम पर लाएँ, जहाँ पर आप कॉलम को प्रविष्ट करना चाहते हैं। हमारे उदाहरण के अनुसार यह कॉलम **A** है (चित्र EX-8.11) फिर बाएँ माउस बटन को क्लिक करें।
2. बाएँ माउस बटन को दबाए रखते हुए माउस पॉएंटर को कॉलम **B** और **C** पर ड्रैग करें, ताकि सभी तीन कॉलम्स यानि कॉलम **A**, **B** और **C** हाईलाइट हो जाएँ (चित्र EX-8.12)। आपने तीन उपस्थित कॉलमों को हाईलाइट किया है, क्योंकि आप तीन कॉलम्स प्रविष्ट करना चाहते हैं।

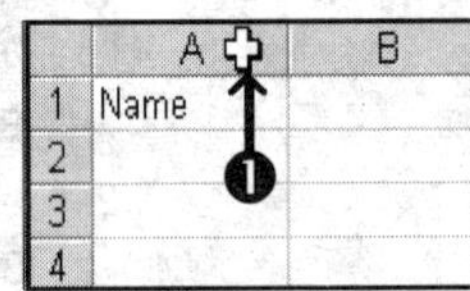

चित्र EX-8.11

आप वर्कबुक में काफी बदलाव कर चुके हैं और बहुत देर से आपने अपनी वर्कबुक को सेव भी नहीं किया है। इसलिए अब Save बटन (💾) पर क्लिक करें।

	A	B	C	D	E	F
1	Name		Address	Phone		
2						
3						
4						
5	A.Mehra		J10/1 Rajouri Garden	674382		
6	J.Ninan		30/D Tilak Nagar	726783		
7	R.Mohan		40-F-1 Ansari Road	382731		
8						
9	B.Kapoor		110 F Hari Nagar	572378		
10	R.Anand		2-3 K Kidwai Nagar	436732		

चित्र EX-8.12

3. माउस पॉएंटर को **Menubar** पर लाएँ और **Insert** विकल्प पर क्लिक करें।
4. जब स्क्रीन पर पुल–डाउन मेन्यू दिखाई दे, तो उसमें से **Columns** विकल्प का चुनाव करें। तुरंत ही तीन कॉलम्स आपकी वर्कशीट में प्रविष्ट हो जाएँगे (चित्र EX-8.13)।

	A	B	C	D	E	F	G
1				Name		Address	Phone
2							
3							
4							
5				A.Mehra		J10/1 Rajouri Garden	674382
6				J.Ninan		30/D Tilak Nagar	726783
7				R.Mohan		40-F-1 Ansari Road	382731
8							
9				B.Kapoor		110 F Hari Nagar	572378
10				R.Anand		2-3 K Kidwai Nagar	436732

चित्र EX-8.13

5. प्रविष्ट किए गए कॉलम्स से हाईलाइट हटाने के लिए शीट पर कहीं भी क्लिक कर दें।

रो डिलीट करना (Deleting Row)

मौजूदा रोज़ के बीच, जिस प्रकार आप कितनी भी संख्या में नई रोज़ प्रविष्ट कर सकते हैं, उसी प्रकार आप आसानी से उन्हें डिलीट भी कर सकते हैं। मान लीजिए कि आप चित्र EX-8.13 की आठवीं रो डिलीट करना चाहते हैं। इसके लिए आपको निम्नलिखित क्रम अपनाना होगा–

1. माउस पॉएंटर को उस रो संख्या पर लाएँ जिसे आप डिलीट करना चाहते हैं। हमारे उदाहरण में यह संख्या **8** है। अब आप बाएँ माउस बटन को इस पर क्लिक कर दें। रो संख्या **8** हाईलाइट हो जाएगी।
2. **Edit** मेन्यू बार विकल्प पर क्लिक करें। तुरंत स्क्रीन पर एक पुल–डाउन मेन्यू दिखाई देगा (चित्र EX-8.14)।
3. पुल–डाउन मेन्यू में **Delete** विकल्प पर क्लिक करें (चित्र EX-8.14)। तुरंत रो संख्या **8** डिलीट हो जाएगी।
4. हाईलाइट हटाने के लिए शीट में किसी भी स्थान पर क्लिक कर दें।

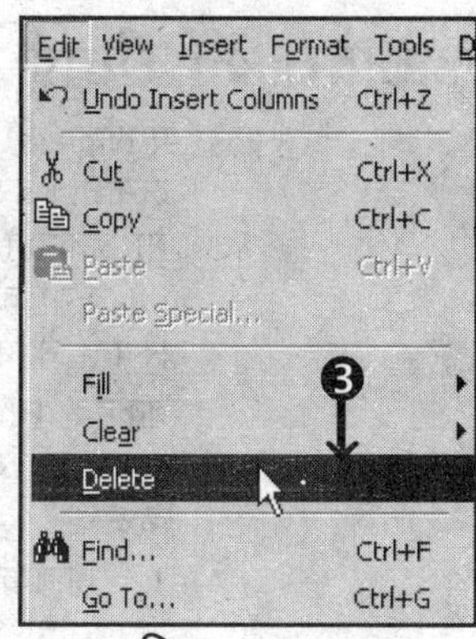

चित्र EX-8.14

	A	B	C	D	E	F	G
1				Name		Address	Phone
2							
3							
4							
5				A.Mehra		J10/1 Rajouri Garden	674382
6				J.Ninan		30/D Tilak Nagar	726783
7				R.Mohan		40-F-1 Ansari Road	382731
8				B.Kapoor		110 F Hari Nagar	572378
9				R.Anand		2-3 K Kidwai Nagar	436732

चित्र EX-8.15

कॉलम्स डिलीट करना (Deleting Columns)

आपको जिन कॉलम्स की जरूरत नहीं है, अब हम उन्हें डिलीट करने का तरीका सीखेंगे। मान लीजिए कि आप कॉलम **A**, **B** और **C**, जिन्हें आपने चित्र EX-8.13 में बनाया था को अब डिलीट करना चाहते हैं। इसके लिए नीचे लिखे क्रम का पालन करें–

1. माउस पॉएंटर को कॉलम **A** पर लाएँ और बाएँ माउस बटन को क्लिक करें। तुरंत ही कॉलम **A** के सभी सेल हाईलाइट हो जाएँगे।

2. बाएँ माउस बटन को दबाए रखकर माउस पॉएंटर को कॉलम B और C पर इस प्रकार ड्रैग करें कि तीनों कॉलम्स हाईलाइट हो जाएँ (चित्र EX-8.13)।
3. **Edit** मेन्यू बार विकल्प पर क्लिक करें।
4. जब स्क्रीन पर पुल–डाउन मेन्यू दिखाई दे तो इसमें मौजूद **Delete** विकल्प पर क्लिक करें (चित्र EX-8.14)। तुरंत हाईलाइटेड कॉलम्स डिलीट हो जाएँगे और आपकी शीट चित्र EX-8.16 के समान दिखाई देने लगेगी।

	A	B	C	D	E	F	G
1	Name		Address	Phone			
2							
3							
4							
5	A.Mehra		J10/1 Rajouri Garden	674382			
6	J.Ninan		30/D Tilak Nagar	726783			
7	R.Mohan		40-F-1 Ansari Road	382731			
8	B.Kapoor		110 F Hari Nagar	572378			
9	R.Anand		2-3 K Kidwai Nagar	436732			

चित्र EX-8.16

5. कॉलम्स से हाईलाइट हटाने के लिए शीट में किसी भी स्थान पर क्लिक कर दें।

डाटाबेस की छँटाई करना (Sorting a Database)

एक्सेल की एक अन्य अत्यंत महत्वपूर्ण सुविधा है– **Sorting**, अर्थात् डाटाबेस को छाँटकर क्रमवार लगाना। इस सुविधा का लाभ उठाकर आप अपने डाटाबेस को किसी भी क्रम– आरोही (Ascending) या अवरोही (Descending) में लगा सकते हैं। उदाहरण के लिए अगर आप वर्कबुक **Phone** की सूची को नामों के अनुसार लगा लें तो आप किसी भी व्यक्ति का रिकॉर्ड आसानी से खोज सकते हैं। इस स्थिति में कॉलम **A** हमारा प्राइमरी कॉलम बन जाएगा।

वर्कबुक **Phone** में डाटा को alphabetically sort करने के लिए नीचे लिखे क्रम का पालन करें–

1. आपको अपना डाटा नामों के अनुसार व्यवस्थित करना है इसके लिए डाटा की पूरी सूची अर्थात् सेल ऐड्रेस **A2** से लेकर **D9** तक हाईलाइट करें (चित्र EX-8.17)।
2. अब **Data** मेन्यू बार विकल्प पर क्लिक करें। तुरंत स्क्रीन पर एक पुल–डाउन मेन्यू दिखाई देगा (चित्र EX-8.18)।
3. पुल–डाउन मेन्यू में, **Sort** विकल्प का चुनाव करें (चित्र EX-8.18)। तुरंत स्क्रीन पर एक **Sort** बॉक्स दिखाई देगा (चित्र EX-8.19)।

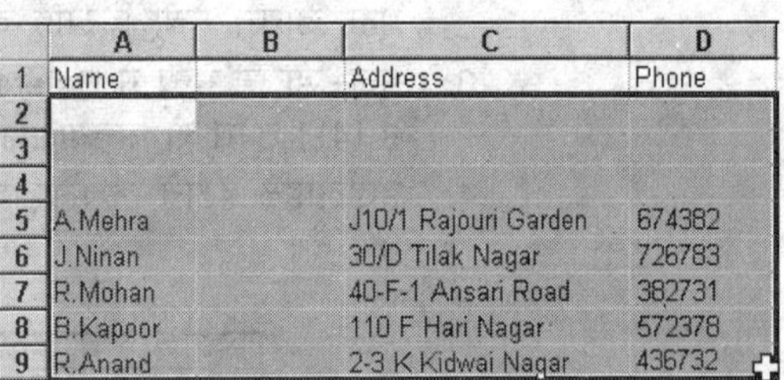

	A	B	C	D
1	Name		Address	Phone
2				
3				
4				
5	A.Mehra		J10/1 Rajouri Garden	674382
6	J.Ninan		30/D Tilak Nagar	726783
7	R.Mohan		40-F-1 Ansari Road	382731
8	B.Kapoor		110 F Hari Nagar	572378
9	R.Anand		2-3 K Kidwai Nagar	436732

चित्र EX-8.17

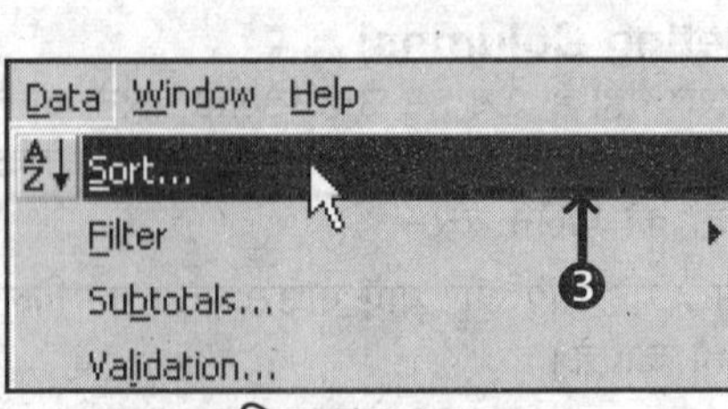

चित्र EX-8.18

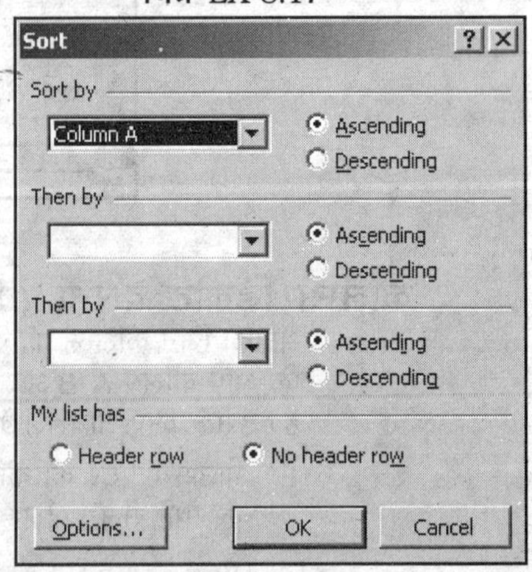

चित्र EX-8.19

इस **Sort** बॉक्स में आपको पहले ही **Sort by** विकल्प के नीचे प्राइमरी कॉलम के रूप में कॉलम **A** लिखा दिखाई देगा। आप अपनी वर्कबुक **Phone** में दर्ज पूरे डाटा को कॉलम **A** के आधार पर व्यवस्थित करना चाहते हैं, इसलिए कॉलम **A** इस समय प्राइमरी कॉलम बन जाएगा।

यदि आप इस सूची को पते के अनुसार व्यवस्थित करना चाहें, तो Sort by विकल्प के नीचे बने बॉक्स में दो बार क्लिक करें और Column C टाइप कर दें। ये शब्द आपको Sort by विकल्प के नीचे बने बॉक्स में लिखे दिखाई देंगे। अब कॉलम C प्राइमरी कॉलम बन जाएगा और आपका पूरा डाटा इसी के अनुसार क्रमवार व्यवस्थित हो जाएगा।

4. अब आप को यह निर्धारित करना है कि आप अपनी सूची को आरोही (Ascending) क्रम में व्यवस्थित करेंगे या अवरोही (Descending) क्रम में। उदाहरण के लिए आप अपनी सूची को अवरोही (Descending) क्रम में व्यवस्थित कर लें। ऐसा करने के लिए माउस पॉइंटर को **<u>D</u>escending** विकल्प के साथ बने गोल बटन पर लाएँ (चित्र EX-8.20) और बाएँ माउस बटन को क्लिक करें।

चित्र EX-8.20

तुरंत इस गोल बटन में एक बिंदु दिखाई देगा, जिससे पता लगेगा कि **<u>D</u>escending** विकल्प का चयन कर लिया गया है (चित्र EX-8.21)।

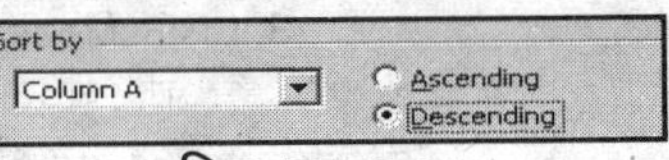

चित्र EX-8.21

5. **OK** बटन पर क्लिक करें। अब माइक्रोसॉफ्ट एक्सेल आपके सभी रिकॉर्डों को छाँटकर, आपके निर्देशों के अनुसार व्यवस्थित कर देगा और आपकी वर्कबुक, चित्र EX-8.22 के समान दिखाई देगी (खाली स्थानों का sorting में कोई महत्व ना होने के कारण वे सबसे नीचे आ जाएंगे)।

A2 = R.Mohan

	A	B	C	D	E
1	Name		Address	Phone	
2	R.Mohan		40-F-1 Ansari Road	382731	
3	R.Anand		2-3 K Kidwai Nagar	436732	
4	J.Ninan		30/D Tilak Nagar	726783	
5	B.Kapoor		110 F Hari Nagar	572378	
6	A.Mehra		J10/1 Rajouri Garden	674382	
7					
8					
9					
10					

चित्र EX-8.22

Hot Tip

अपनी शीट में किए गए बदलावों को सेव करने के लिए आप नियमित अंतराल पर Save (💾) बटन पर क्लिक करते रहें।

6. सूची से हाईलाइट हटाने के लिए अपनी शीट में किसी भी स्थान पर क्लिक कर दें। अब आपको अपनी सूची स्पष्ट दिखाई देगी।

माइक्रोसॉफ्ट एक्सेल के Sort बॉक्स में उपलब्ध Then by विकल्प किसी विशेष स्थिति में डाटा की सूची व्यवस्थित करने में आपकी मदद करता है, जैसे कि, जब किसी कॉलम में दर्ज कुछ डाटा एक जैसा हो।

उदाहरण के लिए अगर आपकी सूची में दो नाम एक जैसे हों, तो उन्हें व्यवस्थित करने के लिए Then by विकल्प का प्रयोग किया जा सकता है। आपको इसके लिए, केवल Then by विकल्प के नीचे बने बॉक्स में कॉलम का नाम (जैसे– Column C) टाइप करना होगा। इसके बाद <u>A</u>scending या <u>D</u>escending विकल्प के साथ बने गोल बटन पर क्लिक करें और अंत में OK बटन पर क्लिक कर दें। जैसे ही माइक्रोसॉफ्ट एक्सेल के सामने Column A में एक जैसे नाम आएँगे, वैसे ही वह इन्हें Column C में दिए गए इन नामों के पतों के अनुसार व्यवस्थित कर देगा।

वर्कबुक बंद करना तथा एक्सेल से बाहर आना (Closing the Workbook and Quitting Excel)

आइए, अब आप वर्कबुक **Phone** को बंद करें। इसके लिए आपको नीचे लिखी प्रक्रिया के अनुसार काम करना होगा–

1. **File** मेन्यू बार विकल्प पर क्लिक करें। तुरंत ही आपको पुल–डाउन मेन्यू दिखाई देगा।
2. पुल–डाउन मेन्यू के अंदर **Close** विकल्प पर क्लिक करें। अगर शीट में किए गए बदलावों को आपने सेव नहीं किया है, तो स्क्रीन पर एक **Message** बॉक्स दिखाई देगा (चित्र EX-8.23)।

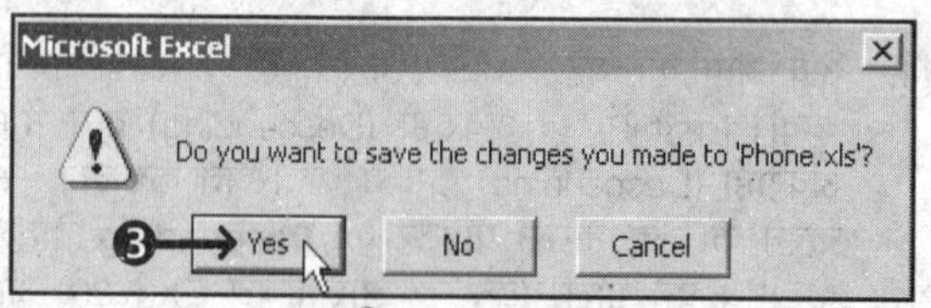

चित्र EX-8.23

3. यह **Message** बॉक्स आपसे पूछेगा कि शीट में किए गए बदलावों को आप सेव करेंगे या नहीं। अगर बदलावों को सेव करना है, तो **Yes** बटन पर क्लिक करें। तुरंत ही शीट सेव हो जाएगी और फिर बंद भी हो जाएगी।
4. अब आप माइक्रोसॉफ्ट एक्सेल प्रोग्राम के **Title bar** पर मौजूद **Close** बटन (×) पर क्लिक करके उसे बंद कर सकते हैं।

वर्कबुक Phone को बाद में खोलने के लिए आपको नीचे दिए गए क्रम के अनुसार काम करना होगा–

1. माइक्रोसॉफ्ट एक्सेल को खोलें और Open बटन ( ) पर क्लिक करें।
2. जब Open बॉक्स स्क्रीन पर दिखाई देगा, तब डाउन ऐरो ( ) बटन पर क्लिक करें, जो Look in विकल्प के साथ बॉक्स में दिखाई देगा।
3. पुल–डाउन मेन्यू के अंदर Local Disk [C:] पर क्लिक करें। तुरंत ही फोल्डर और फाइल की सूची आपको Look in विकल्प के नीचे बॉक्स में दिखाई देगी।
4. अपनी वर्कबुक यानी Phone ढूँढें और फिर उस पर एक बार क्लिक करें।
5. Open बॉक्स के Open बटन पर क्लिक करें। अगर आपकी वर्कबुक पहले से ही स्क्रीन पर खुली होगी, तो फिर अन्य वर्कबुक को खोलने से खुली हुई वर्कबुक के कन्टेन्ट्स डिलीट नहीं होंगे। पुरानी वर्कबुक, मौजूद वर्कबुक के पीछे छिप जाएगी।

अध्याय

9

शीट्स को व्यवस्थित करना

इस अध्याय में–

* वर्कबुक में नई शीट जोड़ना
* वर्कबुक में एक से अधिक शीट्स को जोड़ना
* शीट को नया नाम देना और उसमें डाटा प्रविष्ट करना
* शीट को दूसरे स्थान पर ले जाना
* डाटा को विभिन्न शीट्स में कॉपी करना
* वर्कबुक को सुरक्षित करना
* वर्कबुक से शीट को डिलीट करना
* वर्कबुक की ऑटो सेव (Autosave) सुविधा
* वर्कबुक बंद करना
* डिलीट की हुई वर्कबुक को वापस लाना
* माइक्रोसॉफ्ट एक्सेल से बाहर आना

आप जानते हैं कि माइक्रोसॉफ्ट एक्सेल 2000 में हर वर्कबुक में तीन शीट्स होती हैं। माइक्रोसॉफ्ट एक्सेल में डाटा को स्टोर करने के लिए वर्कबुक का इस्तेमाल होता है। उदाहरण के लिए– आपकी कंपनी के हर विभाग की रिपोर्ट एक अलग शीट में स्टोर हो सकती है। वर्कबुक अपने आप तीन शीट्स दिखाती है, पर आप अपनी जरूरत के हिसाब से वर्कबुक में कई शीट्स जोड़ सकते हैं। आंप गैरजरूरी शीट्स को भी डिलीट कर सकते हैं। आप उनको नया नाम दे सकते हैं, तथा नए ढंग से व्यवस्थित कर सकते हैं, इसी तरह के तथा कई अन्य काम भी उस पर कर सकते हैं।

शीट्स पर काम करने के लिए पहले आपको माइक्रोसॉफ्ट एक्सेल को खोलना होगा। इसके लिए पहले **Start** बटन (Start) पर क्लिक करें और फिर खुले हुए पुश–अप मेन्यू में **Programs** विकल्प पर क्लिक करें। अंत में **Microsoft Excel** विकल्प को दूसरे मेन्यू से चुनें। तुरंत ही तीन शीट्स के साथ एक खाली वर्कबुक आपको दिखाई देगी।

वर्कबुक में नई शीट जोड़ना (Adding a Sheet to the Workbook)

स्क्रीन पर वर्कबुक खुलते ही आपको तीन शीट्स दिखाई देंगी। इनमें Sheet1 करंटली ऐक्टिव शीट है। अब हम आगे बढ़ते हुए इस वर्कबुक में नई शीट जोड़ेंगे। इसे जोड़ना बहुत ही आसान है। मान लीजिए कि वर्कबुक में आप शीट को Sheet1 से पहले जोड़ना चाहते हैं। तब आपको नीचे लिखे क्रम के अनुसार चलना होगा–

1. माउस पॉएंटर को **Menu bar** पर लाएँ और **Insert** विकल्प पर क्लिक करें। तुरंत ही आपको पुल–डाउन मेन्यू स्क्रीन पर दिखाई देगा (चित्र EX-9.1)।
2. पुल–डाउन मेन्यू के अंदर **Worksheet** विकल्प पर क्लिक करें (चित्र EX-9.1)। तुरंत ही नई शीट **Sheet4** के नाम से **Sheet1** से पहले दिखाई देगी। अब **Sheet4** करंटली ऐक्टिव शीट बन जाएगी (चित्र EX-9.2)।

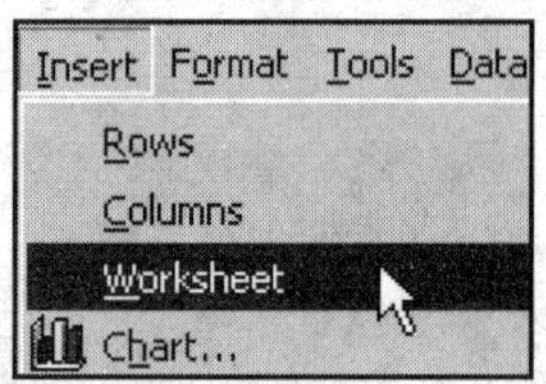

चित्र EX-9.1

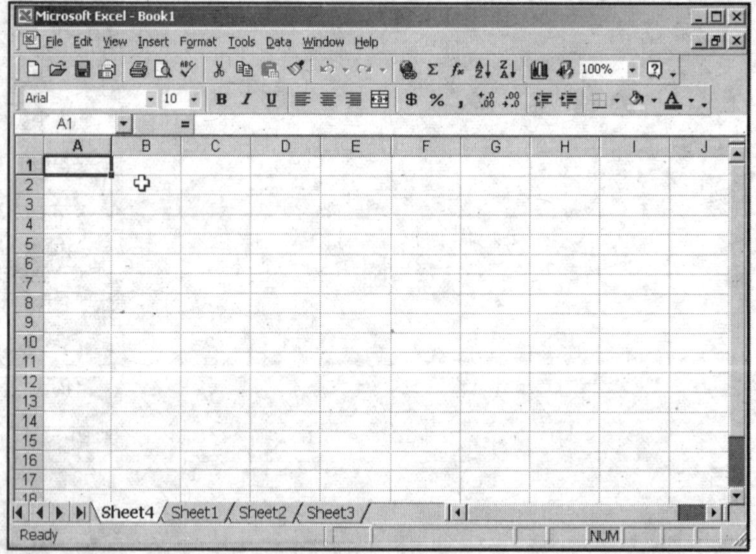

चित्र EX-9.2

वर्कबुक में एक से अधिक शीट्स को जोड़ना (Adding Many Sheets to the Workbook)

मान लीजिए कि आप कंपनी के 10 डिवीजन्स के Sales रिकॉर्डों को अलग–अलग शीट में रखना चाहते हैं। इस काम में आपको अपनी वर्कबुक में एक से ज्यादा शीट डालने की जरूरत पड़ती है। एक शीट को एक बार जोड़ने में बहुत अधिक समय लगता है। इस समय को बचाने का एक तरीका यह है कि आप एक ही बार में कई शीट्स को डाल लें।

आइए, अब हम **4** शीट्स को एक ही समय पर वर्कबुक में डालें। इसके लिए आपको नीचे लिखे क्रम के अनुसार काम करना होगा–

1. चारों मौजूद शीट टैब्स को पहले हाईलाइट करें। इसके लिए पहले वाले शीट टैब पर क्लिक करें (जो हमारे उदाहरण में **Sheet4** है)। अब यह ऐक्टिव शीट बन जाएगी।
2. अब की–बोर्ड से **Shift** key को दबाएँ।
3. अब **Shift** key को दबाए रखते हुए अंतिम शीट टैब पर क्लिक करें। हमारे उदाहरण में वह **Sheet3** टैब है (चित्र EX-9.3)।

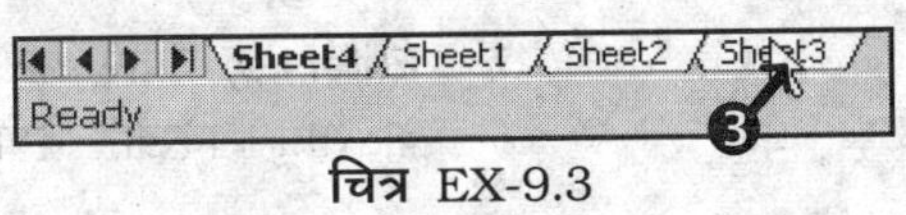

चित्र EX-9.3

4. फिर **Insert** मेन्यू बार विकल्प पर क्लिक करें। तुरंत ही आपको स्क्रीन पर पुल–डाउन मेन्यू दिखाई देगा (चित्र EX-9.1)।
5. पुल–डाउन मेन्यू के अंदर **Worksheet** विकल्प पर क्लिक करें। यह आपकी वर्कबुक में चार और वर्कशीट्स **Sheet5**, **Sheet6**, **Sheet7** और **Sheet8** के नाम से जोड़ देगा (चित्र EX-9.4)। अब **Sheet5** करंटली ऐक्टिव शीट है। याद रखें, आप केवल उतनी ही शीट्स को अपनी वर्कबुक में जोड़ सकते हैं, जितनी आपने हाईलाइट की थीं।

चित्र EX-9.4

शीट को नया नाम देना और उसमें डाटा प्रविष्ट करना (Renaming a Sheet and Entering Data in it)

माइक्रोसॉफ्ट एक्सेल अपनी शीट्स को **Sheet1**, **Sheet2** आदि नाम अपने आप ही देता है। मगर आप इसको कोई अन्य नाम भी दे सकते हैं। उदाहरण के लिए– **Sheet1** को आप नया नाम दें, इसके लिए आपको नीचे लिखे क्रम के अनुसार कार्य करना होगा–

1. माउस पॉइंटर को **Sheet1** टैब पर लाएँ (चित्र EX-9.5) और बाएँ माउस बटन को डबल क्लिक करें। तुरंत ही **Sheet1** टैब हाईलाइट हो जाएगा।

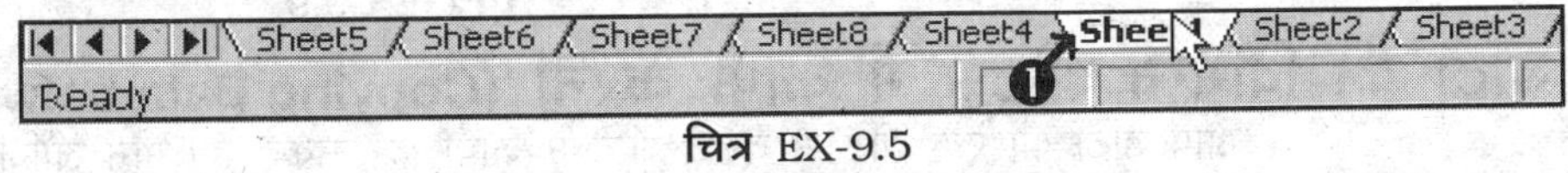

चित्र EX-9.5

2. अब किसी नाम (जैसे – **Price**) को **Sheet1** पर टाइप करें।
3. की–बोर्ड से **Enter** key दबाएँ। शीट **Sheet1** नाम अब **Price** से बदल जाएगा (चित्र EX-9.6)।

चित्र EX-9.6

4. आइए, अब हम नीचे लिखे डाटा को सेल ऐड्रेस **A1** से **Price** शीट में प्रविष्ट करें।

Item	Price
Pen	20
Pencil	10
Rubber	5

टेबल 1

	A	B	C
1	Item	Price	
2	Pen	20	
3	Pencil	10	
4	Rubber	5	
5			

चित्र EX-9.7

पहले सेल ऐड्रेस **A1** पर क्लिक करें तथा **Item** टाइप करें। फिर **Enter** key को दबाएँ।

5. **Pen** टाइप करें और शेष डाटा को टाइप करने के लिए **Enter** key दबाएँ।
6. सेल ऐड्रेस **B1** पर क्लिक करें और **Price** टाइप करें।
7. **Enter** key दबाएँ और शेष डाटा को भी प्रविष्ट करें। आपकी शीट अब आपको चित्र EX-9.7 के समान दिखाई देगी।

शीट को दूसरे स्थान पर ले जाना (Moving a Sheet)

आप शीट्स को नई जगह पर ले जा सकते हैं, ताकि मौजूदा डाटा को अपनी वर्कबुक में पुनःसंगठित (reorganise) कर सकें। उदाहरण के लिए– यदि आप **Price** शीट को **Sheet2** और **Sheet3** टैब्स के बीच में लाना चाहते हैं, तो आपको नीचे लिखे क्रम के अनुसार काम करना होगा–

1. माउस पॉएंटर को **Price** टैब पर लाएँ और बाएँ माउस बटन को दबाएँ।
2. बाएँ माउस बटन को दबाए रखते हुए शीट को नई जगह पर ड्रैग करें, अर्थात् **Sheet2** और **Sheet3** टैब्स के बीच लाएँ। आप देखेंगे कि एक ऐरो (⇱) शीट **Price** को **Sheet2** और **Sheet3** के बीच में ला रहा है (चित्र EX-9.8)।

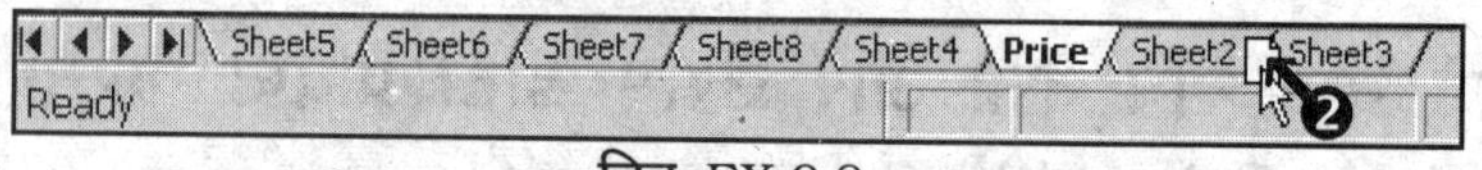

चित्र EX-9.8

3. जब आप अपने अपेक्षित स्थान पर पहुँच जाएँ, (जो हमारे उदाहरण में टैब **Sheet2** और **Sheet3** के बीच का स्थान है) तब बाएँ माउस बटन को छोड़ दें। **Price** शीट आपको नई जगह पर दिखाई देगी (चित्र EX-9.9)।

चित्र EX-9.9

डाटा को विभिन्न शीट्स में कॉपी करना (Copying Data between Sheets)

आप डाटा को एक शीट से दूसरी शीट में कॉपी कर सकते हैं। मान लीजिए कि आप शीट **Price** में बनाई हुई टेबल को अन्य शीट (जैसे– **Sheet2**) में कॉपी करना चाहते हैं, तो इसके लिए आपको नीचे लिखे क्रम के अनुसार काम करना होगा–

1. जिस कन्टेन्ट को आप कॉपी करना चाहते हैं, पहले उसे हाईलाइट करें। ऐसा करने के लिए फिर शीट **Price** शीट के सेल ऐड्रेस **A1** पर क्लिक करें।
2. बाएँ माउस बटन को दबाए रखते हुए पूरी टेबल को हाईलाइट करने के लिए माउस पॉएंटर को ड्रैग करें (चित्र EX-9.10)।
3. **Standard** toolbar पर मौजूद **Copy** बटन (⎘) पर क्लिक करें।

4. माउस पॉएंटर को **Sheet2** टैब पर लाएँ और बाएँ माउस बटन को क्लिक करें। **Sheet2** तब करेंटली ऐक्टिव शीट बन जाएगी (चित्र EX-9.11)।

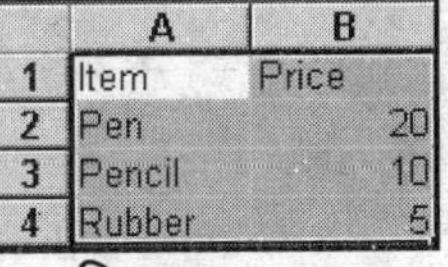

	A	B
1	Item	Price
2	Pen	20
3	Pencil	10
4	Rubber	5

चित्र EX-9.10

Sheet5 Sheet6 Sheet7 Sheet8 Sheet4 Sheet2 Price Sheet3
Ready

चित्र EX-9.11

5. हम हाईलाइटेड टेबल को **Sheet1** में सेल ऐड्रेस के शुरू के सेल **A1** में कॉपी करना चाहते है। हमारे उदाहरण में सेल पॉएंटर पहले से ही **Sheet2** में सेल **A1** ऐड्रेस पर है।
6. **Paste** बटन (📋) पर क्लिक करें। तुरंत ही टेबल **Sheet2** में कॉपी हो जाएगी (चित्र EX-9.12)।

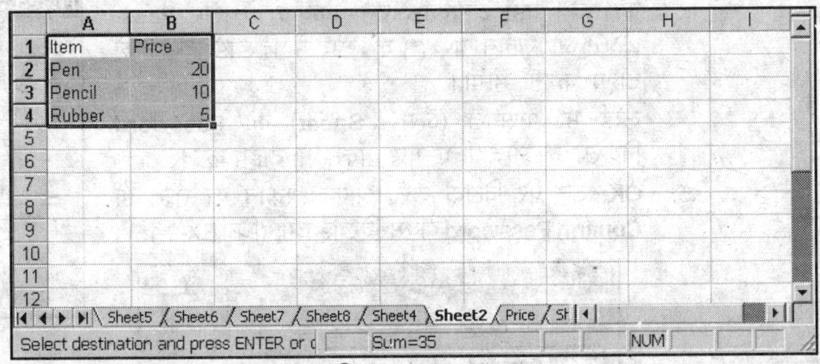

	A	B	C	D	E	F	G	H	I
1	Item	Price							
2	Pen	20							
3	Pencil	10							
4	Rubber	5							
5									
6									
7									
8									
9									
10									
11									
12									

चित्र EX-9.12

7. अब हाईलाइट को हटाने के लिए शीट में किसी भी जगह पर क्लिक कर दें।

वर्कबुक को सेव करने के लिए नीचे लिखे क्रम के अनुसार काम करें–

1. Save बटन (💾) पर क्लिक करें। तुरंत ही आपको Save As बॉक्स दिखाई देगा।
2. अपनी वर्कबुक के लिए नाम (जैसे–sheet) टाइप करें, जो File name विकल्प के साथ दिखाई देगा।
3. Save in विकल्प के साथ बॉक्स के अंदर डाउन ऐरो बटन (▾) पर क्लिक करें। तुरंत ही पुल डाउन मेन्यू दिखाई देगा।
4. पुल–डाउन मेन्यू के अंदर अपनी वर्कबुक को जिस फोल्डर में आपको सेव करना है, वहाँ पर क्लिक करें, जैसे – My Documents।
5. Save बटन पर क्लिक करें। तुरंत ही Save As बॉक्स स्क्रीन से हट जाएगा और आपकी वर्कबुक के Title bar पर शीट का नाम Sheet दिखाई देगा।

वर्कबुक को सुरक्षित रखना (Protecting the Workbook)

आप अपनी शीट को वर्कबुक में **पासवर्ड (Password)** द्वारा सुरक्षित कर सकते हैं। आइए, अब हम अपनी वर्कबुक को पासवर्ड दें। इसके लिए आपको नीचे लिखे क्रम के अनुसार काम करना होगा–

1. चित्र EX-9.12 पर जाएँ। **Tools** मेन्यू बार विकल्प पर क्लिक करें। तुरंत ही आपको स्क्रीन पर पुल–डाउन मेन्यू दिखाई देगा (चित्र EX-9.13)।

2. पुल–डाउन मेन्यू के अंदर **Protection** विकल्प पर क्लिक करें। तुरंत ही आपको दूसरा मेन्यू दिखाई देगा (चित्र EX-9.13)।
3. दूसरे मेन्यू के अंदर माउस पॉएंटर को **Protect Workbook** विकल्प पर लाएँ (चित्र EX-9.13) और बाएँ माउस बटन को क्लिक करें। तुरंत ही आपके स्क्रीन पर **Protect Workbook** बॉक्स खुल जाएगा (चित्र EX-9.14)।

चित्र EX-9.13

4. **Protect Workbook** बॉक्स के अंदर **Password** विकल्प को ढूँढें। यहाँ आपको अपने वर्कबुक के लिए **Password** जो स्क्रीन पर (*) के रूप में दिखाई देगा, को टाइप करना होगा।

   कोई भी पासवर्ड (जैसे– **Sheet**) को **Password** विकल्प के नीचे दिए गए बॉक्स में टाइप करें।

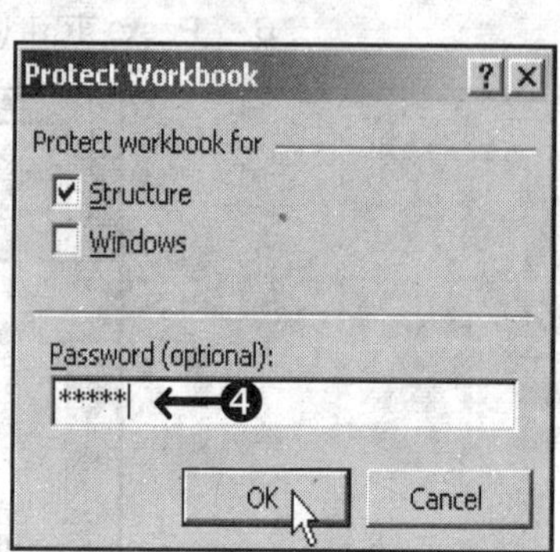

चित्र EX-9.14

5. **OK** बटन पर क्लिक करें। आपको स्क्रीन पर तुरंत ही **Confirm Password** बॉक्स दिखाई देगा (चित्र EX-9.15)।

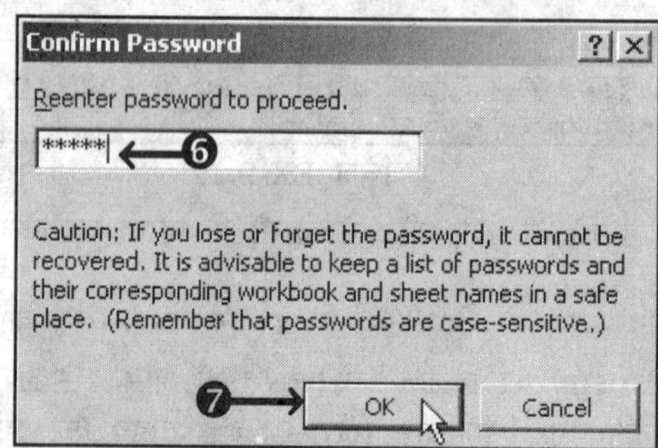

चित्र EX-9.15

6. यहाँ आपको दोबारा पासवर्ड प्रविष्ट करना होगा। अतः पासवर्ड **Sheet** को दोबारा टाइप करें।
7. **OK** बटन पर क्लिक करें।

आपने Confirm Pasword बॉक्स में जो पासवर्ड टाइप किया है, वह अगर Protect Workbook बॉक्स से अलग है, तो फिर आपको एक Message बॉक्स दिखाई देगा (चित्र EX-9.16)। Message बॉक्स के OK बटन पर क्लिक करें और पासवर्ड को दोबारा टाइप करें। अब शीर्षक 'वर्कबुक को सुरक्षित रखना' के क्रम 4 से दोबारा शुरू करें।

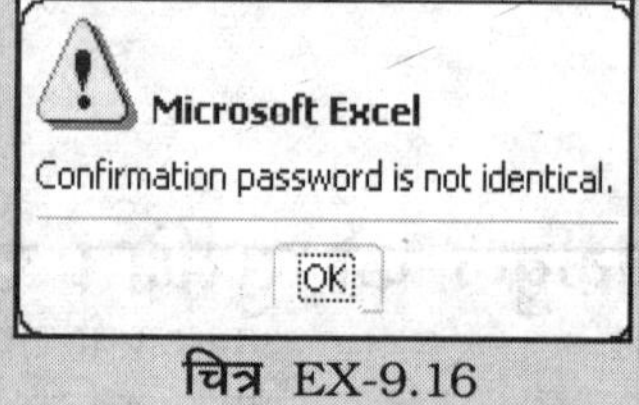

चित्र EX-9.16

वर्कबुक से शीट को डिलीट करना (Deleting a Sheet from the Workbook)

आप अपनी वर्कबुक से गैरजरूरी शीट्स को डिलीट कर सकते हैं। मान लीजिए आप वर्कबुक से Sheet 8 को हटाना है। इसके लिए आपको नीचे लिखे क्रम के अनुसार काम करना होगा–

1. माउस पॉएंटर को **Sheet8** टैब पर लाएँ (चित्र EX-9.17) और बाएँ माउस बटन को क्लिक करें। **Sheet8** अब करंटली ऐक्टिव शीट बन जाएगी।

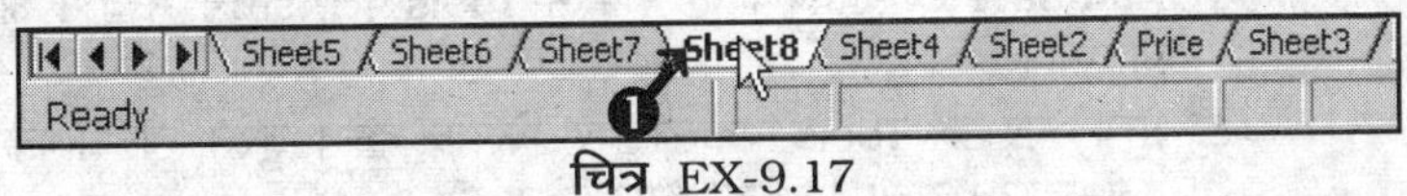

चित्र EX-9.17

2. **Edit** मेन्यू बार पर क्लिक करें। तुरंत ही एक पुल–डाउन मेन्यू आपको दिखाई देगा (चित्र EX- 9.18)।
3. पुल–डाउन मेन्यू के अंदर के **Delete Sheet** विकल्प पर क्लिक करें (चित्र EX-9.18)। तुरंत ही स्क्रीन पर एक **Message** बॉक्स (चित्र EX-9.19) दिखाई देगा, जो आपसे पूछेगा कि क्या आप शीट को हमेशा के लिए डिलीट करना चाहते हैं?

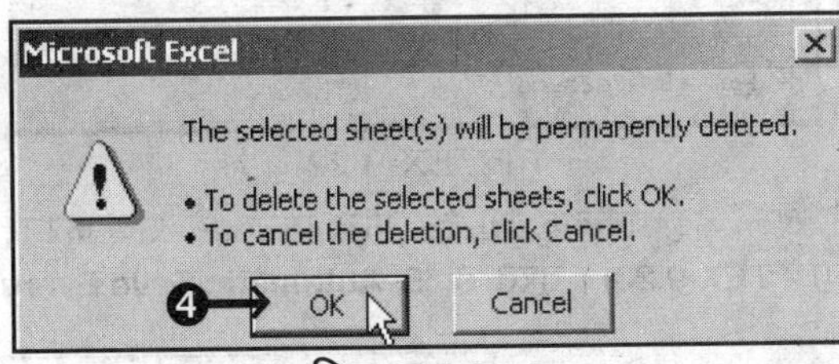

चित्र EX-9.19

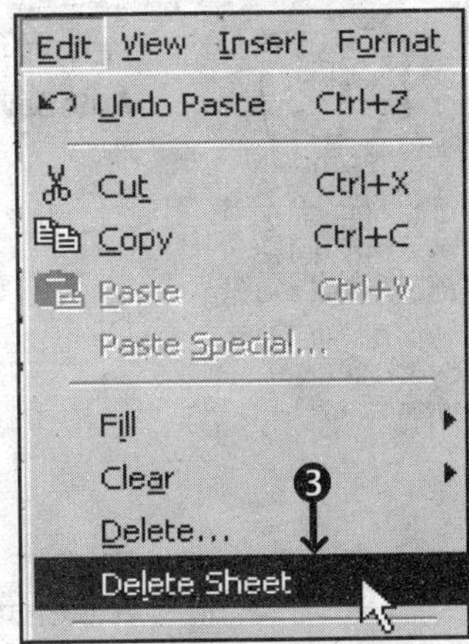

चित्र EX-9.18

4. शीट को डिलीट करने के लिए **Message** बॉक्स में **OK** बटन पर क्लिक करें। तुरंत ही **Sheet8** डिलीट हो जाएगी।

वर्कबुक की ऑटो सेव सुविधा (Saving the Workbook Automatically)

आप अपनी वर्कबुक में नियमित अंतराल में (जैसे– हर पाँच मिनट) में स्वयं सेव होने का विकल्प डाल सकते हैं। इसके लिए आप नीचे लिखे क्रम को अपनाएँ–

1. माउस पॉएंटर को मेन्यू बार के **Tools** विकल्प पर लाएँ और बाएँ माउस बटन को उस पर क्लिक करें। तुरंत ही पुल–डाउन मेन्यू दिखाई देगा।
2. पुल–डाउन मेन्यू के अंदर **Add-Ins** विकल्प पर क्लिक करें, क्योंकि आपको अपनी वर्कबुक के लिए नई सुविधा डालनी है। तुरंत ही आपको स्क्रीन पर **Add-Ins** बॉक्स दिखाई देगा (चित्र EX-9.20)।

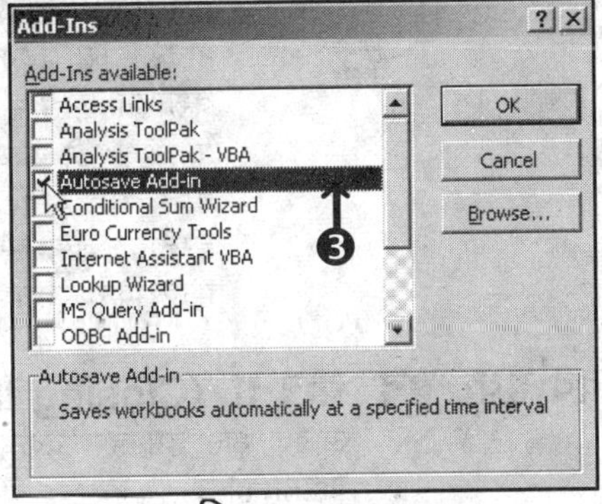

चित्र EX-9.20

3. माउस पॉएंटर को **Add-Ins** बॉक्स में **Add-Ins available** विकल्प के नीचे लेकर जाएँ और **AutoSave Add-in** विकल्प के पास में बने छोटे बॉक्स में क्लिक करें (चित्र EX-9.20)। बॉक्स में आपको एक (☑) चिन्ह दिखाई देगा (चित्र EX-9.20) जो यह दर्शाएगा कि इस विकल्प का चुनाव हो गया है।
4. बाएँ माउस बटन के द्वारा **OK** बटन पर क्लिक करें। इस प्रकार **AutoSave** एक विकल्प के रूप में **Tools** पुल डाउन मेन्यू में आ जाएगा।
5. मेन्यू बार के **Tools** विकल्प पर क्लिक करें। तुरंत ही आपको पुल–डाउन मेन्यू दिखाई देगा (चित्र EX-9.21)।
6. पुल–डाउन मेन्यू के अंदर **AutoSave** विकल्प पर बाएँ माउस बटन से क्लिक करें (चित्र EX-9.21)। तुरंत ही आपको स्क्रीन पर **AutoSave** बॉक्स दिखाई देगा (चित्र EX-9.22)।

चित्र EX-9.21

यदि आप कोई भी समय तय नहीं करेंगे तो Autosave स्वयं ही खुली हुई वर्कबुक को हर दस मिनट में सेव करता रहेगा।

चित्र EX-9.22

7. यदि आप अपनी खुली हुई वर्कबुक को हर पाँच मिनट में सेव करना चाहते हैं, तो की–बोर्ड से **5** टाइप करें (चित्र EX-9.23)। तुरंत ही **5, Automatic Save Every** विकल्प के साथ बॉक्स में दिखाई देगा।
8. अब माउस पॉएंटर को **OK** बटन पर लाएँ (चित्र EX-9.23) और बाएँ माउस बटन को क्लिक करें।

चित्र EX-9.23

यदि आप खुली हुई अपनी सभी वर्कबुक्स को हर पाँच मिनट पर अपने आप सेव करना चाहते हैं, तो फिर Save All Open Workbooks विकल्प के साथ गोल बटन में क्लिक करें (चित्र EX-9.24)। एक बिंदु उसके अंदर उस विकल्प के चुनाव को दर्शाएगा।

'वर्कबुक की स्वयं सेव सुविधा' शीर्षक पाठ में AutoSave सुविधा का इस्तेमाल उस समय खुली वर्कबुक के लिए किया गया है।

चित्र EX-9.24

वर्कबुक बंद करना (Closing the Workbook)

आइए, अब हम इस वर्कबुक को बंद करें। इसके लिए आपको नीचे लिखे क्रम के अनुसार काम करना होगा–

1. **File** मेन्यू बार विकल्प पर क्लिक करें। तुरंत ही स्क्रीन पर पुल–डाउन मेन्यू दिखाई देगा।

2. पुल–डाउन मेन्यू के अंदर **Close** विकल्प पर क्लिक करें। तुरंत ही एक **Message** बॉक्स दिखाई देगा (चित्र EX-9.25)।
3. **Yes** विकल्प पर बदलावों को सेव करने के लिए क्लिक करें। तुरंत ही स्क्रीन से **Message** बॉक्स हट जाएगा और वर्कबुक बंद हो जाएगी।

चित्र EX-9.25

डिलीट की हुई वर्कबुक को वापस लाना (Recovering a Deleted Workbook)

मान लीजिए कि आप महत्त्वपूर्ण वर्कबुक को अपने फोल्डर से भूलवश डिलीट कर देते हैं और अब आप उसे वापस लाना चाहते हैं।

वर्कबुक को वापस लाने की प्रक्रिया को समझने के लिए आपको उस वर्कबुक को डिलीट करना होगा, जिसे आपने **sheet** नाम से बनाया है। फिर उसे दोबारा स्थापित (restore) करने की कोशिश करें। इसके लिए आपको नीचे लिखे क्रम के अनुसार काम करना होगा।

1. माउस पॉएंटर को माइक्रोसॉफ्ट एक्सेल विंडो के **File** मेन्यू बार विकल्प पर लाएँ और बाएँ माउस बटन को क्लिक करें।
2. पुल–डाउन मेन्यू के अंदर **Open** विकल्प पर क्लिक करें। तुरंत ही स्क्रीन पर **Open** बॉक्स खुल जाएगा।
3. ध्यान दें कि एक बॉक्स, जो **Look in** विकल्प के साथ बना है, **My Documents** नाम दिखा रहा है। उस बॉक्स में **sheet** नामक वर्कबुक ढूँढ़ें, जो **Look in** विकल्प के नीचे है।

अगर Look in विकल्प के साथ दिया हुआ बॉक्स My Documents फोल्डर आपको नहीं दिखाता, तो आप नीचे लिखे क्रम के अनुसार काम करें–

1. डाउन ऐरो बटन (▾) जो Look in विकल्प के साथ बॉक्स में है पर क्लिक करें। तुरंत ही आपको पुल–डाउन मेन्यू दिखाई देगा।
2. क्योंकि My Documents फोल्डर Local Disk [C:] के अंदर है, अतः पुल–डाउन मेन्यू में Local Disk [C:] पर क्लिक करें। तुरंत ही Local Disk [C:] Look in विकल्प के साथ बॉक्स के अंदर दिखाई देगा।
3. जब Local Disk [C:] के कन्टेन्टस Look in विकल्प कें साथ एक बड़े बॉक्स के अंदर दिखाई देंगे, तब My Documents फोल्डर को ढूँढ़ें और उस पर डबल क्लिक करें। अब My Documents के कन्टेन्ट्स एक बड़े बॉक्स में दिखाई देंगे। अब आप इस विषय के क्रम 3 से शुरू करें।

4. वर्कबुक **sheet** को ढूँढ़ने के बाद दाएँ माउस बटन को उस पर क्लिक करें। तुरंत ही आपको पुल–डाउन मेन्यू वर्कबुक के साथ दिखाई देगा (चित्र EX-9.26)।
5. पुल–डाउन मेन्यू के अंदर माउस पॉएंटर को **Delete** विकल्प पर लाएँ, (चित्र EX-9.26) और बाएँ माउस बटन को क्लिक करें। तुरंत ही स्क्रीन पर एक **Confirm File Delete** बॉक्स (चित्र EX-9.27) दिखेगा, जो आपसे डिलीट की प्रक्रिया को अनुमति देने या रद्द करने के लिए कहेगा।

चित्र EX-9.26

6. माउस पॉएंटर को **Confirm File Delete** बॉक्स के **Yes** बटन पर लाएँ और बाएँ माउस बटन को क्लिक करें। **My Documents** फोल्डर से वर्कबुक तुरंत ही डिलीट हो जाएगी और **Recycle Bin** में चली जाएगी।

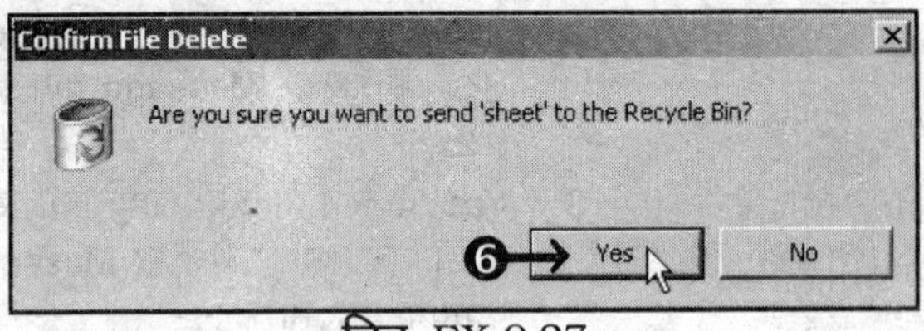

चित्र EX-9.27

आइए, डिलीट हुई वर्कबुक को अब **Recycle Bin** से वापस लाएँ और उसे **My Documents** फोल्डर में restore करें। इसमें आगे बढ़ने के लिए आपको नीचे लिखे क्रम के अनुसार काम करना होगा—

7. माउस पॉएंटर को माइक्रोसॉफ्ट एक्सेल के **Title bar** के **Minimize** बटन (▁) पर लाएँ और बाएँ माउस बटन को क्लिक करें। विंडो तुरंत ही **Taskbar** पर एक बटन में बदल जाएगी और डेस्कटॉप दिखाई देगा।

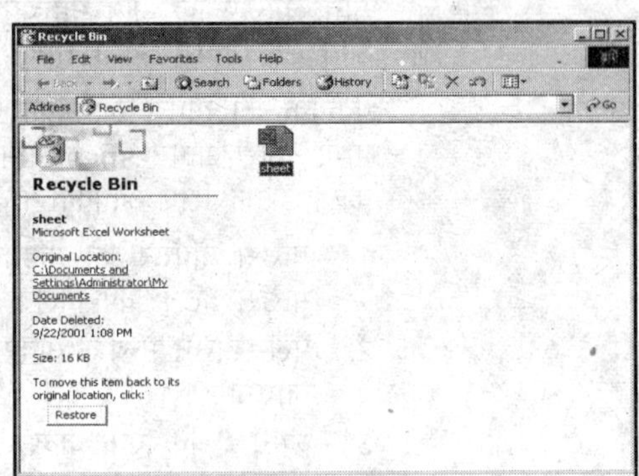

चित्र EX-9.28

शीट के नाम 31 करैक्टर्स तक हो सकते हैं और उनमें बीच में खाली स्थान भी हो सकते हैं।

8. डेस्कटॉप के **Recycle Bin** icon पर माउस पॉएंटर को लाएँ और बाएँ माउस बटन द्वारा उस पर डबल क्लिक करें। **Recycle Bin** विंडो तुरंत ही खुलकर डिलीट की हुई वर्कबुक को दिखाएगी। हमारे उदाहरण में वर्कबुक का नाम **sheet** है (चित्र EX-9.28)।

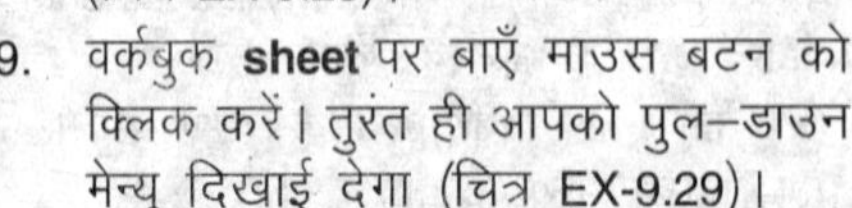

9. वर्कबुक **sheet** पर बाएँ माउस बटन को क्लिक करें। तुरंत ही आपको पुल–डाउन मेन्यू दिखाई देगा (चित्र EX-9.29)।

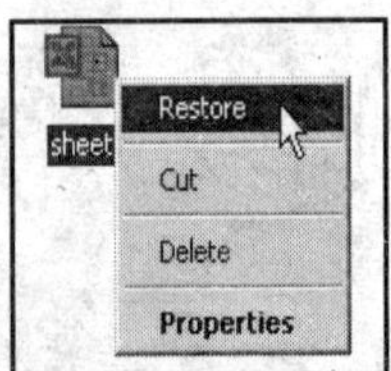

चित्र EX-9.29

10. पुल–डाउन मेन्यू के अंदर माउस पॉएंटर को **Restore** विकल्प पर लाएँ (चित्र EX-9.29) और बाएँ माउस बटन को क्लिक करें। वर्कबुक तुरंत ही **Recycle Bin** से हट जाएगी और अपने पुराने फोल्डर यानि **My Documents** में चली जाएगी।

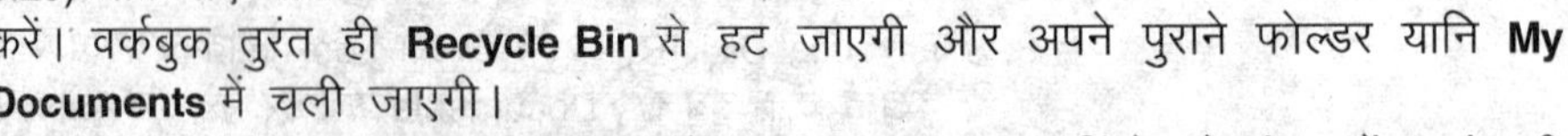

11. **Title bar** पर मौजूद **Close** बटन (☒) के द्वारा **Recycle Bin** विंडो को बंद करें। तुरंत ही **Recycle Bin** विंडो बंद हो जाएगी।

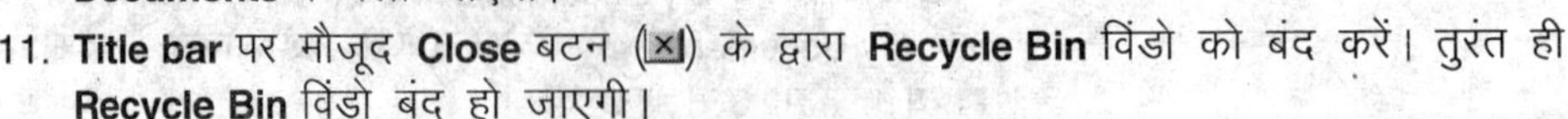

12. अब आप माइक्रोसॉफ्ट एक्सेल पुनः स्थापित वर्कबुक को खोलें और देखें कि वह सही है या नहीं। माइक्रोसॉफ्ट एक्सेल को फिर विंडो में खोलने के लिए **Title bar** पर मौजूद **Microsoft Excel** बटन पर माउस पॉएंटर को लाएँ और उस पर क्लिक करें। तुरंत ही Microsoft Excel विंडो आपके स्क्रीन पर खुल जाएगी।
13. वर्कबुक **sheet** को खोलने के लिए **File** मेन्यू बार विकल्प पर क्लिक करें। तुरंत ही स्क्रीन पर पुल–डाउन मेन्यू दिखाई देगा।
14. पुल–डाउन मेन्यू के अंदर माउस पॉएंटर को **Open** विकल्प पर लाएँ और बाएँ माउस बटन को क्लिक करें। तुरंत ही स्क्रीन पर एक **Open** बॉक्स दिखेगा (चित्र EX-9.30)।

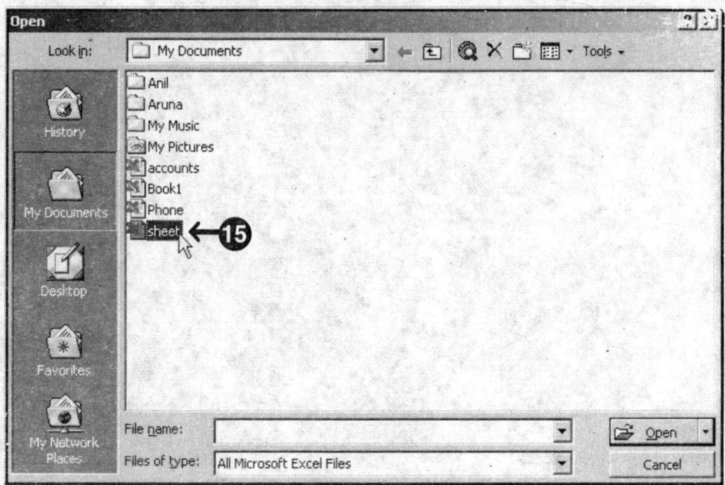

चित्र EX-9.30

15. वर्कबुक **sheet** पर बाएँ माउस बटन से क्लिक करें। **sheet** तुरंत ही हाईलाइट हो जाएगी (चित्र EX-9.30)।
16. **Open** बॉक्स के **Open** बटन पर क्लिक करें। तुरंत ही स्क्रीन पर वर्कबुक **sheet** खुल जाएगी।
17. वर्कबुक को बंद करने के लिए आप 'वर्कबुक बंद करना' शीर्षक के अंतर्गत दिए गए क्रम के मुताबिक काम करें।

माइक्रोसॉफ्ट एक्सेल से बाहर आना (Quitting Microsoft Excel)

अब हम माइक्रोसॉफ्ट एक्सेल प्रोग्राम से बाहर आते हैं। इसके लिए आपको नीचे लिखी प्रक्रिया के अनुसार काम करना होगा–

माइक्रोसॉफ्ट एक्सेल के **Title bar** पर मौजूद **Close** बटन (☒) पर माउस पॉएंटर को लाएँ (चित्र EX-9.31) और बाएँ माउस बटन को क्लिक करें। तुरंत ही माइक्रोसॉफ्ट एक्सेल विंडो बंद हो जाएगी।

चित्र EX-9.31

एक्सेल 2000— कुछ उदाहरण

इस भाग में एक्सेल के कुछ उदाहरण दिए गए हैं। यहाँ दिए गए क्रम का पालन कठोरता से करें।

उदाहरण 1

इस उदाहरण में आप Table बनाना और इसके कॉलमों की चौड़ाई अपने डाटा के अनुसार निर्धारित करने का तरीका सीखेंगे। मान लीजिए कि आप कॉलम **A** की चौड़ाई **30** करना चाहते हैं। इसके लिए आपको निम्नलिखित क्रमानुसार चलना होगा–

1. पहले माइक्रोसॉफ्ट एक्सेल प्रोग्राम को खोलें। इसके लिए आप डेस्कटॉप पर मौजूद **Taskbar** पर बने **Start** बटन (Start) पर क्लिक करें। स्क्रीन पर एक पुश–अप मेन्यू दिखाई देगा (चित्र EX-1)।
2. माउस पॉएंटर को **Programs** विकल्प पर लाएँ। एक दूसरा मेन्यू दिखाई देगा (चित्र EX-1)।
3. **Microsoft Excel** विकल्प पर क्लिक करें (चित्र EX-1)। कुछ क्षणों में ही आपकी स्क्रीन पर माइक्रोसॉफ्ट एक्सेल विंडो खुल जाएगी, जिसमें सेल पॉएंटर सेल ऐड्रेस **A1** पर मौजूद होगा (चित्र EX-2)।

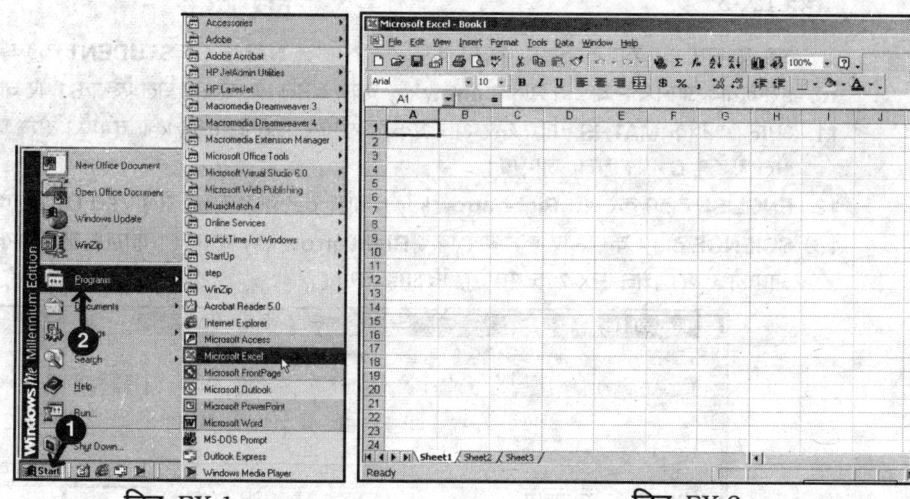

चित्र EX-1

चित्र EX-2

4. अब आप कॉलम **A** की चौड़ाई **30** निर्धारित करें। इसके लिए माउस पॉएंटर को पहले **Menu bar** पर लाएँ और फिर **Format** विकल्प पर क्लिक करें। स्क्रीन पर एक पुल–डाउन मेन्यू दिखाई देगा (चित्र EX-3)।
5. पुल–डाउन मेन्यू में **Column** विकल्प पर क्लिक करें (चित्र EX-3)। एक दूसरा मेन्यू दिखाई देगा।

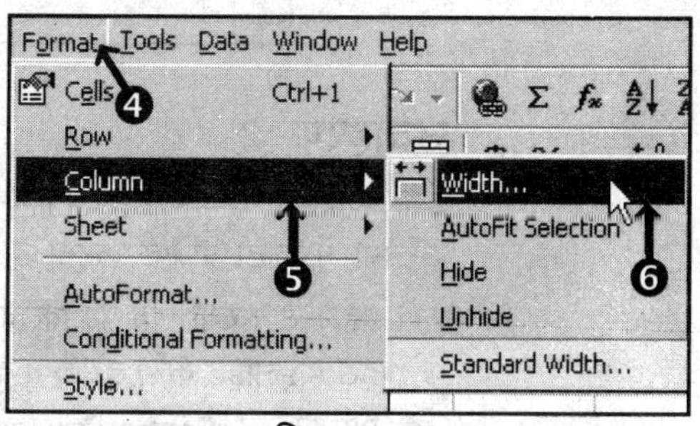

चित्र EX-3

6. दूसरे पुल–डाउन मेन्यू में आप **Width** विकल्प पर क्लिक करें (चित्र EX-3)। स्क्रीन पर तुरंत एक **Column Width** बॉक्स दिखाई देगा (चित्र EX-4)।
7. की–बोर्ड से आप इसमें **30** टाइप कर दें (चित्र EX-5)।
8. इसके बाद **OK** बटन पर क्लिक करें। आप पाएँगे कि कॉलम **A** की चौड़ाई बदलकर **30** हो गई है (चित्र EX-6)।

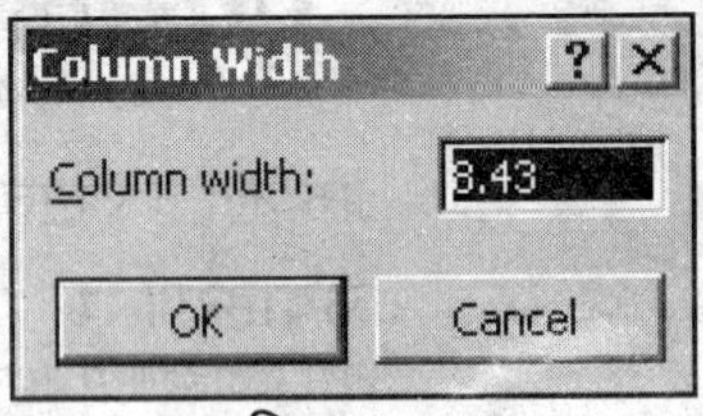

चित्र EX-4

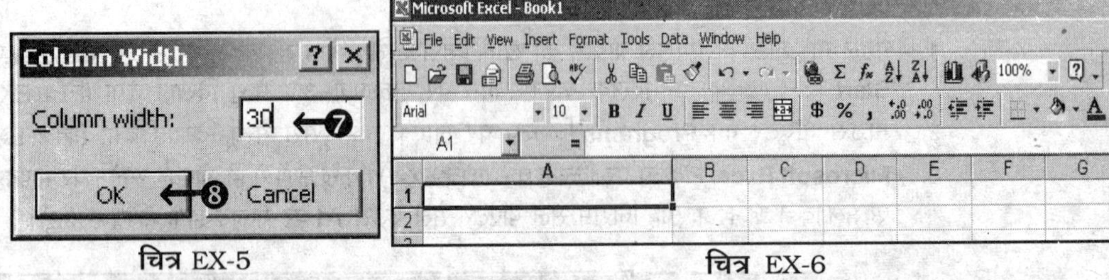

चित्र EX-5

चित्र EX-6

9. अब कॉलम का शीर्षक टाइप करना शुरू करें। पहले **NAME OF STUDENT** टाइप करें।
10. इसके बाद अपने की–बोर्ड से **Right arrow** key दबाएँ। सेल पॉएंटर अब सेल ऐड्रेस **B1** पर चला जाएगा।
11. अगला शीर्षक **MATHS** टाइप करें और एक बार फिर Right arrow key दबाएँ। सेल पॉएंटर अब सेल ऐड्रेस **C1** पर चला जाएगा।
12. **ENGLISH** टाइप करें और **Right arrow** key दबाएँ। सेल पॉएंटर अब सेल ऐड्रेस **D1** पर दिखाई देगा।
13. **SCIENCE** टाइप करें और एक बार फिर **Right arrow** key दबा दें। कॉलम के शीर्षकों के साथ आपकी टेबल चित्र EX-7 के समान, दिखाई देगी।

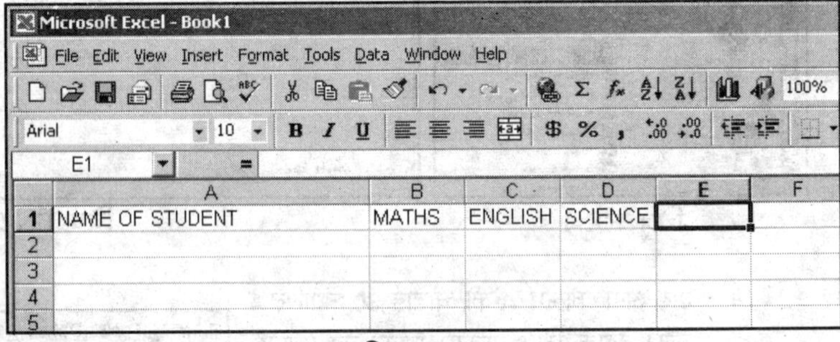

चित्र EX-7

उदाहरण 2

इस उदाहरण में आपको चित्र EX-7 में दी गई टेबल के शीर्षकों को **Bold** तथा **Centralize** करके, इन कॉलमों में डाटा प्रविष्ट करना है। इसके लिए आप नीचे लिखे क्रम अपनाएँ–

1. पहले रो संख्या एक पर क्लिक करके इसे हाईलाइट करें। इसके बाद माउस पॉएंटर को **Formatting** toolbar में लाकर **Bold** बटन (B) पर क्लिक करें। सभी शीर्षक बोल्ड में लिखे दिखाई देंगे (चित्र EX-9)।

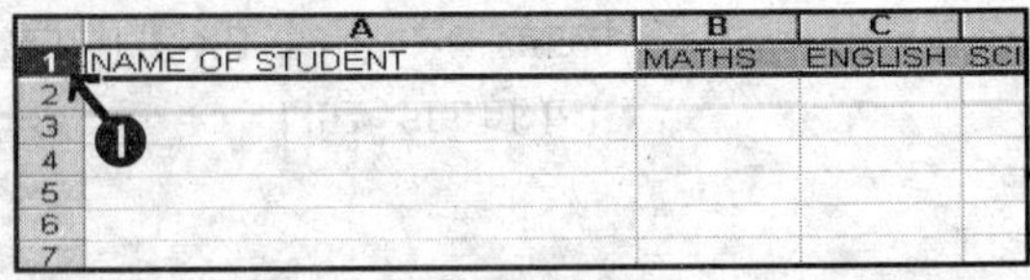

चित्र EX-8

2. माउस पॉएंटर को दोबारा **Formatting** toolbar पर लाएँ और शीर्षकों को बीच में लाने के लिए **Center** बटन (≡) पर क्लिक करें (चित्र EX-10)।

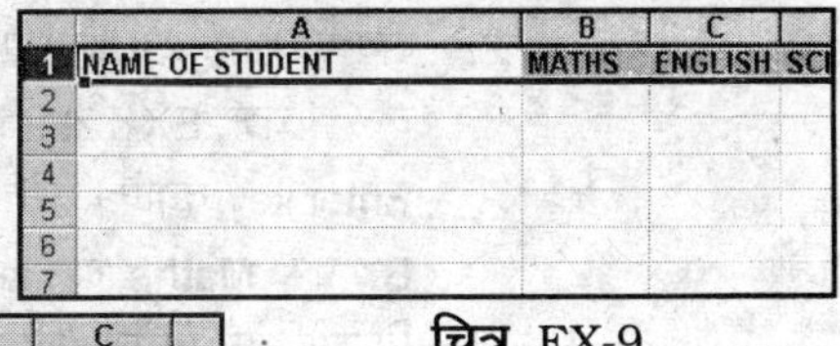

	A	B	C	
1	NAME OF STUDENT	MATHS	ENGLISH	SCI
2				
3				
4				
5				
6				
7				

चित्र EX-9

	A	B	C	
1	NAME OF STUDENT	MATHS	ENGLISH	SC
2				
3				
4				
5				
6				
7				

चित्र EX-10

3. अब आप प्रत्येक कॉलम के शीर्षक के नीचे इसका विवरण लिखें। ऐसा करने के लिए सेल ऐड्रेस **A2** पर क्लिक करें।
4. **Rahul** टाइप करें और **Right arrow** key दबाएँ।
5. **Rahul** के **Maths** के अंक **85** टाइप करें और **Right arrow** key दबाएँ।
6. **English** के अंक **75** टाइप करें और एक बार फिर **Right arrow** key दबाएँ।
7. **Science** के अंक **80** टाइप करें और सेल ऐड्रेस **A3** पर क्लिक करें।
8. अब अगले छात्र का नाम **Kunal** टाइप करें और **Right arrow** key दबाएँ।
9. **Kunal** के **Maths** के अंक **80** टाइप करें और **Right arrow** key दबाएँ।
10. **English** के अंक **70** टाइप करें और एक बार फिर **Right arrow** key दबाएँ।
11. **Science** के अंक **75** टाइप करें और सेल ऐड्रेस **A4** पर क्लिक करें।
12. अब अगले छात्र का नाम **Shalini** टाइप करें और **Right arrow** key दबाएँ।
13. **Shalini** के **Maths** के अंक **75** टाइप करें और इसके बाद **Right arrow** key दबाएँ।
14. **English** के अंक **65** टाइप करें और **Right arrow key** दबाएँ।
15. **Science** के अंक **60** टाइप करें और सेल ऐड्रेस **A5** पर क्लिक करें।
16. अब अगले छात्र का नाम **Nisha** टाइप करें और **Right arrow** key दबाएँ।
17. **Nisha** के **Maths** के अंक **82** टाइप करें और **Right arrow** key दबाएँ।
18. **English** के अंक **75** टाइप करें और **Right arrow key** दबाएँ।
19. **Science** के अंक **70** टाइप करें और इसके बाद सेल ऐड्रेस **A6** पर क्लिक करें। अब पूरी शीट चित्र EX-11 के समान दिखेगी।

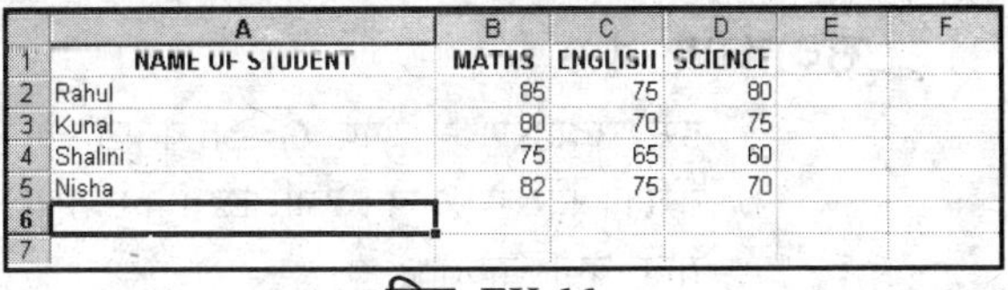

	A	B	C	D	E	F
1	NAME OF STUDENT	MATHS	ENGLISH	SCIENCE		
2	Rahul	85	75	80		
3	Kunal	80	70	75		
4	Shalini	75	65	60		
5	Nisha	82	75	70		
6						
7						

चित्र EX-11

उदाहरण 3

इस उदाहरण में आपको सभी छात्रों के एक ही विषय, जैसे– **English, Maths** या **Science** के total marks का पता लगाना है।

ऐसा करने के लिए आपको **SUM** फंक्शन का प्रयोग करके, विषय के marks का जोड़ करना होगा। इसके बाद प्रत्येक विषय के total marks की गणना के लिए केवल इस फंक्शन को कॉपी करना होगा। इसके लिए आपको निम्नलिखित क्रम अपनाना होगा—

1. सेल ऐड्रेस **A7** पर क्लिक करें। अब **TOTAL** टाइप करें और **Right arrow** key दबाएँ। (चित्र EX-12)

2. अब फंक्शन **=SUM(B2:B5)** टाइप करें (चित्र EX-12)। इसके बाद **Enter** key दबाएँ। तुरंत सेल ऐड्रेस **B7** पर **Maths** के total marks दिखाई देने लगेंगे (चित्र EX-13)।

	A	B	C	D	E	F
1	NAME OF STUDENT	MATHS	ENGLISH	SCIENCE		
2	Rahul	85	75	80		
3	Kunal	80	70	75		
4	Shalini	75	65	60		
5	Nisha	82	75	70		
6						
7	TOTAL	=SUM(B2:B5)				
8						

चित्र EX-12

3. एक बार फिर सेल ऐड्रेस **B7** पर क्लिक करें।

	A	B	C	D	E	F
1	NAME OF STUDENT	MATHS	ENGLISH	SCIENCE		
2	Rahul	85	75	80		
3	Kunal	80	70	75		
4	Shalini	75	65	60		
5	Nisha	82	75	70		
6						
7	TOTAL	322				
8						

चित्र EX-13

4. माउस पॉएंटर को **Standard** toolbar में लाएँ और **Copy** बटन (📋) पर क्लिक करें। ऐसा करते ही यह फंक्शन आपके कंप्यूटर की memory में कॉपी हो जाएगा।
5. अब सेल ऐड्रेस **C7** पर क्लिक करें।
6. माउस पॉएअर को **Standard** toolbar में लाएँ और **Paste** बटन (📋) पर क्लिक करें। तुरंत **English** विषय के total marks की गणना हो जाएगी (चित्र EX-14)।

	A	B	C	D	E	F
1	NAME OF STUDENT	MATHS	ENGLISH	SCIENCE		
2	Rahul	85	75	80		
3	Kunal	80	70	75		
4	Shalini	75	65	60		
5	Nisha	82	75	70		
6						
7	TOTAL	322	285			
8						

चित्र EX-14

7. **Science** विषय के total marks की गणना करने के लिए सेल ऐड्रेस **D7** पर क्लिक करें।
8. माउस पॉएंटर को **Standard** toolbar में लाएँ और **Paste** बटन (📋) पर क्लिक करें। तुरंत **Science** विषय के total marks की गणना हो जाएगी (चित्र EX-15)।

	A	B	C	D	E	F
1	NAME OF STUDENT	MATHS	ENGLISH	SCIENCE		
2	Rahul	85	75	80		
3	Kunal	80	70	75		
4	Shalini	75	65	60		
5	Nisha	82	75	70		
6						
7	TOTAL	322	285	285		
8						

चित्र EX-15

उदाहरण 4

इस उदाहरण में आप Graph बनाने का तरीका सीखेंगे। आप निम्नलिखित क्रम द्वारा ग्राफ बना सकते हैं—

1. **Select All** बटन पर क्लिक करें। तुरंत पूरी शीट हाईलाइट हो जाएगी (चित्र EX-16)।

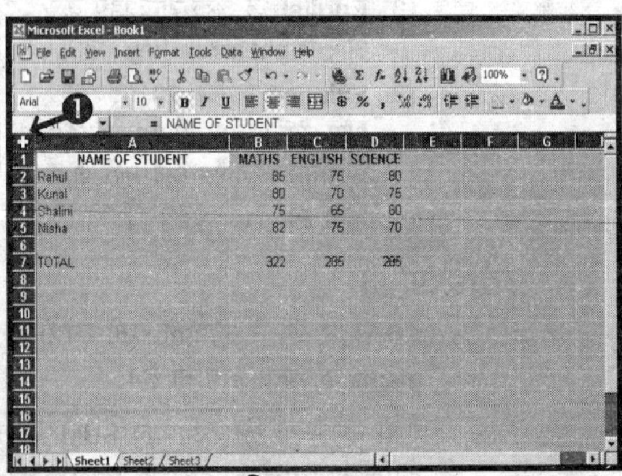

	A	B	C	D
1	NAME OF STUDENT	MATHS	ENGLISH	SCIENCE
2	Rahul	85	75	80
3	Kunal	80	70	75
4	Shalini	75	65	60
5	Nisha	82	75	70
6				
7	TOTAL	322	285	285

चित्र EX-16

2. माउस पॉएंटर को **Standard** toolbar में लाएँ और **Chart Wizard** बटन (📊) पर क्लिक करें। तुरंत आपके स्क्रीन पर एक **Chart Wizard** बॉक्स खुल जाएगा (चित्र EX-17)।
3. इस बॉक्स में **Next** बटन पर क्लिक करें। स्क्रीन पर एक दूसरा बॉक्स दिखाई देगा (चित्र EX-18)।
4. एक बार फिर **Next** बटन पर क्लिक करें। तुरंत स्क्रीन पर एक तीसरा बॉक्स दिखाई देगा (चित्र EX-19)।

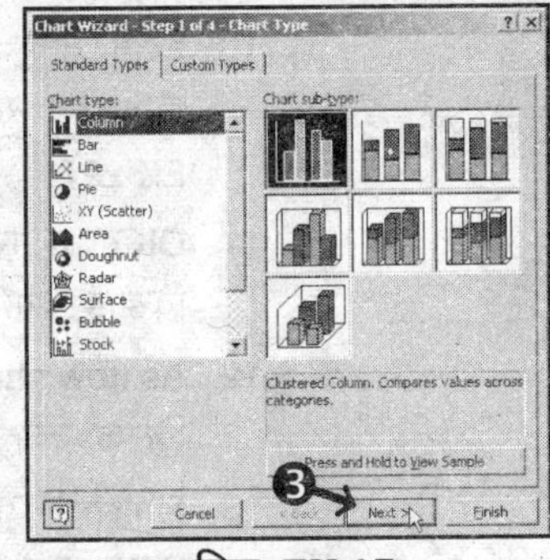

चित्र EX-17

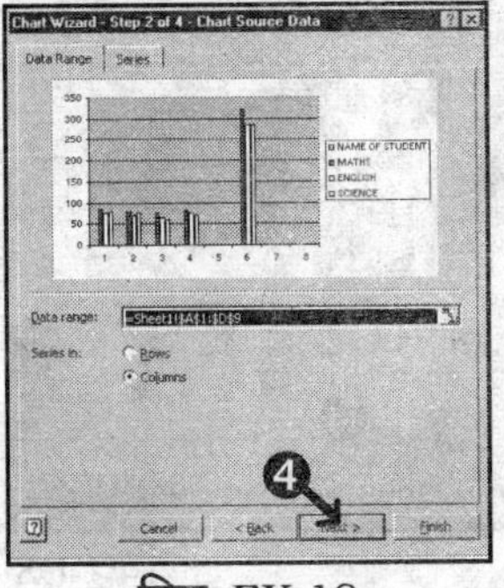

चित्र EX-18

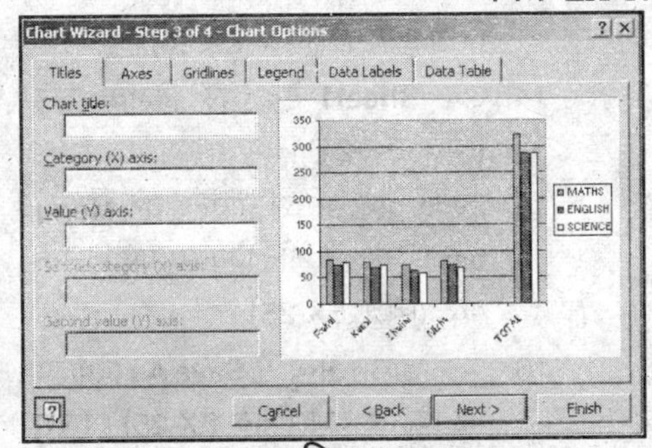

चित्र EX-19

5. अपने ग्राफ की प्रत्येक axis के लिए नाम निर्धारित करना अच्छा रहता है। अतः **X** axis के लिए **FINAL EXAM MARKS** टाइप करें (चित्र EX-20)।
6. इसके बाद **Y** axis के नाम के रूप में **STUDENTS** टाइप करें (चित्र EX-20)।
7. इसके बाद **Legend** टैब पर क्लिक करें (चित्र EX-20)। स्क्रीन पर एक अन्य बॉक्स दिखाई देगा जैसा चित्र EX-21 में दिखाया गया है।
8. इस बॉक्स में **Top** विकल्प के साथ बने गोल बटन पर क्लिक करें (चित्र EX-21)।
9. **Data Table** टैब पर क्लिक करें। अब स्क्रीन पर एक और बॉक्स दिखाई देगा (चित्र EX-22)।

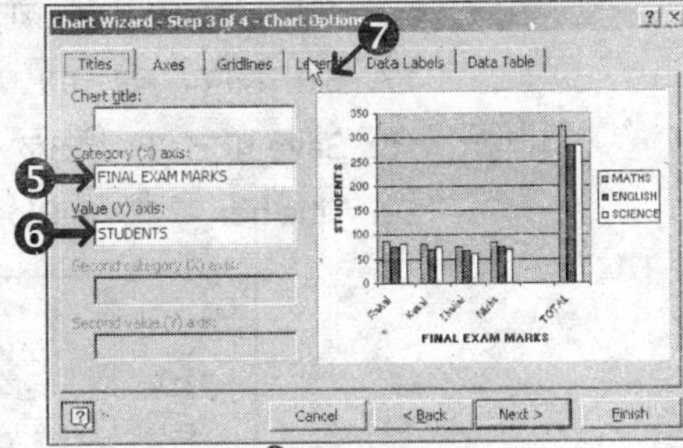

चित्र EX-20

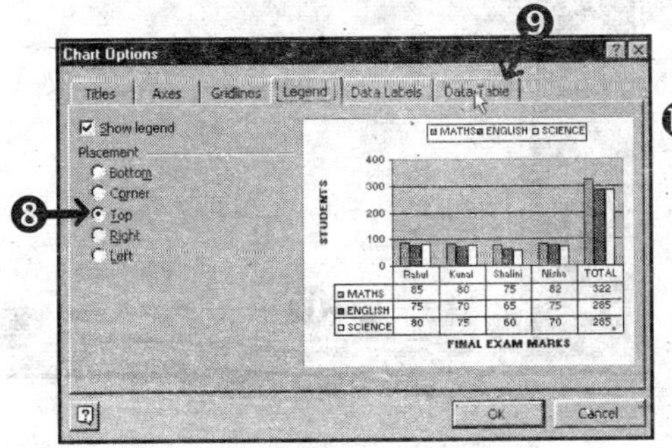

चित्र EX-21

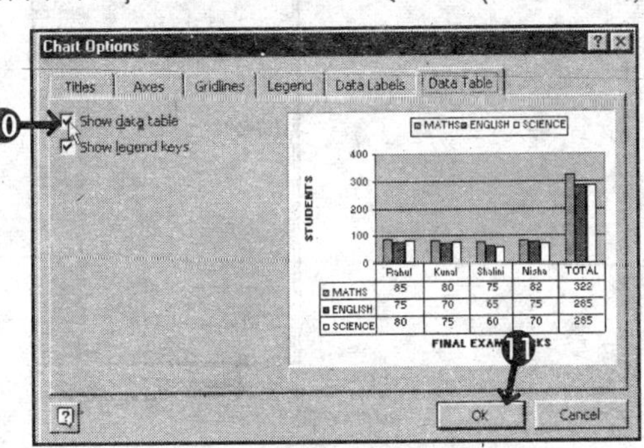

चित्र EX-22

10. इसमें मौजूद दो विकल्पों में से **Show data table** विकल्प के साथ बने चौकोर बटन पर क्लिक करें (चित्र EX-22)।
11. **OK** बटन पर क्लिक करें। स्क्रीन पर एक और बॉक्स दिखाई देगा (चित्र EX-23)।

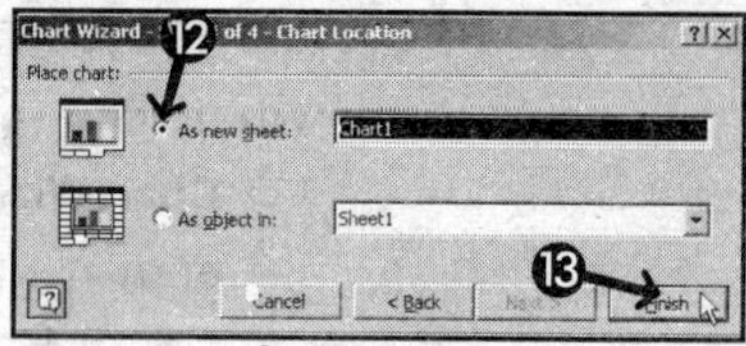

चित्र EX-23

12. **As new sheet** विकल्प के साथ बने राउँड बटन पर क्लिक करें (चित्र EX-23)।
13. **Finish** बटन पर क्लिक करें। अब आपके द्वारा बनाया गया ग्राफ शीट पर दिखाई देगा (चित्र EX-24)।
14. अब **Sheet1** टैब पर क्लिक करें (चित्र EX-24)।

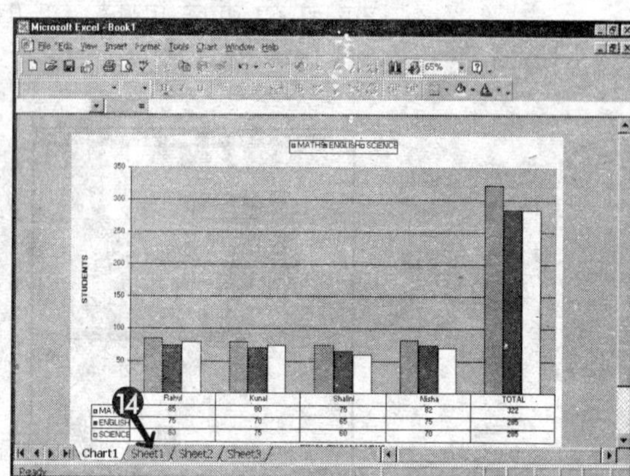

चित्र EX-24

15. इसके बाद माउस पॉएंटर को **Menu bar** में लाकर **File** विकल्प पर क्लिक करें (चित्र EX-25)।
16. पुल–डाउन मेन्यू में **Save As** विकल्प पर क्लिक करें (चित्र EX-25)। तुरंत आपके स्क्रीन पर एक **Save As** बॉक्स दिखाई देगा (चित्र EX-26)।
17. उस वर्कबुक का नाम **Marks** टाइप करें, जिसमें ग्राफ मौजूद है (चित्र EX-26)।
18. **Save** बटन पर क्लिक करें (चित्र EX-26)।
19. **Title bar** पर स्थित **Close** बटन (☒) पर क्लिक करें। माइक्रोसॉफ्ट एक्सेल विंडो बंद हो जाएगी।

चित्र EX-25

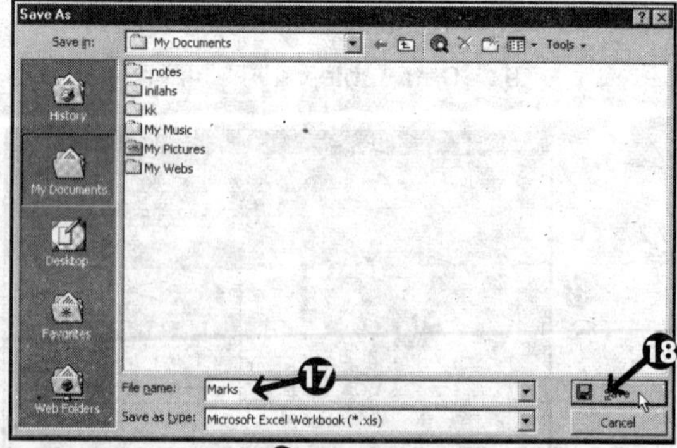

चित्र EX-26

अध्याय

1

डाटाबेस— एक परिचय

इस अध्याय में—

* डाटाबेस (Database) की परिभाषा
* RDBMS को समझना
* Relational Database के objects
* Database Management System के अंतर्गत कार्यों से अवगत होना
* माइक्रोसॉफ्ट एक्सेस 2000 (Microsoft Access 2000) को शुरू करना
* डाटाबेस विंडो को बंद करना तथा एक्सेस से बाहर आना

समय के साथ चलने के लिए, सूचनाओं की जानकारी होना जरूरी है। आज किसी भी व्यापारिक प्रतिष्ठान की सफलता इस बात पर निर्भर करती है कि वह किसी निर्णय पर पहुंचने और अपने दैनिक कार्यों के लिए आवश्यक सूचनाओं को कितनी जल्दी प्राप्त कर सकता है।

डाटाबेस, आवश्यक डाटा के भंडारघर की तरह है। किसी भी डाटा को प्राप्त करने के लिए हम डाटाबेस का सहारा लेते हैं। यहां डाटाबेस मैनेजमेंट सिस्टम (Database Management System) काम आती है जो डाटा को सुव्यवस्थित ढंग से रखने में हमारी मदद करती है। बाजार में उपलब्ध कई प्रकार के Database Management System में से **Access 2000 (एक्सेस 2000)** अपनी उपयोगी विशेषताओं के कारण काफी उपयोगी और लोकप्रिय है।

डाटाबेस के कई लाभ हैं। अनेक उपयोगी डाटाबेस ऐसे हैं जो हमें नवीनतम डाटा प्रदान कर सकते हैं। डाटाबेस में दर्ज डाटा को इस प्रकार व्यवस्थित किया जाना चाहिए कि उसे update कर पाना आसान हो। केवल तभी, इससे हम झटपट डाटा प्राप्त कर सकते हैं।

डाटाबेस, आपके डाटा चाहे वह inventories हो या payroll, invoicing या कोई अन्य डाटा हो, को व्यवस्थित रखने में मदद करता है।

डाटाबेस की परिभाषा (Defining a Database)

डाटाबेस (Database) किसी (subject) या विषय से संबंधित डाटा का व्यवस्थित संगठन (organized collection) होता है। उदाहरण के लिए– एक डाटाबेस किसी पुस्तक से संबंधित सारा डाटा (जैसे– पुस्तक का नाम, उसका दाम, लेखक का नाम, प्रकाशक का नाम, इत्यादि) को स्टोर कर सकता है।

अब एक और उदाहरण लें। आपने किसी लाइब्रेरी में Index Cards तो अवश्य देखें होंगे। ये Index Cards किसी निश्चित लेखक के द्वारा लिखी गई पुस्तकें, उन पुस्तकों के नाम, उनका दाम इत्यादि दर्शाते हैं। ये Index cards एक निश्चत क्रम जैसे– alphabetically व्यवस्थित होते हैं। इसका लाभ यह है कि जब भी आपको किसी लेखक की पुस्तकों को ढूंढ़ना हो, तो आप आसानी तथा जल्दी से ऐसा कर सकते हैं।

कंप्यूटर का डाटाबेस भी एक Index Card बॉक्स जैसा ही होता हे। यह भी किसी निश्चित Subject या विषय का डाटा स्टोर कर सकता है। इसमें डाटा को **रिकॉर्ड (Record)** के रूप में रखा जाता है। जैसे Index Cards बॉकस में Index Cards होते हैं वैसे ही डाटाबेस में रिकॉर्ड्स होते हैं जिन्हें एक के नीचे एक पंक्तियों में व्यवस्थित करके रखा जा सकता है। इन पंक्तियों को डाटाबेस में **Rows (रोज़)** कहा जाता है, जो किसी एक विषय से संबंधित डाटा को एक सीधी पंक्ति में दिखाती हैं। एक रो कई **Fields** या **Columns (कॉलम्स)** से बनी होती है। नीचे दिया गया टेबल दखिए।

	कॉलम 1	कॉलम 2	कॉलम 3	कॉलम 4
	Field 1	Field 2	Field 3	Field 4
रो 1	**BOOK NAME**	**BOOK CODE**	**AUTHOR**	**PRICE**
रो 2	Window 3.1	1002	Sachin	500
रो 3	Window 95	1001	Rahul	550

दूसरा रिकॉर्ड
पहला रिकॉर्ड

टेबल 1

इसमें हर पुस्तक से संबंधित डाटा आप एक अलग रो में देख सकते हैं। जैसे– Windows 3.1 का पूरा विवरण एक रो में है तथा Windows 95 का पूरा विवरण दूसरी रो में है। पुस्तक का अलग–अलग विवरण दिखाने के लिए प्रत्येक रो को अलग–अलग कॉलम्स में बांटा गया है। जैसे– पुस्तक Windows 3.1 का पूरा विवरण **BOOK NAME, BOOK CODE, AUTHOR** तथा **PRICE** अलग–अलग कॉलम्स में लिखा गया है। डाटाबेस में कॉलम्स को **Fields** (फील्ड्स) भी कहा जाता है। इसलिए हम कह सकते हें कि डाटाबेस रिकॉर्ड्स से, रिकॉर्ड्स रोज़ से तथा रोज़ कॉलम्स से बनी होती हैं। इस व्यवस्था द्वारा ही डाटाबेस में डाटा को व्यवस्थित करके रखा जाता है। ऊपर दिए गए टेबल में केवल दो रिकॉर्ड्स

दिखाए गए हैं। लेकिन कंप्यूटर डाटाबेस में हम अनगिनत रिकॉर्ड्स रख सकते हैं। कंप्यूटर डाटाबेस को **electronic डाटाबेस** कहा जाता है।

एक Electronic डाटाबेस तर्कपूर्ण डाटा का संग्रह (Collection) है, जिसे आपने अपने कंप्यूटर में स्टोर किया है। हर समय आपके लिए डाटा को स्टोर और संगठित करने के लिए Electronic डाटाबेस एक सहायक की तरह काम करता है।

RDBMS को समझना (Understanding RDBMS)

मान लीजिए कि आपके पास दो डाटाबेस हैं। एक डाटाबेस में पुस्तक का विवरण है (Books डाटाबेस) और अन्य में कंपनी का (Publishers डाटाबेस)। अब आप स्क्रीन पर **A** नामक पुस्तक का विवरण और जिस कंपनी ने उस पुस्तक को प्रकाशित किया है, उसका विवरण देखना चाहते हैं। तो इसी हालत में आप क्या करेंगे? आप Books डाटाबेस से उस बुक के विवरण को कैसे दिखाएँगे? फिर आप उस पुस्तक को प्रकाशित करने वाली Company का नाम Publisher डाटाबेस से कैसे दिखाएँगे? पुस्तक **A** से संबंधित विवरण को दिखाने के लिए हमें दो डाटाबेसों का इस्तेमाल करना होगा। दोनों डाटाबेस को पहले एक दूसरे से संबंधित करना होता है। इस पद्धति को हम **RDBMS (Relational Database Management System)** कहते हैं।

Note

RDBMS को हम इस प्रकार परिभाषित कर सकते हैं : डाटा को हम एक से अधिक डाटाबेसों—जो एक दूसरे से संबंधित हैं (कुछ विशेष शब्दों द्वारा) में से देख सकते हैं।

इसकी प्रमुख विशेषता यह है कि आप इसमें बारी—बारी से एक से ज्यादा डाटाबेस का इस्तेमाल उनमें स्टोर हुए डाटा को देखने के लिए कर सकते हैं। RDBMS को अच्छी तरह समझने के लिए अब आप एक उदाहरण की मदद लें, जिसमें एक ग्राहक किसी प्रोजेक्ट के लिए एक डीलर को ऑर्डर देता है। इस काम में आपको दो डाटाबेसों को संपोषित (Maintain) करना होगा, एक **Customer** डाटाबेस, जो विभिन्न ग्राहकों के विवरण को स्टोर करेगा और दूसरा **Product Order** डाटाबेस, जो ग्राहकों के ऑर्डर को स्टोर करेगा।

ग्राहकों को आसानी से पहचानने के लिए प्रत्येक ग्राहक को एक Number दिया जाता है, जिसे हम Customer Identification Number कहते हैं। किसी ग्राहक को एक Customer Identification नंबर देना ऐसा ही है, जैसा स्कूल में प्रत्येक विद्यार्थी को एक Roll No. देना। यह Customer Identification Number, Customer डाटाबेस में **Cust_id** फील्ड् के अंतर्गत उपस्थित हैं। ऐसा ही एक फील्ड (Cust_id) Product Order डाटोबस में भी मौजूद है, ताकि हम यह जान सकें कि किस ग्राहक ने कौन—सा Order दिया है। इस फील्ड द्वारा हम दोनों डाटाबेसों यानी **Customer** और **Product Order** डाटाबेसों को एक दूसरे से संबंधित कर सकते हैं। ऐसा करने पर हम दोनों डाटाबेसों में से एक साथ डाटा देख सकते हैं। यदि आप इन विवरणों में से किसी विशेष ग्राहक का विवरण देखना चाहते हैं, तो सिर्फ ग्राहक के Identification Number को टाइप करना होगा। उसके बाद ग्राहक का पूरा विवरण स्क्रीन पर दिखाई देगा। इसी प्रकार यदि आप किसी निश्चित ग्राहक के किसी Order को प्रविष्ट करना चाहते हैं, तो सिर्फ ग्राहक का Customer Identification Number प्रविष्ट करें। उस ग्राहक का विवरण आपको स्क्रीन पर दिखाई देगा। अब आप इसमें अपना नया ऑर्डर प्रविष्ट कर सकते हैं।

Relational Database डिजाइन की एक विशेषता यह भी है कि आप इसमें फील्ड को विभिन्न डाटाबेसों से इकट्ठा कर सकते हैं और उनको स्क्रीन पर एक ही समय पर देख सकते हैं, जो इसकी जटिलता को कम करता है।

डाटाबेस ऑब्जेक्ट्स (Database Objects)

माइक्रोसॉफ्ट एक्सेस **RDBMS** पर आधारित है। एक्सेस में काम करने के तौर—तरीके को अच्छी तरह समझने के लिए RDBMS के चार बुनियादी Objects के बारे में पहले जान लें। ये objects हैं—

टेबल्स (Tables)

विशेष विषय के डाटा के संग्रहण को **Table** कहते हैं। आप विभिन्न प्रकार के डाटा को विभिन्न टेबलों में स्टोर कर सकते हैं।

उदाहरण के लिए– ग्राहक के टेबल में विभिन्न ग्राहकों से संबंधित सभी विवरण होते हैं, Suppliers टेबल में विभिन्न Suppliers के विषय में डाटा होता है। खाने की चीजें दफ्तर की कैंटीन द्वारा बनाई गई टेबल में प्रविष्ट होकर चित्र AC-1.1 के समान दिखेंगी।

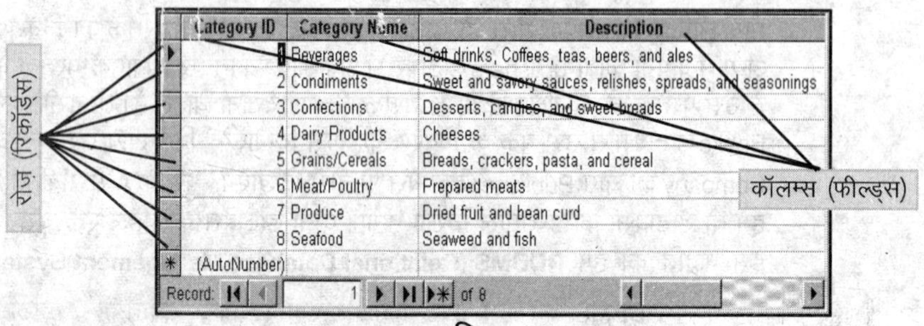

चित्र AC-1.1

आइए, अब आप टेबल को बनाने वाले कंपोनेन्ट्स (Components) के बारे में जानें–

Columns (कॉलम्स)– हर कॉलम एक फील्ड (Field) को प्रस्तुत करता है। एक फील्ड सिर्फ निश्चित श्रेणी या कोटि के डाटा को स्टोर करता है। उदाहरण के लिए–फील्ड **Category Name** सिर्फ food categories के नाम को ही स्टोर करेगा।

Rows (रोज़)– चित्र AC-1.1 को देखिए। इसमें एक food item की **Category ID**, **Category Name** तथा **Description** एक रो (Row) बनाती है। डाटाबेस में एक रो में जब डाटा डाला जाता है तब वह एक रिकॉर्ड बनाता है। जैसे चित्र AC-1.1 को देखिए। पहले food item की **Category ID-1** है तथा उसका **Category Name-Beverages** है। उस Category में आने वाली खाने की सभी चीजें Description के अंतर्गत लिखी गई है। यह पहला विवरण डाटाबेस की पहली रो बनाता है। इसी प्रकार शेष विवरण भी अलग–अलग रोज़ में लिखा गया है।

Domain (डोमेन)– किसी भी फील्ड में, जो अधिकतम (Maximum) और न्यूनतम (Minimum) वैल्यूज (values) होती हैं, उसे उस फील्ड का डोमेन (Domain) कहते हैं। उदाहरण के लिए– यदि आप यह तय करते हैं कि फील्ड **Book code** में कोई तीन अंकीय नंबर नहीं होगा और zero नहीं होगा, तो उसका Domain-1 और 99 के बीच में होगा। इसी प्रकार यदि आप यह स्पष्ट करते हैं कि **Book name** में कोई नंबर नहीं होगा, तो इसका domain **A** से **Z** के बीच में होगा।

Primary Key (प्राइमरी की)– यह एक खास तरह की फील्ड होती है, जो हर रिकॉर्ड को एक अलग पहचान देती हे। इसकी आवश्यकता इसलिए होती है ताकि आप हर रिकॉर्ड को एक–दूसरे से अलग कर सकें। इसकी आवश्यकता आप एक उदाहरण द्वारा समझें। मान लीजिए आपके Customer डाटाबेस में दो ग्राहकों के नाम, पते इत्यादि एक जैसे हैं। यदि आपको इनमें से एक ग्राहक का विवरण देखना है तो आप क्या करेंगे? यहाँ **Primary key** का उपयोग आप समझ सकते हैं – **Primary key** में हर रिकॉर्ड को एक संख्या दी जाती है, जो दोहराई नहीं जा सकती। इस प्रकार आप हर रिकॉर्ड को उस नंबर द्वारा एक अलग पहचान दे सकते हैं। चित्र AC-1.1 में **Category ID**, **Primary key** है, क्योंकि यह हर Food item को अलग पहचान देती है।

Relationships (संबंध)– एक या एक से अधिक डाटाबेसों को आपस में जोड़ने को **Relationship** कहते हैं। एक्सेस में डाटाबेसों में मौजूद टेबल्स को भी आप जोड़ सकते हैं, यानी उनके बीच Relationship कायम कर सकते हैं।

क्वेरीज़ (Queries)

डाटाबेस से किसी विशेष डाटा को व्यवस्थित तरीके से देखने में **Queries** सहायता करती हैं। उदाहरण के लिए—चित्र AC-1.1 में आप सिर्फ उन Food items के नामों को देखना चाहते हैं, जो **C** से शुरू होते हैं। तो आपको पूरे डाटाबेस में उन Food item को खोजना होगा। डाटाबेस द्वारा इस अक्षर से शुरू होने वाले नामों को ढूँढ़ना बहुत समय लेने वाली क्रिया है। आप Query द्वारा अपने समय को बचा सकते हैं। एक्सेस की Query आपके द्वारा दी गई condition के आधार पर डाटा को ढूँढ़ती है और स्क्रीन पर उसे दिखाती है।

फॉर्म्स (Forms)

Forms डाटाबेस में स्टोर हुए डाटा को सरल फॉर्मेट में दिखाता है। Forms के द्वारा आप रिकॉर्ड देख सकते हैं, प्रविष्ट कर सकते हैं या कुछ रिकॉर्ड्स में फेरबदल भी कर सकते हैं। Form स्क्रीन पर एक समय पर एक ही रिकॉर्ड दिखाता है, पर यदि आप अपने डाटाबेस में रिकॉर्ड प्रविष्ट करना चाहते हैं या कुछ बदलाव करना चाहते हैं, तो Forms ठीक प्रकार से डिज़ाइन किया हुआ एक data entry form बन जाता है। चित्र AC-1.2 आपको फॉर्म दिखा रहा है।

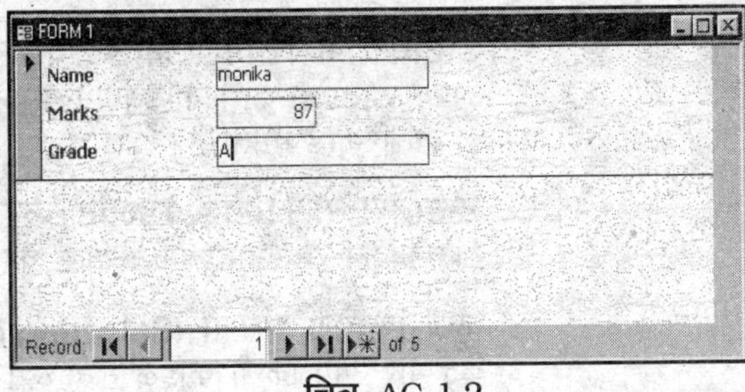

चित्र AC-1.2

रिपोर्ट्स (Reports)

कल्पना करें कि आप Food items की सूची को सँभालते हैं। आपके बॉस ने आपको उन items की रिपोर्ट को उपस्थित करने के लिए कहा है, जो आजकल माँग में हैं। इस काम में **Reports** objects आपके डाटा को इस प्रकार डिज़ाइन करने में मदद करता है कि यह आसान बन जाए और आपके बॉस इसके सभी विवरण को जल्दी से समझ सकें।

मैक्रोज़ (Macros)

यह बार–बार प्रयोग होने वाले कामों की सूची है, जो एक्सेस द्वारा अपने–आप तब शुरू की जाती है, जब आपको उन सारे कामों को करना होता है।

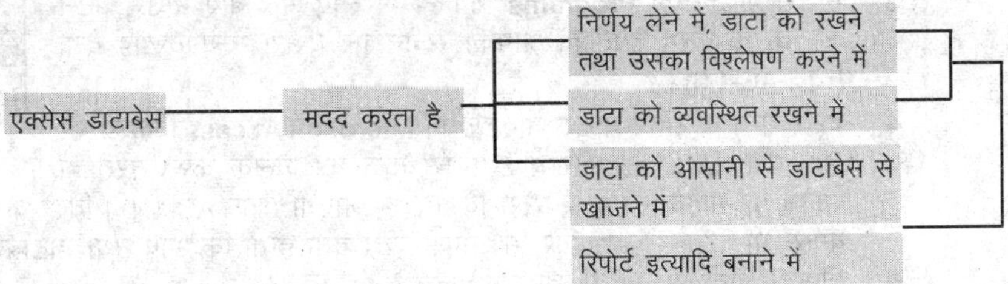

DBMS के काम (Functions of a Database Management System (DBMS))

DBMS डाटा की व्यवस्था करता है। यह अगले प ष्ठ पर दिए गए काम कर सकता है—

डाटाबेस बनाना (Database Creation)

डाटाबेस बनाने क अर्थ है उस डाटा का चयन करना जिसे आपको डाटाबेस में रखना है, तथा डाटाबेस को इस प्रकार डिजाइन करना कि वह सारा डाटा ढंग से व्यवस्थित हो जाए।

डाटाबेस में बदलाव करना (Modifying a Database)

डाटाबेस को मॉडीफाई करने का अर्थ है– स्ट्रक्चर को बदलना। आप इसमें नए फील्ड्स को डाल सकते हैं या डिलीट कर सकते हैं, एक या एक से ज्यादा फील्ड्स (Fields) की चौड़ाई को बदल सकते हैं इत्यादि।

डाटाबेस में रिकॉर्ड प्रविष्ट करना (Adding Records in a Database)

आपके डाटाबेस का रिकॉर्ड विभिन्न फील्ड्स से बना है। जब आप नया डाटा हर फील्ड में प्रविष्ट करते हैं, तब रिकॉर्ड बनता है।

डाटाबेस से रिकॉर्ड डिलीट करना (Deleting Records in a Database)

डाटाफाइल से अनावश्यक रिकॉर्ड को डिलीट या रिमूव (Remove) करता है।

कुछ रिकॉर्ड चुनना (Selecting Records in a Database)

कई बार आप किसी फाइल में कुछ रिकॉर्ड्स की जाँच करना चाहते हैं। उदाहरण के लिए– आपके मैनेजर को उन सभी व्यक्तियों की सूची चाहिए, जिन्होंने अपने लक्ष्य (Target) को पूरा कर लिया है। यह सभी डाटाबेस के द्वारा पूरा होता है।

माइक्रोसॉफ्ट एक्सेस शुरू करना (Starting Microsoft Access 2000)

आइए, अब आप मॉइक्रोसॉफ्ट एक्सेस 2000 प्रोग्राम को नीचे लिखे क्रम के अनुसार शुरू करें–

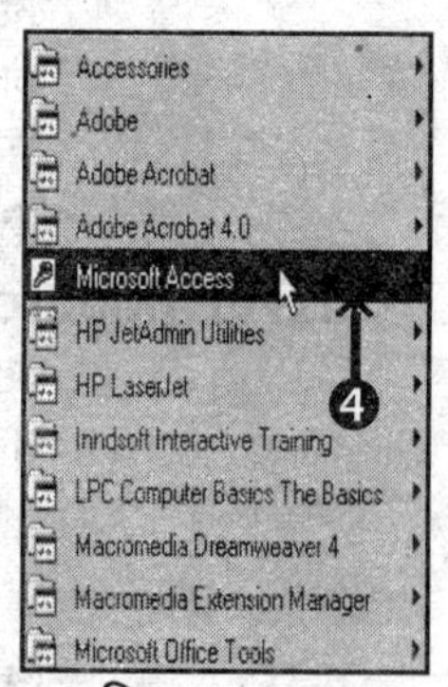

चित्र AC-1.3

1. कंप्यूटर को ON करें। कुछ क्षणों में आपको विंडोज़ Me/98 डेस्कटॉप दिखाई देगा।
2. माउस पॉएंटर को **Taskbar** पर मौजूद **Start** बटन (Start) पर लाएँ और बाएँ माउस बटन को क्लिक करें। तुरंत ही आपको स्क्रीन पर पुश–अप मेन्यू दिखाई देगा।
3. माउस पॉएंटर को **Programs** विकल्प पर लाएँ और बाएँ माउस बटन को क्लिक करें। तुरंत ही आपको स्क्रीन पर दूसरा मेन्यू दिखाई देगा (चित्र AC-1.3)।
4. दूसरे मेन्यू के अंदर माउस पॉएंटर को **Microsoft Access** विकल्प पर लाएँ (चित्र AC-1.3) और बाएँ माउस बटन को क्लिक करें। तुरंत ही स्क्रीन पर माइक्रोसॉफ्ट एक्सेस विंडो खुल जाएगी (चित्र AC-1.4)। विंडो के अंदर आप एक अन्य बॉक्स भी देखेंगे। इस बॉक्स में आपसे पूछा गया होगा कि आप नया डाटाबेस बनाना चाहते हैं या मौजूदा डाटाबेस को ही खोलना चाहते हैं।
5. माउस पॉएंटर को **Blank Access Database** विकल्प के साथ राउंड बटन पर लाएँ (चित्र AC-1.5) और बायाँ माउस बटन क्लिक करें। तुरंत ही उसके अंदर एक बिंदु दिखाई देगा, जो आपको बताएगा कि आपके इस विकल्प का चुनाव हो गया है।

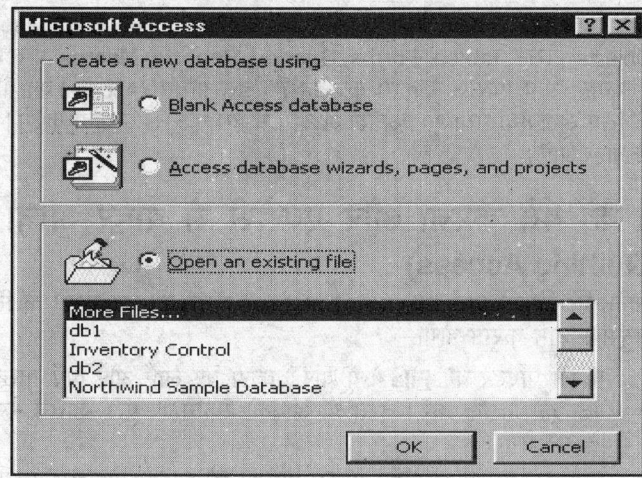

चित्र AC-1.4

चित्र AC-1.5

6. **OK** बटन पर क्लिक करें। तुरंत ही **File New Database** बॉक्स आपको स्क्रीन पर दिखाई देगा (चित्र AC-1.6)। ध्यान दें कि **File name** विकल्प के सामने **dbl.mdb** लिखा दिखाई दे रहा है, जो नाम एक्सेस नए बने डाटाबेस को स्वयं ही दे देता है।
7. इस बॉक्स में **Create** बटन पर क्लिक करें। तुरंत ही यह बॉक्स स्क्रीन से हट जाएगा और **Database** बॉक्स दिखाई देगा (चित्र AC-1.7)।

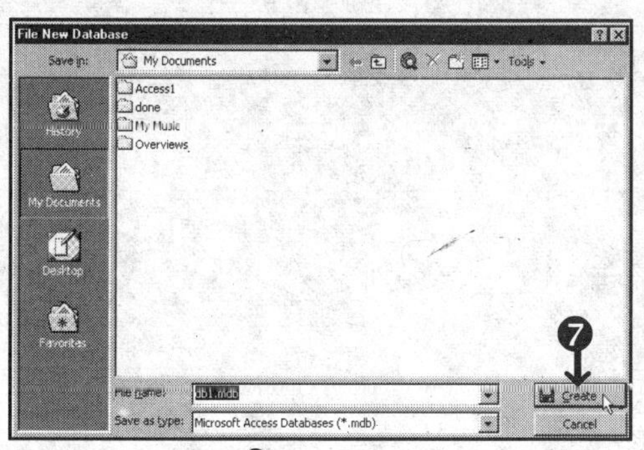

चित्र AC-1.6

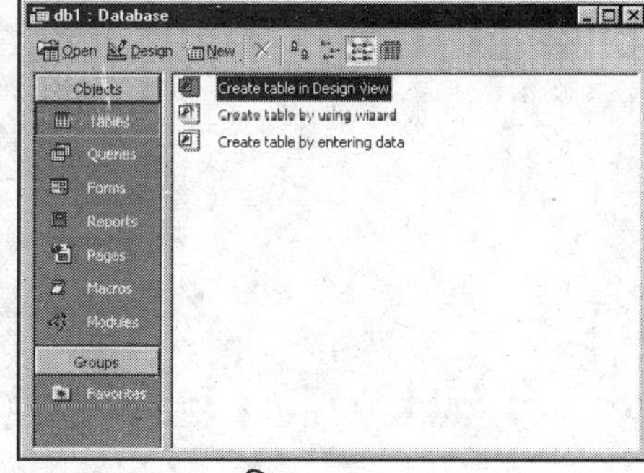

चित्र AC-1.7

जब भी डाटाबेस बनाने या मौजूदा डाटाबेस खोलने की जरूरत होगी, आपको स्क्रीन पर **Database** बॉक्स दिखाई देगा। यह हमेशा अपने **Title bar** पर खुले डाटाबेस का नाम दिखाता है। हमारे उदाहरण में डाटाबेस अपने–आप **db1** नाम से बन गया है, तो **Title bar db1** नाम को दिखा रहा है।

यह बॉक्स आपके डाटाबेस पर नियंत्रण रखता है। आप **Database** बॉक्स से डाटाबेस में मौजूद Objects जैसे– **Tables, Forms, Queries, Reports, Macros** और **Modules** को बना सकते हैं। इस वक्त आप एक्सेस में काम कर रहे हैं। इस प्रोग्राम (Access) को कैसे खोला जाता है—यह बताने के लिए खुलवाया गया था। अगले अध्याय में हम एक्सेस में काम करेंगे। अभी आप माइक्रोसॉफ्ट एक्सेस से बाहर आएँ।

डाटाबेस विंडो को बंद करना और एक्सेस से बाहर आना (Closing Database Window and Quitting Access)

स्क्रीन पर दिखने वाले **File New Database** बॉक्स को बंद करने के लिए आपको नीचे लिखे क्रम के अनुसार काम करना होगा–

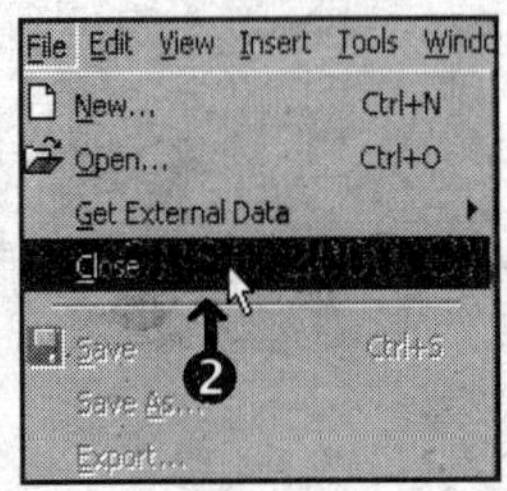

चित्र AC-1.8

1. माउस पॉएंटर को **File** मेन्यू बार विकल्प पर लाएँ और बाएँ माउस बटन को क्लिक करें। तुरंत ही आपको स्क्रीन पर पुल–डाउन मेन्यू दिखाई देगा।
2. पुल–डाउन मेन्यू के अंदर माउस पॉएंटर को **Close** विकल्प पर लाएँ (चित्र AC-1.8) और बाएँ माउस बटन को क्लिक करें। तुरंत ही **File New Database** बॉक्स बंद हो जाएगा।
3. माइक्रोसॉफ्ट एक्सेस विंडो को बंद करें। इसके लिए माउस पॉएंटर को **Title bar** पर मौजूद **Close** बटन (☒) पर लाएँ (चित्र AC-1.9) और बाएँ माउस बटन को क्लिक करें। तुरंत ही माइक्रोसॉफ्ट एक्सेस विंडो बंद हो जाएगी।

चित्र AC-1.9

अध्याय 2

टेबल बनाना

इस अध्याय में–

* डाटाबेस को समझना
* डाटाबेस बनाना
* टेबल बनाना
* टेबल में काम करना
* टेबल को सेव करना
* प्राइमरी की (Primary key) की परिभाषा
* टेबल को बंद करना
* टेबल में वैलिडेशन्स (Validations) डालना
* डाटाबेस को बंद करना तथा एक्सेस से बाहर आना

माईक्रोसॉफ्ट एक्सेस, माईक्रोसॉफ्ट द्वारा बनाया गया विंडोज़ पर आधारित प्रोग्राम है। यह बड़ी मात्रा में सूचनाओं को इकट्ठा करने और व्यवस्थित करने में आपकी मदद करता है। सही तरीके से व्यवस्थित डाटाबेस, डाटा को इस तरह रखने में मदद करता है कि जब जरूरत हो तो इसे जल्दी से जल्दी ढूंढ़ा जा सके। एक्सेस का इस्तेमाल करते हुए आप यह डाटाबेस आसानी से बना सकते हैं।

डाटाबेस को बनाने से पहले आप उसे ठीक प्रकार से डिज़ाइन करें। एक अच्छे डाटाबेस के डिज़ाइन की पहचान यह है कि आप इस पर विभिन्न काम ठीक प्रकार से और बिना किसी रुकावट के कर सकते हैं। आपकी टेलीफोन डायरेक्टरी डाटाबेस का अच्छा उदाहरण है। इसमें पते तथा टेलीफोन नंबरों के साथ लोगों के नाम alphabetically order में होते हैं। आप कंप्यूटर के डाटाबेस में अपनी टेलीफोन बुक (Telephone Book) बना सकते हैं।

आप पहले से ही जानते हैं कि डाटाबेस के चार महत्त्वपूर्ण objects होते हैं–**Tables, Forms, Queries** और **Reports**। इन चारों objects को बनाने से पहले आपको डाटाबेस बनाना होगा। यह अध्याय आपको टेबल्स के बारे में भी जानकारी देगा।

डाटाबेस को समझना (Understanding Database)

आइए, अब हम माइक्रोसॉफ्ट एक्सेस के द्वारा डाटाबेस को बनाना सीखें।

डाटाबेस के बेहतर डिजाइन के लिए आपको निम्नलिखित बातें ध्यान में रखनी होंगी–

पहली– डाटाबेस की जरूरत को जानें। दूसरे शब्दों में यह निश्चित करें कि डाटाबेस को क्या कार्य करना है।

दूसरी– डाटाबेस में स्टोर होने वाले डाटा को जमा करें। डाटा को डाटाबेस में टेबल्स में स्टोर किया जाता है। आप एक्सेस में एक से ज्यादा टेबल भी बना सकते हैं।

तीसरी– टेबल के लिए जरूरी के फील्ड और फील्ड के नामों को निश्चित करें।

चौथी– उसकी प्राइमरी–की (Primary key) को निश्चित करें।

अंत में यदि आप एक से ज्यादा टेबल्स को बनाना चाहते हैं, तो उनके बीच में संबंध (relationships) बना दें। आप जानते हैं, डाटाबेस सिस्टम में उपस्थित टेबल्स Relationship द्वारा जुड़े होते हैं, जो उनके रिकॉर्ड (Record) को जोड़ते हैं। डाटाबेस में, Relationship विभिन्न संबंधित टेबल्स से स्टोर किए हुए डाटा को एक साथ दर्शाता है।

टेबल को डिज़ाइन करने से पहले डाटाबेस की आवश्यकता के बारे में सोच लें। आइए, अब हम डाटाबेस बनाएँ और उसे **Address** नाम दें। हम उस डाटाबेस में ग्राहकों के बारे में डाटा स्टोर करेंगे जैसे – identification numbers, names, addresses और phone numbers। यह जानकारी हम **Address Details Table** में स्टोर करेंगे।

अब आप यह निश्चित कर लें कि आपको टेबल के लिए कितने Field और FieldNames की आवश्यकता है। हमारे उदाहरण में **Address Details** टेबल में फील्ड्स **C_ID, FIRST NAME**, **LAST NAME**, **ADDRESS** और **PHONE** अनिवार्य हैं।

Address Details Table
C_ID
FIRST NAME
LAST NAME
ADDRESS
PHONE

टेबल 1

हर टेबल में रिकॉर्ड को एक दूसरे से भिन्न रखने के लिए हर रिकॉर्ड को एक **Primary** key दी जाती है। हमारे टेबल में C_ID में सभी ग्राहकों के Identification Number हैं। दो ग्राहकों का एक जैसा Identification Number नहीं हो सकता, इसलिए **C_ID** फील्ड **Primary key** बन जाएगा।

डाटाबेस में एक से ज्यादा टेबल हो सकते हैं। आइए, अब हम एक अन्य टेबल बनाएँ और इसे **Order Details** नाम दें। मान लीजिए कि दूसरे टेबल के पाँच फील्ड नाम हैं :– **P_ID**, **Product Name**, **C_ID**, **Price** और **Quantity** (टेबल 2) । यहाँ **P_ID** हर रिकॉर्ड को अलग पहचान देगी, क्योंकि Primary key दो Tables के बीच में संबंध स्थापित करती है इसलिए **C_ID** इस Table में भी शामिल की गई है।

Order Details Table
P_ID
C_ID
PRODUCT NAME
PRICE
QUANTITY

टेबल 2

Primary key वह फील्ड होती है, जो एक रिकॉर्ड को दूसरे रिकॉर्ड से अलग करती है। Primary key को एक Table के लिए निश्चित करने का उपयोग यह है कि किसी भी टेबल में एक जैसे दो रिकॉर्ड नहीं हो सकते। Primary key के वैल्यूज़ दोहराए नहीं जा सकते। Primary key यह निश्चित करती है कि किसी भी वस्तु का एक और एक ही रिकॉर्ड टेबल में मौजूद है। हमारे उदाहरण में **C_ID** Primary key का उपयोग हम किसी भी ग्राहक के विवरण को जानने के लिए कर सकते हैं, जैसे उसने कितनी मात्र में कोई Product लिया है, इत्यादि।

डाटाबेस बनाना (Creating a Database)

आइए, अब हम **Address Details** टेबल को बनाए, जो ग्राहकों के विवरण को स्टोर करेगा। इसके लिए हमें नीचे लिखे क्रम के अनुसार चलना होगा–

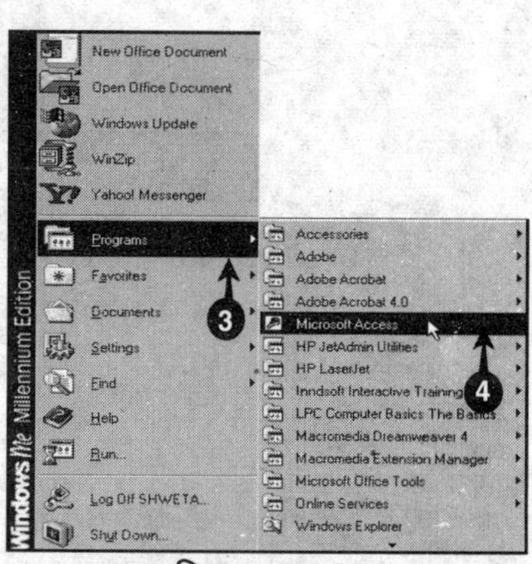

चित्र AC-2.1

1. यदि आपका कंप्यूटर बंद है, तो इसे Start करें। विंडोज़ Me/98 का डेस्कटॉप स्क्रीन पर दिखाई देगा।
2. अब **Start** बटन पर क्लिक करें। तुरंत ही पुश–अप मेन्यू आपको स्क्रीन पर दिखाई देगा (चित्र AC-2.1)।
3. पुश–अप मेन्यू के अंदर **Programs** विकल्प पर क्लिक करें। तुरंत ही दूसरा मेन्यू आपको दिखाई देगा (चित्र AC-2.1)।
4. दूसरे मेन्यू के अंदर **Microsoft Access** विकल्प पर क्लिक करें (चित्र AC-2.1)। तुरंत ही माइक्रोसॉफ्ट एक्सेस स्क्रीन एक बॉक्स के साथ खुल जाएगी (चित्र AC-2.2)। यह बॉक्स आपसे पूछेगा कि आप नया डाटाबेस बनाना चाहते हैं या कोई मौजूदा डाटाबेस खोलना चाहते हैं।
5. क्योंकि आप नया डाटाबेस बनाना चाहते हैं, इसलिए माउस पॉएंटर को **Blank Access database** विकल्प के साथ दिए गए राउंड बटन पर लाएँ और बाएँ माउस बटन को क्लिक करें (चित्र AC-2.3)।

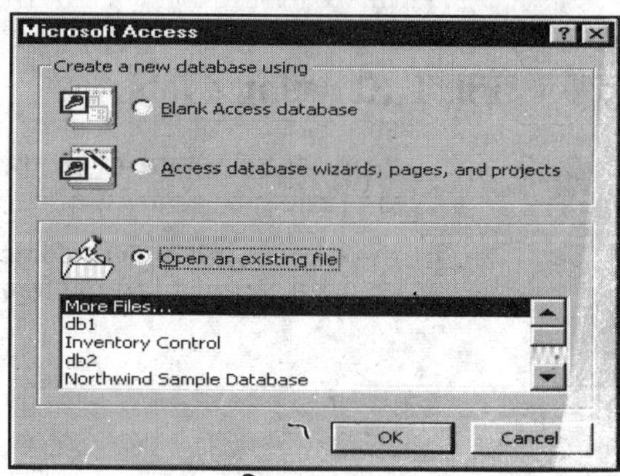

चित्र AC-2.2

यदि आप अपना डाटाबेस किसी दूसरे फोल्डर में सेव करना चाहते हैं, तो Save As बॉक्स में Save in विकल्प के सामने दिए गए डाउन ऐरो बटन (▾) पर क्लिक करें। जब पुल डाउन मेन्यू दिखाई दे, तो Local Disk (C:) पर या किसी अन्य फोल्डर पर क्लिक करें, जिसमें आप डाटाबेस को स्टोर करना चाहते हैं।

तुरंत ही गोल बटन बदलकर (⊙) हो जाएगा, जो इसके चुनाव को दर्शाएगा।

6. **OK** बटन पर क्लिक करें। तुरंत ही आपको स्क्रीन पर **File New Database** बॉक्स दिखाई देगा (चित्र AC-2.4)।
7. अब की–बोर्ड से कोई नाम, जैसे– **Address** टाइप करें (चित्र AC-2.5)। यह नाम उस बॉक्स में लिखा दिखाई देगा, जो **File name** विकल्प के साथ बना है।
8. माइक्रोसॉफ्ट एक्सेस खुद ही **My Documents** फोल्डर में डाटाबेस को सेव कर देता है। **Create** बटन पर क्लिक करें (चित्र AC-2.4)। तुरंत ही स्क्रीन पर एक खाली डाटाबेस **Address:Database** दिखेगा (चित्र AC-2.6)।

चित्र AC-2.3

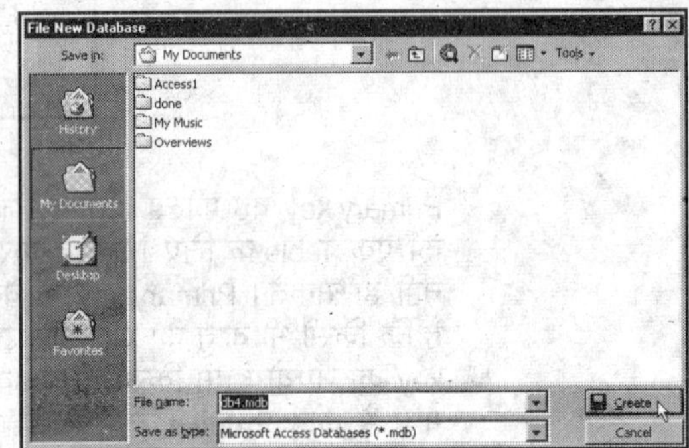

चित्र AC-2.4

चित्र AC-2.5

यदि Address नामक डाटाबेस My Documents में पहले से ही मौजूद है, तो अपने डाटाबेस को कोई दूसरा नाम दें।

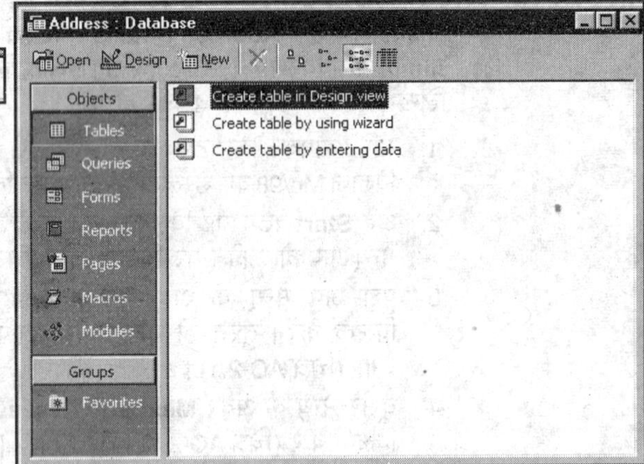

चित्र AC-2.6

टेबल बनाना (Creating a Table)

आपने डाटाबेस बना लिया है और उसे नाम भी दे दिया है। अब आपका अगला काम है– टेबल बनाना। आइए, अब हम फील्डस **C_ID, FIRST NAME, LAST NAME, ADDRESS** और **PHONE** टेबल में डालें। इसके लिए आपको नीचे लिखे क्रम के अनुसार काम करना होगा–

1. स्क्रीन पर दिखने वाले **Address:Database** बॉक्स से शुरुआत करें (चित्र AC-2.6)। टेबल को बनाने के लिए माउस पॉइंटर को **Tables** टैब पर लाएँ और बाएँ माउस बटन को क्लिक करें।

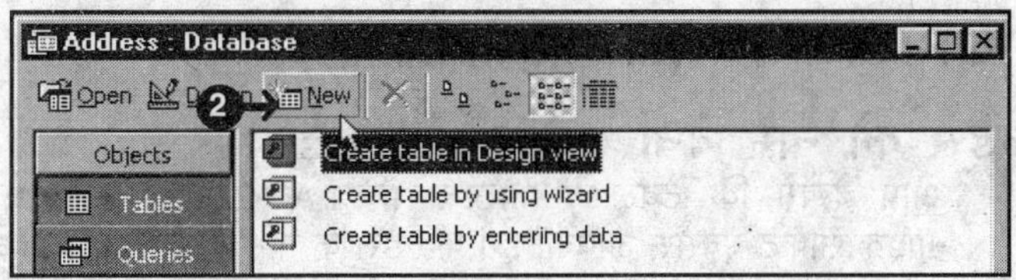

चित्र AC-2.7

2. माउस–पॉएंटर को **Address:Database** बॉक्स के **New** बटन पर लाएँ (चित्र AC-2.7) और बाएँ माउस बटन को क्लिक करें। तुरंत ही स्क्रीन पर **New Table** बॉक्स दिखाई देगा (चित्र AC-2.8)।

3. **New Table** बॉक्स में माउस–पॉएंटर को **Datasheet View** विकल्प पर लाएँ और बाएँ माउस बटन को क्लिक करें। तुरंत ही यह विकल्प हाईलाइट हो जाएगा (चित्र AC-2.8)।

4 **New Table** बॉक्स के **OK** बटन पर क्लिक करें। तुरंत ही आपको स्क्रीन पर खाली टेबल दिखाई देगा (चित्र AC-2.9)। आप देख सकते हैं कि Access टेबल (चित्र AC-2.9) रोज़ तथा कॉलम में बँटा हुआ है। हर कॉलम एक फील्ड है और हर रो एक रिकार्ड।

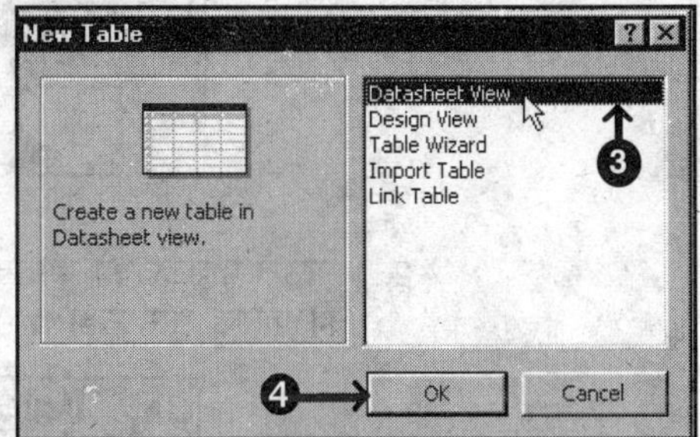

चित्र AC-2.8

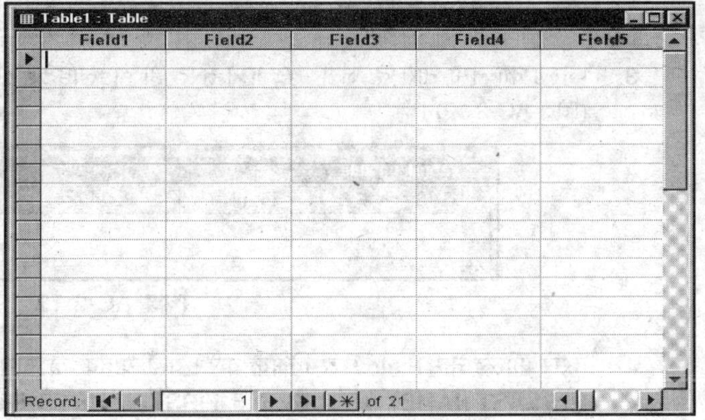

चित्र AC-2.9

फील्ड (Field)– फील्ड डाटा की विशेष श्रेणी है। हर फील्ड का एक अलग नाम होता है। उदाहरण के लिए– हमारे टेबल में फील्ड नाम जैसे– ग्राहकों के नाम, ग्राहक का पता तथा लाभ की रकम हर अलग फील्ड को पेश करता है।

रिकॉर्ड (Record)– सारी फील्ड्स मिलकर एक रिकॉर्ड बनाती हैं।

टेबल्स में काम करना (Working in Tables)

फील्ड्स को नाम देना (Naming Fields)

आप देखेंगे कि टेबल के फील्ड्स (चित्र AC-2.9) को **Field1**, **Field2** आदि नाम दिए गए हैं। माइक्रोसॉफ्ट एक्सेस आपको इन फील्ड्स के नाम बदलने की सुविधा देता है। आइए, अब हम इन नामों को अपनी जरूरत के नाम से बदलें–

1. माउस पॉएंटर को फील्ड नाम **Field1** पर लाएँ (चित्र AC-2.10)। जैसे ही माउस पॉएंटर फील्ड नाम **Field1** पर आ जाएगा, यह arrow आकार में बदल जाएगा।

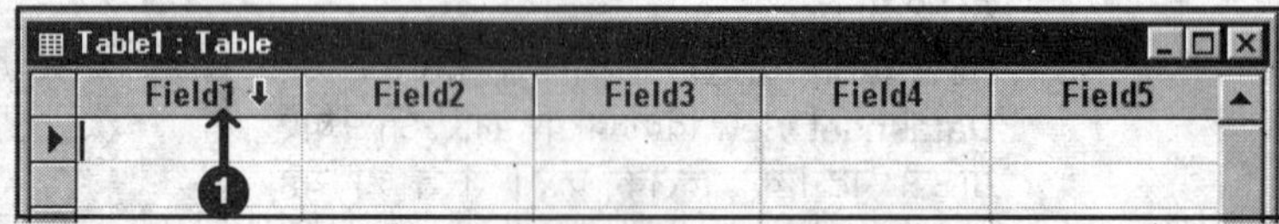

चित्र AC-2.10

2. माउस पॉएंटर को फील्ड नाम **Field1** पर लाएँ और बाएँ माउस बटन को डबल क्लिक करें। तुरंत ही फील्ड नाम **Field1** हाईलाइट हो जाएगा (चित्र AC-2.11)।

चित्र AC-2.11

3. फील्ड को नया नाम दें, जैसे– **C_ID**। तुरंत ही हाईलाइटेड टेक्स्ट नए फील्ड नाम से बदल जाएगा (चित्र AC-2.12)।

चित्र AC-2.12

4. दूसरे फील्ड नाम **Field2** पर क्लिक करें। यहाँ ग्राहक के नाम, जो दो भागों (यानी **FIRST NAME** और **LAST NAME**) में बँटे हैं, में से **FIRST NAME** को **Field2** की जगह पर टाइप करें (चित्र AC-2.13)।

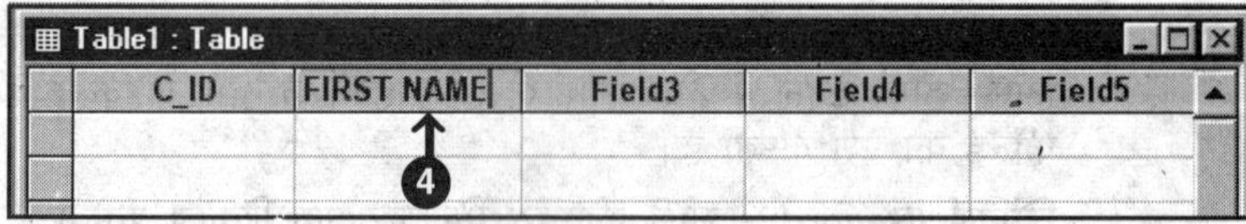

चित्र AC-2.13

5. इसी प्रकार **Field3** में **LAST NAME**, जो ग्राहक के नाम का दूसरा भाग है, को बदलने के लिए टाइप करें। **Field4** को बदलने के लिए **ADDRESS** और **Field5** को बदलने के लिए **PHONE** टाइप करें। पूरा टेबल अब बदले हुए फील्ड नामों के साथ दिखाई देगा (चित्र AC-2.14)।

Table1 : Table

C_ID	FIRST NAME	LAST NAME	ADDRESS	PHONE

चित्र AC-2.14

टेबल में रिकॉर्ड प्रविष्ट करना (Entering Records in the Table)

आपने सफलतापूर्वक फील्ड नामों के साथ टेबल बना लिया है। अब टेबल में रिकॉर्ड डालने हैं। आपका अगला काम है—नीचे लिखे डाटा को टेबल में डालना।

C_ID	FIRST NAME	LAST NAME	ADDRESS	PHONE
C1	Vikas	Gupta	19/A, Ansari Road Daryaganj, Delhi-1	3284212
C2	Deepa	Mathur	A3/3, Model Town New Delhi-110037	5434254
C3	Mohan	Kishore	A-172, Vikas Puri New Delhi-110056	7899989
C4	Chandani	Kishore	49, Roop Nagar Rohtak, Haryana	3456789
C5	Ritika	Soni	J-164, Kiran Vihar Delhi-110043	4772828

टेबल 3

टेबल में डाटा प्रविष्ट करने के लिए आपको नीचे लिखे क्रम के अनुसार चलना होगा—

1. पहले रिकॉर्ड को प्रविष्ट करने के लिए माउस पॉएंटर को रो के पहले सेल पर लाएँ (चित्र AC-2.15)। फिर बाएँ माउस बटन को क्लिक करें। तुरंत ही आपको पहले सेल पर blinking cursor दिखाई देगा (चित्र AC-2.16)।

Table1 : Table

C_ID	FIRST NAME
← 1	

चित्र AC-2.15

Table1 : Table

C_ID	FIRST NAME	LAST NAME	ADDRESS	PHONE

चित्र AC-2.16

फील्ड में पूरा पता दिखाई नहीं दे रहा है, क्योंकि जब आप की–बोर्ड से टाइप करते हैं, तो यह अंदर चला जाता है। जब आप अगले फील्ड पर जाने के लिए Tab key दबाएँगे तो पते का शुरू का अंश दिखाई देगा।

2. **C1** को टाइप करें। यह आपको फील्ड नाम **C_ID** के नीचे दिखाई देगा (चित्र AC-2.17)।
3. अगले फील्ड पर जाने के लिए की–बोर्ड से **Tab** key को दबाएँ। तुरंत ही दूसरे सेल में कर्सर दिखाई देगा।

चित्र AC-2.17

Table1 : Table

C_ID	FIRST NAME	LAST NAME
C1	Vikas ← 4	

चित्र AC-2.18

4. **Vikas** टाइप करें (चित्र AC-2.18)।
5. की–बोर्ड से दोबारा **Tab** key दबाएँ और **Gupta** टाइप करें (चित्र AC-2.19)।
6. कर्सर को अगले सेल पर लेकर जाने के लिए दोबारा **Tab** key दबाएँ और फिर **19/A, Ansari Road, Daryaganj, Delhi-1** टाइप करें (चित्र AC-2.20)।
7. **Phone 3284212** प्रविष्ट करने के लिएं **Tab** key को की–बोर्ड से दोबारा दबाएँ (चित्र AC-2.21)।
8. अब आपने पहले रिकॉर्ड की सभी प्रविष्टियाँ (Entries) डाल ली हैं। आइए, अब हम दूसरे रिकॉर्ड को प्रविष्ट करें। इसके लिए माउस पॉएंटर को **C_1D** फील्ड की दूसरी रो पर लाएँ और बाएँ माउस बटन को क्लिक करें। तुरंत ही blinking cursor आपको उस जगह पर दिखाई देगा (चित्र AC-2.22)।

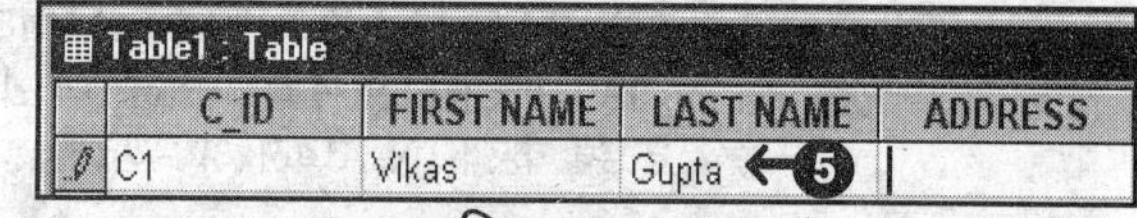

Table1 : Table

	C_ID	FIRST NAME	LAST NAME	ADDRESS
	C1	Vikas	Gupta ⑤	

चित्र AC-2.19

Table1 : Table

	C_ID	FIRST NAME	LAST NAME	ADDRESS
	C1	Vikas	Gupta	anj, Delhi-01 ⑥

चित्र AC-2.20

Table1 : Table

	C_ID	FIRST NAME	LAST NAME	ADDRESS	PHONE
	C1	Vikas	Gupta	19/A, AnsariRo	3284212 ⑦

चित्र AC-2.21

Table1 : Table

	C_ID	FIRST NAME	LAST NAME	ADDRESS	PHONE
	C1	Vikas	Gupta	19/A, AnsariRo	3284212
⑧					

चित्र AC-2.22

मान लीजिए कि सभी रिकॉर्ड्स प्रविष्ट करने के बाद आप नए डाटा को प्रविष्ट करने के लिए पहले या आखिरी फील्ड को स्क्रीन पर देख नहीं पा रहे हैं। इस परेशानी से बचने के लिए आपको बाएँ ऐरो स्क्रॉल बटन (◄) या दाएँ ऐरो स्क्रॉल बटन (►), जो टेबल के नीचे दिखाई देंगे, का इस्तेमाल करना होगा (चित्र AC-2.23)।

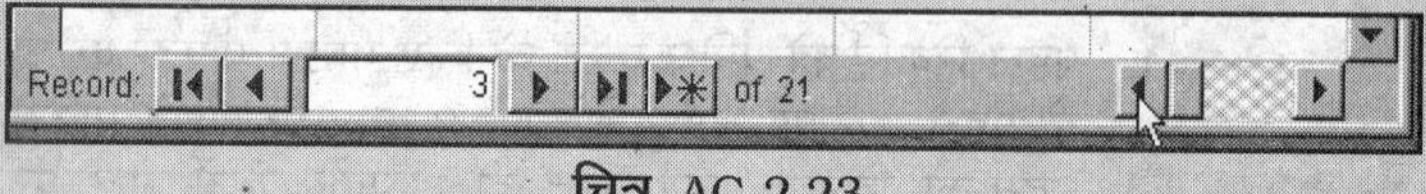

चित्र AC-2.23

जब आप बाएँ ऐरो स्क्रॉल बटन (◄) (चित्र AC-2.23) पर क्लिक करेंगे, तो टेबल दाईं तरफ चली जाएगी और आपको पहला फील्ड दिखाई देगा।

Table1 : Table

	C_ID	FIRST NAME	LAST NAME	ADDRESS	PHONE
	C1	Vikas	Gupta	19/A, AnsariRo	3284212
	C2	Deepa	Mathur	A3/3 Model Tow	5434254
	C3	Mohan	Kishore	A-172, Vikas Pu	7899989
	C4	Chandini	Kishore	49, Roop Nagar	3456789
	C5	Ritika	Soni	J-164 Kiran Viha	4772828

Record: 5 of 21

चित्र AC-2.24

9. ऊपर दिए गए क्रम के अनुसार दूसरी रो तथा अन्य रोज़ के विवरण को प्रविष्ट करें। सभी रिकॉर्ड्स को प्रविष्ट करने के बाद टेबल चित्र AC-2.24 के समान दिखेगी।

टेबल सेव करना (Saving the Table)

चित्र AC-2.25

आप टेबल बना चुके हैं और उसमें सभी रिकॉर्ड्स को प्रविष्ट भी कर चुके हैं। अब आप इस टेबल को सेव करें। इसके लिए आपको नीचे लिखे क्रम के अनुसार चलना होगा–

1. **Standard** toolbar पर माउस पॉएंटर को लाएँ और फिर **Save** बटन (💾) पर क्लिक करें (चित्र AC-2.25)। तुरंत ही आपको स्क्रीन पर **Save As** बॉक्स (चित्र AC-2.26), जो टेबल में नाम डालने के लिए होता है दिखाई देगा।

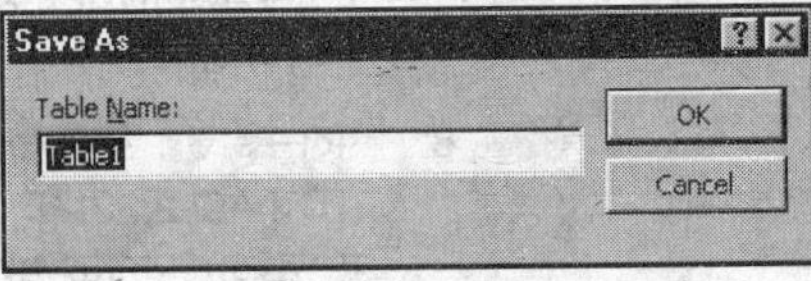

चित्र AC-2.26

2. नाम, जैसे– **Address Details** को की–बोर्ड से टाइप करें। तुरंत ही टाइप किया हुआ नाम, **Table Name** विकल्प के नीचे दिए गए बॉक्स में दिखाई देगा (चित्र AC-2.27)।

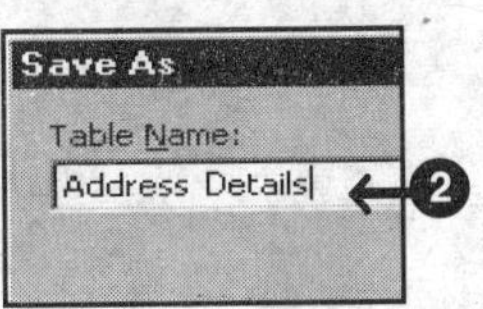

चित्र AC-2.27

Important

आप अपनी टेबल को कोई भी नाम दे सकते हैं, पर आपको यह सलाह दी जाती है, कि आपकी टेबल में जो डाटा स्टोर हुआ है, उसके अनुसार ही उसे कोई नाम दें।

3. **Save As** बॉक्स के **OK** बटन पर क्लिक करें। तुरंत ही आपको स्क्रीन पर एक **Message** बॉक्स दिखाई देगा, जो आपसे पूछेगा कि आपको Primary key बनानी है या नहीं (चित्र AC-2.28)।

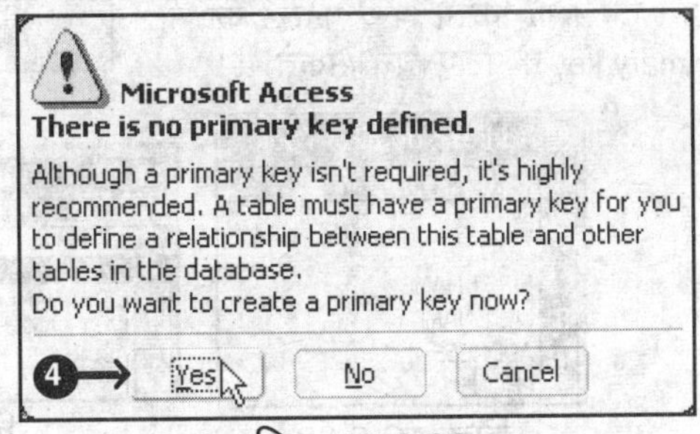

चित्र AC-2.28

4. यह हमेशा आवश्यक नहीं होता कि आप टेबल में Primary key को बनाएँ। फिर भी हम अपने टेबल के लिए एक Primary key बनाएँगे। आइए, अब हम टेबल **Address Details** के लिए एक Primary key बनाने की कोशिश करें। आगे बढ़ने से पहले **Yes** बटन पर क्लिक करें।

प्राइमरी-की निर्धारित करना (Defining a Primary key)

अपने डाटाबेस के दो टेबलों में Relationship बनाने के लिए हमें इसमें **Primary key** बनानी होगी। आप इस अध्याय में आगे दूसरा टेबल भी बनाएँगे। आइए, पहले टेबल में Primary key बनाएँ। इसके लिए नीचे लिखे क्रम के अनुसार आपको आगे बढ़ना होगा–

Address Details : Table

ID	C_ID	FIRST NAME	LAST NAME	ADDRESS	PHONE
1	C1	Vikas	Gupta	19/A, AnsariRo:	3284212
2	C2	Deepa	Mathur	A3/3 Model Tow	5434254
3	C3	Mohan	Kishore	A-172, Vikas Pu	7899989
4	C4	Chandini	Kishore	49, Roop Nagar	3456789
5	C5	Ritika	Soni	J-164 Kiran Viha	4772828
(AutoNumber)					

AutoNumber

चित्र AC-2.29

5. **Yes** बटन पर क्लिक करने के बाद (क्रम 4) आपका टेबल चित्र AC-2.29 के समान दिखेगा। यह ध्यान दें कि एक्सेस आपकी टेबल में **ID** फील्ड भी प्रविष्ट कर देगा। यह फील्ड अपने आप ही टेबल में प्रविष्ट किए गए हर रिकॉर्ड के लिए एक अलग नंबर डाल देगा। इस फील्ड को **Auto Number** कहते हैं।

6. आप देख सकते हैं कि **ID** फील्ड को एक्सेस ने स्वयं ही टेबल में Primary key बना दिया है पर आप किसी अन्य फील्ड को भी Primary key बना सकते हैं।

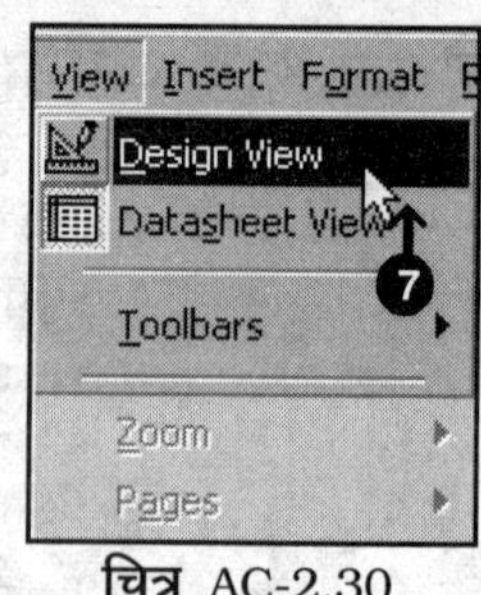

चित्र AC-2.30

7. **Design View** में आप नई Primary key को निर्धारित कर सकते हैं। अब टेबल **Address Details** की प्राइमरी–की बनाने के लिए पहले हमें इसे **Design View** में खोलना होगा।
View मेन्यूबार विकल्प पर क्लिक करें। तुरंत ही स्क्रीन पर पुल–डाउन मेन्यू दिखाई देगा (चित्र AC-2.30)।
8. पुल–डाउन मेन्यू के अंदर माउस पॉएंटर को **Design View** विकल्प (चित्र AC-2.30) पर लाएँ और बाएँ माउस बटन को क्लिक करें। तुरंत ही टेबल का Design View स्क्रीन पर दिखाई देगा (चित्र AC-2.31)। इसी स्क्रीन में आप Primary key बना सकते हैं। आपने पहले देखा होगा कि एक्सेस ने पहले ही **ID** फील्ड बना रखी है और उसे अपने आप टेबल के लिए Primary key भी बनाया हुआ है, पर आप अपने टेबल के किसी अन्य फील्ड को भी Primary key के लिए चुन सकते हैं।

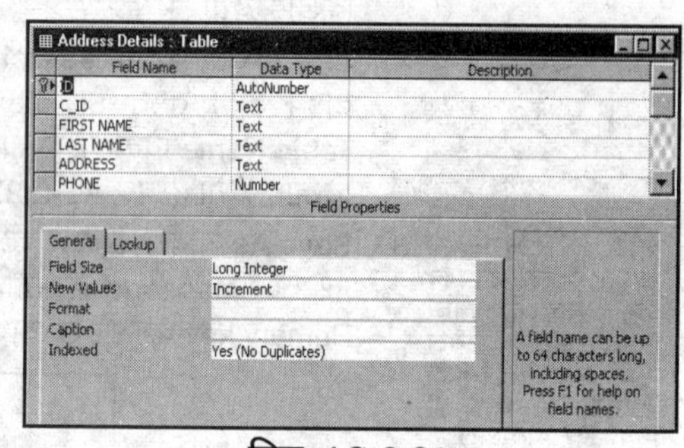

चित्र AC-2.31

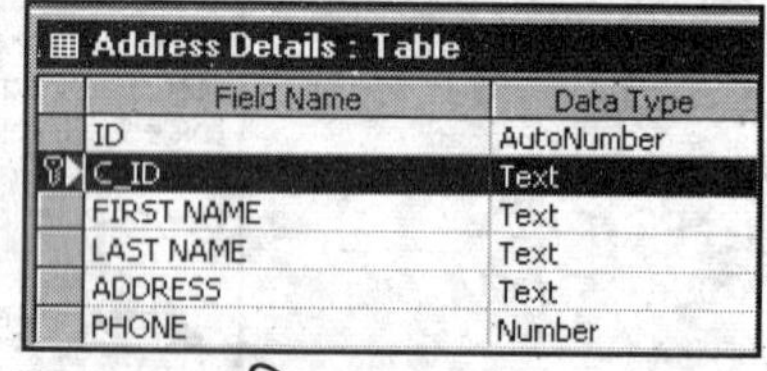

Field Name
ID
C_ID
FIRST NAME
LAST NAME
ADDRESS
PHONE

चित्र AC-2.32

Field Name	Data Type
ID	AutoNumber
C_ID	Text
FIRST NAME	Text
LAST NAME	Text
ADDRESS	Text
PHONE	Number

चित्र AC-2.33

9. उदाहरण के लिए हम फील्ड **C_ID** को Primary key बनाते हैं। इसके लिए माउस पॉएंटर को फील्ड नाम **C_ID** की बाईं तरफ लाएँ (चित्र AC-2.32)। माउस पॉएंटर अब arrow (➡) बदल जाएगा।
10. बाएँ माउस बटन को क्लिक करें। तुरंत ही पूरा फील्ड नाम हाईलाइट हो जाएगा (चित्र AC-2.33) और एक Triangle (▶) **C_ID** के साथ दिखाई देगा।
11. अब **C_ID** को Primary key बनाने के लिए बाएँ माउस बटन को **Edit** मेन्यू बार विकल्प पर क्लिक करें। तुरंत ही स्क्रीन पर पुल–डाउन मेन्यू दिखाई देगा।
12. पुल–डाउन मेन्यू के अंदर Primary Key विकल्प पर क्लिक करें (चित्र AC-2.34)। तुरंत ही एक छोटी key (🔑) फील्ड नाम **C_ID** के साथ दिखाई देगी (चित्र AC-2.35)। यह बताएगी कि Primary key के लिए फील्ड नाम **C_ID** का चुनाव हो गया है।

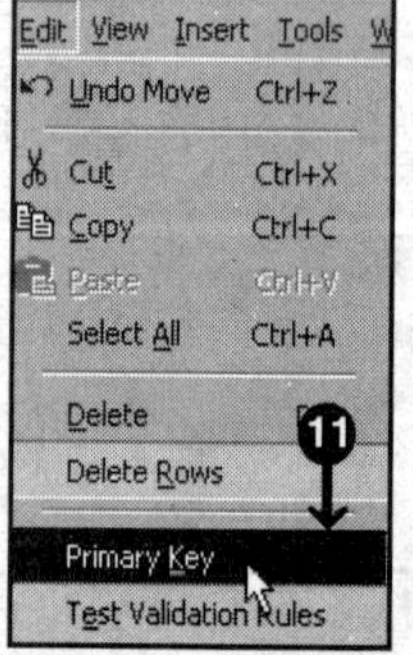

चित्र AC-2.34

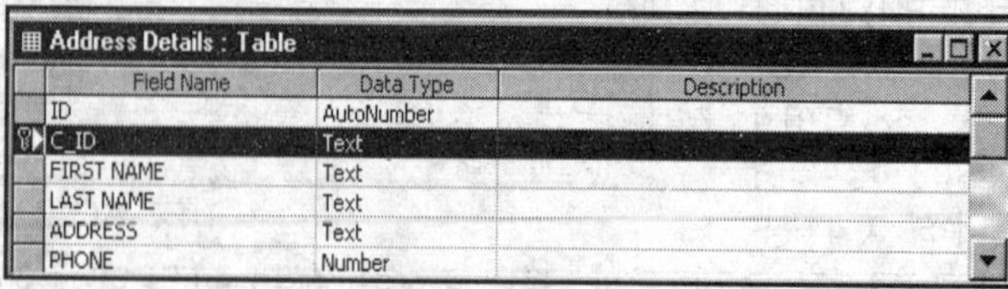

Field Name	Data Type	Description
ID	AutoNumber	
C_ID	Text	
FIRST NAME	Text	
LAST NAME	Text	
ADDRESS	Text	
PHONE	Number	

चित्र AC-2.35

टेबल बंद करना (Closing the Table)

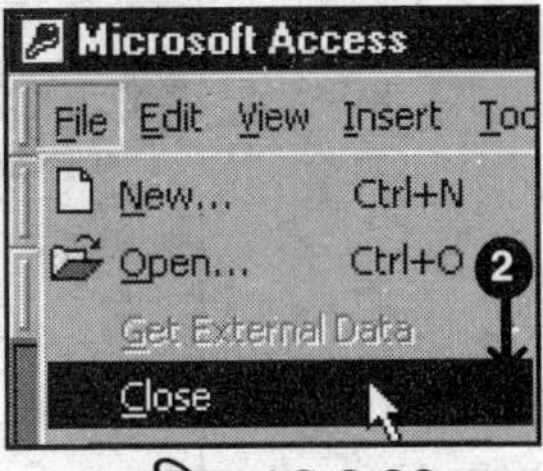

चित्र AC-2.36

आइए, अब हम **Address Details** टेबल को बंद करना सीखें। इसके लिए आपको नीचे लिखे क्रम के अनुसार चलना होगा–

1. **File** मेन्यू बार विकल्प पर क्लिक करें। तुरंत ही आपको पुल–डाउन मेन्यू दिखाई देगा (चित्र AC-2.36)।
2. पुल–डाउन मेन्यू के अंदर माउस पॉएंटर को **Close** विकल्प पर लाएँ (चित्र AC-2.36) और बाएँ माउस बटन को क्लिक करें। ऐसा करते ही स्क्रीन पर एक **Message** बॉक्स नजर आएगा (चित्र AC-2.37), जो यह पूछेगा कि क्या आप टेबल में हुए परिवर्तनों को सेव करना चाहते हैं।
3. क्योंकि आपने टेबल में दूसरी Primary key **C_ID** बनाई थी, इसलिए टेबल को दोबारा सेव करना होगा। अत: **Yes** बटन पर क्लिक करें (चित्र AC-2.37)।

   तुरंत ही **Address Details :Table** बंद हो जाएगी और **Address:Database** विंडो टेबल का नाम दर्शाती हुई स्क्रीन पर दिखाई देगी (चित्र AC-2.38)।

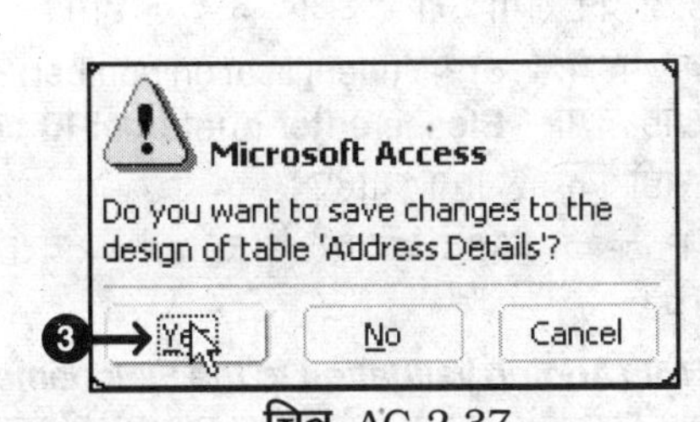

चित्र AC-2.37

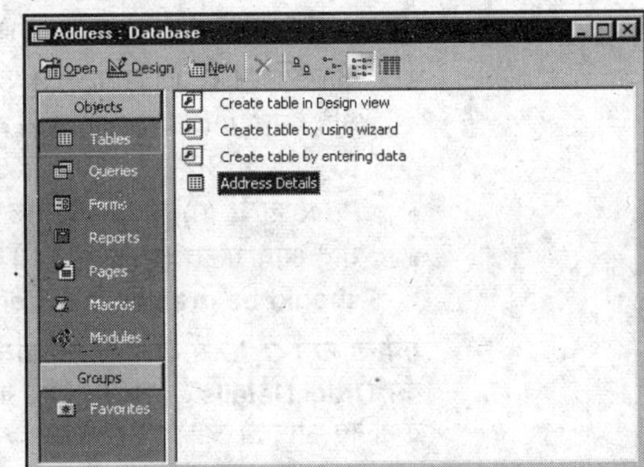

चित्र AC-2.38

डाटाबेस में एक से अधिक टेबल भी हो सकती हैं। Address: Database में एक और टेबल Order Details बनाएँ, जिनके फील्ड नाम इस प्रकार होंगे–

P_ID, C_ID, PRODUCT NAME, PRICE तथा QUANTITY।

- इस समय स्क्रीन पर चित्र AC-2.38 दिख रहा है। इसके भीतर **Address Database** के **New** बटन पर क्लिक करें।
- **New Table** बॉक्स में **OK** बटन पर क्लिक करें (चित्र AC-2.8)।
- जब नया टेबल दिखाई दे, तो **Field1** पर डबल क्लिक करें और **P_ID** टाइप करें।
- **Field2** पर डबल क्लिक करें और **C_ID** टाइप करें।
- **Field3** पर डबल क्लिक करें और **PRODUCT NAME** टाइप करें।
- **Field4** पर डबल क्लिक करें और **PRICE** टाइप करें।
- **Field5** पर डबल क्लिक करें और **QUANTITY** टाइप करें।
- टेबल को सेव करने के लिए **Save** बटन (■) पर क्लिक करें।
- टेबल नाम **Order Details** टाइप करें।
- **OK** बटन पर क्लिक करें। तुरंत ही एक **Message** बॉक्स स्क्रीन पर दिखाई देगा।
- **Yes** बटन पर क्लिक करें। टेबल के लिए Primary key बन जाएगी।
- **View** मेन्यू बार विकल्प पर क्लिक करें।

- पुल–डाउन मेन्यू में **Design View** विकल्प पर क्लिक करें।
- क्योंकि दोनों टेबलों–**Address Details** और **Order Details** को **C_ID** फील्ड के द्वारा जोड़ा जाएगा इसलिए **Order Details** टेबल में भी इसे Primary key बना देते हैं। इसके लिए **C_ID** फील्ड की बाईं तरफ माउस पॉएंटर को लाएँ और माउस बटन को दबाएँ।
- अब **Edit** मेन्यू बार विकल्प पर क्लिक करें।
- पुल–डाउन मेन्यू में से **Primary Key** विकल्प पर क्लिक करें।
- **Save** बटन (▣) पर क्लिक करें।
- **Order Details** टेबल को बंद करने के लिए **File** मेन्यू बार विकल्प पर क्लिक करके **Close** विकल्प पर क्लिक करें।

टेबल में वैलिडेशन्स डालना (Adding Validations to the table)

अब आप **Order Details** टेबल में रिकॉर्ड्स प्रविष्ट कर सकते हैं, पर यह करने से पहले टेबल **order Details** में validations डालने होंगे, ताकि कोई भी गलत रिकॉर्ड इसमें प्रविष्ट न हो। उदाहरण के लिए– कुछ जरूरत के validations इस प्रकार हैं–

- फील्ड नाम **C_ID** सिर्फ उस डाटा को लेगा, जो C अक्षर से शुरू होंगे।
- यदि आप ग्राहक (customer) की पहचान संख्या (identification number) गलत प्रविष्ट कर देते हैं, तो एक संदेश आपको दिखाई देगा– **Please enter customer ID correctly**।
- **Price** शून्य (0) से कम प्रविष्ट नहीं किया जाना चाहिए।
- यदि आप गलत (शून्य से कम) Price को प्रविष्ट कर देते हैं, तो error संदेश दिखाई देगा– **Price should be greater than zero**।

फील्ड नाम C_ID में वैलिडेशन्स डालना (Adding Validation to the Fieldname C_ID)– Validations को **Order Details** टेबल में प्रविष्ट करने के लिए पहले उसे स्क्रीन पर खोलें, फिर आगे बढ़ें। यह करने के लिए आपको नीचे लिखे क्रम के अनुसार चलना होगा–

1. स्क्रीन पर दिखाई देने वाले **Address: Database** बॉक्स से शुरू करें (चित्र AC-2.39)।
   बड़े बॉक्स के अंदर **Order Details** को हाईलाइट करने के लिए उस पर क्लिक करें (चित्र AC-2.39)।
2. **Address:Database** बॉक्स के **Open** बटन पर क्लिक करें (चित्र AC-2.39)। तुरंत ही आपको स्क्रीन पर **Order Details** टेबल दिखाई देगा।

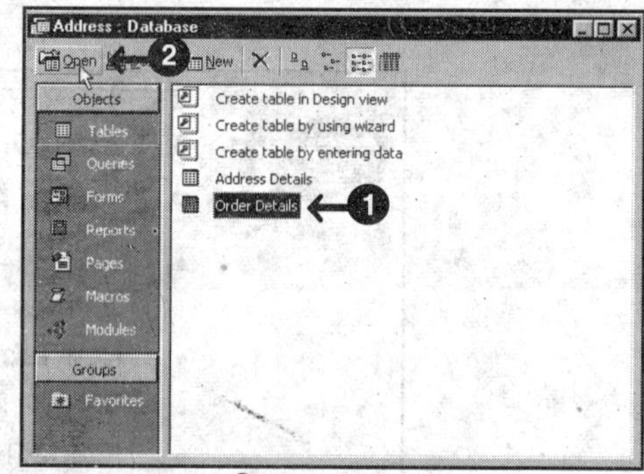

चित्र AC-2.39

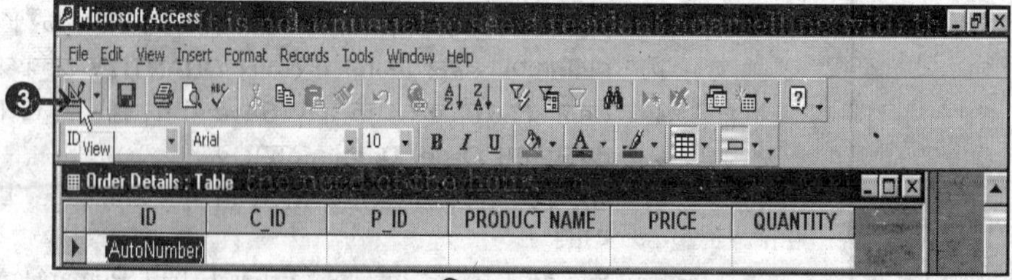

चित्र AC-2.40

3. अब आपको स्क्रीन पर **Design View** को लाना होगा, ताकि validations डाल सकें। इसके लिए माउस पॉएंटर को **Standard** toolbar के **View** बटन ( ) पर लाएँ (चित्र AC-2.40) और बाएँ माउस बटन को क्लिक करें। तुरंत ही आपको स्क्रीन पर टेबल का **Design View** दिखाई देगा (चित्र AC-2.41)।

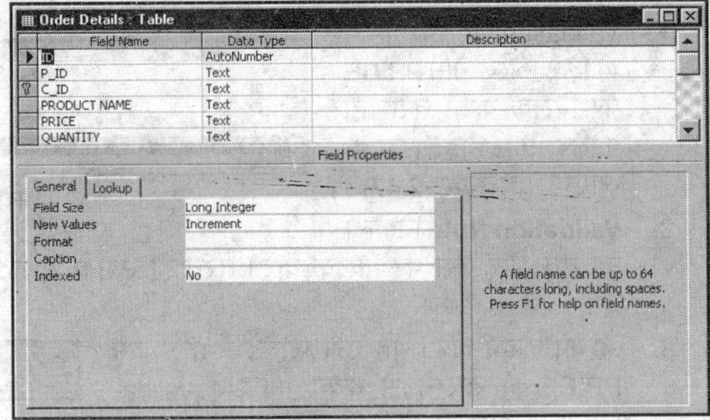

चित्र AC-2.41

आइए, अब हम पहले फील्ड में Validation rule डालें, जो हमारे उदाहरण में **C_ID** है।

4. यह करने के लिए माउस पॉएंटर को फील्ड नाम **C_ID** की बाईं तरफ लाएँ (चित्र AC-2.42)। फिर बाएँ माउस बटन को क्लिक करें। तुरंत ही फील्ड हाईलाइट हो जाएगा (चित्र AC-2.43)।

चित्र AC-2.42

चित्र AC-2.43

अपनी टेबल में हुए परिवर्तनों को थोड़े–थोड़े समय पर सेव करते रहें। इसके लिए Save बटन पर क्लिक करते रहें ( )।

5. Field properties के नीचे **Order Details** टेबल में **Validation Rule** विकल्प को ढूँढें।
6. एक बार **Validation Rule** को ढूँढ लेने के बाद माउस पॉएंटर को उस पर लाएँ और बाएँ माउस बटन को क्लक करें। तुरंत ही आपको एक blinking cursor इस विकल्प के साथ दिए गए बॉक्स के अंदर दिखाई देगा (चित्र AC-2.44)।

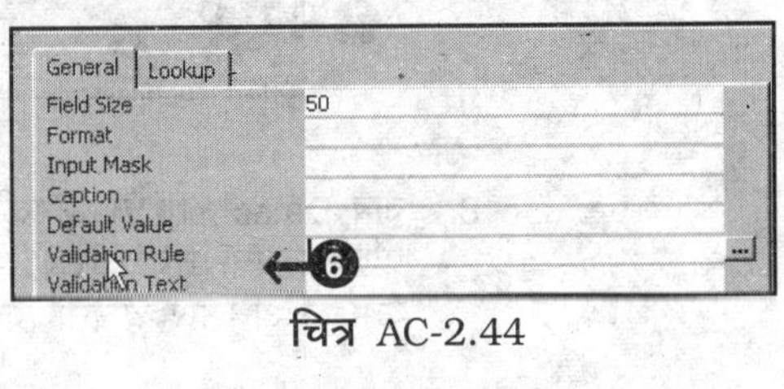

चित्र AC-2.44

7. अब Validation Rule **C*** को टाइप करें (चित्र AC-2.45)। यह उन ग्राहकों की प्रविष्टि को रोक देगा, जो **C** अक्षर से शुरू नहीं होते हैं।

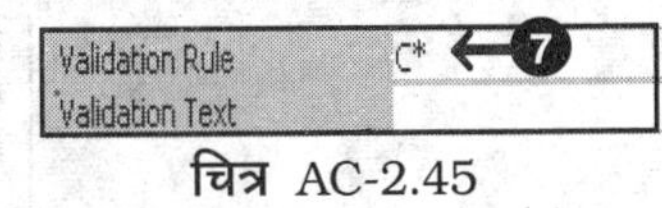

चित्र AC-2.45

8. अगला क्रम error messages को डालना है, जो Customer ID के गलत प्रविष्ट होने पर दिखाई देगा।

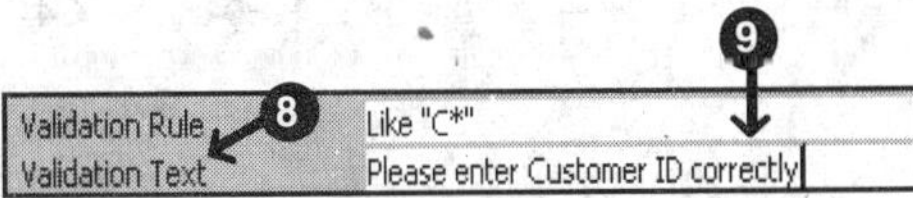

चित्र AC-2.46

यह करने के लिए **Validation Text** विकल्प के सामने बॉक्स में क्लिक करें। तुरंत ही एक blinking cursor आपके इस विकल्प के साथ दिए गए बॉक्स में दिखाई देगा (चित्र AC-2.46)।

9. फिर error message- **Please enter Customer ID correctly** को टाइप करें। तुरंत ही error message आपको **Validation Text** विकल्प के साथ बॉक्स में दिखाई देगा (चित्र AC-2.46)।

फील्ड नाम PRICE में वैलिडेशन्स डालना (Adding Validation to the Fieldname PRICE)– अब फील्ड नाम **PRICE** के लिए Validation डालें। ऐसा करने के लिए नीचे लिखे क्रम के अनुसार चलें–

1. Validation प्रविष्ट करने के लिए फील्ड नाम **PRICE** पर क्लिक करें। तुरंत ही फील्ड नाम हाईलाइट हो जाएगा (चित्र AC-2.47)।

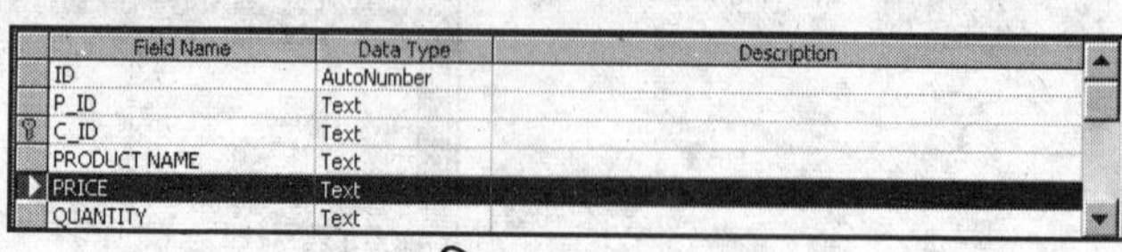

चित्र AC-2.47

2. **Validation Rule** विकल्प को ढूँढ़ें और उस पर क्लिक करें। तुरंत ही उसके साथ बॉक्स के अंदर blinking cursor दिखाई देगा।
3. **>0** को टाइप करें। यह उस फील्ड में **0** से कम PRICE को डालने से बचाएगा। अब Validation Rule आपको बॉक्स में लिखा दिखाई देगा (चित्र AC-2.48)।

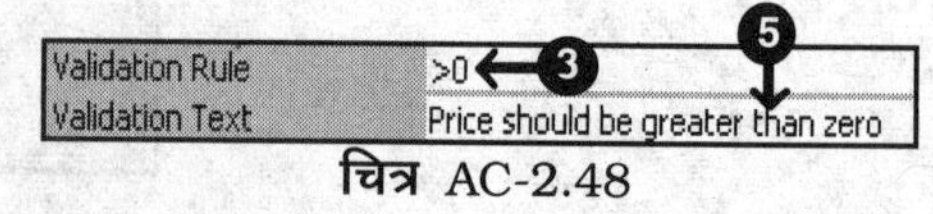

चित्र AC-2.48

4. अब **Validation Text** विकल्प के साथ दिए गए बॉक्स में क्लिक करें। एक blinking cursor इस विकल्प के साथ दिए गए बॉक्स में आपको दिखाई देगा।
5. यहाँ पर आप error message- **Price should be greater than zero** को टाइप करें (चित्र AC-2.48)।
6. टेबल **Order Details** में किए गए बदलावों को **Save** बटन (💾) पर क्लिक करके सेव करें।
7. अब टेबल में कुछ डाटा डालें। यह **Datasheet View** के द्वारा किया जाता है। इस व्यू को स्क्रीन पर लाने के लिए **View** बटन (📐▾) पर क्लिक करें (चित्र AC-2.49)।

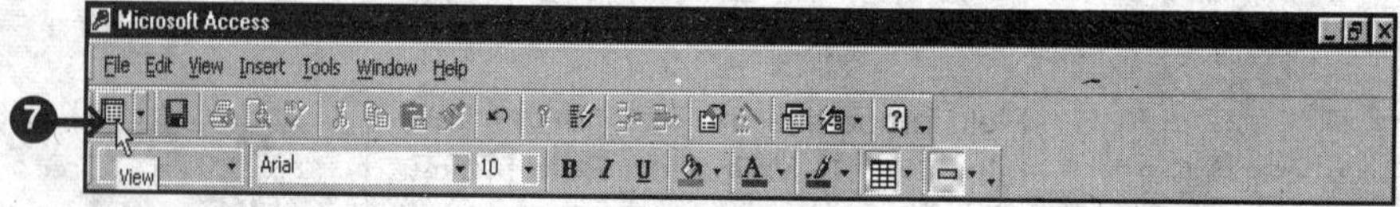

चित्र AC-2.49

8. जब **Datasheet View** स्क्रीन पर दिखाई दे, तब आप नीचे लिखे डाटा को **Order Details** में प्रविष्ट करना शुरू कर दें। इसके लिए आपको टेबल में रिकॉर्ड प्रविष्ट करना विषय में दिए गए क्रम के अनुसार चलना होगा।

P_ID	C_ID	PRODUCT NAME	PRICE	QUANTITY
P01	C1	ERASER	8.00	50
P02	C2	PENCIL	10.00	40
P03	C3	PEN	25.00	100
P04	C4	PENCIL BOX	45.00	25

टेबल 4

सभी रिकॉर्ड्स को प्रविष्ट करने के बाद टेबल चित्र AC-2.50 के समान दिखेगी।

Order Details : Table

	ID	P_ID	C_ID	PRODUCT NAI	PRICE	QUANTITY
	1	P01	C1	ERASER	8.00	50
	2	P02	C2	PENCIL	10.00	40
	3	P03	C3	PEN	25.00	100
✎	4	P04	C4	PENCIL BOX	45.00	25
*	(AutoNumber)					

Auto Number

चित्र AC-2.50

यदि आप न्यूमेरिक फील्ड में कोई अन्य डाटा (जैसे– अक्षर और शब्द) टाइप करेंगे, तो स्क्रीन पर चित्र AC-2.51 के समान error संदेश दिखाई देगा।

अगर आप Primary key फील्ड में कुछ भी डाटा प्रविष्ट नहीं करेंगे तो स्क्रीन पर (चित्र AC-2.52) के समान error संदेश दिखाई देगा।

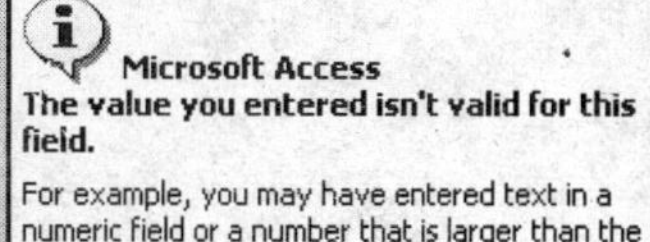

चित्र AC-2.51

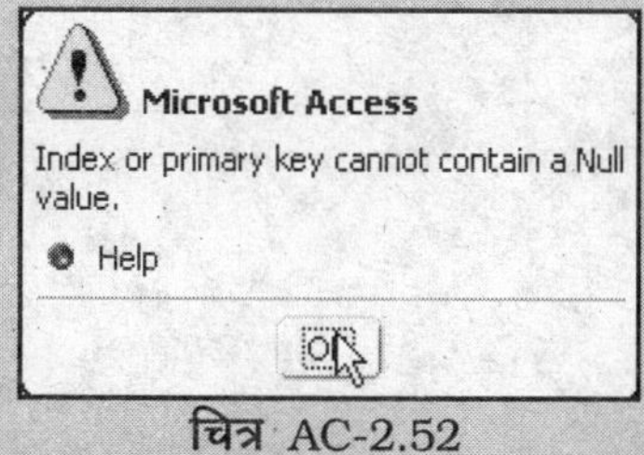

चित्र AC-2.52

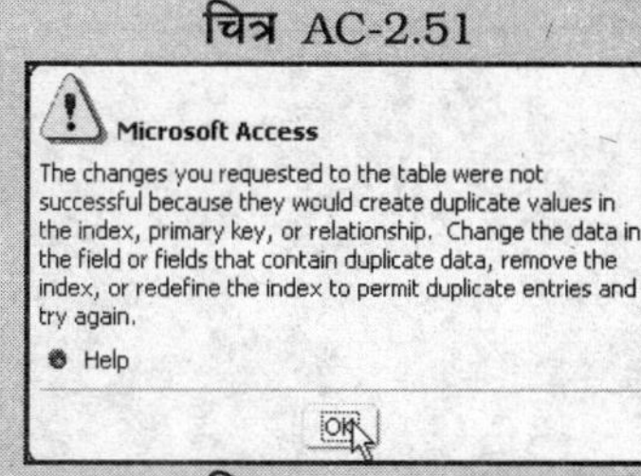

चित्र AC-2.53

अगर आप Primary key फील्ड में वह वैल्यू टाइप करेंगे, जो पहले से किसी रिकॉर्ड की वैल्यू है, तो स्क्रीन पर चित्र AC-2.53 के समान error संदेश दिखाई देगा।

9. **Order Details** में प्रविष्ट किए गए डाटा को सेव करने के लिए **Save** बटन (💾) पर क्लिक करें।
10. अब हम टेबल को बंद करते हैं। इसके लिए हमें **File** मेन्यू बार विकल्प पर क्लिक करें।
11. पुल–डाउन मेन्यू के अंदर **Close** विकल्प पर क्लिक करें।

डाटाबेस बंद करना और एक्सेस से बाहर आना (Closing the Database And Quitting Access)

आइए, अब हम **Address:Database** बॉक्स को बंद करें। इसके लिए हमें नीचे लिखे क्रम के अनुसार चलना होगा–

1. माउस पॉएंटर को **File** मेन्यू बार विकल्प पर लाएँ। तुरंत ही आपको पुल–डाउन मेन्यू दिखाई देगा।
2. पुल–डाउन मेन्यू के अंदर माउस पॉएंटर को **Close** विकल्प पर लाएँ (चित्र AC-2.54) और बाएँ माउस बटन को क्लिक करें। तुरंत ही **Address:Database** बॉक्स बंद हो जाएगा।

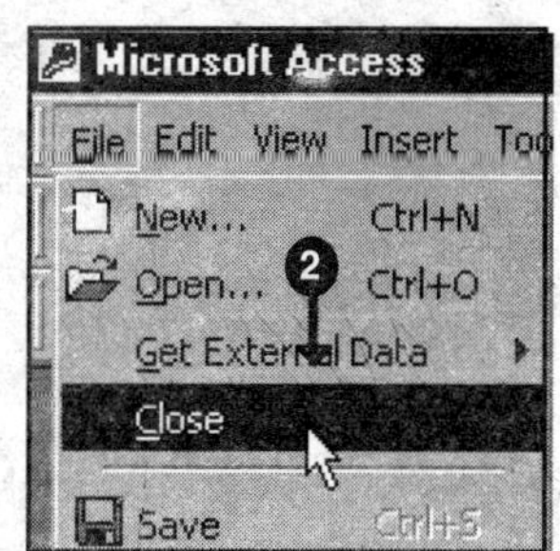

चित्र AC-2.54

3. माइक्रोसॉफ्ट एक्सेस से बाहर आने के लिए माउस पॉएंटर को **Close** बटन (☒) पर लाएँ (चित्र AC-2.55) और बाएँ माउस बटन को क्लिक करें। तुरंत ही माइक्रोसॉफ्ट एक्सेस विंडो बंद हो जाएगी और विंडोज़ Me/98 का डेस्कटॉप स्क्रीन पर दिखेगा।

चित्र AC-2.55

अध्याय

3

टेबल्स को अपडेट करना

इस अध्याय में—

* माइक्रोसॉफ्ट एक्सेस में टेबल खोलना
* टेबल में बदलाव करना
* एक फील्ड/एक से अधिक फील्ड्स का चुनाव करना
* टेबल के रिकॉर्ड्स का संपादन (Editing) करना
* प्रिंट करने से पहले टेबल का प्रतिरूप (Preview) देखना
* टेबल को प्रिंट करना
* टेबल को सेव करके बंद करना
* दो टेबल्स के बीच संबंध (Relationship) बनाना
* डाटाबेस बंद करना और एक्सेस से बाहर आना

अब तक आप टेबल्स पर काम करना भलीभाँति जान चुके हैं। इस अध्याय में आप माइक्रोसॉफ्ट एक्सेस टेबल बनाने के एक अन्य पहलू, यानी टेबल को अपडेट (update) करने के बारे में जानकारी हाँसिल करेंगे।

आप पहले भी माइक्रोसॉफ्ट एक्सेस के उन टूल्स पर काम कर चुके हैं, जो बड़ी मात्रा में डाटा को स्टोर करने और उन्हें व्यवस्थित रखने में आपकी मदद करते हैं। एक्सेस के डाटाबेस में डाटा स्टोर करने की प्रमुख सुविधा टेबल के रूप में मिलती है। पिछले अध्याय में आपने दो टेबल्स बनाई थी, उनमें रिकॉर्ड दर्ज किए थे और उन्हें क्रमशः **Address Details** तथा **Order Details** नाम दिए थे।

इस अध्याय में आप मौजूदा टेबल के रिकॉर्ड्स में बदलाव करना और इसे प्रिंट करना सीखेंगे। हम अपनी एक टेबल **Address Details** में कुछ बदलाव करके अपने काम की शुरुआत करेंगे। इसके लिए हमें पहले माइक्रोसॉफ्ट एक्सेस को और इसके बाद उस टेबल को खोलना होगा, जिसमें बदलाव करने हैं।

माइक्रोसॉफ्ट एक्सेस में टेबल खोलना (Opening a Table in Microsoft Access)

माइक्रोसॉफ्ट एक्सेस खोलने के लिए आप नीचे लिखे क्रम को अपनाएँ–

1. **Taskbar** में **Start** बटन (Start) पर क्लिक करें। तुरंत स्क्रीन पर एक पुश–अप मेन्यू दिखाई देगा।
2. पुश–अप मेन्यू में माउस पॉइंटर को **Programs** विकल्प पर लाएँ। तुरंत ही एक दूसरा मेन्यू दिखाई देगा।
3. इस दूसरे मेन्यू में माउस पॉइंटर को **Microsoft Access** विकल्प पर लाएँ और बाएँ माउस बटन को क्लिक करें। कुछ ही क्षणों में स्क्रीन पर **Microsoft Access** एक बॉक्स के साथ खुल जाएगा।
4. बॉक्स के अंदर **Open an existing file** विकल्प को ढूँढ़ें।
5. उसके साथ के राउंड बटन पर क्लिक करें। तुरंत ही राउंड बटन के अंदर एक बिंदु आपको दिखाई देगा, जो दर्शाएगा कि आपके विकल्प का चुनाव हो गया है।

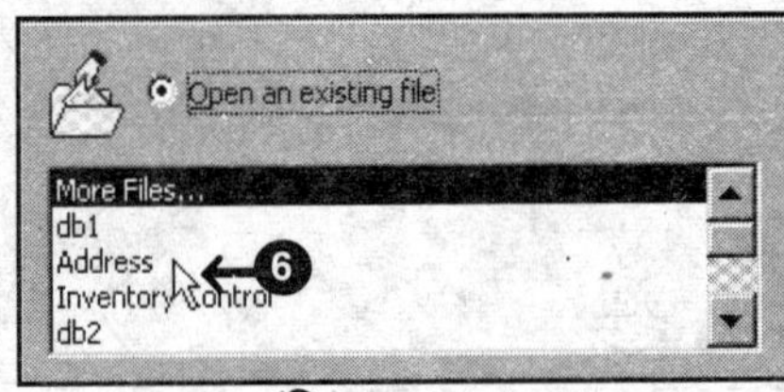

चित्र AC-3.1

अगर Open an existing file विकल्प पहले से ही चुना हुआ है तो क्रम 6 से शुरू करें।

6. **Open an existing file** विकल्प के नीचे आपको एक बॉक्स स्क्रीन पर दिखाई देगा। बॉक्स के अंदर माउस पॉइंटर को **Address** विकल्प पर लाएँ (चित्र AC-3.1) और बाएँ माउस बटन को क्लिक करें। तुरंत ही **Address** विकल्प हाईलाइट हो जाएगा।
7. **OK** बटन पर क्लिक करें। तुरंत ही **Address:Database** बॉक्स स्क्रीन पर दिखाई देगा (चित्र AC-3.2)।
8. आप **Address Details** टेबल को खोलना चाहते हैं, तो माउस पॉइंटर को **Tables** टैब पर लाएँ और बाएँ माउस बटन को क्लिक करें। अब **Tables** टैब का चुनाव हो जाएगा।

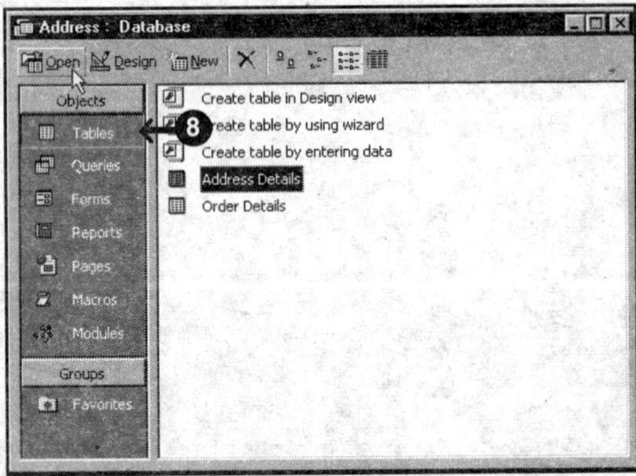

चित्र AC-3.2

9. अब अपनी टेबल को खोलने के लिए उसके नाम, यानी **Address Details** पर क्लिक करें। तुरंत ही टेबल का नाम हाईलाइट हो जाएगा।
10. **Address:Database** बॉक्स के **Open** बटन पर क्लिक करें। **Address Details** टेबल अब स्क्रीन पर खुल जाएगी (चित्र AC-3.5)।

टेबल्स में बदलाव करना (Modifying a Table)

आपने **Address Details** टेबल को सफलतापूर्वक खोल लिया है। अब आगे बढ़ते हुए आप इसमें बदलाव करें। आगे बढ़ते हुए आप सुधार के विभिन्न कामों जैसे– फील्ड्स के नामों को संपादित करना, प्रविष्ट करना तथा फील्ड्स को डिलीट करना, रोज़ की ऊँचाई तथा कॉलम्स की चौड़ाई को बदलने के बारे में भी जानेंगे।

फील्ड्स को पुनः व्यवस्थित करना (Rearranging Fields)

हम अपनी जरूरत के अनुसार टेबल में फील्ड्स (Fields) को पुनः व्यवस्थित (Rearrange) कर सकते हैं। मान लीजिए कि **Address Details** टेबल में आपको फील्ड नाम **PHONE** को फील्ड नाम **LAST NAME** के बाद दिखाना है। इसके लिए आपको नीचे लिखे क्रम के अनुसार काम करना होगा–

1. माउस पॉएंटर को फील्ड नाम **PHONE** पर लाएँ। माउस पॉएंटर तुरंत ही बदलकर ⬇ के आकार में आ जाएगा (चित्र AC-3.3)।

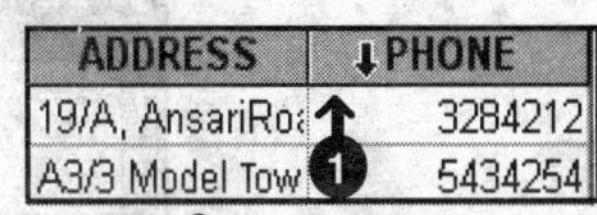

चित्र AC-3.3

2. बाएँ माउस बटन को क्लिक करें। तुरंत ही पूरा कॉलम हाईलाइट हो जाएगा और माउस पॉएंटर का आकार बदलकर (⬉) हो जाएगा (चित्र AC-3.4)।
3. अब माउस पॉएंटर को एक बार फिर फील्ड नाम **PHONE** पर लाएँ और बाएँ माउस बटन को दबाएँ। एक बार फिर माउस पॉएंटर की आकृति बदलकर (⬉) हो जाएगी (चित्र AC-3.4)।

चित्र AC-3.4

4. बाएँ माउस बटन को दबाए रखकर माउस पॉएंटर को फील्ड नाम **ADDRESS** पर ड्रैग करें (चित्र AC-3.5)। तुरंत फील्ड नामों **LAST NAME** और **ADDRESS** के बीच में एक हाईलाइटेड लाइन दिखाई देगी (चित्र AC-3.5)।

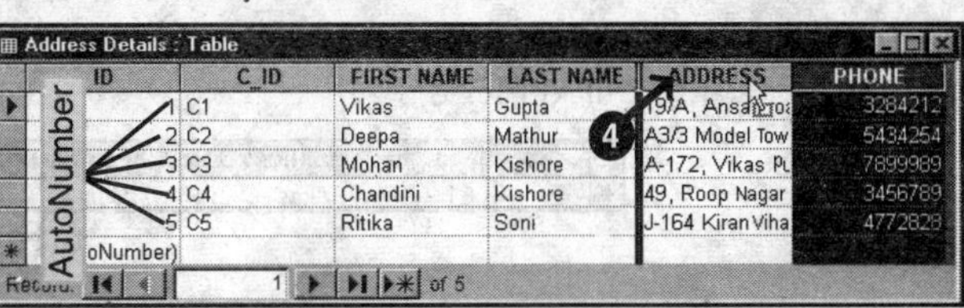

चित्र AC-3.5

5. अब बाएँ माउस बटन को छोड़ दें। फील्ड नाम **LAST NAME** और **ADDRESS** के बीच फील्ड नाम **PHONE** दिखाई देगा (चित्र AC-3.6)।

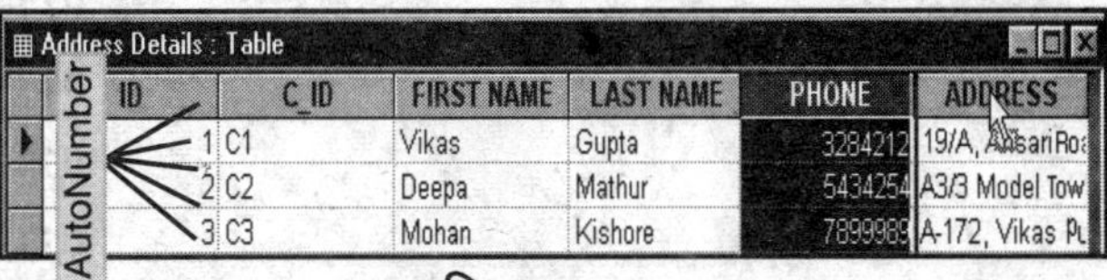

चित्र AC-3.6

नए फील्ड को प्रविष्ट करना (Adding a Field)

मान लीजिए कि आप फील्ड **PHONE** की दाईं ओर एक नए फील्ड **FAX** को प्रविष्ट करना चाहते हैं। इसके लिए आप नीचे लिखे क्रम को अपनाएँ–

1. माउस पॉएंटर (⬇) को सबसे पहले फील्ड नाम **ADDRESS** पर लाएँ (चित्र AC-3.7) और बाएँ माउस बटन को क्लिक कर दें। तुरंत ही फील्ड नाम **ADDRESS** के सभी सेल्स हाईलाइट हो जाएँगे।

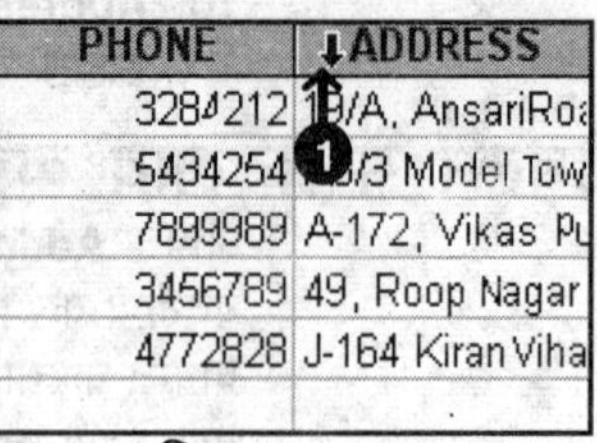

PHONE	ADDRESS
3284212	19/A, AnsariRoa
5434254	A3/3 Model Tow
7899989	A-172, Vikas Pu
3456789	49, Roop Nagar
4772828	J-164 Kiran Viha

चित्र AC-3.7

2. माउस पॉएंटर को मेन्यू बार में **Insert** विकल्प पर लाएँ और इस पर बाएँ माउस बटन को क्लिक करें। स्क्रीन पर तुरंत ही एक पुल–डाउन मेन्यू दिखाई देगा (चित्र AC-3.8)।
3. पुल–डाउन मेन्यू में **Column** विकल्प पर क्लिक करें (चित्र AC-3.8)। **PHONE** और **ADDRESS** फील्ड्स के बीच एक नया फील्ड **Field1** दिखाई देने लगेगा (चित्र AC-3.9)।

चित्र AC-3.8

Address Details : Table

ID	C_ID	FIRST NAME	LAST NAME	PHONE	Field1	ADDRESS
1	C1	Vikas	Gupta	3284212		19/A, AnsariRo
2	C2	Deepa	Mathur	5434254		A3/3 Model Tow
3	C3	Mohan	Kishore	7899989		A-172, Vikas Pu
4	C4	Chandini	Kishore	3456789		49, Roop Nagar
5	C5	Ritika	Soni	4772828		J-164 Kiran Viha
(AutoNumber)						

Record: 1 of 5

चित्र AC-3.9

4. नए फील्ड को एक नाम देने के लिए माउस पॉएंटर को **Field1** पर लाएँ और बाएँ माउस बटन को दो बार क्लिक करें। तुरंत ही नया फील्ड **Field1** हाईलाइट हो जाएगा।
5. **FAX** टाइप करें और **Enter** key दबाएँ (चित्र AC-3.10)। फील्ड **FAX** को प्रविष्ट कराने के बाद **Address Details** टेबल में फील्ड्स की कुल संख्या बढ़कर सात हो जाएगी (जिसमें **ID** फील्ड भी शामिल है)।

ID	C_ID	FIRST NAME	LAST NAME	PHONE	FAX	ADDRESS
1	C1	Vikas	Gupta	3284212		19/A, AnsariRoad Daryaganj, Delhi-2

चित्र AC-3.10

6. आप नए फील्ड **FAX** में नीचे लिखे फैक्स नंबर टाइप करें –

011-3284212

011-5434256

011-7899989

011-3456789

011-4772882

ऐसा करने के लिए माउस पॉएंटर को फील्ड **FAX** की पहली रो पर लाएँ और **011-3284212** टाइप करें।

7. दूसरी रो के अंदर फील्ड **FAX** पर क्लिक करें और **011-5434256** टाइप करें।
8. इसी तरह शेष विवरणों को **FAX** फील्ड में प्रविष्ट करें। सभी फैक्स नंबरों को प्रविष्ट करने के बाद **Address Details** टेबल चित्र AC-3.11 की तरह दिखेगी।

Address Details : Table

ID	C_ID	FIRST NAME	LAST NAME	PHONE	FAX	ADDRESS
1	C1	Vikas	Gupta	3284212	011-3284212	19/A, AnsariRoa
2	C2	Deepa	Mathur	5434254	011-5434256	A3/3 Model Tow
3	C3	Mohan	Kishore	7899989	011-7899999	A-172, Vikas Pu
4	C4	Chandini	Kishore	3456789	011-3456789	49, Roop Nagar
5	C5	Ritika	Soni	4772828	011-4772882	J-164 Kiran Viha
(AutoNumber)						

Record: 5 of 5

चित्र AC-3.11

फील्ड नाम LAST NAME और PHONE के बीच में एक अन्य फील्ड कैसे प्रविष्ट करें?

- माउस पॉएंटर को फील्ड नाम **PHONE** पर लाएँ और बाएँ माउस बटन को क्लिक करें।
- फिर **Insert** मेन्यू बार विकल्प पर क्लिक करें।
- पुल–डाउन मेन्यू के अंदर **Column** विकल्प पर क्लिक करें।

फील्ड डिलीट करना (Deleting a Field)

आपको जिन फील्ड्स की आवश्यकता नहीं है, उन्हें टेबल से डिलीट कर दें। अब आप उस फील्ड को डिलीट करें, जिसे आपने पिछले अभ्यास में बनाया था अर्थात् **LAST NAME** और **PHONE**। इस काम के लिए आपको नीचे लिखे क्रम के अनुसार चलना होगा–

1. माउस पॉएंटर को फील्ड नाम **Field1** पर लाएँ और बाएँ माउस बटन को क्लिक करें। तुरंत ही पूरा कॉलम हाईलाइट हो जाएगा (चित्र AC-3.12)।

ID	C_ID	FIRST NAME	LAST NAME	Field1
1	C1	Vikas	Gupta	
2	C2	Deepa	Mathur	
3	C3	Mohan	Kishore	
4	C4	Chandini	Kishore	

चित्र AC-3.12

2. **Edit** मेन्यू बार विकल्प पर क्लिक करें। तुरंत ही पुल–डाउन मेन्यू दिखाई देगा (चित्र AC-3.13)।
3. पुल–डाउन मेन्यू के अंदर माउस–पॉएंटर को **Delete Column** विकल्प (चित्र AC-3.13) पर लाएँ और बाएँ माउस बटन को क्लिक करें। तुरंत ही आपको एक **Message** बॉक्स दिखाई देगा (चित्र AC-3.14), जो पूछेगा कि आप **Field1** को हमेशा के लिए डिलीट करना चाहते हैं या नहीं।

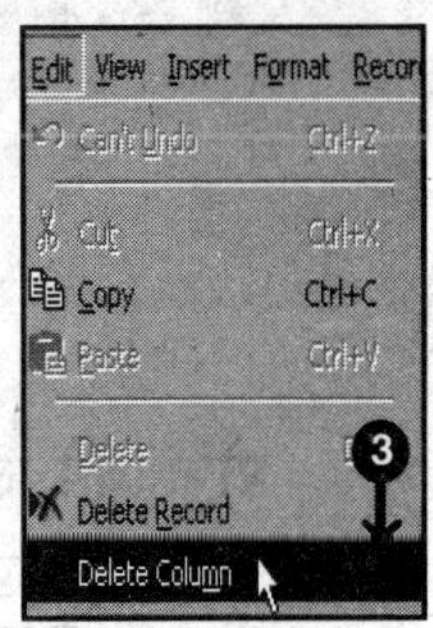

चित्र AC-3.13

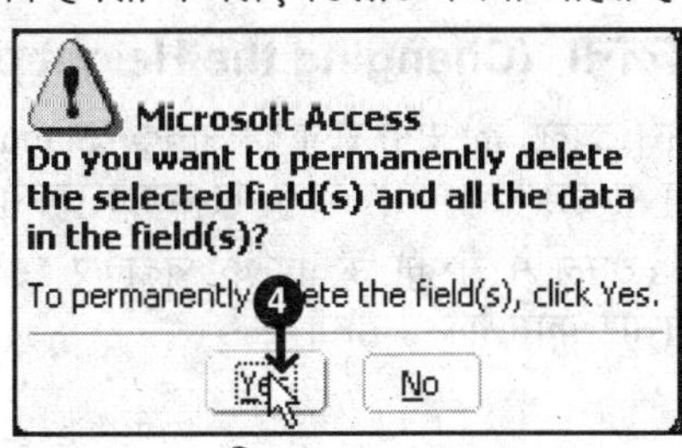

चित्र AC-3.14

4. यदि आप **Field1** को हमेशा के लिए डिलीट करना चाहते हैं, तो माउस पॉएंटर को **Yes** बटन (चित्र AC-3.14) पर लाएँ और बाएँ माउस बटन को क्लिक करें। तुरंत ही फील्ड डिलीट हो जाएगा।

कॉलम की चौड़ाई बदलना (Changing Column Width)

मान लीजिए कि आपने कुछ लंबे डाटा को टेबल के एक ही फील्ड में डाला है। इस काम में आप पूरे डाटा को देख नहीं पाएँगे। उसका सिर्फ एक भाग कॉलम में दिखाई देगा। पर मॉइक्रोसॉफ्ट एक्सेस एक ही बार में कॉलम के पूरे डाटा को देखने की सुविधा देता है। यह कॉलम की चौड़ाई को बढ़ाकर किया जाता है।

उदाहरण के लिए– टेबल **Address Details** में फील्ड नाम **ADDRESS** डाटा का सिर्फ एक ही भाग दिखाता है और शेष प्रविष्टियाँ (Entries) छिपी रहती हैं। पूरे ऐड्रेस को एक ही बार में देखने के लिए आपको नीचे लिखे क्रम के अनुसार चलना होगा–

1. माउस पॉएंटर को फील्ड **ADDRESS** पर ले जाएँ और बाएँ माउस बटन क्लिक करें। तुरंत ही इस कॉलम के सारे फील्ड्स हाईलाइट हो जाएँगे (चित्र AC-3.15)।
2. **Format** मेन्यू बार विकल्प पर क्लिक करें। स्क्रीन पर एक पुल–डाउन मेन्यू दिखाई देगा (चित्र AC-3.16)।
3. पुल–डाउन मेन्यू के अंदर **Column Width** विकल्प पर माउस पॉएंटर ले जाकर क्लिक करें (चित्र AC-3.16)। तुरंत ही स्क्रीन पर एक **Column Width** बॉक्स खुल जाएगा (चित्र AC-3.17)।

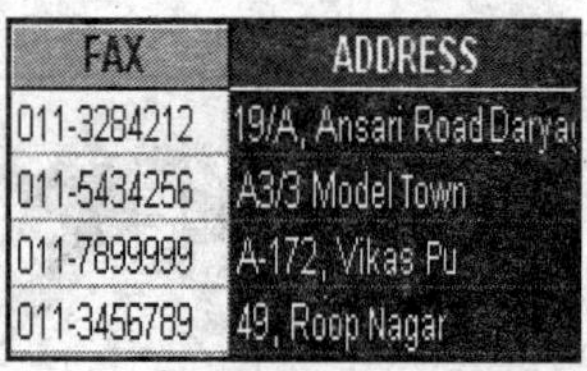

FAX	ADDRESS
011-3284212	19/A, Ansari Road Daryа
011-5434256	A3/3 Model Town
011-7899999	A-172, Vikas Pu
011-3456789	49, Roop Nagar

चित्र AC-3.15

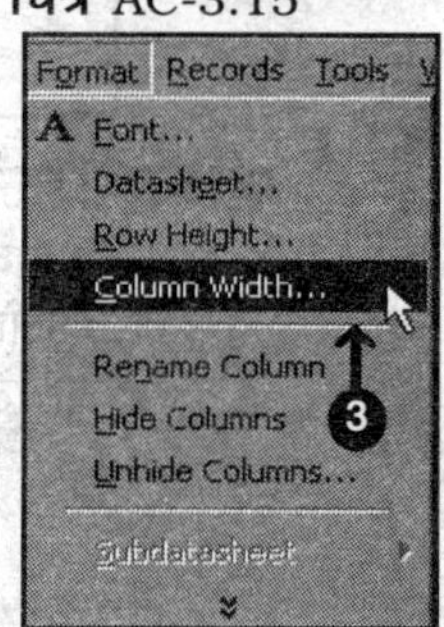

चित्र AC-3.16

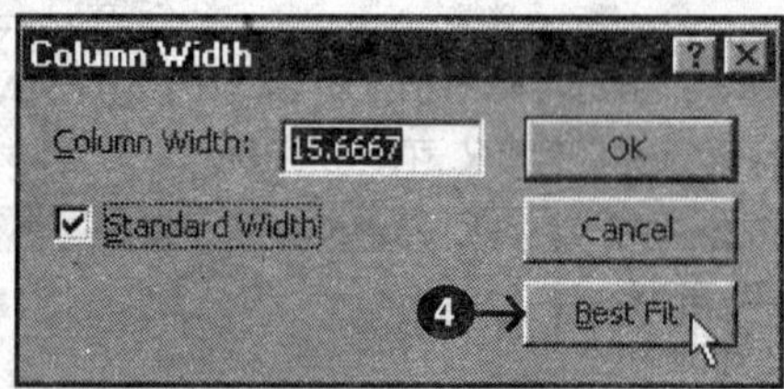

चित्र AC-3.17

4. **Best Fit** बटन पर क्लिक करें (चित्र AC-3.17)। यह विकल्प डाटा को कॉलम में व्यवस्थित करता है।
5. **ADDRESS** फील्ड से हाईलाइट हटाने के लिए टेबल में किसी भी अन्य जगह पर क्लिक करें। तुरंत ही **ADDRESS** कॉलम की सारी प्रविष्टियाँ स्क्रीन पर दिखाई देंगी (चित्र AC-3.18)।

ADDRESS
19/A, AnsariRoad Daryaganj, Delhi-1
A3/3 Model Town New Delhi-110037
A-172, Vikas Puri New Delhi-110056
49, Roop Nagar Rohtak, Haryana
J-164 Kiran Vihar Delhi-110043

चित्र AC-3.18

रोज़ की ऊँचाई बदलना (Changing the Height of Rows)

माइक्रोसॉफ्ट एक्सेस टेबल्स की सभी रोज़ की मानक (Standard) ऊँचाई **12.75** होती है, पर आप अपनी जरूरत के हिसाब से इन रोज़ की ऊँचाई को बदल सकते हैं।

Address Details टेबल में रो की ऊँचाई को बढ़ाकर **15** करें। इसके लिए आपको अगले पृष्ठ पर लिखे क्रम के अनुसार काम करना होगा –

1. **Format** मेन्यू बार विकल्प पर क्लिक करें। तुरंत ही आपको पुल–डाउन मेन्यू दिखाई देगा (चित्र AC-3.19)।
2. पुल–डाउन मेन्यू के अंदर माउस पॉइंटर को **Row Height** विकल्प (चित्र AC-3.19) पर लाएँ और बाएँ माउस बटन को क्लिक करें। तुरंत ही आपके स्क्रीन पर **Row Height** नाम का एक बॉक्स नजर आएगा (चित्र AC-3.20)।

Format Records Tools
Font...
Datasheet...
Row Height...
Column Width...
2
Rename Column
Hide Columns
Unhide Columns...
Freeze Columns

चित्र AC-3.19

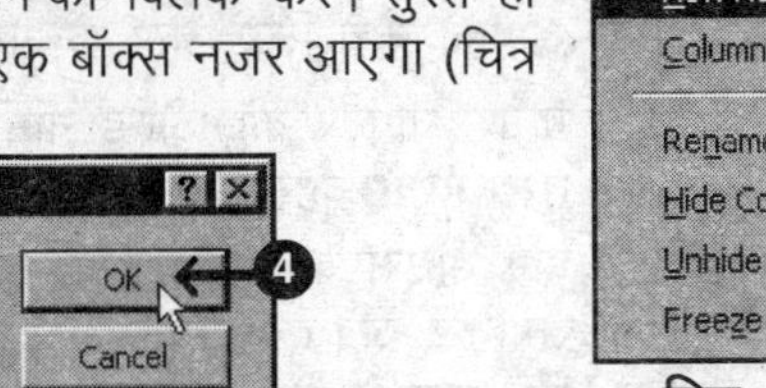

चित्र AC-3.20

3. रोज़ की ऊँचाई बढ़ाने के लिए **Row Height** विकल्प के साथ बने बॉक्स में **15** टाइप करें (चित्र AC-3.20)।
4. **OK** बटन पर क्लिक करें जैसा चित्र AC-3.20 में दिखाया गया है। तुरंत ही रोज़ की ऊँचाई बढ़कर **15** हो जाएगी (चित्र AC-3.21)।

Address Details : Table

ID	C_ID	FIRST NAME	LAST NAME	PHONE	FAX	ADDRESS
1	C1	Vikas	Gupta	3284212	011-3284212	19/A, AnsariRc
2	C2	Deepa	Mathur	5434254	011-5434256	A3/3 Model To
3	C3	Mohan	Kishore	7899989	011-7899999	A-172, Vikas F
4	C4	Chandini	Kishore	3456789	011-3456789	49, Roop Naga
5	C5	Ritika	Soni	4772828	011-4772882	J-164 Kiran Vik

Record: 5 of 5

चित्र AC-3.21

फील्ड का चयन (Selecting a Field)

किसी कॉलम या फील्ड, जिसका चुनाव आपने किया है, हाईलाइट किया हुआ स्क्रीन पर नजर आएगा। आइए, अब हम चुनाव–प्रक्रिया को समझने के लिए किसी फील्ड का चुनाव करें। जैसे– अपने टेबल **Address Details** में **ID** फील्ड का चुनाव करने के लिए आपको नीचे लिखे क्रम के अनुसार चलना होगा–

1. माउस पॉइंटर को टेबल की फील्ड **ID** पर लाएँ (चित्र AC-3.22)। माउस पाइंटर arrow (⬇) में बदल जाएगा।
2. चुनाव करने के लिए बाएँ माउस बटन को क्लिक करें। यह पूरे **ID** कॉलम को हाईलाइट कर देगा (चित्र AC-3.23)। इसका अर्थ यह है कि आपने इस कॉलम का चुनाव कर लिया है।

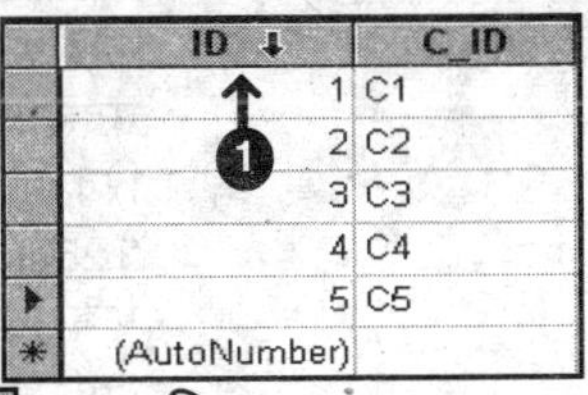

ID	C_ID
1	C1
2	C2
3	C3
4	C4
5	C5
(AutoNumber)	

चित्र AC-3.22

Address Details : Table

ID	C_ID	FIRST NAME	LAST NAME	PHONE	FAX
1	C1	Vikas	Gupta	3284212	011-3284212
2	C2	Deepa	Mathur	5434254	011-5434256
3	C3	Mohan	Kishore	7899989	011-7899999
4	C4	Chandini	Kishore	3456789	011-3456789
5	C5	Ritika	Soni	4772828	011-4772882
(AutoNumber)					

Record: 1 of 5

चित्र AC-3.23

3. कॉलम **ID** से हाईलाइट हटाने के लिए टेबल में किसी अन्य जगह पर क्लिक करें।

एक से अधिक फील्ड्स का चयन (Selecting Multiple Fields)

आप एक से ज्यादा फील्ड्स का भी चुनाव एक समय पर कर सकते हैं। आइए, अब एक के बाद एक लगे हुए फील्ड्स **ID, C_ID** और **FIRST NAME** का **Address Details** टेबल में से चयन करें।। इसके लिए आपको नीचे लिखे क्रम के अनुसार काम करना होगा–

1. माउस पाएंटर को फील्ड नाम **ID** पर लाएँ (चित्र AC-3.22) और बाएँ माउस बटन को दबाएँ। तुरंत ही **ID** कॉलम की सभी रोज़ हाईलाइट हो जाएँगी।
2. बाएँ माउस बटन को दबाए रखते हुए माउस पॉएंटर को **FIRST NAME** की तरफ तब तक ड्रैग करें, जब तक टेबल की पहली तीन रोज़ हाईलाइट न हो जाएँ (चित्र AC-3.24)।
3. चुने गए फील्ड्स से हाईलाइट हटाने के लिए टेबल में किसी अन्य जगह पर बाएँ माउस बटन को क्लिक करें।

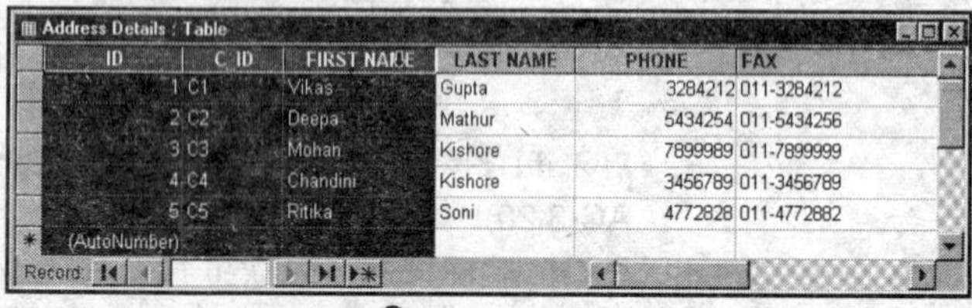

चित्र AC-3.24

टेबल के रिकॉर्ड को संपादित करना (Editing Records in a Table)

अब तक आपने टेबल के फील्ड्स में काफी बदलाव कर लिए हैं। माइक्रोसॉफ्ट एक्सेस प्रविष्ट किए गए डाटा में बदलाव करने की इजाजत देता है।

डाटा प्रविष्टियों में जरूरत के बदलाव करने के लिए यह हमेशा आवश्यक होता है कि आप उनका चुनाव करें, यानी उन्हें हाईलाइट करें।

आइए, अब हम फील्ड में जरूरत के डाटा को हाईलाइट करने के विभिन्न तरीकों को जानें।

रिकॉर्ड का चुनाव (Selecting a Record)

आपके टेबल के सभी रिकॉर्ड्स रोज़ हैं। रिकॉर्ड का चुनाव करने का अर्थ है अपनी टेबल की रो को हाईलाइट करना। आइए, अब हम रिकॉर्ड (जैसे– टेबल **Address Details** के पहले रिकॉर्ड) का चुनाव करें। इसके लिए आपको नीचे लिखे क्रम के अनुसार काम करना होगा –

1. माउस पॉएंटर को रिकॉर्ड की बाईं तरफ लाएँ। हमारे उदाहरण में वह पहला रिकॉर्ड है (चित्र AC-3.25)। आप देखेंगे कि माउस पॉएंटर अब arrow (➡) में परिवर्तित हो जाएगा।

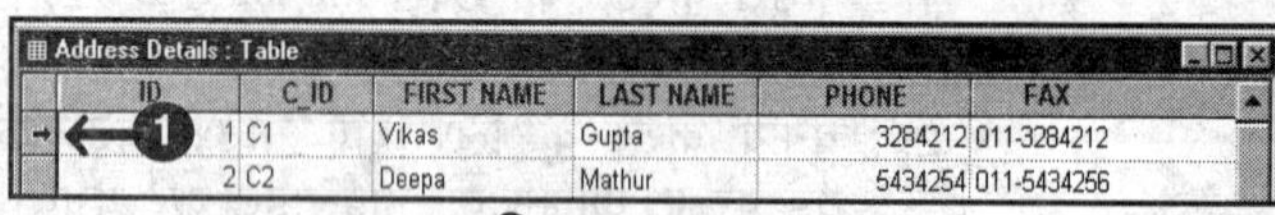

चित्र AC-3.25

2. बाएँ माउस बटन को क्लिक करें। पहला रिकॉर्ड अब हाईलाइट हो जाएगा (चित्र AC-3.26)।

चित्र AC-3.26

3. हाईलाइट हटाने के लिए टेबल में किसी अन्य जगह पर क्लिक करें।

एक से अधिक रिकॉर्ड्स का चुनाव करना (Selecting Multiple Records)

आप एक समय पर एक से ज्यादा रिकॉर्ड्स का भी चुनाव कर सकते हैं। आइए, अब हम टेबल के पहले तीन रिकॉर्ड्स का चुनाव करें। इसके लिए आपको नीचे लिखे क्रम के अनुसार काम करना होगा–

1. माउस पॉएंटर को पहले रिकॉर्ड की बाईं तरफ लाएँ। तुरंत ही माउस पॉएंटर arrow (➡) में दिखाई देगा।
2. बाएँ माउस बटन को दबाएँ। उसे दबाए रखते हुए माउस पॉएंटर को नीचे की तरफ तब तक ड्रैग करें, जब तक आप तीसरे रिकॉर्ड तक न पहुँच जाएँ। तुरंत ही सभी (तीन) रिकॉर्ड्स हाईलाइट हो जाएँगे (चित्र AC-3.27)।

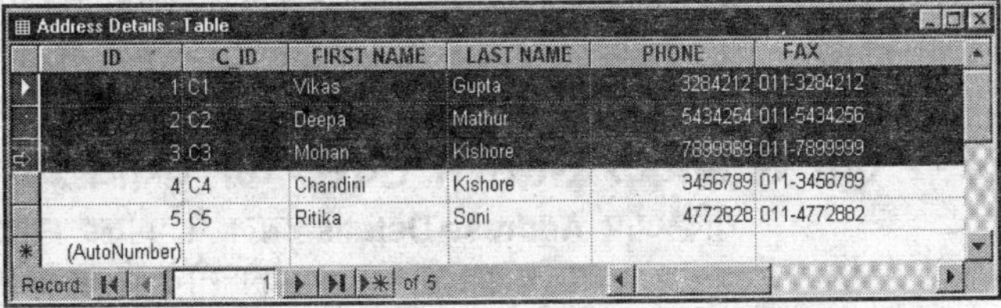

Address Details : Table

ID	C_ID	FIRST NAME	LAST NAME	PHONE	FAX
1	C1	Vikas	Gupta	3284212	011-3284212
2	C2	Deepa	Mathur	5434254	011-5434256
3	C3	Mohan	Kishore	7899989	011-7899999
4	C4	Chandini	Kishore	3456789	011-3456789
5	C5	Ritika	Soni	4772828	011-4772882
(AutoNumber)					

Record: 1 of 5

चित्र AC-3.27

3. बाएँ माउस बटन को छोड़ दें।
4. चुने गए रिकॉर्ड्स से हाईलाइट हटाने के लिए टेबल पर किसी अन्य जगह पर क्लिक करें।

सभी रिकॉर्ड्स का चयन करना (Selecting all the Records in a Table)

यदि आप **Address Details** टेबल के सभी रिकॉर्ड्स का चयन करना चाहते हैं, तो आपको निम्नलिखित क्रम के अनुसार काम करना होगा –

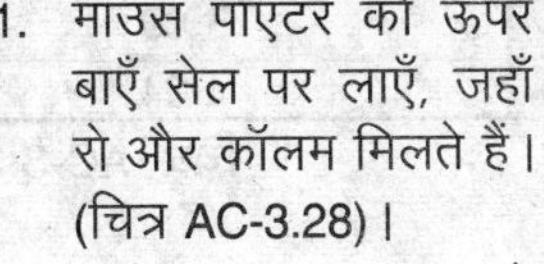

Hot Tip

किसी भी सेल के किसी भी टेक्स्ट का चयन करने के लिए माउस पॉएंटर को उस सेल पर लाएँ और माउस बटन से डबल–क्लिक करें।

1. माउस पॉएंटर को ऊपर बाएँ सेल पर लाएँ, जहाँ रो और कॉलम मिलते हैं। (चित्र AC-3.28)।

Address Details : Table

ID	C_ID	FIRST NAME	LAST NAME	PHONE	FAX
1	C1	Vikas	Gupta	3284212	011-3284212
2	C2	Deepa	Mathur	5434254	011-5434256
3	C3	Mohan	Kishore	7899989	011-7899999
4	C4	Chandini	Kishore	3456789	011-3456789

चित्र AC-3.28

2. बाएँ माउस बटन को क्लिक करें। तुरंत ही टेबल के सभी रिकॉर्ड्स हाईलाइट हो जाएँगे (चित्र AC-3.29)।

Address Details : Table

ID	C_ID	FIRST NAME	LAST NAME	PHONE	FAX
1	C1	Vikas	Gupta	3284212	011-3284212
2	C2	Deepa	Mathur	5434254	011-5434256
3	C3	Mohan	Kishore	7899989	011-7899999
4	C4	Chandini	Kishore	3456789	011-3456789
5	C5	Ritika	Soni	4772828	011-4772882
(AutoNumber)					

Record: 1 of 5

चित्र AC-3.29

3. चुने हुए रिकॉर्ड्स से हाईलाइट हटाने के लिए स्क्रीन पर किसी अन्य जगह पर क्लिक करें।

सेल के टेक्स्ट का चयन (Selecting Text in a cell)

आइए, अब हम किसी निर्धारित सेल में टेक्स्ट का चयन करना सीखें। मान लीजिए कि आप डाटा (जैसे **Address Details** टेबल के फील्ड में **FIRST NAME** में **Vikas** नाम) का चुनाव करना चाहते हैं। इसके लिए आपको नीचे लिखे क्रम के अनुसार काम करना होगा–

1. माउस पॉएंटर (I) को टेक्स्ट की बाईं तरफ, यानी **Vikas** नाम की बाईं तरफ लाएँ, जहाँ पर आप इसका चुनाव करना चाहते हैं (चित्र AC-3.30)।

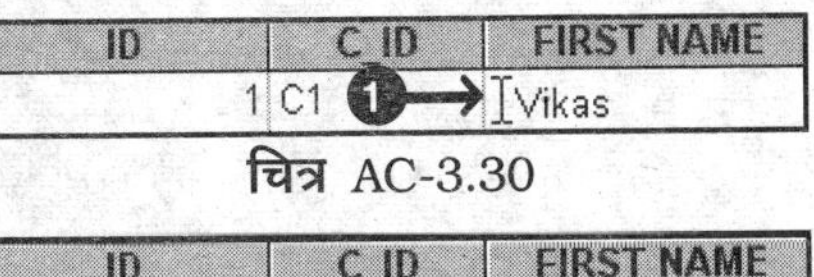

ID	C_ID	FIRST NAME
1	C1	Vikas

चित्र AC-3.30

2. बाएँ माउस बटन को क्लिक करें। **Vikas** नाम की बाईं तरफ तुरंत ही एक blinking cursor आपको दिखाई देगा (चित्र AC-3.31)।

ID	C_ID	FIRST NAME
1	C1	Vikas

चित्र AC-3.31

3. माउस पॉएंटर को blinking cursor पर लाएँ और बाएँ माउस बटन को दबाएँ। उसे दबाए रखते हुए माउस पॉएंटर को **Vikas** नाम पर ड्रैग करें। तुरंत ही नाम हाईलाइट हो जाएगा (चित्र AC-3.32)।

ID	C_ID	FIRST NAME
1	C1	Vikas

चित्र AC-3.32

4. जब सेल का पूरा टेक्स्ट हाईलाइट हो जाए, तब बाएँ माउस बटन को छोड़ दें।
5. चुने गए टेक्स्ट से हाईलाइट हटाने के लिए टेबल में किसी अन्य जगह पर क्लिक करें।

एक से अधिक सेल्स में टेक्स्ट का चुनाव करना (Selecting Text in Multiple Cells)

यदि आप **Address Details** टेबल में फील्ड **FIRST NAME** में पहली चार प्रविष्टियों (Entries) का चुनाव करना चाहते हैं, तो आपको नीचे लिखे क्रम के अनुसार काम करना होगा–

1. माउस पॉएंटर को **Vikas** नाम की बाईं तरफ लाएँ (चित्र AC-3.33) और बाएँ माउस बटन को क्लिक करें। तुरंत ही **Vikas** नाम के साथ एक कर्सर दिखाई देगा।

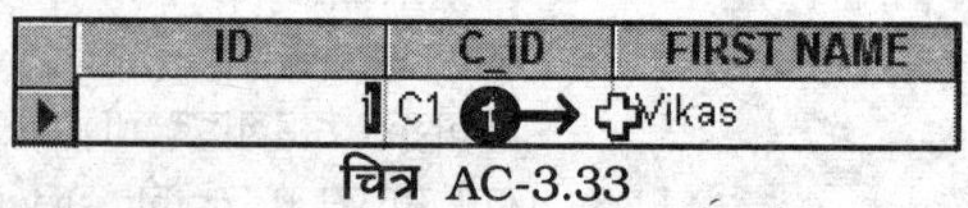

चित्र AC-3.33

2. बाएँ माउस बटन को दबाए रखते हुए माउस पॉएंटर को सेल में नीचे **Chandni** नाम तक लाएँ। तुरंत **FIRST NAME** के चारों नाम हाईलाइट हो जाएँगे (चित्र AC-3.34)।
3. बाएँ माउस बटन को छोड़ दें।
4. चुने गए सेल्स पर से हाईलाइट हटाने के लिए टेबल में किसी अन्य जगह पर क्लिक करें।

ID	C_ID	FIRST NAME
1	C1	Vikas
2	C2	Deepa
3	C3	Mohan
4	C4	Chandini

चित्र AC-3.34

निश्चित रिकॉर्ड को डिलीट करना (Deleting a Particular Record)

आपको जिस रिकॉर्ड की आवश्यकता न हो, उसको आप टेबल में से डिलीट कर सकते हैं। उदाहरण के लिए– यदि आप **Address Details** टेबल के सिर्फ चार ग्राहकों के रिकॉर्ड्स को अपने पास रखना चाहते हैं, तब आप **Ritika Soni** के रिकार्ड को डिलीट कर दें। इसके लिए आपको नीचे लिखे क्रम के अनुसार काम करना होगा–

1. डिलीट करने वाले रिकार्ड को हाईलाइट करें। इसके लिए माउस पॉएंटर को टेबल में **Ritika Soni** के रिकॉर्ड की बाईं तरफ लाएँ। कर्सर पहले की तरह arrow (➡) में परिवर्तित हो जाएगा।
2. बाएँ माउस बटन को क्लिक करें। तुरंत ही **Ritika Soni** का रिकॉर्ड हाईलाइट हो जाएगा (चित्र AC-3.35)।

4	C4	Chandini	Kishore	3456789	011-345678
5	C5	Ritika	Soni	4772828	011-477288
(AutoNumber)					

चित्र AC-3.35

3. माउस पॉएंटर को **Standard** toolbar पर स्थित **Delete Record** बटन (✖) पर क्लिक करें (चित्र AC-3.36)।

चित्र AC-3.36

तुरंत एक **Message** बॉक्स स्क्रीन पर दिखने लगेगा (चित्र AC-3.37)।

4. **Yes** बटन पर क्लिक करें (चित्र AC-3.37)। ऐसा करने से **Ritika Soni** का रिकॉर्ड **Address Details** टेबल से डिलीट हो जाएगा (चित्र AC-3.38)।

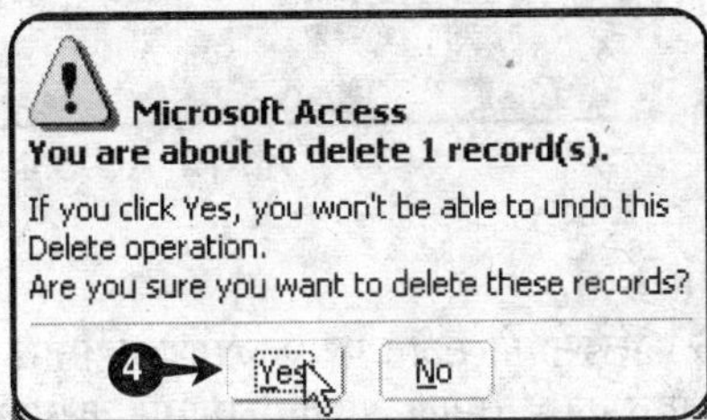

चित्र AC-3.37

ID	C_ID	FIRST NAME	LAST NAME	PHONE	FAX
1	C1	Vikas	Gupta	3284212	011-3284212
2	C2	Deepa	Mathur	5434254	011-5434256
3	C3	Mohan	Kishore	7899989	011-7899999
4	C4	Chandini	Kishore	3456789	011-3456789

चित्र AC-3.38

यदि आप एक से ज्यादा रिकॉर्ड, जैसे एक के बाद एक रिकॉर्ड 4, 5 और 6 को डिलीट करना चाहते हैं, तो 'रिकॉर्ड डिलीट करना' शीर्षक के क्रम 1 और 2 का पालन करें– बाएँ माउस बटन को दबाएँ। उसे दबाए रखते हुए तब तक नीचे ड्रैग करें, जब तक आप आखिरी अर्थात् छठे रिकॉर्ड तक न पहुँच जाएँ। आखिर में 3 और 4 क्रमों का पालन करते हुए डिलीट करने की प्रक्रिया को पूरा करें।

नए रिकॉर्ड को डालना (Adding a New Record)

मौजूदा टेबल में आप नए रिकॉर्ड को डाल सकते हैं। **Address Details** में नए रिकॉर्ड को डालने के लिए आपको नीचे लिखे क्रम के अनुसार काम करना होगा–

1. माउस पॉएंटर को **New Record** बटन (▶*) पर लाएँ (चित्र AC-3.39) और बाएँ माउस बटन को क्लिक करें। तुरंत ही एक नई खाली रो आपकी टेबल में नया डाटा डालने के लिए प्रविष्ट हो जाएगी।

चित्र AC-3.39

2. आइए, अब हम यहाँ दिए जा रहे डाटा को **Address Details** टेबल में प्रविष्ट करें–

C_ID	FIRST NAME	LAST NAME	PHONE	FAX	ADDRESS
C5	ISHAN	MOHAN	6565465	011-6565456	12/60, South Ext. Part 2, New Delhi

अब पहले **Tab** key को दबाएँ। फिर **C5** को टाइप करें।

आप देखेंगे कि यह Auto Number 5 की जगह 6 नंबर दिखाएगा। Address Details टेबल में से पाँचवें रिकार्ड (Ritika Soni) को पहले ही डिलीट कर दिया गया है, तो अब मॉइक्रोसॉफ्ट एक्सेस नए रिकॉर्ड के लिए नया नंबर डाल देगा।

3. **Tab** key को दोबारा दबाएँ और **FIRST NAME— Ishan** टाइप करें।
4. **LAST NAME** को प्रविष्ट करने के लिए **Tab** key को दबाएँ। उसके बाद **Mohan** को टाइप करें।
5. **Ishan** का शेष डाटा डालने के लिए इसी क्रम का पालन करें। सारा डाटा डालने के बाद टेबल चित्र AC-3.40 के समान दिखेगी।
6. इसी प्रकार आप अन्य रिकॉर्ड भी अपने टेबल में डाल सकते हैं।

Address Details : Table

ID	C_ID	FIRST NAME	LAST NAME	PHONE	FAX
1	C1	Vikas	Gupta	3284212	011-3284212
2	C2	Deepa	Mathur	5434254	011-5434256
3	C3	Mohan	Kishore	7899989	011-7899999
4	C4	Chandini	Kishore	3456789	011-3456789
6	C5	Ishan	Mohan	6565465	011-6565465
(AutoNumber)					

Auto Numbers

चित्र AC-3.40

फील्ड को छुपाना (Hiding a Field)

मान लीजिए कि आप अपनी टेबल के फील्ड्स को स्क्रीन पर एक साथ नहीं देख पा रहे हैं। सभी रिकॉर्ड्स को एक साथ देखने के लिए स्क्रॉल बटन का इस्तेमाल आपको लगातार करना होगा, जो समय लेने वाल काम है। इस परेशानी से बचने के लिए माइक्रोसॉफ्ट एक्सेस फील्डल्स को छुपाने की सुविधा देता है। इस सुविधा का लाभ उठाकर आप अपनी टेबल की एक या एक से ज्यादा फील्ड्स को अस्थायी रूप से छुपा सकते हैं। यह आपको सिर्फ उन्हीं फील्ड्स को देखने में मदद करता है, जिनकी आवश्यकता आपको तुरंत पड़ती है। यह फीचर आपको निश्चित फील्ड्स के प्रिंट–आउट लेने में भी मदद करता है।

आइए, अब हम फील्ड (जैसे— **Address Details** टेबल में **ID** फील्ड) को छुपाएँ। इसके लिए आपको नीचे लिखे क्रम के अनुसार काम करना होगा—

1. माउस पॉएंटर को फील्ड नाम **ID** पर लाएँ और बाएँ माउस बटन को एक बार दबाएँ। तुरंत ही कॉलम **ID** की सभी रोज़ हाईलाइट हो जाएँगी (चित्र AC-3.41)।
2. **Format** मेन्यू बार विकल्प पर क्लिक करें। तुरंत ही पुल–डाउन मेन्यू स्क्रीन पर दिखेगा (चित्र AC-3.41)।
3. पुल–डाउन मेन्यू के अंदर **Hide Columns** विकल्प (चित्र AC-3.41) पर क्लिक करें। तुरंत ही फील्ड **ID** छुप जाएगा (चित्र AC-3.42)।

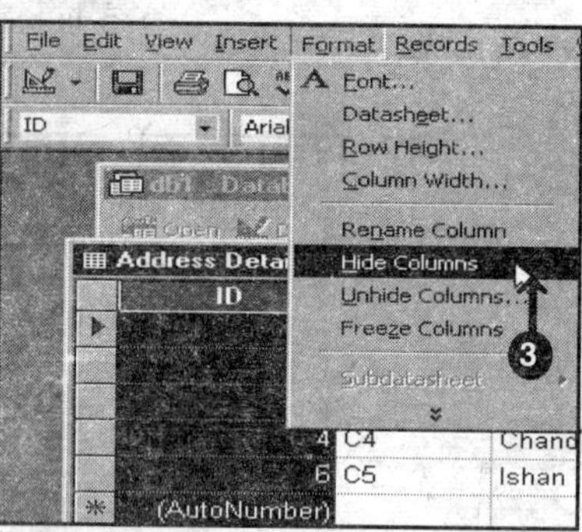

चित्र AC-3.41

C_ID	FIRST NAME	LAST NAME	PHONE	FAX	ADDRESS
C1	Vikas	Gupta	3284212	011-3284212	19/A , Ans
C2	Deepa	Mathur	5434254	011-5434256	A3/3 Mod
C3	Mohan	Kishore	7899989	011-7899999	A-172, Vi
C	Chandini	Kishore	3456789	011-3456789	49, Roop
C5	Ishan	Mohan	6565465	011-6565465	12/60 Sou

चित्र AC-3.42

फील्ड को दोबारा दर्शाना (Unhiding a Field)

जिस फील्ड को अभी आपने छुपाया था, उसे आप वापस फिर दर्शा सकते हैं। हमें **Address Details** टेबल में **ID** फील्ड को वापस लाना है। इसके लिए आपको नीचे लिखे क्रम के अनुसार काम करना होगा–

1. **Format** मेन्यू बार विकल्प पर क्लिक करें। तुरंत ही पुल–डाउन मेन्यू स्क्रीन पर दिखाई देगा (चित्र AC-3.43)।
2. पुल–डाउन मेन्यू के अंदर माउस पॉएंटर को **Unhide Columns** विकल्प (चित्र AC-3.43) पर लाएँ और बाएँ माउस बटन को क्लिक करें। तुरंत ही **Unhide Columns** बॉक्स स्क्रीन पर दिखाई देगा, जिसमें फील्ड्स की सूची संचित रहती है (चित्र AC-3.44)।

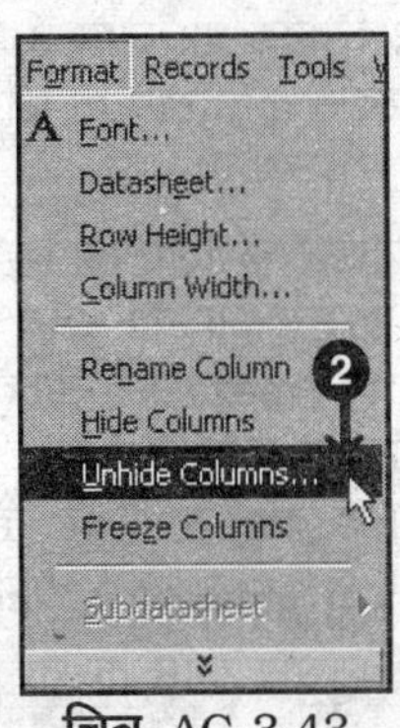

चित्र AC-3.43

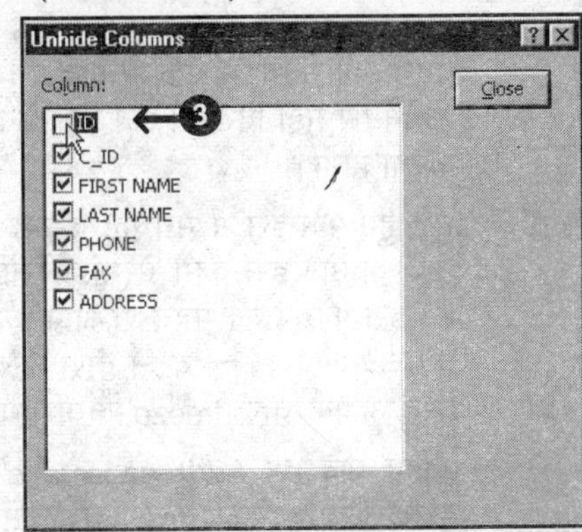

चित्र AC-3.44

3. आपको सभी फील्ड्स के साथ एक टिक मार्क (☑) दिखाई देगा, जो **ID** फील्ड के अलावा चुने हुए फील्ड्स को दर्शाएगा (चित्र AC-3.45)। अब माउस पॉएंटर को **ID** फील्ड के साथ खाली बॉक्स पर लाएँ और बाएँ माउस बटन को क्लिक करें। तुरंत ही आपको टिक मार्क (☑) खाली बॉक्स के अंदर दिखाई देगा (चित्र AC-3.45)।
4. **Close** बटन पर क्लिक करें (चित्र AC-3.45)। छुपा हुआ फील्ड नाम **ID** स्क्रीन पर फिर दिखाई देगा (चित्र AC-3.46)।

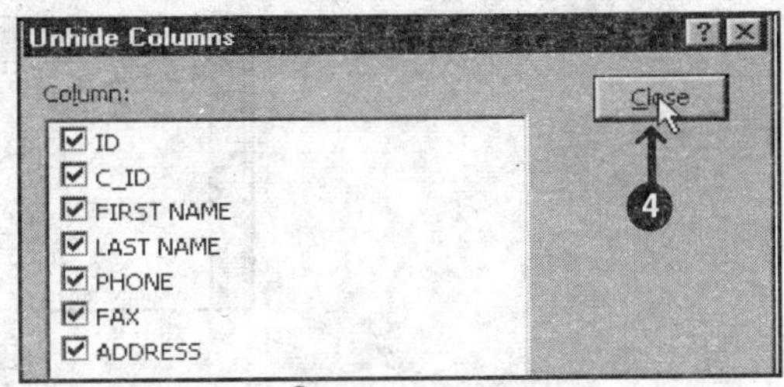

चित्र AC-3.45

Address Details : Table

	ID	C_ID	FIRST NAME	LAST NAME	PHONE	FAX
	1	C1	Vikas	Gupta	3284212	011-3284212
	2	C2	Deepa	Mathur	5434254	011-5434256
	3	C3	Mohan	Kishore	7899989	011-7899999
	4	C4	Chandini	Kishore	3456789	011-3456789
✎	6	C5	Ishan	Mohan	6565465	011-6565465
*	(AutoNumber)					

चित्र AC-3.46

एक से ज्यादा फील्ड्स जैसे– PHONE और FAX को छुपाने के लिए पहले फील्ड नाम PHONE पर क्लिक करें। बाएँ माउस बटन को दबाए रखते हुए माउस पॉएंटर को फील्ड नाम FAX पर लाएँ। अब 'फील्ड को छुपाना' विषय के क्रम 2 और 3 के अनुसार चलें।

छुपे हुए फील्ड को दर्शाने के लिए 'फील्ड को दुबारा' दर्शाना विषय के 1 और 2 क्रम के अनुसार चलें। Unhide Columns बॉक्स में Columns विकल्प के नीचे दिखने वाले फील्ड्स का चुनाव करें। अंत में Close बटन पर क्लिक करें।

फील्ड को फ्रीज़ (एक जगह पर स्थिर) करना (Freezing a Field)

मान लीजिए कि आपने कर्मचारियों की Salary का विवरण 20 फील्ड्स में डाला है। जब आप स्क्रॉल बटनों की मदद से एक रिकॉर्ड से दूसरे रिकॉर्ड पर जाते हैं, तो टेबल के शुरू में मौजूद फील्ड नाम स्क्रीन पर नहीं दिखते। अब इन छिपे फील्ड्स को देखने के लिए आपको दोबारा स्क्रॉल बटन पर क्लिक करना होगा।

छुपे हुए फील्ड्स में मनचाहे फील्ड को देखने के लिए आप हर बार स्क्रॉल बटन का इस्तेमाल करना नहीं चाहेंगे। इस काम में माइक्रोसॉफ्ट एक्सेस आपकी मदद के लिए **Freezing** फीचर प्रदान करता है। इस फीचर की मदद से आप फील्ड को Freeze कर सकते हैं, ताकि वह हमेशा स्क्रीन पर दिखाई दे। जब आप स्क्रॉल बटन द्वारा अन्य फील्ड्स पर जाएँगे, तब टेबल के अन्य फील्ड ऊपर नीचे जाएँगे परंतु आपके द्वारा freeze किया गया फील्ड वहीं पर स्थिर रहेगा।

आइए, अब हम **Address Details** टेबल में फील्ड (जैसे– **FIRST NAME** फील्ड) को freeze करें। इसके लिए आपको नीचे लिखे क्रम के अनुसार काम करना होगा–

1. माउस पॉएंटर को **FIRST NAME** कॉलम पर लाएँ और बाएँ माउस बटन को क्लिक करें। तुरंत ही इस कॉलम के सभी फील्ड्स हाईलाइट हो जाएँगे (चित्र AC-3.47)।

Address Details : Table

	ID	C_ID	FIRST NAME	LAST NAME	PHONE
▶	1	C1	Vikas	Gupta	3284212
	2	C2	Deepa	Mathur	5434254
	3	C3	Mohan	Kishore	7899989
	4	C4	Chandini	Kishore	3456789
	6	C5	Ishan	Mohan	6565465
*	(AutoNumber)				

चित्र AC-3.47

2. **Format** मेन्यू बार विकल्प पर क्लिक करें। तुरंत ही स्क्रीन पर पुल–डाउन मेन्यू दिखाई देगा (चित्र AC-3.48)।
3. पुल–डाउन मेन्यू के अंदर माउस पॉएंटर को **Freeze Columns** विकल्प पर लाएँ (चित्र AC-3.48) और बाएँ माउस बटन को क्लिक करें। यह **FIRST NAME** फील्ड को freeze कर देगा। दूसरे शब्दों में, जब आप अन्य फील्ड्स को देखने के लिए स्क्रॉल बटन पर क्लिक करेंगे, तो **FIRST NAME** कॉलम स्थिर हो जाएगा, यानी यह स्क्रीन से नहीं हटेगा।
4. Freezed फील्ड से हाईलाइट हटाने के लिए टेबल में किसी अन्य जगह पर क्लिक करें। टेबल अब चित्र AC-3.49 के समान दिखेगी।

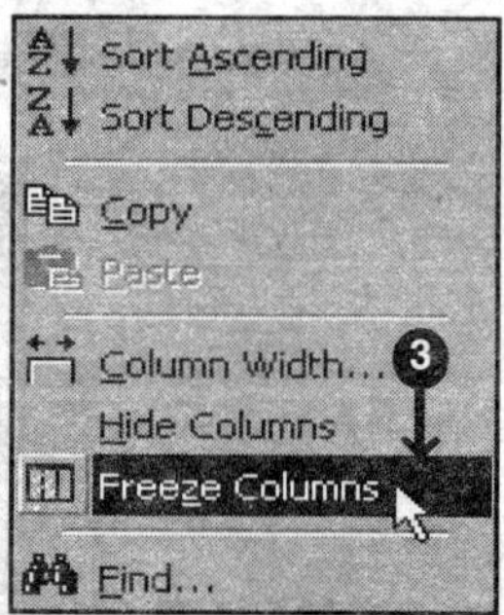

चित्र AC-3.48

Address Details : Table

FIRST NAME	ID	C_ID	LAST NAME	PHONE	FAX
Vikas	1	C1	Gupta	3272783	011-3272784
Deepa	2	C2	Mathur	5434254	011-5434256
Mohan	3	C3	Kishore	7899989	011-7899999
Chandini	4	C4	Kishore	3456789	011-3456789
Ishan	6	C5	Mohan	6565465	011-6565465
*	(AutoNumber)				

Record: 5 of 5

चित्र AC-3.49

Address Details टेबल से एक से ज्यादा फील्ड्स को भी आप Freeze कर सकते हैं। ऐसा करने के लिए पहले उन कॉलम्स को हाईलाइट करें, जिन्हें आप Freeze करना चाहते हैं। फिर Format मेन्यूबार विकल्प पर क्लिक करें और Freeze Columns विकल्प को पुल–डाउन मेन्यू से चुनें।

फील्ड को वापस लाना/अनफ्रीज करना (Unfreezing a Field)

यदि आपको स्क्रीन पर वह फील्ड अब स्थिर नहीं चाहिए, तो आप उसे **Unfreeze** कर सकते हैं। आइए, अब **Address Details** टेबल में **FIRST NAME** फील्ड को unfreeze करें। इसके लिए आपको नीचे लिखे क्रम के अनुसार चलना होगा–

1. माउस पॉएंटर को **Format** मेन्यू बार विकल्प पर लाएँ और बाएँ माउस बटन को क्लिक करें। तुरंत ही पुल–डाउन मेन्यू आपको स्क्रीन पर दिखाई देगा (चित्र AC-3.50)।
2. पुल–डाउन मेन्यू के अंदर **Unfreeze All Columns** विकल्प पर माउस पॉएंटर लाएँ (चित्र AC-3.50) और बाएँ माउस बटन को क्लिक करें। अब **FIRST NAME** फील्ड स्क्रीन पर स्थिर नहीं रहेगा, बल्कि स्क्रॉल बटन दबाने पर अन्य फील्ड्स के समान ऊपर–नीचे मूव करेगा। यह भी ध्यान दें कि फील्ड **FIRST NAME** अब अपनी असली जगह पर नहीं, बल्कि **Address Details** टेबल के शुरू में है (चित्र AC-3.51)।

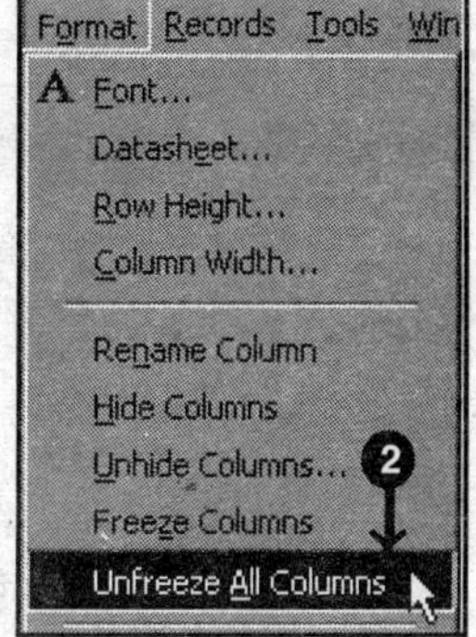

चित्र AC-3.50

Address Details : Table

FIRST NAME	ID	C_ID	LAST NAME	PHONE	FAX
Vikas	1	C1	Gupta	3272783	011-3272784
Deepa	2	C2	Mathur	5434254	011-5434256
Mohan	3	C3	Kishore	7899989	011-7899999
Chandini	4	C4	Kishore	3456789	011-3456789
Ishan	6	C5	Mohan	6565465	011-6565465
*	(AutoNumber)				

चित्र AC-3.51

प्रिंटिंग से पहले टेबल का प्रारूप देखना (Viewing the Table Before Printing)

टेबल के प्रिंट–आउट लेने से पहले यह अच्छा होगा कि आप उसका प्रिंट–प्रिव्यू देख लें। यह आपको बता देगा कि आपका टेबल प्रिंट होने के बाद कैसा दिखेगा। यदि टेबल का प्रिव्यू आपकी जरूरत के अनुसार नहीं हो, तो आप टेबल को खोलकर उसमें बदलाव भी कर सकते हैं। आइए, अब हम टेबल **Address Details** का प्रिव्यू (Preview) देखें। इसके लिए आपको अगले पृष्ठ पर दिए गए क्रम के अनुसार काम करना होगा–

1. **Standard** toolbar पर मौजूद **Print Preview** बटन पर माउस पॉएंटर को लाएँ (चित्र AC-3.52) और बाएँ माउस बटन को क्लिक करें।

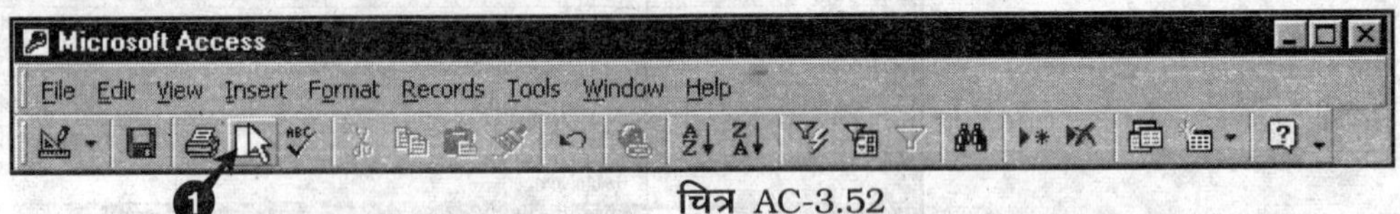

चित्र AC-3.52

तुरंत ही विंडो आपको डॉक्यूमेंट का प्रिव्यू (Preview) चित्र AC-3.53 की तरह दिखाएगी ।

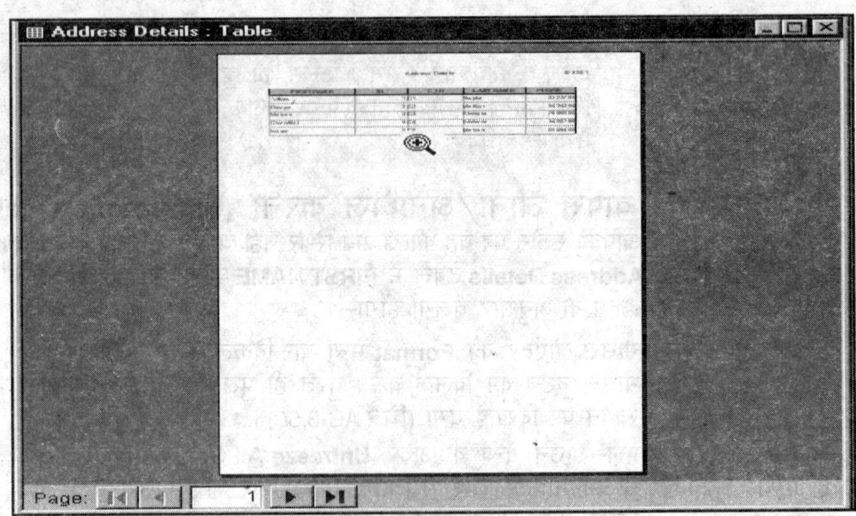

चित्र AC-3.53

2. जब आप माउस पॉएंटर को टेबल की शीट पर लाएँगे, तो पॉएंटर अपने–आप मैग्निफाइंग ( ) चिन्ह में बदल आएगा।

अब यदि आप टेबल को बड़ा देखना चाहते हैं, तो माउस पॉएंटर को टेक्स्ट पर लाएँ और बाएँ माउस बटन को क्लिक करें। तुरंत ही टेक्स्ट बढ़कर स्क्रीन पर चित्र AC-3.54 इस तरह दिखाई देगा।

Address Details

FIRST NAME	ID	C_ID	LAST NAME	PHONE	FAX
Vikas	1	C1	Gupta	3284212	011-3284212
Deepa	2	C2	Mathur	5434254	011-5434254
Mohan	3	C3	Kishore	7899989	011-7899999
Chandini	4	C4	Kishore	3456789	011-3456789
Ishan	6	C5	Mohan	6565465	011-6565465

चित्र AC-3.54

आप यह देखेंगे कि माउस पॉएंटर बदल कर ( ) बन जाएगा। याद रखें कि आप इस टेक्स्ट में कोई भी बदलाव नहीं कर सकते।

3. प्रिंट–प्रिव्यू को बंद करने के लिए और टेबल में वापस आने के लिए **Print Preview** स्क्रीन के **Close** बटन पर क्लिक करें (चित्र AC-3.55)।

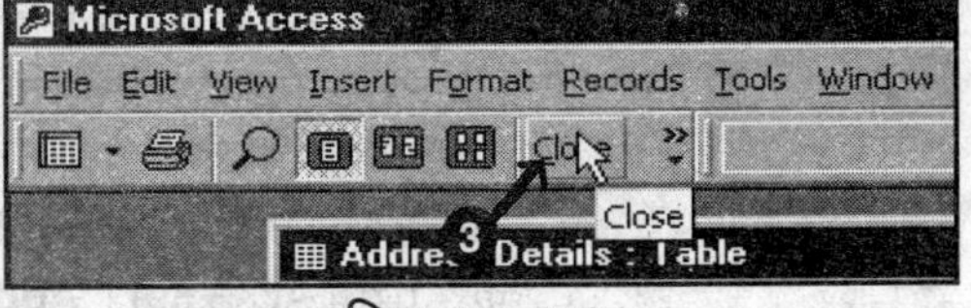

चित्र AC-3.55

टेबल को प्रिंट करना (Printing the Table)

अब **Address Details** टेबल के प्रिन्ट आउट लेने के लिए आपको नीचे लिखे क्रम के अनुसार काम करना होगा–

1. माउस पॉएंटर को **File** मेन्यू बारं विकल्प पर लाएँ और बाएँ माउस बटन को क्लिक करें। तुरंत ही आपको स्क्रीन पर पुल–डाउन मेन्यू दिखाई देगा (चित्र AC-3.56)।
2. पुल–डाउन मेन्यू के अंदर माउस पॉएंटर को **Print** विकल्प पर लाएँ (चित्र AC-3.56)। तुरंत ही आपको स्क्रीन पर **Print** बॉक्स दिखाई देगा (चित्र AC-3.57)।

चित्र AC-3.56

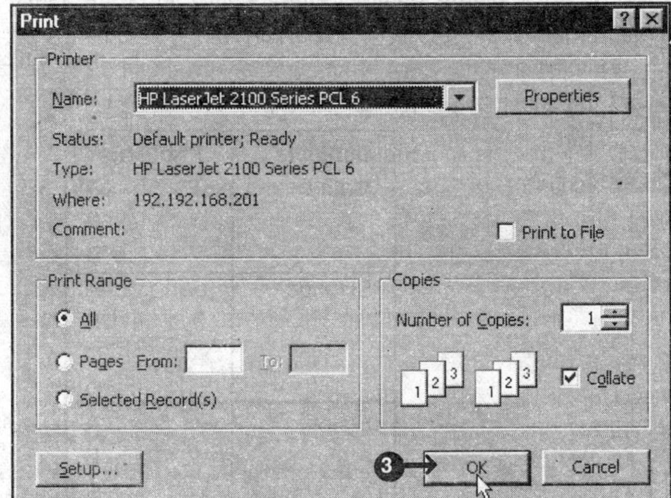

चित्र AC-3.57

3. **Print** बॉक्स के **OK** बटन पर क्लिक करें (चित्र AC-3.57)। **Print** बॉक्स स्क्रीन पर से तुरंत हट जाएगा और **Address Details** टेबल प्रिंट हो जाएगी।

टेबल को सेव तथा बंद करना (Saving and Closing the Table)

Address Details में इन सभी कार्यों को करने के बाद आप इसमें किए गए बदलावों को पहले सेव और फिर इसे बंद करें। आइए, अब हम **Address Details** टेबल को सेव करके बंद करें। इसके लिए हमें नीचे लिखे क्रम के अनुसार काम करना होगा–

1. **Standard** toolbar पर उपस्थित **Save** बटन (💾) पर माउस पॉएंटर को लाएँ (चित्र AC-3.58) और बाएँ माउस बटन को क्लिक करें। तुरंत ही टेबल में किए गए बदलाव सेव हो जाएँगे।

2. टेबल को बंद करने के लिए **File** मेन्यू बार विकल्प पर क्लिक करें। तुरंत ही पुल–डाउन मेन्यू आपको दिखाई देगा (चित्र AC-3.59)।
3. पुल–डाउन मेन्यू से **Close** विकल्प का चुनाव करें (चित्र AC-3.59)। **Address Details** टेबल तुरंत ही बंद हो जाएगी और **Address:Database** स्क्रीन पर दिखाई देगा। आप **Address:Database** को इस समय बंद न करें, क्योंकि इसकी आवश्यकता अगले विषय 'टेबल्स में संबंध स्थापित करना' में पड़ेगी।

चित्र AC-3.58

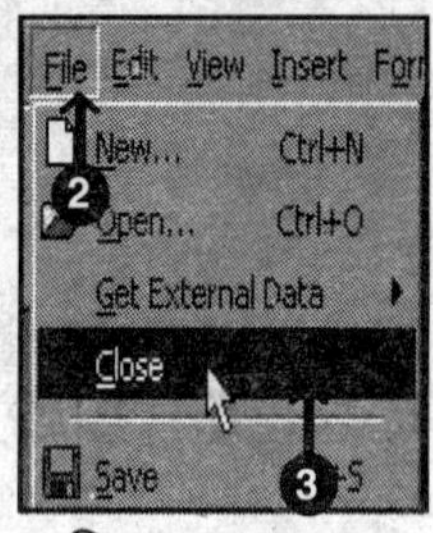

चित्र AC-3.59

टेबल्स में संबंध स्थापित करना (Creating Relationships Between Tables)

कई बार टेबल में प्रविष्ट हुआ डाटा दो बार प्रविष्ट हो जाता है।

एक टेबल का उदाहरण लें, जिसमें प्रकाशकों (Publishers) के विवरण डाले हुए हैं (**A**, **B**, **C**, **D**), जिन्होंने विभिन्न विषयों– **Maths**, **Science**, **History** आदि की किताबें प्रकाशित की हैं।

अब इन पुस्तकों के विवरण को एक कॉलम में व्यवस्थित करें। दूसरे कॉलम में इन पुस्तकों के प्रकाशकों के नाम होंगे। इस व्यवस्था में आप देखेंगे कि प्रकाशकों के नाम दोबारा आएँगे, क्योंकि किसी विषय विशेष की किताब कई प्रकाशकों द्वारा प्रकाशित की जा सकती है।

Subjects	Publishers
Maths	A B D
Science	A B C D
History	A B C

टेबल 1

डाटा को व्यवस्थित करने का यह तरीका सही नहीं है। पुस्तकों से संबंधित दोहराए गए डाटा को आसान तथा ठीक तरीके से व्यवस्थित करने के लिए मॉइक्रोसॉफ्ट एक्सेस दोहराए जाने वाले डाटा को विभिन्न टेबल्स में बाँटने की सुविधा देता है। ऊपर दिए गए उदाहरण में तीन किताबों के डाटा को स्टोर करने के लिए आपको तीन अलग–अलग टेबल बनाने चाहिए। उसके बाद उनमें संबंध (Relationship) बनाने चाहिए।

जब भी यह कहा जाता है कि कुछ टेबल्स (जैसे– तीन टेबल्स एक दूसरे से संबंधित हैं) तब इसका अर्थ यह है कि इन तीनों में एक फील्ड समान है।

आइए, अब दो टेबल्स **Address Details** और **Order Details** में आपसी संबंध (Relation) बनाएँ। इसके लिए आपको अगले पृष्ठ पर दिए गए क्रम के अनुसार काम करना होगा–

1. **Address:Database** बॉक्स वाले स्क्रीन से शुरू करें। **Tables** टैब पर क्लिक करें।
2. **Standard** toolbar पर मौजूद **Relationships** बटन (⊞) पर माउस पॉएंटर को लाएँ (चित्र AC-3.60) और बाएँ माउस बटन को क्लिक करें।

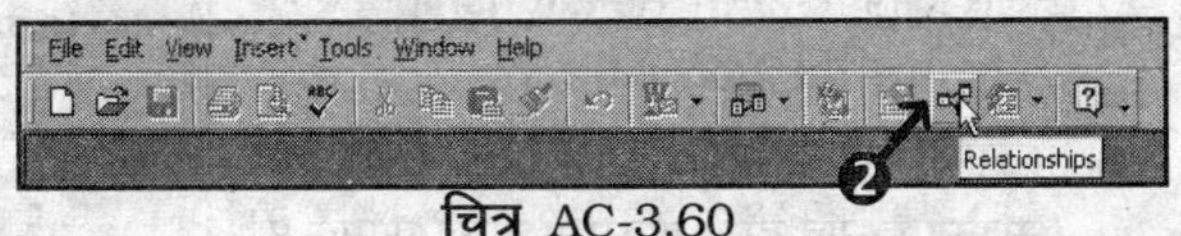

चित्र AC-3.60

तुरंत ही **Show Table** बॉक्स (चित्र AC-3.61) आपको सामने और **Relationships** विंडो पार्श्व (Background) में दिखाई देगी।

Show Table बॉक्स टेबल को चुनने के लिए इस्तेमाल होता है, जबकि **Relationships** विंडो का इस्तेमाल फील्ड्स में (Relationship) बनाने के लिए किया जाता है।

3. **Show Table** बॉक्स के अंदर **Address Details** टेबल पर क्लिक करें। तुरंत ही टेबल का नाम हाईलाइट हो जाएगा (चित्र AC-3.62)।

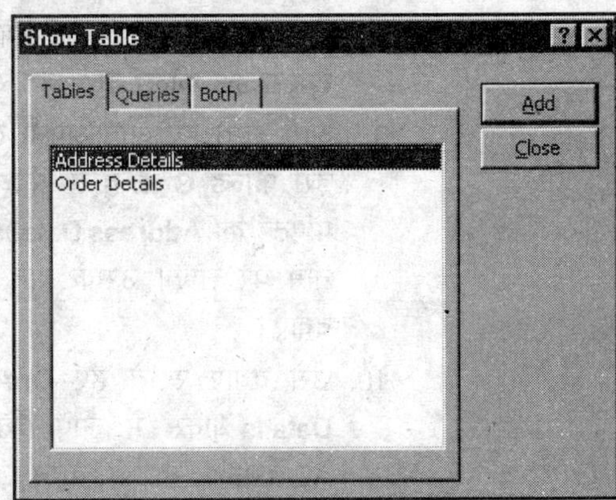

चित्र AC-3.61

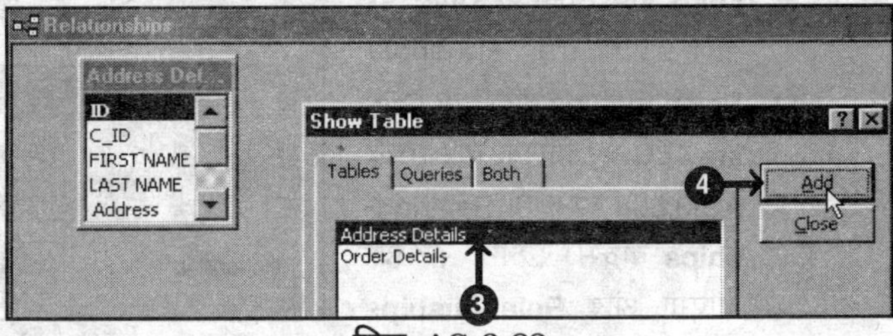

चित्र AC-3.62

4. **Show Table** बॉक्स के **Add** बटन पर क्लिक करें। तुरंत ही **Address Details** टेबल के फील्ड नाम **Relationships** विंडो के अंदर दिखाई देंगे (चित्र AC-3.62)।
5. इसी प्रकार **Show Table** बॉक्स के अंदर मौजूद **Order Details** टेबल पर क्लिक करें। तुरंत ही टेबल का नाम हाईलाइट हो जाएगा।
6. **Show Table** बॉक्स के **Add** बटन पर क्लिक करें। तुरंत ही आपको एक छोटा–सा बॉक्स दिखेगा, जिसमें **Order Details** टेबल **Relationships** विंडो के अंदर दिखाई देगा (चित्र AC-3.63)।

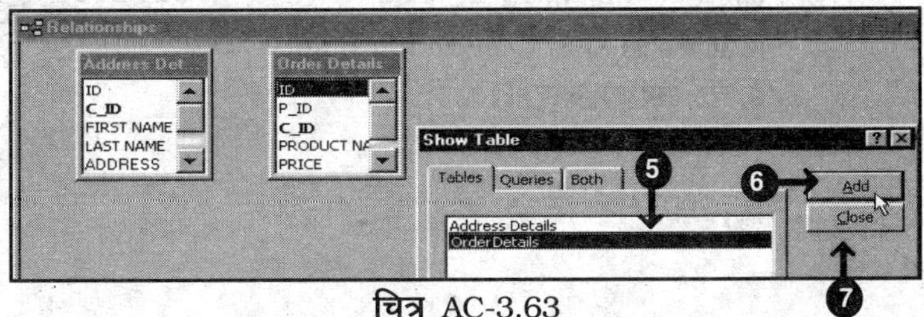

चित्र AC-3.63

7. **Close** बटन पर क्लिक करें। तुरंत ही **Show Table** बॉक्स स्क्रीन से हट जाएगा और आपके सामने **Relationships** विंडो जाएगा (चित्र AC-3.64)।

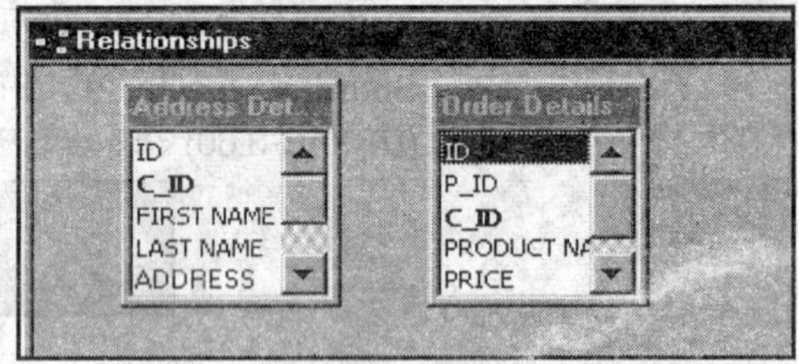

चित्र AC-3.64

8. क्योंकि फील्ड नाम **C_ID** दोनों टेबलों में मौजूद है, यह दोनों बॉक्स में बोल्ड फॉर्मेट में दिखाई देगा। इसका अर्थ होगा कि दोनों टेबल्स इस फील्ड द्वारा जुड़ सकते हैं।
9. आगे बढ़ते हुए आप अपनी दो टेबल्स में इस फील्ड **C_ID** द्वारा संबंध बनाएँ। पहले माउस पॉएंटर को **Address Details** बॉक्स में **C_ID** फील्ड नाम पर लाएँ। उसके बाद बाएँ माउस बटन को दबाएँ।

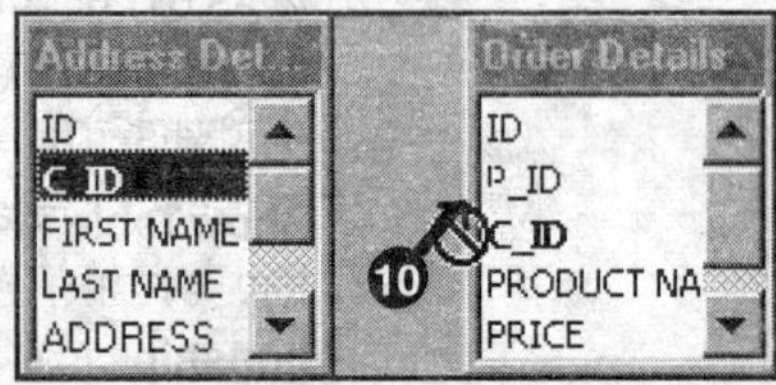

चित्र AC-3.65

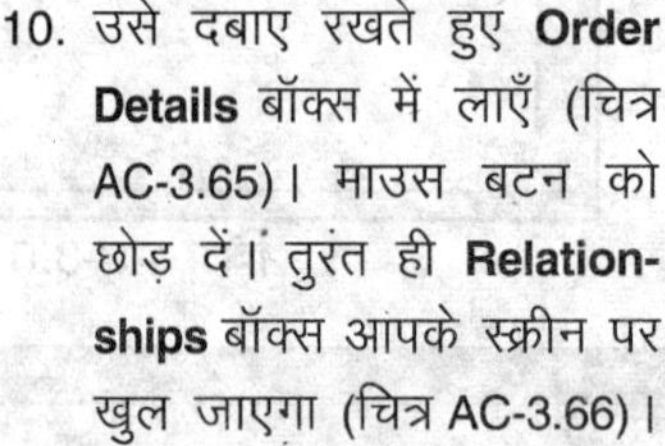

10. उसे दबाए रखते हुए **Order Details** बॉक्स में लाएँ (चित्र AC-3.65)। माउस बटन को छोड़ दें। तुरंत ही **Relationships** बॉक्स आपके स्क्रीन पर खुल जाएगा (चित्र AC-3.66)।

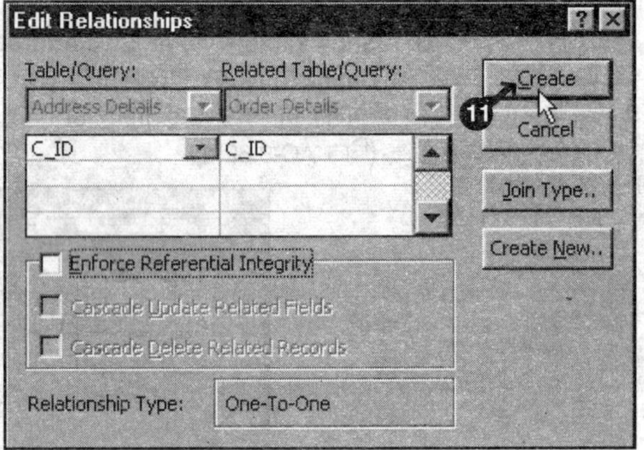

चित्र AC-3.66

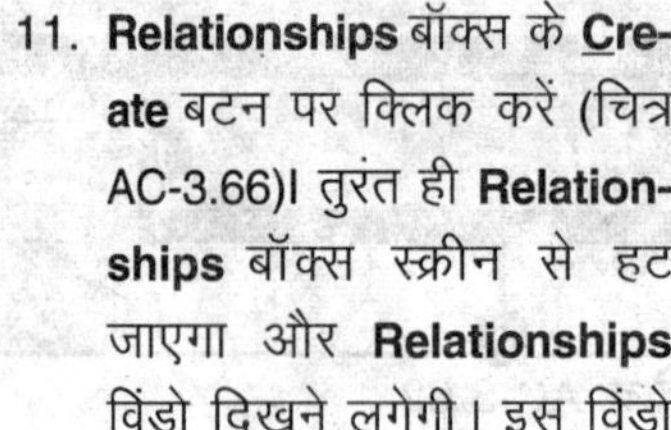

11. **Relationships** बॉक्स के **Create** बटन पर क्लिक करें (चित्र AC-3.66)। तुरंत ही **Relationships** बॉक्स स्क्रीन से हट जाएगा और **Relationships** विंडो दिखने लगेगी। इस विंडो के अंदर एक मोटी लाइन दिखाई देगी, जो **Address details** और **Order Details** के बॉक्सों के फील्ड्स को जोड़ेगी (चित्र AC-3.67)।
12. अब माउस पॉएंटर को **Save** बटन (💾) पर लाएँ और बायाँ माउस बटन दबा दें। जो relationship आपने टेबल्स के बीच में बनाई है, वह सेव हो जाएगी।

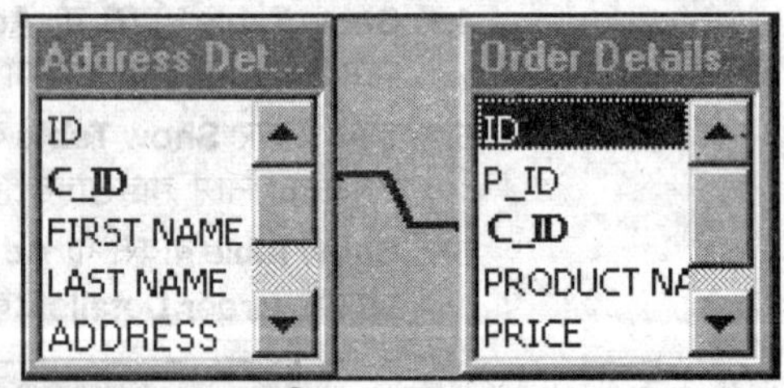

चित्र AC-3.67

यदि आप सभी फील्ड्स को देखने में असमर्थ हैं, तो बॉक्स के आकार (Size) को बढ़ा सकते हैं। उदाहरण के लिए— यदि आप Order Details बॉक्स के आकार को बढ़ाना चाहते हैं, तो नीचे लिखे क्रम के अनुसार काम करना होगा—

1. माउस पॉइंटर को Order Details बॉक्स में नीचे की तरफ लाएँ। तुरंत ही माउस पॉइंटर बदलकर twin-headed arrow (↕) बन जाएगा (चित्र AC-3.68)।
2. बाएँ माउस बटन को दबाए रखते हुए माउस पॉइंटर को पैड पर नीचे की तरफ ड्रैग करें। एक रेखा आकार की बढ़त दिखाएगी।

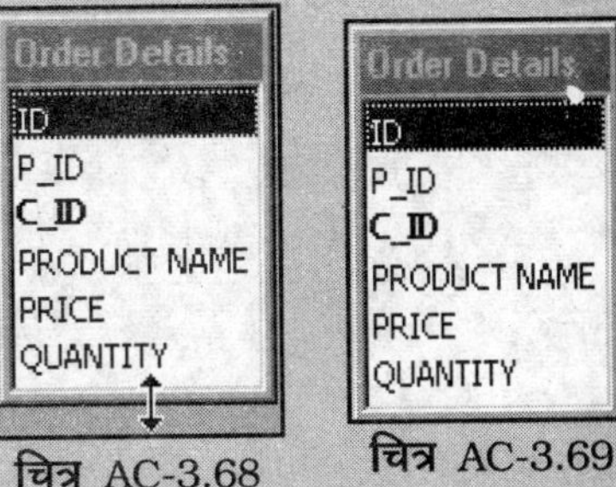

चित्र AC-3.68 चित्र AC-3.69

3. मनचाहे आकार को पाने के बाद बाएँ माउस बटन को (दबाना) छोड़ दें। चित्र AC-3.69 बढ़े हुए आकार को दिखा रहा है।

13. **Relationships** विंडो को बंद करने के बाद माउस पॉइंटर को **Close** बटन पर लाएँ, जो आपको **Relationships** विंडो के **Title bar** पर मिलेगा (चित्र AC-3.70) और उसके बाद माउस बटन को क्लिक करें।

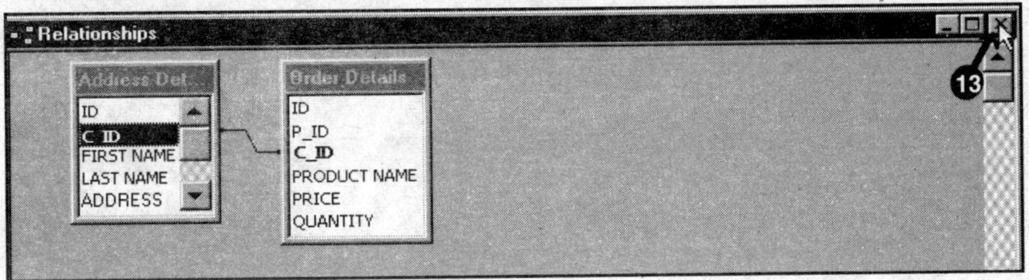

चित्र AC-3.70

डाटाबेस को बंद करना तथा एक्सेस से बाहर आना (Closing the Database and Quitting Access)

अब तक आप एक्सेस के विभिन्न फीचर्स के बारे में जान चुके होंगे। आइए, अब आप खुले डाटाबेस बॉक्स को बंद करें। इसके लिए आप नीचे लिखे क्रम का पालन करें—

1. पहले **File** मेन्यू बार विकल्प पर क्लिक करें। तुरंत ही आपके स्क्रीन पर पुल–डाउन मेन्यू दिखेगा।
2. पुल–डाउन मेन्यू के अंदर **Close** विकल्प पर क्लिक करें। **Address:Database** बॉक्स बंद हो जाएगा।
3. **Title bar** स्थित **Close** बटन (☒) पर क्लिक करें। तुरंत ही माइक्रोसॉफ्ट एक्सेस विंडो बंद हो जाएगी और आपके स्क्रीन पर विंडोज़ Me/98 का डेस्कटॉप दिखाई देगा।

अध्याय

4

फॉर्म बनाना

इस अध्याय में—

* फॉर्म विज़ार्ड (Form Wizard) द्वारा फॉर्म (Form) बनाना
* फॉर्म के आकार को बदलना
* फॉर्म के व्यू (View) को बदलना
* एक रिकॉर्ड से दूसरे रिकॉर्ड में जाना
* नए फील्ड को प्रविष्ट करना
* फील्ड के नाम बदलना
* फील्ड डाटा का संपादन करना
* फॉर्म में से रिकॉर्ड को डिलीट करना
* फॉर्म को बंद करना
* फॉर्म को नया नाम देना तथा माइक्रोसॉफ्ट एक्सेस से बाहर आना

इस अध्याय में आप **Forms (फॉर्म्स)** के बारे में जानेंगे। फॉर्म डाटा प्रविष्ट करने का तथा देखने का एक बहुत ही सरल माध्यम है। आम तौर पर फॉर्म अपने–आप डाटा को स्टोर नहीं करता, लेकिन यह एक या एक से ज्यादा टेबल्स में स्टोर हुए डाटा को आसानी से दिखाने में मदद करता है। फॉर्म एक समय पर आपको कुछ ही रिकॉर्ड दिखाता है, पर यह उस समय उक्त फील्ड के सभी रिकॉर्ड्स आपको दिखा देता है। टेबल आपको रिकॉर्ड दिखाते हैं, परंतु वे फॉर्म की तरह सरल नहीं होते। टेबल्स में आप कुछ ही फील्ड्स को एक समय पर देख सकते हैं। शेष फील्ड्स को देखने के लिए आपको स्क्रॉल बटन की मदद लेनी पड़ती है।

फॉर्म विज़ार्ड द्वारा फॉर्म बनाना (Creating a Form using the Form Wizard)

Form object की मदद से आप डाटाबेस से एक से ज्यादा टेबल्स में स्टोर डाटा को देख सकते हैं, प्रविष्ट कर सकते हैं तथा उनमें फेल–बदल कर सकते हैं। **Form** डाटाबेस की विभिन्न टेबल्स से डाटा को देखने का बहुत ही आसान तरीका है। हर फॉर्म में कई कंट्रोल होते हैं और हर कंट्रोल टेबल में एक फील्ड को देखने में मदद करता है। अब आप **Address:Database** में उपस्थित अपने **Address Details** टेबल के लिए फॉर्म बनाएँ।

फॉर्म को आसानी से तथा जल्दी बनाने के लिए माइक्रोसॉफ्ट एक्सेस आपको महत्त्वपूर्ण फीचर **Form Wizards** प्रदान करता है। यह फीचर आपसे कुछ प्रश्न पूछता है, जिसके मुताबिक यह अपने आप फॉर्म बना देता है।

आइए, फॉर्म को बनाने से पहले माइक्रोसॉफ्ट एक्सेस को खोलें–

1. **Taskbar** पर मौजूद **Start** बटन (Start) पर क्लिक करें। तुरंत ही आपको पुश–अप मेन्यू दिखाई देगा।
2. पुश–अप मेन्यू के अंदर **Programs** विकल्प पर क्लिक करें। आपको एक अन्य मेन्यू दिखाई देगा।
3. दूसरे मेन्यू के अंदर माउस पॉएंटर को **Microsoft Access** विकल्प पर लाएँ और बाएँ माउस बटन को क्लिक करें। **Microsoft Access** तुरंत एक बॉक्स के साथ आपके स्क्रीन पर खुल जाएगा।
4. इस बॉक्स के अंदर **Open an existing file** विकल्प के साथ राउंड बटन के अंदर क्लिक करें। तुरंत ही एक बिंदु राउंड बटन के अंदर दिखाई देगा, जो यह बताएगा कि आपके विकल्प का चुनाव हो गया है।
5. **Open an existing file** विकल्प के नीचे **Address:Database** पर बाएँ माउस बटन से क्लिक करें। यह **Database** हाईलाइट हो जाएगा।
6. **OK** बटन पर क्लिक करें। तुरंत ही **Address:Database** बॉक्स स्क्रीन पर दिखाई देगा (चित्र AC-4.1)।

अब आप अपने फॉर्म के लिए **Address Details** टेबल में से तीन फील्ड्स, **C_ID, FIRST NAME** और **PHONE** का चुनाव करें।

7. माउस पॉएंटर को **Address:Database** बॉक्स में लाएँ और **Forms** टैब पर क्लिक करें (चित्र AC-4.1)।

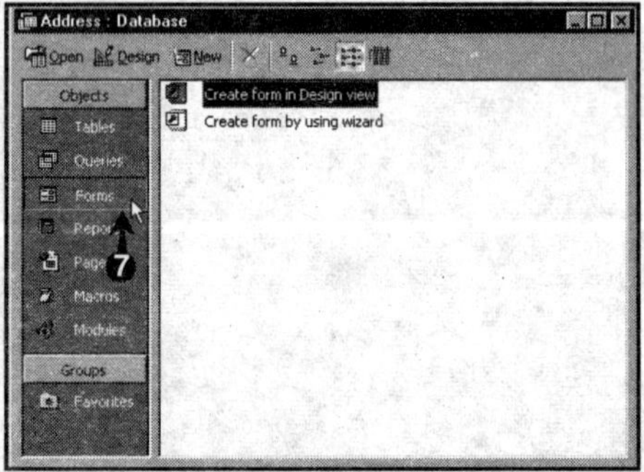

चित्र AC-4.1

8. माउस पॉएंटर को **Address : Database** बॉक्स के **New** बटन पर लाएँ और बाएँ माउस बटन को क्लिक करें। तुरंत **New Form** बॉक्स आपके स्क्रीन पर दिखाई देगा (चित्र AC-4.2)।

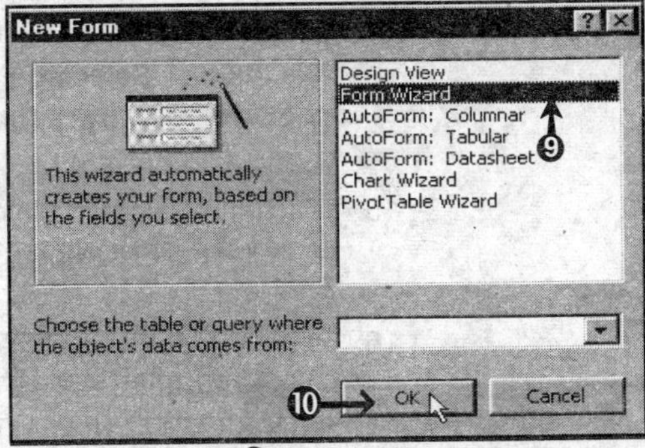

चित्र AC-4.2

9. **New Form** बॉक्स के अंदर आप एक अन्य बॉक्स देखेंगे, जिसमें कुछ नाम होंगे। इन नामों में **Form Wizard** विकल्प पर क्लिक करें। यह विकल्प हाईलाइट हो जाएगा (चित्र AC-4.2)।
10. **OK** बटन पर क्लिक करें (चित्र AC-4.2)। तुरंत ही एक **Form Wizard** बॉक्स आपको स्क्रीन पर दिखाई देगा (चित्र AC-4.3)।

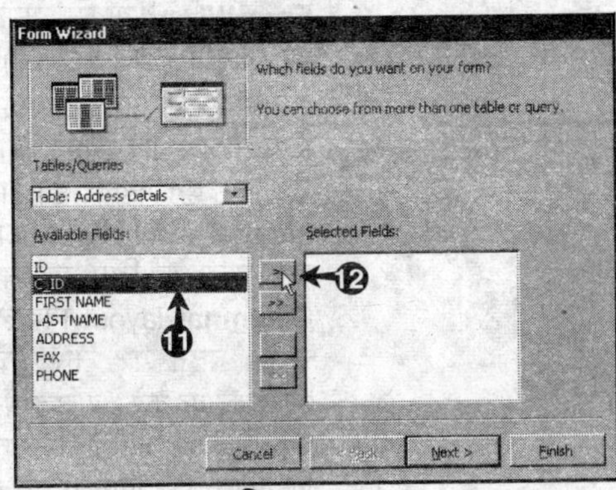

चित्र AC-4.3

11. **Available Fields** विकल्प के नीचे बॉक्स में आपको जिन फील्ड्स को फॉर्म में दिखाना है, उन फील्ड्स का चुनाव करें। हमारे उदाहरण में हमें **C_ID, FIRST NAME** और **PHONE** फील्ड्स को चुनना है। माउस पॉएंटर को **Available Fields** बॉक्स के अंदर लाएँ और **C_ID** फील्ड को हाईलाइट करें (चित्र AC-4.3)।
12. अगला काम हाईलाइट हुए फील्ड को फॉर्म के अंदर add करना है। इसे करने से पूर्व अच्छा होगा कि आप इसके कुछ बटनों के बारे में भली प्रकार जान लें (चित्र AC-4.3)।

Form Wizard बॉक्स (चित्र AC-4.3) के अंदर आपको चार बटन दिखाई देंगे। इनमें हर बटन कोई न कोई काम करता है, जैसा नीचे बताया गया है–

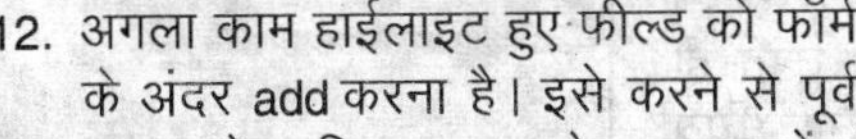
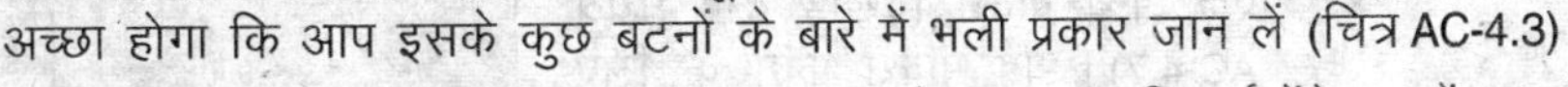

(>) चुने गए फील्ड को फॉर्म में डाल देता है। (>>) सारे चुने हुए फील्ड्स को फॉर्म में डाल देता है।
(<) चुने हुए फील्ड को फॉर्म से हटा देता है। (<<) सारे फील्ड्स को फॉर्म से हटा देता है।

अब आप चुने गए **C_ID** फील्ड को फॉर्म में डालें। इसके लिए माउस पॉएंटर को **Add Selected Field** बटन (>) पर लाएँ और बाएँ माउस बटन को क्लिक करें। तुरंत ही **C_ID** फील्ड **Selected Fields** विकल्प के नीचे बॉक्स में आ जाएगा (चित्र AC-4.4)।

13. फॉर्म का अगला फील्ड **FIRST NAME** है। इसके लिए **Available Fields** विकल्प के नीचे बॉक्स में इस पर क्लिक करें (चित्र AC-4.4)।

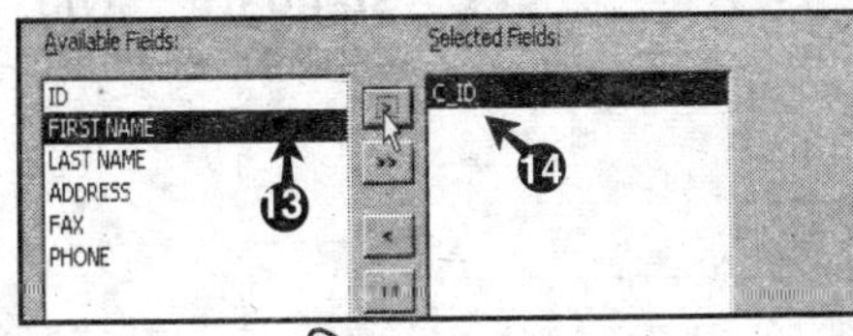

चित्र AC-4.4

Important

अगर आप भूलवश अपने फॉर्म में कोई फील्ड डाल देते हैं तो Selected Fields विकल्प के नीचे उस फील्ड पर क्लिक करें। फिर आप Remove Selected Field बटन (<) पर क्लिक करें। ऐसा करने पर वह फील्ड फॉर्म से हटकर दोबारा Available Fields विकल्प के नीचे दिखाई देगा। इसी प्रकार यदि आप सारे फील्ड्स को Selected Fields विकल्प के नीचे से हटाकर Available Fields विकल्प के नीचे लाना चाहते हैं तो Remove All selected Fields (<<) बटन पर क्लिक करें।

14. **Add selected field** बटन (›) पर क्लिक करें। तुरंत ही **Selected Fields** विकल्प के अंदर बॉक्स में **FIRST NAME** फील्ड चला जाएगा (चित्र AC-4.5)।

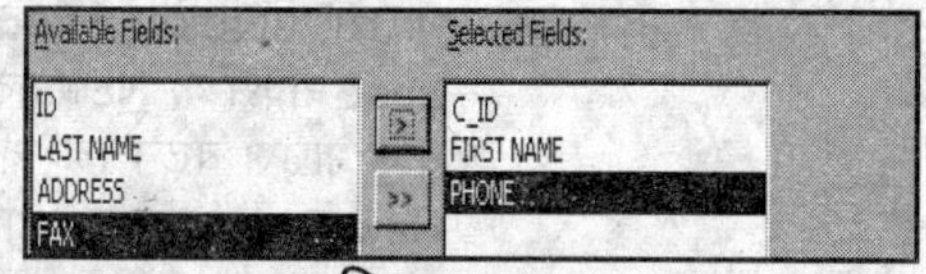

चित्र AC-4.5

15. इसी प्रकार **Selected Fields** विकल्प के अंदर फील्ड **PHONE** को डालें (चित्र AC-4.5)।
16. आपने अपने फॉर्म की जरूरत के सभी फील्ड्स को प्रविष्ट कर दिया है। अब माउस पाएंटर को **Next** बटन पर लाएँ और उस पर क्लिक करें। एक अन्य **Form Wizard** बॉक्स आपके स्क्रीन पर आ जाएगा (चित्र AC-4.6)।

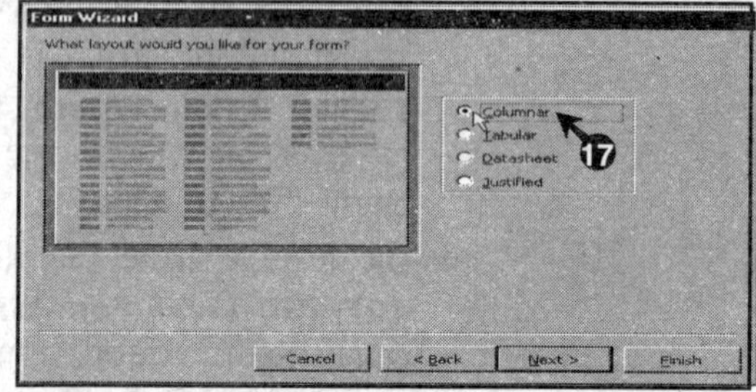

चित्र AC-4.6

17. इस बॉक्स के अंदर आप अपने फॉर्म के लिए मौजूद चार प्रकार के layouts में से एक को चुन सकते हैं। अब आप **Columnar** layout विकल्प का चयन करें। यह करने के लिए माउस पाएंटर को **Columnar** layout विकल्प के साथ राउंड बटन पर लाएँ (चित्र AC-4.6) और क्लिक करें। राउंड बटन के अंदर एक बिंदु आ जाएगा, जिसका अर्थ होगा कि आपने इस विकल्प को चुन लिया है।
18. **Next** बटन पर क्लिक करें। तुरंत ही एक अन्य बॉक्स दिखाई देगा (चित्र AC-4.7)। यह बॉक्स फॉर्म के लिए background style के बारे में आपसे पूछेगा। बॉक्स के अंदर यह विभिन्न उपस्थित स्टाइल्स को दिखाएगा।

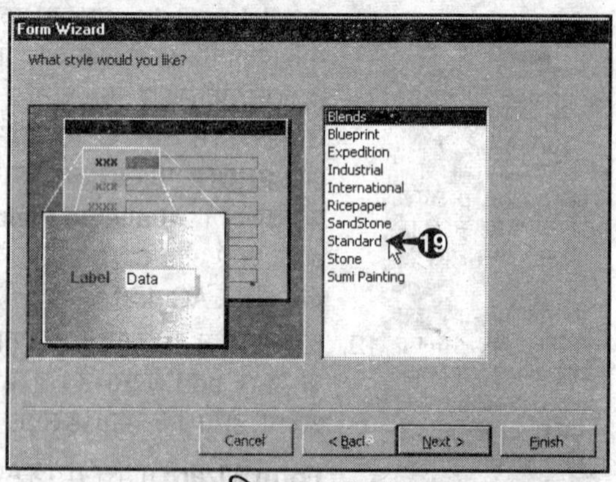

चित्र AC-4.7

19. हम **Standard** background style को चुन लेते हैं। इसके लिए **Standard** (चित्र AC-4.7) विकल्प पर क्लिक करें। **Standard** style background हाईलाइट हो जाएगा (चित्र AC-4.8)।

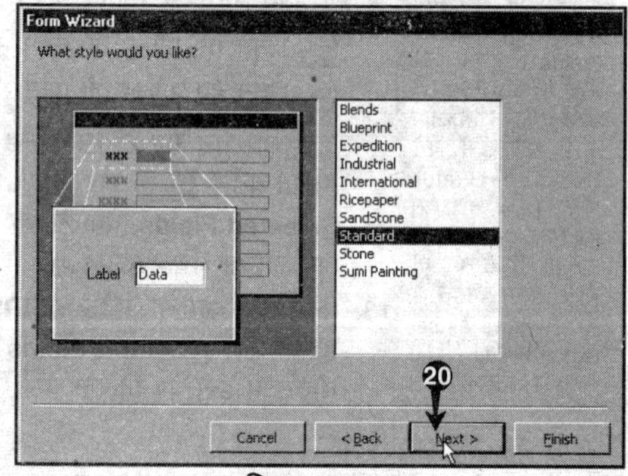

चित्र AC-4.8

20. **Next** बटन पर क्लिक करें (चित्र AC-4.8)। तुरंत ही **Form Wizard** बॉक्स स्क्रीन पर आएगा (चित्र AC-4.9)।

    यह बॉक्स आपके द्वारा बनाए जाने वाले फॉर्म के लिए नाम टाइप करने के लिए कहेगा। आप देखेंगे कि **Address Details** शब्द हाईलाइटेड दिखाई दे रहे हैं (चित्र AC-4.9)।

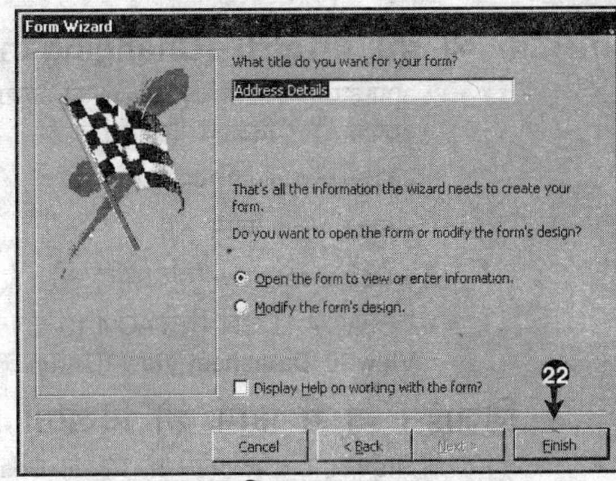

चित्र AC-4.9

21. अपने फॉर्म के लिए कोई नाम (जैसे– **Customer Details**) को टाइप करें (चित्र AC-4.10)।
22. **Finish** बटन पर क्लिक करें। तुरंत ही आपका फॉर्म बन जाएगा (चित्र AC-4.11)। आपने उसका जो नाम डाला था, वह **Title bar** पर नजर आएगा।

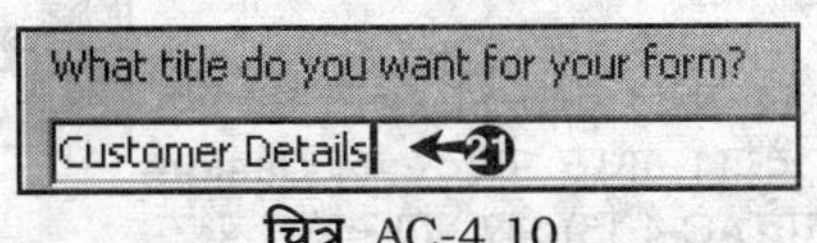

चित्र AC-4.10

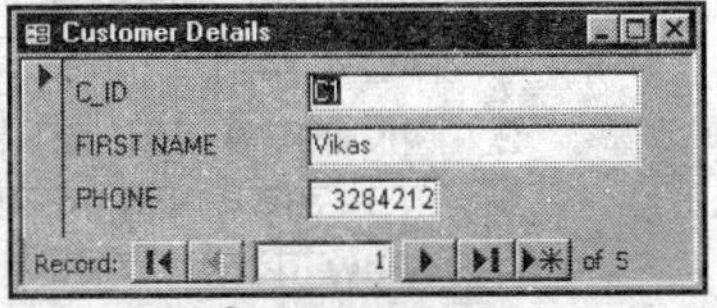

चित्र AC-4.11

फॉर्म के आकार को बदलना (Changing the Size of a Form)

माइक्रोसॉफ्ट एक्सेस आपकी जरूरत के हिसाब से अपने फॉर्म के आकार को बढ़ाने तथा घटाने की सुविधा देता है। इस सुविधा का लाभ उठाकर अब आप फॉर्म के आकार को बढ़ाएँ (चित्र AC-4.11)। इसके लिए आपको नीचे लिखे क्रम के अनुसार काम करना होगा–

1. माउस पॉएंटर को नए बनाए गए फॉर्म पर नीचे दाईं तरफ ड्रैग करें (चित्र AC-4.12)। माउस पॉएंटर अब **twin-headed arrow** (↖) में बदल जाएगा।

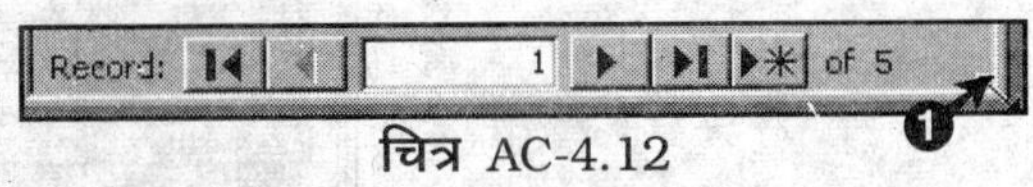

चित्र AC-4.12

2. बाएँ माउस बटन को दबाएँ। उसे दबाए रखते हुए ही माउस को नीचे की तरफ ड्रैग करें। तुरंत ही एक भूरी रेखा आपको दिखाई देगी, जिसका अर्थ होगा कि आपके फॉर्म का आकार बदल रहा है (चित्र AC-4.13)।
3. मनचाहे आकार को पा लेने के बाद बाएँ माउस बटन को छोड़ दें।

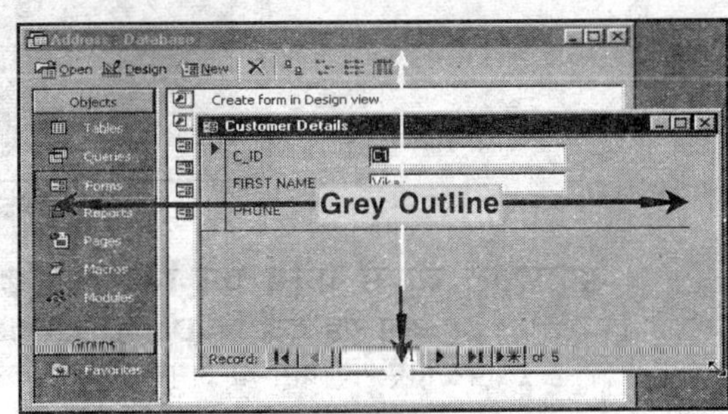

चित्र AC-4.13

फॉर्म के व्यू को बदलना (Changing the View of a Form)

आप अपने फॉर्म के व्यू (View) को आसानी से बदल सकते हैं। इस काम के लिए माइक्रोसॉफ्ट एक्सेस आपको तीन विकल्प देता है। वे हैं–

- Design View (डिज़ाइन व्यू)
- Form View (फॉर्म व्यू)
- Datasheet View (डाटाशीट व्यू)

चित्र AC-4.11 और चित्र AC-4.13 स्क्रीन पर **Form View** को दिखाते है। आप इस व्यू को **Design View** या **Datasheet View** में बदल सकते हैं।

डिज़ाइन व्यू में फॉर्म को दिखाना (Changing to Design View)

आइए, हम अपने फॉर्म के व्यू को **Design View** में बदलें। इसके लिए आपको नीचे लिखे क्रम के अनुसार चलना होगा–

1. **Standard** toolbar पर मौजूद **View** बटन पर माउस पॉएंटर को लाएँ। फिर उसे डाउन ऐरो बटन (▾) पर लाएँ (चित्र AC-4.14)।
2. बाएँ माउस बटन को क्लिक करें। तुरंत ही स्क्रीन पर एक पुल–डाउन मेन्यू दिखाई देगा। माउस पॉएंटर को **Design View** विकल्प पर लाएँ (चित्र AC-4.15) और बाएँ माउस बटन को क्लिक करें। यह आपके फॉर्म को **Design View** में स्क्रीन पर दिखाएगा (चित्र AC-4.16)।

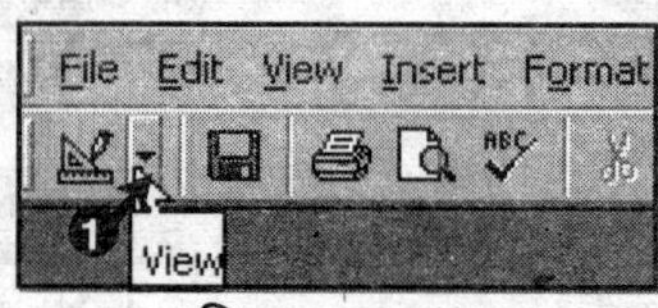

चित्र AC-4.14

चित्र AC-4.15

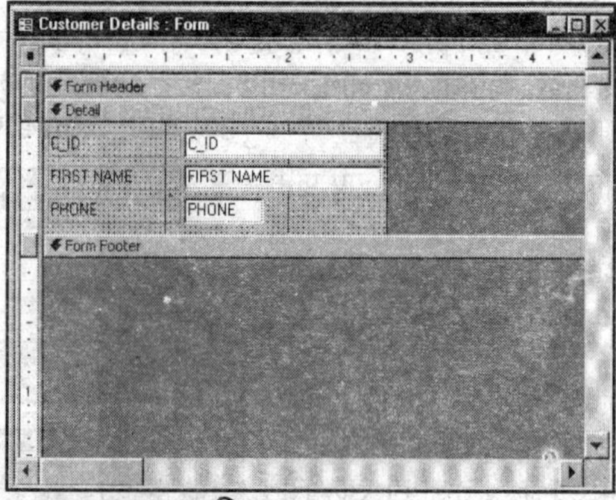

चित्र AC-4.16

डाटाशीट व्यू में फॉर्म को दिखाना (Changing to Datasheet View)

अब आप यह देखें कि **Datasheet View** में फॉर्म किस प्रकार दिखेगा। इसके लिए आप अगले पृष्ठ पर दिए गए क्रम के अनुसार काम करें—

1. माउस पॉएंटर को **View** बटन के डाउन ऐरो बटन (▾) पर लाएँ (चित्र AC-4.14) और बाएँ माउस बटन को क्लिक करें। तुरंत ही पुल–डाउन मेन्यू दिखेगा (चित्र AC-4.17)।
2. पुल–डाउन मेन्यू के अंदर माउस पॉएंटर को **Datasheet View** विकल्प पर लाएँ और बाएँ माउस बटन को क्लिक करें (चित्र AC-4.17)। आपका फॉर्म अब **Datasheet View** में स्क्रीन पर दिखाई देगा (चित्र AC-4.18)।

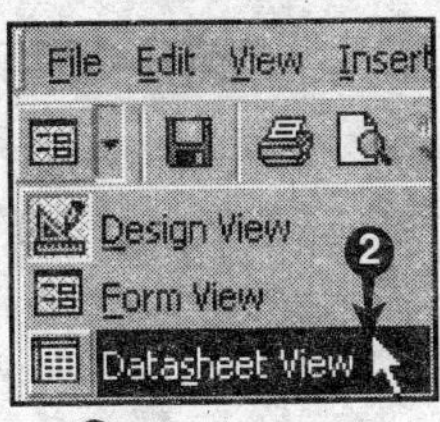

चित्र AC-4.17

Customer Details

	C_ID	FIRST NAME	PHONE
▶	C1	Vikas	3284212
	C2	Deepa	5434254
	C3	Mohan	7899989
	C4	Chandini	3456789
	C5	Ishan	6565456
*			

Record: 1 of 5

चित्र AC-4.18

फॉर्म व्यू में फार्म को दिखाना (Changing to Form View)

अब आप वापस पहले व्यू यानी स्क्रीन (चित्र AC-4.16) के समान **Form View** में फॉर्म को देखें। इसके लिए आपको नीचे लिखे क्रम के अनुसार काम करना होगा–

1. डाटाशीट व्यू में फॉर्म को दिखाना विषय के पहले क्रम को करें।
2. पुल–डाउन मेन्यू के अंदर **Form View** विकल्प पर क्लिक करें (चित्र AC-4.19)। यह **Form View** को स्क्रीन पर दिखाएगा (चित्र AC-4.20)।

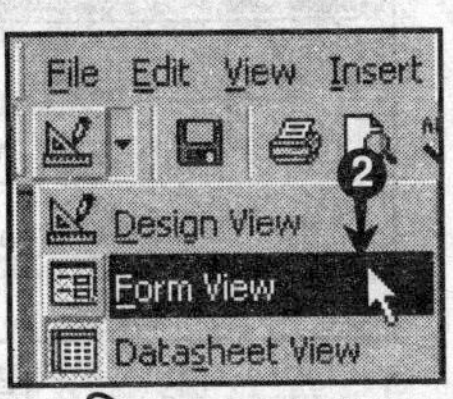

चित्र AC-4.19

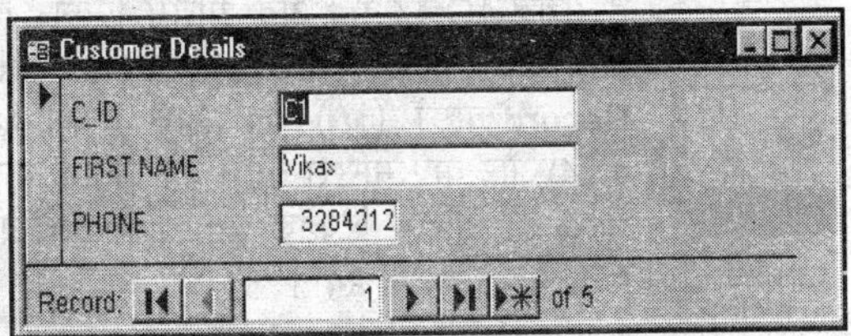

चित्र AC-4.20

एक रिकॉर्ड से दूसरे रिकॉर्ड पर जाना (Moving Through the Records)

आपने इस बात पर ध्यान दिया होगा कि आपके द्वारा बनाए गए फॉर्म में एक समय पर एक ही (पहला) रिकॉर्ड दिख रहा है। शेष रिकॉर्ड को देखने के लिए आपको स्क्रॉल बटनों की मदद लेनी होगी। फॉर्म में मनचाहे रिकॉर्ड को देखने के लिए आपको navigation बटनों की मदद लेनी होगी। **Form View** में आपको पाँच बटन दिखाई देंगे। इन पर क्लिक करके आप मनचाहे रिकॉर्ड को देख सकते हैं। यह बटन अपने किए जाने वाले कामों के साथ चित्र AC 4.21 में दिखाए गए हैं।

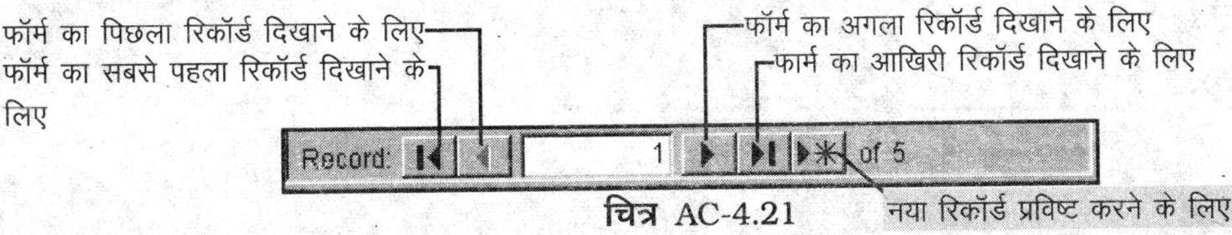

चित्र AC-4.21

फॉर्म का अगला रिकॉर्ड दिखाना (Displaying the Next Record)

इस समय आपका फॉर्म पहला रिकॉर्ड (चित्र AC-4.20) दिखा रहा है। अगले रिकॉर्ड, यानी दूसरे रिकॉर्ड को दिखाने के लिए आपको नीचे लिखे क्रम के अनुसार काम करना होगा–

1. माउस पॉएंटर को **Next Record** बटन (▶) पर लाएँ और बाएँ माउस बटन को उस पर क्लिक करें (चित्र AC-4.22)। यह आपको स्क्रीन पर दूसरा रिकॉर्ड दिखाएगा (चित्र AC-4.22)।
2. अब अन्य रिकॉर्ड को देखने के लिए **Next Record** बटन (▶) पर क्लिक करते रहें। यह एक–एक करके सभी रिकॉर्ड्स को स्क्रीन पर दिखाएगा।

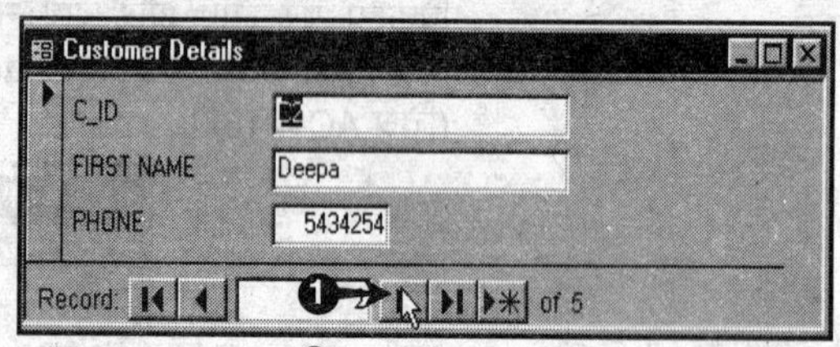

चित्र AC-4.22

पहले रिकॉर्ड पर जाना (Moving to the First Record)

यदि आप अंतिम रिकॉर्ड पर हैं और सीधा पहले रिकॉर्ड को देखना चाहते हैं, तो माउस पॉएंटर को **First Record** बटन (I◀) पर लाएँ और बाएँ माउस बटन को उस पर क्लिक करें। आपको पहला रिकॉर्ड दिख जाएगा (चित्र AC-4.23)।

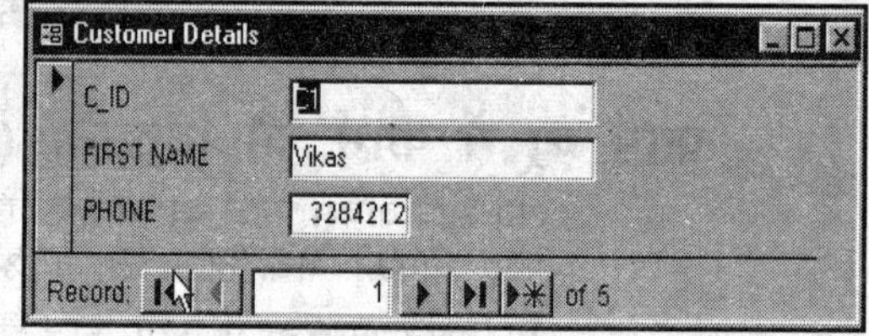

चित्र AC-4.23

अंतिम रिकॉर्ड पर जाना (Moving to the Last Record)

मान लीजिए कि आप पहले रिकॉर्ड पर मौजूद हैं (चित्र AC-4.23)। अब अंतिम रिकॉर्ड पर सीधे जाने के लिए माउस पॉएंटर को **Last Record** बटन (▶I) पर लाएँ (चित्र AC-4.24) और बाएँ माउस बटन को क्लिक करें। तुरंत ही अंतिम रिकॉर्ड स्क्रीन पर दिखाई देगा (चित्र AC-4.24)।

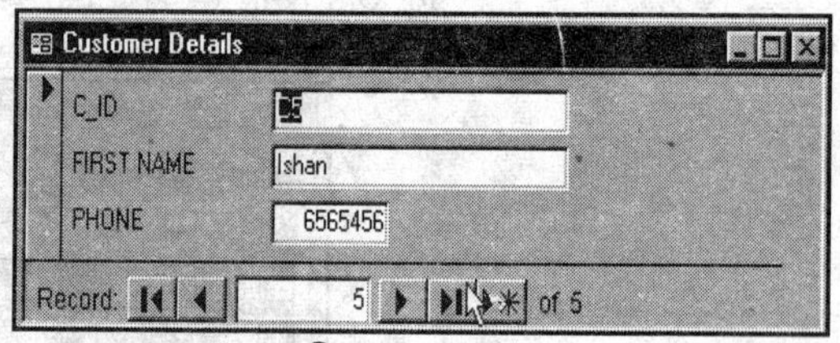

चित्र AC-4.24

पिछले रिकॉर्ड पर जाना (Moving to the Previous Record)

चित्र AC-4.24 अंतिम रिकॉर्ड दिखा रहा है, जो **5** है। अगर आप पिछला रिकॉर्ड देखना चाहते हैं, तो नीचे लिखे क्रम को अपनाएँ–

1. माउस पॉएंटर को **Previous Record** (◀) बटन पर लाएँ और बायाँ माउस बटन दबाएँ। ऐसा करने आपके फॉर्म में चौथा रिकॉर्ड दिखाई देगा।
2. यदि आप पहले के रिकॉर्ड यानी **3, 2** और **1** को देखना चाहते हैं, तो **Previous Record** बटन (◀) पर क्लिक करते रहें।

नए फील्ड फार्म में डालना (Adding a New Field)

मान लीजिए कि आप अपने फॉर्म में नए फील्ड, जैसे– **FAX** को जोड़ना चाहते हैं। इसके लिए पहले आपको **Design View** को स्क्रीन पर लाना होगा और फिर नीचे दिए गए क्रम से आगे बढ़ना होगा–

1. **Form View** स्क्रीन से शुरुआत करें। अब **Design View** में बदलने के लिए माउस पॉइंटर को **View** बटन के डाउन ऐरो बटन (▾) पर लाएँ (चित्र AC-4.14) और बाएँ माउस बटन को क्लिक करें। यह आपके फॉर्म के **Design View** को स्क्रीन पर दिखाएगा (चित्र AC-4.16)।

चित्र AC-4.25

2. माउस पॉइंटर को **Field list** बटन पर लाएँ (चित्र AC-4.25) और बाएँ माउस बटन को क्लिक करें। तुरंत ही एक बॉक्स **Address Details** टेबल के फील्ड्स की सूची के साथ आपको स्क्रीन पर दिखाई देगा (चित्र AC-4.26)।

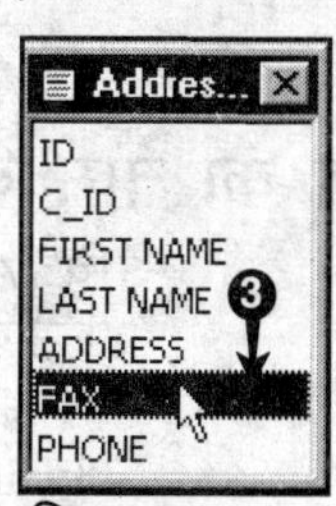

चित्र AC-4.26

3. माउस पॉइंटर को **FAX** फील्ड पर लाएँ (चित्र AC-4.26) और बाएँ माउस बटन को दबाएँ। **FAX** फील्ड हाईलाइट हो जाएगा।
4. अब बाएँ माउस बटन को दबाए रखकर **FAX** फील्ड को **Customer Details** फॉर्म बॉक्स में ड्रैग करें।
5. जब आप **Customer Details** फॉर्म में अपनी मनचाही जगह पर पहुँच जाएँ, तब बाएँ माउस बटन को छोड़ दें (चित्र AC-4.27)।
6. फील्ड से हाईलाइट हटाने के लिए फॉर्म में कहीं पर भी बाएँ माउस बटन को क्लिक करें।

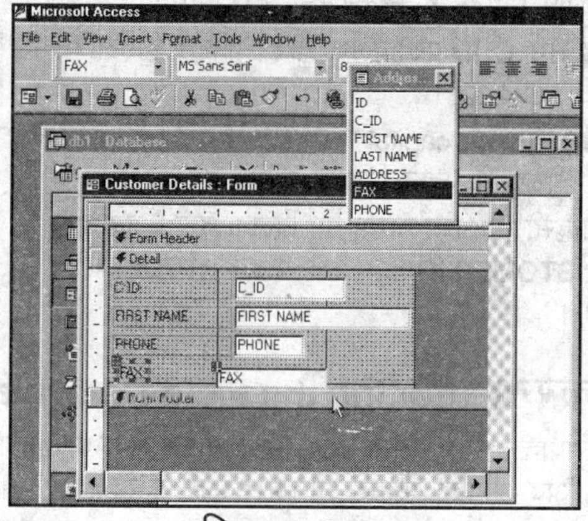

चित्र AC-4.27

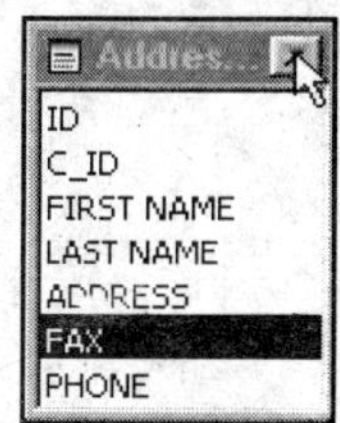

चित्र AC-4.28

7. **Address Details** के टेबल को बंद करें। इसके लिए इसके **Title bar** पर स्थित **Close** बटन (×) पर क्लिक करें (चित्र AC-4.28)।

कभी–कभी फील्ड पर माउस पॉएंटर को रखते हुए आप बाएँ माउस बटन को मनचाही जगह पर जाने से पहले छोड़ देते हैं। इस कारण फील्ड सही जगह पर नहीं आता। यह कोने में दिखाई देता है (चित्र AC-4.29)। नए फील्ड की जगह को ठीक करने के लिए आपको नीचे लिखे क्रम के अनुसार काम करना होगा–

1. माउस पॉएंटर को फील्ड नाम FAX पर लाएँ और बाएँ माउस बटन को दबाएँ। तुरंत ही हाथ का निशान उस निश्चित फील्ड पर आ जाएगा (चित्र AC-4.29)।

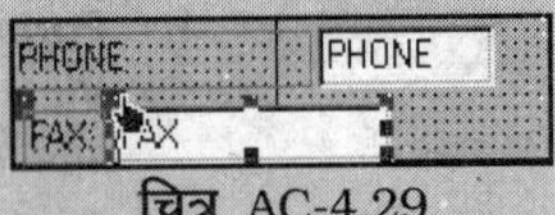

चित्र AC-4.29

2. बाएँ माउस बटन को दबाए रखते हुए हाथ जैसे निशान को उस जगह पर लाएँ, जहाँ पर आप FAX फील्ड को रखना चाहते हैं। फिर बाएँ माउस बटन को छोड़ दें।
3. फील्ड नाम से हाईलाइट हटाने के लिए फॉर्म पर किसी अन्य जगह पर क्लिक करें।

फील्ड का नाम बदलना (Changing the Name of a Field)

चित्र AC-4.27 में दिखने वाले फॉर्म में कुछ फील्ड संक्षिप्त दिखाई देंगे। उदाहरण के लिए– **C_ID**। फॉर्म को अधिक स्पष्ट रूप में दिखाने के लिए अच्छा होगा कि आप फील्ड का पूरा नाम लिखें। तो आइए, फील्ड नाम **C_ID** को बदलकर **CUSTOMER ID** करते हैं। इसके लिए आपको नीचे लिखे क्रम के अनुसार बढ़ना होगा–

1. पहली फील्ड को हाईलाइट करें। इसके लिए माउस पॉएंटर को फील्ड नाम **C_ID** पर लाएँ (चित्र AC-4.30) और बाएँ माउस बटन को क्लिक करें। तुरंत ही **C_ID** फील्ड हाईलाइट हो जाएगा और माउस पॉएंटर बदलकर (I) हो जाएगा।

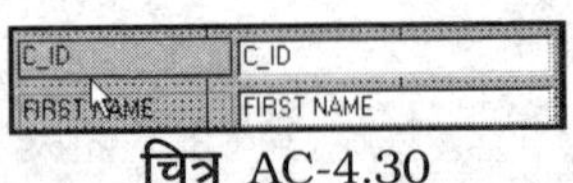

चित्र AC-4.30

2. अब फिर फील्ड नेम **C_ID** पर क्लिक करें। फील्ड हाईलाइट हो जाएगा (चित्र AC-4.32)।

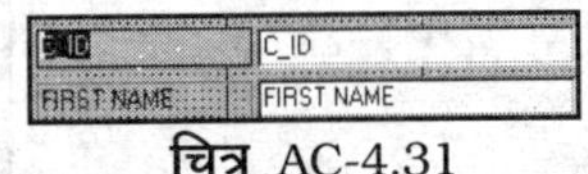

चित्र AC-4.31

3. **CUSTOMER ID** नाम को capital में ही टाइप करें। यह नाम **FIRST NAME** फील्ड से पहले दिखाई देगा।
4. अब स्क्रीन पर किसी भी अन्य जगह पर क्लिक करें। अब आप फील्ड नाम **CUSTOMER ID** को ठीक प्रकार से देख पाएँगे (चित्र AC-4.32)।

चित्र AC-4.32

फील्ड डाटा का संपादन करना (Editing the Field Data in a Form)

आप फॉर्म डाटा का संपादन भी कर सकते हैं। मान लीजिए कि **Vikas** के phone number को बदलकर **3284213** करना है। अब आपको फील्ड नाम **PHONE** में दिए गए **Vikas** के नंबर को नए नंबर से बदलना है। यह सब Form View में ही हो सकता है। तो आइए, पहले **Form View** को स्क्रीन पर लाते हैं और उसके बाद फील्ड **PHONE** में दिए गए डाटा को बदलेंगे। इसके लिए आपको नीचे लिखे क्रम के अनुसार काम करें–

1. आप चित्र AC-4.32 से शुरू करें और **View** बटन के साथ दिए गए डाउन ऐरो बटन (▾) पर क्लिक करें (चित्र AC-4.14)। तुरंत आपको पुल–डाउन मेन्यू दिखाई देगा।

2. पुल–डाउन मेन्यू के अंदर **Form View** विकल्प पर क्लिक करें (चित्र AC-4.19)। आपका फॉर्म तुरंत ही **Form View** में बदल जाएगा (चित्र AC-4.33)। फॉर्म अपने आप ही पहला रिकॉर्ड दिखाएगा।
3. आपने ध्यान दिया होगा कि पहले रिकॉर्ड का phone number **3284212** है। इस नंबर को बदलने के लिए माउस पॉएंटर को इस पर लाएँ। तुरंत ही माउस पॉएंटर बदलकर I बन जाएगा (चित्र AC-4.33)।
4. फिर बाएँ माउस बटन को क्लिक करें। नंबर **3284212** अब हाईलाइट हो जाएगा (चित्र AC-4.34)।
5. **3284213** को टाइप करें और फिर **Enter** key को दबा दें। तुरंत ही नया phone number हाईलाइटेड दिखाई देगा (चित्र AC-4.36)।

चित्र AC-4.33

चित्र AC-4.34

चित्र AC-4.35

फॉर्म से रिकॉर्ड को डिलीट करना (Deleting a Record from the Form)

आपको जिन रिकॉर्ड्स की जरूरत नहीं है, उन्हें आप अपने फॉर्म से डिलीट कर सकते हैं। मान लीजिए कि ग्राहक **Deepa** ने आपसे सामान लेना बंद कर दिया है। इस प्रकार वह अब आपकी ग्राहक नहीं है। इसमें यह अच्छा होगा कि आप उसका नाम ग्राहकों की सूची से हटा दें। **Deepa** के रिकॉर्ड को डिलीट करने के लिए, यानी दूसरे रिकॉर्ड को पहले उसे स्क्रीन पर लाना होगा। फिर आगे इस प्रकार बढ़ना होगा–

1. हमारे उदाहरण में चित्र AC-4.35 आपको पहला रिकॉर्ड दिखाएगा। तो **Deepa** के रिकॉर्ड को दिखाने के लिए माउस पॉएंटर को **Next Record** बटन (▶) पर लाएँ और उस पर एक बार क्लिक करें। तुरंत ही **Deepa** का रिकॉर्ड आपको स्क्रीन पर दिखाई देगा (चित्र AC-4.36)।

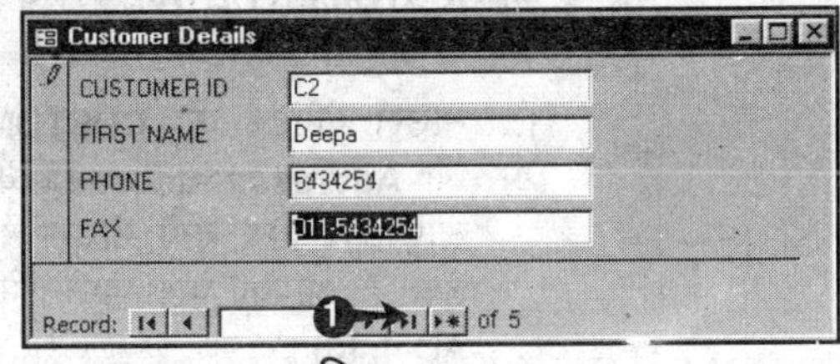

चित्र AC-4.36

2. अब माउस पॉएंटर को **Standard** toolbar पर लाएँ और **Delete Record** बटन (▶✕) पर क्लिक करें (चित्र AC-4.37)।

चित्र AC-4.37

एक चेतावनी बॉक्स आपके स्क्रीन पर दिखाई देगा (चित्र AC-4.38), जो आपसे पूछेगा कि क्या आप वास्तव में यह रिकॉर्ड डिलीट करना चाहते हैं।

3. **Yes** बटन पर माउस पॉइंटर को लाकर बाएँ माउस बटन को दबा दें (चित्र AC-4.38)। रिकॉर्ड डिलीट हो जाएगा।

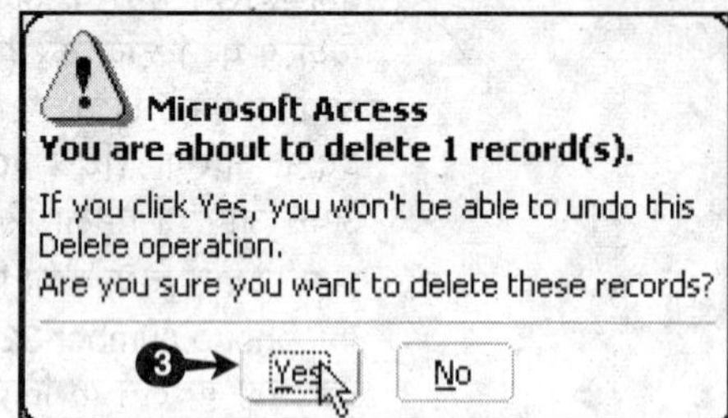

चित्र AC-4.38

फॉर्म बंद करना (Closing a Form)

अब आप फार्म बनाना सीख गए होंगे और उसमें काम करना भी सीख गए होंगे। अब आप फॉर्म **Customer Details** को बंद करेंगे। ऐसा करने के लिए आपको नीचे लिखे क्रम के अनुसार चलना होगा–

1. **File** मेन्यू बार विकल्प पर क्लिक करें। एक पुल डाउन मेन्यू स्क्रीन पर दिखाई देगा।
2. पुल–डाउन मेन्यू के अंदर **Close** विकल्प का चयन करें। तुरंत स्क्रीन पर एक **Message** बॉक्स दिखाई देगा (चित्र AC-4.39)। यह आपसे पूछेगा कि क्या आप अपने फॉर्म में किए गए बदलावों को सेव करना चाहते हैं।
3. **Yes** बटन पर क्लिक करें (चित्र AC-4.39)। तुरंत फॉर्म स्क्रीन से हट जाएगा और **Address : Database** बॉक्स स्क्रीन पर दिखाई देगा।

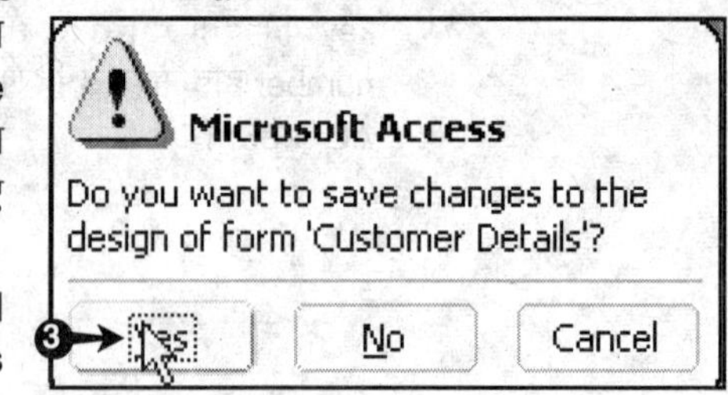

चित्र AC-4.39

फॉर्म को नया नाम देना और माइक्रोसॉफ्ट एक्सेस से बाहर आना (Renaming a Form and Quitting Microsoft Access)

आप अपनी जरूरत के अनुसार अपने फॉर्म के नाम को बदल सकते हैं। अब हम अपने फॉर्म के नाम को **CUSTOMER DETAILS** से बदलकर **CUST DETAILS** करते हैं। इसके लिए आपको नीचे लिखे क्रम के अनुसार काम करना होगा–

1. माउस पॉइंटर को **CUSTOMER DETAILS** नाम, जो **Address:Database** बॉक्स में दिखता है, पर लाएँ और फिर दाएँ माउस बटन को क्लिक करें। तुरंत ही आपको पुल–डाउन मेन्यू दिखाई देगा (चित्र AC-4.40)।
2. पुल–डाउन मेन्यू के अंदर **Rename** विकल्प पर क्लिक करें (चित्र AC-4.40)।

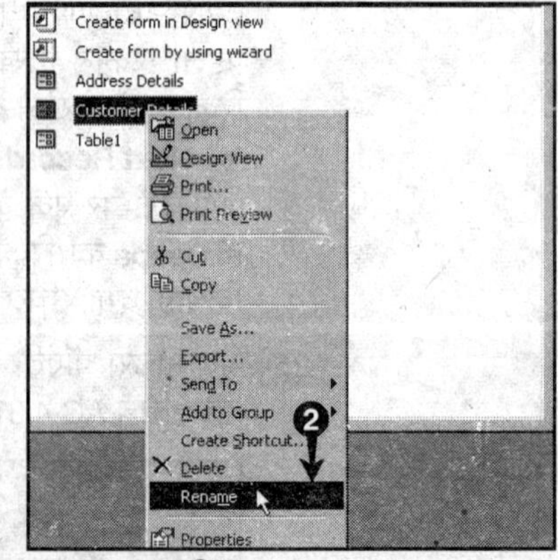

चित्र AC-4.40

3. तुरंत ही **Customer Details** हाईलाइट हो जाएगा। फिर नए नाम को टाइप करें। यह हमारे उदाहरण में **Cust Details** है (चित्र AC-4.41) और **Enter** key दबाएँ।

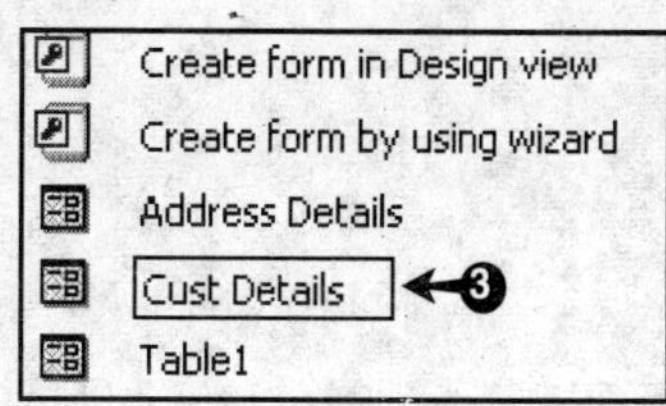

चित्र AC-4.41

4. आप **Address:Database** बॉक्स को बंद करें। इसके लिए **File** मेन्यू बार विकल्प पर क्लिक करें। तुरंत ही आपको पुल–डाउन मेन्यू दिखाई देगा।
5. पुल–डाउन मेन्यू के अंदर **Close** विकल्प पर क्लिक करें। तुरंत ही **Address:Database** बॉक्स बंद हो जाएगा।
6. माइक्रोसॉफ्ट एक्सेस से बाहर आने के लिए माउस पॉएंटर को **Title bar** पर मौजूद **Close** बटन (**×**) पर लाएँ और बाएँ माउस बटन क्लिक करें। तुरंत ही माइक्रोसॉफ्ट एक्सेस विंडो बंद हो जाएगी।

अध्याय

5

क्वेरी बनाना

इस अध्याय में–

* टेबल पर क्वेरी (Query) बनाना
* रिकॉर्ड्स को सॉर्ट (Start) करना
* फील्ड को छुपाना
* फील्ड को दोबारा दिखाना
* क्राइटीरिया (Criteria) निर्धारित करना
* क्राइटीरिया (Criteria) डिलीट करना
* कैलक्युलेशन करना
* क्वेरी को सेव करना
* क्वेरी को बंद करना तथा एक्सेस से बाहर आना

क्वेरी (Query) डाटाबेस का अभिन्न अंग है, जो अपेक्षित डाटा को इकट्ठा करके पेश करती है। उस डाटा को देखने के लिए क्वेरी में एक क्राइटीरिया (Criteria) रखा जाता है। इस Criteria को पूरा करने वाला डाटा स्क्रीन पर दिखाई देता है।

डाटाबेस–टेबल, क्वेरी, फॉर्म तथा रिपोर्ट का समूह है। क्वेरी–टेबल तथा फॉर्म से डाटा को access करने का माध्यम है। जब माइक्रोसॉफ्ट एक्सेस टेबल पर क्वेरी को एग्जिक्यूट (Execute) करता है, तो यह सिर्फ उन्हीं रिकॉर्ड्स को दिखाता है, जो क्वेरी के Criteria को पूरा करता है।

इस अध्याय में आप क्वेरी के इस्तेमाल से एक या ज्यादा टेबल्स से डाटा को इकट्ठा करना सीखेंगे।

आइए, अब आप क्वेरी बनाना सीखें। मान लीजिए कि आप ग्राहक का कोड (**C_ID**), ग्राहक के नाम (**FIRST NAME**), उत्पाद–नाम (**PRODUCT NAME**) और उनके द्वारा खरीदी गई सामान की मात्रा (**QUANTITY**) को **Address:Database** से देखना चाहते हैं। इस प्रकार के डाटा को ढूँढ़ने के लिए आपको **क्वेरी** बनानी होगी।

क्वेरी बनाने के लिए पहले आप माइक्रोसॉफ्ट एक्सेस को इस प्रकार खोलें –

1. **Taskbar** पर मौजूद **Start** बटन (Start) पर क्लिक करें। तुरंत ही पुश–अप मेन्यू दिखाई देगा।
2. पुश–अप मेन्यू के अंदर **Programs** विकल्प पर क्लिक करें। दूसरा मेन्यू तुरंत दिखाई देगा।
3. दूसरे मेन्यू के अंदर माउस पॉएंटर को **Microsoft Access** विकल्प पर लाएँ और बाएँ माउस बटन को क्लिक करें। तुरंत ही माइक्रोसॉफ्ट एक्सेस एक बॉक्स के साथ खुल जाएगा (चित्र AC-5.1)।
4. बॉक्स के अंदर **Open an existing file** विकल्प के साथ राउंड बटन पर क्लिक करें। तुरंत ही इस विकल्प का चुनाव हो जाएगा।
5. **Open an existing file** विकल्प के नीचे बॉक्स के अंदर **Address** डाटाबेस पर क्लिक करें।
6. **OK** बटन पर क्लिक करें। तुरंत ही **Address:Database** बॉक्स स्क्रीन पर दिखाई देगा (चित्र AC-5.2)।

चित्र AC-5.1

यदि Microsoft Access विंडो पहले ही स्क्रीन पर खुली है, तो Address:Database बॉक्स को स्क्रीन पर लाने के लिए नीचे लिखे क्रम के अनुसार कार्य करें –

1. Open बटन (📂) पर क्लिक करें।
2. Open बॉक्स के अंदर Look in विकल्प के साथ डाउन ऐरो बटन (▾) पर क्लिक करें। तुरंत ही पुल–डाउन मेन्यू आपको दिखाई देगा।
3. पुल–डाउन मेन्यू में My Documents फोल्डर में मौजूद सारी फाइल्स एक बड़े बॉक्स में दिखाई देंगी।
4. इन फाइल्स में से Address .mdb डाटाबेस पर क्लिक करें। यहाँ .mdb डाटाबेस का एक्सटेंशन है।
5. Open बॉक्स के Open बटन पर क्लिक करें। तुरंत ही Address:Database बॉक्स दिखने लगेगा (चित्र AC-5.2)।

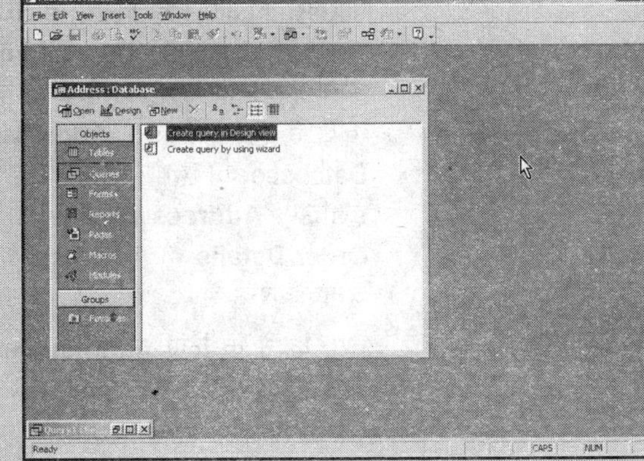

चित्र AC-5.2

टेबल पर क्वेरी बनाना (Creating a Query on a Table)

आइए, अब हम **Address:Database** में क्वेरी बनाएँ। जैसा पहले बताया गया है, क्वेरी **C_ID, FIRST NAME, PRODUCT NAME, PRICE** और **QUANTITY** फील्ड्स से बनी है। इसके लिए आप नीचे लिखे क्रम के अनुसार आगे बढ़ें–

1. माउस पॉएंटर को **Queries** टैब (चित्र AC-5.2) पर लाएँ और बाएँ माउस बटन को क्लिक करें। तुरंत ही **Queries** टैब का चुनाव हो जाएगा।
2. **Address: Database** बॉक्स के **New** बटन पर क्लिक करें। तुरंत ही **New Query** बॉक्स स्क्रीन पर खुल जाएगा (चित्र AC-5.3)।
3. **New Query** बॉक्स में **Design View** अपने–आप हाईलाइट दिखाई देता है। यदि ऐसा नहीं है तो माउस पॉएंटर को इस विकल्प पर लाएँ और हाईलाइट करने के लिए उस पर एक बार क्लिक करें।
4. **OK** बटन पर क्लिक करें (चित्र AC-5.3)। तुरंत ही **Show Table** बॉक्स स्क्रीन पर दिखाई देगा (चित्र AC-5.4)।

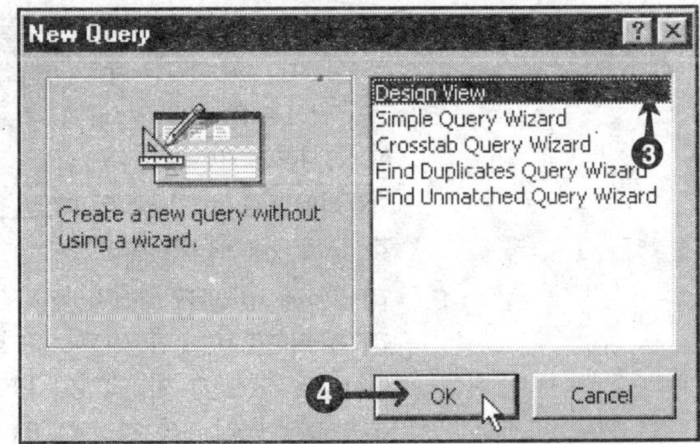

चित्र AC-5.3

आप देखेंगे कि **Show Table** बॉक्स अध्याय **2** में बनाई गई टेबल्स के नाम, यानी **Address Details** और **Order Details** इसमें दिखाएगा।

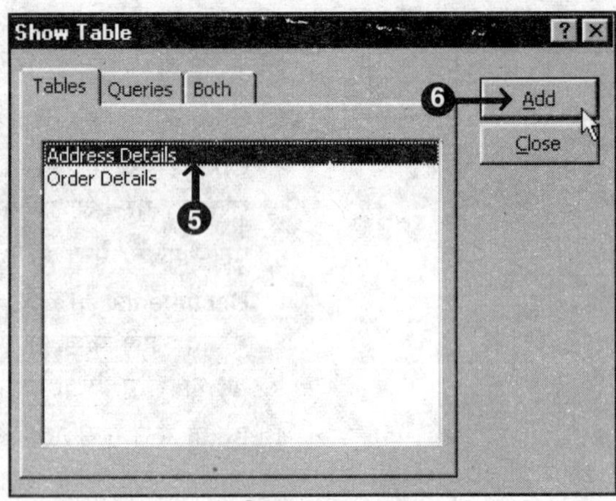

चित्र AC-5.4

5. इस बॉक्स में आपको उन टेबल्स का चुनाव करना होगा, जिनके फील्ड्स को आप नई क्वेरी में डालना चाहते हैं। फील्ड नाम, जिनकी आवश्यकता आपको अपनी क्वेरी के लिए है, वह फील्ड्स **Address: Database** की दो टेबल्स में हैं। इसलिए **Address Details** और **Order Details** दोनों टेबल्स का चुनाव करना है।

ऐसा करने के लिए **Address Details** जो **Show Table** बॉक्स में दिखाई दे रहा है, पर क्लिक करें, टेबल का नाम अब हाईलाइट हो जाएगा (चित्र AC-5.4)।

C_ID
FIRST NAME
P_ID
PRODUCT NAME
PRICE
QUANTITY

List 1

6. **Add** बटन पर क्लिक करें (चित्र AC-5.4)।
7. इसी प्रकार **Order Details** को हाईलाइट करने के लिए उस पर क्लिक करें (चित्र AC-5.5)। उसके बाद **Add** बटन पर क्लिक करें।

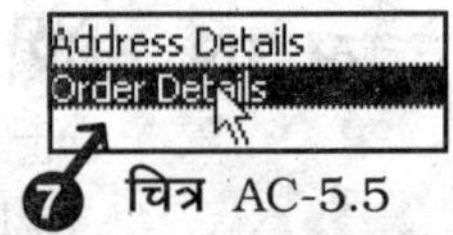

चित्र AC-5.5

8. जरूरत की टेबल्स का चुनाव करने के बाद **Close** बटन पर क्लिक करें। अब **Query 1: Select Query** बॉक्स स्क्रीन पर दिखाई देगा (चित्र AC-5.6)।

Query 1: Select Query बॉक्स में दो छोटे बॉक्स आपको दिखाई देंगे, जिनमें दोनों टेबल्स **Address Details** और **Order Details** के फील्ड्स होंगे। इन छोटे बॉक्सों का इस्तेमाल आप दो टेबल्स में से लिए गए फील्ड्स पर आधारित क्वेरी बनाने के लिए कर सकते हैं।

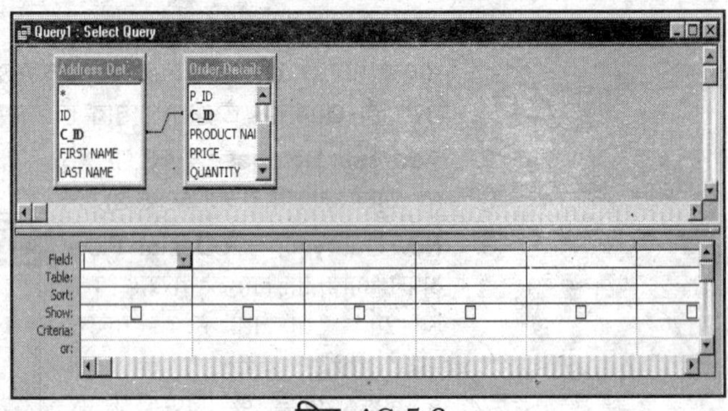

चित्र AC-5.6

9. दो बॉक्सों के अंदर आपको केवल उन फील्ड्स का चुनाव करना होगा, जिन्हें आप क्वेरी में शामिल करना चाहते हैं। इसी प्रकार हम पहले फील्ड का चुनाव करेंगे, जो **C_ID** है। यह फील्ड **Address Details** टेबल में मौजूद है। माउस पॉएंटर को बॉक्स के अंदर, जहाँ **Address Details** टेबल के फील्ड्स हैं, लाएँ और **C_ID** फील्ड पर डबल क्लिक करें। आप देखेंगे कि फील्ड **C_ID** अब **Query 1: Select Query** बॉक्स के नीचे **Field:** विकल्प के सामने दिखाई देगा (चित्र AC-5.7)।

10. अगले फील्ड का चुनाव करें, जो **FIRST NAME** है। यह फील्ड छोटे बॉक्स में **Address Details** टेबल का फील्ड है। माउस पॉएंटर को **Address Details** टेबल **FIRST NAME** फील्ड पर लाएँ, (चित्र AC-5.8) और बाएँ माउस बटन को डबल क्लिक करें।

    फील्ड **FIRST NAME, C_ID** फील्ड के साथ दिखाई देगा (चित्र AC-5.8)।

11. अगला फील्ड **P_ID** है। यह फील्ड **Order Details** टेबल में है।

    माउस पॉएंटर को **Order Details** के छोटे बॉक्स पर लाएँ और **P_ID** फील्ड पर डबल क्लिक करें। अब फील्ड **P_ID, FIRST NAME** फील्ड के साथ दिखाई देगा (चित्र AC-5.9)।

12. इसी प्रकार आप सारे फील्ड्स का चुनाव कर सकते हैं। **PRODUCT NAME, PRICE** और **QUNATITY** फील्ड्स जो Order Details टेबल में मौजूद हैं (चित्र AC-5.9) पर भी डबल क्लिक करें। एक बार सभी फील्ड्स का चुनाव हो जाए, तो स्क्रीन चित्र AC-5.10 के समान दिखेगी।

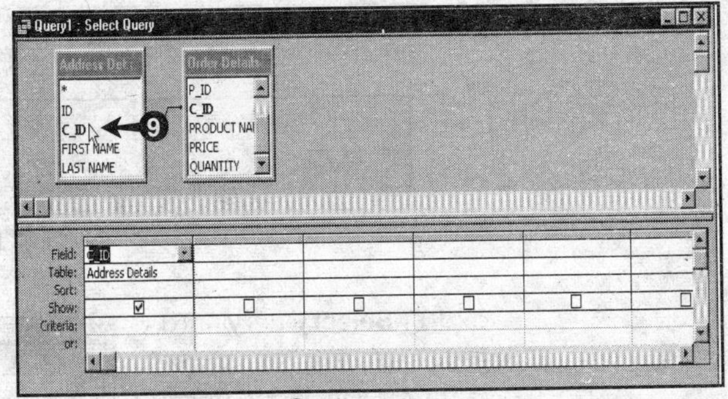

चित्र AC-5.7

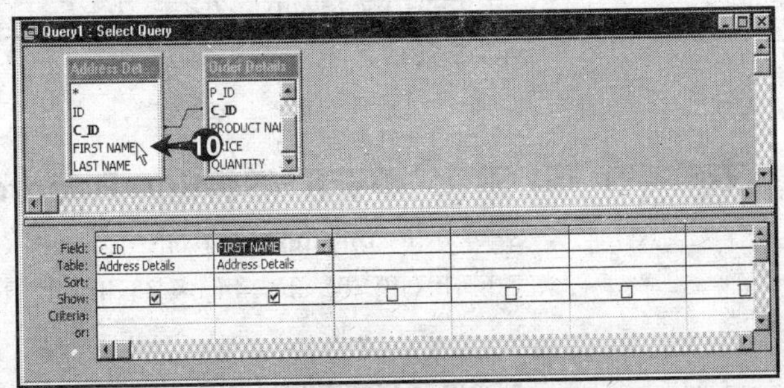

चित्र AC-5.8

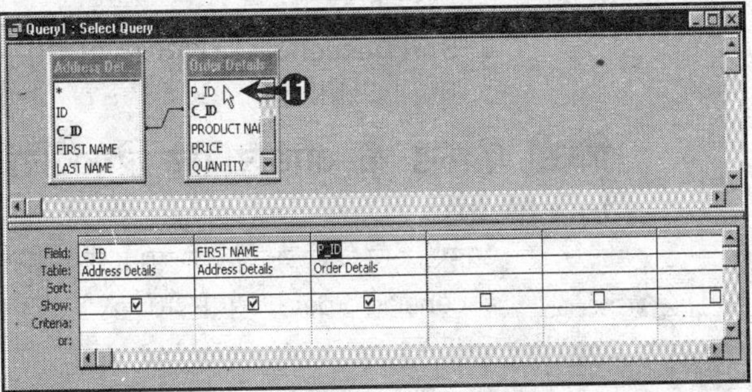

चित्र AC-5.9

Field:	P_ID	PRODUCT NAME	PRICE	QUANTITY
Table:	Order Details	Order Details	Order Details	Order Details
Sort:				
Show:	☑	☑	☑	☑
Criteria:				
or:				

चित्र AC-5.10

13. अब इस क्वेरी को run करने के लिए माउस पॉएंटर को toolbar पर मौजूद **Run** बटन (!) पर लाएँ (चित्र AC-5.11) और बाएँ माउस बटन को क्लिक करें।

चित्र AC-5.11

तुरंत ही **Select Query** बॉक्स, ग्राहकों के नाम जो प्रोडक्ट खरीदते हैं और उनके विवरण को स्क्रीन पर दिखाएगा (चित्र AC-5.12)।

Query1 : Select Query

C_ID	FIRST NAME	P_ID	PRODUCT NAME	PRICE	QUANTITY
C1	Vikas	P01	ERASER	8.00	50
C3	Mohan	P03	PEN	25.00	100
C4	Chandini	P04	PENCIL BOX	45.00	25

चित्र AC-5.12

रिकॉर्ड्स को सॉर्ट करना (Sorting Records)

क्वेरी बनाने की प्रक्रिया को जानने के बाद अगला काम है– क्वेरी के परिणाम को सॉर्ट (Sort) करना, ताकि दिखाए गए डाटा को हम आसानी से समझ सकें। डाटा को व्यवस्थित तथा sort करने के दो तरीके हैं। वे हैं–

- **Sort Ascending (सॉर्ट असेंडिंग)**— यह अल्फाबेट्स को **A** से **Z** तक तथा नंबरों को **1** से **9** तक दिखाता है।
- **Sort Descending (सॉर्ट डिसेंडिंग)**— यह अल्फाबेट्स को **Z** से **A** तक दिखाता है और **9** और **1** तक दिखाता है।

किसी फील्ड के आधार पर रिकॉर्ड्स सॉर्ट करना (Sorting Records according to a Field)

आइए, अब हम क्वेरी के सभी रिकॉर्ड्स को किसी फील्ड जैसे– **FIRST NAME** के आधार पर ascending order में व्यवस्थित करें। इसके लिए आप पहले क्वेरी को **Design View** में खोलें और फिर आगे बढ़ें –

Ascending बॉक्स के सामने अगर डाउन ऐरो बटन (▾) नहीं दिख रहा हो, तो क्रम 3 विषय 'किसी फील्ड के आधार पर रिकॉर्ड को सॉर्ट करना' का पालन करें। इसके बाद 'रिकॉर्ड्स से सॉर्ट हटाना' विषय के क्रम 2 से शुरू करें।

1. माउस पॉएंटर को **View** बटन (▾) के डाउन ऐरो बटन (▾) (चित्र AC-5.13) पर लाएँ और बाएँ माउस बटन को उस पर क्लिक करें। तुरंत ही आपको पुल–डाउन मेन्यू दिखाई देगा।

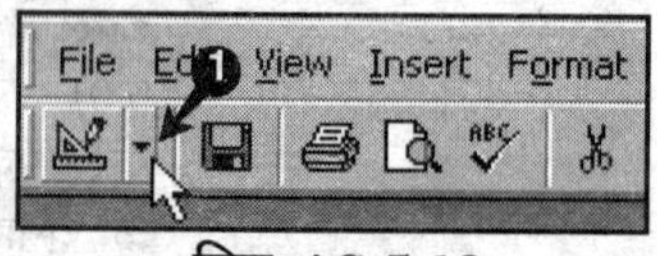

चित्र AC-5.13

2. पुल–डाउन मेन्यू के अंदर **Design View** विकल्प पर क्लिक करें। तुरंत ही क्वेरी **Design View** में स्क्रीन पर दिखाई देगी (चित्र AC-5.14)।

Field:	FIRST NAME	P_ID	PRODUCT NAME	PRICE	QUANTITY
Table:	Address Det...	Order Details	Order Details	Order Details	Order Details
Sort:	← 3				
Show:	☑	☑	☑	☑	☑
Criteria:					
or:					

चित्र AC-5.14

3. माउस बटन को **Sort** विकल्प के साथ बने बॉक्स में क्लिक करें। तुरंत ही बॉक्स में डाउन ऐरो बटन (▾) दिखाई देगा (चित्र AC-5.15)।
4. डाउन ऐरो बटन (▾) पर क्लिक करें। तुरंत ही आपको पुल–डाउन मेन्यू दिखाई देगा (चित्र AC-5.15)।

Field: FIRST NAME
Table: Address Details
Sort:
Show: Ascending
Criteria: Descending
or: (not sorted)

चित्र AC-5.15

5. पुल–डाउन मेन्यू के अंदर **Ascending** विकल्प पर क्लिक करें। यह विकल्प फील्ड **FIRST NAME** कॉलम के नीचे **Sort** विकल्प के सामने दिखाई देगा (चित्र AC-5.16)।

Field:	FIRST NAME	P_ID	PRODUCT NAME	PRICE	QUANTITY
Table:	Address Details	Order Details	Order Details	Order Details	Order Details
Sort:	Ascending				
Show:	☑	☑	☑	☑	☑
Criteria:					
or:					

चित्र AC-5.16

6. **Run** बटन (!) पर क्लिक करें (चित्र AC-5.11)। तुरंत ही **FIRST NAME** के नीचे सारे नाम Ascending क्रम में दिखाई देंगे (चित्र AC-5.17)।

Query1 : Select Query

C_ID	FIRST NAME	P_ID	PRODUCT NAME	PRICE	QUANTITY
C4	Chandini	P04	PENCIL BOX	45.00	25
C3	Mohan	P02	PEN	25.00	100
C1	Vikas	P01	ERASER	8.00	50

चित्र AC-5.17

फील्ड से सॉर्ट को हटाना (Removing Sort from a Field)

आप फील्ड से सॉर्टिंग (Sorting) हटा भी सकते हैं। आइए, अब हम sorting को **FIRST NAME** फील्ड से हटाएँ। इस काम को करने के लिए पहले आप **Design View** में जाएँ और फिर आगे बढ़ें। इसके लिए आपको नीचे लिखे क्रम के अनुसार काम करना होगा–

1. 'फील्ड के आधार पर रिकॉर्ड सॉर्ट करना' विषय के क्रम 1 और 2 को करें।
2. **FIRST NAME** फील्ड की sorting को हटाने के लिए माउस पॉएंटर को **Ascending** विकल्प के साथ बने डाउन ऐरो बटन (▾) पर लाएँ (चित्र AC-5.18)।

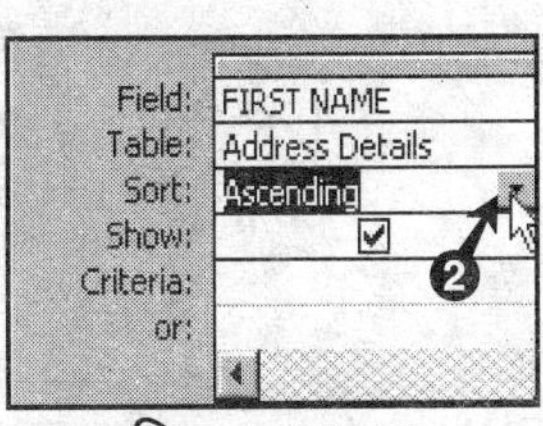

चित्र AC-5.18

3. बाएँ माउस बटन को क्लिक करें। तुरंत ही आपको पुल–डाउन मेन्यू दिखाई देगा (चित्र AC-5.19)।
4. पुल–डाउन मेन्यू के अंदर माउस पॉएंटर को **not sorted** विकल्प पर लाएँ (चित्र AC-5.19) और बाएँ माउस बटन को क्लिक करें।
5. Toolbar के **Run** बटन (!) पर क्लिक करें (चित्र AC-5.11)। अब **FIRST NAME** फील्ड के सभी नाम एक बार फिर पिछले क्रम में दिखाई देंगे (चित्र AC-5.12)।

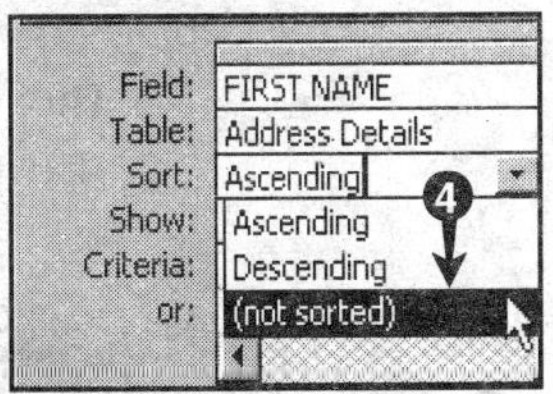

चित्र AC-5.19

फील्ड को छुपाना (Hiding a Field)

फील्ड को छुपाना तब जरूरी होता है, जब आप अपने डाटाबेस से डाटा को इकट्ठा करना चाहते हैं पर आप इसे क्वेरी के परिणाम में दिखाना नहीं चाहते। आइए, अब फील्ड (जैसे– फील्ड C_ID), को छुपाएँ। यह तभी संभव है, जब Query **Design View** में दिख रही हो। फील्ड C_ID को छुपाने के लिए आपको नीचे लिखे क्रम के अनुसार काम करना होगा–

1. माउस पॉएंटर को toolbar पर मौजूद **View** बटन ( ) के डाउन ऐरो बटन ( ) पर लाएँ (चित्र AC-5.13) और बाएँ माउस बटन को क्लिक करें। आपको पुल–डाउन मेन्यू दिखाई देगा।
2. पुल–डाउन मेन्यू के अंदर **Design View** विकल्प पर क्लिक करें। तुरंत ही क्वेरी बदलकर **Design View** में आ जाएगी।
3. आप देखेंगे कि **Query1:Select Query** बॉक्स में फील्ड **C_ID** के नीचे **Show** विकल्प के सामने एक बॉक्स में (☑) चिन्ह दिखाई दे रहा है (चित्र AC-5.20)।

Field:	FIRST NAME	P_ID	PRODUCT NAME	PRICE	QUANTITY
Table:	Address Details	Order Details	Order Details	Order Details	Order Details
Sort:					
Show:	☑	☑	☑	☑	☑
Criteria:					
or:					

चित्र AC-5.20

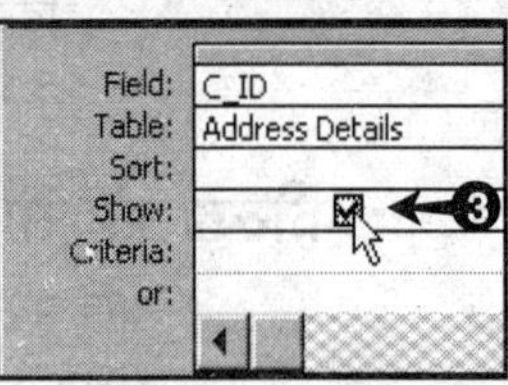

चित्र AC-5.21

क्योंकि आप **C_ID** फील्ड को नहीं दिखाना चाहते, इसलिए आप **Show** विकल्प के सामने ☑ चिन्ह के ऊपर माउस पाएंटर को लाएँ (चित्र AC-5.21)।

कई बार आप C_ID फील्ड को टेबल के अंदर नहीं देख पाते। उस समय टेबल के बाएँ ऐरो स्क्रॉल बटन ( ) पर (चित्र AC-5.20) तब तक क्लिक करते रहें, जब तक फील्ड C_ID आपको दिख न जाए। उसके बाद माउस पॉएंटर को फील्ड C_ID के अंदर टिक मार्क पर लाएँ (चित्र AC-5.21)।

4. बाएँ माउस बटन को टिक मार्क (☑) पर क्लिक करें। टिक मार्क तुरंत हट जाएगा (चित्र AC-5.22)।
5. क्वेरी को एग्जिक्यूट करने के लिए माउस पॉएंटर को toolbar के **Run** बटन (!) पर लाएँ और उस पर क्लिक करें। अब क्वेरी के परिणाम में फील्ड **C_ID** को आप नहीं देख पाएँगे (चित्र AC-5.23)।

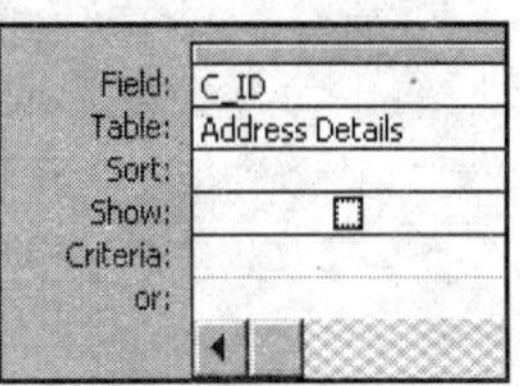

चित्र AC-5.22

Query1 : Select Query

FIRST NAME	P_ID	PRODUCT NAME	PRICE	QUANTITY
Vikas	P01	ERASER	8.00	50
Mohan	P03	PEN	25.00	100
Chandini	P04	PENCIL BOX	45.00	25

चित्र AC-5.23

फील्ड को दोबारा दिखाना (Unhiding a Field)

कई बार ऐसा होता है कि जो फील्ड आपने छिपाई है, उसे दिखाने की ज़रूरत होती है। मान लीजिए कि आप फील्ड **C_ID** (जो छुपी हुई है) को दिखना चाहते हैं। सबसे पहले आपको **Design View** में क्वेरी को खोलना होगा और फिर आगे बढ़ना होगा–

1. 'फील्ड को छुपाना विषय' के क्रम 1 को करें।
2. माउस पॉएंटर को खाली बॉक्स (☐) के अंदर, जो फील्ड **C_ID** के **Show** विकल्प के साथ है, पर लाएँ और क्लिक करें। बॉक्स के अंदर एक टिक मार्क दोबारा दिखाई देगा (चित्र AC-5.24)।
3. Toolbar पर मौजूद **Run** बटन (!) पर क्लिक करें (चित्र AC 5.11)। तुरंत ही फील्ड **C_ID** दोबारा दिखाई देगी और आपकी टेबल चित्र AC-5.12 के समान दिखाई देगी।

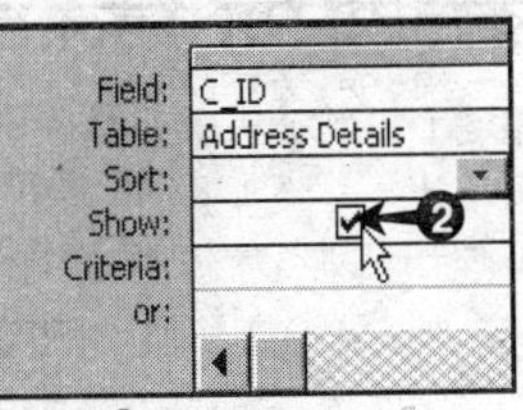

चित्र AC-5.24

क्राइटीरिया निर्धारित करना (Setting Criterion)

Criteria आपको निश्चित रिकॉर्ड को दिखाने में मदद करता है। आइए, अब आप उन ग्राहकों के विवरण को दिखाएँ, जिन्होंने **PENCIL BOX** नामक उत्पाद खरीदा है।

Criteria को सेट करने लिए पहले आप क्वेरी को **Design View** में दिखाएँ। इसके लिए नीचे दिए गए क्रम के अनुसार आपको कार्य करना होगा–

1. 'फील्ड को छुपाना' का पहला क्रम दोहराएँ।
2. **Design View** के अंदर टेबल में दिए गए **Criteria** विकल्प को ढूँढ़ें और माउस पॉएंटर को उस पर लाएँ।
3. माउस पॉएंटर को दाईं तरफ लाएँ और **PRODUCT NAME** फील्ड के नीचे क्लिक करें। तुरंत ही आपको एक blinking cursor उस जगह पर दिखाई देगा (चित्र AC-5.25)।

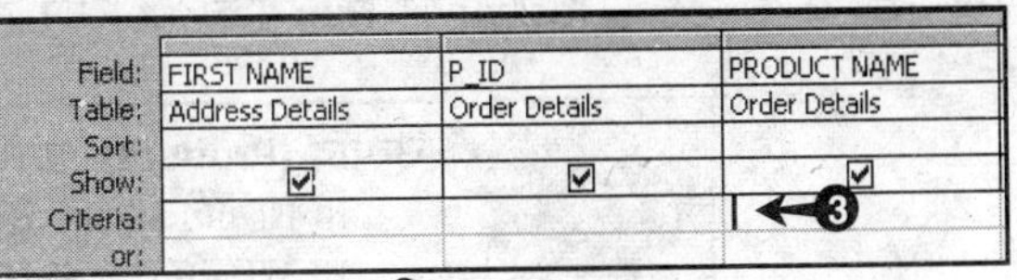

चित्र AC-5.25

Field:	FIRST NAME	P_ID	PRODUCT NAME
Table:	Address Details	Order Details	Order Details
Sort:			
Show:	☑	☑	☑
Criteria:			="pencil box"
or:			

चित्र AC-5.26

4. Criteria = **pencil box** टाइप करें (चित्र AC-5.26)।
5. Toolbar के **Run** बटन (!) पर क्लिक करें (चित्र AC-5.11)। क्वेरी का परिणाम अब आपको स्क्रीन पर दिखाई देगा (चित्र AC-5.27)।

Query1 : Select Query

C_ID	FIRST NAME	P_ID	PRODUCT NAME	PRICE	QUANTITY
C4	Chandini	P04	PENCIL BOX	45.00	25

चित्र AC-5.27

6. क्वेरी के सभी criteria अपने आप double quotes में दिखाई देते हैं। अब आप देखें कि Condition **= pencil box** डबल कोट्स ("") में है या नहीं।

यह करने के लिए आप Design View को स्क्रीन पर लाएँ। इसके लिए 'फील्ड को छुपाना' विषय के क्रम 1 को करें।

अब आप देखेंगे कि आपने जो criteria टाइप किया है, (**=pencil box**) उसमें एक्सेस स्वयं ही डबल कोट्स ("") लगा देगा (चित्र AC-5.28)।

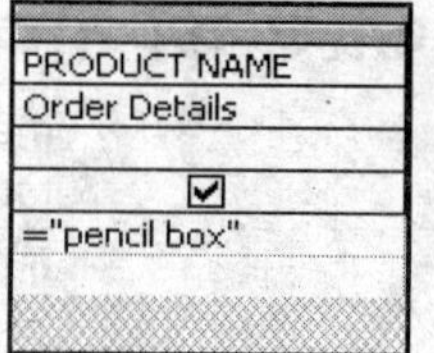

PRODUCT NAME
Order Details
☑
="pencil box"

चित्र AC-5.28

क्राइटीरिया डिलीट करना (Deleting Criterion)

यदि आप सभी रिकॉर्ड्स को बिना किसी condition के दिखाना चाहते हैं, तो आपको सभी condition को रिकॉर्ड्स से हटाना होगा। उदाहरण के लिए– यदि आप सभी रिकॉर्ड्स को दिखाना चाहते हैं (चित्र AC-5.12), तो आपको नीचे लिखे क्रम के अनुसार चलना होगा–

1. माउस पॉएंटर को **Criteria** विकल्प की दाईं तरफ लिखे गए टेक्स्ट पर लाएँ, जो हमारे उदाहरण में **= "pencil box"** है और माउस बटन को क्लिक करें।
2. बाएँ माउस बटन को दबाएँ। उसे दबाए रखते हुए माउस को इस प्रकार ड्रैग करें कि **= "pencil box"** हाईलाइट हो जाए (चित्र AC-5.29)।
3. जब पूरा criteria हाईलाइट हो जाए, तो माउस बटन को छोड़ दें।

Field:	FIRST NAME	P_ID	PRODUCT NAME
Table:	Address Details	Order Details	Order Details
Sort:			
Show:	☑	☑	☑
Criteria:			="pencil box"
or:			

चित्र AC-5.29

4. **Delete** key की–बोर्ड से दबा दें। तुरंत ही criteria डिलीट हो जाएगा।
5. Toolbar पर **Run** बटन (!) पर क्लिक करें। तुरंत स्क्रीन पर ही चित्र AC-5.12 दिखाई देगा।

उत्पाद (Product) का नाम, जिसका मूल्य 20 रु. है, को ढूँढ़ने के लिए क्वेरी बनाएँ।

- विषय 'फील्ड को छुपाने' के क्रम 1 को दोहराएँ।
- माउस पॉएंटर को **Criteria** विकल्प पर लाएँ।
- टेबल के **PRICE** फील्ड को देखने के लिए बाएँ माउस बटन को बाएँ ऐरो स्क्रॉल बटन (◂) पर क्लिक करें।
- माउस पॉएंटर को थोड़ी दाईं तरफ लाएँ और **PRICE** फील्ड में क्लिक करें।
- अब **Criteria=20** टाइप करें।
- **Run** बटन (!) को दबाएँ।

गणना करना (Performing Calculations)

आप अपने डाटाबेस के हर रिकॉर्ड के लिए कैलक्युलेशन कर सकते हैं और उसके बाद उत्तर का विश्लेषण कर सकते हैं। आइए, अब हम हर ग्राहक द्वारा चुकाए गए कुल मूल्य को कैलक्युलेट करें, जो इस पर निर्भर करता है कि उस ग्राहक ने कितने प्रोडक्ट खरीदे हैं।

असली कैलक्युलेशन करने से पहले क्वेरी के **Design View** को स्क्रीन पर लाएँ, उसके बाद आगे बढ़ें। इसके लिए आपको नीचे लिखे क्रम के अनुसार काम करना होगा–

Hot Tip

अगर आप QUANTITY फील्ड को टेबल में नहीं देख पा रहे हैं तो दाएँ ऐरो स्क्राल बटन (▸) तब तक पर क्लिक करते रहें, जब तक यह नज़र न आए।

1. माउस पॉएंटर को नए कॉलम, जो फील्ड नाम **QUANTITY** के सामने है, पर लाएँ और बाएँ माउस बटन को क्लिक करें। तुरंत ही आपको एक blinking cursor उस जगह पर दिखाई देगा (चित्र AC-5.30)।
2. नए फील्ड में कोई नाम, जैसे– **TOTAL PRICE** को टाइप करें।

PRICE	QUANTITY	← 2
Order Details	Order Details	
☑	☑	☐

चित्र AC-5.30

3. **TOTAL PRICE** के सामने आपको कमांड टाइप करनी है, इसलिए **:** टाइप करें।
4. **Spacebar** दबाएँ।
5. **[PRICE] * [QUANTITY]** टाइप करें। कमांड को टाइप करने के बाद आपकी स्क्रीन चित्र AC-5.31 के समान दिखेगा।
6. Toolbar पर मौजूद **Run** बटन (!) पर क्लिक करें। आप देखेंगे कि नया फील्ड टेबल में शामिल हो जाएगा और उसका परिणाम– **TOTAL PRICE** जो हर ग्राहक द्वारा चुकाया जाएगा, आपको स्क्रीन पर दिखाई देगा (चित्र AC-5.32)।

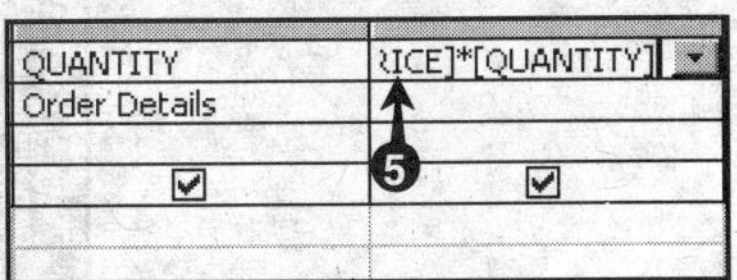

चित्र AC-5.31

Query1 : Select Query

	C_ID	FIRST NAME	P_ID	PRODUCT NAME	PRICE	QUANTITY	TOTAL PRICE
▶	C1	Vikas	P01	ERASER	8.00	50	400
	C3	Mohan	P03	PEN	25.00	100	2500
	C4	Chandini	P04	PENCIL BOX	45.00	25	1125
*							

चित्र AC-5.32

क्वेरी सेव करना (Saving a Query)

बाद के इस्तेमाल के लिए क्वेरी को आप सेव कर सकते हैं। इसके लिए आपको नीचे लिखे क्रम के अनुसार काम करना होगा–

1. माउस पॉएंटर को toolbar पर मौजूद **Save** बटन ( ) पर लाएँ (चित्र AC-5.33) और बाएँ माउस बटन को क्लिक करें। तुरंत ही **Save As** बॉक्स आपको स्क्रीन पर दिखाई देगा (चित्र AC-5.34)।
2. **Product Query** नाम इस क्वेरी के लिए टाइप करें और **OK** बटन पर क्लिक करें (चित्र AC-5.35)। तुरंत ही आपकी क्वेरी **Product Query** नाम के साथ सेव हो जाएगी।

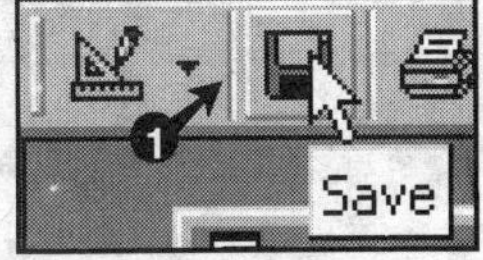

चित्र AC-5.33

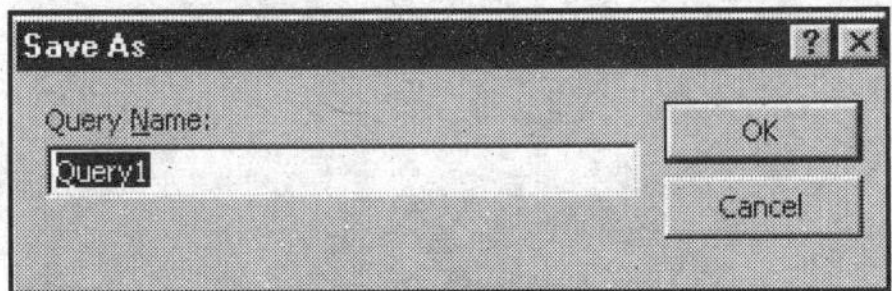

चित्र AC-5.34

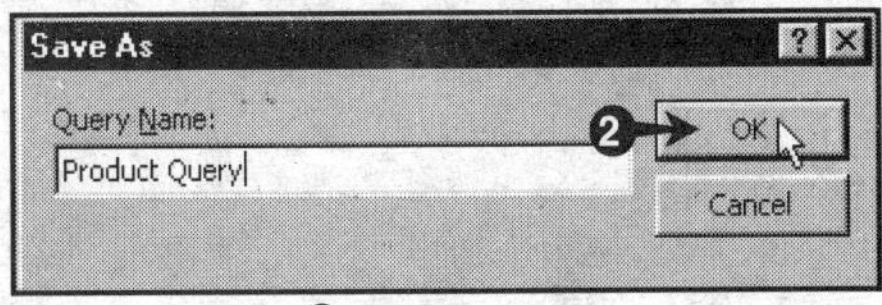

चित्र AC-5.35

क्वेरी बंद करना और एक्सेस से बाहरे आना (Closing the Query and Quitting Access)

अब तक आप क्वेरी बनाना और उसमें काम करना जान चुके होंगे। अब आप इसे बंद करें। इसके लिए हमें नीचे लिखे क्रम के अनुसार काम करना होगा–

1. **File** मेन्यू बार विकल्प पर क्लिक करें। तुरंत ही आपको पुल–डाउन मेन्यू दिखाई देगा।
2. पुल–डाउन मेन्यू के अंदर **Close** विकल्प पर क्लिक करें। आपकी क्वेरी बंद हो जाएगी और आप **Address:Database** बॉक्स पर वापस आ जाएँगे। यह बॉक्स आपको Query का नाम **Product Query** लिखा दिखाएगा (चित्र AC-5.36)।

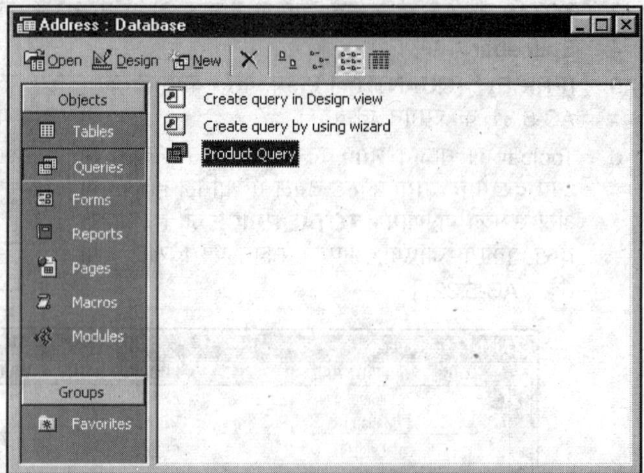

चित्र AC-5.36

3. **Address:Database** बॉक्स को बंद करने के लिए दोबारा **File** मेन्यू बार विकल्प पर क्लिक करें।
4. **Close** विकल्प पर क्लिक करें। अब **Address:Database** बॉक्स भी बंद हो जाएगा।
5. माउस पॉइंटर को **Title bar** के दाएँ कोने पर लाएँ और फिर **Close** बटन (x) पर क्लिक करें (चित्र AC-5.37)। माइक्रोसॉफ्ट एक्सेस विंडो तुरंत बंद हो जाएगी।

चित्र AC-5.37

अध्याय

6

रिपोर्ट बनाना

इस अध्याय में–

* Report Wizard द्वारा रिपोर्ट (Report) बनाना
* रिपोर्ट को प्रिंट करना
* रिपोर्ट को बंद करना तथा एक्सेस से बाहर आना

रिपोर्ट डाटाबेस के डाटा को देखने तथा प्रिंट करने का एक आसान तरीका है। यह आपको हर फॉर्मेट (Format) में डाटा दिखाता है। क्वेरीज़ की तरह ही रिपोर्ट डाटाबेस के अन्य objects, यानी टेबल और क्वेरी से डाटा लेता है और फिर आपके निर्देशानुसार उस डाटा को व्यवस्थित करता है।

रिपोर्ट विज़ार्ड (Report Wizard) आपको अपनी रिपोर्ट का प्राथमिक ले–आउट देता है। एक्सेस में रिपोर्ट बनाने के विभिन्न तरीके उपस्थित रहते हैं, पर इस अध्याय में आप रिपोर्ट को रिपोर्ट विज़ार्ड (Report Wizard) द्वारा बनाने की प्रक्रिया को जानेंगे। यह रिपोर्ट बनाने का सबसे सरल तरीका है।

Report wizard रिपोर्ट को आपके द्वारा दिए गए उ त्तरों के आधार पर डिज़ाइन करेगा। इसमें यह आपसे कुछ प्रश्न पूछेगा (जैसे–आप किस प्रकार की रिपोर्ट बनाना चाहते हैं?)। इन प्रश्नों के उत्तर पाने के बाद यह रिपोर्ट को अपने–आप बना देगा। बाद में आप उस रिपोर्ट में बदलाव भी कर सकते हैं।

रिपोर्ट विज़ार्ड द्वारा रिपोर्ट बनाना (Creating a Report with Report Wizard)

Report wizard द्वारा रिपोर्ट बनाने के लिए आपको नीचे दिए गए क्रम के अनुसार चलना होगा–

1. **Taskbar** पर मौजूद **Start** बटन (Start) पर क्लिक करें। तुरंत ही आपको पुश–अप मेन्यू दिखाई देगा।
2. पुश–अप मेन्यू के अंदर **Programs** विकल्प पर क्लिक करें। तुरंत ही दूसरा मेन्यू दिखाई देगा। इस मेन्यू के अंदर माउस पॉएंटर को **Microsoft Access** विकल्प पर लाएँ और बाएँ माउस बटन को क्लिक करें। तुरंत ही माइक्रोसॉफ्ट एक्सेस विंडो बॉक्स के साथ स्क्रीन पर दिखाई देगी।
3. बॉक्स के अंदर राउंड बटन, जो **Open an existing file** विकल्प के साथ दिखाई दे रहा है, पर क्लिक करें। तुरंत ही उसका चुनाव हो जाएगा।
4. नीचे दिख रहे बॉक्स में **Address** डाटाबेस पर क्लिक करें।
5. **OK** बटन पर क्लिक करें। तुरंत ही आपको स्क्रीन पर **Address:Database** बॉक्स दिखाई देगा (चित्र AC-6.1)।

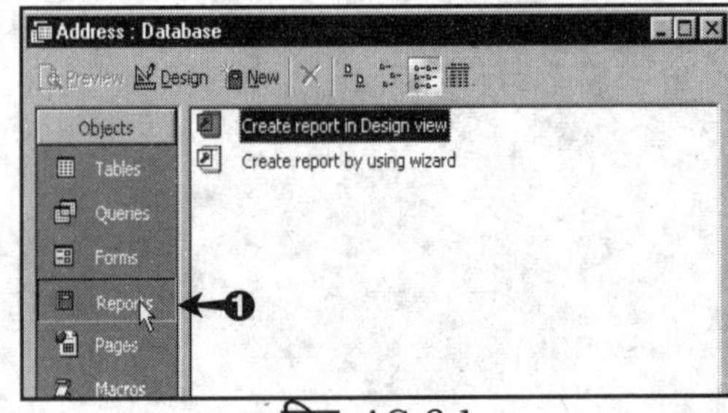

चित्र AC-6.1

यदि माइक्रोसॉफ्ट एक्सेस पहले से ही स्क्रीन पर खुला हो, तो स्क्रीन पर Address:Database बॉक्स को इस क्रम के अनुसार खोलें–

1. Open बटन (📂) पर क्लिक करें।
2. Open बॉक्स के अंदर डाउन ऐरो बटन (▾) जो look in विकल्प के साथ है, पर क्लिक करें। पुल–डाउन मेन्यू आपको दिखाई देगा।
3. पुल–डाउन मेन्यू के अंदर My Documents फोल्डर पर क्लिक करें।
4. सभी फाइल्स में से Address.mdb डाटाबेस पर क्लिक करें। .mdb Address डाटाबेस का एक्सटेन्शन (Extension) है।
5. Open बॉक्स से Open बटन पर क्लिक करें। तुरंत ही Address डाटाबेस बॉक्स आपको दिखाई देगा (चित्र AC-6.1)।

रिपोर्ट विज़ार्ड को शुरू करना (Starting the Report Wizard)

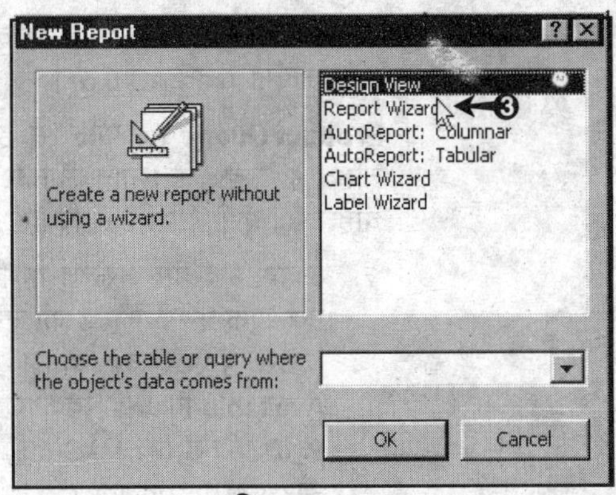

चित्र AC-6.2

1. **Address:Database** बॉक्स के अंदर माउस पॉएंटर को **Reports** टैब पर लाएँ (चित्र AC-6.1) और बाएँ माउस बटन को क्लिक करें। अब टैब का चुनाव हो जाएगा।
2. **Address:Database** बॉक्स में नई रिपोर्ट बनाने के लिए **New** बटन पर क्लिक करें (चित्र AC-6.1)। **New Report** बॉक्स स्क्रीन पर खुल जाएगा (चित्र AC-6.2)।

New Report बॉक्स (चित्र AC-6.2) रिपोर्ट बनाने के 6 तरीके आपको देता है। यह नीचे दिए गए टेबल में दिए गए हैं –

• **Design View**	यह विकल्प एक खाली डिज़ाइन विंडो को स्क्रीन पर खोलता है।
• **Report Wizard**	यह आपके द्वारा दिए गए प्रश्नों के उत्तरों के आधार पर एक टेबल के फॉर्मेट में रिपोर्ट बनाता है।
• **AutoReport: Columnar**	यह एक या अधिक रिकॉर्ड्स को कॉलम्स में दिखाता है।
• **Autoreport: Tabular**	यह रिपोर्ट को रोज़ तथा कॉलम्स में दिखाता है।
• **Chart Wizard**	यह आपको व्यावसायिक ग्राफ आदि बनाने में सहायता करता है।
• **Label Wizard**	यह मेलिंग लेबल्स बनाने में मदद देता है।

ऊपर दी गई सूची में से **Report Wizard** ही रिपोर्ट को डिजाइन करने का सबसे सरल तरीका है।

3. मान लीजिए कि आप **Report Wizard** में रिपोर्ट बनाना चाहते हैं, तो माउस पॉएंटर को **Report Wizard** विकल्प (चित्र AC-6.2) पर लाएँ।
4. **New Report** बॉक्स के अंदर आपको एक अन्य छोटा बॉक्स भी दिखाई देगा (चित्र AC-6.3), जिसमें से आप वह टेबल या क्वेरी चुन सकते हैं, जिसमें से रिपोर्ट का डाटा आएगा। टेबल या क्वेरी चुनने के लिए इस बॉक्स के सामने बने डाउन ऐरो बटन (▾) पर क्लिक करें। मान लीजिए कि आप **Product Query** नामक क्वेरी (जिसे हमने अध्याय 5 में बनाया था) के आधार पर रिपोर्ट बनाना चाहते हैं। ऐसा करने के लिए माउस पॉएटर को डाउन ऐरो बटन (▾) (चित्र AC-6.3) पर ले जाएँ और माउस बटन द्वारा उस पर क्लिक करें। तुरंत ही स्क्रीन पर एक पुल–डाउन मेन्यू दिखाई देगा।

चित्र AC-6.3

5. पुल–डाउन मेन्यू के अंदर माउस पॉएटर को **Product Query** पर लाएँ (चित्र AC-6.4) और बाएँ माउस बटन को क्लिक करें। तुरंत ही क्वेरी का नाम बॉक्स में दिखाई देगा।

चित्र AC-6.4

6. **OK** बटन पर क्लिक करें। तुरंत ही **Report Wizard** बॉक्स स्क्रीन पर खुल जाएगा (चित्र AC-6.5)।

Product Query में 7 फील्ड्स हैं। इनमें से जो फील्ड आप रिपोर्ट में दिखाना चाहते हैं, उन्हें चुनें। मान लीजिए कि आप प्रोडक्ट के विवरण पर रिपोर्ट बनाना चाहते हैं। ऐसी स्थिति में रिपोर्ट के फील्ड्स Box 1 में दिए गए फील्ड्स होंगे–

P_ID PRODUCT NAME PRICE QUANTITY TOTAL PRICE

बॉक्स 1

7. आइए, अब हम जरूरत के हिसाब से एक–एक करके फील्ड का चुनाव करें। माउस पॉएंटर को बॉक्स के अंदर **Available Fields** विकल्प के नीचे **P_ID** फील्ड (चित्र AC-6.5) पर लाएँ और उस पर क्लिक करें।

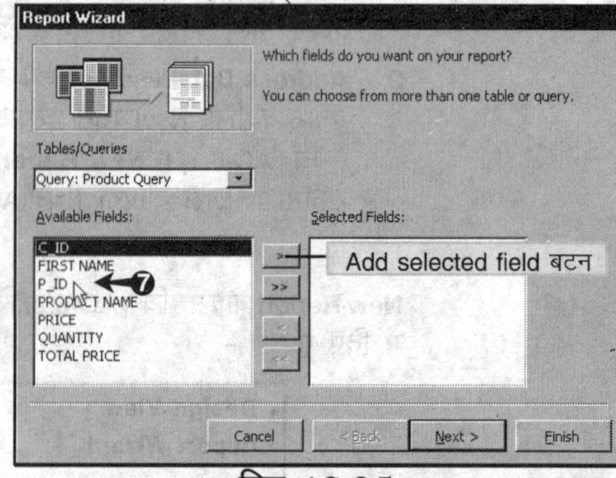

चित्र AC-6.5

8. माउस पॉएंटर को **Add Selected Field** बटन (>) पर लाकर क्लिक करें (चित्र AC 6.6)। चुना गया फील्ड **Selected Fields** विकल्प के नीचे बॉक्स में आ जाएगा (चित्र AC-6.6)।

Important

अगर आप भूलवश गलत फील्ड को चुन लेते हैं तो नीचे लिखे क्रम का पालन करते हुए उसे Selected Fields विकल्प के नीचे से दोबारा Available Fields के नीचे लाएँ–

1. उस फील्ड पर क्लिक करें जो गलती से चुन ली गई थी।
2. इसके पश्चात् Remove Selected Field बटन (<) पर क्लिक करें।

9. जो अगला फील्ड add करना है, वह **PRODUCT NAME** है। इसलिए **Available Fields** विकल्प के नीचे दिखने वाले फील्ड नाम **PRODUCT NAME** को हाईलाइट करने के लिए बाएँ माउस बटन को उस पर क्लिक करें (चित्र AC-6.6)।

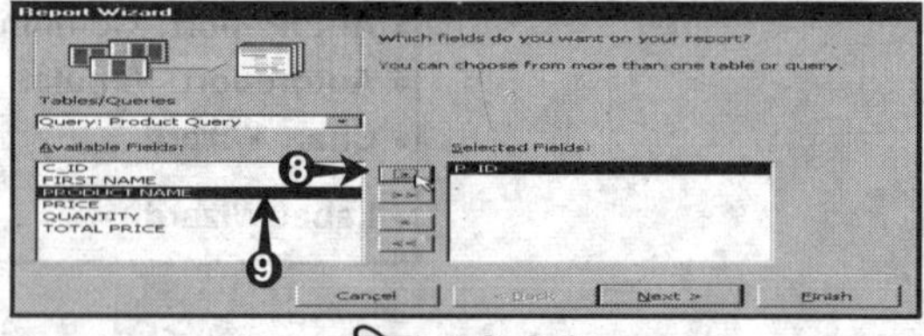

चित्र AC-6.6

10. **Add Selected Field** बटन (>) पर क्लिक करें। तुरंत ही **Selected Fields** विकल्प के नीचे आपको PRODUCT NAME फील्ड दिखाई देगा (चित्र AC-6.7)।

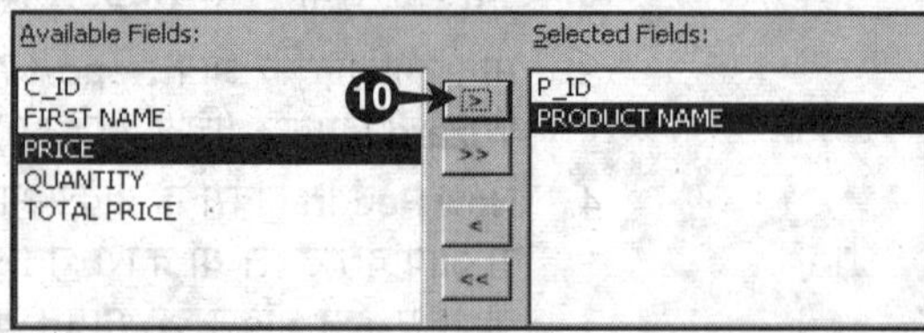

चित्र AC-6.7

11. इसी प्रकार शेष फील्ड्स **PRICE, QUANTITY** और **TOTAL PRICE** को **Available Fields** विकल्प के नीचे से **Selected Fields** विकल्प के नीचे लाएँ। जब आप जरूरत के सारे फील्ड्स चुन लेंगे, तब आपका स्क्रीन (चित्र AC-6.8) के समान दिखेगा।

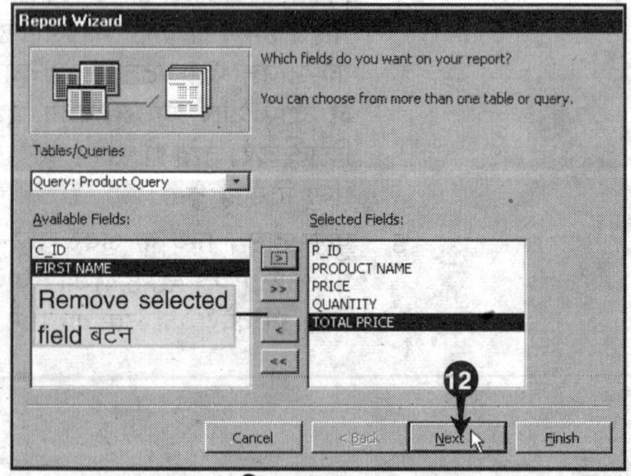

चित्र AC-6.8

12. माउस पॉएंटर को **Report Wizard** बॉक्स के **Next** बटन पर लाएँ (चित्र AC-6.8) और उस पर क्लिक करें। तुरंत ही एक दूसरा **Report Wizard** बॉक्स स्क्रीन पर अन्य प्रश्नों के साथ दिखाई देगा (चित्र AC-6.9)।

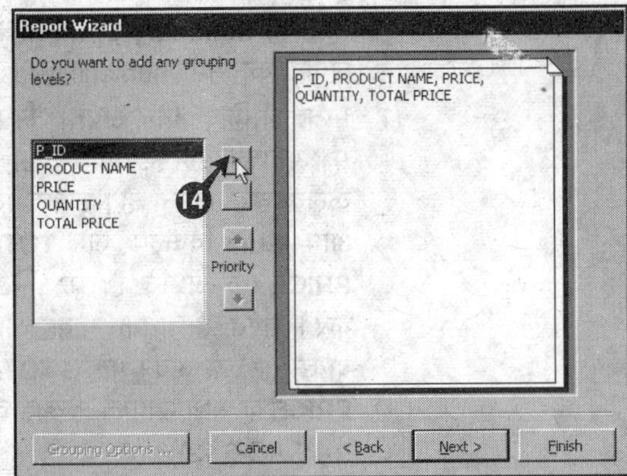

चित्र AC-6.9

13. दूसरे **Report Wizard** बॉक्स का इस्तेमाल डाटा को किसी फील्ड के अनुसार समूह (Group) बना कर अपनी रिपोर्ट में डालने के लिए होता है।

अब आप डाटा को किसी फील्ड के अनुसार ग्रुप करें। जैसे– फील्ड **P_ID** के आधार पर डाटा को ग्रुप करने का अर्थ होगा कि आपकी रिपोर्ट के रिकॉर्ड्स Product identification नंबर के अनुसार रिपोर्ट में दिखाए जाएँगे। दूसरे शब्दों में, रिपोर्ट उन सभी रिकॉर्ड्स को दिखाएगी, जो Product Identification नंबर **P01** से शुरू होते हैं, इसी प्रकार इसके पश्चात् उन रिकॉर्ड्स को दिखाएगी, जो **PO2** से शुरू होते हैं, इत्यादि।

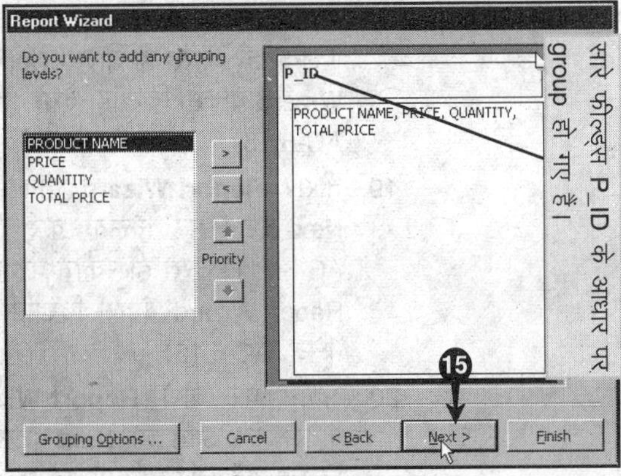

चित्र AC-6.10

मान लीजिए कि आप **P_1D** फील्ड के अनुसार रिकॉर्ड को अपनी रिपोर्ट में ग्रुप करना चाहते हैं। माउस पॉएंटर को फील्ड **P_ID** पर लाएँ और उस पर क्लिक करें। फील्ड **P_ID** हाईलाइट हो जाएगा (चित्र AC-6.9)।

14. फिर **Add Selected Field** बटन (>) पर क्लिक करें (चित्र AC-6.9)। **P_ID** सभी फील्ड नाम के ऊपर बॉक्स में दिखाई देगा। इसका अर्थ होगा कि रिकॉर्ड्स, जो रिपोर्ट में है, वह फील्ड **P_ID** के अनुसार ग्रुप हो जाएँगे (चित्र AC-6.10)।

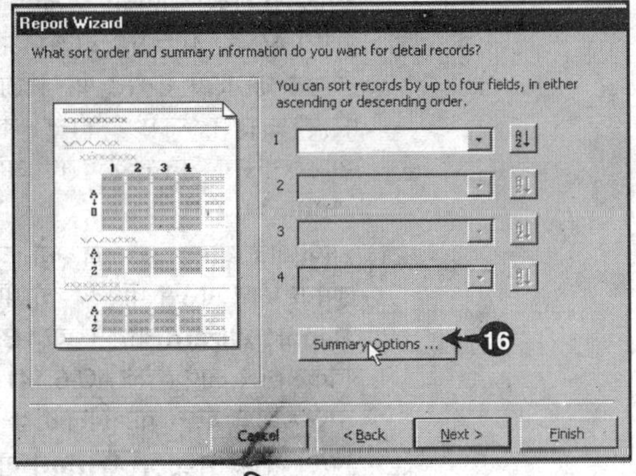

चित्र AC-6.11

15. माउस पॉएंटर को **Next** बटन पर लाएँ (चित्र AC-6.10) और बाएँ माउस बटन को क्लिक करें। तुरंत ही तीसरा **Report Wizard** बॉक्स स्क्रीन पर खुल जाएगा (चित्र AC-6.11)।

16. बॉक्स, जो चित्र AC-6.11 में दिखाई दे रहा है उसका उपयोग फील्ड की छँटाई (Sort) करने के लिए होता है। इस वक्त आपको इस बॉक्स की आवश्यकता नहीं है। इसलिए अब आप **Summary Options** बटन पर क्लिक करें (चित्र AC-6.11)।

तुरंत ही **Summary Options** बॉक्स स्क्रीन पर खुल जाएगा (चित्र AC-6.12)। यह बॉक्स आपकी रिपोर्ट की सभी numeric fields को दिखाएगा।

17. मान लीजिए कि अपनी रिपोर्ट में आपको फील्ड के total को कैलक्युलेट करना है। इसके लिए आप **Sum** विकल्प जो **TOTAL PRICE** के सामने है, पर क्लिक करें। तुरंत ही टिक मार्क खाली बॉक्स (☑) के अंदर फील्ड **TOTAL PRICE** के साथ आपको दिखाई देगा (चित्र AC-6.12)।

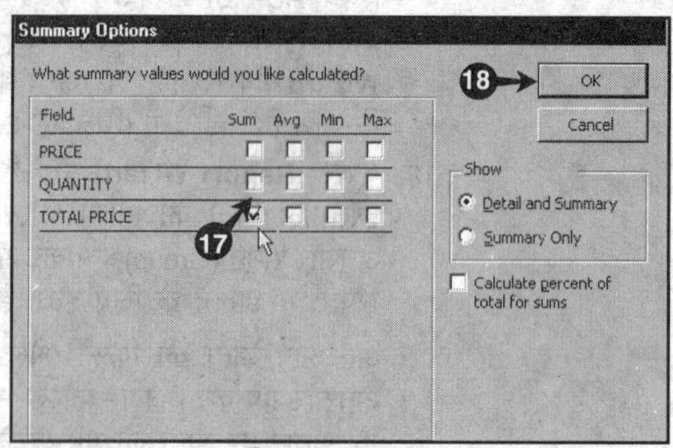

चित्र AC-6.12

18. अब Summary Options बॉक्स को बंद करने के लिए **OK** बटन पर क्लिक करें। तुरंत ही तीसरा **Report Wizard** बॉक्स दिखाई देगा (चित्र AC-6.13)।
19. तीसरे **Report Wizard** बॉक्स में **Next** बटन पर क्लिक करें (चित्र AC-6.11)। तुरंत ही स्क्रीन पर चौथा Report Wizard बॉक्स दिखाई देगा (चित्र AC-6.13)

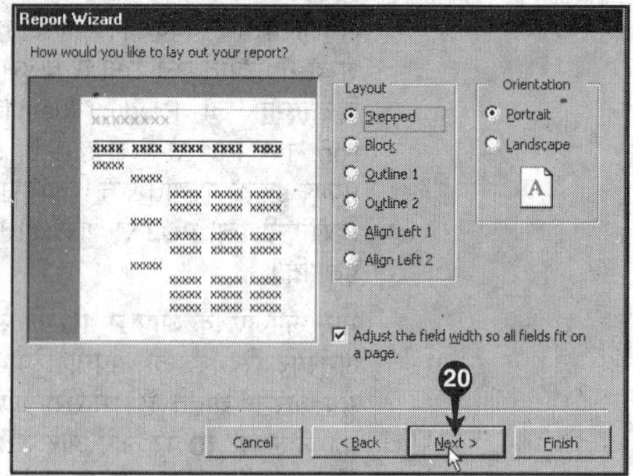

चित्र AC-6.13

20. स्क्रीन पर चौथे **Report Wizard** बॉक्स के आते ही **Next** बटन पर क्लिक करें। तुरंत ही पाँचवाँ **Report Wizard** बॉक्स आपको दिखाई देगा (चित्र AC-6.14)। यह बॉक्स अपनी रिपोर्ट के लिए टेक्स्ट या डाटा के लिए स्टाइल, जैसे– फॉन्ट, बॉर्डर और स्पेसिंग चुनने के लिए आपसे कहता है।
21. आप अब बोल्ड स्टाइल को चुनें। इसके लिए माउस पॉइंटर को, पाँचवें **Report Wizard** बॉक्स के **Bold** विकल्प पर लाएँ (चित्र AC-6.14) और बाएँ माउस बटन को क्लिक करें।
22. फिर पाँचवें **Report Wizard** बॉक्स के **Next** बटन पर क्लिक करें। तुरंत ही छठा **Report Wizard** बॉक्स कुछ हाईलाइटेड टेक्स्ट के साथ आपको स्क्रीन पर दिखाई देगा (चित्र AC-6.15)।

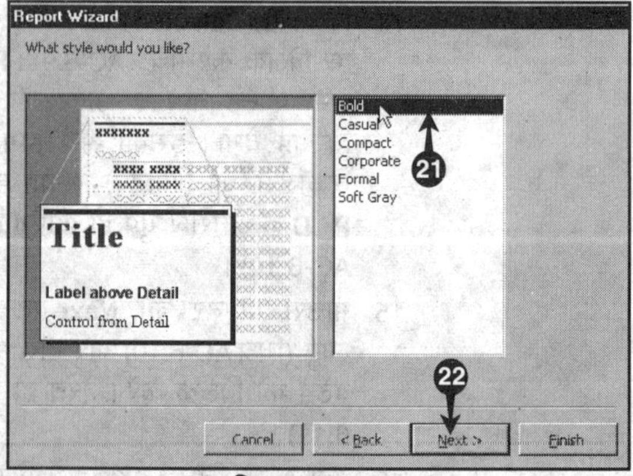

चित्र AC-6.14

23. यह बॉक्स रिपोर्ट को नाम देने के लिए इस्तेमाल किया जाता है। हम अपनी रिपोर्ट को **Order Report** नाम देते हैं। **Order Report** की–बोर्ड से टाइप करें (चित्र AC-6.15)।

24. **Finish** बटन पर क्लिक करें (चित्र AC-6.15)। तुरंत ही रिपोर्ट का प्रारूप स्क्रीन पर **Order Report** नाम के साथ दिखाई देगा (चित्र AC-6.16)।

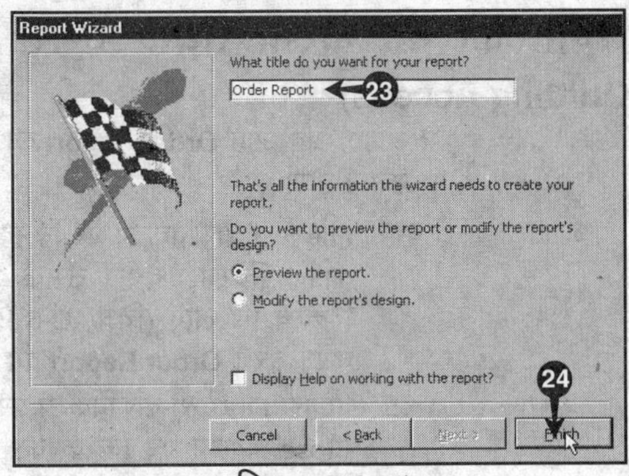

चित्र AC-6.15

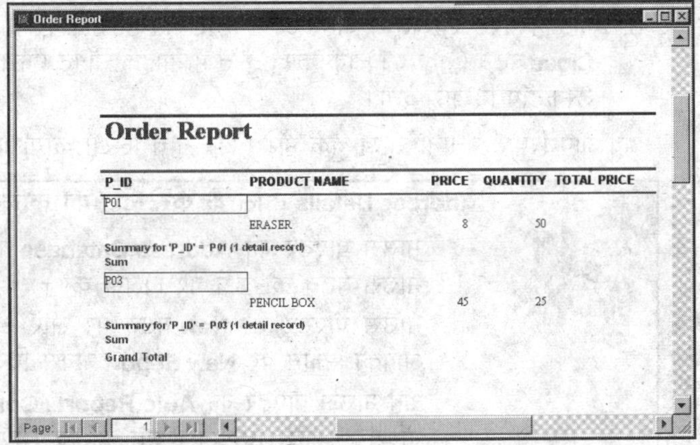

चित्र AC-6.16

चित्र AC-6.16 आपको कुछ ही रिकॉर्ड्स दिखा रहा है। यदि आप पूरी रिपोर्ट देखना चाहते हैं, तो आपको नीचे लिखे क्रम के अनुसार काम करना होगा–

1. माउस पॉएंटर को Order Report के अंदर लाएँ। तुरंत ही माउस पॉएंटर बदलकर मैग्नीफाइंग चिन्ह (🔍) बन जाएगा।
2. बाएँ माउस बटन को क्लिक करें। तुरंत ही स्क्रीन मीनिमाइज़ हो जाएगी (चित्र AC-6.17) और माउस पॉएंटर बदलकर (🔍) हो जाएगा।
3. रिपोर्ट को ठीक से पढ़ने के लिए दोबारा रिपोर्ट पर क्लिक करें। रिपोर्ट बडी हो जाएगी।

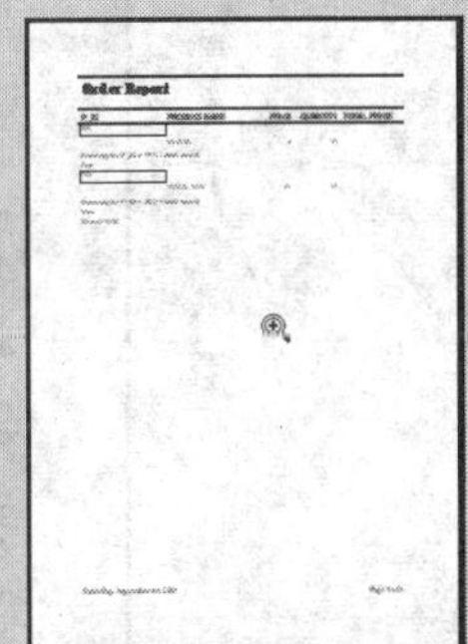

चित्र AC-6.17

रिपोर्ट को प्रिंट करना (Printing a Report)

Order Report को इस प्रकार प्रिंट करें–

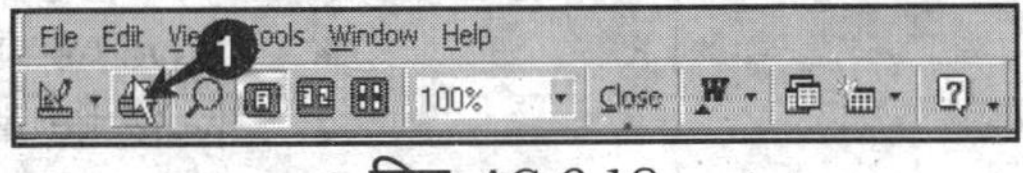

चित्र AC-6.18

1. प्रिव्यू स्क्रीन में ही माउस पॉएंटर को **Print** बटन (🖨) पर ले आएँ, जो **Standard** toolbar पर उपस्थित रहता है (चित्र AC-6.18)। बाएँ माउस बटन को क्लिक करें। तुरंत ही रिपोर्ट प्रिंट हो जाएगी।

रिपोर्ट को बंद करना तथा एक्सेस के बाहर आना (Closing the Report and Quitting Access)

आइए, अब आप **Order Report** को बंद करें। इसके लिए आपको नीचे लिखे क्रम के अनुसार कार्य करना होगा—

1. **File** मेन्यू बार विकल्प पर क्लिक करें। तुरंत ही पुल—डाउन मेन्यू आपको दिखाई देगा। उसके अंदर माउस पॉएंटर को **Close** विकल्प पर लाएँ (चित्र AC-6.19)। बाएँ माउस बटन को क्लिक करें। तुरंत **Order Report** बंद हो जाएगी।
2. दोबारा **File** मेन्यू बार विकल्प पर क्लिक करें। पुल—डाउन मेन्यू से **Close** विकल्प पर क्लिक करें। तुरंत ही **Address:Database** बॉक्स बंद हो जाएगा।
3. माइक्रोसॉफ्ट एक्सेस से बाहर आने के लिए **Title bar** पर मौजूद **Close** बटन (x) पर क्लिक करें। तुरंत ही माइक्रोसॉफ्ट एक्सेस विंडो बंद हो जाएगी और आपको डेस्कटॉप दिखाई देगा।

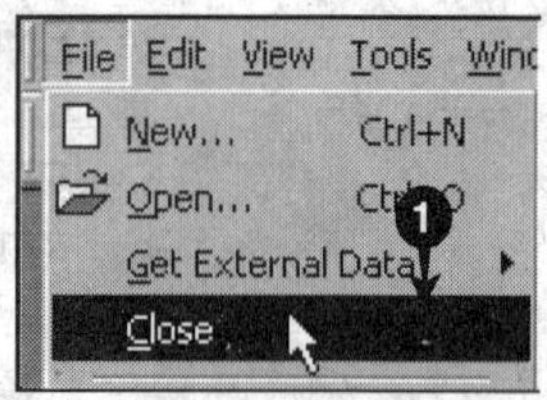

चित्र AC-6.19

अब आप रिपोर्ट बनाना सीख चुके होंगे। अब नीचे लिखा कार्याभ्यास करें—

Address Details टेबल के कन्टेन्ट्स को कॉलम्स में दिखाने के लिए क्या करें?

- माउस पॉएंटर को **Address:Database** के **Report** टैब पर लाएँ और बाएँ माउस बटन को उस पर क्लिक करें।
- माउस पॉएंटर को **New** बटन पर लाएँ और उसपर क्लिक करें। तुरंत ही आपको स्क्रीन पर New **Report** बॉक्स दिखाई देगा।
- अब माउस पॉएंटर को **Auto Report : Columnar** विकल्प जो **New Report** बॉक्स के अंदर दिखाई दे रहा है, पर लाएँ और क्लिक करें।
- माउस पॉएंटर को विकल्प **Choose the table or query where the objects data comes from** के सामने बने बॉक्स के डाउन ऐरो बटन (▾) पर लाकर क्लिक करें। तुरंत ही पुल—डाउन मेन्यू आपको दिखाई देगा।
- पुल—डाउन मेन्यू से **Address Details** टेबल का चुनाव करें।
- **OK** बटन पर क्लिक करें। तुरंत ही आपको कॉलम्स में रिपोर्ट दिखाई देगी (चित्र AC-6.20)।
- **File** विकल्प पर क्लिक करें। एक पुल—डाउन मेन्यू स्क्रीन पर दिखेगा।
- **Save** विकल्प पर क्लिक करें। एक **Save As** बॉक्स आपको स्क्रीन पर दिखाई देगा।
- रिपोर्ट का नाम **Add Report** टाइप करें।
- **Save As** बॉक्स के **Save** बटन पर क्लिक करें।
- रिपोर्ट बंद करने के लिए **File** मेन्यू बार विकल्प के पुल—डाउन मेन्यू से **Close** विकल्प का चुनाव करें।

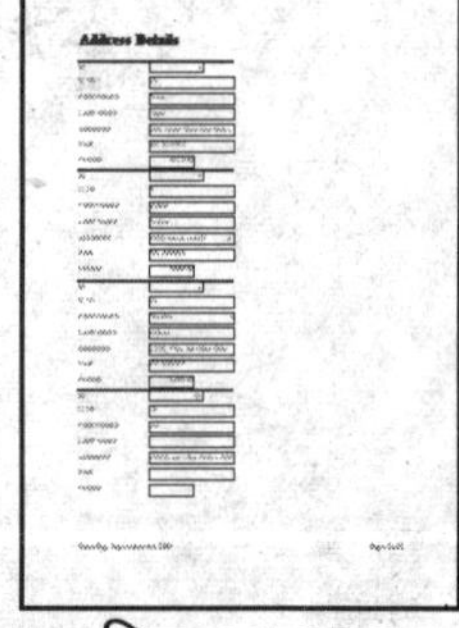

चित्र AC-6.20

माइक्रोसॉफ्ट एक्सेस 2000— कुछ उदाहरण

इस भाग में माइक्रोसॉफ्ट एक्सेस 2000 के कुछ उदाहरण दिए गए हैं। इन क्रमों का पालन आप इसी प्रकार करें जैसा इन्हें दिया गया है।

उदाहरण 1

इस उदाहरण में आपसे एक डाटाबेस बनाने और इसमें रिकॉर्ड दर्ज करने के लिए कहा गया है। ऐसा करने के लिए आप नीचे लिखे क्रम को अपनाएँ–

1. माइक्रोसॉफ्ट एक्सेस को खोलने के लिए **Taskbar** पर मौजूद **Start** बटन (Start) पर क्लिक करें। स्क्रीन पर एक पुश–अप मेन्यू दिखाई देगा (चित्र AC-1)।
2. माउस पॉएंटर को पुश–अप मेन्यू में **Programs** विकल्प पर लाएँ। स्क्रीन पर एक दूसरा मेन्यू दिखाई देगा (चित्र AC-1)।
3. **Microsoft Access** विकल्प पर क्लिक करें (चित्र AC-1)। कुछ ही क्षणों में आपके स्क्रीन पर **Microsoft Access** विंडो एक बॉक्स के साथ खुली दिखाई देगी (चित्र AC-2)। इस बॉक्स में आप **Access Database Wizard, pages and projects** विकल्प के साथ बने राउंड बटन पर क्लिक करें (चित्र AC-2)।
4. बॉक्स में **OK** बटन पर क्लिक करें। तुरंत ही स्क्रीन पर एक **New** बॉक्स दिखाई देगा (चित्र AC-3)।

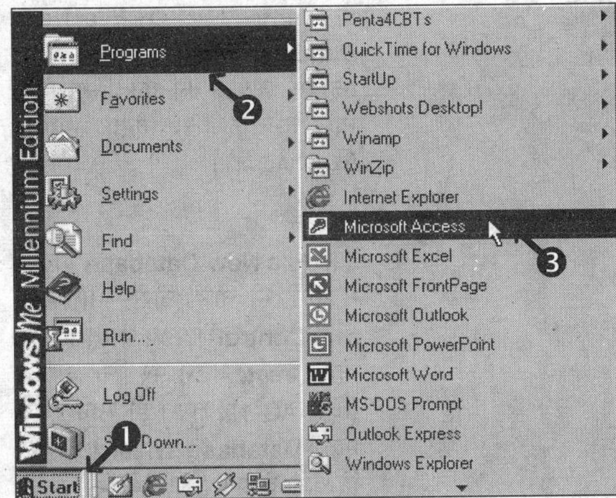

चित्र AC-1

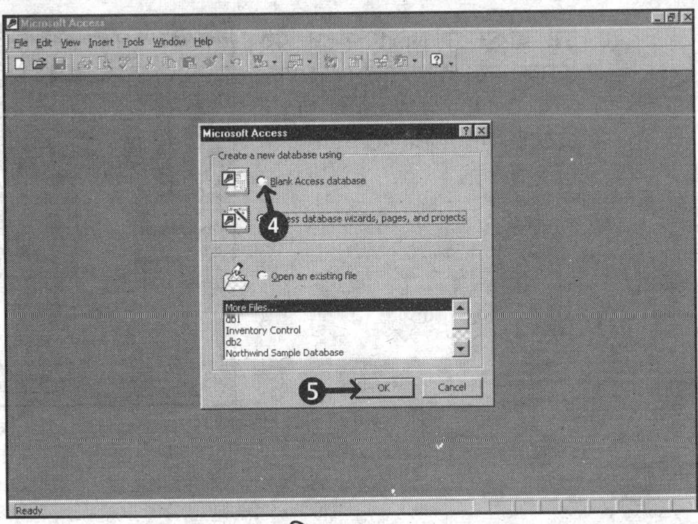

चित्र AC-2

6. **New** बॉक्स में **Databases** टैब पर क्लिक करें। इस **New** बॉक्स में सभी डाटाबेस दिखाई देने लेगेंगे। (चित्र AC-3)।

7. **Inventory Control** डाटाबेस पर क्लिक करें।

8. **OK** बटन पर क्लिक करें। तुरंत ही स्क्रीन पर एक **File New Database** बॉक्स दिखाई देगा, जिसमें फाइल का कोई उपयुक्त नाम देने के लिए कहा जाएगा (चित्र AC-4)।

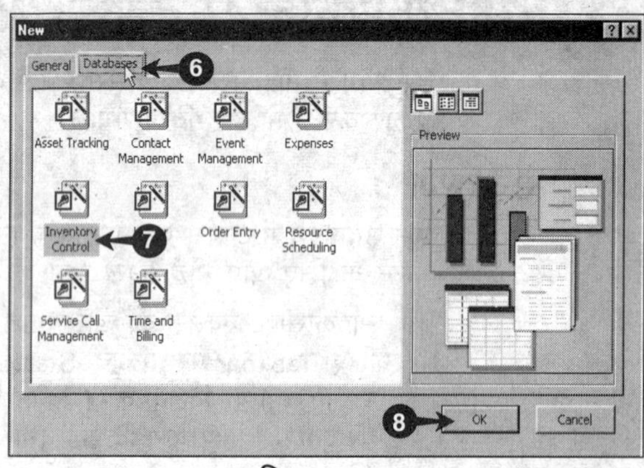

चित्र AC-3

9. इस **File New Database** बॉक्स में कोई भी नाम (जैसे– **Inventory Control**) टाइप करें। इसके बाद **Create** बटन पर क्लिक करें (चित्र AC-4)। तुरंत ही स्क्रीन पर एक **Database Wizard** बॉक्स दिखाई देगा। (चित्र AC-5)।

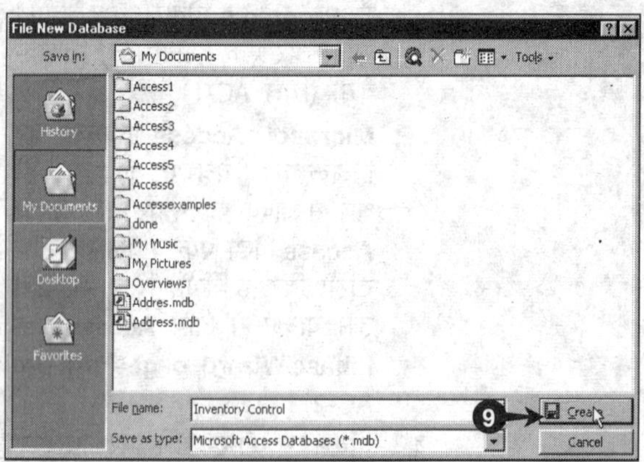

चित्र AC-4

10. इस बॉक्स में **Next** बटन पर क्लिक करें। तुरंत स्क्रीन पर एक अन्य **Database Wizard** बॉक्स दिखाई देगा (चित्र AC-6)।

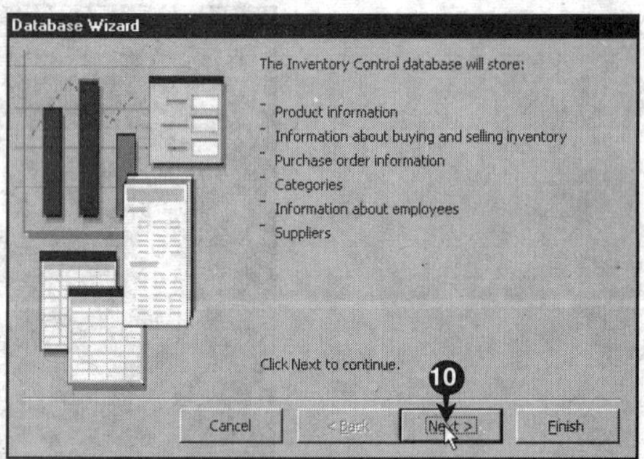

चित्र AC-5

11. इस बॉक्स में **Next** बटन पर क्लिक करें। तुरंत स्क्रीन पर एक और बॉक्स दिखाई देगा (चित्र AC-7)।
12. इस बॉक्स में माउस पॉएंटर को **Standard** विकल्प पर लाएँ (चित्र AC-7) और बायाँ माउस बटन को क्लिक करें। इस विकल्प का चुनाव हो जाएगा।
13. **Next** बटन पर क्लिक करें। स्क्रीन पर एक और **Database Wizard** बॉक्स दिखाई देगा (चित्र AC-8)।
14. इस बॉक्स में माउस पॉएंटर को **Formal** विकल्प पर लाएँ (चित्र AC-8) और बाएँ माउस बटन को क्लिक करें। **Formal** विकल्प हाईलाइट हो जाएगा।
15. **Next** बटन पर क्लिक करें। स्क्रीन पर तुरंत एक और **Database Wizard** बॉक्स दिखाई देगा (चित्र AC-9)।
16. एक बार फिर **Next** बटन पर क्लिक करें। स्क्रीन पर अब आखिरी **Database Wizard** बॉक्स दिखाई देगा (चित्र AC-10)।
17. इस बॉक्स में **Finish** बटन पर क्लिक करें। स्क्रीन पर कुछ पलों के लिए एक **Database Wizard** बॉक्स दिखाई देगा (चित्र AC-11)। इस बॉक्स के बाद एक **Main Switchboard** बॉक्स दिखाई देगा (चित्र AC-12)।

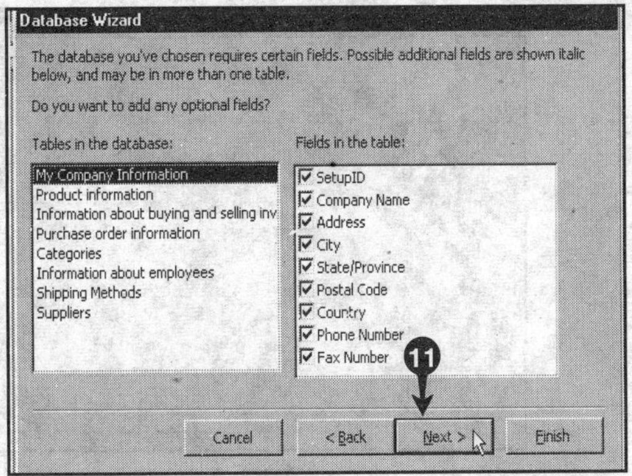

चित्र AC-6

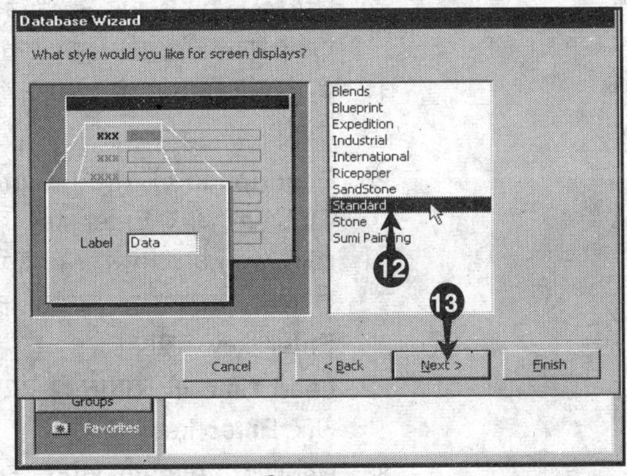

चित्र AC-7

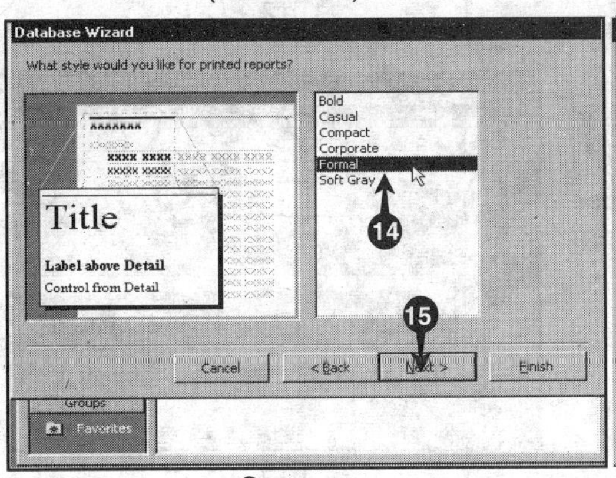

चित्र AC-8

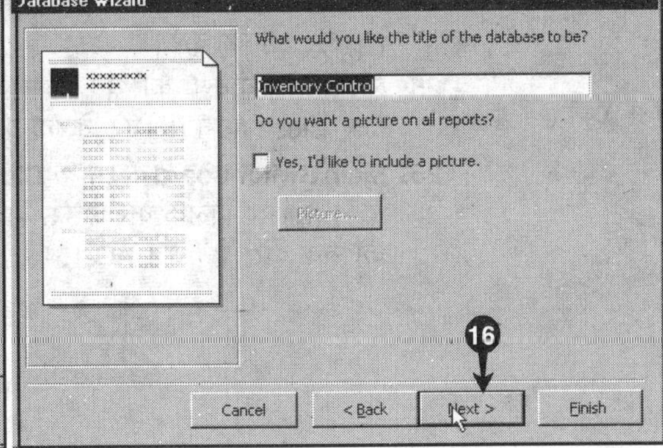

चित्र AC-9

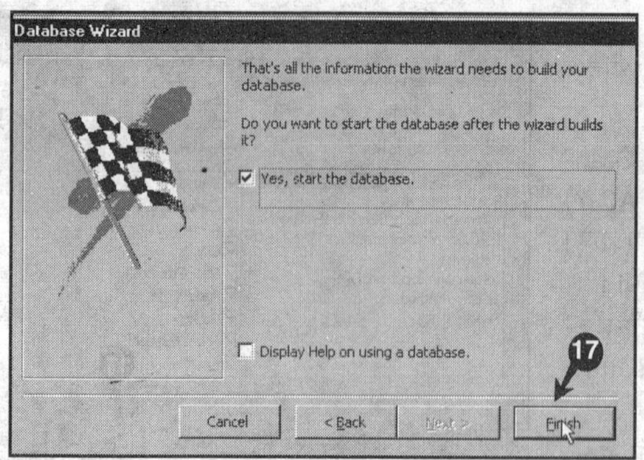

चित्र AC-10

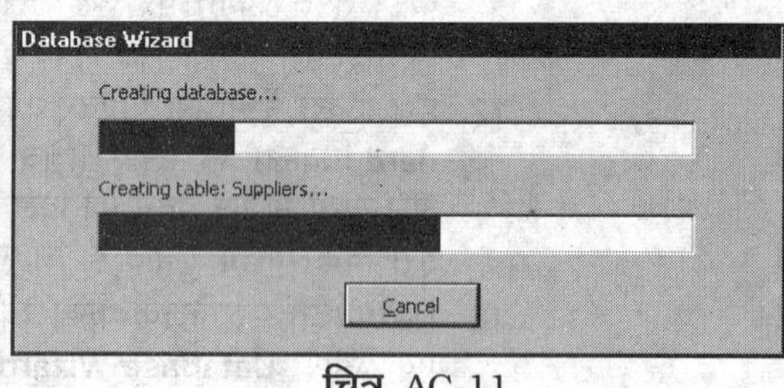

चित्र AC-11

18. इस **Main Switchboard** बॉक्स में **Enter/View Products** विकल्प के साथ बने बटन पर क्लिक करें। तुरंत ही स्क्रीन पर एक **Products** बॉक्स दिखाई देगा (चित्र AC-13)।
19. **Product Name** के साथ बने बॉक्स में कोई नाम (जैसे– **Paper**) टाइप करें और **Enter** key दबाएँ।
20. **Description** के सामने **Stationary** टाइप करें और **Enter** key दबाएँ।
21. **Category** के सामने बने ड्रॉप डाउन से **New** विकल्प का चयन करें और **Enter** key दबाएँ।
22. **Lead Time** के सामने **2** टाइप करें और **Enter** key दबाएँ।
23. **Reorder Level** के सामने **50** टाइप करें और **Enter** key दबाएँ। प्रविष्ट किया गया संपूर्ण डाटा चित्र AC-14 के समान दिखाई देगा।
24. रिकॉर्ड सेव करने के लिए **Save** बटन (💾) पर क्लिक करें।
25. **Products** बॉक्स को बंद करने के लिए **Close** बटन (☒) पर क्लिक करें।
26. **Main Switchboard** बॉक्स के **Close** बटन (☒) पर क्लिक करके इस बॉक्स को बंद कर दें (चित्र AC-15)।

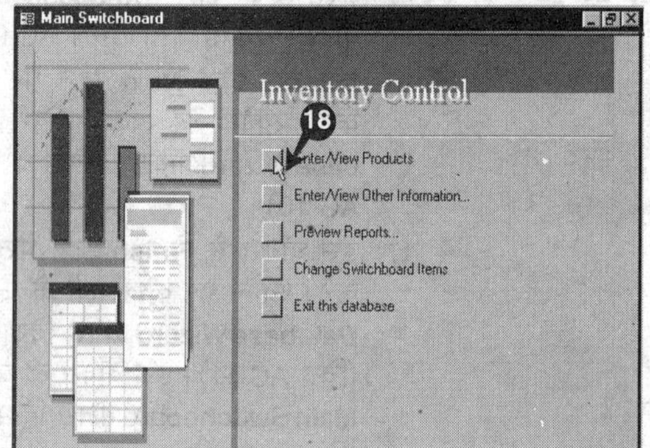

चित्र AC-12

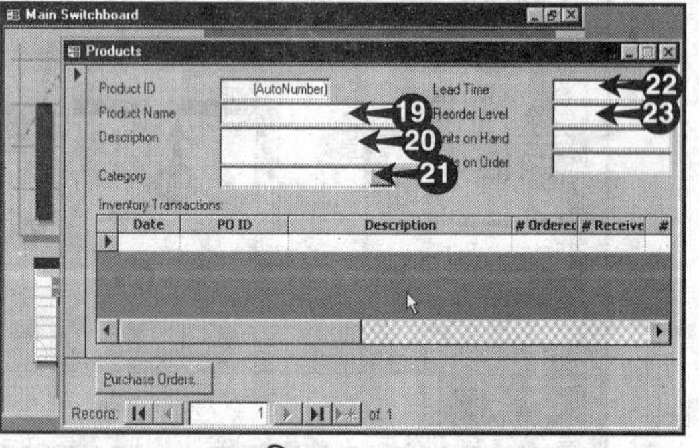

चित्र AC-13

आप देखेंगे कि माइक्रोसॉफ्ट एक्सेस विंडो में एक छोटे बटन के रूप मे **Inventory Control** डाटाबेस विंडो दिखाई दे रही है (चित्र AC-16)।

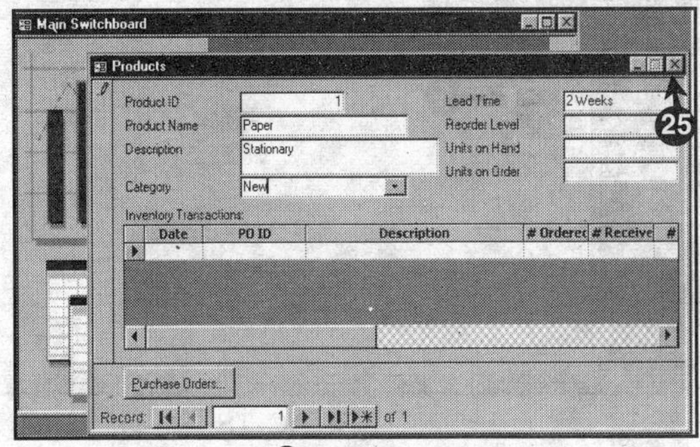

चित्र AC-14

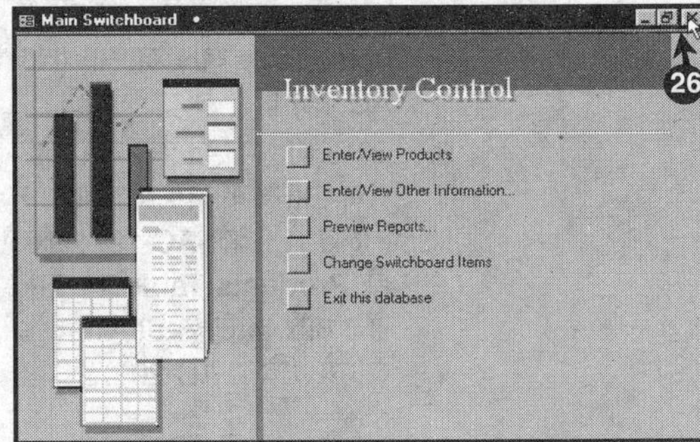

चित्र AC-15

उदाहरण 2

इस उदाहरण में हम रो की ऊँचाई बढ़ाकर **15** करना सीखेंगे।

1. माइक्रोसॉफ्ट एक्सेस विंडो में सबसे नीचे दिखाई दे रहे छोटे बॉक्स **Inventory Control** के **Maximize** बटन (□) पर क्लिक करें (चित्र AC-16)।

   तुरंत **Inventory Control : Database** स्क्रीन पर बड़े रूप में दिखाई देगा (चित्र AC-17)।
2. इस **Inventroy Control** डाटाबेस में माउस पॉइंटर को **Tables** टैब पर लाएँ (चित्र AC-17) और बाएँ माउस बटन को क्लिक करें।

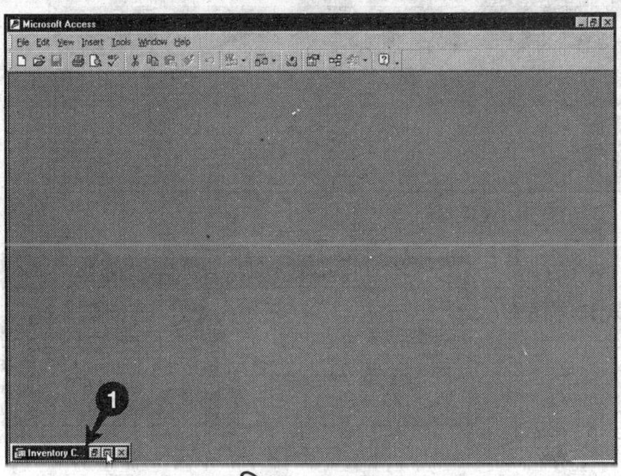

चित्र AC-16

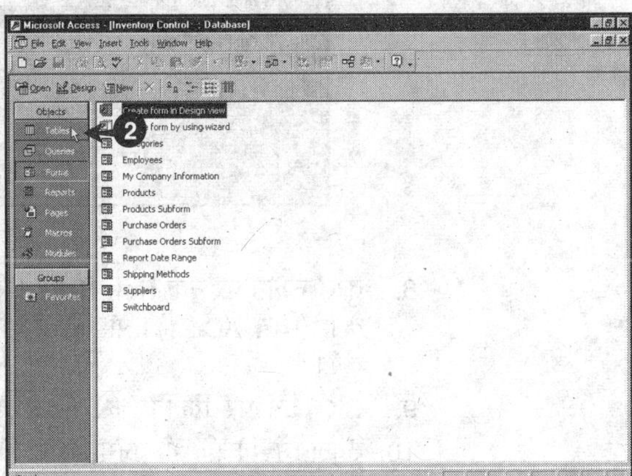

चित्र AC-17

3. टेबल के नाम **Products** पर क्लिक करें (चित्र AC-18)।
4. **Open** बटन पर क्लिक करें। तुरंत ही आपके स्क्रीन पर **Products :Table** खुल जाएगी (चित्र AC-19)।
5. उस जगह पर क्लिक करें, जहाँ रोज़ और कॉलम्स आपस में मिलते हैं (चित्र AC-19)। तुरंत ही **Products:Table** की सभी रोज़ और कॉलम्स हाईलाइट हो जाएँगे (चित्र AC-20)।

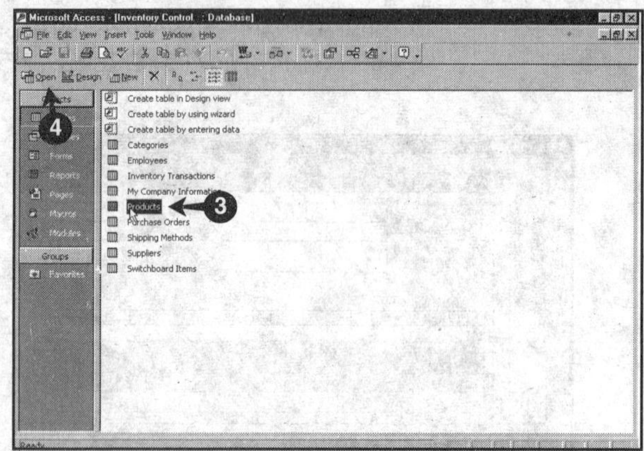

चित्र AC-18

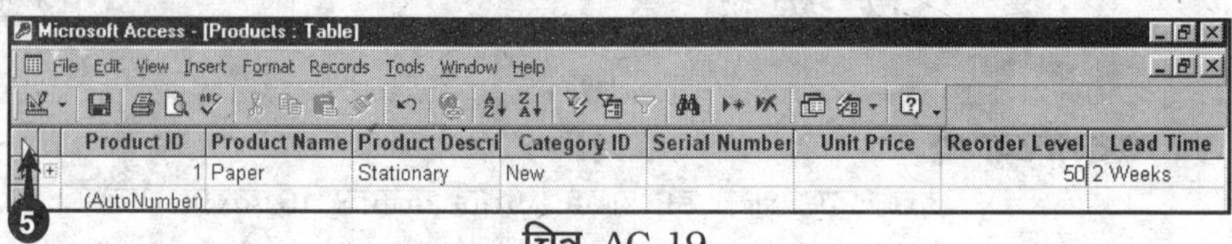

चित्र AC-19

6. **Format** मेन्यू बार विकल्प पर क्लिक करें। स्क्रीन पर एक पुल–डाउन मेन्यू दिखाई देगा।
7. **Row Height** विकल्प पर क्लिक करें (चित्र AC-20)।

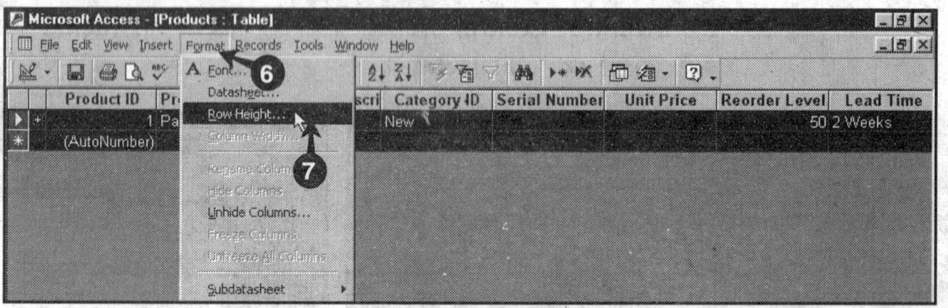

चित्र AC-20

8. तुरंत स्क्रीन पर एक **Row Height** बॉक्स दिखाई देगा (चित्र AC-21)। रो की ऊँचाई **15** टाइप करें।
9. **OK** बटन पर क्लिक करें (चित्र AC-21)।
10. टेबल में किसी भी जगह पर क्लिक करके हाईलाइट हटा दें (चित्र AC-22)।

चित्र AC-21

चित्र AC-22

उदाहरण 3

इस उदाहरण में आपसे टेबल में एक क्वेरी (Query) बनाने और सभी रिकॉर्ड्स में से केवल कुछ फील्ड्स (जैसे—**Product Name** और **Unit Price**) दिखाने के लिए कहा गया है।

1. **Inventory Control Database** में माउस पॉएंटर को **Queries** टैब पर लाएँ (चित्र AC-23) तथा बाएँ माउस बटन को क्लिक करें।
2. **New** बटन पर क्लिक करें। स्क्रीन पर तुरंत एक **New Query** बॉक्स दिखाई देगा (चित्र AC-24)।
3. इस **New Query** बॉक्स में **OK** बटन पर क्लिक करें। तुरंत स्क्रीन पर एक **Show Table** बॉक्स दिखाई देगा (चित्र AC-25)।
4. **Show Table** बॉक्स में आप देखेंगे कि टेबल **Products** पहले से ही हाईलाइटेड है। इसलिए इस टेबल को Query में शामिल करने के लिए **Add** बटन पर क्लिक करें (चित्र AC-25)। तुरंत **Products** टेबल add हो जाएगी।
5. माउस पॉएंटर को **Close** बटन पर लाएँ (चित्र AC-25) और बाएँ माउस बटन को क्लिक करें।
6. **Field** विकल्प के साथ बने डाउन ऐरो बटन (▾) पर क्लिक करें। चित्र AC-26 के समान एक पुल–डाउन मेन्यू आपको तुरंत दिखाई देगा।
7. पुल–डाउन मेन्यू में फील्ड **Product Name** पर क्लिक करें (चित्र AC-26)।

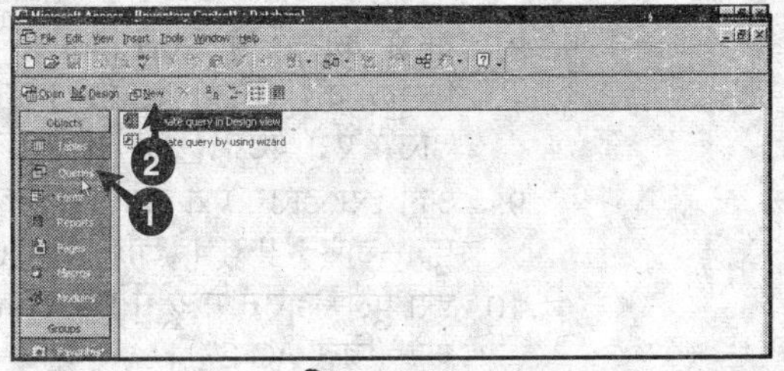

चित्र AC-23

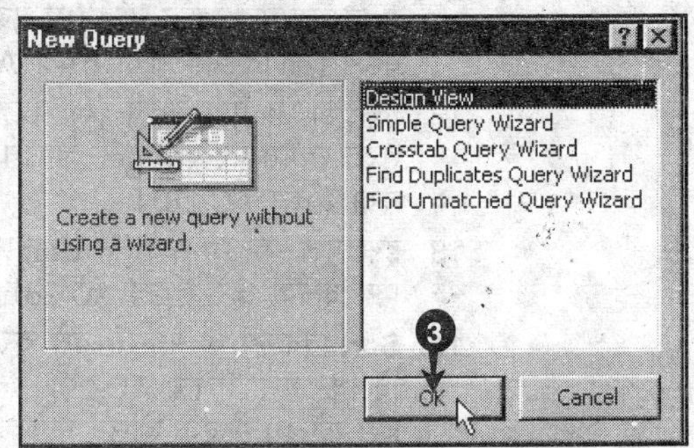

चित्र AC-24

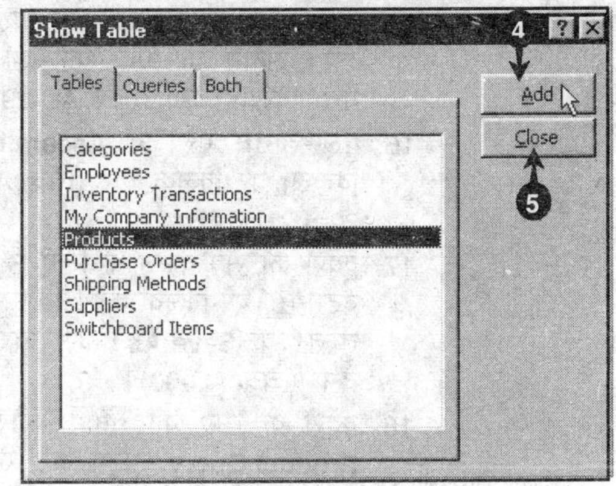

चित्र AC-25

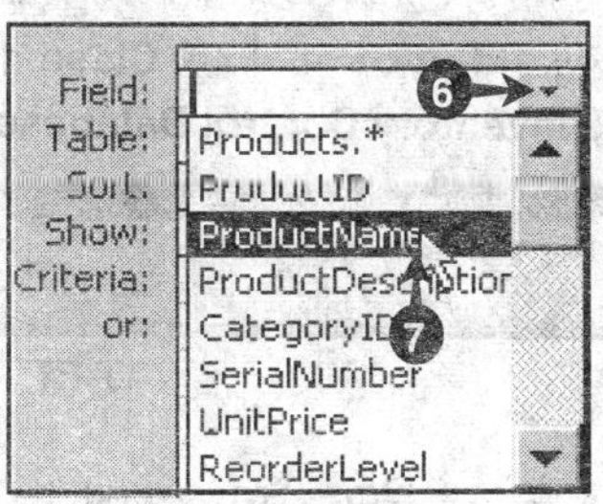

चित्र AC-26

8. पहले कॉलम में **Sort** विकल्प के साथ बने बॉक्स में क्लिक करें (चित्र AC-27)। इस बॉक्स में तुरंत एक डाउन ऐरो बटन (▾) दिखाई देगा।
9. आप इस डाउन ऐरो बटन पर क्लिक करें। स्क्रीन पर एक पुल–डाउन मेन्यू दिखाई देगा (चित्र AC-27)।
10. इस पुल–डाउन मेन्यू में **Descending** विकल्प पर क्लिक करें (चित्र AC-27)।

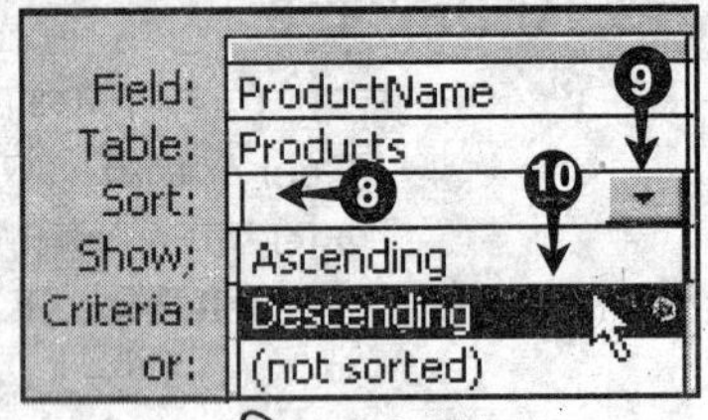

चित्र AC-27

11. इसके बाद **Field** विकल्प के सामने बने कॉलम में क्लिक करें। इस बॉक्स में एक डाउन ऐरो बटन (▾) दिखाई देगा (चित्र AC-28)।

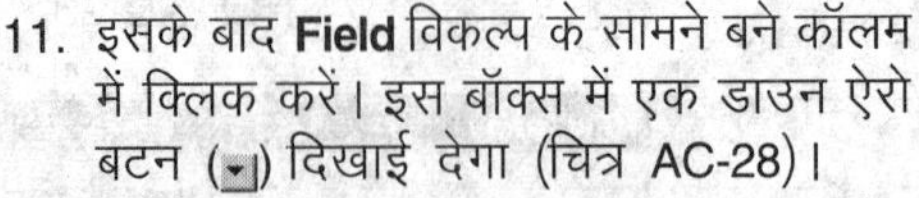

12. इस डाउन ऐरो बटन (▾) पर क्लिक करें। तुरंत स्क्रीन पर एक पुल–डाउन मेन्यू दिखाई देगा (चित्र AC-28)।
13. इस पुल–डांउन मेन्यू में **Unit Price** विकल्प पर क्लिक करें (चित्र AC-28)।

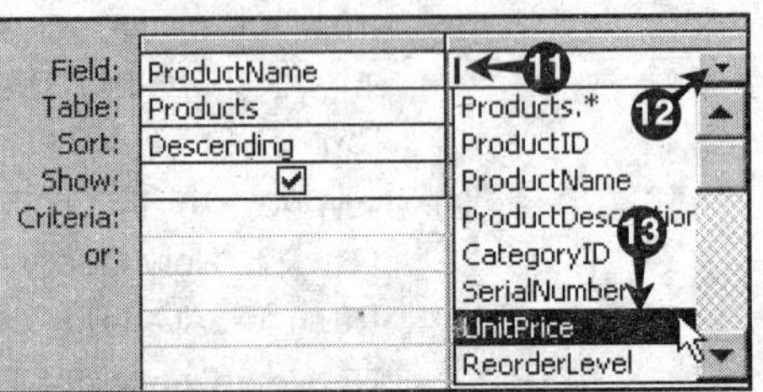

चित्र AC-28

14. **Sort** विकल्प के सामने बने दूसरे कॉलम में क्लिक करें (चित्र AC-29)। तुरंत इस कॉलम में एक डाउन ऐरो बटन (▾) दिखाई देगा।
15. इस डाउन ऐरो बटन (▾) पर क्लिक करें। स्क्रीन पर एक पुल–डाउन मेन्यू दिखाई देगा (चित्र AC-29)।
16. पुल–डाउन मेन्यू में **Ascending** विकल्प पर क्लिक करें (चित्र AC-29)।

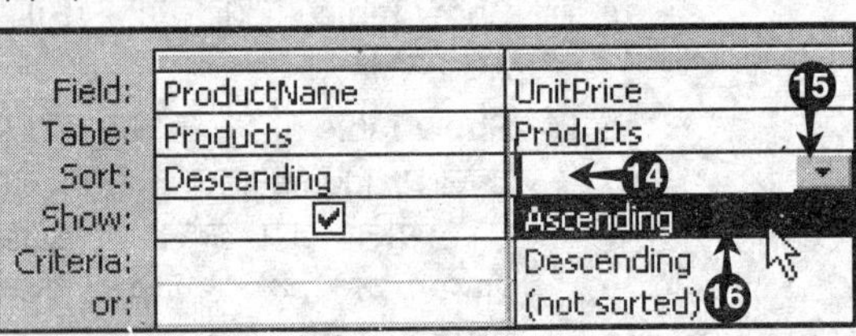

चित्र AC-29

17. क्वेरी को सेव करने के लिए **Save** बटन (💾) पर क्लिक करें। स्क्रीन पर तुरंत एक **Save As** बॉक्स दिखाई देगा (चित्र AC-30)।
18. क्वेरी के लिए कोई नाम, (जैसे–**Product Query**) टाइप करें, जैसा चित्र AC-31 में दिखाया गया है।

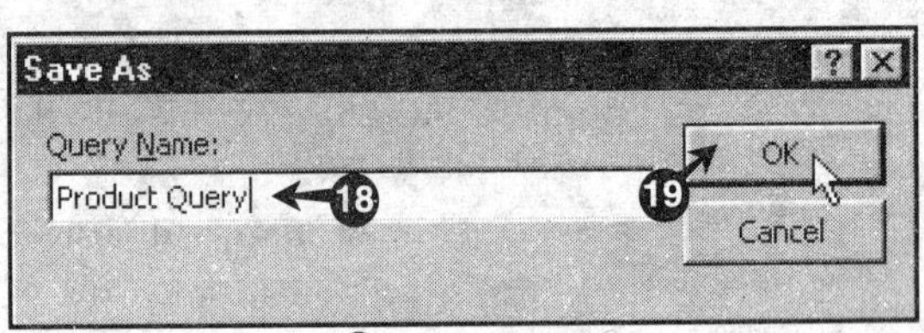

चित्र AC-30

19. अब **OK** बटन पर क्लिक करें (चित्र AC-30)।
20. अपनी Query का परिणाम देखने के लिए **Run** बटन (!) पर क्लिक करके इसे एग्जिक्यूट करें।
21. इस Query को बंद करने के लिए **Close** बटन (×) पर क्लिक करें (चित्र AC-31)। आपके डेस्कटॉप पर **Inventory Control Database** विंडो दिखाई देगी।

चित्र AC-31

उदाहरण 4

इस उदाहरण में एक रिपोर्ट तैयार करने के लिए आपसे कहा गया है, जिसमें दो फील्ड नाम **ProductName** और **ProductDescription** शामिल हैं।

1. **Inventory Control Database** में **Reports** टैब पर क्लिक करें (चित्र AC-32)।
2. **New** बटन पर क्लिक करें। तुरंत स्क्रीन पर एक **New Report** बॉक्स दिखाई देगा (चित्र AC-33)।

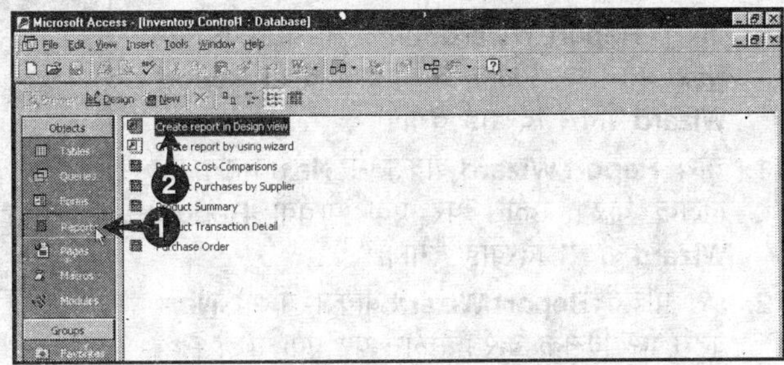

चित्र AC-32

3. इस **New Report** बॉक्स में **Report Wizard** विकल्प पर क्लिक करें (चित्र AC-33)।
4. **OK** बटन पर क्लिक करें। तुरंत स्क्रीन पर एक **Report Wizard** बॉक्स दिखाई देगा (चित्र AC-34)।
5. इस बॉक्स में **Available Fields** विकल्प के नीचे मौजूद फील्ड नाम **ProductName** पर क्लिक करें।
6. **Add Selected Field** बटन (>) पर क्लिक करें। इस बॉक्स में फील्ड नाम **ProductName** अब **Selected Fields** विकल्प के नीचे आ जाएगा (चित्र AC-34)।
7. इस बॉक्स में **Available Fields** विकल्प के नीचे मौजूद फील्ड नाम **ProductDescription** पर क्लिक करें और फिर इसका चयन करने के लिए **Add Selected Field** बटन (>) पर क्लिक करें (चित्र AC-34)।
8. **Report Wizard** बॉक्स में **Next** बटन पर क्लिक करें। स्क्रीन पर एक दूसरा बॉक्स दिखाई देगा (चित्र AC-35)।

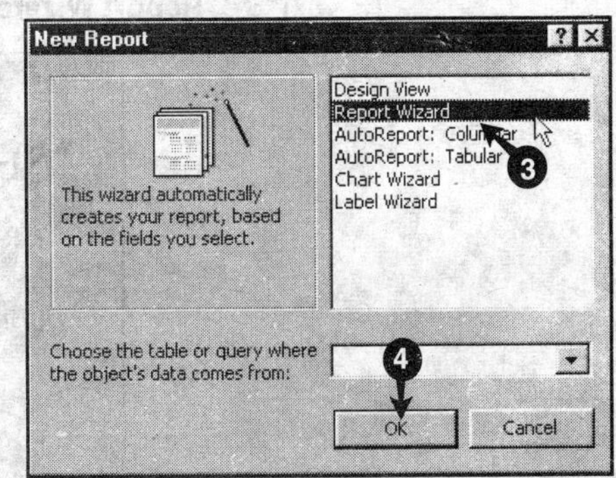

चित्र AC-33

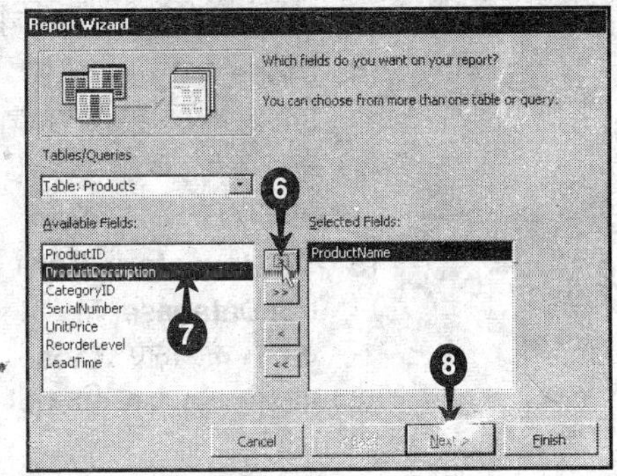

चित्र AC-34

9. एक बार फिर दूसरे **Report Wizard** बॉक्स में **Next** बटन पर क्लिक करें। स्क्रीन पर एक तीसरा **Report Wizard** बॉक्स दिखाई देगा।
10. तीसरे **Report Wizard** बॉक्स में भी एक बार **Next** बटन पर क्लिक करें। एक चौथा **Report Wizard** बॉक्स दिखाई देगा।
11. चौथे **Report Wizard** बॉक्स में **Next** बटन पर क्लिक करें। स्क्रीन पर एक पाँचवाँ **Report Wizard** बॉक्स दिखाई देगा।
12. इस पाँचवें **Report Wizard** बॉक्स में भी **Next** बटन पर क्लिक करें। स्क्रीन पर एक छठा **Report Wizard** बॉक्स दिखाई देगा।

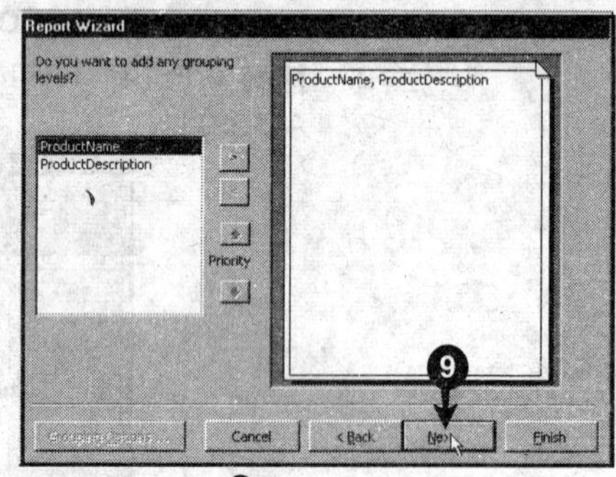

चित्र AC-35

13. इस छठे **Report Wizard** बॉक्स में **Finish** बटन पर क्लिक करें (चित्र AC-36)।

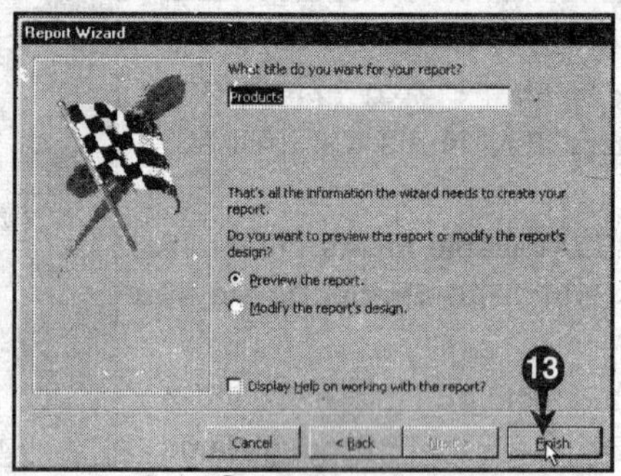

चित्र AC-36

पूरी रिपोर्ट स्क्रीन पर चित्र AC-37 के समान दिखाई देने लगेगी।

14. **Close** बटन (☒) पर क्लिक करके इस रिपोर्ट को बंद करें (चित्र AC-37)।
15. अब **Inventory Control Database** को बंद करने के लिए **Close** बटन (☒) पर क्लिक करें।
16. इस प्रोग्राम को बंद करने के लिए **Microsoft Access** विंडो के Close बटन (☒) पर क्लिक करें।

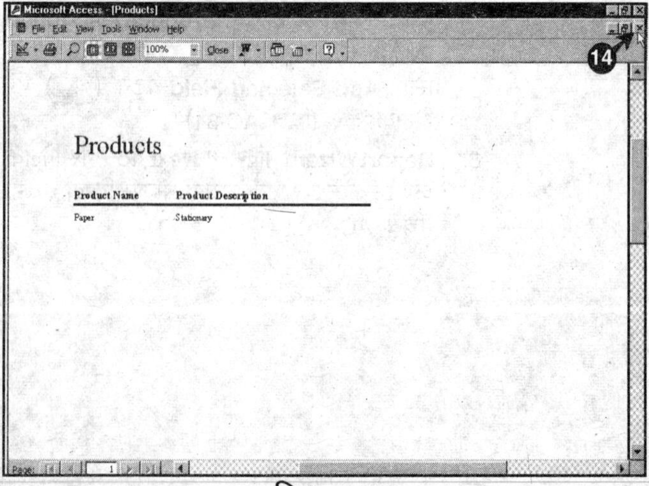

चित्र AC-37

माइक्रोसॉफ्ट पावरपॉएंट 2000

प्रोडक्ट प्रोफाइल (Product profile), रिसर्च पेपर (research paper) और शोध–निबंधों (Dissertations) जैसे व्यावसायिक प्रस्तुतीकरण (Professional presentation) को तैयार करने के लिए Microsoft PowerPoint प्रोग्राम आजकल बड़े पैमाने पर इस्तेमाल किया जा रहा है। इस तरह के Presentation में श्रोताओं को सूचना देने के लिए **slides** का इस्तेमाल किया जाता है। ये physical slides हो सकती हैं, जिन्हें चलाने के लिए **overhead projector** की ज़रूरत होती है ये electronic slides भी हो सकती हैं, जिनको दिखाने के लिए कंप्यूटर का इस्तेमाल किया जाता है।

आजकल कंप्यूटर से चलने वाले Slide shows बहुत लोकप्रिय हैं। ये **Dynamic slides** के फायदे देते हैं। **Dynamic slides** ऐसी slides होती हैं जो एक निश्चित समय के बाद अपने आप बदल जाती हैं। इस तरह की presentations नेटवर्क पर भी चलाई जा सकती हैं और प्रस्तुतकर्ता द्वारा किए गए परिवर्तन सभी को एक साथ नेटवर्क पर दिखाए जा सकते हैं। इसके अलावा dynamic computer slide shows में sound, animation और colorful graphics को भी शामिल किया जा सकता है।

Dynamic presentations चलाने और तैयार करने के लिए PowerPoint बहुत प्रभावशाली सॉफ्टवेयर है। यह presentations बनाने तथा प्रस्तुत करने के लिए सभी साधन और तकनीकें प्रदान करता है। इसका इस्तेमाल slides तैयार करने, उनमें टेक्स्ट डालने, ग्राफिक्स और objects जैसे WordArt, Lines इत्यादि डालने के लिए भी किया जा सकता है। आइए अब PowerPoint प्रोग्राम शुरू करें।

पॉवरपॉएंट शुरू करना (Starting PowerPoint)

PowerPoint में काम करने के लिए आप यह काम नीचे लिखे क्रम द्वारा कर सकते हैं–

1. माउस–पॉएंटर को Taskbar के **Start** बटन पर ले जाएँ। इसके बाद बाएँ माउस बटन को क्लिक करें। स्क्रीन पर पुश–अप मेन्यू दिखाई देगा (चित्र PP-1)।
2. इस पुश–अप मेन्यू के अंदर माउस पॉएंटर को **Programs** विकल्प पर लाएँ। स्क्रीन पर एक और मेन्यू दिखाई देगा (चित्र PP-1)।
3. इस मेन्यू के अंदर माउस पॉएंटर को **Microsoft PowerPoint** विकल्प पर लाएँ और बाएँ माउस बटन को दबाएँ (चित्र PP-1)।

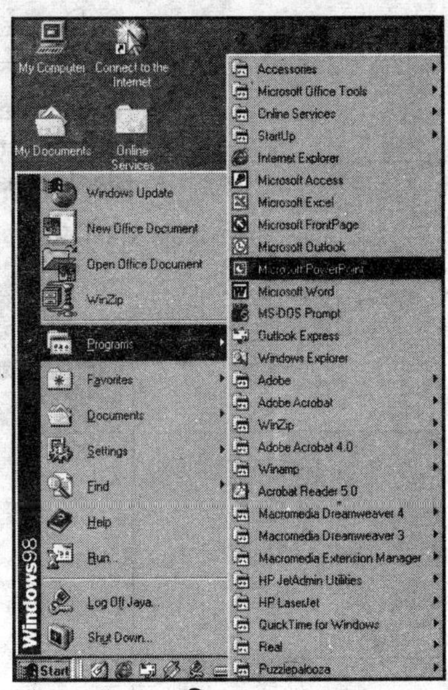

चित्र PP-1

PowerPoint की पहली स्क्रीन दिखाई देगी (चित्र PP-2)।

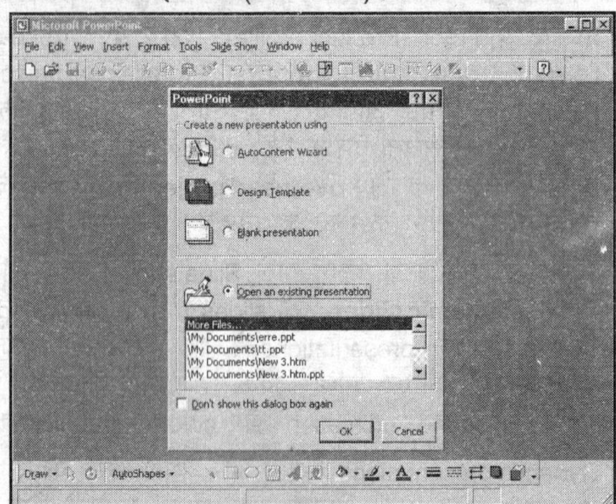

चित्र PP-2

इस स्क्रीन में एक dialog बॉक्स दिखाई देगा जिसमें आप पहले से मौजूद presentations खोल सकते हैं या फिर नया presentation भी तैयार कर सकते हैं। क्योंकि अभी तक हमने ऐसा कोई presentation तैयार नहीं किया है, इसलिए हम एक नया presentation बनाएँगे। इसके लिए Powerpoint तीन विकल्प उपलब्ध कराता है, जिन्हें इस dialog बाक्स से चुना जा सकता है। यह विकल्प हैं—

- **AutoContent Wizard**
- **Design Template**
- **Blank presentation**

आइए सबसे पहले हम PowerPoint विंडो को समझें (चित्र PP-3)।

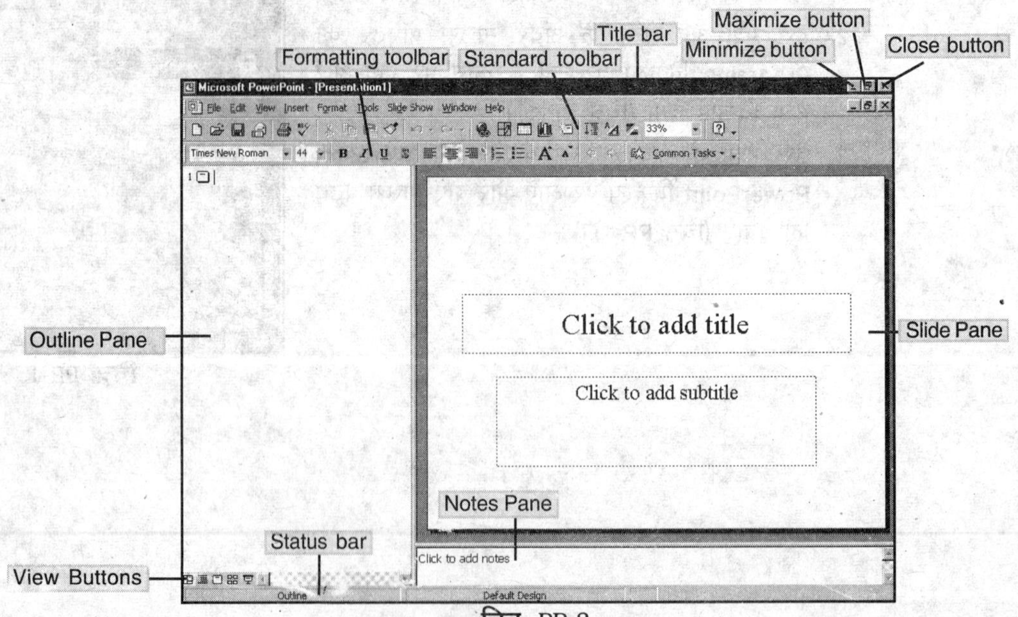

चित्र PP-3

PowerPoint विंडो में बहुत से उपयोगी tools हैं, इन tools का संक्षिप्त विवरण निम्नलिखित है–

- ***टाइटल बार (Title bar)***– Maximize, Restore और Close बटन के अलावा यह इस समय खुले हुए presentations का नाम दर्शाता है।
- ***मेन्यू बार (Menu bar)***– यह PowerPoint में विभिन्न कामों के लिए इस्तेमाल किए जाने वाले कमांड्स की सूची उपलब्ध कराता है (चित्र PP-3)।
- ***Standard Toolbar (स्टैंडर्ड टूलबार)***– इसमें open, save आदि जैसे कमांड्स के बटन होते हैं। इससे इनके चयन में आसानी होती है। हर बटन एक चित्र के रूप में प्रस्तुत रहता है जिससे इसे पहचानने में मदद मिलती है (चित्र PP-3)।
- ***Formatting Toolbar (फॉर्मेटिंग टूलबार)***– इसमें बार–बार प्रयोग में आने वाले फॉर्मेटिंग बटन जैसे Bold, Italic आदि स्थित रहते हैं (चित्र PP-3)।
- ***View Buttons (व्यू बटन्स)***– यह आपके presentations को स्क्रीन पर विभिन्न व्यूज़ में प्रदर्शित करने की सुविधा प्रदान करते हैं (चित्र PP-4)।

Slide show
Slide sorter view
Slide view
Outline view
Normal view

चित्र PP-4

- ***Notes Pane (नोट्स पेन)***– स्लाइड के लिए notes लिखने की सुविधा प्रदान करता है (चित्र PP-3)।
- ***Drawing Toolbar (ड्राईंग टूलबार)***– आपके presentations में विभिन्न objects को डालने की सुविधा प्रदान करता है (चित्र PP-3)।
- ***Outline Pane (आउटलाइन पेन)***– इसका प्रयोग presentations को व्यवस्थित और विकसित करने में होता है। यहाँ पर आप presentations के टेक्सट को bullet points इत्यादि फॉमेंट में डाल सकते हैं, पैराग्राफ और स्लाइड को पुनः व्यवस्थित कर सकते हैं।

प्रेज़ेन्टेशन्स तैयार करना (Creating Presentations)

Powerpoint विंडो और इसके विभिन्न टूल्स की चर्चा करने के बाद आइए अब हम Presentation तैयार करें। हम पहले ही इस बात पर चर्चा कर चुके हैं कि

- **AutoContent Wizard**
- **Template**
- **Blank presentation**

का इस्तेमाल करते हुए पॉवरपॉएंट में presentations तैयार की जा सकती हैं। हम एक–एक करके इन तीनों से presentations तैयार करेंगे। आइए सबसे पहले **AutoContent** विज़ार्ड से शुरूआत करें।

ऑटोकन्टेन्ट विज़ार्ड का प्रयोग करते हुए प्रेज़ेन्टेशन तैयार करना (Creating A Presentation Using AutoContent Wizard)

प्रभावशाली presentations तैयार करने के लिए आप **AutoContent** विज़ार्ड का प्रयोग कर सकते हैं। AutoContent इस प्रक्रिया के लिए आपसे कुछ प्रश्न पूछते हुए मार्गदर्शन करता है, और उत्तरों के आधार पर पूरी presentation तैयार करता है।

AutoContent Wizard द्वारा presentation तैयार करने के लिए नीचे दिए गए क्रम का पालन करें–

1. माउस पॉएंटर को मेन्यू बार के **File** विकल्प पर लाएँ और बाएँ माउस बटन को क्लिक करें।

स्क्रीन पर एक ड्रॉप–डाउन मेन्यू दिखाई देगा (चित्र PP-5)।

2. इस ड्राप–डाउन मेन्यू में **New** विकल्प पर क्लिक करें। New Presentation dialog बॉक्स दिखाई देगा (चित्र PP-6)।

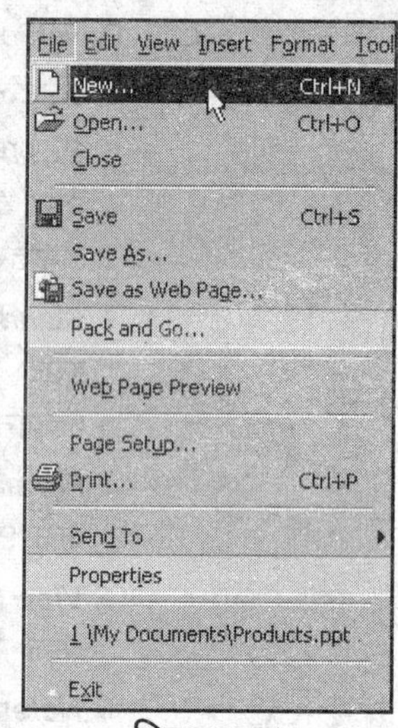

चित्र PP-5

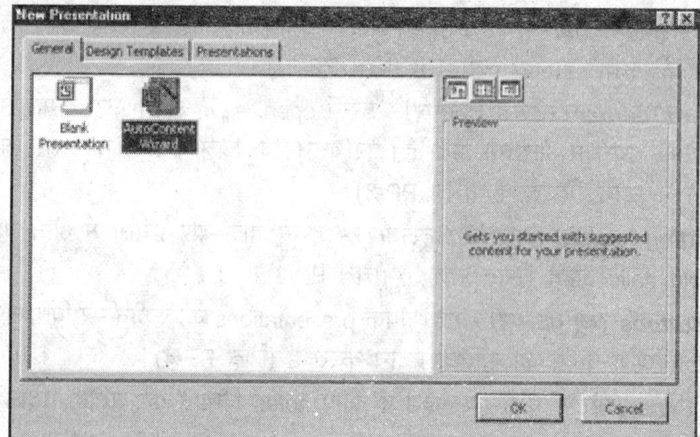

चित्र PP-6

3. अब **AutoContent Wizard** पर क्लिक करें और फिर **OK** बटन क्लिक करें (चित्र PP-6)।

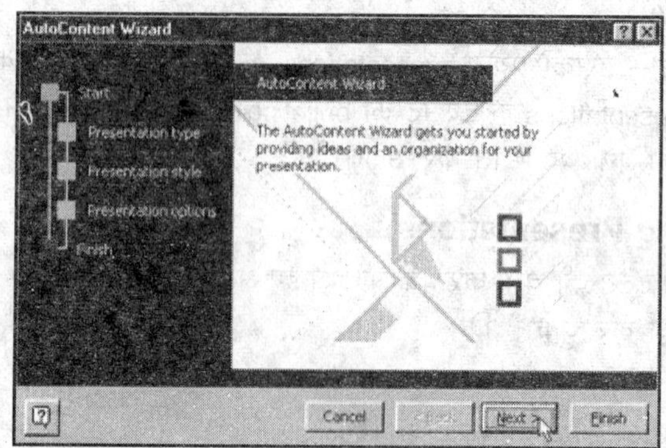

चित्र PP-7

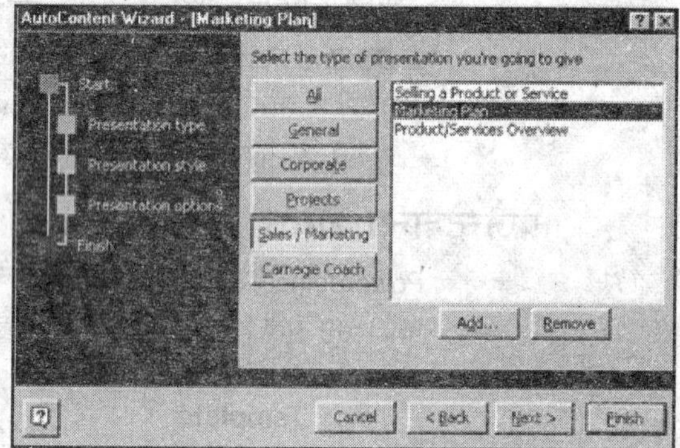

चित्र PP-8

4. **AutoContent Wizard** की पहली स्क्रीन दिखाई देगी (चित्र PP-7)।

5. उस श्रेणी पर क्लिक करें जिसके आधार पर आप presentation बनाना चाहते हैं। Dialog बॉक्स की दाईं ओर आपके द्वारा चुनी गई श्रेणी में उपलब्ध presentations की सूची दिखाई देगी (चित्र PP-8)।

6. आगे बढ़ने के लिए **Next** बटन पर क्लिक करें (चित्र PP-8)।

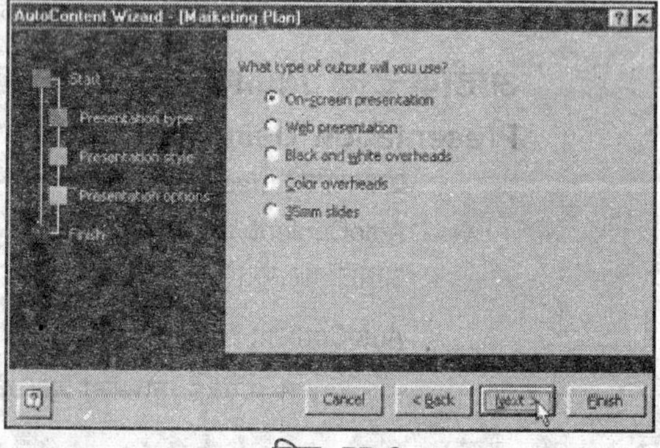

चित्र PP-9

7. अब उस आउटपुट पर क्लिक करें जो आप आपनी presentation में चाहते हैं। आगे बढ़ने के लिए **Next** बटन पर क्लिक करें।

किसी भी चुने हुए विकल्प को बदलने के लिए Back बटन पर क्लिक करें। यह आपको पिछली स्क्रीन पर ले जाएगा और आप अपना चयन बदल पाएँगे।

8. चित्र PP-9 के समान एक अन्य dialog बॉक्स स्क्रीन पर दिखाई देगा। इस बॉक्स में अपनी presentation के लिए शीर्षक (Title) टाइप करें।
9. इसके बाद Footer टेक्स्ट बॉक्स में फुटर टेक्स्ट टाइप करें। यह आपकी presentation में हर स्लाइड के नीचे दिखाई देगा (चित्र PP-10)।

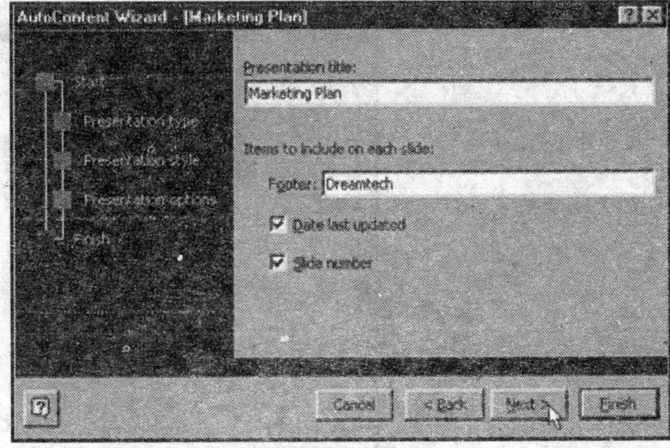

चित्र PP-10

10. अगर आप अपनी स्लाइड में वह तिथि जब इसे आखिरी बार update किया गया था तथा प्रत्येक स्लाइड की संख्या डालना चाहते हैं तो अगले बॉक्स में इन विकल्पों के आगे दिए गए बाक्सों में क्लिक करें। आगे बढ़ने के लिए **Next** पर क्लिक करें (चित्र PP-10)। **Auto Content** विज़ार्ड (Generic) स्क्रीन दिखाई देगी (चित्र PP-11)।
11. अब विज़ार्ड आपको यह बताएगा कि presentation तैयार करने के लिए सभी सूचनाएँ ले ली गई हैं। इसलिए **Finish** बटन पर क्लिक करें (चित्र PP-11)।

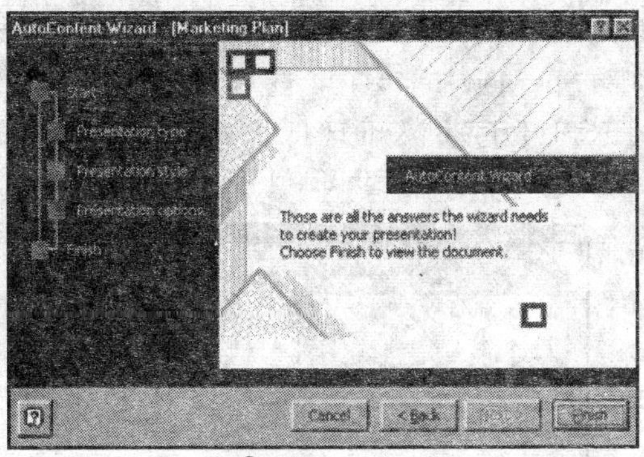

चित्र PP-11

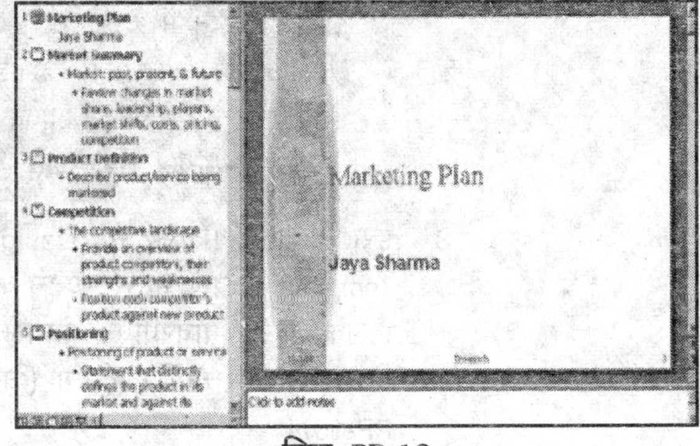

चित्र PP-12

12. अब आपके लिए presentation तैयार हो चुकी है। बाईं ओर हर स्लाइड के लिए टेक्स्ट दिया जाता है जिसे आप अपनी ज़रूरत के अनुसार बदल सकते हैं, तथा दाईं ओर पहली स्लाइड दिखाई देती है (चित्र PP-12)।

टेम्पलेट का प्रयोग करते हुए प्रेसन्टेशन तैयार करना (Creating Presentation Using Templates)

Template पहले से निश्चित पॉवरपॉएंट Presentations होती हैं, जिसे आधार बना कर आप अपनी Presentations तैयार कर सकते हैं Template के टेक्स्ट या ग्राफिक्स को बदल सकते हैं। टेम्पलेट का इस्तेमाल करते हुए प्रस्तुति तैयार करने के लिए अगले पृष्ठ पर दिया गया क्रम अपनाएँ :

1. माउस पॉएंटर को मेन्यू बार के **File** विकल्प पर ले जाएँ और बाएँ माउस बटन को एक बार क्लिक करें (चित्र PP-13)। स्क्रीन पर एक ड्रॉप–डाउन मेन्यू दिखाई देगा।

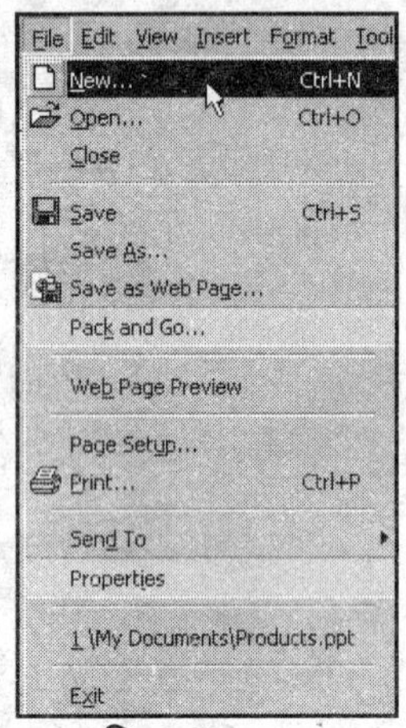

चित्र PP-13

2. ड्रॉप–डाउन मेन्यू में **New** विकल्प पर क्लिक करें। स्क्रीन पर New Presentation dialog बॉक्स दिखाई देगा (चित्र PP-14)।

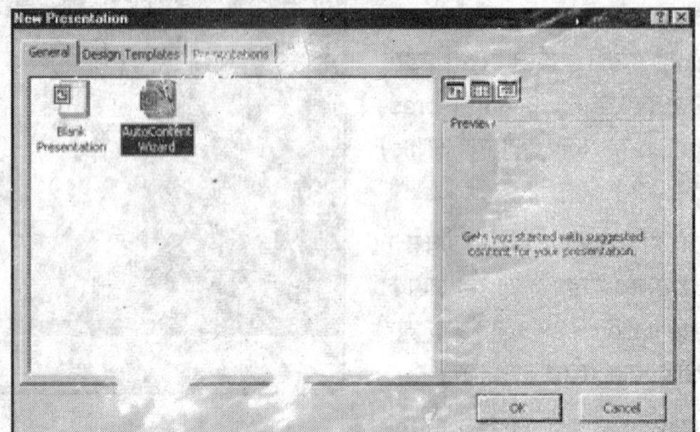

चित्र PP-14

New Presentation dialog बॉक्स में General टैब डिफाल्ट द्वारा चुना रहता है। परंतु आप Blank Presentation या Auto Content Wizard भी चुन सकते हैं।

Presentation टैब में डिज़ाइन्स की सूची होती है जिसे background के रूप में इस्तेमाल किया जा सकता है। जब भी आप किसी डिज़ाइन के preview के लिए क्लिक करते हैं तो यह दाएँ पेन में दिखाई देता है। ऐच्छिक विकल्प पर क्लिक करें और फिर OK बटन पर क्लिक करें। यदि आप डिज़ाइन का preview नहीं देख पा रहे हैं तो इसका मतलब यह है कि चुना गया डिज़ाइन आपके सिस्टम में नहीं है। ऐसी स्थिति में आप इसे Office 2000 सी. डी. से इन्सटॉल कर सकते हैं या फिर कोई अन्य डिज़ाइन चुनें।

3. इस dialog बॉक्स में Design Template पर बाएँ माउस–बटन को क्लिक करें। पॉवरपॉएंट टेम्पलेट डिज़ाइन्स की सूची दिखाई देगी (चित्र PP-15)।
4. किसी एक Template पर क्लिक करें।

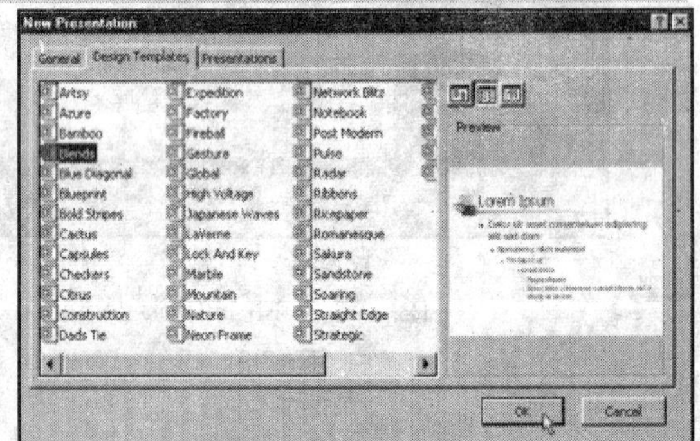

चित्र PP-15

माउस पॉएंटर को जब हम किसी भी Template के नाम पर रखते हैं, तो preview विंडो में इसका प्रिव्यू दिखाई देता है। यह हमारी presentation के लिए सही डिज़ाइन का चयन करने में मदद करता है।

5. **OK** बटन पर क्लिक करें। Presentation के लिए पहली स्लाइड की रूपरेखा चुनने को कहते हुए **New Slide** डायलॉग बॉक्स दिखाई देगा (चित्र PP-16)।
6. स्लाइड के लिए रूपरेखा (layout) का चयन करें और **OK** बटन पर बायाँ माउस बटन क्लिक करें। चित्र PP-17 की तरह स्लाइड **Normal** व्यू में दिखाई देगी।

इस तरह Presentation की पहली स्लाइड बनाने का काम पूरा होता है। अब आप इस Presentation में कितनी भी स्लाइड्स जोड़ सकते हैं।

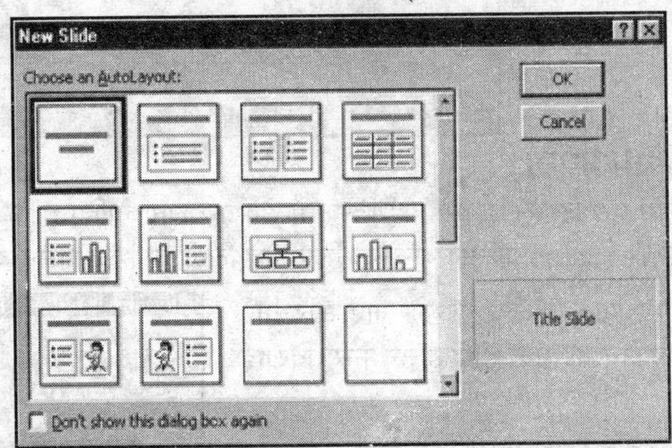

चित्र PP-16

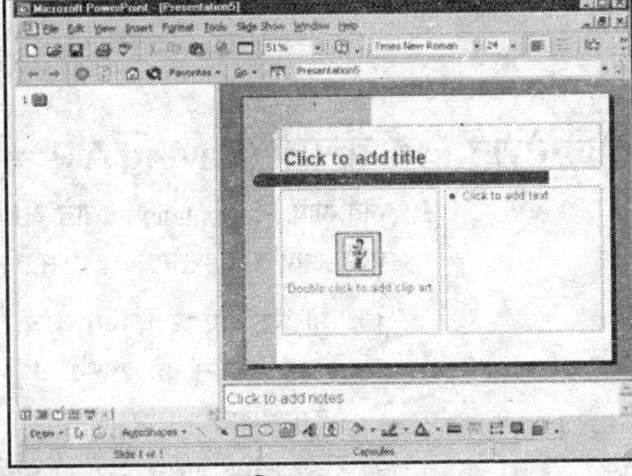

चित्र PP-17

ब्लैंक प्रेजेन्टेशन तैयार करना (Creating A Blank Presentation)

यह विकल्प आपको presentation में अपनी इच्छानुसार डिज़ाइन और कन्टेन्ट लिखने की पूरी सुविधा प्रदान करती है। Blank presentation तैयार करने के लिए नीचे दिए गए क्रमों का पालन करें:

1. माउस पॉइंटर को मेन्यू बार पर File विकल्प पर ले जाएँ और इस पर बायाँ माउस बटन क्लिक करें। स्क्रीन पर एक पुल डाउन मेन्यू दिखाई देगा।
2. ड्रॉप–डाउन मेन्यू से New विकल्प पर क्लिक करें।
3. स्क्रीन पर **New Presentation** dialog बॉक्स खुल जाएगा। Blank presentation विकल्प पर क्लिक करें (चित्र PP-18)।
4. माउस पॉइंटर को **OK** बटन पर ले जाएँ और बाएँ माउस बटन को क्लिक करें।
5. पावर पॉइंट रूप रखा (layout) चयन करने की सुविधा देता है। आवश्क्तानुसार रूपरेखा का चयन करें (चित्र PP-19)।

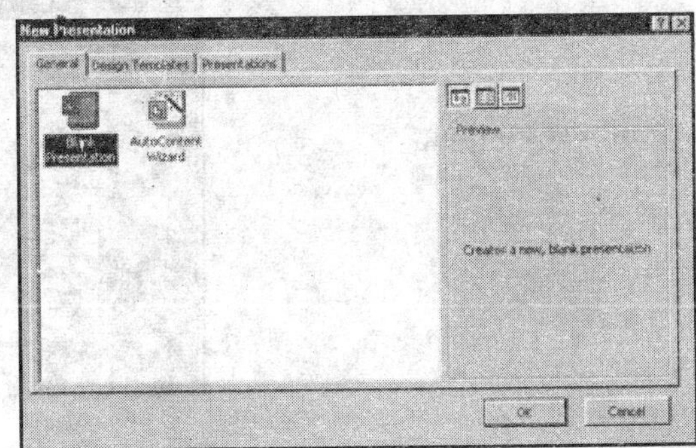

चित्र PP-18

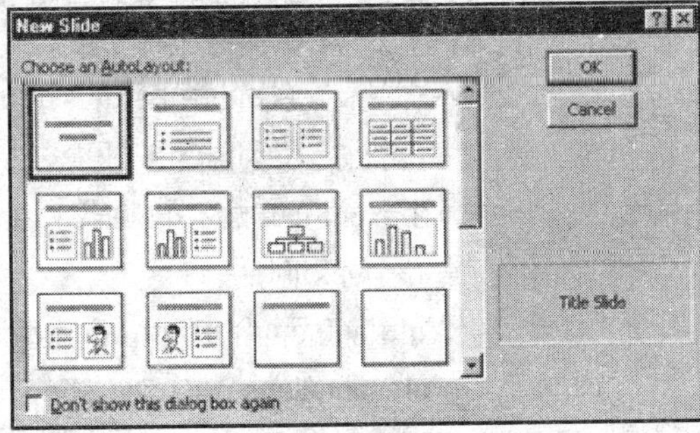

चित्र PP-19

6. अन्त में **OK** बटन पर क्लिक कर दें। इसी के साथ पावर पॉएंट चित्र PP-20 की तरह Blank Presentation तैयार कर देता है।

अब आप प्रस्तुति तैयार करने के लिए विभिन्न तरीके सीख चुके हैं, एक–एक कर के इनका अभ्यास करें।

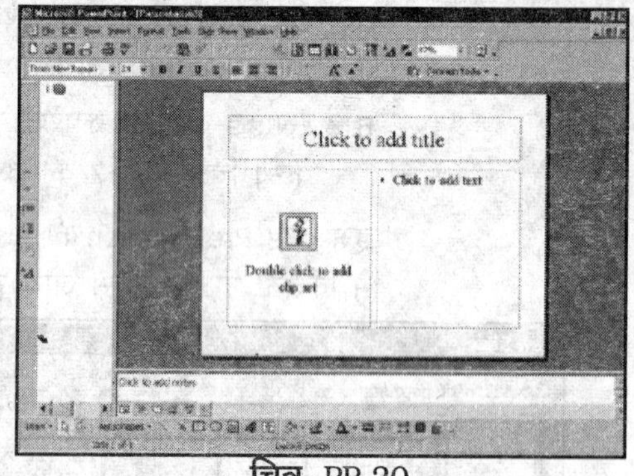

चित्र PP-20

प्रेज़ेन्टेशन सेव करना (Saving A Presentation)

जब आप Presentation बनाने का काम पूरा कर लें तो इसे हाई डिस्क में सेव कर लेना चाहिए ताकि बाद में भी आप इसे इस्तेमाल कर सकें। Presentation को सेव करने के लिए नीचे लिखे क्रमों का पालन करें–

1. माउस पॉएंटर को मेन्यू बार पर **<u>F</u>ile** विकल्प पर ले जाएँ और बाएँ माउस बटन को क्लिक करें। स्क्रीन पर एक ड्रॉप डाउन मेन्यू दिखाई देगा (चित्र PP-21)।
2. इस ड्रॉप–डाउन मेन्यू से **<u>S</u>ave** विकल्प पर क्लिक करें। एक **Save As** बॉक्स स्क्रीन पर दिखाई देगा जिसमें आपसे अपनी फाइल के लिए एक नाम देने को कहा जाएगा (चित्र PP-22)। यदि आपने फाइल को पहले से ही सेव कर रखा है तो Save As बॉक्स दिखाई नहीं देगा। लेकिन आपकी फाइल सेव हो जाएगी।

चित्र PP-21

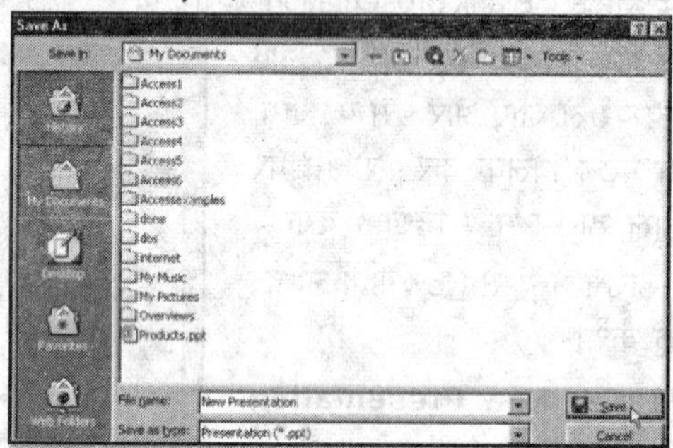

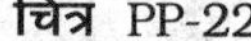
चित्र PP-22

Dialog बॉक्स सिर्फ तभी दिखाई देता है जब आप Save विकल्प का पहली बार फाइल सेव करने के लिए चुनाव करते हैं या फिर आप अपनी फाइल को हार्ड डिस्क में किसी अन्य नाम से या किसी अन्य स्थान पर स्टोर करना चाहते हैं। पावर पॉएंट में सभी फाइल्स extension.ppt के साथ सेव होती है।

3. अपनी फाइल को सही नाम दें और **<u>S</u>ave** बटन पर क्लिक करें। फाइल उस नाम से सेव हो जाएगी।

यदि आप अपनी कल्पना को पावर पॉएंट द्वारा दिए गए टूल्स के साथ मिलाएँ तो आप इतनी प्रभावशाली presentations तैयार कर सकते हैं जो देखने वालों पर हमेशा के लिए एक अमिट छाप छोड़ देगी।

टैली (Tally)

एकाउंटिंग, व्यवसायिक उपक्रमों में इसतेमाल होने वाला एक महत्त्वपूर्ण शब्द है। नकद होने वाले लेन–देन को दर्ज करने की कला के रूप में इसे जाना जाता है। दर्ज करने का यह काम इसलिए किया जाता है कि हमें पता रहे कि कितने रुपये लेने हैं और कितने रुपये देने हैं। इसके साथ–साथ एक निश्चित समय में उस व्यावसायिक उपक्रम का लाभ या हानि भी निश्चित किया जाता है।

एकाउंटिंग प्रायः निम्नलिखित के बारे में जानकारी प्रदान करती है–

1. लेनदारों की संख्या
2. देनदारों की संख्या
3. लाभ और हानि
4. संपत्ति और देनदारियाँ

एकाउंटिंग में हर लेन–देन के दो पहलू होते हैं–

- **Debit**
- **Credit**

जितनी देनदारियाँ होती हैं, उतनी ही लेनदारियाँ भी होती हैं। कुछ निश्चित नियम देनदारी और लेनदारी के विभिन्न खातों को नियंत्रित करते हैं। इन नियमों पर चर्चा करने से पहले आइए, यह समझ लें कि खाते (Accounts) क्या हैं और उनको किस तरह वर्गीक त किया जाता है। साधारण रूप से देखा जाए तो खाता T के आकार की तरह तालिका (Table) में होता है। यह दो हिस्सों में बँटा होता है–1. देनदारी और 2. लेनदारी। नीचे खाते की सामान्य व्यावस्था दिखाई जा रही है–

देनदारी (Debit, DR.)	लेनदारी (Credit, CR.)

खातों को मुख्यतः इस तरह वर्गीक त किया जा सकता है–

- पर्सनल/निजी खाते/एकाउंट (Personal Accounts)
- इम्पर्सनल खाते/एकाउंट (Impersonal Accounts)

पर्सनल खाते–- ये खाते उन लोगों और Corporate bodies से जुड़े होते हैं, जो अपने मालिकों से अलग अपना स्वतंत्र स्टेटस रखते हैं।

इम्पर्सनल खाते– पर्सनल खातों को छोड़ बाकी सभी खातों को इम्पर्सनल खाता कहा जाता है। इन्हें भी दो भागों में बाँटा जा सकता है–

- रीयल एकाउंट (Real Account)
- नॉमिनल एकाउंट (Nominal Account)

रीयल एकाउंट– ऐसी चीजें जिन्हें पैसे से आँका जा सकता हो और स्थाई हों, इस तरह के एकाउंट में आता है। रीयल एकाउंट को भी दो भागों में बाँटा जा सकता है–

- टेन्जिबल एकाउंट (Tangible Accounts)
- इन्टेन्जिबल एकाउंट (Intangible Accounts)

टैन्जिबल एकाउंट– ऐसी चीज़ें जो दिखाई देती हैं या जिनके मूल्य को आँका जा सकता है, इस एकाउंट में आती हैं। कैश एकाउंट, बिल्डिंग एकाउंट आदि इस तरह के एकाउंट के उदाहरण हैं।

इन्टेन्जिबल एकाउंट– ऐसी चीज़े जो दिखाई नहीं देती, लेकिन उनका मूल्य आँका जा सकता है, इस

तरह के एकाउंट में आती हैं। पेटेन्ट्स एकाउंट, गुडविल एकाउंट आदि इसके उदाहरण हैं।

नॉमिनल एकाउंट— आमदनी और खर्चे का हिसाब–किताब रखने वाला एकाउंट 'नॉमिनल एकाउंट' कहलाता है। रेन्ट एकाउंट, डिविडेन्ड एकाउंट आदि इसी के उदाहरण हैं।

खातों/एकाउंट्स के विभिन्न वर्गों को समझ लेने के बाद, आइए, अब हम इन खातों की देनदारी और लेनदारी के नियमों पर चर्चा करें–

पर्सनल एकाउंट्स—

लेने वाले को डेबिट करें (Debit the receiver)

देने वाले को क्रेडिट करें (Credit the giver)

इम्पर्सनल एकाउंट्स—

आने वाले पैसे को डेबिट करें (Debit what comes in)

जाने वाले पैसे को क्रेडिट करें (Credit what goes out)

नॉमिनल एकाउंट्स—

सभी खर्चों और हानियों को डेबिट करें (Debit all expenses and Losses)

सभी आमदनियों और लाभों को क्रेडिट करें (Credit all incomes and gains)

लेन-देन को दर्ज करना (Recording Transactions)

एकाउंट्स का मुख्य उद्देश्य पैसे के लेन–देन को दर्ज करना है। दर्ज करने के तरीके इस बात पर निर्भर करते हैं कि एक व्यावसायिक संगठन एकाउंट्स की कौन सी प्रणाली अपनाता है। एकाउंटिंग की दो सर्वाधिक लोकप्रिय प्रणालियाँ इस प्रकार हैं–

एकाउंटिंग का कैश सिस्टम— इस प्रणाली (सिस्टम) में एंट्री तभी की जाती है, जब वास्तविक रूप से पैसे का लेन–देन होता है।

एकाउंटिंग का मर्कन्टाइल या एक्यूरल सिस्टम— इस प्रणाली (सिस्टम) में एंट्री तब की जाती है, जब रकम, भुगतान (payment) लेने के लिए परिपक्व (due) हो जाए।

सी.डी. में उपलब्ध एकाउंटिंग पर ट्यूटोरियल (Accounting Tutorial in the CD)

CD में एकाउंटिंग की मूल बातों पर **Online Tutorial** दिया गया है। एकाउंटिंग के बारे में और अधिक सीखने के लिए CD के साथ दिए गए Online tutorial की मदद लें। **Online Tutorial** शुरू करने के लिए इन क्रमों को अपनाएँ–

- CD को CD-ROM ड्राइव में डालें, कॉम्डेक्स कंप्यूटर कोर्स अपने–आप शुरू हो जाएगा। इसे बंद करने के लिए स्क्रीन पर दिए गए, **Quit** बटन पर क्लिक करें।
- विंडोज़ एक्सप्लोरर को खोलें और संबंधित CD-ROM ड्राइव पर क्लिक करें। CD के रूट फोल्डर की सभी फाइल्स/फोल्डर्स दिखाई देंगे।
- **Readme.htm** फाइल पर दो बार क्लिक करें। यह डिफॉल्ट ब्राउज़र में खुल जाएगी।
- डाउन ऐरो स्क्रॉल बटन पर तब तक क्लिक करें, जब तक **Basics of Accounting** लिंक स्क्रीन पर न आ जाए।
- लिंक पर क्लिक करें, Online Tutorial शुरू हो जाएगा।

अध्याय

1

इंटरनेट—एक परिचय

इस अध्याय में—

* इंटरनेट (Internet) क्या है
* इंटरनेट—भारत में
* इंटरनेट का उपयोग
* Net पर सर्फिंग (Surfing) करना
* इंटरनेट से संपर्क स्थापित करने के लिए आवश्यक उपकरण (Equipments)
* इंटरनेट की मूल जानकारियाँ
* इंटरनेट से संपर्क स्थापित करना
* Internet Explorer द्वारा E-mail भेजना और प्राप्त करना
* Outlook Express द्वारा E-mail भेजना
* E-mail डिलीट करना
* WWW को ब्राउज़ (Browse) करना
* इंटरनेट रीले चैट (Relay Chat)
* इंटरनेट से संपर्क तोड़ना
* कुछ प्रमुख वेबसाइट्स (Websites) के नाम

आप अपने से दूर–विदेश या किसी सुदूर देश में–रहने वाले मित्रों या संबंधियों के पास अकसर पत्र भेजते रहते होंगे। पत्र लिखने के बाद आप उसे डाक में डालते हैं। परन्तु इससे आपके मन में एक शंका बनी रहती है कि आपका पत्र वहाँ समय पर पहुँचेगा या नहीं। अब आपको ऐसी चिंता करने की ज़रूरत नहीं है, क्योंकि आप इंटरनेट की सहायता से अपने मित्रों को झटपट और आसानी से पत्र भेज सकते हैं। इंटरनेट डाक में पत्र खो जाने की चिंता से मुक्त कराने के साथ–साथ आपको डाक में होने वाले खर्च से भी बचाता है। इंटरनेट द्वारा निभाई जाने वाली डाकिये की भूमिका इंटरनेट पर उपलब्ध अन्य असंख्य सुविधाओं में से एक है। वास्तव में यह असीमित सूचनाओं का भंडार है। इसके अतिरिक्त इन सूचनाओं को नियमित रूप से update भी किया जाता है।

इंटरनेट क्या है (What is Internet)

इंटरनेट विश्वभर के विश्वविद्यालयों, अनुसंधान संस्थानों, सरकारी एजेंसियों और व्यावसायिक प्रतिष्ठानों इत्यादि के हज़ारों कंप्यूटरों को आपस में जोड़ता है। अपने घर, दफ्तर या दुकान में एक छोटे PC और एक टेलीफोन लाइन के द्वारा आप इंटरनेट के माध्यम से दुनिया के किसी भी कोने में अपनी बात तुरंत पहुँचा सकते हैं। खिलौना बनाने से लेकर परमाणु बम बनाने तक आप हज़ारों विषयों पर सूचनाएँ प्राप्त कर सकते हैं। इंटरनेट से जुड़ा प्रत्येक कंप्यूटर दूसरे कंप्यूटरों के साथ संपर्क स्थापित कर सकता है। इंटरनेट पर सूचनाओं के इस आदान–प्रदान के लिए यह ज़रूरी है कि कंप्यूटर एक दूसरे के साथ संपर्क स्थापित कर पाएँ। ऐसा करने के लिए एक तकनीकी भाषा का प्रयोग किया जाता है, जिसे **Transmission Control Protocol/Internet Protocol (TCP/IP)** कहा जाता है। यह भाषा असंख्य इंटरनेट कंप्यूटरों के बीच संपर्क स्थापित करने की भूमिका निभाती है।

भारत में इंटरनेट (Internet in India)

भारत जैसे विशाल देश में इंटरनेट का महत्त्व बहुत अधिक है। अपने मित्र से पत्र द्वारा संपर्क स्थापित करने के क्रम के बारे में सोचिए। उसके पास आपका पत्र पहुँचने में कई दिन लग जाएँगे। अकसर इस बात की कोई गारंटी भी नहीं होती कि आपका पत्र अपने पते पर पहुँचेगा भी या नहीं और अगर पहुँचेगा तो कब तक। यदि पत्र किसी अन्य देश में पहुँचाना हो, तो स्थिति और भी खराब हो जाती है। इंटरनेट के द्वारा आप अपना संदेश दुनिया में कहीं भी तुरन्त भेज सकते हैं। अपने देश में ही पत्र को एक स्थान से दूसरे स्थान तक पहुँचने में 4-5 दिन तो लग ही जाते हैं, किंतु इंटरनेट द्वारा दुनिया के किसी भी छोर में संदेश पहुँचने में मुश्किल से कुछ ही मिनट लगते हैं। इसके लिए केवल इतना ज़रूरी होता है कि दोनों ओर के कंप्यूटर इंटरनेट के साथ जुड़े हों। जब से भारत में इंटरनेट ने कदम रखा है, तब से भारत में सूचनाओं के आदान–प्रदान में काफी प्रगति हुई है। व्यक्तिगत सूचनाओं के आदान–प्रदान के अतिरिक्त अब इंटरनेट का प्रयोग व्यापार, दूरस्थ शिक्षा, रक्षा, अनुसंधान इत्यादि कार्यों में भी बड़े पैमाने पर किया जा रहा है। वास्तव में, इंटरनेट विभिन्न संस्कृतियों, राष्ट्रों और व्यक्तियों को एक–दूसरे के निकट लाने में महत्त्वपूर्ण भूमिका निभा रहा है।

इंटरनेट का उपयोग (Scope of Internet)

इंटरनेट पर उपस्थित एप्लीकेशन्स की बड़ी संख्या पर ध्यान दें। आप पाएँगे कि इसमें मौजूद ज्ञान की कोई सीमा नहीं है। आप कहीं भी हों, इंटरनेट कनेक्शन द्वारा किसी भी क्षेत्र—कंप्यूटर, खेल, शिक्षा, फिल्म आदि के बारे में विश्व के किसी भी भाग से जानकारी प्राप्त कर सकते हैं। Mailing List को सबस्क्राइब (subscribe) कर सकते हैं और ऑनलाइन खरीदारी (Online Shopping) भी कर सकते हैं। इंटरनेट की एक दिलचस्प बात यह है कि, यह किसी संगठन या संस्थान का हिस्सा नहीं है। कोई भी सरकार या संस्था इंटरनेट पर उपस्थित सूचनाओं को सेंसर (censor) नहीं कर सकती। आइए, अब हम इंटरनेट के द्वारा किए जाने वाले कुछ कामों को देखें।

इलेक्ट्रॉनिक मेल (ई-मेल) (Electronic Mail)

Electronic mail या **E-mail** संदेश भेजने की तेज तथा आसान प्रक्रिया है, अगर आपके पास इंटरनेट एकाउन्ट है तो। यह इंटरनेट का सबसे अधिक इस्तेमाल होने वाला फीचर है, जो आपके संदेशों को आपके परिजनों, दोस्तों आदि के पास पूरे संसार में कहीं भी भेजने में आपकी मदद करता है। आप संदेश के साथ pictures (फोटो), audios (ऑडियो) तथा animations (ऐनिमेशन्स) भी भेज सकते हैं।

सूचनाओं का भंडार (Information Storehouse)

इंटरनेट एक लाइब्रेरी की तरह है, जो किसी भी विषय पर जानकारी प्रदान करता है। आप ये जानकारियाँ आसानी से प्राप्त कर सकते हैं।

सॉफ्टवेयर तथा प्रोग्राम (Software and Programs)

इंटरनेट पर हज़ारों प्रोग्राम्स तथा सॉफ्टवेयर मुफ्त उपलब्ध रहते हैं, जिन्हें आप **File Transfer Protocol** (फाइल ट्रांस्फर प्रोटोकॉल) की मदद से अपने हार्ड डिस्क पर स्टोर कर सकते हैं।

मनोरंजन (Entertainment)

इंटरनेट पर सैंकड़ों मुफ्त Games जैसे—Chess, Football आदि उपलब्ध हैं। इंटरनेट आपको फिल्मों के रिव्यू बता सकता है, साथ ही आप इंटरनेट के द्वारा किसी व्यक्ति से बात भी कर सकते हैं।

ऑनलाइन खरीदारी/इलेक्ट्रॉनिक कॉमर्स (Online Shopping/Electronic Commerce)

Online Shopping (ऑनलाइन खरीदारी) का अर्थ होता है— इंटरनेट पर ही खरीदना या बेचना। आप इंटरनेट पर जरूरत की वस्तुओं तथा सेवाओं, जैसे—कंप्यूटर, सॉफ्टवेयर, किताबें, पोशाकें, सब्जियाँ आदि खरीद सकते हैं।

नेट पर सर्फिंग करना (Surfing the Net)

नेट पर सर्फिंग (surfing) या ब्राउज़िंग (browsing) के बारे में तो आपने सुना ही होगा। कई लोग surfing का अर्थ sites को देखना ही मानते हैं। इंटरनेट विभिन्न जानकारियाँ एक आसानी से उपयोग किए जाने वाले सिस्टम में रखता है। इस सिस्टम को हम **World Wide Web (WWW)** या वेब (Web) कहते हैं। यह सूचनाएँ pages में विभाजित रहती हैं। इसमें कई pages होते हैं, जिनमें सूचना, तस्वीरें, ऑडियो तथा वीडियो आदि स्टोर रहते हैं, जिन्हें आप संसार में कहीं भी देख सकते हैं। हर page जो WWW पर होता है, उसे हम **वेब-पेज (Webpage)** कहते हैं। जो site web-page को स्टोर करती है, उसे **Website (वेबसाइट)** कहते हैं। विभिन्न कंपनियों, विश्वविद्यालयों, सरकारी संस्थाओं आदि की अपनी Websites होती हैं, जिनमें उनसे संबंधित सूचनाओं के Web-Pages होते हैं। उनमें उनके द्वारा प्रदान की जाने वाली services (सेवाओं) के बारे में आपको जानकारी दी गई रहती है। किसी Website के पहले page को हम **Home Page (होम पेज)** कहते हैं। Web विभिन्न websites तथा web-pages को माउस के सिर्फ एक क्लिक पर खोल देता हैं और उनमें उपलब्ध जानकारी का लाभ आप उठा सकते हैं। जैसा हम पहले बता चुके हैं, इसे **Net Surfing (नेट सर्फिंग)** कहा जाता है। हम आपको जरूरी sites को खोलने के बारे में इस अध्याय में आगे बताएँगे।

इंटरनेट कनेक्शन के लिए आवश्यक उपकरण (Equipments Required for an Internet Connection)

इंटरनेट को इस्तेमाल करने के लिए आपको निम्नलिखित उपकरणों की आवश्यकता पड़ती है –

कंप्यूटर (Computer)

कोई अच्छा योग्य **IBM, Macintosh** या **UNIX** कंप्यूटर जिसकी हार्डडिस्क **2GB** या अधिक हो, **16MB RAM** हो और **200 MHz Processor** हो।

मॉडम (Modem)

Modem वह साधन है, जो इंटरनेट पर डाटा स्थानांतरित करता है। कंप्यूटर, डाटा को बाइनरी कोड (Binary Code) में आपके Modem में पहुँचाता है, जो उसे बाइनरी (Binary) से एनालॉग सिग्नल (Analogue Signal) में बदलता है। यह डाटा फिर टेलीफोन नेटवर्क द्वारा चलता है। जब डाटा अपेक्षित कंप्यूटर पर पहुँचता है, तो उस कंप्यूटर से जुड़ा हुआ Modem उसे Analogue Signal से Binary Code में बदल देता है, जो आपके कंप्यूटर द्वारा पढ़ा जाता है। इस प्रकार Modem, डाटा को नेटवर्क तक पहुँचाता है।

Modem दो प्रकार के होते हैं—**External Modem** तथा **Internal Modem**। External Modem आपके कंप्यूटर से टेलीफोन लाइन केबल्स से जुड़ा होता है, जबकि Internal Modem आपके कंप्यूटर में पहले से ही स्थापित रहता है। आपके टेलीफोन का **Billing Meter (बिलिंग मीटर)** उस समय शुरू होता है, जब आप इंटरनेट से संपर्क स्थापित करते हैं। अच्छी गति का Modem टेलीफोन का कम बिल बढ़ाता है। Modem की गति 28,800 bps होनी चाहिए, पर आप 14,000 bps गति भी इस्तेमाल कर सकते हैं।

वेब ब्राउज़र (Web Browser)

जो सॉफ्टवेयर web को खोलने के लिए अथवा उस पर कोई भी कार्य करने के लिए इस्तेमाल होता है, उसे **ब्राउज़र (Browser)** कहते हैं। आजकल सबसे लोकप्रिय ब्राउज़र्स **Netscape Navigator** और **Microsoft Internet Explorer 5.01** हैं। इंटरनेट पर काम करने से पहले आप यह जाँच कर लें कि आपके कंप्यूटर में Web Browser है या नहीं, अन्यथा आप Internet नहीं खोल सकते। Microsoft Internet Explorer, Ms Office 2000/XP के साथ ही आता है।

टेलीफोन लाइन (Telephone Line)

इंटरनेट से जुड़ने के लिए टेलीफोन कनेक्शन की भी आवश्यकता होती है। यदि आपने कॉल वेटिंग (call waiting) सुविधा रखी है, तो सभी डाटा तथा सूचनाएँ टेलीफोन लाइन के माध्यम से एनालॉग (analogue) सिग्नल द्वारा पास होती हैं।

इंटरनेट सर्विस प्रोवाइडर (ISP)

यदि आपके पास Web Browser के साथ कंप्यूटर है और टेलीफोन लाइन तथा Modem भी आपके कंप्यूटर में उपस्थित हैं, तो आपको बस इंटरनेट कनेक्शन की आवश्यकता है। आप विभिन्न Internet Services Providers (ISP) द्वारा इंटरनेट कनेक्शन प्राप्त कर सकते हैं। पहले, भारत में इंटरनेट कनेक्शन सिर्फ विदेश संचार निगम लिमिटेड (VSNL) द्वारा ही होता था, पर अब आप उन 120 ISP कंपनियों में से किसी को भी चुन सकते हैं, जिनको ग्रान्टेड ISP लाइसेंस (Granted ISP Licenses) भी प्राप्त हैं। इनमें सबसे लोकप्रिय ISP हैं—**VSNL, MTNL** तथा **Mantra Online**।

इंटरनेट की मूल जानकारी (Getting Started with the Internet)

आइए, अब हम इंटरनेट से संपर्क स्थापित करें तथा विभिन्न websites को नेट पर surf करें। हम इंटरनेट पर इलेक्ट्रॉनिक मेल (Electronic Mail) के इस्तेमाल से शुरुआत करेंगे, परन्तु इससे पहले आपको इंटरनेट से संपर्क स्थापित करना होगा। इसके लिए आपको अगले पृष्ठ पर दिए गए क्रम के अनुसार आगे बढ़ना होगा—

1. कंप्यूटर के साथ–साथ Modem को भी ON करें। विंडोज़ Me/98 डेस्कटॉप आपको स्क्रीन पर दिखाई देगा।
2. अब डेस्कटॉप के **My Computer** icon पर डबल क्लिक करें। तुरंत ही icon विंडो में खुल जाएगा (चित्र IN-1)।
3. अब बाएँ माउस बटन को **Dial-up Networking** icon पर डबल क्लिक करें। डेस्कटॉप पर **Dial-up Networking** विंडो खुल जाएगी (चित्र IN-2)।

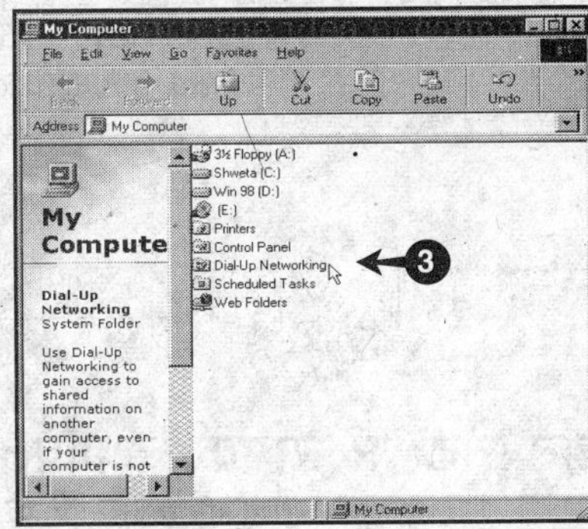

चित्र IN-1

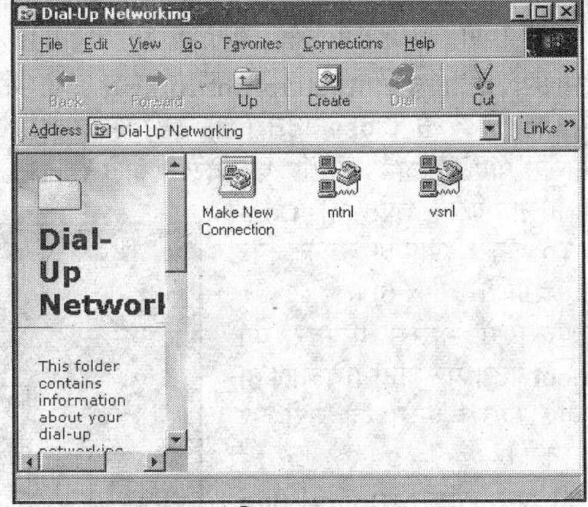

चित्र IN-2

4. **Dial-up Networking** विंडो के अंदर **vsnl** icon को ढूँढ़ें।
5. अब पहले डेस्कटॉप पर इसके लिए एक shortcut icon बना दें, ताकि Dial करना आपके लिए आसान हो जाए। इसके लिए दाएँ माउस बटन को **vsnl** icon पर क्लिक करें। तुरंत ही आपको स्क्रीन पर पुल–डाउन मेन्यू दिखाई देगा (चित्र IN-3)।
6. पुल–डाउन मेन्यू के अंदर **Create Shortcut** विकल्प पर दाएँ माउस बटन से क्लिक करें। तुरंत ही आपको स्क्रीन पर **Shortcut** बॉक्स दिखाई देगा (चित्र IN-4), जो आपसे पूछेगा कि आपको डेस्कटॉप पर शॉर्टकट बनाना है या नहीं।

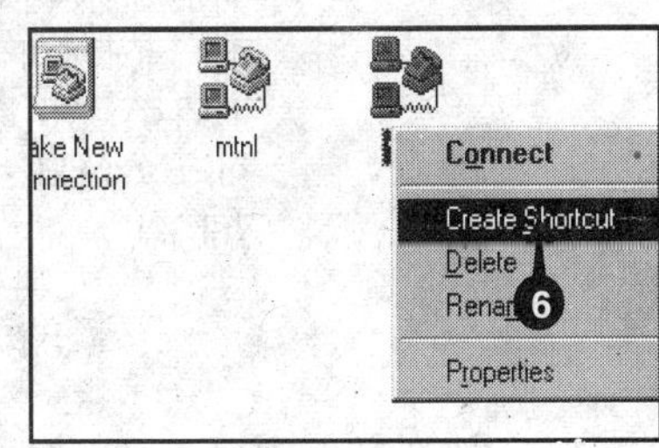

चित्र IN-3

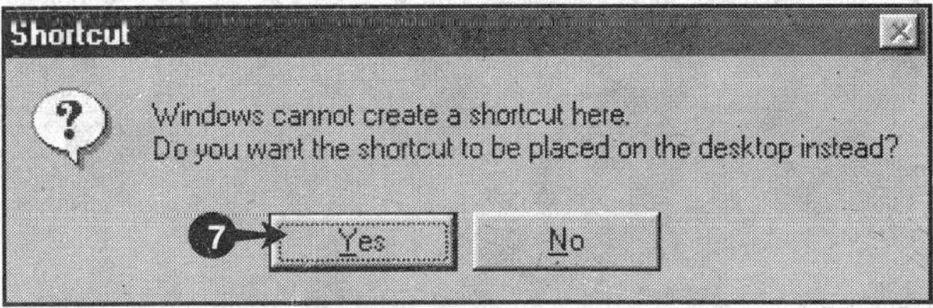

चित्र IN-4

7. **Shortcut** बॉक्स के अंदर **Yes** विकल्प पर क्लिक करें। तुरंत ही डेस्कटॉप पर **vsnl** shortcut icon दिखाई देगा (चित्र IN-5)।

चित्र IN-5

हमेशा यही बेहतर होता है कि डेस्कटॉप पर VSNL icon का शॉर्टकट बना लिया जाए, क्योंकि इससे अधिक सुविधा होती है।

इंटरनेट से संपर्क स्थापित करना (Getting Connected to the Internet)

vsnl shortcut icon के इस्तेमाल द्वारा इंटरनेट से कनेक्ट होने से पहले अच्छा होगा कि खुली हुई विंडो, जो हमारे उदाहरण में **My Computer** और **Dial-up Netwroking** हैं, को बंद कर दें। पहली विंडो को बंद करने के लिए आपको निम्नलिखित क्रम के अनुसार काम करना होगा –

1. बाएँ माउस बटन द्वारा **Dial-up Networking** विंडो के **Close** बटन (☒) और फिर **My Computer** विंडो के **Close** बटन (☒) पर क्लिक करें। तुरंत ही दोनों विंडो बंद हो जाएँगी।
2. अब माउस पॉएंटर को डेस्कटॉप पर दिखने वाले vsnl icon पर लाएँ और बाएँ माउस बटन द्वारा डबल क्लिक करें। तुरंत ही **Connect To** बॉक्स आपको स्क्रीन पर दिखाई देगा (चित्र IN-6)।
3. इस बॉक्स में माउस पॉएंटर को **Connect** बटन पर लाएँ (चित्र IN-6) और बाएँ माउस बटन को उस पर क्लिक करें।

   तुरंत ही अन्य बॉक्स, **Connecting to vsnl** स्क्रीन पर दिखाई देगा (चित्र IN-7)। इस बॉक्स के स्क्रीन पर आते ही एक ध्वनि आपको सुनाई देगी जिसका अर्थ यह होगा कि आपका कंप्यूटर अब Service Provider यानि **vsnl** से जुड़ने का प्रयास कर रहा है।

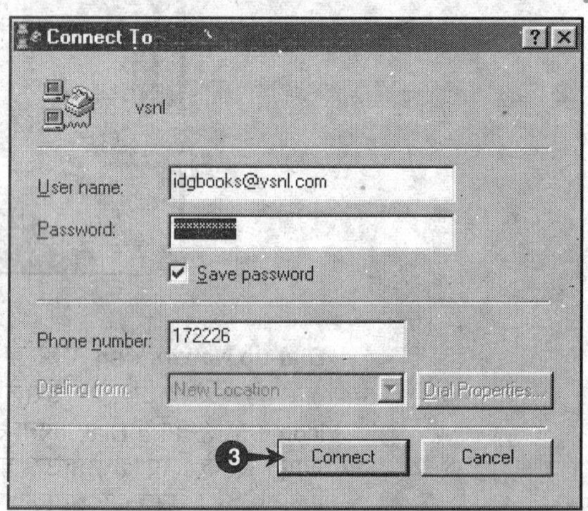

चित्र IN-6

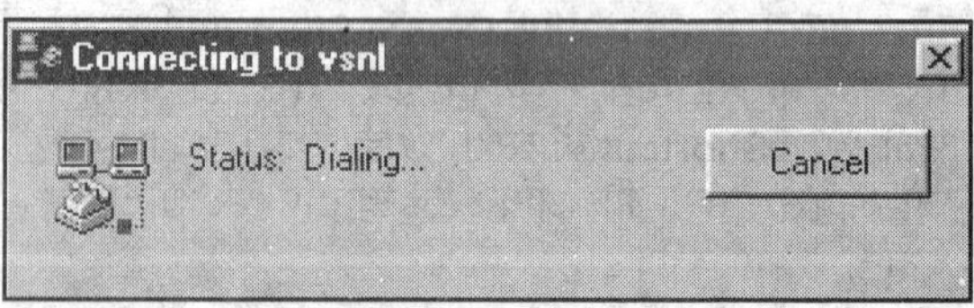

चित्र IN-7

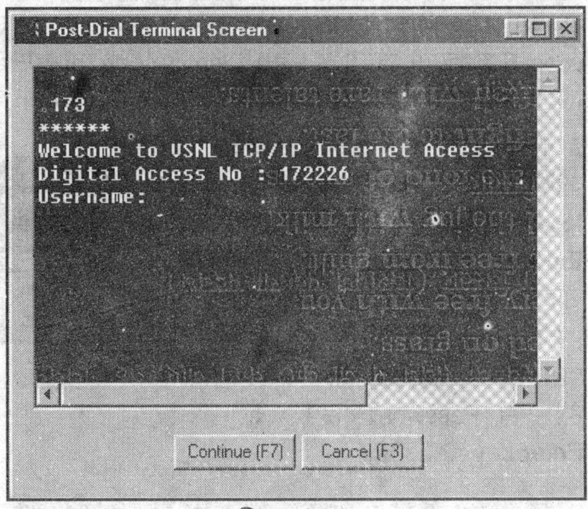

चित्र IN-8

4. कनेक्ट हो जाने के बाद एक अन्य बॉक्स, जिसे **Post-Dial Terminal Screen** कहते हैं, स्क्रीन पर दिखाई देगा (चित्र IN-8)।

ISP से संपर्क बनाते समय आपके स्क्रीन पर चित्र IN-9 के समान एक error message दिखाई दे सकता है। इसमें आपको सिर्फ OK बटन पर क्लिक करना होता है और दोबारा ISP से connect करना होता है।

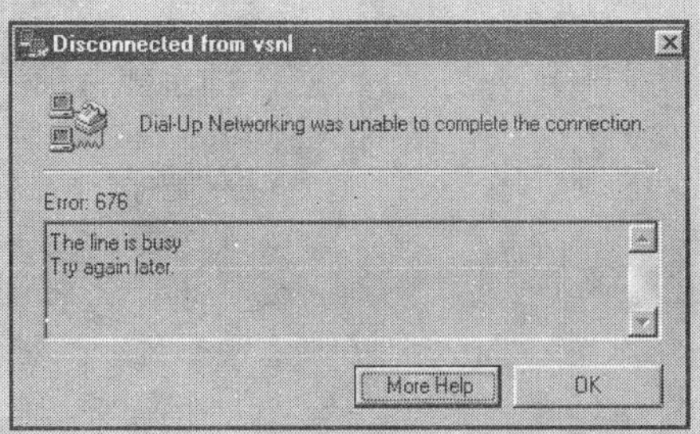

चित्र IN-9

कई बार Modem के ढीले होने की वजह से आप अच्छी तरह ISP से connect नहीं हो पाते। इस कारण वह एक error message स्क्रीन पर दिखाता है। जब वह error message दिखाता है (चित्र IN-10), तब आप पहले OK बटन पर क्लिक करें। फिर अपने Modem का स्विच OFF करें और सभी connections की जाँच करें। जाँच कर लेने के बाद इसे दोबारा ON करें।

Disconnected from vsnl
Dial-Up Networking was unable to complete the connection.
Error: 630
The modem is not responding properly. Please verify that the modem is plugged in to the computer and to the telephone line. If the problem persists, please select 'More Help' button to start the Windows 98 Modem Troubleshooter.
More Help OK

चित्र IN-10

Modems टेलीफोन लाइन्स द्वारा connect होते हैं और टेलीफोन की तरह काम करते हैं। कई बार आपको फोन एक्सचेंज टोन सुनाई देता है, जिसका अर्थ होता है कि आवश्यक लाइन व्यस्त है। इसी प्रकार का एक व्यस्त संदेश आपके कंप्यूटर स्क्रीन पर भी दिखाई दे सकता है (चित्र IN-11)। ऐसा होने पर दोबारा डायल करने के लिए Enter key को दबाएँ। जब तक आप इंटरनेट से संपर्क नहीं बना लेते, तब तक इस प्रक्रिया को करते रहें।

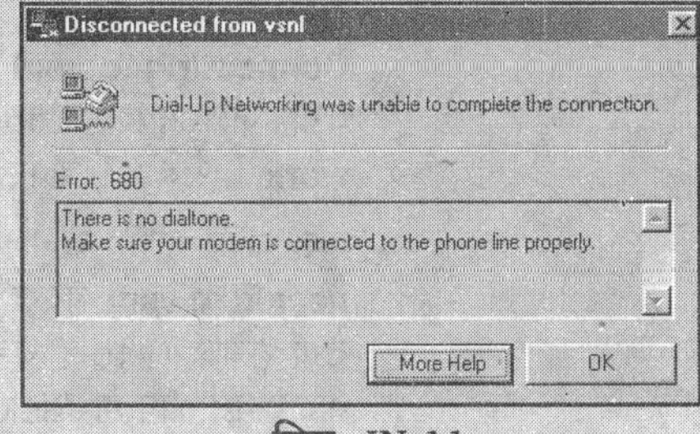

चित्र IN-11

5. अब आपकी स्क्रीन चित्र IN-8 की तरह दिखाई देगी। हर उपयोगकर्त्ता (User) net पर एक identity code से पहचाना जाता है। इस identity code को हम **username** कहते हैं। Net से जुड़ने के लिए किसी को भी पहले Username को प्रविष्ट करना होता है।

इसलिए आप भी पहले Username को टाइप करें। (हमारे उदाहरण में यह **Idgbooks@ vsnl.com** है)। फिर **Enter** key दबा दें। तुरंत ही कर्सर अगली लाइन में चला जाएगा (चित्र IN-12)।

चित्र IN-12

6. हर उपयोगकर्त्ता को नाम के साथ एक पासवर्ड (Password) भी दिया जाता है। आप Password टाइप करें, फिर **Enter** key दबा दें।

अगर आप गलत Password टाइप करते हैं, तो आप इंटरनेट से कनेक्ट नहीं हो पाते, तब एक संदेश आपको स्क्रीन पर दिखाई देता है– Username/Password Incorrect (चित्र IN-13)। अब Username दोबारा टाइप करें और फिर Password टाइप करें। अंत में Enter key दबाएँ।

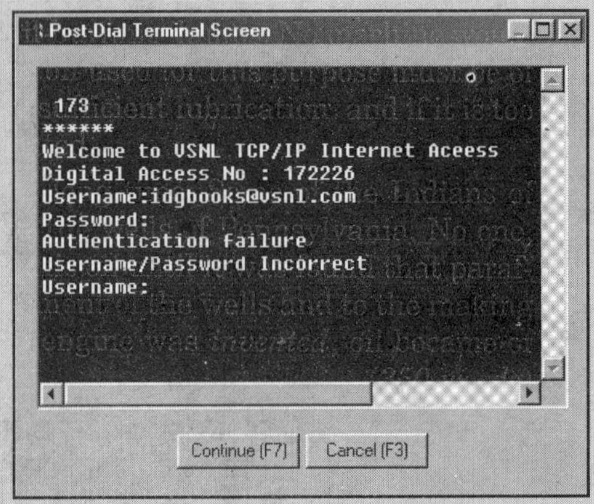

चित्र IN-13

7. फिर **Post-Dial Terminal Screen** पर उपस्थित **Continue [F7]** बटन पर माउस पॉएंटर को लाएँ और बाएँ माउस बटन को क्लिक करें। तुरंत ही **Connecting to vsnl** बॉक्स आपको एक संदेश **Verifying user name and password....** के साथ दिखाई देगा (चित्र IN-14)।

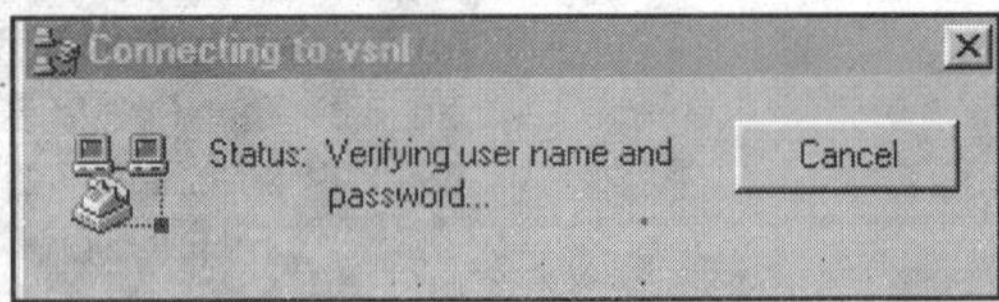

चित्र IN-14

कुछ ही क्षणों के बाद एक अन्य संदेश **Connecting to vsnl** बॉक्स में दिखाई देगा, जो आपको **Logging on to network....** संदेश दिखाएगा (चित्र IN-15)।

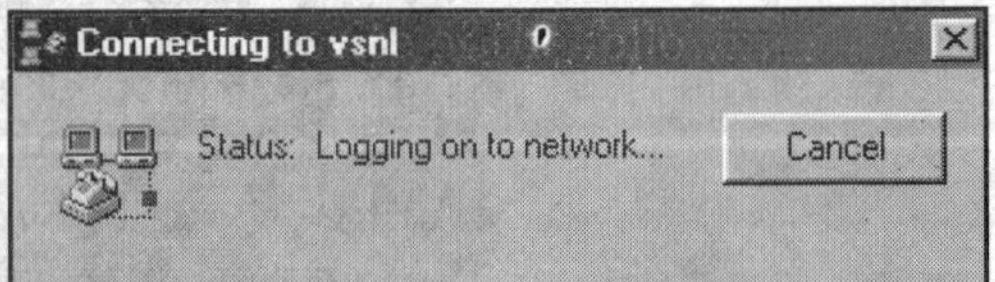

चित्र IN-15

कुछ और क्षणों के बाद आपको **Connected to vsnl** बॉक्स स्क्रीन पर दिखाई देगा (चित्र IN-16)। यह बॉक्स कुछ देर बाद अपने आप ही **Taskbar** पर minimize बटन के रूप में दिखाई देगा।

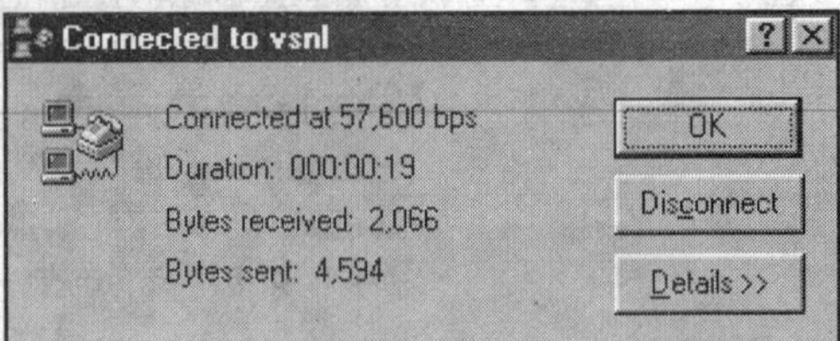

चित्र IN-16

चित्र IN-17

8. अब आप Browser को खोलें जैसे–**Microsoft Internet Explorer** या **Netscape Navigator** | यहाँ हम **Microsoft Internet Explorer 5.0** को खोलेंगे।

इसके लिए डेस्कटॉप पर उपस्थित **Microsoft Internet Explorer 5.0** icon (चित्र IN-17) पर डबल क्लिक करें। तुरंत ही **Microsoft** का **Home page** आपको स्क्रीन पर दिखाई देगा (चित्र IN-18)।

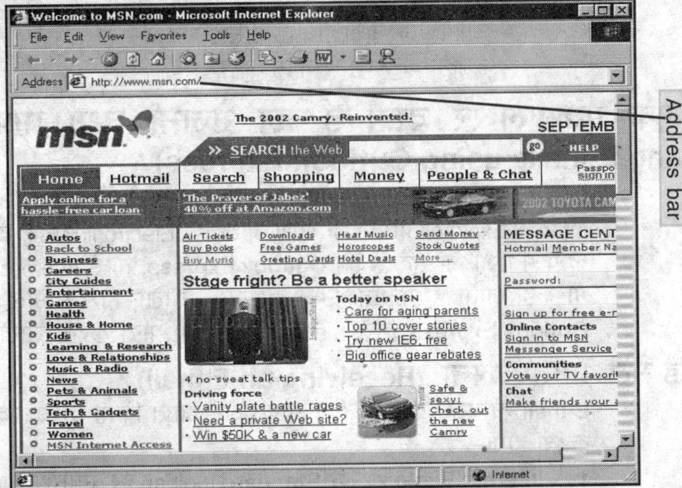

चित्र IN-18

9. इस **Home page** के द्वारा आप इसमें उपस्थित अन्य pages पर भी जा सकते हैं। आप किसी भी page पर, **Home page** पर किसी link पर क्लिक करके पहुँच सकते हैं। उदाहरण के लिए–यदि आप स्क्रीन पर समाचारों को देखना चाहते हैं, तो आपको सिर्फ उस विषय पर क्लिक करना होगा। हमारे उदाहरण में यह **NEWS** है (चित्र IN-18)। तुरंत ही News page आपके सामने दिखाई देगा (चित्र IN-19)।

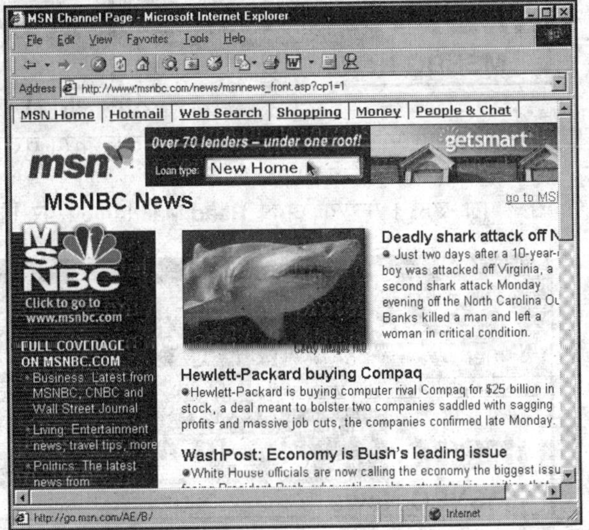

चित्र IN-19

इंटरनेट से संपर्क टूट जाने पर आपको एक Message बॉक्स स्क्रीन पर दिखाई देगा (चित्र IN-20)। यदि आप दोबारा संपर्क स्थापित् करना चाहते हैं, तो Reconnect बटन पर क्लिक करें और फिर 'इंटरनेट से संपर्क स्थापित करना' विषय के 2 से 9 तक के क्रम के अनुसार काम करें।

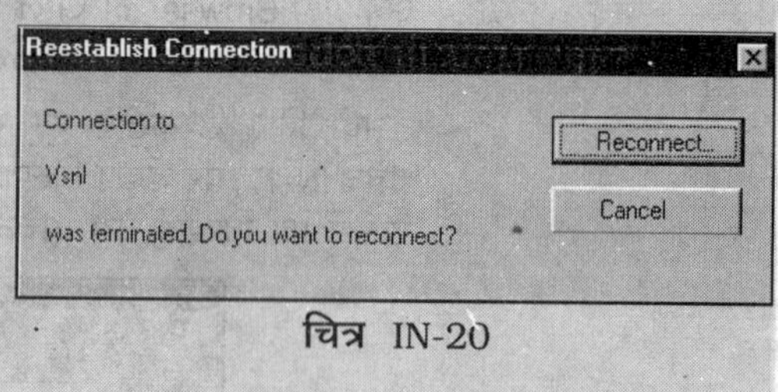

चित्र IN-20

आउटलुक एक्सप्लोरर द्वारा ई-मेल भेजना तथा प्राप्त करना (Sending and Receiving E-mails using Outlook Express)

Outlook Express एक संदेश या E-mail भेजने के लिए इस्तेमाल होने वाला सॉफ्टवेयर है। यह Internet Explorer प्रोग्राम के साथ आता है। Electronic Mail, टेक्स्ट या चित्रों के रूप में दूसरे users के पास भेजी जा सकती है। **Outlook Express**, जिसे Internet Explorer का mail और news प्रोग्राम भी कहा जाता है, मूल्यतः E-mail भेजने के लिए ही इस्तेमाल होता है। नीचे दिए गए भाग में आप **Outlook Express** द्वारा mails भेजना तथा प्राप्त करना सीखेंगे।

ई-मेल प्राप्त करना (Receiving an E-mail)

E-mail को पढ़ने के लिए (जो आपने अभी प्राप्त किया है), आपको निम्नलिखित क्रम के अनुसार कार्य करना होगा–

1. **Internet Explorer** के **Standard** toolbar पर उपस्थित **Mail** बटन () पर माउस पॉएंटर को लाएँ (चित्र IN-21)।

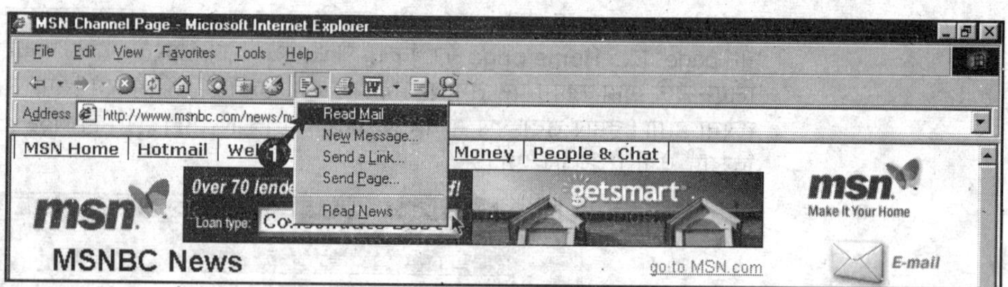

चित्र IN-21

2. फिर बाएँ माउस बटन को उस पर क्लिक करें। तुरंत ही आपको उसके साथ पुल–डाउन मेन्यू दिखाई देगा (चित्र IN-21)।
3. पुल–डाउन मेन्यू के अंदर **Read Mail** विकल्प पर क्लिक करें (चित्र IN-22)।

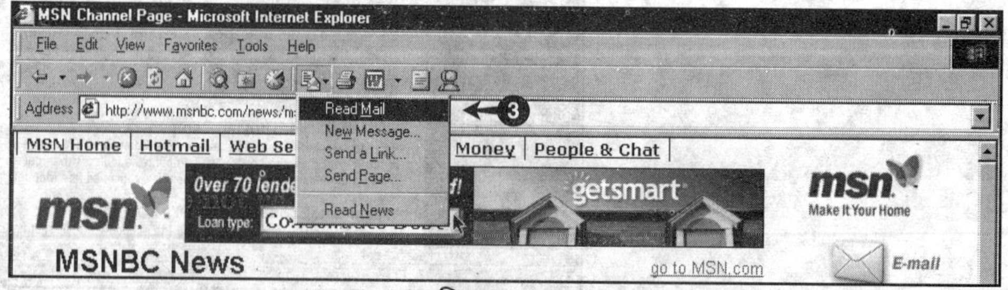

चित्र IN-22

पहले **Microsoft Outlook Express** का logo स्क्रीन पर दिखाई देगा। फिर **Outlook Express** विंडो स्क्रीन पर खुल जाएगी (चित्र IN-23)।

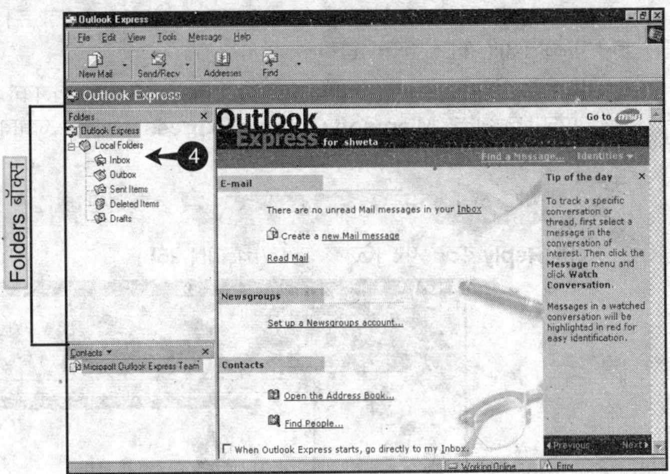

चित्र IN-23

4. सभी E-mails को देखने के लिए आप माउस पॉएंटर को **Folders** बॉक्स के अंदर **Inbox** विकल्प पर लाएँ और बाएँ माउस बटन को क्लिक करें। आपके address पर भेजे गए सभी E-mails तुरंत ही स्क्रीन पर दिखाई देंगे (चित्र IN-24)। हमारे उदाहरण में केवल एक mail (जो कि **Microsoft Outlook Express** से ही प्राप्त हुई है) दिख रही है।

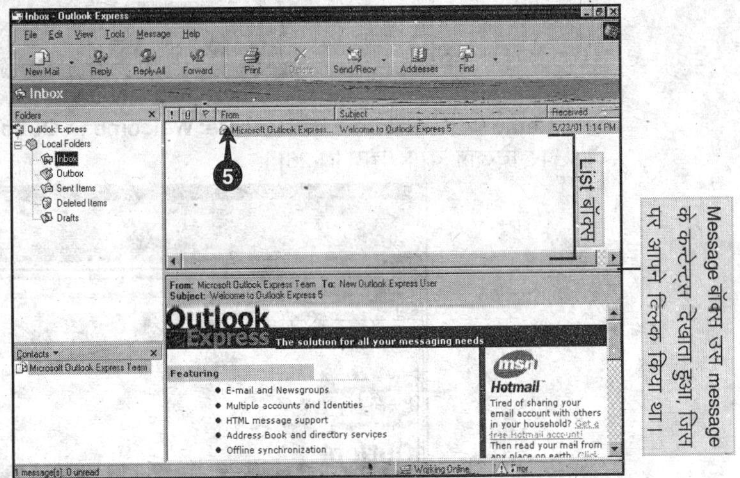

चित्र IN-24

5. अगर आप किसी निश्चित mail के कन्टेन्ट्स (जो हमारे उदाहरण में **Microsoft Outlook Express** है) को पढ़ना चाहते हैं, तो माउस पॉएंटर को उस पर लाएँ और बाएँ माउस बटन को डबल क्लिक करें। तुरंत एक **Message** बॉक्स आपके स्क्रीन पर खुल जाएगा, जो क्लिक किए हुए mail के कन्टेन्ट्स को दिखाएगा।

ई-मेल का जवाब देना (Replying an E-mail using Outlook Express)

इस समय चित्र IN-24 आपके स्क्रीन पर दिखाई दे रहा है। आइए, अब हम उस E-mail का जवाब दें, जो **Microsoft Outlook** विंडो में **List** बॉक्स में दिखाई दे रही है। इसके लिए आपको निम्नलिखित क्रम के अनुसार काम करना होगा–

1. जिस निश्चित mail का जवाब आपको देना है, उस पर क्लिक करें। उदाहरण के लिए आप List बॉक्स के अंदर **Microsoft Outlook Express** mail का जवाब दें। तुरंत ही E-mail हाईलाइट हो जाएगी।

> **Note:** यदि mail पहले से ही हाईलाइटेड हो, तो आप क्रम 2 से आगे बढ़ें।

2. अब **Reply** बटन पर क्लिक करें (चित्र IN-25)।

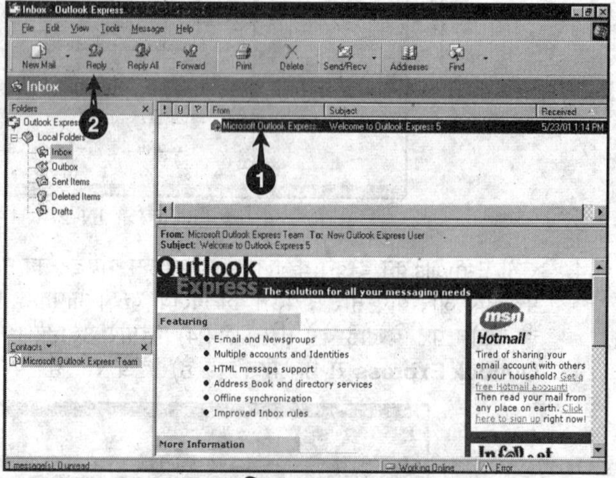

चित्र IN-25

Reply बटन पर क्लिक करते ही **Re: Welcome to Outlook Express 5** बॉक्स आपके स्क्रीन पर दिखाई देगा (चित्र IN-26)।

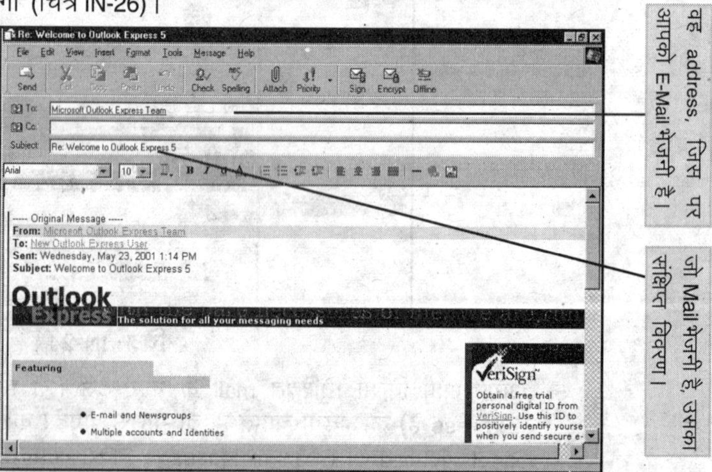

चित्र IN-26

चित्र IN-26 में कुछ टेक्स्ट (जो **To** विकल्प के साथ टाइप किया हुआ है) दिखाई देगा। इस स्थान पर आपको उस जगह का address टाइप करना होगा, जहाँ आपको E-mail भेजनी है। हमारे उदाहरण में यह **Microsoft Outlook Express Team** है। **Subject** विकल्प के साथ E-mail का संक्षेपण भी दिखाई देगा।

3. अब **Microsoft Outlook Express Team** को mail भेजने के लिए **Send** बटन ( ) पर क्लिक करें (चित्र IN-27)।

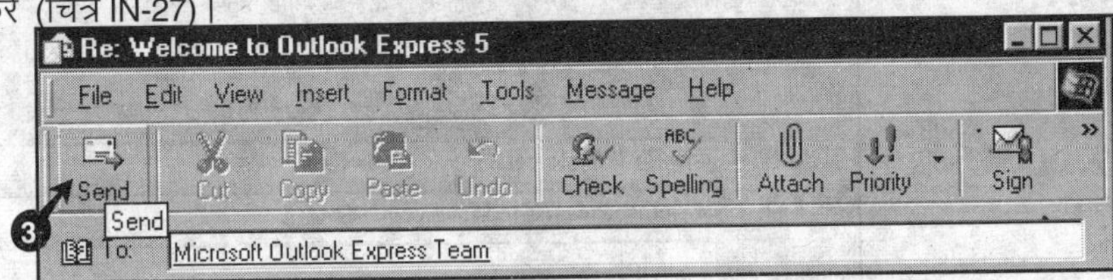

चित्र IN-27

तुरंत ही **Re : Welcome to Outlook Express 5** बॉक्स स्क्रीन से हट जाएगा। इसका अर्थ होगा कि आपने E-mail भेज दिया है।

आपके द्वारा भेजे गए सभी mails, **Outlook Express** विंडो के **Outbox** में इकट्ठे होते हैं। हम **Outbox** के अंदर बाद में देखेंगे। आइए, अब हम **Outlook Express** विंडो में नया E-mail बनाना और उसे भेजना सीखें।

आउटलुक एक्सप्रेस द्वारा ई-मेल भेजना (Sending an E-mail using Outlook Express)

नया E-mail बनाने और उसे भेजने के लिए आपको नीचे लिखे क्रम के अनुसार चलना होगा—

1. चित्र IN-25 से शुरू करें। **Standard** toolbar पर मौजूद **New Mail** बटन ( ) पर क्लिक करें। तुरंत हीं पुल–डाउन मेन्यू आपके स्क्रीन पर दिखाई देगा (चित्र IN-28)।
2. पुल–डाउन मेन्यू के अंदर **Holiday Letter** विकल्प पर क्लिक करें (चित्र IN-28)। तुरंत ही आपको **New Message** बॉक्स दिखाई देगा (चित्र IN-29)।

चित्र IN-28

चित्र IN-29

3. आप जिस व्यक्ति के पास E-mail भेजना चाहते हैं, उस व्यक्ति का E-mail address टाइप करें। Address (जैसे—**Yoanji@123 india.com**) को **To** विकल्प के साथ दिए गए बॉक्स में टाइप करें (चित्र IN-30)। आप यही mail किसी अन्य address पर भी भेज सकते हैं। ऐसा आप उस address को **cc:** विकल्प के सामने बने बाक्स में टाइप करके कर सकते हैं (हमारे उदाहरण में यह **shwetasharma47@rediffmail.com** है)।

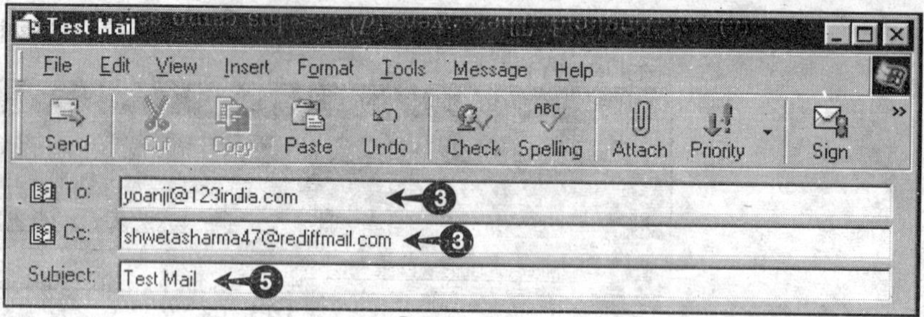

चित्र IN-30

4. दो बार **Tab** key को दबाएँ, ताकि **Subject** के साथ बने बॉक्स में कर्सर आ जाए।
5. E-mail के विषय के बारे में थोड़ा सा विवरण (जैसे **Test Mail**) टाइप करें (चित्र IN-30)।
6. टाइप करने की जगह पर कर्सर को लाने के लिए की–बोर्ड द्वारा **Tab** key को दबाएँ।
7. अब चित्र IN-29 में दिखाई गई पंक्ति को हाईलाइट करें और फिर **how about a short vacation?** टाइप करें (चित्र IN-31)।
8. जब आप संदेश को भेजने के लिए तैयार हो जाते हैं, तो Send **Message** बटन ( ) पर क्लिक करें (चित्र IN-31)। तुरंत ही **New Message** बॉक्स स्क्रीन से हट जाएगा।

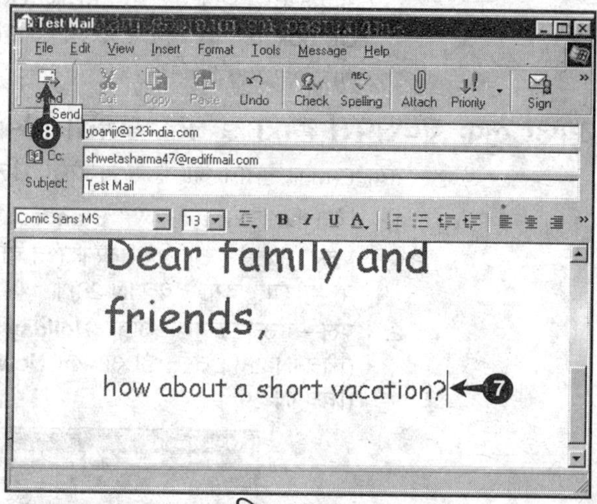

चित्र IN-31

जब आप Send Message बटन ( ) पर क्लिक करते हैं, तो आपका mail Outbox में स्टोर हो जाता है। यह mail अपने आप Outbox से भेज दिया जाता है, जब आप Outlook Express को अगली बार start करते हैं।

9. आइए, अब हम **Outbox** में सभी mails को देखें। इसके लिए **Outlook** विंडो में मौजूद **Outbox** विकल्प पर क्लिक करें। **Outbox** में उपस्थित सभी mails आपको तुरंत दिखाई देंगे (चित्र IN-32)। हमारे उदाहरण में **Outbox** में दो mails हैं, जो आपने **Microsoft** तथा **Yoanji@123india.com** के पास भेजी हैं।

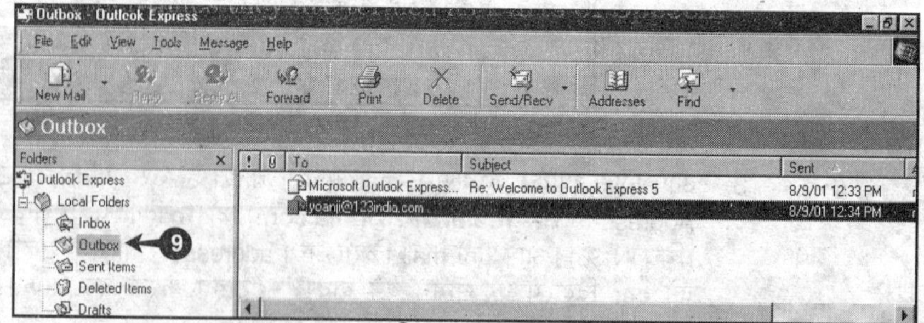

चित्र IN-32

यदि आप mail को तुरंत भेजना चाहते हैं, तो Send and Receive बटन (Send/Recv) पर क्लिक करें। ऐसा करने से आपका mail तुरंत ही Outbox में स्टोर होने की बजाय भेज दिया जाएगा। एक Message बॉक्स स्क्रीन पर दिखाई देगा (चित्र IN-33)वह भी यही दर्शाएगा।

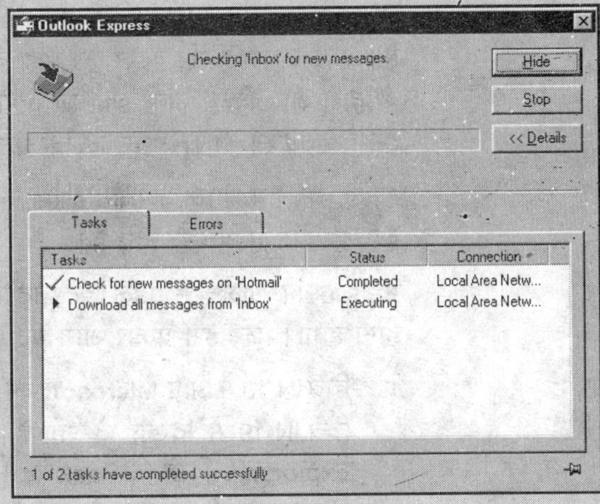

चित्र IN-33

आउटलुक एक्सप्रेस विंडो को बंद करना (Closing the Outlook Express Window)

अब आप **Outlook Express** में काम करना और E-mail भेजना सीख चुके हैं। अब आप **Outlook Express** विंडो से बाहर आएँ। इसके लिए आपको निम्नलिखित क्रम के अनुसार काम करना होगा–

1. माउस पॉएंटर को **Outlook Express** विंडो के **Close** बटन (✕) पर लाएँ।
2. फिर बाएँ माउस बटन को क्लिक करें। तुरंत ही **Outlook Express** बंद हो जाएगी।

Microsoft Outlook को बंद करते समय यदि आपका E-mail Outbox में है, तो आपको स्क्रीन पर एक Message बॉक्स दिखाई देगा, जो आपसे पूछेगा कि आप mails को अभी भेजना चाहते हैं या नहीं (चित्र IN-34)।

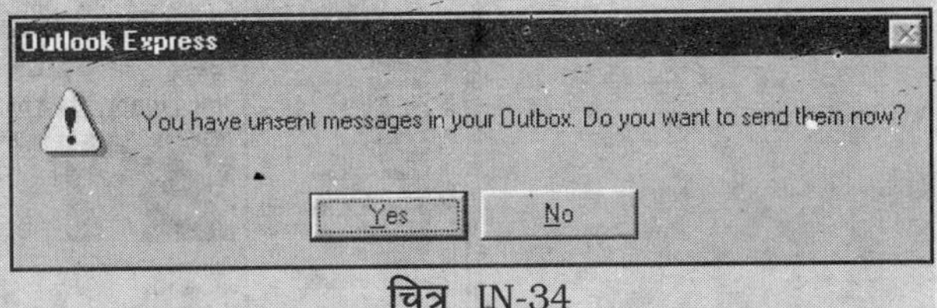

चित्र IN-34

WWW को ब्राउज़ करना (Browsing the WWW)

जब आप **Internet Explorer** को खोलते हैं, तो **Microsoft** का **Home page** अपने आप ही खुल जाता है। अगर आपके पास **Netscape Browser** है, तो **Netscape Incorporation** का **Home page** अपने आप स्क्रीन पर खुल जाएगा।

हर web page का web पर अलग address होता है। इस web address को हम **URL (Uniform Resource Locator)** कहते हैं। Web pages का URL **http://** से शुरू होता है, जहाँ **http** का अर्थ होता है **Hyper Text Transfer Protocol**। किसी निश्चित website को देखने के लिए आपको उस web site का URL या address लिखना होता है।

यह तो आप जानते हैं, कि हर web page में कुछ टेक्स्ट, (कुछ web pages पर चित्र तथा टेक्स्ट) उस page को अन्य web pages से जोड़ता है। जिस टेक्स्ट द्वारा दूसरे web pages पर जाया जा सकता है, वह अधिकतर रेखांकित या किसी अन्य रंग में दिखता है। कुछ तस्वीरें (Graphics) भी किसी अन्य page पर जाने में आपकी मदद करती हैं। जब माउस कर्सर इन graphics पर आता है, तो यह हाथ के एक निशान (☝) में बदल जाता है।

Web pages पर उपलब्ध विभिन्न links को माउस पॉएंटर को उन pages पर घुमाकर ढूँढा जा सकता है। अगर माउस कर्सर बदल कर हाथ का निशान बन जाता है, तो इसका अर्थ यह होगा कि इस टेक्स्ट के द्वारा आप किसी अन्य site या अभी खुली हुई site के किसी अन्य page पर जा सकते हैं। आप इनमें से किसी भी link पर क्लिक कर सकते हैं और उससे जुड़ा web page खुल जाएगा।

आइए, अब हम अपनी अपेक्षित sites को web पर surf करें। हमने भारत के कुछ प्रसिद्ध sites के नाम इस अध्याय के अंत में दिए हैं।

नई site को खोलने से पहले 'इंटरनेट से संपर्क स्थापित करना' विषय की मदद से इंटरनेट से कनेक्ट होना होगा। फिर इस प्रकार आगे बढ़ें–

1. चित्र IN-18 में आप **Microsoft** का **Home page** देख सकते हैं। इसी site का अन्य page आपको चित्र IN-19 में दिखाई दे रहा है। वर्तमान page से पिछले page पर जाने के लिए **Internet Explorer 5** विंडो के **Back** बटन ( )पर क्लिक करें। तुरंत ही पिछला page (हमारे उदाहरण में **Microsoft** का **Home page**) खुल जाएगा (चित्र IN-35)।

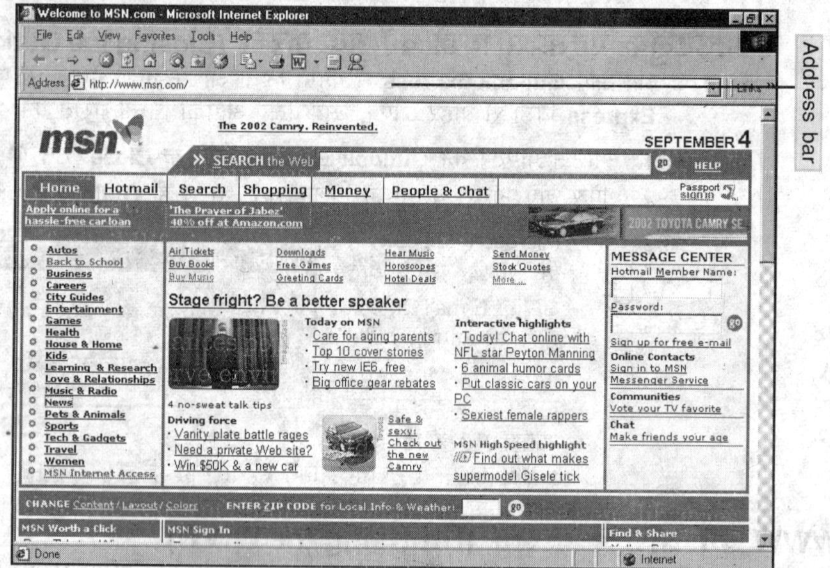

चित्र IN-35

2. **Home page** का **Address** bar उस site का URL दिखाएगा, जो उस समय खुली हुई है। अन्य site पर जाने के लिए आपको उसके URL को टाइप करना होगा। उदाहरण के लिए–आप एक अन्य site का URL जैसे–**http:// www.google.com** टाइप करें।

   इसके लिए माउस पॉएंटर को **Address bar** के अंदर लाएँ और बाएँ माउस बटन को क्लिक करें। तुरंत ही उस जगह पर blinking cursor दिखाई देगा।

3. URL **http://www.google.com** को टाइप करें और फिर **Enter** key को दबाएँ। यह address हाईलाइट हो जाएगा और कुछ क्षणों में web site **google.com** स्क्रीन पर दिखाई देने लगेगा (चित्र IN-36)।

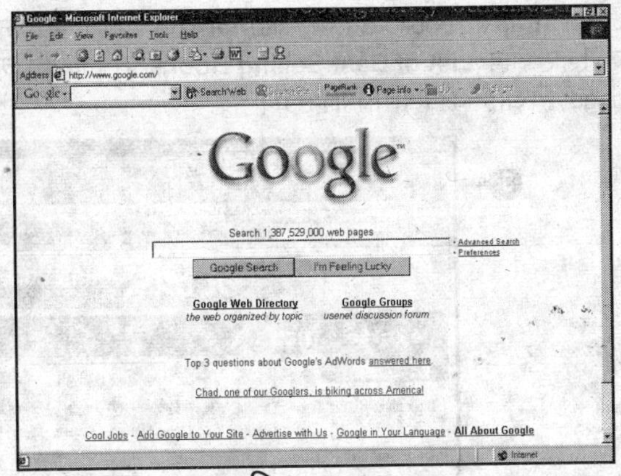

चित्र IN-36

4. अब माउस पॉएंटर को पूरे स्क्रीन पर घुमाएँ। आप देखेंगे कि कुछ जगहों पर माउस पॉएंटर हाथ के चिन्ह (☝) में बदल जाएगा। हाथ उस जगह को दर्शाएगा जिसे क्लिक करके आप अन्य page पर जा सकते हैं। इसे **Link** कहा जाता है। अन्य page पर जाने के लिए आप बाएँ माउस बटन को उस link पर क्लिक करें।

Web page में कुछ Image तथा Text, Link के रूप में (जिनका अन्य पेजों से Link है), या तो रेखांकित होते हैं या शेष टेक्स्ट से भिन्न रंग में होते हैं। Link Images को उन पर माउस पॉएंटर को रखकर आप जान सकते हैं। यह हाथ के निशान (☝) में बदल जाएगा।

5. आइए, अब हम **google.com** site में दिए गए Search फीचर का इस्तेमाल करते हुए किसी विषय से संबंधित अन्य Sites को खोजें। मान लीजिए कि आप books की विभिन्न sites को देखना चाहते हैं, तो इसके लिए **Search** बटन के साथ बॉक्स में माउस पॉएंटर को लाएँ और बाएँ माउस बटन को क्लिक करें। तुरंत ही blinking cursor उस जगह पर दिखाई देगा।

चित्र IN-37

6. अब **Books** टाइप करें (चित्र IN-37) और **Enter** key दबाएँ। तुरंत ही books से संबधित sites आपको स्क्रीन पर दिखाई देंगी (चित्र IN-38)।

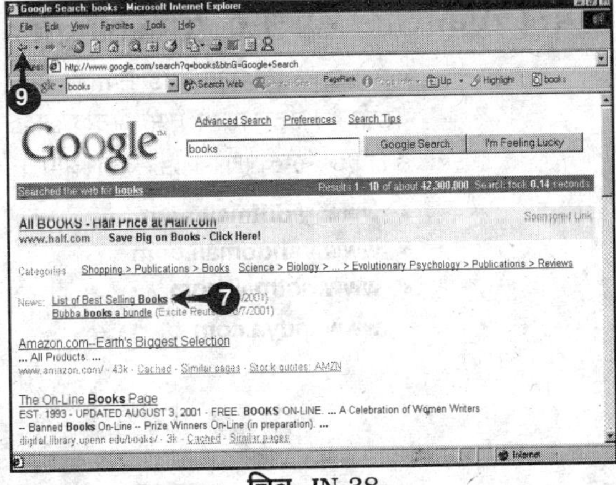

चित्र IN-38

7. अब आप किसी book संबंधित site को देखने के लिए किसी भी link पर क्लिक करें। उदाहरण के लिए आप **List of Best Selling Books** पर क्लिक करें। तुरंत ही आपको स्क्रीन पर अन्य page दिखाई देगा (चित्र IN-39)।

चित्र IN-39

8. अब तक आपने उस site के तीन pages को स्क्रीन पर खोला है। अब आप इस site के **Home page** पर जाएँ। इसके लिए स्क्रीन पर मौजूद **Back** बटन (Back) पर एक बार क्लिक करें (चित्र IN-39)। तुरंत ही आप पिछले page पर आ जाएँगे (चित्र IN-38)।
9. **google.com** site के **Home page** पर जाने के लिए आपको दोबारा इस site के दूसरे page के **Back** बटन (Back) पर क्लिक करना होगा। तुरंत ही **google.com.** का **Home page** स्क्रीन पर दिखाई देगा (चित्र IN-38)।

अगर आप अन्य sites खोलना नहीं चाहते हैं, तो ब्राउजिंग को बंद करने के लिए Stop बटन (Stop) पर क्लिक करें।

आप web पर विभिन्न ग्राफिक्स जैसे किसी album का cover, मशहूर व्यक्तियों के Photos या विख्यात Paintings को भी देख सकते हैं। ग्राफिक फाइल्स स्क्रीन पर खुलने के लिए कुछ समय लेती हैं, क्योंकि इनका size बहुत बड़ा होता है।

ई-मेल एकाउंट खोलना (Opening an E-mail Account)

इससे पहले कि आप कोई E-mail भेजें, आपको पहले एक **E-mail account** खोलने की आवश्यकता पड़ती है। इंटरनेट में ऐसी अनेक sites उपलब्ध हैं, जिनमें आप अपना E-mail account खोल सकते हैं। कुछ महत्वपूर्ण sites, जहाँ आप E-mail account खोल सकते हैं, निम्नलिखित हैं–

- **www.rediffmail.com**
- **www.yahoomail.com**
- **www.hotmail.com**
- **www.indya.com**

अब आप **www.indya.com** नामक web site में अपना account खोल कर देखें। जैसा आप जानते हैं, इंटरनेट में page के सबसे ऊपर एक **Address bar** होता है। प ष्ठ के सबसे ऊपर बने इस **Address bar** में आप address **www.indya.com** टाइप करें और **Enter** key दबा दें। कुछ ही क्षणों में चित्र IN-40 के अनुसार, एक page स्क्रीन पर दिखाई देगा।

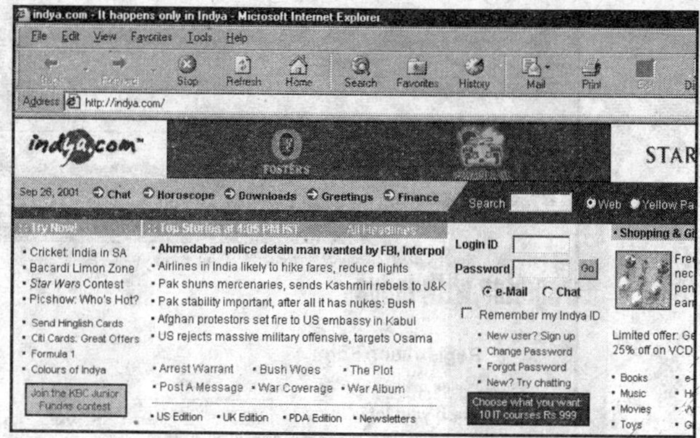

चित्र IN-40

इस page में दो बॉक्स दिखाई देंगे: एक बॉक्स **Login ID** के लिए तथा दूसरा **Password** के लिए होता है। इन बॉक्सों के ठीक नीचे चार विकल्प मौजूद रहते हैं, जो इस प्रकार हैं—

- **New user? Sign up**
- **Change Password**
- **Forgot Password**
- **New? Try chatting**

एक नया E-mail account खोलने के लिए आप नीचे लिखे क्रम को अपनाएँ—

1. माउस पॉएंटर को **New user? Sign up** विकल्प पर लाएँ। तुरंत कर्सर का आकार बदल कर हाथ (✋) के रूप में दिखाई देगा।
2. बाएँ माउस बटन को एक बार क्लिक करें। एक नया page खुल जाएगा जिसमें शीर्षक **register with indya** लिखा दिखाई देगा (चित्र IN-41)। इस page पर लिखे टेक्स्ट को पढ़ें और **Continue** बटन पर क्लिक करें। इसके बाद एक नया page दिखाई देगा। यह पेज **Registration Form** है (चित्र IN-42)।

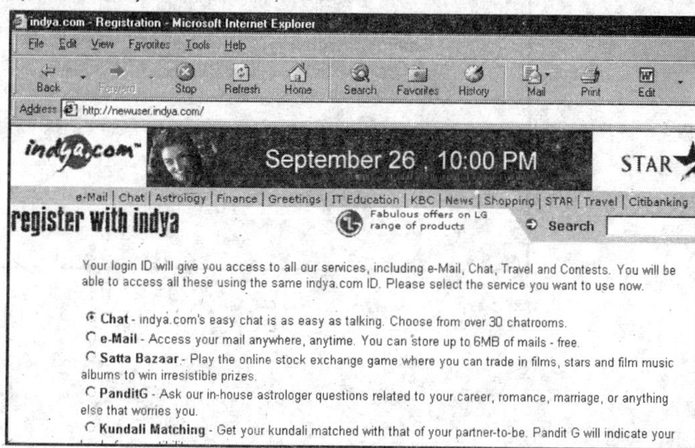

चित्र IN-41

3. इस **Registration Form** में **Login ID** के लिए कुछ भी नाम जैसे **asimchowdhury_3** टाइप करें और एक **Password** भी टाइप कर दें (चित्र IN-42)। यहाँ आपको यह याद रखना चाहिए कि उचित **Login ID** वही होता है, जो आपको आसानी से याद रहे। दूसरी ओर एक उचित Password में 6 से 10 कैरेक्टर्स तक होने चाहिएँ। इसके साथ ही आपको Login ID लिखते समय यह सावधानी बरतनी चाहिए कि आप विशेष कैरेक्टर्स, जैसे—**%,!,@,#** इत्यादि का प्रयोग न करें।

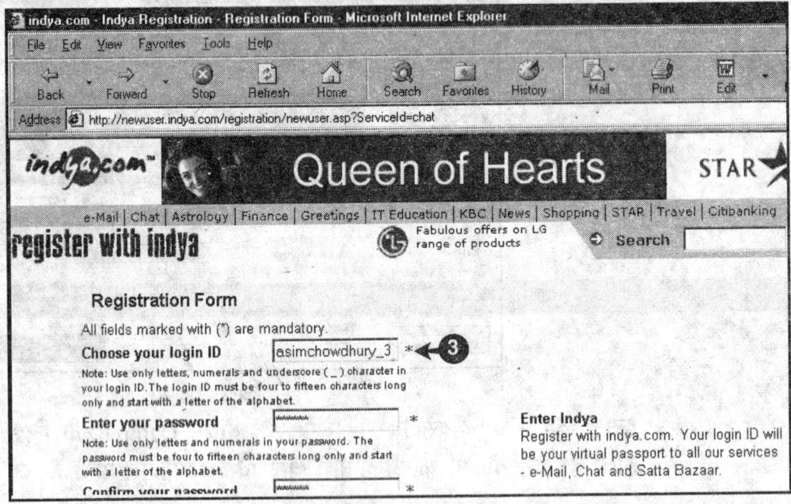

चित्र IN-42

4. **Registration Form** भर चुकने के बाद page के अंत में बने **Submit** बटन पर क्लिक करें। तुरंत एक नया page दिखाई देगा, जिसमें आपका registration हो जाने की पुष्टि की जाएगी (चित्र IN-43)।

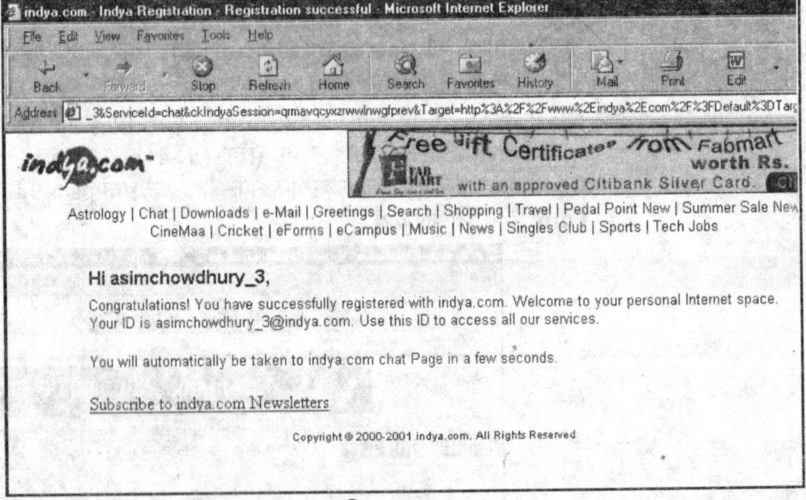

चित्र IN-43

5. जब भी आपको अपना account खोलना हो, तो site का पता, जैसे **www.indya.com** टाइप कर दें। ऐसा करने पर स्क्रीन पर चित्र IN-40 के समान एक form दिखाई देगा। इस फार्म में अपना **ID** और वह **Password** टाइप करें, जिसका इस्तेमाल आपने **Registration form** भरते समय किया था। इसके बाद अपने E-mail account में जाने के लिए **Go** बटन पर क्लिक करें।

   आप इसी तरीके से किसी भी अन्य site में अपना account खोल सकते हैं। पूरी प्रक्रिया ऐसी ही होती है। हालाँकि, प्रत्येक site के बटन और स्पेस एक समान हों—यह ज़रूरी नहीं होता। प्रत्येक साइट की डिज़ाइन में अंतर रहता है, क्योंकि प्रत्येक site अपने अनूठे डिज़ाइनों से प्रयोगकर्त्ता को लुभाने का प्रयास करती है।

इंटरनेट रिले चैट (Internet Relay Chat)

Internet Relay Chat इंटरनेट का एक फीचर है। संसार में कहीं भी किसी से भी बातचीत (Communicate) करने में यह आपको मदद करता है। IRC आपको net पर एक या एक से ज्यादा व्यक्तियों से केवल Back या Forth लिखकर बात करा सकता है। यह लोगों से मिलने तथा उनके विचारों को जानने का अच्छा तरीका है।

इंटरनेट पर बातचीत के दौरान यदि आप टेक्स्ट को टाइप करते हैं, तो यह तुरंत ही उन लोगों के स्क्रीन पर दिखाई देगा, जो उस बातचीत में शामिल हैं। फोन पर बातचीत करने से भिन्न IRC आपको आपके मित्रों, सगे-संबंधियों, जो अन्य देश में हैं, उनसे, ज़्यादा खर्च किए बिना बातचीत करवाता है।

चैट के प्रकार (Types of Chat)

चैट निम्नलिखित प्रकार के होते हैं—

क) ***टेक्स्ट बेस्ड चैट (Text based Chat)***— इंटरनेट पर chat करना सबसे पुरानी तथा प्रसिद्ध विधि है। यह विधि एक या एक से ज़्यादा लोगों से आपकी बातचीत करवाती है। Chat के समय यदि आप टेक्स्ट टाइप करते हैं, तो वह टेक्स्ट उन सभी लोगों के स्क्रीन पर दिखाई देगा, जो उस बातचीत में भाग ले रहे हैं। वह टेक्स्ट इंटरनेट में Modem की सहायता से जल्दी से एक स्थान से दूसरे स्थान पर भेजा जा सकता है। इसके लिए आपको हाई स्पीड के Modem की आवश्यकता नहीं है।

ख) ***वेब बेस्ड चैट (Web based Chat)***— इस प्रकार की बातचीत में आप इंटरनेट की एक नई विशेषता Multimedia का इस्तेमाल करते हैं। यह फीचर आपको इंटरनेट पर Live Video द्वारा बातचीत करवाता है। आप Web based chat के लिए हाई स्पीड Modem का इस्तेमाल करें। Web based chat भारत में अधिक लोकप्रिय नहीं है।

Indya.com पर चैट करना (How to Chat using the site India.com)

समय व्यतीत करने का एक बहुत ही अच्छा साधन chat करना है। भारत में Text based chat अधिक लोकप्रिय है। यह ज्ञानवर्धक और रोमांचक भी है। आइए, अब हम chat कैसे किया जाता है—यह जानें। अपनी सुविधा के लिए आप Indya.com site पर chat करें। इसके लिए निम्नलिखित क्रम अपनाएँ—

1. Explorer खोलकर address **http://Indya.com** टाइप करें। तुरंत ही स्क्रीन पर इस site का Home page खुल जाएगा।
2. **Home page** में **Login ID** और **Password** लिखने के स्थान को ढूँढें। चूँकि हमारे पास पहले से ही इस website का E-mail ID **asimchowdhury_3** है इसलिए इसे **Login ID** के सामने दिए गए स्थान पर टाइप करें।

3 अब वह **Password**, जो आपने E-mail account खोलते समय दिया था, टाइप करें (Password को हमेशा याद रखें)। अब आपका page चित्र IN-44 के समान दिखेगा।

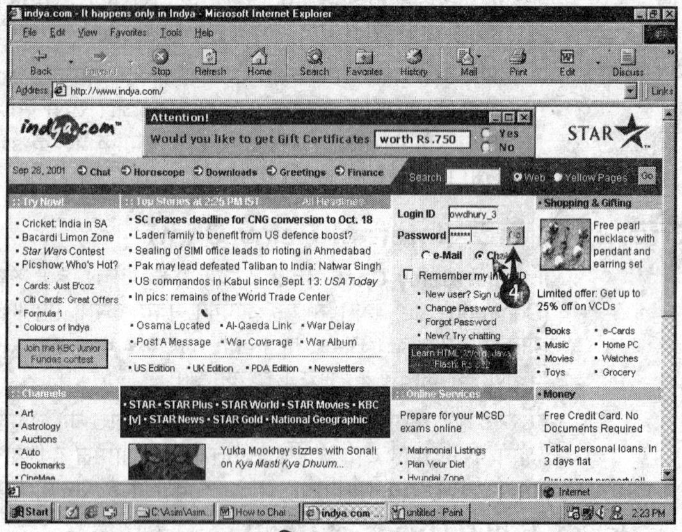

चित्र IN-44

4. अब दो विकल्पों यानी **E-Mail** और **Chat** में से **Chat** पर क्लिक करें और फिर **Go** बटन पर क्लिक करें। कुछ ही समय में **Chat page** आपके स्क्रीन पर खुल जाएगा। इस पेज में ID (हमारे उदाहरण के अंतर्गत **asimchowdhury_3**) दाईं तरफ अन्य IDs के साथ दिखाई देगी। यह सारी IDs उन Users की हैं, जो इस समय उस site पर Chatting कर रहे हैं (चित्र IN-45)।

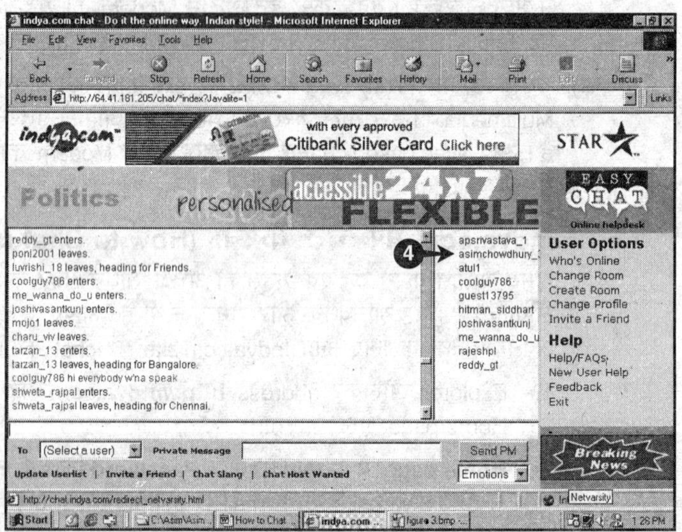

चित्र IN-45

5. Chat page के बाईं तरफ आपको एक बॉक्स दिखाई देगा, जिसमें आप कोई भी message (जो आप भेजना चाहते हैं) टाइप कर सकते हैं।

6. कोई भी संदेश—जैसे—**HELLO EVERYBODY! ANYONE FOR A CHAT?** टाइप करें, फिर **Enter** key दबाएँ। यह संदेश तुरंत ही बड़े बॉक्स में दिखाई देगा (चित्र IN-46)। इसका मतलब यह है कि आपका संदेश अन्य users के पास जा चुका है।

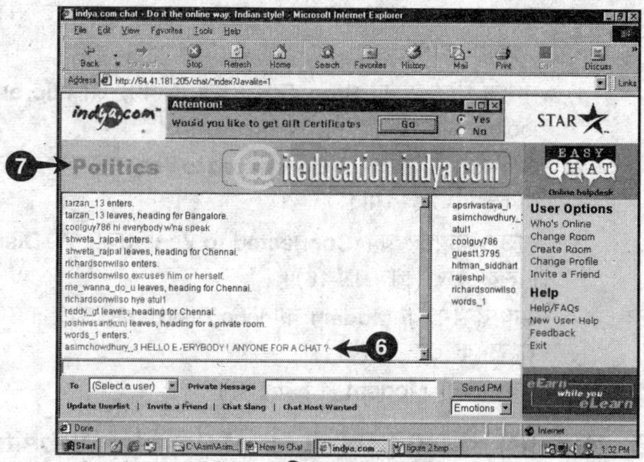

चित्र IN-46

7. Chatting विभिन्न विषयों पर की जा सकती है। ये विषय रूम्स (Rooms) के अंतर्गत विभाजित रहते हैं। अभी हम **Politics** नामक room में हैं। अगर आप अलग room में जाना चाहते हैं, तो बाएँ माउस बटन को दाईं तरफ **Change Room** विकल्प जो **User Options** के नीचे दिख रहा है पर क्लिक करें।

8. आपके स्क्रीन पर एक नया page दिखेगा, जिसमें कुछ अन्य विकल्प (जिन पर आप Chat कर सकते हैं) दिखेंगे (चित्र IN-47)। आप कोई भी विकल्प या room माउस बटन के एक क्लिक से चुन सकते हैं।

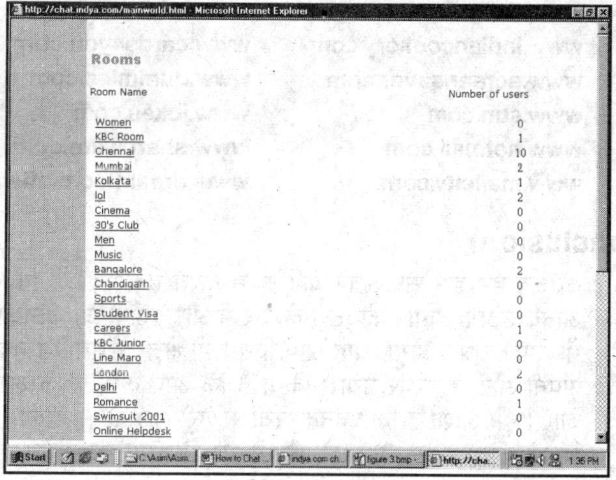

Room Name	Number of users
Women	0
KBC Room	1
Chennai	10
Mumbai	2
Kolkata	1
lol	2
Cinema	0
30's Club	0
Men	0
Music	0
Bangalore	2
Chandigarh	0
Sports	0
Student Visa	0
careers	1
KBC Junior	0
Line Maro	0
London	2
Delhi	0
Romance	1
Swimsuit 2001	0
Online Helpdesk	0

चित्र IN-47

Chatting आपको कुछ अन्य विकल्प भी उपलब्ध कराती है। जैसे—आप किसी विशेष व्यक्ति को चुनकर उसके पास संदेश भेज सकते हैं, अपना Room बना सकते हैं, अपनी Profile बदल सकते हैं इत्यादि। अन्य sites में भी इसी प्रकार की Chatting की सुविधा उपलब्ध है। बस, उनकी रूपरेखा थोड़ी सी अलग होती है।

इंटरनेट से प थक होना (Disconnecting from the Internet)

अब आपको इंटरनेट के विभिन्न अपयोगों के बारे में पता चल चुका है। इससे आपको इंटरनेट का ठीक इस्तेमाल करने में मदद मिलेगी। आइए, अब हम इंटरनेट से बाहर आते हैं। इसके लिए आपको इस प्रकार चलना होगा—

1. माउस पॉएंटर को **Stop** बटन (चित्र IN-49) जो **Microsoft Internet Explorer** के **Standard** toolbar पर मौजूद है, पर क्लिक करें।
2. अब बटन में परिवर्तित **Connected to Vsnl** बॉक्स पर क्लिक करें। तुरंत ही **Connected to Vsnl** बॉक्स दिखाई देगा।
3. माउस पाएंटर को **Connected to Vsnl** बॉक्स के **Disconnect** बटन पर लाएँ, और उस पर क्लिक करें (चित्र IN-16)।

   आप देखेंगे कि **Modem** का icon **Taskbar** से हट जाएगा, जो यह दर्शाएगा कि आपका इंटरनेट से संपर्क टूट गया है।
4. अब अपना **Modem** बंद कर दें।

कुछ लोकप्रिय वेबसाइट्स (List of Popular Websites)

भारत में प्रचलित कुछ प्रमुख websites निम्नलिखित हैं—

www.thecpmail.com
www.rediff.com
www.hindustantimes.com
www.filmfare.com
www.google.com
www.bluemountains.com
www.idgbooksinida.com
www.yahoo.com
www.indiancookery.com
www.screensaver.com
www.sun.com
www.hotmail.com
www.mailcity.com
www.ibm.com
www.cnn.com
www.silchar.com
www.britannica.com
www.timesofindia.com
www.sbpprojectfinder.com
wwww.navbharatimes.com
www.msn.com
www.cards4you.com
www.dummies.com
www.jokes.com
www.shareware.com
www.dreamtechsoftware.com

निष्कर्ष (Conclusion)

तो अब हम इस सफर को यहीं खत्म करते हैं। आशा है कि आपने हमारे साथ इस सफर का भरपूर आनंद उठाया होगा। कंप्यूटरों के बारे में आपने अभी जो जानकारी प्राप्त की है, उससे आपकी कार्यक्षमता में काफी सुधार होगा, चाहे आप किसी भी क्षेत्र से संबंधित क्यों न हों। अपने इस काम के द्वारा, हमने अपनी ओर से भरपूर प्रयास किया है कि आप कंप्यूटर के लगभग सभी पक्षों से पूरी तरह परिचित हो जाएँ। हमें आशा है कि जानकारियों से भरी CD के साथ काम करने में आपको आनंद आया होगा और आपने कंप्यूटर–संबंधी पाठों और उनके सिद्धांतों का प्रयोग खुद करके अधिक जानकारी और अनुभव प्राप्त किया होगा।

हर दिन बढ़ती हुई आपसी होड़ के इस दौर में इस पुस्तक से आपने जो दक्षता हाँसिल की है, वह आपके सभी प्रकार के कामों और व्यवसाय में काफी उपयोगी सिद्ध होगी। इससे आपका आत्मविश्वास बढ़ेगा और बेहतरी का अहसास होगा।

अंत में, हम आपके सफल और सम द्ध भविष्य की कामना करते हैं। हमारी शुभकामनाएँ।

परिशिष्ट

सी.डी. का परिचय (About the CD)

इस पुस्तक के साथ, बिना कोई अतिरिक्त मूल्य लिए आपको जो **CD** दी जा रही है, वह आपको MS-Office में उपलब्ध सभी तकनीकों और साधनों में सक्षम करने के लिए, विशेष रूप से तैयार की गई है। इसमें Finance और Accounts से जुड़ा बहुत उपयोगी सॉफ्टवेयर– **BUSYLITE** भी है। Accounts पर बुनियादी जानकारी के साथ–साथ आपको यह भी सिखाया गया है कि इसे **BUSYLITE** में किस तरह प्रयोग किया जाए। इसके अतिरिक्त, इसमें **SmartCOP** नाम का एक Anti-virus software भी है, जो विशेष रूप से कंप्यूटर के अधिकांश viruses को पहचानने और उन्हें खत्म करने के लिए तैयार किया गया है।

अधिकांश **CD-ROMS** से अलग, जो ज्यादातर विभिन्न softwares का संग्रह मात्र होती हैं, इस **CD-ROM** में सॉफ्टवेयर के संग्रह के साथ–साथ MS-Office के उदाहरण और tutorials (अभ्यास–पाठ) भी है, जिससे इसका प्रयोग करने वाले हर व्यक्ति को लाभ होगा।

सी.डी. का उद्देश्य (Idea Behind the CD)

कंप्यूटर सीखने के लिए आपको ज्यादा से ज्यादा अभ्यास करना पड़ता है। किसी भी software में निपुण होने के लिए उसके विषय में सिर्फ किताबी जानकारी ही पर्याप्त नहीं है। इस CD को तैयार करते समय कंप्यूटर सीखने से संबन्धित इसी बात का ध्यान रखा गया। अत्यधिक शोध (research) और विश्लेषण (analysis) के बाद हम दो महत्त्वपूर्ण निष्कर्षों पर पहुंचे –

1. पहली बात यह कि किसी भी नए software को पहली बार इस्तेमाल करते हुए ज्यादातर लोग हिचकिचाते हैं। उनके मन में यह आम धारणा बनी रहती है कि उनसे कोई ऐसी गलती न हो जाए जिससे कंप्यूटर के सारे softwares या कंप्यूटर खराब न हो जाए। यह धारण स्वाभाविक है और software का पहली बार इस्तेमाल करने वाले लगभग हर व्यक्ति के साथ होती है।
2. दूसरे, कंप्यूटर पर लिखी अधिकांश पुस्तकें किसी विषय पर केवल किताबी जानकारियाँ ही देती हैं। इसलिए आमतौर पर सभी सीखने वालों को यह शिकायत रहती है कि पुस्तक से उन्होंने जो कुछ भी सीखा है, उसका अभ्यास वह नहीं कर पाते हैं। इन सभी बातों को ध्यान में रखकर यह CD तैयार की गई है जिसमें मौजूद दिए गए चित्र (illustrations) और प्रशिक्षण अभ्यास–पाठ (Tutorials) कंप्यूटर सीखने वाले हर व्यक्ति को पूरी जानकारी उपलब्ध कराते हैं।

सी.डी. की प्रमुख विशेषताएँ (Main Features of the CD)

- इस CD का प्रयोग करने के लिए कंप्यूटर की जानकारी पहले से होना ज़रूरी नहीं है।
- सभी कंप्यूटर प्रयोगकर्ताओं और व्यावसायिक व्यक्तियों की आवश्यकताओं को ध्यान में रखकर इस CD को बनाया गया है तथा इसके लिए कठोर अनुसंधान और पिछले अनुभवों का प्रयोग किया गया है।
- यह **Self-Learning System** एक अनूठी प्रणाली है। इस CD में दिए गए उदाहरणों को आप दो Modes में चला सकते हैं, यथा–**Demo mode** और **Practice mode** जो प्रयोगकर्त्ता को वे सभी जानकारियाँ देते हुए पूरी तरह प्रशिक्षित कर देते हैं, जो MS-Office प्रोग्राम पर निपुणता प्राप्त करने के लिए ज़रूरी है।
- इसमें Accounts – संबंधी बुनियादी जानकारियों के साथ–साथ BUSYLITE software भी दिया गया है, जो Finance और Accounts के लिए सबसे अधिक उपयोगी पैकेज है।
- इसी CD में **SmartCOP** भी है, जो इंटरनेट के इस युग में Virus का पूरी तरह विनाश करने वाला software है।

सी.डी. का प्रयोग करने के लिए आपके सिस्टम में क्या होना चाहिए (Minimum System Requirements)

CD-ROM चलाने के लिए आपको निम्नलिखित hardware और software की आवश्यकता पड़ेगी–

- Pentium या इससे अधिक उन्नत एक PC
- Microsoft Windows 95 या इससे बाद का कोई Version
- 32MB RAM
- 100MB Hard Drive Space
- CD-ROM Drive
- Sound Card
- Speaker

यदि आपके कंप्यूटर में Sound Card और Speakers नहीं हैं तो आप CD में दिए गए निर्देशों को सुन नहीं पाएँगे।

सी.डी. में उपलब्ध कन्टेन्ट्स (Contents of the CD)

इस CD में निम्नलिखित प्रोग्राम मौजूद हैं–

- Comdex Computer Course
- BUSYLITE (Accounts–संबंधी सॉफ्टवेयर)
- **SmartCOP** (Anti-virus software)

कॉम्डेक्स कंप्यूटर कोर्स किट (Comdex Computer Course Kit)

कॉम्डेक्स कंप्यूटर कोर्स किट में तीन अनूठे चरणों या modes का प्रयोग किया गया है। पहला चरण तो आप पुस्तक को पढ़कर पूरा कर लेते हैं। अगले दो चरण इस CD से आपको प्राप्त होते हैं। इन विभिन्न Modes का संक्षिप्त विवरण नीचे दिया गया है–

1. **Explanation Mode—** कंप्यूटर सीखने का पहला चरण यह पुस्तक पूरा करती है। इस पुस्तक में सभी Concepts को सैकड़ों चित्रों के माध्यम से सीधी और सरल भाषा में समझाया गया है। अन्य पुस्तकों की भाँति आपकी शिक्षा यहीं समाप्त नहीं हो जाती। आप देख सकते हैं कि आपने जो जानकारी हाँसिल की है, उसका प्रयोग अभ्यास रूप में कैसे किया जा सकता है। इसके लिए अगले चरण पर आएँ।
2. **Audio-Visual Demo Mode—** पुस्तक के साथ दी गई CD को अपने कंप्यूटर में डालें और उस विषय पर क्लिक करें, जिसे आप सीखना चाहते हैं। यह CD स्वयं ही आपको Audio Visual तथा Graphic अभ्यास–पाठों के माध्यम से, आपके द्वारा कुछ भी किए बिना प्रशिक्षित करना शुरू कर देगा, जिसमें आपको पुस्तक में पढ़े गए विषयों को दोबारा समझाया जाएगा, ताकि आपके ज्ञान में अधिक व द्धि हो। आपने जो कुछ सीख लिया है, उसका अभ्यास स्वयं करने के लिए अब आप अगले चरण की ओर बढ़ें।
3. **Self-Testing/Practice Mode—** इस mode में दिया गया Self-Testing Software आपकी निपुणता की जाँच करता है, जिसमें दिए गए निर्देशों के अनुसार आप क्रमानुसार आगे बढ़ते हैं। यदि आपका क्रम सही है, तो आप अगले क्रम पर चले जाते हैं, किंतु यदि आपसे कहीं गलती हो गई है, तो यह उन गलतियों को सुधारने में आपकी मदद करता है। इसमें आप अपनी गलती को सुधार कर ही आगे बढ़ सकते हैं।

इस प्रकार ये तीनों modes मिलकर एक व्यापक प्रणाली बनाते हैं, जो यह सुनिश्चित करते हैं कि आपकी सभी आवश्यकताएँ भलीभाँति पूरी हों।

अतः इस CD को हम एक संपूर्ण 'Online Training Kit' कह सकते हैं, जिसके द्वारा आप पूरे MS-Office software में निपुणता प्राप्त कर सकते हैं।

द्विभाषी सुविधा (The Dual Language Feature)

CD में आपके लिए, अपनी इच्छानुसार audio को **हिंदी** या **अंग्रेजी**–किसी भी भाषा में चलाने की सुविधा उपलब्ध है। Overview (अभ्यास–पाठ के बारे में संक्षिप्त विवरण) तथा audio में दिए गए निर्देशों को आप हिंदी या इंग्लिश में चला सकते हैं।

बिज़ीलाइट (BUSYLITE)

कंप्यूटर का प्रयोग हिसाब–किताब रखने के लिए भी होता है। किसी भी व्यापारिक संगठन का सबसे अनिवार्य हिस्सा उसका accounts (लेखा–कार्य) होता है। कंप्यूटर का आविष्कार होने से पहले समस्त लेखा–कार्य हाथ से ही किया जाता था। इसके लिए एकाउंटेंट (accountant) को काफी अधिक सावधानी बरतनी पड़ती थी, क्योंकि किसी Entry में की गई एक छोटी–सी गलती से भी बही–खातों में गंभीर गड़बड़ी हो सकती थी। इसके अतिरिक्त, लेखा–कार्य हाथ से करने पर अनेक फाइलें बनाने की जरूरत पड़ती थी। हिसाब–किताब रखने में आने वाली इन्हीं दुविधाओं को ध्यान में रखकर, हिसाब–किताब के काम को स्वचालित ढंग से पूरा करने के लिए एक बहुत सरल और काम करने में आसान सॉफ्टवेयर **BUSYLITE** का विकास किया गया।

इस CD में **BUSYLITE** Software उपलब्ध है, जिसके साथ book keeping की double-entry प्रणाली से संबंधित मूल सिद्धांतों का व्यापक परिचय दिया गया है, ताकि प्रयोगकर्ता इस software के इस्तेमाल का तरीका सीख सकें। CD में दिया गया tutorial अलग से यह भी समझाता है कि हाथ से काम करते समय तथा BUSYLITE software का इस्तेमाल करने में लेखाकरण के सिद्धांतों को किस प्रकार लागू किया जाता है। प्रयोगकर्ता को विभिन्न Ledger accounts में लेन–देन का ब्यौरा प्रविष्ट कराने की प्रक्रिया तथा रिपोर्ट तैयार करना भी सिखाया गया है। इन प्रक्रियाओं को क्रमानुसार बताया गया है तथा उदाहरणों की सहायता से समझाया गया है, ताकि accounts के कामों को नए सिरे से सीखने वाला कोई भी व्यक्ति हिसाब–किताब रखने के प्रायोगिक पहलू को आसानी से सीख सके।

स्मार्ट कॉप (SmartCOP)

इंटरनेट का प्रयोग करने वालों के लिए हमेशा Virus की समस्या एक चुनौती के रूप में सामने खड़ी रहती है। यदि Virus को समय पर पता लगाकर नष्ट न किया जाए, तो Virus किसी भी सिस्टम में दर्ज डाटा को अतुलनीय नुकसान पहुँचा सकते हैं। Virus के आक्रमण से डाटा और फाइलों को बचाने के लिए काफी सख्त और कुशल software की आवश्यकता पड़ती है।

SmartCOP एक अत्यंत शक्तिशाली Anti-Virus Software है, जो अधिकांश विनाशकारी Viruses को पहचानने की क्षमता रखता है। यह एक ऐसा पैकेज है, जो सिस्टम में लगभग सभी Viruses का पता लगाकर उन्हें साफ कर देता है। इसकी Real-time Scanning विशेषता Virus को कंप्यूटर में प्रवेश करने से पहले ही पकड़ लेती है। इसमें अत्यधिक तीव्र गति से चलने वाला और विश्वसनीय Scan-engine लगा होता है। Internet download और E-mail attachment को भी यह Software viruses हटाने के लिए जाँच करता है। ये software प्रयोगकर्ता के मित्र की भाँति काम करता है।

इस CD में **SmartCOP** anti-virus software मौजूद है। इस software को इन्स्टाल करने और प्रयोग करने के बारे में विस्त त निर्देश भी दिए गए हैं।

सी.डी. के बारे में जानना (Getting Started with the CD)

अब हम CD के बारे में जानेंगे और देखेंगे कि अपनी आवश्यकता के अनुसार इसमें दिए गए विभिन्न उदाहरणों (अभ्यास पाठों) को आप कैसे चला सकते हैं। CD को शुरू करने से पहले आप यह सुनिश्चित कर लें कि कोई अन्य application कंप्यूटर पर खुली हुई तो नहीं है। सभी खुली हुई applications बंद कर दें। अब CD-ROM ड्राइव में CD डालें। कॉम्डेक्स कंप्यूटर कोर्स किट स्वयं ही शुरू हो जाएगा। दिखाई देने वाली पहली स्क्रीन– **Splash** स्क्रीन है जिसे चित्र CD-1 में दिखाया गया है।

चित्र CD-1

Splash स्क्रीन कुछ क्षणों तक स्क्रीन पर रहेगी (चित्र CD-1)। इसके बाद दिखाई देने वाली स्क्रीन audio के लिए भाषा के चयन का विकल्प प्रस्तुत करती है। इस स्क्रीन को चित्र CD-1 दिखाया गया है। यहां आप audio के लिए अपनी मनपसंद भाषा **हिंदी** या **अंग्रेजी** का चुनाव कर सकते हैं। स्क्रीन पर दिखाई देने वाले निर्देश केवल अंग्रेजी में ही होंगे, किंतु audio आपके द्वारा चुनी गई भाषा में होगा। कृपया नोट करें कि audio निर्देश केवल **Audio/Video Demo Mode** में ही उपलब्ध है। **Self Testing/Practice Mode** में audio निर्देश शामिल नहीं हैं।

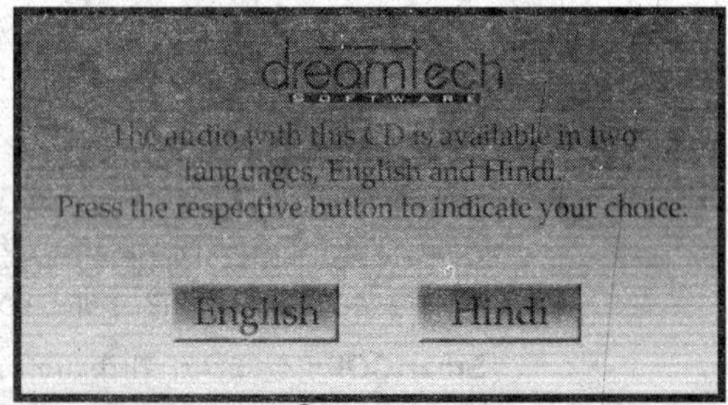

चित्र CD-2

Audio निर्देश चुनने के लिए आपके सिस्टम में Sound Card और Speakers लगे होने जरूरी हैं। यदि आपके सिस्टम में ये दोनों मौजूद नहीं हैं, तो आगे बढ़ने से पहले, Control Bar में दिए गए Sound विकल्प के चयन को रद्द कर दें, जैसा चित्र CD-3 में दिखाया गया है।

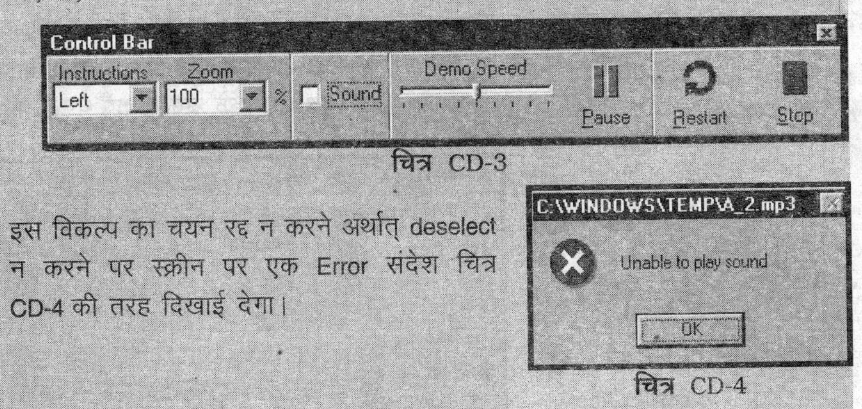

चित्र CD-3

इस विकल्प का चयन रद्द न करने अर्थात् deselect न करने पर स्क्रीन पर एक Error संदेश चित्र CD-4 की तरह दिखाई देगा।

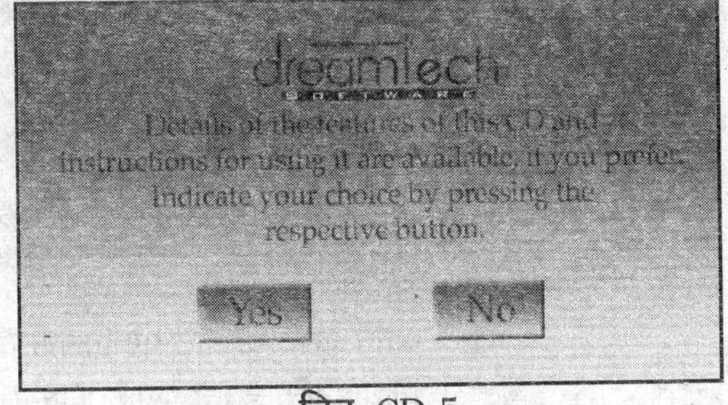

चित्र CD-4

अपने audio की भाषा निर्धारित करने के पश्चात् दिखाई देने वाले स्क्रीन में आपसे यह पूछा जाता है कि क्या आप CD के फीचर्स के बारे में जानकारी प्राप्त करना चाहेंगे? यह स्क्रीन चित्र CD-5 में दिखाई गई है।

यहाँ अपनी पसंद बताएँ। यदि आप **Yes** बटन का चयन करेंगे, तो CD के बारे में जानकारी देने वाली स्क्रीन दिखाई देगी। इस स्क्रीन से अगली स्क्रीन पर जाने के लिए **Continue** बटन पर क्लिक कर दें। यदि आप **No** बटन का चयन करेंगे, तो यह विवरण नहीं दिखाया जाएगा और आपके सामने **Select a Topic** स्क्रीन आ जाएगी (चित्र CD-6)।

चित्र CD-6

सेलेक्ट ए टॉपिक स्क्रीन (Select a Topic Screen)

इस CD में सम्मिलित सभी विषयों को इस विंडो के बाएँ पैनल में सूचीबद्ध किया गया है। किसी विशेष विषय पर क्लिक करने पर उस विषय के अंतर्गत् आने वाले सभी अभ्यास–पाठ दाएँ पैनल पर दिखाई देंगे। किसी भी अभ्यास–पाठ को शुरू करने के लिए आप नीचे लिखे क्रम के अनुसार काम करें–

1. उस विषय पर क्लिक करें, जिसका अभ्यास–पाठ आप चलाना चाहते हैं। इस विषय के अंतर्गत आने वाले सभी अभ्यास–पाठ, चित्र CD-7 के समान दाएँ पैनल पर दिखाई देंगे।

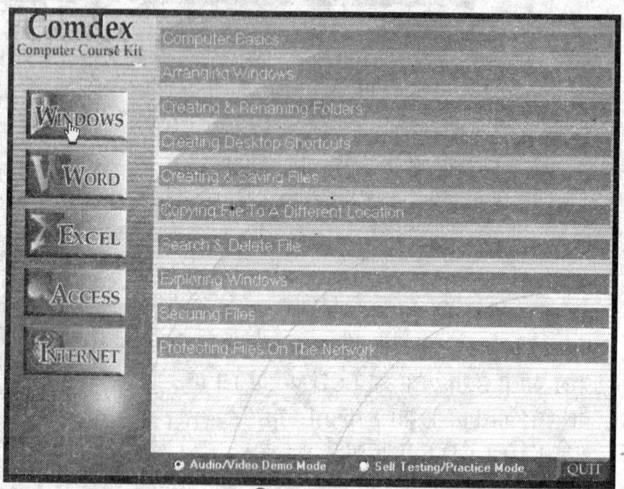

चित्र CD-7

2. अपने पसंद के पाठ पर क्लिक करके इसे चुनं लें। ध्यान दें कि जब किसी अभ्यास–पाठ का चयन किया जाता है, तो इसके शीर्षक (लेबल) का रंग बदल जाता है। इससे आपको यह जानने में मदद मिलेगी कि आप किन अभ्यास–पाठों को पहले देख चुके हैं। इसे चित्र CD-8 में दिखाया गया है।

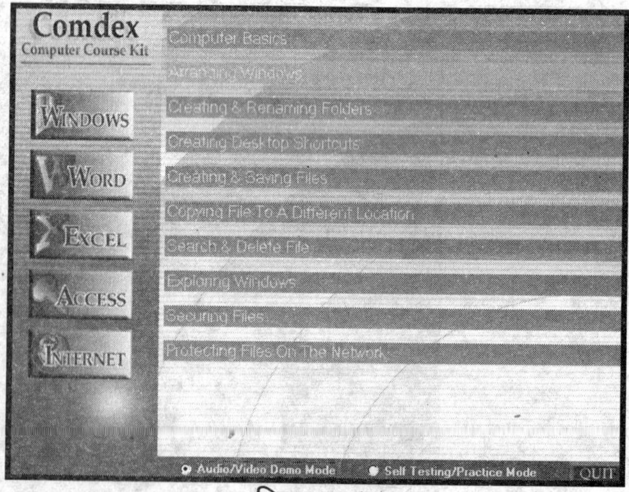

चित्र CD-8

डिफॉल्ट द्वारा यह अभ्यास पाठ **Audio/Video Demo Mode** में शुरू होता है। **Self Testing/Practice Mode** का चयन करने के लिए इसके साथ बने रेडियो बटन पर क्लिक कर दें, जैसा चित्र CD-9 में दिखाया गया है।

Audio/Video Demo Mode   Self Testing/Practice Mode

चित्र CD-9

डेमो-मोड (Demo-mode)

Demo-mode में अभ्यास–पाठ स्वयं ही चलेंगे। अतः इसमें आपको कुछ भी करने की आवश्यकता नहीं होगी। आप आराम से बैठकर यह देख सकते हैं कि किसी भी software में कोई विशेष काम किस प्रकार किया जाता है।

यदि Demo-mode में audio भी चल रहा हो, तो आप किसी भी अन्य Control पर काम नहीं कर सकते। यदि आप अभ्यास–पाठ को बीच में रोकना या बंद करना चाहें, तो audio के रुकने की प्रतीक्षा करें और इसके बाद मनचाहे Control पर क्लिक करें।

प्रैक्टिस-मोड (Practice-mode)

अभ्यास–पाठ्यक्रम के दौरान **Practice-mode** आपको एक बार में एक काम करने की सुविधा देकर आपको software सीखने में मदद करता है। आप केवल स्क्रीन पर दिख रहे निर्देशों को पढ़ें और साथ ही उन निर्देशों को स्क्रीन पर practice करें। इन सरल निर्देशों का पालन करके आप किसी भी MS-Office सॉफ्टवेयर में कोई भी काम करना बहुत जल्दी और आसानी से सीख सकते हैं।

अपनी पसंद का अभ्यास–पाठ चुन लेने पर आपके सामने जो पहली स्क्रीन दिखाई देती है, वह **Simulation Overview** स्क्रीन है। इस स्क्रीन को चित्र CD-10 में दिखाया गया है।

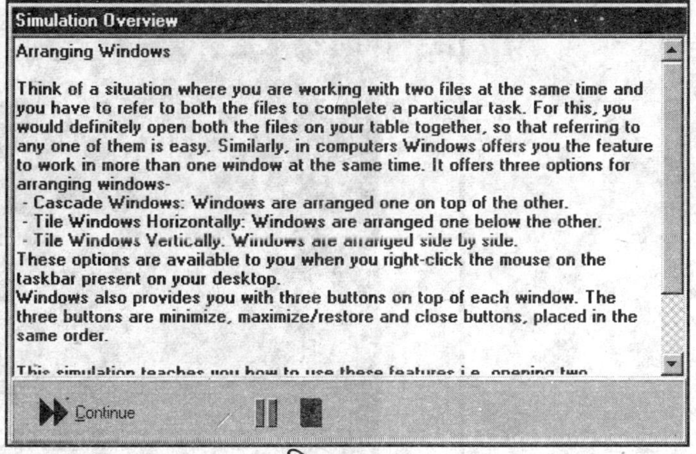

चित्र CD-10

अभ्यास-पाठ का संक्षिप्त विवरण (The Simulation Overview Screen)

Simulation Overview स्क्रीन में उस अभ्यास–पाठ का संक्षिप्त विवरण मौजूद रहता है, जिसे आप सीखने जा रहे हैं। इससे आपको यह जानकारी मिल जाती है कि इस अभ्यास–पाठ में क्या बताया जाएगा। आप लिखित पाठ को पढ़ सकते हैं और इसे पढ़कर आगे बढ़ने के लिए **Continue** बटन दबा सकते हैं। अभ्यास–पाठ को भलीभाँति समझने के लिए बेहतर यह होगा कि आप इसका संक्षिप्त परिचय जरूर पढ़ें।

Simulation Overview स्क्रीन में क्रमशः तीन controls — **Continue Simulation, Pause Audio** और **Stop Audio** मौजूद रहते हैं, जैसा चित्र CD-11 में दिखाया गया है।

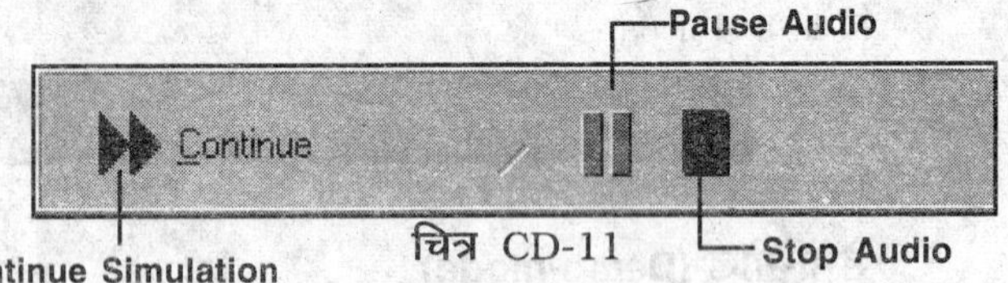

चित्र CD-11

- **Continue Simulation** कंट्रोल द्वारा, आप जब चाहें, चुनें गए पाठ का संक्षिप्त परिचय छोड़कर अभ्यास पाठ पर जा सकते हैं।
- आप किसी भी समय **Pause Audio** कंट्रोल द्वारा संक्षिप्त परिचय के लिए दिए गए audio को रोक सकते हैं। यदि आप इस Control बटन पर क्लिक करेंगे, तो इसके पश्चात् एक अन्य कन्ट्रोल बटन **Continue** सामने आ जाएगा (चित्र CD-12)। Audio को आपने जिस स्थान पर रोका था, वहाँ से शुरू करने के लिए इस बटन पर क्लिक करें।

चित्र CD-12

- **Stop Audio** कंट्रोल बटन द्वारा आप audio को बीच में ही बंद कर सकते हैं। यदि आप **Stop Audio** कंट्रोल पर क्लिक करेंगे, तो ये बटन एक दूसरे कंट्रोल बटन **Play Audio** में बदल जाएगा (चित्र CD-13)। यदि आप **Play Audio** कंट्रोल पर क्लिक करेंगे, तो संक्षिप्त परिचय के बिल्कुल प्रारंभ से audio शुरू हो जाएगा।

चित्र CD-13

सिम्यूलेशन स्क्रीन (The Simulation Screen)

किसी अभ्यास–पाठ का चयन कर लेने और इस अभ्यास–पाठ की **Overview** स्क्रीन में दिए गए **Continue Simulation** कंट्रोल पर क्लिक करने के पश्चात् आपको **Simulation** स्क्रीन दिखाई देगी (चित्र CD-14)।

चित्र CD-14

इस **Simulation** स्क्रीन में आप पूरे अभ्यास–पाठ को देख तथा चला सकते हैं। इस **Simulation** स्क्रीन पर भी एक **Control Bar** बनी होती है। आप अपनी आवश्यकतानुसार इस पर दिए गए विभिन्न विकल्पों का इस्तेमाल कर सकते हैं।

अभ्यास-पाठ स्क्रीन पर उपलब्ध कंट्रोल (About the Controls on the Simulation Screen)

अब हम **Simulation** स्क्रीन की **Control Bar** पर मौजूद विभिन्न कंट्रोलों के बारे में जानेंगे। ये कंट्रोल चित्र CD-15 में दिखाए गए हैं।

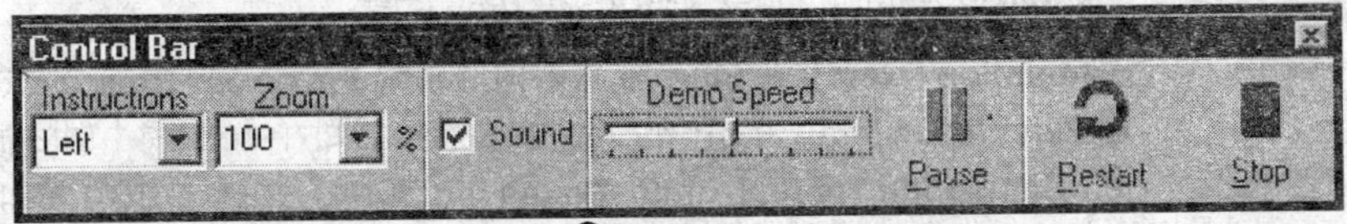

चित्र CD-15

निर्देशों के लिए ड्रॉप-डाउन मेन्यू (Drop-down menu for instructions)

चित्र CD-16

कंट्रोल बार पर मौजूद पहला कंट्रोल ड्रॉप–डाउन मेन्यू है, जिसे चित्र CD-16 में दिखाया गया है। इस ड्रॉप–डाउन मेन्यू में से आप **Instruction Bar** (वह जिस पर अभ्यास–पाठ के लिए निर्देश दिए गए हैं) के स्थान का चयन कर सकते हैं, अर्थात् आप यह चुन सकते हैं कि ये बार **Simulation** स्क्रीन में बाएँ, दाएँ, ऊपर या नीचे किस स्थान पर दिखाई दे। डिफॉल्ट द्वारा यह बाएँ ओर स्थित रहती है।

आप यह भी निर्धारित कर सकते हैं कि निर्देश **Window** में दिखाई दें या फिर **Balloon** में। जिन व्यक्तियों का कंप्यूटर पर काम करने का अनुभव नया है, उनके लिए **Balloon** विकल्प उपयुक्त रहता है। **Balloon** स्क्रीन पर रहता है और स्क्रीन पर यह वर्तमान क्रिया की स्थिति बताता है। इससे आपको यह पता चलता है कि प्रत्येक क्रम में आपको क्या करना है। इसके अतिरिक्त, **Hide** विकल्प का चयन करके आप Instruction bar को छिपा भी सकते हैं (चित्र CD-16)।

जूम कंट्रोल (Zoom Control)

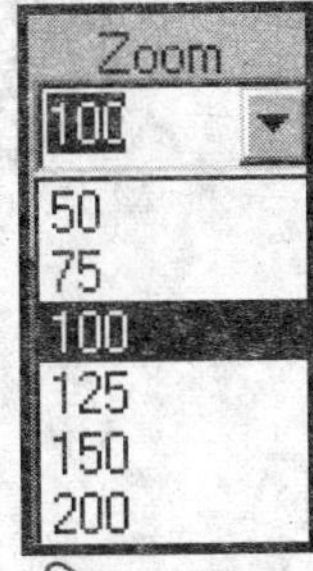

चित्र CD-17

यह कंट्रोल एक ड्रॉप–डाउन मेन्यू के रूप में मौजूद रहता है, जिसका प्रयोग **Simulation** स्क्रीन को बड़ा या छोटा करने के लिए किया जाता है। आवर्धन (Magnification) की डिग्री ड्रॉप–डाउन मेन्यू में percentage के रूप में दर्शाई जाती है, जैसा चित्र CD-17 में दिखाया गया है। डिफॉल्ट के द्वारा ये 100 होती है, जो सामान्य आकार को दर्शाती है (चित्र CD-17)।

साउंड कंट्रोल (Sound Control)

चित्र CD-18

यह कंट्रोल केवल Demo mode में ही उपलब्ध होता है। इस कट्रोल के द्वारा आप अपनी पसंद के अनुसार audio को 'ऑन' या 'ऑफ' कर सकते हैं। इस कंट्रोल को चित्र CD-18 में दिखाया गया है। डिफॉल्ट द्वारा Sound विकल्प चयनित होता है। बाद में क्लिक करने पर Sound विकल्प बारी–बारी से Select और Deselect हो सकता है (चित्र CD-18)।

डेमो-स्पीड कंट्रोल (Demo-Speed Control)

चित्र CD-19

Demo mode में आप **Demo Speed** कंट्रोल के द्वारा पाठ्यक्रम के चलने की गति को भी नियंत्रित कर सकते हैं। चित्र CD-19 में यह कंट्रोल दिखाया गया है। Timer bar पर बने indicator या सूचक को आप माउस पॉएंटर के साथ ड्रैग करके मनचाही जगह पर रख सकते हैं। बाईं ओर यह गति न्यूनतम (Minimum) तथा दाईं ओर खिसकाने पर अधिकतम (Maximum) हो जाती है (चित्र CD-19)।

रीस्टार्ट कंट्रोल (Restart Control)

जब इस कंट्रोल पर क्लिक किया जाता है, तो चयन किया गया अभ्यास–पाठ बिलकुल आरंभ से दोबारा शुरू हो जाता है। इसे चित्र CD-20 में दिखाया गया है।

चित्र CD-20

अन्य दो कंट्रोल– **Pause** और **Stop** उसी प्रकार काम करते हैं, जैसे **Simulation Overview** स्क्रीन में पहले बताया ज़ा चुका है।

Simulation Overview स्क्रीन के विपरीत, जिनमें **Pause** और **Stop** कंट्रोल audio को नियंत्रित करते हैं, **Simulation** स्क्रीन में इन कंट्रोलों का प्रयोग अभ्यास–पाठ को नियंत्रित करने के लिए किया जाता है। **Simulation** स्क्रीन में मौजूद **Pause** कंट्रोल कुछ समय के लिए अभ्यास–पाठ को रोक देता है। आप **Continue** बटन (**Pause** बटन पर क्लिक करने के पश्चात् यह बटन **Continue** बटन में परिवर्तित हो जाता है) पर क्लिक करके अपना अभ्यास–पाठ (जहाँ आपने उसे छोड़ा था) को दोबारा शुरू कर सकते हैं।

Simulation स्क्रीन में मौजूद **Stop** कंट्रोल के द्वारा आप अभ्यास–पाठ को बीच में ही रोक सकते हैं। उपरोक्त जानकारी के पश्चात् अब CD में मौजूद सभी अभ्यास–पाठों का उपयोग आप भलीभाँति कर सकते हैं। यह अनुभव आपके लिए रुचिकर भी होगा और फायदेमंद भी।

बिज़ीलाइट : वित्त-संबंधी एकाउंट पैकेज को इंस्टाल करना (Installing BUSYLITE: Financial Accounting Package)

जैसा पहले बताया जा चुका है, CD डालने पर डिफॉल्ट द्वारा 'कॉम्डेक्स कंप्यूटर कोर्स' का भाग शुरू हो जाएगा। किंतु इस CD में BUSYLITE (वित्त–संबंधी एकाउंट पैकेज) और **SmartCOP** (वायरसरोधी सॉफ्टवेयर) भी मौजूद हैं।

इंस्टालेशन प्रोग्राम शुरू करने से पहले, चल रहे सभी प्रोग्राम्स को आप बंद कर दें।

अपने कंप्यूटर के हार्ड डिस्क में **BUSYLITE** इंस्टाल करने के लिए आप निम्नलिखित क्रम अपनाएँ–

1. **Comdex Computer Course Kit** स्क्रीन को बंद करने के लिए इस पर स्थित **Quit** बटन पर क्लिक करें (चित्र CD-21)।

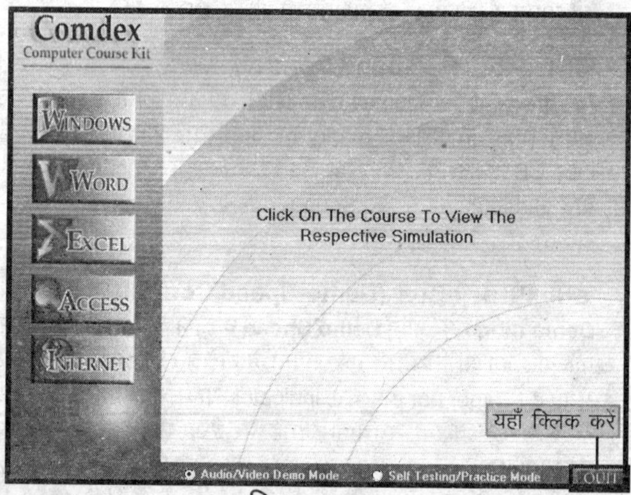

चित्र CD-21

2. **Windows Explorer** को खोलें और अपनी **CD-ROM** ड्राइव पर क्लिक करें। CD के लिए डिफॉल्ट ड्राइव D-ड्राइव होती है। क्लिक करने के पश्चात् CD के रूट फोल्डर की सभी फाइलें/फोल्डर दिखाई देने लगेंगे।
3. **BUSYLITE** फोल्डर पर डबल क्लिक करें। इस फोल्डर की सभी फाइलें/फोल्डर स्क्रीन पर दिखेंगी।
4. अब **Install.exe** फाइल पर डबल क्लिक करें। ऐसा करने पर **BUSYLITE** का इंस्टालेशन (installation) प्रोग्राम शुरू हो जाएगा तथा चित्र CD-22 के समान आपको स्क्रीन दिखाई देगी।

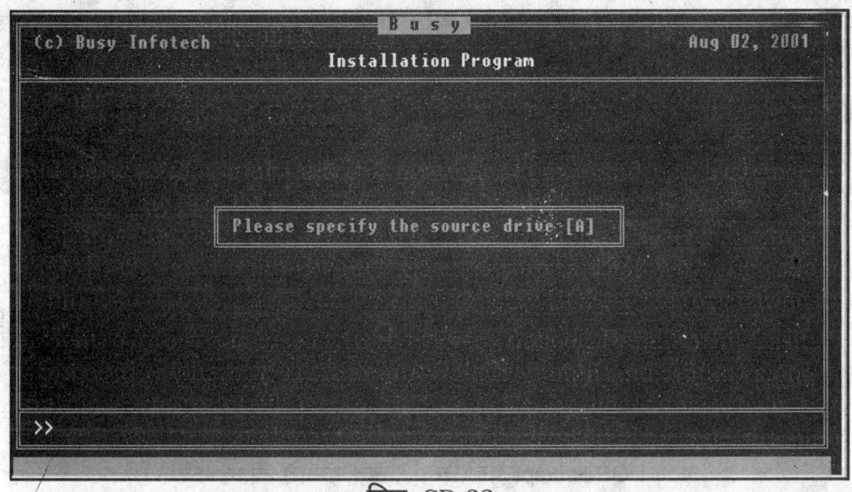

चित्र CD-22

उपरोक्त स्क्रीन (चित्र CD-22) में Source ड्राइव, जिससे BUSYLITE को इंस्टॉल करना है बताने के लिए आपसे कहा जाएगा। अपनी CD-ROM ड्राइव का letter टाइप करें। CD-ROM ड्राइव का डिफॉल्ट ड्राइव letter **D** होता है।

5. अगली स्क्रीन (चित्र CD-23) में Target ड्राइव जिसमें **BUSYLITE** को इंस्टॉल करना है, बताने के लिए आपसे कहा जाएगा। उस ड्राइव का letter टाइप करें, जिसमें आप **BUSYLITE** को इंस्टाल करना चाहते हैं। डिफॉल्ट द्वारा यह Target ड्राइव **C** होती है।

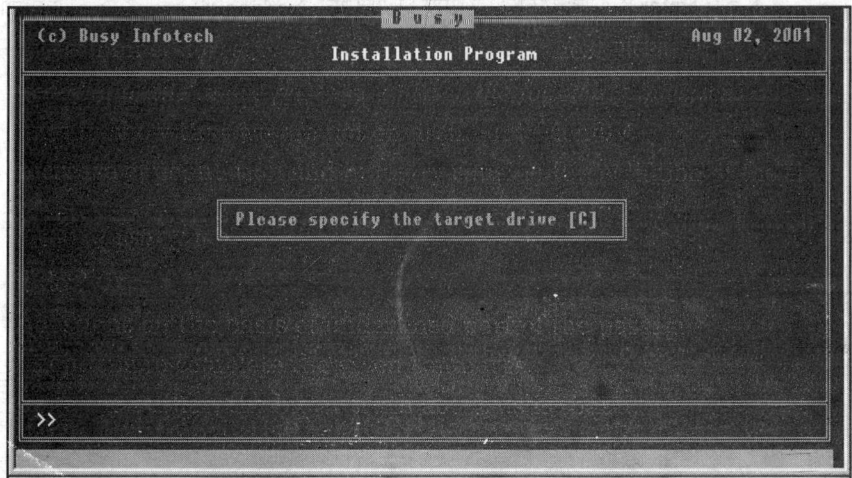

चित्र CD-23

यदि आपके हार्ड डिस्क पर BUSYLITE पहले ही इंस्टाल होगा, तो आपको सूचित किया जाएगा: "Busy is already installed. Do you want to install again?" (बिज़ीलाइट पहले ही इंस्टाल है। क्या आप इसे दोबारा इंस्टाल करना चाहते हैं)।

पहले से मौजूद प्रोग्राम पर यदि आप इसे इंस्टाल करना अर्थात् overwrite करना चाहते हैं, तो Y दबाएं। पहले से मौजूद प्रोग्राम को overwrite करने से, पहले प्रविष्ट डाटा पर कोई प्रभाव नहीं पड़ता। यह केवल BUSYLITE की एक्ज़ीक्यूटेबल फाइल (executable file) ही ओवरराइट करेगा।

BUSYLITE को इंस्टाल करने के लिए आपको केवल इतना ही करना पड़ता है। इंस्टालेशन प्रोग्राम सभी फाइलों को Target ड्राइव में कॉपी कर देगा और इसके बाद उन्हें विस्तारित (expand) कर देता है।

बिज़ीलाइट को चलाना (Running BUSYLITE)

यदि BUSYLITE ड्राइव C में इंस्टाल हुआ है और आपके कंप्यूटर पर Windows Operating System है तब इसको चलाने के लिए आप निम्नलिखित क्रम अपनाएँ–

1. **Taskbar** पर मौजूद **Start** बटन पर क्लिक करें। स्क्रीन पर एक पुश–अप मेन्यू दिखाई देगा।
2. पुश–अप मेन्यू में माउस पॉएंटर को **Programs** विकल्प पर लाएँ। एक अन्य मेन्यू दिखाई देगा।
3. इस मेन्यू में से **MS-DOS Prompt** विकल्प का चयन करें। आप अब DOS Mode में आ जाएँगे। यह मानकर कि इस समय आपकी working directory **WINDOWS** है, स्क्रीन पर DOS-Prompt इस प्रकार दिखाई देगा–

   C:\WINDOWS>

4. DOS-Prompt पर निम्नलिखित कमांड टाइप करें–

   C:\WINDOWS>**Cd..**

Enter Key दबाएँ। अब DOS-Prompt इस प्रकार दिखाई देगा–

C:\>

5. अब DOS-Prompt पर निम्नलिखित कमांड टाइप करें–

   C:\>**Cd Busy**

Enter Key दबाएँ। अब आपकी वर्तमान working directory Busy हो जाएगी। DOS-Prompt अब निम्नलिखित रूप में दिखाई देगा–

C:\Busy>

6. DOS-Prompt पर निम्नलिखित कमांड टाइप करें–

   C:\Busy>**BusyLite**

Enter Key दबाएँ। अब BUSYLITE लोड (load) हो जाएगा और BUSYLITE की प्रथम स्क्रीन आपको दिखाई देगी।

वायरस्रोधी सॉफ्टवेयर स्मार्ट कॉप को इंस्टाल करना (Installing SmartCOP: Anti-Virus Software)

SmartCOP को इंस्टाल करना बहुत आसान है। इस प्रक्रिया को यहाँ चित्रों की सहायता से दर्शाया गया है, ताकि आप बिना किसी कठिनाई के इसे अपने सिस्टम में इंस्टाल कर सकें।

इंस्टालेशन प्रोग्राम शुरू करने से पहले चल रहे सभी प्रोग्रामों को बंद कर दें।

अपने कंप्यूटर के हार्ड डिस्क पर **SmartCOP** इंस्टाल करने के लिए निम्नलिखित क्रम का पालन करें—

1. डिफॉल्ट द्वारा चयनित 'कॉम्डेक्स कंप्यूटर कोर्स' से बाहर आने के लिए चित्र CD-24 के समान **Select a Topic** स्क्रीन के **Quit** बटन पर क्लिक करें।

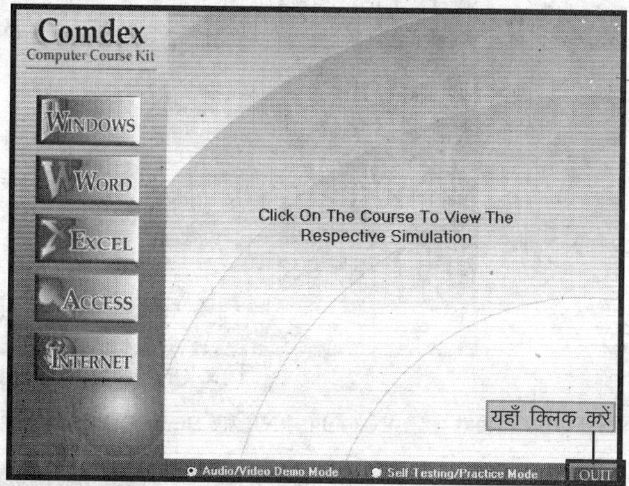

चित्र CD-24

2. अब **Windows Explorer** को खोलें तथा **CD-ROM** ड्राइव पर क्लिक करें (यहाँ डिफॉल्ट ड्राइव D है)। ऐसा करते ही CD के रूट फोल्डर की सभी फाइलें/फोल्डर स्क्रीन पर दिखाई देंगी।
3. **SmartCOP** फोल्डर पर डबल क्लिक करें। इस फोल्डर की सभी फाइलें/फोल्डर स्क्रीन पर दिखाई देंगी।
4. अब **Setup.exe** फाइल पर डबल क्लिक करें। इसके साथ ही **SmartCOP** का इंस्टालेशन प्रोग्राम शुरू हो जाएगा और स्क्रीन चित्र CD-25 के समान, दिखाई देगी।

चित्र CD-25

यदि आप इंस्टाल करने की क्रिया को बंद करना चाहते हैं, तो Cancel बटन पर क्लिक कर दें।

InstallShield को तैयार करने के पश्चात् अगली स्क्रीन, जिसे आम तौर पर **Welcome** स्क्रीन कहा जाता है, दिखाई देगी (चित्र CD-26)।

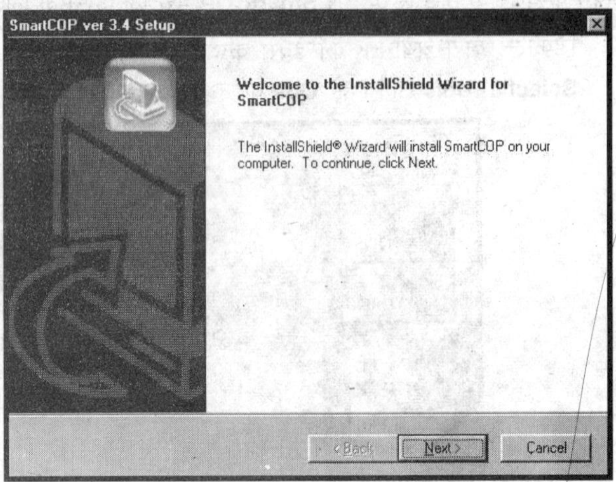

चित्र CD-26

इस स्क्रीन में **Next** बटन पर क्लिक करने पर **SmartCOP Setup** बॉक्स दिखाई देगा (चित्र CD-27):

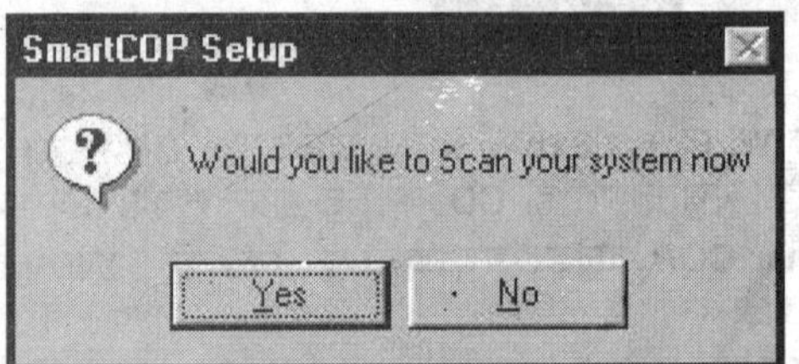

चित्र CD-27

यदि आप **Yes** का चयन करेंगे, तो **Smart Scan** module लोड हो जाएगा और यह स्वयं ही ड्राइव C:\ को Scan करना शुरू कर देगा। यह सुनिश्चित करना जरूरी है कि आपके सिस्टम पर **SmartCOP** इंस्टाल करने से पहले कोई Virus नहीं होना चाहिए। यदि इस प्रारंभिक जांच को आप छोड़ देना चाहते हैं, तो **No** बटन पर क्लिक करें।

Scanning या जाँच का काम पूरा हो जाने के पश्चात् स्क्रीन पर एक अन्य बॉक्स दिखाई देगा, जिसमें License agreement दिखाया गया होगा (चित्र CD-28)। उसको मंजूर करने के लिए **Yes** बटन पर क्लिक करें।

License agreement को ध्यान से पढ़ें। यदि आप इसके किसी भाग को मंजूर नहीं करना चाहते, तो Installation रद्द करने के लिए No पर क्लिक करें। यदि आपको License agreement मंजूर हो, तो Yes पर क्लिक करें।

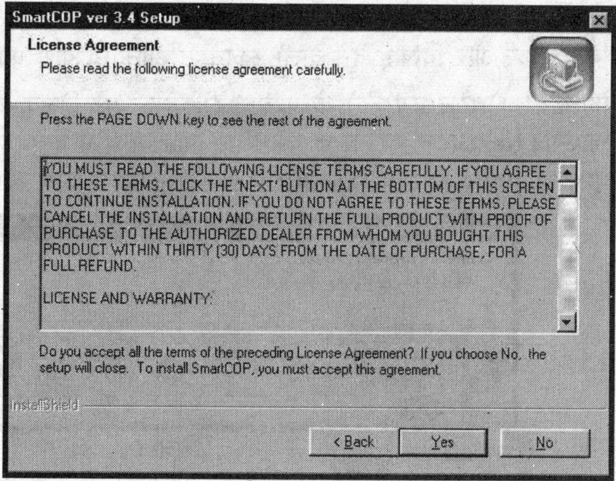

चित्र CD-28

अगली स्क्रीन में **User Name** और **Company Name** फील्ड्स दिखाई देंगे, जिसमें **Windows** को इंस्टाल करते समय दिए गए नाम पहले से लिखे होंगे। यदि ये नाम भिन्न हों, तो आप इन्हें बदल सकते हैं। आपको यहाँ आपके **SmartCOP** पैकेज का **Serial Number** भी दर्ज करना होगा जो है **0B0CL022** (चित्र CD-29)।

SmartCOP ver 3.4 Setup
Customer Information
Please enter your information.
Please enter your name, the name of the company for whom you work and the product serial number.
User Name:
Avnish Dass
Company Name:
avSoft Technologies
Serial Number:
InstallShield
< Back
Next >
Cancel

चित्र CD-29

सभी जानकारी प्रविष्ट करके **Next** बटन पर क्लिक करने के बाद अगली स्क्रीन में उस फोल्डर का चयन करने के लिए आपसे कहा जाएगा, जिसमें आप **SmartCOP** को 'इंस्टाल' करना चाहते हैं (चित्र CD-30)।

चित्र CD-30

यदि आप डिफॉल्ट द्वारा निर्धारित **Destination Folder** को बदलना चाहते हैं, तो **Browse** बटन पर क्लिक करें और दिखाई देने वाली स्क्रीन से अनिवार्य पाथ का चयन करें।

फोल्डर का चयन कर लेने के पश्चात् **OK** बटन पर क्लिक करें। आपके सामने पिछली स्क्रीन आ जाएगी। **Next** बटन पर क्लिक करने पर **Start** मेन्यू में बनाए जाने वाले उस Group का नाम आपसे पूछा जाएगा, जहाँ आप **SmartCOP** Shortcut को डालना चाहते हैं (चित्र CD-31)।

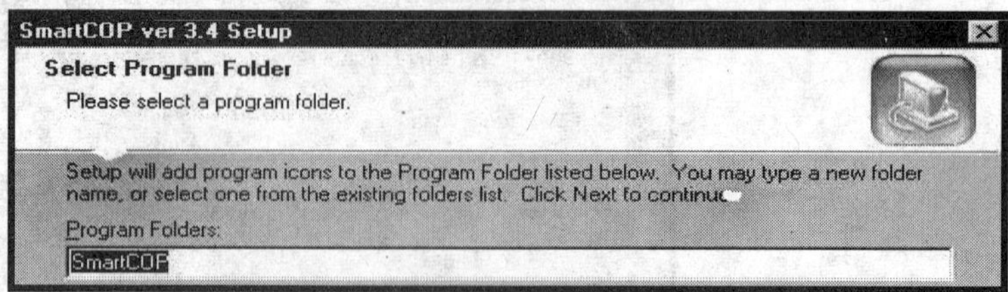

चित्र CD-31

अब **Next** बटन पर क्लिक करने से फाइल को कॉपी करने की क्रिया शुरू हो जाएगी। इससे आपके हार्ड डिस्क पर **SmartCOP** की अनिवार्य फाइलें कॉपी हो जाएँगी (चित्र CD-32)।

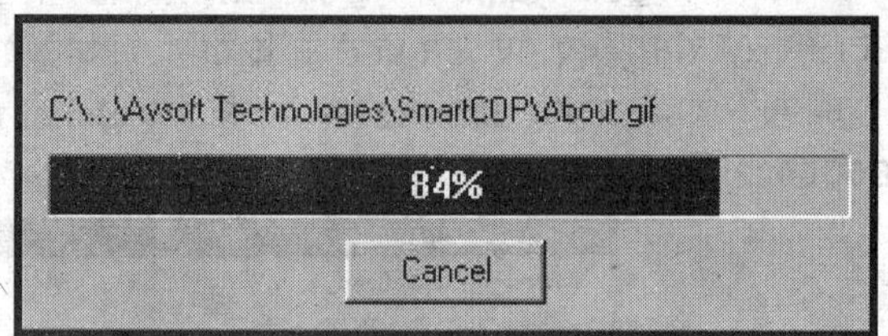

चित्र CD-32

फाइलें कॉपी हो जाने के बाद आपसे पूछा जाएगा कि क्या आप एक Rescue Disk बनाना चाहते हैं (चित्र CD-33)।

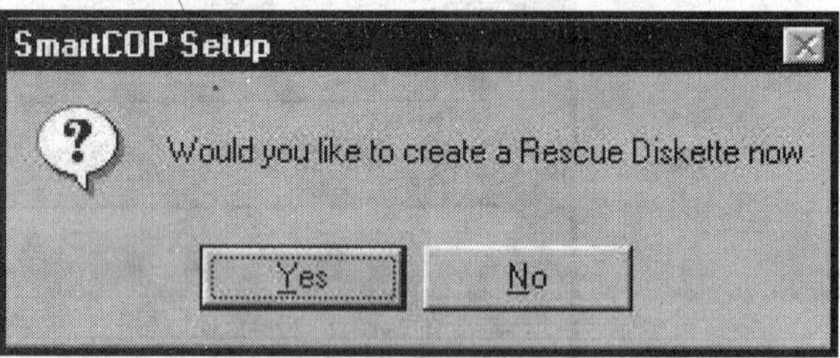

चित्र CD-33

Yes पर क्लिक करते ही **Rescue Disk** तैयार करने का module स्क्रीन पर दिखाई देगा। यह डिस्क बनाने के लिए आपको एक खाली फ्लॉपी की आवश्यकता होगी।

बेहतर यही होगा कि आप Rescue Disk बना लें, क्योंकि यह उस समय बहुत उपयोगी सिद्ध होती है, जब Disk Crash हो जाती है या कोई अन्य समस्या सामने आती है।